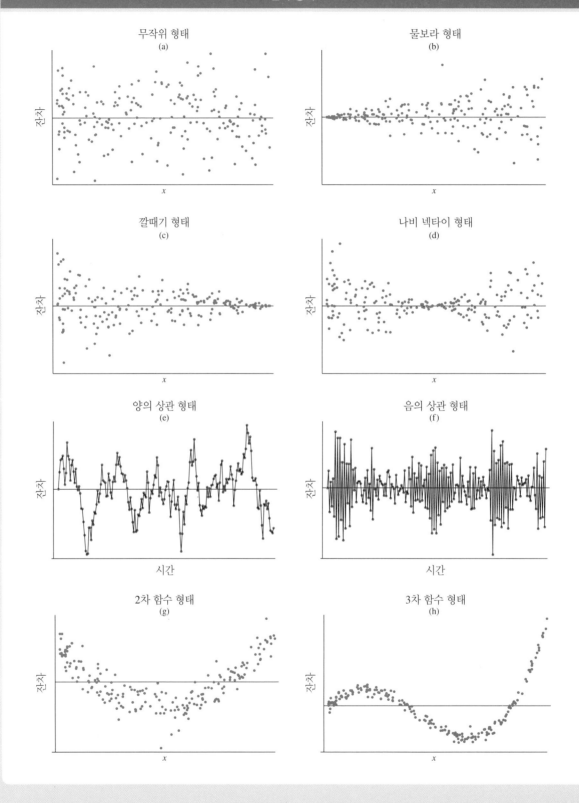

잔차 형태

무작위 형태
(a)

물보라 형태
(b)

깔때기 형태
(c)

나비 넥타이 형태
(d)

양의 상관 형태
(e)

음의 상관 형태
(f)

2차 함수 형태
(g)

3차 함수 형태
(h)

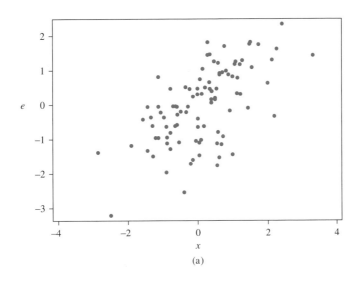

(a)

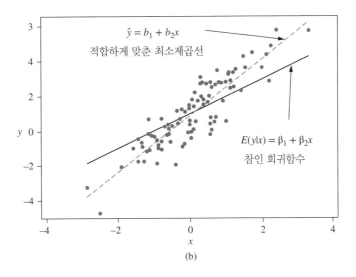

(b)

계량경제학

R. Carter Hill • William E. Griffiths • Guay C. Lim 지음
이병락 옮김

Σ시그마프레스   **WILEY**

계량경제학, 제5판

발행일 | 2020년 9월 1일 1쇄 발행
2021년 8월 5일 2쇄 발행

지은이 | R. Carter Hill, William E. Griffiths, Guay C. Lim
옮긴이 | 이병락
발행인 | 강학경
발행처 | (주)시그마프레스
디자인 | 이상화
편 집 | 문승연

등록번호 | 제10-2642호
주소 | 서울시 영등포구 양평로 22길 21 선유도코오롱디지털타워 A401~402호
전자우편 | sigma@spress.co.kr
홈페이지 | http://www.sigmapress.co.kr
전화 | (02)323-4845, (02)2062-5184~8
팩스 | (02)323-4197

ISBN | 979-11-6226-283-2

Principles of Econometrics, 5th Edition

＊ 책값은 책 뒤표지에 있습니다.
이 도서의 국립중앙도서관 출판예정도서목록(CIP)은 서지정보유통지원시스템 홈페이지(http://seoji.nl.go.kr)와 국가자료종합목록 구축시스템(http://kolis-net.nl.go.kr)에서 이용하실 수 있습니다. (CIP제어번호 : 2020033368)

이 책은 R. Carter Hill, William E. Griffiths, Guay C. Lim 3인의 교수가 공동 저술한 *Principles of Econometrics*(제5판)를 번역한 것이다. 저자들이 밝히고 있는 것처럼, 이 책은 경제학 또는 경영학을 전공하는 학부 과정뿐만 아니라, 경제학, 재무학, 회계학, 농업경제학, 마케팅, 정책학, 사회학, 법학, 임학, 정치학 등 폭넓게 대학원 과정에도 활용될 수 있는 계량경제학 입문서이다.

이 책을 학습하는 데 필요한 선수과정으로는 기초 통계학을 꼽을 수 있다. 하지만 이 책은 본론으로 들어가기 전에 제0장에서 확률에 대한 기본 개념을 개괄적으로 소개하고 있으므로, 이를 활용하여 이 책에서 필요한 기초 개념을 살펴볼 수 있다.

제5판은 이전의 판들과 비교하여 여러 가지 면에서 내용이 보강되고 확장되었지만, 가장 큰 특징은 정리문제들을 많이 보충하였다는 점이다. 이런 다양한 정리문제를 통해 학습한 내용을 실제로 응용해보고, 이를 통해 이해를 심화시킬 수 있을 것으로 기대한다.

각 장에는 국문과 영문으로 주요 용어를 수록하여 학습한 핵심 개념을 정리할 수 있도록 하였으며, 복습용 질문에서는 각 장에서 학습한 기본내용을 다시 한 번 정리할 수 있도록 하였다. 다양한 연습문제는 학습한 내용을 점검하고 이를 응용해 볼 수 있는 기회를 제공할 것으로 기대한다.

이 책을 학습하는 데 활용할 수 있는 통계 소프트웨어의 사용방법에 대해서, 저자들은 다음과 같은 보충 서적 및 자료들을 추천하고 있다.

- *Using EViews for the Principles of Econometrics*, *Fifth Edition*, by William E. Griffiths, R. Carter Hill, and Guay C. Lim [ISBN 9781118469842]
- *Using Stata for the Principles of Econometrics*, *Fifth Edition*, by Lee C. Adkins and R. Carter Hill [ISBN 9781118469873]
- *Using SAS for the Principles of Econometrics*, *Fifth Edition*, by Randall C. Campbell and R. Carter Hill [ISBN 9781118469880]
- Using Excel for Principles of Econometrics, Fifth Edition, by Genevieve Briand and R. Carter Hill [ISBN 9781118469835]
- *Using GRETL for Principles of Econometrics*, *Fifth Edition*, by Lee C. Adkins [통계 소프트웨어 GRETEL (download from http://gretl.sourceforge.net) 그리고 매뉴얼 (freely available at www.learneconometrics.com/gretl.html)]

- *Using R for Principles of Econometrics*, by Constantin Colonescu [통계 소프트웨어 R (download from https∶//www.r−project.org/)]

관련 데이터 파일, 자료, 간략한 해법 등에 대해서는 다음 웹사이트를 참고하도록 한다.

- www.principlesofeconometrics.com
- www.wiley.com/college/hill

정리문제에 사용된 데이터 파일은 다음과 같다.

정리문제 2.3 : *food*	정리문제 8.5: *cps5_small*	정리문제 14.1: *returns5*
정리문제 2.6 : *br*	정리문제 8.8: *cex5_small*	정리문제 14.3: *byd*
정리문제 4.8 : *wa_wheat*	정리문제 8.9: *coke*	정리문제 15.1: *nls_panel*
정리문제 4.10 : *cps5_small*	정리문제 9.1: *usmacro*	정리문제 15.2: *chemical2*
정리문제 4.13 : *newbroiler*	정리문제 9.2: *usmacro*	정리문제 15.5: *chemical2*
정리문제 5.1: *andy*	정리문제 9.3: *usmacro*	정리문제 15.6: *chemical2*
정리문제 5.15: *cps5_small*	정리문제 9.13: *okun5_aus*	정리문제 15.7: *chemical3*
정리문제 6.9: *beer*	정리문제 9.14: *phillips5_aus*	정리문제 15.8: *chemical3*
정리문제 6.10: *edu_inc*	정리문제 9.15: *phillips5_aus*	정리문제 15.9: *chemical3*
정리문제 6.13: *koop_tobias_87*	정리문제 9.17: *okun5_aus*	정리문제 15.10: *nls_panel*
정리문제 6.16: *br5*	정리문제 9.18: *okun5_aus*	정리문제 15.11: *chemical3*
정리문제 6.17: *rice5*	정리문제 10.1: *mroz*	정리문제 15.14: *chemical3*
정리문제 6.19: *nlls*	정리문제 10.2: *mroz*	정리문제 16.2: *transport*
정리문제 6.20: *steel*	정리문제 10.4: *mroz*	정리문제 16.4: *transport*
정리문제 7.1: *utown*	정리문제 11.1: *truffles*	정리문제 16.6: *coke*
정리문제 7.2: *cps5_small*	정리문제 11.2: *fultonfish*	정리문제 16.9: *mroz*
정리문제 7.3: *cps5_small*	정리문제 12.1: *gdp5*	정리문제 16.14: nels_small
정리문제 7.5: *cps5_small*	정리문제 12.2: *toody5*	정리문제 16.15: rwm88_small
정리문제 7.6: *cps5_small*	정리문제 12.3: *spurious*	정리문제 16.16: *mroz*
정리문제 7.7: *coke*	정리문제 12.10: *cons_inc*	정리문제 16.17: *mroz*
정리문제 7.8: *star*	정리문제 13.1: *gdp*	
정리문제 7.12: *njmin3*	정리문제 13.2: *fred5*	

요약 차례

차례

CHAPTER **6**

다중회귀 모형에 관한 추가적인 논의

CHAPTER **7**

모의변수 활용

CHAPTER 12

시계열 자료를 활용한 회귀 : 불안정한 변수

CHAPTER 13

벡터 오차 수정(VEC) 모형 및 벡터 자기회귀(VAR) 모형

CHAPTER 14

시간의 변화에 따른 변동성과 ARCH 모형

확률 개념 기초

여기서는 계량경제학을 학습하기 전에 기본적인 확률 개념에 대해 살펴보고자 한다. 고찰하게 될 주요 개념으로는 확률변수, 확률분포, 결합 확률, 한계 확률, 조건부 확률, 정규분포 등을 들 수 있다.

0.1 확률변수

인생이나 생활에서 접하게 되는 거의 모든 것들은 불확실하다. 여러분이 응원하는 야구팀이 다음 시즌에서 몇 경기를 승리할지 알지 못한다. 다음 시험에 몇 점을 받을 수 있을지 알지 못하며, 내일 주식시장의 주가지수가 얼마나 될지도 알지 못한다. 이런 사건이나 결과는 불확실하거나 무작위적이다. 확률(probability)은 발생하게 될 가능한 결과들에 대해 알려준다.

확률변수(random variable)는 관찰될 때까지 그 값을 알지 못하는 변수이다. 다시 말해 완전하게 예측할 수 없는 변수이다. 각 확률변수는 이들이 취할 수 있는 가능한 일련의 값들을 갖는다. W가 여러분이 응원하는 야구팀이 내년에 승리할 게임의 수라면, 최대 13개 경기가 있는 경우 W는 0, 1, 2, … 13이 된다. 이처럼 변수가 양의 정수를 사용하여 셀 수 있는 유한값만을 갖는 경우 이산적 확률변수(discrete random variable)라고 한다. 이산적 확률변수의 다른 예로는 무작위로 선택한 가계가 보유한 컴퓨터의 수, 내년에 여러분이 주치의를 방문하게 될 횟수를 들 수 있다. 예를 들면, 전화 설문조사에서 대졸인지 여부를 묻는다면 '그렇다' 또는 '아니다'라고만 답할 수 있으며, 이처럼 두 개 값 중에서 단지 한 개만을 취할 수 있는 특별한 경우가 있다. 이와 같은 결과는 긍정인 경우 1의 값을 취하거나 부정인 경우 0의 값을 취하는 모의변수(indicator variable)로 특징지을 수 있다. 모의변수는 이산적이며, 예를 들면, 성별(남성 또는 여성) 또는 인종(백인 또는 유색인)처럼 질적인 특성을 나타내는 데 사용된다.

미국 GDP도 확률변수의 또 다른 예가 된다. 왜냐하면 이 값은 관찰될 때까지 알지 못하기 때문이다. 2014년 제3분기에 미국 GDP는 16,164.1(십억 달러)로 측정되었다. 2025년 제2분기 미국 GDP가 얼마가 될지 알지 못하며 완전하게 예측할 수도 없다. 미국 GDP는 달러로 측정되며, 정수로 측정될 수 있으나, 그 값이 매우 커서 개별 달러로 특정될 경우 목적에 부합되지 않는다. 실제적인 목적에 부합되기 위해서 GDP는 영부터 무한대까지 구간의 어떤 값도 취할 수 있다. 따라서 이는 연속적 확률변수(continuous random variable)로 취급된다. 예를 들면, 이자율, 투자, 소비와 같은 일반거시경제변수들도 또한 연속적 확률변수로 취급된다. 금융 분야에서 예를 들면, 다우 존스 인더스트리얼 지수처럼 주식시장 지수도 또한 연속적 확률변수로 취급된다. 연속적이라고 하는 이런 변수들의 주요한 특징은 수직선상의 일정 구간 내에서 (단지 정수만이 아니라) 어떤 값도 취할 수 있다는 것이다.

0.2 확률분포

확률은 통상적으로 실험(experiment) 측면에서 정의된다. 단순 실험의 틀 내에서 이를 살펴보도록 하자. 표 0.1에 있는 대상물들을 관심을 갖고 있는 모집단이라고 생각하자. 통계학 및 계량경제학에서 모집단(population)이란 용어는 중요한 개념이다. 모집단이란 예를 들면, 사람, 농장, 기업처럼 공통점을 갖고 있는 대상물들의 집합이다. 모집단은 완전한 집합이며 분석의 핵심이다. 이 경우 모집단은 표 0.1에서 보는 10개 대상물의 집합이다. 이 모집단을 활용하여 확률 개념에 대해 논의할 것이다. 실증분석(empirical analysis)에서 관찰값들의 표본은 관심의 대상인 모집단으로부터 수집되며, 표본 관찰값들을 활용하여 모집단에 관한 추론을 한다.

무작위적으로 표에서 낱칸 1개를 선택할 경우(표를 10개의 동일한 크기의 종이쪽지로 잘라서, 이를 잘 섞은 후 보지 않고 쪽지 중 1개를 꺼낸다고 가상하자), 이는 무작위 실험(random experiment)이 된다. 이 무작위 실험에 기초하여 몇 개의 확률변수를 정의할 수 있다. 예를 들어 확률변수 X를 꺼낸 쪽지 위에 쓰인 숫자값이라고 하자. (여기서는 확률변수를 나타내기 위해서 X와 같은 대문자를 사용한다.) 여기서 확률변수란 용어는 약간 필요에 의해 붙여진 명칭이며, 실제로는 실험결과에 대해서 숫자값을 부여하는 규칙이다. 표 0.1의 틀 내에서 규칙에 따르면 다음과 같다. "실험을 하고서(종이쪽지를 섞은 다음에 1개를 꺼내서), 꺼낸 종이쪽지에 있는 숫자를 X에 할당한다." X가 취할 수 있는 값은 이에 상응하는 소문자 x로 나타내며, 이 경우에 X값은 $x = 1$ 또는 2 또는 3 또는 4가 된다.

표 0.1의 모집단을 활용하는 실험을 통해 많은 확률변수를 만들어낼 수 있다. Y를 종이쪽지 색깔을 나타내는 이산적 확률변수라고 하자. $Y = 1$은 배경 색깔이 있는 종이쪽지를 나타내며, $Y = 0$은 배경 색깔이 없는 종이쪽지를 나타낸다. Y가 취할 수 있는 숫자값은 $y = 0$ 또는 1이다.

표 0.1 종이쪽지 : 모집단

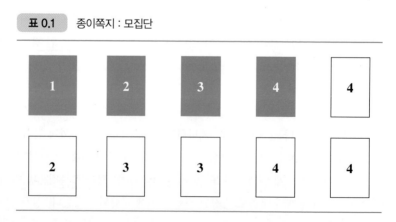

X, 즉 종이쪽지 위의 숫자값을 생각해 보자. 잘 섞은 후에 종이쪽지를 선택할 확률이 동일하다면, 많은 수의 실험에서(즉 10개의 종이쪽지를 잘 섞어서 1개를 뽑는 작업에서) $X = 1$이 관찰될 기회는 10%, $X = 2$가 관찰될 기회는 20%, $X = 3$이 관찰될 기회는 30%, $X = 4$가 관찰될 기회는 40%가 된다. 이들은 특정값이 발생할 확률이다. 예를 들면, $P(X = 3) = 0.3$이라고 한다. 이와 같은 해석은 여러 번의 실험을 반복적으로 할 경우 특정 결과가 발생할 상대도수(relative frequency)와 연관된다.

어떤 결과가 발생할 확률은 확률밀도 함수(probability density function, pdf)를 사용하여 간략하게 나타낼 수 있다. 이산적 확률변수의 pdf는 발생할 가능성이 있는 각 값의 확률을 나타낸다. 이산적 확률변수 X에 대해서 pdf $f(x)$의 값은 확률변수 X가 x값을 취할 확률, $f(x) = P(X = x)$이다. $f(x)$는 확률이므로, $0 \leq f(x) \leq 1$가 참이어야 하며, X가 n개의 가능한 값들 $x_1, \cdots, x_n$을 취할 경우 이들 확률의 합은 다음과 같이 1이 되어야만 한다.

$$f(x_1) + f(x_2) + \cdots + f(x_n) = 1 \qquad (0.1)$$

이산적 확률변수의 경우 pdf는 예를 들면, 표 0.2처럼 표로 제시될 수 있다.

그림 0.1에서 보는 것처럼 pdf는 또한 막대그래프로 나타낼 수 있으며, 막대의 높이는 상응하는 값이 발생할 확률을 의미한다.

누적분포 함수(cumulative distribution function, cdf)는 확률을 나타내는 또 다른 대안적인 방법이다. 확률변수 X의 cdf는 $F(x)$로 나타내며, 이는 X가 특정값 x보다 작거나 같을 확률을 알려준다. 즉 다음과 같다.

$$F(x) = P(X \leq x) \qquad (0.2)$$

표 0.2 X의 확률밀도 함수	
x	$f(x)$
1	0.1
2	0.2
3	0.3
4	0.4

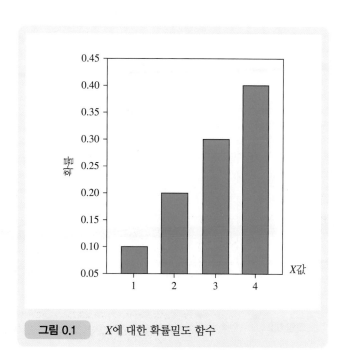

그림 0.1 X에 대한 확률밀도 함수

🏃 정리문제 0.1   *cdf* 활용하기

표 0.2의 확률을 사용하여 다음과 같은 값을 구할 수 있다. $F(1) = P(X \leq 1) = 0.1$, $F(2) = P(X \leq 2) = 0.3$, $F(3) = P(X \leq 3) = 0.6$, $F(4) = P(X \leq 4) = 1$. 예를 들면 *pdf* $f(x)$를 사용하여 X가 2보다 작거나 같을 확률을 구하면 다음과 같다.

$$F(2) = P(X \leq 2) = P(X = 1) + P(X = 2) = 0.1 + 0.2 = 0.3$$

확률의 합은 $P(X = 1) + P(X = 2) + P(X = 3) + P(X = 4) = 1$이므로 X가 2보다 클 확률은 다음과 같이 계산할 수 있다.

$$P(X > 2) = 1 - P(X \leq 2) = 1 - F(2) = 1 - 0.3 = 0.7$$

X에 대한 *pdf*와 *cdf* 간의 주요한 차이점은 다음과 같은 질문을 통해 보여줄 수 있다. "표 0.2의 확률분포를 활용해 볼 때 $X = 2.5$일 확률은 얼마인가?" X는 이 값을 취할 수 없으므로 이 확률은 0이다. "X가 2.5보다 작거나 같을 확률은 얼마인가?"라는 질문에 대해 다음과 같이 답할 수 있다.

$$F(2.5) = P(X \leq 2.5) = P(X = 1) + P(X = 2)$$
$$= 0.1 + 0.2 = 0.3$$

$-\infty$와 $+\infty$ 사이의 어떤 값 x에 대한 누적확률을 계산할 수 있다.

연속적 확률변수는 구간 내의 어떤 값도 취할 수 있으며, 무한대의 숫자값을 갖는다. 따라서 어떤 특정값의 확률은 0이 된다. 연속적 확률변수의 경우 어떤 영역 내에 있는 결과들에 대해 논의한다. 그림 0.2는 0부터 무한대까지 x값을 취하는 연속적 확률변수 X의 *pdf* $f(x)$를 보여주고 있다. 곡선의 형태는 예를 들면, 개인소득 또는 개인임금과 같은 경제변수의 분포를 보여준다. 곡선 아래의 면적은 X가 구간 내에 포함될 확률을 의미한다. *cdf* $f(x)$는 식 (0.2)처럼 정의된다. 이 분포는 다음과 같다.

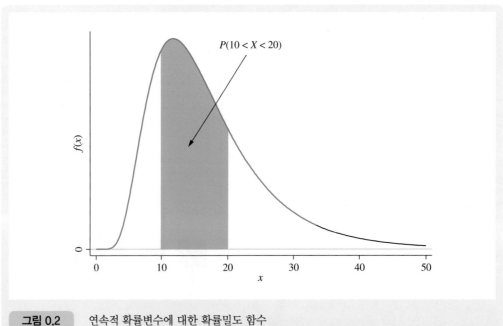

그림 0.2   연속적 확률변수에 대한 확률밀도 함수

$$P(10 < X < 20) = F(20) - F(10) = 0.52236 - 0.17512 = 0.34724 \qquad (0.3)$$

이 면적은 어떻게 구할 수 있는가? 적분법을 활용하여 곡선 아래의 면적을 구할 수 있다. 이 책에서는 적분법을 활용한 계산은 하지 않고, 대신에 컴퓨터 소프트웨어 명령을 사용하여 *cdf* 값과 확률을 계산할 것이다.

0.3 결합 확률, 한계 확률, 조건부 확률

2개 이상의 확률변수를 대상으로 하는 경우 결합 확률밀도 함수(joint probability density function)가 필요하다. 표 0.1의 모집단에 대해 2개의 확률변수를 다음과 같이 정의하였다. 즉 X는 무작위로 뽑은 종이쪽지의 숫자값이며, Y는 무작위로 뽑은 종이쪽지의 배경 색깔이 있는 경우 1이 되며, 배경 색깔이 없는 경우 0이 된다.

　X 및 Y에 대한 결합 *pdf*를 사용하여 다음과 같이 말할 수 있다. "배경 색깔이 있는 번호 2를 뽑을 확률은 0.10이다." 이것은 2개 사건이 동시에 발생할 확률에 대해 말하고 있으므로 결합 확률이다. 뽑은 종이쪽지가 $X = 2$란 숫자값을 가져야 하고, 뽑은 종이쪽지의 배경 색깔이 있어야 하므로 $Y = 1$이 되어야 한다. 이를 다음과 같이 나타낼 수 있다.

$$P(X = 2 \text{ 및 } Y = 1) = P(X = 2, Y = 1) = f(x = 2, y = 1) = 0.1$$

표 0.3에 기재된 사항들은 결합된 결과가 발생할 확률 $f(x, y) = P(X = x, Y = y)$이다. 1개 확률변수를 갖는 *pdf*처럼 결합 확률의 합계는 1이다.

0.3.1 한계분포

결합 *pdf*가 주어지면 개별 확률변수의 확률분포를 구할 수 있으며, 이는 또한 한계분포(marginal distribution)라고 알려져 있다. 표 0.3에서 $x = 1, 2, 3, 4$의 값을 가지면서 배경 색깔이 있는 종이쪽지 $Y = 1$을 가질 수 있다는 사실을 알 수 있다. 배경 색깔이 있는 종이쪽지를 뽑을 확률은 배경 색깔이 있는 1, 배경 색깔이 있는 2, 배경 색깔이 있는 3, 배경 색깔이 있는 4를 뽑을 확률들의 합이다. 즉 $Y = 1$이 될 확률은 다음과 같다.

$$P(Y = 1) = f_Y(1) = 0.1 + 0.1 + 0.1 + 0.1 = 0.4$$

이는 표에 있는 두 번째 행의 확률들을 합한 것이다. 마찬가지로 배경 색깔이 없는 종이쪽지를 뽑

표 0.3　X와 Y에 대한 결합 확률밀도 함수

y	x			
	1	2	3	4
0	0	0.1	0.2	0.3
1	0.1	0.1	0.1	0.1

표 0.4 결합 확률 및 한계 확률

y/x	1	2	3	4	f(y)
0	0	0.1	0.2	0.3	0.6
1	0.1	0.1	0.1	0.1	0.4
f(x)	0.1	0.2	0.3	0.4	1.0

을 확률은 첫 번째 행의 확률들을 합한 것으로 다음과 같다. $P(Y=0) = f_Y(0) = 0 + 0.1 + 0.2 + 0.3 = 0.6$. 여기서 $f_Y(y)$는 확률변수 Y의 pdf를 의미한다. 확률 $P(X=x)$는 이와 유사하게 Y값을 가로질러 아래로 합산하여 계산할 수 있다. 결합분포 및 한계분포는 보통 표 0.4에 있는 것처럼 제시된다.

0.3.2 조건부 확률

배경 색깔이 있는 경우를 가정하면 무작위로 뽑은 종이쪽지가 2를 취할 확률은 얼마인가? 이 질문은 $Y=1$이라고 가정할 경우 $X=2$가 발생할 조건부 확률(conditional probability)에 관한 것이다. 조건부가 미치는 영향으로 인해 가능한 결과들의 집합이 감소한다. $Y=1$인 조건하에서는 배경 색깔이 있는 4개 종이쪽지만을 고려하게 된다. 이들 4개 종이쪽지 중 1개가 2이므로 $Y=1$이라고 주어진 경우 $X=2$일 조건부 확률은 0.25이다. 배경 색깔이 있는 종이쪽지만을 고려하도록 주어진 경우, 2를 뽑을 수 있는 것은 네 번의 기회 중 한 번이다. 조건부는 고려되는 모집단의 규모를 축소시키며, 조건부 확률은 축소된 모집단을 특징짓는다. 이산적 확률변수의 경우 $Y=y$라 가정하고 확률변수 X가 x값을 취할 확률은 $P(X=x|Y=y)$로 나타낸다. 이 조건부 확률은 다음과 같은 조건부 pdf(conditional pdf) $f(x|y)$로 구할 수 있다.

$$f(x|y) = P(X=x|Y=y) = \frac{P(X=x, Y=y)}{P(Y=y)} = \frac{f(x,y)}{f_Y(y)} \quad (0.4)$$

여기서 $f_Y(y)$는 Y의 한계 pdf이다.

기억하여야 할 사항은 조건부로 인해서 조건이 준수되는 모집단의 부분집합만을 고려한다는 점이다. 그렇게 되면 확률계산은 '새로운' 모집단에 기초하게 된다. X의 각 값에 대해 이런 과정을 반복하여 표 0.5에 주어진 완전한 조건부 pdf를 구할 수 있다.

정리문제 0.2 조건부 확률 계산하기

한계 확률 $P(Y=1) = 0.4$를 활용하여 $Y=1$인 경우 X의 조건부 pdf를 각 X값에 대해 식 (0.4)를 사용하여 구하시오. 예를 들면, 다음과 같다.

$$f(x=2|y=1) = P(X=2|Y=1)$$
$$= \frac{P(X=2, Y=1)}{P(Y=1)} = \frac{f(x=2, y=1)}{f_Y(1)}$$
$$= \frac{0.1}{0.4} = 0.25$$

표 0.5 Y=1이 주어진 경우 X의 조건부 확률

x	1	2	3	4
$f(x\,|\,y=1)$	0.25	0.25	0.25	0.25

0.3.3 통계적 독립성

표 0.1에서 배경 색깔이 있는 종이쪽지를 뽑을 때, 가능한 각 결과 $x = 1,\ 2,\ 3,\ 4$를 선택할 확률은 0.25이다. 배경 색깔이 있는 종이쪽지들의 모집단에서 숫자값들은 동등하게 선택될 것으로 보인다. 한계 pdf로부터 전체 모집단에서 $X = 2$를 무작위로 선택할 확률은 $P(X = 2) = f_X(2) = 0.2$이다. 이는 조건부 확률과 다르다. 종이쪽지의 배경 색깔이 있다는 사실을 알고 있는 경우 $X = 2$를 갖게 될 확률에 대해 시사하는 바가 있다. 이런 확률변수는 통계적 의미에서 종속적(dependent)이다. $Y = y$라고 주어진 경우에 $X = x$일 조건부 확률이, $X = x$일 조건이 없는 확률과 동일하다면 2개 확률변수는 통계적으로 독립적(statistically independent)이거나 또는 단순히 독립적(independent)이라고 한다. X와 Y가 독립적인 확률변수인 경우 이것이 의미하는 바는 다음과 같다.

$$P(X = x\,|\,Y = y) = P(X = x) \tag{0.5}$$

이와 동등하게, X와 Y가 독립적이라면 $Y = y$라고 주어진 경우의 조건부 pdf는 X만의 조건이 없는 pdf 또는 한계 pdf와 같다.

$$f(x|y) = \frac{f(x, y)}{f_Y(y)} = f_X(x) \tag{0.6}$$

결합 pdf에 대해 식 (0.6)을 풀 때, 이들의 결합 pdf가 이들의 한계 pdf 곱을 계산에 포함할 경우 X와 Y가 통계적으로 독립적이라고 또한 말할 수 있다.

$$P(X = x,\ Y = y) = f(x,\ y) = f_X(x)\, f_Y(y) = P(X = x) \times P(Y = y) \tag{0.7}$$

x 및 y의 각각 그리고 각 쌍에 대해 식 (0.5) 또는 식 (0.7)이 참인 경우, X와 Y는 통계적으로 독립적이다. 이 규칙은 3개 이상의 확률변수로도 확장된다. 이 규칙을 활용하여 표 0.4에 있는 확률변수 X와 Y의 독립성을 점검할 수 있다. 쌍을 이룬 값들에 대해 식 (0.7)의 규칙이 준수되지 않을 경우 X와 Y는 통계적으로 독립적이지 않다. $X = 1$ 및 $Y = 1$인 쌍을 생각해 보자.

$$P(X = 1,\ Y = 1) = f(1,\ 1) = 0.1 \neq f_X(1)\, f_Y(1) = P(X = 1) \times P(Y = 1) = 0.1 \times 0.4 = 0.04$$

결합 확률은 0.1이고 개별 확률의 곱은 0.04이다. 이들 2개 값이 동일하지 않기 때문에 X와 Y는 통계적으로 독립적이지 않다고 결론을 내릴 수 있다.

0.4 보충 논의 : 합산 기호

이 책 전반에 걸쳐 대수식을 간단하게 표기한 합산 부호(summation sign) $\sum$를 사용할 것이다. 확률

변수 X가 x_1, x_2, $\cdots$, x_{15} 값들을 취한다고 가상하자. 이 값들의 합은 $x_1 + x_2 + \cdots + x_{15}$이다. 매번 이 합계를 쓰기보다는 $\sum_{i=1}^{15} x_i$로 나타낼 것이며, 따라서 $\sum_{i=1}^{15} x_i = x_1 + x_2 + \cdots + x_{15}$이다. 일반적인 숫자 n개 항을 합할 경우 합산은 $\sum_{i=1}^{n} x_i = x_1 + x_2 + \cdots + x_n$이 된다.

- $\sum$는 '~의 합'이란 의미이다.
- 문자 i는 합산 지수이며, t, j, k로도 나타낼 수 있다.
- $\sum_{i=1}^{n} x_i$는 'x_i항의 1부터 n까지의 합'이라고 읽는다.
- 숫자 1과 n은 합산의 하한값과 상한값이다.

합산을 시행할 때 다음과 같은 규칙이 적용된다.

1. n개 값 x_1, $\cdots$, x_n의 합은 $\displaystyle\sum_{i=1}^{n} x_i = x_1 + x_2 + \cdots + x_n$이다.

2. a가 상수인 경우 다음과 같다.

$$\sum_{i=1}^{n} a x_i = a \sum_{i=1}^{n} x_i$$

3. a가 상수인 경우 다음과 같다.

$$\sum_{i=1}^{n} a = a + a + \cdots + a = na$$

4. X 및 Y가 2개 변수인 경우 다음과 같다.

$$\sum_{i=1}^{n} (x_i + y_i) = \sum_{i=1}^{n} x_i + \sum_{i=1}^{n} y_i$$

5. X 및 Y가 2개 변수인 경우 다음과 같다.

$$\sum_{i=1}^{n} (a x_i + b y_i) = a \sum_{i=1}^{n} x_i + b \sum_{i=1}^{n} y_i$$

6. n개 X값의 산술평균은 다음과 같다.

$$\bar{x} = \frac{\displaystyle\sum_{i=1}^{n} x_i}{n} = \frac{x_1 + x_2 + \cdots + x_n}{n}$$

7. 산술평균의 특성은 다음과 같다.

$$\sum_{i=1}^{n} (x_i - \bar{x}) = \sum_{i=1}^{n} x_i - \sum_{i=1}^{n} \bar{x} = \sum_{i=1}^{n} x_i - n\bar{x} = \sum_{i=1}^{n} x_i - \sum_{i=1}^{n} x_i = 0$$

8. 단축된 형태의 합산부호를 자주 사용한다. 예를 들면, $f(x)$가 X값들의 함수라면 다음과 같다.

$$\sum_{i=1}^{n} f(x_i) = f(x_1) + f(x_2) + \cdots + f(x_n)$$
$$= \sum_{i} f(x_i) \text{(지수 } i\text{의 모든 값에 대한 합)}$$
$$= \sum_{x} f(x) \text{(}X\text{의 모든 가능한 값에 대한 합)}$$

9. 하나의 식에 몇 개의 합산 기호가 사용될 수 있다. Y가 n개 값을 취하고 X가 m개 값을 취하며 $f(x, y) = x + y$라고 가정하자. 이 함수의 이중합산(double summation)은 다음과 같다.

$$\sum_{i=1}^{m} \sum_{j=1}^{n} f(x_i, y_j) = \sum_{i=1}^{m} \sum_{j=1}^{n} (x_i + y_j)$$

위의 식을 계산하려면 가장 안쪽에서부터 바깥쪽으로 합산을 해야 한다. 우선 $i = 1$이라 하고, 모든 j 값에 대해 합산을 하며 계속 이렇게 진행시켜 보자. 즉 다음과 같이 해보자.

$$\sum_{i=1}^{m} \sum_{j=1}^{n} f(x_i, y_j) = \sum_{i=1}^{m} \left[f(x_i, y_1) + f(x_i, y_2) + \cdots + f(x_i, y_n) \right]$$

합산 순서는 문제가 되지 않는다. 따라서 다음과 같다.

$$\sum_{i=1}^{m} \sum_{j=1}^{n} f(x_i, y_j) = \sum_{j=1}^{n} \sum_{i=1}^{m} f(x_i, y_j)$$

0.5 확률분포의 특성

그림 0.1 및 0.2는 확률변수값들이 얼마나 자주 발생하는지에 대해 알려준다. 확률분포를 설명하는 두 가지 주요한 특징으로는 분포의 중앙(위치)과 폭(퍼진 정도)을 들 수 있다. 중앙을 측정하는 주요한 값으로 평균(mean) 또는 기댓값(expected value)을 들 수 있으며, 퍼진 정도를 측정하는 값으로는 분산(variance)과 이의 제곱근인 표준편차(standard deviation)를 들 수 있다.

0.5.1 확률변수의 기댓값

확률변수의 평균은 수학적인 기댓값으로 구할 수 있다. X가 $x_1, \cdots, x_n$의 값을 취하는 이산적 확률변수라면, X의 수학적인 기대 또는 기댓값은 다음과 같다.

$$E(X) = x_1 P(X = x_1) + x_2 P(X = x_2) + \cdots + x_n P(X = x_n) \tag{0.8}$$

X의 기댓값 또는 평균은 해당 값들의 가중평균이며, 가중치는 해당 값이 발생하는 확률이다. 대문자 E는 기댓값의 연산을 나타내며, 'X의 기댓값'이라고 읽는다. X의 기댓값을 또한 X의 평균이라고도 한다. 평균은 종종 μ 또는 μ_X로 나타낸다. 이는 근거가 되는 실험을 무한히 반복할 때 확률변수의 평균값이다. 확률변수의 평균은 모평균(population mean)이다. 나중에 자료를 사용하여 실제 세계의 미지수를 추정할 것이기 때문에 모수(population parameter)를 그리스 문자로 나타낸다. 특히 모평균

🎯 **정리문제 0.3**   기댓값 계산하기

표 0.1의 모집단에 대해 X의 기댓값을 계산하면 다음과 같다.

$$E(X) = 1 \times P(X = 1) + 2 \times P(X = 2) + 3 \times P(X = 3) + 4 \times P(X = 4)$$
$$= (1 \times 0.1) + (2 \times 0.2) + (3 \times 0.3) + (4 \times 0.4) = 3$$

μ와 산술 (또는 표본) 평균 $\bar{x}$는 구별을 해야 한다. 적격성을 부여하는 '모집단' 또는 '산술'이란 용어를 붙이지 않고 '평균'이란 용어를 대화 중에 사용할 때는 특히 혼동할 수 있다.

이산적 확률변수의 경우 X가 x값을 취할 확률은 자신의 *pdf* $f(x)$, $P(X = x) = f(x)$로 나타낼 수 있다. 이와 균등하게 식 (0.8)의 기댓값은 다음과 같다.

$$\mu_X = E(X) = x_1 f(x_1) + x_2 f(x_2) + \cdots + x_n f(x_n) = \sum_{i=1}^{n} x_i f(x_i) = \sum_x x f(x) \tag{0.9}$$

식 (0.9)를 사용하여 X의 기댓값, 표 0.1에서 무작위로 뽑은 종이쪽지 위의 숫자값은 다음과 같다.

$$\mu_X = E(X) = \sum_{i=1}^{4} x f(x) = (1 \times 0.1) + (2 \times 0.2) + (3 \times 0.3) + (4 \times 0.4) = 3$$

이것은 무엇을 의미하는가? 표 0.1에서 무작위로 종이쪽지 1개를 뽑아서 숫자값 X를 관찰하자. 이것이 실험을 구성한다. 이 실험을 여러 번 반복하면 $x = 1, 2, 3, 4$ 값은 각각 10%, 20%, 30%, 40%의 확률로 나타나게 된다. 실험 횟수가 많아짐에 따라 모든 숫자값의 산술평균은 $\mu_X = 3$으로 근접하게 될 것이다. 기억해야 할 주요한 사항은 다음과 같다. 확률변수의 기댓값은 실험을 여러 번에 걸쳐 반복적으로 시행할 경우 얻게 되는 평균값이다.

연속적 확률변수의 경우에도 X의 기댓값에 대한 해석은 불변한다. 즉 근저가 되는 무작위 실험을 반복적으로 시행하여 많은 값들을 얻게 되면 기댓값은 X의 평균값이다.

0.5.2 조건부 기댓값

많은 경제적 질문들이 조건부 기댓값(conditional expectation) 또는 조건부 평균(conditional mean)의 측면에서 이루어진다. 예를 들면, 다음과 같다. "교육을 16년 받은 사람의 평균 (기댓값) 임금은 얼마인가?" 기댓값의 표시법을 활용하면 다음과 같다. $E(WAGE | EDUCATION = 16)$은 얼마인가? 이산적 확률변수의 경우, $f(x)$ 대신에 조건부 *pdf* $f(x|y)$를 갖고 식 (0.9)를 활용하여 조건부 기댓값을 계산할 수 있다.

$$\mu_{X|Y} = E(X|Y = y) = \sum_x x f(x|y)$$

🔍 정리문제 0.4   **조건부 기댓값 계산하기**

표 0.1의 모집단을 활용하여 $Y = 1$, 즉 종이쪽지의 배경 색깔이 있는 경우에 X의 숫자적 기댓값은 얼마인가? 표 0.5는 조건부 확률 $f(x|y = 1)$을 보여주고 있다. X의 조건부 기댓값은 다음과 같다.

$$
\begin{aligned}
E(X|Y = 1) &= \sum_{x=1}^{4} x f(x|1) = 1 \times f(1|1) + 2 \times f(2|1) \\
&\quad + 3 \times f(3|1) + 4 \times f(4|1) \\
&= 1(0.25) + 2(0.25) + 3(0.25) + 4(0.25) = 2.5
\end{aligned}
$$

배경 색깔이 있는 종이쪽지에서 쪽지를 꺼내는 실험을 여러 번 반복적으로 시행할 경우 X의 평균값이 2.5가 된다. 이 예는 일반적인 기댓값에 대해 유의할 점, 즉 X의 기댓값은 X가 취할 수 있는 값일 필요가 없다는 점을 알려준다. X의 기댓값은 한 번의 단일 실험에서 발생할 것으로 기대되는 값이 아니다.

확률변수들이 통계적으로 독립적이라면, $Y = y$인 경우 X의 조건부 기댓값은 무엇인가? X와 Y가 통계적으로 독립적이라면, 식 (0.6)에서 보는 것처럼 조건부 $pdf\ f(x|y)$는 X만의 $pdf\ f(x)$와 같다. 그렇다면 조건부 기댓값은 다음과 같아진다.

$$E(X|Y = y) = \sum_x xf(x|y) = \sum_x xf(x) = E(X)$$

X와 Y가 통계적으로 독립적이라면, 조건부는 기댓값에 영향을 미치지는 않는다.

0.5.3 기댓값 규칙

확률변수의 함수도 또한 확률적이다. 예를 들면, $g(X) = X^2$처럼 $g(X)$가 확률변수 X의 함수라면 $g(X)$도 또한 확률적이다. X가 이산적 확률변수라면, $g(X)$의 기댓값은 식 (0.9)와 유사한 계산법을 사용하여 구할 수 있다.

$$E[g(X)] = \sum_x g(x)\,f(x) \tag{0.10}$$

예를 들어, a가 상수라면 $g(X) = aX$는 X의 함수이다.

$$
\begin{aligned}
E(aX) = E[g(X)] &= \sum_x g(x)\,f(x) \\
&= \sum_x axf(x) = a\sum_x xf(x) \\
&= aE(X)
\end{aligned}
$$

이와 유사하게, a 및 b가 상수라면 다음과 같은 사실을 보여줄 수 있다.

$$E(aX + b) = aE(X) + b \tag{0.11}$$

$g_1(X)$ 및 $g_2(X)$가 X의 함수라면 다음과 같다.

$$E[g_1(X) + g_2(X)] = E[g_1(X)] + E[g_2(X)] \tag{0.12}$$

이 규칙은 어떤 수의 함수들에게도 확장될 수 있다. "합의 기댓값은 기댓값의 합이다."라는 말을 기억하자.

0.5.4 확률변수의 분산

이산적 확률변수 또는 연속적 확률변수 X의 분산은 $g(X) = [X - E(X)]^2$의 기댓값이다. 확률변수의 분산은 측정척도와 확률분포의 퍼진 정도의 특성을 설명하는 데 중요하다. 분산은 σ^2, 또는 σ_x^2로 표기하며 이를 '시그마제곱'이라고 읽는다. 분산 σ^2은 모수이므로 그리스어 부호를 갖는다. 대수학적으로 $E(X) = \mu$라 하고, 기댓값 규칙과 $E(X) = \mu$는 확률적이지 않다는 사실을 활용하여 다음과 같은 결과를 얻을 수 있다.

$$
\begin{aligned}
\mathrm{var}(X) = \sigma_X^2 &= E(X - \mu)^2 \\
&= E(X^2 - 2\mu X + \mu^2) = E(X^2) - 2\mu E(X) + \mu^2 \\
&= E(X^2) - \mu^2 \tag{0.13}
\end{aligned}
$$

🐢 정리문제 0.5   분산 계산하기

표 0.1의 모집단에 대해서 $E(X) = \mu = 3$이라는 사실을 보여
주었다. 식 (0.10)을 사용하여 확률변수 $g(X) = X^2$의 기댓
값을 구하면 다음과 같다.

그러면 확률변수 X의 분산은 다음과 같다.

$$\text{var}(X) = \sigma_X^2 = E(X^2) - \mu^2 = 10 - 3^2 = 1$$

$$E(X^2) = \sum_{x=1}^{4} g(x) f(x) = \sum_{x=1}^{4} x^2 f(x) = [1^2 \times 0.1] + [2^2 \times 0.2]$$
$$+ [3^2 \times 0.3] + [4^2 \times 0.4] = 10$$

'var'라는 문자를 사용하여 분산을 나타내며, $\text{var}(X)$를 X의 분산이라고 읽는다. 여기서 X는 확률변수
이다. 계산법 $\text{var}(X) = E(X^2) - \mu^2$은 일반적으로 $\text{var}(X) = E(X - \mu)^2$보다 더 간단하지만 해법은 동일
하다.

분산의 제곱근을 표준편차라고 하며, σ 또는 2개 이상의 확률변수를 논의할 경우 이따금 σ_X로 표
기된다. 이것 또한 확률분포의 퍼진 정도를 측정하며, 확률변수와 동일한 측정단위로 나타낼 수 있는
이점이 있다.

분산의 유용한 특성은 다음과 같다. a 및 b를 상수라고 하자.

$$\text{var}(aX + b) = a^2 \text{var}(X) \tag{0.14}$$

b와 같은 덧셈의 상수는 확률변수의 평균(기댓값)을 변화시키지만, 퍼진 정도(분산)에는 영향을 미
치지 않는다. a와 같은 곱셈의 상수는 평균에 영향을 미치고, 상수의 제곱으로 분산에도 영향을 미
친다.

이에 대해 알아보기 위해서 $Y = aX + b$라고 하자. 식 (0.11)을 활용하면 다음과 같다.

$$E(Y) = \mu_Y = aE(X) + b = a\mu_X + b$$

그렇다면 다음과 같다.

$$\text{var}(aX + b) = \text{var}(Y) = E\left[\left(Y - \mu_Y\right)^2\right] = E\left[\left(aX + b - \left(a\mu_X + b\right)\right)^2\right]$$
$$= E\left[\left(aX - a\mu_X\right)^2\right] = E\left[a^2(X - \mu_X)^2\right]$$
$$= a^2 E\left[\left(X - \mu_X\right)^2\right] = a^2 \text{var}(X)$$

확률변수의 분산은 확률변수 X와 이것의 평균값 μ_X 사이의 평균제곱한 차이다. 확률변수의 분산이
커질수록 확률변수값들이 더욱 퍼져 존재한다. 그림 0.3은 연속적 확률변수에 대한 2개의 *pdf*를 보여
주고 있으며, 둘 모두 평균 $\mu = 3$이다. 더 작은 분산을 갖는 분포(실선 곡선)가 평균으로부터 덜 퍼져
있다.

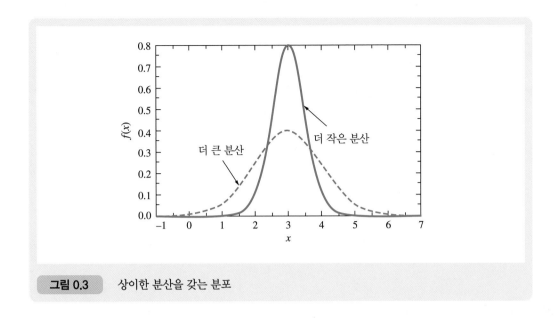

그림 0.3 상이한 분산을 갖는 분포

0.5.5 몇 개 확률변수들의 기댓값

X와 Y가 확률변수라고 하자. "합의 기댓값은 기댓값의 합이다."라는 규칙을 적용하면 다음과 같다.

$$E(X + Y) = E(X) + E(Y) \tag{0.15}$$

이와 유사하게 다음과 같다.

$$E(aX + bY + c) = aE(X) + bE(Y) + c \tag{0.16}$$

확률변수의 곱은 이렇게 용이하지는 않다. X와 Y가 독립적인 경우 $E(XY) = E(X)E(Y)$이다. 이 규칙들은 확률변수가 더 많은 경우에도 적용될 수 있다.

0.5.6 2개 확률변수 사이의 공분산

X와 Y 사이의 공분산(covariance)은 이들 사이의 선형 연관성을 측정한 것이다. 예를 들면, 아이들의 키와 몸무게처럼 2개의 연속적 변수를 생각해보자. 키와 몸무게 사이에 연관성이 있을 것으로, 즉 평균보다 키가 큰 아이는 평균보다 몸무게가 더 나가는 경향이 있을 것으로 기대된다. X에서 평균을 뺀 값과 Y에서 평균을 뺀 값을 곱하면 다음과 같다.

$$(X - \mu_X)(Y - \mu_Y) \tag{0.17}$$

그림 0.4는 $E(X) = E(Y) = 0$이 되도록 만들어진 X 및 Y의 값(x 및 y)들을 도표로 보여주고 있다.

　X 및 Y의 x값과 y값은 대부분 1사분면과 3사분면에 위치하므로, $(x - \mu_X)(y - \mu_Y)$ 값의 산술평균은 양이 된다. 2개 확률변수 사이의 공분산은 식 (0.17)에 있는 곱의 기댓(모평균)값이라고 정의한다.

$$\text{cov}(X, Y) = \sigma_{XY} = E\big[(X - \mu_X)(Y - \mu_Y)\big] = E(XY) - \mu_X\mu_Y \tag{0.18}$$

'cov'라는 문자를 사용하여 공분산을 나타내며, $\text{cov}(X, Y)$를 X와 Y 사이의 공분산이라고 읽는다. 여

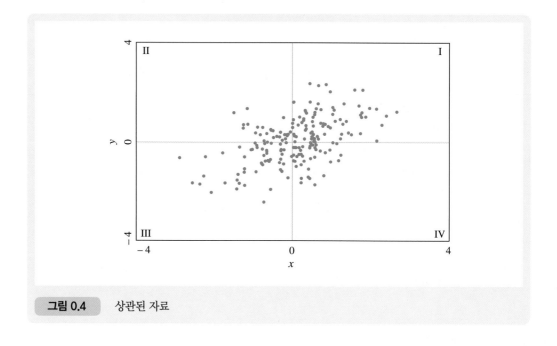

그림 0.4 상관된 자료

기서 X와 Y는 확률변수이다. 그림 0.4의 근저가 되는 확률변수들의 공분산 σ_{XY}는 양이 되며, 이는 x값이 μ_X보다 더 클 때 y값도 또한 μ_Y보다 더 커지는 경향이 있다는 사실을 알려준다. 이는 또한 x값이 μ_X보다 더 작을 때 y값도 또한 μ_Y보다 더 작아지는 경향이 있다는 사실도 알려준다. 확률변수값들이 대부분 2사분면과 4사분면에 위치하는 경향이 있는 경우 $(x-\mu_X)(y-\mu_Y)$는 음이 되는 경향이 있으며 σ_{XY}는 음이 된다. 확률변수값들이 4개 사분면에 고르게 퍼져 있으면서 양의 관계나 음의 관계를 보여주지 않는 경우 공분산은 영이 된다. σ_{XY}의 부호는 확률변수 X 및 Y가 양으로 연관되는지 또는 음으로 연관되는지 여부를 알려준다.

X 및 Y가 서로 상이한 측정단위를 가질 수 있기 때문에 σ_{XY}의 실제 값을 판단하기는 어렵다. 변수들의 표준편차로 공분산을 일정한 기준으로 나타낼 경우 측정단위를 제거하여 X와 Y 사이의 상관 (correlation)을 정의할 수 있다.

$$\rho = \frac{\text{cov}(X, Y)}{\sqrt{\text{var}(X)}\sqrt{\text{var}(Y)}} = \frac{\sigma_{XY}}{\sigma_X \sigma_Y} \tag{0.19}$$

공분산의 경우와 마찬가지로 2개 확률변수 사이의 상관 ρ는 이들 사이의 선형 연관 정도를 측정한다. 하지만 공분산과는 달리 상관은 -1과 1 사이에 위치한다. 따라서 X가 Y의 완전한 양의 선형 함수거나 또는 완전한 음의 선형 함수인 경우 X가 Y 사이의 상관은 1 또는 -1이 된다. X와 Y 사이에 선형 연관성이 없는 경우 $\text{cov}(X, Y) = 0$이 되어서 $\rho = 0$이 된다. 다른 상관값들의 경우 절댓값 $|\rho|$의 크기는 확률변수값들 사이의 선형 연관성 '강도'를 알려준다. 그림 0.4에서 X와 Y 사이의 상관은 $\rho = 0.5$이다.

X와 Y가 독립적 확률변수라면, 이들의 공분산 및 상관은 영이 된다. 하지만 이런 관계의 역은 참이 아니다. 독립적 확률변수 X 및 Y가 영의 공분산을 갖는다는 것은 이 두 변수 사이에 선형 연관관계가

정리문제 0.6   상관 계산하기

계산법을 보여주기 위해서 표 0.4의 결합 *pdf*를 갖는 표 0.1의 모집단을 다시 한 번 생각해 보자.

$$E(XY) = \sum_{y=0}^{1} \sum_{x=1}^{4} xy f(x, y)$$

$$= (1 \times 0 \times 0) + (2 \times 0 \times 0.1) + (3 \times 0 \times 0.2)$$

$$+ (4 \times 0 \times 0.3) + (1 \times 1 \times 0.1)$$

$$+ (2 \times 1 \times 0.1) + (3 \times 1 \times 0.1) + (4 \times 1 \times 0.1)$$

$$= 0.1 + 0.2 + 0.3 + 0.4$$

$$= 1$$

확률변수 X는 기댓값 $E(X) = \mu_X = 3$을 가지며 확률변수 Y는 기댓값 $E(Y) = \mu_Y = 0.4$를 갖는다. X와 Y 사이의 공분산은 다음과 같다.

$$\text{cov}(X, Y) = \sigma_{XY} = E(XY) - \mu_X \mu_Y = 1 - 3 \times (0.4) = -0.2$$

X와 Y 사이의 상관은 다음과 같다.

$$\rho = \frac{\text{cov}(X, Y)}{\sqrt{\text{var}(X)} \sqrt{\text{var}(Y)}} = \frac{-0.2}{\sqrt{1} \times \sqrt{0.24}} = -0.4082$$

존재하지 않는다는 의미이다. 하지만 두 확률변수 사이의 공분산과 상관이 영이라는 사실만으로 이들이 반드시 독립적이라는 것을 의미하지는 않는다. 예를 들면, $X^2 + Y^2 = 1$처럼 보다 복잡한 비선형 연관관계가 있을 수 있다.

식 (0.15)에서 확률변수의 합산에 대한 기댓값을 구하였다. 분산에 대해서도 유사한 규칙이 있다. a 및 b가 상수인 경우 다음과 같다.

$$\text{var}(aX + bY) = a^2 \text{var}(X) + b^2 \text{var}(Y) + 2ab \, \text{cov}(X, Y) \tag{0.20}$$

주목할 점은 합산의 분산이 단순히 분산의 합산이 아니라는 사실이다. 공분산 항이 존재한다. 식 (0.20)의 두 가지 특별한 경우는 다음과 같다.

$$\text{var}(X + Y) = \text{var}(X) + \text{var}(Y) + 2\text{cov}(X, Y) \tag{0.21}$$

$$\text{var}(X - Y) = \text{var}(X) + \text{var}(Y) - 2\text{cov}(X, Y) \tag{0.22}$$

식 (0.22)가 참이라는 사실을 보여주기 위해 $Z = X - Y$라고 하자. 기댓값 규칙을 활용하면 다음과 같다.

$$E(Z) = \mu_Z = E(X) - E(Y) = \mu_X - \mu_Y$$

분산의 기본 정의를 활용하고 일부를 대입시키면 $Z = X - Y$의 분산을 구할 수 있다.

$$\text{var}(X - Y) = \text{var}(Z) = E\left[\left(Z - \mu_Z\right)^2\right] = E\left[\left(X - Y - \left(\mu_X - \mu_Y\right)\right)^2\right]$$

$$= E\left\{\left[\left(X - \mu_X\right) - \left(Y - \mu_Y\right)\right]^2\right\}$$

$$= E\left\{\left(X - \mu_X\right)^2 + \left(Y - \mu_Y\right)^2 - 2\left(X - \mu_X\right)\left(Y - \mu_Y\right)\right\}$$

$$= E\left[\left(X - \mu_X\right)^2\right] + E\left[\left(Y - \mu_Y\right)^2\right] - 2E\left[\left(X - \mu_X\right)\left(Y - \mu_Y\right)\right]$$

$$= \text{var}(X) + \text{var}(Y) - 2\text{cov}(X, Y)$$

X와 Y가 독립적이라면 또는 $\text{cov}(X, Y) = 0$이라면 다음과 같다.

$$\text{var}(aX + bY) = a^2 \, \text{var}(X) + b^2 \, \text{var}(Y) \tag{0.23}$$

$$\text{var}(X + Y) = \text{var}(X) + \text{var}(Y) \tag{0.24}$$

이 규칙들은 보다 많은 확률변수들로 확장될 수 있다.

0.6 조건부

표 0.4는 표 0.1의 모집단에 관해 정의한 확률변수 X와 Y에 대한 결합 확률 함수 및 한계 확률 함수를 요약하여 제시하고 있다. 표 0.6에서는 두 가지를 수정하였다. 첫째, 확률을 분수로 표기하였다. 표에서 하는 많은 계산들은 분수를 활용한 산술 계산을 할 경우 더 단순해진다. 둘째, X가 취할 수 있는 각 값이 주어진 경우 Y에 대한 조건부 확률 함수를 추가하였고, Y가 취할 수 있는 각 값이 주어진 경우 X에 대한 조건부 확률 함수도 추가하였다. 지금이 조건부 확률에 대한 0.3.2절을 다시 살펴볼 좋은 기회다. 예를 들면, $X = 2$인 경우 $Y = 0$일 확률은 무엇인가? 즉 $X = 2$인 모집단 원소만을 고려할 경우 $Y = 0$일 확률은 무엇인가? $X = 2$인 모집단 요소는 단지 2개, 즉 하나는 $Y = 0$ 그리고 다른 하나는 $Y = 1$인 경우이다. $Y = 0$을 무작위로 선택할 확률은 1/2이다. 이산적 확률변수의 경우 조건부 확률은 결합 확률을 조건부 사건의 확률로 나누어서 구할 수 있다.

$$f(y = 0 | x = 2) = P(Y = 0 | X = 2) = \frac{P(X = 2, Y = 0)}{P(X = 2)} = \frac{1/10}{2/10} = \frac{1}{2}$$

이제는 조건부 기댓값(conditional expectation)과 조건부 분산(conditional variance)에 대해 살펴볼 것이다.

0.6.1 조건부 기댓값

조건부 기댓값 또는 조건부 평균(conditional mean) 측면에서 많은 경제적 질문을 하게 된다. 한 예를 들면, 다음과 같다. "교육을 16년 받은 사람의 평균 임금은 얼마인가?" 기댓값 기호를 사용한다면 다음과 같다. "$E(WAGE | EDUC = 16)$은 얼마인가?" $EDUC$의 값에 대한 조건부가 미치는 영향은 관심을 갖고 있는 모집단을 16년 교육을 받은 사람들로 한정시킨다는 것이다. 이들의 평균 임금 또는 기대 임금은 교육 연수와 관계없는 모든 사람의 평균 임금 $E(WAGE)$(이는 조건이 없는 기댓값 또는 조건이 없는 평균이다)과 매우 다르다.

이산적 확률변수의 경우 통상적인 pdf를 대체한 조건부 pdf를 갖는 식 (0.9)를 사용하여 조건부 기

표 0.6 결합 확률, 한계 확률, 조건부 확률

y/x	1	2	3	4	$f(y)$	$f(y|x=1)$	$f(y|x=2)$	$f(y|x=3)$	$f(y|x=4)$
0	0	1/10	2/10	3/10	6/10	0	1/2	2/3	3/4
1	1/10	1/10	1/10	1/10	4/10	1	1/2	1/3	1/4
$f(x)$	1/10	2/10	3/10	4/10					
$f(x|y=0)$	0	1/6	2/6	3/6					
$f(x|y=1)$	1/4	1/4	1/4	1/4					

정리문제 0.7   조건부 기댓값

표 0.1의 모집단을 사용하시오. $Y=1$이라면 X의 기댓값은 얼마인가? 조건부 확률 $P(X=x|Y=1)=f(x|y=1)=f(x|1)$은 표 0.6에 제시되어 있다. X의 조건부 기댓값은 다음과 같다.

$$
\begin{aligned}
E(X|Y=1) &= \sum_{x=1}^{4} x f(x|1) \\
&= \left[1 \times f(1|1)\right] + \left[2 \times f(2|1)\right] + \left[3 \times f(3|1)\right] \\
&\quad + \left[4 \times f(4|1)\right] \\
&= 1(1/4) + 2(1/4) + 3(1/4) + 4(1/4) = 10/4 \\
&= 5/2
\end{aligned}
$$

배경 색깔이 있는 종이쪽지($Y=1$)들에서 꺼내는 실험을 반복적으로 많이 시행할 때 X의 평균값은 2.5가 된다. 이 예는 일반적인 기댓값에 대해 한 가지 유의할 점, 즉 X의 기댓값은 X가 취할 수 있는 값일 필요가 없다는 점을 보여주고 있다. X의 기댓값은 단 한 번의 실험에서 발생할 것으로 기대되는 값이 아니다. 이것은 실험을 반복적으로 많이 시행한 후에 얻게 되는 X의 평균값이다. $Y=0$ 일 때의 값들만을 고려할 경우 X의 기댓값은 얼마인가? $E(X|Y=0)=10/3$을 확인해 보시오. 비교해 보기 위해 0.5.1절에서 X의 조건이 없는 기댓값이 $E(X)=3$이었다는 사실을 기억해 보도록 하자.

이와 유사하게, X에 조건을 설정할 경우 Y의 조건부 기댓값은 다음과 같다.

$$
\begin{aligned}
E(Y|X=1) &= \sum_{y} y f(y|1) = 0(0) + 1(1) = 1 \\
E(Y|X=2) &= \sum_{y} y f(y|2) = 0(1/2) + 1(1/2) = 1/2 \\
E(Y|X=3) &= \sum_{y} y f(y|3) = 0(2/3) + 1(1/3) = 1/3 \\
E(Y|X=4) &= \sum_{y} y f(y|4) = 0(3/4) + 1(1/4) = 1/4
\end{aligned}
$$

X가 변함에 따라 $E(Y|X)$가 변한다는 사실에 주목하자. 이는 X의 함수이다. 비교해 보기 위해서 Y의 조건이 없는 기댓값 $E(Y)$를 구하면 다음과 같다.

$$
E(Y) = \sum_{y} y f(y) = 0(6/10) + 1(4/10) = 2/5
$$

댓값을 계산할 수 있다.

$$
\begin{aligned}
E(X|Y=y) &= \sum_{x} x f(x|y) = \sum_{x} x P(X=x|Y=y) \\
E(Y|X=x) &= \sum_{y} y f(y|x) = \sum_{y} y P(Y=y|X=x)
\end{aligned}
\tag{0.25}
$$

0.6.2 조건부 분산

이산적 확률변수 X의 조건이 없는 분산은 다음과 같다.

$$
\text{var}(X) = \sigma_X^2 = E\left[\left(X - \mu_X\right)^2\right] = \sum_{x} \left(x - \mu_X\right)^2 f(x)
\tag{0.26}
$$

위의 식은 X의 조건이 없는 평균, μ_X 근처에서 X가 얼마나 변동하는지를 측정한다. 예를 들면, 조건이 없는 분산 $\text{var}(WAGE)$는 조건이 없는 평균 $E(WAGE)$ 근처에서 $WAGE$가 얼마나 변동하는지를 측정한다. 식 (0.13)에서 이와 동등하게 다음과 같은 사실을 보여주었다.

$$
\text{var}(X) = \sigma_X^2 = E\left(X^2\right) - \mu_X^2 = \sum_{x} x^2 f(x) - \mu_X^2
\tag{0.27}
$$

0.6.1절에서는 "교육을 16년 받은 사람들의 평균임금은 얼마인가?"라는 질문에 어떻게 답하는지에 대해 논의하였다. 이제는 다음과 같은 질문을 한다. "교육을 16년 받은 사람들의 임금에는 얼마나 많은 변동이 있는가?" 이 물음에 대한 대답은 조건부 분산 $\text{var}(WAGE|EDUC=16)$을 이용할 수 있

다. 조건부 분산은 교육을 16년 받은 사람들에 대해 조건부 평균 $E(WAGE|EDUC = 16)$ 근처에서의 $WAGE$ 변동을 측정한다. 교육을 16년 받은 사람들에 대한 $WAGE$의 조건부 분산은 $WAGE$와 $WAGE$의 조건부 평균 사이에 모집단에서의 차이를 제곱한 평균이다. 이를 기호로 나타내면 다음과 같다.

$$\underbrace{var(WAGE|EDUC = 16)}_{\text{조건부 분산}} = E\left\{\left[WAGE - \underbrace{E(WAGE|EDUC = 16)}_{\text{조건부 평균}}\right]^2 \middle| EDUC = 16\right\}$$

조건부 분산을 구하기 위해서 식 (0.26) 및 식 (0.27)에서의 분산에 대한 정의를 수정해 보자. 조건이 없는 평균 $E(X) = \mu_X$를 조건부 평균 $E(X|Y = y)$로 대체시키고, 조건이 없는 $pdf\ f(x)$를 조건이 있는 $pdf\ f(x|y)$로 대체시키자. 그러면 다음과 같아진다.

$$var(X|Y = y) = E\left\{[X - E(X|Y = y)]^2 \middle| Y = y\right\} = \sum_x \left(x - E(X|Y = y)\right)^2 f(x|y) \quad (0.28)$$

또는

$$var(X|Y = y) = E(X^2|Y = y) - \left[E(X|Y = y)\right]^2 = \sum_x x^2 f(x|y) - \left[E(X|Y = y)\right]^2 \quad (0.29)$$

🖐 정리문제 0.8 조건부 분산

표 0.1의 모집단에서 X의 조건이 없는 분산은 $var(X) = 1$이다. $Y = 1$인 경우 X의 분산은 무엇인가? 식 (0.29)를 사용하여 먼저 계산을 하면 다음과 같다.

$$E(X^2|Y = 1)$$
$$= \sum_x x^2 f(x|Y = 1)$$
$$= 1^2(1/4) + 2^2(1/4) + 3^2(1/4) + 4^2(1/4) = 15/2$$

그러면 다음과 같다.

$$var(X|Y = 1) = E(X^2|Y = 1) - \left[E(X|Y = 1)\right]^2$$
$$= 15/2 - (5/2)^2 = 5/4$$

위에서 살펴본 것처럼 $Y = 1$인 경우 X의 조건부 분산은 X의 조건이 없는 분산 $var(X) = 1$보다 더 크다.

$Y = 0$인 경우 X의 조건부 분산을 계산하기 위해 다음과 같은 과정을 밟아 보자.

$$E(X^2|Y = 0) = \sum_x x^2 f(x|Y = 0)$$
$$= 1^2(0) + 2^2(1/6) + 3^2(2/6) + 4^2(3/6)$$
$$= 35/3$$

그러면 다음과 같다.

$$var(X|Y = 0) = E(X^2|Y = 0) - \left[E(X|Y = 0)\right]^2$$
$$= 35/3 - (10/3)^2 = 5/9$$

위에서 살펴본 것처럼 $Y = 0$인 경우 X의 조건부 분산은 X의 조건이 없는 분산 $var(X) = 1$보다 더 작다. 위의 예를 통해서 조건부 분산은 조건이 없는 분산보다 일반적으로 더 크거나 혹은 더 작을 수 있다는 사실을 알 수 있다. $var(Y|X = 1)$, $var(Y|X = 2)$, $var(Y|X = 3)$, $var(Y|X = 4)$에 대해서도 동일한 과정을 밟아 보자.

0.6.3 반복 기댓값

반복 기댓값 법칙(law of iterated expectations)에 따르면 두 단계를 거쳐 Y의 기댓값을 구할 수 있다고 한다. 첫째, 조건부 기댓값 $E(Y|X)$를 구하시오. 둘째, X를 무작위로 취급하여 기댓값 $E(Y|X)$를

조건부 기댓값 $E(X|Y=y) = \sum_x x f(x|y)$를 생각해 보자. 0.6.1절에서 계산했던 것처럼 $E(X|Y=0) = 10/3$, $E(X|Y=1) = 5/2$이다. 이와 유사하게, 조건부 기댓값은 $E(Y|X=x) = \sum_y y f(y|x)$이다. 표 0.1의 모집단에 대해 0.6.1절에서 이 조건부 기댓값들을 계산하여 다음과 같은 결과를 얻었다. $E(Y|X=1) = 1$, $E(Y|X=2) = 1/2$, $E(Y|X=3) = 1/3$, $E(Y|X=4) = 1/4$. x가 변화할 때 $E(Y|X=x)$도 변화한다는 사실에 주목하자. X가 무작위로 변하는 것이 가능할 경우 조건부 기댓값도 무작위로 변한다. 조건부 기댓값은 X의 함수 또는 $E(Y|X) = g(X)$이며, 이런 식으로 생각할 경우 무작위적이다. 식 (0.10)을 사용하여 다음과 같이 $g(X)$의 기댓값을 구할 수 있다.

$$
\begin{aligned}
E_X\big[E(Y|X)\big] = E_X\big[g(X)\big] &= \sum_x g(x) f_X(x) \\
&= \sum_x E(Y|X=x)\, f_X(x) \\
&= \big[E(Y|X=1)\, f_X(1)\big] + \big[E(Y|X=2)\, f_X(2)\big] \\
&\quad + \big[E(Y|X=3)\, f_X(3)\big] + \big[E(Y|X=4)\, f_X(4)\big] \\
&= 1(1/10) + (1/2)(2/10) + (1/3)(3/10) \\
&\quad + (1/4)(4/10) = 2/5
\end{aligned}
$$

표 0.1의 모집단에서 x값을 많이 꺼낼 경우 $E(Y|X)$의 평균은 2/5이다. 비교해 보면 Y의 '조건이 없는' 기댓값은 $E(Y) = 2/5$이다. $E_X[E(Y|X)]$와 $E(Y)$는 같다.

구하시오.

$$\text{반복 기댓값 법칙} : E(Y) = E_X\big[E(Y|X)\big] = \sum_x E(Y|X=x)\, f_X(x) \tag{0.30}$$

위의 식에서 X를 무작위로 취급한다는 사실을 강조하기 위하여 기댓값 $E_X[E(Y|X)]$와 확률함수 $f_X(x)$에 'X'를 아래첨자로 첨부하였다. 반복 기댓값 법칙은 이산적 확률변수와 연속적 확률변수 모두에서 참이다.

반복 기댓값 법칙의 증명   반복 기댓값 법칙을 증명하기 위해 0.3절에서 소개한 결합 *pdf*, 한계 *pdf*, 조건부 *pdf* 사이의 관계를 이용할 것이다. 0.3.1절에서 한계분포에 대해 논의하였다. 결합 *pdf* $f(x, y)$가 주어진 경우, 제거하고자 하는 변수 여기서는 x의 모든 값에 걸쳐 각 y에 대해 결합 *pdf* $f(x, y)$를 합산하여 y만의 한계 *pdf* $f_Y(y)$를 구할 수 있다. 즉 Y 및 X에 대해 다음과 같다.

$$
\begin{aligned}
f(y) = f_Y(y) &= \sum_x f(x, y) \\
f(x) = f_X(x) &= \sum_y f(x, y)
\end{aligned} \tag{0.31}
$$

$f(\ )$는 일반적으로 *pdf*를 나타내는 데 사용되므로, 이따금 해당 변수가 무작위적이라는 점을 매우 명확히 하기 위해서 X 또는 Y를 아래첨자로 추가할 것이다.

식 (0.4)를 사용하여 $X=x$가 주어진 경우 y의 조건부 *pdf*를 다음과 같이 정의할 수 있다.

$$f(y|x) = \frac{f(x, y)}{f_X(x)}$$

위의 식을 재정리하면 다음과 같다.

$$f(x, y) = f(y|x)\, f_X(x) \tag{0.32}$$

결합 *pdf*는 조건부 *pdf*와 조건화된 변수 *pdf*의 곱이다.

반복 기댓값 법칙이 참이라는 사실을 보여주기 위해 Y의 기댓값에 대한 정의에서 시작하여 합산을 시행할 것이다.

$$
\begin{aligned}
E(Y) &= \sum_y y f(y) = \sum_y y \left[\sum_x f(x,y) \right] && [f(y) \text{ 대신에 대체시킨다.}] \\
&= \sum_y y \left[\sum_x f(y|x) f_X(x) \right] && [f(x,y) \text{ 대신에 대체시킨다.}] \\
&= \sum_x \left[\sum_y y f(y|x) \right] f_X(x) && [\text{합산의 순서를 변화시킨다.}] \\
&= \sum_x E(Y|x) f_X(x) && [\text{조건부 기댓값을 인지한다.}] \\
&= E_X \left[E(Y|X) \right]
\end{aligned}
$$

이 결과는 비밀스러운 기이함처럼 보일 수도 있지만, 매우 중요하며 현대 계량경제학에서 널리 사용되고 있다.

0.6.4 분산 분해

반복 기댓값 법칙을 사용하여 기댓값을 해체시킬 수 있는 것처럼 확률변수의 분산을 다음과 같이 두 부분으로 분해할 수 있다.

$$
\text{분산 분해}: \text{var}(Y) = \text{var}_X[E(Y|X)] + E_X[\text{var}(Y|X)] \tag{0.33}
$$

위의 '보기 좋은' 결과[1]에 따르면 확률변수 Y의 분산은 X가 주어진 경우 Y의 조건부 평균의 분산과 X가 주어진 경우 Y의 조건부 분산의 평균의 합과 같다. 이 절에서는 이 결과에 대해 논의할 것이다.

취업한 성인들로 구성된 모집단의 임금에 관심이 있다고 가정하자. 임금은 모집단에서 얼마나 많은 변동을 보이는가? $WAGE$가 무작위로 뽑은 모집단 구성원의 임금인 경우 $WAGE$의 분산, 즉 $\text{var}(WAGE)$에 관해 알아보고 있다. 분산 분해에 따르면 다음과 같다.

$$
\text{var}(WAGE) = \text{var}_{EDUC}[E(WAGE|EDUC)] + E_{EDUC}[\text{var}(WAGE|EDUC)]
$$

$E(WAGE|EDUC)$는 예를 들면, $EDUC = 12$ 또는 $EDUC = 16$처럼 교육을 받은 특정 연수가 주어진 경우의 $WAGE$ 기댓값이다. $E(WAGE|EDUC = 12)$는 교육을 12년 받은 근로자들을 고려할 경우 모집단의 평균 $WAGE$이다. $EDUC$가 변화할 경우 조건부 평균 $E(WAGE|EDUC)$도 변화한다. 따라서 $E(WAGE|EDUC = 16)$은 $E(WAGE|EDUC = 12)$와 같지 않으며, 사실 $E(WAGE|EDUC = 16) > E(WAGE|EDUC = 12)$으로 기대한다. 더 많은 교육을 받았다는 것은 더 많은 '인적자본'을 보유하고 있다는 것이므로 평균 임금이 더 높아야 한다. 분산 분해의 첫 번째 요소인 $\text{var}_{EDUC}[E(WAGE|EDUC)]$는 교육의 변동으로부터 기인한 $E(WAGE|EDUC)$의 변동을 측정한다.

분산 분해의 두 번째 부분은 $E_{EDUC}[\text{var}(WAGE|EDUC)]$이다. 교육을 12년 받은 모집단 구성원들

---

1 Tony O'Hagan, "A Thing of Beauty," *Significance Magazine*, Volume 9 Issue 3 (June 2012), 26–28.

로 한정할 경우 평균 임금은 $E(WAGE|EDUC = 12)$이다. 교육을 12년 받은 근로자들 집단 내에서 임금 범위가 넓게 분포해 있다는 점을 관찰할 수 있다. 예를 들어 2013년 미국 자료의 표본을 사용할 경우, 교육을 12년 받은 사람들의 임금은 시간당 \$3.11에서 시간당 \$100.00까지 변동한다. 교육을 16년 받은 사람들의 임금은 시간당 \$2.75에서 시간당 \$221.10까지 변동한다. 교육을 12년 및 16년 받은 근로자들의 경우, 변동은 $var(WAGE|EDUC = 12)$ 및 $var(WAGE|EDUC = 16)$으로 측정된다. $E_{EDUC}[var(WAGE|EDUC)]$항은 교육 연수의 변화에 따른 $var(WAGE|EDUC)$의 평균을 측정한다.

요약해서 말하면 모집단에서의 WAGE 변동은 두 가지 요인에서 비롯될 수 있다. 첫 번째 요인은 조건부 평균 $E(WAGE|EDUC)$의 변동이며, 두 번째 요인은 교육 연수가 주어진 경우 WAGE의 조건부 분산에서 교육 연수 변화에 따른 변동이다.

0.6.5 공분산 분해

두 확률변수 Y와 X 사이의 공분산이 $cov(X, Y) = E[(X - \mu_X)(Y - \mu_Y)]$라는 사실을 기억하라. 이산적 확률변수인 경우 이는 다음과 같다.

$$cov(X, Y) = \sum_x \sum_y (x - \mu_X)(y - \mu_Y)\, f(x, y)$$

한계 pdf, 조건부 pdf, 결합 pdf 사이의 관계를 이용하여 다음과 같은 사실을 보여줄 수 있다.

$$cov(X, Y) = \sum_x (x - \mu_X)\, E(Y|X = x)\, f(x) \tag{0.34}$$

$E(Y|X) = g(X)$를 기억하자. 따라서 이 결과에 따르면 X와 Y 사이의 공분산은 X의 기댓값에서 평균을 빼고 X의 함수를 곱한 $cov(X, Y) = E_X[(X - \mu_X)E(Y|X)]$로 계산할 수 있다.

중요한 특별한 경우는 나중에 중요하게 활용된다. X가 주어진 경우 Y의 조건부 기댓값이 상수 $E(Y|X = x) = c$일 때 다음과 같다.

$$cov(X, Y) = \sum_x (x - \mu_X)E(Y|X = x)\, f(x) = c\sum_x (x - \mu_X)f(x) = 0$$

특별한 경우는 $E(Y|X = x) = 0$이며, 직접 대입하면 $cov(X, Y) = 0$이 된다.

🧠 정리문제 0.10　　공분산 분해

설명을 위해 공분산 분해를 사용하여 표 0.1의 모집단에 대한 $cov(X, Y)$를 계산해 보자. 0.5.6절에서 $cov(X, Y) = -0.2$라고 계산하였다. 구성요소로는 확률변수 X의 값들, 평균 $\mu_X = 3$, 확률 $P(X = x) = f(x)$, 아래와 같은 조건부 기댓값들을 들 수 있다.

$$E(Y|X = 1) = 1,\ E(Y|X = 2) = 1/2,$$
$$E(Y|X = 3) = 1/3,\ E(Y|X = 4) = 1/4$$

공분산 분해를 이용하여 다음과 같이 구할 수 있다.

$$\begin{aligned}
cov(X, Y) &= \sum_x (x - \mu_X)\, E(Y|X = x)\, f(x) \\
&= (1-3)(1)(1/10) + (2-3)(1/2)(2/10) \\
&\quad + (3-3)(1/3)(3/10) + (4-3)(1/4)(4/10) \\
&= -2/10 - 1/10 + 1/10 = -2/10 = -0.2
\end{aligned}$$

공분산 분해를 통해 올바른 결과를 얻었다는 사실을 알았다. 이 예에서는 이 방법이 편리하다.

0.7 정규분포

앞에서는 확률변수와 이들의 *pdf*를 일반적인 방법으로 논의하였다. 실제 경제상황에서 일부 특정 *pdf*는 매우 유용하다는 것이 밝혀졌다. 가장 중요한 것이 정규분포(normal distribution)이다. *X*가 평균 μ와 분산 σ²을 갖는 정규분포하는 확률변수라면, $X \sim N(\mu, \sigma^2)$와 같이 나타낼 수 있다. *X*의 *pdf*는 다음과 같은 인상적인 형태의 식으로 표현된다.

$$f(x) = \frac{1}{\sqrt{2\pi\sigma^2}} \exp\left[\frac{-(x - \mu)^2}{2\sigma^2}\right], \quad -\infty < x < \infty \tag{0.35}$$

여기서 $\exp(a)$는 지수 함수 e^a를 의미한다. 평균 μ와 분산 σ²은 해당 분포의 모수이며 분포의 중심과 퍼진 정도를 결정한다. 연속적 정규 확률변수의 범위는 음의 무한대로부터 양의 무한대까지이다. 그림 0.5에는 몇 개의 평균값과 분산값에 대한 정규 *pdf*의 그림이 있다. 분포는 대칭적이며 μ가 중심이 된다는 사실에 주목하시오.

모든 연속적 확률변수와 마찬가지로 정규 확률변수를 포함하는 확률은 *pdf* 아래의 면적으로 나타낸다. 확률을 계산하기 위해서 컴퓨터 소프트웨어와 통계표값은 둘 다 정규 확률변수와 이것의 '표준화된' 등가값 사이의 관계를 이용한다. 표준 정규 확률변수(standard normal random variable)는 평균이 0이고 분산이 1인 정규 *pdf*를 갖는 변수이다. $X \sim N(\mu, \sigma^2)$인 경우 다음과 같다.

$$Z = \frac{X - \mu}{\sigma} \sim N(0, 1) \tag{0.36}$$

표준 정규 확률변수 *Z*는 매우 광범위하게 사용되어서 이것의 *pdf* 및 *cdf*는 자신들의 특별한 부호를 갖는다. *cdf*는 $\Phi(z) = P(Z \le z)$로 나타낸다. 컴퓨터 프로그램과 부록 표 1(715쪽 참조)은 $\Phi(z)$의 값을 제시해준다. 표준 정규 확률변수에 대한 *pdf*는 다음과 같다.

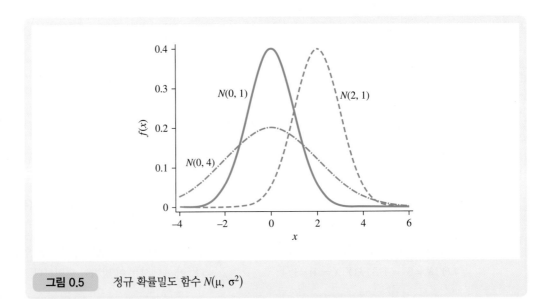

그림 0.5   정규 확률밀도 함수 $N(\mu, \sigma^2)$

정리문제 0.11   정규분포 확률 계산하기

예를 들면, $X \sim N(3, 9)$인 경우 다음과 같다.

$P(4 \leq X \leq 6) = P(0.33 \leq Z \leq 1) = \Phi(1) - \Phi(0.33) = 0.8413 - 0.6293 = 0.2120$

$$\phi(z) = \frac{1}{\sqrt{2\pi}} \exp\left(-z^2/2\right), \quad -\infty < z < \infty$$

정규확률을 계산하기 위해서 분산이 대칭적이라는 사실을 기억하자. 따라서 $P(Z > a) = P(Z < -a)$이다. 연속적 확률변수의 경우 어떤 한 점에서의 확률은 0이기 때문에 $P(Z > a) = P(Z \geq a)$이다. $X \sim N(\mu, \sigma^2)$이고, a 및 b가 상수라면 다음과 같다.

$$P(X \leq a) = P\left(\frac{X-\mu}{\sigma} \leq \frac{a-\mu}{\sigma}\right) = P\left(Z \leq \frac{a-\mu}{\sigma}\right) = \Phi\left(\frac{a-\mu}{\sigma}\right) \tag{0.37}$$

$$P(X > a) = P\left(\frac{X-\mu}{\sigma} > \frac{a-\mu}{\sigma}\right) = P\left(Z > \frac{a-\mu}{\sigma}\right) = 1 - \Phi\left(\frac{a-\mu}{\sigma}\right) \tag{0.38}$$

$$P(a \leq X \leq b) = P\left(\frac{a-\mu}{\sigma} \leq Z \leq \frac{b-\mu}{\sigma}\right) = \Phi\left(\frac{b-\mu}{\sigma}\right) - \Phi\left(\frac{a-\mu}{\sigma}\right) \tag{0.39}$$

정규확률을 구하는 이외에, 이따금 $P(Z \leq z_\alpha) = \alpha$가 되도록 하는 표준 정규 확률변수의 값 z_α를 구해야만 한다. z_α값을 100α-백분위수라고 한다. 예를 들면, $z_{0.975}$는 $P(Z \leq z_{0.975}) = 0.975$가 되도록 하는 Z값이다. 이런 특정한 백분위수는 부록 표 1, 즉 표준 정규분포의 누적확률을 이용하여 구할 수 있다. $z = 1.96$값과 연관된 누적확률은 $P(Z \leq 1.96) = 0.975$이며, 따라서 97.5 백분위수는 $z_{0.975} = 1.96$이다. 부록 표 1을 이용하면 다른 백분위수들도 대략적으로는 구할 수 있다. 누적확률 $P(Z \leq 1.64) = 0.9495$ 및 $P(Z \leq 1.65) = 0.9505$를 이용하여 표준 정규분포(standard normal distribution)의 95번째 백분위수는 1.64와 1.65 사이에 위치하며 대략 1.645쯤 된다고 할 수 있다.

요행히 컴퓨터 소프트웨어를 사용할 경우 이런 어림셈은 불필요하다. α가 주어질 경우 역 정규 함수를 이용하여 백분위수 z_α를 구할 수 있다. 정식으로 나타내면 $P(Z \leq z_\alpha) = \Phi(z_\alpha) = \alpha$인 경우 $z_\alpha = \Phi^{-1}(\alpha)$가 된다. 계량경제 소프트웨어뿐만 아니라 스프레드시트에도 역 정규 함수가 내재되어 있다. 일반적으로 사용되는 일부 백분위수가 표 0.7에 있다. 마지막 열에는 더 작은 수의 소수점까지로 반올림한 백분위수가 있다. 이 표에 있는 숫자 2.58, 1.96, 1.645를 기억해두면 유용하게 사용될 수 있다.

정규분포에 관한 흥미롭고 유용한 사실은 정규 확률변수의 가중된 합계가 정규분포를 한다는 것이다. 즉 $X_1 \sim N(\mu_1, \sigma_1^2)$ 및 $X_2 \sim N(\mu_2, \sigma_2^2)$인 경우 다음과 같다.

$$Y = a_1 X_1 + a_2 X_2 \sim N(\mu_Y = a_1\mu_1 + a_2\mu_2, \sigma_Y^2 = a_1^2\sigma_1^2 + a_2^2\sigma_2^2 + 2a_1 a_2 \sigma_{12}) \tag{0.40}$$

여기서 $\sigma_{12} = \mathrm{cov}(X_1, X_2)$이다. 많은 중요한 확률분포는 정규분포와 관련된다.

표 0.7 표준 정규 백분위수		
α	$z_\alpha = \Phi^{-1}(\alpha)$	반올림한 수
0.995	2.57583	2.58
0.990	2.32635	2.33
0.975	1.95996	1.96
0.950	1.64485	1.645
0.900	1.28155	1.28
0.100	−1.28155	−1.28
0.050	−1.64485	−1.645
0.025	−1.95996	−1.96
0.010	−2.32635	−2.33
0.005	−2.57583	−2.58

0.7.1 이변량 정규분포

2개의 연속적 확률변수의 결합 *pdf*가 아래와 같은 형태를 갖는 경우, 이들 두 변수 X 및 Y는 결합 정규분포(joint normal distribution) 또는 이변량 정규분포(bivariate normal distribution)를 한다.

$$f(x, y) = \frac{1}{2\pi\sigma_X\sigma_Y\sqrt{1-\rho^2}} \exp\left\{-\left[\left(\frac{x-\mu_X}{\sigma_X}\right)^2 - 2\rho\left(\frac{x-\mu_X}{\sigma_X}\right)\left(\frac{y-\mu_Y}{\sigma_Y}\right) + \left(\frac{y-\mu_Y}{\sigma_Y}\right)^2\right]\bigg/2(1-\rho^2)\right\}$$

여기서 $-\infty < x < \infty$, $-\infty < y < \infty$이다. 모수 μ_X 및 μ_Y는 X 및 Y의 평균이다. σ_X^2 및 σ_Y^2는 X 및 Y의 분

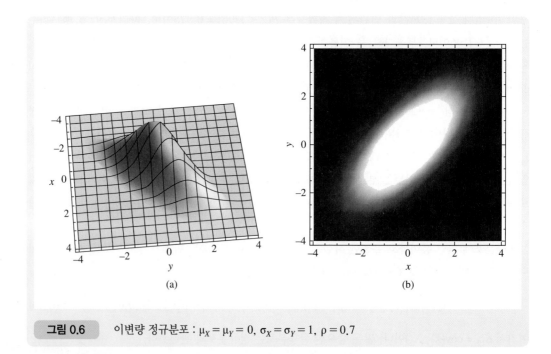

(a)　　　(b)

그림 0.6 이변량 정규분포 : $\mu_X = \mu_Y = 0$, $\sigma_X = \sigma_Y = 1$, $\rho = 0.7$

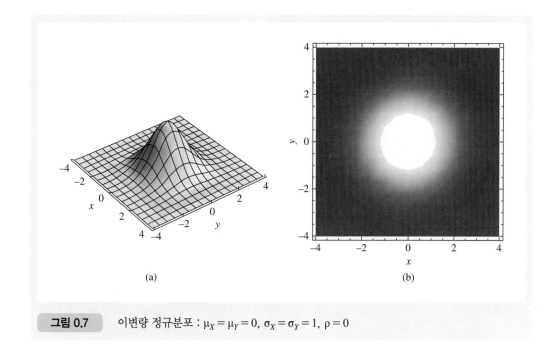

| **그림 0.7** | 이변량 정규분포 : $\mu_X = \mu_Y = 0$, $\sigma_X = \sigma_Y = 1$, $\rho = 0$ |

산이며, 따라서 σ_X 및 σ_Y는 표준편차가 된다. 모수 ρ는 X와 Y 사이의 상관이다. $\text{cov}(X, Y) = \sigma_{XY}$인 경우 다음과 같다.

$$\rho = \frac{\text{cov}(X, Y)}{\sqrt{\text{var}(X)}\sqrt{\text{var}(Y)}} = \frac{\sigma_{XY}}{\sigma_X \sigma_Y}$$

$f(x, y)$에 대한 위의 복잡한 식은 입체공간에서 표면의 윤곽을 명확히 해준다. 그림 0.6(a)에서는 $\mu_X = \mu_Y = 0$, $\sigma_X = \sigma_Y = 1$, $\rho = 0.7$인 경우의 표면을 보여준다. 양의 상관이 의미하는 바는 그림 0.4에서 살펴본 것처럼 X값과 Y값 사이에 양의 선형 연관성이 있다는 것이다. 그림 0.6(b)는 일정한 높이에서 밀도를 수평으로 얇게 썬 결과인 밀도의 윤곽선을 그려서 보여준다. 상관 ρ의 절댓값이 커질 수록 윤곽선은 더욱 '여송연 모양'을 하게 된다. 그림 0.7(a)는 상관이 $\rho = 0$인 경우이다. 이 경우에 결합 밀도는 대칭적이며, 그림 0.7(b)의 윤곽선은 원이 된다. X와 Y가 결합 정규라면 $\rho = 0$인 경우 그리고 그 경우에 한해, 통계적으로 독립적이다.

통계학 및 계량경제학에서 사용되는 정규분포, 이변량 정규분포, 조건부 분포 사이에 몇 가지 관계가 있다. 첫째, X와 Y가 이변량 정규분포하면, X와 Y의 한계분포도 역시 정규분포한다. 즉 $X \sim N(\mu_X, \sigma_X^2)$ 및 $Y \sim N(\mu_Y, \sigma_Y^2)$한다.

둘째, X가 주어진 경우 Y에 대한 조건부 분포는 조건부 평균이 $E(Y|X) = \alpha + \beta X$(여기서 $\alpha = \mu_Y - \beta\mu_X$ 및 $\beta = \sigma_{XY}/\sigma_X^2$이다)이고, 조건부 분산이 $\text{var}(Y|X) = \sigma_Y^2(1-\rho^2)$인 정규분포를 한다. 이를 기호로 나타내면 $Y|X \sim N[\alpha + \beta X, \sigma_Y^2(1-\rho^2)]$이다. 이 결과들에서 주목할 만한 세 가지 사항은 다음과 같다. (i) 조건부 평균은 X의 선형 함수이며, 선형회귀 함수(linear regression function)라고 한다. (ii) 조건부 분산은 일정하며 X에 따라 변화하지 않는다. (iii) $\rho \neq 0$인 경우 조건부 분산은 조건이 없는 분산보다 더 작다. 그림 0.8은 $\mu_X = \mu_Y = 5$, $\sigma_X = \sigma_Y = 3$, $\rho = 0.7$인 결합 정규밀도를 보여준다.

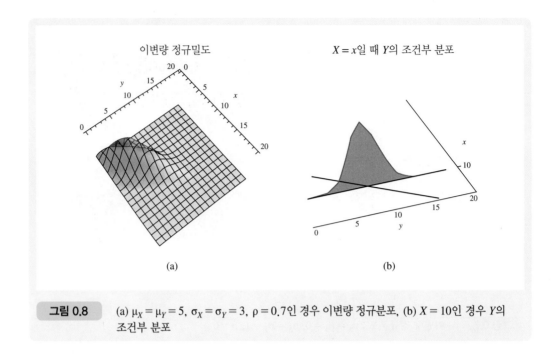

그림 0.8 (a) $\mu_X = \mu_Y = 5$, $\sigma_X = \sigma_Y = 3$, $\rho = 0.7$인 경우 이변량 정규분포, (b) $X = 10$인 경우 Y의 조건부 분포

X와 Y 사이의 공분산은 $\sigma_{XY} = \rho\sigma_X\sigma_Y = 0.7 \times 3 \times 3 = 6.3$이므로 $\beta = \sigma_{XY}/\sigma_X^2 = 6.3/9 = 0.7$ 및 $\alpha = \mu_Y - \beta\mu_X = 5 - 0.7 \times 5 = 1.5$가 된다. $X = 10$이 주어진 경우 Y의 조건부 평균은 $E(Y|X = 10) = \alpha + \beta X = 1.5 + 0.7X = 1.5 + 0.7 \times 10 = 8.5$이다. 조건부 분산은 $\mathrm{var}(Y|X = 10) = \sigma_Y^2(1 - \rho^2) = 3^2(1 - 0.7^2) = 9(0.51) = 4.59$이다. 즉 조건부 분산은 $(Y|X = 10) \sim N(8.5, 4.59)$이다.

주요 용어

• 국문

결합 정규분포	상관	조건부 평균
결합 확률밀도 함수	상대도수	조건부 확률
공분산	실증분석	평균
기댓값	실험	표준 정규분포
누적분포 함수	연속적 확률변수	표준 정규 확률변수
모수	이변량 정규분포	표준편차
모의변수	이산적 확률변수	한계분포
모집단	이중합산	확률
모평균	정규분포	확률밀도 함수
무작위 실험	조건부 *pdf*	확률변수
반복 기댓값 법칙	조건부 기댓값	
분산	조건부 분산	

• 영문

bivariate normal distribution	empirical analysis	population parameter
conditional expectation	expected value	probability
conditional mean	experiment	probability density function
conditional *pdf*	indicator variable	random experiment
conditional probability	joint normal distribution	random variable
conditional variance	joint probability density function	relative frequency
continuous random variable	law of iterated expectations	standard deviation
correlation	marginal distribution	standard normal distribution
covariance	mean	standard normal random variable
cumulative distribution function	normal distribution	variance
discrete random variable	population	
double summation	population mean	

복습용 질문

1. 확률변수와 그 변수값 사이의 차이를 설명하고 예를 드시오.

2. 이산적 확률변수와 연속적 확률변수의 차이를 설명하고 각각의 예를 드시오.

3. 이산적 확률변수에 대한 확률밀도 함수(*pdf*)의 특성을 말하고 예를 드시오.

4. 이산적 확률 함수가 주어진 경우 사건의 확률을 계산하시오.

5. 다음 문구의 의미를 설명하시오. "이산적 확률변수가 값 2를 취할 확률은 0.3이다."

6. 연속적 확률변수의 *pdf*가 이산적 확률변수의 *pdf*와 어떻게 다른지 설명하시오.

7. 연속적 확률변수의 *pdf*가 주어진 경우 확률을 어떻게 계산하는지 기하학적으로 설명하시오.

8. 확률변수의 평균 또는 기댓값의 개념을 직관적으로 설명하시오.

9. X의 *pdf* $f(X)$와 함수 $g(x)$가 주어진 경우 이산적 확률변수에 대한 기댓값 정의를 이용하여 기댓값을 계산하시오.

10. 이산적 확률변수의 분산을 정의하고, 분산이 증대될 경우 어떤 의미에서 확률변수의 값이 더욱 넓게 퍼지는지를 설명하시오.

11. 2개의 이산적 확률변수에 대한 결합 *pdf*를 이용하여 결합사건의 확률을 계산하고 각 개별 확률변수의 (한계) *pdf*를 구하시오.

12. 2개의 이산적 확률변수 중 1개 변수의 값과 이들의 결합 pdf가 주어진 경우 다른 변수의 조건부 *pdf*를 구하시오.

13. 단일 합산기호와 이중 합산기호를 활용해 보시오.

14. 2개 확률변수의 통계적 독립성을 직관적으로 설명하고, 통계적 독립성을 입증하기 위해 준수되어야만 하는 조건들을 말하시오. 2개의 독립적 확률변수와 2개의 종속적 확률변수의 예를 드시오.

15. 2개 확률변수 사이의 공분산과 상관을 정의하고, 2개의 이산적 확률변수 사이의 결합 확률 함수가 주어진 경우 이들의 값을 구하시오.

16. 확률변수들의 합에 대한 평균과 분산을 구하시오.

17. 표준 정규분포의 누적 확률(부록 표 1)과 컴퓨터 소프트웨어를 사용하여 정규 확률변수를 포함할 확률을 계산하시오.

18. 반복 기댓값 법칙을 이용하여 확률변수의 기댓값을 구하시오.

연습문제

0.1 $x_1 = 17$, $x_2 = 1$, $x_3 = 0$; $y_1 = 5$, $y_2 = 2$, $y_3 = 8$이라고 하자. 다음을 계산하시오.

   a. $\sum_{i=1}^{2} x_i$

   b. $\sum_{t=1}^{3} x_t y_t$

   c. $\overline{x} = \left(\sum_{i=1}^{3} x_i\right)/3$ (주 : $\overline{x}$를 산술평균이라고 한다.)

   d. $\sum_{i=1}^{3} (x_i - \overline{x})$

   e. $\sum_{i=1}^{3} (x_i - \overline{x})^2$

   f. $\left(\sum_{i=1}^{3} x_i^2\right) - 3\overline{x}^2$

   g. $\sum_{i=1}^{3} (x_i - \overline{x})(y_i - \overline{y})$ 여기서 $\overline{y} = \left(\sum_{i=1}^{3} y_i\right)/3$

   h. $\left(\sum_{j=1}^{3} x_j y_j\right) - 3\overline{x}\,\overline{y}$

0.2   다음의 합을 합산부호로 나타내시오.

   a. $(x_1/y_1) + (x_2/y_2) + (x_3/y_3) + (x_4/y_4)$

   b. $y_2 + y_3 + y_4$

   c. $x_1 y_1 + x_2 y_2 + x_3 y_3 + x_4 y_4$

   d. $x_3 y_5 + x_4 y_6 + x_5 y_7$

   e. $(x_3/y_3^2) + (x_4/y_4^2)$

   f. $(x_1 - y_1) + (x_2 - y_2) + (x_3 - y_3) + (x_4 - y_4)$

0.3   다음의 합을 식으로 나타내고 가능한 경우 계산을 하시오.

   a. $\sum_{i=1}^{3} (a - bx_i)$

   b. $\sum_{t=1}^{4} t^2$

   c. $\sum_{x=0}^{2} (2x^2 + 3x + 1)$

   d. $\sum_{x=2}^{4} f(x + 3)$

   e. $\sum_{x=1}^{3} f(x, y)$

   f. $\sum_{x=3}^{4} \sum_{y=1}^{2} (x + 2y)$

0.4   다음을 대수학적으로 보이시오.

   a. $\sum_{i=1}^{n} (x_i - \overline{x})^2 = \left(\sum_{i=1}^{n} x_i^2\right) - n\overline{x}^2$

   b. $\sum_{i=1}^{n} (x_i - \overline{x})(y_i - \overline{y}) = \left(\sum_{i=1}^{n} x_i y_i\right) - n\overline{x}\,\overline{y}$

   c. $\sum_{j=1}^{n} (x_j - \overline{x}) = 0$

0.5 $SALES$는 서점의 월간 매출액을 나타낸다고 하자. $SALES$는 평균이 \$50,000이고 표준편차가 \$6,000인 정규분포를 한다.

   a. $SALES$가 \$60,000보다 큰 달일 확률을 계산하시오. 그림으로 보이시오.

   b. $SALES$가 \$40,000와 \$55,000 사이에 위치한 달일 확률을 계산하시오. 그림으로 보이시오.

   c. 분포의 97번째 백분율을 나타내는 $SALES$의 값을 구하시오. 즉 $P(SALES > SALES_{0.97}) = 0.03$이 되도록 하는 $SALES_{0.97}$의 값을 구하시오.

   d. 서점은 자신들의 $PROFITS$가 $SALES$에서 고정비용 \$12,000를 뺀 것의 30%라는 사실을 알

고 있다. *PROFITS*가 영 또는 음이 되는 달일 확률을 구하시오. 그림으로 보이시오. (요령 : *PROFITS*는 어떤 분포인가?)

0.6 벤처 캐피털 회사는 제안된 투자의 수익률(*X*)은 평균이 40%이고 표준편차가 10%인 대략적인 정규분포를 한다고 생각한다.

    a. 수익률 *X*가 55%를 초과할 확률을 구하시오.

    b. 벤처 사업에 재원을 조달하는 금융업체는 수익률을 다르게 보고 있으며, 벤처 투자자들이 언제나 너무 낙관적이라고 주장한다. 이들은 수익률의 분포가 $V = 0.8X - 5\%$라고 생각하며, 여기서 *X*는 벤처 캐피털 회사에 의해 기대되는 수익률이다. 이것이 옳다면 수익률 *V*가 55%를 초과할 확률을 구하시오.

0.7 슈퍼마켓에서 참치통조림의 판매는 주별로 변동이 있다. 마케팅 연구자들은 참치통조림 판매와 참치통조림 가격 사이에 관련이 있다고 결정하였으며, 이는 $SALES = 50,000 - 100\ PRICE$로 나타낼 수 있다. 여기서 *SALES*는 주당 판매된 참치통조림의 수를 나타내며, *PRICE*는 참치통조림당 가격으로 센트로 나타낸다. 해당 연도의 *PRICE*는 평균이 $\mu = 248$센트이고, 표준편차가 $\sigma = 10$센트인 (대략적인) 정규확률변수로 생각할 수 있다고 가상하자.

    a. *SALES*의 기댓값을 구하시오.

    b. *SALES*의 분산을 구하시오.

    c. 일주일에 24,000개를 초과하는 참치통조림을 판매할 확률을 구하시오. 이 계산을 보여주는 그림을 그리시오.

    d. *SALES*가 95번째 백분위수의 값이 되도록 하는 *PRICE*를 구하시오. 즉 $SALES_{0.95}$를 *SALES*의 95번째 백분위수라고 하자. $P(SALES > SALES_{0.95}) = 0.05$가 되도록 하는 $PRICE_{0.95}$의 값을 구하시오.

0.8 정형외과 전문병원은 환자로부터 버는 자신들의 월간 기대수입이 광고에 의존한다는 사실을 알고 있다. 이 병원은 계량경제를 전공한 컨설턴트를 고용하였으며, 그는 $1,000 단위로 측정한 이 병원의 월간 기대수입을 $E(REVENUE|ADVERT) = 100 + 20\ ADVERT$라고 보고하였다. 여기서 *ADVERT*는 $1,000 단위로 나타낸 광고 지출액이다. 또한 이 컨설턴트는 *REVENUE*가 분산 $var(REVENUE|ADVERT) = 900$을 갖는 정규분포를 한다고 주장한다.

    a. *ADVERT*가 0에서부터 5까지 변화할 때, 기대 *REVENUE*와 *ADVERT* 사이의 관계를 나타내는 그림을 그리시오.

    b. *ADVERT* = 2인 경우, *REVENUE*가 110보다 클 확률을 구하시오. 이 계산을 보여주는 그림을 그리시오.

    c. *ADVERT* = 3인 경우, *REVENUE*가 110보다 클 확률을 구하시오.

    d. *ADVERT* = 2인 경우, *REVENUE* 분포의 2.5 백분위수 및 97.5 백분위수를 구하시오. ADVERT = 2인 경우, *REVENUE*가 이 영역에 포함될 확률은 얼마인가?

    e. *REVENUE*가 110보다 클 확률이 0.95라는 점을 확신하기 위해 필요한 *ADVERT*의 수준을 계산하시오.

0.9 미국의 등록된 유권자에 대해 생각해 보자. 이들은 민주당원, 공화당원, 무당파일 수 있다. ISIS

와의 전쟁에 관한 설문조사를 할 때, 전쟁 수행을 강력하게 찬성하는지, 강력하게 반대하는지, 중립적인지 여부에 대한 질문을 받게 된다. 각 범주의 유권자 비율은 표 0.8에 있다고 가상하자.

표 0.8 연습문제 0.9에 관한 표

		\multicolumn{3}{c}{전쟁 수행}		
		반대	중립	찬성
정당	공화당원	0.05	0.15	0.25
	무당파	0.05	0.05	0.05
	민주당원	0.35	0.05	0

a. 전쟁 수행 및 정당 가입에 대한 '한계' 확률분포를 구하시오.

b. 무작위로 뽑은 사람이 전쟁 수행에 찬성한 경우 이 사람이 정치적으로 무당파일 확률은 얼마인가?

c. ISIS와의 전쟁과 정당 가입에 대한 태도가 통계적으로 독립적인가 또는 그렇지 않은가? 그 이유는 무엇인가?

d. 전쟁에 대한 태도에 관해서 숫자값, 즉 반대 = 1, 중립 = 2, 찬성 = 3을 배정하자. 이 변수를 WAR라고 하자. WAR의 기댓값 및 분산을 구하시오.

e. 공화당은 월간 자금모금이 매월의 WAR 값에 의존한다고 생각한다. 특히 정당에 대한 월간 기부금은 (백만 달러로 측정한) $CONTRIBUTIONS = 10 + 2 \times WAR$의 관계로 나타낼 수 있다. 기대 및 분산 규칙을 활용하여 $CONTRIBUTIONS$의 평균 및 표준편차를 구하시오.

0.10 어떤 기업은 $80,000의 가치가 있는 계약에 입찰을 하고자 한다. 해당 제안에 $5,000를 지출할 경우 계약을 체결할 승산은 50–50이다. 제안에 $10,000를 지출할 경우 계약을 체결할 승산은 60%가 된다. X는 $5,000를 지출할 경우 계약에서 얻을 순수입을 나타내며, Y는 $10,000를 지출할 경우 계약에서 얻을 순수입을 나타낸다.

X	$f(x)$		Y	$f(y)$
−5,000	0.5		−10,000	0.4
75,000	0.5		70,000	0.6

a. 해당 기업이 기댓값에만 기초하여 선택을 할 경우 이 제안에 대해 얼마를 지출해야 하는가?

b. X의 분산을 계산하시오. (요령 : 과학적 부호를 사용하여 계산을 단순화하시오.)

c. Y의 분산을 계산하시오.

d. 순수입의 분산은 기업이 어느 제안을 선택하는지에 대해 어떤 영향을 미칠 수 있는가?

0.11 대선에 앞서 투표연령의 시민들에게 설문조사를 하였다. 모집단에서 유권자들의 두 가지 특성은 자신들이 등록한 정당 가입(공화당원, 민주당원, 무당파)과 이전 대선에서 투표한 후보자(공화당 대선 후보자, 민주당 대선 후보자)이다. 무작위로 시민을 뽑아보도록 하자. 이들 두 변수를 정의하면 다음과 같다.

$$정당 = \begin{cases} -1 & 등록된\ 공화당원 \\ 0 & 무당파\ 또는\ 등록하지\ 않은\ 경우 \\ 1 & 등록된\ 민주당원 \end{cases}$$

$$투표 = \begin{cases} -1 & 이전\ 대선에서\ 공화당\ 후보자에게\ 투표한\ 경우 \\ 0 & 이전\ 대선에서\ 민주당\ 후보자에게\ 투표한\ 경우 \end{cases}$$

a. 지난 대선에서 공화당 후보자에게 투표한 사람을 뽑을 확률은 0.466이고, 등록된 공화당원인 사람을 뽑을 확률은 0.32이며, 무작위로 뽑은 사람이 등록된 공화당원인 경우 공화당 후보자에게 투표할 확률은 0.97이라고 가상하자. 결합 확률 Prob[$PARTY = -1$, $VOTE = -1$]을 계산하시오. 계산과정을 보이시오.

b. 이들 확률변수는 통계적으로 독립적인가? 설명하시오.

0.12 경험에 기초할 경우 경제학 교수는 다음과 같은 사실을 알고 있다. 경제학원론의 학기 중 첫 번째 시험에서 학생들의 13%가 A를 받고, 22%는 B를 받으며, 35%는 C를 받는다. 20%는 D를 받으며 나머지는 F를 받는다. 학점은 4점 척도(A = 4, B = 3, C = 2, D = 1, F = 0)라고 가정하자. 확률변수 $GRADE$ = 4, 3, 2, 1, 0은 무작위로 뽑은 학생의 학점이라고 정의한다.

a. 이 확률변수에 대한 확률분포 $f(GRADE)$는 무엇인가?

b. $GRADE$의 기댓값은 무엇인가? $GRADE$의 분산은 무엇인가? 답을 도출하는 과정을 보이시오.

c. 각 수업에는 300명의 학생이 있다. i번째 학생의 학점은 $GRADE_i$이며, 학점의 확률분포 $f(GRADE_i)$는 모든 학생에 대해 동일하다. $CLASS\_AVG = \sum_{i=1}^{300} GRADE_i/300$라고 정의하자. $CLASS\_AVG$의 기댓값 및 분산을 구하시오.

d. 담당 교수는 이 수업으로부터의 경제학 전공학생들의 수가 첫 번째 시험의 학점과 연계된다고 추정한다. 이 관계는 $MAJORS = 50 + 10CLASS\_AVG$라고 믿고 있다. $MAJORS$의 기댓값 및 분산을 구하시오. 답을 도출하는 과정을 보이시오.

0.13 루이지애나주립대학교(LSU) 야구팀인 타이거즈는 주말 시리즈 2개 경기에서 앨라배마 야구팀과 경기를 한다. $W = 0$, 1, 2는 LSU가 이긴 경기의 수를 나타낸다. 주말 날씨는 '춥다' 또는 '춥지 않다'로 나타낸다. 날씨가 추운 경우 $C = 1$이며, 날씨가 춥지 않을 경우 $C = 0$이다. 이들 두 확률변수의 결합 확률 함수는 표 0.9에 있으며, 한계분포도 같이 표기되어 있다.

표 0.9   연습문제 0.13에 관한 표

	$W=0$	$W=1$	$W=2$	$f(c)$
$C=1$	(i)	0.12	0.12	(ii)
$C=0$	0.07	0.14	(iii)	(iv)
$f(w)$	(v)	(vi)	0.61	

a. (i)~(vi)의 빈칸을 채우시오.

b. (a)의 결과를 활용하여 날씨가 따뜻한 경우, 즉 $C = 0$의 조건부로 경기에서 이긴 횟수 W의 조건부 확률분포를 구하시오. 조건부 확률분포 $f(w \mid C = 0)$과 확률분포 $f(w)$의 비교에 기초하여, LSU가 경기에서 이긴 횟수 W가 날씨 조건 C와 통계적으로 독립적인지 아닌지에 대해 결론을 내릴 수 있는가? 설명하시오.

c. LSU가 경기에서 이긴 횟수 W의 기댓값을 구하시오. 또한 조건부 기댓값 $E(W \mid C = 0)$을 구하시오. 답을 도출하는 과정을 보이시오. LSU 야구팀 타이거즈에 어떤 날씨가 더 유리한가?

d. LSU 야구 스타디움 상인들의 수입은 관중 수에 달려 있으며, 이는 다시 날씨에 의존한다. 식료품 판매 수입은 FOOD = \$10,000 − 3,000C라고 가상하자. 기댓값 및 분산에 대한 규칙을 활용하여 식료품 판매액의 기댓값 및 표준편차를 구하시오.

0.14 어떤 병원은 어깨 부상 전문병원이다. 병원 방문객들인 모집단으로부터 환자가 무작위로 선택된다. S는 지난 6개월 동안 어깨 문제로 의사를 방문한 횟수이다. S의 값들은 $s = 1, 2, 3, 4$라고 가정하자. 어깨 전문병원의 환자들은 또한 무릎 부상에 대해서도 문의를 한다. K는 지난 6개월 동안 무릎 부상으로 의사를 방문한 횟수이다. K의 값들은 $k = 0, 1, 2$라고 가정하자. 어깨 및 무릎 부상의 횟수에 관한 결합 확률분포는 표 0.10에 있다. 결합 확률분포의 정보를 활용하여 다음 물음에 답하시오. 각 물음에 대해 간략한 계산과정을 보이시오.

표 0.10 연습문제 0.14에 관한 표

		무릎 = K			
		0	1	2	$f(s)$
어깨 = S	1	0.15	0.09	0.06	
	2	0.06			
	3	0.02	0.10		0.2
	4	0.02	0.08	0.10	
	$f(k)$			0.33	

a. 무작위로 선택한 환자가 지난 6개월 동안 어깨 문제로 의사를 두 번 방문할 확률은 얼마인가?

b. 무작위로 선택한 환자가 지난 6개월 동안 무릎 부상으로 의사를 한 번 방문한 경우에 이 환자가 지난 6개월 동안 어깨 문제로 의사를 두 번 방문할 확률은 얼마인가?

c. 무작위로 선택한 환자가 지난 6개월 동안 어깨 문제로 의사를 세 번 방문하고 무릎 문제로 의사를 두 번 방문할 확률은 얼마인가?

d. 무릎 및 어깨 부상으로 의사를 방문할 확률은 통계적으로 독립적인가? 설명하시오.

e. 이 모집단에서 어깨 부상으로 의사를 방문할 횟수에 대한 기댓값은 얼마인가?

f. 이 모집단에서 어깨 부상으로 의사를 방문할 횟수에 대한 분산은 얼마인가?

0.15 당신이 계량경제학 시험을 보기 위해 걸어가는데, 어떤 친구가 시험에서 당신보다 자기가 높은

점수를 받는다는 데 $20를 걸었다. X는 당신이 더 높은 점수를 받아서 이기는 경우를 나타낸다. X는 20, 0[점수가 같은 경우], −20의 값을 취한다. 당신은 X의 확률분포 $f(x)$가 그 친구가 시험 공부를 했는지 또는 하지 않았는지에 의존한다는 사실을 알고 있다. 친구가 시험공부를 한 경우 $Y = 0$이며, 시험공부를 하지 않은 경우 $Y = 1$이 된다. 다음과 같은 결합분포 표 0.11을 생각해 보자.

표 0.11 연습문제 0.15에 관한 결합 *pdf*

		Y		
		0	1	*f(x)*
X	−20	(i)	0	(ii)
	0	(iii)	0.15	0.25
	20	0.10	(iv)	(v)
	f(y)	(vi)	0.60	

a. 표에 있는 (i)~(vi)를 채우시오.

b. $E(X)$를 계산하시오. 당신은 내기를 해야 하는가?

c. 여러분이 친구가 시험공부를 하지 않았다는 사실을 알 경우, 더 높은 점수를 받아 당신이 이길 확률분포는 무엇인가?

d. 친구가 시험공부를 하지 않은 경우, 당신이 기대하는 이길 값을 구하시오.

e. 반복 기댓값 법칙을 활용하여 $E(X)$를 구하시오.

0.16 영국에서 유방암에 관한 자료는 표 0.12에서 보는 것처럼 인구(자료는 1,000명 단위로 나타내었다)에 대해 다음과 같이 나타낼 수 있다.

표 0.12 연습문제 0.16에 관한 표

	성별		합계
	여성	남성	
유방암 환자인 경우	550	3	553
유방암 환자가 아닌 경우	30,868	30,371	61,239
합계	31,418	30,374	61,792

a. 무작위로 뽑은 사람이 유방암 환자일 확률을 구하시오.

b. 무작위로 뽑은 여성이 유방암 환자일 확률을 구하시오.

c. 어떤 사람이 유방암 환자일 경우 그 사람이 여성일 확률을 구하시오.

d. 어떤 사람이 여성일 경우 유방암 환자일 조건부 확률 함수는 무엇인가?

e. 어떤 사람이 남성일 경우 유방암 환자일 조건부 확률 함수는 무엇인가?

0.17 연속적 확률변수 Y는 다음과 같은 *pdf*를 갖는다.

$$f(y) = \begin{cases} 2y & 0 < y < 1 \\ 0 & \text{다른 경우} \end{cases}$$

a. *pdf*를 그림으로 나타내시오.

b. *cdf*, $F(y) = P(Y \leq y)$를 구하고 그림으로 나타내시오. [요령 : 적분법을 활용하시오.]

c. *pdf*와 기하학적인 논거를 활용하여 확률 $P(Y \leq 1/2)$를 구하시오.

d. (b)의 *cdf*를 활용하여 $P(Y \leq 1/2)$를 계산하시오.

e. *pdf*와 기하학적인 논거를 활용하여 확률 $P(1/4 \leq Y \leq 3/4)$를 구하시오.

f. (b)의 *cdf*를 활용하여 $P(1/4 \leq Y \leq 3/4)$를 계산하시오.

0.18 다음의 각 물음에 답하시오.

a. 내국세 담당 회계감사관은 모든 소득세 신고의 3%가 오류를 포함하고 있다는 사실을 알고 있다. 소득세 환급신고가 이 회계감사관에게 조사해 보도록 무작위로 할당되었다. 회계감사관이 첫 번째 오류를 관찰할 때까지 4개의 환급신고를 검토해야 할 확률은 무엇인가? 즉 오류가 없는 3개의 환급신고를 검토하고 나서 네 번째 환급신고에서 오류를 발견할 확률은 얼마인가?

b. Y는 성공적으로 오류가 관찰되기 전에 하는 독립적인 실험의 시도 횟수를 나타낸다. 즉 첫 번째 성공적으로 오류를 관찰하기 전에 실패하는 횟수이다. 각 시도의 성공확률은 p이고 실패확률은 $1 - p$이다. 이것은 이산적 확률변수인가? 또는 연속적 확률변수인가? Y가 취할 수 있는 일련의 가능한 값들은 무엇인가? Y는 영이란 값을 취할 수 있는가? Y는 500이란 값을 취할 수 있는가?

c. *pdf* $f(y) = P(Y = y) = p(1 - p)^y$를 생각해 보자. *pdf*를 활용하여 (a)의 확률을 계산하시오. 이 확률 함수가 일반적으로 (b)에서 설명한 실험에 대해서 유지되는지 논의하시오.

d. $p = 0.5$인 값을 활용하여 $y = 0, 1, 2, 3, 4$에 대해 *pdf*를 그려 보시오.

e. $\sum_{y=0}^{\infty} f(y) = \sum_{y=0}^{\infty} p(1 - p)^y = 1$이라는 사실을 보이시오. [요령 : $|r| < 1$인 경우 $1 + r + r^2 + r^3 + \cdots = 1/(1 - r)$이다.]

f. $y = 0, 1, 2, 3, 4$인 경우 *cdf* $P(Y \leq y) = 1 - (1 - p)^{y+1}$이 올바른 값을 제시한다는 점을 증명하시오.

0.19 X 및 Y는 기댓값이 $\mu = \mu_X = \mu_Y$이고 분산이 $\sigma^2 = \sigma^2_X = \sigma^2_Y$인 확률변수라고 하자.

$Z = (2X + Y)/2$라고 하자.

a. Z의 기댓값을 구하시오.

b. X와 Y가 통계적으로 독립적이라 가정하고 Z의 분산을 구하시오.

c. X와 Y 사이의 상관이 -0.5라 가정하고 Z의 분산을 구하시오.

d. X와 Y 사이의 상관이 -0.5라 가정하시오. aX와 bY 사이의 상관을 구하시오. a와 b는 영이 아닌 상수이다.

0.20 연속적 확률변수 X의 *pdf*는 $0 < x < 1$인 경우 $f(x) = 1$이고, 그렇지 않은 경우 $f(x) = 0$이라고 가

상하자.

a. *pdf*를 그림으로 나타내시오. $0 < x < 1$인 경우 *pdf* 아래의 면적이 1이라는 점을 입증하시오.

b. X의 *cdf*를 구하시오. [요령 : 적분법을 활용하시오.]

c. X가 [0, 0.1], [0.5, 0.6], [0.79, 0.89]의 각 구간에 포함될 확률을 계산하시오. (a)에서 그린 그림에 확률을 표시하시오.

d. X의 기댓값을 구하시오.

e. X의 분산이 1/12이라는 사실을 보이시오.

f. Y는 조건부 확률 $P(Y = 1|X = x) = x$와 $P(Y = 0|X = x) = 1 - x$를 갖고 값 1과 0을 취하는 이산적 확률변수라고 하자. 반복 기댓값 법칙을 활용하여 $E(Y)$를 구하시오.

g. 분산분해를 활용하여 var(Y)를 구하시오.

0.21 공정하게 작동되는 주사위를 굴려 보도록 하자. Y의 표면값은 1, 2, 3, 4, 5, 6이라고 하자. X는 다음과 같은 또 다른 확률변수이다.

$$X = \begin{cases} Y & Y\text{가 짝수인 경우} \\ 0 & Y\text{가 홀수인 경우} \end{cases}$$

a. $E(Y)$, $E(Y^2)$, var(Y)를 구하시오.

b. X에 대한 확률분포는 무엇인가? $E(X)$, $E(X^2)$, var(X)를 구하시오.

c. 각 X값이 주어진 경우 Y의 조건부 확률분포를 구하시오.

d. 각 X값이 주어진 경우 Y의 조건부 기댓값 $E(Y|X)$를 구하시오.

e. $Z = XY$의 확률분포를 구하시오. $E(Z) = E(XY) = E(X^2)$을 보이시오.

f. cov(X, Y)를 구하시오.

0.22 기혼 여성들에 대해 다음과 같은 대규모 설문조사를 하였다. "당신은 지난해에 혼외정사를 얼마나 많이 했습니까?" 77%는 한 번도 없었다고 답했으며, 5%는 한 번, 2%는 두 번, 3%는 세 번 했다고 답했고, 나머지는 세 번을 초과했다고 답했다. 이들 여성은 전체 인구를 대표한다고 가정한다.

a. 무작위로 선택된 기혼 여성이 지난해에 한 번의 혼외정사를 했을 확률은 얼마인가?

b. 무작위로 선택된 기혼 여성이 지난해에 한 번을 초과하는 혼외정사를 했을 확률은 얼마인가?

c. 무작위로 선택된 기혼 여성이 지난해에 세 번 미만의 혼외정사를 했을 확률은 얼마인가?

d. 무작위로 선택된 기혼 여성이 지난해에 한 번 또는 두 번의 혼외정사를 했을 확률은 얼마인가?

e. 무작위로 선택된 기혼 여성이 적어도 한 번의 혼외정사를 했던 경우 지난해에 한 번 또는 두 번의 혼외정사를 했을 확률은 얼마인가?

0.23 *NKIDS*는 한 여성이 낳은 자녀의 수를 의미한다. *NKIDS*의 가능한 값들은 *nkids* = 0, 1, 2, 3, 4, …이다. *pdf*는 $f(nkids) = 2^{nkids}/(7.389nkids!)$라고 가상하자. !은 순차곱셈 연산을 나타낸다.

a. *NKIDS*는 이산적 확률변수인가? 또는 연속적 확률변수인가?

b. *nkids* = 0, 1, 2, 3, 4에 대한 *pdf*를 계산하시오. 이를 그림으로 나타내시오. [주 : 장황한 계

산을 위해서 스프레드시트 또는 다른 소프트웨어를 이용하면 편리할 수 있다.]

c. $nkids$ = 0, 1, 2, 3, 4에 대한 확률 $P[NKIDS \leq nkids]$를 계산하시오. 누적분포 함수를 그리시오.

d. 한 여성이 한 명을 초과하는 자녀를 낳을 확률은 얼마인가?

e. 한 여성이 두 명 이하의 자녀를 낳을 확률은 얼마인가?

0.24 야구공을 350피트 이상 치려고 하는 타자에게 다섯 번의 공을 던진다. H는 이렇게 야구공을 쳐내는 데 성공한 횟수를 나타내며, h번 성공할 pdf는 $f(h) = 120 \times 0.4^h \times 0.6^{5-h}/[h!(5-h)!]$이며, 여기서 !은 순차곱셈 연산을 나타낸다.

a. H는 이산적 확률변수인가? 또는 연속적 확률변수인가? 어떤 값을 취할 수 있는가?

b. 성공할 횟수 h = 0, 1, 2, 3, 4, 5에 대한 확률을 계산하시오. [주 : 장황한 계산을 위해서 스프레드시트 또는 다른 소프트웨어를 이용하면 편리할 수 있다.] pdf를 그림으로 나타내시오.

c. 성공 횟수가 두 번 이하일 확률은 무엇인가?

d. 확률변수 H의 기댓값을 구하시오. 답을 도출하는 과정을 보이시오.

e. 첫 번째 성공할 경우 상금은 $1,000이고, 두 번째 성공할 경우는 $2,000가 되며, 세 번째 성공할 경우는 $3,000 등이다. 총상금액인 확률변수 $PRIZE$에 대한 pdf는 무엇인가?

f. 총상금액 $PRIZE$의 기댓값을 구하시오.

0.25 책의 저자는 인쇄상의 오자 수(0, 1, 2, 3, …)가 저서의 각 페이지에 존재한다는 사실을 알고 있다. 확률변수 T는 페이지당 오자 수를 나타낸다고 정의하자. T는 포아송 분포를 하며, pdf는 $f(t) = \mu^t \exp(-\mu)/t!$이라고 가상하자. 여기서 !은 순차곱셈 연산을 나타내며, $\mu = E(T)$는 페이지당 인쇄상 오차의 평균 수이다.

a. μ = 3인 경우 한 페이지에 1개의 오자가 있을 확률은 무엇인가? 한 페이지에 4개의 오자가 있을 확률은 무엇인가?

b. 편집자는 각 페이지의 각 글자를 독립적으로 점검하여 오자의 90%를 찾아내지만 10%는 놓친다. Y는 한 페이지에서 찾아낸 오자의 수를 나타낸다. y의 값은 해당 페이지에 있는 실제 오자 수 t보다 적거나 같아야만 한다. t개 오자가 있는 페이지에서 찾아낸 오자의 수는 다음과 같이 이항분포를 한다고 가상하자.

$$g(y|t, p = 0.9) = \frac{t!}{y!(t-y)!} 0.9^y 0.1^{t-y}, \quad y = 0, 1, \cdots, t$$

어떤 페이지에 실제로 4개의 오자가 있는 경우 편집자가 해당 페이지에서 1개의 오자를 발견할 확률을 계산하시오.

c. 결합 확률 $P[Y = 3, T = 4]$를 구하시오.

d. 편집자가 한 페이지에서 Y개의 오자를 발견할 확률은 평균이 $E(Y) = 0.9\mu$인 포아송 분포를 한다는 사실을 보여줄 수 있다. 이 정보를 활용하여 $Y = 3$개 오차를 발견할 경우 한 페이지에서 $T = 4$개 오자가 있을 조건부 확률을 구하시오.

계량경제학 입문

1.1 계량경제학을 왜 공부해야 하는가

계량경제학은 경제적 측정을 하는 데 기초가 된다. 하지만 계량경제학의 중요성은 경제학의 교과 범위를 넘어서 훨씬 더 연장되고 있다. 이는 회계, 재무, 마케팅, 경영관리와 같은 경영학 분야에서도 사용되는 연구 수단이 되었다. 이는 또한 사회과학을 연구하는 사람들, 특히 역사학, 정치학, 사회학을 연구하는 사람들에 의해서도 사용되고 있다. 계량경제학은 임업과 같은 다양한 분야와 농업경제학에서 중요한 역할을 담당하고 있다. 계량경제학의 관심 분야가 넓어진 이유는 부분적으로 경제학이 사업분석을 하는 데 기초가 되는 사회과학이기 때문이다. 경제학자가 이용하는 계량경제학에 기초한 연구방법은 다양한 사람들에게 유용하게 이용되고 있다.

계량경제학은 경제학자들을 교육시키는 데 특별한 역할을 담당하고 있다. 여러분은 경제학을 배우는 학생으로서 '경제학자처럼 생각하는 방법'을 배우고 있다. 여러분은 기회비용, 희소성, 비교우위와 같은 경제개념을 배우고 있다. 또한 수요 및 공급, 거시경제 행태, 국제무역과 관련된 경제 모형에 관해 교육받고 있다. 위와 같은 학습을 통해 우리가 살고 있는 세상을 보다 잘 이해하게 될 것이다. 즉 시장이 어떻게 운용되고 정부정책이 시장에 어떤 영향을 미치는지 알게 될 것이다.

경제학을 전공하거나 부전공하는 경우 독자들은 졸업 후 다양한 취업기회를 갖게 될 것이다. 민간기업에 취업하고자 하는 경우, 고용하는 사람들은 독자들이 "나를 위해 귀하는 무엇을 할 수 있는가?"에 대해 대답해주기를 바랄 것이다. 전통적인 경제학 교과과정에 따라 대답하는 학생은 "나는 경제학자처럼 생각할 수 있다."라고 답할 것이다. 우리는 이 대답이 호소력이 있다고 생각할 수도 있지만 경제학을 이해하지 못하는 고용인들에게는 만족스럽지 못할 수도 있다.

문제는 경제학과 학생으로서 배운 것과 경제학자가 실제로 하는 것 사이에는 큰 차이가 있다는 데 있다. 극히 극소수의 경제학자들이 경제이론만을 연구하면서 생활을 영위하고 있으며, 이들은 일반적으로 대학에 취업하고 있다. 대부분의 경제학자들은 민간기업에 취업하거나 정부에 근무하거나 또는 대학에서 강의를 하면서 부분적으로 '경험적인' 경제분석에 종사하게 된다. 이를 통해 그들은 경제자료를 이용하여 경제적 관계를 규명하고 경제가설을 검정하여 경제적 결과를 예측하게 된다.

계량경제학을 배움으로써 '경제학과 학생'인 것과 '실질적인 경제학자'인 것 사이의 차이를 메울 수 있다. 계량경제학 소프트웨어 사용방법을 포함하여 이 책에서 배우게 될 계량경제학과 관련된 지식을 이용하여 독자들은 고용인의 질문에 다음과 같이 대답할 수 있을 것이다. "나는 귀사 생산품의 판매액을 예측할 수 있다.", "나는 경쟁으로 인해 단위당 1달러만큼 가격이 하락할 경우 귀사의 판매액에 미치는 영향을 평가할 수 있다.", "나는 귀사의 새로운 광고 캠페인이 실제로 판매액을 증대시켰는지 여부를 검증할 수 있다." 이런 대답들은 경제학자처럼 생각하고 경제 자료를 분석하는 당신의 능력을 반영하는 것이므로 고용인의 귀에 감미로운 음악처럼 들릴 것이다. 고용인에게 유용한 정보를 제공할 수 있을 경우 당신은 가치 있는 피고용인이 될 것이므로 바람직한 일자리를 얻을 수 있는 기회가 증대될 것이다.

반면에 대학원이나 법학 전문대학원에 진학하여 공부를 계속하려는 경우라면 이 책이 정말로 가치가 있다는 사실을 깨닫게 될 것이다. 당신의 목표가 경제학, 재무관리, 회계학, 마케팅, 농업경제학, 사회학, 정치학, 또는 임업학 분야에서 석사학위나 박사학위를 받는 것이라면 장래에 더욱 자주 계량경제학을 접하게 될 것이다. 대학원 과정은 매우 기술적이며 수학을 많이 사용하므로 나무를 공부하면서 자주 숲을 등한시하게 된다. 이 책을 공부함으로써 기술적인 것이 강조되는 과정으로 들어가기 전에 계량경제학의 내용에 관해 개관을 할 수 있고 이에 대한 '직관'을 살릴 수 있다.

1.2 계량경제학은 무엇을 가르치는가

이 절에서는 계량경제학의 성격을 살펴볼 것이다. 계량경제학은 회계학, 사회학, 경제학 같은 독자들의 전공 분야에서 중요한 변수들이 상호 어떻게 연계되는지에 관한 이론으로부터 출발한다. 경제학에서는 수학적인 함수개념을 이용하여 경제변수들 간의 관계를 나타낼 수 있다. 예를 들면, 소득과 소비의 관계를 다음과 같이 나타낼 수 있다.

$$소비 = f(소득)$$

위의 식에 따르면 소비 수준은 소득의 함수, 즉 $f(\bullet)$로 표현할 수 있다.

개별 상품, 예를 들면, 현대 쏘나타에 대한 수요는 다음과 같이 나타낼 수 있다.

$$Q^d = f(P, P^s, P^c, INC)$$

위의 식에 따르면 현대 쏘나타에 대한 수요 Q^d는 현대 쏘나타의 가격 P, 대체재가 되는 자동차의 가격 P^s, 가솔린처럼 보완재가 되는 품목의 가격 P^c, 소득수준 INC의 함수인 $f(P, P^s, P^c, INC)$가 된다.

쇠고기와 같은 농산품의 공급은 다음과 같이 나타낼 수 있다.

$$Q^s = f(P, P^c, P^f)$$

여기서 Q^s는 공급량, P는 쇠고기 가격, P^c는 경쟁관계에 있는 생산품의 가격(예 : 돼지고기 가격), P^f는 생산과정에 사용되는 요소 또는 투입 물품의 가격(예 : 옥수수 가격)을 나타낸다.

위의 식들은 경제변수들이 상호 간에 연계되는 방법을 보여주도록 작성된 일반적인 경제 모형이다. 이런 형태의 경제 모형은 우리가 **경제분석**을 가능하도록 하는 지표가 된다.

계량경제학은 어떤 경제변수들이 상호 연계되는지 또는 관계의 방향은 어떻게 되는지 이상의 것을 알 수 있도록 해 준다. 계량경제학이 기여하는 한 가지 측면은 **예측**이다. 소득을 알 경우 소비 규모는 얼마나 될 것인가? 현대 쏘나타의 가격, 이것의 대체재 및 보완재의 가격, 소득을 알 경우 현대 쏘나타는 얼마나 판매가 이루어질까? 이와 유사하게, 쇠고기의 공급이 의존하는 변수들의 값을 알고 있는 경우 공급량이 얼마나 될지 질문할 수 있다.

계량경제학의 두 번째 기여는 어떤 변수의 변화가 다른 변수에 **얼마만큼** 영향을 미치는지 알 수 있도록 해 준다는 것이다. 현대 쏘나타의 가격이 상승할 경우 수요량은 얼마나 감소할 것인가? 마지막으로 계량경제학은 가설화된 관계의 타당성을 **검정**할 수 있도록 하여 변수들 사이의 상호 관계성에 대해 이해하는 데 도움을 준다.

계량경제학(econometrics)은 결과를 예측하고 '얼마만큼'과 같은 종류의 물음에 답하며 그리고 가설을 검정하기 위해, 통계학적인 분석도구를 사용하여 경제학, 경영학, 사회과학과 관련된 이론과 자료를 어떻게 활용할 수 있는지에 관해 연구하는 분야이다.

1.2.1 실례

중앙은행 의사결정자가 직면하는 문제에 대해 생각해 보자. 미국에서는 연방준비제도가 중앙은행에 해당하며 연방준비제도이사회(FRB) 의장이 이자율에 대해 결정을 내려야 한다. 가격 인상이 인플레이션율의 증가로 이어지는 시기에 연방준비제도이사회는 경제의 성장률을 감속시킬지 여부를 결정하여야 한다. 연방준비제도이사회는 은행들이 연방준비은행으로부터 차용할 경우 부과하는 이자율(할인율) 또는 은행 간에 하룻밤 동안 이루어지는 대출에 대해 부과되는 이자율(연방자금금리)을 인상함으로써 이를 달성할 수 있다. 이런 이자율이 인상될 경우 자본을 확대하기 위하여 자금을 구하려는 기업이나 자동차 또는 냉장고처럼 내구 소비재를 구입하려는 개인, 즉 잠재적인 투자자들이 직면하는 이자율이 인상된다. 소비자와 기업이 직면하는 이자율이 인상될 경우 내구재의 수요량이 감소하며, 이는 총수요를 감소시켜 인플레이션율을 낮추게 된다. 이런 관계는 경제이론을 통해 알 수 있다. 연방준비제도이사회 의장이 직면하는 실제 문제는 "인플레이션을 낮추고 안정적으로 성장하는 경제 기조를 유지하기 위하여 얼마만큼 할인율을 인상하여야 하는가?"이다. 이 물음에 대한 대답은 이자율 인상과 투자 감소가 국민총생산에 미치는 영향에 대한 기업과 개인의 반응도에 달려 있다. 주요한 탄력성 및 승수를 **모수**(parameter)라 한다. 경제 모수의 값은 알려져 있지 않으며, 경제정책 수립 시 경제자료의 표본을 이용하여 추정되어야 한다.

계량경제학은 주어진 자료를 이용하여 경제 모수를 어떻게 하면 가장 잘 추정할 수 있는지에 대해 살펴본다. 또한 계량경제학은 올바르게 사용되어야 한다. 왜냐하면 예를 들어, 연방준비제도이사회와 같은 정책입안자들이 사용하는 추정값에 큰 오차가 있을 경우 이자율을 너무 대폭 또는 소폭으로 조절할 수 있으며, 이는 우리 모두에게 중요한 결과를 초래할 수 있기 때문이다.

정책입안자들은 매일 연방준비제도이사회 의장이 직면하는 것과 유사한 '얼마만큼'이란 물음에 직면하게 된다. 이런 예는 다음과 같다.

- 시 위원회는 정규 경찰관을 거리에 배치하는 데 추가적으로 100만 달러를 사용할 경우 폭력범 죄가 얼마만큼 감소할 것인지에 관해 심사숙고하고 있다.
- 어떤 지역 피자헛 체인점의 소유주는 해당 지역 신문에 얼마만큼 광고를 해야 하는지 결정해야 하며, 이를 알아보기 위해 광고와 피자 판매 간의 관계를 추정해야만 한다.
- 미국 루이지애나주립대학교 당국은 수업료가 학기당 300달러 인상될 경우 등록 학생 수가 얼마나 감소하며, 이로 인해 수업료 수입이 증가할 것인지 또는 감소할 것인지 추정해야만 한다.
- 미국의 프록터 앤드 갬블사의 최고경영자는 새로운 공장 및 시설에 얼마나 투자할지를 결정하려 할 때 자사 제품인 세탁용 세제 타이드에 대한 향후 10년 후의 수요량을 추정해야만 한다.
- 부동산 개발업자는 미국 루이지애나주 배턴루지시의 남부지역에 인구 및 소득이 얼마나 증가할지를 예측해야만 새로운 쇼핑센터 건립 시 이윤이 남는지 여부를 알 수 있다.
- 당신은 저축 중 얼마만큼을 주식형 펀드에 투자하고 얼마만큼을 화폐시장에 투자할지를 결정해야만 한다. 이를 위해 당신은 향후의 경제활동 수준, 인플레이션율, 이자율을 예측해야만 한다.

위와 같은 '얼마만큼'에 대한 질문에 답하기 위해 정책입안자들은 실증적인 경제분석에 기초한 정보를 이용한다. 경제학자들은 이런 분석에서 문제가 되고 있는 변수들 간의 관계를 추론하기 위해 경제 이론 및 경제논리를 적용한다. 중요한 근간이 되는 모수를 추정하고 예측하기 위해 관련 변수들에 대한 자료를 수집하고 경제적 방법론을 이용한다. 위의 예에서 정책입안자들은 상이한 방법을 이용하여 '추정값' 및 '예측값'을 구한다. 연방준비제도이사회는 계량경제학적인 분석을 하기 위하여 많은 경제학자를 고용하고 있다. 프록터 앤드 갬블사의 최고경영자는 판매액을 예측하기 위하여 계량경제학적인 분석을 담당할 상담역을 채용하려 한다. 여러분은 주식 중개인으로부터 투자에 관한 조언을 받을 수 있으며, 이들은 모회사에 근무하는 경제학자들이 제공하는 계량경제학적인 예측에 근거하고 있다. '얼마만큼'과 같은 물음에 대한 대답이 무엇에 근거를 하든지 대답할 수 있는 자료를 분석하는 계량경제학적인 방법을 경제학자가 이용하는 것은 바람직한 일이다.

다음 절에서는 모수를 경제 모형에 어떻게 도입하고 경제 모형을 계량경제 모형으로 어떻게 전환시키는지를 살펴볼 것이다.

1.3 계량경제 모형

계량경제 모형은 무엇이며 어디에서 비롯되는 것일까? 이 절에서는 전반적인 견해와 독자들에게 익숙하지 않은 용어를 소개할 것이다. 진도를 더 나가기 전에 모든 용어를 명확히 정의해 두어야 할 것이다. 먼저 계량경제 모형에서는 경제적인 관계가 정확하지 않다는 점을 깨달아야만 할 것이다. 경제이론에 따르면 개인 또는 기업의 특정한 형태를 예측할 수 없으며 많은 개인 또는 기업의 **평균적** 또는 **체계적** 행태를 설명할 수 있을 뿐이다. 자동차 판매 대수를 검토할 경우 쏘나타의 실제 판매 대수는 위에서 말한 체계적인 부분과 무작위 오차(rancom error)라고 부르는 무작위적이며 예측할 수 없는 부분, 즉 e로 구성된다. 따라서 현대 쏘나타의 판매 대수를 나타내는 계량경제 모형(econometric model)은 다음과 같이 나타낼 수 있다.

$$Q^d = f(P, P^s, P^c, INC) + e$$

무작위 오차 e는 위의 모형에 포함되어 있지는 않지만 판매에 영향을 미치는 많은 요소를 의미하며, 이는 경제활동에 내재된 본질적인 불확실성을 반영한다. 계량경제 모형을 명시하기 위하여 경제변수 간의 대수학적인 관계에 대해 언급할 필요가 있다. 예를 들어 여러분은 경제원론 수업시간에 수요량이 가격에 대해 선형 함수라는 점을 배웠을 것이다. 이 가정을 다른 변수에도 적용할 경우 수요의 체계적인 부분을 다음과 같이 나타낼 수 있다.

$$f(P, P^s, P^c, INC) = \beta_1 + \beta_2 P + \beta_3 P^s + \beta_4 P^c + \beta_5 INC$$

이에 상응하는 계량경제 모형은 다음과 같다.

$$Q^d = \beta_1 + \beta_2 P + \beta_3 P^s + \beta_4 P^c + \beta_5 INC + e$$

계수 β_1, β_2, $\cdots$, β_5는 경제자료와 계량경제기법을 활용하여 추정하는 모형의 알지 못하는 모수이다. 함수 형태는 변수들 간의 관계에 관한 가설을 나타낸다. 특정 문제에서는 경제이론 및 자료에 부합되는 함수 형태를 결정하는 데 노력을 기울이게 된다.

수요방정식, 공급방정식 또는 생산함수에 관계없이 모든 계량경제모형은 체계적인 부분과 관찰할 수 없는 무작위적인 부분으로 나누어진다. 체계적인 부분은 경제이론과 함수 형태에 관한 가정을 통해 설명할 수 있는 부분이다. 반면에 무작위적인 부분은 '교란' 부분으로 변수 간의 관계를 이해하는 데 어려움을 주며, 확률변수 e를 사용하여 나타낸다.

계량경제모형은 통계적 추론(statistical inference)의 기초로 활용된다. 계량경제모형과 표본 자료를 사용하여 실제 세계에 관한 추론을 하고 진행 중인 사항에 대해 알 수 있다. 통계적 추론을 시행하는 방법에는 다음과 같은 사항이 포함된다.

- 예를 들면, 탄력성과 같은 경제모수를 계량경제 방법을 활용하여 추정하기(estimating)
- 예를 들면, 향후 10년 동안 미국에서의 2년제 대학 등록자 수와 같은 경제적 결과를 예측하기(predicting)
- 예를 들면, 매출 증대를 위해 신문광고가 상점 진열보다 더 효과적인지 여부에 대한 질문과 같은 경제가설을 검정하기(testing)

계량경제학은 통계적 추론에 관한 위와 같은 측면 모두를 포함한다. 이 책을 학습해 가면서, 여러분은 관련 자료의 특성이 주어진 경우 어떻게 적절하게 추정하고, 예측하며, 검정하는지를 배우게 될 것이다.

1.3.1 인과관계 및 예측

계량경제 모형을 설정할 때 종종 발생하는 의문점은 인과 및 예측관계로 볼 수 있는지 아니면 예측관계로만 볼 수 있는지 여부에 관한 것이다. 이들의 차이점을 이해하기 위해서 계량경제학 교과목에서 어떤 학생이 받은 학점 *GRADE*와 *SKIP*과의 관계가 다음과 같다고 생각하자.

$$GRADE = \beta_1 + \beta_2 SKIP + e$$

β_2는 음수가 될 것이라고, 즉 결석한 비율이 커질수록 받은 학점은 더 낮아질 것이라고 기대된다. 하지만 결석이 낮은 학점의 원인이 된다고 말할 수 있는가? 강의가 비디오로 촬영될 경우, 다른 날 이를 시청할 수 있다. 어쩌면 어떤 학생이 시간이 많이 소요되는 일거리를 갖고 있어서 결석을 했을지도 모른다. 이런 일거리에 종사하다 보면 학습할 시간이 충분하지 않아서 낮은 학점의 근본 원인이 될 수 있다. 또는 결석이 집중력이나 학습 동기의 결여에서 비롯되었을 수 있는데, 이것이 낮은 학점의 원인이 될 수 있다. 이런 상황하에서 *GRADE*를 *SKIP*에 연관시키는 식에 관해 무엇을 말할 수 있는가? 우리는 이것을 계속해서 예측 식이라고 할 수 있다. *GRADE*와 *SKIP*은 (음으로) 상관되어 있으며, 따라서 *SKIP*에 관한 정보는 *GRADE*를 예측하는 데 도움이 되도록 사용될 수 있다. 하지만 이것을 인과관계라고 할 수는 없다. 결석이 낮은 학점의 원인이 되지는 않는다. 모수 β_2가 학점에 결석이 미치는 직접적인 인과관계 영향을 시사하지는 않는다. 이것은 또한 예를 들면, 학습시간이나 학생의 학습동기처럼 식에서 누락되고 *SKIP*과 상관된 다른 변수들의 영향을 포함하고 있다.

경제학자들은 종종 인과관계로 해석될 수 있는 모수들에 관심을 갖는다. 현대자동차는 쏘나타의 가격변화가 판매량에 미치는 직접적인 영향에 대해 알고자 한다. 쇠고기 산업에서 기술 향상이 이루어진 경우, 수요 및 공급의 가격 탄력성은 소비자 및 생산자의 후생상 변화에 중요한 의미를 갖는다. 우리가 할 일 중 하나는 계량경제 모형이 인과관계로 해석되기 위해서는 어떤 가정이 필요한지 알아보고, 그 가정들이 준수되는지 여부를 평가하는 것이다.

예측관계가 중요한 부분은 '빅데이터'의 활용과 관련된다. 컴퓨터 기술이 발전함에 따라 대용량의 정보를 저장할 수 있게 되었다. 인터넷상의 여행 사이트들은 여러분이 보았던 목적지들을 놓치지 않고 기억하고 있다. 구글은 여러분이 방문했던 사이트에 기초하여 여러분을 목표로 광고를 한다. 대형 할인점들은 고객카드를 통해 여러분의 구매관련 자료를 저장하여 관련 품목들을 확인한다. 자료분석가들은 빅데이터를 활용하여 여러분의 행태를 예측하는 데 도움이 되는 예측관계를 확인한다.

일반적으로 자료의 형태는 계량경제 모형의 설정 그리고 모형과 관련된 가정에 영향을 미친다. 이제는 상이한 형태의 자료에 관해 논의하고 이를 구할 수 있는 곳에 대해 살펴볼 것이다.

1.4 자료를 어떻게 구할 수 있는가

통계적 추론을 하려면 자료를 갖고 있어야만 한다. 자료를 어디서 구할 수 있을까? 어떤 형태의 실제 과정을 거쳐 자료를 구할 수 있는가? 경제학자들과 다른 사회과학자들은 변수에 관한 자료가 '관찰되는', 그리고 드물게는 통제된 실험으로밖에 구할 수 없는 복잡한 세상에서 활동하고 있다. 이로 인해 경제모수에 관한 연구가 훨씬 더 어려워지게 된다. 경제적으로 중요한 물음에 답하기 위해 이런 자료들을 사용하는 절차에 대해 알아보는 것이 이 책의 주요한 목적이다.

1.4.1 실험 자료

경제관계를 나타내는 알지 못하는 모수에 관해 정보를 얻을 수 있는 한 가지 방법은 실험 결과를 정리하거나 관찰하는 것이다. 자연과학 및 농업에서는 통제된 실험을 쉽게 가상해 볼 수 있다. 과학자들은 주요 통제변수의 값을 정하고 나서 결과를 관찰할 수 있다. 유사한 토지 구획에 특정 품종의 밀을 심고 나서 각 토지 구획에 대해 비료 및 살충제의 양을 상이하게 뿌린 후 추수시점에 각 구획에서 생산된 밀의 양을 관찰할 수 있다. N개 토지 구획에서 실험을 반복하면 N개 관찰값의 표본을 만들 수 있다. 이런 통제된 실험은 경영이나 사회과학 분야에서는 거의 이루어지지 않는다. 실험 자료의 주요한 특징은 설명변수들의 값이 반복적으로 이루어지는 실험에서 특정값으로 고정된다는 점이다.

경영적인 예로는 마케팅 연구에서 찾아볼 수 있다. 슈퍼마켓에서 이루어지는 특정 상품의 주당 판매에 관심이 있다고 가상하자. 한 상품의 판매가 이루어질 경우 이 상품은 계산대에서 스캔이 되면 계산서에 나타나게 될 가격과 총액이 기록된다. 이와 동시에 자료 기록이 이루어지며 각 시점에서 현재의 상점 진열과 쿠폰 사용뿐만 아니라 해당 상품의 가격과 모든 경쟁 상점의 가격을 알 수 있다. 가격과 쇼핑환경은 상점관리를 통해 통제되므로 이런 '실험'은 '통제'변수의 값을 동일하게 하여 여러 날 또는 여러 주에 걸쳐 반복적으로 이루어질 수 있다.

사회과학에서 계획된 실험의 일부 예가 존재하기는 하지만, 이를 체계화하고 자금을 마련하는 데 어려움이 있어서 드물다. 주목할 만한 계획된 실험의 예는 미국 테네시주의 프로젝트 STAR[1]이다. 이 실험은 1985년에 시작해서 1989년에 종료됐으며, 유치원에서부터 3학년까지의 단일 학생집단에 대해 이루어졌다. 해당 실험에서 학생들과 교사들은 학교 내에서 세 가지 종류의 학급, 즉 13~17명의 학생으로 이루어진 소규모 학급, 22~25명의 학생으로 이루어진 정규 학급, 정규교사를 도와주는 전임 보조교사가 배치된 정규 학급으로 무작위 배정되었다. 이 실험의 목적은 소규모 학급이 학력고사에서 취득한 학생들의 점수로 측정한 학생들의 학업능력에 미치는 영향을 결정하는 것이었다. 제7장에서 해당 자료를 분석할 것이며, 소규모 학급이 학생들의 학업능력을 유의하게 증대시켰음을 보여줄 것이다. 이런 발견으로 인해 향후 공공교육정책은 영향을 받게 될 것이다.

1.4.2 준실험 자료

'순수'실험 자료와 '준'실험 자료를 구별하는 것이 유용하다. 순수 실험은 무작위 배정으로 특징지어진다. 비료와 제초체의 다양한 양을 밀경작지의 소구획에 적용하는 실험에서, 비료와 제초제의 상이한 적용이 상이한 소구획에 무작위로 배정된다. 테네시주의 프로젝트 STAR에서, 학생들과 교사들이 보조교사가 배치된 경우와 배치되지 않은 경우로 상이한 규모의 학급에 무작위로 배정된다. 일반적으로 대조군과 처치군이 있고 정책개입이나 처치효과를 살펴보고자 한다면, 순수실험 자료는 개체들이 대조군과 처치군에 무작위 배정되는 그런 것이다.

하지만 무작위 배정이 반드시 가능한 것은 아니며, 특히 사람과 관련될 때 그러하다. 준실험 자료 하에서 대조군과 처치군에 대한 배정은 무작위적이 아니라 다른 기준에 기초하여 이루어진다. 한 예는 제7장에서 보다 자세히 살펴보게 될 카드 교수와 크루거 교수의 연구이다. 이들은 1992년 미국 뉴저지주의 최저임금 인상이 패스트푸드 레스토랑의 고용자 수에 미치는 영향을 검토하였다. 처치군은 뉴저지주에 있는 패스트푸드 레스토랑이었다. 대조군은 최저임금의 변화가 없었던 동부 펜실베이니아주에 소재하는 패스트푸드 레스토랑이었다. 다른 예는 임계소득을 초과하는 사람들에 대한 소득세

---

1   다음을 참조하시오. https://dataverse.harvard.edu/dataset.xhtml?persistentId = hdl:1902.1/10766.

율의 변화가 지출 습관에 미치는 영향이다. 대조군은 임계소득에 미치지 못하는 소득을 갖는 사람들이다. 준실험 자료를 다룰 때 처치효과는 배정기준의 효과와 뒤섞일 수 있다는 사실을 알아야 한다.

1.4.3 비실험 자료

비실험 자료의 예로는 조사 자료를 들 수 있다. 미국 루이지애나주립대학교에 소재하는 공공정책연구소는 고객에 대한 전화 및 우편조사를 시행한다. 전화조사에서 대상 인원을 무작위적으로 뽑아 전화 통화를 하였다. 질문에 대한 대답은 기록되어 분석이 이루어진다. 이런 환경에서 모든 변수에 대한 자료는 동시에 수집되며 그 값은 고정되지도 반복되지도 않는다. 이런 자료는 비실험 자료이다.

이런 조사는 국가 정부에 의해 대규모로 시행된다. 예를 들면, Current Population Survey(CPS)는 미국 센서스국이 약 50,000 가구에 대해 시행하는 월간 조사이다. 이 조사는 50년 넘게 시행되었다. 이들 CPS 자료는 정부 정책입안자에 의해 국가 경제상황의 주요 지표로서 사용되고, 많은 정부 프로그램을 수립하고 평가하는 데도 활용된다. 언론, 학생, 대학, 일반 대중 또한 이 자료를 이용한다.

1.5   경제자료의 유형

경제자료는 다양한 '취향'에 맞게 작성되며, 여기서는 이들을 설명하고 예를 들어 볼 것이다. 다음과 같은 상이한 자료의 특성을 알아보자.

1. 자료는 다양한 단계별로 통합되어 수집될 수 있다.
   ○ 미시 ― 개인, 가계, 기업처럼 개별적인 경제 의사결정 단위별로 수집한 자료
   ○ 거시 ― 지방, 주, 또는 국가 수준에서 개인, 가계, 기업을 하나로 모으거나 통합하여 수집한 자료
2. 자료는 유량 또는 저량이 될 수 있다.
   ○ 유량 ― 2018년 마지막 분기 동안의 가솔린 소비량처럼 일정 기간 측정된 결과
   ○ 저량 ― 2018년 11월 1일 현재 엑슨모빌사의 미국 소재 저유탱크에 저장된 원유량, 또는 2018년 7월 1일 현재 미국 웰스파고은행의 자산가치처럼 특정 시점에 측정된 결과
3. 자료는 양적 또는 질적일 수 있다.
   ○ 양적 자료 ― 숫자 또는 숫자를 변형시켜 표현할 수 있는 가격 또는 소득과 같은 자료(예를 들면,, 실질가격 또는 1인당 소득)
   ○ 질적 자료 ― '어느 한쪽'을 선택하여 상황을 나타내는 자료(예를 들면, 소비자가 특정 상품을 구입하였는가 또는 하지 않았는가, 또는 사람이 결혼을 하였는가 또는 하지 않았는가)

1.5.1 시계열 자료

시계열(time-series)은 이산적으로 시간적인 간격에 걸쳐 수집되는 자료이다. 예를 들면, 미국의 연도별 밀가격, 제너럴 일렉트릭사의 일별 주식가격 등이 있다. 거시경제자료는 보통 월별, 분기별, 연도별로 발표된다. 예컨대 주식가격 같은 금융자료는 일별로 또는 훨씬 더 잦은 빈도로 발표될 수 있다.

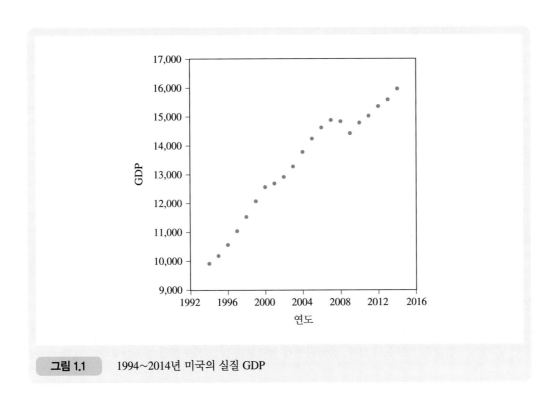

그림 1.1   1994~2014년 미국의 실질 GDP

표 1.1   미국 연간 GDP(2009년 실질 10억 달러)

연도	GDP
2006	14,613.8
2007	14,873.7
2008	14,830.4
2009	14,418.7
2010	14,783.8
2011	15,020.6
2012	15,354.6
2013	15,583.3
2014	15,961.7

시계열 자료의 주요한 특징은 동일한 경제수량이 일정한 시간 간격으로 기록된다는 것이다.

예를 들면, 미국의 연간 실질 국내총생산(GDP)의 도표가 그림 1.1에 있으며, 이 중 몇 개가 표 1.1에 주어졌다. 연간 자료는 미국 경제분석국에 의해 2009년 실질 10억 달러로 나타내었다.

1.5.2 횡단면 자료

횡단면(cross-section) 자료는 특정 시기에 표본 구성단위들에 걸쳐 수집된다. 예를 들면, 2016년 미국 캘리포니아주 지역별 소득, 2015년 미국 주별 고등학교 졸업률 등이 있다. '표본 단위'는 개체이며 기업, 개인, 가계, 미국의 각 주, 국가가 될 수 있다. 예를 들면, CPS는 월별로 예를 들면 고용, 실

표 1.2　횡단면 자료 : 2013년 3월 CPS

개인	변수			
	인종	교육수준	성별	임금
1	백인	준학사학위(전문대 졸업)	남성	10.00
2	백인	석사학위	남성	60.83
3	흑인	학사학위	남성	17.80
4	백인	고등학교 졸업	여성	30.38
5	백인	석사학위	남성	12.50
6	백인	석사학위	여성	49.50
7	백인	석사학위	여성	23.08
8	흑인	준학사학위(전문대 졸업)	여성	28.95
9	백인	대학 입학, 학위 미취득	여성	9.20

업, 수입, 교육적 성취, 소득 등과 같은 항목에 대해 개인적인 면접을 통해서 얻은 결과를 발표한다. 표 1.2는 인종, 교육수준, 성별, (시간당) 임금과 같은 변수들에 대해 2013년 3월 실시한 조사를 통해 구한 몇 개의 관찰값을 보여주고 있다. 응답자에게 물어보는 많은 세부적인 질문사항들이 있다.

1.5.3 패널자료 또는 종단 자료

'종단(longitudinal)' 자료라고도 알려진 '패널(panel)' 자료는 시간이 흐름에 따라 추적하는 개체의 작은 구성단위에 대한 관찰값들을 포함한다. 예를 들어 미국의 Panel Study of Income Dynamics(PSID)는 거의 9,000개의 미국 가계에 대한 것으로 전국적으로 대표되는 종단 연구라고 할 수 있다. PSID는

표 1.3　2개 쌀 생산농장의 패널자료

생산농장	연도	생산량	경작면적	노동 투입량	비료 사용량
1	1990	7.87	2.50	160	207.5
1	1991	7.18	2.50	138	295.5
1	1992	8.92	2.50	140	362.5
1	1993	7.31	2.50	127	338.0
1	1994	7.54	2.50	145	337.5
1	1995	4.51	2.50	123	207.2
1	1996	4.37	2.25	123	345.0
1	1997	7.27	2.15	87	222.8
2	1990	10.35	3.80	184	303.5
2	1991	10.21	3.80	151	206.0
2	1992	13.29	3.80	185	374.5
2	1993	18.58	3.80	262	421.0
2	1994	17.07	3.80	174	595.7
2	1995	16.61	4.25	244	234.8
2	1996	12.28	4.25	159	479.0
2	1997	14.20	3.75	133	170.0

1969년 이래로 동일 가계 및 개인을 추적 조사하여 경제, 건강, 사회 행태에 관한 자료를 수집한다.

표 1.3은 2개 쌀 생산농장에서 구한 자료를 보여주고 있다.[2] 1990~1997년에 걸쳐 쌀 생산농장 (또는 생산기업)에 대한 연간 관찰 자료들이다.

패널자료의 주요한 측면은 여러 시기에 걸쳐 각각의 작은 구성단위, 여기서는 생산농장을 관찰하는 것이다. 여기서는 쌀 생산량, 경작면적, 노동투입량, 비료 사용량에 관한 자료가 있다. 각 작은 구성단위에 대한 시기별 관찰값의 수가 동일한 경우 균형패널(balanced panel)이라고 하며, 위의 경우가 바로 그렇다. 통상적으로 시계열 관찰값의 수가 미세 구성단위의 수에 비해 작지만 반드시 그런 것은 아니다.

1.6 연구 진행과정

계량경제학은 궁극적으로 연구 도구이다. 계량경제학을 공부하는 학생들은 연구를 하거나, 다른 사람들의 연구를 읽고 평가하거나 또는 이 두 가지 모두를 하려고 한다. 이 절에서는 장래의 연구를 위해 참고 및 지도의 틀을 제시해 주고자 한다. 특히 연구를 할 때 계량경제학의 역할을 알려 주고자 한다.

연구는 과정이며, 많은 그런 활동들처럼 순서에 따라 진행된다. 연구는 탐험이며 재미가 생길 수도 있다. 물음에 대한 답변을 모색하고, 새로운 지식을 추구하는 것은 매우 중독적이다. 왜냐하면 많이 탐색하면 할수록 더 많은 새로운 물음에 접하게 되기 때문이다.

연구 계획은 중요하다고 생각되는 주제를 조사할 수 있는 기회이다. 연구 계획을 성공적으로 마치려 한다면 좋은 연구 주제를 선택하는 것이 필수적이다. 출발점은 "나의 관심 사항은 무엇인가?"라는 의문에서부터 시작된다. 특정 주제에 대한 관심은 연구하는 수고에 즐거움을 더해 줄 것이다. 또한 어떤 주제에 대해 연구를 시작할 경우 보통 다른 의문점들이 발생한다. 이런 새로운 의문점들은 최초의 주제에 또 다른 생각을 유발하거나, 훨씬 더 흥미로운 새로운 탐색과정을 의미할 수 있다. 이런 생각은 특정 주제에 관해 이루어진 연구물에 대한 장기간의 연구 후에 나타날 수 있다. '영감은 99%의 노력과 땀의 결과이다'라는 사실을 깨닫게 될 것이다. 이것이 의미하는 바는 충분히 오랜 기간 한 가지 주제를 탐구한 후에야 비로소 새롭고 흥미로운 의문이 생긴다는 것이다. 달리 표현하면 여러분은 흥미로운 의문점에 대한 자연적인 호기심에 의해 인도될 수 있다는 것이다. 배리언(Hal Varian) 교수[3]는 신문, 잡지 등과 같은 전문학술지 밖에서 연구 주제를 찾아보도록 제안한다. 그는 새로운 텔레비전 수상기를 구입하면서 구체화된 연구 계획에 관한 이야기를 했다.

여러분이 경제학 교과목을 여러 개 수강하고 나서, 이를 마칠 때쯤 되면 일부 교과목에 대해 더 관심을 갖게 될 것이다. 예를 들면, 보건경제학, 경제발전론, 산업조직론, 재정학, 자원경제학, 화폐경제학, 환경경제학, 국제무역론과 같은 전공 분야에 특별한 관심을 갖게 된다. 관심 있는 영역이나 주제를 찾아보려면, *Journal of Economic Literature*(*JEL*)에서 관련 학술지 논문의 목록을 참조해 볼 수 있다. *JEL*은 특정 연구 영역을 쉽게 찾아볼 수 있는 분류 목록을 포함한다. 다른 방법은 여러분이 선

2　이 자료는 다음 연구에서 사용되었다. O'Donnell, C.J. and W.E. Griffiths (2006), Estimating State-Contingent Production Frontiers, *American Journal of Agricultural Economics*, 88(1), 249 – 266.

3　Varian, H. How to Build an Economic Model in Your Spare Time, *The American Economist*, 41(2), Fall 1997, pp. 3 – 10.

호하는 검색 엔진에 몇 개의 관련 단어를 쳐 넣으면, 나타나는 것을 볼 수 있다.

일단 특정 주제에 초점을 맞추게 되면 연구를 진행하게 되는데, 일반적으로 다음과 같은 단계를 밟아 간다.

1. 경제이론은 문제에 관해 생각할 수 있는 방법을 제시해 준다. 즉 관련된 경제변수들은 무엇이며 이들 간의 관계는 어떤지에 관해 알려준다. 최초의 질문이 주어지면 모든 연구 계획은 경제 모형을 수립하고 관심이 있는 의문점(가설)을 나열하는 데서 시작된다. 연구 계획을 진행시키는 도중에 더 많은 의문점이 제기될 수도 있지만 초기에 연구 동기가 되었던 의문점들을 나열하는 것이 좋다.

2. 활용할 수 있는 경제 모형을 이용하여 계량경제 모형을 설정할 수 있다. 함수 형태를 선택하고 오차항의 성질에 관해 가정을 수립해야 한다.

3. 표본 자료를 수집하고 나서 초기의 가정과 자료 수집 방법을 고려하여 적절한 계량경제 분석방법을 선택한다.

4. 통계적인 소프트웨어 패키지를 이용하여 알지 못하는 모수를 추정하고 예측을 하며 가설을 검정한다.

5. 설정한 가정의 타당성을 점검하기 위하여 모형을 진단해야 한다. 예를 들어 오른쪽의 모든 설명변수가 모형과 관련이 있는지를 점검하고 적절한 함수 형태가 사용되었는지를 알아보아야 한다.

6. 실증분석 결과가 갖는 경제적 중요성과 의미를 평가해야 한다. 경제적 자원분배 및 분포 결과들에 대해 갖는 의미와 선택한 정책이 갖는 의미를 알아본다. 더 많은 연구를 하거나 새롭고 더 나은 자료를 구할 경우 대답할 수 있는 질문에는 어떤 것이 있는지 검토한다.

위의 단계들은 해야만 하는 것에 대한 방향을 제시해 준다. 하지만 연구에는 언제나 연구 계획상의 이전 시점으로 돌아가게 할 수 있거나 또는 완전히 수정하게 할 수 있는 뜻밖의 일이 발생한다. 연구를 진행하는 데는 연구가 앞으로 진행되도록 하는 절박성, 면밀한 분석을 뛰어넘어 돌진하지 않는 인내심, 새로운 사고를 탐구하는 자발성이 필요하다.

1.7 실증분석 연구논문의 작성

연구를 통해 새로운 지식을 보상받을 수 있지만, 연구논문 또는 보고서가 작성되기 전까지는 완전한 것이 아니다. 연구논문 작성과정을 통해 여러분의 생각을 추출해 낼 수 있다. 여러분의 이해의 깊이를 분명하게 드러낼 수 있는 다른 방법은 없다. 개념이나 생각을 설명하는 데 어려움이 있다면, 이해가 불완전하다는 것을 의미할 수 있다. 이처럼 논문 작성은 연구의 필수적인 부분이다. 이 절은 장래의 연구논문 작성과제를 완성하기 위해 필요한 기초가 될 것이다.

1.7.1 연구 제안서 작성하기

특정 주제를 선택한 후에 간략한 연구 계획 요약서와 제안서를 작성해 보는 것은 좋은 생각이다. 이를 작성해 보면 여러분이 진짜로 원하는 것에 관한 생각을 모을 수 있다. 예비적인 논평을 구하기 위해 동료나 교수에게 보여줄 수 있다. 요약은 짧아야 하며 통상적으로 500자를 넘지 않아야 하고, 다음과 같은 사항이 포함되어야 한다.

1. 문제에 대한 간략한 설명 및 진술
2. 한두 개의 주요 참고문헌을 포함하여 가용할 수 있는 정보에 대한 해설
3. 다음과 같은 사항을 포함하는 연구 계획에 대한 기술
   a. 경제 모형
   b. 계량경제 추정법 및 추론 방법
   c. 자료 출처
   d. 사용될 계량경제 소프트웨어 및 버전을 포함하여 추정법, 가설 검정, 예측절차
4. 연구의 잠재적 기여

1.7.2 연구 보고서 작성의 구성 방식

경제연구 보고서는 다양한 연구단계에 관해 논의하며, 결과를 해석하는 일반적인 구성 방식을 취한다. 전형적인 개요는 다음과 같다.

1. **문제에 대한 설명 및 진술** 알아보고자 하는 질문이 중요한 이유, 그리고 누가 연구 결과에 관심이 있는지뿐만 아니라 해당 질문에 관한 요약이 보고서를 시작하는 출발점이 된다. 이 도입 부분은 전문적이지 않아야 하며 독자들이 논문을 계속해서 읽도록 동기를 부여해야 한다. 보고서의 다음 절에서 다룰 내용에 대해서도 또한 그 계획을 밝히는 것이 유용하다. 이 부분은 시작하는 처음 절이자 또한 마지막 절이다. 오늘날과 같이 분주한 세상에서는 독자들의 주의력을 매우 신속하게 끌어모아야 한다. 명백하고 간결하며 잘 작성된 서론 부분은 절대적으로 필요하며, 단언컨대 논문의 가장 중요한 부분이다.

2. **문헌조사** 선택한 연구 영역의 관련 문헌을 간략하게 요약하고, 여러분의 연구가 해당 지식의 범위를 어떻게 확장시켰는지 명백히 밝혀야 한다. 여러분에게 동기를 부여했던 다른 사람들의 연구를 반드시 인용해야 하지만 간략하게 해야 한다. 해당 주제와 관련된 모든 것을 개관할 필요는 없다.

3. **경제 모형** 사용하는 경제 모형을 설정하고 경제변수들을 정의해야 한다. 모형의 가정을 말하고 검정하고자 하는 가설을 확인하는 것이 필요하다. 경제 모형은 복잡해질 수 있다. 여러분이 할 일은 모형을 분명하게 설명하는 것이지만, 가능한 한 간략하고 간단하게 해야 한다. 불필요한 기술적 전문용어를 사용하지 말고, 간단한 용어를 사용하는 것이 바람직하다. 여러분의 목적은 사고의 질을 보여주는 것이지 어휘력 수준을 보여주는 것이 아니다.

4. **계량경제 모형** 경제 모형에 상응하는 계량경제 모형에 대해 논의해야 한다. 모형에 포함된 변수들, 함수형태, 오차에 대한 가정들, 여러분이 한 다른 가정들에 대해 논의하였는지 확인해 보아야 한다. 가능하다면 간단한 기호를 사용하고 길게 증명하거나 미분하여 논문의 본문을 어수선

하게 하지 않도록 한다. 이런 부분들은 기술적인 부록에 포함될 수 있다.

5. **자료**   자료의 출처와 자료의 적합성에 관한 유보사항은 물론이고 사용한 자료에 대해서도 설명하도록 한다.

6. **추정방법 및 추론절차**   사용한 추정방법과 이를 선택한 이유에 대해 논의하고 가설 검정 절차와 이들의 용도에 대해서도 설명하여야 한다. 사용한 소프트웨어와 이들의 버전에 대해 설명하는 것도 바람직하다.

7. **실증분석 결과 및 결론**   모수 추정값, 이들에 대한 해석, 검정통계량의 값을 밝히고, 이들의 통계적 유의성, 이전 추정값들과의 관계, 이들이 갖는 경제적 의미에 대해 설명해야 한다.

8. **연구의 가능한 확장 및 한계**   여러분의 연구는 경제 모형, 자료, 추정방법에 관한 의문점을 제기할 수 있다. 여러분의 연구 결과에 기초하여 향후 어떤 연구를 제의할 수 있으며, 이를 어떻게 수행할 수 있는지에 관해 논의할 수 있다.

9. **감사의 글**   여러분의 연구에 대해 의견을 주고 공헌한 사람들을 인정하는 것이 적절하다. 여기에는 담당 교수, 자료를 찾도록 도와준 도서관 직원, 읽고 의견을 준 동료 학생들이 포함될 수 있다.

10. **참고문헌**   여러분이 활용한 자료 출처에 대한 참고문헌뿐만 아니라 연구에서 인용한 문헌의 목록들을 알파벳 순서에 따라 작성해야 한다.

일단 초안이 작성되면 반드시 컴퓨터 소프트웨어의 '맞춤법 검사기능'을 이용하여 오자를 점검해야 한다. 친구와 동료로 하여금 해당 논문을 읽고 문장을 명확히 할 수 있도록 제의를 하게 하며 논리의 전개와 결론을 점검하도록 하자. 논문을 제출하기 전까지 가능한 한 많은 오자를 없애도록 하자. 오식, 누락된 참고문헌, 틀린 공식들 때문에 그렇지 않았다면 우수했을 논문에 불리한 판정을 내릴 수도 있다. 다이드로 앤 맥클로스키(Deidre N. McClosky)는 *Economical Writing*, 2nd edition(Prospect Heights, IL: Waveland Press, Inc., 1999)에서 능숙하면서도 해학적으로 지켜야 할 사항들을 요약하고 있다.

논의하기에 유쾌한 주제는 아니지만 표절에 대한 규칙을 알아야 한다. 다른 사람이 사용한 문구를 여러분의 문구처럼 사용하지 말아야 한다. 여러분이 사용할 수 있는 것과 사용할 수 없는 것을 명확히 알 수 없다면, 아래에 명기한 논문작성 서식 매뉴얼에 기초하여 점검하거나 담당 교수에 문의해 보도록 하자. 논문은 절과 그 아래의 하위 절을 명확히 해야 한다. 페이지, 식, 표, 그림에는 번호를 매겨야 한다. 참고문헌과 각주는 용인되는 형식에 따라 만들어져야 한다. 두 권의 고전적인 논문 작성 서식 매뉴얼은 다음과 같다.

- *The Chicago Manual of Style*, 16th edition.
- *A Manual for Writers of Research Papers, Theses, and Dissertations*: *Chicago Style for Students and Researchers*, 8th edition, by Kate L. Turabian; revised byWayne C. Booth, Gregory G. Colomb, and Joseph M Williams (2013, University of Chicago Press).

1.8 경제자료의 출처

월드 와이드 웹이 도입된 이래로 경제자료는 구하기가 훨씬 더 용이해졌다. 이 절에서는 인터넷에서 경제자료를 접할 수 있는 곳을 소개하고자 한다.

1.8.1 인터넷에서 경제자료로 연결

월드 와이드 웹에는 경제자료를 구할 수 있는 많은 환상적인 사이트가 있다.

Resources for Economists(RFE)   www.rfe.org는 인터넷에서 경제학자에게 필요한 자료를 제공하는 출처로 통하는 주요한 통로이다. 이 대단한 사이트는 빌 고페(Bill Goffe)의 작품이다. 거기에서 경제자료에 관한 사이트와 경제학자들에게 일반적인 관심사가 되는 사이트로 연계시키는 고리를 찾을 수 있다. 나열되어 있는 자료의 큰 범주는 다음과 같다.

- *U.S. Macro and Regional Data*   미국 경제분석국, 미국 노동통계국, *Economic Reports of the President*, 미국 연방준비은행과 같은 다양한 자료 출처와의 연계를 찾아볼 수 있다.
- *Other U.S. Data*   많은 패널 및 표본조사 자료 출처뿐만 아니라 미국 인구조사국과의 연계를 찾아볼 수 있다. 미국 정부기관으로 통하는 통로는 FedStats(fedstats.sites.usa.gov)이다. 일단 거기에 접속되면 Agencies를 클릭해 미국 정부기관의 완전한 목록과 해당 기관 홈페이지로의 연계를 알아보도록 하자.
- *World and Non-US Data*   CIA World Factbook, Penn World Tables와 같은 세계 관련 자료로 연계된다. 아시아개발은행, 국제통화기금, 세계은행 등과 같은 국제기구와도 연계된다. 또한 세계의 특정 국가와 분야에 관한 자료를 제공하는 사이트와도 연계된다.
- *Finance and Financial Markets*   예를 들면, 환율, 이자율, 주식가격과 같은 미국 및 세계 금융자료를 제공하는 출처와 연계된다.
- *Journal Data and Program Archives*   일부 경제잡지는 논문에 사용된 자료를 게시한다. 여기서 이런 잡지들과 연계된다. (이 잡지에 실린 많은 논문은 경제학을 전공하는 학생들의 범주를 넘는 것들이다.)

National Bureau of Economic Research(NBER)   www.nber.org/data를 통해 대단히 많은 양의 자료에 접할 수 있으며, 다음과 같은 표제로 분류되어 있다.

- Macro Data
- Industry Productivity and Digitalization Data
- International Trade Data
- Individual Data
- Healthcare Data — Hospitals, Providers, Drugs, and Devices
- Demographic and Vital Statistics

- Patent and Scientific Papers Data
- Other Data

Economagic   일부 웹사이트는 자료를 상대적으로 쉽게 발췌할 수 있도록 만들어 놓았다. 예를 들면, Economagic(www.economagic.com)은 질이 높고 사용하기 용이한 거시 시계열 자료의 출처가 된다(100,000개의 계열 자료가 이용 가능하다). 계열자료는 복사해서 붙이기 형태로 쉽게 볼 수 있으며, 도표로도 나타낼 수 있다.

주요 용어

• 국문

검정하기	무작위 오차	추정하기
계량경제 모형	시계열	통계적 추론
균형패널	예측하기	패널자료
모수	종단 자료	횡단면 자료

• 영문

balanced panel	longitudinal	rancom error
cross-section	panel	statistical inference
econometric model	parameter	testing
estimating	predicting	time-series

단순 선형회귀 모형

경제이론에 따르면 경제변수 간에는 여러 관계가 존재한다. 미시경제학에서는 물품의 수요량 및 공급량이 가격에 의존한다는 수요 및 공급 모형을 생각해 볼 수 있다. 또한 생산량이 사용되는 생산요소, 예를 들면 노동량의 함수로 설명하는 '생산 함수와 총생산물곡선'을 들 수 있다. 거시경제학에서는 경제의 총투자량이 이자율에 의존한다는 '투자 함수'와 총소비를 가처분 소득수준에 연계시키는 '소비 함수'를 생각해 볼 수 있다.

각 모형은 경제변수들 간의 관계를 포함한다. 이 장에서는 이런 관계들에 관해 알아보기 위해 경제자료의 표본을 어떻게 사용할 수 있는지 살펴보고자 한다. 경제학자로서 우리들은 다음과 같은 질문에 관심을 갖는다. 한 변수(예 : 물품의 가격)가 변화할 경우 다른 변수(예 : 수요 또는 공급량)는 얼마만큼 변하는가? 또한 한 변수의 값을 아는 경우 다른 변수의 이에 상응하는 값을 예측하거나 예상할 수 있는가? 이 장에서는 회귀 모형(regression model)을 이용하여 위의 물음들에 답할 것이다. 모든 모형처럼 회귀 모형도 가정(assumption)에 기초하고 있다. 이 장에서는 이런 가정들을 분명히 해두고자 한다. 왜냐하면 이 가정들은 다음 장들에서 살펴볼 분석들이 적절해지도록 하는 조건이 되기 때문이다.

2.1 경제 모형

회귀 모형에 관한 개념을 도출하기 위해 단순하지만 중요한 경제적인 예를 들어 볼 것이다. 가계소득과 식료품에 대한 지출 사이의 관계를 고찰하는 데 관심이 있다고 가상해 보자. 특정 모집단으로부터 가계를 무작위적으로 추출하는 '실험'을 한다고 생각해 보자. 모집단은 특정 도시, 주, 지방, 또는 국가의 가계로 구성된다. 지금은 가계소득이 주당 $1,000인 가계에만 관심이 있다고 하자. 이 실험에서는 모집단으로부터 많은 가계를 무작위적으로 뽑아 이들과 설문조사를 하게 된다. 우리의 관심사는 식료품에 대한 해당 가계의 주당 지출액이므로 다음과 같은 질문을 할 것이다. "귀하의 가계는 지난주에 얼마나 많이 식료품에 지출을 하였습니까?" y라고 나타낼 주당 식료품 지출액은 **확률변수**이다. 왜냐하면 가계를 뽑아서 위와 같은 질문을 하고, 이에 대답을 할 때까지는 그 값을 알 수 없기 때문이다.

유의사항

제0장에서 '확률변수'는 대문자(Y)로, 그의 값은 소문자(y)로 나타내어 확률변수와 이의 값을 구별하였다. 이런 구별은 받아들이기 어려울 정도로 복잡한 표시법이 될 수 있으므로 더 이상 이를 따르지 않을 것이다. y를 사용하여 확률변수의 값뿐만 아니라 확률변수 자체를 나타낼 것이며 상황별로 이에 대한 해석을 명확히 할 것이다. ■

연속적 확률변수 y는 다양한 식료품 지출액을 구하게 될 확률을 나타내는 **확률밀도 함수**(이를 요약해서 *pdf*라고 하자) $f(y)$를 갖는다. 식료품에 지출하는 1인당 총액은 여러 가지 이유로 인해 가계마다 명백히 다르다. 어떤 가계는 미식가가 좋아하는 음식을 많이 구입하고 다른 가계에는 10대가 같이 살며 또 다른 가계에는 노인이 있고 일부 가계는 채식주의자일 수도 있다. 위의 이런 요소들과 무작위적이며 충동적인 구매를 포함한 많은 다른 요소들로 인해 소득수준이 같음에도 불구하고 식료품에 대한 주당 지출액은 가계마다 다르다. 이 경우 확률밀도 함수는 지출이 모집단에서 어떻게 '분포되어' 있는지 알려주며, 이는 그림 2.1의 분포 중 하나와 같을 수 있다.

그림 2.1(a)의 확률분포는 가계소득에 대해 '조건부'이므로 실제로 조건부 확률밀도 함수이다. x가 주당 가계소득인 경우 조건부 확률밀도 함수는 $f(y|x = \$1{,}000)$이다. y의 조건부 **평균** 또는 기댓값은 $E(y|x = \$1{,}000) = \mu_{y|x}$이며, 이는 모집단의 1인당 평균 주당 식료품 지출액이 된다. y의 조건부 분산은 $\mathrm{var}(y|x = \$1{,}000) = \sigma^2$이며, 이는 평균 $\mu_{y|x}$에 대한 가계지출 y의 퍼진 정도를 나타낸다. 모수 $\mu_{y|x}$와 σ^2을 알 수 있는 경우 해당 모집단에 관한 가치 있는 정보를 알게 된다. 이런 모수들을 알고 조건부 분산 $f(y|x = \$1{,}000)$이 정규, 즉 $N(\mu_{y|x}, \sigma^2)$인 경우 정규분포의 특성을 이용하여 y가 특정 구간에 속할 확률을 계산할 수 있다. 즉 주당 소득이 \$1,000인 경우 식료품에 대한 1인당 지출액이 \$50에서 \$75 사이인 가계인구의 비율을 계산할 수 있다.

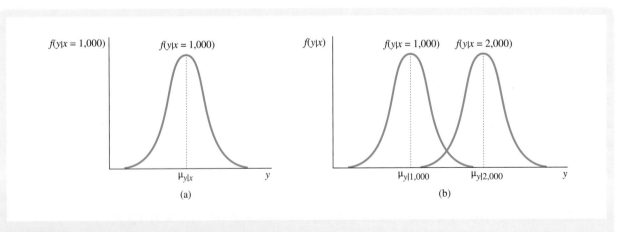

그림 2.1 (a) 소득이 $x = \$1{,}000$인 경우 식료품 지출액 y의 확률분포 $f(y|x = 1{,}000)$, (b) 소득이 $x = \$1{,}000$ 및 $x = \$2{,}000$인 경우 식료품 지출액 y의 확률분포

유의사항

확률변수의 기댓값을 '평균'값이라고 하는데, 이는 실제로 확률변수의 확률분포 중앙에 위치하는 모평균을 축약한 것이다. 이는 표본의 숫자값을 산술적으로 평균한 표본평균과 동일하지 않다. 이처럼 '평균'이란 용어가 두 가지 용도로 사용되는 차이점에 유의하자. ∎

경제학자로서 우리는 보통 변수들 사이의 관계, 여기서는 y = 주당 식료품 지출액과 x = 주당 가계소득 사이의 관계를 연구하는 데 관심을 갖는다. 경제이론에 따르면 경제 재화에 대한 지출은 소득에 의존한다. 따라서 y를 종속변수(dependent variable)라 하고, x를 독립변수(independent variable) 또는 설명변수(explanatory variable)라고 한다. 계량경제학에서 우리는 실사회 지출액이 확률변수라는 사실을 알고 있으며, 자료를 사용하여 그 관계에 관해 알아보고자 한다.

지출관계에 대한 계량경제학적 분석을 통해 다음과 같은 중요한 질문에 대답을 할 수 있다. 주당 소득이 $100만큼 증가한 경우 주당 평균 식료품 지출액은 얼마나 증대할 것인가? 그렇지 않으면 소득이 증가함에 따라 주당 식료품 지출액이 감소할 수 있는가? 주당 소득이 $2,000인 가계의 경우 주당 식료품 지출액이 얼마인지 예측할 수 있는가? 위의 물음에 대한 대답들은 정책입안자들에게 가치 있는 정보를 제공하게 된다.

1인당 식료품 지출액에 관한 정보를 이용하여 규모, 인종, 소득, 지리적 위치, 기타 사회경제적 및 인구통계적으로 상이한 가계들의 지출 습관상 유사점 및 차이점을 결정할 수 있다. 이런 정보는 시장의 현재상황, 상품 유통구조, 소비자 구매 습관, 소비자 생활 상황을 평가하는 데 가치 있는 자료가 된다. 이런 정보는 인구 통계 및 소득에 관한 예측치와 결합하여 소비 추세를 예상하는 데 사용될 수 있다. 또한 이는 예를 들면, 노년층과 같이 특정 인구집단에 대한 일반적인 식료품 소비형태를 알아보는 데도 사용된다. 이런 소비형태는 거꾸로 해당 인구집단의 소비행위에 적합한 물가지수를 개발하는 데 이용될 수 있다. [Blisard, Noel, Food Spending in American Households, 1997 – 1998, Electronic Report from the Economic Research Service, U.S. Department of Agriculture, Statistical Bulletin Number 972, June 2001]

예를 들어 우리가 슈퍼마켓 체인의 관리인이며 장기계획 수립에 대해 책임을 지고 있다고 가상하자. 경제 예측에 따르면 해당 지역의 소득이 향후 몇 년에 걸쳐 증가할 것으로 보이는 경우 고객을 맞기 위해 시설을 확장할지 여부와 얼마나 확장할지를 결정해야만 한다. 또는 한 슈퍼마켓 체인은 고소득 지역에 위치하고 다른 슈퍼마켓 체인은 저소득 지역에 있다면 소득수준이 다른 경우의 식료품 지출액에 대한 예측은 해당 지역의 슈퍼마켓이 얼마나 커야 하는지를 결정하는 데 중요한 역할을 한다.

지출과 소득 사이의 관계를 조사하기 위해 우선 경제 모형(economic model)을 수립하고 나서 수량적이거나 실증적인 경제분석의 기초가 될 계량경제 모형(econometric model)을 만들어야 한다. 식료품 지출에 대한 위의 예에서 경제이론에 따르면 조건부 평균 $E(y|x) = \mu_{y|x}$로 나타낸 식료품에 대한 주당 평균 가계 지출액은 가계소득 x에 의존한다. 소득수준이 다른 가계들을 고려할 경우 식료품에 대한 평균 지출액이 변할 것으로 기대된다. 그림 2.1b에서 주당 소득수준이 서로 다른 2개 소득, 즉 $1,000 및 $2,000의 식료품 지출액에 대한 확률밀도 함수를 살펴보았다. 각 밀도 함수 $f(y|x)$에 따르

면 지출이 평균값 $\mu_{y|x}$를 중심으로 분포하겠지만 소득수준이 높은 가계의 평균 지출액이 소득수준이 낮은 가계의 평균 지출액보다 크다.

자료를 활용하기 위해서 가계소득 및 식료품 지출액에 대한 자료를 어떻게 구하는지 설명하고 계량경제 분석을 수행할 계량경제 모형을 이제는 설정해야 한다.

2.2 계량경제 모형

앞 절에서의 경제논리가 주어진 경우 식료품 지출액과 소득 사이의 관계를 수량화하기 위해서는 그림 2.1의 생각을 계량경제 모형으로 진전시켜야 한다. 먼저 3인 가계는 매주 $80를 지출하고 받은 소득의 각 달러 중 10센트를 식료품에 또한 지출한다는 확고한 규칙을 갖고 있다고 가상하자. $y =$ 주당 가계 식료품 지출액($), $x =$ 주당 가계소득($)이라고 하자. 대수학적으로 나타내면 이 규칙은 $y = 80 + 0.10x$이다. 이 관계를 알고 있다면 가계소득이 $1,000인 어떤 주에 해당 가계는 식료품에 $180를 지출할 것이라고 계산할 수 있다. 주당 소득이 $100만큼 증가하여 $1,100가 되는 경우 식료품 지출액은 $190로 증가한다. 이것이 소득이 주어진 경우 식료품 지출액에 대한 예측(prediction)이다. 어떤 변수의 값이 주어진 경우 다른 변수의 값을 예측하는 것이 회귀분석의 주된 용도 중 하나이다.

회귀분석의 두 번째 주된 용도는 어떤 변수의 변화를 다른 변수의 변화 탓으로 돌리거나 연계시키는 것이다. 그것 때문에 '∆'는 통상적인 대수학적 방법에서 '변화'를 나타낸다. 소득 변화 $100는 $∆x = 100$을 의미한다. 지출규칙 $y = 80 + 0.10x$로 인해 식료품 지출액의 변화는 $∆y = 0.10∆x = 0.10(100) = 10$이다. 소득 증가 $100는 식료품 지출액 증가 $10로 이어지거나, 식료품 지출액 증가 $10 발생의 원인이 된다. 기하학적으로 보면 이 규칙은 'y절편' 80 및 기울기 $∆y/∆y = 0.10$인 직선이다. 경제학자는 가계의 "식료품에 대한 한계지출성향이 0.10이다."라고 말할 수도 있다. 이것은 추가적인 소득 각 1달러에서 10센트가 식료품에 지출된다는 의미이다. 이를 달리 표현해서 경제학자가 사용하는 간단한 표현으로 나타내면 "소득의 식료품 지출액에 대한 한계효과는 0.10이다"라고 한다. 많은 경제 및 계량경제분석은 두 경제변수 사이의 인과관계를 측정하려 한다. 여기서 인과관계(causality)에 대한 언급, 즉 소득 변화가 식료품 지출액 변화로 이어진다는 말은 가계 지출액 규칙이 주어질 경우 매우 명백해진다. 하지만 반드시 이렇게 분명한 것은 아니다.

실제로는 많은 다른 요소들이 가계의 식료품 지출액에 영향을 미칠 수 있다. 예를 들면, 가계 구성원의 연령 및 성별, 신체적 크기, 육체근로자인지 또는 사무근로자인지 여부, 큰 경기 후에 모임이 있었는지 여부, 도시가계인지 또는 농촌가계인지 여부, 가계 구성원이 채식주의자이거나 팔레오 다이어트(원시인과 같은 식단을 유지하는 다이어트)를 하는 사람인지 여부를 생각할 수 있으며, 여기에는 물론 기호 및 선호("나는 정말로 송로 같은 것들을 좋아한다.") 그리고 충동구매("복숭아가 정말로 먹음직스럽게 보인다.")가 포함된다. 많은 요소가 영향을 미친다. '$e =$ 소득 이외에 식료품 지출액에 영향을 미치는 그 밖의 모든 다른 요소'라고 하자. 나아가 엄격하든 또는 그렇지 않든 간에 어떤 가계가 식료품 지출액 규칙을 갖고 있더라도 우리는 그것을 알 수 없다. 이런 현실을 감안하여 가계의 식료품 지출액 결정은 다음과 같은 식에 기초한다고 가정하자.

$$y = \beta_1 + \beta_2 x + e \tag{2.1}$$

y 및 x 이외에 식 (2.1)은 '80' 및 '0.10' 대신에 알지 못하는 2개의 모수 β_1 및 β_2, 그리고 오차항(error term) e를 포함한다. 여기서 오차항은 주당 가계 식료품 지출액에 영향을 미치는 그 밖의 모든 다른 요소를 나타낸다.

가계에 대해 실험을 이행하고 있다고 가상하자. 가계소득이 주당 $100만큼 증가하고 다른 조건이 동일하다고 가상하자. 다른 조건이 동일하다라든지 또는 그 밖의 모든 다른 요소는 같다라는 말은 경제원론 과정에서 폭넓게 논의된 '세터리스 패리버스(*ceteris paribus*)'란 가정이다. $\Delta x = 100$은 가계소득의 변화를 나타낸다고 하자. 가계의 식료품 지출액에 영향을 미치는 그 밖의 모든 다른 요소, e가 동일하다는 가정은 $\Delta e = 0$을 의미한다. 소득 변화가 미치는 영향은 $\Delta y = \beta_2 \Delta x + \Delta e = \beta_2 \Delta x = \beta_2 \times 100$이다. 주당 식료품 지출액의 변화 $\Delta y = \beta_2 \times 100$은 소득 변화에 의해 설명되거나 또는 소득 변화가 원인이 되어 발생하였다. 알지 못하는 모수 β_2는 소득의 식료품에 대한 한계지출성향을 의미하며, 식료품 지출에 사용된 소득 증가액의 비율이다. 이것은 '얼마나'란 질문, 즉 "그 밖의 모든 다른 요소는 동일하다고 보고 소득 변화가 주어진 경우 식료품 지출액은 얼마나 변화하는지"에 대해 알려준다.

앞 단락에서 언급한 실험은 실행할 수가 없다. 어떤 가계에 추가적으로 소득 $100를 줄 수는 있지만 그 밖의 모든 다른 요소를 일정하게 유지할 수는 없다. 소득 증가가 식료품 지출에 미치는 한계효과를 단순하게 계산한 $\Delta y = \beta_2 \times 100$이 가능하지 않다. 하지만 β_2를 추정하는 회귀분석을 활용하여 '얼마나'라는 물음에 답을 줄 수 있다. 회귀분석은 변수들 사이의 관계를 살펴보기 위해 자료를 사용하는 통계적 방법이다. 단순 선형회귀분석(simple linear regression analysis)은 y변수와 x변수 사이의 관계를 검토한다. '단순'이란 말은 용이하기 때문이 아니라 단지 하나의 x변수가 있기 때문에 사용되었다. y변수를 종속변수, 결과변수, 설명변수, 왼쪽 변수, 피회귀변수라고 한다. 위의 예에서 종속변수는 y = 주당 가계 식료품 지출액이다. 변수 x = 주당 가계소득을 독립변수, 설명변수, 오른쪽 변수, 회귀변수라고 한다. 식 (2.1)은 단순 선형회귀 모형이다.

모든 모형은 현실을 추상화한 것이며, 모형을 이해하려면 가정이 필요하다. 이것은 회귀 모형에도 동일하게 적용된다. 단순 선형회귀 모형의 첫 번째 가정은 식 (2.1)이 고려하고 있는 모집단의 구성원들에게 준수된다는 것이다. 예를 들어, 모집단을 남부 호주처럼 일정 지역의 3인 가계라고 정의해 보자. 알지 못하는 β_1 및 β_2를 모수(population parameter)라고 하자. 우리는 행태 규칙 $y = \beta_1 + \beta_2 x + e$ 가 모집단의 모든 가계에 준수된다고 본다. 매주 식료품 지출액은 β_1에 소득의 일정 비율 β_2를 더하고 다른 요소 e를 더한 것이다.

일반적으로 모집단은 크고 모집단의 모든 구성원을 검토하는 것이 불가능하기 때문에 (또는 불가능할 정도로 비용이 많이 소요되기 때문에) 통계학이란 학문 분야가 탄생하였다. 일정한 지역에서 비록 중간 규모의 도시라 하더라도 3인 가계의 모집단은 너무 커서 개별적으로 조사할 수 없다. 통계학적 및 계량경제학적 방법은 모집단으로부터의 자료표본을 검토하고 분석하는 것이다. 자료를 분석한 후에 통계적 추론(statistical inference)을 한다. 이것은 자료분석에 기초하여 내린 모집단에 관한 결론이거나 판단이다. 이런 추론은 자료가 수집된 특정 모집단에 관한 결론이다. 남부 호주에 소재하는 가계들에 관한 자료는 미국 남부에 소재하는 가계들에 대해 추론을 하거나 결론을 내리는 데 유용할 수도 있고 유용하지 않을 수도 있다. 호주 멜버른시에 있는 가계는 미국 루이지애나주 뉴올리언스시에 있는 가계와 동일한 식료품 지출 형태를 갖는가? 이것은 흥미로운 연구주제가 될 수 있다. 만일 동일한 형태를 갖지 않는다면, 호주 자료표본으로부터 미국 뉴올리언스시에 관한 타당한 결론을 도출할 수 없다.

2.2.1 자료 생성 과정

자료표본과 이들 자료를 실제로 어떻게 구하는지는 뒤이은 추론을 하는 데 매우 중요하다. 자료표본을 수집하는 메커니즘은 매우 특정한 분야이며(예를 들면, 농학은 경제학과 다르다), 이 책의 범위를 벗어난다.[1] 가계 식료품 지출 예에서 모집단으로부터 **무작위**로 선택한 N개 자료 쌍으로 구성된 일정 시점에서의 표본(이것은 **횡단면 자료**가 된다)을 구할 수 있다고 가정하자. (y_i, x_i)는 i번째 자료 쌍을 나타내며 $i = 1, \cdots, N$이다. 변수 y_i 및 x_i는 관찰될 때까지 알지 못하기 때문에 확률변수라고 한다. 무작위로 선택된 가계의 경우 첫 번째 관찰값 쌍 (y_1, x_1)은 모든 다른 자료 쌍과 통계적으로 독립적이 된다. 각 관찰값 쌍 (y_i, x_i)는 모든 다른 자료 쌍 (y_j, x_j)과 통계적으로 독립적(statistically independent)이며, 여기서 $i \neq j$이다. 나아가 확률변수 y_i 및 x_i는 이들 값의 분포를 설명하는 결합 pdf $f(y_i, x_i)$를 갖는다고 가정한다. 우리는 종종(예를 들면, 이변량 정규분포와 같은) 결합분포의 정확한 성격을 알지 못하지만, 동일한 모집단에서 추출한 모든 쌍은 동일한 결합 pdf를 따른다고 가정한다. 따라서 자료 쌍들은 통계적으로 독립적일 뿐만 아니라 동일하게 분포된다(identically distributed)고 본다. 이것을 약자로 *i.i.d.* 또는 *iid*로 표기한다. *iid*인 자료 쌍들을 무작위 표본(random sample)이라고 한다.

행태 규칙 $y = \beta_1 + \beta_2 x + e$가 모집단의 모든 가계에 준수된다는 첫 번째 가정이 참인 경우, 각 자료 쌍 (y_i, x_i)에 대해 식 (2.1)을 다시 표현하면 다음과 같다.

$$y_i = \beta_1 + \beta_2 x_i + e_i, \ i = 1, \cdots, N \tag{2.1}$$

관찰할 수 있는 자료는 위의 식을 따른다고 가정하기 때문에, 이를 때때로 자료 생성과정(data generating process, DGP)이라고 한다.

2.2.2 무작위 오차 및 강 외생성

단순 회귀 모형 식 (2.1)의 두 번째 가정은 '그 밖의 모든 다른 요소' 항 e와 관련된다. 특정 가계를 선택해서 이들을 관찰하기 전까지는 변수 (y_i, x_i)가 어떤 값을 취하는지 알지 못하므로 이를 확률변수라고 한다. 오차항 e_i 또한 확률변수이다. 모든 사람의 기호와 선호가 다르다는 이유만으로 상이해진다면, 소득을 제외하고 식료품 지출액에 영향을 미치는 모든 다른 요소는 각 모집단 가계에 대해 상이하게 된다. 식료품 지출액 및 소득과 달리 무작위 오차항(random error term) e_i는 관찰될 수 없다. 케이크를 한 조각 먹는 것으로부터 도출된 경제적 '효용'을 직접 측정할 수 없다. 두 번째 회귀 가정은 i번째 가계의 식료품 지출액에 영향을 미치는 모든 다른 요소 집합체의 효과인 e_i의 값을 예측하기 위

---

1 예를 들면, 다음을 참조하시오. Paul S. Levy and Stanley Lemeshow (2008) *Sampling of Populations : Methods and Applications*, 4th Edition, Hoboken, NJ: John Wiley and Sons, Inc.

해서 x변수, 즉 소득이 사용될 수 없다는 것이다. i번째 가계에 대한 소득값 x_i가 주어진 경우, 무작위 오차 e_i에 대한 최선(최적)의 예측량은 조건부 기댓값 또는 조건부 평균, $E(e_i|x_i)$이다. e_i를 예측하기 위해 x_i가 사용될 수 없다는 가정은 $E(e_i|x_i) = 0$이라고 말하는 것과 같다. 즉 가계소득이 주어진 경우 무작위 오차가 영이라고 예측하는 것보다 더 나은 일을 할 수 없다. 모든 다른 요소가 식료품 지출액에 미치는 영향은 매우 특수한 방법으로 평균이 영에 달하게 된다. 이것이 참일 수도 있고 아닐 수도 있는 다른 상황에 관해 뒤에서 논의할 것이다. 지금은 $E(e_i|x_i) = 0$이 두 가지 의미를 갖는다는 점만을 생각하자. 첫 번째 의미는 $E(e_i|x_i) = 0 \Longrightarrow E(e_i) = 0$이다. 무작위 오차의 조건부 기댓값이 영이라면, 무작위 오차의 무조건부 기댓값(unconditional expectation)도 또한 영이 된다. 모집단에서 무작위 오차항으로 요약할 수 있는 모든 누락된 요소의 평균 효과는 영이 된다.

두 번째 의미는 $E(e_i|x_i) = 0 \Longrightarrow \text{cov}(e_i, x_i) = 0$이다. 무작위 오차의 조건부 기댓값이 영이라면, i번째 관찰값에 대한 무작위 오차는 그에 상응하는 관찰값 x_i와 영인 공분산과 영인 상관을 갖는다. 위의 예에서 i번째 가계에 대해 소득을 제외하고 식료품 지출액에 영향을 미치는 모든 요소를 나타내는 무작위 구성요소 e_i는 해당 가계의 소득과 상관되지 않는다. 이것이 참일 수 있다는 것을 어떻게 보여줄 수 있는지 의구심을 가질 수도 있다. 결국 e_i는 관찰할 수 없다. 대답은 그것이 매우 어려운 일이라는 것이다. 여러분은 모형에서 누락됐을지도 모를 어떤 것도 x_i와 상관되지 않는다는 점을 자신과 다른 사람에게 확신시켜야만 한다. 주요한 도구는 경제적 논리, 즉 여러분의 지적 실험(즉 사고력), 관련 주제에 관한 문헌을 읽고 동료나 동급생과의 토론 등을 꼽을 수 있다. 대부분의 경제 모형에서 절대적인 확신을 갖고 $E(e_i|x_i) = 0$이 참이라고 입증할 수는 없다.

$E(e_i|x_i) = 0$은 두 가지 의미를 갖는다는 사실에 주목하였다. 그 의미 중 한 개라도 참이 아닌 경우 $E(e_i|x_i) = 0$은 참이 아니다. 즉 다음과 같다.

$$E(e_i|x_i) \neq 0,\ \text{(i) } E(e_i) \neq 0\text{인 경우 또는 (ii) cov}(e_i, x_i) \neq 0\text{인 경우}$$

첫 번째 경우로 무작위 오차 e_i의 모집단 평균이 영이 아니라면, $E(e_i|x_i) \neq 0$이다. 예를 들면, $E(e_i) = 3$처럼 $E(e_i) \neq 0$인 경우에 대해서는 다음에 살펴볼 것이다. $E(e_i|x_i) = 0$이 갖는 두 번째 의미는 $\text{cov}(e_i, x_i) = 0$이라는 것이다. i번째 관찰값에 대한 무작위 오차는 설명변수에 대한 i번째 관

🔍 정리문제 2.1   외생성 가정이 준수되지 못하는 경우

무작위 표본자료를 사용하여 근로자 임금과 교육 연수 사이의 관계를 살펴보는 회귀 모형을 생각해 보자. 다음의 단순 회귀 모형에서 $WAGE_i$는 i번째 무작위로 뽑은 근로자의 시간당 임금이며 $EDUC_i$는 해당 근로자의 교육 연수이다 : $WAGE_i = \beta_1 + \beta_2 EDUC_i + e_i$. 무작위 표본의 이런 쌍 관계($WAGE_i$, $EDUC_i$)에서 iid가 준수된다고 가정한다. 이 모형에서 무작위 오차 e_i는 근로자의 임금에 영향을 미치는 $EDUC_i$ 이외의 모든 다른 요소의 영향을 설명한다. 재

능, 지능, 인내심, 근면성 모두 근로자의 중요한 특성으로 임금에 영향을 미칠 가능성이 크다. e_i에 함께 딸려 들어간 위와 같은 요인 중 일부가 $EDUC_i$와 상관될 가능성이 있는가? 잠시 동안만 생각해 보아도 '그렇다'라고 답하게 된다. 교육수준이 높은 사람일수록 능력, 지능, 인내심, 근면성이 더 높다고 보는 것은 그럴듯하게 들린다. 따라서 $EDUC_i$는 위의 회귀식에서 내생적 변수이므로 강 외생성에 대한 가정은 준수되지 못하였다고 주장할 수 있다.

찰값과 영인 공분산과 상관을 갖는다. $\text{cov}(e_i, x_i) = 0$인 경우, 쌍 (y_i, x_i)가 iid라는 첫 번째 가정이 준수된다면 설명변수 x는 외생적이라고 한다. x가 외생적일 때 β_1 및 β_2를 추정하기 위해서 회귀분석이 성공적으로 사용될 수 있다. 더 약한 조건 $\text{cov}(e_i, x_i) = 0$, 즉 단순한 외생성과 더 강한 조건 $E(e_i|x_i) = 0$을 구별하기 위해서 $E(e_i|x_i) = 0$인 경우 x는 강하게 외생적(strictly exogenous)이라고 한다. $\text{cov}(e_i, x_i) \neq 0$인 경우 x는 내생적이라고 한다. x가 내생적일 때 통계적 추론을 하는 것은 더 어려워지며, 이따금 훨씬 더 어려워진다. 이 책의 나머지 부분에서 외생성 및 강 외생성에 관한 많은 것을 알아볼 것이다.

2.2.3 회귀 함수

강 외생성 가정의 중요성은 다음과 같다. 강 외생성 가정 $E(e_i|x_i) = 0$이 참이라면 x_i가 주어진 경우 y_i의 조건부 기댓값은 다음과 같다.

$$E(y_i|x_i) = \beta_1 + \beta_2 x_i + E(e_i|x_i) = \beta_1 + \beta_2 x_i, \quad i = 1, \cdots, N \tag{2.2}$$

식 (2.2)에서 조건부 기댓값 $E(y_i|x_i) = \beta_1 + \beta_2 x_i$를 회귀 함수(regression function) 또는 모집단 회귀 함수(population regression function)라고 한다. 모집단에서 x_i에 조건부인 i번째 관찰값에 대한 종속변수의 평균값은 $\beta_1 + \beta_2 x_i$로 구할 수 있다고 본다. 또한 x_i가 주어진 경우 무작위 오차의 평균은 영이고 x의 어떤 변화도 무작위 오차 e의 어떠한 상응하는 변화와도 상관되지 않는다는 의미에서, x의 변화, 즉 Δx가 주어진 경우 그 밖의 모든 것이 일정하다고 볼 경우 이에 따른 $E(y_i|x_i)$의 변화는 $\beta_2 \Delta x$가 된다고 본다. 이런 의미에서 x의 변화는 x_i가 주어진 경우 y의 기댓(모집단 평균)값의 변화로 이어지거나 또는 이를 일으키는 원인이 된다고 말할 수 있다.

식 (2.2)의 회귀함수는 그림 2.2에서 y절편 $\beta_1 = E(y_i|x_i = 0)$과 다음과 같은 기울기를 갖는 직선으로 나타낼 수 있다.

$$\beta_2 = \frac{\Delta E(y_i|x_i)}{\Delta x_i} = \frac{dE(y_i|x_i)}{dx_i} \tag{2.3}$$

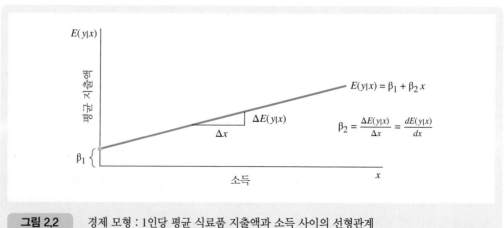

그림 2.2   경제 모형 : 1인당 평균 식료품 지출액과 소득 사이의 선형관계

정리문제 2.2   가계 식료품 지출액 모형에서의 강 외생성

강 외생성 가정이 의미하는 바는 i번째 가계의 소득이 주어진 경우 i번째 가계의 식료품 지출액에 영향을 미치는 그 밖의 모두의 평균이 영이라는 것이다. 이런 가능성을 검정하는 한 가지 방법은 "i번째 가계의 소득을 사용하여 e_i의 값을 예측할 수 있는가?"라는 질문과 상통한다. 여기서 e_i는 식료품 지출액에 영향을 미치는 소득 이외의 모든 요인의 결합된 영향을 의미한다. 위의 질문에 대한 답변이 긍정적인 경우 강 외생성에 대한 가정은 준수되지 못한다. 부정적인 경우 $E(e_i|x_i)=0$은 타당한 가정이 될 수 있다. 이

와 같다면 식 (2.1)은 인과관계를 나타내는 모형으로 해석될 수 있으며, β_2는 그 밖의 다른 것이 일정하다고 할 경우 식 (2.3)에서 보는 것처럼 가계 식료품 기대 (평균) 지출액에 소득이 미치는 한계효과로 해석될 수 있다. $E(e_i|x_i)\neq0$인 경우 x_i를 사용하여 영이 아닌 e_i값을 예측할 수 있으며, 이는 다시 y_i값에 영향을 미치게 된다. 이 경우 β_2는 소득 변화가 미치는 모든 영향을 나타낼 수 없으며 해당 모형이 인과관계를 보여준다고 할 수 없다.

여기서 Δ는 '변화'를 나타내며 $dE(y|x)/dx$는 x에 대한 $E(y|x)$의 '도함수'를 의미한다. 이 책에서는 대부분 도함수를 사용하지 않을 것이며, 이 개념에 익숙하지 않거나 기억하지 못하는 경우 'd'를 형식화된 변형이라고 생각하고 진도를 계속 나가도 무방하다.

강 외생성 가정에 따른 또 다른 중요한 결과는 계량경제 모형에서 종속변수를 두 가지 구성요소, 즉 독립변수값이 변화함에 따라 체계적으로 변하는 구성요소와 또 다른 구성요소인 무작위적인 '잡음'으로 분해할 수 있다는 점이다. 즉 계량경제 모형 $y_i = \beta_1 + \beta_2 x_i + e_i$는 두 개 부분, $E(y_i|x_i) = \beta_1 + \beta_2 x_i$ 및 무작위 오차 e_i로 나누어질 수 있으며 다음과 같아진다.

$$y_i = \beta_1 + \beta_2 x_i + e_i = E(y_i|x_i) + e_i$$

종속변수 y_i의 값은 설명변수값의 변함에 따른 조건부 평균 $E(y_i|x_i) = \beta_1 + \beta_2 x_i$의 변동에서 기인하여 체계적으로 변화한다. 그리고 종속변수 y_i의 값은 e_i에서 기인하여 무작위적으로 변화한다. e 및 y의 조건부 pdf는 그림 2.3에서 보는 것처럼 위치를 제외하고 동일하다. 주당 소득이 $x = \$1,000$인 가계에 대해 식료품 지출액의 두 값 y_1 및 y_2가 조건부 평균과 관련하여 그림 2.4에 있다. 기호 및 선호, 그 밖의 모든 것의 변동으로 인해서 가계별로 식료품 지출액상의 변동이 있게 된다. 일부 가계는 동일한 소득을 갖는 가계들의 평균값보다 더 많이 지출하며, 또 다른 일부는 더 적게 지출한다. β_1 및 β_2를 알고 있다면 조건부 평균 지출액 $E(y_i|x = 1,000) = \beta_1 + \beta_2(1,000)$을 계산할 수 있으며, 또한 무작위 오차 e_1 및 e_2의 값도 계산할 수 있다. β_1 및 β_2를 결코 알지 못하므로 e_1 및 e_2도 결코 계산할 수 없다. 하지만 우리가 가정하는 것은 소득 x의 각 수준에서 무작위 오차로 나타내는 모든 것의 평균값은 영이라고 한다는 점이다.

2.2.4 무작위 오차 변동

무작위 오차항의 조건부 기댓값은 영, 즉 $E(e_i|x_i) = 0$이라고 가정하였다. 무작위 오차항에 대해 우리는 그것의 조건부 평균값 또는 기댓값 그리고 분산에 관심을 갖는다. 이상적으로 말하면 무작위 오차의 조건부 분산(conditional variance)은 일정하여 다음과 같다.

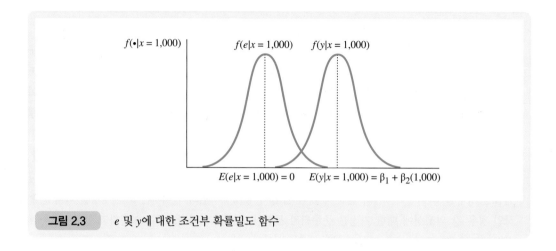

그림 2.3 e 및 y에 대한 조건부 확률밀도 함수

$$\text{var}(e_i|x_i) = \sigma^2 \tag{2.4}$$

이것은 동분산(homoskedasticity 또는 homoscedasticity) 가정이다. 각 x_i에서 무작위 오차 구성요소의 변동은 동일하다. 모집단 관계 $y_i = \beta_1 + \beta_2 x_i + e_i$를 가정하면 종속변수의 조건부 분산은 다음과 같다.

$$\text{var}(y_i|x_i) = (\beta_1 + \beta_2 x_i + e_i|x_i) = \text{var}(e_i|x_i) = \sigma^2$$

x_i에 대한 조건부로 마치 그것이 알려져서 무작위적이지 않은 것처럼 취급하기 때문에 위와 같이 단순화가 이루어진다. x_i가 주어진 경우 구성요소 $\beta_1 + \beta_2 x_i$가 무작위적이지 않아서 앞에서 살펴본 분산 규칙이 적용된다.[2]

pdf $f(y|x = 1{,}000)$ 및 $f(y|x = 2{,}000)$이 동일한 분산 σ^2을 갖는 그림 2.1(b)에서 이것은 명시적인 가정이었다. 강 외생성이 준수되는 경우 그림 2.2에서 보는 것처럼 회귀함수는 $E(y_i|x_i) = \beta_1 + \beta_2 x_i$가 된다. 조건부 분산 $f(y|x = 1{,}000)$ 및 $f(y|x = 2{,}000)$은 그림 2.5에서 조건부 평균 함수를 따라 위치한다.

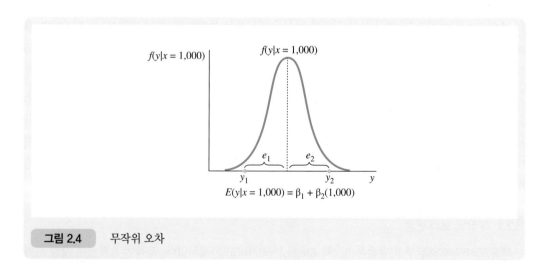

그림 2.4   무작위 오차

---

2 a 및 b를 상수라고 하면 다음과 같다.
$$\text{var}(aX + b) = a^2 \text{var}(X)$$

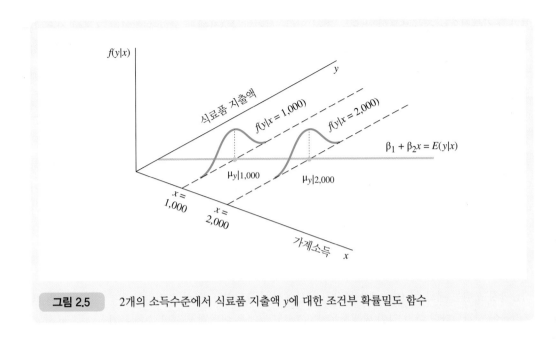

그림 2.5 2개의 소득수준에서 식료품 지출액 y에 대한 조건부 확률밀도 함수

가계 지출액의 예에서 사고의 틀은 다음과 같다. 가계소득 x의 특정 수준에 대해서 가계의 식료품 지출액 규모는 조건부 평균에 관해 무작위로 변동하며, 이는 각 x에서 무작위 오차 e의 평균값이 영이라는 가정에서 기인된다. 따라서 각 소득수준에서 가계의 식료품 지출액은 회귀 함수를 중심으로 변동한다. 조건부 동분산 가정은 각 소득수준에서 평균에 관한 식료품 지출액의 변동이 같다는 의미이다. 이것은 소득 각각의 모든 수준에서 식료품 지출액이 평균값 $E(y_i|x_i) = \beta_1 + \beta_2 x_i$에서 얼마나 멀리 떨어져 위치할지에 관해 동등하게 불확실하다. 나아가 이 불확실성은 소득 또는 그 밖의 어떤 것에 의존하지 않는다. 이 가정이 위배되어 $\text{var}(e_i|x_i) \neq \sigma^2$인 경우 무작위 오차는 이분산적(heteroskedastic)이라고 한다.

2.2.5 X의 변동

회귀분석의 목적 중 하나는 $\beta_2 = \Delta E(y_i|x_i)$를 추정하는 것이다. x의 변화가 미치는 효과를 추정하기 위해서 자료표본이 사용될 수 있기를 희망한다면, 표본에서 설명변수 x의 상이한 값들을 관측하여야만 한다. 직관적으로 볼 때 오직 소득이 \$1,000인 가계들만의 자료를 수집할 경우 소득 변화가 식료품 지출액의 평균값에 미치는 효과를 측정할 수 없다. 기초 기하학에서 선분을 결정하기 위해서는 2개 점을 취한다는 사실을 기억하자. 실제로 x의 상이한 값들이 많아질수록 이들은 더 큰 변동을 보이며, 회귀분석도 더 나아질 것이라는 사실을 앞으로 알게 될 것이다.

2.2.6 오차 정규성

그림 2.1과 관련하여 이루어진 논의에서 소득이 주어진 경우 식료품 지출액이 정규분포한다는 가정을 명시적으로 하였다. 그림 2.3~2.5에서는 고전적인 종 모양의 곡선을 그려서 조건부적으로 정규분포하는 오차 및 종속변수에 대한 가정을 묵시적으로 하였다. 회귀분석을 시행하기 위해서 무작위 오

차가 조건부적으로 정규분포할 필요는 전혀 없다. 하지만 제3장에서 살펴볼 것처럼 표본이 작을 때 각 x값이 주어진 경우 무작위 오차 및 종속 변수가 정규분포하는 것이 통계적 추론을 하는 데 유리하다. 약간의 인터넷 탐색을 통해 알 수 있듯이 정규분포는 오래되고 흥미로운 유래를 갖고 있다.[3] 회귀오차가 정규분포한다고 가정하는 논거 중 하나는 이것이 많은 상이한 요소들의 수집체를 나타낸다는 데 있다. 중심극한정리(Central Limit Theorem)에 따르면 대체적으로 많은 무작위 요소들의 수집체는 정규분포하는 추세를 갖는다고 한다. 식료품 지출액 모형의 틀 내에서 무작위 오차가 기호 및 선호를 반영한다고 생각할 경우 각 소득수준에서의 무작위 오차가 정규분포한다고 보는 것은 매우 그럴듯하다. 조건부 정규오차 가정을 할 경우 $e_i|x_i \sim N(0,\ \sigma^2)$이라고 표기하고, 또한 $y_i|x_i \sim N(\beta_1+\beta_2 x_i,\ \sigma^2)$이라고도 나타낸다. 이렇게 할 경우 매우 강한 가정이 되며, 언급했던 것처럼 엄격히 말하면 필요한 가정은 아니다. 따라서 우리는 이것을 선택적 가정이라고 한다.

2.2.7 외생성 가정 일반화하기

지금까지 우리는 자료 쌍 $(y_i,\ x_i)$가 무작위 표본에서 추출되었고 iid라고 가정하였다. 설명변수의 표본값들이 상관된다면 어떤 일이 발생하는가? 그리고 그것은 어떻게 발생할 수 있는가?

금융 또는 거시경제 시계열 자료를 사용할 때 독립성 결여문제가 자연적으로 발생한다. 신규주택 착공건수 y_t 및 현재의 30년 만기 주택담보대출 고정금리, x_t에 대한 월간 보고서를 관찰하고 있다고 가상하자. 그리고 모형 $y_t = \beta_1 + \beta_2 x_t + e_t$를 가정해 보자. 자료 $(y_t,\ x_t)$는 거시경제 시계열 자료로 설명될 수 있다. 일정한 시점에서 (예컨대 가계, 기업, 사람, 국가들처럼) 많은 단위들에 대한 관찰값을 갖는 횡단면 자료와는 매우 다르게, 시계열 자료의 경우 많은 변수들에 대해 시간이 흐름에 따른 관찰값을 갖게 된다. 시계열 자료를 나타내기 위해서는 아래첨자 't'를 사용하고, 표본크기를 나타내기 위해서는 T를 사용하는 것이 관례적이다. 자료 쌍 $(y_t,\ x_t)$, $t = 1,\ \cdots,\ T$에서 y_t 및 x_t 둘 모두 관찰될 때까지 그 값을 알지 못하기 때문에 확률적이다. 나아가 각 자료 시리즈는 시간을 가로질러 건너서 상관되기 쉽다. 예를 들면, 월간 주택담보대출 고정금리는 서서히 변동하기 쉽기 때문에 t기의 금리는 t -1기의 금리와 상관된다. 쌍 $(y_t,\ x_t)$가 확률분포로부터의 무작위 iid 뽑기를 나타낸다고 하는 가정은 현실적이지 못하다. 이 경우 외생성 가정을 생각할 때 x_t와 e_t 사이에 존재할지 모를 상관뿐만 아니라 e_t와 설명변수의 각 다른 값, 즉 x_s, $s = 1,\ 2,\ \cdots,\ T$ 사이에 존재할지도 모를 상관에 대해 관심을 가져야 한다. x_s가 x_t와 상관될 경우 x_s(예를 들면, 어떤 달의 주택담보대출 금리)가 y_t(예를 들면, 다음 달의 주택 착공건수)에 영향을 미칠 수 있다. 식 $y_t = \beta_1 + \beta_2 x_t + e_t$에 포함되는 것은 x_s가 아니라 x_t이기 때문에 x_s의 효과는 e_t에 포함되며, 이것은 $E(e_t|x_s) \neq 0$을 의미한다. e_t값을 예측하는 데 도움을 주기 위해서 x_s를 사용할 수 있다. 쌍 $(y_t,\ x_t)$가 독립적이라고 가정할 때 이 가능성은 배제된다. 즉 쌍 $(y_t,\ x_t)$의 독립성 그리고 가정 $E(e_t|x_t) = 0$이 모든 $s = 1,\ 2,\ \cdots,\ T$에 대해 $E(e_t|x_s) = 0$을 의미한다.

x의 값들이 상관된 모형들로 강 외생성 가정을 연장하기 위해서 모든 $(t,\ s) = 1,\ 2,\ \cdots,\ T$에 대해 $E(e_t|x_s) = 0$이라고 가정할 필요가 있다. 이것은 설명변수의 어떤 값을 사용하더라도 t기의 무작위 오차 e_t를 예측할 수 없다는 것을 의미한다. 또는 이전의 표시법으로 나타내면, 모든 $(i,\ j) = 1,\ 2,\ \cdots,\ N$

---

3   예를 들면, 다음과 같다. Stephen M. Stigler (1990) *The History of Statistics: The Measurement of Uncertainty, Reprint Edition*, Belknap Press, 73–76.

에 대해 $E(e_i | x_j) = 0$이 된다. 보다 편리한 형태로 이 가정을 나타내기 위해 기호 $\mathbf{x} = (x_1, x_2, \cdots, x_N)$을 도입하여 보자. 즉 설명변수에 대한 모든 표본 관찰값들을 나타내기 위해서 $\mathbf{x}$를 사용하자. 그러면 강 외생성 가정을 나타내는 보다 일반적인 방법은 $E(e_i | \mathbf{x}) = 0$, $i = 1, 2, \cdots, N$이 된다. 이런 가정에 기초하여 $i = 1, 2, \cdots, N$에 대해 $E(y_i | \mathbf{x}) = \beta_1 + \beta_2 x_i$라고도 나타낼 수 있다. 이 가정은 다른 형태의 자료틀 내에서 이 장 및 제9장에서 추가적으로 논의할 것이다. 가정 $E(e_i | \mathbf{x}) = 0$, $i = 1, 2, \cdots, N$은 $E(e_i | x_i) = 0$ 그리고 쌍 $(y_i | x_i)$가 독립적이라고 가정하는 것보다 더 약한 가정이다. 이것을 통해 우리는 x에 대한 상이한 관찰값들이 독립적이라는 경우에 대해서뿐만 아니라 이들이 상관될 수 있는 경우에 대해서도 많은 결과를 도출할 수 있다.

2.2.8 오차상관

한 가계에 대한 오차(e_i) 또는 한 기간에 대한 오차(e_t)와 다른 가계에 대한 설명변수(x_j) 또는 다른 기간에 대한 설명변수(x_s) 사이에 존재할 수도 있는 상관 이외에 무작위 오차항들 사이에 상관이 존재하는 것도 가능하다.

어떤 시점에서 수집된 가계, 개인, 기업들에 대한 자료, 즉 횡단면 자료하에서 **공간적으로 연계된** 개체들에 대한 무작위 오차 사이에 통계적 독립성이 결여될 수 있다. 즉 동일한 지역에 거주하는 두 명(또는 그 이상)의 개인에 대한 관찰값을 수집한다고 가상하자. 특정 지역에 거주하는 사람들 사이에 유사성이 존재한다는 점은 매우 그럴듯해 보인다. 인근에 있는 가정들이 동질적이라면 이웃들은 소득도 유사할 것으로 기대할 수 있다. 일부 교외지역은 녹색 공간과 어린아이들을 위한 학교로 인해 인기가 있는데, 이것은 가계들이 연령 및 관심사항 면에서 유사한 구성원들로 구성될 수 있다는 것을 의미한다. 우리는 오차에 공간적인 요소 s를 추가하고, i번째 및 j번째 가계에 대한 무작위 오차 $e_i(s)$ 및 $e_j(s)$가 공통의 위치로 인해서 상관된다고 말할 수도 있다. 보다 큰 자료표본 내에서는 공간적인 요소로 인해 상관된 오차를 갖는 관찰값들의 군집이 있을 수 있다.

시계열과 관련해서는 미국 걸프만과 루이지애나주 뉴올리언스시를 황폐화시켰던 허리케인 카트리나의 경우를 생각해 보자. 이 허리케인으로 인한 충격은 발생되고 나서 사라져버린 것이 아니었다. 이 거대한 무작위적인 사건의 충격은 2005년 8월 동안 주택 및 금융시장에 영향을 미쳤으며, 그리고 나서 또한 9월, 10월 등등으로 현재까지 영향을 미치고 있다. 따라서 모집단 관계 $y_t = \beta_1 + \beta_2 x_t + e_t$에서 무작위 오차는 시간이 흐름에 따라 상관되므로, $\text{cov}(e_t, e_{t+1}) \neq 0$, $\text{cov}(e_t, e_{t+2}) \neq 0$ 등등이 된다. 이것을 계량경제학에서 계열상관(serial correlation) 또는 자기상관(autocorrelation)이라고 한다.

회귀분석의 출발점은 오차상관이 존재하지 않는다고 가정하는 것이다. 시계열 모형에서는 $t \neq s$인 경우 $\text{cov}(e_t, e_s | \mathbf{x}) = 0$이라고 가정함으로써 시작하였으며, 횡단면 자료에서는 $i \neq j$인 경우 $\text{cov}(e_i, e_j | \mathbf{x}) = 0$이라고 가정함으로써 시작하였다. 제9장에서는 이런 가정들이 준수되지 않을 경우 대처하는 방법에 관해 논의할 것이다.

2.2.9 가정들 요약하기

매우 일반적인 방법으로 단순회귀 모형의 출발점이 되는 가정들을 요약하고자 한다. 요약에서는 아래첨자 i 및 j를 사용하였지만 가정들은 일반적이며 시계열 자료에 동등하게 적용된다. 이 가정들

이 준수될 경우 회귀분석은 알지 못하는 모집단 모수 β_1 및 β_2를 성공적으로 추정할 수 있으며, $\beta_2 = \Delta E(y_i|x_i)/\Delta x_i = dE(y_i|x_i)/dx_i$가 인과효과를 측정한다고 주장할 수 있다. 자료생성과정(DGP)에 관해 이런 강한 가정들을 한 회귀분석 및 계량경제에 관해 학습을 시작할 수 있다. 장래에 참조하기 위해서 이 가정들을 SR1~SR6이라고 명명하며, 여기서 SR은 'simple regression', 즉 단순회귀를 나타낸다.

계량경제학은 이런 가정들이 준수될 수 없는 자료 및 모형을 처리하는 데 대부분의 노력을 쏟고 있다. 이런 경우 β_1 및 β_2를 추정하고, 가설을 검정하며, 결과를 예측하는 데 사용되는 통상적인 방법을 수정하게 된다. 제2장 및 제3장에서는 이런 강한 가정이나 유사한 가정하에서의 단순회귀 모형을 학습할 것이다. 제4장에서는 모형화 문제와 진단검정을 소개할 것이다. 제5장에서는 한 개를 초과하는 설명변수를 갖는 다중회귀분석(multiple regression analysis)으로 모형을 확장할 것이다. 제6장에서는 다중회귀 모형에 관한 모형화 문제를 다룰 것이며, 제8장부터는 SR1~SR6이 어떻게 해서든 위배되는 상황들에 관해 살펴볼 것이다.

단순 선형회귀 모형에 관한 가정

SR1 : 계량경제 모형   모집단에서 수집한 모든 자료 쌍 (y_i, x_i)는 다음 관계를 충족한다.

$$y_i = \beta_1 + \beta_2 x_i + e_i, \quad i = 1, \cdots, N$$

SR2 : 강 외생성   무작위 오차 e_i의 조건부 기댓값은 영이다. $\mathbf{x} = (x_1, x_2, \cdots, x_N)$이라면 다음과 같다.

$$E(e_i|\mathbf{x}) = 0$$

강 외생성이 준수되는 경우 모집단 회귀함수는 다음과 같다.

$$E(y_i|\mathbf{x}) = \beta_1 + \beta_2 x_i, \quad i = 1, \cdots, N$$

그리고

$$y_i = E(y_i|\mathbf{x}) + e_i, \quad i = 1, \cdots, N$$

SR3 : 조건부 동분산   무작위 오차의 조건부 분산은 일정하다.

$$\text{var}(e_i|\mathbf{x}) = \sigma^2$$

SR4 : 조건부적으로 상관되지 않은 오차   무작위 오차 e_i 및 e_j의 조건부 공분산은 영이다.

$$\text{cov}(e_i, e_j|\mathbf{x}) = 0, \quad i \neq j\text{인 경우}$$

SR5 : 설명변수는 변화해야만 한다   자료표본에서 x_i는 적어도 2개의 상이한 값을 취해야만 한다.

SR6 : 오차 정규성(선택적)   무작위 오차의 조건부 분포는 정규분포한다.

$$e_i|\mathbf{x} \sim N(0, \sigma^2)$$

무작위 오차 e와 종속변수 y는 모두 확률변수이며, 이 중 한 변수의 특성은 다른 변수의 특성에서 비롯된다. 그러나 이들 확률변수 간에는 흥미로운 차이점이 있는데, 그것은 y가 '관찰할 수 있는' 반면에 e는 '관찰할 수 없는' 것이라는 점이다. 회귀모수(regression parameter) β_1 및 β_2를 아는 경우, y_i 및 x_i값에 대해 $e_i = y_i - (\beta_1 + \beta_2 x_i)$를 계산할 수 있다. 이는 그림 2.4를 통해 알 수 있다. 회귀 함수 $E(y_i|\mathbf{x}) = \beta_1 + \beta_2 x_i$를 알 경우 y_i를 고정된 부분과 무작위 부분으로 분리할 수 있다. 하지만 β_1과 β_2는 결코 알 수 없으므로 e_i를 계산하는 것은 불가능하다.

오차항 e에 관해 위와는 다소 다르게 생각해 보는 것도 필요하다. 무작위 오차 e는 x 이외에 y에 영향을 미치는 모든 요소, 즉 우리가 그 밖의 모든 다른 요소라고 했던 것을 나타낸다. 이로 인해 개별적인 관찰값 y_i가 조건부 평균값 $E(y_i|\mathbf{x}) = \beta_1 + \beta_2 x_i$와 달라지게 된다. 식료품 지출액의 예에서 1인당 지출액 y_i와 이것의 조건부 평균 $E(y_i|\mathbf{x}) = \beta_1 + \beta_2 x_i$의 차이는 어떤 요인에서 비롯된 것일까? 이는 다음과 같이 설명할 수 있다.

1. 위의 모형에서 우리는 유일한 설명변수로 소득을 포함시켰다. 식료품 지출액에 영향을 미치는 다른 경제변수들은 오차항에 '함께 포함되어 있다.' 당연히 어느 경제 모형에서나 모형 내에 모든 중요하고 관련된 설명변수를 포함시키고자 하므로, 오차항 e는 식료품에 대한 가계 지출액에 영향을 미치는 관찰할 수 없거나 또는/그리고 중요하지 않은 요소를 '내포하는 항'이 된다. 이 때문에 오차항은 x와 y 사이의 관계를 불분명하게 하는 교란적인 요소를 추가시키게 된다.

2. 오차항 e는 발생할 수 있는 대략적인 근사오차를 설명할 뿐이다. 왜냐하면 가정하고 있는 선형 함수 형태는 현실에 대해 단지 근사한 형태일 뿐이기 때문이다.

🗨 정리문제 2.3 식료품 지출액 모형에 관한 자료

앞에서 살펴본 경제 모형 및 계량경제 모형은 표본자료를 사용하여 절편 및 기울기 모수 β_1 및 β_2를 추정하는 기초가 된다. 예를 들어 설명하기 위해서 무작위 표본인 40개 가계의 식료품 지출액 및 주당 소득에 관한 자료를 검토해 보자. 표 2.1은 관찰과 요약된 통계량들을 보여주고 있다. 가계 규모를 통제하기 위해서 3인 가계만을 고려하였다. y값은 3인 가계의 주당 식료품 지출액을 달러로 측정한 것이다. 소득이 1달러 증가하더라도 식료품 지출액에는 숫자상으로 매우 작은 영향만을 미치기 때문에 소득을 달러 단위로 측정하는 대신에 \$100 단위로 측정하였다. 따라서 첫 번째 가계의 경우 주당 소득은 \$369이고, 주당 식료품 지출액은 \$115.22이다. 40번째 가계의 경우는 주당 소득이 \$3,340이고 주당 식료품 지출은 \$375.73이다.

표 2.1 식료품 지출액과 소득에 관한 자료

관찰(가계)	식료품 지출액(\$)	주당 소득(\$100)
i	y_i	x_i
1	115.22	3.69
2	135.98	4.39
	⋮	
39	257.95	29.40
40	375.73	33.40
요약된 통계량		
표본평균	283.5735	19.6048
중앙값	264.4800	20.0300
최댓값	587.6600	33.4000
최솟값	109.7100	3.6900
표준편차	112.6752	6.8478

3. 오차항은 각 개인이 갖고 있는 무작위 행태적인 요소를 내포하고 있다. 한 개인의 식료품 지출
   에 영향을 미치는 모든 변수를 알고 있더라도 지출액을 완벽하게 예측하는 데는 충분하지 않을
   수 있다. 예측할 수 없는 무작위 행태적인 요소가 또한 e에 포함될 수 있다.

어떤 중요한 요소를 빠뜨리거나 다른 심각한 모형설정 오차(specification error)가 발생하는 경우, 가
정 SR2 $E(e_i|\mathbf{x}) = 0$을 위반하게 되어 심각한 상황이 초래될 수 있다.

2.3 회귀모수의 추정

표 2.1에 있는 식료품 지출액 자료는 가정 SR1~SR5를 충족시킨다고 가정한다. 즉 회귀 모형 $y_i =$
$\beta_1 + \beta_2 x_i + e_i$는 모집단 관계를 설명하고, 무작위 오차는 조건부 기댓값 영을 갖는다고 가정한다. 이
것은 가계 식료품 지출액의 조건부 기댓값이 소득의 선형 함수라는 사실을 의미한다. 무작위 오차 e
의 조건부 분산과 같은 y의 조건부 분산은 일정하다고 가정한다. 이것은 모든 관찰값에 대해서 y와 x
사이의 관계에 관해 동일하게 확신하지 못한다는 의미이다. $\mathbf{x}$가 주어진 경우 상이한 가계에 대한 y값
들은 서로 상관되지 않는다고 가정한다.

가계 식료품 지출액의 표본 관찰값을 설명하는 데 필요한 이론이 주어진 경우, 그다음 문제는 식료

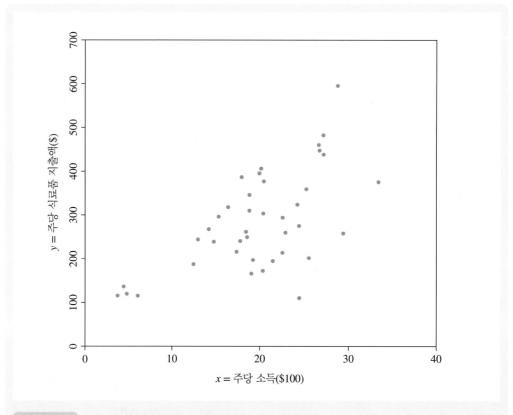

그림 2.6   식료품 지출액의 예에 관한 자료

품 지출액-소득 관계에 대한 미지의 절편 및 기울기 계수를 의미하는 미지의 모수 β_1 및 β_2를 추정하기 위해 표본 정보 y_i와 x_i를 어떻게 사용하느냐이다. 40개 자료의 점을 (y_i, x_i), $i = 1 \cdots, N = 40$으로 나타내고, 이를 도표로 나타내면 그림 2.6과 같은 산포도(scatter diagram)가 된다.

유의사항

이 책에서는 편의상 횡단면 자료 관찰값에 대해서는 'i'라는 아래첨자와 N이라는 표본 관찰값의 수를 사용할 것이다. 시계열 자료 관찰값에 대해서는 't'라는 아래첨자와 T라는 관찰값의 수를 사용할 것이다. 순수하게 대수학적인 의미나 총체적인 상황하에서는 둘 중 하나를 사용할 수도 있다. ■

문제는 평균 지출선 $E(y_i|\mathbf{x}) = \beta_1 + \beta_2 x_i$의 위치를 추정하는 것이다. 이는 모집단의 평균적인 행태를 나타내므로 자료를 의미하는 모든 점의 중간 어느 지점에 위치할 것으로 판단된다. β_1 및 β_2를 추정하기 위해, 자료들의 중간을 통과하는 적절한 선을 긋고 나서 자로 기울기 및 절편을 측정할 수도 있다. 이 방법의 문제점은 다른 사람은 서로 다른 선을 그리게 되어 형식적인 기준이 결여되므로 정확성을 평가하기가 곤란하다는 것이다. 다른 방법은 가장 적은 소득 $i = 1$로부터 가장 많은 소득 $i = 40$으로 선을 긋는 것이다. 이는 형식적인 규칙을 제시할 수는 있지만 매우 좋은 방법이라고는 할 수 없다. 왜냐하면 나머지 38개 관찰값의 정확한 위치에 관한 정보를 고려하지 않기 때문이다. 모든 점이 갖고 있는 모든 정보를 이용할 수 있도록 규칙을 만드는 것이 더 나은 방법이라 할 수 있다.

2.3.1 최소제곱 원칙

β_1 및 β_2를 추정하기 위해 표본 관찰값을 어떻게 이용할지에 관해 설명해 주는 규칙 또는 공식이 필요하다. 여러 가지 규칙을 적용할 수 있지만 우리가 사용하고자 하는 규칙은 최소제곱 원칙(least square principle)에 기초하고 있다. 이 원칙에 따르면 자료값들에 적합한 선을 구하기 위해 이 값들을 나타내는 각 점으로부터 선까지의 수직거리를 제곱한 합이 가능한 한 작게 되도록 선을 그어야 한다. 거리를 제곱하는 이유는 양의 거리가 음의 거리에 의해 상쇄되는 것을 방지하기 위해서다. 이 규칙은 자의적인 것 같지만 매우 효과적이며, 자료의 중간을 통과하도록 선을 긋는 간단한 방법 중 하나이다. 최소제곱 원칙을 이용하여 자료에 가장 적합하게 그은 선과 절편 및 기울기는 β_1 및 β_2의 최소제곱 추정값인 b_1 및 b_2가 된다. 이 경우 적합한 선은 다음과 같다.

$$\hat{y}_i = b_1 + b_2 x_i \tag{2.5}$$

각 점으로부터 적합하게 그은 선까지의 수직거리가 최소제곱 잔차(least squares residual)이며, 다음과 같이 나타낼 수 있다.

$$\hat{e}_i = y_i - \hat{y}_i = y_i - b_1 - b_2 x_i \tag{2.6}$$

이 잔차는 그림 2.7(a)에서 찾아볼 수 있다.

이제는 위와 다른 어떤 선을 자료에 맞추어 그었다고 가정하고 이를 다음과 같이 나타내자.

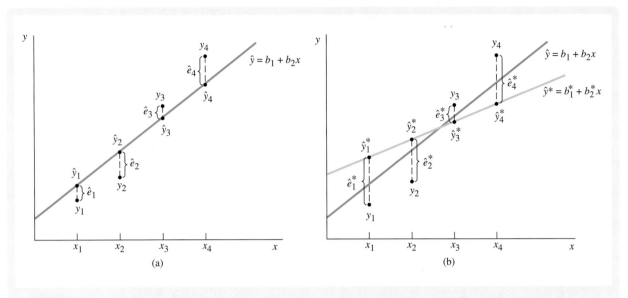

그림 2.7   (a) y, $\hat{e}$ 그리고 자료에 가장 적합하게 그은 회귀선 사이의 관계, (b) 자료에 맞추어 그은 또 다른 선의 잔차

$$\hat{y}_i^* = b_1^* + b_2^* x_i$$

여기서 b_1^* 및 b_2^*는 위와는 다른 절편 및 기울기의 값을 나타낸다. 이 선의 잔차 $\hat{e}_i^* = y_i - \hat{y}_i^*$는 그림 2.7(b)에서 찾아볼 수 있다. 최소제곱 추정값 b_1 및 b_2는 이들을 제곱한 잔차의 합이 어떤 다른 선의 제곱한 잔차의 합보다 작다는 특성을 갖고 있다.

식 (2.6)의 최소제곱 잔차를 제곱한 합이 다음과 같다면,

$$SSE = \sum_{i=1}^{N} \hat{e}_i^2$$

그리고 다른 추정량에 기초한 제곱한 잔차의 합이 다음과 같다면,

$$SSE^* = \sum_{i=1}^{N} \hat{e}_i^{*2} = \sum_{i=1}^{N} \left(y_i - \hat{y}_i^*\right)^2$$

다른 선이 자료들 사이로 어떻게 그려지든지 상관없이 다음과 같아진다.

$$SSE < SSE^*$$

최소제곱 원칙에 따르면 β_1 및 β_2의 추정값으로 b_1 및 b_2를 사용해야 한다. 왜냐하면 절편 및 기울기로서 이를 이용하는 선이 자료에 가장 적합하기 때문이다.

이제 문제는 편리한 방법으로 b_1 및 b_2를 구하는 것이다. y와 x에 대한 표본 관찰값이 주어진 경우 '제곱을 합한' 함수를 최소화하는 미지의 모수 β_1 및 β_2값을 구하고자 한다.

$$S(\beta_1, \beta_2) = \sum_{i=1}^{N} \left(y_i - \beta_1 - \beta_2 x_i\right)^2$$

이는 쉽게 해결할 수 있는 계산문제이다. 제곱한 잔차의 합을 최소화하는 β_1 및 β_2의 최소제곱 추정값의 공식은 다음과 같다.

정규 최소제곱(OLS) 추정량

$$b_2 = \frac{\sum (x_i - \bar{x})(y_i - \bar{y})}{\sum (x_i - \bar{x})^2} \tag{2.7}$$

$$b_1 = \bar{y} - b_2 \bar{x} \tag{2.8}$$

여기서 $\bar{y} = \sum y_i / N$ 및 $\bar{x} = \sum x_i / N$ 는 y 및 x에 대한 관찰값들의 표본 평균이다.

식 (2.7) 및 (2.8)에 있는 추정량 b_1 및 b_2를 정규 최소제곱 추정량(ordinary least square estimator)이라고 한다. OLS는 'ordinary least square'의 약자이다. 이들 최소제곱 추정량이 특별하다는 사실에도 불구하고 '정규'라고 부르는데, 그 이유는 일상적인 방법으로 많은 연구 분야에서 날이면 날마다 사용되기 때문이며, 또한 이 책의 뒷부분에서 살펴보게 될 일반 최소제곱(generalized least square), 가중최소제곱(weighted least square), 2단계 최소제곱(two-stage least square)이라고 하는 방법들과 구별하기 위해서이다.

b_2에 대한 공식은 x_i가 모든 관찰값에 대해 동일한 값을 갖지 않는다고 가정해야 하는 이유를 설명해 주고 있다[SR5 참조]. 예를 들어 모든 관찰값에 대해 $x_i = 5$인 경우, 식 (2.7)의 분자 및 분모가 0이 되어 b_2는 수학적으로 확정되지 않으며 존재하지 않는다.

표본값 y_i와 x_i를 식 (2.7) 및 (2.8)에 대입하면 절편 및 기울기 모수 β_1 및 β_2의 최소제곱 추정값을 구할 수 있다. b_1 및 b_2에 대한 공식은 완벽하게 일반적이며 표본값이 무엇이든 관계없이 사용될 수 있다. 이것은 매우 중요한 점이다. b_1 및 b_2에 대한 공식이 표본자료가 무엇이든 관계없이 사용될 수 있는 경우 b_1 및 b_2는 확률변수가 된다. 실제 표본값을 공식에 대입시키면 확률변수의 관찰값인 수를 구할 수 있다. 이 두 경우를 구별하기 위하여 b_1 및 b_2에 대한 규칙 또는 일반적인 공식을 최소제곱 추정량(least square estimator)이라 하며, 특정 표본으로 공식을 이용하여 구한 수를 최소제곱 추정값(least square estimate)이라 한다.

- 최소제곱 추정량은 일반적인 공식이며 확률변수이다.
- 최소제곱 추정값은 일반적인 공식을 관찰된 자료에 적용하여 구한 숫자이다.

추정량과 추정값의 구별은 이 책의 나머지 부분에서 다루게 될 모든 내용을 이해하기 위해 필수적으로 필요한 기본적인 개념이므로 명심해 두어야 한다.

탄력성   소득 탄력성은 소득 변화에 대한 소비자 지출의 반응을 나타내는 유용한 방법이다. 변수 x에 대한 어떤 변수 y의 탄력성(elasticity)은 다음과 같이 정의된다.

$$\varepsilon = \frac{y\text{의 백분율 변화}}{x\text{의 백분율 변화}} = \frac{100(\Delta y / y)}{100(\Delta x / x)} = \frac{\Delta y}{\Delta x} \cdot \frac{x}{y}$$

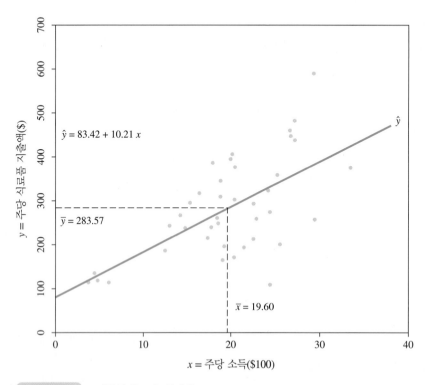

정리문제 2.4a   식료품 지출액 함수에 관한 추정값

최소제곱 추정량 식 (2.7) 및 (2.8)을 사용하여, 표 2.1의 자료에 기초한 식료품 지출액 사례의 절편 및 기울기 모수인 β_1 및 β_2의 최소제곱 추정값을 구할 수 있다. 식 (2.7)로부터 다음을 구할 수 있다.

$$b_2 = \frac{\sum(x_i - \bar{x})(y_i - \bar{y})}{\sum(x_i - \bar{x})^2} = \frac{18671.2684}{1828.7876} = 10.2096$$

식 (2.8)로부터는 다음을 구할 수 있다.

$$b_1 = \bar{y} - b_2\bar{x} = 283.5735 - (10.2096)(19.6048) = 83.4160$$

b_1 및 b_2의 값을 알리는 편리한 방법은 추정되거나 적합한 회귀선으로 나타내는 것이다. 추정값을 적절히 반올림하면 다음과 같다.

$$\hat{y}_i = 83.42 + 10.21x_i$$

이 선을 그림 2.8에서 도표로 나타냈다. 이 선의 기울기는 10.21이며, 수직축과 교차하는 절편은 83.42이다. 최소제곱에 적합하게 그은 선은 매우 정확한 방법으로 자료의 중간을 통과하게 된다. 왜냐하면 최소제곱 모수 추정값에 기초하여 그은 선의 특징 중 하나는 표본평균 ($\bar{x}$, $\bar{y}$)=(19.6048, 283.5735)로 정의된 점을 통과하기 때문이다. 이는 식 (2.8)을 $\bar{y} = b_1 + b_2\bar{x}$로 나타냄으로써 직접적으로 알 수 있다. 이처럼 '평균값의 점'은 회귀분석에서 유용한 참조값이 된다.

추정값의 해석

일단 최소제곱 추정값을 구하면 고려하고 있는 경제 모형의 테두리 내에서 이를 해석하게 된다. $b_2 = 10.21$인 값은 β_2의 추정값이다. 주당 가계소득 x는 $100 단위로 측정되었음을 기억하자. 회귀선의 기울기 β_2는 주당 가계소득이 $100 증가할 경우 식료품에 대한 가계의 증가액을 의미한다. 따라서 소득이 $100 증가할 경우 식료품에 대한 주당

그림 2.8   적합하게 그은 회귀선

지출액은 대략 $10.21만큼 증가할 것으로 추정된다. 어떤 지역의 소득 및 가구 수의 변화에 대한 정보를 갖고 있는 슈퍼마켓 경영자는 소득이 $100 증가할 때마다 주당 가구에 대해 $10.21만큼 판매를 증대시킬 수 있다고 추정할 수 있으며, 이는 장기적인 계획 수립에 매우 유용한 정보가 된다.

엄격히 말해 절편 추정값인 $b_1 = 83.42$는 소득이 0인 가계의 식료품에 대한 주당 지출액을 추정한 값이다. 대부분의 경제 모형에서 추정된 절편값을 해석할 경우 매우 주의를 기울여야 한다. 문제는 그림 2.8의 식료품 지출액 자료에서 알 수 있듯이 $x=0$인 근처에서는 보통 자료를 구하기가 어렵다는 점이다. 소득이 0인 근처에서 관찰값을 구할 수 없는 경우 추정된 관계가 그 경우에는 현실에 적합하지 않다고 할 수 있다. 따라서 추정된 모형에 따르면 소득이 0인 가계는 식료품에 주당 $83.42를 지출한다고 하지만, 이 추정값을 문자 그대로 해석하는 것은 위험할 수 있다. 이런 문제는 추정한 모든 경제 모형에 적용된다.

식 (2.1)의 선형 경제 모형에서 다음의 관계를 도출할 수 있다.

$$\beta_2 = \frac{\Delta E(y|\mathbf{x})}{\Delta x}$$

따라서 소득에 대한 '평균' 지출액의 탄력성은 다음과 같다.

$$\varepsilon = \frac{\Delta E(y|\mathbf{x})}{\Delta x} \cdot \frac{x}{E(y|\mathbf{x})} = \beta_2 \cdot \frac{x}{E(y|\mathbf{x})} \tag{2.9}$$

🔍 정리문제 2.4b   추정값의 활용

탄력성을 추정하기 위해 β_2를 $b_2 = 10.21$로 대체시켜야 한다. 선형 모형에서 탄력성은 회귀선상의 각 점에서 상이하므로 'x'와 '$E(y|\mathbf{x})$'를 어떤 것으로 대체시켜야만 한다. 탄력성은 가장 일반적으로 '평균값의 점' $(\bar{x}, \bar{y}) = (19.60, 283.57)$에서 계산되는데, 이는 회귀선상의 대표적인 점이기 때문이다. 평균값의 점에서 소득 탄력성을 계산하면 다음과 같다.

$$\hat{\varepsilon} = b_2 \frac{\bar{x}}{\bar{y}} = 10.21 \times \frac{19.60}{283.57} = 0.71$$

위의 추정된 소득 탄력성은 다른 경우와 마찬가지로 해석된다. 즉 주당 가계소득이 1% 변화하면 $(\bar{x}, \bar{y}) = (19.60, 283.57)$인 경우 식료품에 대한 주당 가계 지출액은 약 0.71% 증가한다. 추정된 소득 탄력성이 1보다 작기 때문에 식료품은 '사치품'이 아닌 '필수품'으로 분류되어 이는 '평균적인' 가계에 대해 기대할 수 있는 것과 일치한다.

예측

추정된 식은 예측하거나 예상하는 데 또한 사용될 수 있다. 주당 소득이 $2,000인 가계의 주당 식료품 지출액을 예측하고자 한다고 가상하자. 위의 추정된 식에 $x = 20$을 대체시켜 예측하면 다음과 같은 결과를 얻을 수 있다.

$$\hat{y}_i = 83.42 + 10.21x_i = 83.42 + 10.21(20) = 287.61$$

위의 결과를 이용하여 주당 소득이 $2,000인 가계는 식료품에 주당 $287.61를 지출한다고 예측할 수 있다.

컴퓨터를 이용한 분석 결과

서로 상이한 많은 컴퓨터 소프트웨어 패키지를 이용하여 최소제곱 추정값을 계산할 수 있다. 각각의 소프트웨어 패키지의 회귀분석 결과는 서로 상이한 것처럼 보이며, 분석 결과를 설명하기 위해 상이한 용어를 사용한다. 이런 차이에도 불구하고 다양한 분석 결과는 동일한 기본적인 정보를 제공하고 있으며, 독자들은 이런 정보가 어디에 위치하며 어떻게 해석하는지를 알 수 있어야 한다. 하지만 소프트웨어 패키지는 또한 여러분이 의미를 쉽게 알 수 없는 다양한 숫자들을 제공함으로써 이런 문제들을 다소 복잡하게 만들고 있다. 예를 들면 식료품 지출액 자료를 기초로 EViews의 소프트웨어 패키지를 이용한 분석 결과가 그림 2.9에 있다.

EViews 분석 결과에 따르면 모수 추정값은 'Coefficient' 열에 있으며, 상수항(추정값 b_1)은 'C' 그리고 'INCOME'

(추정값 b_2)이라 명명되어 있다. 컴퓨터 소프트웨어 프로그램은 일반적으로 추정값을 컴퓨터 프로그램에 명명된 변수의 명칭(여기서 변수를 INCOME이라고 명명하였다)과 '상수'에 대한 약자로 나타낸다. 현재 수준에서 여러분이 알 수 있는 숫자로는 'Sum squared resid'라 명명된 $SSE = \sum \hat{e}_i^2 = 304505.2$와 'Mean dependent var'라 명명된 y의 표본 평균 $\bar{y} = \sum y_i/N = 283.5735$가 있다.

앞으로 계속해서 계산 결과의 나머지 부분에 대해서도 논의를 할 것이며, 여러분은 결국 이들 결과가 제시하는 나머지 정보도 이해할 수 있게 될 것이다.

Dependent Variable: FOOD_EXP
Method: Least Squares
Sample: 1 40
Included observations: 40

	Coefficient	Std. Error	t-Statistic	Prob.
C	83.41600	43.41016	1.921578	0.0622
INCOME	10.20964	2.093264	4.877381	0.0000

R-squared	0.385002	Mean dependent var	283.5735
Adjusted R-squared	0.368818	S.D. dependent var	112.6752
S.E. of regression	89.51700	Akaike info criterion	11.87544
Sum squared resid	304505.2	Schwarz criterion	11.95988
Log likelihood	−235.5088	Hannan-Quinn criter	11.90597
F-statistic	23.78884	Durbin-Watson stat	1.893880
Prob(F-statistic)	0.000019		

그림 2.9   EViews를 이용한 회귀분석 결과

2.3.2 다른 경제 모형

식료품에 대한 가계 지출액과 소득 간의 관계를 예로 들어 단순회귀분석을 소개하였다. 단순회귀 모형은 경제학, 경영학, 사회과학에서 여러 관계의 모수를 추정하는 데 사용된다. 회귀분석을 적용하는 일은 흥미로우면서도 유용하며 예를 들면 다음과 같다.

- 전기 기사의 시간당 임금이 5% 인상될 경우 새집의 가격은 얼마나 인상되는가?
- 담뱃세가 $1 인상될 경우 미국 루이지애나주에서는 추가 수입이 얼마나 발생하는가?
- 중앙은행이 이자율을 0.5% 인상할 경우 6개월 내에 소비자 차용은 얼마나 감소하는가? 인상이 이루어진 이후의 달에는 실업률이 어떻게 변화하는가?

- 2018년에 유치원 교육 프로그램에 대한 기금을 증대시킬 경우 2033년 고등학교 졸업률에는 어떤 영향을 미치는가? 2028년과 그 이후에 청소년 범죄율에는 어떤 영향을 미치는가?

회귀분석은 사회과학 및 자연과학의 거의 모든 분야뿐만 아니라 경제학 및 재무관리 분야에도 적용된다. 한 변수가 변화할 경우 다른 변수에 얼마나 영향을 미치는지 알고자 한다면 위와 같은 회귀분석을 이용할 수 있다.

　마찬가지로 한 변수의 값이 주어진 경우 다른 변수의 값을 예측하고자 할 때, 최소제곱 회귀는 고려해 볼 수 있는 도구이다.

2.4 최소제곱 추정량에 대한 평가

식료품 지출액 자료를 이용하고 최소제곱 공식 (2.7) 및 (2.8)에 기초하여 회귀 모형 $y_i = \beta_1 + \beta_2 x_i + e_i$의 모수를 추정하였다. 최소제곱 추정값으로 $b_1 = 83.42$ 및 $b_2 = 10.21$을 구했다. "이 추정값은 얼마나 타당한가?"와 같은 질문을 할 수 있지만 이는 잘못된 질문이라고 할 수 있다. 이 물음에 답을 할 수가 없다. 왜냐하면 모집단의 모수 β_1 또는 β_2의 참값을 알 수 없으므로 $b_1 = 83.42$ 및 $b_2 = 10.21$이 참값에 얼마나 근접하였는지를 말할 수 없다. 최소제곱 추정값은 모수의 참값에 근접할 수도 있고 근접하지 않을 수도 있으며 이를 알 수 없다.

　추정값의 특성을 알아보기보다는 한 발 뒤로 물러서서 최소제곱 추정 절차의 성격에 대해 살펴볼 것이다. 그 이유는 다음과 같다. 또 다른 표본조사 40개 가구를 선택하여 다른 표본자료를 작성할 경우 처음 표본과 동일한 소득을 갖는 가구를 조심스럽게 선택하더라도 상이한 추정값 b_1 및 b_2를 얻게 된다. 이런 표본추출 변동(sampling variation)은 불가피하게 된다. 가계의 식료품 지출액 y_i, $i = 1$, …, 40은 확률변수이므로 표본이 상이할 경우 추정값도 상이하게 된다. 이들의 값은 표본이 추출될 때까지 알지 못한다. 따라서 추정절차의 관점에서 볼 때 b_1 및 b_2는 확률변수 y에 의존하게 되므로 이들도 역시 확률변수가 된다. 이런 경우 b_1 및 b_2를 최소제곱 추정량이라 한다.

　표본추출 특성(sampling property)이라 불리는 추정량 b_1 및 b_2의 특성을 알아보고 다음과 같은 의문점들을 살펴볼 것이다.

1. 최소제곱 추정량 b_1 및 b_2가 확률변수라면 이들의 평균, 분산, 공분산, 확률분포는 무엇인가?
2. 최소제곱 원칙은 β_1 및 β_2의 추정값을 구하기 위해 자료를 이용하는 한 가지 방법일 뿐이다. 최소제곱을 이용한 추정량은 사용할 수도 있는 다른 방법을 통해 얻은 것과 어떻게 비교가 되는가? 예를 들면, β_2에 근접한 추정값을 구할 수 있는 확률이 더 높은 다른 추정량이 있는가?

문제를 보다 쉽게 하기 위해서 위의 의문점들을 두 단계로 나누어 살펴보고자 한다. 첫 번째 단계에서는 표본의 설명변수값들에 대한 조건부로, 즉 $\mathbf{x}$에 대한 조건부로 최소제곱 추정량의 특성을 검토한다. $\mathbf{x}$에 대한 조건부로 분석을 한다는 것은 모든 가능한 표본을 고려해 볼 때 표본의 가계소득값들은 표본 간에 동일하다고 말하는 것과 같다. 단지 무작위 오차 및 식료품 지출액 값만이 변화한다. 이 가정은 명백하게 현실적이지 않지만 분석을 단순하게 한다. **x**에 대한 조건부로 함으로써 그것을 일정하거나 고정된 것으로 하며, 이는 x값을 '확률적이지 않은' 것으로 취급할 수 있다는 의미이다.

두 번째 단계에서는 무작위 표본추출 가정으로 돌아가서 (y_i, x_i) 자료 쌍들이 확률적이라고 인정하며, 모집단에서 무작위로 선택한 가계들은 확률적인 식료품 지출액과 소득으로 이어진다는 것이다. 하지만 이 경우에 그리고 **x**를 확률적으로 취급하는 경우에도, **x**를 확률적이지 않은 것으로 취급한 결론들의 대부분이 계속 동일하게 유지된다는 점을 알게 될 것이다.

어떤 경우에도 **x**에 대한 조건부로 분석을 하거나 또는 **x**를 확률적으로 취급하여 분석을 일반화하거나 간에, 위의 물음에 대한 대답은 가정 SR1~SR5가 충족되느냐 여부에 결정적으로 의존한다. 이 책의 나머지 부분에서 특정한 경우에 가정이 준수되는지 여부를 어떻게 점검하는지와 하나 이상의 가정이 준수되지 않는다면 무엇을 할 수 있는지에 대해 알아볼 것이다.

> **유의사항**
>
> 다음 절들에서 최소제곱 추정량의 특성에 관해 살펴볼 것이다. 회귀 모형에서 이런 개념들을 검토하기에 앞서 보다 단순한 내용의 테두리 내에서 이를 살펴보는 것이 여러 가지 면에서 볼 때 더 타당하다. ■

2.4.1 추정량 b_2

식 (2.7) 및 (2.8)을 사용하여 최소제곱 추정값 b_1 및 b_2를 계산해 보자. 하지만 이는 추정량의 이론적 특성을 검토하는 데 그렇게 적합하지 않다. 이 절에서는 분석을 용이하게 하기 위해서 b_2의 공식을 재작성할 것이다. 식 (2.7)에서 b_2는 다음과 같다.

$$b_2 = \frac{\sum(x_i - \bar{x})(y_i - \bar{y})}{\sum(x_i - \bar{x})^2}$$

자료값에서 표본평균을 감했기 때문에 위의 식은 추정량을 **평균으로부터의 편차**로 나타내었다고 본다. 가정 SR1과 약간의 대수를 이용하여 b_2를 다음과 같이 선형 추정량(linear estimator)으로 나타낼 수 있다.

$$b_2 = \sum_{i=1}^{N} w_i y_i \tag{2.10}$$

여기서 다음과 같다.

$$w_i = \frac{x_i - \bar{x}}{\sum(x_i - \bar{x})^2} \tag{2.11}$$

w_i항은 **x**에만 의존한다. 우리의 분석은 **x**를 조건부로 이루어지기 때문에, w_i항은 상수처럼 취급된다. **x**에 대한 조건부라고 하는 것은 통제된 반복할 수 있는 실험에서처럼 **x**를 주어진 것으로 취급하는 것과 같다는 점을 기억하자.

식 (2.10)에서처럼 y_i들의 가중평균인 추정량을 **선형 추정량**이라고 한다. 이것은 나중에 보다 더 언급하게 될 중요한 부분이다. 그리고 나서 대수학을 이용하면 이론적으로 편리한 방법으로 b_2를 다음과 같이 나타낼 수 있다.

$$b_2 = \beta_2 + \sum w_i e_i \tag{2.12}$$

여기서 e_i는 선형회귀 모형 $y_i = \beta_1 + \beta_2 x_i + e_i$의 무작위 오차항이다. 이 식은 우리가 알지 못하는 β_2 및 관찰할 수 없는 e_i에 의존하기 때문에 계산을 하는 데 유용하지는 않다. 하지만 최소제곱 추정량의 표본추출 특성을 이해하는 데 식 (2.12)는 매우 유용하다.

2.4.2 b_1 및 b_2의 기댓값

OLS 추정량 b_2는 표본이 수집될 때까지 그 값을 알 수 없으므로 확률변수이다. 우리는 지금 모형에 대한 가정이 준수될 경우 $E(b_2|\mathbf{x}) = \beta_2$, 즉 $\mathbf{x}$가 주어진 경우 b_2의 기댓값이 모수의 참값인 β_2와 동일해진다는 사실을 살펴보고자 한다. 모수 추정량의 기댓값이 모수의 참값과 동일한 경우 그 추정량은 **불편**(unbiased)되었다고 한다. $E(b_2|\mathbf{x}) = \beta_2$이므로 $\mathbf{x}$가 주어진 경우 최소제곱 추정량 b_2는 β_2의 불편 추정량이 된다. 나중에 최소제곱 추정량 b_2는 무조건적으로 불편(unconditionally unbiased)하다는 점, 즉 $E(b_2) = \beta_2$를 보여줄 것이다. 불편성에 대한 직관적인 의미는 수학적인 기댓값을 구하기 위한 표본추출에 대한 해석에서 찾아볼 수 있다. 크기가 N인 많은 표본이 수집되고 각 표본에 대해 b_2에 관한 공식을 이용하여 β_2를 추정할 경우, 가정이 모두 준수된다면 모든 표본으로부터 구한 추정값 b_2의 평균값은 β_2가 된다.

선형회귀 모형의 가정들이 하는 역할을 설명할 수 있도록, 위의 결과가 참이라는 사실을 보여줄 것이다. 식 (2.12)에서 어떤 부분이 확률적인가? 모수 β_2는 확률적이 아니다. 우리가 추정하고자 하는 모집단의 모수이다. $\mathbf{x}$에 대한 조건부에서 x_i를 확률적이 아닌 것처럼 이를 취급하였다. 그렇게 되면 $\mathbf{x}$에 대한 조건부인 w_i는 x_i의 값에만 의존하므로 역시 확률적이지 않다. 식 (2.12)에서 유일한 확률적 요소는 무작위 오차항 e_i이다. 합의 기댓값은 기댓값의 합이라는 사실을 이용하여 b_2의 기댓값을 다음과 같이 구할 수 있다.

$$\begin{aligned}
E(b_2|\mathbf{x}) &= E(\beta_2 + \sum w_i e_i | \mathbf{x}) = E(\beta_2 + w_1 e_1 + w_2 e_2 + \cdots + w_N e_N | \mathbf{x}) \\
&= E(\beta_2) + E(w_1 e_1 | \mathbf{x}) + E(w_2 e_2 | \mathbf{x}) + \cdots + E(w_N e_N | \mathbf{x}) \\
&= \beta_2 + \sum E(w_i e_i | \mathbf{x}) \\
&= \beta_2 + \sum w_i E(e_i | \mathbf{x}) = \beta_2
\end{aligned} \tag{2.13}$$

위의 식 (2.13)의 마지막 줄에서 다음과 같은 두 가지 가정을 활용하였다. 첫째, $E(w_i e_i | \mathbf{x}) = w_i E(e_i | \mathbf{x})$이다. 이와 같은 이유는 w_i는 확률적이 아니며, 상수는 기댓값 밖으로 내보낼 수 있기 때문이다. 둘째, $E(e_i | \mathbf{x}) = 0$이라는 가정에 의존하였다. 실제로 $E(e_i | \mathbf{x}) = c$, 여기서 c는 3처럼 어떤 상수라면 $E(b_2|\mathbf{x}) = \beta_2$가 된다. $\mathbf{x}$가 주어진 경우 OLS 추정량 b_2는 회귀모수 β_2의 불편 추정량(unbiased estimator)이다. 반면에 $E(e_i | \mathbf{x}) \neq 0$ 그리고 어떻게 하든 $\mathbf{x}$에 의존한다면, b_2는 β_2의 편의 추정량

(biased estimator)이다. 가정 $E(e_i|\mathbf{x}) = 0$이 준수되지 않는 유력한 경우는 누락변수(omitted variable)에서 비롯된다. e_i는 x_i 이외에 y_i에 영향을 미치는 그 밖의 모든 것을 포함한다는 사실에 주목하자. 중요하면서 $\mathbf{x}$와 상관된 어떤 것을 누락할 경우, $E(e_i|\mathbf{x}) \neq 0$ 그리고 $E(b_2|\mathbf{x}) \neq \beta_2$를 기대하게 된다. 제6장에서는 누락변수 편의(omitted variable bias)에 대해 논의해 볼 것이다. 여기서는 $\mathbf{x}$에 조건부로 그리고 SR1~SR5하에서 최소제곱 추정량이 선형 및 불편 추정량이라는 점을 보여주었다. 이 장 뒷부분에서는 $\mathbf{x}$에 대한 조건부가 아닌 경우에도 $E(b_2) = \beta_2$라는 점을 보여줄 것이다.

추정량 b_2의 불편성은 중요한 표본추출의 특성이다. 대체로 모집단에서 추출한 모든 가능한 표본에 걸칠 경우 최소제곱 추정량은 평균적으로 '적절한' 값을 갖게 되며, 이것이 바로 추정량의 바람직한 특성이다. 이런 통계적 특성만이 b_2가 β_2의 적절한 추정량이라는 것을 의미하지는 않지만 논의의 한 부분을 구성한다. 불편성은 동일한 모집단으로부터 추출한 자료표본에서 발생하는 것과 관련된다. b_2가 불편이라는 점은 단지 한 번의 표본추출에서 발생할 수 있는 사실에 관해 어떤 의미도 갖지 않는다. 개별적인 추정값(숫자인) b_2는 β_2에 근접할 수도 큰 차이가 날 수도 있다. β_2를 알 수 없기 때문에 표본이 하나인 경우 추정값이 β_2에 근접하는지 여부를 알 수 없다. 따라서 추정값 $b_2 = 10.21$은 β_2에 근접할 수도 있고 하지 않을 수도 있다.

모형에 대한 가정이 준수될 경우 β_1의 최소제곱 추정량 b_1은 불편 추정량이 되며 $E(b_1|\mathbf{x}) = \beta_1$이 된다.

2.4.3 표본추출 변동성

불편 추정법의 개념을 표본추출 변동성에 어떻게 연계시키는지 설명하기 위하여, 표 2.2는 동일한 소득을 갖는 동일한 모집단으로부터 크기가 $N = 40$인 10개의 가상적인 무작위 표본을 이용하여 식료품 지출액 모형의 최소제곱 추정값을 보여주고 있다. 표본에 따라 최소제곱 모수 추정값이 변한다는 점에 유의하자. 이런 표본추출 변동성(sampling variation)은 각 표본에 40개의 상이한 가구가 포함되어 있다는 단순한 사실에서 기인하며, 이들 주당 식료품 지출액은 무작위적으로 변한다.

불편성의 특성은 동일한 모집단으로부터 같은 크기의 가능한 모든 표본을 추출할 경우 b_1 및 b_2의

표 2.2 10개의 가상적인 표본에서 구한 추정값

표본	b_1	b_2
1	93.64	8.24
2	91.62	8.90
3	126.76	6.59
4	55.98	11.23
5	87.26	9.14
6	122.55	6.80
7	91.95	9.84
8	72.48	10.50
9	90.34	8.75
10	128.55	6.99

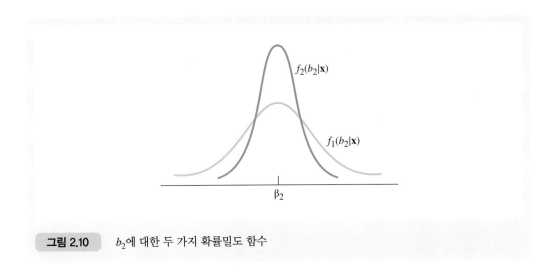

$f_2(b_2|\mathbf{x})$

$f_1(b_2|\mathbf{x})$

β_2

그림 2.10 b_2에 대한 두 가지 확률밀도 함수

대략적인 **평균값**이라는 의미이다. 이 10개 표본에서 b_1의 평균값은 $\overline{b}_1 = 96.11$이며, b_2의 평균값은 $\overline{b}_2 = 8.70$이다. 많은 표본에서 추정값의 평균을 취할 경우 해당 평균값은 모수의 참값인 β_1 및 β_2에 근접할 것이다. 불편성은 어떤 표본의 추정값이 모수의 참값에 근접한다는 것을 의미하지 않으므로, 한 **추정값**이 불편되었다고는 할 수 없으며 최소제곱 추정 절차(또는 최소제곱 추정량)가 불편되었다고만 할 수 있다.

2.4.4 b_1 및 b_2의 분산과 공분산

표 2.2는 β_1 및 β_2의 최소제곱 추정값이 표본에 따라 변화한다는 사실을 보여주고 있다. 이런 변동성을 이해하는 것이 추정량의 신뢰성과 표본추출의 정확성을 평가하는 데 중요한 요소가 된다. 이제 추정량 b_1 및 b_2의 분산과 공분산을 구해 보자. 분산과 공분산에 대한 의미를 알아보기 전에 왜 이들을 살펴보는 것이 중요한지 생각해 보자. 확률변수 b_2의 분산은 확률변수의 값과 그의 평균 사이의 차이를 제곱한 것의 평균이며, 우리는 $E(b_2|\mathbf{x}) = \beta_2$라는 사실을 알고 있다. b_2의 분산은 다음과 같이 정의된다.

$$\text{var}(b_2|\mathbf{x}) = E\left\{\left[b_2 - E(b_2|\mathbf{x})\right]^2 \middle| \mathbf{x}\right\}$$

상기의 분산은 b_2의 확률분포가 퍼진 정도를 측정한다. 그림 2.10은 평균값은 같지만 분산이 상이한 b_2의 두 가지 확률분포인 $f_1(b_2|\mathbf{x})$와 $f_2(b_2|\mathbf{x})$를 보여주고 있다.

확률밀도 함수 $f_2(b_2|\mathbf{x})$는 확률밀도 함수 $f_1(b_2|\mathbf{x})$보다 분산이 더 작다. 추정량의 정확성에 관심을 갖고 있고 선택을 할 수 있다면 b_2는 $f_1(b_2|\mathbf{x})$보다는 $f_2(b_2|\mathbf{x})$인 확률분포를 갖도록 선호하게 된다. 분산이 $f_2(b_2|\mathbf{x})$인 경우 확률은 모수의 참값인 β_2 주위에 더 집중되며, 이는 β_2에 근접한 추정값을 얻을 확률이 더 높아진다는 의미이다. β_2에 근접한 추정값을 얻는 것이 회귀분석의 주된 목표라는 사실을 기억해야 한다.

추정량의 분산은 추정값이 표본에 따라 얼마나 변화하는지를 알려준다는 의미에서 추정량의 정확성을 측정한다. 결과적으로 추정량의 표본추출 분산(sampling variance) 또는 표본추출 정확성

(sampling precision)에 대해 자주 언급하게 된다. 추정량의 분산이 작을수록 해당 추정량의 표본추출 정확성은 커지게 된다. 어떤 추정량의 표본추출 분산이 다른 추정량의 표본추출 분산보다 작은 경우 해당 추정량이 다른 추정량보다 더 정확하다.

이제는 b_1 및 b_2의 분산과 공분산에 대해 논의해 보자. 회귀 모형에 대한 가정 SR1~SR5가 준수되는 경우(SR6이 반드시 준수될 필요는 없음) b_1 및 b_2의 분산과 공분산은 다음과 같다.

$$\text{var}(b_1|\mathbf{x}) = \sigma^2 \left[\frac{\sum x_i^2}{N \sum (x_i - \bar{x})^2} \right] \tag{2.14}$$

$$\text{var}(b_2|\mathbf{x}) = \frac{\sigma^2}{\sum (x_i - \bar{x})^2} \tag{2.15}$$

$$\text{cov}(b_1, b_2|\mathbf{x}) = \sigma^2 \left[\frac{-\bar{x}}{\sum (x_i - \bar{x})^2} \right] \tag{2.16}$$

이 절 앞부분에서 불편 추정량인 경우 분산이 작은 것이 큰 것보다 낫다고 했다. 식 (2.14)~(2.16)에 있는 분산과 공분산에 영향을 미치는 요인들을 생각해 보자.

1. 무작위 오차항의 분산인 σ^2은 위에 있는 세 가지 공식 모두에 포함되어 있다. 이는 기댓값 $E(y|\mathbf{x})$에 대해 y값이 퍼진 정도를 반영한다. 분산 σ^2이 클수록 퍼진 정도가 더 커지며 y값이 평균 $E(y|\mathbf{x})$로부터 떨어지는 위치의 불확실성이 확대된다. β_1 및 β_2에 대한 정보가 덜 정확할수록 σ^2은 더욱 커진다. 그림 2.5에서 분산이 확률분포 $f(y|x)$의 퍼진 정도를 반영한다는 사실을 알았다. 분산항 σ^2이 클수록 통계 모형의 불확실성이 커지며 최소제곱 추정량의 분산과 공분산이 증가한다.

2. 표본평균에 대한 x값의 차이를 제곱하여 합산한 $\sum (x_i - \bar{x})^2$이 분산과 공분산 모두에 포함되어 있다. 이는 독립 또는 설명변수 x의 표본값들이 평균으로부터 얼마나 벗어나 있는지를 측정한다. 변수들이 벗어나 있을수록 제곱의 합은 커지며, 덜 벗어나 있을수록 제곱의 합이 작아진다. 제곱의 합, 즉 $\sum (x_i - \bar{x})^2$이 커질수록 최소제곱 추정량의 조건부 분산이 작아지며 미지의 모수를 더 정확하게 추정할 수 있다. 그림 2.11을 참조하면 이를 직관적으로 이해할 수 있다. 그림 2.11의 (b)를 보면 x값들이 x축을 따라 넓게 퍼져 있는 반면 (a)는 자료들이 '뭉쳐 있음'을 알 수 있다. 손으로 자료에 적합한 선을 그으려는 경우 어떤 형태의 자료를 선호하겠는가? (b)의 경우에 최소제곱 추정선을 긋는 작업이 더 용이함을 명백히 알 수 있다. 왜냐하면 자료들이 x축을 따라 분포되어 있기 때문이다.

3. 표본크기 N이 클수록 최소제곱 추정량의 분산과 공분산이 작아지므로 표본자료가 적은 경우보다 많은 경우가 더 낫다. 각각의 합은 표본크기 N을 포함하고 있으므로 분산과 공분산 모두에 N이 관련됨을 알 수 있다. 즉 $\text{var}(b_1|\mathbf{x})$에는 N이 명시적으로 포함되어 있으며, 다른 경우에는 합을 구성하는 각 항이 양이거나 0이므로 (x값이 표본평균과 같은 경우 0이 됨) N이 증가할수록 제곱의 합인 $\sum (x_i - \bar{x})^2$이 점점 커진다. 결과적으로 제곱의 합이 분산과 공분산의 분모에 포함되어

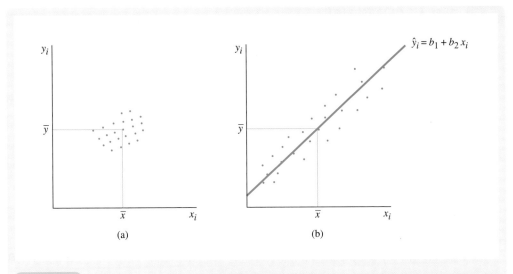

그림 2.11 설명변수 x의 변동이 추정의 정확성에 미치는 영향 : (a) x의 변동이 작고 정확성이 낮은 경우, (b) x의 변동이 크고 정확성이 높은 경우

있으므로 N이 증가할수록 $\text{var}(b_2|\mathbf{x})$와 $\text{cov}(b_1, b_2|\mathbf{x})$는 작아진다. N이 증가할수록 $\text{var}(b_1|\mathbf{x})$의 분자와 분모에 있는 합은 모두 커지지만 서로를 상쇄하게 되어 분모에 있는 N이 주요한 항으로 서 남게 된다. 따라서 N이 증가함에 따라 $\text{var}(b_1|\mathbf{x})$는 작아지게 된다.

4. $\text{var}(b_1|\mathbf{x})$에는 $\sum x_i^2$항이 있는데, 이 항이 커질수록 최소제곱 추정량 b_1의 분산이 커진다. 그 이 유는 무엇일까? 절편의 모수 β_1은 $x = 0$일 때 y의 기댓값이다. 자료가 $x = 0$에서 멀리 떨어져 있 을수록 식료품 지출액의 예에서 살펴본 것처럼 β_1을 해석하는 일이 어려워지며 β_1을 정확하게 추정하는 일도 어려워진다. $\sum x_i^2$항은 원점, 즉 $x = 0$으로부터 자료와의 거리를 측정한다. x값이 0에 근접할 경우 $\sum x_i^2$항은 작아지며, 이는 $\text{var}(b_1|\mathbf{x})$를 감소시킨다. 그러나 x값이 음수 또는 양 수에 관계없이 크기가 커질 경우 $\sum x_i^2$항이 커지며 $\text{var}(b_1)$이 커진다.

5. x값의 표본평균이 $\text{cov}(b_1, b_2|\mathbf{x})$에 포함되어 있다. 표본평균 $\bar{x}$의 크기가 커질수록 공분산이 증 가하며 공분산은 $\bar{x}$와 반대되는 부호를 갖는다. 이 논리는 그림 2.11을 통해 살펴볼 수 있다. (b) 에서 최소제곱에 적합하게 그은 선은 평균점을 통과해야 한다. 해당 자료에 적합한 선을 그은 경우 추정된 기울기 b_2를 증가시키는 경우를 생각해 보자. 그은 선은 평균점을 통과해야 하므로 선과 수직축이 만나는 점을 낮추어야만 하며, 이는 절편의 추정값 b_1이 감소해야 한다는 의미이 다. 따라서 표본평균이 그림 2.11에서 보는 것처럼 양인 경우 기울기와 절편의 최소제곱 추정량 간 공분산은 음이 된다.

2.5 가우스-마코프 정리

지금까지 최소제곱 추정량 b_1 및 b_2에 대해 알고 있는 것은 무엇인가?

- 추정량은 완벽하게 일반적이다. 식 (2.7) 및 (2.8)을 사용하여 자료가 무엇이든지 단순 선형회귀 모형에서 미지의 모수 β_1 및 β_2를 추정할 수 있다. 따라서 이런 관점에서 보면 최소제곱 추정량 b_1 및 b_2는 확률변수이다.
- 식 (2.10)에서 정의한 것처럼 최소제곱 추정량은 선형 추정량이다. b_1 및 b_2 둘 다 y_i값의 가중평균으로 나타낼 수 있다.
- 가정 SR1~SR5가 준수될 경우 최소제곱 추정량은 조건부로 불편된다. 이는 $E(b_1|\mathbf{x}) = \beta_1$ 및 $E(b_2|\mathbf{x}) = \beta_2$라는 의미이다.
- $\mathbf{x}$가 주어진 경우 b_1 및 b_2의 분산과 공분산에 관한 식을 알고 있다. 나아가 불편 추정량인 경우 분산이 작을수록 더 좋다고 하였다. 이는 모수의 참값에 근접한 추정값을 얻을 확률이 더 높아진다는 의미이다.

이제는 그 유명한 가우스-마코프 정리(Gauss-Markov theorem)에 대해 논의해 보자.

가우스-마코프 정리

선형회귀 모형에 관한 가정 SR1~SR5하에서, 추정량 b_1 및 b_2는 β_1 및 β_2의 모든 선형 및 불편 추정량 중에서 최소의 분산을 가지며, β_1 및 β_2의 최우수 선형 불편 추정량(best linear unbiased estimators, BLUE)이 된다.

가우스-마코프 정리가 의미하는 것과 그렇지 않은 것을 정리해 보자.

1. 추정량 b_1 및 b_2는 선형 및 불편한 유사한 추정량들과 비교하여 '최우수'하다는 의미이지 모든 가능한 추정량 중에서 최우수하다는 의미는 아니다.
2. 추정량 b_1 및 b_2는 같은 부류 내에서 분산이 최소이므로 최우수하다고 본다. 2개의 선형 및 불편 추정량을 비교할 경우 보다 작은 분산을 갖는 추정량을 언제나 사용하길 원한다. 왜냐하면 추정에 관한 이런 규칙에 따를 경우 모수의 참값에 근접한 추정값을 구할 수 있는 확률을 높여 주기 때문이다.
3. 가우스-마코프 정리가 지켜지기 위해서는 가정 SR1~SR5가 수되어야만 한다. 이 가정 중 어느 하나가 준수되지 않을 경우 b_1 및 b_2는 β_1 및 β_2의 최우수 선형 불편 추정량이 되지 못한다.
4. 가우스-마코프 정리는 정규성 가정(가정 SR6)에 의존하지 않는다.
5. 단순 선형회귀 모형에서 선형 및 불편 추정량을 사용하고자 하는 경우 더 이상의 탐색을 할 필요가 없다. 추정량 b_1 및 b_2가 사용하고자 하는 바로 그것들이다. 이것이 바로 우리가 왜 이 추정량을 학습하는지 이유가 되며(틀린 추정 규칙을 배울 이유가 없지 않은가?) 이 추정량들이 경제

학뿐만 아니라 모든 다른 사회과학 및 자연과학에서 폭넓게 사용되는 이유이다.

6. 가우스-마코프 정리는 최소제곱 추정량에 적용되지만 단 하나의 표본에 기초한 최소제곱 추정값에는 적용되지 않는다.

지금까지 제시된 결과들은 $\mathbf{x}$를 주어진 것으로 취급하였다. 이 장의 뒷부분에서는 가우스-마코프 정리가 일반적으로 준수된다는 점을 보여줄 것이며, 그것은 특정 $\mathbf{x}$에 의존하지 않는다.

2.6 최소제곱 추정량의 확률분포

지금까지 살펴본 최소제곱 추정량의 특성은 정규성 가정인 SR6에 의존하지 않았다. 무작위 오차 e_i가 평균 0 및 분산 σ^2을 갖는 정규분포를 한다고 추가적으로 가정할 경우, 최소제곱 추정량의 조건부 확률도 정규분포하게 된다. 이 결론은 두 가지 단계를 거쳐 추론할 수 있다. 첫째, $\mathbf{x}$가 주어지고 가정 SR1에 기초하여 e_i가 정규분포하는 경우, y_i도 역시 정규분포하게 된다. 둘째, 최소제곱 추정량은 형태가 $b_2 = \sum w_i y_i$인 선형 추정량이다. $\mathbf{x}$가 주어진 경우 정규 확률변수의 가중된 합계는 정규분포한다. 결과적으로 (오차항에 대한 가정 SR6인) 정규성 가정을 하고 $\mathbf{x}$를 주어진 것으로 취급할 경우, 최소제곱 추정량은 정규분포한다.

$$b_1 | \mathbf{x} \sim N\left(\beta_1, \frac{\sigma^2 \sum x_i^2}{N \sum (x_i - \bar{x})^2} \right) \tag{2.17}$$

$$b_2 | \mathbf{x} \sim N\left(\beta_2, \frac{\sigma^2}{\sum (x_i - \bar{x})^2} \right) \tag{2.18}$$

제3장에서 살펴볼 것처럼 최소제곱 추정량의 정규성은 통계적 추론을 하는 많은 경우에 있어 상당히 중요한 의미를 갖는다.

오차가 정규분포하지 않는 경우 어떤 일이 발생하는가? 최소제곱 추정량의 확률분포에 관해 언급할 수 있는가? 이 물음에 대한 대답은 때때로 할 수 있다고 본다.

중심극한정리(central limit theorem)

가정 SR1~SR5가 준수되고 표본크기 N이 충분히 큰 대표본(sufficiently large)인 경우 최소제곱 추정량은 식 (2.17) 및 (2.18)에서 살펴본 것처럼 정규분포에 근접하게 분포한다.

문제는 "충분히 큰 대표본은 얼마나 커야 하는가?"이며, 이에 대해 특정 숫자를 제시할 수는 없다. 이와 같이 모호하고 불만족스러운 대답을 해야 하는 이유는 "얼마나 커야 하는가?"라는 물음에 대한 대답이 여러 가지 요소에 따라 달라질 수 있기 때문이다. 예를 들면, 이에 대한 대답을 무작위 오차의 분산이 어떤 모양(예 : 완만한가? 대칭적인가? 비대칭적인가?)이며 x_i값이 무엇인지 등에 따라 달라질 수 있다. 단순회귀 모형에서 혹자는 $N = 30$이면 충분히 크다고 하겠지만 이 책의 저자들은 이 물

음에 대해 다소 보수적인 입장을 취하여 $N = 50$이 합리적이라고 본다. 그러나 중요한 점은 이런 숫자들이 대략적인 규칙이며 '충분히 큰 대표본'이라는 의미는 문제에 따라 달라질 수 있다. 그럼에도 불구하고 회귀 모형에서는 좋든 싫든 간에 '대표본' 또는 점근적(asymptotic) 결과에 대한 논의가 자주 이루어지고 있다.

2.7 오차항의 분산에 대한 추정

무작위 오차항의 분산인 σ^2은 추정되어야 할 단순 선형회귀 모형의 미지의 모수이다. 무작위 오차 e_i의 조건부 분산은 다음과 같다.

$$\text{var}(e_i|\mathbf{x}) = \sigma^2 = E\left\{\left[e_i - E(e_i|\mathbf{x})\right]^2 \middle| \mathbf{x}\right\} = E(e_i^2|\mathbf{x})$$

위의 관계가 성립되기 위해서는 가정 $E(e_i) = 0$이 준수되어야 한다. '기대'는 평균값이므로 σ^2은 제곱한 오차의 평균이라고 추정할 수 있다.

$$\hat{\sigma}^2 = \frac{\sum e_i^2}{N}$$

위의 식은 무작위 오차항 e_i를 관찰할 수 없으므로 불행하게도 유용하게 사용할 수 없다! 그러나 무작위 오차 자체는 알려져 있지 않지만 이와 유사한 것, 즉 최소제곱 잔차를 구할 수는 있다. 무작위 오차는 다음과 같다는 점에 유의하자.

$$e_i = y_i - \beta_1 - \beta_2 x_i$$

식 (2.6)에서 최소제곱 잔차는 미지의 모수를 최소제곱 추정값으로 대체하여 구할 수 있다.

$$\hat{e}_i = y_i - \hat{y}_i = y_i - b_1 - b_2 x_i$$

다음과 같은 결과를 얻기 위해서 무작위 오차 e_i를 이와 유사한 최소제곱 잔차로 대체시키는 일은 합리적인 것처럼 보인다.

$$\hat{\sigma}^2 = \frac{\sum \hat{e}_i^2}{N}$$

위의 추정량은 대규모 표본에서는 만족스러운 결과를 얻을 수 있을지 모르지만 σ^2의 편의된 추정량이다. 하지만 간단한 수정을 통해 불편 추정량을 구할 수 있으며 이는 다음과 같다.

$$\hat{\sigma}^2 = \frac{\sum \hat{e}_i^2}{N - 2} \tag{2.19}$$

분모에서 뺀 '2'는 모형에 포함된 회귀모수(β_1, β_2)의 수를 의미하며, 이를 통해 추정량 $\hat{\sigma}^2$은 불편하게 되어 $E(\hat{\sigma}^2|\mathbf{x}) = \sigma^2$이 성립된다.

2.7.1 최소제곱 추정량에 대한 분산 및 공분산의 추정

오차분산의 불편 추정량을 구하기 위해 최소제곱 추정량 b_1 및 b_2의 분산과 이들의 공분산을 추정할 수 있다. 식 (2.14)~(2.16)에 있는 미지의 오차분산 σ^2을 $\hat{\sigma}^2$으로 대체시키면 다음과 같은 결과를 얻을 수 있다.

$$\widehat{\text{var}}(b_1|\mathbf{x}) = \hat{\sigma}^2\left[\frac{\sum x_i^2}{N\sum(x_i-\bar{x})^2}\right] \tag{2.20}$$

$$\widehat{\text{var}}(b_2|\mathbf{x}) = \frac{\hat{\sigma}^2}{\sum(x_i-\bar{x})^2} \tag{2.21}$$

$$\widehat{\text{cov}}(b_1,b_2|\mathbf{x}) = \hat{\sigma}^2\left[\frac{-\bar{x}}{\sum(x_i-\bar{x})^2}\right] \tag{2.22}$$

추정된 분산의 제곱근은 b_1 및 b_2의 '표준오차'이다. 이 값은 가설검정과 신뢰구간을 구하는 데 사용된다. 이를 $se(b_1)$ 및 $se(b_2)$로 나타내면 다음과 같다.

$$se(b_1) = \sqrt{\widehat{\text{var}}(b_1|\mathbf{x})} \tag{2.23}$$

$$se(b_2) = \sqrt{\widehat{\text{var}}(b_2|\mathbf{x})} \tag{2.24}$$

정리문제 2.5   식료품 지출액 자료에 관한 계산

식료품 지출액 자료를 이용하여 위에서 다룬 내용을 계산해 보자. 식료품 지출액 모형에 있는 모수의 최소제곱 추정값은 그림 2.9에 있다. 우선 식 (2.6)의 최소제곱 잔차를 계산하고 나서 이를 이용하여 식 (2.19)의 오차분산의 추정값을 계산할 것이다. 표 2.3은 표 2.1에 있는 처음 다섯 가구의 최소제곱 잔차를 보여주고 있다.

표 2.3   최소제곱 잔차

x	y	$\hat{y}$	$\hat{e}=y-\hat{y}$
3.69	115.22	121.09	−5.87
4.39	135.98	128.24	7.74
4.75	119.34	131.91	−12.57
6.03	114.96	144.98	−30.02
12.47	187.05	210.73	−23.68

식료품 지출액 자료에 대해 적합한 최소제곱 회귀선은 $\hat{y} = 83.42 + 10.21x$라고 추정하였다. 각 관찰값에 대한 최소제곱 잔차 $\hat{e}_i = y_i - \hat{y}_i$를 계산해 보자. $N = 40$개인 관찰값 모두에 대한 잔차를 이용하여 오차분산을 추정하면 다음과 같다.

$$\hat{\sigma}^2 = \frac{\sum \hat{e}_i^2}{N-2} = \frac{304505.2}{38} = 8013.29$$

위의 식에서 분자 304505.2는 제곱한 최소제곱 잔차의 합이며, 그림 2.9에서 'Sum squared resid'라고 명명되어 있다. 분모는 표본 관찰값의 수, $N = 40$에서 추정된 회귀모수의 수, 2를 감한 것이다. $N - 2 = 38$을 보통 자유도(degrees of freedom)라고 하는데, 그 이유는 제3장에서 살펴볼 것이다. 그림 2.9에는 $\hat{\sigma}^2$의 값이 포함되어 있지 않다. 대신에 EViews 소프트웨어는 'standard error of the regression'을 의미하는 'S.E. of regression'이라고 명명된

수식 $\hat{\sigma} = \sqrt{\hat{\sigma}^2} = \sqrt{8013.29} = 89.517$을 포함하고 있다.

특별히 지시하지 않으면 소프트웨어는 일반적으로 추정된 분산 및 공분산을 제공하지 않는다. 하지만 모든 소프트웨어 패키지는 자동적으로 표준오차를 제공한다. 예를 들면, 그림 2.9에 있는 EViews의 분석결과에는 'Std. Error'라고 명명된 행에 $se(b_1) = 43.410$ 그리고 $se(b_2) = 2.093$이 포함되어 있다. 'S.D. dependent var'라고 기재된 칸에는 y의 표본 표준편차, 즉 $\left[\sum(y_i - \bar{y})^2/(N-1)\right]^{1/2} = 112.6752$가 있다.

회귀에 대한 추정된 분산 및 공분산의 전체값은 사용하는 소프트웨어에 따라 간단한 컴퓨터 명령어나 선택사항을 포함시킴으로써 구할 수 있다. 이들은 직사각형의 배열식이나 행렬식으로 나타내지며 대각선에는 분산, '대각선 밖'에는 공분산이 각각 위치한다. 이를 나타내면 다음과 같다.

$$\begin{bmatrix} \widehat{\text{var}}(b_1|\mathbf{x}) & \widehat{\text{cov}}(b_1, b_2|\mathbf{x}) \\ \widehat{\text{cov}}(b_1, b_2|\mathbf{x}) & \widehat{\text{var}}(b_2|\mathbf{x}) \end{bmatrix}$$

식료품 지출액 자료에 대한 최소제곱 추정량의 추정된 공

분산 행렬식은 다음과 같다.

	C	INCOME
C	1884.442	-85.90316
INCOME	-85.90316	4.381752

여기서 C는 '상수항'을 의미하며 회귀식의 추정된 절편항의 모수 또는 b_1이다. 또한 소프트웨어는 추정된 기울기 b_2와 관련된 행에 변수 INCOME을 보여주고 있다. 따라서 다음과 같다.

$$\widehat{\text{var}}(b_1|\mathbf{x}) = 1884.442, \quad \widehat{\text{var}}(b_2|\mathbf{x}) = 4.381752,$$
$$\widehat{\text{cov}}(b_1, b_2|\mathbf{x}) = -85.90316$$

표준오차는 다음과 같다.

$$se(b_1) = \sqrt{\widehat{\text{var}}(b_1|\mathbf{x})} = \sqrt{1884.442} = 43.410$$
$$se(b_2) = \sqrt{\widehat{\text{var}}(b_2|\mathbf{x})} = \sqrt{4.381752} = 2.093$$

제3장에서 이 값들을 폭넓게 이용할 것이다.

2.7.2 표준오차에 대한 해석

b_1 및 b_2의 표준오차는 반복된 표본(repeated sample)에서 최소제곱 추정값 b_1 및 b_2의 표본추출 변동성(sampling variability)을 측정한 값이다. 표 2.2에서 살펴본 것처럼, 상이한 자료표본을 수집할 경우 모수 추정값은 표본에 따라 변하게 된다. 추정량 b_1 및 b_2는 자료표본이 무엇이든지 간에 사용되는 일반적인 공식이다. 즉 추정량은 확률변수이다. 그것만으로 이들은 확률분포, 평균, 분산을 갖는다. 특히 가정 SR6이 준수되고 무작위 오차항 e_i는 정규분포할 경우, $b_2|\mathbf{x} \sim N(\beta_2, \text{var}(b_2|\mathbf{x}) = \sigma^2/\sum(x_i - \bar{x})^2)$이다. 이 pdf $f(b_2|\mathbf{x})$는 그림 2.12에 있다.

b_2의 참인 표준편차라고도 할 수 있는 추정량 분산 $\text{var}(b_2|\mathbf{x})$ 또는 제곱근 $\sigma_{b_2} = \sqrt{\text{var}(b_2|\mathbf{x})}$는 추정값 b_2의 표본추출 변동을 측정하며, 그림 2.12에 있는 pdf의 폭을 결정한다. σ_{b_2}가 크면 클수록 표본에 따라 관찰되는 최소제곱 추정값 b_2의 변동성이 커진다. σ_{b_2}가 큰 경우 추정값은 표본에 따라 크게 변화한다. 모수 σ_{b_2}는 알아야 할 유용한 숫자이다. 왜냐하면 이 값이 모수 β_2에 비해 큰 경우 최소제곱 추정량이 정확하지 않으며, 구한 추정값이 추정하고자 하는 참인 값 β_2로부터 멀리 떨어져 위치할 수 있다는 사실을 알 수 있기 때문이다. 반면에 σ_{b_2}가 모수 β_2에 비해 작은 경우, 최소제곱 추정값이 높은 확률을 갖고 β_2 근처에 위치하게 된다는 사실을 알 수 있다. 정규분포에서 값들의 99.9%는 평균으로부터 3개 표준편차의 범위 내에 위치하므로, 최소제곱 추정값의 99.9%는 $\beta_2 - 3\sigma_{b_2}$에서

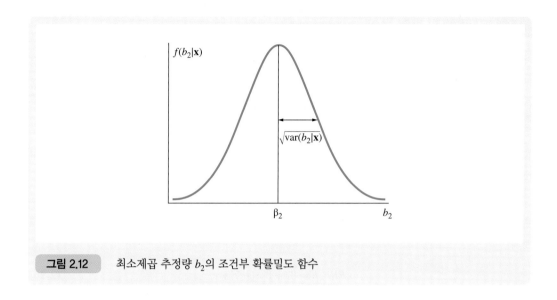

그림 2.12　최소제곱 추정량 b_2의 조건부 확률밀도 함수

$\beta_2 + 3\sigma_{b_2}$까지의 범위 내에서 위치하게 된다는 사실을 기억하자.

　10개 자료표본의 추정값을 제시하고 있는 표 2.2에서 이에 대해 생각해 보자. 2.4.3절에서 이 추정값들의 평균값은 $\overline{b}_1 = 96.11$ 및 $\overline{b}_2 = 8.70$이라는 점에 주목하자. 표준오차와 관련하여 제시되는 의문점은 "추정값들은 표본에 따라 자신들의 평균에 대해 얼마나 많은 변동을 보이는가?"이다. 10개 표본에 대해 표본 표준편차는 표준편차$(b_1) = 23.61$ 및 표준편차$(b_2) = 1.58$이다. 진정으로 원하는 것은 매우 큰 수의 표본에 대한 표준편차값이다. 그러면 최소제곱 추정값이 표본에 따라 얼마나 많은 변동을 보이는지 알게 된다. 불행하게도 우리는 많은 수의 표본을 갖고 있지 못하며, 오차항 분산 σ^2의 참값을 알지 못하므로 σ_{b_2}의 참값을 알 수 없다.

　그렇다면 우리는 무엇을 할 수 있는가? σ^2을 추정하고 나서 다음 식을 활용하여 σ_{b_2}를 추정하여야 한다.

$$\text{se}\left(b_2\right) = \sqrt{\widehat{\text{var}}\left(b_2|\mathbf{x}\right)} = \sqrt{\frac{\hat{\sigma}^2}{\Sigma\left(x_i - \overline{x}\right)^2}}$$

따라서 b_2의 표준오차는 매우 큰 수의 표본들에서 많은 추정값들 b_2의 표준편차가 되는 것에 대한 추정값이며, 그림 2.12에서 보여주는 b_2의 *pdf*의 폭에 대한 지표이다. 관련 자료를 이용하여 구한 그림 2.9의 컴퓨터 분석 결과에서 알 수 있는 것처럼 b_2의 표준오차는 2.093이다. 이 값은 표 2.2의 10개 표본에서 구한 표준편차 $(b_2) = 1.58$에 합리적인 수준에서 근접한다. 추가적인 검정을 하기 위해서 몬테 카를로 실험(Monte Carlo experiment)이라고 하는 모의실험을 해 볼 수 있다. 많은 인위적인 표본을 만들어서 표준오차 se(b_2)가 추정값에서의 참인 표본추출 변동을 얼마나 잘 반영하는지 보여줄 수 있다.

2.8 비선형 관계의 추정

세계는 선형이 아니다. 경제변수들이 반드시 선형 관계로 연계되는 것은 아니며, 실제로는 많은 경제관계들이 곡선으로 나타내지고 곡선 형태를 보인다고 한다. 다행스럽게도 단순 선형회귀 모형 $y = \beta_1 + \beta_2 x + e$는 한 번 언뜻 보기보다는 훨씬 더 유연하다. 왜냐하면 변수 y 및 x는 기본 경제변수들의 대수, 제곱, 세제곱, 역수를 포함하여 변형된 것일 수 있으며, 0과 1만을 취하는 모의변수일 수 있다. 이런 가능성을 포함하고 있다는 점은 단순 선형회귀 모형이 변수들의 비선형 관계(nonlinear relationship)를 설명하는 데 사용될 수 있다는 것을 의미한다.

비선형 관계를 이따금 예상할 수 있다. 주택가격($PRICE$)이 제곱피트($SQFT$)로 측정한 주택 규모와 연계되는 부동산경제학의 모형을 생각해 볼 수 있다. 출발점으로 다음과 같은 선형 관계를 생각해 보자.

$$PRICE = \beta_1 + \beta_2 SQFT + e \qquad (2.25)$$

위의 모형에서 β_2는 생활 면적의 추가적인 제곱피트가 주어지는 경우 기대 가격의 상승을 측정한다. 선형모형 설정에서 추가적인 제곱피트당 기대 가격은 일정하다. 하지만 대규모이고 보다 고가인 주택이 소규모 주택보다 생활 면적의 추가적인 제곱피트에 대해 더 높은 가치를 둔다고 가정하는 것은 합리적일 수 있다. 이런 생각을 모형에 어떻게 포함시킬 수 있는가? 두 가지 접근법의 활용에 대해 설명할 것이다. 첫째, 설명변수가 $SQFT^2$인 2차식을 생각해 볼 수 있다. 둘째, 종속변수가 In($PRICE$)인 대수-선형 식을 고려해 볼 수 있다. 각 경우에 $PRICE$와 $SQFT$ 사이의 관계는 일정하지 않으며 점에 따라 변화한다는 사실을 알 수 있다.

2.8.1 2차 함수

2차 함수 $y = a + bx^2$은 포물선이다. y의 절편은 a이다. 곡선의 형태는 b에 의해 결정된다. 즉 $b > 0$인 경우 곡선은 U자 형태가 되며, $b < 0$인 경우 곡선은 역의 U자 형태가 된다. 함수의 기울기는 미분계수 $dy/dx = 2bx$로 주어지며, 이것은 x가 변화함에 따라 변화한다. 탄력성 또는 x의 1% 변화가 주어진 경우 y의 백분율 변화는 $\varepsilon = $ 기울기 $\times x/y = 2bx^2/y$이다. a 및 b가 영보다 큰 경우 해당 곡선은 그림 2.13을 닮는다.

2.8.2 2차 모형 활용하기

주택가격에 대한 2차 모형(quadratic model)은 $SQFT$의 제곱한 값을 포함하며, 다음과 같아진다.

$$PRICE = \alpha_1 + \alpha_2 SQFT^2 + e \qquad (2.26)$$

위의 식은 단순 회귀 모형 $y = \alpha_1 + \alpha_2 x + e$이며, 여기서 $y = PRICE$ 그리고 $x = SQFT^2$이다. 여기서 우리는 모수를 나타내는 β를 사용하는 대신에 α를 사용하도록 변화시켰다. 왜냐하면 식 (2.26)의 모수는 식 (2.25)의 모수와 비교될 수 없기 때문이다. 식 (2.25)에서 β_2는 기울기지만 α_2는 기울기가 아니다. $SQFT > 0$이기 때문에 주택가격 모형은 그림 2.13에 있는 곡선의 오른쪽을 닮게 된다. 추정된 값을 나타내기 위해 '^'을 사용할 경우 α_1 및 α_2의 최소제곱 추정값 $\hat{\alpha}_1$ 및 $\hat{\alpha}_2$는 이전과 마찬가지로 식

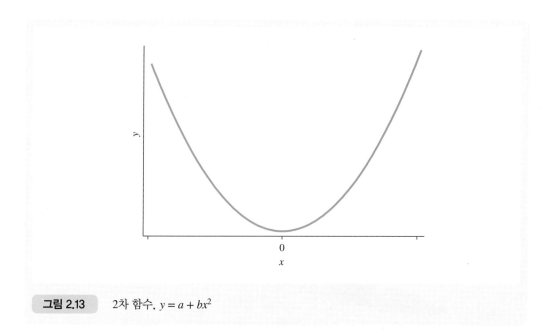

그림 2.13 2차 함수, $y = a + bx^2$

(2.7) 및 (2.8)의 추정량을 사용하여 계산할 수 있다. 적합하게 맞춘 식은 $\widehat{PRICE} = \hat{\alpha}_1 + \hat{\alpha}_2 SQFT^2$이다. 이것은 다음과 같은 기울기를 갖는다.

$$\frac{d\left(\widehat{PRICE}\right)}{dSQFT} = 2\hat{\alpha}_2 SQFT \tag{2.27}$$

$\hat{\alpha}_2 > 0$인 경우 규모가 더 큰 주택은 더 큰 기울기를 가지며, 추가적인 제곱피트당 더 큰 추정된 가격을 갖게 된다.

🏛 정리문제 2.6 미국 루이지애나주 배턴루지시의 주택 자료

미국 루이지애나주 배턴루지시에서 2005년 중반에 판매된 1,080채의 주택에 관한 자료를 이용하여 추정한 2차 함수 모형은 다음과 같다.

$$\widehat{PRICE} = 55776.56 + 0.0154SQFT^2$$

그림 2.14는 산포된 자료와 이에 적합한 2차 함수관계를 보여주고 있다.

추정한 기울기(추가적인 제곱피트당 추정된 가격)는 $\widehat{slope} = 2(0.0154)SQFT$가 된다. 예를 들어 2,000제곱피트인 경우 $61.69이며, 4,000제곱피트인 경우 $123.37이고, 6,000제곱피트인 경우 $185.05이다. 주택 규모에 대한 주택가격 탄력성은 주택 규모가 1% 증가한 경우 추정된 가

격의 백분율 증가를 의미한다. 기울기와 마찬가지로 각 점에서의 탄력성도 변화한다. 우리가 살펴보고 있는 예의 경우는 다음과 같다.

$$\hat{\varepsilon} = \widehat{slope} \times \frac{SQFT}{PRICE} = (2\hat{\alpha}_2 SQFT) \times \frac{SQFT}{PRICE}$$

추정값을 계산하려면 자료에 적합한 함수관계상에서 $SQFT$ 및 $PRICE$의 값을 선택해야 한다. 즉 $SQFT$의 값을 선택하고 가격에 대해서는 이에 상응하는 함수관계상의 값을 선택한다. 2,000, 4,000, 6,000제곱피트 규모의 주택에 대한 추정된 탄력성은 각각 1.05($\widehat{PRICE}$ =$117,461.77), 1.63($\widehat{PRICE}$ =$302,517.39), 1.82

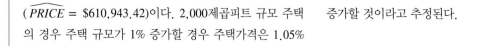

($\widehat{PRICE}$ = \$610,943.42)이다. 2,000제곱피트 규모 주택   증가할 것이라고 추정된다.
의 경우 주택 규모가 1% 증가할 경우 주택가격은 1.05%

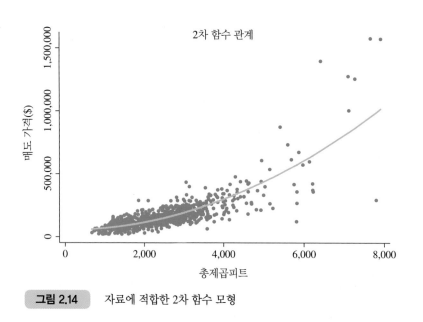

그림 2.14   자료에 적합한 2차 함수 모형

2.8.3 대수-선형 함수

대수-선형 식 $\ln(y) = a + bx$에는 식의 왼쪽에 대수항이 있고, 오른쪽에 변형되지 않은 (선형) 변수가 있다. 이 식의 기울기와 탄력성 모두 각 점에서 변화하며 b와 동일한 부호를 갖는다. 역대수를 활용하여 $\exp[\ln(y)] = y = \exp(a + bx)$라는 사실을 알 수 있으며, 따라서 대수-선형 함수는 지수 함수이다. 함수는 $y > 0$이 필요하다. 어떤 점에서의 기울기는 $dy/dx = \exp(a + bx) \times b = by$이며, 여기서 $b > 0$인 경우 이것은 y의 보다 큰 값에 대해 한계효과가 증가한다는 의미이다. 경제학자들에 따르면 그림 2.15에서 보는 것처럼 이 함수는 체증하는 율로 증가한다.

이 곡선의 한 점에서 x의 1% 증가가 주어진 경우 y의 백분율 변화인 탄력성은 $\varepsilon = slope \times x/y = bx$이다.

기울기 식을 활용하여 x의 1단위 증가가 주어진 경우 y의 백분율 변화를 알려주는 준탄력성(semi-elasticity)에 대한 해법을 구할 수 있다. 기울기 dy/dx의 양쪽을 y로 나누고 나서, 100을 곱하면 다음과 같다.

$$\eta = \frac{100(dy/y)}{dx} = 100b \tag{2.28}$$

위의 식에서 분자 $100(dy/y)$는 y의 백분율 변화이며, dx는 x의 변화를 나타낸다. $dx = 1$인 경우 x의 1단위 변화는 y의 $100b$ 백분율 변화로 이어진다. 이런 해석은 이따금 매우 편리할 수 있다.

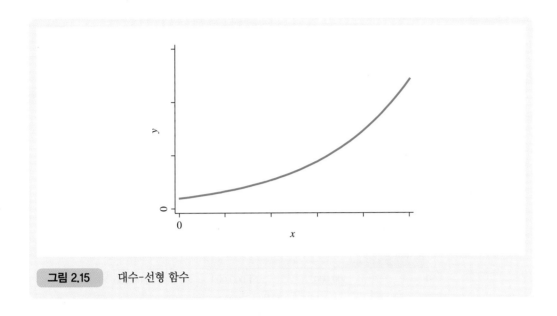

그림 2.15　대수-선형 함수

2.8.4 대수-선형 모형 활용하기

경제 모형화를 시도할 경우 대수는 매우 일반적으로 사용된다. 대수-선형 모형(log-linear model)은 변수의 대수를 종속변수로 활용하고, 변형되지 않은 독립적 설명변수를 사용한다. 이는 다음과 같다.

$$\ln(PRICE) = \gamma_1 + \gamma_2 SQFT + e \tag{2.29}$$

이것은 어떤 효과를 갖는가? 첫째, 대수 변형을 통해 오른쪽으로 긴꼬리를 갖는 비스듬한 비대칭적 자료를 조정할 수 있다. 그림 2.16(a)는 *PRICE*의 히스토그램을 보여주며, 그림 2.16(b)는 ln(*PRICE*)의 히스토그램을 보여주고 있다. 이 표본에서 중앙의 주택가격은 \$130,000이고, 주택가격의 95%는 \$315,000 미만이다. 하지만 1,080채 주택 중 24채의 주택가격은 \$500,000를 초과하며, 극단적인 주택가격은 \$1,580,000이다. *PRICE*의 극단적으로 기울어진 비대칭적인 분포는 대수를 취한 후에 종모양이 아니라면 더 대칭적이 된다. 물가, 소득, 임금을 포함하여 많은 경제변수들은 비스듬하게 기울어진 비대칭적 분포를 하며, 이런 변수들에 대해 모형화를 시도할 경우 대수를 활용하는 것이 일반적이다.

　둘째, 대수-선형 모형을 활용하면 그림 2.15에서 본 것과 같은 회귀곡선에 적합해질 수 있다.

2.8.5 함수 형태의 선택

루이지애나주 배턴루지시의 주택가격 자료의 경우, 2차 함수 형태를 활용해야 하는가 아니면 대수-선형 함수 형태를 활용해야 하는가? 이것은 답하기 쉬운 질문이 아니다. 경제이론에 따르면 주택가격은 주택 크기와 관련되어야 하며, 아마도 더 크고 더 고가 주택의 경우 생활 면적의 추가적인 제곱피트당 가격이 더 높다. 하지만 경제이론은 이런 관계에 대한 정확한 대수학적 형태가 무엇이 되어야 하는지 알려주지 않는다. 우리는 최선을 다해서 경제이론에 부합하고 자료에 적합하며, 회귀 모형의 가정이 충족되는 그런 함수 형태를 선택해야 한다. 실제세계 문제에서 모든 이런 목표를 달성하기란

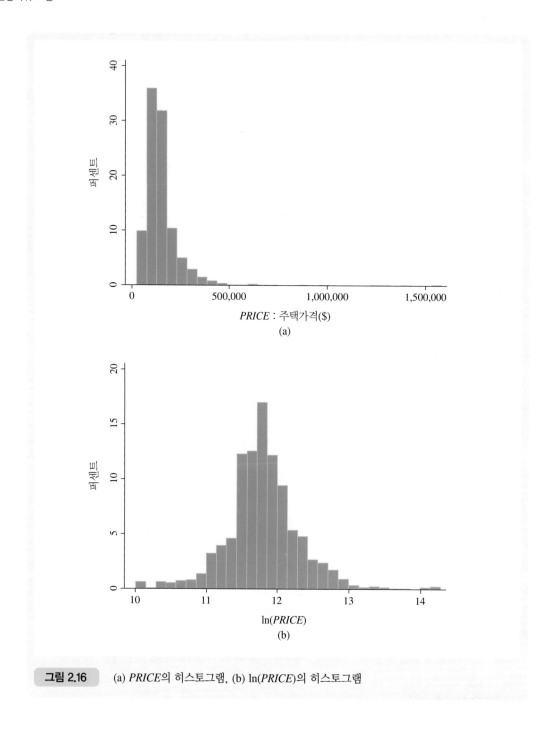

그림 2.16 (a) PRICE의 히스토그램, (b) ln(PRICE)의 히스토그램

이따금 어렵다. 나아가 얼마나 오랜 기간 계량경제학을 공부하였는지에 관계없이 올바른 함수 관계를 참으로 알지는 못한다. 진실은 저기에 있지만 그것을 결코 알지 못한다. 계량경제학을 적용할 때는 만족스러운 함수 형태를 선택하기 위해서 단순히 할 수 있는 한 최선을 다해야 한다. 이 시점에서는 동일한 종속변수를 갖는 모형들을 평가하기 위해 사용되는 문제의 한 면만을 살펴볼 것이다. 대안적인 모형들의 제곱한 잔차의 합(SSE)이나 이와 대등하게 $\hat{\sigma}^2$ 또는 $\hat{\sigma}$을 비교함으로써 자료에 보다 부

🍎 정리문제 2.7　배턴루지시의 주택 자료 : 대수-선형 모형

배턴루지시의 주택 자료에 대수-선형 모형을 적용하여 추정할 경우 다음과 같다.

$$\widehat{\ln(PRICE)} = 10.8386 + 0.0004113\ SQFT$$

예측 가격을 구하기 위해서 역대수를 취하면 다음과 같은 지수 함수를 구할 수 있다.

$$\widehat{PRICE} = \exp\left[\widehat{\ln(PRICE)}\right] = \exp(10.8386 \\ + 0.0004113\ SQFT)$$

그림 2.17은 PRICE에 대한 모형 상의 값을 보여주고 있다. 대수-선형 모형의 기울기는 다음과 같다.

$$\frac{d\left(\widehat{PRICE}\right)}{dSQFT} = \hat{\gamma}_2\widehat{PRICE} = 0.0004113\ \widehat{PRICE}$$

예측한 PRICE가 $100,000인 주택의 경우 주택 면적이 추가적으로 1제곱피트 증가하면 PRICE는 $41.13 증가하는 것으로 추정되며, 예측한 PRICE가 $500,000인 경우 PRICE는 $205.63 증가하는 것으로 추정된다. 추정한 탄력성은 $\hat{\varepsilon} = \hat{\gamma}_2SQFT = 0.0004113\ SQFT$이다. 2,000제곱피트 규모인 주택의 경우 추정된 탄력성은 0.823이므로 주택 규모가 1% 증가할 경우 매도 가격은 0.823% 증가할 것으로 추정된다. 4,000제곱피트 규모인 경우 추정된 탄력성은 1.645이므로 주택 규모가 1% 증가할 경우 매도 가격은 1.645% 증가할 것으로 추정된다. 식 (2.28)에서 정의한 '준탄력성'을 이용할 경우, 주택 규모가 1제곱피트 증가하면 주택가격은 0.04% 증가한다고 추정된다. 보다 유용성 있게 표현한다면 100제곱피트가 증가할 경우 주택가격은 약 4% 증가한다고 추정된다.

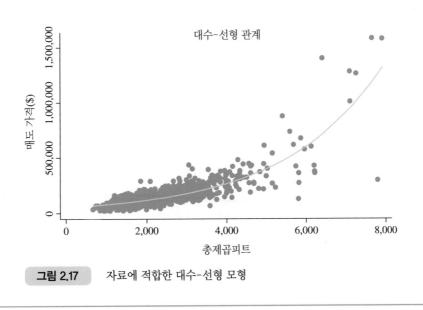

그림 2.17　자료에 적합한 대수-선형 모형

합하는 모형을 선택할 수 있다. 이들의 값이 작을수록 제곱한 잔차의 합이 더 작아지고 더 나은 모형이 된다는 것이다. 종속변수 y 및 ln(y)를 갖는 모형들을 비교하거나 또는 모형의 다른 면이 상이할 때 이런 비교는 타당하지 않다. 이런 함수들 사이에서의 선택에 관해서는 제4장에서 추가적으로 살펴볼 것이다.

2.9 모의변수를 갖는 회귀

모의변수는 0 또는 1인 값을 취하는 이원변수이며, 성, 인종, 장소와 같은 비수량적인 특성을 나타내는 데 사용된다. 예를 들어 인접해 있는 두 지역에 대한 1,000개의 주택가격(PRICE, 천 달러) 관찰값 표본이 있다고 하자. 한 지역은 주요 대학 근처에 소재하며 '유니버시티 타운'이라고 한다. 다른 유사한 지역은 대학으로부터 몇 마일 떨어져 있으며 '골든 오크'라고 한다. 관심의 대상이 되는 모의변수는 다음과 같다.

$$UTOWN = \begin{cases} 1, & \text{'유니버시티 타운'에 있는 주택의 경우} \\ 0, & \text{'골든 오크'에 있는 주택의 경우} \end{cases}$$

그림 2.18이 보여주고 있는 인접한 이들 두 지역 주택가격의 히스토그램은 의미 있는 점을 시사한다. '유니버시티 타운' 주택가격 분포의 평균은 '골든 오크' 주택가격 분포의 평균보다 더 큰 것으로 보인다. '유니버시티 타운' 519채 주택가격의 표본 평균은 277.2416(천 달러)인 반면에, '골든 오크' 481채의 표본 평균은 215.7325(천 달러)이다.

회귀 모형에 설명변수로 UTOWN을 포함시킬 경우 우리는 어떤 모형을 갖게 되는가? 단순 회귀 모형은 다음과 같다.

$$PRICE = \beta_1 + \beta_2 UTOWN + e$$

회귀가정 SR1~SR5가 준수된다면, 식 (2.7) 및 (2.8)의 최소제곱 추정량을 사용하여 알지 못하는 모수 β_1 및 β_2를 추정할 수 있다.

모의변수가 회귀에 사용될 때 모의변수의 상이한 값에 대한 회귀 함수를 작성하는 것이 중요하다.

$$E(PRICE \mid UTOWN) = \beta_1 + \beta_2 UTOWN = \begin{cases} \beta_1 + \beta_2 & \text{UTOWN = 1인 경우} \\ \beta_1 & \text{UTOWN = 0인 경우} \end{cases}$$

이 경우 '회귀 함수'는 2개로 분할된 지역에서의 모평균 주택가격이 상이하다는 것을 의미하는 모형으로 변형된다. 모수 β_2는 이 모형에서 기울기가 아니다. 여기서 β_2는 두 인접 지역에서의 주택가격에 대한 모평균들 사이의 차이를 말한다. '유니버시티 타운'의 기대 가격은 $\beta_1 + \beta_2$이며 '골든 오크'의 기대 가격은 β_1이다. 이 모형에서 가격에 영향을 미치는 위치 이외의 다른 요소는 존재하지 않으며, 모의변수는 관찰값들을 2개 모집단으로 갈라놓는다.

추정된 회귀는 다음과 같다.

$$\widehat{PRICE} = b_1 + b_2 UTOWN = 215.7325 + 61.5091 UTOWN$$

$$= \begin{cases} 277.2416 & \text{UTOWN = 1인 경우} \\ 215.7325 & \text{UTOWN = 0인 경우} \end{cases}$$

'유니버시티 타운'에 있는 주택들의 추정된 가격은 $277,241.60이며, 이것은 또한 '유니버시티 타운' 주택가격들의 표본 평균이기도 하다. '유니버시티 타운' 밖에 있는 주택들의 추정된 가격은 $215,732.50이며, 이것은 '골든 오크'에 있는 주택가격들의 표본 평균이다.

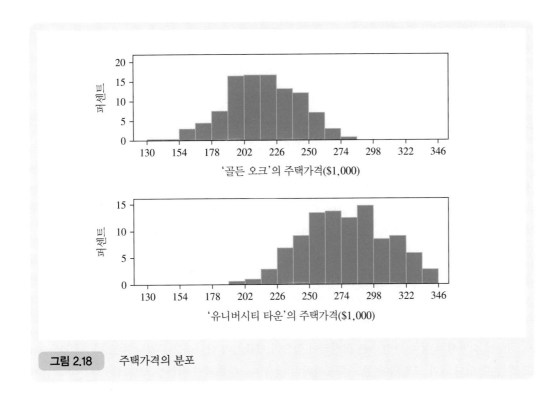

그림 2.18   주택가격의 분포

회귀 모형에서 우리는 회귀절편 β_1을 추정하였고, 이것은 $UTOWN = 0$인 경우로 '골든 오크'에 있는 주택들의 기대 가격이다. 모수 β_2는 인접한 두 지역의 주택가격에 대한 모평균들 사이의 차이다. 모의변수 회귀에서 최소제곱 추정량 b_1 및 b_2는 다음과 같이 나타낼 수 있다.

$$b_1 = \overline{PRICE}_{\text{골든 오크}}$$

$$b_2 = \overline{PRICE}_{\text{유니버시티 타운}} - \overline{PRICE}_{\text{골든 오크}}$$

여기서 $\overline{PRICE}_{\text{골든 오크}}$는 '골든 오크'에 있는 주택들의 표본 평균가격이며, $\overline{PRICE}_{\text{유니버시티 타운}}$은 '유니버시티 타운'에 있는 주택들의 표본 평균가격이다.

단순 회귀 모형에서 오른쪽에 있는 모의변수는 모평균들 사이의 차이를 추정하는 방법에 대해 알려 준다. 모의변수는 회귀분석에서 매우 종종 새롭게 창안하는 여러 가지 방법으로 사용된다. 제7장에서 보다 자세하게 이에 대해 논의할 것이다.

2.10 독립변수

이 장 앞부분에서는 단순 회귀 모형에 대한 많은 가정을 열거하였으며, 그리고 나서 이 가정들을 활용하여 모형계수들의 최소제곱 추정량에 대한 일부 특성들을 도출하였다. 가계 식료품 지출액의 예에서는 쌍 (y_i, x_i)가 어떤 모집단에서 무작위로 추출되는 자료생성과정(DGP)을 가정하였다. 그리고 나서 다른 형태의 DGP를 수용하기 위해서 강 외생성 가정 $E(e_i|\mathbf{x}) = 0$을 하였다. 이런 것과 다른 가정들을 활용하여 표본값 $\mathbf{x}$에 조건부인 최소제곱 추정량의 특성을 도출하였다. 이 절에서는 존재할

수도 있는 상이한 DGP에 관해 알아보고, 단순 회귀 모형의 가정들에 대한 의미를 살펴보며, 더 이상 **x**에 조건부가 아닐 때 존재한다면 최소제곱 추정량의 특성이 어떻게 변화할지를 탐구해 볼 것이다.

회귀 모형 $y = \beta_1 + \beta_2 x + e$는 5개의 요소로 구성되며, 이들 중 3개가 관찰할 수 없는 β_1, β_2, e이다. 관찰할 수 있는 2개 구성요소는 확률적 결과 또는 종속변수인 y 그리고 설명해 주는 독립변수 x이다. 이 설명변수는 확률적인가 또는 그렇지 않은가, 그리고 이것이 중요한 이유는 무엇 때문인가? 이 절에서는 이런 의문점들에 대해 역점을 두고자 한다.

관찰할 수 있는 값들의 쌍 (y, x)에 대한 값을 어떻게 구할 수 있는가? 실험적인 DGP에서 과학자는 세심하게 통제된 조건에 따라 x값들을 명기하고, 실험을 시행하며, 결과 y를 관찰한다. 예를 들면 농학자는 경작지 에이커당 투입하는 농약의 파운드 수를 변화시켜 그에 따른 산출량을 관찰한다. 이 경우 독립변수, 즉 농약의 파운드 수는 실제로 독립적인 요소이며 확률적이지 않다. 이것은 고정되어 있다. 이것은 무작위적인 영향력에 영향을 받지 않으며, 처치는 몇 번이고 반복될 수 있다. 실험실 및 통제된 실험에서는 독립변수들의 값이 고정되어 있다고 주장할 수 있다. 경제 및 기업 세계에서는 실험실 및 통제된 실험의 예가 거의 없다. 한 가지 예외가 소매 판매이다. 상인들은 상품 및 서비스 가격을 전시하고 소비자 구매상황을 관찰한다. 상인은 가격, 상점진열, 광고, 구매 환경을 통제한다. 이 경우에 소매점의 상품 가격, x는 고정되어 있으며 확률적이 아니라고 주장할 수 있다. 즉 주어졌다고 말할 수 있다. x가 고정되어 있고 확률적이지 않을 때, 반복적인 실험실 시도라는 생각이 직관적으로 이치에 닿는다. 최소제곱 추정량의 표본추출 특성은 독립변수에 대해 고정된 값을 갖는 일련의 통제된 실험하에서 추정량이 어떻게 이행하는지에 관한 요약이라고 볼 수 있다. 최소제곱 추정량이 **x**가 주어진 경우 최우수 선형 불편 추정량이라는 점을 살펴보았으며, 추정값이 표본에 따라 얼마나 변동하는지를 설명하는 분산식 (2.14) 및 (2.15)를 구하였다.

다음 세 개 절에서는 x값이 확률적인 경우를 살펴볼 것이다. 이 경우 각각은 상이한 형태의 DGP를 나타낸다. 확률적인 x에 관한 가장 강한 가정에서 시작해서 보다 약한 경우를 살펴볼 것이다.

2.10.1   확률적이고 독립적인 x

농학자가 다른 전략을 선택한다고 가정하자. 즉 0과 100 사이의 무작위 숫자를 활용하여 주어진 경작지의 에이커에 투입되는 농약의 양을 결정한다고 하자. 이 경우 x는 확률적이 되는데, 그 이유는 무작위로 선택될 때까지 그 값을 알지 못하기 때문이다. 과학자가 이런 접근법을 사용하는 이유는 무엇 때문인가? 특정 결과가 생성되도록 이런 실험이 조작되었다고 사람들이 생각할 수 없기 때문이다. 과학자가 통제에 '관여하지 않기' 때문에 이것은 '공정한' 실험이 된다. 이런 상황에서 최소제곱 추정량의 표본추출 특성은 무엇인가? 이 경우에 최소제곱 추정량이 최우수 선형 불편 추정량이 되는가?

이 물음에 답하기 위해서 x는 오차항 e와 통계적으로 독립적이라는 점을 명백히 할 필요가 있다. 독립적이고 확률적인 x모형(independent random-x model, IRX)에 대한 가정은 다음과 같다.

독립적이고 확률적인 x 선형회귀 모형에 관한 가정

IRX1 : 관찰할 수 있는 변수 y 및 x는 $y_i = \beta_1 + \beta_2 x_i + e_i$, $i = 1, \cdots, N$에 의해 연계된다. 여기서 β_1 및 β_2는 알지 못하는 모수이며, e_i는 무작위 오차항이다.

IRX2 : 무작위 오차는 평균 0을 갖는다. $E(e_i) = 0$.

IRX3 : 무작위 오차는 일정한 분산을 갖는다. $\text{var}(e_i) = \sigma^2$.

IRX4 : 어떤 2개 관찰값에 대한 무작위 오차 e_i 및 e_j는 상관되지 않는다. $\text{cov}(e_i, e_j) = 0$.

IRX5 : 무작위 오차 $e_1, e_2, \cdots, e_N$은 $x_1, \cdots, x_N$과 통계적으로 독립적이다. x_i는 적어도 2개의 상이한 값을 취한다.

IRX6 : $e_i \sim N(0, \sigma^2)$.

위의 가정 IRX2, IRX3, IRX4를 단순 회귀 모형에 관한 최초의 가정 SR2, SR3, SR4와 비교해 보자. **x**에 대한 조건부가 사라졌다는 점에 주목해 보자. 그 이유는 x값과 무작위 오차 e가 통계적으로 독립적일 때, $E(e_i|x_j) = E(e_i) = 0$, $\text{var}(e_i|x_j) = \text{var}(e_i) = \sigma^2$, $\text{cov}(e_i, e_j|\mathbf{x}) = \text{cov}(e_i, e_j) = 0$이기 때문이다. 조건부가 통계적으로 독립적인 확률변수의 기댓값과 분산에 영향을 미치지 않는 이유에 대한 논의는 제0장을 참조하시오. 또한 'i' 및 'j'가 횡단면 자료거나 시계열 자료일 수 있는 상이한 자료 관찰값을 나타낸다는 점을 인지하는 것이 극히 중요하다. 우리가 언급한 것은 두 가지 형태 모두의 자료에 적용된다.

가정 IRX1~IRX5가 준수될 경우 최소제곱 추정량 b_1 및 b_2는 β_1 및 β_2의 최우수 선형 불편 추정량이다. 한 가지 명백한 변화는 '기댓값'이 추정량 분산의 공식에 포함된다는 것이다. 예를 들면 다음과 같다.

$$\text{var}(b_2) = \sigma^2 E\left[\frac{1}{\sum(x_i - \bar{x})^2}\right]$$

x를 포함하는 항의 기댓값을 취해야만 한다. 이것은 실제로 아무것도 변화시키지 않는다. 왜냐하면 우리는 통상적인 방법으로 분산을 추정하기 때문이다.

$$\widehat{\text{var}}(b_2) = \frac{\hat{\sigma}^2}{\sum(x_i - \bar{x})^2}$$

오차분산 추정량은 계속해서 $\hat{\sigma}^2 = \sum \hat{e}_i^2/(N-2)$이며 모든 통상적인 해석도 동일하다. 따라서 최소제곱 회귀의 계산적인 측면은 변하지 않는다. 변화하는 것은 DGP에 대한 우리의 이해이다. 나아가 IRX6가 준수될 경우 x에 대한 조건부 최소제곱 추정량은 정규분포한다.

제3장에서 살펴본 것처럼 추론 절차, 즉 구간 추정량 및 가설검정은 고정된 x모형에서와 동일한 방법으로 이 독립적이고 확률적인 x모형에서 작동한다. 중심극한정리에 감사하면서 대표본에서는 x가 고정적이든지 또는 확률적이든지 간에 최소제곱 추정량이 대략적으로 정규분포한다는 것은 계속 참이다. 제5장에서 이에 관해 추가적으로 살펴볼 것이다.

2.10.2 확률적이고 강하게 외생적인 x

(시계열 관찰값 또는 횡단면 관찰값을 나타내는) i 및 j의 모든 값에 대한 x_i와 e_j 사이의 통계적 독립성은 매우 강력한 가정이며, 실험적 상황에서만 적합할 가능성이 크다. 보다 약한 가정은 설명변수

x가 강하게 외생적이라는 것이다. '강하게 외생적' 그리고 '강 외생성'이란 문구는 특별한 기술적, 통계적 가정을 말한다. 여러분은 경제학원론 수업을 수강하기 전에 **외생적**이란 용어를 틀림없이 들었을 것이다. 예를 들어 공급 및 수요 모형에서 경쟁시장의 균형가격 및 균형량은 공급과 수요의 힘에 의해 결합적으로 결정된다. 가격 및 수량은 균형체계 내에서 결정되는 **내생변수**이다. 하지만 소비자 소득이 수요식에 영향을 미친다는 사실을 알고 있다. 소득이 증가하면 정상재에 대한 수요가 증가한다. 소득은 균형가격과 균형량을 결정하는 균형체계 내에서 결정되지 않는다. 이것은 시장 밖에서 결정되며 **외생적**이라고 한다. 외생변수인 소득은 시장수요에 영향을 미치지만, 독립적인 설명변수 x는 그것의 변동이 결과변수 y에 영향을 미치지만 역의 인과관계는 존재하지 않기 때문에 또한 외생변수라고 한다. y의 변화는 x에 영향을 미치지 않는다.

경제변수와 경제적 영향 사이의 상호관계는 복잡할 수 있기 때문에 외생적인 설명변수에 관해 매우 엄밀해질 필요가 있다. i 및 j의 모든 값에 대해 $E(e_i|x_j) = 0$이거나 이와 동등하게 $E(e_i|x_1, x_2, \cdots, x_N) = E(e_i|\mathbf{x}) = 0$인 경우 독립변수 x는 강하게 외생적이다. 이것은 정확히 가정 SR2이다. 예를 들면 $i = 3$인 경우 $E(e_3|x_1) = 0$, $E(e_3|x_3) = 0$, $E(e_3|x_7) = 0$이다. i번째 오차항 e_i의 조건부 기댓값은 모든 x_j가 주어진 경우 영이다. 기억하는 데 도움이 된다면 SR1~SR6을 SEX1~SEX6으로 새 명칭을 붙일 수 있으며, 여기서 SEX는 'strictly exogenous-x'를 의미한다. 'simple regression은 호소력이 있다'는 문구를 활용하여 'Strictly Exogenous X는 기준선이 되는 회귀가정이다'라는 점을 기억하자.

강 외생성 가정하에서 최소제곱 추정량의 특성은 무엇인가? x_j와 e_i 사이에 통계적 독립성이 유지되었던 경우와 같다. 최소제곱 추정량은 회귀모수의 최우수 선형 불편 추정량이다(다소 복잡한 과정을 거쳐 이를 증명할 수 있다). 이것은 훌륭한 발견이 된다. 왜냐하면 여전히 강력하지만 강 외생성은 x와 e가 통계적으로 독립적이라고 가정하는 것보다 덜 강력하기 때문이다. 나아가 오차가 정규분포한다면 최소제곱 추정량 $b_2|\mathbf{x}$는 정규분포한다.

강 외생성의 의미   강 외생성은 꽤 많은 것을 의미한다. x가 강하게 외생적인 경우, 최소제곱 추정량은 우리가 원하는 방식대로 작동하며 더 정교하거나 더 어려운 추정량이 필요하지 않다. 일이 간단하다. 반면에 강 외생성이 준수되지 않을 경우 계량경제 분석은 더 복잡해지며, 불행히도 그런 경우가 자주 일어난다. '강 외생성'이라고 하는 기술적이고 통계적인 가정이 준수되는지 여부를 어떻게 식별할 수 있는가? 유일한 확실한 방법은 반복된 표본에서 x가 고정되거나 또는 앞에서 설명했던 것처럼 무작위로 선택되는 통제된 실험을 시행하는 것이다. 대부분의 경제분석에서 이런 실험들은 불가능하거나 비용이 너무 많이 소요된다.

강 외생성을 점검하기 위해 사용할 수 있는 통계적 검정이 있는가? 이 물음에 대한 대답은 긍정적이다. 하지만 통계학을 활용하여 어떤 것이 참이라고 주장하기보다는 어쩌면 틀렸을지 모른다고 보는 여부를 결정하는 것이 훨씬 더 용이하다. 일반적인 관행은 강 외생성이 갖는 의미가 참인지를 점검하는 것이다. 경제적 논리나 통계적 검정에 기초하여 이들의 의미가 참이 아닌 것처럼 보인다면, 강 외생성은 준수되지 않는다고 결론을 내리고 그 결과를 처리하게 된다. 이렇게 되면 일이 보다 어려워진다. 강 외생성 $E(e_i|x_1, x_2, \cdots, x_N) = E(e_i|\mathbf{x}) = 0$이 갖는 두 가지 직접적인 의미는 다음과 같다.

의미 1 : $E(e_i) = 0$. 회귀 모형에서 누락된 모든 요소의 '평균'은 0이다.

의미 2 : $cov(x_i, e_j) = 0$. 관찰값 j와 연관된 누락요소들과 관찰값 i에 대한 설명변수의 값 사이에는 상관이 존재하지 않는다.

x가 강 외생성 조건을 충족시킬 경우, $E(e_i) = 0$ 및 $cov(x_i, e_j) = 0$이다. 이 의미 중 어느 하나가 참이 아니라면, x는 강하게 외생적이 아니다.

의미 1 : $E(e_i) = 0$을 점검할 수 있는가? 모든 누락요소들의 평균은 영이 되는가? 실제로 이것은 통상적으로 다음과 같은 물음으로 변형된다. "모형에서 중요한 것을 누락시켰는가?" 만일 그랬다면, (기반이 약한 경제이론으로 인해서) 중요하다는 것을 몰랐기 때문이거나, 또는 (예를 들어, 개인의 평균 생애소득이나 역경에 직면한 경우 개인의 인내심처럼) 중요한 요소라는 것을 알고 있지만 쉽게 또는 잘 측정할 수 없기 때문일 가능성이 크다. 어떤 경우에도 누락변수는 의미 2가 위배될 때만 최소제곱 추정량을 손상시킨다. 따라서 의미 2가 가장 주의를 끌게 된다.

의미 2 : $cov(x_i, e_j) = 0$을 점검할 수 있을까? 할 수 있으며 제10장에서 통계적 검정을 살펴볼 것이다. 하지만 통계적 검정을 하기 전에 논리적 주장과 사고적 실험이 언제나 먼저 선행된다. 시계열 자료를 사용한 모형인 다음 예가 보여주는 것처럼 일부 경우에 강 외생성이 준수되지 않을 것을 기대할 수 있다. 이들 경우에 통상적으로 아래첨자 't'를 사용하여 관찰값들에게 색인을 부여한다. 따라서 x_t는 t기의 설명변수값이며, e_s는 s기의 무작위 오차값이다. 이런 틀 내에서 강 외생성은 모든 s 및 t에 대해 $E(e_s|x_t) = 0$으로 나타낼 수 있다. 강 외생성이 갖는 공분산 0인 의미는 $cov(x_t, e_s) = 0$이다.

사례 1. x_t는 정책변수, 아마도 t월 또는 t분기에 도로 및 다리에 대한 공공지출을 나타낸다고 하자. 해당 지역이 s기에 허리케인, 토네이도, 기타 자연재해에 의해 '충격'을 입은 경우 일정 기간이 지나고 나면($t > s$), 도로 및 다리에 대한 공공지출의 증대가 한 분기뿐만 아니라 어쩌면 여러 분기에 걸쳐 이루어질 것으로 쉽게 기대할 수 있다. 그렇게 되면 $cov(x_{t=s+1}, e_s) \neq 0$, $cov(x_{t=s+2}, e_s) \neq 0$ 등등이 된다. 이 경우 오차항에 대한 충격, 즉 자연재해는 설명변수, 즉 공공지출의 뒤이은 변화와 상관되어서 $E(e_s|x_t) \neq 0$을 의미하므로 강 외생성이 준수되지 못한다.

사례 2. 한 기업의 분기별 매출액은 광고비 지출액과 관련된다고 가상하자. 이를 $SALES_t = \beta_1 + \beta_2 ADVERT_t + e_t$로 나타낼 수 있다. 하지만 t기의 광고비 지출액은 전년도 같은 분기, $t-4$기의 매출액에 의존할 수 있다. 즉 $ADVERT_t = f(SALES_{t-4})$가 된다. $SALES_{t-4} = \beta_1 + \beta_2 ADVERT_{t-4} + e_{t-4}$이기 때문에 $ADVERT_t$와 e_{t-4} 사이에 상관 및 공분산이 당연히 존재하게 된다. 따라서 강 외생성 조건은 준수되지 못하며 $E(e_{t-4}|ADVERT_t) \neq 0$이 된다. 이 사례와 첫 번째 사례 사이에 존재하는 유사성에 주목하자. 과거 오차 e_s의 효과는 설명변수의 장래값 x_t, $t > s$에 영향을 미치도록 이월된다.

사례 3. U_t는 t분기의 실업률을 나타내며, 이것은 정부지출액 G_t에 의해 영향을 받는다고 가상하자. 회귀는 $U_t = \beta_1 + \beta_2 G_t + e_t$로 설명될 수 있다. 하지만 현재 분기의 실업률은 예를 들면 G_{t-1}처럼 전분기의 정부지출에 의해 영향을 받는다고 생각할 수 있다. G_{t-1}은 모형 설정에 포함되지 않기 때문에 오차항의 일부분을 구성하여 $e_t = f(G_{t-1})$이 된다. 나아가 현재 분기의 정부지출과 이전 분기의 정부지출 사이에 강한 양의 상관 및 공분산이 존재하여, $cov(G_t, G_{t-1}) > 0$가 성립될 것으로 기대된다. 이것은 t기의 오차항과 정부지출의 전기 수준 사이에 상관이 존재할 것으로 기대된다는 의미이므로

$cov(e_t, G_{t-1}) \neq 0$이 된다. 따라서 $cov(e_t|G_t) \neq 0$이며, 강 외생성 가정이 준수되지 못한다.

최소제곱 추정에 대한 강 외생성 가정이 준수되지 못할 경우에 갖게 되는 의미와 사례 1~3의 경우와 같은 상황을 수용하기 위해 도입되는 보다 약한 가정에 대해서는 제5장, 제9장, 제10장에서 살펴볼 것이다.

2.10.3 무작위 표본추출

이 장 전반에 걸쳐 활용하였던 식료품 지출액 사례는 DGP가 확률적인 x로 이어지는 또 다른 예이다. 무작위적으로 모집단에서 표본을 뽑아서 40개 가계를 선택하였다. 이것은 횡단면 자료 관찰값이다. 각 가계에 대해 식료품 지출액(y_i) 및 소득(x_i)을 기록하였다. 이들 변수값 모두 관찰될 때까지 알 수 없기 때문에, 결과변수 y 및 설명변수 x는 둘다 확률적이다. 동일한 질문이 관련된다. 이 경우 최소제곱 추정량의 표본추출 특성은 무엇인가? 최소제곱 추정량은 최우수 선형 불편 추정량인가?

이런 조사 자료는 모집단으로부터의 무작위 표본추출(random sampling)을 통해 수집된다. 여론조사, 시장연구조사, 정부조사, 인구조사는 모두 조사 자료를 수집하는 예이다. 기본적인 사고는 i번째 쌍이 j번째 쌍과 통계적으로 독립적인 방법으로 자료 쌍 (y_i, x_i)를 수집한다는 것이다. 이렇게 해서 $i \neq j$인 경우 x_j가 e_i와 통계적으로 독립적이라는 점을 확실하게 한다. 그렇게 되면 강 외생성 가정은 x_i와 e_i 사이의 가능한 관계에 대한 우려로 변형된다. 조건부 기댓값 $E(e_i|x_i) = 0$인 경우, x는 강하게 외생적이며, 이것이 의미하는 바는 $E(e_i) = 0$ 및 $cov(x_i, e_i) = 0$이다. 또한 자료 쌍들이 독립적이라고 가정할 경우 오차들이 상관되지 않는다는 별개의 가정을 더 이상 할 필요가 없다는 점에 주목하자.

이런 가정하에서 최소제곱 추정량의 특성들은 무엇인가? 그것들은 이전의 경우, 즉 모든 x_j와 e_i 사이에 통계적 독립성이 있는 경우(2.10.1절) 그리고 일반적 의미에서의 강 외생성이 있는 경우(2.10.2절)와 같다. 최소제곱 추정량은 회귀모수의 최우수 선형 불편 추정량이며, SR6(또는 IRX6)이 준수될 경우 $\mathbf{x}$에 대한 조건부로 정규분포를 한다.

무작위 표본추출과 연관된 마지막 개념은 자료 쌍 (y_i, x_i), $i = 1, \cdots, N$이 동일한 결합 pdf, $f(y, x)$를 갖는다는 점이다. 이 경우 자료 쌍은 독립적이고 동일하게 분포한다. 즉 iid이다. 통계학에서 무작위 표본(random sample)이란 문구는 자료가 iid한다는 것을 의미한다. 모든 자료 쌍이 동일한 모집단에서 수집될 경우 이것은 합리적인 가정이다.

강 외생성이 갖는 의미에 관한 예를 논의할 때, e_s와 장래 또는 과거값 $x_t(t \neq s)$ 사이에 상관이 존재한다면, 시계열 자료를 사용할 때 강 외생성 가정이 어떻게 위반될 수 있는지를 보여주었다. 횡단면 자료의 무작위 표본추출과 관련하여 강 외생성이 어떻게 준수되지 않는지에 관한 예에서는 e_i와 동일한 i번째 관찰값에 상응하는 값 x_i가 상관되는 경우의 예가 필요하다.

무작위 표본추출하에서 단순 선형회귀 모형에 관한 가정

RS1 : 관찰할 수 있는 값 y 및 x는 $y_i = \beta_1 + \beta_2 x_i + e_i$, $i = 1, \cdots, N$에 의해 연계된다. 여기서 β_1 및 β_2는 알지 못하는 모수이며, e_i는 무작위 오차항이다.

RS2 : 자료 쌍 (y_i, x_i)는 모든 다른 자료 쌍과 통계적으로 독립적이며, 동일한 결합분포 $f(y_i, x_i)$를 갖는다. 이들은 독립적이며 동일하게 분포한다.

RS3 : $i = 1, \cdots, N$에 대한 $E(e_i|x_i) = 0$이며, x는 강하게 외생적이다.

RS4 : 무작위 오차는 일정한 조건부 분산 $\text{var}(e_i|x_i) = \sigma^2$을 갖는다.

RS5 : x_i는 적어도 2개의 상이한 값을 갖는다.

RS6 : $e_i \sim N(0, \sigma^2)$

사례 4. x_i는 기업의 생산비용을 설명하기 위해 고안된 식에서 무작위 선택된 기업에 의해 생산과정에 사용된 생산요소량의 측정치라고 가상하자. 오차항 e_i는 기업 경영자의 능력과 연관된 측정되지 않은 특성을 포함할 수 있다. 보다 능력 있는 경영자는 생산과정에 보다 적은 생산요소를 사용할 수 있다. 따라서 $\text{cov}(x_i, e_i) < 0$를 기대할 수 있으며, 이 경우 강 외생성은 준수되지 않는다. i번째 기업의 생산요소 사용은 i번째 오차 e_i에 포함된 기업 경영자의 측정되지 않은 특성과 상관된다. 기업의 생산요소 사용은 강하게 외생적이 아니며, 계량경제 용어로 표현하면 내생적이라고 한다. 설명변수들이 오차항과 상관될 경우 이들은 내생적이다.

주요 용어

• 국문

가우스-마코프 정리	무작위 표본추출	종속변수
가중 최소제곱	무조건부 기댓값	준탄력성
강하게 외생적	불편 추정량	중심극한정리
경제 모형	비선형 관계	최소제곱 원칙
계량경제 모형	산포도	최소제곱 잔차
계열상관	선형 추정량	최소제곱 추정값
누락변수	설명변수	최소제곱 추정량
누락변수 편의	예측	최우수 선형 불편 추정량
다중회귀분석	오차항	탄력성
단순 선형회귀분석	이분산적	통계적 추론
대수-선형 모형	인과관계	편의 추정량
독립변수	일반 최소제곱	표본추출 변동성
동분산	자기상관	표본추출 분산
모수	자료 생성과정	표본추출 정확성
모형설정 오차	자유도	회귀 모형
몬테 카를로 실험	점근적	회귀 함수
무작위 오차항	정규 최소제곱 추정량	
무작위 표본	조건부 분산	

• 영문

asymptotic	homoskedasticity	random sampling
autocorrelation	independent variable	regression function
best linear unbiased estimator(BLUE)	least square estimate	regression model
biased estimator	least square estimator	sampling precision
caucsality	least square principle	sampling variance
central limit theorem	least square residual	sampling variation
conditional variance	linear estimator	scatter diagram
data generating process(DGP)	log-linear model	semi-elasticity
degree of freedom	Monte Carlo experiment	serial correlation
dependent variable	multiple regression analysis	simple linear regression analysis
econometric model	nonlinear relationship	specification error
economic model	omitted variable	statistical inference
elasticity	omitted variable bias	strictly exogenous
error term	ordinary least squares estimator	unbiased estimator
explanatory variable	population parameter	unconditional expectation
Gauss-Markov theorem	prediction	weighted least square
generalized least square	random error term	
heteroskedastic	random sample	

복습용 질문

1. 추정량과 추정값의 차이를 설명하고, 최소제곱 추정량은 확률변수지만 최소제곱 추정값은 확률변수가 아닌 이유를 설명하시오.

2. 단순회귀 모형의 기울기 및 절편 모수에 대한 해석에 관해 논의하고 추정 방정식의 그래프를 개략적으로 설명하시오.

3. 관찰할 수 있는 변수 y를 체계적인 부분과 무작위적인 부분으로 분리하는 문제를 이론적으로 설명하고 도표를 통해 이를 나타내시오.

4. 단순 선형회귀 모형의 가정 각각에 대해 논의하고 설명하시오.

5. 자료의 산포도상에 선을 긋기 위하여 최소제곱 원칙을 어떻게 사용할 수 있는지 설명하시오. 최소제곱 잔차와 종속변수의 최소제곱에 적합한 값을 정의하고, 이를 도표로 나타낼 수 있어야 한다.

6. x에 대한 y의 탄력성을 정의하고 y 및 x가 어떤 방법으로든 변형되지 않는 경우 단순 선형회귀 모형상에서 이들을 산정한 값을 설명하시오. y 및/또는 x가 비선형 관계 모형으로 변형된 단순 선형회귀 모형에서 x에 대한 y의 탄력성을 어떻게 계산하는지 설명하시오.

7. '회귀 모형 가정 SR1~SR5가 준수될 경우 최소제곱 추정량 b_2가 불편된다'는 말의 의미를 설명하시오. 특히 '불편'은 정확히 무엇을 의미하는가? 중요한 변수가 모형에서 빠지는 경우 b_2가 왜 편의되는지 설명하시오.

8. '표본추출 변동성'이란 문구가 의미하는 바를 설명하시오.

9. σ^2, $\sum(x_i - \bar{x})^2$, N의 요소들이 알지 못하는 모수 β_2를 추정하는 정확성에 어떤 영향을 미치는지 설명하시오.

10. 가우스-마코프 정리를 정의하고 설명하시오.

11. 최소제곱 추정량을 사용하여 비선형 관계를 추정하고 그 결과를 해석하시오.

12. 반복되는 표본에서의 고정된 설명변수와 확률적 설명변수 사이의 차이를 설명하시오.

13. '무작위 표본추출'이란 용어를 설명하시오.

연습문제

2.1 다음과 같은 5개 관찰값을 생각해 보자. 계산기만을 사용하여 이 문제에 대한 모든 물음에 답을 하시오.

x	y	$x-\bar{x}$	$(x-\bar{x})^2$	$y-\bar{y}$	$(x-\bar{x})(y-\bar{y})$
3	4				
2	2				
1	3				
−1	1				
0	0				
$\sum x_i=$	$\sum y_i=$	$\sum(x_i-\bar{x})=$	$\sum(x_i-\bar{x})^2=$	$\sum(y_i-\bar{y})=$	$\sum(x_i-\bar{x})(y_i-\bar{y})=$

a. 이 표의 빈칸을 채우시오. 마지막 열에 합을 기입하시오. 표본 평균 $\bar{x}$ 및 $\bar{y}$는 무엇인가?

b. 식 (2.7) 및 (2.8)을 활용하여 b_1 및 b_2를 계산하고 그 의미를 설명하시오.

c. $\sum_{i=1}^{5}x_i^2$, $\sum_{i=1}^{5}x_iy_i$를 계산하시오. 이 값들을 이용하여 다음과 같은 사실을 보이시오.

$$\sum(x_i-\bar{x})^2 = \sum x_i^2 - N\bar{x}^2$$

$$\sum(x_i-\bar{x})(y_i-\bar{y}) = \sum x_iy_i - N\bar{x}\bar{y}$$

d. (b)의 최소제곱 추정값을 이용하여 y의 적합한 값을 계산하고, 다음 표의 빈 부분을 채우시오. 마지막 열에 합을 기입하시오.

또한 다음을 계산하시오. y의 표본분산, 즉 $s_y^2 = \sum_{i=1}^{N}(y_i-\bar{y})^2/(N-1)$; x의 표본분산, 즉 $s_x^2 = \sum_{i=1}^{N}(x_i-\bar{x})^2/(N-1)$; x와 y의 표본 공분산, 즉 $s_{xy} = \sum_{i=1}^{N}(y_i-\bar{y})(x_i-\bar{x})/(N-1)$; x와 y의 표본상관, 즉 $r_{xy} = s_{xy}/(s_xs_y)$; x의 변동계수(CV), 즉 $CV_x = 100(s_x/\bar{x})$. 중앙값, 즉 x의 50번째 백분위수는 무엇인가?

x_i	y_i	$\hat{y}_i$	$\hat{e}_i$	$\hat{e}_i^2$	$x_i\hat{e}_i$
3	4				
2	2				
1	3				
−1	1				
0	0				
$\sum x_i=$	$\sum y_i=$	$\sum \hat{y}_i=$	$\sum \hat{e}_i=$	$\sum \hat{e}_i^2=$	$\sum x_i\hat{e}_i=$

e. 그래프상에 자료의 점들을 표시하고 적합한 회귀선 $\hat{y}_i = b_1 + b_2x_i$를 구하시오.

f. (e)의 그래프상에 평균점 $(\bar{x}, \bar{y})$를 그리시오. 적합하게 그은 선이 이 점을 통과하는가? 만

일 그렇지 않다면 그래프상에 다시 정확하게 그려 보시오.

g. 이 숫자값에 대해 $\bar{y} = b_1 + b_2\bar{x}$를 보이시오.

h. 이 숫자값에 대해 $\hat{y} = \bar{y}$라는 사실을 보이시오. 여기서 $\hat{y} = \sum \hat{y}_i/N$이다.

i. $\hat{\sigma}^2$을 계산하시오.

j. $\text{var}(b_2|\mathbf{x})$ 및 $\text{se}(b_2)$를 계산하시오.

2.2 어떤 가계의 주당 소득은 \$2,000이다. 이런 소득을 갖고 있는 가계의 식료품에 대한 평균 주당 지출액은 $E(y|x = \$2,000) = \mu_{y|x = \$2,000} = \$220$이며, 이 지출액에 대한 분산은 $\text{var}(y|x = \$2,000) = \sigma^2_{y|x = \$2,000} = \$121$이다.

a. 주당 식료품 지출액은 정규분포한다고 가정하고서 위와 같은 소득을 갖는 가계가 일주일 동안 식료품에 대한 지출이 \$200에서 \$215 사이일 확률을 구하시오. 해법을 그래프를 그려 설명하시오.

b. 위와 같은 소득을 갖는 가계가 일주일 동안 식료품에 대한 지출이 \$250를 초과할 확률을 구하시오. 해법을 그래프를 그려 설명하시오.

c. 주당 식료품 지출액의 분산이 $\text{var}(y|x = \$2,000) = \sigma^2_{y|x = \$2,000} = 144$인 경우 (a)에서의 확률을 구하시오.

d. 주당 식료품 지출액의 분산이 $\text{var}(y|x = \$2,000) = \sigma^2_{y|x = \$2,000} = 144$인 경우 (b)에서의 확률을 구하시오.

2.3 x와 y의 다음과 같은 관찰값을 그래프 용지에 도표로 나타내시오.

표 2.4 연습문제 2.3에 대한 자료

x	1	2	3	4	5	6
y	6	4	11	9	13	17

a. 자를 이용하여 자료에 적합한 선을 긋고 그 선의 기울기 및 절편을 구하시오.

b. 식 (2.7) 및 (2.8)을 활용하고 계산기를 사용하여 기울기 및 절편의 최소제곱 추정값을 계산하시오. 이 선을 도표에 그리시오.

c. 표본 평균 $\bar{y} = \sum y_i/N$ 및 $\bar{x} = \sum x_i/N$를 구하시오. $x = \bar{x}$에서의 y의 예측값을 구하여 도표에 나타내시오. 예측값을 통하여 무엇을 관찰할 수 있는가?

d. (b)의 최소제곱 추정값을 사용하여 최소제곱 잔차 $\hat{e}_i$를 계산하시오.

e. $\sum \hat{e}_i$ 및 이들의 제곱한 값의 합인 $\sum \hat{e}_i^2$를 구하시오.

f. $\sum x_i \hat{e}_i$를 계산하시오.

2.4 단순 선형회귀 모형을 $y = \beta_1 + \beta_2 x + e$라고 정의하였다. 하지만 $\beta_1 = 0$이라는 사실을 알고 있다고 가상하자.

a. $\beta_1 = 0$인 경우 선형회귀 모형은 대수적으로 어떠한가?

b. $\beta_1 = 0$인 경우 선형회귀 모형은 그래프상에서 어떠한가?

c. $\beta_1 = 0$인 경우 '제곱을 합한' 함수는 $S(\beta_2) = \sum_{i=1}^{N}(y_i - \beta_2 x_i)^2$이 된다. 연습문제 2.3의 표

2.4에 있는 자료를 사용하여 대략적인 최솟값을 알아볼 수 있도록 β_2값들에 대한 제곱을 합한 함숫값을 도표로 나태내시오. $S(\beta_2)$를 최소화하는 β_2값은 어떤 의미를 갖는가? [요령 : 괄호 안에 있는 항을 제곱하고 합산하여 대수적으로 $S(\beta_2) = \sum_{i=1}^{N}(y_i - \beta_2 x_i)^2$과 같이 정리할 수 있는 경우 간단하게 계산할 수 있을 것이다.]

d. 미분법을 이용하여 이 모형에 있는 β_2의 최소제곱 추정값에 대한 공식이 $b_2 = \sum x_i y_i / \sum x_i^2$라는 사실을 보이시오. 이를 이용하여 b_2를 계산하고 이 값을 기하학적으로 구한 값과 비교하시오.

e. (d)의 공식을 갖고 구한 추정값을 이용하여 적합한 (추정된) 회귀 함수를 도표로 그리시오. 도표상에 점 $(\bar{x}, \bar{y})$를 나타내시오. 무엇을 관찰할 수 있는가?

f. (d)의 공식을 갖고 구한 추정값을 이용하여 최소제곱 잔차 $\hat{e}_i = y_i - b_2 x_i$를 구하시오. 이들의 합을 구하시오.

g. $\sum x_i \hat{e}_i$를 계산하시오.

2.5 한 중소기업체는 자신들의 주당 광고비가 주당 \$2,000로 증가할 경우의 주당 매출액을 예측하기 위해 컨설턴트를 고용하였다. 컨설턴트는 지난 6개월 동안 해당 기업의 주당 광고비 지출액과 이에 따른 주당 매출액을 기록하였다. 컨설턴트는 자신의 보고서에 다음과 같이 기술하였다. "지난 6개월 동안 주당 평균 광고비는 \$1,500였으며 주당 평균 매출액은 \$10,000였다. 단순 선형회귀분석 결과에 기초하여 주당 광고비가 \$2,000일 경우 매출액은 \$12,000가 될 것으로 예상된다."

a. 위와 같은 예측을 하기 위해 컨설턴트가 사용한 추정된 단순회귀는 무엇인가?

b. 추정된 회귀선을 도표로 나타내시오. 도표상에 주당 평균값을 나타내시오.

2.6 루이지애나주립대학교 미식축구 경기에서 청량음료를 판매하는 업자는 경기할 때 온도가 상승하면 더 많은 청량음료를 판매할 수 있다는 사실을 알게 되었다. 5년 동안 치러진 32개 초청경기에 기초하여 청량음료 판매와 온도의 관계를 다음과 같이 추정하였다. $\hat{y} = -240 + 20x$이며, 여기서 y = 판매한 청량음료의 개수, x = 화씨로 측정한 온도이다.

a. 추정한 기울기 및 절편의 의미를 해석하시오. 추정값이 의미가 있는가? 왜 그런가? 또는 왜 그렇지 않은가?

b. 게임할 때 온도가 화씨 80도가 될 것이라고 예상되는 날 얼마나 많은 청량음료를 판매할 것으로 예측할 수 있는가?

c. 온도가 몇 도 아래로 떨어질 경우 청량음료를 판매할 수 없다고 예측할 수 있는가?

d. 추정된 회귀선을 도표로 나타내시오.

2.7 미국 50개 주와 컬럼비아 특별구의 자료 $N = 51$개에 대한 y = 1인당 소득(천 달러), x = 학사학위 이상을 보유한 인구 백분율의 2008년 자료를 갖고 있다. x에 대한 y의 단순 선형회귀 결과를 구하였다.

a. 추정된 오차분산이 $\hat{\sigma}^2 = 14.24134$이다. 제곱한 최소제곱 잔차의 합은 얼마인가?

b. b_2의 추정된 분산은 0.009165이다. b_2의 표준오차는 얼마이며, $\sum(x_i - \bar{x})^2$의 값은 얼마인가?

c. 추정된 기울기는 $b_2 = 1.02896$이다. 이 결과를 해석하시오.

d. $\bar{x} = 27.35686$, $\bar{y} = 39.66886$을 활용하여, 절편의 추정값을 계산하시오.

e. (b) 및 (d)의 결과를 알고 있다면, $\sum x_i^2$는 얼마인가?

f. 조지아주의 경우 $y = 34.893$ 및 $x = 27.5$이다. (c) 및 (d)에서 얻은 정보를 활용하여 최소제곱 잔차를 계산하시오.

2.8 민(Mean) 교수는 평균을 사용하고자 한다. 민 교수가 연습문제 2.3의 표 2.4에 있는 $N = 6$개 관찰값 (y_i, x_i)를 사용하여 회귀 모형 $y_i = \beta_1 + \beta_2 x_i + e_i$에 맞추려 할 때, 이 자료의 전반부 3개 관찰값과 후반부 3개 관찰값에 대해 (y_i, x_i)의 표본 평균 $(\bar{y}_1 = \sum_{i=1}^{3} y_i/3, \ \bar{x}_1 = \sum_{i=1}^{3} x_i/3)$ 및 $(\bar{y}_2 = \sum_{i=4}^{6} y_i/3, \ \bar{x}_2 = \sum_{i=4}^{6} x_i/3)$를 계산한다. 이렇게 하면 민 교수의 기울기에 대한 추정량은 $\hat{\beta}_{2,\,mean} = (\bar{y}_2 - \bar{y}_1)/(\bar{x}_2 - \bar{x}_1)$이고, 절편에 대한 추정량은 $\hat{\beta}_{1,\,mean} = \bar{y} - \hat{\beta}_{2,\,mean}\bar{x}$이다. 여기서 $(\bar{y}, \bar{x})$는 모든 자료를 사용한 경우의 표본 평균이다. 스프레드시트 또는 다른 소프트웨어를 사용하여 지루한 계산을 할 수 있다.

a. $\hat{\beta}_{1,\,mean}$ 및 $\hat{\beta}_{2,\,mean}$을 계산하시오. 자료를 도표에 나타내고, 적합한 선 $\hat{y}_{i,\,mean} = \hat{\beta}_{1,\,mean} + \hat{\beta}_{2,\,mean}x_i$를 그리시오.

b. 잔차 $\hat{e}_{i,\,mean} = y_i - \hat{y}_{i,\,mean} = y_i - (\hat{\beta}_{1,\,mean} + \hat{\beta}_{2,\,mean}x_i)$를 계산하시오. $\sum_{i=1}^{6} \hat{e}_{i,\,mean}$ 및 $\sum_{i=1}^{6} x_i \hat{e}_{i,\,mean}$을 구하시오.

c. (b)에서 구한 값과 최소제곱 회귀 추정값에 기초하여 구한 이에 상응하는 값을 비교하시오. 연습문제 2.3을 참조하시오.

d. $\sum_{i=1}^{6} \hat{e}_{i,\,mean}^2$을 계산하시오. 이 값은 연습문제 2.3(d)의 제곱한 최소제곱 잔차의 합보다 더 큰가 아니면 더 작은가?

2.9 민(Mean) 교수는 평균을 사용하고자 한다. 민 교수가 연습문제 2.3의 표 2.4에 있는 $N = 6$개 관찰값 (y_i, x_i)를 사용하여 회귀 모형 $y_i = \beta_1 + \beta_2 x_i + e_i$에 맞추려 할 때, 이 자료의 전반부 3개 관찰값과 후반부 3개 관찰값에 대해 (y_i, x_i)의 표본 평균 $(\bar{y}_1 = \sum_{i=1}^{3} y_i/3, \ \bar{x}_1 = \sum_{i=1}^{3} x_i/3)$ 및 $(\bar{y}_2 = \sum_{i=4}^{6} y_i/3, \ \bar{x}_2 = \sum_{i=4}^{6} x_i/3)$를 계산한다. 이렇게 하면 민 교수의 기울기에 대한 추정량은 $\hat{\beta}_{2,\,mean} = (\bar{y}_2 - \bar{y}_1)/(\bar{x}_2 - \bar{x}_1)$이다.

a. 가정 SR1~SR6이 준수된다고 가정하고서, 민 교수가 구한 추정량은 $\mathbf{x} = (x_1, \cdots, x_6)$에 대한 조건부로 불편하다는 사실, 즉 $E(\hat{\beta}_{2,\,mean}|\mathbf{x}) = \beta_2$를 보이시오.

b. 가정 SR1~SR6이 준수된다고 가정하고서, $E(\hat{\beta}_{2,\,mean}) = \beta_2$를 보이시오.

c. 가정 SR1~SR6이 준수된다고 가정하고서, $\mathrm{var}(\hat{\beta}_{2,\,mean}|\mathbf{x})$에 대한 이론적인 식을 구하시오. 이것은 최소제곱 추정량의 분산 $\mathrm{var}(b_2|\mathbf{x})$보다 더 큰가 아니면 더 작은가? 설명하시오.

2.10 연습문제 2.3의 표 2.4에 있는 $N = 6$개 관찰값 (y_i, x_i)를 사용하여 회귀 모형 $y_i = \beta_1 + \beta_2 x_i + e_i$에 맞추려 한다고 생각해 보자. 이론적 주장에 기초하여 $\beta_2 = 0$이라는 사실을 알고 있다고 가상하자.

a. $\beta_2 = 0$인 경우 회귀 모형은 대수적으로 어떠한가?

b. $\beta_2 = 0$인 경우 회귀 모형은 그래프상에서 어떠한가?

c. $\beta_2 = 0$인 경우 제곱을 합한 함수는 $S(\beta_1) = \sum_{i=1}^{N} (y_i - \beta_1)^2$이 된다. 연습문제 2.3의 표 2.4에

있는 자료를 사용하여 대략적인 최솟값을 알아볼 수 있도록 β_1의 값들에 대한 제곱을 합한 함숫값을 도표로 나타내시오. 이 값은 무엇인가? [요령 : 괄호 안에 있는 항을 제곱하고 합산할 경우 계산이 더 용이해진다.]

d. 미분법을 활용하여 이 모형에서 β_1의 최소제곱 추정값에 대한 공식은 $\hat{\beta}_1 = (\sum_{i=1}^{N} y_i)/N$라는 사실을 보이시오.

e. 표 2.4의 자료와 (d)의 결과를 활용하여 β_1의 추정값을 계산하시오. 이 값은 (c)에서 구한 값과 어떤 비교가 되는가?

f. 표 2.4의 자료를 사용하여 제곱한 잔차의 합 $S(\hat{\beta}_1) = \sum_{i=1}^{N}(y_i - \hat{\beta}_1)^2$을 계산하시오. 이 제곱한 잔차의 합은 최소제곱 추정값을 활용한 제곱한 잔차의 합 $S(b_1, b_2) = \sum_{i=1}^{N}(y_i - b_1 - b_2 x_i)^2$보다 더 큰가 아니면 더 작은가?[연습문제 2.3(d) 참조]

2.11 y = 지난 사분기의 가계 구성원당 월간 외식비($), x = 지난해의 월간 가계소득($100)라고 하자.

a. 3인 가계의 2013년 자료($N = 2{,}334$)를 사용하여, 최소제곱 추정값 $\hat{y} = 13.77 + 0.52x$를 구했다. 이 관계에 기초하여 추정된 기울기 및 절편의 의미를 해석하시오.

b. 월간 소득이 $2{,}000$인 가계에 대한 외식비를 예측하시오.

c. 월간 가계소득이 $2{,}000$일 때 소득에 대한 외식비의 탄력성을 계산하시오. [요령 : 탄력성은 자료에 맞춘 회귀상의 한 점에서 계산되어야 한다.]

d. 대수-선형 모형인 $\widehat{\ln(y)} = 3.14 + 0.007x$를 추정하였다. 월간 가계소득이 $2{,}000$인 경우, 소득에 대한 외식비의 추정된 탄력성은 얼마인가?

e. (d)의 대수-선형 모형에서 $x = 20$ 및 $x = 30$일 때 $\hat{y} = \exp(3.14 + 0.007x)$를 계산하시오. 이들 각 $\hat{y}$값에 대해 y와 x 사이 관계의 기울기 dy/dx를 계산하시오. 대수-선형 모형에 대한 이 계산에 기초하여 외식비는 소득에 대해 증가하는 율로 증대하는가? 또는 감소하는 율로 증대하는가?

f. (d)에서 대수-선형 모형을 추정할 때, 회귀에 사용된 관찰값의 수는 $N = 2{,}005$개이다. 표본에 있는 얼마나 많은 가계가 지난 사분기의 외식비를 알리지 않았는가?

2.12 y = 지난 사분기 가계 구성원당 월간 외식비($), 가계에 고급학위, 즉 석사학위, 박사학위, 전문학위를 보유하고 있는 구성원이 있는 경우 $x = 1$, 그렇지 않은 경우 $x = 0$이라고 하자.

a. 3인 가계의 2013년 자료($N = 2{,}334$)를 사용하여, 최소제곱 추정값 $\hat{y} = 44.96 + 30.41x$를 구했다. 이 관계에 기초하여 x의 계수 및 절편의 의미를 해석하시오.

b. 고급학위를 보유하고 있는 구성원을 포함하는 가계에 대한 외식비의 1인당 표본평균은 얼마인가?

c. 고급학위를 보유하는 구성원을 포함하지 않는 가계에 대한 외식비의 1인당 표본평균은 얼마인가?

2.13 미국의 141개 연구중심 공립대학교에 대한 2011년 자료를 사용하여 다음과 같은 관계를 검토하고자 한다. 즉 학생 1인당 고등교육 비용, *ACA*(천 달러로 측정한 학생 1인당 실질 총 고등교육 비용)와 풀타임으로 등록한 학생 수, *FTESTU*(천 명으로 측정한 학생 수) 사이의 관계를 검

토할 것이다.

a. 적합하게 그은 최소제곱 관계는 $\widehat{ACA} = 14.656 + 0.266FTESTU$이다. 추정된 모수들에 대한 경제적 해석은 어떠한가? 절편이 영이 아닌 이유는 무엇인가?

b. 2011년 루이지애나주립대학교(LSU)의 풀타임 등록 학생 수는 27,950명이다. (a)에서 적합하게 그어 구한 관계를 활용하여 ACA의 예측값을 계산하시오.

c. 그 해의 LSU에 대한 ACA의 실제값은 21.403이었다. LSU에 대한 최소제곱 잔차를 계산하시오. 해당 모형은 LSU에 대한 ACA를 과대예측하였는가 아니면 과소예측하였는가?

d. 2011년 미국의 연구중심 공립대학들에서 풀타임으로 등록한 학생들의 표본 평균은 22,845.77명이었다. 학생 1인당 고등교육 비용의 표본 평균은 얼마인가?

2.14 회귀 모형 $WAGE = \beta_1 + \beta_2 EDUC + e$를 생각해 보자. 여기서 $WAGE$는 2013년 미국 달러로 측정한 시간당 임금이며, $EDUC$는 학교 교육 연수이다. 회귀 모형은 최소제곱 추정량을 사용하여 두 번 추정된다. 즉 도시 지역에 거주하는 사람들을 활용하여 한 번 추정하고 나서 농촌 지역에 거주하는 사람들을 활용하여 다시 한 번 추정한다.

$$\text{도시 지역} \quad \widehat{WAGE} = -10.76 + 2.46\,EDUC, \quad N = 986$$
$$\text{(se)} \quad\quad (2.27)\ \ (0.16)$$

$$\text{농촌 지역} \quad \widehat{WAGE} = -4.88 + 1.80\,EDUC, \quad N = 214$$
$$\text{(se)} \quad\quad (3.29)\ \ (0.24)$$

a. 추정된 농촌 지역 회귀식을 활용하여 '평균점'에서의 교육에 대한 임금탄력성을 계산하시오. $WAGE$의 표본평균은 $19.74이다.

b. 도시 지역의 $EDUC$ 표본평균은 13.68년이다. 추정된 도시 지역 회귀식을 활용하여 '평균점'에서의 교육에 대한 임금 탄력성의 표준오차를 계산하시오. 평균값은 '주어졌으며' 확률적이지 않다고 가정한다.

c. 두 지역 각각에서 교육 연수가 12년인 사람에 대한 예측된 임금은 얼마인가? 교육 연수가 16년인 경우는 어떠한가?

2.15 스터프(E. Z. Stuff) 교수는 최소제곱 추정량이 많은 문제점이 있다고 결론을 내렸다. 두 점은 선을 그을 수 있다는 사실에 유의하여 스터프 교수는 크기가 N인 표본의 두 점을 골라서 이들을 연결하는 선을 긋고 이 선의 기울기를 단순회귀 모형 β_2의 EZ 추정량이라고 명명하였다. 대수학적으로 두 점이 (x_1, y_1)과 (x_2, y_2)인 경우 EZ 추정 규칙은 다음과 같다.

$$b_{EZ} = \frac{y_2 - y_1}{x_2 - x_1}$$

단순회귀 모형의 모든 가정이 준수된다고 가정하고 다음 물음에 답하시오.

a. b_{EZ}가 '선형' 추정량이라는 사실을 보이시오.

b. b_{EZ}가 불편 추정량이라는 사실을 보이시오.

c. b_{EZ}의 조건부 분산을 구하시오.

d. b_{EZ}의 조건부 확률분포를 구하시오.

e. 스터프 교수가 자신이 고안한 추정량이 최소제곱 추정량만큼 좋지 않다는 사실을 깨닫게 하시오. 증명할 필요는 없다.

부록 2A　최소제곱 추정량의 도출

y 및 x에 대한 표본 관찰값이 주어진 경우, 다음과 같은 '제곱의 합' 함수를 극소화하는 미지의 모수 β_1 및 β_2의 값을 구하고자 한다.

$$S(\beta_1, \beta_2) = \sum_{i=1}^{N} (y_i - \beta_1 - \beta_2 x_i)^2 \tag{2A.1}$$

점 (y_i, x_i)는 관찰할 수 있으므로 '제곱의 합' 함수 S는 미지의 모수 β_1 및 β_2에만 의존한다. 미지의 모수 β_1 및 β_2에 대해 이차방정식인 이 함수는 그림 2A.1에서 보는 것처럼 '사발 모양의 표면'을 갖고 있다.

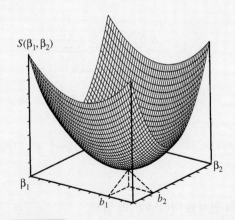

그림 2A.1　제곱 함수의 합과 최솟값 b_1 및 b_2

우리가 할 일은 모든 가능한 값 β_1 및 β_2로부터 제곱의 합 함수 S가 최소인 점 (b_1, b_2)를 구하는 것이다. 이 최소화 문제는 미분법에서 일반적인 것이며, 최소화하는 점은 '사발의 밑바닥'에 존재한다.

미분법과 '편미분법'에 익숙한 사람들은 β_1 및 β_2에 관한 S의 편미분 결과가 다음과 같다는 사실을 입증할 수 있을 것이다.

$$\frac{\partial S}{\partial \beta_1} = 2N\beta_1 - 2\sum y_i + 2\left(\sum x_i\right)\beta_2$$

$$\frac{\partial S}{\partial \beta_2} = 2\left(\sum x_i^2\right)\beta_2 - 2\sum x_i y_i + 2\left(\sum x_i\right)\beta_1 \tag{2A.2}$$

위의 도함수들은 축방향으로 향한 사발 모양 표면의 기울기를 나타내는 식이다. 직관적으로 '사발의 밑바닥'은 축방향으로 향한 사발의 기울기, 즉 $\partial S / \partial \beta_1$와 $\partial S / \partial \beta_2$가 0이 되는 곳이다.

대수적으로 점 (b_1, b_2)를 구하기 위해서 식 (2A.2)를 0이라 놓고 β_1 및 β_2를 각각 b_1 및 b_2로 대체시키면 다음의 결과를 얻을 수 있다.

$$2\left[\sum y_i - Nb_1 - \left(\sum x_i\right)b_2\right] = 0$$

$$2\left[\sum x_i y_i - \left(\sum x_i\right)b_1 - \left(\sum x_i^2\right)b_2\right] = 0$$

위의 식을 재정리하면 정규 방정식이라고 일반적으로 알려진 다음의 두 식을 구할 수 있다.

$$Nb_1 + \left(\sum x_i\right)b_2 = \sum y_i \tag{2A.3}$$

$$\left(\sum x_i\right)b_1 + \left(\sum x_i^2\right)b_2 = \sum x_i y_i \tag{2A.4}$$

위의 두 식은 2개의 미지수 b_1 및 b_2에 대해 2개의 선형 방정식으로 구성된다. 이 두 선형 방정식을 b_1 및 b_2에 대해 풀면 최소제곱 추정값을 구할 수 있다. b_2에 대해 풀기 위해서는 첫 번째 식 (2A.3)에 $\sum x_i$를 곱하고, 두 번째 식 (2A.4)에 N을 곱하여 두 번째 식으로부터 첫 번째 식을 빼서 왼쪽 편에 b_2만을 남겨 놓으면 된다.

$$b_2 = \frac{N \sum x_i y_i - \sum x_i \sum y_i}{N \sum x_i^2 - \left(\sum x_i\right)^2} \tag{2A.5}$$

b_2에 대한 이 공식은 자료합, 교차곱, 제곱으로 구성된다. 추정량의 평균으로부터의 편차는 부록 2B에 도출되어 있다.

b_1에 대해 풀기 위해서는 식 (2A.3)의 양쪽 편을 N으로 나누어 재정리해야 한다.

부록 2B   평균으로부터의 편차로 나타낸 b_2의 형태

b_2에 대한 공식을 식 (2.7)로 전환하기 위해 가장 먼저 필요한 것은 합산 부호를 포함한 몇 가지 기교를 사용하는 일이다. 첫 번째로 필요한 사실은 다음과 같다.

$$\sum (x_i - \bar{x})^2 = \sum x_i^2 - 2\bar{x}\sum x_i + N\bar{x}^2 = \sum x_i^2 - 2\bar{x}\left(N\frac{1}{N}\sum x_i\right) + N\bar{x}^2$$
$$= \sum x_i^2 - 2N\bar{x}^2 + N\bar{x}^2 = \sum x_i^2 - N\bar{x}^2 \tag{2B.1}$$

앞으로 $\sum (x_i - \bar{x})^2$을 계산하려는 경우, 위에서 살펴본 편리한 공식인 $\sum (x_i - \bar{x})^2 = \sum x_i^2 - N\bar{x}^2$을 사용하는 것이 훨씬 계산이 용이하다. 그러면 다음과 같다.

$$\sum (x_i - \bar{x})^2 = \sum x_i^2 - N\bar{x}^2 = \sum x_i^2 - \bar{x}\sum x_i = \sum x_i^2 - \frac{\left(\sum x_i\right)^2}{N} \tag{2B.2}$$

위의 결과를 얻기 위해서 $\bar{x} = \sum x_i / N$, 따라서 $\sum x_i = N\bar{x}$라는 사실을 이용하였다. 두 번째 유용한 사실은 첫 번째와 유사한 것으로 다음과 같다.

$$\sum(x_i - \bar{x})(y_i - \bar{y}) = \sum x_i y_i - N\bar{x}\bar{y} = \sum x_i y_i - \frac{\sum x_i \sum y_i}{N} \tag{2B.3}$$

위의 결과도 유사한 방법으로 증명할 수 있다.

식 (2A.5)에 있는 b_2의 분자 및 분모를 N으로 나눌 경우 식 (2B.1)~(2B.3)을 이용하여 b_2를 평균으로부터 벗어난 편차의 형태인 다음과 같이 재정리할 수 있다.

$$b_2 = \frac{\sum(x_i - \bar{x})(y_i - \bar{y})}{\sum(x_i - \bar{x})^2}$$

b_2에 대한 위의 공식은 앞으로 몇몇 다른 장에서 반복해서 사용할 것이므로 기억해 두는 것이 바람직하다.

부록 2C b_2는 선형 추정량이다

식 (2.10)을 도출하기 위해서는 합산에 관한 다른 특성을 이용하여 이를 더 간략히 정리해야 한다. 평균에 대한 변수의 합은 0이며 다음과 같이 나타낼 수 있다.

$$\sum(x_i - \bar{x}) = 0$$

이를 이용하여 b_2에 대한 공식을 다음과 같이 변형시킬 수 있다.

$$b_2 = \frac{\sum(x_i - \bar{x})(y_i - \bar{y})}{\sum(x_i - \bar{x})^2} = \frac{\sum(x_i - \bar{x})y_i - \bar{y}\sum(x_i - \bar{x})}{\sum(x_i - \bar{x})^2}$$

$$= \frac{\sum(x_i - \bar{x})y_i}{\sum(x_i - \bar{x})^2} = \sum\left[\frac{(x_i - \bar{x})}{\sum(x_i - \bar{x})^2}\right]y_i = \sum w_i y_i$$

여기서 w_i는 식 (2.11)에서 살펴본 것처럼 상수이다.

부록 2D b_2를 이론적인 식으로 나타내기

식 (2.12)를 도출하기 위해 식 (2.10)의 y_i를 $y_i = \beta_1 + \beta_2 x_i + e_i$로 대체하여 간략히 해 보자.

$$b_2 = \sum w_i y_i = \sum w_i(\beta_1 + \beta_2 x_i + e_i)$$

$$= \beta_1 \sum w_i + \beta_2 \sum w_i x_i + \sum w_i e_i$$

$$= \beta_2 + \sum w_i e_i$$

위의 식을 간략히 하기 위해 또 다른 두 가지 합산에 관한 기교를 이용해야 한다. 첫째, $\sum w_i = 0$으로 이를 통해 $\beta_1 \sum w_i$항을 제거할 수 있다. 둘째, $\sum w_i x_i = 1$로 $\beta_2 \sum w_i x_i = \beta_2$가 된다. 이로 인해 식 (2.10)을 식 (2.12)로 간략히 정리할 수 있다. 다음과 같은 이유로 인해 $\sum w_i = 0$이 된다.

$$\sum w_i = \sum \left[\frac{(x_i - \bar{x})}{\sum (x_i - \bar{x})^2} \right] = \frac{1}{\sum (x_i - \bar{x})^2} \sum (x_i - \bar{x}) = 0$$

위 식의 마지막 단계에서 $\sum (x_i - \bar{x}) = 0$을 이용하였다.

$\sum w_i x_i = 1$이라는 사실을 보여주기 위해 $\sum (x_i - \bar{x}) = 0$을 다시 한 번 이용해 보자. $\sum (x_i - \bar{x})^2$을 달리 표현하면 다음과 같다.

$$\begin{aligned}
\sum (x_i - \bar{x})^2 &= \sum (x_i - \bar{x})(x_i - \bar{x}) \\
&= \sum (x_i - \bar{x}) x_i - \bar{x} \sum (x_i - \bar{x}) \\
&= \sum (x_i - \bar{x}) x_i
\end{aligned}$$

따라서 다음과 같아진다.

$$\sum w_i x_i = \frac{\sum (x_i - \bar{x}) x_i}{\sum (x_i - \bar{x})^2} = \frac{\sum (x_i - \bar{x}) x_i}{\sum (x_i - \bar{x}) x_i} = 1$$

부록 2E b_2의 조건부 분산 도출

출발점은 식 (2.12), $b_2 = \beta_2 + \sum w_i e_i$이다. 최소제곱 추정량은 조건부 분산이 다음과 같은 확률변수이다.

$$\mathrm{var}(b_2 | \mathbf{x}) = E \left\{ \left[b_2 - E(b_2 | \mathbf{x}) \right]^2 \Big| \mathbf{x} \right\}$$

식 (2.12)로 대체시키고 최소제곱 추정량의 조건부 불편성 $E(b_2 | \mathbf{x}) = \beta_2$를 이용하면 다음과 같다.

$$\begin{aligned}
\mathrm{var}(b_2 | \mathbf{x}) &= E \left\{ \left[\beta_2 + \sum w_i e_i - \beta_2 \right]^2 \Big| \mathbf{x} \right\} \\
&= E \left\{ \left[\sum w_i e_i \right]^2 \Big| \mathbf{x} \right\} \\
&= E \left\{ \left[\sum w_i^2 e_i^2 + \sum \sum_{i \neq j} w_i w_j e_i e_j \right] \Big| \mathbf{x} \right\} \quad [\text{괄호항의 제곱}] \\
&= E \left\{ \left[\sum w_i^2 e_i^2 \right] \Big| \mathbf{x} \right\} + E \left\{ \left[\sum \sum_{i \neq j} w_i w_j e_i e_j \right] \Big| \mathbf{x} \right\} \\
&= \sum w_i^2 E(e_i^2 | \mathbf{x}) + \sum \sum_{i \neq j} w_i w_j E(e_i e_j | \mathbf{x}) \quad [\mathbf{x}\text{가 주어진 경우 } w_i\text{가 확률적이 아니기 때문이다}] \\
&= \sigma^2 \sum w_i^2 \\
&= \frac{\sigma^2}{\sum (x_i - \bar{x})^2}
\end{aligned}$$

위의 식에서 마지막 줄의 바로 전 단계는 다음과 같은 두 가지 가정을 이용하였다.

첫째, $\sigma^2 = \mathrm{var}(e_i | \mathbf{x}) = E \left\{ \left[e_i - E(e_i | \mathbf{x}) \right]^2 \Big| \mathbf{x} \right\} = E \left[(e_i - 0)^2 \big| \mathbf{x} \right] = E(e_i^2 | \mathbf{x})$이다.

둘째, $\mathrm{cov}(e_i, e_j | \mathbf{x}) = E \left\{ \left[e_i - E(e_i | \mathbf{x}) \right] \left[e_j - E(e_j | \mathbf{x}) \right] \big| \mathbf{x} \right\} = E(e_i e_j | \mathbf{x}) = 0$이다. 마지막 단계는 다음과

같은 사실을 이용하였다.

$$\sum w_i^2 = \sum \left[\frac{(x_i - \bar{x})^2}{\left\{ \sum (x_i - \bar{x})^2 \right\}^2} \right] = \frac{\sum (x_i - \bar{x})^2}{\left\{ \sum (x_i - \bar{x})^2 \right\}^2} = \frac{1}{\sum (x_i - \bar{x})^2}$$

다른 방법으로는 합의 분산을 구하는 규칙을 이용할 수 있다. X 및 Y가 확률변수이고, a 및 b가 상수인 경우 다음과 같다.

$$\text{var}(aX + bY) = a^2 \, \text{var}(X) + b^2 \, \text{var}(Y) + 2ab \, \text{cov}(X, Y)$$

$b_2 = \beta_2 + \sum w_i e_i$에 기초하면 다음과 같다.

$$\begin{aligned}
\text{var}(b_2 | \mathbf{x}) &= \text{var}\left[(\beta_2 + \sum w_i e_i) | \mathbf{x} \right] && [\beta_2 \text{는 상수이기 때문이다.}] \\
&= \sum w_i^2 \text{var}(e_i | \mathbf{x}) + \sum_{i \neq j} \sum w_i w_j \text{cov}(e_i, e_j | \mathbf{x}) && [\text{분산을 구하는 규칙에 따른 것이다.}] \\
&= \sum w_i^2 \text{var}(e_i | \mathbf{x}) && [\text{cov}(e_i, e_j | \mathbf{x}) = 0\text{을 이용한 것이다.}] \\
&= \sigma^2 \sum w_i^2 && [\text{var}(e_i | \mathbf{x})) = \sigma^2 \text{을 이용한 것이다.}] \\
&= \frac{\sigma^2}{\sum (x_i - \bar{x})^2}
\end{aligned}$$

b_2에 대한 분산식의 도출은 가정 SR3 및 SR4에 의존한다는 점을 주목하자. $\text{cov}(e_i, e_j | \mathbf{x}) \neq 0$인 경우 이중합산의 모든 항을 생략할 수 없다. 모든 관찰값에 대해 $\text{var}(e_i | \mathbf{x}) \neq \sigma^2$인 경우 σ^2을 합산 부호 밖으로 분해할 수 없다. 이 가정 중 어느 하나가 준수되지 못할 경우 $\text{var}(b_2 | \mathbf{x})$는 식 (2.15)로 나타낼 수 없으며 다른 형태를 갖는다. 이는 b_1의 조건부 분산 및 b_1과 b_2 사이의 조건부 공분산에도 적용된다.

부록 2F 가우스-마코프 정리의 증명

β_2의 최소제곱 추정량 b_2에 대해 가우스-마코프 정리를 증명할 것이며, 이를 위해 선형 및 불편 추정량 중에서 추정량 b_2가 가장 작은 분산을 갖는다는 점을 보여줄 것이다. $b_2^* = \sum k_i y_i$(여기서 k_i는 상수)는 β_2의 다른 선형 추정량이라 하자. 최소제곱 추정량 b_2와 비교를 좀 더 쉽게 하기 위하여 $k_i = w_i + c_i$라 하자. 여기서 c_i는 다른 상수이며 w_i는 식 (2.11)에 주어져 있다. 이는 편법이기는 하지만 선택한 모든 k_i에 대해 c_i를 구할 수 있으므로 정당하다고 볼 수 있다. 새로운 추정량에 대해 y_i를 대체시키고 w_i에 대한 특성(부록 2D)을 이용하여 단순화하면 다음과 같다.

$$\begin{aligned}
b_2^* &= \sum k_i y_i = \sum (w_i + c_i) y_i = \sum (w_i + c_i)(\beta_1 + \beta_2 x_i + e_i) \\
&= \sum (w_i + c_i)\beta_1 + \sum (w_i + c_i)\beta_2 x_i + \sum (w_i + c_i) e_i \\
&= \beta_1 \sum w_i + \beta_1 \sum c_i + \beta_2 \sum w_i x_i + \beta_2 \sum c_i x_i + \sum (w_i + c_i) e_i \\
&= \beta_1 \sum c_i + \beta_2 + \beta_2 \sum c_i x_i + \sum (w_i + c_i) e_i
\end{aligned} \qquad (2F.1)$$

위에서 $\sum w_i = 0$ 및 $\sum w_i x_i = 1$이다.

식 (2F.1)의 마지막 줄에 대해 수학적인 기댓값을 취하고 나서 기댓값의 특성과 가정, 즉 $E(e_i|\mathbf{x})$ $= 0$을 이용하면 다음과 같다.

$$E(b_2^*|\mathbf{x}) = \beta_1 \sum c_i + \beta_2 + \beta_2 \sum c_i x_i + \sum (w_i + c_i) E(e_i|\mathbf{x})$$
$$= \beta_1 \sum c_i + \beta_2 + \beta_2 \sum c_i x_i \qquad (2F.2)$$

선형 추정량 $b_2^* = \sum k_i y_i$가 불편되기 위해서는 다음과 같아야만 한다.

$$\sum c_i = 0 \qquad 및 \qquad \sum c_i x_i = 0 \qquad (2F.3)$$

$b_2^* = \sum k_i y_i$가 선형 및 불편 추정량이 되기 위해서는 이 조건들이 준수되어야만 한다. 따라서 조건 식 (2F.3)가 준수된다고 가정하고 이를 이용하여 식 (2F.1)을 다음과 같이 단순화할 수 있다.

$$b_2^* = \sum k_i y_i = \beta_2 + \sum (w_i + c_i) e_i \qquad (2F.4)$$

부록 2E의 단계를 밟고 다음과 같은 추가적인 사실을 이용하여 선형 불편 추정량 b_2^*의 분산을 구할 수 있게 되었다.

$$\sum c_i w_i = \sum \left[\frac{c_i (x_i - \bar{x})}{\sum (x_i - \bar{x})^2} \right] = \frac{1}{\sum (x_i - \bar{x})^2} \sum c_i x_i - \frac{\bar{x}}{\sum (x_i - \bar{x})^2} \sum c_i = 0$$

분산의 특성을 이용하여 다음과 같이 구할 수 있다.

$$\text{var}(b_2^*|\mathbf{x}) = \text{var}\left\{ [\beta_2 + \sum (w_i + c_i) e_i] |\mathbf{x} \right\} = \sum (w_i + c_i)^2 \text{var}(e_i|\mathbf{x})$$
$$= \sigma^2 \sum (w_i + c_i)^2 = \sigma^2 \sum w_i^2 + \sigma^2 \sum c_i^2$$
$$= \text{var}(b_2|\mathbf{x}) + \sigma^2 \sum c_i^2$$
$$\geq \text{var}(b_2|\mathbf{x})$$

마지막 줄은 $\sum c_i^2 \geq 0$라는 사실에서 비롯되며 선형 및 불편 추정량 b_2^*들에 대해 이들 각각의 추정량은 최소제곱 추정량 b_2의 분산보다 더 크거나 같은 분산을 갖는다고 할 수 있다. $\text{var}(b_2^*) = \text{var}(b_2)$인 유일한 경우는 모두 $c_i = 0$이 성립되는 때이며, 이 경우 $b_2^* = b_2$가 된다. 따라서 b_2보다 나은 β_2의 다른 선형 불편 추정량은 존재하지 않으며 이로써 가우스-마코프 정리를 증명하였다.

구간 추정과 가설검정

제2장에서는 최소제곱 추정량을 이용하여 단순 선형회귀 모형의 모수에 대한 점 추정값(point estimate)을 구했다. 이 추정값들은 경제변수 사이의 관계를 나타내는 회귀 함수 $E(y|x) = \beta_1 + \beta_2 x$에 대한 추론(inference)을 의미한다. 추론은 '알고 있거나 가정하고 있는 것들로부터 추리하여 결론을 내린다'는 의미이다. 이런 사전적인 정의는 통계적 추론에도 역시 적용된다. 우리는 경제변수 사이의 관계를 가정하고 회귀 모형에 대해 다양한 가정(SR1~SR5)을 하였다. 이런 가정에 기초하고 회귀모수에 대한 실증적인 추정값이 주어진 경우 우리는 자료를 구한 모집단에 대해 추론하고자 한다.

이 장에서는 통계적 추론에 관한 다른 방법, 즉 구간 추정(interval estimation) 및 가설검정(hypothesis testing)에 대해 소개할 것이다. 구간 추정은 값의 범위를 구하는 절차로 미지의 모수가 위치할 만한 범위란 의미에서 이따금 신뢰구간(confidence interval)이라고도 한다. 가설검정은 회귀모수에 관해 할 수 있는 추정과 자료표본으로부터 구한 모수 추정값을 비교하는 절차이다. 가설검정을 통해 자료가 특정한 추정 또는 가설과 양립할 수 있는지 여부를 알 수 있다.

가설검정과 구간 추정에 관한 절차는 단순 선형회귀 모형의 가정 SR6과 이에 따른 최소제곱 추정량의 정규성에 크게 의존한다. 가정 SR6이 준수되지 않을 경우 최소제곱 추정량이 대략적으로 정규분포될 수 있도록 표본의 크기가 충분히 커야만 한다. 이 경우 이 장에서 소개하고자 하는 절차를 사용할 수는 있지만 이것도 또한 대략적이다. 이 장에서 절차를 소개할 때 '학생' t-분포를 사용할 것이다.

3.1 구간 추정

제2장에서 주당 소득이 \$100 증가할 경우 식료품에 대한 가계 지출액은 \$10.21 증대된다고 추정하였다. 추정값 $b_2 = 10.21$은 회귀 모형에서 미지의 모집단 모수 b_2의 점 추정값이다. 구간 추정을 통해서 모수에 대한 의미와 이를 추정한 정확성을 알 수 있다. 이런 구간을 자주 신뢰구간이라 부르지만 '신뢰'라는 용어가 잘못 이해되어 사용되기 때문에 구간 추정값(interval estimate)이라고 부르는 편이 낫다. 앞으로 살펴볼 것처럼 신뢰는 구간을 구하는 절차상에 존재하지 구간 그 자체에는 존재하지 않는

다. 이는 제2장에서 살펴본 최소제곱 추정량의 특성을 어떻게 평가하느냐와 일치한다.

3.1.1 t-분포

가정 SR1~SR6이 단순 선형회귀 모형에 대해 준수된다고 가정하자. 이 경우 2.6절에서 논의한 것처럼 $\mathbf{x}$가 주어진다면 최소제곱 추정량 b_1 및 b_2는 정규분포한다는 사실을 알고 있다. 예를 들어, β_2의 최소제곱 추정량 b_2의 정규분포는 다음과 같다.

$$b_2|\mathbf{x} \sim N\left(\beta_2, \frac{\sigma^2}{\sum(x_i - \bar{x})^2}\right)$$

표준 정규 확률변수는 평균을 감하고 표준편차로 나눔으로써 다음과 같이 구할 수 있다.

$$Z = \frac{b_2 - \beta_2}{\sqrt{\sigma^2/\sum(x_i - \bar{x})^2}} \sim N(0, 1) \tag{3.1}$$

표준 확률변수 Z는 평균 0 및 분산 1을 갖는 정규분포를 한다. $b_2|\mathbf{x}$의 조건부 정규분포를 표준화함으로써 $N(0, 1)$인 표본추출 분포가 알지 못하는 모수 또는 $\mathbf{x}$에 의존하지 않는 통계량 Z를 구한다. 이런 통계량을 추축(pivotal)이라고 하며, 이것이 의미하는 바는 Z에 관한 통계적 언급을 할 때 $\mathbf{x}$가 고정되었는지 또는 확률적인지에 대해 우려할 필요가 없다는 뜻이다. 정규확률에 관한 부록 표 1(715쪽 참조)을 활용하면 다음과 같다.

$$P(-1.96 \le Z \le 1.96) = 0.95$$

식 (3.1)을 위의 식에 대입시키면 다음과 같다.

$$P\left(-1.96 \le \frac{b_2 - \beta_2}{\sqrt{\sigma^2/\sum(x_i - \bar{x})^2}} \le 1.96\right) = 0.95$$

이를 다시 정리하면 다음과 같아진다.

$$P\left(b_2 - 1.96\sqrt{\sigma^2/\sum(x_i - \bar{x})^2} \le \beta_2 \le b_2 + 1.96\sqrt{\sigma^2/\sum(x_i - \bar{x})^2}\right) = 0.95$$

이는 모수 β_2를 포함할 확률이 0.95인 구간을 정의하고 있다. 양 단점 $\left(b_2 \pm 1.96\sqrt{\sigma^2/\sum(x_i - \bar{x})^2}\right)$ 은 구간 추정량을 보여주고 있다. 모집단으로부터 크기가 N인 모든 가능한 표본을 활용하여 이런 방법으로 구간을 설정할 경우 구간의 95%는 참인 모수 β_2를 포함하게 된다. 이처럼 용이하게 구간 추정량을 도출할 수 있는 것은 가정 SR6 및 오차항의 분산 σ^2을 알고 있다는 사실에 기초한다.

σ^2의 값을 알지는 못하지만 이를 추정할 수는 있다. 최소제곱 잔차는 $\hat{e}_i = y_i - b_1 - b_2 x_i$이며 σ^2의 추정량은 $\hat{\sigma}^2 = \sum\hat{e}_i^2/(N-2)$이다. 식 (3.1)에서 $\hat{\sigma}^2$으로 σ^2을 대체시킬 경우 활용할 수 있는 확률변수를 얻을 수는 있지만 이로 인해 표준 정규분포가 다음과 같이 자유도가 $N-2$인 t-분포로 변환된다.

$$t = \frac{b_2 - \beta_2}{\sqrt{\hat{\sigma}^2 / \sum (x_i - \bar{x})^2}} = \frac{b_2 - \beta_2}{\sqrt{\widehat{\text{var}}(b_2)}} = \frac{b_2 - \beta_2}{\text{se}(b_2)} \sim t_{(N-2)} \tag{3.2}$$

비율 $t = (b_2 - \beta_2)/\text{se}(b_2)$는 자유도가 $N-2$인 t-분포를 가지며, 이는 $t \sim t_{(N-2)}$로 나타낸다. $b_2|\mathbf{x}$의 조건부 정규분포를 표준화하고 추정량 $\hat{\sigma}^2$을 삽입함으로써, $t_{(N-2)}$인 표본추출 분포가 알지 못하는 모수 또는 $\mathbf{x}$에 의존하지 않는 통계량 t를 구한다. 이것도 역시 **추축통계량**이며, t-통계량에 관한 확률적 언급을 할 때 t가 고정되었는지 또는 확률적인지에 대해 우려할 필요가 없다. 유사한 결과가 b_1의 경우에도 준수되므로 일반적으로 말해 가정 SR1~SR6이 단순 선형회귀 모형에서 준수될 경우 다음과 같다.

$$t = \frac{b_k - \beta_k}{\text{se}(b_k)} \sim t_{(N-2)}, \quad k = 1, 2 \text{ 인 경우} \tag{3.3}$$

위의 식은 단순 선형회귀 모형에서 구간 추정 및 가설검정의 기초가 된다.

t-분포를 사용할 경우 이는 중심이 0인 종 모양의 곡선이라는 점을 기억하자. 이는 모양이 더 퍼져서 분산이 더 커지고 꼬리 부분이 더 두껍다는 점을 제외하고는 표준 정규분포처럼 보인다. t-분포의 모양은 보통 df로 나타내는 자유도(degrees of freedom)라고 하는 단일 모수에 의해 통제된다. 자유도가 m인 t-분포는 $t_{(m)}$으로 나타낸다. 자유도가 m인 경우 t-분포의 95번째 백분위는 $t_{(0.95, m)}$으로 나타낸다. 이 값은 확률 0.95가 이 값의 왼쪽에 위치한다는 특성을 가지므로 $P[t_{(m)} \le t_{(0.95, m)}] = 0.95$가 된다. 예를 들어, 자유도가 $m = 20$인 경우 $t_{(0.95, 20)} = 1.725$가 된다. 쉽게 찾을 수 없는 백분위값을 필요로 하는 문제에 접하게 될 경우 삽입법을 이용하여 대략적인 답을 구하거나 컴퓨터 소프트웨어를 이용하여 정확한 값을 구할 수 있다.

3.1.2 구간 추정값 구하기

$P(t \ge t_c) = P(t \le -t_c) = \alpha/2$처럼 부록 표 2(716쪽 참조)에서 t-분포의 '임계값(critical value)' t_c를 구할 수 있다. 여기서 α는 보통 $\alpha = 0.01$ 또는 $\alpha = 0.05$를 취하는 확률이다. 자유도 m에 대한 임계값

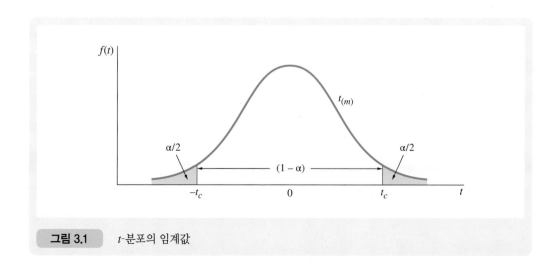

그림 3.1 t-분포의 임계값

t_c는 백분위값 $t_{(1-\alpha/2,\ m)}$이다. t_c 및 $-t_c$는 그림 3.1에 나타나 있다.

빗금 친 부분의 각 꼬리 부분에는 확률 $\alpha/2$를 포함하고 있으므로 중앙 부분에는 확률 $1-\alpha$가 포함된다. 따라서 확률을 다음과 같이 나타낼 수 있다.

$$P\left(-t_c \leq t \leq t_c\right) = 1 - \alpha \tag{3.4}$$

95% 신뢰구간에서 임계값은 확률 $1-\alpha = 0.95$를 포함하는 t-분포의 중앙 영역을 정의한다. 이는 확률 $\alpha = 0.05$를 양 꼬리 부분에 균등하게 분할하므로 $\alpha/2 = 0.025$가 된다. 그러면 임계값은 $t_c = t_{(1-0.025,\ m)} = t_{(0.975,\ m)}$이 된다. 단순회귀 모형에서 자유도는 $m = N-2$이므로 식 (3.4)는 다음과 같아진다.

$$P\left[-t_{(0.975,\ N-2)} \leq t \leq t_{(0.975,\ N-2)}\right] = 0.95$$

백분위값 $t_{(0.975,\ N-2)}$는 부록 표 2에서 구할 수 있다.

이제는 구간 추정 절차를 알아보기 위해 위에서 다룬 내용을 함께 모아 보도록 하자. 식 (3.3)의 t를 식 (3.4)로 대체시키면 다음과 같다.

$$P\left[-t_c \leq \frac{b_k - \beta_k}{\text{se}\left(b_k\right)} \leq t_c\right] = 1 - \alpha$$

이 식을 재정리하면 다음과 같아진다.

$$P\left[b_k - t_c\text{se}\left(b_k\right) \leq \beta_k \leq b_k + t_c\text{se}\left(b_k\right)\right] = 1 - \alpha \tag{3.5}$$

구간의 양 단점 $b_k - t_c\text{se}(b_k)$ 및 $b_k + t_c\text{se}(b_k)$는 표본에 따라 변화하기 때문에 확률적이다. 이 양 단점이 β_k의 구간 추정량(interval estimator)을 정의한다. 확률을 나타내는 식 (3.5)에 따르면 구간 $b_k \pm t_c\text{se}(b_k)$는 참값이지만 알지 못하는 모수 β_k를 포함할 확률이 $1-\alpha$가 된다.

b_k 및 $\text{se}(b_k)$가 자료표본에 기초한 추정값(숫자)인 경우 $b_k \pm t_c\text{se}(b_k)$를 $100(1-\alpha)$% 구간 추정값이라고 한다. 같은 의미로 이를 달리 표현하면 $100(1-\alpha)$% 신뢰구간이라고도 한다. 통상적으로 99% 신뢰구간 또는 95% 신뢰구간을 구할 수 있도록 $\alpha = 0.01$ 또는 $\alpha = 0.05$가 된다.

신뢰구간을 해석하는 데는 상당한 주의를 요한다. 구간 추정 절차의 특성은 표본추출을 반복한다는 개념에 기초하고 있다. 규모가 N인 모든 가능한 표본을 선택하여 최소제곱 추정값 b_k를 계산하고 각 표본에 대해 표준오차 $\text{se}(b_k)$를 계산하여 각 표본에 대한 구간 추정값 $b_k \pm t_c\text{se}(b_k)$를 구할 경우 이렇게 구한 모든 구간의 $100(1-\alpha)$%는 참값인 모수 β_k를 포함할 수 있다.

하나의 자료표본에 기초한 어떤 하나의 구간 추정값은 참값인 모수 β_k를 포함할 수도 있고 안 할 수도 있다. β_k를 알지 못하기 때문에 포함 여부를 결코 알 수 없다. 신뢰구간에 대해 논의할 경우, 신뢰성은 구간 추정값을 구하는 데 사용된 절차에 있지 하나의 자료표본에 기초하여 계산된 어떤 하나의 구간 추정값에 있지 않다는 점을 기억해야 한다.

🗨 정리문제 3.1　　식료품 지출액 자료에 대한 구간 측정값

식료품 지출액 자료에서 $N = 40$이고 자유도는 $N-2 = 38$이다. 95% 신뢰구간으로 $\alpha = 0.05$이다. 임계값 $t_c = t_{(1-\alpha/2,\ N-2)} = t_{(0.975,\ 38)} = 2.024$는 자유도가 38이고 t-분포인 97.5 백분위수이다. β_2에 대해 식 (3.5)와 같은 확률 표현을 사용하면 다음과 같아진다.

$$P\left[b_2 - 2.024\mathrm{se}(b_2) \leq \beta_2 \leq b_2 + 2.024\mathrm{se}(b_2)\right] = 0.95 \tag{3.6}$$

β_2에 대한 구간 추정값을 구하기 위해 최소제곱 추정값 $b_2 = 10.21$을 사용하면 이것의 표준오차는 다음과 같다.

$$\mathrm{se}(b_2) = \sqrt{\widehat{\mathrm{var}}(b_2)} = \sqrt{4.38} = 2.09$$

위의 값을 식 (3.6)에 대입하면 β_2에 대한 '95% 신뢰구간 추정값'을 다음과 같이 구할 수 있다.

$$b_2 \pm t_c\mathrm{se}(b_2) = 10.21 \pm 2.024(2.09) = [5.97,\ 14.45]$$

즉 주당 소득이 \$100 추가적으로 발생하는 경우, 가계는 식료품에 대해 \$5.97에서 \$14.45 사이의 금액을 사용하게 된다는 사실을 95%의 신뢰성을 갖고 추정하게 된다.

β_2는 구간 [5.97, 14.45]에 있는가? 우리는 알지 못하며 앞으로도 결코 알지 못할 것이다. 우리가 알고 있는 사실은 지금까지 사용한 절차를 동일한 모집단에서 추출한 많은 무작위 표본자료에 적용할 경우, 이 절차를 사용하여 구한 모든 구간 추정값의 95%가 참값인 모수를 포함할 것이라는 점이다. 구간 추정 절차는 시행하는 경우의 95%에 대해 '작동한다'. 한 표본에 기초하여 구한 구간 추정값에 대해 언급할 수 있는 것은 신뢰할 수 있는 절차를 밟은 경우 β_2가 구간 [5.97, 14.45]에 있지 않을 경우 '의아하게 생각할 것이다'라는 점이다.

β_2의 구간 추정값은 어떤 유용성을 갖고 있는가? 회귀 결과를 검토할 경우 $b_2 = 10.21$과 같은 점 추정값에 대해 언제나 언급하게 된다. 그러나 점 추정값으로는 큰 신뢰를 줄 수 없으므로 구간 추정값을 생각해 볼 수 있다. 구간 추정값은 점 추정값과 최소제곱 추정량의 변동을 측정하는 추정값의 표준오차 둘 다를 포함한다. 구간 추정값의 경우 자유도가 낮으면 t-분포의 임계값 t_c가 커지므로 표본의 크기도 고려하게 된다. 구간 추정값의 폭이 넓은 경우(이는 표준오차가 크다는 의미이다) β_2에 관해 표본에 많은 정보가 있지 않다고 할 수 있다. 반대로 구간 추정값의 폭이 좁은 경우 β_2에 관해 좀 더 많은 정보가 있다는 의미이다.

무엇이 폭이 '넓은 것인지' 그리고 무엇이 폭이 '좁은 것인지'는 해결하고자 하는 문제에 달려 있다. 예를 들어, 위의 모형에서 $b_2 = 10.21$은 주당 가계소득이 \$100 증가할 경우 주당 식료품 지출액이 얼마나 증가할지에 관한 추정값이다. 슈퍼마켓 체인의 CEO는 해당 지역의 소득 증대 예측치가 주어진 경우 장래에 필요한 매장을 계획하는 데 이 추정값을 사용할 수 있다. 사려 깊은 CEO라면 10.21 근처의 β_2값들을 고려하여 민감도 분석을 시행할 것이다. 문제는 "어느 정도 변화하느냐?"이다. 이에 대한 대답은 구간 추정값 [5.97, 14.45]에서 구할 수 있다. β_2가 이 구간에 있을 수도 있고 없을 수도 있지만 CEO는 구간 추정값을 구하기 위해 사용한 절차가 95% '작동한다'는 사실을 알고 있다. 구간 내에서 변화하는 β_2가 매출액 및 이윤에 극적인 영향을 미치는 경우 CEO는 결정을 내리기에는 불충분한 증거를 갖고 있다는 결론을 지으면서 새로운 보다 많은 자료표본을 수집하라고 지시할 것이다.

3.1.3　표본추출의 경우

2.4.3절에서는 10개 자료표본을 활용하여 최소제곱 추정량의 표본추출 특성을 살펴보았다. 크기가 $N = 40$인 각 표본은 동일한 소득을 갖지만 변화하는 식료품 지출액을 갖는 가계들을 포함한다. 표 3.1은 OLS 추정값, σ^2의 추정값, 각 표본에 대한 계수 표준오차를 보여주고 있다. 이 추정값을 통해 알 수 있는 표본추출 변동에 유의하자. 이 변동은 각 표본에 40개의 상이한 가계가 있다는 단순한 사실에서 비롯된다. 표 3.2는 동일한 표본에 관해 모수 β_1 및 β_2에 대한 95% 신뢰구간 추정값을 보여주

표 3.1   10개 가상적인 무작위 표본의 최소제곱 추정값

표본	b_1	$se(b_1)$	b_2	$se(b_2)$	$\hat{\sigma}^2$
1	93.64	31.73	8.24	1.53	4282.13
2	91.62	31.37	8.90	1.51	4184.79
3	126.76	48.08	6.59	2.32	9828.47
4	55.98	45.89	11.23	2.21	8953.17
5	87.26	42.57	9.14	2.05	7705.72
6	122.55	42.65	6.80	2.06	7735.38
7	91.95	42.14	9.84	2.03	7549.82
8	72.48	34.04	10.50	1.64	4928.44
9	90.34	36.69	8.75	1.77	5724.08
10	128.55	50.14	6.99	2.42	10691.61

표 3.2   10개 가상적인 무작위 표본의 구간 추정값

표본	$b_1 - t_c se(b_1)$	$b_1 + t_c se(b_1)$	$b_2 - t_c se(b_2)$	$b_2 + t_c se(b_2)$
1	29.40	157.89	5.14	11.34
2	28.12	155.13	5.84	11.96
3	29.44	224.09	1.90	11.29
4	−36.91	148.87	6.75	15.71
5	1.08	173.43	4.98	13.29
6	36.21	208.89	2.63	10.96
7	6.65	177.25	5.73	13.95
8	3.56	141.40	7.18	13.82
9	16.07	164.62	5.17	12.33
10	27.04	230.06	2.09	11.88

고 있다.

표본추출이 변동하기 때문에 최소제곱 추정값의 위치가 변화함에 따라 각각의 구간 추정값 중심이 변화하며 또한 표준오차가 변화함에 따라 구간의 폭이 변화한다. "얼마나 많은 구간이 참값인 모수를 포함하며 그것은 어느 구간인가?"에 대해 물을 경우 이에 대해 모르며 결코 알지 못할 것이라고 대답할 수밖에 없다. 그러나 이런 방법으로 구한 모든 구간 추정값의 95%는 모수의 참값을 포함하므로 이런 구간 중 9개 또는 10개가 참값이지만 알려지지 않은 모수를 포함할 것으로 예상된다.

점 추정과 구간 추정 사이의 차이를 알아보도록 하자. 우리는 최소제곱 추정량을 사용하여 미지의 모수에 대한 점 추정값을 구했다. $k = 1$ 또는 2에 대한 추정된 분산 $\widehat{var}(b_k)$와 이의 제곱근 $\sqrt{\widehat{var}(b_k)} = se(b_k)$는 표본별로 최소제곱 추정량의 표본추출 변동에 대해 알려준다. 구간 추정량은 점 추정과 표본추출 변동을 합하여 미지의 모수가 속할지도 모를 구간의 값을 알려주므로 회귀분석 결과를 발표하는 편리한 방법이다. 최소제곱 추정량의 표본추출 변동이 작은 경우 구간 추정값의 폭이 상대적으로 좁으며, 이는 최소제곱 추정값이 '신뢰할 만하다'는 의미이다. 반면에 최소제곱 추정량의 표본추출 변동이 큰 경우 구간 추정값의 폭이 넓으며, 이는 최소제곱 추정값이 '신뢰하기 어렵다'는 의미이다.

3.2 가설검정

경영 및 경제상의 의사결정을 하려는 많은 경우 모수가 특정값을 갖는지 여부에 대한 판단을 해야 한다. 식료품 지출액의 예에서 β_2가 10보다 큰지 여부, 즉 이에 따라 소득이 $100 증가할 경우 식료품 지출액이 $10 이상 증가하는지 여부가 의사결정을 하는 데 큰 차이를 만든다. 또한 경제이론에 따를 경우 β_2는 양이 되어야만 한다. 자료 및 모형을 점검할 경우 이론이 자료와 부합하는지 여부도 살펴보아야 한다.

가설검정 절차는 모집단에 관해 갖고 있는 추측과 자료표본에 포함된 정보를 비교하는 작업이다. 경제 및 통계 모형이 주어진 경우 가설(hypothesis)은 경제행위에 대해 설정되며, 이 가설들은 모형모수에 관한 추측으로 간주된다. 가설검정은 가설에 대한 결론을 도출하기 위해 자료표본에 포함된 모수에 관한 정보, 다시 말해 최소제곱에 의한 점 추정값과 이의 표준오차를 사용한다.

각각의 모든 가설검정에는 다음과 같은 다섯 가지 요소가 있어야 한다.

가설검정의 요소

1. 귀무가설 H_0
2. 대립가설 H_1
3. 검정 통계량
4. 기각역
5. 결론

3.2.1 귀무가설

H_0로 나타내는 귀무가설(null hypothesis)은 모수의 특정값을 지정하며 일반적으로 $k = 1$ 또는 2에 대해 β_k로 나타낸다. 즉 귀무가설은 $H_0 : \beta_k = c$로 나타내며, 여기서 c는 상수이고 특정 회귀 모형에서 주요한 값이다. 귀무가설은 귀무가설이 기각되는 경우, 즉 표본자료에 의해 사실이 아니라고 확신될 때까지 우리가 고수하는 믿음이다.

3.2.2 대립가설

귀무가설이 기각될 경우 채택되는 논리적 대립가설(alternative hypothesis) H_1은 각 귀무가설과 짝을 이룬다. 대립가설은 융통성이 있으며 어느 정도 경제이론에 따른다. 귀무가설 $H_0 : \beta_k = c$에 대해 다음과 같은 세 가지 대립가설이 가능하다.

- $H_1 : \beta_k > c$. 이 경우 귀무가설 $\beta_k = c$가 기각되면 $\beta_k > c$라는 결론을 받아들이게 된다. 경제이론에 따르면 변수들 사이의 관계를 알려주는 부호에 대해 자주 정보를 얻을 수 있으므로 부등호를 이용한 대립가설이 경제학에서 자주 이용된다. 예를 들어, 경제이론에 의하면 식료품과 같은 필수품은 정상재이며, 소득이 증가함에 따라 식료품 지출액이 증대된다고 보아야 하므로 식료품 지출액의 예에서 $H_1 : \beta_2 > 0$에 대한 귀무가설 $H_0 : \beta_2 = 0$을 검정할 수도 있다.

- $H_1: \beta_k < c$. 이 경우 귀무가설 $\beta_k = c$가 기각되면 $\beta_k < c$라는 결론을 받아들이게 된다.
- $H_1: \beta_k \neq c$. 이 경우 귀무가설 $\beta_k = c$가 기각되면 β_k는 c보다 더 크거나 또는 더 작은 값을 갖게 된다는 결론을 받아들이게 된다.

3.2.3 검정 통계량

귀무가설에 대한 표본 정보는 검정 통계량(test statistic)의 표본값에 포함되어 있다. 검정 통계량의 값에 기초하여 귀무가설을 기각하거나 기각하지 않을지를 결정하게 된다. 검정 통계량은 다음과 같은 매우 특별한 성격이 있다. 귀무가설이 참인 경우 확률분포가 완전하게 알려지고, 귀무가설이 참이 아닌 경우 다른 분포를 갖는다.

이 모든 것은 식 (3.3)의 주요한 결과, 즉 $t = (b_k - \beta_k)/se(b_k) \sim t_{(N-2)}$로부터 시작이 된다. 만일 귀무가설 $H_0: \beta_k = c$가 참인 경우, β_k를 c로 대체할 수 있으며 다음과 같아진다.

$$t = \frac{b_k - c}{se(b_k)} \sim t_{(N-2)} \tag{3.7}$$

귀무가설이 참이 아닌 경우 식 (3.7)의 t-통계량은 자유도 $N - 2$인 t-분포를 갖지 않는다.

3.2.4 기각역

기각역(rejection region)은 대립가설의 형태에 의존하며 귀무가설의 기각으로 이어지는 검정 통계량 값의 범위이다. 다음을 아는 경우에만 기각역을 세울 수 있다.

- 귀무가설이 참일 때 그것의 분포를 아는 검정 통계량
- 대립가설
- 유의수준

기각역은 귀무가설이 참인 경우 발생하기 어렵거나 발생할 확률이 낮은 값으로 구성된다. 논리는 다음과 같다. "검정 통계량값이 발생할 확률이 낮은 영역에 속하는 경우 검정 통계량은 가정된 분포를 갖기 어려우며, 이에 따라 귀무가설이 참이기도 어렵다." 대립가설이 참인 경우 검정 통계량값은 유별나게 '크거나' '작은' 경향이 있다. '크거나' '작은'과 같은 용어는 '발생하기 어려운 사건'을 의미하는 확률 α, 소위 유의수준(level of significance)을 선택함으로써 결정된다. 검정의 유의수준 α는 통상적으로 0.01, 0.05, 0.10이다.

귀무가설이 참인데 이를 기각할 경우 소위 제1종 오류(Type I error)를 범하게 된다. 검정의 유의수준이 제1종 오류를 범한 확률이므로 P(제1종 오류) $= \alpha$가 된다. 귀무가설을 기각할 때는 언제나 이런 오류를 범할 수 있으며 이를 피할 수는 없다. 하지만 다행스럽게도 유의수준 α를 설정함으로써 감내할 수 있는 정도로 제1종 오류의 규모를 선택할 수 있다. 이런 오류의 대가가 크다면 α를 작게 설정해야 한다. 반대로 귀무가설이 거짓인데 이를 기각하지 않는 경우 제2종 오류(Type II error)를 범하게 된다. 이런 오류는 미지의 참 모수 β_k에 의존하므로 오류가 발생할 확률을 통제하거나 계산할 수 없다.

3.2.5 결론

가설을 검정하고 나면 결론을 도출해야 한다. 귀무가설을 기각하였는가 아니면 기각하지 않았는가? 다음에 살펴볼 것처럼 귀무가설을 '수락한다'라는 말은 오해를 불러일으킬 수 있으므로 이렇게 말하는 것은 피해야 한다. 또한 결론이 의미하는 바를 관련 문제의 경제학적 해석의 테두리 내에서 그리고 발견한 사실의 경제학적 중요성의 틀 내에서 해석하도록 해야 한다. 통계적 절차는 그 자체가 목적이 될 수 없으며 추론을 할 수 있도록 진행되어야 한다. 그리고 그 의미를 설명할 수 있어야 한다.

3.3 특정 대립가설에 대한 기각역

이 절에서는 귀무가설 $H_0 : \beta_k = c$에 대한 세 가지 대립가설 각각에 관해 기각 규칙의 성격을 살펴보고자 한다. 앞에서 살펴본 것처럼 첫째, 귀무가설에 대한 기각역을 알기 위해서는 검정 통계량이 필요하며, 이는 식 (3.7)에 있다. 둘째, 다음과 같은 특정의 대립가설을 설정해야 한다. $\beta_k > c$, $\beta_k < c$, 또는 $\beta_k \neq c$. 셋째, 검정의 유의수준을 설정해야 한다. 검정의 유의수준 α는 실제로 참인 귀무가설을 기각할 확률, 소위 제1종 오류가 발생할 확률이다.

3.3.1 '∼보다 크다(>)'는 대립가설에 대한 단측검정

귀무가설 $H_0 : \beta_k = c$를 검정할 때 대립가설 $H_1 : \beta_k > c$이 참인 경우 t-통계량 식 (3.7)의 값이 t-분포에 대해 통상적인 경우보다 더 큰 경향이 있다. 검정 통계량이 유의수준 α에 대한 임계값보다 큰 경우 귀무가설을 기각하게 된다. 오른쪽 꼬리 부분에 확률 α가 위치하게 할 임계값은 그림 3.2에서 보는 것처럼 $(1 - \alpha)$ 백분위 $t_{(1-\alpha, N-2)}$이다. 예를 들어, $\alpha = 0.05$ 및 $N - 2 = 30$인 경우, 부록 표 2에 따르면 임계값은 95번째 백분위값 $t_{(0.95, 30)} = 1.697$이다.

기각 규칙은 다음과 같다.

대립가설 $H_1 : \beta_k > c$에 대한 귀무가설 $H_0 : \beta_k = c$를 검정할 경우, $t \geq t_{(1-\alpha, N-2)}$라면 귀무가설을 기각하고 대립가설을 채택한다.

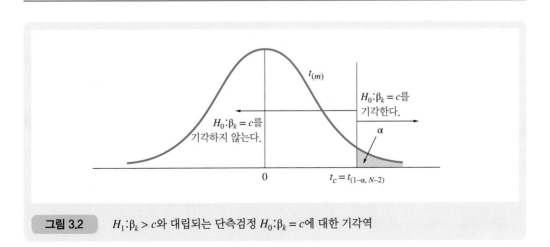

그림 3.2　$H_1 : \beta_k > c$와 대립되는 단측검정 $H_0 : \beta_k = c$에 대한 기각역

t-통계량의 발생할 가능성이 낮은 값이 확률분포의 한쪽 꼬리에만 위치하기 때문에 이런 검정을 '단측'검정이라 한다. 귀무가설이 참인 경우 검정 통계량 식 (3.7)은 t-분포를 가지며, 그 값은 대부분의 확률을 포함한 임계값의 왼쪽인 분포의 중앙에 위치하는 경향이 있다. 귀무가설이 참인 경우 t-통계량의 값이 해당 분포의 오른쪽 꼬리 끝부분에 위치할 확률이 낮아지도록 유의수준 α를 선택한다. 검정 통계량의 값이 기각역에 위치할 경우 이를 귀무가설에 반하는 증거로 보며, 귀무가설이 참일 확률이 낮다고 본다. 귀무가설에 반하는 증거는 대립가설을 지지하는 증거가 된다. 따라서 귀무가설을 기각할 경우 대립가설이 참이라는 결론을 내리게 된다.

귀무가설 $H_0 : \beta_k = c$가 참인 경우 검정 통계량 식 (3.7)은 t-분포를 가지며, 그 값은 확률 $1 - \alpha$인 비기각역에 위치하게 된다. $t < t_{(1-\alpha,\, N-2)}$인 경우 귀무가설에 반하는 통계적으로 유의한 증거는 존재하지 않으며 귀무가설을 기각하지 않는다.

3.3.2 '~보다 작다(<)'는 대립가설에 대한 단측검정

대립가설 $H_1 : \beta_k < c$가 참인 경우 t-통계량 식 (3.7)의 값이 t-분포에 대해 통상적인 경우보다 더 작은 경향이 있다. 검정 통계량이 유의수준 α에 대한 임계값보다 작은 경우 귀무가설을 기각하게 된다. 확률 α가 왼쪽 꼬리 부분에 위치하게 될 임계값은 그림 3.3에서 보는 것처럼 α 백분위 $t_{(\alpha,\, N-2)}$이다.

부록 표 2에 기초하여 임계값을 구할 경우 t-분포는 0에 대해 대칭적이었다는 점을 기억하자. 따라서 α 백분위 $t_{(\alpha,\, N-2)}$는 $(1 - \alpha)$ 백분위 $t_{(1-\alpha,\, N-2)}$의 음수이다. 예를 들어, $\alpha = 0.05$ 및 $N - 2 = 20$인 경우 t-분포의 95번째 백분위는 $t_{(0.95,\, 20)} = 1.725$이며, 5번째 백분위값은 $t_{(0.05,\, 20)} = -1.725$가 된다. 기각 규칙은 다음과 같다.

대립가설 $H_1 : \beta_k < c$에 대한 귀무가설 $H_0 : \beta_k = c$를 검정할 경우, $t \leq t_{(\alpha,\, N-2)}$라면 귀무가설을 기각하고 대립가설을 채택한다.

비기각역은 $t_{(\alpha,\, N-2)}$보다 큰 t-통계량값으로 구성된다. 귀무가설이 참인 경우 그런 t-값을 구할 확률은 $1 - \alpha$로 큰 값을 갖도록 선택된다. 따라서 $t > t_{(\alpha,\, N-2)}$인 경우 $H_0 : \beta_k = c$를 기각하지 않는다.

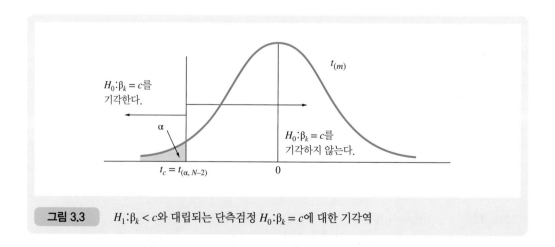

그림 3.3 $H_1 : \beta_k < c$와 대립되는 단측검정 $H_0 : \beta_k = c$에 대한 기각역

기각역이 위치하는 영역을 알기 위해서 다음과 같은 요령을 기억해 두자.

암기 요령

단측검정의 기각역은 대립가설의 화살표 방향에 위치한다. 즉 대립가설이 >인 경우 오른쪽 꼬리 부분에서 기각하게 된다. 대립가설이 <인 경우 왼쪽 꼬리 부분에서 기각하게 된다. ■

3.3.3 '~과 같지 않다(≠)'는 대립가설에 대한 양측검정

귀무가설 $H_0: \beta_k = c$를 검정하는 경우 대립가설 $H_1: \beta_k \neq c$가 참이라면 t-통계량 식 (3.7)의 값은 t-분포에 대해 통상적인 경우보다 더 크거나 또는 더 작은 경향이 있다. 유의수준 α인 검정을 하기 위해서 양쪽 꼬리 부분에 위치한 t-통계량의 확률이 $\alpha/2$가 되도록 임계값을 설정하게 된다. 좌측 임계값은 백분위 $t_{(\alpha/2, N-2)}$이며 우측 임계값은 백분위 $t_{(1-\alpha/2, N-2)}$이다. 그림 3.4에서 보는 것처럼 검정 통계량이 $t \leq t_{(\alpha/2, N-2)}$ 또는 $t \geq t_{(1-\alpha/2, N-2)}$인 경우 대립가설 $H_1: \beta_k \neq c$를 지지하면서 귀무가설 $H_0: \beta_k = c$를 기각하게 된다. 예를 들어, $\alpha = 0.05$ 및 $N - 2 = 30$인 경우 $\alpha/2 = 0.025$가 되고, 좌측 임계값은 2.5 백분위값인 $t_{(0.025, 30)} = -2.042$가 되며 우측 임계값은 97.5 백분위값인 $t_{(0.975, 30)} = 2.042$가 된다. 우측 임계값은 부록 표 2에서 구할 수 있으며, 좌측 임계값은 t-분포의 대칭성을 이용하여 구할 수 있다.

기각역이 t-분포의 좌측 및 우측 꼬리 부분에 위치하므로 이 검정을 양측검정(two-tail test)이라고 한다. 귀무가설이 참인 경우 양쪽 꼬리 부분 중 한쪽에 위치할 검정 통계량의 값을 구할 확률은 '작아진다'. 꼬리 부분 확률의 합은 α가 된다. 꼬리 부분에 위치한 검정 통계량의 표본값은 귀무가설과 양립할 수 없으며, 귀무가설이 참이라는 사실과 대립한다. 반면에 귀무가설 $H_0: \beta_k = c$가 참인 경우 중앙의 비기각역에 위치한 검정 통계량 t-값을 구할 확률이 높아진다. 중앙의 비기각역에 위치하는 검정 통계량의 표본값은 귀무가설과 양립할 수 있으며, 귀무가설이 참이라는 사실과 대립되는 증거로 채택될 수 없다.

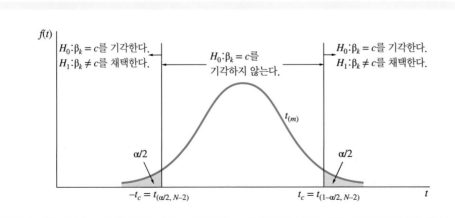

그림 3.4 $H_1: \beta_k \neq c$와 대립되는 검정 $H_0: \beta_k = c$에 대한 기각역

기각 규칙은 다음과 같다.

대립가설 $H_1:\beta_k \neq c$에 대한 귀무가설 $H_0:\beta_k = c$를 검정할 경우 $t \leq t_{(\alpha/2,\ N-2)}$ 또는 $t \geq t_{(1-\alpha/2,\ N-2)}$ 라면 귀무가설을 기각하고 대립가설을 채택한다.

$t_{(\alpha/2,\ N-2)} < t < t_{(1-\alpha/2,\ N-2)}$인 경우 귀무가설을 기각하지 않는다.

3.4 가설검정의 사례

식료품 지출액 모형을 이용하여 가설검정의 원리를 설명하고 우측검정, 좌측검정, 양측검정의 예를 살펴볼 것이다. 각 사례에서는 앞에서 언급한 일련의 단계를 밟아 갈 것이며, 3.2절 앞부분에서 제시한 가설 검정의 구성요소를 검토해 볼 것이다. 문제 및 상황에 관한 가설검정의 일반적인 절차는 다음과 같다.

가설검정의 단계별 절차

1. 귀무가설 및 대립가설을 결정한다.

2. 귀무가설이 참인 경우의 검정 통계량과 분포를 규정한다.

3. α를 선택하고 기각역을 결정한다.

4. 검정 통계량의 표본값을 계산한다.

5. 결론을 내리고 이에 대해 언급한다.

🖐 정리문제 3.2   유의성의 우측검정

통상적으로 최우선 관심사는 모형이 설정한 것처럼 변수들 사이에 관계가 존재하는지 여부이다. $\beta_2 = 0$인 경우 식료품 지출액과 소득 사이에 선형 관계가 존재하지 않는다. 경제이론에 의하면 식료품은 정상재이며, 소득이 증가함에 따라 식료품 지출액도 역시 증가하여 $\beta_2 > 0$가 된다. β_2의 최소제곱 추정값은 $b_2 = 10.21$이며 이는 분명히 0보다 크다. 하지만 추정값이 올바른 부호를 갖고 있다는 사실만으로 과학적인 증명을 했다고는 볼 수 없다. $\beta_2 > 0$라는 결론을 내릴 수 있는 확실하거나 또는 유의한 통계적 확증이 있는지 여부를 결정해야 한다. 모수가 0이라는 귀무가설을 검정할 경우 b_2가 0과 유의하게 상이한지를 묻게 되며, 이런 검정을 유의성 검정(test of significance)이라 한다.

통계적 검정 절차로는 귀무가설이 참인지를 증명할 수 없다. 귀무가설을 기각하는 데 실패할 경우, 가설검정을 통해 알 수 있는 것은 자료표본에 있는 정보가 귀무가설과 **양립할 수 있다**는 사실이다. 뒤집어 말하면 통계적인 검정을 통해 귀무가설이 실제로 참인데도 이를 기각할 작은 확률 α를 갖고 귀무가설을 기각하게 된다. 따라서 귀무가설을 기각한다는 말은 이를 기각하는 데 실패했다는 말보다 더 강력한 결론이다. 이런 이유로 인해 귀무가설은 통상적으로 관련 이론이 옳다면 귀무가설을 기각하게 된다는 식으로 언급된다. 위의 예에서 경제이론에 따르면 소득과 식료품 지출액 사이에 양의 관계가 존재해야 한다. 가설검정을 통하여 관련 이론을 지지하는 통계적 증거가 있음을 보여주고자 한다. 이를 위해 변수들 사이에 관련이 없다는 귀무가설, 즉 $H_0 : \beta_2 = 0$을 설정할 것이며, 대립가설은 우리가 생각하고 있는 추측, 즉 $H_1 : \beta_2 > 0$라고 할 것이다. 귀무가설을 기각하게 되면 오류를 범할 작은 확률(α)이 존재하지만 β_2는 양으로 본다고 말하게 된다.

이 가설검정의 절차는 다음과 같다.

1. 귀무가설은 $H_0 : \beta_2 = 0$이며 대립가설은 $H_1 : \beta_2 > 0$이다.
2. 검정 통계량은 식 (3.7)이다. 이 경우 $c = 0$이므로 귀무가설이 참일 경우 $t = b_2 / se(b_2) \sim t_{(N-2)}$가 된다.
3. $\alpha = 0.05$를 선택하였다고 하자. 우측 기각역의 임계값은 자유도가 $N - 2 = 38$이고 t-분포의 95번째 백분위, 즉 $t_{(0.95,\ 38)} = 1.686$이 된다. 따라서 $t \geq 1.686$인 경우 귀무가설을 기각하게 되며, $t < 1.686$인 경우 귀무가설을 기각하지 않는다.
4. 식료품 지출액 자료를 이용하여 표준오차가 $se(b_2) = 2.09$인 $b_2 = 10.21$를 구하였다. 검정 통계량의 값은 다음과 같다.

$$t = \frac{b_2}{se(b_2)} = \frac{10.21}{2.09} = 4.88$$

5. $t = 4.88 > 1.686$이므로 $\beta_2 = 0$인 귀무가설을 기각하고 $\beta_2 > 0$인 대립가설을 채택한다. 즉 소득과 식료품 지출액 사이에 관계가 없다는 가설을 기각하고, 가계소득과 식료품 지출액 사이에 **통계적으로 유의한 양의 관계가 있다**고 결론을 내리게 된다.

마지막 결론 부분이 중요하다. 검정 결과를 일반인들에게 알리고자 할 경우 검정에서 사용하였던 문자 및 부호가 아니라 알아보고자 하였던 문제의 테두리 내에서 검정 결과를 설명해야 한다.

위의 예에서 귀무가설을 기각할 수 없었다면 어떻게 해야 하는가? 경제이론이 잘못됐으며 소득과 식료품 지출액 사이에 아무런 연관이 없다고 결론을 내려야 하는가? 물론 그렇지 않다. 귀무가설을 기각하는 데 실패하였다는 사실이 귀무가설이 참이라는 의미는 결코 아니다.

🐢 정리문제 3.3   경제 가설에 대한 우측검정

새로 개점한 슈퍼마켓의 경제적 이윤은 추가적인 주당 소득 각 $100 중 식료품에 최소한 $5.50를 지출하는 가계에 달려 있다고 가상하자. 또한 이에 대한 강력한 증거가 없는 한 신규 슈퍼마켓이 개점되지 않는다고 가상하자. 이 경우 설정하고자 하는 추측, 즉 대립가설은 $\beta_2 > 5.5$이다. $\beta_2 \leq 5.5$인 경우 슈퍼마켓은 이윤이 남지 않으며 소유주는 이를 개점하려 하지 않는다. b_2의 최소제곱 추정값이 5.5보다 큰 $\beta_2 = 10.21$이다. 우리가 결정하고자 하는 바는 사용 가능한 자료에 기초하며 $\beta_2 > 5.5$라고 결론을 내릴 수 있도록 하는 확실한 통계적 증거가 있는지 여부이다. 이 판단은 추정값 b_2뿐만 아니라 $se(b_2)$로 측정한 정확성에 기초하여 이루어진다.

귀무가설은 무엇이 되어야 하는가? 귀무가설은 예를 들면 $\beta_2 = 5.5$처럼 등식으로 설정하였다. $\beta_2 > 5.5$가 이론적으로 가능하기 때문에 이런 귀무가설은 너무 제한적이라고 할 수 있다. 대립가설 $H_1 : \beta_2 > 5.5$에 대한 귀무가설 $H_0 : \beta_2 \leq 5.5$를 검정하는 가설검정 절차는 대립가설 $H_1 : \beta_2 > 5.5$에 대한 귀무가설 $H_0 : \beta_2 = 5.5$를 검정하는 것과 정확히 동일하다. 검정 통계량 및 기각역이 정확히 같다. 우측검정에 대해 해결하고자 하는 문제에 따라 이 방법 중 하나로 귀무가설을 설정할 수 있다.

이 가설검정의 절차는 다음과 같다.

1. 귀무가설은 $H_0 : \beta_2 \leq 5.5$이며 대립가설은 $H_1 : \beta_2 > 5.5$이다.
2. 귀무가설이 참이면 검정 통계량은 $t = (b_2 - 5.5) / se(b_2) \sim t_{(N-2)}$이다.
3. $\alpha = 0.01$을 선택하였다고 하자. 우측 기각역의 임계값은 자유도가 $N - 2 = 38$이고 t-분포의 99번째 백분위, 즉 $t_{(0.99,\ 38)} = 2.429$가 된다. $t \geq 2.429$인 경우 귀무가설

을 기각하게 되며 $t < 2.429$인 경우 귀무가설을 기각하지 않는다.

4. 식료품 지출액 자료를 이용하여 표준오차가 $se(b_2) = 2.09$인 $b_2 = 10.21$을 구하였다. 검정 통계량의 값은 다음과 같다.

$$t = \frac{b_2 - 5.5}{se(b_2)} = \frac{10.21 - 5.5}{2.09} = 2.25$$

5. $t = 2.25 < 2.429$이므로 $\beta_2 \leq 5.5$인 귀무가설을 기각하지 않는다. 신규 슈퍼마켓은 이윤을 낼 수 있다고 결론을 내릴 수 없으며 개점을 하지 않게 된다.

위의 예에서는 유의수준 α의 선택이 매우 중요한 상황을 설정하였다. 수백만 달러가 소요되는 건설계획은 가계가 추가적인 소득 각 $100 중 최소한 $5.50를 식료품에 지출할 것이라는 확실한 증거에 달려 있다. '통상적으

로' $\alpha = 0.05$를 선택했지만 여기서는 보다 보수적인 값 $\alpha = 0.01$을 선택하였다. 왜냐하면 귀무가설이 실제로 참인 경우 이를 기각할 확률이 낮은 검정을 하고자 하였기 때문이다. 위의 예에서 귀무가설이 참인 경우, 신규 슈퍼마켓을 개점하는 것은 이윤이 남지 않는다. 이윤이 발생하지 않는 슈퍼마켓이 개점될 확률이 매우 낮기를 원하므로 귀무가설이 참일 때 이를 기각할 확률이 매우 낮기를 바란다. 각각의 실제 상황에서 α의 선택은 잘못된 결정에 따른 위험과 수반되는 결과를 평가하여 이루어진다.

위의 증거에 기초하여 결정하길 주저하는 CEO는 새롭고 보다 많은 자료표본을 분석하도록 요구할 수도 있다. 표본크기가 커짐에 따라 최소제곱 추정량은 보다 정확해지며 결과적으로 가설검정이 통계적 추론을 하는 데 보다 강력한 수단이 될 수 있다.

🔍 정리문제 3.4　　경제 가설에 대한 좌측검정

이번에는 왼쪽 꼬리 부분에 기각역이 있는 검정을 살펴보도록 하자. 귀무가설은 $\beta_2 \geq 15$이고 대립가설은 $\beta_2 < 15$라고 생각하자. t-검정의 기각역이 위치하는 곳을 결정하기 위해 앞에서 살펴본 암기 요령을 기억해 보자. 기각역은 대립가설의 화살표 방향, 즉 '<'의 방향에 위치한다고 하였다. 따라서 기각역은 t-분포의 왼쪽 꼬리 부분에 위치한다고 볼 수 있다.

이 가설검정의 절차는 다음과 같다.

1. 귀무가설은 $H_0 : \beta_2 \geq 15$이며 대립가설은 $H_1 : \beta_2 < 15$이다.
2. 귀무가설이 참이면 검정 통계량은 $t = (b_2 - 15)/se(b_2) \sim t_{(N-2)}$이다.
3. $\alpha = 0.05$를 선택하였다고 하자. 좌측 기각역의 임계값은 자유도가 $N - 2 = 38$이고 t-분포의 5번째 백분위, 즉

$t_{(0.05,\ 38)} = -1.686$이 된다. $t \leq -1.686$인 경우 귀무가설을 기각하게 되며, $t > -1.686$인 경우 귀무가설을 기각하지 않는다. 좌측 기각역에 대해서는 그림 3.3에서 살펴보았다.

4. 식료품 지출액 자료를 이용하여 표준오차가 $se(b_2) = 2.09$인 $b_2 = 10.21$을 구하였다. 검정 통계량의 값은 다음과 같다.

$$t = \frac{b_2 - 15}{se(b_2)} = \frac{10.21 - 15}{2.09} = -2.29$$

5. $t = -2.29 < -1.686$이므로 $\beta_2 \geq 15$인 귀무가설을 기각하고 $\beta_2 < 15$인 대립가설을 채택한다. 가계들은 추가적인 소득 각 $100 중 $15보다 적은 금액을 식료품에 지출한다고 결론을 내리게 된다.

정리문제 3.5   경제 가설에 대한 양측검정

개점 컨설턴트는 유사한 이웃 상황에 기초하여 개점을 계획하고 있는 슈퍼마켓 근처에 거주하는 가계들이 추가적인 소득 $100당 추가적으로 $7.50을 지출한다는 의견을 개진하였다. 경제 모형 측면에서 이런 추측은 귀무가설 $\beta_2 = 7.5$로 표현할 수 있다. 이 가설이 참인지 또는 아닌지 검정하고자 한다면 대립가설은 $\beta_2 \neq 7.5$가 된다. 이 대립가설은 β_2가 7.5보다 크거나 작다는 언급 없이 다만 7.5가 아니라고만 말한다. 이런 경우 양측검정을 하게 되며 절차는 다음과 같다.

1. 귀무가설은 $H_0 : \beta_2 = 7.5$이며 대립가설은 $H_1 : \beta_2 \neq 7.5$이다.
2. 귀무가설이 참이면 검정 통계량은 $t = (b_2 - 7.5)/\text{se}(b_2) \sim t_{(N-2)}$이다.
3. $\alpha = 0.05$를 선택하였다고 하자. 이 양측검정의 임계값은 2.5 백분위인 경우 $t_{(0.025,\ 38)} = -2.024$이고, 97.5 백분위인 경우 $t_{(0.975,\ 38)} = 2.024$가 된다. 따라서 $t \geq 2.024$ 또는 $t \leq -2.024$인 경우 귀무가설을 기각하며, $-2.024 < t < 2.024$인 경우 귀무가설을 기각하지 않는다.
4. 식료품 지출액 자료를 이용하여 표준오차가 $\text{se}(b_2) = 2.09$인 $b_2 = 10.21$을 구하였다. 검정 통계량의 값은 다음과 같다.

$$t = \frac{b_2 - 7.5}{\text{se}(b_2)} = \frac{10.21 - 7.5}{2.09} = 1.29$$

5. $-2.024 < t = 1.29 < 2.024$이므로 $\beta_2 = 7.5$인 귀무가설을 기각하지 않는다. 표본자료는 추가소득 $100당 $7.50를 추가적으로 식료품에 지출한다는 추측과 일치한다.

우리는 위의 결론을 이것이 의미하는 것 이상으로 해석하는 것을 피해야만 한다. 이 검정을 통해 $\beta_2 = 7.5$라고 결론을 내려서는 안 되며 단지 자료가 이 모수값과 양립하지 않는 것이 아니라고 말할 수 있을 뿐이다. 자료는 또한 귀무가설 $H_0 : \beta_2 = 8.5 (t = 0.82)$, $H_0 : \beta_2 = 6.5 (t = 1.77)$, $H_0 : \beta_2 = 12.5 (t = -1.09)$와도 양립할 수 있다. 귀무가설이 참이라는 사실을 증명하기 위해서 가설검정을 사용해서는 안 된다.

양측검정 및 신뢰구간과 관련된 다음과 같은 요령은 이따금 유용하게 사용된다. q를 $100(1 - \alpha)\%$ 신뢰구간 내의 값이라고 하자. 그러면 $t_c = t_{(1 - \alpha/2,\ N-2)}$인 경우 다음과 같다.

$$b_k - t_c \text{se}(b_k) \leq q \leq b_k + t_c \text{se}(b_k)$$

$H_1 : \beta_k \neq q$에 대한 귀무가설 $H_0 : \beta_k = q$를 검정할 경우, q가 신뢰구간 내에 있다면 유의수준 α에서 귀무가설을 기각하지 않는다. q가 신뢰구간 밖에 있는 경우 양측검정은 귀무가설을 기각하게 된다. 가설을 검정하는 데 신뢰구간을 사용하자고 주장하는 것이 아니며, 이는 다른 목적으로 사용된다. 하지만 신뢰구간이 주어진 경우 이 요령은 편리하게 사용될 수 있다.

정리문제 3.6   유의성의 양측검정

식료품 지출액과 소득 사이에 관계가 있다고 확신하지만 보다 추론적인 모형이 종종 제안된다. 또한 가설검정의 목적은 변수들 사이에 어떤 관계가 존재하는지 여부를 조사해 보는 것이다. 위의 경우 귀무가설은 $\beta_2 = 0$, 즉 x와 y 사이에 선형 관계가 존재하지 않는다는 것이다. 대립가설은 $\beta_2 \neq 0$이며, 이는 변수들 사이에 관계가 존재한다는 의미

이다. 하지만 변수들은 양의 관계일 수도 있고 음의 관계일 수도 있다. 이는 유의성 검정의 가장 일반적인 형태이며 검정 절차는 다음과 같다.

1. 귀무가설은 $H_0 : \beta_2 = 0$이며 대립가설은 $H_1 : \beta_2 \neq 0$이다.
2. 귀무가설이 참이면 검정 통계량은 $t = b_2/\text{se}(b_2) \sim t_{(N-2)}$

이다.

3. $\alpha = 0.05$를 선택했다고 하자. 이 양측검정의 임계값은 2.5 백분위인 경우 $t_{(0.025,\ 38)} = -2.024$이고, 97.5 백분위인 경우 $t_{(0.975,\ 38)} = 2.024$이다. $t \geq 2.024$ 또는 $t \leq -2.024$인 경우 귀무가설을 기각하며, $-2.024 < t < 2.024$인 경우 귀무가설을 기각하지 않는다.

4. 식료품 지출액 자료를 이용해 표준오차가 $se(b_2) = 2.09$인 $b_2 = 10.21$을 구하였다. 검정 통계량의 값은 다음과 같다. $t = b_2 / se(b_2) = 10.21 / 2.09 = 4.88$

5. $t = 4.88 > 2.024$이므로 귀무가설 $\beta_2 = 0$을 기각하고 소득과 식료품 지출액 사이에 통계적으로 유의한 관계가 존재한다고 결론을 내리게 된다.

위의 결과에 대해 두 가지 점이 언급될 필요가 있다. 첫째, 양측검정에서 계산한 t-통계량의 값이 정리문제 3.2에서 살펴본 유의성의 단측검정에서 계산한 값과 동일하다는 점이다. 두 검정의 차이점은 기각역 및 임계값에 있다. 둘째, 유의성의 양측검정은 회귀 모형을 추정할 때마다 살펴보아야 할 사항이다. 따라서 컴퓨터 소프트웨어는 회귀모수가 0이라는 귀무가설에 대해 t-통계량을 자동적으로 계산해 준다. 그림 2.9로 돌아가서 추정값을 보여주는 부분만을 생각해 보자. 이는 다음과 같다.

Variable	Coefficient	Standard Error	t-Statistic	Prob.
C	83.41600	43.41016	1.921578	0.0622
$INCOME$	10.20964	2.093264	4.877381	0.0000

t-Statistic이라고 명명된 칸에 주목해 보자. 이는 각 상응하는 모수가 0이라는 귀무가설에 대한 t-통계량의 값이며 $t = b_k / se(b_k)$를 통해 계산된다. 최소제곱 추정값(Coefficient)을 표준오차(Std. Error)로 나누면 각 모수가 0이라는 가설을 검정할 수 있는 t-통계량(t-Statistic)의 값을 구할 수 있다. 변수 $INCOME$의 t-통계량값은 4.877381이며, 이는 귀무가설 $H_0 : \beta_2 = 0$을 검정하는 데 사용된다. 여기서는 이 값을 반올림하며 4.88로 볼 것이다.

절편이 0이라는 가설에 대한 검정의 t-값은 1.92이다. 기울기 또는 절편에 관한 가설을 검정하는 경우, 양측검정의 $\alpha = 0.05$에 대한 임계값은 $t_{(0.025,\ 38)} = -2.024$ 및 $t_{(0.975,\ 38)} = 2.024$이다. 대립가설 $H_1 : \beta_1 \neq 0$가 주어진 경우 귀무가설 $H_0 : \beta_1 = 0$을 기각하는 데 실패하게 된다.

'Prob.'라고 명명된 마지막 칸에 대해서는 다음 절에서 살펴볼 것이다.

유의사항

'통계적으로 유의한'이란 말이 반드시 '경제적으로 유의한'이란 말을 의미하지 않는다. 예를 들어, 슈퍼마켓 체인의 CEO가 $\beta_2 \neq 0$인 경우 어떤 결정을 내리기로 하였다고 가정하자. 나아가 규모가 큰 표본을 이용하여 $se(b_2) = 0.00001$인 추정값 $b_2 = 0.0001$을 구하여 t-통계량 $t = 10.0$을 얻었다고 가상해 보자. 이런 경우 $\beta_2 = 0$인 귀무가설을 기각하고 $\beta_2 \neq 0$인 대립가설을 채택하게 된다. 여기서 $b_2 = 0.0001$은 통계적으로 0과 다르지만 0.0001이 경제적으로는 0과 다르지 않을 수 있으므로 CEO는 해당 계획을 시행하지 않기로 결정을 내릴 수 있다. 이것이 시사하는 바는 생각을 하지 않고 결과를 맹목적으로 발표하는 통계적 분석을 할 경우 현명한 판단을 내리지 못할 수도 있다는 점이다. ∎

3.5 p-값

통계적 가설검정의 결과를 발표할 때 검정의 p-값(probability value의 약자)을 밝히는 것이 관례화되어 있다. 검정의 p-값을 구하게 되면 임계값을 찾아보거나 계산하지 않고도 p-값을 선택한 유의수준

α와 비교함으로써 검정을 끝낼 수 있다. 검정 규칙은 다음과 같다.

---

p-값에 기초한 검정 규칙

p-값이 유의수준 α보다 작거나 같은 경우 귀무가설을 기각하게 된다. 즉 $p \leq \alpha$인 경우 H_0를 기각한다. 반면에 $p > \alpha$인 경우 H_0를 기각하지 않는다.

유의수준을 $\alpha = 0.01$, 0.05, 0.10 또는 다른 값으로 선택한 경우, 이를 검정의 p-값과 비교하여 별도로 임계값을 알아보지 않고도 가설을 기각하거나 기각하지 않을 수 있다. 보고서에 검정의 p-값을 포함하면 독자들이 각자 적절한 유의수준을 판단할 수 있다.

p-값을 어떻게 계산하느냐는 대립가설에 달려 있다. t가 t-통계량의 계산한 값인 경우 다음과 같다.

- $H_1: \beta_k > c$인 경우, $p = t$의 우측에 대한 확률
- $H_1: \beta_k < c$인 경우, $p = t$의 좌측에 대한 확률
- $H_1: \beta_k \neq c$인 경우, $p = |t|$의 우측에 대한 확률과 $-|t|$의 좌측에 대한 확률을 합한 값

암기 요령

대립가설의 방향은 p-값이 위치하게 될 분포의 꼬리 방향을 알려준다. ∎

🕐 정리문제 3.3 (계속)   **우측검정에 대한 p-값**

정리문제 3.3에서 단측인 대립가설 $H_1: \beta_2 > 5.5$에 대해 $H_0: \beta_2 \leq 5.5$인 귀무가설을 검정하였다. t-통계량을 계산한 값은 다음과 같았다.

$$t = \frac{b_2 - 5.5}{\text{se}(b_2)} = \frac{10.21 - 5.5}{2.09} = 2.25$$

이 경우 대립가설이 '~보다 큰(>)'이란 의미를 갖고 있으므로, 이 검정의 p-값은 자유도가 $N - 2 = 38$인 t-확률변수가 2.25보다 클 확률이다. 즉 $p = P\left[t_{(38)} \geq 2.25\right] = 0.0152$이다.

이런 확률값은 통상적인 임계값의 표를 통해 구할 수 없다. 통계 소프트웨어 패키지 및 엑셀과 같은 스프레드시트의 간단한 명령어를 이용하여 다양한 확률분포에 대한 누적분포 함수를 평가할 수 있다. $F_X(x)$가 확률변수 X의 누적분포함수인 경우 어떤 값 $x = c$에 대한 누적확률은 $P[X \leq c] = F_X(c)$이다. t-분포에 대해 이런 함수가 주어진 경우 바람직한 p-값을 계산하면 다음과 같다.

$$p = P\left[t_{(38)} \geq 2.25\right] = 1 - P\left[t_{(38)} \leq 2.25\right] = 1 - 0.9848$$
$$= 0.0152$$

p-값에 기초한 검정 규칙에 따를 경우 $\alpha = 0.01$에서 귀무가설을 기각하지 않는다. 하지만 $\alpha = 0.05$를 선택할 경우 대립가설을 지지하며 귀무가설을 기각하게 된다.

그림 3.5는 p-값에 기초한 검정 규칙의 논리를 보여주고 있다. 2.25보다 더 큰 t-값을 얻을 확률은 0.0152, 즉 $p = P\left[t_{(38)} \geq 2.25\right] = 0.0152$이다. 유의수준 $\alpha = 0.01$에서 우측검정의 임계값인 99번째 백분위 $t_{(0.99,\,38)}$은 2.25의 오른쪽에 위치한다. 이는 $\alpha = 0.01$인 경우 $t = 2.25$가 기각역에 위치하지 않는다는 의미이며, 이 유의수준에서 귀무가설을 기각하지 않는다. 이는 p-값에 기초한 검정 규칙과 일치한다. p-값(0.0152)이 선택한 유의수준(0.01)보다 더 큰 경우 귀무가설을 기각하지 않는다.

반면에 $\alpha = 0.05$에서 우측검정의 임계값인 95번째 백분위 $t_{(0.95,\,38)}$은 2.25가 왼쪽에 위치한다. 이는 $t = 2.25$가 기

각역에 위치하여 유의수준 $\alpha = 0.05$에서 귀무가설을 기각한다는 의미이다. 이는 p-값에 기초한 검정 규칙과 일치한

다. p-값(0.0152)이 선택한 유의수준(0.05)보다 작거나 같은 경우 귀무가설을 기각한다.

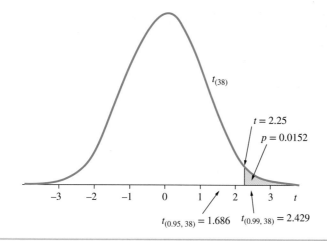

그림 3.5 우측검정에 대한 p-값

🐢 **정리문제 3.4 (계속)** 좌측검정에 대한 p-값

정리문제 3.4에서 t-분포의 왼쪽 꼬리 부분에 기각역이 있는 검정을 하였다. 귀무가설은 $H_0 : \beta_2 \geq 15$였고, 대립가설은 $H_1 : \beta_2 < 15$였다. t-통계량의 계산된 값은 $t = -2.29$였다. 이 좌측검정에 대한 p-값을 계산하기 위해 -2.29의 좌측에 위치할 t-통계량을 구할 확률을 계산해보자. 컴퓨터 소프트웨어를 사용하면 이 값이 $P[t_{(38)} \leq -2.29] = 0.0139$라는 사실을 알 수 있다. p-값에 기초한 검정 규칙을 따르면 $\alpha = 0.01$에서 귀무가설을 기각하지 않는다고 결론을 내리게 된다. 하지만 $\alpha = 0.05$를 선

택할 경우 대립가설을 지지하며 귀무가설을 기각하게 된다. 이를 그래프를 통해 보여주는 그림 3.6을 살펴보도록 하자. 1번째 및 5번째 백분위값이 위치하며, 이는 유의수준 $\alpha = 0.01$ 및 $\alpha = 0.05$인 좌측검정의 임계값이다. p-값(0.0139)이 유의수준($\alpha = 0.01$)보다 더 큰 경우, t-값 -2.29는 기각역에 위치하지 않는다. p-값(0.0139)이 유의수준($\alpha = 0.05$)보다 더 작거나 같은 경우 t-값 -2.29는 검정 기각역에 위치한다.

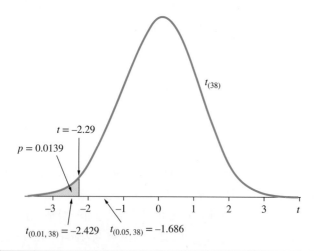

그림 3.6 좌측검정에 대한 p-값

🔍 정리문제 3.5 (계속)　양측검정에 대한 p-값

양측검정의 경우 기각역은 t-분포의 양쪽 꼬리 부분에 위치하며 p-값은 분포의 양쪽 꼬리 부분에 대해 유사하게 계산된다. 정리문제 3.5에서 대립가설 $\beta_2 \neq 7.5$에 대한 귀무가설 $\beta_2 = 7.5$를 검정하였다. t-통계량의 계산된 값은 $t = 1.29$이다. 이 양측검정에 대한 p-값은 1.29의 오른쪽에 대한 확률과 -1.29의 왼쪽에 대한 확률을 합한 것으로 다음과 같다.

$$p = P\left[t_{(38)} \geq 1.29\right] + P\left[t_{(38)} \leq -1.29\right] = 0.2033$$

그림 3.7은 이런 계산을 보여주고 있다. p-값을 일단 구하게 되면 이에 대한 사용은 앞의 경우와 같다. $\alpha = 0.05$ 또는 $\alpha = 0.10$ 심지어 $\alpha = 0.20$을 선택하더라도 $p > \alpha$이므로 귀무가설을 기각하는 데 실패하게 된다.

이 절의 앞부분에서 양측검정에 대한 p-값을 계산하기 위해 다음과 같은 규칙을 소개하였다. 즉 $H_1 : \beta_k \neq c$인 경우, $p = |t|$의 오른쪽에 대한 확률과 $-|t|$의 왼쪽에 대한 확률의 합이다. 이 규칙에서 절댓값을 사용한 이유는 t-통계량의 값이 양이거나 음일 경우 이를 동등하게 적용하기 위해서이다.

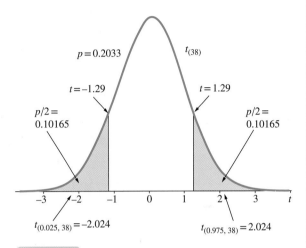

그림 3.7　양측 유의성 검정에 대한 p-값

🔍 정리문제 3.6 (계속)　유의성의 양측검정에 대한 p-값

모든 통계 소프트웨어는 회귀분석을 할 때 각 계수의 유의성의 양측검정에 대한 p-값을 계산한다. 정리문제 3.6에서 대립가설 $H_1 : \beta_2 \neq 0$에 대한 귀무가설 $H_0 : \beta_2 = 0$의 검정에 대해 논의하였다. t-통계량의 계산된 값인 $t = 4.88$에 대한 p-값은 다음과 같다.

$$p = P\left[t_{(38)} \geq 4.88\right] + P\left[t_{(38)} \leq -4.88\right] = 0.0000$$

통계 소프트웨어는 유의성의 양측검정에 대한 p-값을 계산하여 알려준다. 그림 2.9로 돌아가서 추정값을 보여주는 부분만을 생각해 보자. 이는 다음과 같다.

Variable	Coefficient	Standard Error	t-Statistic	Prob.
C	83.41600	43.41016	1.921578	0.0622
INCOME	10.20964	2.093264	4.877381	0.0000

각 t-통계량의 값 옆에는 양측검정의 p-값이 있으며, 이는 EViews 소프트웨어에서 'Prob'라고 명명된다. 다른 소프트웨어 패키지들도 이와 유사한 명칭을 사용한다. 컴퓨터 분석 결과를 검토할 때는 p-값을 염두에 두고 있는 유의수준과 비교함으로써 추정값이 통계적으로 유의한지 여부(즉 양측검정을 이용하여 통계적으로 볼 때 0과 상이한지 여부)를 결정한다. 추정한 절편은 p-값 0.0622를 가지며, 이에 따라 유의수준 $\alpha = 0.05$에서 통계적으로 볼 때 0과 상이하지 않다. 하지만 $\alpha = 0.10$인 경우 이는 통계적으로 유의하다.

소득의 추정된 계수는 소수점 네 자리까지 0인 p-값을 갖는다. 따라서 $p \leq \alpha = 0.01$ 또는 심지어 $\alpha = 0.0001$이므로 이런 유의수준들에서 소득이 식료품 지출액에 영향을 미치지 않는다는 귀무가설을 기각하게 된다. 이 유의성의 양측검정에 대한 p-값은 실제로 0이 아니다. 보다 자세히 나타내면 $p = 0.00001946$이다. 실제로 유의수준이 $\alpha = 0.001$보다 작은 경우는 드물기 때문에 회귀분석 소프트웨어는 통상적으로 소수점 네 자리를 초과하여 나타내지는 않는다.

3.6 모수의 선형결합

지금까지 우리는 단일 모수 β_1 또는 β_2에 대한 통계적 추론(점 추정, 구간 추정, 가설검정)을 논의하였다. 보다 일반적으로 우리는 모수의 선형결합(linear combination of parameters) $\lambda = c_1\beta_1 + c_2\beta_2$에 관한 가설을 추정하고 검정하길 원할 수 있다. 여기서 c_1 및 c_2는 우리가 설정한 상수이다. 한 가지 예는 x가 어떤 특정값, 예를 들면, $x = x_0$를 취할 때 종속변수의 기댓값 $E(y|x)$를 추정하길 원하는 경우이다. 이 경우 $c_1 = 1$ 그리고 $c_2 = x_0$이므로 $\lambda = c_1\beta_1 + c_2\beta_2 = \beta_1 + x_0\beta_2 = E(y|x = x_0)$이다.

가정 SR1~SR5하에서 최소제곱 추정량 b_1 및 b_2는 β_1 및 β_2의 최우수 선형 불편 추정량이다. $\hat\lambda = c_1b_1 + c_2b_2$가 $\lambda = c_1\beta_1 + c_2\beta_2$의 최우수 선형 불편 추정량이라는 것도 또한 참이다. 추정량 $\hat\lambda$은 다음에서 보는 것처럼 불편한다.

$$E\left(\hat\lambda|\mathbf{x}\right) = E\left(c_1b_1 + c_2b_2|\mathbf{x}\right) = c_1E\left(b_1|\mathbf{x}\right) + c_2E\left(b_2|\mathbf{x}\right) = c_1\beta_1 + c_2\beta_2 = \lambda$$

그리고 나서 반복 기댓값 법칙을 활용하면, $E\left(\hat\lambda\right) = E_{\mathbf{x}}\left[E\left(\hat\lambda|\mathbf{x}\right)\right] = E_{\mathbf{x}}[\lambda] = \lambda$이다. $\hat\lambda$의 분산을 구하기 위해서 X 및 Y가 확률변수이고, a 및 b가 상수라면 분산 $\mathrm{var}(aX + bY)$는 다음과 같다는 사실을 기억하자.

$$\mathrm{var}(aX + bY) = a^2\mathrm{var}(X) + b^2\mathrm{var}(Y) + 2ab\,\mathrm{cov}(X, Y)$$

추정량 $\left(c_1b_1 + c_2b_2\right)$에서 b_1 및 b_2는 둘 다 확률변수이다. 왜냐하면 표본이 추출되어서 추정값이 계산될 때까지 이들의 값이 무엇이 될지 알지 못하기 때문이다. 위의 결과를 적용하면 다음과 같다.

$$\mathrm{var}\left(\hat\lambda|\mathbf{x}\right) = \mathrm{var}\left(c_1b_1 + c_2b_2|\mathbf{x}\right) = c_1^2\mathrm{var}\left(b_1|\mathbf{x}\right) + c_2^2\mathrm{var}\left(b_2|\mathbf{x}\right) + 2c_1c_2\mathrm{cov}\left(b_1, b_2|\mathbf{x}\right) \quad (3.8)$$

최소제곱 추정량의 분산 및 공분산에 대해서는 제2장의 식 (2.14)~(2.16)을 참조하자. 알지 못하는 분산 및 공분산을 제2장의 식 (2.20)~(2.22)에 있는 이들의 추정된 분산 및 공분산으로 대체시켜서 $\mathrm{var}(\hat\lambda|\mathbf{x}) = \mathrm{var}(c_1b_1 + c_2b_2|\mathbf{x})$를 추정한다. 그러면 다음과 같다.

$$\widehat{\mathrm{var}}\left(\hat\lambda|\mathbf{x}\right) = \widehat{\mathrm{var}}\left(c_1b_1 + c_2b_2|\mathbf{x}\right) = c_1^2\widehat{\mathrm{var}}\left(b_1|\mathbf{x}\right) + c_2^2\widehat{\mathrm{var}}\left(b_2|\mathbf{x}\right) + 2c_1c_2\widehat{\mathrm{cov}}\left(b_1, b_2|\mathbf{x}\right) \quad (3.9)$$

$\hat\lambda = c_1b_1 + c_2b_2$의 표준편차는 추정된 분산의 제곱근이며, 이는 다음과 같다.

$$\mathrm{se}\left(\hat\lambda\right) = \mathrm{se}\left(c_1b_1 + c_2b_2\right) = \sqrt{\widehat{\mathrm{var}}\left(c_1b_1 + c_2b_2|\mathbf{x}\right)} \quad (3.10)$$

이 외에 SR6이 준수되거나 또는 표본이 크다면, b_1 및 b_2의 최소제곱 추정량은 정규분포한다. 정규분포된 변수의 선형결합이 정규분포한다는 것도 또한 참이므로 다음과 같다.

$$\hat\lambda|\mathbf{x} = c_1b_1 + c_2b_2 \sim N\left[\lambda, \mathrm{var}\left(\hat\lambda|\mathbf{x}\right)\right]$$

여기서 $\text{var}(\hat{\lambda}|\mathbf{x})$는 식 (3.8)에 주어져 있다. 계산기를 사용할 경우 이런 계산은 얼마나 오래 걸리는지 우려할 수도 있지만, 대부분의 컴퓨터 소프트웨어는 여러분을 대신하여 계산을 해 준다. 이제는 사례를 살펴보도록 하자.

🔍 정리문제 3.7   기대 식료품 지출액의 추정

해당 임원은 연구원에게 다음과 같은 요청을 하였다. "주당 소득이 \$2,000인 가계들의 평균 주당 식료품 지출액의 추정값을 구해 주시오." 이 임원이 사용한 '평균'이란 용어를 '기댓값'으로 해석할 경우, 이는 식료품 지출액 모형에서 다음과 같은 식을 추정하라는 의미이다.

$$E(FOOD\_EXP|INCOME) = \beta_1 + \beta_2 INCOME$$

이 예에서 소득을 \$100 단위로 측정하였다는 사실을 기억하자. 따라서 주당 소득 \$2,000는 $INCOME = 20$에 상응된다. 이 임원은 다음 식의 추정값을 요청한 것이다.

$$E(FOOD\_EXP|INCOME = 20) = \beta_1 + \beta_2 20$$

이는 모수들의 선형결합이다.

앞에서 살펴본 식료품 지출액에 관한 40개 관찰값을 사용하여 다음과 같은 회귀식을 구했었다.

$$\widehat{FOOD\_EXP} = 83.4160 + 10.2096 INCOME$$

소득이 \$2,000인 가계의 평균 주당 식료품 지출액의 점 추정값은 다음과 같다.

$$\overline{E(FOOD\_EXP|INCOME = 20)} = b_1 + b_2 20$$
$$= 83.4160 + 10.2096(20) = 287.6089$$

소득이 \$2,000인 가계의 기대 식료품 지출액은 주당 \$287.61라고 추정할 수 있다.

🔍 정리문제 3.8   기대 식료품 지출액의 구간 추정값

가정 SR6이 준수되고 $\mathbf{x}$가 주어진 경우 추정량 $\hat{\lambda}$은 정규분포를 한다. 표준 정규 확률변수는 다음과 같이 나타낼 수 있다.

$$Z = \frac{\hat{\lambda} - \lambda}{\sqrt{\text{var}(\hat{\lambda}|\mathbf{x})}} \sim N(0, 1)$$

위의 식에서 분모에 있는 참인 분산을 추정한 분산으로 대체시키면 중심이 되는 t-통계량은 다음과 같다.

$$t = \frac{\hat{\lambda} - \lambda}{\sqrt{\widehat{\text{var}}(\hat{\lambda})}} = \frac{\hat{\lambda} - \lambda}{\text{se}(\hat{\lambda})} = \frac{(c_1 b_1 + c_2 b_2) - (c_1 \beta_1 + c_2 \beta_2)}{\text{se}(c_1 b_1 + c_2 b_2)}$$
$$\sim t_{(N-2)} \tag{3.11}$$

t_c가 $t_{(N-2)}$ 분포의 $1 - \alpha/2$ 백분위수의 값인 경우 $P(-t_c \le t \le t_c) = 1 - \alpha$가 된다. t 대신에 식 (3.11)로 대체

시켜 재정리하면 다음과 같다.

$$P\Big[(c_1 b_1 + c_2 b_2) - t_c \text{se}(c_1 b_1 + c_2 b_2) \le c_1 \beta_1 + c_2 \beta_2$$
$$\le (c_1 b_1 + c_2 b_2) + t_c \text{se}(c_1 b_1 + c_2 b_2)\Big] = 1 - \alpha$$

따라서 $c_1 \beta_1 + c_2 \beta_2$에 대한 $100(1 - \alpha)\%$ 구간 추정값은 다음과 같다.

$$(c_1 b_1 + c_2 b_2) \pm t_c \text{se}(c_1 b_1 + c_2 b_2)$$

정리문제 2.5에서 구한 추정된 공분산 행렬식은 다음과 같다.

$$\begin{bmatrix} \widehat{\text{var}}(b_1) & \widehat{\text{cov}}(b_1, b_2) \\ \widehat{\text{cov}}(b_1, b_2) & \widehat{\text{var}}(b_2) \end{bmatrix} = \begin{array}{c|cc} & C & INCOME \\ \hline C & 1884.442 & -85.9032 \\ INCOME & -85.9032 & 4.3818 \end{array}$$

$b_1 + b_2 20$에 대한 표준오차를 구하기 위해서 먼저 추정한

분산을 계산하면 다음과 같다.

$$\widehat{\text{var}}(b_1 + 20b_2) = \widehat{\text{var}}(b_1) + (20^2 \times \widehat{\text{var}}(b_2))$$
$$+ (2 \times 20 \times \widehat{\text{cov}}(b_1, b_2))$$
$$= 1884.442 + (20^2 \times 4.3818)$$
$$+ (2 \times 20 \times (-85.9032))$$
$$= 201.0169$$

$\widehat{\text{var}}(b_1 + 20b_2) = 201.0169$가 주어진 경우 이에 상응하는 표준오차는 다음과 같다.

$$\text{se}(b_1 + 20b_2) = \sqrt{\widehat{\text{var}}(b_1 + 20b_2)} = \sqrt{201.0169}$$
$$= 14.1780$$

$E(FOOD\_EXP \mid INCOME = 20) = \beta_1 + \beta_2(20)$의 95% 구간 추정값은 $(b_1 + b_2 20) \pm t_{(0.975,\ 38)}\text{se}(b_1 + b_2 20)$ 또는 $[287.6089 - 2.024(14.1780),\ 287.6089 + 2.024(14.1780)]$ $= [258.91,\ 316.31]$이다.

$$[287.6089 - 2.024(14.1780),\ 287.6089 + 2.024(14.1780)]$$
$$= [258.91,\ 316.31]$$

소득이 \$2,000인 가계의 기대 식료품 지출액은 \$258.91와 \$316.31 사이에 위치한다고 95% 신뢰로 추정할 수 있다.

3.6.1 모수의 선형결합 검정하기

지금까지 우리는 한 번에 오직 하나의 회귀모수를 포함하는 가설을 검정하였다. 보다 일반적인 선형가설(general linear hypothesis)은 둘 다의 모수를 포함하고, 다음과 같이 나타낼 수 있다.

$$H_0 : c_1\beta_1 + c_2\beta_2 = c_0 \tag{3.12a}$$

여기서 c_0, c_1, c_2는 설정된 상수이며, c_0가 가설화된 값이다. 귀무가설이 둘 다의 계수를 포함한다는 사실에도 불구하고 t-통계량을 사용하여 검정되는 단일가설을 아직도 나타낸다. 이따금 다음과 같이 동등하지만 묵시적인 형태로 가설을 표현한다.

$$H_0 : (c_1\beta_1 + c_2\beta_2) - c_0 = 0 \tag{3.12b}$$

식 (3.12a)에 있는 귀무가설에 대한 대립가설은 다음과 같을 수 있다.

  i. $H_1 : c_1\beta_1 + c_2\beta_2 \neq c_0$ 이는 양측 t-검정으로 이어진다.
  ii. $H_1 : c_1\beta_1 + c_2\beta_2 > c_0$ 이는 우측 t-검정으로 이어진다. [귀무가설은 '$\leq$'일 수 있다.]
  iii. $H_1 : c_1\beta_1 + c_2\beta_2 < c_0$ 이는 좌측 t-검정으로 이어진다. [귀무가설은 '$\geq$'일 수 있다.]

묵시적 형태가 사용될 경우 대립가설도 역시 조정된다.

가설 (3.12)의 검정은 다음과 같은 추축 t-통계량을 활용한다.

$$t = \frac{(c_1 b_1 + c_2 b_2) - c_0}{\text{se}(c_1 b_1 + c_2 b_2)} \sim t_{(N-2)}, \text{ 귀무가설이 참인 경우} \tag{3.13}$$

양측 및 단측검정 대립가설 (i)~(iii)에 대한 기각역은 앞의 3.3절에서 설명한 것과 동일하며, 해석도 역시 동일한 방법으로 이루어진다.

t-통계량의 형태도 식 (3.7)에서 설정된 최초의 형태와 매우 유사하다. 분자에서 $(c_1 b_1 + c_2 b_2)$는 $(c_1 \beta_1 + c_2 \beta_2)$의 최우수 선형 불편 추정량이며, 오차가 정규분포하거나 또는 큰 분포인 경우 이 추정량도 역시 정규분포한다.

🎓 정리문제 3.9　　**기대 식료품 지출액에 대한 검정**

앞에서 살펴본 식료품 지출액 모형은 식 (3.12)의 선형 가설이 실제로 어떻게 사용될 수 있는지를 보여주는 좋은 예가 된다. 대부분 중간 규모 이상의 도시에서는 향후 소득 성장에 대한 예측치를 갖고 있다. 슈퍼마켓이나 모든 형태의 식료품 소매점의 경우 새로운 점포를 개설하기 전에 다음과 같은 사항을 고려하게 된다. 즉해당 지역의 소득이 어떤 속도로 증가할 것이라고 예측되는 경우 그중 얼마나 많은 부분이 식료품에 지출될지를 생각한다. 해당 임원은 자신의 경험에 비추어 "주당 소득이 $2,000인 가계는 평균적으로 볼 때 식료품에 주당 $250를 초과하여 소비할 것으로 예상한다"라고 말할지도 모른다. 계량경제학을 이용하여 이런 추정을 어떻게 검증할 수 있을까?

식료품 지출액 모형에 대한 회귀 함수는 다음과 같다.

$$E(FOOD\_EXP | INCOME) = \beta_1 + \beta_2 INCOME$$

해당 임원의 추론은 다음과 같다.

$$E(FOOD\_EXP | INCOME = 20) = \beta_1 + \beta_2 20 > 250$$

이런 추론의 타당성을 검증하기 위해서 이를 다음과 같은 대립가설로 사용할 수 있다.

$$H_1 : \beta_1 + \beta_2 20 > 250 \text{ 또는 } H_1 : \beta_1 + \beta_2 20 - 250 > 0$$

이에 상응하는 아래의 귀무가설은 해당 임원의 추론과 논리적으로 대응이 된다.

$$H_0 : \beta_1 + \beta_2 20 \leq 250 \text{ 또는 } H_0 : \beta_1 + \beta_2 20 - 250 \leq 0$$

귀무가설 및 대립가설은 $c_1 = 1$, $c_2 = 20$, $c_0 = 250$인 일반적인 선형가설과 동일한 형태라는 점에 주목하자.

그림 3.2는 우측검정에 대한 기각역을 설명하고 있다. 유의수준 $\alpha = 0.05$인 우측검정의 경우 t-임계값은 $t_{(38)}$ 분포의 95번째 백분위인 $t_{(0.95, 38)} = 1.686$이다. 계산한 t-통계량값이 1.686보다 크다면 귀무가설을 기각하고 대립가설, 위의 경우 임원의 추정을 채택하게 된다.

t-통계량값을 계산하면 다음과 같다.

$$t = \frac{(b_1 + 20 b_2) - 250}{\text{se}(b_1 + 20 b_2)}$$

$$= \frac{(83.4160 + 20 \times 10.2096) - 250}{14.1780}$$

$$= \frac{287.6089 - 250}{14.1780} = \frac{37.6089}{14.1780} = 2.65$$

$t = 2.65 > t_c = 1.686$이므로 주당 소득이 $2,000인 가계가 식료품에 주당 $250 이하를 지출한다는 귀무가설을 기각하고, 해당 가구는 $250를 초과하여 지출한다는 임원의 추론이 옳다고 결론을 내리게 된다. 이 경우 제1종 오류를 범할 확률은 0.05가 된다.

정리문제 3.7에서 주당 소득이 $2,000인 가계의 경우 $287.6089를 지출할 것이라고 추정하였으며, 이는 해당 임원이 추론한 금액인 $250보다 더 많다. 하지만 추정한 금액이 $250보다 더 많다고 단순히 관측하는 것은 통계적 검정이 되지 못한다. 숫자적으로만 보면 더 많다고 할 수도 있지만 유의하게 더 많다고 할 수 있는가? t-검정은 지출액을 추정하는 데 따른 정확성을 고려하고 제1종 오류를 범할 확률을 통제한다.

주요 용어

• 국문

가설	귀무가설	유의수준
가설검정	기각역	임계값
검정 통계량	대립가설	자유도
구간 추정	신뢰구간	점 추정값
구간 추정값	양측검정	제1종 오류
구간 추정량	유의성 검정	제2종 오류

• 영문

alternative hypothesis	interval estimate	rejection region
confidence interval	interval estimation	test of significance
critical value	interval estimator	test statistic
degrees of freedom	level of significance	two tail test
hypothesis	null hypothesis	Type I error
hypothesis testing	point estimate	Type II error

복습용 질문

1. '표본추출 이론'이 구간 추정과 가설검정에 어떻게 연계되는지 논의하시오.

2. $\mathbf{x}$가 주어진 경우 최소제곱 추정량 b_1 및 b_2가 정규분포된 확률변수라는 점이 통계적 추론을 하는 데 왜 중요한지 설명하시오.

3. 구간 추정량의 '신뢰수준'을 설명하고 표본추출 상황에서 이것이 의미하는 바를 검토하시오. 그리고 예를 드시오.

4. 구간 추정량과 구간 추정값의 차이를 설명하시오. 구간 추정값을 어떻게 해석하는지 설명하시오.

5. 예를 들어 기각역을 개략하면서 귀무가설, 대립가설, 기각역이란 용어를 설명하시오.

6. 귀무가설이 참인 경우 검정 통계량이 이미 알려진 확률분포를 갖는 것이 왜 중요한지를 포함하여 통계적 검정의 논리를 설명하시오.

7. p-값이란 용어를 검토하고 가설검정의 결과를 결정하는 데 p-값을 어떻게 사용하는지 설명하시오. p-값을 보여주는 상황을 개략하시오.

8. 단측검정과 양측검정의 차이를 설명하고 직관적으로 볼 때 단측검정의 기각역을 어떻게 선택하는지 설명하시오.

9. 제1종 오류를 논의하고 개략적으로 예를 들어 설명하시오. 검정의 유의성 수준을 정의하시오.

10. 경제적 유의성과 통계적 유의성의 차이를 설명하시오.

11. 귀무가설에 설정되는 내용과 대립가설에 설정되는 내용을 어떻게 선택하는지 설명하시오.

연습문제

3.1 국제 올림픽 경기에서 서로 경쟁을 하여 최소 1개의 메달을 획득한 국가는 1992년에 64개국이 었다. *MEDALS*는 획득한 총 메달 수이며, *GDPB*는 GDP(1995년 10억 달러)를 나타낸다고 하자. 획득한 메달 수를 설명하는 선형회귀 모형은 $MEDALS = \beta_1 + \beta_2 GDPB + e$이다. 추정된 결과는 다음과 같다.

$$\widehat{MEDALS} = b_1 + b_2 GDPB = 7.61733 + 0.01309 GDPB$$
$$\text{(se)} \qquad\qquad (2.38994) \ (0.00215) \qquad\qquad\qquad \text{(XR3.1)}$$

a. 획득한 메달 수와 GDP 사이에 양의 관계가 존재한다는 대립가설에 대해 관계가 없다는 가설을 검정하고자 한다. 모형 모수의 측면에서 귀무가설과 대립가설을 말하시오.

b. (a)의 검정 통계량은 무엇이며, 귀무가설이 참인 경우 분포는 어떠한가?

c. 대립가설이 참인 경우 (a)의 검정 통계량 분포에 어떤 일이 발생하는가? 통상적인 *t*-분포에 비해 해당 분포는 왼쪽으로 이동하는가? 또는 오른쪽으로 이동하는가? [요령 : 귀무가설이 참인 경우 b_2의 기댓값은 무엇인가? 대립가설이 참인 경우 b_2의 기댓값은 무엇인가?]

d. 1% 유의수준에서 검정을 하는 경우, (a)의 귀무가설을 어떤 *t*-통계량값에서 기각하게 되는가? 어떤 값에 대해 귀무가설을 기각하는 데 실패하게 되는가?

e. 1% 유의수준에서 (a)의 귀무가설에 대한 *t*-통계량을 구하시오. 경제적 결론은 무엇인가? 이 예에서 1% 유의수준은 무엇을 의미하는가?

3.2 국제 올림픽 경기에서 서로 경쟁을 하여 최소 1개의 메달을 획득한 국가는 1992년에 64개국이 었다. *MEDALS*는 획득한 총 메달 수이며, *GDPB*는 GDP(1995년 10억 달러)를 나타낸다고 하자. 획득한 메달 수를 설명하는 선형회귀 모형은 $MEDALS = \beta_1 + \beta_2 GDPB + e$이다. 추정된 결과는 식 (XR3.1)에 있다.

a. GDP가 10억 달러 증가할 경우 획득하게 될 메달의 평균 또는 기대 수는 0.015개만큼 증가하게 된다는 귀무가설을 검정하고자 한다. 이에 대한 대립가설은 그렇지 않다는 것이다. 모형의 모수 측면에서 귀무가설 및 대립가설을 말하시오.

b. (a)에서 검정 통계량은 무엇이며, 귀무가설이 참인 경우 해당 분포는 무엇인가?

c. 대립가설이 참인 경우 (a)에서의 검정 통계량 분포에 어떤 일이 발생하는가? 통상적인 *t*-분포에 비해 해당 분포는 왼쪽으로 이동하는가? 또는 이동 방향이 불확실한가? [요령 : 귀무가설이 참인 경우 b_2의 기댓값은 무엇인가? 대립가설이 참인 경우 b_2의 기댓값은 무엇인가?]

d. 10% 유의수준에서 검정을 하는 경우 (a)의 귀무가설은 어떤 *t*-통계량값에서 기각하게 되는가? 어떤 값에 대해 귀무가설을 기각하는 데 실패하게 되는가?

e. (a)에서의 귀무가설에 대한 *t*-통계량을 구하시오. 경제적 결론은 무엇인가?

f. 5% 유의수준에서 (a)의 검정을 할 경우 어떤 결론을 내리게 되는가? 1% 유의수준에서는 어떤 결론을 내리게 되는가?

g. 5% 유의수준에서 동일한 검정을 시행하시오. 다만 귀무가설의 관심값을 0.016으로 변경하시오. 또한 0.017로 변경하시오. 각 경우에 계산된 t-통계량값은 무엇인가? 가설을 기각하는가? 어떤 가설을 기각하는 데 실패하는가?

3.3 국제 올림픽 경기에서 서로 경쟁을 하여 최소 1개의 메달을 획득한 국가는 1992년에 64개국이었다. *MEDALS*는 획득한 총 메달 수이며, *GDPB*는 GDP(1995년 10억 달러)를 나타낸다고 하자. 획득한 메달 수를 설명하는 선형회귀 모형은 $MEDALS = \beta_1 + \beta_2 GDPB + e$이다. 추정된 결과는 식 (XR3.1)에 있다.

기울기 및 절편 추정량 사이의 추정된 공분산은 -0.00181이며, 추정된 오차분산은 $\hat{\sigma}^2 = 320.336$이다. *GDPB*의 표본 평균은 $\overline{GDPB} = 390.89$이며, *GDPB*의 표본분산은 $s^2_{GDPB} = 1099615$이다.

a. *GDPB* = 25인 국가가 획득할 것으로 기대되는 메달 수를 추정하시오.

b. 분산에 대한 $\widehat{var}(b_1) + (25)^2 \widehat{var}(b_2) + (2)(25)\ \widehat{cov}(b_1, b_2)$를 활용하여 (a)의 추정값에 대한 표준오차를 계산하시오.

c. 분산에 대한 $\hat{\sigma}^2 \left\{ (1/N) + \left[\left(25 - \overline{GDPB} \right)^2 \big/ \left((N-1)\ s^2_{GDPB} \right) \right] \right\}$를 활용하여 (a)의 추정값에 대한 표준오차를 계산하시오.

d. *GDPB* = 25인 국가가 획득할 것으로 기대되는 메달 수에 대한 95% 구간 추정값을 구하시오.

e. *GDPB* = 300인 국가가 획득할 것으로 기대되는 메달 수에 대한 95% 구간 추정값을 구하시오. (d)에서 얻은 구간 추정값과 이 구간 추정값을 비교하고 대조해 보시오. 관찰한 차이점을 설명하시오.

3.4 단순 선형회귀 모형 $y_i = \beta_1 + \beta_2 x_i + e_i$, $i = 1, \cdots,$ *N*에 대해 가정 SR1~SR6이 준수된다고 가정하자. 일반적으로 표본크기 *N*이 커짐에 따라 신뢰구간은 좁아진다.

a. 예를 들면, β_2와 같은 모수에 대한 신뢰구간이 좁아질수록 바람직한가? 이유를 설명하시오.

b. 표본크기가 커짐에 따라 β_2에 대한 신뢰구간이 좁아지는 경향이 발생하게 되는 두 가지 특징적인 이유를 설명하시오. 이유들은 최소제곱 추정량 및/또는 구간 추정 절차의 특성과 관련되어야 한다.

3.5 대규모 자료표본을 갖고 있는 경우 p-값을 구하기 위해서 표준 정규분포의 임계값을 사용하는 것이 정당화된다. 하지만 '대규모'란 얼마나 커야 하는가?

a. 30개의 자유도를 갖는 t-분포에서 t-통계량이 1.66인 경우에 대한 우측 p-값은 0.05366666이다. 이 책 뒷부분의 부록 표 1에 있는 표준 정규분포의 누적분포 함수 $\Phi(z)$를 사용하면 p-값은 대략적으로 얼마인가? $\alpha = 0.05$하에서 우측검정을 하면 대략적인 p-값을 사용하여 귀무가설에 관해 올바른 결론을 내릴 수 있는가? 자유도가 90개인 t-분포의 경우 정확한 p-값이 더 커지는가, 아니면 더 작아지는가?

b. 200개의 자유도를 갖는 t-분포에서 t-통계량이 1.97인 경우에 대한 우측 p-값은 0.0251093이다. 표준 정규분포를 사용하면 대략적인 p-값은 무엇인가? $\alpha = 0.05$에서 양측검정을 사용할 경우 대략적인 p-값을 활용하여 귀무가설에 대해 올바른 결정을 내릴 수 있는가? 자유도가 90개인 t-분포에서 정확한 p-값이 더 큰가 또는 더 작은가?

   c. 1,000개의 자유도를 갖는 t-분포에서 t-통계량이 2.58인 경우에 대한 우측 p-값은 0.00501087이다. $\alpha = 0.05$에서 양측검정을 사용할 경우 대략적인 p-값을 활용하여 귀무가설에 대해 올바른 결정을 내릴 수 있는가? 자유도가 2,000개인 t-분포에서 정확한 p-값이 더 큰가 또는 더 작은가?

3.6 2013년에 3인으로 구성된 무작위로 선택한 2,323개 가계에 대한 자료를 갖고 있다. *ENTERT*는 월간 1인당 매월 오락비 지출액을 나타내며, *INCOME*(\$100)은 월간 가계소득을 의미한다. 단순 선형회귀 모형 $ENTERT_i = \beta_1 + \beta_2 INCOME_i + e_i$, $i = 1, \cdots, 2{,}323$을 생각해 보자. 가정 SR1~SR6이 준수된다고 가정하자. 최소제곱 추정식은 $\widehat{ENTERT}_i = 9.820 + 0.503 INCOME_i$이다. 기울기 계수 추정량의 표준오차는 $\mathrm{se}(b_2) = 0.029$이고, 절편 추정량의 표준오차는 $\mathrm{se}(b_1) = 2.419$이며, 최소제곱 추정량 b_1과 b_2 사이의 추정된 공분산은 -0.062이다.

   a. β_2에 대한 90% 신뢰구간 추정값을 구하고 일단의 오락산업 최고경영자들을 위해 이를 해석하시오.

   b. AMC 엔터테인먼트사의 최고경영자 로페즈 씨는 여러분에게 (3인 가계) 월간 소득이 \$7,500인 가계에 대한 1인당 평균 월간 오락비를 추정해 줄 것을 요청하였다. 여러분의 추정값은 무엇인가?

   c. AMC 엔터테인먼트 소속 경제학자는 추정량 $b_1 + 75b_2$의 추정된 분산을 알려주도록 요청하였다. 여러분의 추정값은 무엇인가?

   d. AMC 엔터테인먼트사는 3인 가계에 대한 평균 월간 소득이 \$7,500인 가구들 인근에 호화스러운 극장을 건립하고자 한다. 이 기업 소속 경제학자는 이 극장이 이윤을 남기기 위해서는 평균 가구가 월간 1인당 오락비로 \$45를 초과하여 지출해야 한다고 결론을 내렸다. 건립하도록 제안된 극장이 이윤을 남길 것이라고 합리적 의심을 넘어서는 확실한 통계적 증거를 제시해 주도록 로페즈 씨가 여러분에게 요청하였다. 조심스럽게 귀무가설 및 대립가설을 설정하고 검정 통계량을 제시하시오. $\alpha = 0.01$을 사용하여 기각역을 검정하시오. 앞의 문제들에서 얻은 정보를 활용하여, 검정을 시행하고 AMC 엔터테인먼트사 최고경영자에게 그 결과를 제시하시오.

   e. 평균점에서 오락비의 소득 탄력성은 $\varepsilon = \beta_2\left(\overline{INCOME}\,/\,\overline{ENTERT}\right)$이다. 이 변수들의 표본평균은 $\overline{ENTERT} = 45.93$ 및 $\overline{INCOME} = 71.84$이다. 유의수준 $\alpha = 0.05$를 사용하여 탄력성이 0.85가 아니라는 대립가설에 대해 탄력성이 0.85라는 귀무가설을 검정하시오.

   f. 부록 표 1을 활용하여 (e)의 t-통계량에 대해 대략적인 양측 p-값을 계산하시오. p-값 규칙을 사용할 경우 10% 유의수준에서 귀무가설 $\varepsilon = \beta_2\left(\overline{INCOME}\,/\,\overline{ENTERT}\right) = 0.85$를 기각하게 되는가? 이때 대립가설은 $\varepsilon \neq 0.85$이다. 설명하시오.

3.7 미국 50개 주와 컬럼비아 특별구의 자료 $N = 51$에 대해서 *INCOME* = 1인당 소득(천 달러), *BACHELOR* = 학사학위 이상을 보유한 인구의 백분율에 관한 2008년 자료를 갖고 있다. *BACHELOR*에 대한 *INCOME*의 단순 선형회귀 결과는 다음과 같다.

$$\widehat{INCOME} = \quad (a) \quad + \quad 1.029BACHELOR$$

se (2.672) (c)

t (4.31) (10.75)

a. 제공된 정보를 활용하여 추정된 절편을 계산하시오. 과정을 보이시오.

b. 추정된 관계를 그림으로 나타내시오. 증가하는가 아니면 감소하는가? 양의 관계인가 아니면 역의 관계인가? 일정한 율로 증가하는가 또는 감소하는가? 증가하는 율로 증가하는가 또는 감소하는가?

c. 제공된 정보를 활용하여 기울기 계수의 표준오차를 계산하시오. 과정을 보이시오.

d. 절편 모수가 10인 귀무가설에 대한 t-통계량값은 무엇인가?

e. 절편 모수가 10이라는 양측검정에 대한 p-값은 (d)에서 0.572이다. 그림에 p-값을 보이시오. $\alpha = 0.05$인 경우 그림에 기각역을 보이시오.

f. 기울기의 99% 구간 추정값을 구하시오. 구간 추정값을 해석하시오.

g. 기울기 계수가 1이라는 귀무가설을 5% 유의수준에서 검정하시오. 이때 대립가설은 기울기 계수가 1이 아니라고 한다. 이 문제의 틀 내에서 검정의 경제적 결과를 말하시오.

3.8 미국의 141개 연구 중심 공립대학교에 대한 2011년 자료를 사용하여 학생 1인당 비용과 풀타임으로 등록한 학생 수 사이의 관계를 살펴보고자 한다. ACA = 학생 1인당 실질 총 고등교육 비용(천 달러), $FTESTU$ = 풀타임으로 등록한 학생 수(천 명)라고 하자. 최소제곱으로 얻은 관계는 $\widehat{ACA} = 14.656 + 0.266FTESTU$이다.

a. 이 회귀에 대한 절편의 95% 구간 추정값은 [10.602, 18.710]이다. 추정된 절편의 표준오차를 계산하시오.

b. 회귀분석 결과에서 기울기 계수에 대한 표준오차는 0.081이다. 참인 기울기 β_2는 0.25(또는 이보다 작다)라는 귀무가설을 10% 유의수준에서 검정하시오. 이때 대립가설은 참인 기울기가 0.25보다 크다라고 한다. 귀무가설과 대립가설을 포함하여 이 가설검정의 모든 단계를 보이고 결론을 보이시오.

c. 회귀분석 결과에 따르면 추정된 기울기에 대해 자동적으로 제시된 p-값은 0.001이다. 이 값이 갖는 의미는 무엇인가? 그림을 그려서 설명하시오.

d. 관리위원회 위원에 따르면 보다 많은 학생들에게 입학을 허가할 경우 ACA가 하락해야 한다고 본다. 추정 식과 (a)~(c)에서 얻은 정보를 활용하여, 기울기 모수 β_2가 영 또는 양이라는 귀무가설을 검정하시오. 이때 대립가설은 β_2가 음이라고 한다. 5% 유의수준을 사용하시오. 귀무가설과 대립가설을 포함하여 이 가설검정의 모든 단계를 보이고 결론을 말하시오. 위원회에 속한 위원의 이런 추론을 통계적으로 지지할 수 있는가?

e. 2011년 루이지애나주립대학교(LSU)에 풀타임으로 등록한 학생 수는 27,950명이다. 추정 식에 기초할 경우 $E(ACA\,|\,FTESTU = 27,950)$의 최소제곱 추정값은 22.079명이며, 표준오차는 0.964이다. 해당 연도의 LSU에 대한 ACA 실제값은 21.403이다. 이 값은 놀라운 결과인가, 아니면 놀랍지 않은 결과인가? 설명하시오.

3.9 64명의 흑인 여성에 대한 2013년 자료를 사용하여 구한 $WAGE$($로 측정한 시간당 임금)와

EDUC(교육 연수) 사이의 추정된 선형회귀는 $\widehat{WAGE} = -8.45 + 1.99EDUC$이다.

a. 추정된 기울기 계수의 표준오차는 0.52이다. 추가적인 교육 연수가 흑인 여성의 기대된 시간당 임금에 미치는 영향에 대해서 95% 구간 추정값을 구하고 해석하시오.

b. 추정된 절편의 표준오차는 7.39이다. 유의수준 α = 0.10을 사용하여 절편 $\beta_1 = 0$이라는 귀무가설을 검정하시오. 이때 대립가설은 참인 절편이 영이 아니라고 한다. 대답에는 (i) 정식의 귀무가설 및 대립가설, (ii) 귀무가설하에서의 검정 통계량 및 분포, (iii) (그림으로 나타낸) 기각역, (iv) 검정 통계량의 계산된 값, (v) 결론 및 경제적 해석이 포함되어야 한다.

c. 교육 연수가 16년인 흑인 여성의 기대임금, $E(WAGE|EDUC = 16)$을 추정하시오.

d. 절편과 기울기 사이의 추정된 공분산은 −3.75이다. 교육 연수가 16년인 흑인 여성의 기대임금에 대한 95% 구간 추정값을 구하시오.

e. 교육 연수가 16년인 흑인 여성은 시간당 \$23를 초과하는 기대임금을 받을 것으로 추론된다. 이를 활용하여 유의수준 10%에서 이 추론에 대한 검정을 할 때의 '대립가설'을 말하시오. 검정 결과는 이 추론을 지지하는가 또는 지지하지 않는가?

3.10 64명의 흑인 여성에 관한 2013년 자료를 사용하여, *WAGE*(시간당 임금, \$)와 *EDUC*(교육 연수) 사이의 대수-선형 회귀 모형을 추정하면 $\ln(WAGE) = 1.58 + 0.09EDUC$이다. 기울기 계수에 대해 제시된 *t*-통계량은 3.95이다.

a. 추가적인 교육 연수에 대한 수익이 8% 이하라는 귀무가설을 5% 유의수준에서 검정하시오. 이때 대립가설은 추가적인 교육 연수에 대한 수익이 8%를 초과한다이다. 대답에는 (i) 정식의 귀무가설 및 대립가설, (ii) 귀무가설하에서의 검정 통계량 및 분포, (iii) (그림으로 나타낸) 기각역, (iv) 검정 통계량의 계산된 값, (v) 결론 및 경제적 해석이 포함되어야 한다.

b. 추가적인 교육 연수에 대한 수익이 8%라는 귀무가설과 8%가 아니라는 대립가설을 검정하고 나서 *p*-값 0.684를 얻었다. (a)에서 구한 검정의 *p*-값은 무엇인가? (a)에서 시행한 검정에 대한 *t*-분포의 *p*-값과 5% 임계값을 그림을 그려 보이시오.

c. 추가적인 교육 연수에 대한 수익에 대해서 90% 구간 추정값을 구하고 이를 해석하시오.

3.11 노동공급이론에 따르면 보다 많은 노동 서비스가 보다 높은 임금에서 제공된다. *HRSWK*는 무작위로 선택된 사람들에 의해 제공되는 통상적인 주당 노동시간을 나타내며, *WAGE*는 시간당 임금을 의미한다. 회귀 모형은 $HRSWK = \beta_1 + \beta_2 WAGE + e$로 설정되었다. 9,799명에 대한 2013년의 표본을 사용하여 추정한 회귀는 $\widehat{HRSWK} = 41.58 + 0.011WAGE$이다. 최소제곱 추정량의 추정된 분산 및 공분산은 다음과 같다.

	INTERCEPT	*WAGE*
INTERCEPT	0.02324	−0.00067
WAGE	0.00067	0.00003

a. 이 모형은 0 이하인 기울기를 갖는다는 귀무가설을 5% 유의수준에서 검정하시오. 모형의 모수 측면에서 귀무가설과 대립가설을 말하시오. 이 결과를 활용할 경우 노동공급이론을 확인하거나 또는 이의를 제기할 수 있는가?

b. 정규확률에 관한 부록 표 1을 사용하여 (a)에서의 검정에 대한 대략적인 p-값을 계산하시오. p-값을 나타내는 그림을 그리시오.

c. 단순회귀 모형의 가정 SR1~SR6하에서 기대되는 주당 노동시간은 $E(HRSWK|WAGE) = \beta_1 + \beta_2 WAGE$이다. 시간당 \$20를 받는 사람에 대한 주당 기대 노동시간에 대해서 95% 구간 추정값을 구하시오.

d. 표본에는 시간당 임금 \$20를 받는 203명이 있다. 이 사람들에 대한 평균 노동시간은 41.68이다. 이 결과는 (c)의 구간 추정값과 양립할 수 있는가? 여러분의 추론을 설명하시오.

e. 시간당 \$20를 받는 사람에 대한 기대되는 노동시간이 41.68이라는 귀무가설을 1% 유의수준에서 검정하시오. 이때 대립가설은 기대되는 노동시간이 41.68이 아니라고 한다.

3.12 참치캔 전국 브랜드의 주당 판매(캔의 수)($SAL1$ = 표적 브랜드의 판매)를 경쟁 브랜드 가격에 대한 표적 브랜드 가격의 비율, 즉 $RPRICE3 = 100$(표적 브랜드의 가격 ÷ 경쟁 브랜드 #3의 가격)의 함수로 나타낸 대수-선형 회귀 모형을 생각해 보자. 즉 $\ln(SAL1) = \gamma_1 + \gamma_2 RPRICE3 + e$를 생각해 보자. $N = 52$개 주당 관찰값을 사용하여 추정된 최소제곱식은 다음과 같다.

$$\ln(SAL1) = 11.481 - 0.031 RPRICE3$$
$$(se) \qquad (0.535) \quad (0.00529)$$

a. 변수 $RPRICE3$는 경쟁 브랜드 #3의 가격 백분율로 나타낸 표적 브랜드의 가격, 또는 보다 간단히 말해 '상대가격'이다. $RPRICE3$의 표본 평균은 99.66이고, 중앙값은 100이다. 최솟값은 70.11이고 최댓값은 154.24이다. 요약 통계량은 경쟁 브랜드의 가격에 대한 표적 브랜드의 가격에 관해 무엇을 알려주는가?

b. $RPRICE3$의 계수를 해석하시오. 이것의 부호는 경제적 이치에 부합하는가?

c. 경쟁 브랜드 #3의 가격에 대한 백분율로 나타낸 표적 브랜드의 가격, 즉 상대가격 $RPRICE3$가 1% 증가할 경우 주당 판매 $SAL1$에 미치는 영향에 대한 95% 구간 추정값을 구하고 해석하시오.

d. 대립가설 $H_1 : \gamma_2 < -0.02$에 대한 귀무가설 $H_0 : \gamma_2 \geq -0.02$의 검정을 유의수준 $\alpha = 0.01$에 기초하여 하시오. 대답에는 (i) 귀무가설이 참인 경우 검정 통계량 및 분포, (ii) (그림으로 나타낸) 기각역, (iii) 검정 통계량값의 위치, (iv) 결론에 대한 언급, (v) (그림으로 나타낸) p-값의 영역을 포함해야 한다.

e. "회귀 모형에 대한 가설검정과 구간 추정량은 회귀 오차항이 정규분포하는 한 타당하다." 이는 옳은가 또는 틀린가? 설명하시오.

3.13 (방글라데시 지역에서 천 헥타르 단위로 나타낸 사탕수수 줄기 경작 면적인) 사탕수수 줄기 면적의 반응을 (방글라데시 농부들이 경작하는 사탕수수 줄기의 대안 작물인 황마 가격으로 사탕수수 줄기 가격을 나누어 100을 곱한) 상대가격의 함수로 나타낸 모형을 생각해 보자. 34개 연간 관찰값을 사용하여 이를 추정하면 $\widehat{AREA_t} = -0.24 + 0.50 RPRICE_t$이다.

a. $RPRICE$의 표본 평균은 114.03이고, 최솟값은 74.9이며 최댓값은 182.2이다. $RPRICE$는 황마 가격의 백분율로 나타낸 사탕수수 줄기의 가격이다. 표본 통계량은 사탕수수 줄기의

상대 가격에 관해 무엇을 시사하는가?

b. 추정된 관계의 절편 및 기울기를 해석하시오.

c. 절편 모수가 영이라는 가설에 대한 t-통계량은 -0.01이다. 어떤 결론을 내릴 수 있는가? 이것은 경제적 관점에서 볼 때 놀라운 결과인가? 설명하시오.

d. 경작 면적의 표본 평균은 56.83(천 헥타르)이며, 상대가격의 표본 평균은 114.03이다. 이들 값이 주어진 것으로 보고, 평균에서 가격에 대한 면적 반응의 탄력성이 1.0이라는 가설을 5% 유의수준에서 검정하시오. *RPRICE* 계수의 추정된 분산은 0.020346이다.

e. 대수-선형 형태로 모형을 다시 추정할 경우 $\ln(\widehat{AREA_t}) = 3.21 + 0.0068RPRICE_t$를 구할 수 있다. 기울기 추정값의 표준오차는 0.00229이다. 이것은 추정된 관계에 대해 무엇을 시사하는가?

f. (e)의 모형을 사용하여 황마 가격에 대한 사탕수수 줄기 가격이 1% 상승할 경우 사탕수수 줄기의 경작 면적이 1% 증가한다는 귀무가설을 검정하시오. 5% 유의수준과 양측검정을 사용하시오. (i) 귀무가설이 참인 경우 검정 통계량 및 분포, (ii) (그림으로 나타낸) 기각역, (iii) 검정 통계량값의 위치, (iv) 결론에 대한 언급, (v) (그림으로 나타낸) p-값의 영역을 포함해야 한다.

3.14 통계적 유의성이 갖는 의미는 무엇이며 이 개념은 얼마나 유용한가? t-통계량은 $t = (b-c)/se(b)$이며, 여기서 b는 모수 β의 추정값이고, c는 가설로 세운 값이며, $se(b)$는 표준오차이다. 표본크기 N이 클 경우, 귀무가설 $\beta = c$가 참이라면 통계량은 대략적으로 표준 정규분포를 한다.

a. 5% 유의수준하에서 20번 중 1번 미만으로 사건이 발생하는 경우 '통계적으로 유의하다'라고 주장한 반면에, 20번 중 1번을 초과하여 사건이 발생하는 경우 '통계적으로 유의하지 않다'라고 주장하였다. 옳은가? 또는 틀린가?

b. 10번 중 1번 사건이 발생하는 경우(10%) 매우 있을 법하지 않다거나 또는 매우 있을 법하지 않은 것은 아니다라고 말할 수 있는가? 100번 중 1번 사건이 발생하는 경우(1%) 매우 있을 법하지 않다거나 또는 매우 있을 법하지 않은 것은 아니다라고 말할 수 있는가?

c. 대표본에서 2.0(절댓값)보다 더 큰 t-값은 통계적 유의성을 나타낸다는 법칙을 채택하였다면, 표준 정규 누적 확률을 나타내는 부록 표 1을 사용할 경우 함축된 유의수준은 무엇인가? 대표본에서 3.0(절댓값)보다 더 큰 t-값이 통계적 유의성을 나타낸다는 법칙을 채택할 경우 함축된 유의수준은 무엇인가?

d. 두 가지 식이요법 약, 즉 '릴라이어블'이란 약과 '모어'란 약을 임상적으로 검증해 보고자 한다고 가상하자. 릴라이어블이란 약을 사용할 경우 추정된 체중 감량은 5파운드이며, 표준오차는 0.5파운드이다. 모어란 약을 사용할 경우 추정된 체중 감량은 20파운드이며, 표준오차는 10파운드이다. 참인 체중 감량이 0파운드인지 여부(귀무가설)를 검정하려는 경우 t-통계량값은 무엇인가?

e. '릴라이어블'과 '모어'는 안전성, 비용, 모든 다른 비교 측면에서 동등하고 여러분의 목표가 체중 감량이라면 어떤 약을 섭취할 것인가? 이유를 설명하시오.

3.15 종신형 가능성이 있는 사형에 처할 살인사건 재판에서 확실하게 하기 위해 여러분은 재판관으로서 배심원단에게 우발적으로 죄가 없는 사람에게 백 번에 단지 한 번 유죄를 선언할 수 있다고 말하겠는가? 아니면 어떤 다른 임계치를 활용할 것인가? 그것은 무엇인가? 이 예에서 제1종 오류의 경제적 비용은 무엇인가? 이런 계산에서 고려해야만 하는 요소들의 목록을 작성하시오.

    a. 이 예에서 제1종 오류의 경제적 비용은 무엇인가? 이런 계산에서 고려해야만 하는 요소들의 목록을 작성하시오.

    b. 이 예에서 제2종 오류의 경제적 비용은 무엇인가? 이런 계산에서 고려해야만 하는 요소들의 목록을 작성하시오.

3.16 미국에서 일어나고 있는 커다란 의문, 즉 '인과관계'에 관한 의문은 강제적 건강관리제도가 정말로 미국인들을 더욱 건강하게 만들 것인지 여부에 관한 것이다. 이런 조사에서 가설검정의 역할은 무엇인가?

    a. 의문에 기초하여 귀무가설 및 대립가설을 설정하시오.

    b. 이 의문의 틀 내에서 제1종 오류는 무엇인가? 이 예에서 제1종 오류의 경제적 비용을 계산하는 일을 담당하게 되었다면 어떤 요소들을 고려해야 하는가?

    c. 이 의문의 틀 내에서 제2종 오류는 무엇인가? 이 예에서 제2종 오류의 경제적 비용을 계산하는 일을 담당하게 되었다면 어떤 요소들을 고려해야 하는가?

    d. 건강보험을 보유하고 있는 사람들이 실제로 더 건강하다는 사실이 관찰된다면, 이것은 우리가 강제적 건강관리제도를 운용해야 한다는 점을 입증한 것인가?

    e. "상관관계가 인과관계를 의미하지는 않는다."는 말이 있다. 이는 (d)와 어떻게 관련되는가?

    f. "이 뒤에, 따라서 이 때문에"(시간의 전후 관계를 인과관계와 혼동한 허위 논법)는 경제원론 교과서에서 널리 논의되고 있는 논리적 오류이다. 예를 들면, 다음과 같다. "수탉이 울고 난 뒤에 태양이 떴다. 따라서 우는 수탉은 태양을 떠오르게 한다." 이 오류는 (d)의 관찰과 어떻게 관련되는가?

3.17 회귀 모형 $WAGE = \beta_1 + \beta_2 EDUC + e$를 생각해 보자. $WAGE$는 2013년 달러화로 나타낸 미국의 시간당 임금이며, $EDUC$는 학교교육 연수이다. 모형을 두 번, 즉 한 번은 도시 지역에 거주하는 사람들을 활용하고, 다른 한 번은 농촌 지역에 거주하는 사람들을 활용하여 추정하였다.

$$\text{도시 지역} \quad \widehat{WAGE} = -10.76 + 2.46 EDUC, \ N = 986$$
$$\text{(se)} \qquad\quad (2.27) \quad (0.16)$$

$$\text{농촌 지역} \quad \widehat{WAGE} = -4.88 + 1.80 EDUC, \ N = 214$$
$$\text{(se)} \qquad\quad (3.29) \quad (0.24)$$

    a. 도시 지역 회귀를 이용하여 회귀 기울기가 1.80이라는 귀무가설을 검정하시오. 이때의 대립가설은 기울기가 1.80보다 더 크다이다. 유의수준은 $\alpha = 0.05$를 활용하시오. 기각역의 그림을 포함하여 모든 단계를 보이고 결론에 대해 말하시오.

    b. 농촌 지역 회귀를 이용하여 $EDUC = 16$인 경우 기대 $WAGE$에 대한 95% 구간 추정값을 계산하시오. 필요한 표준오차는 0.833이다. 절편 및 기울기 계수 사이의 추정된 공분산이

−0.761이라는 사실을 활용하여 어떻게 계산이 이루어지는지 보이시오.

c. 도시 지역 회귀를 이용하여 $EDUC = 16$인 경우 기대 $WAGE$에 대한 95% 구간 추정값을 계산하시오. 절편 및 기울기 계수 사이의 추정된 공분산은 −0.345이다. 도시 지역 회귀에 대한 구간 추정값이 (b)에서 구한 농촌 지역 회귀에 대한 구간 추정값보다 더 넓은가 아니면 더 좁은가? 이것이 그럴듯하게 보이는가? 설명하시오.

d. 농촌 지역 회귀를 이용하여 절편 모수 β_1이 4 이상이라는 가설을 1% 유의수준에서 검정하시오. 이때 대립가설은 β_1이 4 미만이라고 본다.

3.18 어떤 생명보험회사는 가계가 부보한 생명보험 총액과 가계소득 사이의 관계를 살펴보았다. $INCOME$을 가계소득(천 달러)이라고 하고, $INSURANCE$를 부보한 생명보험 총액(천 달러)이라고 하자. 가계의 무작위 표본 $N = 20$을 활용하여 구한 최소제곱 추정관계는 다음과 같다.

$$\widehat{INSURANCE} = 6.855 + 3.880INCOME$$
$$(se) \qquad (7.383) \quad (0.112)$$

a. 추정된 기울기 및 절편을 인지할 수 있는 적합한 관계를 그리시오. 표본평균은 $INCOME = 59.3$이다. 부보한 보험총액의 표본평균은 무엇인가? 평균점을 그림에 표시하시오.

b. 가계소득이 \$1,000씩 추가될 때 부보한 생명보험 평균총액은 얼마나 변하는지 추정하시오. 점 추정값과 95% 구간 추정값을 구하시오. 구간 추정값을 보험회사 주주들에게 설명하시오.

c. 소득이 \$100,000인 가계가 부보한 기대 보험총액의 99% 구간 추정값을 구하시오. 절편 및 기울기 계수 사이의 추정된 공분산은 −0.746이다.

d. 경영위원회의 어떤 위원에 따르면 소득이 \$1,000씩 증가할 때마다 부보한 생명보험 평균총액은 \$5,000 증가한다고 주장한다. 대수학적 모형은 $INSURANCE = \beta_1 + \beta_2 INCOME + e$라고 하자. 위의 주장이 참이 아니라는 대립가설에 대해 참이라는 가설을 검정하시오. 모형 모수에 관한 귀무가설 및 대립가설의 측면에서 추론해 보시오. 5% 유의수준을 사용하시오. 자료에 따르면 이 주장을 지지하는가 또는 지지하지 않는가? 사용된 검정 통계량 및 기각역을 명확하게 표기하시오.

e. 소득이 증가함에 따라 부보한 생명보험 총액이 동일한 액수만큼 증가한다는 가설을 검정하시오. 즉 기울기가 1이라는 귀무가설을 검정하시오. 기울기가 1보다 크다는 대립가설을 사용하시오. 모형 모수 측면에서 귀무가설 및 대립가설을 말하시오. 1% 유의수준에서 검정을 실행하시오. 사용한 통계량 및 기각역을 분명히 표시하시오. 결론은 무엇인가?

부록 3A   *t*-분포의 도출

이 장에서 살펴본 구간 추정 및 가설검정 절차에는 *t*-분포가 포함된다. 여기서는 관련된 몇 가지 주요한 결과를 소개하고자 한다.

필요한 첫 번째 결과는 최소제곱 추정량의 정규분포이다. 예를 들어, b_2의 최소제곱 추정량 β_2의 정규분포를 생각해 보자. 이는 다음과 같이 나타낼 수 있다.

$$b_2|\mathbf{x} \sim N\left(\beta_2, \frac{\sigma^2}{\sum(x_i - \bar{x})^2}\right)$$

표준화된 정규 확률변수는 다음과 같이 평균을 감하고 표준편차로 나눔으로써 b_2로부터 구할 수 있다.

$$Z = \frac{b_2 - \beta_2}{\sqrt{\text{var}(b_2|\mathbf{x})}} \sim N(0, 1) \tag{3A.1}$$

즉 표준화된 확률변수 Z는 평균 0 및 분산 1을 가지며 정규분포한다. 최소제곱 추정량 b_2의 분포가 $\mathbf{x}$에 의존한다는 사실에도 불구하고, 표준화로 인해 알지 못하는 모수나 $\mathbf{x}$에 의존하지 않는 분포를 갖는 추축통계량을 얻을 수 있다.

두 번째는 카이제곱 확률변수와 관련된다. 가정 SR6이 준수될 경우 무작위 오차항 e_i는 다음과 같은 정규분포를 한다. $e_i|\mathbf{x} \sim N(0, \sigma^2)$. 다시 한 번 더 표준편차로 나눔으로써 다음과 같이 확률변수를 표준화할 수 있다. $e_i/\sigma \sim N(0, 1)$. 표준 정규 확률변수의 제곱은 다음과 같이 자유도가 1인 카이제곱 확률변수이다. $(e_i/\sigma)^2 \sim \chi^2_{(1)}$. 모든 무작위 오차가 독립적인 경우 다음과 같다.

$$\sum\left(\frac{e_i}{\sigma}\right)^2 = \left(\frac{e_1}{\sigma}\right)^2 + \left(\frac{e_2}{\sigma}\right)^2 + \cdots + \left(\frac{e_N}{\sigma}\right)^2 \sim \chi^2_{(N)} \tag{3A.2}$$

참인 무작위 오차는 관찰할 수 없으므로 표본에서 알 수 있는 최소제곱 잔차 $\hat{e}_i = y_i - b_1 - b_2 x_i$로 대체함으로써 다음과 같아진다.

$$V = \frac{\sum \hat{e}_i^2}{\sigma^2} = \frac{(N-2)\hat{\sigma}^2}{\sigma^2} \tag{3A.3}$$

위의 식 (3A.3)에서 확률변수 V는 최소제곱 잔차가 독립적인 확률변수가 아니므로 $\chi^2_{(N)}$을 갖지 않는다. 모든 N개의 잔차 $\hat{e}_i = y_i - b_1 - b_2 x_i$는 최소제곱 추정량 b_1 및 b_2에 의존한다. 최소제곱 잔차 중 $N-2$개만이 단순 선형회귀 모형에서 독립적이라는 사실을 알 수 있다. 따라서 식 (3A.3)의 확률변수는 자유도가 $N-2$인 카이제곱 분포를 갖게 된다. 즉 상수 $(N-2)/\sigma^2$를 곱할 경우 확률변수 $\hat{\sigma}^2$은 다음과 같이 자유도가 $N-2$인 카이제곱 분포를 갖는다.

$$V = \frac{(N-2)\hat{\sigma}^2}{\sigma^2} \sim \chi^2_{(N-2)} \tag{3A.4}$$

확률변수 V는 자유도 $N-2$에만 의존하는 분포를 갖는다. 식 (3A.1)의 Z처럼 V도 추축통계량이다.

카이제곱 확률변수 V가 최소제곱 추정량 b_1 및 b_2와 통계적으로 독립적이라는 사실을 확립하지는 않았지만 사실은 그렇다. 이에 대한 증명은 이 책의 범위를 벗어난다. 결과적으로 볼 때 V와 식 (3A.1)의 표준 정규 확률변수 Z는 독립적이다.

2개의 확률변수 V 및 Z로부터 t-확률변수를 구할 수 있다. t-확률변수는 자유도 m으로 나눈 독립적인 카이제곱 확률변수 $V \sim \chi^2_{(m)}$의 제곱근으로 다시 표준 정규 확률변수 $Z \sim N(0, 1)$을 나눔으로써 얻을 수 있다. 즉 다음과 같다.

$$t = \frac{Z}{\sqrt{V/m}} \sim t_{(m)} \tag{3A.5}$$

t-분포의 형태는 자유도 모수 m으로 완벽하게 결정되며, 이 분포는 $t_{(m)}$으로 나타낸다. 식 (3A.1) 및 (3A.4)의 Z와 V를 이용하여 다음과 같이 구할 수 있다.

$$t = \frac{Z}{\sqrt{V/(N-2)}} = \frac{(b_2 - \beta_2)\Big/ \sqrt{\sigma^2 \Big/ \sum (x_i - \bar{x})^2}}{\sqrt{\dfrac{(N-2)\,\hat{\sigma}^2/\sigma^2}{N-2}}}$$

$$= \frac{b_2 - \beta_2}{\sqrt{\dfrac{\hat{\sigma}^2}{\sum (x_i - \bar{x})^2}}} = \frac{b_2 - \beta_2}{\sqrt{\widehat{\mathrm{var}}(b_2)}} = \frac{b_2 - \beta_2}{\mathrm{se}(b_2)} \sim t_{(N-2)} \tag{3A.6}$$

위의 식에서 두 번째 줄은 식 (3.2)에서 논의한 주요한 결과이며, 식 (3.3)은 이를 일반화한 것이다.

예측, 적합도, 모형화

제3장에서는 통계적 추론, 신뢰구간, 회귀모수의 가설검정에 대해 살펴보았다. 회귀 모형의 또 다른 목적이면서 이 장에서 첫 번째로 고찰해 보고자 하는 것은 예측(prediction)이다. 예측은 특정한 x값이 주어진 경우 종속변수 y의 미지값을 예상하는 것이다. 신뢰구간과 마찬가지로 예측구간(prediction interval)은 미지의 y값이 위치하게 될 값의 범위이다. y의 표본값과 예측값 사이의 상관관계를 검토해 보면 모형이 자료에 얼마나 잘 부합하는지를 나타내는 R^2이라 하는 적합도 (goodness-of-fit)를 알 수 있다. 표본의 각 관찰값에 대해 y의 예측값과 실제값 사이의 차이를 잔차 (residual)라 한다. 잔차를 진단해 봄으로써 회귀분석에서 사용한 함수 형태(functional form)의 적합성을 검토해 볼 수 있으며, 회귀분석의 기초가 되는 가정의 타당성도 알아볼 수 있다. 우리는 이런 사고방식과 개념들에 대해 순차적으로 살펴볼 것이다.

4.1 최소제곱 예측

정리문제 2.4에서 선형회귀 모형의 최소제곱 추정값이 어떤 x값에 대해 y값을 예측하는 방법이라는 사실을 살펴보았다. 예측은 특정 기업의 판매액 및 수입액을 예상해 보려는 기업경제학자와 재무분석가에게 중요한 작업이다. 또한 국민소득 성장률, 인플레이션, 투자, 저축, 사회보장 프로그램 지출액, 조세수입 등을 예측하려는 정부정책 입안자들에게도 중요하다. 나아가 서비스 공급을 확대하거나 계약을 체결하기 위해서 인근 주민 및 소득의 성장을 예측하는 일은 지역 기업가들에게 중요하다. 모든 종류의 계획을 수립하는 데 있어 정확한 예측은 보다 나은 의사결정의 기초가 된다. 이 절에서는 예측 수단으로서 선형회귀의 용도에 관해 살펴볼 것이다.

단순 선형회귀 모형과 가정 SR1~SR6이 주어진 상황하에서 x_0를 설명변수의 값이라고 하자. 이에 상응하는 y의 값, 즉 y_0를 예측하고자 한다. 회귀분석을 예측의 기초로 사용하기 위해서는 y_0와 x_0는 자료표본을 설명하는 동일한 회귀 모형으로 연계되어 있다고 가정해야 한다. 따라서 특히 SR1이 관찰값들에 대해 준수된다.

$$y_0 = \beta_1 + \beta_2 x_0 + e_0 \tag{4.1}$$

여기서 e_0는 무작위 오차이며, $E(y_0|x_0) = \beta_1 + \beta_2 x_0$ 및 $E(e_0) = 0$이라고 가정한다. 또한 e_0는 회귀오차로서 동일한 분산을 갖는다. 즉 $\text{var}(e_0) = \sigma^2$이 성립되며 e_0는 표본자료의 일부인 무작위 오차들과 상관되지 않는다. 즉 $\text{cov}(e_0, e_i|\mathbf{x}) = 0$, $i = 1, 2, \cdots, N$이다.

y_0를 예측하는 일은 3.6절에서 논의한 $E(y_0|x_0) = \beta_1 + \beta_2 x_0$를 추정하는 문제와 연관된다. 결과인 $y_0 = E(y_0|x_0) + e_0 = \beta_1 + \beta_2 x_0 + e_0$는 2개 부분, 즉 체계적이며 무작위적이지 않은 부분 $E(y_0|x_0) = \beta_1 + \beta_2 x_0$ 및 무작위적인 부분 e_0로 구성된다. $\hat{E}(y_0|x_0) = b_1 + b_2 x_0$를 활용하여 체계적인 부분을 추정하고, 기댓값이 0인 e_0의 '추정값'을 추가한다. 따라서 예측 $\hat{y}_0$는 $\hat{y}_0 = \hat{E}(y_0|x_0) + 0 = b_1 + b_2 x_0$로 구한다. $\hat{y}_0$ 및 $\hat{E}(y_0|x_0)$ 둘 다에 대해 동일한 통계량을 사용한다는 사실에도 불구하고 이들을 구별한다. 왜냐하면 $E(y_0|x_0) = \beta_1 + \beta_2 x_0$는 확률적이지 않지만, 결과인 y_0는 확률적이기 때문이다. 따라서 앞으로 살펴볼 것처럼 $E(y_0|x_0) = \beta_1 + \beta_2 x_0$의 구간 추정값과 y_0에 대한 예측구간 사이에는 차이가 존재한다.

앞 단락의 논의를 따르면 y_0의 **최소제곱 예측값**(least squares predictor)은 적합하게 맞추어 구한 다음과 같은 회귀선으로 구할 수 있다.

$$\hat{y}_0 = b_1 + b_2 x_0 \tag{4.2}$$

즉 예측값 $\hat{y}_0$는 그림 4.1에서 보는 것처럼 $x = x_0$인 적합한 최소제곱선상의 점으로 구할 수 있다. 이 예측 절차는 얼마나 적절한가? 최소제곱 추정량 b_1 및 b_2는 확률변수이며 표본에 따라 그 값이 변화한다. 이에 따라 최소제곱 예측값 $\hat{y}_0 = b_1 + b_2 x_0$도 역시 확률적이어야 한다. 이 예측값이 얼마나 잘 부합되는지 평가하기 위해서 최소제곱 잔차와 유사한 **예측오차**(forecast error)를 다음과 같이 정의하자.

$$f = y_0 - \hat{y}_0 = (\beta_1 + \beta_2 x_0 + e_0) - (b_1 + b_2 x_0) \tag{4.3}$$

예측오차가 작기를 희망하며, 이는 우리의 예상이 예측한 값에 근접한다는 의미이다. f의 기댓값은 다음과 같다.

$$\begin{aligned}
E(f|\mathbf{x}) &= \beta_1 + \beta_2 x_0 + E(e_0) - \left[E(b_1|\mathbf{x}) + E(b_2|\mathbf{x})x_0\right] \\
&= \beta_1 + \beta_2 x_0 + 0 - [\beta_1 + \beta_2 x_0] \\
&= 0
\end{aligned}$$

위의 식이 의미하는 바는 평균적으로 예측오차가 0이며, $\hat{y}_0$는 y_0의 불편 예측값(unbiased predictor)이다. 하지만 불편성은 반드시 특정 예측이 실제값에 근접한다는 의미는 아니다. 증명해 보이지는 않겠지만 $\hat{y}_0$는 가정 SR1~SR5가 준수될 경우 y_0의 최우수 선형 불편 예측값(best linear unbiased predictor, BLUP)이다. 이는 최소제곱 추정량 b_1 및 b_2가 최우수 선형 불편 추정량일 경우 합리적인 것처럼 보인다.

식 (4.3)과 최소제곱 추정량의 분산 및 공분산에 관해 알고 있는 바를 이용하여, 예측오차의 분산이 다음과 같다는 사실을 보일 수 있다.

$$\text{var}(f|\mathbf{x}) = \sigma^2 \left[1 + \frac{1}{N} + \frac{(x_0 - \bar{x})^2}{\sum(x_i - \bar{x})^2}\right] \tag{4.4}$$

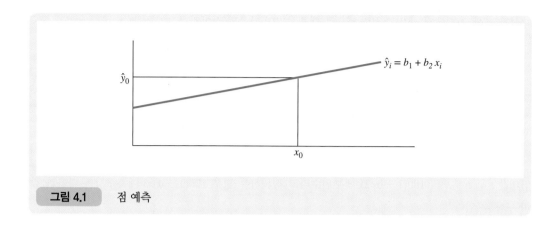

그림 4.1   점 예측

위 식의 일부는 최소제곱 추정량의 분산 공식에도 포함되며, 이들의 추정의 정확성에 영향을 미쳤던 것과 같은 방법으로 예측의 정확성에도 영향을 미친다는 사실에 주목하자. 우리는 예측오차의 분산이 작기를 선호한다. 즉 예측값 $\hat{y}_0$가 우리가 예측하고자 하는 값 y_0에 근접할 확률을 높이기를 원한다. 예측오차의 분산은 다음과 같은 경우 더 작아진다는 점에 유의하자.

i.   무작위 오차의 분산 σ^2으로 측정한 모형의 전반적인 불확실성이 작아지는 경우
ii. 표본크기 N이 커지는 경우
iii. 설명변수의 변동이 커지는 경우
iv. $(x_0 - \bar{x})^2$의 값이 작은 경우

새롭게 추가된 항 $(x_0 - \bar{x})^2$은 x_0가 x-값의 중앙으로부터 얼마나 멀리 위치하는지를 측정한다. x_0가 표본자료의 중앙으로부터 멀리 위치하면 할수록 예측분산은 더 커지게 된다. 직관적으로 볼 때 이는 표본 정보를 더 많이 갖고 있는 영역에서 예측을 더 잘할 수 있으며, 자료의 한계를 벗어나서 예측하려는 경우 예측의 정확성이 떨어진다는 의미이다.

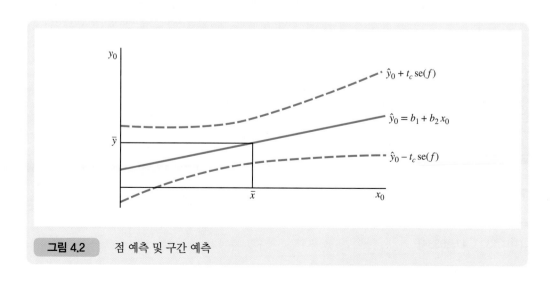

그림 4.2   점 예측 및 구간 예측

실제로 식 (4.4)에서 σ^2을 추정량 $\hat{\sigma}^2$으로 대체시키면 다음과 같아진다.

$$\widehat{var}(f|\mathbf{x}) = \hat{\sigma}^2 \left[1 + \frac{1}{N} + \frac{(x_0 - \bar{x})^2}{\sum(x_i - \bar{x})^2} \right]$$

위의 추정된 분산의 제곱근이 예측 표준오차(standard error of the forecast)이다.

$$se(f) = \sqrt{\widehat{var}(f|\mathbf{x})} \qquad (4.5)$$

임계값 t_c를 t-분포의 $100(1-\alpha/2)$ 백분위수라고 정의하는 경우 $100(1-\alpha)\%$ 예측구간을 다음과 같이 구할 수 있다.

$$\hat{y}_0 \pm t_c se(f) \qquad (4.6)$$

🔍 정리문제 4.1　식료품 지출액 모형의 예측

정리문제 2.4에서는 주당 소득이 $x_0 = \$2,000$인 가계가 다음과 같은 계산을 거쳐 식료품에 $\$287.61$를 지출하게 된다고 예측하였다.

$$\hat{y}_0 = b_1 + b_2 x_0 = 83.4160 + 10.2096(20) = 287.6089$$

위의 예측에 대한 '신뢰구간'을 알아보도록 하자. 예측오차의 추정된 분산은 다음과 같다.

$$\begin{aligned}
\widehat{var}(f|\mathbf{x}) &= \hat{\sigma}^2 \left[1 + \frac{1}{N} + \frac{(x_0 - \bar{x})^2}{\sum(x_i - \bar{x})^2} \right] \\
&= \hat{\sigma}^2 + \frac{\hat{\sigma}^2}{N} + (x_0 - \bar{x})^2 \frac{\hat{\sigma}^2}{\sum(x_i - \bar{x})^2} \\
&= \hat{\sigma}^2 + \frac{\hat{\sigma}^2}{N} + (x_0 - \bar{x})^2 \widehat{var}(b_2|\mathbf{x})
\end{aligned}$$

위의 식 마지막 줄에 식 (2.21)에서 살펴본 b_2의 추정된 분산이 있음을 알 수 있다. 정리문제 2.5에서 $\hat{\sigma}^2 = 8013.2941$ 및 $\widehat{var}(b_2|\mathbf{x}) = 4.3818$을 구하였다. 식료품 지출액 자료에서 $N = 40$이고 설명변수의 표본 평균 $\bar{x} = 19.6048$이다. 이런 값들을 이용하여 예측의 표준오차를 구하면 다음과 같다. $se(f) = \sqrt{\widehat{var}(f|\mathbf{x})} = \sqrt{8214.31} = 90.6328$. $1 - \alpha = 0.95$를 선택한 경우 $t_c = t_{(0.975,\,38)} = 2.0244$이고 y_0에 대한 95% 예측구간은 다음과 같다.

$$\begin{aligned}
\hat{y}_0 \pm t_c se(f) &= 287.6069 \pm 2.0244(90.6328) \\
&= [104.1323, 471.0854]
\end{aligned}$$

위에서 살펴본 예측구간에 따르면 주당 소득이 $\$2,000$인 가계는 $\$104.13$에서 $\$471.09$ 사이의 금액을 식료품에 지출한다고 한다. 이처럼 예측구간이 넓다는 것은 점 예측인 $\$287.61$를 크게 신뢰할 수 없다는 의미이다. 표본 평균 $\bar{x} = 19.60$에 근접한 값 $x_0 = 20$에 대해서도 폭이 넓은 예측구간을 구했다. 보다 극단적인 x값에 대해서는 예측구간이 훨씬 더 넓어질 것이다. 신뢰하기 어려운 예측은 모형의 모수를 추정하는 정확성을 향상시킬 수 있도록 보다 규모가 큰 자료표본을 수집할 경우 신뢰성이 약간 향상될 수 있다. 하지만 이 예에서는 추정된 오차분산 $\hat{\sigma}^2$의 크기가 추정된 예측오차분산의 크기에 매우 근접해 있다. 이는 예측의 주요한 불확실성이 모형의 큰 불확실성에서 비롯된다는 의미이다. 이는 예상했던 바다. 왜냐하면 복잡한 현상인 가계 행위를 예측하는 데 단지 하나뿐인 가계 특성, 즉 소득만을 고려하였기 때문이다. 소득은 식료품 지출액을 설명하는 주요한 요소기는 하지만, 중요한 역할을 할 수 있는 다른 많은 가계 인구학적인 특성을 생각해 볼 수 있다. 식료품 지출액을 보다 정확하게 예측하기 위해서 회귀모형에 이런 추가적인 요소들을 포함시켜 볼 필요가 있다. 다른 요소를 포함할 수 있도록 단순 회귀 모형을 확대하는 일은 제5장에서부터 살펴볼 것이다.

식 (4.4)의 $\text{var}(f|\mathbf{x})$에 대한 논의를 따를 경우, x_0가 표본 평균 $\bar{x}$로부터 멀어질수록 예측오차의 분산은 더 커지며 예측의 신뢰성은 더 낮아지는 경향이 있다. 다시 말해 표본 평균 $\bar{x}$에 근접한 x_0값에 대한 예측은 표본 평균 $\bar{x}$로부터 멀리 떨어진 x_0의 값에 대한 예측보다 더 신뢰할 수 있다. 이런 사실은 예측구간의 크기에서도 알 수 있다. 그림 4.2는 상이한 값에 대한 점 예측과 구간 예측의 관계를 보여주고 있다. 점 예측은 적합한 최소제곱 선분 $\hat{y}_0 = b_1 + b_2 x_0$로 구할 수 있다. 예측구간은 적합한 최소제곱 선분 주위의 2개 띠 모양으로 나타낼 수 있다. x_0가 표본 평균 $\bar{x}$로부터 멀어질수록 예측분산이 증가하므로, 신뢰의 범위를 나타내는 띠는 $x_0 = \bar{x}$일 때 가장 좁아지며 $|x_0 - \bar{x}|$가 증가할수록 폭이 넓어진다.

4.2 적합도의 측정

아래의 모형을 분석하는 두 가지 주요한 이유는 다음과 같다.

$$y_i = \beta_1 + \beta_2 x_i + e_i \tag{4.7}$$

첫째, 독립변수(x_i)가 변화함에 따라 종속변수(y_i)가 어떻게 변하는지 설명하고자 한다. 둘째, x_0가 주어진 경우 y_0를 예측하고자 한다. 이 두 가지 목적은 추정 및 예측이라는 폭넓은 제목하에서 이루어지고 있다. 종속변수 y_i의 변동을 가능한 한 많이 설명하기 위하여 x_i를 이용하고자 하는 바람은 예측하는 문제와 밀접히 연계되어 있다. 식 (4.7)의 회귀 모형에서 x_i의 변동이 y_i의 변동을 '설명'할 것이라는 희망에서 '설명변수' x_i를 도입하였다.

모형으로 설명할 수 있는 y_i의 변동을 측정하기 위하여 y_i를 설명할 수 있는 부분과 설명할 수 없는 부분으로 분리하는 데서부터 시작할 것이다. 앞에서 다음과 같이 가정하였다.

$$y_i = E(y_i|\mathbf{x}) + e_i \tag{4.8}$$

여기서 $E(y_i|\mathbf{x}) = \beta_1 + \beta_2 x_i$는 y_i의 설명할 수 있는 '체계적인' 요소인 반면에 e_i는 y_i의 무작위적이며 비체계적인 설명할 수 없는 교란요소이다. 이 두 요소 모두 우리가 관찰할 수는 없지만 미지의 모수 β_1 및 β_2를 추정할 수 있고 식 (4.8)과 유사하게 y_i값을 다음과 같이 분해할 수 있다.

$$y_i = \hat{y}_i + \hat{e}_i \tag{4.9}$$

여기서 $\hat{y}_i = b_1 + b_2 x_i$ 및 $\hat{e}_i = y_i - \hat{y}_i$이다.

그림 4.3에서 '평균점' $(\bar{x}, \bar{y})$를 찾아볼 수 있으며 최소제곱에 적합하게 그은 선은 이 점을 통과한다. 이는 회귀 모형이 절편항을 포함할 때는 언제나 최소제곱에 적합하게 그은 선이 갖는 특성이다. 위의 식 양측에서 표본 평균을 $\bar{y}$ 감할 경우 다음과 같은 결과를 얻을 수 있다.

$$y_i - \bar{y} = (\hat{y}_i - \bar{y}) + \hat{e}_i \tag{4.10}$$

그림 4.3에서 보는 것처럼 y_i와 이의 평균값 $\bar{y}$ 간의 차이는 회귀 모형으로 설명되는 부분 $\hat{y}_i - \bar{y}$와 설명되지 않는 부분 $\hat{e}_i$로 구성된다.

식 (4.10)의 분류를 통해서 전체 표본에 대해 y의 총변동을 설명되는 부분과 설명 안 되는 부분으로

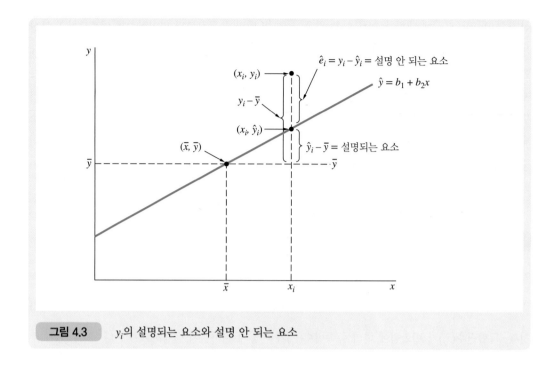

그림 4.3 y_i의 설명되는 요소와 설명 안 되는 요소

분류할 수 있다. 관찰값 표본 y_1, y_2, $\cdots$, y_N이 있는 경우 2개의 기술적인 측정값으로 표본 평균 $\bar{y}$와 다음과 같은 표본 분산이 있다는 점을 기억하자.

$$s_y^2 = \frac{\sum (y_i - \bar{y})^2}{N - 1}$$

위의 식에서 분자, 즉 표본값 y_i와 표본 평균 $\bar{y}$ 사이의 차이를 제곱하여 더한 합은 표본값들의 총변동을 측정한 것이다. 식 (4.10)의 양편을 제곱하고 $\sum (\hat{y}_i - \bar{y})\hat{e}_i = 0$이라는 사실을 이용하면 다음과 같은 결과를 얻을 수 있다.

$$\sum (y_i - \bar{y})^2 = \sum (\hat{y}_i - \bar{y})^2 + \sum \hat{e}_i^2 \tag{4.11}$$

위의 식 (4.11)을 통해 y의 '총표본변동'을 설명되는 부분과 설명 안 되는 부분으로 분해할 수 있다. 특히 '제곱의 합'은 다음과 같다.

1. $\sum (y_i - \bar{y})^2$ = 전체 제곱의 합 = SST : 표본 평균에 대한 y의 총변동 크기
2. $\sum (\hat{y}_i - \bar{y})^2$ = 설명된 제곱의 합 = SSR : 회귀분석에 의해 설명되는 표본 평균에 대한 y의 총변동 부분 또는 '설명되는 제곱의 합'
3. $\sum \hat{e}_i^2$ = 오차 제곱의 합 = SSE : 회귀분석에 의해 설명 안 되는 표본 평균에 대한 y의 총변동 부분 또는 설명 안 되는 제곱의 합, 잔차의 제곱 합, 제곱한 오차의 합

위의 논의에 기초하면 식 (4.11)은 다음과 같다.

$$SST = SSR + SSE$$

y의 총변동을 회귀 모형에 의해 설명되는 부분과 설명 안 되는 부분으로 분해함으로써 소위 결정계수 (coefficient of determination) 또는 R^2을 정의할 수 있다. 이는 회귀 모형 내에서 x로 설명할 수 있는 y의 변동 비율이다.

$$R^2 = \frac{SSR}{SST} = 1 - \frac{SSE}{SST} \tag{4.12}$$

R^2이 1에 가까울수록 표본값 y_i는 해당 회귀식 $\hat{y}_i = b_1 + b_2 x_i$에 보다 근접하게 된다. $R^2 = 1$인 경우 모든 표본자료는 적절한 최소제곱 선분상에 위치하게 되어 $SSE = 0$이고 모형은 자료에 '완전하게' 일치한다. y 및 x에 대한 표본자료에 서로 관계가 없고 어떤 선형 관계도 없는 경우 적절하게 그은 최소제곱 선분은 '수평선'이 되어 $\bar{y}$와 일치하게 되며 $SSR = 0$, $R^2 = 0$이 된다. $0 < R^2 < 1$인 경우 이는 회귀 모형으로 설명되는 y의 평균에 대한 y의 변동 백분율로 해석된다.

4.2.1 상관분석

앞에서 2개의 확률변수 x와 y 사이의 공분산과 상관에 관해 논의하였다. x와 y 사이의 상관계수 ρ_{xy}를 정의하면 다음과 같다.

$$\rho_{xy} = \frac{\text{cov}(x, y)}{\sqrt{\text{var}(x)}\sqrt{\text{var}(y)}} = \frac{\sigma_{xy}}{\sigma_x \sigma_y} \tag{4.13}$$

표본상관계수와 R^2 사이의 유용한 관계를 도출하기 위해서 상관계수의 추정에 관해 논의할 것이다.

자료표본 (x_i, y_i), $i = 1, \cdots, N$이 주어진 경우 표본상관계수는 식 (4.13)의 공분산 및 분산 대신에 그에 해당하는 표본값을 대체시켜 다음과 같이 구할 수 있다.

$$r_{xy} = \frac{s_{xy}}{s_x s_y}$$

여기서 다음과 같다.

$$s_{xy} = \sum (x_i - \bar{x})(y_i - \bar{y})/(N - 1)$$

$$s_x = \sqrt{\sum (x_i - \bar{x})^2 /(N - 1)}$$

$$s_y = \sqrt{\sum (y_i - \bar{y})^2 /(N - 1)}$$

표본상관계수 r_{xy}는 -1과 1 사이의 값을 가지며 x와 y값 사이에 존재하는 선형 관계의 강도를 측정할 수 있다.

4.2.2 상관분석과 R^2

단순 선형회귀 모형에서 R^2과 r_{xy} 사이에 흥미로운 두 가지 관계가 있다.

1. 첫째, $r_{xy}^2 = R^2$이다. 표본자료값 x_i와 y_i 사이 표본상관계수의 제곱은 대수학적으로 R^2과 같다. 직관적으로 이 관계는 다음과 같은 의미가 있다 — r_{xy}^2는 0과 1 사이의 값을 가지며 x와 y 사이

에 존재하는 선형 관계의 강도를 측정한다. 이런 해석은 R^2이 선형회귀 모형에서 y의 자신의 평균에 대한 변동을 x가 설명하는 비율이라고 정의한 것과 크게 다르지 않다.

2. 둘째, 보다 중요한 관계로 R^2은 또한 y_i와 $\hat{y}_i = b_1 + b_2 x_i$ 사이의 표본상관계수의 제곱으로 계산될 수 있다는 점이다. 즉 $R^2 = r_{y\hat{y}}^2$이다. 이에 기초할 경우 표본자료와 해당 예측값 사이의 선형 관계 또는 적합도를 측정한다고도 볼 수 있다. 결과적으로 R^2은 이따금 '적합도'의 측정값이라고 한다. 이런 결과는 단순회귀 모형뿐만 아니라 제5장에 살펴볼 다중회귀 모형에도 적용된다. 나아가 4.4절에서 살펴보게 될 것처럼 y를 가능한 잘 예측하고, 이 예측치와 y 표본값 사이의 제곱한 상관계수를 구한다는 개념은 통상적 R^2이 엄격하게 적용되지 못하는 상황으로까지 연장될 수 있다.

🔍 정리문제 4.2   식료품 지출액 모형의 적합도

정리문제 2.4의 식료품 지출액 사례를 살펴보도록 하자. 특히 그림 2.8의 산포도 및 이에 적합하게 그은 회귀선과 그림 2.9의 컴퓨터 분석 결과에 주의하여 보자. 앞으로 돌아가서 이를 살펴본 후 진도를 나아가도록 하자. 대답하고자 하는 질문은 "모형이 자료에 얼마나 잘 부합하는가?"이다. R^2을 계산하기 위해 제곱한 합을 사용하면 다음과 같다.

$$SST = \sum (y_i - \bar{y})^2 = 495132.160$$
$$SSE = \sum (y_i - \hat{y}_i)^2 = \sum \hat{e}_i^2 = 304505.176$$

그러면 다음과 같아진다.

$$R^2 = 1 - \frac{SSE}{SST} = 1 - \frac{304505.176}{495132.160} = 0.385$$

(자신의 표본 평균에 대한) 식료품 지출액의 변동 중 38.5%를 소득만이 설명변수인 회귀 모형으로 설명할 수 있다고 본다. 이와 같은 R^2은 괜찮은 수준인가? 이런 질문은 크게 유용하지 않다고 본다. R^2을 알면 상이한 변동들의 상대적인 크기를 알 수는 있지만 특정 R^2값이 '충분히 큰지에 대한' 논의는 별로 유용하지 않다. 가계의 미시경제적 행위는 완벽하게 설명하기가 매우 어렵다. 횡단면 자료의 경우 매우 큰 회귀 모형을 사용하더라도 R^2의 값이

0.10에서 0.40 사이인 경우가 매우 일반적이다. 통상적으로 시간이 흐름에 따라 추세를 가지면서 서서히 변하는 시계열 자료에 기초한 거시경제 분석의 경우 R^2값은 0.90 이상이 일반적이다. 추정값을 구하는 데 사용한 표본자료를 얼마나 잘 예측하는지에만 기초하여 모형을 평가하지 말아야 한다. 모형을 평가하는 데는 이를테면, 추정값의 부호 및 크기, 통계 및 경제적 유의성, 추정의 정확성, 추정 표본에 포함되지 않은 종속변수의 값을 예측할 수 있는 능력들을 고려해야 한다. 이 밖의 모형 진단에 관한 문제는 다음 절에서 논의할 것이다.

상관분석을 통해 동일한 결론에 도달할 수 있으며, 이 접근법을 보다 자세히 살펴볼 필요가 있다. y와 x 표본값 사이의 표본상관은 다음과 같다.

$$r_{xy} = \frac{s_{xy}}{s_x s_y} = \frac{478.75}{(6.848)(112.675)} = 0.62$$

위의 상관값은 양수이며, 이는 식료품 지출액과 소득 사이에 양의 관계가 있다는 의미이다. 표본상관은 선형 관계의 강도를 측정한 것으로 최댓값이 1이다. $r_{xy} = 0.62$인 경우 그 값이 무시할 수준은 아니지만 완벽하게 적합한 것도 아니다. 기대했던 것처럼 다음과 같다 — $r_{xy}^2 = 0.62^2 = 0.385 = R^2$.

정리문제 4.3　　회귀분석 결과의 작성

설명변수가 1개뿐인 단순회귀 모형의 분석 결과를 보고할 경우 매우 간단하게 작성할 수 있다. 주요 요소로는 계수의 추정값, 표준오차(또는 t-값), 통계적 유의성, R^2을 들 수 있다. 또한 회귀분석 결과를 제시할 경우 x 및 y와 같은 부호를 사용하는 것은 피해야 한다. 변수들을 약자로 표기할 경우 이를 별개로 정확히 정의해야 한다. 식료품 지출액의 경우 변수는 다음과 같이 정의되었다.

$FOOD\_EXP$ = 3인 가구의 주당 식료품 지출액($)

$INCOME$ = 주당 가계소득($100)

추정된 식의 분석 결과는 다음과 같다.

$$FOOD\_EXP = 83.42 + 10.21\ INCOME \quad R^2 = 0.385$$
$$\text{(se)} \qquad (43.41)^* \ (2.09)^{***}$$

추정된 계수 아래에 표준오차를 제시하고 있다. 표준오차를 제시한 이유는 (자유도 $N-2$가 30보다 큰 경우) 약

95% 구간 추정값이 $b_k \pm 2(\text{se})$라는 사실 때문이다. 원할 경우 추정값을 표준오차로 나누면 t-통계량값을 구할 수 있다. 나아가 다른 가설검정도 제시된 표준오차를 이용하여 할 수 있다. 귀무가설 $H_0 : \beta_2 = 8.0$을 검정하려면 t-통계량, $t = [(10.21 - 8)/2.09)]$를 구하여 검정 절차를 밟으면 된다.

숫자 위에 있는 별표는 종종 독자들에게 통계적으로 유의한 계수(즉 양측검정에서 계수가 0과 유의하게 다르다는 사실)를 보여주기 위해 사용된다. 이는 다음과 같다.

*는 10% 수준에서 유의하다는 의미이다.
**는 5% 수준에서 유의하다는 의미이다.
***는 1% 수준에서 유의하다는 의미이다.

별표는 그림 2.9에서 살펴본 것처럼 컴퓨터 분석 결과의 p-값을 점검하여 결정하였다.

4.3 모형화 문제

4.3.1 자료의 비율화 효과

사용하려는 자료가 반드시 표로 제시되거나 회귀분석을 하는 데 편리한 형태를 갖추고 있지는 않다. 자료의 단위가 편리하지 않을 경우 변수들 사이에 근간이 되는 관계를 변화시키지 않고 이를 조절할 수 있다. 예를 들어, 2015년 2분기 현재 미국의 실질 개인 소비는 연간 $12,228.4(10억 단위)였다. 이는 $12,228,400,000,000로 나타낼 수 있다. 표나 회귀분석에서 숫자를 길게 나열하여 표기할 수도 있지만 그렇게 함으로써 얻을 수 있는 이점이 없다. 위의 경우 측정단위를 10억 달러로 함으로써 숫자를 이해하기 쉬운 형태로 표기할 수 있다. 회귀 모형에서 변수를 척도화함으로써 얻는 효과는 무엇인가?

식료품 지출액 모형을 생각해 보자. 표 2.1에서 주당 지출액은 달러($)로 표기하고 소득은 $100 단위로 나타내었다. 따라서 주당 소득이 $2,000인 경우 $x = 20$이라고 표기한다. 이런 방법으로 자료를 비율화하는 이유는 무엇 때문인가? 소득을 달러로 나타내고 회귀식을 추정할 경우 분석 결과는 다음과 같다.

$$FOOD\_EXP = 83.42 + 0.1021\ INCOME(\$) \qquad R^2 = 0.385$$
$$\text{(se)} \qquad (43.41)^* \ (0.0209)^{***}$$

위의 식은 두 가지 면에서 변화가 있다. 첫째, 소득의 추정된 계수가 이제는 0.1021이 되었다. 이를 다음과 같이 해석할 수 있다. "주당 가계소득이 $1 증가할 경우 주당 식료품 지출액은 약 10센트 증가한다." 이런 해석은 수학적으로 잘못된 것이 전혀 없지만 변화가 매우 작아서 관련이 없는 것처럼 보일 수 있다. 소득이 $100 증가할 경우 앞에서와 마찬가지로 식료품 지출액은 $10.21 증가하지만 이런 숫자가 논의하는 데 훨씬 더 용이하다.

둘째, 소득을 달러로 표기할 경우 회귀분석 결과에서 나타나는 또 다른 변화는 표준오차가 100배 더 작아진다는 것이다. 추정된 계수도 역시 100배 더 작아지기 때문에 t-통계량 및 다른 결과들은 불변한다.

측정단위의 이런 변화를 자료의 비율화라고 한다. 이런 비율의 선택은 해석을 의미 있고 편리하게 하려는 연구자에 의해 이루어진다. 이런 비율의 변화는 근간이 되는 관계의 측정에 영향을 미치지는 않지만 계수 측정값과 일부 측정치의 해석에 영향을 미친다. 다양한 가능성을 살펴보도록 하자.

1. **x의 측정단위 변화** : 선형회귀 모형 $y = \beta_1 + \beta_2 x + e$에서 설명변수 x를 상수 c로 나눔으로써 측정단위를 변화시켰다고 가상하자. 좌변과 우변을 같게 유지하기 위해서 x의 계수는 c로 곱해야만 한다. 즉 $y = \beta_1 + \beta_2 x + e = \beta_1 + (c\beta_2)(x/c) + e = \beta_1 + \beta_2^* x^* + e$가 되며, 여기서 $\beta_2^* = c\beta_2$ 및 $x^* = x/c$이다. 예를 들어, x가 달러로 측정되고 $c = 100$인 경우 x^*는 $100로 측정된다. 그러면 β_2^*는 x의 측정단위가 $100로 증가한 경우 y의 기대된 변화를 측정하며 β_2^*는 β_2보다 100배 더 크다. x의 단위가 변화할 경우 변화는 회귀계수의 표준오차에서 나타나지만 회귀계수는 동일한 인수를 곱하여 변화하게 된다. 따라서 이들의 비율, 즉 t-통계량은 불변하며 모든 다른 회귀 통계량도 불변하게 된다.

2. **y의 측정단위 변화** : x는 변하지 않고 y의 측정단위가 변하는 경우 회귀식이 타당하기 위해서는 모든 계수가 변화해야만 한다. 즉 $y/c = (\beta_1/c) + (\beta_2/c)x + (e/c)$ 또는 $y^* = \beta_1^* + \beta_2^* x + e^*$가 되어야 한다. 이렇게 척도가 변한 모형에서 β_2^*는 x가 1단위 변화할 경우 우리가 기대할 수 있는 y^*의 변화를 측정한다. 이런 과정에서 오차항의 척도가 변화하므로 최소제곱 잔차도 그 척도가 변하게 된다. 이는 회귀계수의 표준오차 에 영향을 미치지만 t-통계량이나 R^2에는 영향을 미치지 않는다.

3. y의 측정단위와 x의 측정단위가 동일한 인수만큼 변화할 경우 b_2의 회귀분석 결과에는 변화가 없지만 추정된 절편과 잔차는 변화한다. t-통계량과 R^2은 변화하지 않는다. 모수에 대한 해석은 새로운 측정단위와 관련지어 이루어져야 한다.

4.3.2 함수 형태의 선택

앞의 예에서 통상적인 가계의 식료품 지출액은 가계소득의 선형 함수라고 가정하였다. 즉 근간이 되는 경제적 관계를 $E(y|\mathbf{x}) = \beta_1 + \beta_2 x$라고 가정하였으며, 이는 $E(y|\mathbf{x})$ 및 x 사이에 선형이면서 직선의 관계가 있다는 의미이다. 이렇게 한 이유는 무엇 때문인가? 단순히 '선형'이 아니라 직선이라 하였는데, 이는 많은 비선형 또는 곡선의 관계를 좁은 영역에서 대략적으로 나타내는 데 좋은 방법이기 때문이다. 나아가 경제원론에서 공급, 수요, 소비의 함수를 직선이라 보았는데, 이제는 보다 정밀하게

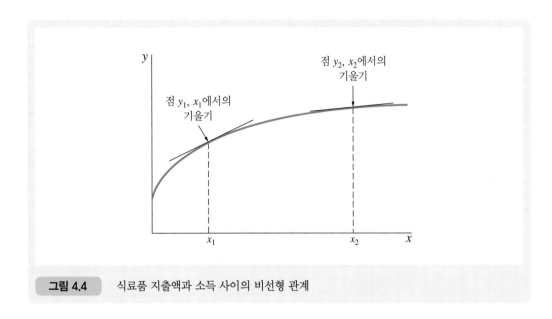

그림 4.4   식료품 지출액과 소득 사이의 비선형 관계

살펴보고자 한다.

모든 계량경제 분석의 출발점은 경제이론에 기초하고 있다. 그 밖의 모든 것은 불변한다고 가정할 경우 경제이론에 의하면 식료품 지출액과 소득 사이의 관계는 어떠한가? 식료품은 정상재이기 때문에 이 변수들 사이에는 양의 관계가 성립될 것으로 기대된다. 하지만 이들 관계가 직선이 되어야만 한다고 볼 수는 없다. 실제로 가계소득이 증가함에 따라 식료품 지출액이 일정한 비율로 무한히 계속 증가할 것으로 기대하기는 어렵다. 그 대신 소득이 증가함에 따라 식료품 지출액이 증가하지만 이런 지출액은 감소하는 율로 증가할 것으로 기대된다. 이런 기대는 경제학 수업 중에 여러 번 소개되고 있다. 이를 그래프로 나타내면 두 변수 간에 직선 관계가 있는 것이 아니다. 그림 4.4에 있는 것과 같은 곡선 관계의 경우 설명변수의 변화에 따른 한계효과(marginal effect)는 특정한 점에서의 곡선에 대한 기울기로 측정할 수 있다. x의 변화에 따른 한계효과는 점 (x_2, y_2)에서보다 점 (x_1, y_1)에서 더 크다. x가 증가함에 따라 y값이 증가하지만 기울기는 점점 더 작아진다. 이것은 '체감하는 율로 증가한다'는 의미이다. 식료품 지출액 모형의 경제적 틀 내에서, 식료품에 대한 한계지출성향은 낮은 소득에서 더 커지며, 소득이 증가함에 따라 식료품에 대한 한계지출성향은 감소한다.

단순 선형회귀 모형은 언뜻 보기보다 훨씬 더 유연하다. 변수 y 및 x를 변형함으로써 여러 형태의 비선형 관계를 나타내면서도 선형회귀 모형을 계속 이용할 수 있다. 2.8절에서는 2차 함수 및 대수-선형 함수 형태를 활용하는 사고의 틀을 소개하였다. 이 절 이후에는 쭉 줄지은 다른 가능성들을 소개하고 일부 예를 살펴볼 것이다.

관계를 설정하기 위해 대수적인 형태를 선택하는 것은 변수들의 변형을 선택한다는 의미이다. 이는 쉬운 과정이 아니며 분석할 수 있는 기하학적인 기술과 경험을 필요로 한다. 이를 독자들이 쉽게 습득할 수 없을지도 모르지만 이런 기술들은 경제학자들이 자주 사용하는 분석도구이다. 살펴보고자 하는 변수의 변형은 다음과 같다.

1. **거듭제곱** : x가 변수라면 x^p는 변수에 p 제곱한다는 의미이다. 예를 들어, 제곱(x^2) 및 세제곱 (x^3)이 있다.

2. **자연대수** : x가 변수라면 이의 자연대수는 $\ln(x)$이다.

단지 위와 같은 2개의 대수학적 변형을 활용하더라도, 그림 4.5에서 보는 것처럼 우리가 나타낼 수 있는 놀라울 정도의 변형된 '형태'가 존재한다.

변수를 변형시킬 때 발생하는 어려움은 회귀 결과에 대한 해석이 변한다는 사실이다. 표 4.1에서 보는 것처럼 각 상이한 함수 형태의 경우 기울기와 탄력성 둘 다에 대한 식은 선형 관계(linear relationship) 경우와는 다르게 변하게 된다. 이것이 실제 분석을 하는 경제학자에게 의미하는 것은

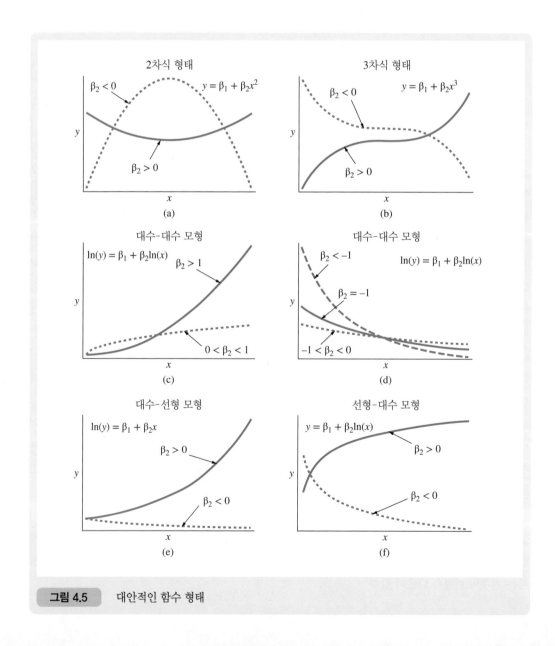

그림 4.5   대안적인 함수 형태

표 4.1   유용한 함수, 미분계수, 탄력성, 기타 해설

명칭	함수	기울기=dy/dx	탄력성
선형	$y = \beta_1 + \beta_2 x$	β_2	$\beta_2 \dfrac{x}{y}$
2차	$y = \beta_1 + \beta_2 x^2$	$2\beta_2 x$	$(2\beta_2 x)\dfrac{x}{y}$
3차	$y = \beta_1 + \beta_2 x^3$	$3\beta_2 x^2$	$(3\beta_2 x^2)\dfrac{x}{y}$
대수-대수	$\ln(y) = \beta_1 + \beta_2 \ln(x)$	$\beta_2 \dfrac{y}{x}$	β_2
대수-선형	$\ln(y) = \beta_1 + \beta_2 x$	$\beta_2 y$	$\beta_2 x$
	또는 x의 1단위 변화는 (대략적으로) y의 $100\beta_2$% 변화로 이어진다.		
선형-대수	$y = \beta_1 + \beta_2 \ln(x)$	$\beta_2 \dfrac{1}{x}$	$\beta_2 \dfrac{1}{y}$
	또는 x의 1% 변화는 (대략적으로) y의 $\beta_2/100$ 단위 변화로 이어진다.		

변수가 변형될 때마다 분석 결과를 해석하는 데 주의를 크게 기울여야만 한다는 것이다. 여러분이 대수 변형의 경우에 덜 익숙할 수 있기 때문에 세 가지 가능한 형태에서의 해석을 요약하면 다음과 같다.

1. 대수-대수 모형(log-log model) : 종속변수와 독립변수 둘 다 '자연'대수로 변형된 경우이다. 모형은 $\ln(y) = \beta_1 + \beta_2 \ln(x)$가 된다. 이 모형을 사용하기 위해서는 y와 x 모두 0보다 커야만 한다. 왜냐하면 대수는 양수의 경우에만 적용되기 때문이다. 모수 β_2는 x에 대한 y의 탄력성을 의미한다. 그림 4.5를 참조해 보면 경제학자들이 일정한 탄력성을 갖는 대수-대수 모형을 그렇게 종종 사용하는 이유를 알 수 있다. 그림 4.5(c)에서 $\beta_2 > 1$인 경우 해당 관계는 공급곡선을 나타낼 수 있고, $0 < \beta_2 < 1$인 경우 생산관계를 나타낼 수 있다. 그림 4.5(d)에서 $\beta_2 < 0$인 경우 수요곡선을 나타낼 수 있다. 각 경우에 탄력성이 일정하기 때문에 해석하기 편리하다.

2. 대수-선형 모형(log-linear model) : 종속변수만 대수로 변형되어 모형은 $\ln(y) = \beta_1 + \beta_2 x$가 된다. 이런 모형을 사용하기 위해서는 종속변수가 0보다 커야만 한다. x가 한 단위 증가할 경우 y는 (대략) $100\beta_2$% 변화하게 된다. 대수-선형 형태는 일반적이다. $\beta_2 > 0$인 경우 함수는 증가하는 율로 증가하며, y값이 커짐에 따라 기울기가 커진다. $\beta_2 < 0$인 경우 함수는 감소하는 율로 감소하게 된다.

3. 선형-대수 모형(linear-log model) : 변수 x는 자연대수로 변형되어 모형은 $y = \beta_1 + \beta_2 \ln(x)$가 된다. 그림 4.5(f)를 참조하시오. x의 1% 증가는 y의 $\beta_2/100$ 단위 변화로 이어진다고 할 수 있다.

유의사항

이 장의 나머지 부분에서 하고자 하는 목표는 대안적인 함수 형태를 활용한 몇 가지 예를 살펴보는 것이다. 다음 절에서는 식료품 지출액 자료에 선형-대수 함수 형태를 활용해 볼 것이다. 그러고 나서 우리는 최소제곱 잔차에 기초하여 자료 및 모형의 타당성에 대해 진단할 수 있는 측정 기준을 간단하게 우회적으로 살펴볼 것이다. 진단하는 도구에 관해 논의를 한 다음에 다항식, 대수-선형 식, 대수-대수 식의 예를 살펴볼 것이다. ■

4.3.3 선형-대수 식료품 지출액 모형

식료품 지출액 모형에서 그림 4.4와 일관성이 있는 함수 형태를 선택하고자 한다고 가상하자. 선형-대수 식 $y = \beta_1 + \beta_2 \ln(x)$는 왼쪽에 선형의 변형되지 않은 항을 가지며, 오른쪽에 대수 항을 갖는다. 대수를 포함하고 있으므로 $x > 0$이어야 한다. β_2의 부호에 따라 이것은 체증하는 함수도 될 수 있고, 체감하는 함수도 될 수 있다. 이 함수의 기울기는 β_2/x이므로, x가 증가함에 따라 기울기는 절대적인 크기 면에서 감소한다. $\beta_2 > 0$인 경우 이 함수는 체감하는 율로 증가한다. $\beta_2 < 0$인 경우 이 함수는 체감하는 율로 감소한다. 그림 4.5(f)는 이런 함수의 형태를 보여준다. 이 모형에서 x에 대한 y의 탄력성은 $\varepsilon = 기울기 \times x/y = \beta_2/y$이다.

대수의 변화에 대해 어림셈을 사용하여 편리하게 설명할 수 있는 방법이 있다. x가 x_0에서 x_1으로 약간 증가하였다고 하자. 그러면 $y_0 = \beta_1 + \beta_2 \ln(x_0)$ 및 $y_1 = \beta_1 + \beta_2 \ln(x_1)$이 된다. 후자로부터 전자를 감하고 나서 어림셈을 사용하면 다음과 같다.

$$\Delta y = y_1 - y_0 = \beta_2 \Big[\ln(x_1) - \ln(x_0) \Big]$$
$$= \frac{\beta_2}{100} \times 100 \Big[\ln(x_1) - \ln(x_0) \Big]$$
$$\cong \frac{\beta_2}{100} (\% \Delta x)$$

측정 단위로 나타낸 y의 변화는 대략적으로 $\beta_2/100$에 x의 백분율 변화를 곱한 것이다.

🐸 **정리문제 4.4**   식료품 지출액 자료에 대한 선형-대수 모형의 활용

식료품 지출액 자료에 대해 선형-대수 모형을 적용할 경우 다음과 같은 회귀 모형이 된다.

$$FOOD\_EXP = \beta_1 + \beta_2 \ln(INCOME) + e$$

$\beta_2 > 0$인 경우 위의 함수는 감소하는 율로 증가한다. $INCOME$이 증가함에 따라 $\beta_2/INCOME$은 감소한다. 이런 상황에서 기울기는 추가적인 소득에 따른 식료품에 대한 한계지출성향이 된다. 이와 유사하게 탄력성 $\beta_2/FOOD\_EXP$는 식료품 지출액 규모가 커짐에 따라 작아진다. 이런 결론은 소득이 높고 식료품 지출액이 큰 경우 소득이 증가하더라도 식료품 지출액에 미치는 영향이 작아진다는 통념과 일치된다.

식료품 지출액 자료를 사용하여 추정한 선형-대수 모형은 다음과 같다.

$$\widehat{FOOD\_EXP} = -97.19 + 132.17 \ln(INCOME) \quad R^2 = 0.357$$
$$\text{(se)} \qquad (84.24) \quad (28.80)^{***} \qquad\qquad (4.14)$$

그림 4.6은 위의 자료에 적합한 선형-대수 모형을 보여준다.

예견한 대로 위의 자료에 적합한 함수는 직선이 아니다. 선형-대수 모형은 추가적인 소득으로 인한 식료품에 지출되는 한계성향은 감소될 것이라고 보는 이론상의 모형과 일치한다. 주당 소득이 \$1,000인 가계의 경우 추가적인 \$100 소득에 대해서 식료품에 추가적으로 \$13.22를 지출하게 될 것이라고 추정한다. 반면에 주당 소득이 \$2,000인 가계의 경우는 추가적인 \$100 소득에 대해 추가적으로 \$6.61를 지출할 것으로 추정한다. 이처럼 식료품 지출에 대한 소득의 한계효과는 소득이 높아질수록 더 작아진다. 이것은 최초에 추정한 선형의 직선 모형과는 다른 점이다. 직선 모형의 경우 \$100 변화에 따른 한계효과는 모든 소득 수준에서 동일하게 \$10.21였다.

달리 표현하면 소득이 1% 증가할 경우 식료품 지출액은 주당 약 \$1.32 증가한다고 말하거나 또는 소득이 10% 증

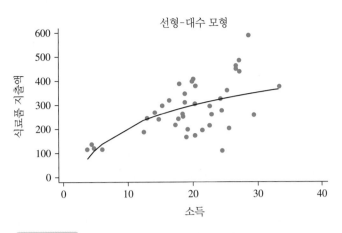

그림 4.6   자료에 적합한 선형-대수 모형

가할 경우 식료품 지출액이 약 $13.22 증가한다고 할 수도 있다. 이런 표현들은 말하기 간단해서 편리하고 소득의 식료품 지출액에 대한 한계효과가 체감한다는 의미를 내포하고는 있지만 다소 왜곡될 수 있다. 주당 소득이 $1,000인 경우 10% 증가는 $100가 되며, $2,000인 경우 10% 증가는 $200가 된다. 소득이 더 높아지게 되면 식료품에 대한 추가적인 지출액 $13.22를 이끌어내기 위해서 소득의 더 많은 화폐적 증가가 필요하다.

모형이 자료에 얼마나 잘 부합되는지 측면에서 보면 선형-대수 모형의 경우 $R^2 = 0.357$인 반면에 선형의 직선 모형의 경우 $R^2 = 0.385$이다. 이 2개 모형의 종속변수는 동일하게 *FOOD_EXP*이며, 각 모형은 단 하나의 설명변수만 갖고 있으므로 R^2의 값을 비교하는 것은 타당한 근거가 있다. 하지만 이들 2개 모형의 적합도상에는 매우 작은 차이가 있을 뿐이며, 어떠한 경우에도 R^2만을 모형 적합도의 선택 기준으로 삼아서는 안 된다.

유의사항

종속변수와 독립변수를 상이하게 변형시키고, 그중 일부가 유사한 형태를 갖는 모형 중에서 함수 형태를 선택하는 데 필요한 지침으로는 무엇이 있는가?

1. 경제이론이 변수 간의 관계에 대해 언급하는 것과 일치하는 함수 형태를 선택해야 한다.
2. 자료에 '적합하도록' 충분히 유연한 함수 형태를 선택해야 한다.
3. 가정 SR1~SR6이 충족되어 최소제곱 추정량이 제2장과 제3장에서 살펴본 바람직한 특성을 갖도록 함수 형태를 선택해야 한다. ■

말하기는 쉽지만 실제로 모형을 설정하는 작업은 훨씬 더 어렵다. 경제변수 간의 참인 함수관계를 결코 알지 못하며 아무리 정교하게 모형을 설정하더라도 대략적인 관계만을 나타낼 수 있다는 사실을 인정해야 한다. 우리가 할 일은 위에서 언급한 사항을 충족시킬 수 있도록 하는 함수 형태를 선택하는 것이다.

4.3.4 진단하는 잔차 도표의 활용

회귀 모형을 설정할 때 부주의하게 타당하지 않거나 정확하지 않은 함수 형태를 선택할 수 있다. 함수 형태는 타당하더라도 하나 이상의 회귀 모형 가정이 준수되지 않을 수 있다. 이런 잘못을 간파할 수 있는 두 가지 주요한 방법이 있다. 첫째, 회귀 결과를 검토해야 한다. 옳바르지 않은 부호나 통계적으로는 유의하지 않지만 이론적으로는 중요한 변수를 발견하게 되면 이것이 문제를 지적할 수도 있다. 둘째, 모형 설정 오차의 증거는 최소제곱 잔차를 분석할 때 드러날 수 있다. 가정 SR3(동분산), SR4(계열상관의 비존재), SR6(정규성)가 위배되는 증거가 있는지 여부를 알아보아야 한다. 통상적으로 이분산은 횡단면 자료분석에서 의심을 할 수 있으며, 계열상관은 시계열 자료의 잠재적인 문제이다. 두 경우 모두에서 진단도구는 최소제곱 잔차에 초점을 맞춘다. 제8장 및 제9장에서 동분산 및 계열상관에 대한 정식 검정에 대해 알아볼 것이다. 정식 검정 이외에 모든 형태의 잔차 도표는 진단하는 도구로서 유용하다. 이 절에서는 잔차 분석을 통해 잠재적인 이분산 및 계열상관 문제를 살펴볼 수 있고, 함수 형태의 잘못된 선택 여부도 알아볼 수 있다는 사실을 검토할 것이다.

그림 4.7은 다양한 잔차 도표를 보여준다. 가정에 대한 위반이 없다면 x, y 또는 y를 자료에 적합하게 맞춘 값 $\hat{y}$에 대한 최소제곱 잔차의 도표는 어떠한 형태도 갖지 말아야 한다. 그림 4.7(a)는 무작위로 흩뿌려진 예이다.

그림 4.7(b)~(d)는 이분산과 관련된 잔차 형태를 보여준다. 그림 4.7(b)는 x값이 증가함에 따라 오차항의 분산이 증가하는 '물보라 형태'의 잔차 분포를 보여준다. 그림 4.7(c)는 x값이 증가함에 따라 오차항의 분산이 감소하는 '깔때기 형태'의 잔차 분포를 나타내고 있다. 그림 4.7(d)는 x값이 증가함에 따라 오차항의 분산이 감소하다가 증가하는 '나비 넥타이 형태'의 잔차 분포를 보여준다.

그림 4.7(e)는 오차항이 양의 상관, $\text{corr}(e_t, e_{t-1}) > 0$를 보여 줄 때 시계열 회귀에서 나타나는 전형적인 형태를 시사하고 있다. 연속적인 양의 잔차를 연속적인 음의 잔차가 뒤따르는 등의 형태에 주목하자. 그림 4.7(f)는 오차항이 음의 상관, $\text{corr}(e_t, e_{t-1}) < 0$를 보여줄 때 시계열 회귀에서 나타나는 전형적인 형태를 시사한다. 이 경우 각각의 양의 잔차를 음의 잔차가 뒤따르는 경향이 있으며, 그러고 나서 이것을 양의 잔차가 뒤따르는 등의 형태를 말한다. 연속되는 잔차들은 부호가 번갈아 가며 나타난다.

y와 x 사이의 관계가 평균비용함수처럼 U자 형태의 2차 함수와 같은 곡선인데 잘못해서 선형 관계로 가정할 경우, 최소제곱 잔차는 그림 4.7(g)처럼 U자 형태로 나타난다. y와 x 사이의 관계가 총비용 함수처럼 3차 함수와 같은 곡선인데 잘못해서 선형 관계로 가정할 경우, 최소제곱 잔차는 그림 4.7(h)처럼 꾸불꾸불한 형태를 띤다.

핵심적인 사항은 최소제곱 잔차가 다른 변수에 대해 도표로 나타냈을 때 명백한 형태가 존재하지 말아야 한다는 사실이다. (a)를 제외하고 그림 4.7에 있는 종류의 형태들은 가정의 위반 및/또는 정확하지 않은 모형 설정이 존재할 수 있다는 점을 시사한다.

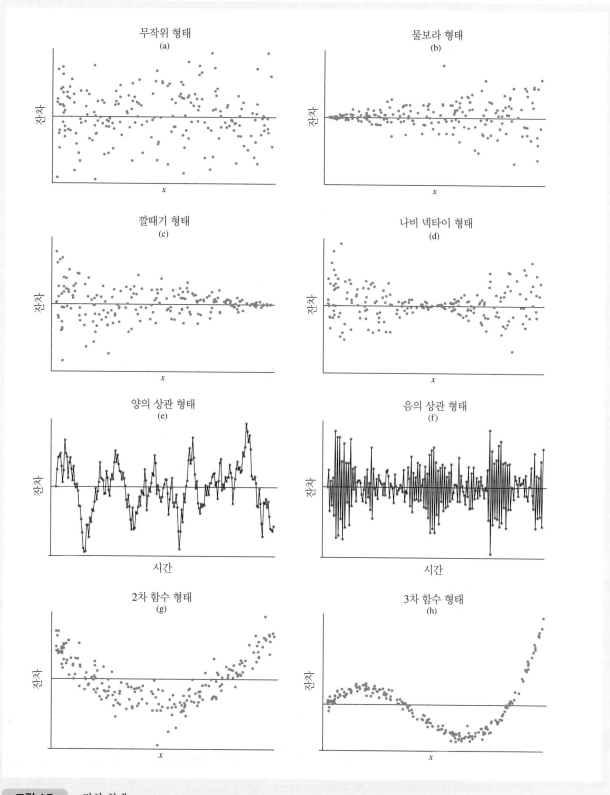

그림 4.7   잔차 형태

정리문제 4.5   식료품 지출액 모형에서의 이분산

그림 4.8은 선형-대수 식료품 지출액 모형의 최소제곱 잔차를 보여주고 있다. 이는 *INCOME*이 커짐에 따라 잔차와 변동이 증가하는 확장형 변동 형태를 보여주며, 이는 이분산적 오차가 존재할 가능성을 암시한다. 그림 2.8에서도 유사한 잔차 도표를 시사하였다.

이 시점에서 우리는 식료품 지출액 자료에 대해 만족스러운 모형을 갖고 있지 못하다는 결론을 내리게 된다. 선형 모형과 선형-대수 모형은 상이한 형태 그리고 상이함을 암시하는 한계효과를 갖는다. 이들 두 모형은 자료에 동등하게 잘 적합하지만, 두 모형 모두 이분산 오차와 일치하는 최소제곱 잔차 형태를 보여준다. 이 사례는 제8장에서 보다 자세히 검토할 것이다.

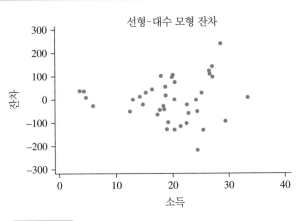

그림 4.8   선형-대수 식료품 지출액 모형의 잔차

4.3.5 회귀오차는 정규 분포하는가

계수에 대한 가설검정과 구간 추정값은 **x**가 주어진 경우 오차와 이에 따른 종속변수 y가 정규분포한다는 가정 SR6에 의존한다는 점을 상기해 보자. 검정 및 신뢰구간은 자료가 정규분포하는지 여부에 상관없이 대표본인 경우 타당하지만 그래도 회귀오차가 정규분포하는 모형을 갖는 것이 바람직하며 이에 따라 대표본 근사치에 의존할 필요가 없다. 오차가 정규분포하지 않을 경우 대안적인 함수 형태를 고려하거나 종속변수를 변형시킴으로써 모형을 향상시킬 수도 있다. 앞의 유의사항에서 살펴보았던 것처럼 함수 형태를 선택할 경우 검토해 볼 필요가 있는 기준 중 하나는 모형 설정이 회귀가정을 충족시키고, 특히 이를 통해 오차가 정규분포하는지 (SR6) 여부를 알아보는 것이다. 오차가 정규분포한다는 가정을 어떻게 점검할 수 있는가?

참인 무작위 오차를 관찰할 수 없으므로 정규성에 대한 분석은 최소제곱 잔차 $\hat{e}_i = y_i - \hat{y}_i$에 기초해야만 한다. y_i 및 $\hat{y}_i$에 대입을 하면, 다음과 같아진다.

$$\hat{e}_i = y_i - \hat{y}_i = \beta_1 + \beta_2 x_i + e_i - (b_1 + b_2 x_i)$$
$$= (\beta_1 - b_1) + (\beta_2 - b_2)x_i + e_i$$
$$= e_i - (b_1 - \beta_1) - (b_2 - \beta_2)x_i$$

대표본에서 최소제곱 추정량은 불편하며 $N \to \infty$함에 따라 영으로 근접하는 분산을 갖기 때문에, $(b_1 - \beta_1)$ 및 $(b_2 - \beta_2)$는 영으로 향하게 된다. 결과적으로 대표본에서 차이 $\hat{e}_i - e_i$는 영으로 근접하기 때문에, 이들 2개 확률변수는 근본적으로 동일하고 동일한 분포를 갖게 된다.

최소제곱 잔차의 히스토그램은 실증적 분포를 그래프로 제시해 준다.

정리문제 4.6에서 자크-베라 검정은 대표본에서만 엄밀하게 타당하다는 사실을 기억해야만 한다. 대표본에서 타당한 검정을 예를 들면, $N = 40$과 같이 더 작은 표본에 적용하는 것이 보기 드물지는

않다. 하지만 그렇게 적용할 경우 검정의 유의성 또는 비유의성에 큰 비중을 두지 말아야 한다는 점을 기억해야만 한다.

🔍 정리문제 4.6   식료품 지출액 모형의 정규성에 대한 검정

정규성에 관한 여러 가지 검정이 있다. 정규성에 대한 자크-베라 검정(Jarque-Bera test)은 두 가지 측정값, 즉 왜도(비대칭도)와 첨도에 기초한다. 여기서 왜도(skewness)는 잔차가 0을 중심으로 얼마나 대칭적인지를 의미한다. 완전히 대칭적인 잔차는 왜도가 0이 된다. 식료품 지출액 잔차의 왜도값은 -0.097이다. 첨도(kurtosis)는 분산의 '뾰족한 정도'에 관한 것으로 정규분포의 경우 첨도값이 3이 된다. 그림 4.9에서 식료품 지출액 잔차의 경우 첨도값은 2.99이다. 왜도값 및 첨도값은 정규분포의 값에 근접한다. 따라서 알아보고자 하는 의문점은 잔차가 정규분포를 하지 않는다고 결론을 내릴 정도로 2.99가 3과 충분히 다른지 그리고 -0.097이 '0'과 충분히 다른지 여부에 관한 것이다. 자크-베라 통계량은 다음과 같다.

$$JB = \frac{N}{6}\left(S^2 + \frac{(K-3)^2}{4}\right)$$

여기서 N은 표본크기, S는 왜도, K는 첨도를 각각 의미한다. 따라서 큰 왜도값 그리고/또는 3과 매우 다른 첨도값의 경우 자크-베라 통계량의 값이 커진다. 잔차가 정규분포할 때 자크-베라 통계량은 자유도가 2인 카이제곱 분포를 갖는다. 계산된 통계량의 값이 자유도가 2인 카이제곱

분포의 임계값을 초과하는 경우 오차가 정규분포한다는 가설을 기각하게 된다. 부록 표 3(717쪽 참조)에서 보면 자유도가 2인 χ^2 분포의 5% 임계값은 5.99이며 1% 임계값은 9.21이다.

식료품 지출액의 경우 통계량은 다음과 같다.

$$JB = \frac{40}{6}\left((-0.097)^2 + \frac{(2.99-3)^2}{4}\right) = 0.063$$

$0.063 < 5.99$이므로 5% 유의수준에서 정규분포 가정이 불합리하다고 결론을 내리기에는 잔차로부터의 증거가 불충분하다고 볼 수 있다. p-값의 검토를 통해서도 동일한 결론에 도달할 수 있다. 그림 4.9에서 'Probability'가 p-값이라 할 수 있다. 따라서 $0.9688 > 0.05$에 기초하여 귀무가설을 기각하는 데 실패하였다고도 볼 수 있다.

정리문제 4.4에서 제시된 식료품 지출액의 선형-대수 모형의 경우 자크-베라 검정 통계량은 0.1999이며, p-값은 0.9049이다. 회귀오차가 정규분포한다는 귀무가설을 기각할 수 없다. 이 기준은 식료품 지출액 모형에 대한 선형 함수 모형과 선형-대수 함수 모형 중 선택하는 데 도움이 되지 않는다.

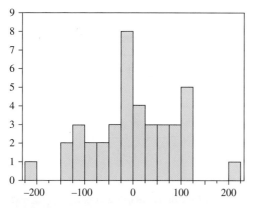 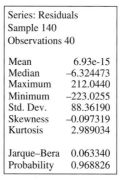

| Series: Residuals |
| Sample 140 |
| Observations 40 |

Mean	6.93e-15
Median	−6.324473
Maximum	212.0440
Minimum	−223.0255
Std. Dev.	88.36190
Skewness	−0.097319
Kurtosis	2.989034
Jarque–Bera	0.063340
Probability	0.968826

그림 4.9   EViews 분석 결과 : 식료품 지출액의 사례에 대한 잔차 히스토그램과 요약된 통계값

4.3.6 영향 관찰값 확인하기

자료분석을 하면서 갖게 되는 한 가지 우려사항은 생소한 그리고/또는 영향 관찰값(influential observation)을 가질 수 있다는 점이다. 이따금 이들을 '이탈값'이라고도 한다. 생소한 관찰값이 자료 착오에 따른 결과라면 그것을 바로잡아야 한다. 생소한 관찰값이 자료 착오에 따른 결과가 아니라면 어떻게 발생하였으며, 그 이면의 이야기는 어떠한지를 이해하는 것이 유익할 수 있다. 관찰값이 영향력이 있는지 여부를 탐지하는 한 가지 방법은 이를 삭제하고 나서 모형을 다시 추정하며, 이를 전부 포함된 관찰값에 기초한 최초의 분석 결과와 비교해 보는 것이다. 이런 '1개 삭제' 전략은 추정된 계수와 모형의 예측에 관찰값이 미치는 영향을 탐지하는 데 도움이 될 수 있다.

1개 삭제 전략은 i번째 관찰값이 삭제된 표본에 기초하여 구한 최소제곱 모수 추정값으로부터 시작된다. 이를 $b_1(i)$ 및 $b_2(i)$라고 표기한다. $\hat{\sigma}^2(i)$는 1개 삭제된 표본에 기초하여 추정된 오차분산이라고 하자. 잔차 $\hat{e}(i) = y_i - [b_1(i) + b_2(i)x_i]$는 i번째 관찰값 y_i에 대한 y의 실제값에서 i번째 관찰값이 삭제된 표본에 적합하게 구한 추정값을 사용한 값을 감한 것이다. 그것은 y_0를 대신한 y_i, x_0값을 대신한 x_i, 추정값 $b_1(i)$ 및 $b_2(i)$를 활용하는 예측오차 식 (4.3)이다. 예측오차의 분산 식 (4.4)를 수정하면, 다음과 같은 $\hat{e}(i)$의 분산 (그리고 그것의 추정량)을 구할 수 있다.

$$\widehat{\text{var}}\left[\hat{e}(i)|\mathbf{x}\right] = \hat{\sigma}^2(i)\left[1 + \frac{1}{(N-1)} + \frac{\left(x_i - \bar{x}(i)\right)^2}{\sum_{j\neq i}\left(x_j - \bar{x}(i)\right)^2}\right]$$

여기서 $\bar{x}(i)$는 x값들의 1개 삭제 표본의 평균이다.

$$\hat{e}_i^{\text{stu}} = \frac{\hat{e}(i)}{\left\{\widehat{\text{var}}\left[\hat{e}(i)|\mathbf{x}\right]\right\}^{1/2}}$$

이와 같은 비율을 스튜던트화 잔차(studentized residual)라고 한다. 이것은 1개 삭제 표본에 기초한 표준화된 잔차이다. 경험법칙은 이 값들을 계산하고, 그 값들을 대략적인 95% 구간 추정값인 ± 2와 비교하는 것이다. 표준화된 잔차가 구간 밖에 위치할 경우 해당 관찰값은 '현저하게' 크기 때문에 검토해 볼 가치가 있다.

상당한 대수적인 과정을 거친 후에 표준화된 잔차는 또한 다음과 같이 나타낼 수 있다.

$$\hat{e}_i^{\text{stu}} = \frac{\hat{e}_i}{\hat{\sigma}(i)\left(1 - h_i\right)^{1/2}}$$

여기서

$$h_i = \frac{1}{N} + \frac{\left(x_i - \bar{x}\right)^2}{\sum\left(x_i - \bar{x}\right)^2}$$

h_i 항은 i번째 관찰값의 레버리지(leverage)라고 하며, 그 값은 $0 \leq h_i \leq 1$이다. 레버리지값이 높을 경우 표준화된 잔차의 값은 부풀려진다. h_i의 두 번째 구성요소는 $(x_i - \bar{x})^2/\sum(x_i - \bar{x})^2$이다. x_i값들의 표본 분산은 $\sum(x_i - \bar{x})^2$이 x_i들의 평균에 대한 표본 x_i값들의 총변동을 측정한 값이 되도록 하는 $s_x^2 = \sum(x_i - \bar{x})^2/(N-1)$으로 추정된다는 사실을 기억하자. 전체에 대한 1개 관찰값의 기여 $(x_i - \bar{x})^2$

이 큰 경우 해당 관찰값은 최소제곱 추정값과 적합하게 맞춘 값에 강한 영향을 미칠 수 있다. 레버리지 항 h_i들의 합은 회귀 모형에서의 모수의 수인 K가 된다. 따라서 단순회귀 모형에서의 평균값은 $\bar{h} = K/N = 2/N$이다. 자료를 검토할 때 레버리지 평균의 2배 또는 3배보다 더 큰 레버리지를 갖는 관찰값들을 살펴보는 것이 일반적인 경험법칙이다.

최소제곱 추정값에 대해 단 하나의 관찰값이 미치는 영향을 알아보는 또 다른 측정값을 DFBETAS라고 한다. 단순회귀 모형에서의 기울기 추정값에 대해 다음을 계산할 수 있다.

$$\text{DFBETAS}_{2i} = \frac{b_2 - b_2(i)}{\hat{\sigma}(i) \bigg/ \sqrt{\sum_{i=1}^{N} \left(x_i - \bar{x} \right)^2}}$$

기울기 추정값에 대해 i번째 관찰값이 미치는 영향은 i번째 관찰값을 삭제하고 나서 표준화함으로써 구한 계수 추정값의 변화로 측정된다. 레버리지가 더 커질 때 그리고/또는 표준화된 잔차가 더 커질 때 DFBETAS_{2i}의 크기가 더 커지게 된다. 단순회귀 모형에서 영향 관찰값을 확인하는 일반적인 경험법칙은 $|\text{DFBETAS}_{2i}| > 2/\sqrt{N}$이다.

최소제곱 회귀의 적합한 값에 대해 i번째 관찰값이 미치는 영향은 다시 한 번 1개 삭제 방법을 활용한 측정값이다. $\hat{y}_i = b_1 + b_2 x_i$ 및 $\hat{y}(i) = b_1(i) + b_2(i) x_i$라고 하며, $\hat{y}(i)$는 1개 삭제 표본으로부터의 모수 추정값을 활용하여 구한 적합하게 맞춘 값이다. DFFITS라고 하는 척도는 다음과 같다.

$$\text{DFFITS}_i = \frac{\hat{y}_i - \hat{y}(i)}{\hat{\sigma}(i) \, h_i^{1/2}} = \left(\frac{h_i}{1 - h_i} \right)^{1/2} \hat{e}_i^{\text{stu}}$$

레버리지가 더 커질 때 그리고/또는 표준화된 잔차가 더 커질 때 위의 척도는 더 커지게 된다. 생소한 관찰값들을 확인하는 경험법칙은 $|\text{DFFITS}_i| > 2(K/N)^{1/2}$ 또는 $|\text{DFFITS}_i| > 3(K/N)^{1/2}$이며, 여기서 $K = 2$는 단순회귀 모형에서의 모수의 수이다.

이런 구성식들은 계산하기 어려운 것처럼 보일 수 있지만 보통 현대 소프트웨어는 이들 척도의 일부 또는 전부를 계산해서 제시해 준다. 여러분이 생소한 관찰값들을 버리라고 제안하는 것은 아니다. 높은 레버리지, 큰 표준화된 잔차, 큰 **DFBETAS**, 큰 **DFFITS**를 갖는 생소한 관찰값들을 보면서, 자료 특성이 갖는 중요한 면을 배울 수 있다. 모든 자료분석 전문가들은 자료를 검토해야 하며, 이 도구들은 그런 검토를 조직화하는 데 도움이 될 수 있다.

🔍 정리문제 4.7 식료품 지출액 자료에서의 영향 관찰값

선형 모형을 사용하고 변수들을 변형시키지 않은 상태로 식료품 지출액 자료의 영향 관측값들을 검토해 보면 몇 가지 놀라운 점을 발견할 수 있다. 우선 레버리지값의 평균은 $\bar{h} = 2/40 = 0.05$이다. 평균의 2배를 초과하는 레버리지를 갖는 관찰값들만을 따로 살펴보면 다음과 같다.

obs	h	FOOD_EXP	INCOME
1	0.1635	115.22	3.69
2	0.1516	135.98	4.39
3	0.1457	119.34	4.75
4	0.1258	114.96	6.03
40	0.1291	375.73	33.4

가장 큰 레버리지를 갖는 관찰값들은 가장 낮은 4개 소득과 가장 높은 소득이다. *INCOME*의 평균은 19.6이다.

절댓값으로 2보다 더 큰 표준화된 잔차, *EHATSTU*를 갖는 관찰값들은 다음과 같다.

obs	EHATSTU	FOOD_EXP	INCOME
31	−2.7504	109.71	24.42
38	2.6417	587.66	28.62

이들 2개 가계의 소득은 모두 평균보다 높았지만, 식료품 지출액은 최소치와 최대치로 흥미로운 점이 있다. 사실 가계 31의 소득은 75번째 백분위값이며, 가계 38의 소득은 3번째로 큰 값이다. 따라서 가계 31은 소득에만 기초하여 예측한 것보다 훨씬 더 적게 식료품에 지출하였으며, 가계 38은 예측한 것보다 훨씬 더 많이 지출하였다. 이 관찰값들이 옳은지 점검해 볼 만한 가치가 있다.

절댓값으로 $2/\sqrt{N}=0.3162$보다 더 큰 DFBETAS 값은 다음과 같다.

obs	DFBETAS	FOOD_EXP	INCOME
38	0.5773	587.66	28.62
39	−0.3539	257.95	29.40

다시 한 번 가계 38은 기울기의 최소 제곱 추정값에 상대적으로 큰 영향을 미친다. 가계 39는 2번째로 높은 소득을 갖지만, 식료품에 대한 평균 지출액(264.48)보다 더 적게 지출한다.

마지막으로 $2(K/N)^{1/2}=0.4472$보다 더 큰 DFFITS 값들은 다음과 같다.

obs	DFFITS	FOOD_HAT	FOOD_EXP	INCOME
31	−0.5442	332.74	109.71	24.42
38	0.7216	375.62	587.66	28.62

최소 제곱 추정값에 큰 영향을 미치는 관찰값들은 앞에서 언급한 가계 31 및 38이며, 이들은 또한 큰 표준화된 잔차를 갖는다.

4.4 다항식 모형

제2장에서는 곡선 관계를 나타내기 위해서 2차 다항식을 소개하였다. 경제학을 전공하는 학생들은 공부를 하면서 (U자 형태의) 평균비용 및 한계비용 곡선 그리고 (거꾸로 된 U자 형태의) 평균생산 및 한계생산 곡선을 여러 번 접하게 된다. 경제학 전공 학생들에게 익숙한 예로는 그림 4.5(b)의 실선 곡선과 매우 유사한 형태의 총비용 곡선을 들 수 있다. 이 절에서는 단순화된 2차식 및 3차식을 재검토하고 실증 사례를 살펴볼 것이다.

4.4.1   2차식 및 3차식

일반적인 형태의 2차식 $y = a_0 + a_1x + a_2x^2$은 상수항 a_0, 선형항 a_1x, 제곱항 a_2x^2을 포함한다. 이와 유사하게 일반적인 형태의 3차식은 $y = a_0 + a_1x + a_2x^2 + a_3x^3$이다. 제5장에서는 일반적인 형태의 2차식 및 3차식을 활용하는 다중회귀 모형에 대해 살펴볼 것이다. 하지만 지금으로서는 단지 한 개의 설명변수만을 포함하는 '단순'회귀 모형을 학습하고 있으므로 단순 2차식 및 3차식 형태, 즉 $y = \beta_1 + \beta_2x^2$ 및 $y = \beta_1 + \beta_2x^3$을 각각 생각해 볼 것이다. 단순 2차 함수의 특성에 대해서는 제2장에서 살펴보았다.

단순 3차식 $y = \beta_1 + \beta_2x^3$은 그림 4.5(b)에서 볼 수 있는 형태를 한다. 이 3차식의 미분계수 또는 기울기는 $dy/dx = 3\beta_2x^2$이다. 곡선의 기울기는 $x = 0$일 때를 제외하고 $\beta_2 > 0$인 경우 언제나 양이 되며,

그림 4.5(b)에서 보는 실선 곡선처럼 y와 x 사이에 직접적인 관계가 존재한다. $\beta_2 < 0$인 경우 두 변수 사이에는 그림 4.5(b)에서 보는 점선 곡선처럼 역의 관계가 존재한다. 기울기 식에 따르면 $x = 0$일 때만 기울기가 영이 된다. β_1은 y축 절편이다. x에 대한 y의 탄력성은 $\varepsilon = $ 기울기 $\times x/y = 3\beta_2 x^2 \times x/y$이다. 기울기와 탄력성 둘 다 곡선을 따라 변화한다.

🔍 정리문제 4.8   3차식의 실증사례

그림 4.10은 시간에 대한 서부 호주 그린노프주 지역의 (헥타르당 톤으로 표시한) 평균 밀 산출량의 산포도이다. 여기서 헥타르는 약 2.5에이커이며 1톤은 1,000kg 또는 2,205파운드이다. 자료는 1950~1997년 기간이며 시간은 1, 2, $\cdots$, 48이란 값을 이용하여 나타냈다. 그림 4.10에서 산출량이 상당 폭으로 변동하지만 전반적으로 보면 시간이 흐름에 따라 증가하는 경향이 있으며, 이런 증가 경향은 점차 증가하는 율로 특히 기간의 끝부분에서 이루어지고 있다. 산출량이 높고 병충해에 대해 저항력이 더 강한 다양한 밀 품종이 개발되는 것처럼 기술 진보로 인해 산출량의 증대가 기대된다. 기술 향상이 산출량에 미치는 영향을 측정하는 데 관심이 있다고 가상해 보자. 이런 관계에 대해서는 밀과 관련된 연구자금을 분배해 주는 기관들이 특히 관심을 갖고 있다. 기술 변화에 대한 직접적인 자료를 이용할 수는 없지만 기술 변화에 따라 산출량이 장기적으로 어떻게 변화하는지는 관찰할 수 있다. 다음과 같이 $YIELD$를 $TIME$에 연계시키고자 하며, 여기서 $TIME = 1$, $\cdots$, 48이다.

$$YIELD_t = \beta_1 + \beta_2 TIME_t + e_t$$

위의 선형식이 갖는 문제점은 산출량이 동일하면서 일정한 율 β_2로 증가한다는 것이다. 하지만 그림 4.10에 따르면 이 비율이 증가하고 있다. 최소제곱 추정식은 다음과 같다 (괄호 안의 숫자는 표준오차를 의미한다).

$$\widehat{YIELD}_t = 0.638 + 0.0210 TIME_t \qquad R^2 = 0.649$$
$$\text{(se)} \quad (0.064) \quad (0.0022)$$

그림 4.11에서는 위의 회귀식 잔차를 시간에 대해 도표로 나타내었다. 이 표본의 좌우 양단에는 양의 잔차가 집중되어 있으며, 중간에는 음의 잔차가 집중되어 있다. 이런 집중 현상은 산출량이 증가하는 율로 증대된다는 사실을 직선 모형이 설명하지 못하기 때문이다. 그림 4.11의 잔차 형태와 그림 4.7(g) 및 (h)의 잔차 형태를 비교해 보라. 어떤 대안적인 함수를 시도해 볼 수 있을까? $TIME^2$ 및 $TIME^3$의 두 가지 형태를 고려해 볼 수 있으나 $TIME^3$이 더 적합하다는 사실을 알게 되었다. 따라서 다음과 같은 함수 형태를 생각해 보자.

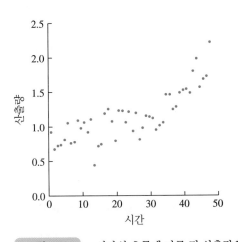

그림 4.10   시간의 흐름에 따른 밀 산출량의 산포도

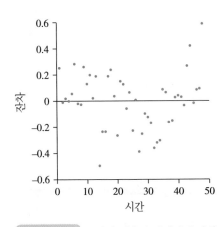

그림 4.11   선형 산출량 식에서의 잔차

$$YIELD_t = \beta_1 + \beta_2 TIME_t^3 + e_t$$

기대 산출량 함수의 기울기는 $3\beta_2 TIME^2$이 된다. 따라서 β_2의 추정값이 양이라고 판명될 경우 함수는 증가하게 된다. 나아가 기울기도 역시 증가한다. 그러므로 함수 자체는 '체증하는 율로 증가하게' 된다. 3차 함수식을 추정하기에 앞서 $TIME^3$의 값이 매우 커질 수 있다는 점에 유의하자. 이 변수는 단위의 척도를 조절하여 비율화하는 좋은 실례가 될 수 있다. $TIMECUBE_t = (TIME_t/100)^3$이라고 정의할 경우 추정식은 다음과 같다.

$$\widehat{YIELD}_t = 0.874 + 9.682 TIMECUBE_t \qquad R^2 = 0.751$$
$$\text{(se)} \qquad (0.036) \quad (0.822)$$

그림 4.12에서는 이 3차 함수식의 잔차를 도표로 나타내었다. 이 도표에서는 좌우 양단에 양의 잔차가 집중되어 있고 중간에는 음의 잔차가 집중되어 있는 형태가 더 이상 보이지 않는다. 나아가 R^2 값은 0.649에서 0.751로 증가되었으며, 이는 $TIMECUBE$를 포함한 식이 $TIME$만을 포함

한 식보다 자료에 더 잘 부합된다는 사실을 시사한다. 이들 두 회귀식은 동일한 종속변수와 동일한 수(단 1개)의 설명변수를 포함한다. 이런 경우 R^2은 적합도를 비교하는 데 합리적으로 사용될 수 있다.

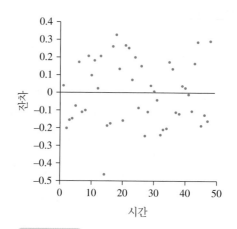

그림 4.12   3차 함수 산출량 식에서의 잔차

이 정리문제에서 어떤 교훈을 배울 수 있는가? 첫째, 설명변수 x에 대한 최초의 종속변수 y의 도표는 단순회귀 모형에서 함수 형태를 결정하는 데 유용한 출발점이 된다. 둘째, 잔차 도표를 살펴보는 것은 선택된 함수 형태에서의 부적당성을 밝히는 데 유용한 방법이다. 양 및/또는 음의 잔차 추세는 대안을 제시해 줄 수 있다. 시계열 자료에 기초한 이 사례에서 시간에 대해 잔차를 도표화해 보는 것은 유용하였다. 횡단면 자료의 경우 독립변수 및 종속변수 둘 다에 대한 잔차 도표를 활용하는 것을 추천할 만하다. 이상적으로 생각하면 잔차가 어떠한 형태도 갖지 않으며, 잔차 히스토그램과 자크-베라 검정을 통해 정규성에 대한 가정이 배제되지 않는 것이다. 이 책을 전반적으로 학습하고 나면, 예를 들어 그림 4.7에서 보는 것과 같은 잔차 형태가 발생할 경우 이는 누락변수, 이분산, 자기상관과 같은 많은 다른 모형 설정상의 부적당성을 의미할 수도 있다는 사실을 알게 될 것이다. 따라서 여러분이 더 많은 지식과 경험을 쌓게 되면 다른 선택들을 조심스럽게 검토해 보아야 한다. 예를 들면, 서부 호주의 밀 산출량은 강수량에 큰 영향을 받는다. 강수량 변수를 포함시켜 보는 시도는 고려해 볼 만하다. 또한 $TIME^3$ 이외에 $TIME$, $TIME^2$을 포함시키는 것도 나름 의미가 있다. 추가적인 가능성으로는 다음 절에서 살펴보게 될 일정한 성장률 모형을 들 수 있다.

4.5 대수-선형 모형

자연대수를 취한 계량경제 모형은 매우 널리 사용되고 있다. 대수-선형 모형은 제2장에서 처음 소개하였다. 대수를 이용한 변형은 임금, 봉급, 소득, 매출액, 지출액처럼 금전적인 가치를 갖는 변수와

일반적으로 어떤 '규모'를 측정하는 변수들에 자주 사용된다. 이 변수들은 양의 값을 갖는 특징이 있으며, 오른쪽으로 긴 꼬리를 갖는 양수 쪽으로 치우친 분산을 보통 갖는다. $\ln(x)$로 변형된 경우 x의 보다 큰 값들을 덜 극단적인 값으로 만드는 효과를 갖게 되므로, $\ln(x)$는 종종 이런 종류 변수들의 경우 정규분포에 보다 근접하게 된다.

대수-선형 모형 $\ln(y) = \beta_1 + \beta_2 x$는 왼쪽에 대수항을 포함하며, 오른쪽에는 변형되지 않은 (선형) 변수를 갖는다. 기울기와 탄력성은 둘 다 각 점에서 변화하며 β_2와 동일한 부호를 갖는다. 역대수를 활용할 경우 $\exp[\ln(y)] = y = \exp(\beta_1 + \beta_2 x)$를 구할 수 있으므로, 대수-선형 모형 함수는 지수 함수가 된다. 해당 함수는 $y > 0$를 필요로 한다. 어떠한 점에서의 기울기도 $\beta_2 y$이며, $\beta_2 > 0$이므로 이것은 더 큰 y값에 대해서 한계효과가 증가한다는 것을 의미한다. 경제학자는 이 함수가 체증하는 율로 증가한다고 말할 수 있다. 그림 4.5(e)는 대수-선형 모형의 형태를 보여주고 있으며, 표 4.1은 이것의 미분계수 및 탄력성을 포함한다. 특정한 상황과 관련하여 논의를 하기 위하여 기울기는 표본 평균 $\bar{y}$에서 평가되고, 탄력성 $\beta_2 x$는 표본 평균 $\bar{x}$에서 평가될 수 있다. 아니면 다른 흥미로운 값을 선택할 수 있다.

대수의 특성을 활용하여 유용한 어림셈을 구할 수 있다. x가 x_0에서 x_1으로 증가한 경우를 생각해보자. 대수-선형 모형상에서는 $\ln(y_0) = \beta_1 + \beta_2 x_0$에서 $\ln(y_1) = \beta_1 + \beta_2 x_1$으로 변화한다. 두 번째 식에서 첫 번째 식을 감하면 $\ln(y_1) - \ln(y_0) = \beta_2(x_1 - x_0) = \beta_2 \Delta x$가 된다. 100을 곱하고 어림셈 법칙을 활용하면 다음과 같다.

$$100[\ln(y_1) - \ln(y_0)] \cong \%\Delta y = 100\beta_2(x_1 - x_0) = (100\beta_2) \times \Delta x$$

x의 1단위 증가는 대략적으로 y의 $100\beta_2\%$ 변화로 이어진다.

🔍 정리문제 4.9　성장 모형

정리문제 4.8에서는 시간의 흐름에 따라 밀 생산을 추적해본 실증 사례를 살펴보았으며, 이 경우 기술이 진보함에 따라 밀 생산이 체증하는 율로 증대되었다. 이런 관계를 나타내는 또 다른 방법은 대수-선형 모형을 사용하는 것이다. 이를 살펴보기 위해서 기술 진보로 인해 밀 생산량(헥타르당 톤)이 연간 대략 일정한 율로 증대된다고 가정하자. 보다 구체적인 t 연도의 생산량은 $YIELD_t = (1 + g)YIELD_{t-1}$이며, 여기서 g는 1년 동안의 고정된 성장률이다. 이런 관계를 반복적으로 대체시키면 $YIELD_t = YIELD_0(1 + g)^t$를 구할 수 있다. 여기서 $YIELD_0$는 표본이 수집되기 전인 '0' 연도의 생산량이다. 대수를 취하면 다음과 같다.

$$\ln(YIELD_t) = \ln(YIELD_0) + [\ln(1+g)] \times t = \beta_1 + \beta_2 t$$

위의 식은 간단히 말해 종속변수 $\ln(YIELD_t)$와 설명변수

t를 갖는 대수-선형 모형이다. 성장이 양일 것으로 기대되므로 $\beta_2 > 0$이며, 이 경우 시간에 대한 $YIELD$의 도표는 그림 4.5(c)의 기울기가 상향하는 곡선처럼 보인다. 이는 그림 4.10의 산포도와 매우 닮았다.

생산량에 관한 대수-선형 모형을 추정하면 다음과 같다.

$$\widehat{\ln(YIELD_t)} = -0.3434 + 0.0178t$$
$$\text{(se)} \qquad (0.0584) \quad (0.0021)$$

추정한 계수는 $b_2 = \widehat{\ln(1+g)} = 0.0178$이다. x가 작은 경우 $\ln(1 + x) \cong x$라는 사실을 이용하여 자료의 기간 동안 밀 생산의 성장률이 대략 $\hat{g} = 0.0178$ 또는 연간 약 1.78%라고 추정하게 된다.

정리문제 4.10   임금식

임금과 교육 사이의 관계는 노동경제학(물론 우리의 논리적 사고)에서 주요한 관계로 인식되고 있다. 교육을 추가적으로 1년 더 받는 데 따른 수익률은 r로 일정하다고 가상하자. 즉 교육을 추가적으로 1년 더 받은 후 첫해에 임금률은 최초값 $WAGE_0$로부터 $WAGE_1 = WAGE_0(1 + r)$로 변하게 된다. 추가적으로 2년 더 교육을 받게 되면 $WAGE_2 = WAGE_1(1 + r) = WAGE_0(1 + r)^2$이 된다. 일반적인 형태로 나타내면 $WAGE = WAGE_0(1 + r)^{EDUC}$가 되며, 여기서 $EDUC$는 교육 연수를 의미한다.

$$\ln(WAGE) = \ln(WAGE_0) + [\ln(1 + r)] \times EDUC$$
$$= \beta_1 + \beta_2 EDUC$$

교육을 추가적으로 1년 더 받게 되면 임금은 대략 $100\beta_2\%$ 증가하게 된다.

시간당 임금, 교육 연수, 기타 다른 변수들의 자료는 미국에서 50,000가구에 대해 월간 조사를 하여 제작된 Current Population Survey(2013년 5월)로부터 구한 1,200개 관찰값으로 구성된다. 이 조사는 50년 이상 이루어졌다. 이 자료를 이용하여 추정한 대수-선형 모형은 다음과 같다.

$$\widehat{\ln(WAGE)} = 1.5968 + 0.0988 \times EDUC$$
$$\text{(se)} \quad (0.0702) \quad (0.0048)$$

위의 식에 따르면 교육을 추가적 1년 더 받으면 임금률은 대략 9.9% 증가한다. 1년 더 교육을 추가적으로 받는 데 대한 95% 구간 추정값은 8.9%에서 10.89%이다.

위의 두 정리문제에서는 복리라는 익숙한 개념을 적용하여 기술에서 비롯된 성장에 대한 대수-선형 경제 모형 그리고 개인의 임금과 교육 연수 사이의 관계를 설명하는 모형을 도출하였다. 복리 공식을 기억해 보자. 투자자가 최초 금액 V_0(원금)를 수익률 r인 계좌에 예치한 경우, t기간이 지난 후 해당 계좌의 금액 V는 $V_t = V_0(1 + r)^t$가 된다. 예를 들어, $r = 0.10$, 따라서 수익률이 10%이고 $V_0 = \$100$인 경우, 한 기간이 지난 후 계좌 금액은 $V_1 = \$110$, $V_2 = \$121$ 등등이 된다. 복리공식은 또한 매년 계좌 성장을 설명할 수 있다. 누적 금액은 $V_t = V_0(1 + r)^t = (1 + r)V_{t-1}$이 되도록 각 기간에 수익률 r을 받는다.

4.5.1 대수-선형 모형에서의 예측

이 절에서 회귀분석 결과를 발표하면서는 R^2 값을 포함시키지 않고 있다. 대수-선형회귀 모형에서 통계 소프트웨어가 자동적으로 알려주는 R^2은 모형으로 설명할 수 있는 $\ln(y)$의 변동 백분율이다. 하지만 우리의 목적은 y의 변동을 설명하는 것이지 $\ln(y)$의 변동을 설명하는 것은 아니다. 나아가 추정한 회귀선은 $\widehat{\ln(y)} = b_1 + b_2 x$를 예측하지만 우리는 y를 예측하고자 한다. 4.2.2절에서 논의한 것처럼 적합도와 예측치를 구하는 문제는 연계되어 있다.

어떻게 y의 예측값을 구할 수 있는가? 제일 먼저 할 수 있는 일은 $\widehat{\ln(y)} = b_1 + b_2 x$의 역대수를 취하는 것이다. 자연대수에 대한 역대수는 지수 함수가 되므로 예측하기 위해서 취하는 자연대수적 선택은 다음과 같다.

$$\hat{y}_n = \exp\left(\widehat{\ln(y)}\right) = \exp(b_1 + b_2 x)$$

하지만 대수-선형 모형에서 이것이 반드시 최선의 선택은 아니다. 대수-정규분포의 특성을 이용하면 대안적인 예측값은 다음과 같다는 사실을 알 수 있다.

$$\hat{y}_c = \widehat{E(y)} = \exp\left(b_1 + b_2 x + \hat{\sigma}^2/2\right) = \hat{y}_n e^{\hat{\sigma}^2/2}$$

대표본인 경우 '수정된' 예측값 $\hat{y}_c$가 대체적으로 y의 실제값에 더 근접하므로 이를 사용하여야 한다. 하지만 (표본 수가 30 미만인) 소표본인 경우 '자연대수적' 예측값이 더 낫다. 이렇게 상충된 결과를 얻은 이유는 $\hat{y}_c$를 사용할 경우 오차분산의 추정값 $\hat{\sigma}^2$이 상당한 양의 소음을 추가시키며, 이로 인해 소표본에서 수정을 통해 얻을 수 있는 이점을 능가하는 $\hat{y}_n$의 변동성이 증대되기 때문이다.

🗨 정리문제 4.11　대수-선형 모형에서의 예측

수정을 통해 얻을 수 있는 효과는 임금식을 이용하여 설명할 수 있다. 교육 연수가 12년인 근로자의 임금은 얼마라고 예측할 수 있는가? $\ln(WAGE)$의 예측값은 다음과 같다.

$$\widehat{\ln(WAGE)} = 1.5968 + 0.0988 \times EDUC$$
$$= 1.5968 + 0.0988 \times 12 = 2.7819$$

그러면 자연대수적 예측값은 $\hat{y}_n = \exp\left(\widehat{\ln(y)}\right) = \exp(2.7819)$ $= 16.1493$이 된다. 회귀분석 결과인 $\hat{\sigma}^2 = 0.2349$를 이용하여 구한 수정된 예측값은 다음과 같다.

$$\hat{y}_c = \widehat{E(y)} = \hat{y}_n e^{\hat{\sigma}^2/2} = 16.1493 \times 1.1246 = 18.1622$$

교육 연수가 12년인 근로자의 임금은 자연대수적 예측값을 사용할 경우 시간당 $16.15가 된다고 예측하지만, 수정

된 예측값을 사용할 경우 $18.16이라고 예측하게 된다. 이 경우 대표본 ($N = 1,200$)이므로 수정된 예측값을 사용하게 된다. 1,200명의 근로자 중에서 교육 연수가 12년인 근로자는 307명이다. 이들의 평균 임금은 $17.31이므로 수정된 예측값이 자료표본과 일치한다.

수정을 하면 예측에 어떤 영향을 미치는가? $\hat{\sigma}^2$은 0보다 커야만 되고 $e^0 = 1$이라는 사실을 기억하자. $e^{\hat{\sigma}^2/2}$은 언제나 1보다 커지므로 수정이 미치는 영향은 언제나 예측값을 증가시키게 된다. 자연대수적 예측값은 대수-선형 모형에서 y의 값을 체계적으로 과소예측하는 경향이 있고, 대표본에서 수정을 하게 되면 아래쪽으로 이루어지는 이런 편향을 상쇄하게 된다. 그림 4.13은 '자연대수적' 예측값과 '수정된' 예측값을 보여주고 있다.

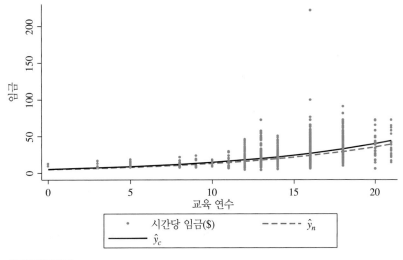

그림 4.13　임금의 자연대수적 예측값 및 수정된 예측값

4.5.2 일반화된 R^2의 측정

일반적으로 y와 예측값 $\hat{y}$(여기서 $\hat{y}$은 우리가 얻을 수 있는 '최우수' 예측값이다) 사이의 단순한 상관을 제곱하면, 이는 많은 경우 R^2으로 사용할 수 있는 적합도의 타당한 측정값이 된다. 앞에서 살펴본 것처럼 '최우수' 측정값이라고 생각할 수 있는 것은 참조하고 있는 모형에 따라 변화할 수 있다. 즉 일반적인 적합도 측정값 또는 일반적인 R^2은 다음과 같다.

$$R_g^2 = \left[\mathrm{corr}(y,\ \hat{y})\right]^2 = r_{y\hat{y}}^2$$

임금 방정식에서 $R_g^2 = \left[\mathrm{corr}(y,\ \hat{y}_c)\right]^2 = 0.4647^2 = 0.2159$이며, 이를 $EDUC$에 대한 $\ln(WAGE)$의 회귀분석에서 얻은 값인 $R^2 = 0.2577$과 비교해 보자. 이들 R^2 값은 작지만 앞에서 언급한 사항을 다시 한번 생각해 보자. 미시경제학의 횡단면 자료에서는 개인의 행위 변동을 충분히 설명하기 어렵기 때문에 R^2 값이 작아지는 경향이 있다.

🔵 **정리문제 4.12**   **대수-선형 모형에서의 예측구간**

임금에 관한 자료에서 교육 연수가 12년인 근로자의 임금에 대한 95% 예측구간은 다음과 같다.

$[\exp(2.7819 - 1.96 \times 0.4850),\ \exp(2.7819 + 1.96 \times 0.4850)]$
$= [6.2358,\ 41.8233]$

구간 예측값은 \$6.24~\$41.82로 그 폭이 넓어서 기본적으로 유용하지가 않다. 이것이 시사하는 바는 무엇인가? 우

리가 알지 못했던 것은 아무것도 없다. 위의 모형은 이 경우에 개별적인 행위에 대한 정확한 예측값을 제시하지 못한다. 뒤에서 다른 변수, 예를 들면 관련된다고 확신이 서는 경험과 같은 설명변수를 추가함으로써 이 모형을 향상시킬 수 있는지 살펴볼 것이다. 그림 4.14는 예측구간을 보여주고 있다.

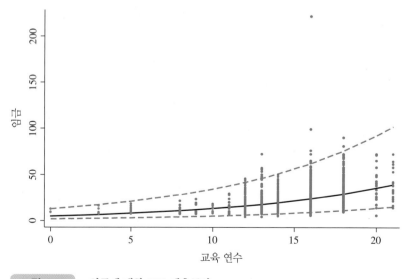

그림 4.14   임금에 대한 95% 예측구간

4.5.3 대수-선형 모형에서의 예측구간

위에서 대수-선형 모형의 y에 대한 수정된 예측값을 구하였다. 이는 y의 최우수 예측값인 단일 숫자를 구하려는 경우 관련되는 '점' 예측값이다. y에 대한 예측구간을 구하려는 경우 자연대수적 예측값인 $\hat{y}_n$에 의존해야만 한다. 4.1절에서 개괄한 절차를 밟고 나서 역대수를 취해 보자. 즉 $\widehat{\ln(y)}$ $= b_1 + b_2x$를 계산하고 나서 $\widehat{\ln(y)} \pm t_c \mathrm{se}(f)$를 구해 보자. 여기서 임계값 t_c는 t-분포의 $100(1 - \alpha/2)$ 백분위수이며 $\mathrm{se}(f)$는 식 (4.5)에서 찾아볼 수 있다. y에 대한 $100(1 - \alpha)\%$ 예측구간은 다음과 같다.

$$\left[\exp\left(\widehat{\ln(y)} - t_c \mathrm{se}(f)\right), \exp\left(\widehat{\ln(y)} + t_c \mathrm{se}(f)\right)\right]$$

4.6 대수-대수 모형

대수-대수 함수, $\ln(y) = \beta_1 + \beta_2\ln(x)$는 수요식 및 생산 함수를 설명하기 위해 널리 사용되고 있다. '대수-대수'란 명칭은 대수가 식의 양쪽에 모두 포함된다는 사실에서 비롯된다. 이 모형을 사용하기 위해서는 y 및 x의 모든 값이 양수가 되어야만 한다. 대수의 특성을 활용할 경우 대수-대수 모형의 모수를 어떻게 해석해야 하는지 알 수 있다. x가 x_0에서 x_1으로 증가한 경우를 생각해 보자. 대수-대수 모형은 $\ln(y_0) = \beta_1 + \beta_2\ln(x_0)$에서 $\ln(y_1) = \beta_1 + \beta_2\ln(x_1)$으로 변화한다. 두 번째 식에서 첫 번째 식을 감할 경우 $\ln(y_1) - \ln(y_0) = \beta_2[\ln(x_1) - \ln(x_0)]$가 된다. 100을 곱하고 어림셈 법칙을 활용하면 $100[\ln(y_1) - \ln(y_0)] \cong \%\Delta y$ 및 $100[\ln(x_1) - \ln(x_0)] \cong \%\Delta x$가 되어서, $\%\Delta y = \beta_2\%\Delta x$, 또는 $\beta_2 = \%\Delta y/\%\Delta x = \varepsilon_{yx}$가 된다. 즉 대수-대수 모형에서 모수 β_2는 x에 관한 y의 탄력성이며 전체 곡선에 걸쳐 일정하다.

대수-대수 모형에 관해 생각해 보는 유용한 방법은 그것의 기울기를 보다 면밀히 검토하는 데서 비롯된다. 대수-대수 모형의 기울기는 모든 점에서 변화하며, $dy/dx = \beta_2(y/x)$로 나타낼 수 있다. $\beta_2 = (dy/y)/(dx/x)$가 되도록 이를 재정리해 보자. 따라서 대수-대수 함수의 기울기는 일정한 상대적인 변화를 보이는 반면에, 선형 함수는 일정한 절대적인 변화를 보인다. 대수-대수 함수는 식 $y = Ax^{\beta_2}$의 변형이며, $\beta_1 = \ln(A)$가 된다. 대수-대수 모형은 다양한 형태가 가능해서 $\beta_2 > 0$인 경우 그림 4.5(c)와 같으며 $\beta_2 < 0$인 경우 그림 4.5(d)와 같다.

$\beta_2 > 0$인 경우, y는 x의 증가 함수가 된다. $\beta_2 > 1$인 경우 함수는 체증하는 율로 증가한다. 즉 x가 증가함에 따라 기울기도 역시 증가한다. $0 < \beta_2 < 1$인 경우 함수는 증가하지만 체감하는 율로 증가한다. 즉 x가 증가함에 따라 기울기는 감소한다.

$\beta_2 < 0$인 경우 y와 x 사이에 역의 관계가 존재한다. 예를 들면, $\beta_2 = -1$인 경우 $y = Ax^{-1}$ 또는 $xy = A$가 된다. 이 곡선은 '단위' 탄력성을 갖는다. $y =$ 수요량 및 $x =$ 가격이라고 하면, $A =$ 판매에 따른 총수입이 된다. 곡선 $xy = A$ 상의 모든 점에 대해 곡선 A 아래의 면적(수요곡선에 대한 총수입)은 일정하다. 정의에 따르면 단위 탄력성은 x(예 : 가격)가 1% 증가할 경우 이는 y(예 : 수요량)의 1% 감소와 연계된다는 의미이다. 따라서 곱 xy(가격 곱하기 수량)는 일정하게 된다.

🔍 정리문제 4.13   대수-대수 함수 형태의 닭고기 수요식

대수-대수 함수 형태는 수요식에 자주 사용된다. 예를 들면 식용닭에 대한 수요를 생각해 보자.[1] 그림 4.15는 1950~2001년의 52개 연간 관찰값에 대한 Q = 파운드로 측정한 1인당 닭고기 소비량 대 P = 닭고기 실질가격의 산포도를 보여준다. 이는 그림 4.5(d)에 있는 쌍곡선 형태의 특징을 갖는다.

추정된 대수-대수 모형은 다음과 같다.

$$\widehat{\ln(Q)} = 3.717 - 1.121 \times \ln(P) \quad R_g^2 = 0.8817$$
$$\text{(se)} \quad (0.022) \quad (0.049) \quad\quad\quad (4.15)$$

수요의 가격 탄력성은 1.121로 추정된다. 실질가격이 1% 증가하면 소비량이 1.121% 감소할 것으로 추정된다.

그림 4.15의 자료에 적합하게 그은 선은 4.5.3절에서 논의한 '수정된' 예측값이다. 수정된 예측값 $\hat{Q}_c$는 $\exp(\hat{\sigma}^2/2)$로 조정된 자연대수적 예측값 $\hat{Q}_n$이다. 즉 추정된 오차분산 $\hat{\sigma}^2 = 0.0139$를 사용하면 예측값은 다음과 같다.

$$\hat{Q}_c = \hat{Q}_n e^{\hat{\sigma}^2/2} = \exp\left(\widehat{\ln(Q)}\right)e^{\hat{\sigma}^2/2}$$
$$= \exp(3.717 - 1.121 \times \ln(P))e^{0.0139/2}$$

적합도 통계량 $R_g^2 = 0.8817$은 4.5.2절에서 논의한 일반적인 R^2이다. 이것은 $\hat{Q}_c$와 관찰값 Q 사이의 제곱한 상관이다.

$$R_g^2 = \left[\text{corr}(Q, \hat{Q}_c)\right]^2 = [0.939]^2 = 0.8817$$

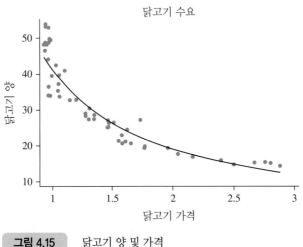

닭고기 수요

그림 4.15   닭고기 양 및 가격

---

1   다음을 참조하시오. "Simultaneous Equation Econometrics: The Missing Example," *Economic Inquiry*, 44(2), 374–384.

주요 용어

• 국문

결정계수	영향 관측값	잔차
구간 추정값	예측	적합도
대수-대수 모형	예측구간	첨도
대수-선형 모형	예측오차	최소제곱 예측값
레버리지	예측 표준오차	최우수 선형 불편 예측값
불편 예측값	왜도	
선형-대수 모형	자크-베라 검정	

• 영문

best linear unbiased predictor(BLUP)	kurtosis	prediction interval
coefficient of determination	least squares predictor	residual
forecast error	leverage	skewness
goodness of fit	linear-log model	standard error of the forecast
influential observation	log-linear model	unbiased predictor
interval estimate	log-log model	
Jarque-Bera test	prediction	

복습용 질문

1. 단순 선형회귀 모형을 이용하여 주어진 x값에 대해 y값을 어떻게 예측할 수 있는지 설명하시오.

2. $\bar{x}$로부터 더 멀리 떨어진 x값에 대한 예측을 왜 덜 신뢰하게 되는지 직관적으로 또한 기술적으로 설명하시오.

3. SST, SSR 및 SSE의 의미를 설명하고 이들이 R^2과 어떻게 연계되는지 설명하시오.

4. 결정계수의 의미를 정의하고 설명하시오.

5. 상관분석과 R^2 사이의 관계를 설명하시오.

6. 알지 못하는 계수에 대한 신뢰구간과 가설검정을 신속하고 용이하게 할 수 있도록 적합한 회귀식의 결과를 보고하시오.

7. 변수들을 척도화할 경우 회귀식의 추정된 계수 및 다른 수량이 어떻게 변화하는지 설명하시오. 변수들을 척도화하고자 하는 이유는 무엇 때문인가?

8. 모수가 선형인 모형을 이용하여 추정할 수 있는 다양한 형태의 비선형 함수를 평가하시오.

9. 대수-대수, 대수-선형, 선형-대수인 함수 형태의 식을 작성하시오.

10. 함수 형태의 기울기와 탄력성의 차이를 설명하시오.

11. 어떻게 함수 형태를 선택하고 함수 형태가 적절한지 여부를 어떻게 결정하는지 설명하시오.

12. 식의 '오차'가 정규분포하는지 여부를 어떻게 검정할 것인가?

13. 대수-선형 모형에서 예측, 예측구간, 적합도를 어떻게 계산하는지 설명하시오.

14. 생소하거나, 극단적이거나, 부정확한 자료값들을 탐지할 수 있는 대안적인 방법들을 설명하시오.

연습문제

4.1 다음 각 물음에 답하시오.

a. 단순회귀에서 $N = 20$, $\sum y_i^2 = 7825.94$, $\bar{y} = 19.21$, $SSR = 375.47$이라고 가상하자. R^2을 구하시오.

b. 단순회귀에서 $R^2 = 0.7911$, $SST = 725.94$, $N = 20$이라고 가상하자. $\hat{\sigma}^2$을 구하시오.

c. 단순회귀에서 $\sum(y_i - \bar{y})^2 = 631.63$, $\sum \hat{e}_i^2 = 182.85$라고 가상하자. R^2을 구하시오.

4.2 다음과 같은 추정 회귀식을 생각해 보시오(괄호 안에 표준오차가 있다).

$$\hat{y} = 64.29 + 0.99x \quad R^2 = 0.379$$
$$\text{(se)} \quad (2.42) \ (0.18)$$

다음과 같은 경우 생길 추정식을 재작성하시오. 계수, 표준오차, R^2을 포함하시오.

a. 추정하기 전에 모든 x값을 10으로 나누시오.

b. 추정하기 전에 모든 y값을 10으로 나누시오.

c. 추정하기 전에 모든 y값 및 x값을 10으로 나누시오.

4.3 x 및 y에 대한 5개 관찰값이 있다. $x_i = 3, 2, 1, -1, 0$이며, 이에 상응하는 y값은 $y_i = 4, 2, 3, 1, 0$이다. 적합한 최소제곱선은 $\hat{y}_i = 1.2 + 0.8x_i$이며, 제곱한 최소제곱 잔차의 합은 $\sum_{i=1}^{5} \hat{e}_i^2 = 3.6$, $\sum_{i=1}^{5}(x_i - \bar{x})^2 = 10$, $\sum_{i=1}^{5}(y_i - \bar{y})^2 = 10$이다. 계산기를 활용하여 이 문제를 해결하시오. 다음을 계산하시오.

a. $x_0 = 4$에 대한 y의 예측값

b. (a)에 상응하는 $se(f)$

c. $x_0 = 4$가 주어진 경우 y에 대한 95% 예측구간

d. $x_0 = 4$가 주어진 경우 y에 대한 99% 예측구간

e. $x = \bar{x}$가 주어진 경우 y에 대한 95% 예측구간. 이 예측구간의 폭을 (c)에서 계산한 예측구간과 비교하시오.

4.4 대규모 엔지니어링 기업의 총책임자는 테크니컬 아티스트의 경험이 근무의 질에 영향을 미치는지 여부에 대해 알아보고자 한다. 무작위 표본으로 50명의 테크니컬 아티스트가 선발되었다. 근무경험 연수($EXPER$)와 업적등급($RATING$, 100점 만점)을 이용하여 2개 모형이 최소제곱 방식으로 추정되었다. 추정값과 표준오차는 다음과 같다.

모형 1 :

$$\widehat{RATING} = 64.289 + 0.990EXPER \quad N = 50 \quad R^2 = 0.3793$$
$$\text{(se)} \qquad (2.422) \ (0.183)$$

모형 2 :

$$\widehat{RATING} = 39.464 + 15.312 \ln(EXPER) \quad N = 46 \quad R^2 = 0.6414$$
$$\text{(se)} \qquad (4.198) \ (1.727)$$

a. *EXPER* = 0년에서부터 30년까지에 대해 모형 1로부터 구한 적합한 값들을 그래프로 나타 내시오.

b. *EXPER* = 1년에서부터 30년까지에 대해 모형 2로부터 구한 적합한 값들을 그래프로 나타 내시오. 경험이 없는 4명의 테크니컬 아트스트가 모형 2를 추정하는 데 활용되지 않은 이유 를 설명하시오.

c. 모형 1을 사용하여, (i) 경험이 10년인 테크니컬 아티스트 그리고 (ii) 경험이 20년인 테크니 컬 아티스트에 대해 경험이 1년씩 추가될 때 *RATING*에 미치는 한계효과를 계산하시오.

d. 모형 2를 사용하여, (i) 경험이 10년인 테크니컬 아티스트 그리고 (ii) 경험이 20년인 테크니 컬 아티스트에 대해 경험이 1년씩 추가될 때 *RATING*에 미치는 한계효과를 계산하시오.

e. 2개 모형 중 어느 것이 자료에 더 적합한가? 경험이 있는 테크니컬 아티스트만을 활용하여 모형 1을 추정할 경우 $R^2 = 0.4858$이 된다.

f. 경제적 논리에 기초할 경우 모형 1이 더 합리적이거나 또는 더 그럴듯한가, 아니면 모형 2가 그러한가? 설명하시오.

4.5 회귀 모형 $WAGE = \beta_1 + \beta_2 EDUC + e$를 생각해 보자. *WAGE*는 2013년 달러로 나타낸 미국의 시간당 임금이다. *EDUC*는 교육성취 연수 또는 학교교육 연수이다. 도시 지역의 사람들을 활 용하여 이 모형을 추정하면 다음과 같다.

$$\widehat{WAGE} = -10.76 + 2.461965 EDUC, \quad N = 986$$
$$\text{(se)} \quad (2.27) \quad (0.16)$$

a. *WAGE*의 표본표준편차는 15.96이며, 위 회귀에서 구한 제곱한 잔차의 합은 199,705.37이 다. R^2을 계산하시오.

b. (a)의 답을 활용할 경우, *WAGE*와 *EDUC* 사이의 상관은 무엇인가?[요령 : *WAGE*와 적합한 값 $\widehat{WAGE}$ 사이의 상관은 무엇인가?]

c. *EDUC*의 표본 평균 및 표본 분산은 각각 14.315 및 8.555이다. *EDUC* = 5, 16, 21인 관찰 값들의 레버리지를 계산하시오. 어느 값들이 크다고 생각해야 하는가?

d. 9번째 관찰값, 즉 교육 연수가 21년이고 임금이 $30.76인 사람을 누락시키고 모형을 다 시 추정할 경우, $\hat{\sigma} = 14.25$ 및 추정된 기울기 2.470095를 구할 수 있다. 이 관찰값에 대한 *DFBETAS*를 계산하시오. 크다고 생각해야 하는가?

e. (d)에서 사용한 9번째 관찰값에 대해서 *DFFITS* = − 0.0571607이다. 이 값은 큰가? 이 관 찰값에 대한 레버리지값은 (c)에서 구하였다. 이 관찰값이 표본에서 빠질 때, 이 관찰값에 대한 적합한 값은 얼마나 변하는가?

f. (d) 및 (e)에서 사용된 9번째 관찰값의 경우, 최소제곱 잔차는 − 10.18368이다. 표준화된 잔차를 계산하시오. 크다고 생각해야 하는가?

4.6 *x* 및 *y*에 대한 5개의 관찰값을 갖고 있다. 이것들은 $x_i = 3, 2, 1, -1, 0$이며, 이에 상응하는 *y*값은 $y_i = 4, 2, 3, 1, 0$이다. 적합한 최소제곱선은 $\hat{y}_i = 1.2 + 0.8 x_i$이고, 제곱한 최소제곱 잔차 의 합은 $\sum_{i=1}^{5} \hat{e}_i^2 = 3.6$이며 $\sum_{i=1}^{5}(y_i - \bar{y})^2 = 10$이다. 계산기를 활용하여 다음 문제를 푸시오.

a. 적합한 값 $\hat{y}_i$ 및 이들의 표본 평균 $\overline{\hat{y}}$를 계산하시오. 이 값을 y값들의 표본 평균과 비교하시오.

b. $\sum_{i=1}^{5}(\hat{y}_i - \overline{y})^2$ 및 $\sum_{i=1}^{5}(\hat{y}_i - \overline{y})^2 / \sum_{i=1}^{5}(y_i - \overline{y})^2$을 계산하시오.

c. 최소제곱 잔차는 $\hat{e}_i = 0.4, -0.8, 1, 0.6, -1.2$이다. $\sum_{i=1}^{5}(\hat{y}_i - \overline{y})\hat{e}_i$를 계산하시오.

d. $1 - \sum_{i=1}^{5}\hat{e}_i^2 / \sum_{i=1}^{5}(y_i - \overline{y})^2$을 계산하고, 이것을 (b)에서 구한 결과와 비교하시오.

e. 대수학적으로 $\sum_{i=1}^{5}(\hat{y}_i - \overline{y})(y_i - \overline{y}) = \sum_{i=1}^{5}\hat{y}_i y_i - N\overline{y}^2$을 보이시오. 이 값을 계산하시오.

f. $\sum_{i=1}^{5}(x_i - \overline{x})^2 = 10$ 그리고 이전에 구한 결과들을 활용하여 다음을 계산하시오.

$$r = \left[\sum_{i=1}^{5}(\hat{y}_i - \overline{y})(y_i - \overline{y})\right] \Bigg/ \left[\sqrt{\sum_{i=1}^{5}(\hat{y}_i - \overline{y})^2}\sqrt{\sum_{i=1}^{5}(y_i - \overline{y})^2}\right]$$

r은 무슨 통계량인가? r^2을 계산하고, (d) 및 (b)의 값들과 이 값을 비교하시오.

4.7   3인으로 구성된 2,323개 가계를 2013년에 무작위로 뽑아서 이에 관한 자료를 수집하였다. $ENTERT$는 1인당 월간 오락비(\$)를 나타내며 $INCOME$(\$100)은 월간 가계소득을 의미한다. 다음과 같은 회귀 모형을 생각해 보자.

$$ENTERT_i = \beta_1 + \beta_2 INCOME_i + e_i, \quad i = 1, \cdots, 2323$$

가정 SR1~SR6이 준수된다고 가정한다. 추정된 OLS 식은 $\widehat{ENTERT}_i = 9.820 + 0.503 INCOME_i$이다. 기울기 계수 추정량의 표준오차는 $se(b_2) = 0.029$이고, 절편 추정량의 표준오차는 $se(b_1) = 2.419$이며, 최소제곱 추정량 b_1과 b_2 사이의 추정된 공분산은 -0.062이다. 요약 통계량으로부터 다음과 같이 구하였다.

$$\sum_{i=1}^{2323}\left(ENTERT_i - \overline{ENTERT}\right)^2 = 8{,}691{,}035, \quad \sum_{i=1}^{2323}\left(INCOME_i - \overline{INCOME}\right)^2 = 3{,}876{,}440$$

$$\overline{ENTERT} = 45.93, \quad \overline{INCOME} = 71.84$$

a. 추정된 회귀로부터 제곱한 최소제곱 잔차의 합은 7,711,432이다. 회귀 모형은 자료에 얼마나 잘 부합하는가? 이 회귀 모형을 활용하여 가계의 오락비 변동 중 얼마나 많은 부분을 설명하는가? 답변을 설명하시오.

b. 존스 가계의 월간소득은 \$10,000이다. 1인당 오락비를 예측하시오.

c. 존스 가계의 1인당 오락비에 대한 95% 예측구간을 계산하시오. 계산 과정을 보이시오.

d. 존스 가계의 총오락비에 대한 95% 예측구간을 계산하시오. 계산 과정을 보이시오.

4.8   참치캔 전국 브랜드의 주당 판매(캔의 수)($SAL1 = $ 표적 브랜드의 판매)를 경쟁 브랜드 가격에 대한 표적 브랜드 가격의 비율, 즉 $RPRICE3 = 100$(표적 브랜드의 가격 $\div$ 경쟁 브랜드 #3의 가격)의 함수로 나타낸 대수-선형 회귀 모형을 생각해 보자. 즉 $\ln(SAL1) = \gamma_1 + \gamma_2 RPRICE3 + e$를 생각해 보자. $N = 52$개 주당 관찰값을 사용하여 추정한 최소제곱식은 다음과 같다.

$$\widehat{\ln(SAL1)} = 11.481 - 0.031 RPRICE3$$
$$\text{(se)} \qquad (0.535) \quad (0.00529)$$

a. $RPRICE3$의 표본 평균은 99.66이고, 중앙값은 100이다. 최솟값은 70.11이고 최댓값은

154.24이다. 요약 통계량은 경쟁 브랜드의 가격에 대한 표적 브랜드의 가격에 관해 무엇을 알려주는가?

b. *RPRICE*3의 계수를 해석하시오. 이것의 부호는 경제적 이치에 부합하는가?

c. 통상적인 예측량을 활용하여 *RPRICE*3이 표본 평균값을 취할 경우 표적 브랜드의 주당 판매를 예측하시오. *RPRICE*3이 140인 경우 예측된 판매는 무엇인가?

d. 위의 회귀로부터 구한 오차분산의 추정된 값은 $\hat{\sigma}^2 = 0.405$ 그리고 $\sum_{i=1}^{52}\left(RPRICE3_i - \overline{RPRICE3}\right)^2 = 14{,}757.57$이다. *RPRICE*3이 표본 평균값을 취할 경우 표적 브랜드의 주당 판매에 대한 90% 예측구간을 구하시오. *RPRICE*3이 140인 경우 판매에 대한 90% 예측구간은 무엇인가? 구간이 더 넓은가? 이런 일이 발생한 이유를 설명하시오.

e. $\ln(SAL1)$의 적합한 값은 $\widehat{\ln(SAL1)}$이다. $\ln(SAL1)$과 $\widehat{\ln(SAL1)}$ 사이의 상관은 0.6324이고, $\widehat{\ln(SAL1)}$과 *SAL*1 사이의 상관은 0.5596이며, $\exp\left[\widehat{\ln(SAL1)}\right]$과 *SAL*1 사이의 상관은 0.6561이다. 위의 적합한 회귀결과로 정규적으로 보여줄 수 있는 R^2을 계산하시오. 이것을 어떻게 해석할 수 있는가? 일반적 R^2을 계산하시오. 이를 어떻게 해석할 수 있는가?

4.9 참치캔 전국 브랜드의 주당 판매(캔의 수)(*SAL*1 = 표적 브랜드의 판매)를 경쟁 브랜드 가격에 대한 표적 브랜드 가격의 비율, 즉 *RPRICE*3 = 100(표적 브랜드의 가격 ÷ 경쟁 브랜드 #3의 가격)의 함수를 생각해 보자. $N = 52$개 주당 관찰값을 사용하고, 이 문제에서는 판매를 주당 1,000캔으로 측정할 수 있도록 *SAL*1/1,000로 비례화하여 다음과 같은 최소제곱 추정식을 구하였다. 첫 번째는 선형 모형이고, 두 번째는 대수-선형 모형이며, 세 번째는 대수-대수 모형이다.

$$\widehat{SAL1} = 29.6126 - 0.2297 RPRICE3 \qquad \widehat{\ln(SAL1)} = 4.5733 - 0.0305 RPRICE3$$
$$\text{(se)} \quad (4.86) \quad (4.81) \qquad\qquad \text{(se)} \quad (0.54) \quad (0.0053)$$

$$\widehat{\ln(SAL1)} = 16.6806 - 3.3020\ln(RPRICE3)$$
$$\text{(se)} \quad (2.413) \quad (0.53)$$

a. 선형 모형의 경우 제곱한 잔차의 합은 1,674.92이고, 잔차의 추정된 왜도 및 첨도는 각각 1.49 및 5.27이다. 자크-베라 통계량을 계산하고 이 모형에서 무작위 오차가 5% 유의수준에서 정규분포한다는 가설을 검정하시오. 정규성에 대한 귀무가설이 참인 경우에 검정 통계량의 분포와 기각역을 명시하시오.

b. 대수-선형 모형의 경우 잔차의 추정된 왜도 및 첨도는 각각 0.41 및 2.54이다. 자크-베라 통계량을 계산하고, 이 모형의 무작위 오차가 5% 유의수준에서 정규분포한다는 가설을 검정하시오.

c. 대수-대수 모형의 경우 잔차의 추정된 왜도 및 첨도는 각각 0.32 및 2.97이다. 자크-베라 통계량을 계산하고 이 모형의 무작위 오차가 5% 유의수준에서 정규분포한다는 가설을 검정하시오.

d. 대수-선형 모형 및 대수-대수 모형의 경우 잔차를 $SAL1 - \exp\left(\widehat{\ln(SAL1)}\right)$로 정의하시오. 이들 두 모형의 경우 위에서 정의한 것처럼 제곱한 잔차의 합은 대수-선형 모형의 경우

1,754.77이며, 대수-대수 모형의 경우 1,603.14이다. 이들 값에 기초하고 이들을 선형 모형의 제곱한 잔차 합과 비교하여 어느 모형이 자료에 가장 잘 적합한 것처럼 보이는지 말하시오.

e. 표 4.2는 회귀 모형 변수와 선형 관계의 예측값($YHAT$), 대수-선형 관계의 예측값$\left(YHATL = \exp\left[\widehat{\ln(SAL1)}\right]\right)$, 대수-대수 모형의 예측값$\left(YHATLL = \exp\left[\widehat{\ln(SAL1)}\right]\right)$ 사이의 상관을 보여주고 있다.

i. $SAL1$과 $RPRICE3$ 사이의 상관이 $YHAT$와 $SAL1$ 사이의 상관과 (부호를 제외하고) 같은 이유는 무엇 때문인가?

ii. 선형관계 모형의 R^2은 무엇인가?

iii. $YHAT$와 $RPRICE3$ 사이의 상관이 완벽하게 -1.0인 이유는 무엇 때문인가?

iv. 대수-선형 모형에 대한 일반적 R^2은 무엇인가?

v. 대수-대수 모형에 대한 일반적 R^2은 무엇인가?

f. (a)~(e)에서 구한 정보가 주어진 경우 자료에 가장 적합한 것으로 어느 모형을 선택할 것인가?

표 4.2　연습문제 4.9에 대한 상관

	RPRICE3	SAL1	YHAT	YHATL	YHATLL
RPRICE3	1.0000				
SAL1	− 0.5596	1.0000			
YHAT	− 1.0000	0.5596	1.0000		
YHATL	− 0.9368	0.6561	0.9368	1.0000	
YHATLL	− 0.8936	0.6754	0.8936	0.9927	1.0000

4.10 76개국에 관한 자료를 사용하여 물가상승률, $INFLAT$와 통화공급 증가율, $MONEY$ 사이의 관계를 추정하고자 한다. 해당 모형의 최소제곱 추정값은 다음과 같다.

$$INFLAT = -5.57 + 1.05MONEY \quad R^2 = 0.9917$$
$$\text{(se)} \qquad (0.70) \; (0.11)$$

자료 요약 통계량은 다음과 같다.

	평균	중앙값	표준편차	최솟값	최댓값
INFLAT	25.35	8.65	58.95	− 0.6	374.3
MONEY	29.59	16.35	56.17	2.5	356.7

표 4.3은 몇 개 관찰값들에 대한 자료와 진단값을 포함하고 있다.

a. $LEVERAGE$가 큰 관찰값들을 결정하시오. 규칙은 무엇인가?

b. $EHATSTU$가 큰 관찰값들을 결정하시오. 규칙은 무엇인가?

c. *DFBETAS*가 큰 관찰값들을 결정하시오. 규칙은 무엇인가?

d. *DFFITS*가 큰 관찰값들을 결정하시오. 규칙은 무엇인가?

e. 적합한 관계를 그래프로 나타내시오. 그래프상에 평균, 중앙값, 표 4.3의 9개 자료점을 표시하시오. 어떤 관찰값들이 자료의 중앙, 평균점, 중앙값점에 대해 멀리 떨어져 위치하는가?

표 4.3　연습문제 4.10에 대한 선별된 관찰값들의 진단값

ID	INFLAT	MONEY	LEVERAGE	EHATSTU	DFBETAS	DFFITS
1	374.3	356.7	0.4654	1.8151	1.6694	1.6935
2	6.1	11.5	0.0145	− 0.0644	0.0024	− 0.0078
3	3.6	7.3	0.0153	0.2847	− 0.0131	0.0354
4	187.1	207.1	0.1463	− 5.6539	− 2.2331	− 2.3408
5	12.3	25.2	0.0132	− 1.5888	0.0144	− 0.1840
6	4.0	3.1	0.0161	1.1807	− 0.0648	0.1512
7	316.1	296.6	0.3145	2.7161	1.8007	1.8396
8	13.6	17.4	0.0138	0.1819	− 0.0046	0.0215
9	16.4	18.5	0.0137	0.4872	− 0.0112	0.0574

4.11 회귀 모형 $WAGE = \beta_1 + \beta_2 EDUC + e$를 생각해 보자. *WAGE*는 2013년 달러로 나타낸 미국의 시간당 임금이다. *EDUC*는 교육성취 연수이다. 이 모형은 두 번 추정된다. 한 번은 도시 지역에 있는 사람들의 자료를 활용하였고, 다시 한 번 농촌 지역에 있는 사람들의 자료를 활용하였다.

$$\text{도시 지역} \quad \widehat{WAGE} = -10.76 + 2.46EDUC, \quad N = 986$$
$$\text{(se)} \quad\quad (2.27)\ (0.16)$$

$$\text{농촌 지역} \quad \widehat{WAGE} = -4.88 + 1.80EDUC, \quad N = 214$$
$$\text{(se)} \quad\quad (3.29)\ (0.24)$$

a. 농촌 지역 회귀에 대해, $EDUC = 16$인 경우 95% 예측구간을 계산하시오. 예측의 표준오차는 9.24이다. 농촌 지역 자료에 대한 회귀의 표준오차는 $\hat{\sigma} = 9.20$이다.

b. 도시 지역 자료에 대해, 이것의 표본 평균에 대한 *EDUC*의 제곱한 편차의 합은 8,435.46이다. 회귀의 표준오차는 $\hat{\sigma} = 14.25$이다. 도시 지역의 표본 평균 임금은 \$24.49이다. $EDUC = 16$인 경우 *WAGE*에 대한 95% 예측구간을 계산하시오. 농촌 지역에 대한 예측구간보다 더 넓은가, 아니면 더 좁은가? 이것은 그럴듯하게 보이는가? 설명하시오.

4.12 총 가계비 지출(*TOTEXP*)에서 식료품비 지출(*FOOD*)이 차지하는 비중을 생각해 보자. 이를 위해 대수-선형 관계 $FOOD/TOTEXP = \beta_1 + \beta_2 \ln(TOTEXP)$로 모형화하자.

a. 총지출에 대한 식료품 지출의 탄력성이 다음과 같다는 사실을 보이시오.

$$\varepsilon = \frac{dFOOD}{dTOTEXP} \times \frac{TOTEXP}{FOOD} = \frac{\beta_1 + \beta_2 \left[\ln(TOTEXP) + 1 \right]}{\beta_1 + \beta_2 \ln(TOTEXP)}$$

[요령 : 대수-선형 관계로부터 $FOOD = [\beta_1 + \beta_2 \ln(TOTEXP)]TOTEXP$를 도출하고, 이를

미분하여 $dFOOD/dTOTEXP$를 구하시오. 그러고 나서 $TOTEXP/FOOD$를 곱하고 정리하시오.

b. 회귀 모형 $FOOD/TOTEXP = \beta_1 + \beta_2 \ln(TOTEXP) + e$를 런던 지역에서 구한 925개 관찰값을 활용하여 얻은 최소제곱 추정값은 다음과 같다.

$$\widehat{\frac{FOOD}{TOTEXP}} = 0.953 - 0.129 \ln(TOTEXP) \quad R^2 = 0.2206, \quad \hat\sigma = 0.0896$$
$$(t) \qquad (26.10)(-16.16)$$

$\ln(TOTEXP)$의 추정된 계수를 해석하시오. 총 가계비 지출이 증가함에 따라 예산에서 식료품비 지출이 차지하는 비중에 어떤 현상이 발생하는가?

c. 총 가계비 지출의 5번째 백분위수 그리고 75번째 백분위수에서 (a)의 탄력성을 계산하시오. 이것은 불변 탄력성 함수인가? 5번째 백분위수는 500 UK 파운드이며, 75번째 백분위수는 1,200 UK 파운드이다.

d. (b) 모형의 잔차는 왜도 0.0232이고 첨도 3.4042이다. 1% 유의수준에서 자크-베라 검정을 하시오. 이 검정에 대한 귀무가설 및 대립가설은 무엇인가?

e. $FOOD/TOTEXP = \beta_1 + \beta_2 \ln(TOTEXP)$에서 원편에 대수를 취하고, 이를 단순화하면 $\ln(FOOD) = \alpha_1 + \alpha_2 \ln(TOTEXP)$를 구할 수 있다. 이 모형의 모수들은 예산 분담식과 어떻게 연계되는가?

f. $\ln(FOOD) = \alpha_1 + \alpha_2 \ln(TOTEXP) + e$의 최소제곱 추정값은 다음과 같다.

$$\widehat{\ln(FOOD)} = 0.732 + 0.608 \ln(TOTEXP) \quad R^2 = 0.4019 \qquad \hat\sigma = 0.2729$$
$$(t) \qquad (6.58) \ (24.91)$$

$\ln(TOTEXP)$의 추정된 계수를 해석하시오. 총지출액의 5번째 백분위수 그리고 75번째 백분위수에서 이 모형의 탄력성을 계산하시오. 이것은 불변 탄력성 함수인가?

g. (e)의 대수-대수 모형 잔차는 왜도 $= -0.887$ 그리고 첨도 $= 5.023$이다. 5% 유의수준에서 자크-베라 검정을 하시오.

h. 앞에서 구한 정보 이외에 (b)의 적합한 값에 $TOTEXP$를 곱하여 식료품 지출액에 대한 예측값을 구해 보자. 이 값과 식료품 지출액 사이의 상관은 0.641이다. (e)의 모형을 활용하여 $\exp\left[\widehat{\ln(FOOD)}\right]$을 구해 보자. 식료품 지출에 대한 이 값과 실제값 사이의 상관은 0.640이다. 이 상관에 의해 어떤 정보가 제공된다면 그것은 무엇인가? 이 모형 중 하나를 선택해야 한다면 어떤 모형을 선택하겠는가? 그 이유를 설명하시오.

4.13 선형회귀 모형은 $y = \beta_1 + \beta_2 x + e$이다. $\bar{y}$는 y값들의 표본 평균이고, $\bar{x}$는 x값들의 표본 평균이라고 하자. 변수 $\tilde{y} = y - \bar{y}$ 및 $\tilde{x} = x - \bar{x}$를 만드시오. $\tilde{y} = \alpha\tilde{x} + e$라고 하자.

a. α의 최소제곱 추정량은 β_2의 최소제곱 추정량과 동일하다는 사실을 대수학적으로 보이시오. [요령 : 연습문제 2.4를 참조하시오.]

b. $\tilde{y} = \alpha\tilde{x} + e$의 최소제곱 잔차는 최초 선형 모형 $y = \beta_1 + \beta_2 x + e$의 최소제곱 잔차와 동일하

다는 사실을 대수학적으로 보이시오.

4.14 5,766명의 초등학교 학생들에 대한 자료를 사용하여, 수학 시험에 대한 이들의 학업성과 (*MATHSCORE*)와 교사들의 교육 경험 연수(*TCHEXPER*)를 연계시키는 2개 모형을 추정하였다.

선형 관계

$$\widehat{MATHSCORE} = 478.15 + 0.81 TCHEXPER \quad R^2 = 0.0095 \quad \hat{\sigma} = 47.51$$
$$\text{(se)} \qquad\quad (1.19)\ (0.11)$$

선형-대수 관계

$$\widehat{MATHSCORE} = 474.25 + 5.63 \ln(TCHEXPER) \quad R^2 = 0.0081 \quad \hat{\sigma} = 47.57$$
$$\text{(se)} \qquad\quad (1.84)\ (0.84)$$

a. 적합한 선형 관계를 이용하여, 기대되는 수학 점수가 10점 상승하기 위해 교육 경험은 추가적으로 몇 년이 필요한가? 여러분의 계산을 설명하시오.

b. 적합한 선형 관계는 어떤 점에서 추가적인 교육 경험 연수에 대해 수확체감이 존재한다는 사실을 시사하는가? 설명하시오.

c. 적합한 선형-대수 모형을 사용할 경우 *TCHEXPER*에 대한 *MATHSCORE*의 그래프는 일정한 율로 증가하는가? 또는 증가하는 율로 증가하는가? 감소하는 율로 증가하는가? 이것은 적합한 선형 관계와 어떻게 비교되는가?

d. 적합한 선형-대수 관계를 활용하여, 단지 1년의 교육 경험이 있는 교사의 경우 기대되는 수학점수를 10점 올리기 위해서는 얼마나 많은 추가적인 교육 경험 연수가 필요한가? 계산을 설명하시오.

e. 252명의 교사는 교육 경험이 없다. 이것은 2개 모형을 추정하는 데 어떤 영향을 미치는가?

f. 이 모형들은 매우 낮은 R^2을 가지므로 기대되는 수학 점수와 교육 경험 연수 사이에 통계적으로 유의한 관계가 존재하지 않는다. 참인가 또는 틀린가? 설명하시오.

4.15 대수 형태의 종속변수를 역수 형태의 설명변수에 연계시킨 대수-역수 모형, 즉 $\ln(y) = \beta_1 + \beta_2(1/x)$을 생각해 보자.

a. 이 모형은 어떤 y값에 대해 정의되는가?
문제가 되는 x값이 존재하는가?

b. 지수 형태의 모형을 $y = \exp[\beta_1 + \beta_2(1/x)]$로 나타내시오. 이 관계에서의 기울기는 $dy/dx = \exp[\beta_1 + (\beta_2/x)] \times (-\beta_2/x^2)$라는 사실을 보이시오. y 및 x가 양의 관계를 갖기 위해서는 β_2가 어떤 부호를 가져야 하는가? $x > 0$라고 가정한다.

c. $x > 0$이지만 위로부터 영으로 수렴한다고 가상하자. y는 무슨 값으로 수렴하는가? x가 무한대로 접근함에 따라 y는 무엇으로 수렴하는가?

d. $\beta_1 = 0$ 및 $\beta_2 = -4$라고 가상하자. x값 0.5, 1.0, 1.5, 2.0, 2.5, 3.0, 3.5, 4.0에서의 기울기를 구하시오. x가 증가함에 따라 변수들 사이의 기울기는 증가하는가 또는 감소하는가 또는

둘 다 발생하는가?

e. 함수의 두 번째 도함수가 다음과 같다는 사실을 보이시오.

$$\frac{d^2y}{dx^2} = \left(\frac{\beta_2^2}{x^4} + \frac{2\beta_2}{x^3}\right) \exp\left[\beta_1 + (\beta_2/x)\right]$$

$\beta_2 < 0$ 및 $x > 0$라고 가정하며, 식을 영이라 놓고 두 번째 도함수를 0으로 만드는 x값은 $-\beta_2/2$이다. 이 결과는 (d)에서 구한 계산과 합치되는가? [요령 : $\exp[\beta_1 + (\beta_2/x)] > 0$. 변곡점이라고 하는 것을 구해야 한다.]

부록 4A   예측구간의 도출

예측오차는 $f = y_0 - \hat{y}_0 = (\beta_1 + \beta_2 x_0 + e_0) - (b_1 + b_2 x_0)$이다. 이에 대한 분산을 구하기 위해 먼저 $\hat{y}_0 = b_1 + b_2 x_0$의 분산을 생각해 보자. 최소제곱 추정량의 분산 및 공분산은 2.4.4절에서 살펴보았다. 이를 이용하면 다음과 같다.

$$\text{var}(\hat{y}_0|\mathbf{x}) = \text{var}\left[(b_1 + b_2 x_0)|\mathbf{x}\right] = \text{var}(b_1|\mathbf{x}) + x_0^2 \text{var}(b_2|\mathbf{x}) + 2x_0 \text{cov}(b_1, b_2|\mathbf{x})$$

$$= \frac{\sigma^2}{N\sum(x_i - \bar{x})^2}\left[\sum x_i^2 + Nx_0^2 - 2N\bar{x}x_0\right]$$

대괄호 안에 있는 항은 단순화될 수 있다. 두 번째 및 세 번째 항으로부터 N을 인수분해하면 $\sum x_i^2 + Nx_0^2 - 2N\bar{x}x_0 = \sum x_i^2 + N(x_0^2 - 2\bar{x}x_0)$를 구할 수 있다. $N\bar{x}^2$을 빼고 이를 다시 더하면 변화가 없지만, 괄호 안의 제곱을 완성시킬 수 있다. 괄호 안의 항은 다음과 같다.

$$\sum x_i^2 - N\bar{x}^2 + N\left(x_0^2 - 2\bar{x}x_0 + \bar{x}^2\right) = \sum(x_i - \bar{x})^2 + N(x_0 - \bar{x})^2$$

최종적으로 다음과 같아진다.

$$\text{var}(\hat{y}_0|\mathbf{x}) = \sigma^2\left[\frac{1}{N} + \frac{(x_0 - \bar{x})^2}{\sum(x_i - \bar{x})^2}\right]$$

x_0와 미지의 모수 β_1 및 β_2가 확률적이 아니라는 사실을 고려하면 $\text{var}(f|\mathbf{x}) = \text{var}(\hat{y}_0|\mathbf{x}) + \text{var}(e_0) = \text{var}(\hat{y}_0|\mathbf{x}) + \sigma^2$을 보일 수 있어야만 한다. 이를 약간 인수분해하여 정리하면 식 (4.4)를 구할 수 있다.
  표준 정규 확률변수를 다음과 같이 나타낼 수 있다.

$$\frac{f}{\sqrt{\text{var}(f|\mathbf{x})}} \sim N(0, 1)$$

식 (4.4)의 예측오차 분산은 σ^2을 이것의 추정량인 $\hat{\sigma}^2$으로 대체시켜 추정할 경우 다음과 같아진다.

$$\widehat{\text{var}}(f|\mathbf{x}) = \hat{\sigma}^2\left[1 + \frac{1}{N} + \frac{(x_0 - \bar{x})^2}{\sum(x_i - \bar{x})^2}\right]$$

그러면 다음과 같다.

$$\frac{f}{\sqrt{\widehat{\text{var}}(f|\mathbf{x})}} = \frac{y_0 - \hat{y}_0}{\text{se}(f)} \sim t_{(N-2)} \tag{4A.1}$$

위에서 추정한 분산의 제곱근은 식 (4.5)에서 살펴본 예측 표준오차이다. 식 (4A.1)에서 t-비율은 추축통계량이다. 이것은 x 또는 어떤 알지 못하는 모수에 의존하지 않는 분포를 갖는다.

위의 결과들을 이용하여 모수 β_k에 대한 신뢰구간을 구했던 것처럼 y_0에 대한 구간 예측 절차를 밟아 갈 수 있다. t_c가 $P(t \geq t_c) = \alpha/2$처럼 $t_{(N-2)}$ 분포의 임계값인 경우 다음과 같다.

$$P\left(-t_c \leq t \leq t_c\right) = 1 - \alpha \tag{4A.2}$$

식 (4A.1)의 t-확률변수를 식 (4A.2)로 대입하면 다음과 같아진다.

$$P\left[-t_c \leq \frac{y_0 - \hat{y}_0}{\text{se}(f)} \leq t_c\right] = 1 - \alpha$$

위의 식을 단순화시키면 다음과 같다.

$$P\left[\hat{y}_0 - t_c\text{se}(f) \leq y_0 \leq \hat{y}_0 + t_c\text{se}(f)\right] = 1 - \alpha$$

y_0에 대한 $100(1 - \alpha)\%$ 신뢰구간 또는 예측구간은 식 (4.6)으로 나타낼 수 있다. $\mathbf{x}$가 고정적이거나 확률적이고, 가정 SR1~SR6이 준수된다면 이 예측구간은 타당하다.

부록 4B   제곱 합의 분해

식 (4.11)에 있는 제곱 합의 분해를 구하기 위해 식 (4.10)의 양변을 제곱하면 다음과 같아진다.

$$\left(y_i - \bar{y}\right)^2 = \left[\left(\hat{y}_i - \bar{y}\right) + \hat{e}_i\right]^2 = \left(\hat{y}_i - \bar{y}\right)^2 + \hat{e}_i^2 + 2\left(\hat{y}_i - \bar{y}\right)\hat{e}_i$$

따라서 제곱 합은 다음과 같다.

$$\sum\left(y_i - \bar{y}\right)^2 = \sum\left(\hat{y}_i - \bar{y}\right)^2 + \sum \hat{e}_i^2 + 2\sum\left(\hat{y}_i - \bar{y}\right)\hat{e}_i$$

위 식의 마지막 항을 전개하면 다음과 같다.

$$\sum\left(\hat{y}_i - \bar{y}\right)\hat{e}_i = \sum \hat{y}_i\hat{e}_i - \bar{y}\sum \hat{e}_i = \sum\left(b_1 + b_2x_i\right)\hat{e}_i - \bar{y}\sum \hat{e}_i$$
$$= b_1\sum \hat{e}_i + b_2\sum x_i\hat{e}_i - \bar{y}\sum \hat{e}_i$$

우선 $\sum\hat{e}_i$ 항을 생각해 보자.

$$\sum \hat{e}_i = \sum\left(y_i - b_1 - b_2x_i\right) = \sum y_i - Nb_1 - b_2\sum x_i = 0$$

위의 식은 첫 번째 정규 식 (2A.3)으로 인해 0이 된다. 첫 번째 정규 식은 모형이 절편을 포함한 경우에만 타당하다. 모형이 절편을 포함하는 경우 최소제곱 잔차의 합은 언제나 0이 된다. 이에 따라 모형이 절편을 포함하는 경우 최소제곱 잔차의 **표본 평균**도 역시 0이 된다. (왜냐하면 이는 잔차의 합을 표본크기로 나눈 것이기 때문이다.) 즉 $\bar{e} = \sum \hat{e}_i / N = 0$이 된다.

다음과 같은 이유로 인해 $\sum x_i \hat{e}_i = 0$이 된다.

$$\sum x_i \hat{e}_i = \sum x_i \left(y_i - b_1 - b_2 x_i \right) = \sum x_i y_i - b_1 \sum x_i - b_2 \sum x_i^2 = 0$$

이는 두 번째 정규 식 (2A.4)로부터 유추할 수 있다. 이는 최소제곱 추정량에 대해 언제나 준수되며 절편을 갖는 모형에 의존하지 않는다. 정규 식에 대한 논의는 부록 2A를 참조하시오. $\sum \hat{e}_i = 0$ 및 $\sum x_i \hat{e}_i = 0$을 처음 식에 대입하면 $\sum (\hat{y}_i - \bar{y}) \hat{e}_i = 0$이 성립된다.

이처럼 모형이 절편을 포함하는 경우 $SST = SSR + SSE$가 보장되지만, 모형이 절편을 포함하지 않은 경우 $\sum \hat{e}_i \neq 0$가 되고 $SST \neq SSR + SSE$가 된다.

다중회귀 모형

제2~4장까지 이용한 모형은 종속변수 y가 단지 1개의 설명변수 x와 연계되므로 단순회귀 모형이라고 하였다. 이런 모형은 일부 상황에서는 유용하지만 대부분의 경제 모형에서는 종속변수 y에 영향을 미치는 2개 이상의 설명변수가 존재한다. 예를 들어, 수요를 나타내는 식에서 한 상품의 수요량은 해당 상품의 가격, 대체재 및 보완재의 가격, 소득에 의존한다. 생산 함수에서 생산량은 2개 이상 생산요소의 함수이다. 총통화수요는 총소득과 이자율의 함수이다. 투자는 이자율과 소득 변화에 의존한다. 2개 이상의 설명변수를 갖는 경제 모형을 그에 상응하는 계량경제 모형으로 전환시킬 경우 이를 다중회귀 모형(multiple regression model)이라 한다. 제2~4장에서 단순회귀 모형에 대해 발견한 대부분의 결과들은 자연스럽게 이런 일반적인 경우로 연장된다. 다만 모수 β에 대한 해석이 약간 변하고 t-분포의 자유도가 변화하며 설명(x)변수의 특성에 관한 가정을 수정해야 한다. 이 장에서는 단순회귀 모형을 다중회귀 모형으로 확대하는 데 따른 영향 및 결과에 대해 살펴볼 것이다.

다중회귀 모형을 소개하고 분석하는 예로서 미국 소도시에 소재하는 즉석 식품 햄버거 체인점의 판매 수입을 설명하는 데 사용하는 모형을 생각해 보자.

5.1 서론

5.1.1 경제 모형

우리는 빅 앤디스 버거 반이라고 부르는 햄버거 체인점에 대한 경제 모형을 설정할 것이다. 빅 앤디스 경영진이 결정을 내려야 하는 중요한 사항으로는 상이한 상품에 대한 가격 책정과 광고비 지출액에 대한 결정이 있다. 빅 앤디스 버거 반이란 기업은 상이한 가격 구조와 상이한 광고비 지출액이 미치는 영향을 평가하기 위해서 여러 도시에서 상이한 가격을 책정하고 상이한 광고비를 지출한다. 광고비가 변화함에 따라 판매액이 어떻게 변하는지가 경영진의 특별 관심사이다. 광고비 지출의 증가가 총수입의 증가로 이어질 것인가? 만일 그렇다면 판매액의 증가가 광고비 지출을 정당화시킬 만큼 충분한가? 경영진은 또한 가격 전략에도 관심이 있다. 가격 인하가 판매액의 증가로 어어질 것인가 또는 감소로 이어질 것인가? 가격 인하가 단지 판매량의 소폭 증가로 이어질 경우 판매액이 감소한다(수요가 가격 비탄력적인 경우). 가격 인하가 판매량의 대폭 증가로 이어질 경우 판매액이 증가한 다(수요가 가격 탄력적인 경우). 이런 경제적인 정보는 효율적인 경영을 위해 필수적이다.

첫 번째 단계는 판매액이 하나 또는 그 이상의 설명변수에 의존한다는 경제 모형을 설정하는 것이다. 처음에는 판매액이 가격 및 광고비와 선형 관계에 있다고 가설을 세울 것이다. 따라서 경제 모형은 다음과 같다.

$$SALES = \beta_1 + \beta_2 PRICE + \beta_3 ADVERT \tag{5.1}$$

여기서 *SALES*는 해당 도시의 월간 (총)판매액을 의미하며, *PRICE*는 해당 도시의 (햄버거)가격을 나타내고, *ADVERT*는 해당 도시의 월간 광고비 지출액을 의미한다. *SALES* 및 *ADVERT*는 둘 다 천 달러 단위로 측정된다. 대도시의 판매액이 소도시의 판매액보다 큰 경향이 있으므로 비슷한 인구수를 갖는 소도시를 집중적으로 살펴볼 것이다.

그러나 햄버거 판매점은 버거, 튀김, 밀크셰이크 등 다양한 품목을 판매하고 각 품목들은 각각 가격이 있기 때문에, 가격을 어떻게 측정해야 하는지 분명하지 않다. 식 (5.1) 모형에 대해 필요한 것은 관련 품목 모두에 대한 평균가격과 이 평균가격이 도시별로 어떻게 변화하는지에 관한 정보이다. 이를 위해 경영진은 각 도시별로 전반적인 가격을 달러 및 센트로 측정한 단일 가격 지수 *PRICE*를 만들었다고 가상하자.

식 (5.1)에서 남아 있는 부분은 판매액(*SALES*)이 가격(*PRICE*) 및 광고비(*ADVERT*)에 의존하는 정도를 나타내는 알지 못하는 모수 β_1, β_2, β_3이다. 이들 모수를 보다 정확히 해석하기 위해서, 식 (5.1)의 경제 모형을 자료가 생성되는 방법에 관해 명백한 가정을 한 계량경제 모형으로 전환해야 한다.

5.1.2 계량경제모형

다른 도시에 위치 하는 가맹점들로부터 *SALES*, *PRICE*, *ADVERT*에 관한 자료를 수집할 때, 해당 관찰값들이 식 (5.1)에서 살펴본 선형 관계를 정확히 충족시키지 못한다. 다른 도시에 있는 빅 앤디스 버거 반이란 햄버거 판매점 고객들의 행태는 동일한 가격과 동일한 광고비 지출액 수준이 동일한 판매수입으로 이어지는 그런 것은 아니다. 판매액에 영향을 미칠 가능성은 있지만 식에는 포함되지 않은 다른 요소들로는, 경쟁하는 패스트푸드 판매점의 수 및 행태, 각 도시의 인구 성격(예 : 연령 구성, 소득, 식료품 선호도), 해당 햄버거 판매점의 위치(예 : 교통량이 많은 고속도로 근처, 도심지) 등을 꼽을 수 있다. 이런 요소들을 수용하기 위해서 식에 오차항 *e*를 포함하면 모형은 다음과 같다.

$$SALES = \beta_1 + \beta_2 PRICE + \beta_3 ADVERT + e \tag{5.2}$$

제2장에서 논의한 것처럼 자료가 수집되는 방법은, 어떤 가정들이 오차항 *e*, 설명변수 *PRICE* 및 *ADVERT*, 종속변수 *SALES*와 연관되는지 그리고 또한 실제적인지와 관련이 있다. 이런 가정들은 다시 모수 β_1, β_2, β_3에 관해 어떻게 추론하는지에 영향을 미친다.

빅 앤디스 햄버거 판매점이 운영되는 유사한 규모의 도시들에서 75개 가맹점을 무작위 표본으로 추출했다고 가정하면서, 월간 판매액, 가격, 광고비 지출액을 관찰한다고 하자. 따라서 우리는 $i = 1$, 2, …, 75에 대해 관찰값 ($SALES_i$, $PRICE_i$, $ADVERT_i$)들을 갖게 된다. 무작위로 표본을 추출하기 전까지는 어떤 도시가 선택될지 모르기 때문에 세 개 한 조($SALES_i$, $PRICE_i$, $ADVERT_i$)는 결합 확률분포를 갖는 3차원 확률변수이다. 또한 무작위 표본을 갖는다는 사실은 상이한 도시들로부터의 관찰값들이 독립적이라는 의미이다. 즉 $i \neq j$인 경우 ($SALES_i$, $PRICE_i$, $ADVERT_i$)는 결합 확률분포를 갖는 3차원 확률변수이다. 즉 $i \neq j$인 경우 ($SALES_i$, $PRICE_i$, $ADVERT_i$)는 ($SALES_j$, $PRICE_j$, $ADVERT_j$)와 독립적이다. $PRICE$, $ADVERT$, $SALES$ 이외 다른 요소들의 효과를 반영하는 관찰할 수 없는 오차항 e_i는 또 다른 확률변수로서 각 관찰값과 연관된다. i번째 관찰값에 대한 모형은 다음과 같이 나타낼 수 있다.

$$SALES_i = \beta_1 + \beta_2 PRICE_i + \beta_3 ADVERT_i + e_i \tag{5.3}$$

모집단에 있는 모든 도시들에 대해 평균을 낼 경우 판매액에 대한 e_i의 효과는 영이 되며, 선택된 도시에 대한 $PRICE$ 및 $ADVERT$를 알더라도 해당 도시에 대한 e값을 예측하는 데 도움이 되지 않는다고 가정한다. 각 쌍 ($PRICE_i$, $ADVERT_i$)에서 무작위 오차의 평균은 영, 즉 다음과 같다.

$$E\big(e_i | PRICE_i, ADVERT_i\big) = 0 \tag{5.4}$$

위의 가정이 무작위 표본에서 생성된 독립적 관찰값이란 가정과 결합될 경우, 이것이 의미하는 바는 e_i가 강 외생적(strictly exogenous)이라는 것이다. 이것이 합리적 가정인지 여부를 어떻게 점검하는가? $SALES$에 영향을 미치며($SALES$와 상관되며), 그리고 또한 $PRICE$ 또는 $ADVERT$와 상관된 어떤 변수가 e_i에 포함되는지 여부를 물어보아야 한다. 이 물음에 대한 대답이 긍정적인 경우 강 외생성 가정이 위배된다. 예를 들면, 빅 앤디 햄버거의 경쟁기업들이 행하는 가격 및 광고 행태가 빅 앤디 햄버거의 판매액에 영향을 미치고, 이 햄버거의 가격 및 광고 정책과 상관될 경우 이런 상황이 발생할 수 있다. 현재로서는 우리가 이런 상황에 있지 않으며 강 외생성 가정을 하고 진행하는 것이 편리하다.

식 (5.3) 및 (5.4)를 활용하여 다음과 같이 나타낼 수 있다.

$$E(SALES | PRICE, ADVERT) = \beta_1 + \beta_2 PRICE + \beta_3 ADVERT \tag{5.5}$$

식 (5.5)는 $PRICE$와 $ADVERT$가 주어진 경우 $SALES$의 조건부 평균이며, 다중회귀 함수(multiple regression function) 또는 간단히 회귀 함수(regression function)라고 알려져 있다. 이것은 $SALES$에 대한 모평균값이 가격 및 광고비 지출액에 관한 상황에 따라 어떻게 변하는지를 보여준다. $PRICE$ 및 $ADVERT$의 주어진 값에 대해 일부 $SALES$ 값은 평균보다 위에 위치하고, 또 다른 일부는 아래에 위치한다. 편리를 위해서 그리고 모집단의 모든 도시들에 대해 이 관계가 준수된다고 가정한다는 점을 강조하기 위해서 아래첨자 i를 생략하였다.

이런 배경하에서 모수 β_1, β_2, β_3를 각각 어떻게 해석할 수 있는가? 수학적으로 볼 때 절편모수 β_1은 독립 설명변수 각각이 영의 값을 취할 때 종속변수의 기댓값이다. 하지만 많은 경우에 이 모수가 갖는 경제적 의미를 명백하게 해설할 수 없다. 위의 경우 $PRICE = ADVERT = 0$인 상황이 발생할 가능성이 현실적으로 매우 적다. 매우 특별한 상황을 제외하고는 절편이 직접적인 경제적 의미를 갖고 있지 않더라도 우리는 언제나 이들 모형에 포함시킨다. 왜냐하면 이를 누락시킬 경우 자료에 적합하지 않은 모형을 추정하게 되며, 이것은 예측을 하는 기능을 다하지 못하기 때문이다.

모형의 다른 모수들은, 모든 다른 변수들이 일정하다고 보고 어떤 설명변수의 한 단위가 변화할 경우 종속변수의 기댓값 변화를 측정한다.

β_2 = 가격 지수 $PRICE$가 1단위($1) 증가하고 광고비 지출액 $ADVERT$가 일정할 때, 기대되는 월간 $SALES$($1,000)의 변화

$$= \frac{\Delta E(SALES|PRICE, ADVERT)}{\Delta PRICE}\bigg|_{(ADVERT\text{는 일정하다고 본다})} = \frac{\partial E(SALES|PRICE, ADVERT)}{\partial PRICE}$$

기호 '∂'는 '편미분법'을 의미한다. 위에서 $PRICE$에 대한 평균 $SALES$의 편미분계수는 다른 요소, 이 경우에는 $ADVERT$가 일정하다고 보고, $PRICE$가 변화함에 따른 평균 $SALES$의 변화율을 말한다.

β_2의 부호는 양이 될 수도 있고 음이 될 수도 있다. 가격 상승이 판매수입 증가로 이어질 경우, $\beta_2 > 0$이 되고 판매물품에 대한 수요는 가격 비탄력적이 된다. 반대로 가격 상승이 판매수입 감소로 이어지면 $\beta_2 < 0$이 되는데, 이 경우 가격 탄력적 수요가 존재한다. 이처럼 β_2의 부호를 알게 되면 수요의 가격 탄력성에 관한 정보를 얻을 수 있다. β_2의 크기는 가격 변화가 주어진 경우 수입의 변화 규모를 알려준다.

모수 β_3는 광고비 지출액 수준의 변화에 대한 기대 판매수입의 반응을 설명해 준다. 즉 다음과 같다.

β_3 = 광고비 지출액 $ADVERT$가 1단위($1,000) 증가하고 가격 지수 $PRICE$가 일정할 때, 기대되는 월간 $SALES$($1,000)의 변화

$$= \frac{\Delta E(SALES|PRICE, ADVERT)}{\Delta ADVERT}\bigg|_{(PRICE\text{는 일정하다고 본다})} = \frac{\partial E(SALES|PRICE, ADVERT)}{\partial ADVERT}$$

β_3의 부호는 양이 될 것으로 기대된다. 즉 광고가 공격적이 아니라면 광고비 지출액의 증가는 판매수입의 증가로 이어질 것이라고 기대된다. 판매수입의 증가가 더 많은 햄버거를 생산하는 데 따르는 추가 비용은 물론이고 추가적인 광고비 지출액을 정당화할 만한지 여부는 또 다른 문제이다. $\beta_3 < 1$이라면 광고비 지출액이 $1,000 증가할 경우 판매수입은 $1,000보다 적게 증가하는 반면에, $\beta_3 > 1$이라면 보다 많이 증가한다. 이처럼 판매점의 광고정책 측면에서 보면, β_3에 대한 정보는 매우 중요하다.

강 외생성 가정 $E(e_i|PRICE_i, ADVERT_i) = 0$은 β_2 및 β_3에 대해 앞과 같은 해석을 하는 데 결정적으로 중요하다. 예를 들면, 이것은 오차항 e의 일부를 구성하는 관찰할 수 없는 요소를 포함하여 모든 다른 요소들이 일정하다고 보면, β_2는 $PRICE$가 $SALES$에 미치는 영향으로 해석할 수 있다는 의미이다. $PRICE$의 한 단위 변화가 평균 $SALES$를 β_2 단위만큼 변화시키는 원인이 된다고 말할 수 있다. 외생성 가정이 준수되지 않을 경우 모수에 대한 이런 인과적 해석을 할 수 없다. $E(e_i|PRICE_i) \neq 0$일 때, 가격 변화는 오차항과 상관되므로, β_2만으로 가격 변화가 미치는 영향을 설명할 수 없다. 예를 들면, 빅 앤디스 햄버거점의 주요 경쟁 상대는 리틀 짐스 치킨 하우스라고 가상하자. 빅 앤디스 햄버거점이 자신의 햄버거 가격을 변화시킬 때마다 리틀 짐스 치킨점은 자신의 치킨 가격을 변화시

커 대응한다고 가상하자. 리틀 짐스 치킨점의 치킨 가격이 앞의 식에 명시적으로 포함되지 않았지만 빅 앤디스 햄버거점의 판매에 영향을 미칠 가능성이 높기 때문에, 이것의 효과는 오차항에 포함될 것이다. 또한 리틀 짐스 치킨점의 치킨 가격은 빅 앤디스 햄버거점의 햄버거 가격과 상관되기 때문에 $E(e_i | PRICE_i) \neq 0$이다. 따라서 빅 앤디스의 햄버거 가격($PRICE$)은 β_2 및 오차항 둘 다를 통해 $SALES$에 영향을 미치게 된다. 하지만 리틀 짐스의 치킨 가격이 오차항의 일부를 구성하는 대신에 또 다른 변수로서 식에 포함되어 새로운 오차항이 외생성 가정을 충족시킨다면, 모수에 대한 인과적 해석을 계속할 수 있다.

$ADVERT$의 모수, β_3에 관해서도 유사한 말을 할 수 있다.

🧠 정리문제 5.1   햄버거 체인점에 대한 자료

제2~4장에서 살펴본 단순회귀 모형에서 회귀 함수는 그래프상에서 $E(y|x)$와 x의 관계를 나타내는 선분으로 표시된다. 2개의 설명변수를 갖는 다중회귀 모형에서 식 (5.5)는 선분이 아니라 **평면**을 의미한다. 그림 5.1이 보여주는 것처럼 평면은 β_1에서 수직축과 교차한다. 모수 β_2 및 β_3는 각각 '가격축' 및 '광고축'의 방향에서 평면의 기울기를 측정한다. 표 5.1은 판매수입, 가격, 광고에 대한 일부 도시들의 전형적인 관찰값들을 보여주고 있으며, 그림 5.1은 이 자료들을 점으로 나타내었다. 이들은 평면 위에 위치하지 않고 '연무'처럼 보인다.

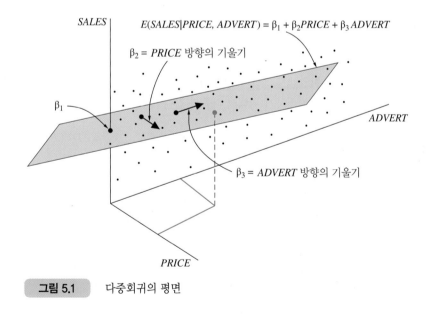

그림 5.1   다중회귀의 평면

표 5.1	월간 판매수입, 가격, 광고비에 대한 관찰값		
도시	SALES($1,000)	PRICE($1)	ADVERT($1,000)
1	73.2	5.69	1.3
2	71.8	6.49	2.9
3	62.4	5.63	0.8
4	67.4	6.22	0.7
5	89.3	5.02	1.5
.	.	.	.
.	.	.	.
.	.	.	.
73	75.4	5.71	0.7
74	81.3	5.45	2.0
75	75.0	6.05	2.2
요약된 통계량			
표본 평균	77.37	5.69	1.84
중앙값	76.50	5.69	1.80
최댓값	91.20	6.49	3.10
최솟값	62.40	4.83	0.50
표준 편차	6.49	0.52	0.83

5.1.3 일반 모형

잠시 동안 주제를 벗어나서, 지금까지 살펴보았던 개념들이 일반적인 경우와 어떻게 연계되는지 요약하여 보자. 이렇게 진행하기 위해서 다음과 같다고 하자.

$$y_i = SALES_i \quad x_{i2} = PRICE_i \quad x_{i3} = ADVERT_i$$

그러면 식 (5.3)을 다음과 같이 나타낼 수 있다.

$$y_i = \beta_1 + \beta_2 x_{i2} + \beta_3 x_{i3} + e_i \tag{5.6}$$

x_{i1}이 아니라 x_{i2} 및 x_{i3}를 정의한 이유가 무엇인지 알고 싶어할 수 있다. 이 식의 오른쪽 첫 번째 항을 $\beta_1 x_{i1}$이라고 생각할 수 있으며, 여기서 $x_{i1} = 1$, 즉 모든 관찰값들에 대해 x_{i1}은 1이 된다. 이것을 상수항(constant term)이라고 한다.

제2장에서는 **x**란 표기를 사용하여 단일변수 x에 대한 모든 표본 관찰값을 나타내었다. 2개의 설명변수에 대한 관찰값들을 갖게 되었으므로, **X**란 표기를 사용하여 상수항 x_{i1}은 물론 2개 변수에 대한 모든 관찰값을 나타내기로 한다. 즉 $\mathbf{X} = \{(1, x_{i2}, x_{i3}), i = 1, 2, \cdots, N\}$이다. 빅 앤디스 버거 반의 예에서, $N = 75$이다. 또한 i번째 관찰값을 $\mathbf{x}_i = (1, x_{i2}, x_{i3})$로 나타내는 것이 이따금 편리하다. 이런 설정이 주어지면 독립적 $\mathbf{x}_i$인 무작위 표본을 갖는 빅 앤디스 버거 반의 예에 대한 강 외생성 가정은 $E(e_i | \mathbf{x}_i) = 0$ 이다. $\mathbf{x}_i$에 대한 상이한 표본 관찰값들이 서로 상관되는 보다 일반적인 자료 생성과정에

대해서, 강 외생성 가정은 $E(e_i|\mathbf{X}) = 0$으로 나타낼 수 있다. $E(e_i|\mathbf{x}_i) = 0$과 $E(e_i|\mathbf{X}) = 0$ 사이의 차이에 대해서는 2.2절을 참조하시오. 상이한 관찰값들 (상이한 $\mathbf{x}_i$) 사이의 상관은 시계열 자료를 사용할 때 일반적으로 존재한다. 빅 앤디스 버거 반의 예에서 표본이 무작위가 아니고, 미국 내 많은 주들의 각각에서 이들을 수집한 것으로 간주하며, 가격 및 광고 정책이 특정한 주의 모든 빅 앤디스 버거 반에 대해 유사하다면 이런 일이 발생할 수 있다.

우리는 모수 β_2 및 β_3의 해석에 대해 강 외생성 가정이 갖는 의미에 주목하였다. 추후에는 추정량 특성 및 추론에 대해 갖는 의미에 관해 논의할 것이다.

2개를 초과하는 설명변수를 갖는 많은 다중회귀 모형이 있다. 예를 들면, 앤디스 버거 반 모형은 리틀 짐스 치킨의 치킨 가격과 앤디스 버거 반이 주요 고속도로의 입체교차로 근처에 소재하는 경우 1, 그렇지 않은 경우 0의 값을 취하는 모의변수를 포함할 수 있다. $K-1$개의 설명변수와 1개의 상수항을 갖는 일반 모형에 대한 i번째 관찰값은 다음과 같이 나타낼 수 있다.

$$y_i = \beta_1 + \beta_2 x_{i2} + \cdots + \beta_K x_{iK} + e_i$$

$\mathbf{X}$ 및 $\mathbf{x}_i$에 대한 정의는 $\mathbf{X} = \left\{(1, x_{i2}, \cdots, x_{iK}),\ i = 1, 2, \cdots, N\right\}$ 및 $\mathbf{x}_i = (1, x_{i2}, \cdots, x_{iK})$를 갖는 일반적인 경우로 쉽사리 연장된다. 강 외생성 $E(e_i|\mathbf{X}) = 0$이 준수되는 경우 다중회귀 함수는 다음과 같다.

$$E(y_i|\mathbf{X}) = \beta_1 + \beta_2 x_{i2} + \beta_3 x_{i3} + \cdots + \beta_K x_{iK} \tag{5.7}$$

알지 못하는 모수 β_2, β_3, $\cdots$, β_K는 설명변수 x_2, x_3, $\cdots$, x_K에 상응한다. 이런 대응관계로 인해서 β_2, β_3, $\cdots$, β_K를 또한 x_2, x_3, $\cdots$, x_K의 계수(coefficient)라고 할 것이다. β_k라고 하는 단일 계수는 모든 다른 변수들을 일정하다고 볼 경우 변수 x_K의 변화가 y의 기댓값에 미치는 영향을 측정한다. 편미분계수 측면에서 보면 다음과 같다.

$$\beta_k = \left. \frac{\Delta E(y|x_2, x_3, \ldots, x_K)}{\Delta x_k} \right|_{\text{다른 }x\text{들은 일정하다고 본다.}} = \frac{\partial E(y|x_2, x_3, \ldots, x_K)}{\partial x_k}$$

모수 β_1은 절편 항이다. K를 사용하여 (5.7)에 있는 알지 못하는 모수의 총수를 나타낸다. 이 장의 대부분에서 우리는 $K = 3$인 모수 측면에서 점 추정법 및 구간 추정법을 설명할 것이다. 여기서 얻은 결과는 일반적으로 보다 많은 설명변수 ($K > 3$)를 갖는 모형들에도 적용된다.

5.1.4 다중회귀 모형의 가정

다중회귀 모형 설정을 완료하기 위해서, 오차항 및 설명변수에 관한 추가적인 가정을 할 것이다. 이런 가정들은 2.2절의 단순회귀 모형에 대한 가정들과 궤를 같이 한다. 이것의 목적은 알지 못하는 모수 β_k를 추정하는 틀을 만들고, β_k에 대한 추정량의 특성을 도출하며, 알지 못하는 계수들에 관해 관심을 갖고 있는 가설을 검정하기 위한 것이다. 이 책 전반을 학습하면서, 일부 가정들은 일부 자료 표본에 대해 너무 제한적이라서 많은 가정들을 완화시킬 필요가 있다는 점을 깨닫게 될 것이다. 추정 및 가설검정에 대해 가정들의 변화가 갖는 의미를 검토해 볼 것이다.

MR1 : 계량경제 모형 $(y_i,\ \mathbf{x}_i) = (y_i,\ x_{i2},\ x_{i3},\cdots x_{iK})$에 대한 관찰값들은 다음과 같은 모집단 관계를 충족시킨다.

$$y_i = \beta_1 + \beta_2 x_{i2} + \cdots + \beta_K x_{iK} + e_i$$

MR2 : 강 외생성   모든 설명변수 관찰값 $\mathbf{X} = \{\mathbf{x}_i,\ i = 1,\ 2,\ \cdots,\ N\}$이 주어진 경우, 무작위 오차 e_i의 조건부 기댓값은 다음과 같이 영이 된다.

$$E(e_i|\mathbf{X}) = 0$$

이 가정은 $k = 1,\ 2,\ \cdots,\ K$ 및 $(i,\ j) = 1,\ 2,\ \cdots,\ N$에 대해 $E(e_i) = 0$ 그리고 $\text{cov}(e_i,\ x_{jk}) = 0$이라는 의미이다. 각 무작위 오차는 평균이 영인 확률분포를 갖는다. 일부 오차는 양이 될 것이며, 다른 일부는 음이 될 것이다. 많은 수의 관찰값들 전반에 걸쳐 볼 때 이들은 평균이 영에 달한다. 또한 모든 설명변수들은 오차와 상관되지 않는다. 설명변수들의 값을 알더라도 e_i 값을 예측하는 데 도움이 되지 않는다. 따라서 그림 5.1에서 살펴본 것과 같이, 관찰값들은 평면의 위 그리고 아래에 균등하게 분포한다. 자료를 통과하여 평면을 적합하게 맞춘다는 것은 이치에 닿는다. 강 외생성 가정이 갖는 또 다른 의미는 다중회귀 함수가 다음과 같다는 것이다.

$$E(y_i|\mathbf{X}) = \beta_1 + \beta_2 x_{i2} + \beta_3 x_{i3} + \cdots + \beta_K x_{iK}$$

종속변수 y_i의 조건부 분포의 평균은 설명변수 $\mathbf{x}_i = (x_{i2},\ x_{i3},\cdots,\ x_{iK})$의 선형 함수이다.

MR3 : 조건부 동분산 $\mathbf{X}$에 대한 조건부인 오차항의 분산은 다음과 같이 일정하다.

$$\text{var}(e_i|\mathbf{X}) = \sigma^2$$

이 가정이 의미하는 바는 $\text{var}(y_i|\mathbf{X}) = \sigma^2$이 일정하다는 것이다. 조건부 평균 함수 $E(y_i|\mathbf{X}) = \beta_1 + \beta_2 x_{i2} + \beta_3 x_{i3} + \cdots + \beta_K x_{iK}$ 주변에서의 y_i 변동성은 $\mathbf{X}$에 의존하지 않는다. 일부 설명변수값들보다 다른 설명변수값들에 대해 오차들이 더 클 가능성이 대체로 없다. 이런 특성을 갖는 오차들을 **동분산적**이라고 한다.

MR4 : 조건부적으로 상관되지 않는 오차 $\mathbf{X}$에 대한 조건부적인, 상이한 오차항 e_i와 e_j 사이의 공분산은 다음과 같이 영이 된다.

$$\text{cov}(e_i, e_j|\mathbf{X}) = 0,\ i \neq j\text{인 경우}$$

오차의 모든 쌍들은 상관되지 않는다. 2개의 상이한 관찰값들에 상응하는 2개의 무작위 오차들 사이의 공분산은 모든 $\mathbf{X}$값들에 대해 영이 된다. 어떤 관찰값의 오차 크기가 다른 관찰값의 가능하다고 생각되는 오차 크기와 관계가 없다는 의미에서 오차들에는 공통 변동성 또는 공통 움직임이 없다. 횡단면 자료의 경우, 이 가정이 의미하는 바는 오차항들 사이에 공간적 상관이 존재하지 않는다는 것이

다. 시계열 자료의 경우, 이 가정이 의미하는 바는 시간이 흐름에 따른 오차들 사이의 상관이 존재하지 않는다는 것이다. 존재할 경우 시간의 흐름에 따른 이런 상관을 계열상관 또는 자기상관이라고 한다. 시계열 자료의 경우 일반적으로 아래첨자 t 및 s를 사용하므로, 계열상관이 존재하지 않는다는 가정은 대안적인 방법으로, $t \neq s$인 경우 $cov(e_t, e_s | \mathbf{X}) = 0$이라고 나타낼 수 있다.

MR5 : 설명변수들 사이에 정확한 선형 관계가 존재하지 않는다. 설명변수들 중 하나를 다른 설명변수들의 정확한 선형 함수로 나타내는 것이 가능하지 않다. 수학적으로 이 가정을 다음과 같이 표현할 수 있다. 다음과 같은 경우에 대한 $c_1, c_2, \cdots, c_K$의 유일한 값은 $c_1 = c_2 = \cdots = c_K = 0$이다.

$$c_1 x_{i1} + c_2 x_{i2} + \cdots + c_K x_{iK} = 0, \text{ 모든 관찰값들 } i = 1, 2, \cdots, N \text{에 대해서} \tag{5.8}$$

식 (5.8)이 준수되고 c_K 중 1개를 초과하는 것이 영이 아니라면 이 가정은 위배된다. 이 가정이 필요한 이유를 설명하기 위해서, 위배된 특별한 경우를 생각해 보는 것이 유용하다. 첫째, $c_2 \neq 0$이고 다른 c_K들은 영이라고 가상하자. 그러면 식 (5.8)이 의미하는 바는 모든 관찰값에 대해 $x_{i2} = 0$이 된다는 것이다. $x_{i2} = 0$이라면, 모든 다른 요소들은 일정하다고 보고 x_{i2}의 변화가 y_i에 미친 영향을 측정한 β_2를 추정할 수 없다. 두 번째 특별한 경우로, c_2, c_3, c_4는 영이 아니고 다른 c_k들은 영이라고 가상하자. 그렇다면 식 (5.8)로부터 $x_{i2} = -(c_3/c_2)x_{i3} - (c_4/c_2)x_{i4}$를 구할 수 있다. 이 경우 x_{i2}는 x_{i3} 및 x_{i4}의 정확한 선형 함수이다. x_{i2}의 변화는 x_{i3} 및 x_{i4}의 변화에 의해 완벽하게 결정되기 때문에 이런 관계는 문제점을 갖게 된다. 이들 세 변수 각각의 변화가 미치는 효과를 따로따로 추정하는 것은 가능하지 않다. 달리 표현하면 β_2를 추정할 수 있도록 하는 x_{i2}의 독립적인 변동이 존재하지 않는다. 세 번째 특별한 경우는 설명변수가 변동해야만 한다는 단순회귀 모형 가정 SR5와 관련된다. 식 (5.8)은 이런 경우를 포함한다. 모든 i에 대해 $x_{i3} = 6$이라고 나타낼 수 있는 그런 것이 되도록 x_{i3}에는 변동이 없다고 가상하자. 그리고 나서 $x_{i1} = 1$이라는 점을 기억해 보면 $6x_{i1} = x_{i3}$로 나타낼 수 있다. 이것은 식 (5.8)을 위배하게 되며 $c_1 = 6$, $c_3 = -1$, 다른 c_k는 영이 된다.

MR6 : 오차 정규성(선택적) $\mathbf{X}$에 조건부적으로 오차는 다음과 같이 정규분포한다.

$$e_i | \mathbf{X} \sim N(0, \sigma^2)$$

이 가정이 의미하는 바는 y의 조건부 분포가 또한 정규분포한다는 것, 즉 $y_i | \mathbf{X} \sim N(E(y_i | \mathbf{X}), \sigma^2)$이다. 표본크기가 상대적으로 작을 때 가설검정 및 구간 추정을 할 경우 이 가정이 유용하다. 하지만 다음과 같은 두 가지 이유로 인해 이 가정을 선택적이라고 본다. 첫째, 최소제곱 추정량의 많은 바람직한 특성들이 준수되는 데 필요하지가 않다. 둘째, 우리가 살펴볼 것처럼 표본크기가 상대적으로 클 경우는, 가설검정 및 구간 추정을 할 때 필요한 가정이 아니다.

기타 가정 2.10절의 보다 높은 수준의 학습을 하면서 우리는 여기서 살펴본 확률적이고 강 외생적인 x의 경우뿐만 아니라 일부 자료 생성과정, 즉 비확률적 x, 확률적이고 독립적인 x, 무작위 표본추출에 관련된 단순회귀 모형의 보다 강한 일련의 가정들을 살펴보았다. 확률적이고 강 외생적인 x의 경우에 확립된 추론절차, 즉 추정 및 가설검정의 특성들은 보다 강한 가정들이 적용될 수 있는 경우로 이월된다.

5.2 다중회귀 모형의 모수 추정

이 절에서는 다중회귀 모형의 미지의 모수를 추정하기 위하여 사용하는 최소제곱 원칙에 따른 문제점을 논의할 것이다. 편의상 다음에 다시 쓴 식 (5.6) 모형의 테두리 내에서 추정에 관해 살펴볼 것이다. 여기서 i는 i번째 관찰값을 나타낸다.

$$y_i = \beta_1 + \beta_2 x_{i2} + \beta_3 x_{i3} + e_i$$

위의 모형은 완전한 모형보다 간단하지만 여기서 제시하는 모든 결과는 단지 작은 수정만을 거쳐 일반적인 경우에도 적용될 수 있다.

5.2.1 최소제곱 추정 절차

미지의 모수를 추정하기 위한 추정량을 구하기 위해 제2장에서 처음 소개한 단순회귀 모형에 관한 최소제곱 절차를 쫓아갈 것이다. 최소제곱 원칙에 따르면 y_i의 관찰값과 이의 기댓값 $E(y_i|\mathbf{X}) = \beta_1 + x_{i2}\beta_2 + x_{i3}\beta_3$ 사이의 차이를 제곱한 합을 최소화하는 $(\beta_1, \beta_2, \beta_3)$의 값을 구하는 것이다. 수학적으로 보면 자료가 주어진 경우 제곱한 합의 함수인 $S(\beta_1, \beta_2, \beta_3)$를 최소화하는 것이며 이는 또한 미지의 모수의 함수이다.

$$
\begin{aligned}
S(\beta_1, \beta_2, \beta_3) &= \sum_{i=1}^{N} \left(y_i - E(y_i|\mathbf{X})\right)^2 \\
&= \sum_{i=1}^{N} \left(y_i - \beta_1 - \beta_2 x_{i2} - \beta_3 x_{i3}\right)^2
\end{aligned}
\tag{5.9}
$$

표본 관찰값 y_i, 그리고 $\mathbf{x}_i$가 주어진 경우 제곱한 합의 함수를 최소화하는 것은 간단한 미분 문제이다. 이에 관한 세분적인 사항은 이 장 끝에 있는 부록 5A에 있다. 이를 통해 2개의 설명변수가 있는 다중회귀 모형의 계수 β에 대한 최소제곱 추정량 공식을 구할 수 있다. 이는 설명변수가 하나인 단순회귀 모형의 식 (2.7)과 (2.8)을 연장한 것이다. 여기서 제시하지 않고 부록 5A에서 이 공식들을 살펴본 이유는 다음과 같이 세 가지가 있다. 첫째, 이 식들은 암기가 필요하지 않은 복잡한 공식이다. 둘째, 이 공식을 명시적으로 사용하지는 않으며 컴퓨터 소프트웨어는 이 공식을 이용하여 최소제곱 추정값을 계산한다. 셋째, 2개를 초과하는 설명변수를 갖는 모형을 자주 접하게 되는데 이 경우 위의 공식은 훨씬 더 복잡하게 된다. 보다 높은 수준의 계량경제학을 배우다 보면 설명변수의 수에 관계없이 모든 모형에서 사용될 수 있는 최소제곱 추정량에 대한 상대적으로 간단한 행렬식을 접하게 될 것이다.

컴퓨터가 우리를 대신하여 이 작업을 하지만 최소제곱 원칙 그리고 최소제곱 추정량과 최소제곱 추정값 사이의 차이를 이해해야 한다. 표본자료를 사용하는 일반적인 관점에서 보면 식 (5.9)를 최소화하여 구한 b_1, b_2, b_3에 관한 공식은 추정 절차이며 이를 미지의 모수에 대한 최소제곱 추정량(least squares estimator)이라 한다. 일반적으로 이들의 값은 자료를 관찰하여 추정값이 계산될 때까지 알지 못하므로 최소제곱 추정량은 확률변수이다. 컴퓨터 소프트웨어를 사용하여 위의 공식을 특정한 표본 자료에 적용하면 숫자값을 갖는 최소제곱 추정값(least squares estimate)을 구할 수 있다. 이들 최소제곱 추정량 및 추정값을 또한 정규 최소제곱(ordinary least square) 추정량 및 추정값이라고 하며, 간단히 OLS라고 단축하여 표현한다. 왜냐하면 이를 우리가 나중에 살펴보게 될 가중 최소제곱 및 2단계 최소제곱과 같은 추정량 및 추정값과 구별하기 위해서이다. 하지만 너무 많은 부호 사용을 피하기 위해 b_1, b_2, b_3를 사용하여 추정량과 추정값을 모두 나타낼 수 있다.

🔍 정리문제 5.2   햄버거 체인점 자료를 이용한 OLS 추정값

빅 앤디스 버거 반의 판매수입 식에 대한 최소제곱 추정 결과는 표 5.2에 있다. 최소제곱 추정값은 다음과 같다.

$$b_1 = 118.91 \quad b_2 = -7.908 \quad b_3 = 1.863$$

추정한 식의 표준오차, R^2, 추정값은 다음과 같으며, 이에 기초하여 가설을 검정할 수 있다.

$$\widehat{SALES} = 118.91 - 7.908\, PRICE + 1.863\, ADVERT$$
$$\text{(se)} \qquad (6.35) \quad (1.096) \qquad (0.683)$$
$$R^2 = 0.448$$

$$(5.10)$$

위의 추정식으로부터 각 β_k의 구간 추정값과 가설을 검정할 수 있다. 표 5.2에 있는 t-값 및 p-값은 대립가설 $H_1 : \beta_k \neq 0 (k = 1, 2, 3)$에 대해 $H_0 : \beta_k = 0$을 검정한 결과이다.

식 (5.10)의 추정값을 해석해 보도록 하자. 식 (5.10)의 계수 추정값에 대해 어떤 해석을 할 수 있을까?

1. $PRICE$의 음의 계수에 따르면 수요가 가격 탄력적이며 광고비 지출이 일정하다면 가격이 $1 인상될 경우

월간 수입은 $7,908 하락될 것으로 추정된다. 또한 이를 달리 표현하면 가격이 $1 하락할 경우 월간 수입이 $7,908 증대된다. 위와 같은 경우라면 특선 품목을 제시하여 가격 하락을 유도하는 전략을 시행할 경우 판매수입을 증대시킬 수 있다. 하지만 얼마나 가격을 변화시키는지에 대해서는 심사숙고하여야 한다. 가격이 $1 변화할 경우 이는 상대적으로 큰 변화가 된다. 가격의 표본 평균은 5.69이며 표준편차는 0.52이다. 10센트 변화하는 것이 보다 현실적이며 이 경우 판매수입액의 변화는 $791가 될 것으로 추정된다.

2. 광고의 계수는 양수이며 가격이 일정한 경우 광고비 지출이 $1,000 증가하면 판매수입이 $1,863 증가할 것으로 추정된다. 추가적인 햄버거 생산에 따른 비용과 함께 이 정보를 사용하면 광고비의 증가가 이윤을 증대시킬 수 있는지 여부를 결정할 수 있다.

3. 추정된 절편은 가격과 광고비 지출이 모두 0인 경우 판매수입이 $118,914가 된다는 의미이다. 이는 분명히 옳지 않다. 왜냐하면 가격이 0인 경우 판매수입도 0이 되

표 5.2   빅 앤디스 버거 반의 판매수입 식에 대한 최소제곱 추정값

Variable	Coefficient	Std. Error	t-Statistic	Prob.
C	118.9136	6.3516	18.7217	0.0000
$PRICE$	−7.9079	1.0960	−7.2152	0.0000
$ADVERT$	1.8626	0.6832	2.7263	0.0080
$R^2 = 0.4483$	$SSE = 1718.943$	$\hat{\sigma} = 4.8861$	$s_y = 6.48854$	

어야 하기 때문이다. 많은 다른 경우와 마찬가지로 이 경우에도 모형은 자료를 갖고 있는 영역에서 현실에 대략적으로 부합된다는 점을 깨달을 필요가 있다. 절편을 포함시키는 것이 직접적으로 타당하지 않을 경우에도 포함하는 것이 모형을 향상시킬 수 있다.

위와 같이 해석을 할 경우 각 변수들의 측정 단위를 조심스럽게 알아보아야 한다. PRICE를 달러 단위 대신에 센트 단위로 측정하고 SALES를 천 달러 단위 대신에 달러로 측정할 경우 어떤 일이 발생하는가? 결과를 구하기 위해서 새로운 측정 단위 측면에서 측정한 새로운 변수를 정의하면 다음과 같다.

$$PRICE^* = 100 \times PRICE, \quad SALES^* = 1000 \times SALES$$

PRICE 및 SALES 대신에 대입하면 다음과 같다.

$$\frac{\widehat{SALES}^*}{1000} = 118.91 - 7.908 \frac{PRICE^*}{100} + 1.863 ADVERT$$

1,000을 곱하면 다음과 같다.

$$\widehat{SALES}^* = 118,910 - 79.08 PRICE^* + 1,863 ADVERT$$

위의 식은 새로운 측정 단위로 표기한 변수들에 최소제곱법을 적용할 경우 얻게 되는 추정 결과이다. 표준오차도 동일한 방법으로 변하지만 R^2은 변하지 않는다. 위의 식을 통해서 계수들을 보다 직접적으로 해석할 수 있다. PRICE가 1센트 상승할 경우 SALES는 $79.08 감소하며, ADVERT가 $1,000 증가할 경우 판매수입은 $1,863 증대한다.

위의 추정된 방정식은 가격이나 광고비가 변화할 경우 판매수입이 어떻게 변화하는지를 알려줄 뿐만 아니라 예측하는 데도 사용될 수 있다. 위의 햄버거 체인점 빅 앤디는 햄버거 가격이 $5.50이고 광고비 지출이 $1,200인 경우 판매수입을 예측하고자 한다고 하자. 손으로 보다 정확한 계산을 하기 위하여 소숫자리를 추가시키면 예측 결과는 다음과 같다.

$$\begin{aligned}
\widehat{SALES} &= 118.91 - 7.908 PRICE + 1.863 ADVERT \\
&= 118.914 - 7.9079 \times 5.5 + 1.8626 \times 1.2 \\
&= 77.656
\end{aligned}$$

PRICE=5.5, ADVERT=1.2인 경우 예측한 판매수입은 $77,656이다.

유의사항

회귀 결과를 해석하는 데는 주의를 기울여야 한다 : 가격에 첨부된 음의 부호는 가격이 하락할 경우 총수입이 증가한다는 의미이다. 다른 의미 없이 글자 뜻대로만 해석하자면 가격이 영이 되도록 왜 낮추어서는 안 되는가? 분명히 이 경우는 총수입을 계속 증대시킬 수 없다. 이는 다음과 같은 중요한 사실을 시사한다 : 추정된 회귀 모형은 표본자료에 있는 값과 유사한 값에 대해 경제변수 사이의 관계를 나타낸다. 결과를 극단적인 값에 삽입시켜 유추하는 일은 일반적으로 좋은 생각이 아니다. 일반적으로 표본값과 아주 다른 설명변수의 값에 대해 종속변수의 값을 예측하는 경우 큰 문제를 일으킨다. 그림 4.2와 관련된 논의를 참조해 보자. ∎

5.2.2 오차분산 σ^2의 추정

추정해야 할 남아 있는 모수로 오차항의 분산이 있다. 이 모수에 대해 알아보기 위해서 2.7절에서 개괄한 것과 동일한 절차를 밟을 것이다. 가정 MR1, MR2, MR3하에서 다음과 같은 사실을 우리는 알고 있다.

$$\sigma^2 = \text{var}(e_i|\mathbf{X}) = \text{var}(e_i) = E(e_i^2|\mathbf{X}) = E(e_i^2)$$

이처럼 σ^2을 제곱한 오차 e_i^2의 기댓값 또는 모집단 평균이라고 볼 수 있다. 모집단 평균의 자연스러운 추정량은 표본 평균 $\hat{\sigma}^2 = \sum e_i^2 / N$이다. 하지만 제곱한 오차 e_i^2은 관찰할 수 없으므로, 이에 대응해서 최소제곱 잔차의 제곱에 기초하여 σ^2에 대한 추정량을 도출할 수 있다. 식 (5.6)의 모형에 대한 잔차는 다음과 같다.

$$\hat{e}_i = y_i - \hat{y}_i = y_i - \left(b_1 + b_2 x_{i2} + b_3 x_{i3} \right)$$

$\hat{e}_i^2$으로부터의 정보를 이용하고 바람직한 통계적 특성을 갖는 σ^2의 추정량은 다음과 같다.

$$\hat{\sigma}^2 = \frac{\sum_{i=1}^{N} \hat{e}_i^2}{N - K} \tag{5.11}$$

여기서 K는 다중회귀 모형에서 추정되는 모수 β의 수이다. $\hat{\sigma}^2$을 평균을 내는 과정에서 분모가 N 대신에 $N-K$로 대체된 $\hat{e}_i^2$의 평균이라고 볼 수 있다. e_i^2을 $\hat{e}_i^2$으로 대체시키려면 $\hat{\sigma}^2$이 편향되지 않기 위해서 N 대신 $N-K$를 사용해야 한다는 사실을 보여줄 수 있다. 설명변수가 1개이고 계수가 2개인 제2장의 식 (2.19)에서 $K = 2$라는 점에 주목하자.

$\hat{e}_i$가 σ^2에 관한 정보를 제공하는 이유를 보다 자세히 알아보기 위해 σ^2은 e_i의 변동을 측정한 것, 즉 달리 표현하면 평균 함수 $\beta_1 + \beta_2 x_{i2} + \beta_3 x_{i3}$ 주위에 있는 y_i의 변동을 측정한 것이라는 사실을 기억하자. $\hat{e}_i$는 e_i의 추정값이므로 $\hat{e}_i$가 큰 값을 갖는 경우 σ^2도 그 값이 커지며 $\hat{e}_i$가 작은 값을 경우 σ^2도 역시 그 값이 작아진다. $\hat{e}_i$가 '큰' 값을 갖는다고 하는 경우 큰 양수일 수도 있고 큰 음수일 수도 있다. 잔차의 제곱 $\hat{e}_i^2$을 사용하게 되면 양수와 음수가 서로 상쇄되지 않는다. 이처럼 $\hat{e}_i^2$은 모수 σ^2에 관한 정보를 제공하게 된다.

📖 정리문제 5.3　햄버거 체인점 자료에 대한 오차분산 추정값

햄버거 체인점의 예에서 $K=3$이 된다. 표 5.1에 있는 표본 자료의 추정값은 다음과 같다.

$$\hat{\sigma}^2 = \frac{\sum_{i=1}^{75} \hat{e}_i^2}{N-K} = \frac{1718.943}{75-3} = 23.874$$

표 5.2로 돌아가서 살펴보도록 하자. 위의 계산과 관련된 두 가지 값이 표에 있다. 첫 번째는 제곱한 오차의 합(sum of squared errors)으로 다음과 같다.

$$SSE = \sum_{i=1}^{N} \hat{e}_i^2 = 1718.943$$

두 번째는 $\hat{\sigma}^2$의 제곱근으로 다음과 같다.

$$\hat{\sigma} = \sqrt{23.874} = 4.8861$$

위의 두 숫자는 통상적으로 컴퓨터 소프트웨어를 이용한 분석 결과에 포함된다. 상이한 소프트웨어는 이를 서로 다르게 명명한다. $\hat{\sigma}$는 회귀의 표준오차(standard error of the regression)라고도 하고 또는 평균제곱오차의 제곱근(root mse)이라고도 한다.

5.2.3 적합도 측정

제4장에서는 단순회귀 모형의 경우에 설명변수의 변동으로 설명할 수 있는 종속변수의 변동비율을 측정한 R^2을 살펴보았다. 다중회귀 모형의 경우에도 동일한 측정방법이 관련되고 동일한 공식이 적용되지만, 다만 선형 모형의 모든 설명변수에 의해 설명되는 종속변수의 변동비율에 대해 논의하는 것이다. 결정계수는 다음과 같다.

$$R^2 = \frac{SSR}{SST} = \frac{\sum_{i=1}^{N}(\hat{y}_i - \bar{y})^2}{\sum_{i=1}^{N}(y_i - \bar{y})^2} = 1 - \frac{SSE}{SST} = 1 - \frac{\sum_{i=1}^{N}\hat{e}_i^2}{\sum_{i=1}^{N}(y_i - \bar{y})^2} \tag{5.12}$$

여기서 SSR은 모형으로 설명되는 y의 변동, 즉 회귀로 인한 제곱의 합(sum of squares due to regression)이며, SST는 평균에 대한 y의 총변동(제곱의 합, 총합)이고 SSE는 최소제곱 잔차(오차)를 제곱한 합으로서 모형으로 설명되지 않는 y의 변동 부분이다.

$\hat{y}_i$는 설명변수의 각 표본값에 대한 y의 예측값을 의미한다. 즉 다음과 같다.

$$\hat{y}_i = b_1 + b_2 x_{i2} + b_3 x_{i3} + \cdots + b_K x_{iK}$$

표본 평균 $\bar{y}$는 모형이 절편(이 경우는 β_1)을 포함하는 경우 y_i의 평균이고 또한 $\hat{y}_i$의 평균이다.

SSE값은 거의 모든 컴퓨터 소프트웨어가 분석 결과로 제시하지만 SST값은 이따금 알려주지 않는 경우도 있다. 하지만 거의 모든 컴퓨터 소프트웨어가 즉각적으로 계산하여 제시하는 y의 표본 표준편차가 다음과 같다는 사실을 기억해 보자.

$$s_y = \sqrt{\frac{1}{N-1}\sum_{i=1}^{N}(y_i - \bar{y})^2} = \sqrt{\frac{SST}{N-1}}$$

따라서 다음과 같다.

$$SST = (N-1)s_y^2$$

정리문제 5.4   햄버거 체인점 자료에 대한 R^2

표 5.2에 있는 버거 반의 분석 결과를 활용하여 $SST = 74 \times 6.48854^2 = 3115.485$, $SSE = 1718.943$을 구할 수 있다. 이를 활용하여 다음과 같은 결과를 얻을 수 있다.

$$R^2 = 1 - \frac{\sum_{i=1}^{N}\hat{e}_i^2}{\sum_{i=1}^{N}(y_i - \bar{y})^2} = 1 - \frac{1718.943}{3115.485} = 0.448$$

R^2의 해석에 따르면 판매수입의 변동 중 44.8%가 가격의 변동과 광고비 지출의 변동으로 설명된다고 해석할 수 있다. 이는 다시 다음과 같은 의미를 갖는다. 분석하기 위해 사용한 표본에서 판매수입 변동의 55.2%가 설명이 되지 않으며, 이는 오차항의 변동이나 오차항의 일부를 묵시적으로 구성하는 다른 변수들의 변동에서 기인된다.

제4장의 4.2.2절에서 언급한 것처럼 결정계수는 또한 표본 기간 동안 모형의 예측 능력을 측정하는 수단이거나 추정된 회귀가 자료에 얼마나 잘 부합하는지를 측정하는 방법이기도 하다. R^2값은 $\hat{y}_i$와 y_i 사이의 제곱된 표본 상관계수와 같다. 표본상관은 두 변수 사이의 선형 관계를 측정하기 때문에 R^2이 높을 경우 이는 y_i값과 모형에 의해 예측된 값 $\hat{y}_i$ 사이에 밀접한 관계가 있음을 의미한다. 이런 경우 모형이 자료에 잘 '부합한다'고 한다. R^2이 낮은 경우 y_i값과 모형에 의해 예측된 값 $\hat{y}_i$ 사이에 밀접한 관련이 없으며 모형이 자료에 잘 부합하지 않는다고 할 수 있다.

마지막으로 유의할 점이 있다. 절편 모수 β_1은 그림 5.1에서 살펴본 것처럼 회귀 '평면'의 y절편이다. 이론적인 근거에 기초하여 회귀평면이 원점을 통과할 것이라 확신하는 경우 $\beta_1 = 0$이 되고 모형에서 생략할 수 있다. 이는 일상적인 현상은 아니지만 가능하며 회귀 소프트웨어는 모형에서 절편을 제거하는 선택사항을 포함하고 있다. 모형이 절편 모수를 포함하지 않는 경우 식 (5.12)에서 살펴본 R^2은 더 이상 적절하지 않다. 그 이유는 모형에 절편항이 없는 경우 다음과 같아지기 때문이다.

$$\sum_{i=1}^{N}(y_i - \bar{y})^2 \neq \sum_{i=1}^{N}(\hat{y}_i - \bar{y})^2 + \sum_{i=1}^{N}\hat{e}_i^2$$

즉 $SST \neq SSR + SSE$가 된다. 제4장의 부록 4B에 있는 증명으로 돌아가서 그 이유를 살펴보도록 하자. 제곱 합의 분해에서 교차곱의 항인 $\sum_{i=1}^{N}(\hat{y}_i - \bar{y})\hat{e}_i$가 더 이상 소멸되지 않는다. 이런 상황에서 회귀로 설명되는 총변동의 비율에 관해 논의하는 것은 의미가 없다. 따라서 상수항이 포함되지 않는 경우 컴퓨터 분석 결과가 R^2을 보여주더라도 이를 발표하지 않는 것이 좋다.

5.2.4 프리슈-워-로벨 정리

프리슈-워-로벨 정리(Frisch-Waugh-Lovell Theorem, FWL 정리)는 이 책에서 여러 번 사용하게 될 유용하면서 다소 놀라운 결과이다. 이것은 또한 다중회귀에서 모든 다른 요소들은 일정하다고 보고 한 계수 추정값의 해석을 이해하는 데 도움이 된다. 이를 설명하기 위해서 판매액에 관한 식 $SALES_i = \beta_1 + \beta_2 PRICE_i + \beta_3 ADVERT_i + e_i$를 활용하여 다음 단계를 밟아 가도록 하자.

1. 최소제곱 추정량을 사용하여 단순회귀 $SALES_i = a_1 + a_2 PRICE_i + $ '오차'를 추정하고 다음과 같은 최소제곱 잔차를 저장하시오.

$$\widetilde{SALES}_i = SALES_i - (\hat{a}_1 + \hat{a}_2 PRICE_i) = SALES_i - (121.9002 - 7.8291 PRICE_i)$$

2. 최소제곱 추정량을 사용하여 단순회귀 $ADVERT_i = c_1 + c_2 PRICE_i + $ '오차'를 추정하고 다음과 같은 최소제곱 잔차를 저장하시오.

$$\widetilde{ADVERT}_i = ADVERT_i - (\hat{c}_1 + \hat{c}_2 PRICE_i) = ADVERT_i - (1.6035 + 0.0423 PRICE_i)$$

3. 상수항이 없는 단순회귀 $\widetilde{SALES}_i = \beta_3 \widetilde{ADVERT}_i + \tilde{e}_i$를 추정하시오. β_3의 추정값은 $b_3 = 1.8626$이다. 이 추정값은 표 5.2에 있는 완전한 회귀에 대해 제시된 것과 동일하다.

4. 단계 3으로부터의 최소제곱 잔차, $\hat{e}_i = \widetilde{SALES}_i - b_3\widetilde{ADVERT}_i$를 계산하시오. 이 잔차를 다음과 같은 완전한 모형으로부터의 잔차와 비교하시오.

$$\hat{e}_i = SALES_i - (b_1 + b_2 PRICE_i + b_3 ADVERT_i)$$

2개의 일련의 잔차 $\hat{e}_i$ 및 $\hat{e}_i$가 동일하다는 점을 알게 될 것이다. 따라서 제곱한 잔차의 합도 또한 동일해진다. 즉 $\sum \hat{e}_i^2 = \sum \hat{e}_i^2 = 1718.943$이다.

우리는 무엇을 보여주었는가?

- 단계 1, 2에서는 최소제곱 회귀를 추정하고 최소제곱 잔차 $\widetilde{SALES}$ 및 $\widetilde{ADVERT}$를 계산함으로써 SALES 및 ADVERT로부터 PRICE(그리고 상수항)의 선형 영향력을 제거하였다. 이 잔차변수들은 PRICE 그리고 상수항의 선형 영향력을 제거한 후의 SALES 및 ADVERT이다.
- 단계 3에서는 **FWL** 정리(FWL theorem)의 중요한 결과를 설명하였다. 즉 제거한 변수 $\widetilde{SALES}_i = \beta_3 \widetilde{ADVERT}_i + \tilde{e}_i$를 활용한 회귀로부터의 β_3에 대한 계수 추정값은 완전한 회귀 $SALES_i = \beta_1 + \beta_2 PRICE_i + \beta_3 ADVERT_i + e_i$로부터의 것과 정확하게 동일하다. β_3는 '광고비 지출액 ADVERT가 한 단위($1,000) 증가하고 가격 지수 PRICE는 일정하다고 할 때 월간 판매액 SALES($1,000)의 변화'로 설명된다. FWL 결과는 '일정하다고 할 때'에 대한 정확한 의미를 알려준다. 그것이 의미하는 바는 β_3가 가격과 상수항의 선형 영향력이 둘 모두로부터 제거된 후에 광고비 지출액이 판매액에 미치는 효과라는 것이다.
- 단계 4에서는 FWL 정리의 두 번째 중요한 결과에 주목하였다. 즉 최소제곱 잔차와 이들의 제곱합은 완전한 회귀 또는 '제거된' 모형으로부터 계산될 때 동일하다.

몇 가지 주의할 점을 순서대로 살펴보면 다음과 같다. 첫째, 상수항에 주목해야 한다. 여기서는 단계 1 및 2에서 제거될 변수로서 PRICE와 함께 상수항을 포함하였다. 따라서 단계 3에서는 상수항이 포함되지 않는다. 둘째, 제거된 회귀를 추정하는 것은 원래의 완전한 모형을 추정하는 것과 **완벽하게** 동일하지는 않다. $\widetilde{SALES}_i = \beta_3 \widetilde{ADVERT}_i + \tilde{e}_i$를 추정할 때, 여러분이 사용하는 소프트웨어는 추정할 단지 하나의 모수, 즉 β_3에만 관심을 갖는다. 따라서 σ^2의 추정값을 계산할 때, 소프트웨어는 자유도 $N-1 = 74$를 사용하게 된다. 이것이 의미하는 바는 제시한 추정된 오차분산이 너무 작다는 것이다. $\tilde{\sigma}^2 = \sum \hat{e}_i^2 / (N-1) = 1718.943/74 = 23.2290$을 제수 $N - K = 75 - 3$을 사용한 이전 절의 추정값 $\hat{\sigma}^2 = \sum \hat{e}_i^2 / (N-3) = 1718.943/72 = 23.8742$와 비교해 보라. 셋째, 설명을 하기 위해서 소수점 넷째 자리까지 반올림한 추정값을 사용하였다. 실제에서 소프트웨어는 보다 유의한 숫자를 사용하게 될 것이다. FWL 정리의 결과는 유의한 충분한 숫자를 사용하지 않을 경우 반올림 오차로 인해 어려움을 겪을 수 있다. 단계 3에서의 추정값은 이 예에서 소수점 넷째 자리까지 정확하지만, 단계 4에서의 최소제곱 잔차는 보다 유의한 숫자를 사용하지 않을 경우 버려지게 된다.

프리슈-워-로벨 정리는 또한 다중회귀 모형 $y_i = \beta_1 + \beta_2 x_{i2} + \beta_3 x_{i3} + \cdots + \beta_K x_{iK} + e_i$에서도 적용된다. 설명변수들을 두 집단으로 나누어 보자. 정리는 어떠한 분할에도 적용되지만, 일반적으로 분석의 주된 관심사가 아닌 변수들을 제거하게 된다. 이런 집단을 이따금 통제변수(control variable)의 집합이라고도 하는데, 그 이유는 이런 변수들이 회귀 모형의 적절한 설정을 위해서 포함된 것이고 주된 관심사가 아닌 변수들을 '통제하기' 때문이다. 예를 들면, x_2, x_3가 주된 관심 대상인 변수라고 가상하자. 따라서 두 집단은 $g_1 = (x_{i2}, x_{i3})$ 및 $g_2 = (x_{i1} = 1, x_{i4}, x_{i5}, \cdots, x_{iK})$라고 가상하자. 집단 2에는 상수항이 포함되고, 집단 1에는 포함되지 않는다는 점에 주목하자. 각 변수는 어떤 집단 또는 다른 집단에 포함되어야지, 두 집단 모두에는 포함되지 않는다. FWL 정리는 다음과 같은 단계를 밟아 적용된다.

1. 종속변수 y 및 설명변수 $g_2 = (x_{i1} = 1, x_{i4}, x_{i5}, \cdots, x_{iK})$를 갖는 최소제곱 회귀를 추정하시오. 최소제곱 잔차 $\tilde{y}$를 계산하시오.

2. 설명변수 $g_2 = (x_{i1} = 1, x_{i4}, x_{i5}, \cdots, x_{iK})$를 활용하여 집단 1에 있는 각 변수에 대해 최소제곱 회귀를 추정하고, 최소제곱 잔차 $\tilde{x}_2$ 및 $\tilde{x}_3$를 계산하시오.

3. 제거된 변수를 활용하여 최소제곱 회귀, $\tilde{y}_i = \beta_2 \tilde{x}_{i2} + \beta_3 \tilde{x}_{i3} + \tilde{e}_i$를 추정하시오. 계수 추정값 b_2 및 b_3는 완전한 모형으로부터의 추정값과 동일하다.

4. 제거된 회귀로부터의 잔차 $\hat{e}_i = \tilde{y}_i - (b_2 \tilde{x}_{i2} + b_3 \tilde{x}_{i3})$는 완전한 모형으로부터의 잔차와 동일하다.

5.3 최소제곱 추정량의 유한표본 특성

일반적인 경우 최소제곱 추정량(b_1, b_2, b_3)은 확률변수이다. 이들은 상이한 표본에서 상이한 값을 갖게 되며, 표본을 수집하여 해당 값이 계산되기 전에는 이를 알지 못한다. 표본에 따른 차이를 '표본추출 변동성'이라 하며 피할 수가 없다. OLS 추정량의 확률 또는 표본추출 분포(sampling distribution)는 그것의 추정값이 모든 가능한 표본에 걸쳐 어떻게 변화하는지를 알려준다. OLS 추정량의 표본추출 특성(sampling property)은 이런 분포의 특징을 말해준다. b_k 분포의 평균이 β_k인 경우, 추정량은 불편된다. 분포의 분산은 추정값의 신빙성을 평가하는 기초가 된다. 표본에 걸쳐 b_k의 변동성이 높다면, 실현된 어떤 한 표본에서 구한 값들이 참인 모수에 반드시 근접하게 된다는 점을 신뢰하기 어렵다. 반면에 b_k가 불편되고 표본에 걸쳐 그것의 변동성이 상대적으로 낮다면, 어떤 한 표본에서 구한 추정값은 신빙성이 있다고 신뢰할 수 있다.

최소제곱 추정량의 표본추출 분포에 관해 말할 수 있는 것은 추정에 사용된 자료표본에 대해 실제로 어떤 가정을 할 수 있는지에 달려 있다. 제2장에서 소개한 단순회귀 모형의 경우, SR1부터 SR5까지의 가정하에서 OLS 추정량은 최우수 선형 불편된다. 이것이 의미하는 바는 더 낮은 분산을 갖는 다른 선형 불편 추정량이 존재하지 않는다는 것이다. 동일한 결과가 MR1~MR5까지의 가정하에서 일반적인 다중회귀 모형에도 준수된다.

가우스-마코프 정리 : 가정 MR1~MR5가 준수될 경우, 최소제곱 추정량은 다중회귀 모형 모수의 최우수 선형 불편 추정량(**B**est **L**inear **U**nbiased **E**stimator, BLUE)이 된다.

MR6, 즉 오차가 정규분포한다는 가정이 추가될 경우 갖는 의미는 단순회귀 모형에 대해서 한 이에 상응하는 가정의 것과 또한 유사하다. 즉 $\mathbf{X}$에 대한 조건부로 최소제곱 추정량은 정규분포한다. 이 결과와 오차분산 추정량(error variance estimator) $\hat{\sigma}^2$을 활용하여 제3장에서와 유사하게 t-분포를 따르는 t-통계량을 구할 수 있으며 이를 구간 추정 및 가설검정을 하는 데 사용할 수 있다.

이런 다양한 특성들, 즉 BLUE와 구간 추정 및 가설검정을 하기 위한 t-분포의 활용은 유한 표본 (finite sample) 특성이다. $N > K$인 경우 표본크기 N에 관계없이 이것들이 준수된다. 이 절의 나머지 부분과 5.4절 및 5.5절에서는 다중회귀 모형의 틀 내에서 보다 세부적인 사항에 대해 살펴볼 것이다. 하지만 유한표본 특성에 의지할 수 없는 많은 상황이 존재한다. 이들 가정 중 일부가 위배되었다는 것은 OLS 추정량의 유한표본 특성이 준수되지 않거나 너무 어려워서 획득할 수 없다는 의미이다. 또한 이 책 전반에 걸쳐서 다양하게 상이한 형태의 표본자료에 맞게 설계된 보다 복잡한 모형과 가정들을 접하게 될 때, 유한표본 특성을 활용할 수 있는 역량은 규칙이라기보다 오히려 예외가 된다. 이런 상황을 수용하기 위해서 대표본 특성(large sample property) 또는 점근적 특성(asymptotic property)이라고 부르는 것을 활용하게 된다. 이런 특성들은 표본크기가 무한대로 근접함에 따라 추정량의 표본추출 분포의 행태에 관해 말해준다. 덜 제한적인 가정이거나 또는 보다 복잡한 모형에 접하게 될 때, 대표본 특성이 유한표본 특성보다 획득하기 더 용이할 수 있다. 물론 무한의 표본을 얻을 수는 없지만, 기본적인 개념은 다음과 같다. 즉 N이 충분히 크다면, N이 무한대가 될 때의 추정량 특성은 N이 크지만 유한할 때의 추정량 특성에 충분히 근접하게 된다는 것이다. 우리는 대표본 특성과 그것들이 활용되어야 하는 상황을 논의하였다. 한 예가 중심극한정리이다. 이것을 통해 SR6, 즉 오차가 정규분포한다는 가정이 위배될 때에도 N이 충분히 크다면 최소제곱 추정량은 대략적으로 정규분포한다는 사실을 알았다.

5.3.1 최소제곱 추정량의 분산 및 공분산

최소제곱 추정량의 분산 및 공분산은 추정량 b_1, b_2, b_3의 신뢰성에 관한 정보를 제공해 준다. 최소제곱 추정량은 불편되었기 때문에, 분산이 작을수록 모수의 참값에 '근접하는' 추정값을 구할 확률이 높아진다. $K = 3$인 경우 최소제곱 추정량의 행태를 유용하게 통찰할 수 있는 대수학적인 형태로 조건부 분산 및 공분산을 나타낼 수 있다. 예를 들면, 다음과 같은 사실을 보여줄 수 있다.

$$\text{var}\left(b_2|\mathbf{X}\right) = \frac{\sigma^2}{\left(1 - r_{23}^2\right) \sum_{i=1}^{N}\left(x_{i2} - \bar{x}_2\right)^2} \tag{5.13}$$

여기서 r_{23}는 x_2와 x_3 사이의 표본 상관계수이며, 공식은 다음과 같다.

$$r_{23} = \frac{\sum\left(x_{i2} - \bar{x}_2\right)\left(x_{i3} - \bar{x}_3\right)}{\sqrt{\sum\left(x_{i2} - \bar{x}_2\right)^2 \sum\left(x_{i3} - \bar{x}_3\right)^2}}$$

다른 분산 및 공분산에 대해서도 이와 유사한 성격의 공식이 있다. b_2의 분산에 영향을 미치는 다음 요소들을 이해하는 것이 중요하다.

1. 오차분산 σ^2이 커질수록 최소제곱 추정량의 분산도 커진다. σ^2이 모형 설정의 전반적인 불확실성을 나타내기 때문에 이를 쉽게 알아낼 수 있다. σ^2이 큰 경우 자료값들은 회귀 함수 $E(y_i | \mathbf{X}) = \beta_1 + \beta_2 x_{i2} + \beta_3 x_{i3}$에 대해 폭넓게 펴져 있음을 알 수 있으며 모수값에 관해 자료는 더 적은 정보를 갖고 있다. σ^2이 작은 경우 자료값들은 회귀 함수 $E(y_i | \mathbf{X}) = \beta_1 + \beta_2 x_{i2} + \beta_3 x_{i3}$에 대해 밀집되게 위치해 있으며 모수값에 대한 정보가 더 많이 있다.

2. 표본크기 N이 커질수록 최소제곱 추정량의 분산이 작아진다. N값이 커진다는 것은 합산한 값 $\sum(x_{i2} - \bar{x}_2)^2$이 커진다는 의미이다. 이 항은 식 (5.13)의 분모에 포함되어 있으므로 커질 경우 $\text{var}(b_2)$가 작아진다. 이 결과는 또한 직관적인 것으로 자료가 많을수록 더욱 정확한 모수 추정이 가능하다는 의미이다.

3. 위의 경우에서 $\sum(x_{i2} - \bar{x}_2)^2$으로 측정된 설명변수의 평균에 대한 설명변수의 변동이 커질수록 최소제곱 추정량의 분산이 작아진다. b_2를 정확히 추정하기 위해서는 x_{i2}의 대규모 변동량이 있어야 한다. 직관적으로 x_2의 변동이나 변화가 작은 경우 그 변화의 효과를 측정하는 것이 어렵다는 점을 알 수 있다. 이 어려움은 b_2의 큰 분산으로 나타난다.

4. x_2와 x_3 사이의 상관이 클수록 b_2의 분산이 커진다. $1 - r_{23}^2$가 식 (5.13)의 분모에 포함되어 있다는 점에 유의하자. $|r_{23}|$의 값이 1에 근접한다는 것은 $1 - r_{23}^2$이 작아진다는 의미이며 이로 인해 $\text{var}(b_2)$가 커진다. 그 이유는 x_{i2}의 평균에 대한 변동이 다른 설명변수의 변동과 연계되지 않을 경우 추정의 정확성을 높이기 때문이다. 한 설명변수의 변동이 다른 설명변수의 변동과 연계될 경우 그 효과를 분리하는 일에는 어려움이 따른다. 제6장에서는 설명변수가 다른 설명변수들과 상관되는 상황인 '공선성'에 관해 논의할 것이다. 공선성이 존재하는 경우 최소제곱 추정량의 분산을 증대시킬 것이다.

위의 논의는 $K = 3$인 모형 측면에서 이루어졌지만, 이 요소들은 더 큰 모형에서도 동일한 방법으로 최소제곱 추정량의 분산에 영향을 미치게 된다.

행렬로 최소제곱 추정량의 추정된 분산과 공분산을 나타내는 것이 관례이다. 사선에는 분산이, 사선 이외에는 공분산이 위치해 있다. 이를 분산–공분산 행렬(variance-covariance matrix) 또는 간단히 공분산 행렬(covariance matrix)이라고 한다. $K = 3$인 경우, 분산 및 공분산의 배열은 다음과 같다.

$$\text{cov}(b_1, b_2, b_3) = \begin{bmatrix} \text{var}(b_1) & \text{cov}(b_1, b_2) & \text{cov}(b_1, b_3) \\ \text{cov}(b_1, b_2) & \text{var}(b_2) & \text{cov}(b_2, b_3) \\ \text{cov}(b_1, b_3) & \text{cov}(b_2, b_3) & \text{var}(b_3) \end{bmatrix}$$

이 행렬의 추정에 관해 논의하기 전에, 관찰된 설명변수에 조건부적인 공분산 행렬 $\text{cov}(b_1, b_2, b_3 | \mathbf{X})$와 대부분의 자료 생성은 y 및 $\mathbf{X}$ 둘 다 확률변수가 되는 것이라는 점을 인정하는 무조건적 공분산 행렬 $\text{cov}(b_1, b_2, b_3)$를 구별하는 것이 유용하다. OLS가 조건부적으로 그리고 무조건적으로 둘 다 불편된 경우라면, 즉 $E(b_k) = E(b_k | \mathbf{X}) = \beta_k$라면 무조건적 공분산 행렬은 다음과 같다.

$$\text{cov}(b_1, b_2, b_3) = E_{\mathbf{X}}\left[\text{cov}(b_1, b_2, b_3 | \mathbf{X})\right]$$

b_2의 분산을 이 행렬에 있는 요소 중 한 가지 예로 간주할 경우 다음과 같다.

$$\text{var}(b_2) = E_{\mathbf{X}}\big[\text{var}(b_2|\mathbf{X})\big] = \sigma^2 E_{\mathbf{X}}\left[\frac{1}{\left(1-r_{23}^2\right)\sum_{i=1}^{N}\left(x_{i2}-\bar{x}_2\right)^2}\right]$$

동일한 기호를 사용하여 $\text{var}(b_2)$ 및 $\text{var}(b_2|\mathbf{X})$를 추정하면 다음과 같다.

$$\widehat{\text{var}}\left(b_2\right) = \widehat{\text{var}}\left(b_2|\mathbf{X}\right) = \frac{\hat{\sigma}^2}{\left(1-r_{23}^2\right)\sum_{i=1}^{N}\left(x_{i2}-\bar{x}_2\right)^2}$$

이것은 $\text{var}(b_2)$ 및 $\text{var}(b_2|\mathbf{X})$ 둘 다에 대해 불편 추정량이다. $\text{var}(b_2|\mathbf{X})$를 추정하려면 식 (5.13)에서 σ^2을 $\hat{\sigma}^2$으로 대체시켜 보자. $\text{var}(b_2)$를 추정하려는 경우, σ^2을 $\hat{\sigma}^2$으로 대체시키며 그리고 알지 못하는 기댓값 $E_{\mathbf{X}}\left\{\left[\left(1-r_{23}^2\right)\sum_{i=1}^{N}\left(x_{i2}-\bar{x}_2\right)^2\right]^{-1}\right\}$을 $\left[\left(1-r_{23}^2\right)\sum_{i=1}^{N}\left(x_{i2}-\bar{x}_2\right)^2\right]^{-1}$로 대체시키도록 하자. 공분산 행렬의 다른 요소들에 대해서도 이와 유사한 대체를 하여야 한다.

🖐 정리문제 5.5   햄버거 체인점 자료에 대한 분산, 공분산, 표준오차

추정값 $\hat{\sigma}^2=23.874$와 컴퓨터 소프트웨어 패키지를 이용하면, 햄버거 체인점 빅 앤디스 버거 반의 경우에서 b_1, b_2, b_3에 대한 추정된 분산 및 공분산은 다음과 같다.

$$\widehat{\text{cov}}\left(b_1, b_2, b_3\right) = \begin{bmatrix} 40.343 & -6.795 & -0.7484 \\ -6.795 & 1.201 & -0.0197 \\ -0.7484 & -0.0197 & 0.4668 \end{bmatrix}$$

따라서 다음과 같아진다.

$$\begin{array}{ll} \widehat{\text{var}}\left(b_1\right) = 40.343 & \widehat{\text{cov}}\left(b_1, b_2\right) = -6.795 \\ \widehat{\text{var}}\left(b_2\right) = 1.201 & \widehat{\text{cov}}\left(b_1, b_3\right) = -0.7484 \\ \widehat{\text{var}}\left(b_3\right) = 0.4668 & \widehat{\text{cov}}\left(b_2, b_3\right) = -0.0197 \end{array}$$

표 5.3은 이런 정보들이 컴퓨터 소프트웨어를 이용한 분석결과에서 일반적으로 어떻게 제시되는지를 보여주고 있다. b_1, b_2, b_3의 표준오차가 특히 관련되며 이는 상응하는 추정된 분산에 제곱근을 취하여 구할 수 있다. 즉 다음과 같다.

$$\begin{aligned} \text{se}\left(b_1\right) &= \sqrt{\widehat{\text{var}}\left(b_1\right)} = \sqrt{40.343} = 6.3516 \\ \text{se}\left(b_2\right) &= \sqrt{\widehat{\text{var}}\left(b_2\right)} = \sqrt{1.201} = 1.0960 \\ \text{se}\left(b_3\right) &= \sqrt{\widehat{\text{var}}\left(b_3\right)} = \sqrt{0.4668} = 0.6832 \end{aligned}$$

표 5.3   계수 추정값에 대한 공분산 행렬

	C	PRICE	ADVERT
C	40.3433	−6.7951	−0.7484
PRICE	−6.7951	1.2012	−0.0197
ADVERT	−0.7484	−0.0197	0.4668

다시 한 번 더 표 5.2로 돌아가면 위의 값들이 표준오차 칸에 있음을 알 수 있다.

위의 표준오차는 상이한 도시들로부터 75개 햄버거 체인점 표본을 추가적으로 구할 경우 최소제곱 추정값의 범위에 관해 언급하는 데 사용될 수 있다. 예를 들어, b_2의 표준오차는 약 $\text{se}(b_2)=1.1$이 된다. 최소제곱 추정량은 불편되었다는 점을 알고 있으므로 평균값은 $E(b_2)=\beta_2$가 된다. b_2가 정규분포될 경우 통계이론에 기초하여 최소제곱 추정량을 다른 표본에 적용하여 구한 추정값 b_2의 95%는 평균 b_2의 약 2개 표준편차 내에 위치할 것으로 기대된다. 위의 표본에서 $2\times\text{se}(b_2)=2.2$가 되고, b_2값의 95%는 $\beta_2 \pm 2.2$ 구간 내에 위치할 것으로 추정된다. 이런 의미에서 b_2의 추정된 분산 또는 이에 상응하는 표준오차는 최소제곱 추정값의 신뢰성에 관해 시사하는 바가 있다. b_2와 β_2

의 차이가 크다면 b_2는 신뢰하기 어렵다. b_2와 β_2의 차이가 작다면 b_2는 신뢰할 만하다. 특정 차이가 '큰지' 또는 '작은지' 여부는 해당 문제의 상황과 추정값의 용도에 달려 있다. 모수에 대한 가설을 검정하고 구간 추정값을 구하기 위해서 추정된 분산과 공분산을 사용할 때 다시 한 번 이 문제에 대해 논의할 것이다.

5.3.2 최소제곱 추정량의 분포

다중회귀 모형에 대한 가정 MR1~MR5가 준수될 경우, 최소제곱 추정량 b_k는 다음과 같은 모형의 모수 β_k의 최우수 선형 불편 추정량이라고 하였다.

$$y_i = \beta_1 + \beta_2 x_{i2} + \beta_3 x_{i3} + \cdots + \beta_K x_{iK} + e_i$$

무작위 오차 e_i가 정규 확률분포한다는 가정 MR6을 추가할 경우, $\mathbf{X}$에 대한 조건부적인 종속변수 y_i도 다음과 같이 정규분포한다.

$$\left(y_i | \mathbf{X}\right) \sim N\left(\left(\beta_1 + \beta_2 x_{i2} + \cdots + \beta_K x_{iK}\right), \sigma^2\right) \iff \left(e_i | \mathbf{X}\right) \sim N\left(0, \sigma^2\right)$$

주어진 $\mathbf{X}$에 대해 최소제곱 추정량은 종속변수의 선형 함수이며, 이것이 의미하는 바는 최소제곱 추정량의 조건부 분포도 또한 다음과 같이 정규분포한다는 것이다.

$$\left(b_k | \mathbf{X}\right) \sim N\left(\beta_k, \operatorname{var}\left(b_k | \mathbf{X}\right)\right)$$

즉 $\mathbf{X}$가 주어진 경우 각 b_k는 평균 β_k 및 분산 $\operatorname{var}\left(b_k | \mathbf{X}\right)$를 갖는 정규분포를 한다. 평균을 감하고 분산의 제곱근으로 나누면, 정규 확률변수 b_k를 다음과 같은 표준 정규변수 Z로 전환시킬 수 있으며 이 변수는 0인 평균과 1인 분산을 갖는다.

$$Z = \frac{b_k - \beta_k}{\sqrt{\operatorname{var}\left(b_k | \mathbf{X}\right)}} \sim N(0, 1), \quad k = 1, 2, \ldots, K \text{인 경우} \tag{5.14}$$

위의 결과에 관해 특히 도움이 되는 것은 Z의 분포가 어떠한 알지 못하는 모수 또는 $\mathbf{X}$에 의존하지 않는다는 것이다. b_k의 무조건적 분포는 거의 확실하게 정규분포하지 않더라도, 즉 그것이 e 및 $\mathbf{X}$ 둘 다의 분포에 의존하더라도, 표준 정규분포를 활용하여 설명변수가 고정변수 또는 확률변수로 취급되는지에 관계없이 Z에 관한 확률적 진술을 할 수 있다. 이런 특성을 갖는 통계량을 **추축**이라고 한다.

하지만 한 가지 남아 있는 문제가 있다. β_k에 대한 구간 추정값을 구하거나 β_k에 대해 가설로 세운 값을 검정하기 위해서 식 (5.14)를 활용하기 전에, $\operatorname{var}\left(b_k | \mathbf{X}\right)$의 구성요소인 알지 못하는 모수 σ^2을 그것의 추정량 $\hat{\sigma}^2$으로 대체시켜야 한다. 그렇게 하여 t 확률변수를 다음과 같이 구할 수 있다.

$$t = \frac{b_k - \beta_k}{\sqrt{\widehat{\operatorname{var}}\left(b_k | \mathbf{X}\right)}} = \frac{b_k - \beta_k}{\operatorname{se}(b_k)} \sim t_{(N-K)} \tag{5.15}$$

식 (5.14)의 Z처럼, 이 t-통계량의 분포는 어떠한 알지 못하는 모수 또는 $\mathbf{X}$에 의존하지 않는다. 이 것은 식 (3.2)의 결과를 일반화한 것이다. 차이점은 t 확률변수의 자유도이다. 추정해야 하는 계수가 2개 있는 제3장에서 자유도의 수는 $(N-2)$개였다. 이 장에서는 일반 모형의 알지 못하는 계수 K개가 있으며 t-통계량에 대한 자유도의 수는 $(N-K)$개이다.

모수의 선형결합   식 (5.15)의 결과는 계수들의 선형결합으로 확장된다. 일반적인 경우로 다음과 같은 계수들의 선형결합을 추정하거나 이에 관한 가설을 검정하는 데 관심을 가지고 있다고 가상하자.

$$\lambda = c_1\beta_1 + c_2\beta_2 + \cdots + c_K\beta_K = \sum_{k=1}^{K} c_k\beta_k$$

그러면 다음과 같다.

$$t = \frac{\hat{\lambda} - \lambda}{\text{se}\left(\hat{\lambda}\right)} = \frac{\sum c_k b_k - \sum c_k\beta_k}{\text{se}\left(\sum c_k b_k\right)} \sim t_{(N-K)} \tag{5.16}$$

일반화하기 위해서 모든 계수들을 포함하였기 때문에 그리고 $\text{se}(\sum c_k b_k)$를 손으로 계산하는 것은 2개 를 초과하는 계수들이 포함될 경우 매우 번거로운 것처럼 보이기 때문에 위의 식은 약간 위협적이기 까지 하다. 예를 들면, $K = 3$인 경우 다음과 같다.

$$\text{se}(c_1 b_1 + c_2 b_2 + c_3 b_3) = \sqrt{\widehat{\text{var}}(c_1 b_1 + c_2 b_2 + c_3 b_3 | \mathbf{X})}$$

여기서 다음과 같다.

$$\widehat{\text{var}}(c_1 b_1 + c_2 b_2 + c_3 b_3 | \mathbf{X}) = c_1^2\widehat{\text{var}}(b_1|\mathbf{X}) + c_2^2\widehat{\text{var}}(b_2|\mathbf{X}) + c_3^2\widehat{\text{var}}(b_3|\mathbf{X}) + 2c_1 c_2\widehat{\text{cov}}(b_1, b_2|\mathbf{X})$$
$$+ 2c_1 c_3\widehat{\text{cov}}(b_1, b_3|\mathbf{X}) + 2c_2 c_3\widehat{\text{cov}}(b_2, b_3|\mathbf{X})$$

많은 경우 일부 c_k는 영이 되며 이로 인해 식과 계산을 상당히 단순화할 수 있다. 하나의 c_k가 1이 될 경우 나머지들은 영이 되므로 식 (5.16)은 식 (5.15)로 단순화된다.

오차가 정규분포하지 않는다면 어떤 일이 발생하는가? 그렇게 되면 최소제곱 추정량이 정규분포 하지 않게 되고 식 (5.14), (5.15), (5.16)이 정확하게 준수되지 않게 된다, 하지만 대표본에서 이들은 대략적으로 참이다. 따라서 정규분포하지 않는 오차를 갖는 경우에도 식 (5.15) 및 식 (5.16)을 사용 하는 것을 막지 못하지만, 표본크기가 크지 않다면 주의를 기울여야만 한다는 의미이다.

이제는 식 (5.15) 및 식 (5.16)의 결과가 구간 추정 및 가설검정에 어떻게 사용될 수 있는지 검토해 볼 것이다. 절차는 자유도가 변한다는 점을 제외하고 제3장의 것과 동일하다.

5.4 구간 추정

5.4.1 단일계수에 대한 구간 추정

빅 앤디스 버거 반의 가격 변화에 대한 판매수입의 반응인 β_2의 95% 구간 추정값(interval estimate)을 구하려 한다고 하자. 3.1절에서 살펴본 절차를 따르고 자유도가 $N-K=75-3=72$라는 사실에 기초할 경우 첫 번째 할 일은 아래와 같이 $t_{(72)}$-분포의 값, 즉 t_c를 구하는 것이다.

$$P(-t_c < t_{(72)} < t_c) = 0.95 \tag{5.17}$$

3.1절에서 사용한 부호를 이용하여 나타내면 $t_c = t_{(0.975,\ N-K)}$는 $t_{(N-K)}$-분포의 97.5 백분위수이고(t_c의 왼쪽 편 면적 또는 확률이 0.975이고) $-t_c = t_{(0.025,\ N-K)}$는 $t_{(N-K)}$-분포의 2.5 백분위수이다($-t_c$의 왼쪽 편 면적 또는 확률이 0.025이다). t-표를 참조하면 $t_c = 1.99$이며 컴퓨터 소프트웨어를 이용하여 보다 정확히 계산하면 $t_c = 1.993$이 된다. 이 값과 두 번째 계수 ($k = 2$)에 대한 식 (5.15)의 결과를 이용하면 식 (5.17)을 다음과 같이 나타낼 수 있다.

$$P\left(-1.993 \le \frac{b_2 - \beta_2}{\text{se}(b_2)} \le 1.993\right) = 0.95$$

위의 식을 재정리하면 다음과 같아진다.

$$P\left[b_2 - 1.993 \times \text{se}(b_2) \le \beta_2 \le b_2 + 1.993 \times \text{se}(b_2)\right] = 0.95$$

구간의 양 단점은 다음과 같이 β_2의 95% 구간 추정량을 정의한다.

$$\left[b_2 - 1.993 \times \text{se}(b_2),\ \ b_2 + 1.993 \times \text{se}(b_2)\right] \tag{5.18}$$

이 구간 추정량이 모집단에서 추출한 여러 표본에서 사용될 경우 이들 중 95%는 참인 모수 β_2를 포함하게 된다. 자료를 수집하기 전에도 모형 가정에 기초하여 이런 사실을 설정할 수 있다. 따라서 반복적으로 시행될 경우 자료가 수집되기 전이라도 구간 추정 절차(추정량)[interval estimation procedure(estimator)]를 신뢰할 수 있다.

🔧 정리문제 5.6　햄버거 판매수입 식의 계수들에 대한 구간 추정값

위의 특정 표본에 기초하여 b_2에 대한 95% 구간 추정값을 구하려면, 식 (5.18)의 b_2 및 $\text{se}(b_2)$ 대신에 $b_2 = -7.908$ 및 $\text{se}(b_2) = 1.096$으로 대체해야 한다. 따라서 b_2에 대한 95% 구간 추정값은 다음과 같다.

$$(-7.9079 - 1.9335 \times 1.096,\ 7.9079 + 1.9335 \times 1.096)$$
$$= (-10.093, -5.723)$$

위의 구간 추정값에 따르면 가격이 \$1만큼 하락할 경우

$5,723과 $10,093 사이의 어떤 값만큼 수입이 증가한다고 볼 수 있다. 아니면 보다 현실적으로 말해 가격이 10센트 하락할 경우 판매수입은 $572와 $1,009 사이의 어떤 값만큼 수입이 증가하게 된다. 이 정보와 햄버거의 제조 및 판매비용을 기초로 빅 앤디는 가격 인하의 단행 여부를 결정할 수 있다.

광고비에 대한 판매수입의 반응인 β_3에 대해서도 유사한 절차를 밟을 경우 95% 구간 추정값은 다음과 같다.

$$(1.8626 - 1.9935 \times 0.6832, \ 1.8626 + 1.9935 \times 0.6832)$$
$$= (0.501, 3.225)$$

광고비 지출이 $1,000 증가할 경우 판매수입은 $501에서 $3,225 사이의 어떤 값만큼 증가하게 된다. 이 경우 구간의 폭이 상대적으로 넓다. 즉 광고비를 추가적으로 지출할 경우 이윤이 나지 않을 수가 있다(수입이 $1,000보다 적게 증가할 수 있다). 아니면 광고비의 3배 이상으로 판매수입이 증대될 수 있다. 이런 상황은 다음과 같이 설명할 수도 있다. 점 추정값 $b_3 = 1.8626$은 (표본추출 변동을 측정한) 표준오차가 상대적으로 크기 때문에 매우 신뢰할 수는 없다.

일반적으로 구간 추정값의 폭이 너무 넓어 좋은 정보를 제공하지 못할 경우 즉각적으로 할 수 있는 일은 없다. 최소제곱 추정량 b_3의 추정된 표본추출 변동이 크기 때문에 모수 β_3에 대한 구간의 폭이 넓어진다. 구간 추정값을 계산할 때 표본추출 변동이 커지는 이유는 표준오차가 큰 데서 비롯된다. 추정량의 분산을 낮출 경우에만 구간의 폭을 좁힐 수 있다. 식 (5.13)의 분산 관련식에 기초할 경우 해결책은 보다 나은 자료를 더 많이 구하는 것이며 이는 보다 독립적인 변동으로 나타난다. 빅 앤디는 다른 도시들로부터 자료를 수집하여 가격과 광고비 사이의 조합을 보다 폭넓게 구할 수 있다. 하지만 이에 따른 비용이 수반되므로 추가적으로 얻을 수 있는 정보가 추가적인 비용을 들인 만큼 가치가 있는지 평가해 볼 필요가 있다. 이 방법은 통제된 실험을 통해 자료를 통상적으로 구할 수 없는 경제학자들에게 적합하지 않다. 다른 방법으로는 계수에 대한 비표본 정보를 이용하는 것이다. 추정과정에서 표본 및 비표본 정보를 어떻게 이용할지에 관한 물음은 제6장에서 살펴볼 것이다.

일반적으로 보면 폭이 너무 넓거나 필요한 정보가 부족한 구간을 무엇이 구성하는지 알 수 없다. 이는 알아보고자 하는 문제의 상황과 정보가 어떻게 사용되어야 하는지에 달려 있다.

구간 추정값에 대한 일반적인 식을 알아보기 위해서는 임계값(critical value) t_c가 구간 추정값에 특정된 신뢰수준 및 자유도에 의존한다는 사실을 인정해야 한다. 신뢰수준은 $1-\alpha$로 나타내며 95% 구간 추정값의 경우 $\alpha = 0.05$이고, $1-\alpha = 0.95$이다. 자유도는 $N-K$이며 빅 앤디스 버거 반의 예에서 이 값은 $75-3 = 72$가 된다. t_c값은 $P[t_{(N-K)} \leq t_{(1-\alpha/2, \ N-K)}] = 1-\alpha/2$와 같은 특성을 갖는 백분위수 $t_{(1-\alpha/2, \ N-K)}$이다. 95% 신뢰구간의 경우 $1-\alpha/2 = 0.975$이다. 분포의 좌우 각 꼬리 부분에 0.025가 필요하므로 이 값을 사용한다. 따라서 $100(1-\alpha)\%$ 신뢰구간을 일반적으로 나타내면 다음과 같다.

$$\left[b_k - t_{(1-\alpha/2, N-K)} \times \mathrm{se}(b_k), \ b_k + t_{(1-\alpha/2, \ N-K)} \times \mathrm{se}(b_k) \right]$$

5.4.2 계수의 선형결합에 대한 구간 추정

식 (5.16)의 t-통계량은 모수의 다양한 선형결합에 대한 구간 추정값을 구하는 데도 또한 사용될 수 있다. 우리가 설명변수들의 특정 상황에 대한 $E(y|\mathbf{X})$의 값이나 또는 2개 이상의 설명변수가 동시에

변화할 때의 효과를 고려한다면 이런 결합이 중요하다. 설명변수가 미치는 효과가 5.6절에서 살펴볼 많은 비선형 관계의 특징인 2개 이상의 모수에 의존할 경우 이들이 특히 관련된다.

📖 정리문제 5.7　판매수입의 변화에 대한 구간 추정값

빅 앤디스 버거 반은 다음 주에 빅 세일을 하려고 한다. 이를 위해 광고비를 $800 증가시키고 가격을 40센트 인하하려고 한다. 이런 변화가 있기 전후의 가격이 각각 $PRICE_0$ 및 $PRICE_1$이고 이에 상응하는 광고비는 $ADVERT_0$ 및 $ADVERT_1$이라면, 이런 전략에 따라 기대되는 판매수입의 변화는 다음과 같다.

$$
\begin{aligned}
\lambda &= E\big(SALES_1 | PRICE_1, ADVERT_1\big) \\
&\quad - E\big(SALES_0 | PRICE_0, ADVERT_0\big) \\
&= \big[\beta_1 + \beta_2 PRICE_1 + \beta_3 ADVERT_1\big] \\
&\quad - \big[\beta_1 + \beta_2 PRICE_0 + \beta_3 ADVERT_0\big] \\
&= \big[\beta_1 + \beta_2\big(PRICE_0 - 0.4\big) + \beta_3\big(ADVERT_0 + 0.8\big)\big] \\
&\quad - \big[\beta_1 + \beta_2 PRICE_0 + \beta_3 ADVERT_0\big] \\
&= -0.4\beta_2 + 0.8\beta_3
\end{aligned}
$$

점 추정값과 λ에 대한 90% 구간 추정값을 구하고자 한다. 점 추정값은 다음과 같다.

$$
\begin{aligned}
\hat{\lambda} &= -0.4b_2 + 0.8b_3 = -0.4 \times(-7.9079) + 0.8 \times 1.8626 \\
&= 4.6532
\end{aligned}
$$

이런 빅 세일 판매전략으로 인해 기대되는 판매수입 증가액의 추정값은 $4,653이다.

식 (5.16)으로부터 $\lambda = -0.4\beta_2 + 0.8\beta_3$에 대한 90% 구간 추정값을 도출할 수 있다.

$$
\begin{aligned}
&\big[\hat{\lambda} - t_c \times se\big(\hat{\lambda}\big),\ \hat{\lambda} + t_c \times se\big(\hat{\lambda}\big)\big] \\
&= \big[(-0.4b_2 + 0.8b_3) - t_c \times se(-0.4b_2 + 0.8b_3), \\
&\quad (-0.4b_2 + 0.8b_3) + t_c \times se(-0.4b_2 + 0.8b_3)\big]
\end{aligned}
$$

여기서 $t_c = t_{(0.95,\ 72)} = 1.666$이다. 표 5.3의 계수 추정값의 공분산 행렬과 2개의 확률변수 선형 함수의 분산 [식 (3.8) 참조]을 활용하여 표준오차 $se(-0.4b_2 + 0.8b_3)$를 다음과 같이 계산할 수 있다.

$$
\begin{aligned}
&se(-0.4b_2 + 0.8b_3) \\
&= \sqrt{\widehat{\operatorname{var}}(-0.4b_2 + 0.8b_3 | \mathbf{X})} \\
&= \big[(-0.4)^2\widehat{\operatorname{var}}(b_2 | \mathbf{X}) + (0.8)^2\widehat{\operatorname{var}}(b_3 | \mathbf{X}) \\
&\quad - 2 \times 0.4 \times 0.8 \times \widehat{\operatorname{cov}}(b_2, b_3 | \mathbf{X})\big]^{1/2} \\
&= \big[0.16 \times 1.2012 + 0.64 \times 0.4668 - 0.64 \times (-0.0197)\big]^{1/2} \\
&= 0.7096
\end{aligned}
$$

따라서 90% 구간 추정값은 다음과 같다.

$$
\begin{aligned}
&(4.6532 - 1.666 \times 0.7096,\ 4.6532 + 1.666 \times 0.7096) \\
&= (3.471,\ 5.835)
\end{aligned}
$$

이런 빅 세일 전략에 따라 기대되는 판매수입의 증가는 90% 신뢰로 $3,471와 $5,835 사이에 위치하게 된다.

5.5 가설검정

식 (5.15)의 t-분포 결과는 구간 추정을 하는 데 유용할 뿐만 아니라 개별 계수에 대한 가설검정의 기초가 된다. $H_0: \beta_2 = c$ 대 $H_1: \beta_2 \neq c$(여기서 c는 특정 상수) 형태의 가설을 양측검정이라고 한다. $H_0: \beta_2 \leq c$ 대 $H_1: \beta_2 > c$와 같은 부등식 형태의 가설을 단측검정이라 한다. 이 절에서는 이런 형태의 가설의 예를 살펴볼 것이다. 양측검정(two-tail test)에서는 개별 계수의 유의성을 검정할 것이며, 단측검정에서는 경제적으로 관심이 있는 사항에 대한 가설을 살펴볼 것이다. 식 (5.16)의 결과를 활용하여, 계수들의 선형결합에 관한 가설을 검정하기 위해서 단측검정 및 양측검정이 또한 사용될 수 있다. 이런 종류의 사례는 개별 계수에 관한 가설을 검정하기 위한 예를 따른다. 3.4절에서 고찰한 가설검정의 단계별 절차를 따를 것이며, 기억을 새롭게 하기 위해서 다음과 같이 이를 다시 한 번 정리해 볼 것이다.

가설검정의 단계별 절차

1. 귀무가설 및 대립가설을 결정한다.
2. 귀무가설이 참인 경우의 검정 통계량과 분포를 규정한다.
3. α를 선택하고 기각역을 결정한다.
4. 검정 통계량의 표본값을 계산한다. 필요하다면 p-값을 계산한다.
5. 결론을 내리고 이에 대해 언급한다.

제3장에서 위의 절차를 소개할 때는 p-값을 구하지 않았다. p-값에 대한 논의(3.5절 참조)는 위의 3~5단계를 검정 통계량 및 그의 값 그리고/또는 p-값의 측면에서 살펴보는 것이다.

5.5.1 단일계수의 유의성 검정

다중회귀 모형을 설정할 경우 설명변수가 종속변수 y에 영향을 미친다고 믿기 때문에 그런 모형을 설정한다. 이를 확인하려면 자료에 의해 이것이 뒷받침되는지 여부를 검토해야 한다. 즉 y가 각 설명변수와 연계된다는 증거를 자료가 제시할 수 있는지를 살펴보아야 한다. 한 설명변수, 예를 들어, x_k가 y에 영향을 미치지 않을 경우 $\beta_k = 0$이 된다. 귀무가설 검정은 가끔 설명변수 x_k에 대한 '유의성 검정'이라고 한다. 따라서 y는 x_k와 연계된다는 증거를 자료가 포함하는지 여부를 알아보기 위해서 다음과 같은 귀무가설을 검정해야 한다.

$$H_0 : \beta_k = 0$$

이에 대응하는 대립가설은 다음과 같다.

$$H_1 : \beta_k \neq 0$$

검정을 하기 위하여 식 (5.15)를 이용해야 하며 귀무가설이 참인 경우 이는 다음과 같다.

$$t = \frac{b_k}{\mathrm{se}(b_k)} \sim t_{(N-K)}$$

'같지 않다'는 대립가설에 대해 제3장의 3.3.3절에서 살펴본 양측검정을 사용하여 계산된 t-값이 (분산 오른쪽의 임계값인) t_c보다 크거나 같던지 또는 (분산 왼쪽의 임계값인) $-t_c$보다 작거나 같을 경우 H_0를 기각한다. 유의수준이 α인 검정에서는 $t_c = t_{(1-\alpha/2, \, N-K)}$ 그리고 $-t_c = t_{(\alpha/2, \, N-K)}$이다. 달리 표현하면 p-값 측면에서 수학 기각규칙을 논의할 경우, $p \leq \alpha$이면 H_0를 기각하고 $p > \alpha$이면 H_0를 기각하지 않는다.

정리문제 5.8　　가격의 유의성 검정

햄버거 체인점 빅 앤디스 버거 반의 예에서 판매수입이 가격과 연계되는지를 전형적인 검정 절차에 따라 검정하면 다음과 같다.

1. 귀무가설 및 대립가설은 $H_0{:}\beta_2=0$ 및 $H_1{:}\beta_2 \neq 0$이다.
2. 귀무가설이 참이면 검정 통계량은 $t=b_2/\mathrm{se}(b_2)\sim t_{(N-K)}$이다.
3. 5% 유의수준($\alpha=0.05$)과 자유도가 72인 경우 분포의 각 꼬리 부분이 0.025인 확률일 임계값은 $t_{(0.975,72)}=1.993$ 및 $t_{(0.025,72)}=-1.993$이다. 그러므로 위의 2번에서 계산한 t의 값이 $t \geq 1.993$ 또는 $t \leq -1.993$인 경우 귀무가설을 기각하게 된다. $-1.993 < t < 1.993$인 경우 H_0를 기각하지 않는다. p-값 측면에서 수락-기각 규칙을 말하면 $p \leq 0.05$인 경우 H_0를 기각하고 $p > 0.05$인 경우 H_0를 기각하지 않는다.

4. t-통계량을 계산한 값은 다음과 같다.

$$t = \frac{-7.908}{1.096} = -7.215$$

이 경우 컴퓨터 소프트웨어를 이용하여 p-값을 구하면 다음과 같다.

$$P\left(t_{(72)} > 7.215\right) + P\left(t_{(72)} < -7.215\right) = 2 \times (2.2 \times 10^{-10})$$
$$= 0.000$$

소수점 세 자리로 나타내면 p-값=0.000이 된다.

5. $-7.215 < -1.993$이므로 $H_0{:}\beta_2=0$을 기각하고, 판매수입은 가격에 의존한다고 결론을 내릴 수 있다. p-값을 이용하여 검정을 하면, $0.000<0.05$이므로 H_0를 기각하게 된다.

 정리문제 5.9　　광고비의 유의성 검정

판매수입이 광고비 지출과 연관되는지 여부를 검정하기 위한 절차는 다음과 같다.

1. 귀무가설 및 대립가설은 $H_0{:}\beta_3=0$ 및 $H_1{:}\beta_3 \neq 0$이다.
2. 귀무가설이 참이면, 검정 통계량은 $t=b_3/\mathrm{se}(b_3)\sim t_{(N-K)}$이다.
3. 5% 유의수준에서 $t \geq 1.993$ 또는 $t \leq -1.993$인 경우, 귀무가설을 기각하게 된다. p-값 측면에서 말하면 $p \leq 0.05$인 경우 H_0를 기각하고, 그렇지 않으면 H_0를 기각하지 않는다.
4. 검정 통계량값은 다음과 같다.

$$t = \frac{1.8626}{0.6832} = 2.726$$

p-값은 다음과 같다.

$$P\left(t_{(72)} > 2.726\right) + P\left(t_{(72)} < -2.726\right) = 2 \times 0.004$$
$$= 0.008$$

5. $2.726 > 1.993$이므로 H_0를 기각하게 된다. 따라서 판매수입이 광고비 지출과 연계된다는 추론을 지지하게 된다. p-값을 이용해도 동일한 검정 결과를 얻을 수 있다. 즉 $0.008 < 0.05$이므로 H_0를 기각하게 된다.

t-값 -7.215 및 2.726과 이에 상응하는 p-값 0.000 및 0.008은 최초의 최소제곱 추정값 및 표준오차와 같이 표 5.2에 제시되어 있다. 이런 종류의 가설검정은 컴퓨터 소프트웨어를 이용하여 통상적으로 이루어지며, 그 결과는 표 5.2와 유사한 컴퓨터 분석 결과를 통해 즉각적으로 알 수 있다.

$H_0:\beta_k = 0$ 형태의 가설을 기각할 때, 추정값 b_k가 유의하다고 말한다. 계수 추정값의 유의성은 바람직한 것처럼 보이며, 특정 설명변수가 모형에 포함되어야 할 관련 변수라는 처음의 생각을 확인할 수 있다. 하지만 $\beta_k \neq 0$을 절대적으로 확신할 수는 없다. 참인 귀무가설을 기각할 확률 α가 계속 존재할 수 있다. 또한 3.4절에서 언급한 것처럼, 추정된 계수의 통계적 유의성과 이에 상응하는 설명변수의 경제적 중요성을 혼동하지 말아야 한다. 광고에 대한 판매수입의 반응을 추정한 $b_3 = 0.01$이며 이의 표준오차가 $se(b_3) = 0.005$인 경우 b_3는 0과 유의하게 상이하다고 결론 내릴 수 있다. 하지만 추정값에 따르면 광고비가 \$1,000 증가할 경우 판매수입은 단지 \$10 증가하므로 광고가 중요하다고 결론 내릴 수는 없다. 또한 통계적 유의성이 정확한 추정을 의미한다고 결론을 내리는 데는 주의를 기울여야 한다. 광고 계수 $b_3 = 1.8626$이 0과 유의하게 상이하다는 사실은 알았지만 동시에 95% 구간 추정값 $(0.501, 3.224)$은 폭이 너무 넓어서 유익한 정보를 제공하지 못한다고 볼 수 있다. 다시 말해 정확한 추정값 β_3를 구할 수 없다.

5.5.2 단일계수에 대한 단측 가설검정

5.1절에서 햄버거 체인점 빅 앤디스 버거 반의 경영과 관련된 두 가지 중요한 고려사항은 다음과 같았다. 즉 수요가 가격 탄력적인지 또는 비탄력적인지 여부와 추가적인 광고비 지출에 따른 추가적인 수입이 광고비를 부담할 수 있을지 여부에 관한 것이었다. 이제는 검정할 수 있는 가설로 이런 의문점에 대해 언급하고 가설이 자료에 적합한지 여부를 알아보아야 한다.

🔍 **정리문제 5.10** 탄력적인 수요에 관한 검정

수요 탄력성에 관해 다음과 같은 사항을 알고자 한다.

- $\beta_2 \geq 0$: 가격 인하가 판매수입 불변 또는 감소로 이어진다(수요가 가격 비탄력적이거나 단위 탄력적인 경우).
- $\beta_2 < 0$: 가격 인하가 판매수입 증가로 이어진다(수요가 가격 탄력적인 경우).

수요가 탄력적이라는 주장을 옹호하기 위한 강력한 증거를 자료로부터 찾을 수 없다면, 즉 이를 받아들이기 곤란한 경우 비탄력적인 수요에 대한 가정을 귀무가설로 하는 것이 적절하다. 일반적인 검정 구성에 따라 우선 다음과 같은 귀무가설과 대립가설을 설정할 것이다.

1. $H_0:\beta_2 \geq 0$(수요가 단위 탄력적이거나 비탄력적인 경우)
   $H_1:\beta_2 < 0$(수요가 탄력적인 경우)
2. 검정 통계량을 구하기 위하여 귀무가설을 등식, 즉 $\beta_2 = 0$처럼 간주한다. $\beta_2 = 0$에 대한 H_0를 기각할 경우

$\beta_2 > 0$에 대한 귀무가설도 또한 기각하므로 이렇게 하는 것이 타당하다.
$H_0:\beta_2 = 0$이 참이라고 가정할 경우 식 (5.15)로부터 검정 통계량은 $t = b_2/se(b_2) \sim t_{(N-K)}$가 된다.

3. 기각역은 귀무가설이 참인 경우 일어나지 않을 t-분포의 값으로 구성된다. '일어나지 않을'이란 개념을 5% 유의수준이란 관점에서 정의할 경우 t의 일어나지 않을 값은 임계값 $t_{(0.05, 72)} = -1.666$보다 작아야 한다. 따라서 $t \leq -1.666$인 경우이거나 또는 p-값 ≤ 0.05인 경우 H_0를 기각하게 된다.

4. 검정 통계량의 값은 다음과 같다.

$$t = \frac{b_2}{se(b_2)} = \frac{-7.908}{1.096} = -7.215$$

이에 상응하는 p-값은 $P(t_{(72)} < -7.215) = 0.000$이다.

5. $-7.215 < -1.666$이므로 $H_0:\beta_2 \geq 0$를 기각하고 $H_1:\beta_2$

< 0(탄력적인 수요)가 자료에 보다 부합된다고 결론을 내리게 된다. 표본자료에 따를 경우 가격이 인하되면 판매수입이 증대된다는 주장을 지지하게 된다.

0.000 < 0.05이므로 p-값을 이용해도 동일한 결론에 도달하게 된다.

위의 검정과 5.5.1절에서 살펴본 유의성의 양측검정 사이에 존재하는 유사점과 차이점에 유의하자. 계산한 t-값은 동일하지만 임계값은 상이하다. 그 값이 상이할 뿐만 아니라 양측검정에는 분포의 양쪽에 각각 1개씩 2개의 임계값이 있다. 이에 대해 단측검정에는 분포의 한쪽에만 임계값이 존재한다. 또한 위의 예에서는 p-값이 둘 다 기본적으로 0이기 때문에 알기 어렵지만 단측검정의 p-값은 보통 반드시 그렇지는 않지만 양측검정값의 절반이 된다.

🗨 정리문제 5.11   광고의 효과에 관한 검정

관심의 대상이 되는 다른 가설은 광고비 지출이 증가할 경우 증가된 광고비를 충분히 수용할 수 있을 정도로 총수입이 증가할 수 있느냐 여부에 관한 것이다. 이는 $\beta_3 > 1$인 경우 일어날 수 있으며 검정을 하기 위해 다음과 같은 단계를 밟을 것이다.

1. $H_0 : \beta_3 \leq 1$ 및 $H_1 : \beta_3 > 1$.
2. 귀무가설을 $H_0 : \beta_3 = 1$이라고 보고 H_0가 참인 경우 t-분포를 갖는 검정 통계량은 식 (5.15)에서 보면 다음과 같다.

$$t = \frac{b_3 - 1}{se(b_3)} \sim t_{(N-K)}$$

3. 유의수준으로 $\alpha = 0.05$를 선택할 경우 관련된 임계값은 $t_{(0.95, 72)} = 1.666$이다. $t \geq 1.666$이거나 또는 p-값 ≤ 0.05인 경우 H_0를 기각한다.
4. 검정 통계량의 값은 다음과 같다.

$$t = \frac{b_3 - \beta_3}{se(b_3)} = \frac{1.8626 - 1}{0.6832} = 1.263$$

위 검정의 p-값은 $P(t_{(72)} > 1.263) = 0.105$이다.

5. $1.263 < 1.666$이므로 H_0를 기각하지 않는다. 우리가 갖고 있는 표본에서 광고가 비용 효율적이라고 결론을 내릴 수 있는 충분한 증거가 없다. p-값을 이용하여 위의 검정을 하면 $0.105 > 0.05$이므로 H_0를 기각하지 못한다고 다시 한 번 더 결론을 내리게 된다. 검정 결과에 대해 살펴볼 수 있는 또 다른 방법은 다음과 같다. 추정값 $b_3 = 1.8626$은 1보다 크므로 이 자체만을 놓고 볼 때 광고가 효율적이라고도 볼 수 있다. 하지만 표준오차로 측정한 추정의 정확성을 고려해 보면 $b_3 = 1.8626$이 1보다 유의하게 크지는 않다는 사실을 알게 된다. 위에서 살펴본 가설검정의 테두리 내에서 볼 때 충분한 확실성을 갖고 $\beta_3 > 1$이라는 결론을 내릴 수는 없다.

5.5.3 계수의 선형결합에 대한 가설검정

우리는 계수들의 선형결합에 관한 가설을 검정하는 데 종종 관심을 갖는다. 설명변수들의 특정 상황이 어떤 임계값을 넘어서는 종속변수의 평균값에 대한 원인이 되는가? 2개 이상의 설명변수값의 변화로 인해 미리 정의된 목표를 초과하는 평균 종속변수의 변화가 발생하는가? 이런 물음들에 답하기 위해 식 (5.16)의 t-통계량이 사용될 수 있다.

🐢 정리문제 5.12   가격 및 광고비 변화가 미치는 효과의 검정

빅 앤디스 버거 반의 마케팅 담당자는 가격을 20센트 낮추는 것이 광고비를 \$500 증가시키는 것보다 판매수입을 높이는 데 더 효과적이라고 주장한다. 다시 말해 $-0.2\beta_2 > 0.5\beta_3$라고 주장한다. 가격 인하에 따라 기대되는 판매수입의 추정된 변화는 $-0.2b_2 = -0.2 \times (-7.9079) = 1.5816$이며, 추가적인 광고비 지출에 따라 기대되는 판매수입의 추정된 변화는 $0.5b_3 = 0.5 \times 1.8626 = 0.9319$이므로 마케팅 담당자의 주장은 옳은 것처럼 보인다. 하지만 $1.5816 - 0.9319$의 차이가 표본추출 오차에서 기인한 것인지, 아니면 5% 유의수준에서 $-0.2\beta_2 > 0.5\beta_3$인 증거인지를 알아보고자 한다. 이는 계수들의 선형결합에 관한 검정과 관련된다. $-0.2\beta_2 > 0.5\beta_3$는 $-0.2\beta_2 - 0.5\beta_3 > 0$로 나타낼 수 있으므로 선형결합에 관한 가설 $-0.2\beta_2 - 0.5\beta_3$를 검정하는 것이 된다.

1. $H_0 : -0.2\beta_2 - 0.5\beta_3 \leq 0$ (마케팅 담당자의 주장이 옳지 않다)

   $H_1 : -0.2\beta_2 - 0.5\beta_3 > 0$ (마케팅 담당자의 주장이 옳다)

2. 식 (5.16)에서 $c_2 = -0.2$, $c_3 = -0.5$, 모든 다른 c_k들은 0이라 보고, H_0에서 등식관계($-0.2\beta_2 - 0.5\beta_3 = 0$)가 준수된다고 가정할 경우 H_0가 참일 때의 검정 통계량과 분포는 다음과 같다.

$$t = \frac{-0.2b_2 - 0.5b_3}{\text{se}(-0.2b_2 - 0.5b_3)} \sim t_{(72)}$$

3. 단측검정과 5% 유의수준의 경우 임계값은 $t_{(0.95, 72)} = 1.666$이다. $t \geq 1.666$이거나 또는 p-값 ≤ 0.05라면 H_0를 기각한다.

4. 검정 통계량값을 구하기 위해서 먼저 다음 계산을 해보자.

$$\text{se}(-0.2b_2 - 0.5b_3)$$
$$= \sqrt{\widehat{\text{var}}(-0.2b_2 - 0.5b_3 | \mathbf{X})}$$
$$= \Big[(-0.2)^2 \widehat{\text{var}}(b_2 | \mathbf{X}) + (-0.5)^2 \widehat{\text{var}}(b_3 | \mathbf{X})$$
$$\quad + 2 \times (-0.2) \times (-0.5) \times \widehat{\text{cov}}(b_2, b_3 | \mathbf{X}) \Big]^{1/2}$$
$$= [0.04 \times 1.2012 + 0.25 \times 0.4668 + 0.2 \times (-0.0197)]^{1/2}$$
$$= 0.4010$$

검정 통계량값은 다음과 같다.

$$t = \frac{-0.2b_2 - 0.5b_3}{\text{se}(-0.2b_2 - 0.5b_3)} = \frac{1.58158 - 0.9319}{0.4010} = 1.622$$

이에 상응하는 p-값은 $P(t_{(72)} > 1.622) = 0.055$이다.

5. $1.622 < 1.666$이므로 H_0를 기각하지 않는다. 5% 유의수준에서 마케팅 담당자의 주장을 입증할 충분한 증거가 없다. 달리 표현하면 p-값을 사용하여도 동일한 결론에 도달하게 된다. 왜냐하면 $0.055 > 0.05$이기 때문이다.

5.6   비선형 관계

지금까지 살펴보았던 다중회귀 모형은 다음과 같다.

$$y = \beta_1 + \beta_2 x_2 + \cdots + \beta_K x_K + e \tag{5.19}$$

이것은 변수(x들), 계수(β들), e의 선형 함수이다. 하지만 식 (5.19)는 처음에 보았던 것보다 훨씬 더 유연하다. 다중회귀 모형의 가정에 따라 β들 사이에 선형적인 특성이 유지되어야 하지만, x 및/또는 y의 최초 변수를 변형시켜 이들을 정의함으로써 많은 상이한 비선형 함수를 설정할 수 있다. 이렇게 변형된 몇 가지 예를 단순회귀 모형에서 이미 살펴보았다. 제2장에서 2차 함수 모형

$y = \alpha_1 + \alpha_2 x^2 + e$, 대수-선형 모형 $\ln(y) = \gamma_1 + \gamma_2 x + e$를 추정하였다. 이들과 다른 비선형 단순회귀 모형, 즉 선형-대수 모형, 대수-대수 모형, 3차 함수 모형에 관한 세부적인 분석은 제4장에서 검토하였다. 동일한 종류의 변수 변형과 이들 계수에 대한 해석은 다중회귀 모형에서도 그대로 유지된다. 이런 모형들 중 한 종류는 예를 들면, 2차 함수 식 $y = \beta_1 + \beta_2 x + \beta_3 x^2 + e$ 또는 3차 함수 식 $y = \alpha_1 + \alpha_2 x + \alpha_3 x^2 + \alpha_4 x^3 + e$와 같은 다항식(polynomial) 모형이다. 이런 모형들을 단순회귀 모형의 예로서 살펴볼 때는 예를 들면, $y = \beta_1 + \beta_3 x^2 + e$ 또는 $y = \alpha_1 + \alpha_4 x^3 + e$처럼 오른쪽에 단지 1개의 변수만을 포함시켜야 한다는 사실에 의해 제한을 받았다. 이제는 다중회귀 모형의 틀에서 살펴보기 때문에, 모든 항들이 포함된 제한되지 않은 다항식을 생각할 수 있게 되었다. 일반화시킨 또 다른 점은 예를 들면, $y = \gamma_1 + \gamma_2 x_2 + \gamma_3 x_3 + \gamma_4 x_2 x_3 + e$처럼 '교차곱' 또는 '상호작용' 항을 모형에 포함시키는 것이다. 이 절에서 비선형 관계를 모형화시키기 위해서 가용할 수 있는 여러 선택사항들 중 몇 개를 알아보도록 하자. 경제학에서 다루는 몇 가지 다항식의 예에서부터 시작할 것이다. 다항식은 하나 이상의 봉우리 및 계곡을 포함하는 곡선관계를 알뜰하게 표현한 여러 종류의 함수들이다.

🔵 정리문제 5.13   비용 곡선 및 생산물 곡선

미시경제학에서 한 기업을 나타내는 '비용' 곡선과 '생산물' 곡선을 학습하였다. 총비용 곡선 및 총생산물 곡선은 서로를 그대로 비추어 보여주는 반사경이며, 그림 5.2는 이들의 전형적인 '3차 함수 곡선' 형상을 보여준다. 평균비용 곡선 및 한계비용 곡선과 이들을 그대로 비추어 보여주는 반사경과 같은 평균생산물 곡선 및 한계생산물 곡선은 2차 함수 곡선 형상을 하며, 그림 5.3은 이들의 전형적인 모양을 보여준다.

이 함수들의 기울기는 일정하지 않으며 '변수들 사이의 선형 관계'인 회귀식으로 나타낼 수 없다. 하지만 이들 형상은 다항식으로 쉽게 표현할 수 있다. 예를 들면, 그림 5.3(a)의 평균비용 함수는 다음과 같은 회귀 모형으로 나타낼 수 있다.

$$AC = \beta_1 + \beta_2 Q + \beta_3 Q^2 + e \qquad (5.20)$$

이 2차 함수는 평균비용 함수와 관련된 'U'자 형태를 한다. 그림 5.2(a) 총비용 곡선의 경우 다음과 같이 3차 함수 다항식으로 나타낼 수 있다.

$$TC = \alpha_1 + \alpha_2 Q + \alpha_3 Q^2 + \alpha_4 Q^3 + e \qquad (5.21)$$

비선형 형태를 보여주는 이들 함수는 우리가 학습한 최소제곱법을 사용하여 추정할 수 있다. 변수 Q^2 및 Q^3는 다른 변수들과 상이하게 취급할 필요가 없는 설명변수이다.

비선형 관계를 나타내는 모형의 차이점은 모수의 해석

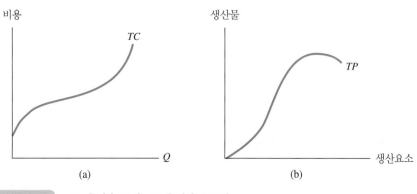

그림 5.2   (a) 총비용 곡선, (b) 총생산물 곡선

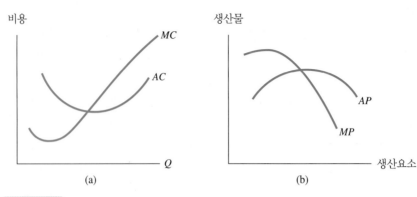

그림 5.3   (a) 평균비용 곡선 및 한계비용 곡선, (b) 평균생산물 곡선 및 한계생산물 곡선

과 관련되며, 이들 모수는 그 자체가 기울기가 되지 않는다. 기울기에 대해 알아보고 모수를 해석하기 위해서 약간의 계산을 할 필요가 있다. 일반적인 다항식 함수는 다음과 같이 나타낼 수 있다.

$$y = a_0 + a_1 x + a_2 x^2 + a_3 x^3 + \cdots + a_p x^p$$

곡선의 기울기 또는 도함수는 다음과 같다.

$$\frac{dy}{dx} = a_1 + 2a_2 x + 3a_3 x^2 + \cdots + pa_p x^{p-1} \quad (5.22)$$

이 기울기는 x값에 따라 변화한다. 특정한 값 $x = x_0$에서의 기울기는 다음과 같다.

$$\left.\frac{dy}{dx}\right|_{x=x_0} = a_1 + 2a_2 x_0 + 3a_3 x_0^2 + \cdots + pa_p x_0^{p-1}$$

식 (5.20)에 있는 평균비용 곡선의 기울기는 다음과 같다.

$$\frac{dE(AC)}{dQ} = \beta_2 + 2\beta_3 Q$$

평균비용 곡선의 기울기는 각 Q값에 대해 변화하며, 모수 β_2 및 β_3에 달려 있다. 이런 U자 형태 곡선의 경우 $\beta_2 < 0$ 및 $\beta_3 > 0$으로 기대된다. 식 (5.21)에 있는 총비용곡선의 기울기는 다음과 같으며 이는 바로 한계비용이다.

$$\frac{dE(TC)}{dQ} = \alpha_2 + 2\alpha_3 Q + 3\alpha_4 Q^2$$

기울기는 Q의 2차 함수이며, 모수 α_2, α_3, α_4를 포함한다. U자 형태인 한계비용 곡선의 경우 모수의 부호는 $\alpha_2 > 0$, $\alpha_3 < 0$, $\alpha_4 > 0$일 것으로 기대된다.

다항식의 항들을 사용할 경우 변수들 사이의 비선형 관계를 쉽게 그리고 유연하게 설명할 수 있다. 앞에서 살펴본 것처럼 다항식의 항들을 포함하는 모형의 모수를 해석할 때는 주의를 기울여야만 한다. 이 항들을 포함하더라도 한 가지를 제외하고는 최소제곱 추정법을 복잡하게 만들지 않는다. 동일한 모형에 어떤 변수 그리고 그 변수의 제곱 또는 세제곱을 포함시킬 경우 공선성(collinearity) 문제가 이따금 발생한다.

🎓 **정리문제 5.14**   햄버거 체인점 판매수입 모형의 확장

햄버거 체인점인 빅 앤디스 버거 반의 모형 $SALES = \beta_1 + \beta_2 PRICE + \beta_3 ADVERT + e$에서 판매수입, 가격, 광고비 사이의 선형 관계가 현실에 잘 부합하는지를 알아볼 필요가 있다. 선형 모형이 의미하는 바는 광고비가 증가할 경우 판매수입과 광고비 수준에 관계없이 판매수입이 동일한 비율로 증가한다는 것이다. 즉 $ADVERT$의 변화에 대한 $E(SALES\,|\,PRICE,\,ADVERT)$의 반응을 측정한 계수 β_3가 일정하다는 의미이다. $ADVERT$의 수준에 따라 변화하지

않고 일정하다고 본다. 실제로는 광고비 지출 수준이 상승함에 따라 수확체감이 발생할 것으로 기대된다. 수확체감이 의미하는 바를 설명하기 위해서, 그림 5.4에서 도표로 나타낸 (고정가격으로 표시한) 판매수입과 광고비 사이의 관계를 생각해 보자. 이 그림은 최초의 광고비 수준이 (a) $600 및 (b) $1,600일 때 광고비가 $200 증가할 경우 판매수입에 미치는 영향을 보여준다. 도표의 단위는 천 달러이며 위의 두 점은 0.6 및 1.6으로 표기된다. 광고비 수준이 낮은 경우 판매수입은 $72,400에서 $74,000로 증가하지만, 높은 경우에는 $78,500에서 $79,000로 더 적게 증가한다. 일정한 기울기 β_3를 갖는 선형 모형은 수확체감을 설명할 수 없다.

필요한 것은 ADVERT가 증가함에 따라 기울기가 변화하는 모형이다. 이런 특성을 갖춘 모형은 광고비를 제곱한 값을 또 다른 설명변수로 포함시켜 구할 수 있다. 이 새로운 모형은 다음과 같다.

$$SALES = \beta_1 + \beta_2 PRICE + \beta_3 ADVERT + \beta_4 ADVERT^2 + e \tag{5.23}$$

$\beta_4 ADVERT^2$항을 최초 모형에 추가함으로써, 광고비 지출의 변화에 따라 기대되는 판매수입의 반응이 광고비 수준에 의존하는 모형을 구할 수 있다. 특히 식 (5.22)의 다항식 도함수 규칙을 적용하고 PRICE가 일정하다고 할 경우 ADVERT의 변화에 대한 E(SALES | PRICE, ADVERT)의 반응은 다음과 같다.

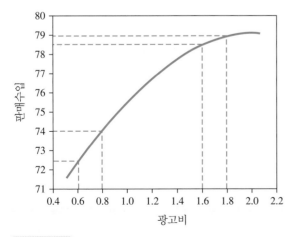

그림 5.4　광고비 지출에 대한 판매수입의 수확체감을 보여주는 모형

$$\left.\frac{\Delta E(SALES|PRICE, ADVERT)}{\Delta ADVERT}\right|_{(PRICE\ 일정)}$$

$$= \frac{\partial E(SALES|PRICE, ADVERT)}{\partial ADVERT} = \beta_3 + 2\beta_4 ADVERT \tag{5.24}$$

편미분 부호 '∂'는 식 (5.22)에서 사용한 미분 부호 'd' 대신에 사용되었다. 그 이유는 SALES는 두 변수 PRICE 및 ADVERT에 의존하는데 PRICE는 일정하다고 보았기 때문이다.

식 (5.24)의 $\partial E(SALES | PRICE, ADVERT)/\partial ADVERT$를 광고비가 판매수입에 미치는 한계효과(marginal effect)로 본다. 선형 함수에서는 기울기 또는 한계효과가 일정하지만, 비선형 함수에서는 하나 이상의 변수와 함께 변화한다. β_3 및 β_4의 기대되는 부호를 알아보기 위해서, ADVERT=0일 때 광고비 변화에 대한 판매수입의 반응은 양이 될 것으로 기대된다는 점에 주목하자. 즉 $\beta_3 > 0$으로 기대된다. 또한 수확체감이 이루어지기 위해서는 ADVERT가 증가함에 따라 반응이 감소하여야 한다. 즉 $\beta_4 < 0$으로 기대된다.

최소제곱법을 사용하여 식 (5.23)을 추정하면 다음과 같다.

$$\begin{aligned}\widehat{SALES} =\ & 109.72 - 7.640 PRICE + 12.151 ADVERT \\ (se)\quad & \quad(6.80)\quad (1.046)\qquad\quad (3.556) \\ & - 2.768 ADVERT^2 \\ & \quad(0.941)\end{aligned}$$

$$\tag{5.25}$$

$ADVERT^2$을 추가할 경우 어떤 말을 할 수 있는가? 이 변수의 계수는 음의 부호를 가질 것으로 기대되며 5% 유의수준에서 영과는 유의하게 상이하다. 나아가 ADVERT의 계수는 양의 부호를 가지며 유의하다. 광고비에 대한 판매수입의 추정된 반응은 다음과 같다.

$$\frac{\widehat{\partial SALES}}{\partial ADVERT} = 12.151 - 5.536 ADVERT$$

ADVERT값을 위의 식에 대입하면 다음과 같다. 광고비가 최솟값인 $500(ADVERT=0.5)인 경우 판매수입에 대한 광고비의 한계효과는 9.383인 반면에 $2,000(ADVERT=2)인 경우 한계효과는 1.079이다. 따라서 광고비에 대한 수확체감을 고려할 경우 통계적인 측면에서 그리고 광고비 변화에 대해 판매수입이 어떻게 변화할지에 관한 기대에 부합되는 측면 모두에서 모형을 향상시킬 수 있다.

앞의 정리문제에서 *SALES* 회귀식에 $ADVERT^2$을 포함시켜서, *ADVERT*의 *SALES*에 대한 한계효과가 *ADVERT*의 수준에 의존하도록 하는 효과에 어떤 영향을 미치는지 알아보았다. 한 변수의 한계효과가 다른 변수의 수준에 달려 있다면 무슨 일이 발생하는가? 이를 어떻게 모형화할 수 있는가? 예를 들면, *WAGE*($, 시간당 임금)를 교육 연수(*EDUC*) 및 경험 연수(*EXPER*)에 다음과 같이 연계시키는 임금식을 생각해보자.

$$WAGE = \beta_1 + \beta_2 EDUC + \beta_3 EXPER + \beta_4(EDUC \times EXPER) + e \quad (5.26)$$

또 다른 연도의 경험이 임금에 미치는 영향은 근로자의 교육 연수에 의존할 수 있으며, 마찬가지로 또 다른 연도의 교육이 임금에 미치는 영향은 근로자의 경험 연수에 의존할 수 있다. 이를 수식으로 나타내면 다음과 같다.

$$\frac{\partial E(WAGE|EDUC, EXPER)}{\partial EXPER} = \beta_3 + \beta_4 EDUC$$

$$\frac{\partial E(WAGE|EDUC, EXPER)}{\partial EDUC} = \beta_2 + \beta_4 EXPER$$

관련 자료를 사용하여 식 (5.26)을 추정하면 다음과 같다.

$$\widehat{WAGE} = -18.759 + 2.6557 EDUC + 0.2384 EXPER$$
$$(se) \quad (4.162) \quad (0.2833) \quad (0.1335)$$
$$- 0.002747(EDUC \times EXPER)$$
$$(0.009400)$$

음인 추정값 $b_4 = -0.002747$에 따르면, 교육 연수가 많을수록 추가적인 경험 연수는 임금에 더 적은 영향을 미칠 것으로 보인다. 마찬가지로 경험 연수가 많을수록 추가적인 교수 연수는 더 적은 영향을 미칠 것으로 보인다. 교육 연수가 8년인 사람의 경우 추가적인 경험 연수는 $0.2384 - 0.002747 \times 8 = \$0.22$의 임금 상승으로 이어진다. 반면에 교육 연수가 16년인 사람의 경우 추가적인 경험 연수는 $0.2384 - 0.002747 \times 16 = \$0.19$로 이어진다. 경험이 없는 사람의 경우 추가적인 교육 연수에 따른 추가적인 임금은 $2.66인 반면에 경험 연수가 20년인 사람의 경우 추가적인 교육 연수에 따른 추가적인 임금은 $2.6557 - 0.002747 \times 20 = \$2.60$으로 앞의 경우보다 적다. 하지만 그 차이는 크지 않다. 어쩌면 상호작용이 존재하지 않을 수도 있다(추정된 계수는 영과 유의하게 차이가 나지 않는다). 또는 어쩌면 모형 설정을 향상시킬 수 있을지도 모른다.

식 (5.26)에서는 *WAGE*를 종속변수로 사용한 반면에 이전에 정리문제 4.10에서 임금식을 고찰할 때는 ln(*WAGE*)를 종속변수로 선택하였다. 노동경제학자들은 ln(*WAGE*)를 선호하는 경향이 있는데, 그 이유는 교육 연수 또는 경험 연수의 변화가 *WAGE*의 절댓값 변화가 아닌 백분율 변화로 이어질 가능성이 더 높기 때문이다. 또한 임금의 분포는 보통 오른쪽으로 심하게 기울어진다. 대수를 취해서 얻은 분포는 정규분포에 보다 유사한 형태를 갖는다.

다음의 예에서는 식 (5.26)의 모형에 두 가지 변화를 주었다. *WAGE*를 ln(*WAGE*)로 대체하였고 변수 $EXPER^2$도 추가하였다. $EXPER^2$을 추가시켜 추가적인 경험 연수에

대한 수확체감을 포함시켰다. 경험 연수가 많은 숙련자에 대한 추가적인 경험 연수는 경험이 제한되거나 없는 신참자에 대한 추가적인 경험 연수보다 임금 상승에 더 적은 영향을 미친다. 따라서 다음과 같은 모형을 설정할 수 있다.

$$\ln(WAGE) = \beta_1 + \beta_2 EDUC + \beta_3 EXPER + \beta_4(EDUC \times EXPER) + \beta_5 EXPER^2 + e \quad (5.27)$$

여기에는 두 가지 한계효과가 있는데, 이는 100을 곱할 경우 추가적 경험 연수 및 교육 연수 각각으로 인해 발생하는 임금의 대략적인 백분율 변화를 알려준다.

$$\frac{\partial E[\ln(WAGE)|EDUC, EXPER]}{\partial EXPER} \qquad (5.28)$$
$$= \beta_3 + \beta_4 EDUC + 2\beta_5 EXPER$$

$$\frac{\partial E[\ln(WAGE)|EDUC, EXPER]}{\partial EDUC} = \beta_2 + \beta_4 EXPER \quad (5.29)$$

위의 식에서 상호작용항과 $EXPER$의 제곱항 둘 다를 포함하고 있다는 것은 경험에 대한 한계효과가 교육수준 및 경험 연수 모두에 의존한다는 의미이다. 관련 자료를 사용하여 (5.27)을 추정하면 다음과 같다.

$$\widehat{\ln(WAGE)} = 0.6792 \quad + 0.1359EDUC + 0.04890EXPER$$
$$\text{(se)} \quad (0.1561) \quad (0.0101) \qquad (0.00684)$$
$$- 0.001268(EDUC \times EXPER)$$
$$(0.000342)$$
$$- 0.0004741EXPER^2$$
$$(0.0000760)$$

위에서 모든 추정값들은 영과 유의하게 상이하다. 추가적인 경험 연수와 추가적인 교육 연수로 인한 임금의 백분율 변화에 대한 추정값은 표 5.4에 있다. 이 추정값들은 $EDUC=8$ 및 16, 그리고 $EXPER=0$ 및 20에 대해 식 (5.28)과 (5.29)를 사용하여 계산한 것이다. 기대한 바대로 추가적인 교육 연수의 가치는 교육 연수 8년 및 경험이 없는 사람의 경우에 가장 크며, 교육 연수 16년 및 경험 연수 20년인 사람의 경우에 가장 작다. 추가적인 교육 연수의 가치는 경험이 없는 사람의 경우에 비해 경험 연수가 20년인 사람의 경우에 $13.59 - 11.06 = 2.53$퍼센트 더 적은 것으로 추정된다.

표 5.4　임금의 백분율 변화

		% $\Delta WAGE/\Delta EXPER$		% $\Delta WAGE/\Delta EDUC$
		교육 연수		
		8	16	
경험 연수	0	3.88	2.86	13.59
	20	1.98	0.96	11.06

5.7 최소제곱 추정량의 대표본 특성

모집단의 모수에 관한 추론을 하기 위해서 OLS 추정량, 또는 실제로 어떤 다른 추정량의 유한 표본 특성을 활용할 수 있다는 사실은 좋은 일이다. 가정들이 정확하다면 표본크기에 상관없이 우리가 내린 결론은 정확한 절차에 기초한다고 신뢰할 수 있다. 하지만 지금까지 고려했던 가정들은 많은 자료들에 대해 너무 제한적일 가능성이 있다. 모수들의 일반함수에 대한 추론을 이행하는 데뿐만 아니라 덜 제한적인 가정을 수용하기 위해서, 표본크기가 무한대로 접근함에 따른 추정량의 특성은 대표본 특성에 대한 좋은 지침이 된다. 그것들은 언제나 어림셈이지만, 표본크기가 증가함에 따라 향상되는 어림셈이다. 대표본의 근사한 특성은 점근적 특성이라고 알려져 있다. 학생들은 언제나 묻고 교수는 언제나 피하고자 하는 질문은 "표본이 얼마나 커야 하는가?"이다. 교수는 언제나 회피하려고 하는데, 그 이유는 해당 물음에 대한 대답이 모형 추정량, 관심의 대상이 되는 모수들의 함수에 달려 있기 때문이다. $N = 30$이 적절할 수도 있고, 때에 따라서는 $N = 1,000$ 이상이 될 수도 있다.

이 절에서는 대표본(점근적) 특성의 일부를 소개하고, 이들이 필요한 일부 상황에 대해 논의할 것이다.

5.7.1 일치성

계량경제 추정량을 선택할 때는, 참이지만 알지 못하는 모수에 높은 확률로 근접하는 추정량을 구하 겠다는 목표를 갖고 선택을 하게 된다. 단순회귀 모형 $y_i = \beta_1 + \beta_2 x_i + e_i,\ \ i = 1, \cdots, N$을 생각해 보 자. 의사결정 목적을 달성하기 위해서, 참인 값에 매우 근접한 β_2의 추정값을 구하는 것이 충족되었 다고 가상하자. β_2에 '근접한' 추정값을 구할 확률은 다음과 같다.

$$P(\beta_2 - \varepsilon \leq b_2 \leq \beta_2 + \varepsilon) \tag{5.30}$$

표본크기 $N \rightarrow \infty$함에 따라 해당 확률이 1로 수렴한다면 추정량은 일치한다고 본다. 또는 극한의 개념 을 사용한다면 다음과 같은 경우 추정량 b_2는 일치한다.

$$\lim_{N \to \infty} P(\beta_2 - \varepsilon \leq b_2 \leq \beta_2 + \varepsilon) = 1 \tag{5.31}$$

이것은 무엇을 의미하는가? 그림 5.5는 표본크기 $N_4 > N_3 > N_2 > N_1$에 기초하여 최소제곱 추정량 b_2 에 대한 확률밀도 함수 $f(b_{N_i})$를 보여주고 있다. 표본크기가 증가함에 따라 확률밀도 함수 (*pdf*)는 점 점 더 폭이 좁아진다. 그 이유는 무엇 때문인가? 무엇보다도 MR1~MR5가 준수될 경우 최소제곱 추 정량은 불편하므로, $E(b_2) = \beta_2$가 된다. 이 특성은 모든 크기의 표본에서 참이다. 표본크기가 변하더 라도, *pdf*의 중심은 β_2에 계속 위치한다. 하지만 표본크기 N이 커짐에 따라 추정량 b_2의 분산은 더욱 작아진다. *pdf*의 중심은 $E(b_2) = \beta_2$에 계속 고정되고, 분산은 감소하여 $f(b_{N_i})$와 같은 확률밀도 함수가 된다. b_2가 구간 $\beta_2 - \varepsilon \leq b_2 \leq \beta_2 + \varepsilon$에 위치할 확률은 *pdf* 아래 이들 한계 사이의 면적이다. 표본크기 가 증가함에 따라 한계 내에 b_2가 위치할 확률은 증가하여 1에 근접하게 된다. 대표본에서 최소제곱 추정량은 높은 확률로 참인 모수에 근접하는 추정값을 제시할 수 있다고 본다.

N이 증가함에 따라 분산이 감소하는 이유를 평가하기 위해서, 다음과 같이 고쳐 쓴 OLS 추정량의 분산을 생각해 보자.

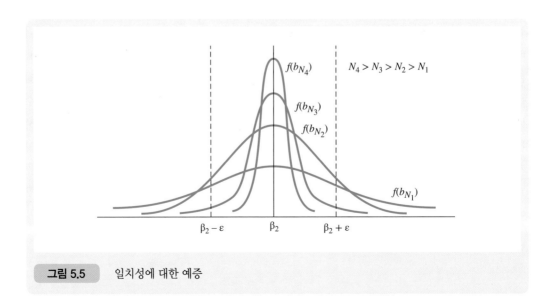

그림 5.5   일치성에 대한 예증

$$\operatorname{var}(b_2) = \sigma^2 E\left(\frac{1}{\sum_{i=1}^{N}(x_i - \bar{x})^2}\right) = \frac{\sigma^2}{N} E\left(\frac{1}{\sum_{i=1}^{N}(x_i - \bar{x})^2 / N}\right) = \frac{\sigma^2}{N} E\left[(s_x^2)^{-1}\right] = \frac{\sigma^2}{N} C_x$$

$$(5.32)$$

우리가 식에 도입한 N들은 상쇄된다는 점에 주목하자. x의 표본분산, $s_x^2 = \sum_{i=1}^{N}(x_i - \bar{x})^2 / N$ 측면에서 b_2에 대한 분산을 나타내기 위해서 이 요령이 사용되었다. 그러고 나서 $E\left[(s_x^2)^{-1}\right]$이 부담되고 위협적으로까지 보이기 때문에, 마지막 등식에서 표본분산의 역수에 대한 기댓값으로 상수 C_x를 정의하였다. 즉 $C_x = E\left[(s_x^2)^{-1}\right]$이다. 식 (5.32)의 마지막 결과는 $N \to \infty$ 함에 따라 $\operatorname{var}(b_2) \to 0$이 된다는 의미이다.

일치성(consistency)이란 특성은 많은 추정량, 유한표본에서 편의가 있는 추정량에도 적용된다. 예를 들면, 추정량 $\hat{\beta}_2 = b_2 + 1/N$은 편의가 있는 추정량이다. 편의의 크기는 다음과 같다.

$$\operatorname{bias}\left(\hat{\beta}_2\right) = E\left(\hat{\beta}_2\right) - \beta_2 = \frac{1}{N}$$

추정량 $\hat{\beta}_2$에 대해서 $N \to \infty$함에 따라 편의는 영으로 수렴한다. 즉 다음과 같다.

$$\lim_{N \to \infty} \operatorname{bias}\left(\hat{\beta}_2\right) = \lim_{N \to \infty}\left[E\left(\hat{\beta}_2\right) - \beta_2\right] = 0 \qquad (5.33)$$

이 경우 추정량은 점근적으로 불편한다(asymptotically unbiased)고 본다. 추정량에 대한 일치성은, 추정량이 불편하거나 점근적으로 불편한다는 사실을 보이며, 그리고 다음과 같이 $N \to \infty$함에 따라 그것의 분산이 영으로 수렴한다는 사실을 보일 때 확립될 수 있다.

$$\lim_{N \to \infty} \operatorname{var}\left(\hat{\beta}_2\right) = 0 \qquad (5.34)$$

식 (5.33) 및 (5.34)는 직관적이며, 추정량이 일치한다는 점을 확립하는 데 충분하다.

일치하는 추정량의 확률밀도 함수는 참인 모수 근처에 위치하게 되고 추정량 b_2가 참인 모수 β_2에 근접하게 될 확률은 1에 가까워지기 때문에, 추정량 b_2는 β_2에 '확률적으로 수렴한다'고 하며 여기서 '확률적으로'란 주요 요소인 식 (5.31)의 '근접하는' 확률이란 점을 깨닫게 해 준다. 이런 형태의 수렴을 설명하기 위해서 몇 가지 기호가 사용된다. 첫째, $b_2 \xrightarrow{p} \beta_2$이며, 여기서 화살표 위쪽에 있는 p는 'probability'를 의미한다. 둘째, $\operatorname*{plim}_{N \to \infty}(b_2) = \beta_2$이며, 여기서 'plim'은 'probability limit'를 간략히 나타낸 것이다. 일치성이란 단순히 불편성에 대해서 대표본의 대안적인 설명이 아니라 그 자체적으로 중요한 특성이다. 불편하지만 일치하지 않는 추정량을 구할 수 있다. 일치성이 결여될 경우 추정량이 불편하더라도 바람직하지 않은 것으로 생각된다.

5.7.2 점근적 정규성

$(b_k | \mathbf{X})$의 유한표본분포가 정규분포가 되고, 예를 들면, $t = (b_k - \beta_k)/\operatorname{se}(b_k)$와 같은 t-통계량이 구간추정 및 가설검정에 사용되는 정확한 t-분포를 갖기 위해서, 정규분포 가정 MR6: $(e_i | \mathbf{X}) \sim N(0, \sigma^2)$

이 필수적이라고 앞에서 언급하였다. 하지만 그러고 나서 정규성 가정이 준수되지 않는다고 모든 것이 상실되지는 않는다고 말하였다. 왜냐하면, 중심극한정리에 의해서 대표본인 경우 b_k의 분포는 대략적으로 정규분포하며, 구간 추정값 및 t-검정은 대략적으로 타당해지기 때문이다. 대표본의 개략적 분포를 점근적 분포(asymptotic distribution)라고 한다. 보다 복잡한 모형 및 추정량을 검토할 때 점근적 분포는 보다 절박하게 필요할 수 있다.

점근적 분포가 어떻게 작동하는지 평가하고 일부 기호를 소개하기 위해, 단순회귀 모형 $y_i = \beta_1 + \beta_2 x_i + e_i$, $i = 1, \cdots, N$에서의 OLS 추정량 b_2를 생각해 보자. b_2의 일치성이 의미하는 바는 $N \to \infty$함에 따라 b_2에 대한 pdf가 점 β_2로 몰입된다는 것이라고 말하였다. pdf가 단일 점으로 몰입될 경우 b_2에 대한 개략적인 대표본 분포를 어떻게 구할 수 있는가? 대신에 $\sqrt{N}b_2$의 분포를 생각해 보자. $E(b_2) = \beta_2$이고 식 (5.32)로부터 $\text{var}(b_2) = \sigma^2 C_x/N$라는 사실에 주목하자. 따라서 $E\left(\sqrt{N}b_2\right) = \sqrt{N}\beta_2$이고 다음과 같아진다.

$$\text{var}\left(\sqrt{N}b_2\right) = \left(\sqrt{N}\right)^2 \text{var}\left(b_2\right) = N\sigma^2 C_x/N = \sigma^2 C_x$$

즉 다음과 같다.

$$\sqrt{N}b_2 \sim \left(\sqrt{N}\beta_2, \sigma^2 C_x\right) \tag{5.35}$$

중심극한정리는 $N \to \infty$함에 따른 확률변수들의 합계(또는 평균)의 분포에 관심을 갖는다. 제2장의 식 (2.12)를 참조하면 $b_2 = \beta_2 + \left[\sum_{i=1}^{N}(x_i - \bar{x})^2\right]^{-1} \sum_{i=1}^{N}(x_i - \bar{x})e_i$이고, 이것으로부터 다음과 같이 나타낼 수 있다.

$$\sqrt{N}b_2 = \sqrt{N}\beta_2 + \left[s_x^2\right]^{-1} \frac{1}{\sqrt{N}}\sum_{i=1}^{N}(x_i - \bar{x})e_i$$

중심극한정리를 합계 $\sum_{i=1}^{N}(x_i - \bar{x})e_i/\sqrt{N}$에 적용하고 $\left[s_x^2\right]^{-1} \xrightarrow{p} C_x$를 활용하면, 평균 0, 분산 1을 갖도록 식 (5.35)를 정규화하여 구한 통계량이 대략적으로 정규분포한다는 사실을 보여줄 수 있다. 이를 명확하게 나타내면 다음과 같다.

$$\frac{\sqrt{N}(b_2 - \beta_2)}{\sqrt{\sigma^2 C_x}} \overset{a}{\sim} N(0, 1)$$

점근적 또는 대략적 분포를 나타내기 위해서 기호 $\overset{a}{\sim}$가 사용되었다. $\text{var}(b_2) = \sigma^2 C_x/N$를 기억한다면, 위의 결과를 다음과 같이 나타낼 수 있다.

$$\frac{(b_2 - \beta_2)}{\sqrt{\text{var}(b_2)}} \overset{a}{\sim} N(0, 1)$$

보다 자세히 살펴보면, 일치하는 추정량으로 알지 못하는 것을 대체하여도 통계량의 점근적 분포를 변화시키지 않는다고 하는 중요한 정리가 있다. 이 경우에 $\hat{\sigma}^2$은 σ^2에 대한 일치하는 추정량이며, $(s_x^2)^{-1}$은 C_x에 대한 일치하는 추정량이다. 따라서 다음과 같이 나타낼 수 있다.

$$t = \frac{\sqrt{N}(b_2 - \beta_2)}{\sqrt{\hat{\sigma}^2/s_x^2}} = \frac{(b_2 - \beta_2)}{\sqrt{\widehat{\text{var}}(b_2)}} = \frac{(b_2 - \beta_2)}{\text{se}(b_2)} \overset{a}{\sim} N(0, 1) \tag{5.36}$$

이것은 정확하게 구간 추정 및 가설검정에 대해 사용하는 t-통계량이다. 식 (5.36)의 결과가 의미하는 바는 가정 MR6이 충족되지 않을 때도 대규모 표본에서 이것을 사용하는 것이 정당화된다는 것이다. 한 가지 차이점은 우리가 지금은 통계량 't'의 분포가 't'가 아니라 대략적으로 정규분포한다고 보는 것이다. 하지만 $N \to \infty$함에 따라 t-분포는 정규분포로 근접하며, t 또는 정규분포를 대표본 어림셈으로 사용하는 것이 관례이다. 구간 추정 또는 가설검정에 대해 식 (5.36)을 사용한다는 것이 의미하는 바는 b_2는 평균 β_2 및 분산 $\widehat{\text{var}}(b_2)$를 가지며 정규분포하는 것처럼 우리가 행동한다는 것이기 때문에, 이 결과는 종종 다음과 같이 나타낼 수 있다.

$$b_2 \overset{a}{\sim} N\left(\beta_2, \widehat{\text{var}}(b_2)\right) \tag{5.37}$$

마지막으로, 위의 설명은 단순회귀 모형의 b_2 분포 측면에서 이루어졌지만, 이런 결과는 다중회귀 모형의 계수 추정량들에도 또한 준수된다.

5.7.3 가정의 완화

앞의 두 절에서 가정 MR1~MR5가 준수되고 MR6이 완화될 때, 최소제곱 추정량이 일치하며 점근적으로 정규분포한다고 설명하였다. 이 절에서는 강 외생성 가정 MR2: $E(e_i|\mathbf{X}) = 0$을 덜 제한적으로 만들기 위해 이를 수정할 때, 최소제곱 추정량의 특성에 관해 말할 수 있는 것을 살펴볼 것이다.

약화된 강 외생성 : 횡단면 자료 $E(e_i|\mathbf{X}) = 0$에 대한 수정은 먼저 횡단면 자료에서 알아보고 나서, 다음에 시계열 자료에서 생각해 보는 것이 편리하다. 횡단면 자료에 대해서, 2.2절에서 설명하고 2.10절에서 보다 형식을 갖춰 살펴본 무작위 표본추출 가정으로 돌아가 보자. 이 가정들을 다중회귀 모형으로 일반화하면서, 무작위 표본추출이 의미하는 바는 결합 관찰값 $(y_i, \mathbf{x}_i) = (y_i, x_{i1}, x_{i2}, \cdots, x_{iK})$가 독립적이며, 강 외생성 가정 $E(e_i|\mathbf{X}) = 0$은 $E(e_i|\mathbf{x}_i) = 0$으로 전환된다는 것이다. 무작위 표본추출하는 모형에 대한 이 가정과 나머지 가정하에서, 최소제곱 추정량은 최우수 선형 불편 추정량이다. 이제는 다음과 같은 보다 약한 가정으로 $E(e_i|\mathbf{x}_i) = 0$을 대체시킬 경우 갖는 의미를 살펴볼 것이다.

$$E(e_i) = 0 \text{ 그리고 } \text{cov}(e_i, x_{ik}) = 0, i = 1, 2, \cdots, N; k = 1, 2, \cdots, K\text{인 경우} \tag{5.38}$$

식 (5.38)이 더 약한 가정인 이유는 무엇 때문인가? 2.10절에서는 단순회귀의 틀에서 $E(e_i|\mathbf{x}_i) = 0$이 어떻게 식 (5.38)을 의미하는지 설명하였다. 하지만 정반대로는 적용되지 않는다. $E(e_i|\mathbf{x}_i) = 0$은 식

(5.38)을 의미하지만, 식 (5.38)은 $E(e_i|\mathbf{x}_i) = 0$을 반드시 의미하지는 않는다. $E(e_i|\mathbf{x}_i) = 0$이라고 가정할 경우 이것은 e_i를 예측하는 데 최우수 예측값이 영이라는 것을 의미한다. e_i를 예측하는 데 도움을 주는 $\mathbf{x}_i$의 정보는 존재하지 않는다. 반면에 $\text{cov}(e_i, x_{ik}) = 0$이라고 가정할 경우, 이것은 영보다 더 나은 e_i에 대한 선형 예측값이 존재하지 않는다는 것을 의미할 뿐이다. e_i를 예측하는 데 도움을 줄 수 있는 $\mathbf{x}_i$의 비선형 함수를 배제하지는 않는다.

식 (5.38)에서 더 약한 가정을 고려하는 것이 유용한 이유는 무엇 때문인가? 첫째, 추정량이 바람직한 특성을 갖는 가정이 약해질수록 해당 추정량이 적용되는 범위는 더 넓어진다. 둘째, 제10장에서 알아보겠지만, 가정 $\text{cov}(e_i, x_{ik}) = 0$이 위배될 경우 내생적 설명변수 문제를 고려할 수 있는 좋은 틀을 제공해 준다.

식 (5.38)의 외견상 악의가 없는 약화된 가정이 의미하는 바는, 최소제곱 추정량이 불편하다는 사실을 더 이상 보여줄 수 없다는 것이다. 단순회귀 모형 $y_i = \beta_1 + \beta_2 x_i + e_i$에서 β_2에 대한 최소제곱 추정량을 생각해 보자. 식 (2.11) 및 (2.12)에서 다음을 구할 수 있다.

$$b_2 = \beta_2 + \frac{\sum_{i=1}^{N}(x_i - \bar{x})e_i}{\sum_{i=1}^{N}(x_i - \bar{x})^2} \tag{5.39}$$

$$E(b_2) = \beta_2 + E\left(\frac{\sum_{i=1}^{N}(x_i - \bar{x})e_i}{\sum_{i=1}^{N}(x_i - \bar{x})^2}\right) \tag{5.40}$$

$E(e_i) = 0$ 및 $\text{cov}(e_i, x_{ik}) = 0$은 $E(x_i, e_i) = 0$을 의미하지만, 식 (5.39)의 마지막 항은 이것보다 더 복잡하다. 그것은 e_i와 x_i 함수 사이의 공분산을 포함한다. 이 공분산이 반드시 영은 아니며, 이는 $E(b_2) \neq \beta_2$를 의미한다. 하지만 b_2가 일치한다는 것을 보여줄 수 있다. 식 (5.39)를 다음과 같이 다시 쓸 수 있다.

$$b_2 = \beta_2 + \frac{\frac{1}{N}\sum_{i=1}^{N}(x_i - \bar{x})e_i}{\frac{1}{N}\sum_{i=1}^{N}(x_i - \bar{x})^2} = \beta_2 + \frac{\widehat{\text{cov}}(e_i, x_i)}{\widehat{\text{var}}(x_i)} \tag{5.41}$$

무작위 표본으로부터 계산한 표본 평균, 표본 분산, 표본 공분산은 모집단의 이에 상응하는 것의 일치하는 추정량이므로, 다음과 같이 나타낼 수 있다.

$$\widehat{\text{cov}}(e_i, x_i) \xrightarrow{p} \text{cov}(e_i, x_i) = 0 \tag{5.42a}$$

$$\widehat{\text{var}}(x_i) \xrightarrow{p} \sigma_x^2 \tag{5.42b}$$

따라서 식 (5.41)의 두 번째 항은 확률적으로 영으로 수렴하며, 그리고 $b_2 \xrightarrow{p} \beta_2$이다. 식 (5.36) 및 (5.37)에서 살펴본 것처럼 b_2의 점근적 분포가 정규분포한다는 것도 또한 참이다.

약화된 강 외생성 : 시계열 자료   시계열 자료를 살펴보면, 관찰값 $(y_t, \mathbf{x}_t)$, $t = 1, 2, \cdots, T$는 무작위 표본

추출을 통해 수집되지 않으며 이들이 독립적이라고 가정하는 것은 더 이상 합리적이지 않다. 설명변수들은 거의 확실하게 시간이 흐름에 따라 상관될 것이며, 가정 $E(e_t|\mathbf{X}) = 0$이 위배될 가능성은 실제로 매우 강하다. 그 이유를 알아보기 위해서 $E(e_t|\mathbf{X}) = 0$이 의미하는 것이 다음과 같다는 점에 주목하자.

$$E(e_t) = 0 \text{ 그리고 } \mathrm{cov}(e_t, x_{sk}) = 0 \quad t, s = 1, 2, \cdots, T; k = 1, 2, \cdots, K\text{인 경우} \quad (5.43)$$

위의 결과에 따르면, 매 시간적 기간의 오차들은 매 시간적 기간의 모든 설명변수들과 상관되지 않는다. 2.10.2절에서는 이 가정이 어떻게 위배되는지에 관한 세 가지 사례를 살펴보았다. 이제는 이들 사례를 점검해 볼 좋은 기회이다. 이들을 보강하기 위해서 단순회귀 모형 $y_t = \beta_1 + \beta_2 x_t + e_t$를 생각해 보자. 이 모형은 $t = 1, 2, \cdots, T$인 시계열 관찰값을 갖고 추정된다. x_t는 정책변수이고 이들의 상황이 과거의 결과 $y_{t-1}, y_{t-2}, \cdots$에 달려 있다면, x_t는 이전의 오차 $e_{t-1}, e_{t-2}, \cdots$과 상관된다. 이전 기간 관찰값에 대한 식 $y_{t-1} = \beta_1 + \beta_2 x_{t-1} + e_{t-1}$을 보면 명백해진다. x_t가 y_{t-1}과 상관된다면, y_{t-1}은 e_{t-1}에 직접적으로 의존하므로 x_t도 또한 e_{t-1}과 상관된다. x_t가 y_t의 시차가 있는 값인 경우, 이런 상관이 특히 분명해진다. 즉 $y_t = \beta_1 + \beta_2 y_{t-1} + e_t$가 된다. 이런 형태의 모형을 자기상관 모형이라고 하며 제9장에서 살펴볼 것이다.

$s \neq t$인 경우 $\mathrm{cov}(e_t, x_{sk}) = 0$에 대한 있음 직한 위반은 $E(e_t|\mathbf{X}) = 0$이 위배되었다는 것을 의미하며, 이것은 다시 최소제곱 추정량이 불편한다는 사실을 보여줄 수 없다는 것을 의미한다. 하지만 그것이 일치한다는 사실을 보여주는 것은 가능하다. 일치성을 보여주기 위해서 먼저 같은 시기에 오차와 설명변수가 상관되지 않는다고 가정하여야 한다. 즉 식 (5.43)을 덜 제한적이며 보다 현실적인 가정으로 다음과 같이 수정한다.

$$E(e_t) = 0 \text{ 그리고 } \mathrm{cov}(e_t, x_{tk}) = 0, \quad t = 1, 2, \cdots, T; k = 1, 2, \cdots, K\text{인 경우} \quad (5.44)$$

식 (5.44)를 충족시키는 오차 및 설명변수는 동시기적으로 상관되지 않는다고 한다. $t \neq s$인 경우 $\mathrm{cov}(e_t, x_{sk}) = 0$이라고 주장하지 않는다. 이제는 다음과 같이 시계열 관찰값 측면에서 표현한 식 (5.41)을 다시 생각해 보자.

$$b_2 = \beta_2 + \frac{\frac{1}{T}\sum_{t=1}^{T}(x_t - \bar{x})e_t}{\frac{1}{T}\sum_{t=1}^{T}(x_t - \bar{x})^2} = \beta_2 + \frac{\widehat{\mathrm{cov}}(e_t, x_t)}{\widehat{\mathrm{var}}(x_t)} \quad (5.45)$$

식 (5.45)는 횡단면 관찰값에 대해서와 마찬가지로 계속해서 타당하다. b_2의 일치성을 확실히 하기 위해서는 설명변수들이 독립적이지 않을 때, 유한한 σ_x^2을 가지면서 다음과 같은 사항이 계속 참인지에 대해 알아보아야 한다.

$$\widehat{\mathrm{cov}}(e_t, x_t) \xrightarrow{p} \mathrm{cov}(e_t, x_t) = 0 \quad (5.46a)$$

$$\widehat{\mathrm{var}}(x_t) \xrightarrow{p} \sigma_x^2 \quad (5.46b)$$

x가 '지나치게 의존적'인 경우만 아니라면 대답은 '긍정적'이다. x_t들이 시간적으로 멀리 떨어짐에 따라 이들의 상관이 감소한다면 식 (5.46)의 결과는 준수된다. 제9장과 제12장에서는 시계열 회귀에서 설명변수들의 행태가 갖는 의미를 추가적으로 논의할 것이다. 당장은 이들의 행태가 식 (5.46)이 준수될 수 있을 정도로 충분히 순응적이라서 최소제곱 추정량이 일치한다고 가정한다. 동시에 시계열 자료를 활용할 경우 최소제곱 추정량이 불편할 것 같지는 않다는 점을 인정해야 한다. 점근적 정규성 (asymptotic normality)은 중심극한정리로 보여줄 수 있으며, 이것은 구간 추정 및 가설검정을 위해서 식 (5.36) 및 (5.37)을 사용할 수 있다는 의미이다.

5.7.4 계수의 비선형 함수에 대한 추론

대표본 또는 점근 분포의 필요성은 가정 MR1~MR6이 완화되는 상황에 한정되지 않는다. 이들 가정이 준수된다고 하더라도, 관심을 갖고 있는 양이 계수들의 비선형 함수를 포함할 경우 대표본 이론을 활용하여야 한다. 이런 문제를 소개하기 위해 빅 앤디스 버거 반의 경우로 돌아가 광고의 최적 수준을 살펴볼 것이다.

정리문제 5.17   광고의 최적 수준

경제이론에 따르면 한계편익이 한계비용보다 더 큰 모든 행위를 이행하도록 한다. 빅 앤디스 버거 반이 최적의 광고비 지출 수준을 선택하려 할 때도 이런 최적화 원칙이 적용된다. SALES가 판매수입 또는 총수입을 의미한다는 사실을 상기해 보면, 이 경우에 한계편익은 광고 증가에 따른 한계수입이 된다. 식 (5.24)로부터 구하고자 하는 한계수입은 광고 증가에 따른 한계효과 $\beta_3 + 2\beta_4 ADVERT$라는 사실을 알 수 있다. 광고 \$1의 한계비용은 \$1에 효과적인 광고로 인해 추가적으로 판매된 물품을 준비하는 데 드는 비용을 더한 값이다. 후자 비용을 무시할 경우, 광고비 \$1의 한계비용은 \$1가 된다. 따라서 광고는 다음과 같은 점까지 증가되어야 한다.

$$\beta_3 + 2\beta_4 ADVERT_0 = 1$$

여기서 $ADVERT_0$는 최적의 광고 수준을 의미한다. (5.25)의 β_3 및 β_4에 대한 최소제곱 추정값을 사용하여 $ADVERT_0$의 점 추정값을 구하면 다음과 같다.

$$\widehat{ADVERT_0} = \frac{1-b_3}{2b_4} = \frac{1-12.1512}{2 \times (-2.76796)} = 2.014$$

이 식이 의미하는 바는 최적의 월간 광고비 지출액이 \$2,014라는 것이다.

이 추정값의 신뢰성을 평가하기 위해서는 $(1-b_3)/2b_4$에 대한 표준오차 및 구간 추정값이 필요하다. 이것은 다루기 힘든 문제이며, 해결하기 위해서는 미적분법을 사용하여야 한다. 지금까지 했던 것보다 더 어려운 문제는 b_3 및 b_4의 비선형 함수(nonlinear function)를 포함한다는 사실이다. 비선형 함수의 분산은 도출하기가 어렵다. 선형 함수, 즉 $c_3 b_3 + c_4 b_4$의 분산이 다음과 같다는 사실을 기억하자.

$$\text{var}(c_3 b_3 + c_4 b_4) = c_3^2 \text{var}(b_3) + c_4^2 \text{var}(b_4) + 2 c_3 c_4 \text{cov}(b_3, b_4) \tag{5.47}$$

$(1-b_3)/2b_4$의 분산을 구하는 문제는 간단하지 않다. 우리가 할 수 있는 최선책은 대표본에서 타당한 어림식을 구하는 것이다. 어림 분산식은 다음과 같다.

$$\text{var}(\hat{\lambda}) = \left(\frac{\partial \lambda}{\partial \beta_3}\right)^2 \text{var}(b_3) + \left(\frac{\partial \lambda}{\partial \beta_4}\right)^2 \text{var}(b_4) + 2\left(\frac{\partial \lambda}{\partial \beta_3}\right)\left(\frac{\partial \lambda}{\partial \beta_4}\right) \text{cov}(b_3, b_4) \tag{5.48}$$

위의 식은 단지 $\hat{\lambda} = (1-b_3)/2b_4$에만 아니라 2개 추정량의 모든 비선형 함수에도 적용된다. 또한 선형인 경우(여기서는 $\lambda = c_3\beta_3 + c_4\beta_4$ 및 $\hat\lambda = c_3 b_3 + c_4 b_4$), 식 (5.48)은 식 (5.47)로 변형된다.[1]

식 (5.48)을 이용하여 $\hat\lambda = \widehat{ADVERT_0} = (1 - b_3)/2b_4$의 분산을 추정하고 표준오차를 구할 것이며, 이를 이용하여 $\lambda = ADVERT_0 = (1 - \beta_3)/2\beta_4$의 구간 추정값을 구할 것이다. 식 (5.48)에서 사용된 미분법에 익숙하지 않더라도 걱정할 필요는 없으며 대부분의 소프트웨어는 자동적으로 표준오차를 계산하여 제공해 준다.

필요한 도함수는 다음과 같다.

$$\frac{\partial\lambda}{\partial\beta_3} = -\frac{1}{2\beta_4}, \quad \frac{\partial\lambda}{\partial\beta_4} = -\frac{1-\beta_3}{2\beta_4^2}$$

$\mathrm{var}(\hat\lambda)$를 추정하기 위해서 최소제곱 추정값 b_3 및 b_4를 활용하여 이들 도함수의 값을 구해 보자.

최적 광고 수준의 추정된 분산에 대해서는 다음과 같다.

$$\widehat{\mathrm{var}}(\hat\lambda) = \left(-\frac{1}{2b_4}\right)^2 \widehat{\mathrm{var}}(b_3) + \left(-\frac{1-b_3}{2b_4^2}\right)^2 \widehat{\mathrm{var}}(b_4)$$
$$+ 2\left(-\frac{1}{2b_4}\right)\left(-\frac{1-b_3}{2b_4^2}\right)\widehat{\mathrm{cov}}(b_3, b_4)$$
$$= \left(\frac{1}{2 \times 2.768}\right)^2 \times 12.646$$

$$+ \left(\frac{1 - 12.151}{2 \times 2.768^2}\right)^2 \times 0.88477$$
$$+ 2\left(\frac{1}{2 \times 2.768}\right)\left(\frac{1 - 12.151}{2 \times 2.768^2}\right) \times 3.2887$$
$$= 0.016567$$

그리고

$$\mathrm{se}(\hat\lambda) = \sqrt{0.016567} = 0.1287$$

이제는 $\lambda = ADVERT_0$에 대한 95% 구간 추정값을 구할 수 있게 되었다. 식 (5.16) 및 5.4.2절에서 계수의 선형결합을 다루기 위해서 $(\hat\lambda - \lambda)/\mathrm{se}(\hat\lambda) \sim t_{(N-K)}$를 사용하였다. 5.7.2절에 기초하여 이는 비선형 함수에 대해서도 정확하게 동일한 방법으로 사용될 수 있다. 하지만 차이점은 대표본의 경우 오차가 정규분포하더라도 어림식일 뿐이라는 점이다. 따라서 $ADVERT_0$에 대한 대략적인 95% 구간 추정값은 다음과 같다.

$$\left[\hat\lambda - t_{(0.975,71)}\mathrm{se}(\hat\lambda),\ \hat\lambda + t_{(0.975,71)}\mathrm{se}(\hat\lambda)\right]$$
$$= [2.014 - 1.994 \times 0.1287,\ 2.014 + 1.994 \times 0.1287]$$
$$= [1.757,\ 2.271]$$

광고의 최적 수준은 $1,757과 $2,271 사이에 위치한다고 95% 신뢰로 추정한다.

🧮 정리문제 5.18 얼마나 많은 경험이 임금을 극대화하는가?

정리문제 5.16에서 다음과 같은 임금식을 추정하였다.

$$\ln(WAGE) = \beta_1 + \beta_2 EDUC + \beta_3 EXPER$$
$$+ \beta_4(EDUC \times EXPER) + \beta_5 EXPER^2 + e$$

경험에 대한 2차 함수 항이 갖는 의미 중 하나는 경험 연수가 증가함에 따라 임금이 어느 점까지는 상승하고 그 다음에는 감소한다는 것이다. $WAGE$를 극대화하는 경험 연수에 관심을 갖고 있다고 가상하자. 임금식을 $EXPER$에 대해서 미분하고 나서, 첫 번째 미분식을 영이라 놓고 $EXPER$에 대해서 풀면 이 값을 구할 수 있다. 종속변수

가 $WAGE$가 아니라 $\ln(WAGE)$라고 한 것이 문제가 되지는 않는다. $\ln(WAGE)$를 극대화하는 $EXPER$의 값은 또한 $WAGE$를 극대화한다. 식 (5.28)의 첫 번째 미분식을 영이라 놓고 $EXPER$에 대해 풀면 다음과 같다.

$$EXPER_0 = \frac{-\beta_3 - \beta_4 EDUC}{2\beta_5}$$

임금을 극대화하는 값은 교육 연수에 달려 있다. 교육 연수가 16년인 사람의 경우는 다음과 같다.

---

1 대략적인 분산 식을 구하기 위해 식 (5.48)을 사용할 경우 이를 델타 방법(delta method)이라고 한다.

$$EXPER_0 = \frac{-\beta_3 - 16\beta_4}{2\beta_5}$$

이 함수의 추정값에 대한 표준오차를 구하는 작업은 지루한 과정을 거쳐야 한다. β_3, β_4, β_5에 대해서 미분을 하여야 하고, 3개 분산과 3개 공분산을 포함하는 분산식을 풀어야 한다. 이 경우 식 (5.48)을 3개 계수로 확장하여야 한다. 계량경제 소프트웨어를 사용하여 이 문제를 해결할 수 있으며, 이를 통해 구한 값은 다음과 같다. $\widehat{EXPER_0}$ =30.17, se($\widehat{EXPER_0}$)=1.7896. 따라서 $WAGE$를 극대화하는 경험 연수의 95% 구간 추정값은 다음과 같다.

$$\left[\widehat{EXPER_0} - t_{(0.975,1195)}\text{se}\left(\widehat{EXPER_0}\right),\right.$$

$$\left.\widehat{EXPER_0} + t_{(0.975,1195)}\text{se}\left(\widehat{EXPER_0}\right)\right]$$

관련값을 대입하면 다음과 같다.

$$(30.17 - 1.962 \times 1.7896, \ 30.17 + 1.962 \times 1.7896)$$
$$= (26.7, \ 33.7)$$

임금을 극대화하는 경험 연수는 26.7년과 33.7년 사이에 위치한다고 추정한다.

주요 용어

• **국문**

강하게 외생적	오차분산 추정량	최소제곱 추정값
공분산 행렬	유한표본	최소제곱 추정량
공선성	일치성	최우수 선형 불편 추정량
구간 추정값	임계값	통제변수
다중회귀 모형	점근적 분포	표본추출 분포
다중회귀 함수	점근적 정규성	표본추출 특성
대표본 특성	점근적 특성	프리슈-워-로벨 정리(FWL 정리)
분산-공분산 행렬	정규 최소제곱	회귀의 표준오차
양측검정	제곱한 오차의 합	회귀함수

• **영문**

asymptotic distribution	error variance estimator	ordinary least square
asymptotic normality	finite sample	regression function
asymptotic property	Frisch-Waugh-Lovell Theorem(FWL theorem)	sampling distribution
Best Linear Unbiased Estimators(BLUE)		sampling property
collinearity	interval estimate	standard error of the regression
consistency	large sample property	strictly exogenous
control variable	least squares estimate	sum of squared errors
covariance matrix	least squares estimator	two-tail test
critical value	multiple regression function	variance-covariance matrix
	multiple regression model	

복습용 질문

1. 다중회귀 모형을 인식하고 해당 모형의 계수가 갖는 의미를 설명하시오.

2. 다중회귀 모형에 대한 가정의 의미를 이해하고 설명하시오.

3. 컴퓨터를 이용하여 다중회귀 모형 계수의 최소제곱 추정값을 구하시오. 추정값의 의미를 해석하시오.

4. 가우스-마코프 정리의 의미를 설명하시오.

5. 다중회귀 모형에서 R^2을 계산하고 그 의미를 설명하시오.

6. 프리슈-워-로벨 정리를 설명하고 그것이 어떻게 작용하는지 보여주기 위한 예를 추정하시오.

7. 컴퓨터를 이용하여 다중회귀 모형의 추정된 계수에 대한 분산 및 공분산의 추정값과 표준오차를 구하시오.

8. 계수 분산(그리고 표준오차)이 상대적으로 높은 상황과 상대적으로 낮은 상황을 설명하시오.

9. 단일계수 및 계수들의 선형결합에 대한 구간 추정값을 구하시오. 그리고 구간 추정값의 의미를 해석하시오.

10. 다중회귀 모형의 단일계수 및 계수들의 선형결합에 관한 가설을 검정하시오. 특히 다음 사항에 대해 설명하시오.

    (a) 단측검정과 양측검정의 차이는 무엇인가?

    (b) 단측검정의 p-값을 어떻게 계산하는가?

양측검정의 경우는 어떠한가?

    (c) '계수의 유의성 검정'이 의미하는 바는 무엇인가?

    (d) 컴퓨터 분석 결과에 있는 t-값 및 p-값이 의미하는 바는 무엇인가?

    (e) 계수 추정값들의 선형결합에 관한 표준오차를 어떻게 계산하는가?

11. 다항 및 상호작용 변수가 포함된 다중회귀 모형을 추정하고 해석하시오.

12. 상호작용 변수가 포함된 다항회귀 및 모형에서의 한계효과에 대한 점 추정값 및 구간 추정값을 구하고 가설을 검정하시오.

13. 추정량의 유한분포 특성과 대표본 특성 사이의 차이를 설명하시오.

14. 일치성과 접근적 정규성이 의미하는 바를 설명하시오.

15. 최소제곱 추정량의 유한분포 특성을 활용할 수 있는 상황과 점근적 특성이 요구되는 상황을 설명하시오.

16. 컴퓨터를 사용하여 추정량들의 비선형 함수의 표준오차를 계산하시오. 해당 표준오차를 사용하여 계수들의 비선형 함수에 관한 구간 추정값을 구하고 가설을 검정하시오.

연습문제

5.1 다음의 다중회귀 모형을 생각해 보자.

$$y_i = x_{i1}\beta_1 + x_{i2}\beta_2 + x_{i3}\beta_3 + e_i$$

y_i, x_{i1}, x_{i2}, x_{i3}에 대한 7개 관찰값이 표 5.5에 있다.

계산기 또는 스프레드시트를 사용하여 다음 물음에 답하시오.

a. 평균에 대한 편차 측면에서 자료의 값을 계산하시오. 즉 다음 값을 구하시오.

$$x_{i2}^* = x_{i2} - \bar{x}_2, \quad x_{i3}^* = x_{i3} - \bar{x}_3, \quad y_i^* = y_i - \bar{y}$$

b. $\sum y_i^* x_{i2}^*$, $\sum x_{i2}^{*2}$, $\sum y_i^* x_{i3}^*$, $\sum x_{i2}^* x_{i3}^*$, $\sum x_{i3}^{*2}$를 계산하시오.

표 5.5 연습문제 5.1에 대한 자료

y_i	x_{i1}	x_{i2}	x_{i3}
1	1	0	1
1	1	1	-2
4	1	2	2
0	1	-2	1
1	1	1	-2
-2	1	-2	-1
2	1	0	1

    c. 최소제곱 추정값 b_1, b_2, b_3를 구하시오.

    d. 최소제곱 잔차 $\hat{e}_1$, $\hat{e}_2$, $\cdots$, $\hat{e}_7$을 구하시오.

    e. 분산 추정값 $\hat{\sigma}^2$을 구하시오.

    f. x_2와 x_3 사이의 표본상관을 구하시오.

    g. b_2의 표준오차를 구하시오.

    h. SSE, SST, SSR, R^2을 구하시오.

5.2 연습문제 5.1에 대한 대답을 활용하여 다음 물음에 답하시오.

    a. β_2에 대한 95% 구간 추정값을 계산하시오.

    b. 대립가설 $H_1 : \beta_2 \neq 1.25$에 대응하는 가설 $H_0 : \beta_2 = 1.25$를 검정하시오.

5.3 주류에 지출된 가계 예산의 비중(백분율) $WALC$를 총지출 $TOTEXP$, 가계의 자녀 수 NK, 가장의 연령 AGE에 연계시킨 다음의 모형을 생각해 보자.

$$WALC = \beta_1 + \beta_2 \ln(TOTEXP) + \beta_3 NK + \beta_4 AGE + e$$

런던시에서 수집한 1,200개의 관찰값을 활용하여 이 모형을 추정하였다. 표 5.6은 분석 결과의 일부를 보여준다.

표 5.6 연습문제 5.3에 대한 분석 결과

Dependent Variable : $WALC$
Included observations : 1200

Variable	Coefficient	Std. Error	t-Statistic	Prob.
C	1.4515	2.2019		0.5099
ln($TOTEXP$)	2.7648		5.7103	0.0000
NK		0.3695	-3.9376	0.0001
AGE	-0.1503	0.0235	-6.4019	0.0000

R-squared		Mean dependent var		6.19434
S.E. of regression		S.D. dependent var		6.39547
Sum squared resid	46221.62			

    a. 표 5.6에 있는 다음과 같은 공란의 값을 구하시오.

      i. b_1의 t-통계량

     ii. b_2의 표준오차

    iii. 추정값 b_3

    iv. R^2

    v. $\hat{\sigma}$

b. 추정값 b_2, b_3, b_4가 갖는 의미를 설명하시오.

c. β_4에 대한 95% 구간 추정값을 계산하시오. 이 구간 추정값이 갖는 의미를 설명하시오.

d. 각 계수 추정값들은 5% 유의수준에서 유의한가? 이유를 설명하시오.

e. 자녀가 한 명 추가됨에 따라 주류의 예산에서의 평균 비중(백분율)이 2퍼센트만큼 감소한다는 가설을 검정해 보자. 이에 대한 대립가설은 감소가 2퍼센트가 아니라는 것이다. 5% 유의수준을 사용하시오.

5.4 주류에 지출된 가계 예산의 비중(백분율) *WALC*를 총지출 *TOTEXP*, 가계의 자녀 수 *NK*, 가장의 연령 *AGE*에 연계시킨 다음의 모형을 생각해 보자.

$$WALC = \beta_1 + \beta_2 \ln(TOTEXP) + \beta_3 NK + \beta_4 AGE + \beta_5 AGE^2 + e$$

런던시에서 수집한 1,200개 관찰값을 활용하여 이 모형을 추정하였다. 표 5.7은 분석 결과의 일부를 보여주고 있다. 공분산 행렬은 계수 b_3, b_4, b_5와 연계된다.

a. 자녀 수가 한 명 추가될 때 주류의 예산에서의 평균 비중(백분율)의 변화에 대한 점 추정값과 95% 구간 추정값을 구하시오.

b. (i) *AGE* = 25, (ii) *AGE* = 50, (iii) *AGE* = 75일 때, 주류의 예산에서의 평균 비중(백분율)에 미치는 *AGE*의 한계효과에 대한 점 추정값 및 95% 구간 추정값을 구하시오.

c. 주류의 예산에서의 평균 비중(백분율)이 최소인 연령에 대한, 점 추정값 및 95% 구간 추정값을 구하시오.

표 5.7   연습문제 5.4에 대한 분석 결과

	Variable	Coefficient	
	C	8.149	
	$\ln(TOTEXP)$	2.884	
	NK	− 1.217	
	AGE	− 0.5699	
	AGE^2	0.005515	
	Covariance matrix		
	NK	*AGE*	AGE^2
NK	0.1462	− 0.01774	0.0002347
AGE	− 0.01774	0.03204	− 0.0004138
AGE^2	0.0002347	− 0.0004138	0.000005438

d. (a), (b), (c)에서 구한 점 추정값 및 구간 추정값에서 발견한 것을 요약하시오.

e. **X**는 모든 설명변수들에 대한 모든 관찰값들을 나타낸다. $(e\,|\,\mathbf{X})$가 정규분포하는 경우, 위의 구간 추정값들 중 어느 것이 유한표본에서 타당한가? 어느 것이 대규모 표본 어림셈에 의존하는가?

f. $(e\,|\,\mathbf{X})$가 정규분포하지 않는 경우, 위의 구간 추정값들 중 어느 것이 유한표본에서 타당한가? 어느 것이 대규모 표본 어림셈에 의존하는가?

5.5 다음의 두 가지 시계열 회귀 모형 각각에 대해서 MR1~MR6이 준수된다고 가정하고, $\mathrm{var}(b_2\,|\,\mathbf{x})$를 구하시오. 그리고 $\lim_{T\to\infty}\mathrm{var}(b_2\,|\,\mathbf{x})=0$인지 여부를 점검함으로써 최소제곱 추정량이 일치하는지 여부를 검토하시오.

a. $y_t=\beta_1+\beta_2 t+e_t$, $t=1,\,2,\cdots,\,T$. 다음 사실에 주목하시오. $\mathbf{x}=(1,\,2,\cdots,\,\mathrm{T})$, $\sum_{t=1}^{T}\big(t-\bar{t}\big)^2=\sum_{t=1}^{T}t^2-\big(\sum_{t=1}^{T}t\big)^2/T$, $\sum_{t=1}^{T}t=T(T+1)/2$ 그리고 $\sum_{t=1}^{T}t^2=T(T+1)(2T+1)/6$.

b. $y_t=\beta_1+\beta_2(0.5)^t+e_t$, $t=1,\,2,\cdots,\,T$. 여기서 $\mathbf{x}=\big(0.5,\,0.5^2,\cdots,\,0.5^T\big)$이다. 첫 항이 r이고 공비가 r인 등비수열의 합은 다음과 같다.

$$S=r+r^2+r^3+\cdots+r^n=\frac{r(1-r^n)}{1-r}$$

c. 이들 결과에 대한 직관적인 설명을 하시오.

5.6 63개의 관찰값 표본에서 최소제곱 추정값과 그에 상응하는 추정된 공분산 행렬은 다음과 같다.

$$\begin{bmatrix} b_1 \\ b_2 \\ b_3 \end{bmatrix}=\begin{bmatrix} 2 \\ 3 \\ -1 \end{bmatrix} \qquad \widehat{\mathrm{cov}}\big(b_1,b_2,b_3\big)=\begin{bmatrix} 3 & -2 & 1 \\ -2 & 4 & 0 \\ 1 & 0 & 3 \end{bmatrix}$$

5% 유의수준과 등식이 성립하지 않는다는 대립가설을 활용하여, 다음의 귀무가설 각각을 검정하시오.

a. $\beta_2=0$

b. $\beta_1+2\beta_2=5$

c. $\beta_1-\beta_2+\beta_3=4$

5.7 $N=203$개 관찰값을 사용하여 모형 $y=\beta_1+\beta_2 x_2+\beta_3 x_3+e$를 추정하고 나서, 다음과 같은 정보를 얻었다. $\sum_{i=1}^{N}\big(x_{i2}-\bar{x}_2\big)^2=1780.7$, $\sum_{i=1}^{N}\big(x_{i3}-\bar{x}_3\big)^2=3453.3$, $b_2=0.7176$, $b_3=1.0516$, $SSE=6800.0$, $r_{23}=0.7087$.

a. 최소제곱 추정값 b_2 및 b_3의 표준오차는 무엇인가?

b. 5% 유의수준을 사용하여, 대립가설 $H_1:\beta_2\neq0$에 대한 가설 $H_0:\beta_2=0$을 검정하시오.

c. 10% 유의수준을 사용하여, 대립가설 $H_1:\beta_3>0.9$에 대한 가설 $H_0:\beta_3\leq0.9$를 검정하시오.

d. $\widehat{\mathrm{cov}}\big(b_2,\,b_3\big)=-0.019521$이 주어진 경우, 1% 유의수준을 사용하여 대립가설 $H_1:\beta_2\neq\beta_3$에 대한 가설 $H_0:\beta_2=\beta_3$를 검정하시오.

5.8 1996년 올림픽 경기에서 서로 경쟁을 하여 최소한 1개의 메달을 획득한 79개 국가가 있다.

이들 각국에 대해, *MEDALS*는 획득한 총메달 수, *POPM*은 백만 명을 단위로 측정한 인구, *GDPB*는 1995년의 십억 달러 단위로 측정한 GDP를 나타낸다. 이들 자료를 사용하여 회귀 모형 $MEDALS = \beta_1 + \beta_2 POPM + \beta_3 GDPB + e$를 추정한 결과는 다음과 같다.

$$\widehat{MEDALS} = 5.917 + 0.01813\,POPM + 0.01026\,GDPB \qquad R^2 = 0.4879$$
$$\text{(se)} \qquad (1.510) \quad (0.00819) \qquad\quad (0.00136)$$

a. 가정 MR1~MR6이 준수되는 경우, β_2, β_3에 대한 계수 추정값이 갖는 의미를 해석하시오.

b. R^2의 의미를 해석하시오.

c. 1% 유의수준을 사용하여, 획득한 메달 수와 GDP 사이에 양의 관계가 있다는 대립가설에 대해 관계가 없다는 가설을 검정하시오. 유의수준을 5%로 변경할 경우 어떤 현상이 발생하는가?

d. 1% 유의수준을 사용하여, 획득한 메달 수와 인구 사이에 양의 관계가 있다는 대립가설에 대해 관계가 없다는 가설을 검정하시오. 유의수준을 5%로 변경할 경우 어떤 현상이 발생하는가?

e. 5% 유의수준을 사용하여 다음 가설을 검정하시오.

   i. 대립가설 $H_1 : \beta_2 \neq 0.01$에 대한 $H_0 : \beta_2 = 0.01$

   ii. 대립가설 $H_1 : \beta_2 \neq 0.02$에 대한 $H_0 : \beta_2 = 0.02$

   iii. 대립가설 $H_1 : \beta_2 \neq 0.03$에 대한 $H_0 : \beta_2 = 0.03$

   iv. 대립가설 $H_1 : \beta_2 \neq 0.04$에 대한 $H_0 : \beta_2 = 0.04$

   이 검정 결과들은 서로 상충되는가? 그 이유는 무엇 때문인가?

f. β_2에 대한 95% 구간 추정값을 구하고, 그에 대해 논의하시오.

5.9 1992년 올림픽 경기에서 서로 경쟁을 하여 최소한 1개의 메달을 획득한 64개 국가가 있다. 이들 각국에 대해, *MEDALS*는 획득한 총메달 수 , *POPM*은 백만 명 단위로 측정한 임금, *GDPB*는 1995년의 십억 달러 단위로 측정한 GDP를 나타낸다. 영국을 제외한 $N = 63$개 관찰값을 사용하여 모형 $MEDALS = \beta_1 + \beta_2 \ln(POPM) + \beta_3 \ln(GDPB) + e$를 추정한 결과는 다음과 같다.

$$\widehat{MEDALS} = -13.153 + 2.764\ln(POPM) + 4.270\ln(GDPB) \qquad R^2 = 0.275$$
$$\text{(se)} \qquad\quad (5.974)\ (2.070) \qquad\quad (1.718)$$

a. 가정 MR1~MR6이 준수되는 경우, β_2, β_3에 대한 계수 추정값이 갖는 의미를 설명하시오.

b. R^2의 의미를 설명하시오.

c. 10% 유의수준을 사용하여, 획득한 메달 수와 GDP 사이에 양의 관계가 있다는 대립가설에 대해 관계가 없다는 가설을 검정하시오. 유의수준을 5%로 변경할 경우 어떤 현상이 발생하는가?

d. 10% 유의수준을 사용하여, 획득한 메달 수와 인구 사이에 양의 관계가 있다는 대립가설에 대해 관계가 없다는 가설을 검정하시오. 유의수준을 5%로 변경할 경우 어떤 현상이 발생하

는가?

e. 이 모형을 활용하여, 1992년 인구 및 GDP가 58(백만 명) 및 1,010(십억 달러)인 영국이 획득할 것으로 기대되는 메달 수에 대한 점 추정값과 95% 구간 추정값을 각각 구하시오. [$b_1 + \ln(58) \times b_2 + \ln(1010) \times b_3$에 대한 표준오차는 4.22196이다.]

f. 영국은 1992년에 20개의 메달을 획득하였다. 이 모형은 영국에 대한 평균 메달 수를 예측하는 데 양호한 것인가? $H_0: \beta_1 + \ln(58) \times \beta_2 + \ln(1010) \times \beta_3 = 20$ 대 $H_1: \beta_1 + \ln(58) \times \beta_2 + \ln(1010) \times \beta_3 \neq 20$인 검정에 대한 대략적인 p-값은 무엇인가?

g. (e)에서 주어진 표준오차를 계산하기 위해 사용되는 식을 작성하시오. 계산은 하지 마시오.

5.10 1950년부터 1996년까지의 자료($T = 47$개 관찰값)를 사용하여 서부 호주 멀레와 샤이어에서의 밀 수확량을 설명하는 식은 다음과 같이 추정된다.

$$\widehat{YIELD_t} = 0.1717 + 0.01117t + 0.05238\,RAIN_t$$
$$\text{(se)} \quad (0.1537)\ (0.00262)\quad (0.01367)$$

$YIELD_t$ = t년도 헥타르당 톤으로 나타낸 밀 수확량, $TREND_t$는 기술 변화를 설명하기 위해 고안된 추세변수, 관찰값은 $t = 1, 2, \cdots, 47$이 된다. $RAIN_t$는 t년도의 (성장 계절인) 5월부터 10월까지 인치로 측정한 총강수량이다. $RAIN$에 대한 표본 평균 및 표본 표준편차는 $\bar{x}_{RAIN} = 10.059$ 및 $s_{RAIN} = 2.624$이다.

a. 가정 MR1~MR5가 준수되는 경우, t 및 $RAIN$의 계수에 대한 추정값이 갖는 의미를 해석하시오.

b. 5% 유의수준을 사용하여, 기술 변화로 인해 평균 수확량의 증가가 헥타르당 연간 0.01톤을 초과한다는 대립가설에 대해 0.01톤을 초과하지 못한다는 귀무가설을 검정하시오.

c. 5% 유의수준을 사용하여, 강수량이 1인치 증가할 경우 헥타르당 수확량이 0.03톤이 증가한다는 귀무가설을 검정하시오. 이때 대립가설은 0.03톤이 증가하지 않는다는 것이다.

d. 모형에 $RAIN^2$을 추가하여 이를 다시 추정할 경우 다음과 같다.

$$\widehat{YIELD_t} = -0.6759 + 0.011671t + 0.2229\,RAIN_t - 0.008155\,RAIN_t^2$$
$$\text{(se)} \qquad (0.3875)\ \ (0.00250)\qquad (0.0734)\qquad\quad (0.003453)$$

$RAIN^2$을 포함시킨 근거는 무엇인가? 기대되는 부호를 갖고 있는가?

e. (d)에서 추정된 모형을 사용하여 (b)를 반복하여 시행하시오.

f. (d)에서 추정된 모형을 사용하여 (c)를 반복하여 시행하시오. 강수량의 평균값에서 가설을 검정하시오.[b_3 및 b_4 ($RAIN$ 및 $RAIN^2$의 계수) 사이의 추정된 공분산은 $\widehat{\text{cov}}(b_3, b_4) = -0.0002493$]

g. (d)에서 추정된 모형을 사용하여 1997년 수확량을 예측하시오. 이때 강수량은 9.48인치였다.

h. 강수량이 관찰되기 전에 1997년 수확량을 예측하고자 한다고 가상하자. (a)의 모형으로부터 구한 예측치는 무엇인가? (d)의 모형으로부터 구한 예측치는 무엇인가?

5.11 임금식을 추정할 때 젊고 경험이 없는 노동자들은 상대적으로 낮은 임금을 받을 것으로 기대된다. 경험이 추가됨에 따라 이들의 임금은 상승하지만 은퇴가 가까워짐에 따라 중년 이후 하락하기 시작한다. 이런 임금의 생애 형태는 임금 수준을 설명하기 위해서 경험과 제곱한 경험이 도입됨에 따라 포함된다. 또한 교육 연수를 추가시키면 식은 다음과 같아진다.

$$WAGE = \beta_1 + \beta_2 EDUC + \beta_3 EXPER + \beta_4 EXPER^2 + e$$

a. 평균 임금에 대한 경험의 한계효과는 무엇인가?

b. 계수 β_2, β_3, β_4에 대해 기대되는 부호는 각각 무엇인가? 이유는 무엇 때문인가?

c. 몇 년의 경험이 쌓인 후에 평균임금이 하락하기 시작하는가? (β들 측면에서 답하시오)

d. 600개의 관찰값을 사용하여 위의 모형을 추정하면 다음과 같다.

$$\widehat{WAGE} = -16.308 + 2.329EDUC + 0.5240EXPER - 0.007582EXPER^2$$
$$\text{(se)} \qquad (2.745) \ (0.163) \qquad (0.1263) \qquad (0.002532)$$

b_3와 b_4 사이의 추정된 공분산은 $\widehat{\text{cov}}(b_3, b_4) = -0.00030526$이다. 아래에 대한 95% 구간 추정값을 구하시오.

i. 평균임금에 대한 교육의 한계효과

ii. $EXPER = 4$일 때 평균임금에 대한 경험의 한계효과

iii. $EXPER = 25$일 때 평균임금에 대한 경험의 한계효과

iv. 어떤 경험 연수 이후에 평균임금이 하락한다고 할 때 그 경험 연수

5.12 이 문제는 2005년 중반 동안에 미국 루이지애나주 배턴루지시에서 매매가 이루어진 850채의 주택에 관한 자료를 이용한다. 천 달러 단위로 측정한 주택 매도 가격($PRICE$), 백 제곱피트로 측정한 주택 규모($SQFT$), 연수로 측정한 주택 햇수(AGE)에 관심을 갖고 있다. 다음의 두 회귀모형을 추정하였다.

$$PRICE = \alpha_1 + \alpha_2 AGE + v \quad \text{및} \quad SQFT = \delta_1 + \delta_2 AGE + u$$

위의 두 식을 추정하면서 구한 잔차들의 제곱합과 교차곱의 합은 다음과 같다. $\sum_{i=1}^{850} \hat{v}_i^2 = 10,377,817$, $\sum_{i=1}^{850} \hat{u}_i^2 = 75,773.4$, $\sum_{i=1}^{850} \hat{u}_i \hat{v}_i = 688,318$.

a. 모형 $PRICE = \beta_1 + \beta_2 SQFT + \beta_3 AGE + e$에서 β_2의 최소제곱 추정값을 구하시오.

b. $\hat{e}_i = \hat{v}_i - b_2 \hat{u}_i$라고 하자. $\sum_{i=1}^{850} \hat{e}_i^2 = \sum_{i=1}^{850} \hat{v}_i^2 - b_2 \sum_{i=1}^{850} \hat{v}_i \hat{u}_i$를 보이시오. b_2는 β_2에 대한 최소제곱 추정값이다.

c. $\sigma^2 = \text{var}(e_i)$의 추정값을 구하시오.

d. b_2에 대한 표준오차를 구하시오.

e. 대립가설 $H_1: \beta_2 < 9.5$에 대한 귀무가설 $H_0: \beta_2 \geq 9.5$를 검정하는 대략적인 p-값은 무엇인가? 이 p-값으로부터 어떤 결론을 내릴 수 있는가?

5.13 거시경제학에서 사용되는 개념 중 하나는 오쿤의 법칙이다. 이 법칙에 따르면 한 기간에서 다

음 기간으로 이동하면서 나타나는 실업의 변화는 해당 경제의 '정규' 성장률에 대한 해당 기간의 성장률에 의존한다고 본다.

$$U_t - U_{t-1} = -\gamma(G_t - G_N)$$

여기서 U_t는 t기의 실업률이고, G_t는 t기의 성장률이며, '정규' 성장률 G_N은 일정한 실업률을 유지하기 위해서 필요한 성장률이다. $0 < \gamma < 1$은 조정계수이다.

a. 모형은 $DU_t = \beta_1 + \beta_2 G_t$로 나타낼 수 있음을 보이시오. 여기서 $DU_t = U_t - U_{t-1}$은 실업률의 변화이고, $\beta_1 = \gamma G_N$이며, $\beta_2 = -\gamma$이다.

b. 1970년 1분기부터 2014년 4분기까지 분기별 계절 조정된 미국 자료를 갖고 이 모형을 추정하면 다음과 같다.

$$\widehat{DU}_t = 0.1989 - 0.2713G_t \qquad \hat{\sigma} = 0.2749$$
$$\text{cov}(b_1, b_2) = \begin{pmatrix} 0.0007212 & -0.0004277 \\ -0.0004277 & 0.0006113 \end{pmatrix}$$

추정값 b_1 및 b_2를 사용하여 추정값 $\hat{\gamma}$ 및 $\hat{G}_N$을 구하시오.

c. b_1, b_2, $\hat{\gamma}$ 및 $\hat{G}_N$에 대한 표준오차를 구하시오. 모든 이 추정값들은 5% 유의수준에서 0과 유의하게 다른가?

d. 자연적인 정규 성장률이 분기당 0.8%라는 귀무가설을 5% 유의수준에서 검정하시오. 이때 대립가설은 0.8%가 아니라고 본다.

e. 조정계수에 대해 95% 구간 추정값을 구하시오.

f. $E(U_{2015Q1} | U_{2014Q4} = 5.7991, G_{2015Q1} = 0.062)$에 대한 95% 구간 추정값을 구하시오.

g. $U_{2014Q4} = 5.7991$ 및 $G_{2015Q1} = 0.062$가 주어진 경우 U_{2015Q1}에 대한 95% 예측구간을 구하시오. 이 구간과 (f)에서 구한 구간의 차이를 설명하시오.

5.14 회귀 모형 $y_i = \beta_1 + \beta_2 x_i + e_i$를 생각해 보자. 여기서 쌍 (y_i, x_i), $i = 1, 2, \cdots, N$은 모집단으로부터 무작위적이며 독립적으로 추출된다.

a. x_i의 한계분포는 대수-정규 분포한다고 가상하자. 대수-정규 분포의 특징을 알아보기 위해 정규 확률변수 $W \sim N(\mu_W, \sigma_W^2)$를 생각해 보자. 그러면 $X = e^W$는 평균 $\mu_X = \exp(\mu_W + \sigma_W^2/2)$ 및 분산 $\sigma_X^2 = (\exp(\sigma_W^2) - 1)\mu_X^2$인 대수-정규 분포한다. $(e_i | x_i) \sim N(0, \sigma_e^2)$라고 가정하자.

   i. 모수 (β_1, β_2)에 대한 최소제곱 추정량 (b_1, b_2)은 불편하는가?

   ii. 이것은 일치하는가?

   iii. 이것은 $\mathbf{x} = (x_1, x_2, \cdots, x_N)$에 대한 조건부로 정규분포하는가?

   iv. (b_1, b_2)의 한계분포는 ($\mathbf{x}$에 대한 조건부가 아닌) 정규분포하는가?

   v. β_1 및 β_2에 대한 t-검정은 유한표본에서 정당화되는가? 또는 대표본에서만 어림되는가?

   vi. $\mu_W = 0$, $\sigma_W^2 = 1$, $x_i = \exp(w_i)$라고 가상하자. β_2에 대한 최소제곱 추정량의 점근적 분산은 무엇인가? (σ_e^2 및 N 측면에서 답하시오.)

b. 이제는 $x_i \sim N(0, 1)$ 하고, $(e_i|x_i)$가 평균 및 분산이 $\mu_e = \exp(\mu_v + \sigma_v^2/2)$ 및 $\sigma_e^2 = (\exp(\sigma_v^2) - 1)\mu_e^2$인 대수-정규 분포한다고 가상하자. 여기서 $v = \ln(e) \sim N(\mu_v, \sigma_v^2)$이다.

    i. 모형을 $y_i = \beta_1^* + \beta_2 x_i + e_i^*$로 재작성할 수 있다는 점을 보이시오. 여기서

$$\beta_1^* = \beta_1 + \exp(\mu_v + \sigma_v^2/2) \quad \text{그리고} \quad e_i^* = e_i - \exp(\mu_v + \sigma_v^2/2)\text{이다.}$$

    ii. $E(e_i^*|x_i) = 0$ 및 $\mathrm{var}(e_i^*|x_i) = \sigma_e^2$라는 점을 보이시오.

    iii. 모수 β_2에 대한 최소제곱 추정량 b_2는 불편한가?

    iv. 이것은 일치하는가?

    v. 이것은 $\mathbf{x} = (x_1, x_2, \cdots, x_N)$에 대한 조건부로 정규분포하는가?

    vi. b_2의 한계분포는 ($\mathbf{x}$에 대한 조건부가 아닌) 정규분포하는가?

    vii. β_2에 대한 t-검정은 유한 표본에서 정당화되는가? 또는 대표본에서만 어림되는가?

    viii. β_2에 대한 최소제곱 추정량의 점근적 분산은 무엇인가? (σ_e^2 및 N 측면에서 답하시오.)

5.15 회귀 모형 $y_i = \beta_1 + \beta_2 x_i + e_i$를 생각해 보자. 여기서 쌍 (y_i, x_i), $i = 1, 2, \cdots, N$은 모집단으로부터 무작위적이며 독립적으로 추출된다. $x_i \sim N(0, 1)$, 그리고 $E(e_i|x_i) = c(x_i^2 - 1)$이며 여기서 c는 상수이다.

    a. $E(e_i) = 0$을 보이시오.

    b. 결과 $\mathrm{cov}(e_i, x_i) = E_x[(x_i - \mu_x)E(e_i|x_i)]$를 활용하여, $\mathrm{cov}(e_i, x_i) = 0$을 보이시오.

    c. β_2에 대한 최소제곱 추정량은 (i) 불편하고 (ii) 일치하는가?

5.16 천 개 캔으로 나타낸 참치 캔 전국 브랜드(브랜드 A)의 주당 판매에 대한 대수-선형 회귀를 브랜드 A 가격의 백분율로 나타낸 두 경쟁 브랜드(브랜드 B 및 C) 가격의 함수로 생각하여 보자. 즉 다음과 같다.

$$\ln(CANS) = \beta_1 + \beta_2 RPRCE\_B + \beta_3 RPRCE\_C + e$$

여기서 $RPRCE\_B = (PRICE_B/PRICE_A) \times 100$ 및 $RPRCE\_C = (PRICE_C/PRICE_A) \times 100$이다.

    a. 가정 MR1~MR5가 준수될 경우, β_2 및 β_3가 갖는 의미를 어떻게 해석하는가? 이들 계수에 대해 어떤 부호를 기대하는가? 그 이유는 무엇인가? $N = 52$개 주당 관찰값을 사용하여 구한 최소제곱 추정식은 다음과 같다.

$$\widehat{\ln(CANS)} = -2.724 + 0.0146 RPRCE\_B + 0.02649 RPRCE\_C \qquad \hat{\sigma} = 0.5663$$
$$\text{(se)} \qquad (0.582) \quad (0.00548) \qquad\qquad (0.00544) \qquad\qquad \widehat{\mathrm{cov}}(b_2, b_3) = -0.0000143$$

    b. 10% 유의수준을 사용하여 $RPRCE\_B$가 1퍼센트 증가할 경우 판매된 평균 캔 수가 2.5% 증가한다는 귀무가설을 검정하시오. 이때 대립가설은 '평균 캔 수가 2.5% 증가하지 않는다'이다.

    c. 10% 유의수준을 사용하여 $RPRCE\_C$가 1퍼센트 증가할 경우 판매된 평균 캔 수가 2.5% 증가한다는 귀무가설을 검정하시오. 이때 대립가설은 '평균 캔 수가 2.5% 증가하지 않는다'이다.

    d. 10% 유의수준을 사용하여 대립가설 $H_1: \beta_2 \neq \beta_3$에 대한 귀무가설 $H_0: \beta_2 = \beta_3$를 검정하시오.

이 검정의 결과는 (b) 및 (c)에서 얻은 결과와 상충하는가?

e. 어느 브랜드가 브랜드 *A*, 브랜드 *B*, 브랜드 *C*에 대해 더 밀접한 대체재라고 생각하는가? 이유는 무엇 때문인가?

f. 제4장에서 소개한 수정된 예측값을 사용하여 다음과 같은 시나리오하에서 판매되는 브랜드 *A*의 예상 판매 캔 수를 추정하시오.

  i.   *RPRCE_B* = 125, *RPRCE_C* = 100

  ii. *RPRCE_B* = 111.11, *RRPRCE_C* = 88.89

  iii. *RPRCE_B* = 100, *RPRCE_C* = 80

g. 브랜드 *B* 및 브랜드 *C*의 생산업자는 자신들의 참치 캔 가격을 각각 1달러 및 80센트로 설정하였다. 브랜드 *A*의 생산업자는 자신들의 참치 캔에 대해 세 가지 가격을 고려하고 있다. 즉 80센트, 90센트, 1달러를 생각하고 있다. (f)의 결과를 사용하여 이 세 가지 가격 설정 중 어느 것이 판매수입을 극대화할지 구하시오.

부록 5A   최소제곱 추정량의 도출

부록 2A에서는 단순회귀 모형에서의 최소제곱 추정량 b_1 및 b_2에 대한 식을 도출하였다. 여기에서는 다중회귀 모형에 대해 유사한 과정을 밟을 것이다. 즉 설명변수가 2개인 모형에서 b_1, b_2, b_3에 대한 식을 어떻게 구할 수 있는지 살펴볼 것이다. y, x_2, x_3에 대한 표본 관찰값이 주어진 경우, 문제는 다음과 같은 식을 극소화하는 β_1, β_2, β_3의 값을 구하는 것이다.

$$S(\beta_1, \beta_2, \beta_3) = \sum_{i=1}^{N}(y_i - \beta_1 - \beta_2 x_{i2} - \beta_3 x_{i3})^2$$

이를 위한 첫 번째 단계는 β_1, β_2, β_3에 대해 S를 편미분하고 제1차 편미분을 0이라고 보는 것이다. 즉 다음과 같아진다.

$$\frac{\partial S}{\partial \beta_1} = 2N\beta_1 + 2\beta_2 \sum x_{i2} + 2\beta_3 \sum x_{i3} - 2\sum y_i$$

$$\frac{\partial S}{\partial \beta_2} = 2\beta_1 \sum x_{i2} + 2\beta_2 \sum x_{i2}^2 + 2\beta_3 \sum x_{i2}x_{i3} - 2\sum x_{i2}y_i$$

$$\frac{\partial S}{\partial \beta_3} = 2\beta_1 \sum x_{i3} + 2\beta_2 \sum x_{i2}x_{i3} + 2\beta_3 \sum x_{i3}^2 - 2\sum x_{i3}y_i$$

편미분한 것을 0이라 놓고 이를 2로 나눈 후 재정리하면 다음과 같다.

$$Nb_1 + \sum x_{i2}b_2 + \sum x_{i3}b_3 = \sum y_i$$
$$\sum x_{i2}b_1 + \sum x_{i2}^2 b_2 + \sum x_{i2}x_{i3}b_3 = \sum x_{i2}y_i \qquad (5A.1)$$
$$\sum x_{i3}b_1 + \sum x_{i2}x_{i3}b_2 + \sum x_{i3}^2 b_3 = \sum x_{i3}y_i$$

b_1, b_2, b_3의 최소제곱 추정량은 정규 방정식(normal equation)이라고 알려진 3개 연립방정식의 해법으로 나타낼 수 있다. 이 해법을 식으로 표현하려는 경우 변수들을 평균으로부터의 편차로 나타내는 것이 편리하다. 즉 다음과 같이 나타낼 수 있다.

$$y_i^* = y_i - \bar{y}, \quad x_{i2}^* = x_{i2} - \bar{x}_2, \quad x_{i3}^* = x_{i3} - \bar{x}_3$$

그러면 최소제곱 추정값 b_1, b_2, b_3는 다음과 같다.

$$b_1 = \bar{y} - b_2\bar{x}_2 - b_3\bar{x}_3$$

$$b_2 = \frac{\left(\sum y_i^* x_{i2}^*\right)\left(\sum x_{i3}^{*2}\right) - \left(\sum y_i^* x_{i3}^*\right)\left(\sum x_{i2}^* x_{i3}^*\right)}{\left(\sum x_{i2}^{*2}\right)\left(\sum x_{i3}^{*2}\right) - \left(\sum x_{i2}^* x_{i3}^*\right)^2}$$

$$b_3 = \frac{\left(\sum y_i^* x_{i3}^*\right)\left(\sum x_{i2}^{*2}\right) - \left(\sum y_i^* x_{i2}^*\right)\left(\sum x_{i3}^* x_{i2}^*\right)}{\left(\sum x_{i2}^{*2}\right)\left(\sum x_{i3}^{*2}\right) - \left(\sum x_{i2}^* x_{i3}^*\right)^2}$$

3개를 초과하는 모수를 갖는 모형의 경우 행렬대수를 사용하지 않으면 해법을 구하기가 매우 복잡하다. 여기서 이 과정은 살펴보지 않을 것이다. 다중회귀 계산을 하기 위해서 사용되는 컴퓨터 소프트웨어는 최소제곱 추정값을 구하기 위해 식 (5A.1)과 같은 정규 방정식의 해법을 구하게 된다.

다중회귀 모형에 관한 추가적인 논의

경제학자들은 경제 행태에 관한 이론을 발전시키고 평가한다. 가설검정 절차는 이런 이론들을 검정하는 데 사용된다. 제5장에서는 다중회귀 모형의 1개의 모수인 β_k에 대한 단일 제한으로 이루어진 귀무가설과 1개를 초과하는 모수를 포함한 단일 제한으로 이루어진 귀무가설에 대해 시행되는 t-검정을 살펴보았다. 이 장에서는 2개 이상의 모수에 대해 2개 이상의 제한을 하는 귀무가설을 검정하는 것으로 이전의 분석을 확장할 것이다. 이런 검정을 하기 위한 중요한 새로운 방법이 F-검정이다. 보다 약화된 가정하에서 사용될 수 있는 대표본 대안으로는 χ^2-검정이 있다.

경제학자들이 제시하는 이론을 통해 가끔은 회귀 모형의 모수를 추정하기 위해서 자료표본의 정보 이외에 비표본 정보도 얻을 수 있다. 이런 두 가지 형태의 정보를 혼합하는 절차를 제한 최소제곱법이라고 한다. 자료가 충분한 정보를 갖고 있지 못한 소위 공선성이라 불리는 관계에 있고 이론적인 정보가 좋은 경우 이 방법은 유용한 수단이 될 수 있다. 제한 최소제곱 절차는 또한 가설검정을 할 경우 유용한 실질적인 역할을 한다. 모형을 설정할 경우 함수 형태를 선택하고 일련의 설명변수들도 선택해야 한다.

모형이 예측하기 위해 사용되는지 또는 인과관계를 분석하기 위해 사용되는지 여부가 일련의 설명변수를 선택하는 데 결정적인 역할을 한다. 인과관계 분석을 하기 위해서는 누락변수 편의와 통제변수 선택이 중요하다. 변수들이 공선적이거나 적절한 변동이 부족해서 자료가 충분하게 풍부하지 않을 경우 발생하는 문제점들을 또한 논의하고, 영향 관찰값을 탐지하기 위한 개념들을 요약해 볼 것이다. 모수들이 비선형인 모형들에 대한 비선형 최소제곱의 활용을 소개할 것이다.

6.1 결합가설검정 : F-검정

제5장에서는 다음을 포함하는 가설을 검정하기 위해 단측 및 양측 t-검정을 어떻게 활용하는지 살펴보았다.

1. 단일 계수
2. 계수들의 선형결합

3. 계수들의 비선형결합

단일 계수에 대한 검정이 가장 간단하며, 계수 추정값과 그것의 표준오차만을 필요로 한다. 계수들의 선형결합을 검정하기 위해서 추정된 선형결합의 표준오차를 계산할 경우 복잡해진다. 그것은 선형 결합의 모든 추정값의 분산 및 공분산을 활용하고, 손으로 계산기를 사용할 경우 특히 선형결합에 3개 이상의 계수가 있는 경우 많은 계산을 해야 한다. 하지만 소프트웨어는 검정을 자동적으로 수행하며, 표준오차, t-통계량값, 검정의 p-값을 제시해 준다. 검정 MR1~MR6이 준수될 경우, t-통계량은 정확한 분포를 갖게 되며 소표본에 대해서도 검정이 타당하게 된다. MR6이 위배되어서 $(e_i|\mathbf{X})$가 더 이상 정규분포하지 않거나 또는 MR2: $E(e_i|\mathbf{X}) = 0$이 조건 $E(e_i) = 0$ 및 $\mathrm{cov}(e_i, x_{jk}) = 0$으로 약화될 경우, 검정을 대략적으로 타당하게 만들 대표본 결과에 의존해야 하며, 표본크기가 증가함에 따라 어림셈이 향상된다.

계수들의 비선형결합을 검정하려는 경우에는, 가정 MR1~MR6이 준수되더라도 대표본 어림셈에 의존해야 한다.[1] 비선형 함수의 미분계수 그리고 계수들의 공분산 행렬이 필요하지만, 선형결합 때와 마찬가지로 소프트웨어가 t-통계량값 및 p-값뿐만 아니라 표준오차를 계산해서 해당 검정을 자동적으로 이행한다. 제5장에서는 비선형결합에 대한 가설검정보다 구간 추정값에 관한 사례를 살펴보았다. 광고의 최적 수준에 관한 해당 사례는 검정을 하기 위해 필요한 모든 요소를 어떻게 구하는지 보여주었다. 비선형결합에 관한 가설검정과 구간 추정 모두에서 보다 많은 노력을 기울여야 구할 수 있는 것은 표준오차이다.

제5장에서 모든 t 검정의 특성은 1개 이상의 모수에 관해 단 하나의 추측, 또는 달리 표현하면 귀무가설에 단지 1개의 '등식 기호'만 존재한다는 것이다. 이 장에서는 계수들에 관한 다수의 추측을 포함하는 귀무가설로 가설검정을 연장하고자 한다. 1개를 초과하는 등식 기호로 표현한, 다수의 추측을 갖는 귀무가설을 결합가설(joint hypothesis)이라고 한다. 결합가설의 한 가지 예는 일단의 설명변수들이 특정 모형에 포함되어야 하는지 여부를 검정하는 것이다. 교육 및 경험을 설명하는 변수들과 함께 사회경제적 배경에 대한 변수들이 개인의 임금을 설명하기 위해 활용되어야 하는가? 한 물품의 수요량은 대체재의 가격에 의존하는가 또는 자신의 가격에만 의존하는가? 이와 같은 경제 가설들은 모형의 모수에 관해 진술하는 형식을 갖추어야 한다. 위의 두 가지 질문 중 첫 번째 것에 답하려면 모든 사회경제적 변수의 계수들이 영이라고 보는 귀무가설을 설정해야 한다. 두 번째 질문의 경우, 귀무가설은 모든 대체재 가격의 계수들을 영이라고 본다. 둘 모두 다음과 같은 형태를 한다.

$$H_0 : \beta_4 = 0, \ \beta_5 = 0, \ \beta_6 = 0 \tag{6.1}$$

여기서 β_4, β_5, β_6는 사회경제적 변수들의 계수 또는 대체재 가격들의 계수이다. 식 (6.1)의 결합 귀무가설은 3개의 추측(3개의 등식 기호), 즉 $\beta_4 = 0$, $\beta_5 = 0$, $\beta_6 = 0$을 포함한다. H_0의 검정은 3개의 모든 추측이 동시에 준수되는지 여부에 대한 결합검정이다.

사례의 틀 내에서 예를 들면, 식 (6.1)과 같은 가설검정에 대한 검정 통계량을 살펴보는 것이 편리하다. 빅 앤디스 버거 반의 사례로 돌아가 보자.

---

1   또한 표준오차를 계산하기 위해서 델타 방법을 사용해야 한다.

정리문제 6.1　광고 효과에 대한 검정

결합 귀무가설을 검정하는 데 사용하는 검정은 F-검정(F-test)이다. 이 검정과 이와 관련된 개념들을 소개하기 위해서 식 (5.23)의 버거 반 판매 모형을 생각해 보자.

$$SALES = \beta_1 + \beta_2 PRICE + \beta_3 ADVERT + \beta_4 ADVERT^2 + e$$
$$(6.2)$$

$SALES$가 광고에 의해 영향을 받는지 검정하고자 한다고 가상하자. 식 (6.2)에서 광고는 선형 항 $ADVERT$와 2차 함수 항 $ADVERT^2$ 둘 다에 포함되기 때문에, $\beta_3 = 0$ 및 $\beta_4 = 0$인 경우 광고는 판매에 영향을 미치지 않는다. $\beta_3 \neq 0$ 또는 $\beta_4 \neq 0$인 경우 또는 β_3 및 β_4가 모두 영이 아닌 경우 광고는 판매에 영향을 미친다. 따라서 이 검정에 대한 귀무가설 및 대립가설은 다음과 같다.

$$H_0 : \beta_3 = 0,\ \beta_4 = 0$$

$H_1 : \beta_3 \neq 0$ 또는 $\beta_4 \neq 0$ 또는 둘 다 모두 영이 아니다.

귀무가설 $H_0 : \beta_3 = 0,\ \beta_4 = 0$과 관련하여 식 (6.2)의 모형을 제한되지 않는 모형(unrestricted model)이라고 한다. 즉 이 모형에서는 귀무가설에 있는 제한들이 해당 모형에 부과되지 않는다. H_0의 모수에 대한 제한이 참이라고 가정하여 얻은 제한된 모형(restricted model)과는 대조를 이룬다. H_0가 참인 경우, $\beta_3 = 0$ 및 $\beta_4 = 0$이 되서 $ADVERT$ 및 $ADVERT^2$은 모형에서 빠지게 된다.

$$SALES = \beta_1 + \beta_2 PRICE + e \qquad (6.3)$$

가설 $H_0 : \beta_3 = 0,\ \beta_4 = 0$에 대한 F-검정은 식 (6.2)의 제한되지 않은 모형에서 구한 제곱한 오차의 합(제곱한 OLS 잔차의 합)과 식 (6.3)의 제한된 모형에서 구한 제곱한 오차의 합을 비교해서 실시된다. 이들 2개 값은 각각 간단하게 SSE_U 및 SSE_R로 표기한다.

회귀식에 변수를 추가할 경우 제곱한 오차의 합은 감소한다. 즉 종속변수의 변동 중 더 많은 부분이 회귀식의 변수에서 비롯되며, 변동 중 더 적은 부분이 오차에서 비롯된다. 앞의 표기법에 따르면 $SSE_R - SSE_U \geq 0$가 된다. 관련 자료를 이용하여 식 (6.2) 및 (6.3)을 추정하고 $SSE_U = 1,532.084$ 및 $SSE_R = 1,896.391$을 구할 수 있다. $ADVERT$ 및 $ADVERT^2$을 식에 추가하면 제곱한 오차의 합은 $1,896.391$에서 $1,532.084$로 감소한다.

F-검정이 하는 것은 제곱한 오차의 합의 감소가 유의할 정도로 충분히 큰지 여부를 평가하는 것이다. 여분의 변수를 추가시킬 경우 제곱한 오차의 합에 거의 영향을 미치지 않는다면, 해당 변수들은 종속변수의 변동을 설명하는 데 거의 기여를 하지 않으며 이들을 생략하는 귀무가설을 지지하게 된다. 반면에 변수를 추가시킬 경우 제곱한 오차의 합을 큰 폭으로 감소시킨다면, 해당 변수들은 종속변수의 변동을 설명하는 데 유의하게 기여하며 귀무가설과 반대되는 증거를 갖게 된다. F-검정은 무엇이 제곱한 오차의 합을 큰 폭으로 감소시키거나 또는 소폭으로 감소시키는지를 결정한다. 이는 다음과 같다.

$$F = \frac{(SSE_R - SSE_U)/J}{SSE_U/(N - K)} \qquad (6.4)$$

여기서 J는 제한의 수 또는 H_0에 있는 가설의 수이며, N은 관찰값의 수이고, K는 제한되지 않은 모형에 있는 계수의 수이다.

제곱한 오차의 합이 귀무가설을 기각할 정도로 충분히 감소하는지 여부를 평가하기 위해 F-통계량을 사용하려면, 귀무가설이 참일 때 그것의 확률분포를 알아야 한다. 가정 MR1~MR6이 준수된다면, 귀무가설이 참일 때 통계량 F는 분자 자유도 J 및 분모 자유도($N-K$)를 갖는 F-분포라고 하는 것을 따른다. 귀무가설이 참이 아닐 때 SSE_R과 SSE_U 간의 차이는 커지며 이는 귀무가설에 의해 모형에 설정된 제한이 자료에 적합해지려는 모형의 능력을 유의하게 낮춘다는 의미이다. $SSE_R - SSE_U$의 차이가 큰 경우 F-값이 커지는 경향이 있다. 따라서 F-검정 통계량의 값이 매우 커질 경우 귀무가설을 기각하게 된다. 매우 크다는 기준은 F-값을 임계값 F_c와 비교하여 판단을 내리게 된다. 이 임계값은 J 및 $N-K$ 자유도를 갖는 F-분포의 오른쪽 끝부분에 있는 확률 α와 관련된다. 임계값이 $\alpha = 0.05$ 및 $\alpha = 0.01$인 표는 이 책의 부록 표 4(718쪽 참조) 및 표 5(719쪽 참조)에 있다.

🐝 정리문제 6.2   *F*-검정 절차

제3장에서 살펴본 가설검정 절차에 따를 경우, *ADVERT* 및 $ADVERT^2$이 판매식으로부터 배제되는지 여부를 검정하는 F-검정 절차는 다음과 같다.

1. 귀무가설 및 대립가설을 설정한다. 결합 귀무가설은 '$H_0 : \beta_3 = 0$, $\beta_4 = 0$'이다. 대립가설은 '$H_1 : \beta_3 \neq 0$ 또는 $\beta_4 \neq 0$, 또는 둘 모두 영이 아니다'이다.

2. 귀무가설이 참인 경우의 검정 통계량 및 분포를 설정한다. H_0에 2개의 제한이 있다는 것은 $J = 2$라는 의미이다. 또한 $N = 75$라는 사실을 기억하자. 따라서 H_0가 참인 경우의 F-검정 통계량은 다음과 같다.

$$F = \frac{(SSE_R - SSE_U)/2}{SSE_U/(75-4)} \sim F_{(2,71)}$$

3. 유의수준을 설정하고 기각역을 결정한다. $\alpha = 0.05$라고 하면 $F_{(2, 71)}$-분포의 임계값은 $F_c = F_{(0.95, 2, 71)}$이며, 기각역은 $F \geq 3.126$이다. 이를 달리 표현하면 P-값 ≤ 0.05인 경우 H_0는 기각된다.

4. 검정 통계량의 표본값을 계산하고, 필요하다면 p-값을 계산한다.

$$F = \frac{(SSE_R - SSE_U)/J}{SSE_U/(N-K)} = \frac{(1896.391 - 1532.084)/2}{1532.084/(75-4)}$$
$$= 8.44$$

이에 상응하는 p-값은 $p = P(F_{(2, 71)} > 8.44) = 0.0005$이다.

5. 결론을 내린다. $F = 8.44 > F_c = 3.126$이므로, $\beta_3 = 0$ 및 $\beta_4 = 0$이란 귀무가설을 기각하고 이들 중 적어도 1개는 영이 아니라고 결론을 내린다. 광고는 판매수입에 유의한 영향을 미친다. p-값 $= 0.0005 < 0.05$라는 사실에 주목하더라도 동일한 결론에 도달할 수 있다.

$F_c = F_{(0.95, 2, 71)} = 3.126$을 어디에서 구했는지에 대해 의문을 가질 수도 있다. 부록 표 4 및 표 5의 F 임계값은 단지 제한된 자유도에 대해서만 알 수 있다. 하지만 위의 경우와 마찬가지로 정확한 임계값은 계량경제 소프트웨어를 이용하여 어떤 자유도에 대해서도 구할 수 있다.

6.1.1   모형의 유의성 검정

F-검정을 적용한 중요한 예로는 소위 모형의 전반적인 유의성(overall significance)에 관한 검정을 들 수 있다. 5.5.1절에서는 t-검정을 이용하여 종속변수 y가 특정 설명변수 x_k와 연계되는지 여부를 검정하였다. 이 절에서는 이런 생각을 모든 포함된 설명변수의 관련성에 관한 결합가설로 연장시키고자 한다. $(K-1)$개의 설명변수와 K개의 미지의 계수를 갖는 일반적인 다중회귀 모형을 다시 생각해 보자.

$$y = \beta_1 + x_2\beta_2 + x_3\beta_3 + \cdots + x_K\beta_K + e \tag{6.5}$$

실질적으로 설명력이 있는 모형인지 여부를 알아보기 위해, 다음과 같은 귀무가설 및 대립가설을 설정하였다.

$$H_0 : \beta_2 = 0, \; \beta_3 = 0, \; \cdots, \; \beta_K = 0$$
$$H_1 : \beta_k \text{ 중 적어도 하나는 0이 아니다, } k = 2, 3, \cdots, K \text{인 경우} \tag{6.6}$$

귀무가설은 $K-1$ 부분으로 구성되므로 결합가설이 된다. 이 가설은 절편 모수 β_1을 제외한 모수 β_k 각각이 모두 동시적으로 0이라고 추측한다. 이 귀무가설이 참인 경우 어떤 설명변수도 y에 영향을 미치지 못하기 때문에 해당 모형은 거의 또는 전혀 가치가 없다. 대립가설 H_1이 참인 경우 모수 중 적어도 하나가 0이 아니므로 설명변수 중 하나 또는 그 이상이 모형에 포함되어야 한다. 그러나 대립가설은 어느 변수가 포함되어야 하는지에 관해 언급하지 않는다. 실제로 설명력 있는 모형인지 여부를 검정하는 것이 목적이므로 식 (6.6)의 검정을 이따금 회귀 모형의 전반적인 유의성에 관한 검정이라고 한다. t-분포는 단일 귀무가설을 검정할 경우에만 사용될 수 있기 때문에 식 (6.6)의 결합 귀무가설을 검정하는 데는 F-검정을 사용한다. 제한되지 않은 모형은 식 (6.5)와 같으며 귀무가설이 참이라 가정하는 제한된 모형은 다음과 같다.

$$y_i = \beta_1 + e_i \tag{6.7}$$

제한된 모형에서 β_1의 최소제곱 추정량은 $b_1^* = \sum_{i=1}^{N} y_i / N = \bar{y}$이며, 이는 종속변수 관찰값의 표본 평균이다. 가설 (6.6)의 제곱한 오차의 제한된 합은 다음과 같다.

$$SSE_R = \sum_{i=1}^{N} \left(y_i - b_1^* \right)^2 = \sum_{i=1}^{N} \left(y_i - \bar{y} \right)^2 = SST$$

절편을 제외한 모든 모형의 모수가 0이라는 귀무가설을 검정하는 이 경우에 제곱한 오차의 제한된 합은 제한되지 않은 완전한 모형의 제곱의 총합(SST)이다. 제곱한 오차의 제한되지 않은 합은 제한되지 않은 모형의 제곱한 오차의 합과 같다. 즉 $SSE_U = SSE$이다. 제한의 수는 $J = K-1$이 된다. 따라서 모형의 전반적인 유의성을 검정하기 위한 F-검정 통계량은 일반적인 형태가 아니라 다음과 같이 수정될 수 있다.

$$F = \frac{(SST - SSE)/(K - 1)}{SSE/(N - K)} \tag{6.8}$$

검정 통계량의 계산된 값과 $F_{(K-1, \, N-K)}$ 분포의 임계값을 비교하게 되며, 이를 이용하여 회귀 모형의 전반적인 유의성을 검정하게 된다. 이 검정 결과는 회귀분석을 할 때 근본적으로 중요한 의미를 갖게 되며, 이는 보통 컴퓨터 소프트웨어가 자동적으로 F-값이라고 알려준다.

정리문제 6.3   햄버거 체인점 판매수입 모형에 대한 전반적인 유의성

예를 들어, 설명하기 위해서 햄버거 체인점인 빅 앤디스 버거 반의 판매수입 자료를 이용하여 회귀식 (6.2)의 전반적인 유의성을 검정하고자 한다. $PRICE$, $ADVERT$, $ADVERT^2$의 계수들 중 적어도 1개는 영이 아니라는 대립가설에 대해서, 이들 계수 모두가 영인지 여부를 검정하고자 한다. 모형은 $SALES = \beta_1 + \beta_2 PRICE + \beta_3 ADVERT + \beta_4 ADVERT^2 + e$라는 사실을 기억하자. 가설검정 단계는 다음과 같다.

1. 다음의 가설을 검정할 것이다.

$$H_0 : \beta_2 = 0, \quad \beta_3 = 0, \quad \beta_4 = 0$$

이에 대한 대립가설은 다음과 같다.

$$H_1 : \beta_2 \text{ 또는 } \beta_3 \text{ 또는 } \beta_4 \text{ 중 적어도 1개는 영이 아니다.}$$

2. H_0가 참인 경우 다음과 같다.

$$F = \frac{(SST - SSE)/(4 - 1)}{SSE/(75 - 4)} \sim F_{(3,71)}.$$

3. 5% 유의수준에서 자유도가 $(3, 71)$인 F-통계량의 임계값은 $F_c = 2.734$이다. 따라서 $F \geq 2.734$인 경우 H_0를 기각한다.

4. $SST = 3115.482$ 및 $SSE = 1532.084$를 활용하여 구한 F-값은 다음과 같다.

$$\begin{aligned} F &= \frac{(SST - SSE)/(K - 1)}{SSE/(N - K)} \\ &= \frac{(3115.482 - 1532.084)/3}{1532.084/(75 - 4)} = 24.459 \end{aligned}$$

또한 소수점 네 자리까지 표시하면 p-값 $= P(F \geq 24.459) = 0.0000$이다.

5. $24.459 > 2.734$이므로 H_0를 기각하고 추정된 관계가 유의하다고 결론을 내린다. p-값을 활용해도 유사한 결론에 도달한다. $PRICE$, $ADVERT$, $ADVERT^2$ 중 적어도 하나는 판매수입에 영향을 미친다고 결론을 내린다. 이 결론은 식 (5.25)의 각 계수들에 대해 유의성을 검정한 개별적인 t-검정을 활용하여서 도달한 결론과 일치한다.

컴퓨터 소프트웨어를 사용하여 구한 분석 결과로 돌아가서 이를 검토해보자. 통상적인 분석 결과에 포함되어 있는 F-값 24.459와 이에 상응하는 p-값 0.0000을 찾을 수 있는가?

6.1.2 t-검정과 F-검정 사이의 관계

여러분이 가질 수 있는 의문점은 결합가설이 아닌 귀무가설인 경우, 즉 H_0에 1개의 등식만이 있는 경우 어떻게 되는가? 이 경우에 F-검정을 사용할 수 있는가? 아니면 돌아가서 t-검정을 활용해야 하는가? 대답은 다음과 같다. '동일하지 않다'는 대립가설에 대응해서 단 1개의 '등식' 귀무가설(단일 제한)을 검정하려는 경우, t-검정 또는 F-검정이 사용될 수 있다. 이때 검정 결과는 동일해진다. 양측 t-검정은 H_0에 단 1개의 가설이 있을 때 F-검정과 동일해진다. 하지만 F-검정은 단측 t-검정에 대한 대안으로 사용될 수 없다. 이 점에 대해 알아보기 위해서 빅 앤디스 버거 반의 예를 다시 한 번 활용해보자.

정리문제 6.4 t-검정과 F-검정은 언제 동일해지는가?

정리문제 6.1 및 6.2에서는 아래 모형에서 $\beta_3 = 0$ 및 $\beta_4 = 0$인지 여부를 검정하는 F-검정을 사용하여, 광고가 판매수입에 영향을 미치는지 검정하였다.

$$SALES = \beta_1 + \beta_2 PRICE + \beta_3 ADVERT + \beta_4 ADVERT^2 + e$$
(6.9)

$PRICE$가 $SALES$에 영향을 미치는지 여부에 대해 검정하고자 한다고 가상하자. 앞에서 살펴본 F-검정 절차에 따라 $H_0 : \beta_2 = 0$, $H_1 : \beta_2 \neq 0$를 설정하면 다음과 같은 제한된 모형이 된다.

$$SALES = \beta_1 + \beta_3 ADVERT + \beta_4 ADVERT^2 + e$$ (6.10)

식 (6.9) 및 (6.10)을 추정하면 $SSE_U = 1532.084$ 및 $SSE_R = 2683.411$ 각각을 구할 수 있다. 이에 기초하여 F-값을 구하면 다음과 같다.

$$F = \frac{(SSE_R - SSE_U)/J}{SSE_U/(N-K)}$$

$$= \frac{(2683.411 - 1532.084)/1}{1532.084/(75-4)} = 53.355$$

5% 임계값은 $F_c = F_{(0.95,\, 1,\, 71)} = 3.976$이므로 $H_0 : \beta_2 = 0$을 기각한다.

이제 동일한 가설 $H_0 : \beta_2 = 0$ 및 $H_1 : \beta_2 \neq 0$에 대해 t-검정을 활용하면 어떻게 되는지 살펴보도록 하자. 식 (6.9)를 추정하면 다음과 같다.

$$\widehat{SALES} = \underset{(se)}{109.72} - \underset{(6.80)}{7.640} PRICE + \underset{(1.046)}{12.151} ADVERT \underset{(3.556)}{}$$
$$- \underset{(0.941)}{2.768} ADVERT^2$$

$H_1 : \beta_2 \neq 0$에 대한 $H_0 : \beta_2 = 0$ 검정에 대한 t-값은 $t = 7.640/1.045939 = 7.30444$이다. t-검정에 대한 5% 임계값은 $t_c = t_{(0.975,\, 71)} = 1.9939$이다. $7.30444 > 1.9939$이므로 $H_0 : \beta_2 = 0$을 기각한다. 소수점 아래 여러 자리까지 표기한 이유는 곧 분명해진다. t-검정과 F-검정 사이의 관계를 바르게 나타내기 위해서 반올림에 따른 오차를 낮추고자 한다.

계산된 t-값 및 임계 t-값의 제곱은 이에 상응하는 F-값과 동일하다. 즉 $t^2 = (7.30444)^2 = 53.355 = F$ 및 $t_c^2 = (1.9939)^2 = 3.976 = F_c$이다. 이렇게 상응하는 이유는 t-분포와 F-분포 사이에 존재하는 정확히 일치하는 관계 때문이다. 자유도가 df인 t 확률변수의 제곱은 분자의 자유도가 1이고 분모의 자유도가 df인 F 확률변수이다. 즉 $t_{(df)}^2 = F_{(1,df)}$이다. 이런 정확한 관계 때문에 두 검정의 p-값은 동일하며, 이는 어느 검정을 선택하든 언제나 동일한 결론에 도달한다는 의미이다. 하지만 대립가설이 예를 들어, > 또는 < 처럼 부등식일 때, 단측 t-검정을 사용할 경우 t-검정과 F-검정 사이에는 등가성이 존재하지 않는다. $F = t^2$이므로, F-검정은 단측검정에 필요한 좌측검정과 우측검정을 구별할 수 없다. 또한 귀무가설이 2개 이상의 제한으로 구성될 경우 t-검정과 F-검정 사이의 등가성은 유지되지 않는다. 이런 경우 ($J \geq 2$)에는 F-검정을 사용하여야 한다.

F-검정 절차의 요약

F-검정의 요소는 다음과 같이 요약할 수 있다.

1. 귀무가설 H_0는 모형 모수 β_k에 대한 1개 이상의 선형 등식으로 제한된다. 제한되는 수는 J로 표시된다. $J = 1$인 경우 귀무가설을 단일 귀무가설이라 하며, $J \geq 2$인 경우 결합 귀무가설이라 한다. 귀무가설은 '크거나 같다' 또는 '작거나 같다'는 가설을 포함할 수 없다.

2. 대립가설은 귀무가설 중 1개 이상의 등식이 참이 아니라고 말한다. 대립가설은 '보다 크다' 또는 '보다 작다'라는 선택적인 사항을 포함할 수 없다.

3. 검정 통계량은 식 (6.4)의 F-통계량이다.

4. 가정 MR1~MR6이 준수되고 귀무가설이 참인 경우, F는 분자 자유도 J와 분모 자유도 $N-K$를 갖는 F-분포를 한다. $F \geq F_c$인 경우 귀무가설이 기각되며, 여기서 $F_c = F_{(1-\alpha,\,J,\,N-K)}$는 F-분포의 오른쪽 끝부분에 있는 확률 $\alpha\%$에 상응하는 임계값이다.

5. 단일 등식인 귀무가설을 검정하는 경우, t-검정 절차 또는 F-검정 절차 어느 것을 사용해도 옳으며 두 검정은 동일한 결론에 도달한다. 실제로는 t-검정을 사용하여 단일가설을 검정하는 것이 관례이며, 결합가설에 대해서는 F-검정이 보통 사용된다.

6.1.3 보다 일반적인 F-검정

지금까지는 1개의 변수 또는 일단의 변수들이 모형에서 배제될 수 있는지 여부에 관한 틀에서 F-검정을 논의하였다. 귀무가설에서 한 추측은 특정 계수가 영이라는 것이었다. F-검정은 또한 훨씬 더 일반적인 가설에 대해서도 사용될 수 있다. 등식 기호가 있는 선형 가설을 포함하는 어떠한 수의 추측 ($J \leq K$)도 검정될 수 있다. H_0가 의미하는 제한된 모형을 도출하는 작업은 더 교묘해질 수 있지만, 동일한 일반원칙이 준수된다. 제곱한 오차의 제한된 합은 제곱한 오차의 제한되지 않은 합보다 훨씬 더 크다. 제한된 모형에서 최소제곱 추정값은 모수에 대한 제한이 참이라는 조건하에서 제곱한 오차의 합을 최소화함으로써 구할 수 있다. 제한되지 않은 최솟값(SSE_U)은 제한된 최솟값(SSE_R)보다 언제나 더 작다. SSE_U와 SSE_R이 충분히 차이가 난다면, 귀무가설이 참이라고 가정할 경우 자료에 적합하게 하려는 모형의 능력을 유의하게 낮추게 된다. 다시 말해 자료는 귀무가설을 지지하지 않으며 F-검정에 의해 기각된다. 반면에 귀무가설이 참이라면 자료는 모수에 부과된 조건과 양립할 수 있을 것으로 기대된다. 제곱한 오차의 합에서 변화가 거의 없을 것으로 기대되며, 이 경우 귀무가설은 F-검정에 의해 기각되지 않는다.

🔍 정리문제 6.5   **최적 광고에 대한 검정**

많은 계수들에 대해 영을 설정하는 것보다 더 복잡한 귀무가설에 대한 제한된 모형을 어떻게 구할 수 있는지 설명하기 위해서 정리문제 5.17을 다시 한 번 고찰해 보도록 하자. 해당 정리문제에서는 빅 앤디스 버거 반이 광고 $ADVERT_0$에 지출하는 최적 규모가 다음과 같다는 사실을 살펴보았다.

$$\beta_3 + 2\beta_4 ADVERT_0 = 1 \qquad (6.11)$$

빅 앤디스 버거 반이 월간 \$1,900를 광고에 지출하고 있으며, 이 금액이 최적인지 여부를 알고자 한다고 가상하자. 추정 식에서 얻은 정보는 월간 광고비 \$1,900가 최적이라는 가설을 기각할 정도로 충분한 증거를 제시하는가? 이

검정에 대한 귀무가설과 대립가설은 다음과 같다.

$$H_0 : \beta_3 + 2 \times \beta_4 \times 1.9 = 1 \quad H_1 : \beta_3 + 2 \times \beta_4 \times 1.9 \neq 1$$

곱셈을 계산하면 위의 가설은 다음과 같아진다.

$$H_0 : \beta_3 + 3.8\beta_4 = 1 \quad H_1 : \beta_3 + 3.8\beta_4 \neq 1$$

귀무가설이 의미하는 제한된 모형을 어떻게 구할 수 있는가? H_0가 참인 경우 $\beta_3 = 1 - 3.8\beta_4$라는 사실에 주목하자. 이 제한을 식 (6.9)의 제한되지 않은 모형에 대입하면 다음과 같다.

$$\begin{aligned} SALES = {}& \beta_1 + \beta_2 PRICE + (1 - 3.8\beta_4) ADVERT \\ & + \beta_4 ADVERT^2 + e \end{aligned}$$

유사 항들을 모으고 식을 재정리하여 추정하기 편리한 형태로 정리하면 다음과 같다.

$$(SALES - ADVERT) = \beta_1 + \beta_2 PRICE + \beta_4 (ADVERT^2 \\ - 3.8ADVERT) + e \qquad (6.12)$$

종속변수가 $y = (SALES - ADVERT)$이고 설명변수가 $x_2 = PRICE$ 및 $x_3 = (ADVERT^2 - 3.8ADVERT)$인 이 모형을 최소제곱법으로 추정하면 제곱한 오차의 제한된 합은 $SSE_R = 1552.286$이다. 제곱한 오차의 제한되지 않은 합은 이전과 같이 $SSE_U = 1532.084$이다. 또한 제한은 1개($J=1$)이며 자유도는 $N-K=71$이다. 따라서 계산한 F-통계량값은 다음과 같다.

$$F = \frac{(1552.286 - 1532.084)/1}{1532.084/71} = 0.9362$$

$\alpha = 0.05$인 경우 임계값은 $F_c = 3.976$이다. $F = 0.9362 < F_c = 3.976$이기 때문에 H_0를 기각하지 않는다. 따라서 월간 광고비 \$1,900가 최적이라는 추측은 자료와 부합된다고 결론을 내릴 수 있다.

H_0에는 단지 1개의 추측이 있기 때문에 t-분포를 이용하여 이 검정을 이행할 수 있다. 이를 확인해 보시오. t-값의 경우 $t = 0.9676$이라는 사실을 알아야만 한다. $F = 0.9362$는 $t^2 = (0.9676)^2$과 동일하며, 이로 인해 앞에서 살펴본 t-확률변수와 F-확률변수 사이의 관계가 준수된다. p-값 또한 동일하다.

$$p\text{-값} = P(F_{(1, 71)} > 0.9362) \\ = P(t_{(71)} > 0.9676) + P(t_{(71)} < -0.9676) = 0.3365$$

$0.3365 > 0.05$이므로 $ADVERT_0 = 1.9$가 자료와 부합된다고 결론을 내릴 수 있다.

이 검정에 대한 설명이 제3장에서 소개하고 이 책에서 지금까지 활용한 단계별 가설검정에서 약간 벗어난다는 점을 알 수 있다. 구성 요소는 동일하지만 그것들의 배열이 변하였다. 지금부터는 단계를 밟아 가는 데 형식을 덜 갖출 것이다. 형식을 덜 갖춤으로써 여러분이 연구 보고서에서 발견하게 될 논의 형태를 접하게 될 것이다. 하지만 목적을 갖고, 즉 좋은 습관을 가르치기 위해서 단계가 도입되었다는 점을 기억하자. 단계를 밟아 갈 때 검정에 대한 관련된 모든 요소를 설명하였고 올바른 순서대로 단계들을 고려했다는 점을 확신하게 된다. 예를 들면, 통계량값을 관측한 후에 가설 또는 기각역을 결정하는 것은 옳지 않다.

🏆 정리문제 6.6   단측검정

자료는 '$ADVERT = 1.9$가 최적이다'라는 추측을 지지하는지 여부에 대해 검정하려는 대신에, 최적의 $ADVERT$가 1.9보다 더 큰지 여부를 검정하길 원한다고 가상해보자. 빅 앤디스 버거 반은 월간 광고비 \$1,900를 지출하였고, 최적의 광고비 규모가 \$1,900보다 더 크다는 확실한 증거가 없는 한 광고비를 증대시키려 하지 않는다면 다음과 같은 가설이 설정된다.

$$H_0 : \beta_3 + 3.8\beta_4 \leq 1 \qquad H_1 : \beta_3 + 3.8\beta_4 > 1$$

위의 경우 더 이상 F-검정을 사용할 수 없다. 대신에 t-검정을 사용하여 $t = 0.9676$을 구할 수 있다. 5% 유의수준에서의 기각역은 $t \geq 1.667$인 경우 H_0를 기각한다. $0.9676 < 1.667$이므로 H_0를 기각하지 않는다. 최적의 광고비 지출액이 \$1,900보다 더 크다고 시사하는 자료상의 충분한 증거는 존재하지 않는다.

6.1.4 컴퓨터 소프트웨어를 활용하기

제곱한 오차의 제한된 합과 제한되지 않은 합을 활용하여 F-값을 계산하는 것은 가능하며 교육적이기는 하지만, 계량경제 소프트웨어의 능력을 사용하는 것이 종종 더 편리하다. 대부분의 소프트웨어 패키지는 귀무가설이 설정될 경우 t-값 및 F-값, 이들에 상응하는 p-값을 자동적으로 계산해 주는 명령어를 갖고 있다. 여러분이 사용하는 소프트웨어를 점검하시오. 우리가 설정했던 것과 유사한 귀무가설을 검정하기 위해 어떻게 실행할 수 있을까? 이런 검정들은 왈드검정(Wald test)이라고 하는 검정의 부류에 속한다. 여러분이 사용하는 소프트웨어는 이런 방식으로 표현될 수 있다. 제5장 및 제6장에 있는 모든 검정들에 대해 구한 대답을 재현할 수 있는가?

정리문제 6.7 제한이 2개($J = 2$)인 복합 가설

빅 앤디스 버거 반의 모형에서 제한이 2개인 결합검정을 생각해 보자. 월간 최적의 광고비 지출이 \$1,900라는 추측 이외에, $PRICE = \$6$, $ADVERT = 1.9$인 경우 판매수입이 평균적으로 \$80,000라는 가정에 기초하여 직원을 채용하고 생산요소를 구입한다고 가상하자. 앞의 모형에 기초하고 회귀계수 β_k의 측면에서 이런 추측을 나타내면 다음과 같다.

$$E(SALES|PRICE = 6, ADVERT = 1.9)$$
$$= \beta_1 + \beta_2 PRICE + \beta_3 ADVERT + \beta_4 ADVERT^2$$
$$= \beta_1 + 6\beta_2 + 1.9\beta_3 + 1.9^2\beta_4$$
$$= 80$$

판매수입과 최적 광고비에 관한 추측이 자료표본에 내포된 증거와 부합되는가? 결합 귀무가설을 다음과 같이 설정하여 보자.

$$H_0 : \beta_3 + 3.8\beta_4 = 1, \ \beta_1 + 6\beta_2 + 1.9\beta_3 + 3.61\beta_4 = 80$$

대립가설은 이런 제한들 중 적어도 1개가 참이 아니다라는 것이다. 결합검정을 하기 위한 제한은 $J=2$이기 때문에, F-검정을 사용해야 한다. t-검정은 적합하지 않다. 단순히 변수들을 빼는 것보다 더 일반적인 제한이 2개인 검정의 예가 바로 이것이다. 제한된 모형을 도출하기 위해서는 이런 제한들을 확장된 모형에 대입시켜야 한다. 2개의 가설을 컴퓨터 소프트웨어에 직접 제시함으로써 얻은 분석 결과를 활용하여 F-통계량은 5.74, 이에 상응하는 p-값은 0.0049를 구할 수 있다. 5% 유의수준에서 결합 귀무가설은 기각된다. 최소제곱 추정값을 사용하여 $PRICE=6$ 및 $ADVERT=1.9$인 경우의 판매수입을 예측해 보자. 판매수입에 관해 너무 낙관적이었는가? 아니면 너무 비관적이었는가?

6.1.5 대표본 검정

F-통계량이 모든 크기의 표본에서 F-분포를 갖기 위한 2개의 중요한 필요조건이 존재한다. 즉 (1) 가정 MR1~MR6이 준수되어야만 한다. (2) H_0의 제한은 모수 β_1, β_2, $\cdots$, β_K의 선형 함수여야만 한다. 이 절에서는 오차가 더 이상 정규분포하지 않거나 또는 강 외생성 가정이 $E(e_i) = 0$ 및 $cov(e_i, x_{jk}) = 0$ $(i \neq j)$으로 약화될 때, 어떤 검정 통계량이 대표본에서 타당한지 관심을 갖고 있다. 비선형 가설의 검정에 관해 또한 언급할 것이다.

검정 방안을 평가하기 위해서 식 (6.4)의 F-통계량이 어떻게 구해지는지에 관한 세부적인 사항을 순서대로 살펴볼 것이다. F 확률변수는 2개의 독립적인 카이제곱(χ^2) 확률변수를 각각의 자유도로 나눈 것의 비율로 정의된다. 즉 $V_1 \sim \chi^2_{(m_1)}$ 및 $V_2 \sim \chi^2_{(m_2)}$ 그리고 V_1 및 V_2가 독립적이라면 다음과 같아진다.

$$F = \frac{V_1/m_1}{V_2/m_2} \sim F_{(m_1, m_2)}$$

우리가 살펴본 예에서 2개의 독립적인 χ^2 확률변수는 다음과 같다.

$$V_1 = \frac{(SSE_R - SSE_U)}{\sigma^2} \sim \chi^2_{(J)} \quad \text{및} \quad V_2 = \frac{(N-K)\hat{\sigma}^2}{\sigma^2} \sim \chi^2_{(N-K)}$$

σ^2을 아는 경우, SSE_R과 SSE_U 사이의 차이가 귀무가설을 기각할 정도로 충분히 큰지 여부를 검정하는 자연적인 후보자로 V_1을 꼽을 수 있다. σ^2을 알지 못하기 때문에, V_2를 사용하여 이를 제거한다. 명시화하면 다음과 같다.

$$F = \frac{V_1/J}{V_2/(N-K)} = \frac{\dfrac{(SSE_R - SSE_U)}{\sigma^2}\Big/ J}{\dfrac{(N-K)\hat{\sigma}^2}{\sigma^2}\Big/ (N-K)} = \frac{(SSE_R - SSE_U)/J}{\hat{\sigma}^2} \sim F_{(J, N-K)} \tag{6.13}$$

$\hat{\sigma}^2 = SSE_U/(N-K)$라는 사실에 주목하자. 따라서 식 (6.13)의 결과는 식 (6.4)에서 처음 소개된 F-통계량과 동일해진다.

정규성 가정을 생략하거나 또는 강 외생성 가정을 완화할 때, 이 결론은 약간 달라진다. 이 경우 V_1은 더 이상 정확한 χ^2 분포를 갖지 못하지만, 그럼에도 불구하고 점근적 이론에 의존해서 다음과 같이 말할 수 있다.

$$V_1 = \frac{(SSE_R - SSE_U)}{\sigma^2} \overset{a}{\sim} \chi^2_{(J)}$$

그러고 나서 한 걸음 더 나아가 σ^2을 그것의 일치하는 추정량 $\hat{\sigma}^2$으로 대체시키더라도, V_1의 점근적 분포를 변화시키지 않는다고 말할 수 있다.[2] 즉 다음과 같다.

$$\hat{V}_1 = \frac{(SSE_R - SSE_U)}{\hat{\sigma}^2} \overset{a}{\sim} \chi^2_{(J)} \tag{6.14}$$

이 통계량은 덜 제한적인 가정하에서 대표본인 경우의 결합 선형 가설을 검정하는 타당한 방안이며, 표본크기가 증가함에 따라 어림셈이 향상된다. 5% 유의수준에서 $\hat{V}_1$이 임계값 $\chi^2_{(0.95, J)}$보다 크거나 같다면 또는 p-값 $P(\chi^2_{(J)} > \hat{V}_1)$이 0.05보다 더 작다면 H_0를 기각한다. 대부분의 소프트웨어는 자동적인 검정 명령어에 반응하여 F 및 $\hat{V}_1$에 대한 값을 제시해 준다. $\hat{V}_1$에 대한 값은 아마도 '카이제곱'으로 표현할 수 있을 것이다.

$F = \hat{V}_1/J$이 명백하더라도, 2개의 검정 대안이 반드시 동일한 결론에 이르지는 않게 된다. p-값

---

2 다음을 참조하시오. William Greene, *Econometric Analysis 8e*, Pearson Prentice-Hall, 2018, Theorem D.16, page 1168 of online Appendix.

이 상이하게 된다. 두 가지 모두 실제로 사용되지만, 덜 제한적인 가정하에서조차도 F-검정이 $\hat{V}_1$보다 더 나은 소표본 어림값을 제시하는 것이 가능하다. 표본크기가 증가함에 따라 (F 통계량의 분포에 대한 자유도가 증가함에 따라) 2개 검정은 동일해진다. 즉 p-값이 같아지고 $\lim_{N \to \infty} F_{(1-\alpha, J, N-K)} = \chi^2_{(1-\alpha, J)}/J$라는 의미에서 이들의 임계값은 동등해진다. 여러분이 이를 점검해 보시오. $J = 4$ 및 $\alpha = 0.05$라고 가상하면, 부록 표 3에서 $\chi^2_{(0.95,4)}/4 = 9.488/4 = 2.372$를 구할 수 있다. F-값은 부록 표 4에 있지만, 소프트웨어를 사용하여 몇 개의 추가적인 값을 구해보는 것이 교육적이다. 그렇게 하면 $F_{(0.95, 4, 60)} = 2.525$, $F_{(0.95, 4, 120)} = 2.447$, $F_{(0.95, 4, 500)} = 2.390$, $F_{(0.95, 4, 1000)} = 2.381$, $F_{(0.95, 4, 10000)} = 2.373$이 된다. $N-K$가 증가함에 따라 F-분포의 95번째 백분위수는 2.372로 근접한다.

🔍 정리문제 6.2 및 6.5   재검토

$SALES = \beta_1 + \beta_2 PRICE + \beta_3 ADVERT + \beta_4 ADVERT^2 + e$

$\qquad\qquad\qquad\qquad\qquad\qquad\qquad\qquad$ (6.15)

위의 식에서 $H_0: \beta_3 = \beta_4 = 0$을 검정하면 다음과 같은 결과를 얻을 수 있다. $F = 8.44$이며 이에 상응하는 p-값 $= 0.0005$이다. $\chi^2 = 16.88$이며 이에 상응하는 p-값

$= 0.0002$이다. 제한이 2개($J=2$)이므로 F-값은 χ^2-값의 절반이다. 검정이 상이하므로 p-값이 다르다.

$H_0: \beta_3 + 3.8\beta_4 = 1$을 검정할 경우 $F = 0.936$이고 이에 상응하는 p-값 $= 0.3365$이다. $\chi^2 = 0.936$이고 이에 상응하는 p-값 $= 0.3333$이다. $J=1$이기 때문에 F-값과 χ^2-값은 동일하지만, 다시 한 번 p-값은 약간 상이하다.

비선형 가설 검정하기   모수들의 비선형 함수인 결합가설에 대한 검정 통계량을 구하는 일은 이론적으로 볼 때 구하기가 어려운 것처럼 보이지만[3], 그럼에도 불구하고 일반적으로 소프트웨어를 활용하여 상대적으로 쉽게 시행될 수 있다. 점근적인 결과만을 사용할 수 있으며, 일부 소프트웨어가 또한 F-값을 제시하기도 하지만 관련 검정 통계량은 카이제곱이다. 알아보려고 하는 또 다른 것은 점근적인 측면을 피하기 위해서 비선형 가설이 선형 가설로 다시 구성될 수 있는지 여부에 관한 것이다.

🔍 정리문제 6.8   비선형 가설

5.7.4절에서, 식 (6.2)의 모수로 최적의 광고 수준을 나타내면 다음과 같다는 사실을 알았다.

$$ADVERT_0 = \frac{1 - \beta_3}{2\beta_4}$$

광고의 최적 수준이 $1,900가 아니라는 대립가설에 대해

최적 수준이 $1,900라는 가설을 검정하기 위해서, 모수의 관계가 비선형인 다음과 같은 가설을 설정할 수 있다.

$$H_0 : \frac{1 - \beta_3}{2\beta_4} = 1.9, \quad H_1 : \frac{1 - \beta_3}{2\beta_4} \neq 1.9 \quad (6.16)$$

이 문제를 해결할 수 있는 세 가지 방법이 있다. 첫 번째

---

3 다음을 참조하시오. William Greene, *Econometric Analysis 8e*, Pearson Prentice-Hall, 2018, pp. 211-212.

방법은 모수들의 관계가 선형이 되도록 위의 가설을 전환시키는 것이다. 즉 $H_0: \beta_3 + 3.8\beta_4 = 1$ 대 $H_1: \beta_3 + 3.8\beta_4 \neq 1$으로 전환시킨다. 이것은 바로 정리문제 6.5에서 검정한 가설들이다. F-검정에 대한 p-값은 0.337이다. 두 번째 방법은 t-검정값을 사용하여 식 (6.16)을 검정하는 것이다.

$$t = \frac{g(b_3, b_4) - 1.9}{\text{se}\left[g(b_3, b_4)\right]}$$

$$= \frac{(1-b_3)/2b_4 - 1.9}{\text{se}\left((1-b_3)/2b_4\right)} = \frac{2.0143 - 1.9}{0.1287} = 0.888$$

$g(b_3, b_4) = (1-b_3)/2b_4 = 2.0143$ 및 $\text{se}\left[g(b_3, b_4)\right] = \text{se}\left((1-b_3)/2b_4\right) = 0.1287$은 $ADVERT_0$에 대한 구간 추정값을 계산하면서 정리문제 5.17에서 구했었다. 세 번째 방법은 식 (6.16)을 검정하기 위해서 χ^2-검정을 사용하는 것이다. 단 하나의 가설만이 있는 경우 $\chi^2 = F = t^2 = (0.888)^2 = 0.789$가 된다. 하지만 χ^2-검정은 다른 검정으로 p-값은 0.374가 된다.

매우 많은 선택을 갖게 되는 경우 어떤 선택을 할지는 물론 여러분이 생각을 해야 한다. 일반적으로 최선의 전략은 가능하다면 가설을 선형 가설로 변환시키는 것이다. 그렇지 않다면 t-검정 또는 χ^2-검정이 사용될 수 있지만, $J \geq 2$인 경우 t-검정 선택은 사용할 수 없다. 이 절에서 끝내야 하는 중요한 것은 소프트웨어 분석 결과에 제시된 상이한 검정 통계량들을 평가하는 것이다. 즉 그것들은 무엇을 의미하는지, 어디서 유래되었는지, 정확한 유한표본 검정 상황인지 또는 점근적 어림셈 상황인지 등을 평가하여야 한다.

6.2 비표본 정보의 활용

여러 가지 추정을 하다 보면 표본자료에 포함된 정보 이외에 추가적인 정보를 얻게 된다. 이런 비표본 정보는 경제원칙 또는 경험처럼 다양한 곳에서 구할 수 있다. 이런 정보를 구했을 경우 이를 이용하는 방법을 찾는 것은 직관적인 것처럼 보인다. 비표본 정보가 옳고 이를 표본 정보와 합쳤을 경우 모수를 추정할 수 있는 정확성이 향상될 수 있다.

표본 정보와 비표본 정보를 어떻게 결합시킬 수 있는지 살펴보기 위하여 맥주 수요를 설명하도록 고안된 모형을 생각해 보자. 미시경제학의 소비자 선택 이론에 따르면 한 상품에 대한 수요는 해당 상품의 가격, 다른 상품 특히 대체재와 보완재의 가격, 소득에 의존한다고 한다. 맥주의 경우 수요량 (Q)을 맥주 가격(PB), 다른 주류의 가격(PL), 모든 기타 다른 재화 및 용역의 가격(PR), 소득(I)과 연계시키는 것이 합리적이다. 'ln'은 자연대수를 의미한다고 보고 대수-대수 함수 형태가 이런 수요 관계에 적합하다고 가정하면 다음과 같다.

$$\ln(Q) = \beta_1 + \beta_2\ln(PB) + \beta_3\ln(PL) + \beta_4\ln(PR) + \beta_5\ln(I) + e \tag{6.17}$$

위의 모형은 실제적으로 발생할 수 없는 음의 가격, 수량, 소득을 배제할 수 있고 계수 β_2, β_3, β_4, β_5가 탄력성이므로 사용하기 편리한 형태이다.

관련된 일부 비표본 정보는 모든 가격과 소득이 동일한 비율로 증가할 경우 수요량이 변화하지 않을 것으로 기대된다는 점에 주목하여 도출될 수도 있다. 예를 들어, 모든 가격과 소득이 2배로 증가할 경우 맥주 소비량이 변하지 않아야 하며, 이 가정은 경제 주체가 '화폐적 환상'을 갖지 않는다는 의미이다. 이 가정을 수요 모형에 설정하고 어떤 일이 발생하는지 살펴보도록 하자. 모든 가격과 소득이 동일한 비율로 변화한다는 것은 각 가격과 소득에 상수를 곱하는 것과 같다. 상수를 λ라 하고 식 (6.17)의 각 변수에 λ를 곱하면 다음과 같다.

$$\begin{aligned}
\ln(Q) &= \beta_1 + \beta_2\ln(\lambda PB) + \beta_3\ln(\lambda PL) + \beta_4\ln(\lambda PR) + \beta_5\ln(\lambda I) \\
&= \beta_1 + \beta_2\ln(PB) + \beta_3\ln(PL) + \beta_4\ln(PR) + \beta_5\ln(I) \\
&\quad + (\beta_2 + \beta_3 + \beta_4 + \beta_5)\ln(\lambda) + e
\end{aligned} \tag{6.18}$$

식 (6.17)과 (6.18)을 비교해 보면 각 가격과 소득에 λ를 곱함으로써 나타나는 $\ln(Q)$의 변화는 $(\beta_2 + \beta_3 + \beta_4 + \beta_5)\ln(\lambda)$가 된다. 따라서 모든 가격과 소득이 동일한 비율로 상승할 경우 $\ln(Q)$가 변화하지 않기 위해서는 다음이 참이어야만 한다.

$$\beta_2 + \beta_3 + \beta_4 + \beta_5 = 0 \tag{6.19}$$

따라서 가격과 소득이 동일한 비율로 변화할 경우 수요량이 어떻게 변하지 말아야 되는지에 관해 언급할 수 있게 되었으며, 이 정보는 수요 모형의 모수에 특별한 제한을 두어야 하는 형태로 나타낼 수 있다. 이런 제한을 비표본 정보(nonsample information)라고 한다. 비표본 정보가 의미가 있으며 여기에 기초한 식 (6.19)의 모수 제한이 준수된다고 믿을 경우 이 제한에 부합하는 추정값을 구하는 것이 바람직한 것처럼 보인다.

비표본 정보를 도입하기 위해서 β_k 중 하나에 대해 모수에 대한 제한인 $\beta_2 + \beta_3 + \beta_4 + \beta_5 = 0$을 풀 것이다. 어느 것에 대해 풀어야 하는지는 수학적으로 중요하지 않지만 간단히 설명할 수 있기 때문에 β_4에 대해 풀면 다음과 같다.

$$\beta_4 = -\beta_2 - \beta_3 - \beta_5$$

위의 식을 식 (6.17)에 있는 원래의 모형에 대입시키면 다음과 같다.

$$\begin{aligned}
\ln(Q) &= \beta_1 + \beta_2\ln(PB) + \beta_3\ln(PL) + (-\beta_2 - \beta_3 - \beta_5)\ln(PR) + \beta_5\ln(I) + e \\
&= \beta_1 + \beta_2[\ln(PB) - \ln(PR)] + \beta_3[\ln(PL) - \ln(PR)] + \beta_5[\ln(I) - \ln(PR)] + e \\
&= \beta_1 + \beta_2\ln\left(\frac{PB}{PR}\right) + \beta_3\ln\left(\frac{PL}{PR}\right) + \beta_5\ln\left(\frac{I}{PR}\right) + e
\end{aligned} \tag{6.20}$$

β_4를 대체한 제한을 사용하고 대수의 특성을 활용하여 새로운 변수 $\ln(PB/PR)$, $\ln(PL/PR)$, $\ln(I/PR)$을 만들었다. 이 변수들은 흥미롭게 해석될 수 있다. PR은 모든 기타 다른 재화 및 용역의 가격을 의미하므로, (PB/PR) 및 (PL/PR)은 각각 맥주의 실질가격 및 다른 주류의 실질가격이라고 볼 수 있으며, 또한 (I/PR)은 실질소득이라고 볼 수 있다. 제한된 식 (6.20)에 최소제곱을 적용하여 제한 최소제곱 추정값(restricted least squares estimate) $(b_1^*, b_2^*, b_3^*, b_5^*)$을 구할 수 있다. β_4에 대한 제한 최소제곱 추정값은 $b_4^* = -b_2^* - b_3^* - b_5^*$이 된다.

정리문제 6.9　　제한 최소제곱

관련 횡단면 자료를 이용하여 식 (6.20)을 추정하면 다음과 같다.

$$\widehat{\ln(Q)} = -4.798 - 1.2994\ln\left(\frac{PB}{PR}\right) + 0.1868\ln\left(\frac{PL}{PR}\right)$$
$$\text{(se)} \qquad\qquad (0.166) \qquad\qquad (0.284)$$
$$+ 0.9458\ln\left(\frac{I}{PR}\right)$$
$$(0.427)$$

$b_4^* = -(-1.2994) - 0.1868 - 0.9458 = 0.1668$. 맥주 수요의 가격 탄력성은 -1.30이라 추정하고, 주류에 대한 맥주 수요의 교차가격 탄력성은 0.19, 기타 다른 재화 및 용역에 대한 맥주 수요의 교차가격 탄력성은 0.17로 각각 추정한다. 또한 맥주 수요의 소득 탄력성은 0.95라고 추정한다.

식 (6.20)을 구하기 위해서 우리가 했던 것처럼 제한을 최초 식에 대입하고 이를 재정리하는 것은 언제나 작동하지만, 필요하지 않을 수 있다. 제한 최소제곱 추정값을 구하기 위해서 상이한 소프트웨어는 상이한 선택 사항을 갖는다. 여러분의 소프트웨어에서는 무엇을 가용할 수 있는지 점검하시오.

제한 최소제곱 추정 절차의 특성은 무엇인가? 가정 MR1~MR5가 제한되지 않은 모형에 대해 준수될 경우, 부과된 제한이 정확히 참이 아니라면 제한 최소제곱 추정량은 편의가 있다. 즉 $E(b_k^*) \neq \beta_k$ 이다. 이 결과는 계량경제학에 대해 중요한 의미를 갖는다. 훌륭한 경제학자라면 더 나은 비표본 정보를 이용할 것이므로 신뢰하기 어려운 모수 추정값보다 신뢰할 수 있는 추정값을 얻게 된다. 제한이 모형에 적용될 수 있다면 모형 설정 시 그리고 그 이후에 이는 참이 된다. 비표본 정보는 모수를 제한하는 데만 한정적으로 사용되지 않으며 모형을 설정하는 데도 또한 이용된다. 적합한 경제이론은 실증연구에서 매우 중요한 요소이다.

제한 최소제곱 추정량의 두 번째 특성은 주어진 제한이 참이든 아니든 간에 분산이 최소제곱 추정량의 분산보다 작다는 점이다. 비표본 정보를 표본 정보와 결합시킬 경우 무작위 표본 추출에서 비롯된 추정 절차상의 변동을 축소시킬 수 있다. 모수에 제한을 설정하여 분산이 감소될 경우 이는 가우스-마코프 정리와 상충되지 않는다. 최소제곱 추정량이 최우수 선형 불편 추정량이라는 가우스-마코프 정리의 주장은 모수에 제한이 주어지지 않고 자료만을 이용하여 구한 선형인 불편 추정량에 적용된다. 자료에 추가적인 정보를 더할 경우 분산이 감소하게 된다. 추가적인 비표본 정보가 옳은 경우 상황은 물론 더 나아진다. 즉 제한된 최소제곱 추정량은 불편하며 더 작은 분산을 갖게 된다. 추가적인 비표본 정보가 옳지 않은 경우 편의를 대가로 분산이 감소하게 된다. 추정값이 이에 상응하는 모수의 참값과 크게 상이한 경우 이런 편의로 인해 큰 대가를 지불하게 된다. 제한이 참인지 아닌지 여부는 앞 절에서 살펴본 것처럼 제한에 대한 검정을 함으로써 알 수 있다. 이런 검정은 여러분 각자가 해 보도록 하자.

6.3 모형 설정

지금까지 배우면서 일반적으로 모형의 역할을 주어진 것으로 취급하였다. 이에 대해 다음과 같은 유형의 질문이 있을 수 있다. 특정 회귀 모형이 주어진 경우 이의 모수를 추정하는 최선의 방법은 무엇인가? 특정 모형이 주어진 경우 해당 모형의 모수에 관한 가설을 어떻게 검정할 수 있는가? 모형의 모수에 대한 구간 추정값을 어떻게 구할 수 있는가? 주어진 모형에서 추정량의 특성은 무엇인가? 위의 모든 질문이 모형에 관해 알고 있는 지식에 기초해야 한다고 할 경우 자연히 모형이 어떻게 결정되는지에 대해 의문을 갖게 된다. 계량경제 분석을 할 경우 모형 선택이 첫 번째로 해야 할 것 중 하나이다. 따라서 이 절에서는 다음과 같은 질문에 대해 집중적으로 살펴볼 것이다. 모형을 선택할 경우 어떤 사항을 중요하게 고려해야 하는가? 잘못된 모형을 선택할 경우 이에 따른 문제점은 무엇인가? 모형이 적절한지 여부를 평가하는 방법이 있는가?

모형을 선택할 경우 필수적으로 고려해야 할 세 가지 사항으로는 (1) 함수 형태의 선택, (2) 모형에 포함되어야 할 설명변수(회귀변수)의 선택, (3) 앞에서 살펴본 다중회귀 모형의 가정인 MR1~MR6의 준수 여부가 있다. 이런 가정들 중에서 일부가 위배될 경우 갖게 되는 의미에 대해서는 이미 살펴보았다. 특히 오차가 더는 정규분포하지 않을 경우(MR6이 위배될 경우), 가정 MR2, 즉 $E(e_i | \mathbf{X}) = 0$이 대안적인 가정 $E(e_i) = 0$ 및 $i \neq j$인 경우 $\text{cov}(e_i, x_{jk}) = 0$으로 약화될 경우, 추론을 하기 위해 대표본 결과에 의존하는 것이 어떻게 필요한지 살펴보았다. 이분산, 시계열 자료를 활용한 회귀, 내생적 설명변수에 대해 다룬 이후의 장들에서, MR3, MR4, 그리고 $\text{cov}(e_i, x_{jk}) = 0$의 위배 문제들을 검토할 것이다. 이 절에서는 회귀 설명변수의 선택에 관한 문제에 주로 초점을 맞추고, 또한 함수 형태의 선택에 대해서도 일부 살펴볼 것이다. 대안적인 함수 형태들의 특성에 관해서는 제2장, 제4장, 제5장에서도 알아보았다. 함수 형태를 선택하려 할 때 다음과 같은 질문을 할 필요가 있다. 즉 설명변수가 변화할 때 종속변수 y는 어떻게 반응하는가? 일정한 비율로 반응하는가? 감소하는 비율로 반응하는가? 자료 전체에 대해 일정한 탄력성을 가정하는 것이 합리적인가? 대안적인 함수 형태를 제시하는 최소제곱 잔차상의 어떠한 형태가 존재하는가? 제4장의 4.3.4절에서는 함수 형태의 적절성을 평가하는 데 최소제곱 잔차를 활용하는 방안에 대해 살펴보았다.

회귀 설명변수를 선택할 때, 근본적으로 고려해야 하는 사항은 모형을 설정하는 목적이다. 즉 예측하기 위한 것인가 또는 인과관계 분석을 하기 위한 것인가? 이제 이 문제에 살펴볼 것이다.

6.3.1 인과관계 대 예측

인과적 추론을 하면서, 우리는 회귀 설명변수의 변화가 종속변수의 조건부 평균에 미치는 영향에 대해 주된 관심을 갖고 있다. 그런 영향이 존재하는가? 만일 존재한다면 그 크기는 어떠한가? 설명변수가 한 단위 변화할 경우 다른 요소들이 일정하다면 종속변수의 평균에 미치는 구체적인 크기에 관해 언급할 수 있기를 바란다. 이런 종류의 분석은 정책을 결정할 때 중요하다. 예를 들어, 정부는 학교에서의 학업 성취도에 관심을 갖고 있으며 대규모 학급 구성이 낮은 학업 성취도의 원인일 수 있다고 믿는다고 가상하자. 교사의 수를 증원하고 교실을 증축하는 데 많은 재정을 투입하기 전에, 학급 규모가 학업 성취도에 영향을 미친다는 설득력 있는 증거를 원할 수 있다. 사회경제적 배경과 같은 다른 변수들의 효과로부터 학급 규모가 미치는 영향을 분리해 낼 수 있어야 한다. 대규모 학급은 열악한 사회경제적 배경이 있는 지역에 존재하는 경향이 있을 수 있다. 이런 상황하에서 학급 규모가 미치는 영향을 측정하려 할 때 '다른 요소들은 일정하다'는 점을 확실히 하기 위해서 모든 관련 변수들을 포함시키는 것이 중요하다.

반면에 모형의 목적이 종속변수의 값을 예측하는 것이라면, 회귀 설명변수를 선택하려는 경우 종속변수와 고도로 상관되고 높은 R^2으로 이어지는 변수들을 선택하는 것이 중요하다. 해당 변수들이 종속변수에 직접적인 효과가 있는지 그리고 일부 관련 변수들이 누락될 가능성이 있는지 여부는 덜 중요하다. 점점 인기가 높아지는 분야인 '빅 데이터'의 변수들을 활용한 예측을 목적으로 한 분석은 인과관계를 검토하기보다 예측 능력을 바탕으로 변수들을 선택하는 예가 된다.

차이를 강조해서 평가할 목적이고 이것이 문제가 될 때, 변수 (y_i, x_i, z_i), $i = 1, 2, \cdots, N$은 다음을 충족시키는 모집단으로부터 무작위로 선택하였다고 가상하자.

$$y_i = \beta_1 + \beta_2 x_i + \beta_3 z_i + e_i \tag{6.21}$$

설명변수들 중 하나에 대해 기호 x를 사용하고, 포함된 변수 x와 누락된 변수 z를 구별하기 위해서 다른 변수들에 대해 기호 z를 사용하였다. $E(e_i|x_i, z_i) = 0$이라고 가정하였으며, 따라서 $E(y_i|x_i, z_i) = \beta_1 + \beta_2 x_i + \beta_3 z_i$가 된다. 이런 가정하에서 β_2 및 β_3는 다음과 같은 인과관계적 해석을 할 수 있다.

$$\beta_2 = \frac{\partial E(y_i|x_i, z_i)}{\partial x_i}, \quad \beta_3 = \frac{\partial E(y_i|x_i, z_i)}{\partial z_i}$$

즉 β_2는 다른 요소들이 일정할 경우 x의 변화에서 기인한 y의 평균의 변화를 의미하며, β_3는 다른 요소들이 일정할 경우 z의 변화에서 기인한 y의 평균의 변화를 나타낸다. $E(e_i|x_i, z_i) = 0$이라는 가정은 이런 해석을 하는 데 중요하다. x_i 또는 z_i의 변화는 오차항에 영향을 미치지 않는다는 의미이다. 이제는 x_i 및 z_i가 상관되었다고, 즉 설명변수들 사이에 공통적으로 발생하는 현상이 존재한다고 가상하자. 이들이 상관되기 때문에, $E(z_i|x_i)$는 x_i에 의존한다. 이런 의존성은 다음과 같은 선형 함수로 나타낼 수 있다고 가정하자.

$$E(z_i|x_i) = \gamma_1 + \gamma_2 x_i \tag{6.22}$$

그리고 나서 식 (6.21) 및 (6.22)를 활용하면 다음과 같다.

$$\begin{aligned} E(y_i|x_i) &= \beta_1 + \beta_2 x_i + \beta_3 E(z_i|x_i) + E(e_i|x_i) \\ &= \beta_1 + \beta_2 x_i + \beta_3 (\gamma_1 + \gamma_2 x_i) \\ &= (\beta_1 + \beta_3 \gamma_1) + (\beta_2 + \beta_3 \gamma_2) x_i \end{aligned}$$

여기서 반복되는 기댓값 법칙에 따라 $E(e_i|x_i) = E_z[E(e_i|x_i, z_i)] = 0$이 된다. x_i 또는 z_i일 경우 e_i를 예측하는 데 도움이 되지 않는다면, x_i를 알 경우에도 역시 e_i를 예측하는 데 도움이 되지 않는다.

이제 우리는 $u_i = y_i - E(y_i|x_i)$, $\alpha_1 = \beta_1 + \beta_3 \gamma_1$, $\alpha_2 = \beta_2 + \beta_3 \gamma_2$라고 정의할 수 있으며, 다음과 같이

나타낼 수 있다.

$$y_i = (\beta_1 + \beta_3\gamma_1) + (\beta_2 + \beta_3\gamma_2)x_i + u_i$$
$$= \alpha_1 + \alpha_2 x_i + u_i \tag{6.23}$$

여기서 정의에 따라 $E(u_i|x_i) = 0$이 된다. 식 (6.23)에 최소제곱을 적용하여 α_1 및 α_2의 최우수 선형 불편 추정값을 구할 수 있다. 목적이 x_i를 활용하여 y_i를 예측하는 것이라면, z_i의 누락에 대해 우려하지 않고 이 식을 진행할 수 있다. 하지만 z_i는 일정하지 않기 때문에, α_2는 y_i에 대한 x_i의 인과관계 효과를 측정하지 못하여 그것은 β_2에 의해 제시된다. 계수 α_2에는 (인과관계일 수도 있고 아닐 수도 있는) α_2를 통해 z_i에 대한 x_i의 간접적인 효과가 포함되며, 이는 β_3를 통한 y_i에 대한 z_i의 변화 효과에 의해 뒤이어진다. $\beta_3 = 0$(z_i가 y_i에 영향을 미치지 않는 경우) 또는 $\gamma_2 = 0$(z_i와 x_i가 상관되지 않은 경우)이라면, $\alpha_2 = \beta_2$가 되어서 α_2에 대한 추정은 필요한 인과 효과를 알려준다.

따라서 최소제곱을 사용하여 변수 x가 미치는 인과관계 효과를 추정하려면, x와 상관되고 y에 영향을 미치는 모든 변수들이 포함된 모형에서 시작하여야 한다. 모든 그런 변수들에 관한 자료를 가용할 수 없을 때는 대안적인 방법으로 통제변수를 활용할 수 있다. 6.3.4절에서 이에 대해 논의할 것이다.

6.3.2 누락변수

앞 절에서 설명한 것처럼 우리의 목적이 인과관계를 추정하는 것이라면 관련 변수를 누락시킬 가능성에 관심을 가져야 한다. 이 절에서는 중요한 변수를 누락시킬 경우 미칠 영향에 대해 추가적으로 더 살펴볼 것이다. 이런 변수의 누락은 언제나 그 가능성이 존재한다. 경제원리가 변수를 간과할 수 있거나, 경제이론에서 이를 규정하였더라도 자료가 결여되어 해당 변수의 누락으로 이어질 수 있다.

🐟 정리문제 6.10 가계소득식

누락변수 문제(omitted variable problem)를 설명하기 위해서 남편과 아내 둘 다 직장을 갖고 있는 기혼 부부에 관한 표본을 생각해 보도록 하자. 이 표본은 여성 노동력의 참여에 관한 고전적인 논문에서 노동경제학자 톰 므로즈(Tom Mroz)가 사용하였다. 종속변수는 남편과 아내의 소득을 합하여 정의한 연간 가계소득 *FAMINC*이다. 교육수준, 즉 남편의 교육수준(*HEDU*)과 아내의 교육수준(*WEDU*) 둘 다가 가계소득에 미치는 영향에 대해 관심을 갖고 있다. 추정된 첫 번째 식은 다음과 같다.

$$\ln(FAMINC) = \beta_1 + \beta_2 HEDU + \beta_3 WEDU + e \tag{6.24}$$

표 6.1의 (1)열에는 위 식의 계수 추정값, 이들의 표준오차, 이들이 영과 유의하게 상이한지 여부를 검정하는 *p*-값이 있다. 위의 추정식에 따르면 남편이 교육을 1년 더 받았

을 경우 연간 소득이 4.4% 증가하며, 아내의 경우는 3.9% 증가한다. 이들 2개 추정값은 1% 유의수준에서 영과 유의하게 다르다.

잘못해서 아내의 교육수준을 식에서 누락시킨 경우 어떤 일이 발생하는가? 표 6.1의 (2)열에는 이에 따른 분석 결과를 보여주고 있다. *WEDU*를 누락시킨 경우 남편이 추가적으로 받은 교육 연수 1년이 미친 효과는 6.1%라고 본다. 부인이 받은 교육이 미친 영향은 남편이 받은 교육에서 비롯된다고 잘못 인식하여 남편 교육의 필요성이 과장되었다. 계수의 크기가 이렇게 변화하는 것은 관련 변수를 잘못해서 누락한 경우 일반적으로 나타나는 현상이다. (계수가 영이 아니라고 정의된) 관련 변수가 누락될 경우 편의가 있는 추정량을 얻게 된다. 당연히 이런 편의는 누락변수 편의(omitted variable bias)라고 알려져 있다.

표 6.1	가계소득에 대한 추정식				
	ln(FAMINC)				
	(1)	(2)	(3)	(4)	(5)
C	10.264	10.539	10.238	10.239	10.310
HEDU	0.0439	0.0613	0.0448	0.0460	0.0517
(se)	(0.0087)	(0.0071)	(0.0086)	(0.0136)	(0.0133)
[p-value]	[0.0000]	[0.0000]	[0.0000]	[0.0007]	[0.0001]
WEDU	0.0390		0.0421	0.0492	
(se)	(0.0116)		(0.0115)	(0.0247)	
[p-value]	[0.0003]		[0.0003]	[0.0469]	
KL6			−0.1733	−0.1724	−0.1690
(se)			(0.0542)	(0.0547)	(0.0548)
[p-value]			[0.0015]	[0.0017]	[0.0022]
XTRA_X5				0.0054	−0.0321
(se)				(0.0243)	(0.0154)
[p-value]				[0.8247]	[0.0379]
XTRA_X6				−0.0069	0.0309
(se)				(0.0215)	(0.0101)
[p-value]				[0.7469]	[0.0023]
SSE	82.2648	84.4623	80.3297	80.3062	81.0622
RESET p-values	0.3374	0.1017	0.1881	0.1871	0.1391
1 term($\hat{y}^2$)	0.1491	0.0431	0.2796	0.2711	0.2715
2 term($\hat{y}^2$, $\hat{y}^3$)					

누락변수 편의 : 증명 편의에 대한 일반적인 설명을 하기 위해서, 2개의 설명변수를 갖는 모형에서 1개의 설명변수가 누락된 경우에 대해 모형 $y_i = \beta_1 + \beta_2 x_i + \beta_3 z_i + e_i$를 생각해 보자. 잘못해서 모형으로부터 z_i를 누락시키고 대신에 $y_i = \beta_1 + \beta_2 x_i + v_i$를 추정하였다고 가상하자. 여기서 $v_i = \beta_3 z_i + e_i$이다. 그러면 β_2에 대해 사용된 추정량은 다음과 같다.

$$b_2^* = \frac{\sum (x_i - \bar{x})(y_i - \bar{y})}{\sum (x_i - \bar{x})^2} = \beta_2 + \sum w_i v_i$$

여기서 $w_i = (x_i - \bar{x})/\sum(x_i - \bar{x})^2$이다. v_i를 대체시키면 다음과 같다.

$$b_2^* = \beta_2 + \beta_3 \sum w_i z_i + \sum w_i e_i$$

$E(e_i | \mathbf{x}, \mathbf{z}) = 0$ 또는 이를 달리 표현해서 (y_i, x_i, z_i)는 무작위 표본이며 $E(e_i | x_i, z_i) = 0$이라고 가정하면, b_2^*의 조건부 평균은 다음과 같다.

$$E(b_2^* | \mathbf{x}, \mathbf{z}) = \beta_2 + \beta_3 \sum w_i z_i = \beta_2 + \beta_3 \frac{\widehat{\text{cov}}(x, z)}{\widehat{\text{var}}(x)} \tag{6.25}$$

무조건적으로 표현하면 다음과 같다.

$$E(b_2^*) = \beta_2 + \beta_3 E\left[\frac{\widehat{\text{cov}}(x, z)}{\widehat{\text{var}}(x)}\right] \tag{6.26}$$

대표본의 덜 제한적인 조건하에서 다음과 같다.

$$b_2^* \xrightarrow{p} \beta_2 + \beta_3 \frac{\text{cov}(x, z)}{\text{var}(x)} \tag{6.27}$$

따라서 $E(b_2^*) \neq \beta_2$이며 b_2^*는 β_2에 대한 일치하는 추정량이 아니다. $\text{cov}(x, z) \neq 0$이라면 소표본 및 대표본에서 편의가 있다. 식 (6.25)의 관점에서 보면 편의는 다음과 같으며, 그 결과는 식 (6.26) 및 (6.27)에서 유사하다.

$$\text{bias}(b_2^* | \mathbf{x}, \mathbf{z}) = E(b_2^* | \mathbf{x}, \mathbf{z}) - \beta_2 = \beta_3 \frac{\widehat{\text{cov}}(x, z)}{\widehat{\text{var}}(x)} \tag{6.28}$$

식 (6.25)~(6.28)의 결과들로부터 다음과 같은 보다 흥미로운 네 가지 관찰을 할 수 있다.

1. 관련 변수를 누락시키는 것은 제한 $\beta_3 = 0$이 참이 아닌 경우인데 제한 최소제곱 추정량을 사용하는 특별한 경우이다. 이것은 β_2에 편의가 있지만 더 낮은 분산을 갖는 추정량으로 이어진다. 표 6.1의 (1)열 및 (2)열에서 계수 *HEDU*에 대한 표준오차가 0.0087에서 0.0071로 감소하는 것은 더 낮은 분산 결과와 일치한다.

2. β_3의 부호 및 x와 z 사이의 공분산 부호를 알 경우 편의의 방향을 알 수 있다. 정리문제 6.10에서 아내의 교육수준이 가계소득에 양의 효과($\beta_3 > 0$)를 가질 것으로 기대하며, 남편의 교육수준과 아내의 교육수준이 양의 상관($\text{cov}(x, z) > 0$)을 가질 것으로 기대된다. 따라서 (2)열에서 계수 추정값에 대해 상향하는 편의가 발생할 것으로 기대되며 실제로 그렇게 되었다. *HEDU*와 *WEDU* 사이의 양의 상관은 표 6.2의 상관 행렬에서 확인될 수 있다.

표 6.2   가계소득 정리문제에서 사용된 변수들의 상관 행렬

	ln(FAMINC)	HEDU	WEDU	KL6	XTRA_X5	XTRA_X6
ln(*FAMINC*)	1.000					
HEDU	0.386	1.000				
WEDU	0.349	0.594	1.000			
KL6	−0.085	0.105	0.129	1.000		
XTRA_X5	0.315	0.836	0.518	0.149	1.000	
XTRA_X6	0.364	0.821	0.799	0.160	0.900	1.000

3. 식 (6.28)에서 편의는 $\beta_3 \hat{\gamma}_2$로 또한 나타낼 수 있으며, 여기서 $\hat{\gamma}_2$는 회귀식 $E(z|x) = \gamma_1 + \gamma_2 x$로부터의 γ_2의 최소제곱 추정값이다. 이 결과는 식 (6.23)과 일치하며, 거기서 관련 변수의 누락이 어떻게 인과 효과의 옳지 않은 추정값으로 이어질 수 있는지 살펴보았다.

4. 가정 $E(e_i | \mathbf{x}, \mathbf{z}) = 0$은 명백하게 중요하다. 식 $y_i = \beta_1 + \beta_2 x_i + v_i$에서 $E(v_i | x_i) = \beta_3 E(z_i | x_i)$이다. β_2에 대한 편의가 있는 추정량으로 이어지는 것은 바로 $E(z_i | x_i)$에 대한 영이 아닌 값이다.

🐾 정리문제 6.11 6세 미만의 자녀를 추가시킬 경우

물론 가계소득의 설명변수로 포함되어야 할 다른 변수들이 있다. 표 6.1의 (3)열에는 6세 미만의 자녀 수, KL6가 포함되어 있다. 어린 자녀의 수가 많아질수록 근로할 수 있는 시간 수가 적어지므로 가계소득이 낮아질 것으로 기대된다. KL6의 추정된 계수는 음수이며 이는 기대한 것과 일치한다. 또한 KL6가 HEDU 및 WEDU와 고도로 상관되지는 않지만 이들 두 변수의 계수 추정값은 약간 증가하였다. 이것이 의미하는 바는 다음과 같다. 일단 어린 자녀의 수가 일정하다고 보면 부인과 남편 둘 다의 교육에 대한 수익이 더욱 커지며, 어린 자녀에 의해 근로 시간이 더 영향 받기 쉬운 부인에 대한 수익이 더 많이 증가한다.

6.3.3 비관련 변수

관련 변수를 누락시킬 경우 나타나는 결과를 고려하면, 모형에 가능한 많은 변수를 포함시키는 것이 좋다고 생각할 수도 있다. 하지만 이렇게 되면 모형이 불필요하게 복잡해지며 비관련 변수(irrelevant variable)가 포함되어서 추정값의 분산이 부풀려진다. 이 변수들은 종속변수에 직접적인 영향이 없기 때문에 계수들은 영이 된다.

🐾 정리문제 6.12 비관련 변수의 추가

비관련 변수가 미치는 영향에 대해 알아보기 위해서 인위적으로 생성된 2개 변수 XTRA_X5 및 XTRA_X6를 가계소득식에 추가하였다. 이들 두 변수는 HEDU 및 WEDU와 상관되지만 가계소득에 영향을 미치지 않도록 만들어졌다. 이들 두 변수가 포함된 식의 추정 결과는 표 6.1의 (4)열에 있다. 이 추정값들로부터 무엇을 관찰할 수 있는가? 먼저, 기대했던 것처럼 XTRA_X5 및 XTRA_X6의 계수는 0.05보다 큰 p-값을 갖는다. 이들은 비관련 변수처럼 보인다. 또한 모든 다른 변수들에 대해 추정된 계수의 표준오차는 증가하였으며, 이에 상응하여 p-값도 증가하였다. 다른 변수와 상관된 비관련 변수가 포함될 경우 다른 변수들을 추정한 계수의 정확성이 떨어진다. 가우스-마코프 정리에 따르면, 올바른 모형에 대한 최소제곱 추정량이 최소 분산, 선형 불편 추정량이 되기 때문에 그러하다.

마지막으로, XTRA_X5 및 XTRA_X6는 포함되고 WEDU는 누락될 경우 어떤 상황이 벌어지는지 검토해 보자. 이에 대한 분석 결과는 표 6.1의 (5)열에 있다. XTRA_X5 및 XTRA_X6의 계수는 5% 유의수준에서 영과 유의하게 다르다. 비관련 변수들이 누락된 관련 변수의 영향을 회복하였다. 예측이 주된 목적이라면 이것은 문제가 되지 않을수도 있다. 하지만 포함된 변수들의 인과관계적인 영향을 확인하는 것이라면 매우 잘못된 결론으로 이어질 수 있다.

6.3.4 통제변수

지금까지의 논의에서는 특별한 관심 대상인 인과관계 효과를 갖는 변수들과 인과관계 계수 추정값 상의 누락변수 편의를 피하기 위해 식에 단순히 포함되는 다른 변수들 사이에 명시적으로 구별하지 않았다. 관심 대상인 계수의 누락변수 편의를 피하기 위해 식에 포함된 변수들을 통제변수(control variable)라 한다. 통제변수들은 자신의 힘으로 종속변수에 직접적인 영향을 미치거나 또는 관찰하기 어려운 관련된 누락변수들의 대리변수로서 작용할 수 있기 때문에 식에 포함된다. 통제변수가 자신의 목적에 부합되고 누락변수에 대한 대리변수로 작동하기 위해서 조건부 평균 독립성(conditional mean independence) 가정을 충족시켜야 한다. 이 가정을 소개하기 위해서 다음 식을 다시 살펴보도록 하자.

$$y_i = \beta_1 + \beta_2 x_i + \beta_3 z_i + e_i \tag{6.29}$$

여기서 관찰값 (y_i, x_i, z_i)는 무작위 표본추출을 통해 구하며, $E(e_i | x_i, z_i) = 0$이다. y_i에 대한 x_i의 인과관계 효과인 β_2에 관심이 있다고 가상하자. β_3가 y_i에 대한 z_i의 인과관계 효과를 알려주지만, 우리는 그것을 추정하는 데 관심이 없다. 또한 z_i는 관찰할 수 없거나 또는 그것에 대한 자료를 구하기가 너무 어려워서 구하지 못했기 때문에 식에서 누락되어 다음과 같이 되었다고 가상하자.

$$y_i = \beta_1 + \beta_2 x_i + v_i$$

여기서 $v_i = \beta_3 z_i + e_i$이다. z_i와 x_i가 상관되지 않는 경우 문제가 발생하지 않는다. $y_i = \beta_1 + \beta_2 x_i + v_i$에 최소제곱법을 적용할 경우 β_2에 대한 일치하는 추정값을 구할 수 있다. 하지만 식 (6.28)에서 보는 것처럼 z_i와 x_i 사이에 상관이 존재하는 경우 이는 β_2에 대한 최소제곱 추정량상의 편의인 $\beta_3 \text{cov}(x, z)/\text{var}(x)$로 이어진다.

이제는 다음과 같은 특성을 갖는 또 다른 변수 q를 생각해 보자.

$$E(z_i | x_i, q_i) = E(z_i | q_i) \tag{6.30}$$

위의 특성이 말하는 바는 일단 q를 알게 되면 x를 알더라도 z에 관한 어떤 추가적인 정보를 제공하지 못한다는 것이다. 이것은 일단 q가 갈려져 나오게 되면 x와 z는 더 이상 상관되지 않는다는 점을 의미한다. z_i와 x_i는 조건부적으로 평균 독립적이라고 말한다. 예를 들어, 보면 이 개념을 공고히 하는 데 도움이 된다.

노동경제학자들이 임금식을 추정할 때, 특히 교육에 대한 보상에 관심을 갖는다. 특히 보다 많은 교육과 보다 높은 임금 사이의 인과관계는 어떠한가? 경험과 같은 다른 변수들이 일반적으로 임금식에 추가되지만 통상적으로 주된 관심사는 아니다. 분명히 관련되지만 관찰할 수 없으므로 포함되기 어려운 한 가지 변수는 능력이다. 또한 보다 능력 있는 사람들이 보다 많은 교육을 받을 듯해서 능력과 교육은 상관된다. 변수 '능력'이 배제될 경우 이는 임금에 대한 교육의 인과관계 효과 추정값에 편의를 일으키게 된다. 하지만 IQ에 대한 관찰값을 갖고 있다고 가상하자. IQ는 교육 및 능력 둘 다와 명백하게 상관된다. 다음과 같이 나타낼 수 있어야 한다.

$$E(ABILITY|EDUCATION, IQ) = E(ABILITY|IQ)$$

즉 일단 어떤 사람의 *IQ*를 알게 되면, 교육 수준을 알더라도 이들의 능력에 관한 어떠한 여분의 정보를 추가시켜 주지 못한다. 이를 생각하는 또 다른 방법은 일단 *IQ*를 고려하게 되면, 교육이 마치 무작위로 배정된 것처럼 보는 것이다. 이것이 합리적 가정인지 여부에 관해 반대 주장을 할 수도 있지만, 합리적이라면 *IQ*를 통제변수 또는 *ABILITY*를 대신하는 대리변수로 계속해서 사용할 수 있다.

통제변수는 어떻게 작동하는가   식 (6.29), 즉 $y_i = \beta_1 + \beta_2 x_i + \beta_3 z_i + e_i$를 다시 살펴보고, 다음과 같이 나타낼 수 있다.

$$E(y_i|x_i, q_i) = \beta_1 + \beta_2 x_i + \beta_3 E(z_i|x_i, q_i) + E(e_i|x_i, q_i) \tag{6.31}$$

식 (6.30)의 조건부 평균 독립성 가정이 준수될 경우, $E(z_i|x_i, q_i) = E(z_i|q_i)$이다. 설명하기 위해서 $E(z_i|q_i)$는 q_i의 선형 함수, 즉 $E(z_i|q_i) = \delta_1 + \delta_2 q_i$라고 가정하자. q_i는 y_i에 직접적인 영향이 없다고 또한 가정하여야 하며, 따라서 $E(e_i|x_i, q_i) = 0$이 된다. 이 결과를 식 (6.31)에 삽입하게 되면 다음과 같다.

$$\begin{aligned} E(y_i|x_i, q_i) &= \beta_1 + \beta_2 x_i + \beta_3(\delta_1 + \delta_2 q_i) \\ &= \beta_1 + \beta_3 \delta_1 + \beta_2 x_i + \beta_3 \delta_2 q_i \\ &= \alpha_1 + \beta_2 x_i + \alpha_2 q_i \end{aligned}$$

여기서 $\alpha_1 = \beta_1 + \beta_3 \delta_1$ 및 $\alpha_2 = \beta_3 \delta_2$이다. $u_i = y_i - E(y_i|x_i, q_i)$라고 정의하면 다음과 같아진다.

$$y_i = \alpha_1 + \beta_2 x_i + \alpha_2 q_i + u_i$$

정의에 따라 $E(u_i|x_i, q_i) = 0$이므로, α_1, β_2, α_2의 최소제곱 추정값은 일치하게 된다. x의 y에 대한 인과관계 효과인 β_2를 추정할 수 있지만, z의 y에 대한 인과관계 효과인 β_3를 일치하게 추정할 수 없다는 사실에 주목하자.

　q가 z에 대해 완전한 대리변수라면 이 결과가 준수된다. 조건부 평균 독립성 가정이 준수되지 않아서 q가 z에 대해 불완전한 대리변수라면 어떤 일이 발생하는지 알고 싶을 수 있다. 다음과 같다고 가상하자.

$$E(z_i|x_i, q_i) = \delta_1 + \delta_2 q_i + \delta_3 x_i$$

이 경우 통제를 한 후에도 $E(z_i|x_i, q_i)$는 계속해서 x에 의존하기 때문에 q는 불완전한 대리변수이다. 대수학을 활용하면 다음과 같아진다.

$$E(y_i|x_i, q_i) = (\beta_1 + \beta_3 \delta_1) + (\beta_2 + \beta_3 \delta_3) x_i + \beta_3 \delta_2 q_i$$

β_2를 추정하기 위해 이 식을 사용하는 데 따른 편의는 $\beta_3 \delta_3$이다. 통제변수를 사용하는 대신에 z를 누

락시키는 데 따른 편의는 $\beta_3 \text{cov}(x, z)/\text{var}(x)$이다. 따라서 통제변수가 z를 누락시킬 경우보다 향상되기 위해서는, $\delta_3 < \text{cov}(x, z)/\text{var}(x)$이 충족되어야 한다. 이제 $\text{cov}(x, z)/\text{var}(x)$가 x에 대한 z의 회귀에서 x의 계수와 같아진다. 따라서 조건 $\delta_3 < \text{cov}(x, z)/\text{var}(x)$는 x에 대한 z의 회귀에서 x의 계수가 q를 포함시킨 이후에 더 낮아진다고 말하는 것과 동일하다. 달리 표현하면 q의 영향을 제거한 후에 x와 z 사이의 상관은 낮아지지만 제거되지는 않는다.

🔍 정리문제 6.13 능력에 대한 통제변수

통제변수의 용도를 설명하기 위해서 다음과 같은 모형을 생각해 보자.[4]

$$\ln(WAGE) = \beta_1 + \beta_2 EDUC + \beta_3 EXPER$$
$$+ \beta_4 EXPER^2 + \beta_5 ABILITY + e$$

위의 모형을 추정하기 위해서 사용된 표본자료는 연령이 적어도 16세이며 해당 연도에 적어도 30주, 800시간을 근무한 백인 남성으로 한정되었다. 여기서는 1987년도의 관찰값을 사용할 것이며 $N = 1{,}057$이다. 변수 $EDUC$ 및 $EXPER$는 각각 교육 연수 및 경험 연수를 의미한다. 변수 $ABILITY$는 관찰되지 않지만, 대리변수 $SCORE$로 대신한다. 이는 ASVAB(미국 군복무 직업적성검사)의 1980년 자료에 기초하여 작성되었다. $ABILITY$를 누락시키고 구한 최소제곱 추정식은 다음과 같다.

$$\widehat{\ln(WAGE)} = 0.887 + 0.0728 EDUC + 0.01268 EXPER$$
$$\text{(se)} \qquad (0.293) \quad (0.0091) \qquad\qquad (0.0403)$$
$$- 0.00571 EXPER^2$$
$$(0.00165)$$

대리변수 $SCORE$를 포함시키면 다음과 같은 결과를 얻을 수 있다.

$$\widehat{\ln(WAGE)} = 1.055 + 0.0592 EDUC + 0.1231 EXPER$$
$$\text{(se)} \qquad (0.297) \quad (0.0101) \qquad\qquad (0.0401)$$
$$- 0.00538 EXPER^2 + 0.0604 SCORE$$
$$(0.00165) \qquad\qquad (0.0195)$$

변수 $SCORE$를 포함시킨다면, 추가적으로 받은 교육 연수 1년에 대한 수익률은 7.3%에서 5.9%로 하락한다. 이것이 의미하는 바는 변수 $ABILITY$를 누락시킬 경우 이것이 미치는 영향 중 일부를 교육수준으로 잘못 돌리게 된다는 것이다. $EXPER$ 및 $EXPER^2$의 계수에 거의 영향을 미치지 않는다. $EDUC$가 추가적으로 증가할 경우 $WAGE$가 5.9% 증가한다고 결론을 내리기 위해 준수되어야만 하는 조건부 평균 독립 가정은 $E(ABILITY|EDUC, EXPER, SCORE) = E(ABILITY|EXPER, SCORE)$이다. $EXPER$와 $SCORE$를 참고하고 나면, $EDUC$에 대해 알고 있더라도 $ABILITY$에 관한 추가적인 정보를 제공해주지 못한다. 교육계수 및 경험계수 둘 다에 인과관계적인 해석을 하려면 이런 가정이 필요하다. 마지막으로 대리변수 $SCORE$ 계수에는 인과관계적인 해석이 주어질 수 없다는 사실에 주목하자.

6.3.5 모형의 선택

모형을 선택하는 작업은 중요하지만 종종 쉬운 일이 아니다. 최선의 모형을 찾아내는 데 적용할 수 있는 일단의 기계적인 규칙은 존재하지 않는다. 선택은 모형의 목적과 자료들이 어떻게 수집되는지에 달려 있으며, 이론적 지식과 다양한 통계적 검정의 결과 둘 다를 판단력 있게 적용할 수 있어야 한

---

4 다음을 참조하시오. G. Koop and J.L. Tobias (2004), "Learning about Heterogeneity in Returns to Schooling", *Journal of Applied Econometrics*, 19, 827–849.

다. 경험을 통해 더 나은 선택을 할 수 있다. 중요한 점은 모형이 합리적인지 여부를 평가하는 방법들을 알아내는 것이다. 아래와 같은 사항들은 그런 평가를 하는 데 도움이 된다.

1. 모형의 목적이 1개 이상의 인과관계 효과를 확인하는 것인가? 아니면 예측하는 것인가? 인과관계 확인이 목표인 경우 누락변수 편의로 인해 결론을 무효화시킬 수 있다. 통제변수들이 자력적인 변수인지 또는 대리변수인지 간에 이들을 조심스럽게 선택하는 것이 중요하다. 반면에 예측이 목적인 경우, 주된 관심사는 종속변수와의 상관으로 인해 예측력이 높은 변수를 사용하는 것이다.

2. 이론적 지식, 있음 직한 행태에 관한 전문가의 평가, 관계의 성격에 대한 일반적인 이해 등이 변수와 함수 형태를 선택하는 데 중요한 고려사항이다.

3. 추정된 식의 계수가 기대하지 않은 부호나 비현실적인 크기를 갖는 경우, 중요한 변수의 누락과 같은 잘못된 모형 설정에서 비롯됐을 수 있다.

4. 최소제곱 잔차의 형태는 잘못된 함수 형태에서 비롯된 문제들을 밝혀내는 데 도움이 될 수 있다.

5. 변수가 모형에 포함되어야 하는지 여부에 관한 평가 방법은 유의성 검정을 하는 것이다. 즉 $H_0 : \beta_3 = 0$인 가설에 대해서는 t-검정을 하고, $H_0 : \beta_3 = \beta_4 = 0$인 가설에 대해서는 F-검정을 해야 한다. 이런 검정들은 적합한 함수 형태에 대한 검정으로 변수들의 제곱 및 곱의 계수를 포함할 수 있다. 이런 가설을 기각하는 데 실패할 경우 해당 변수가 무관계하다는 암시일 수 있다. 하지만 가설을 반증할 수 있는 충분한 자료가 없는 경우에도 귀무가설을 기각하는 데 실패할 수 있다는 점을 유념해야 한다. 불충분한 자료에 관해서는 6.5절에서 보다 자세히 살펴볼 것이다. 하지만 지금 당장은 다음과 같이 결론을 내릴 것이다. 즉 변수가 유의하지 않은 계수를 갖는 경우 (a) 무관계한 변수로 보고 해당 변수를 제외하거나 또는 (b) 포함시켜야 할 이론적인 근거가 명확하다면 해당 변수를 계속 포함시킬 수 있다.

6. 레버리지, 스튜던트화 잔차, DFBETAS 및 DFFITS 측정치들은 영향력 있는 관찰값들을 판정하는가? 통상적이지 않고 유별난 관찰값이 자료 오차가 아니라면, 그것이 발생한 이유를 이해할 경우 해당 모형을 설정하는 데 유용한 정보를 제공할 수 있다.

7. 추정된 계수가 대안적인 모형 설정에 대해서도 완강한가? 모형이 인과관계 모형으로 고안되었고 상이하게 설정된 모형을 추정하거나 상이한 일련의 통제변수들이 포함될 때 인과관계 계수의 추정값들이 극적으로 변화한다면, 관심을 가져야 할 원인이 존재한다.

8. RESET(Regression Specification Error Test)라고 알려진 검정은 누락변수 또는 올바르지 않은 함수 형태를 탐지하는 데 유용할 수 있다.

9. 너무 많은 변수가 포함될 경우 벌칙을 부과하는 조건으로 R^2을 최대화하거나 또는 제곱한 오차의 합(SSE)을 최소화하는 데 기초하는 다양한 모형 선택 기준이 제시된다. 해당 모형이 인과관계 분석보다는 예측을 하도록 고안된 경우 이 기준들이 더 유용해진다. 신뢰할 만한 예측을 하기 위해서는 모형의 설명력에 비해서 작은 제곱한 오차의 합을 갖는 것이 필수적이다. 6.4절에서 이러한 기준 세 가지, 즉 조정된 R^2, AIC(Akaike information criterion), BIC(Bayesian information criterion)라고도 알려진 SC(Schwarz criterion)에 대해 살펴볼 것이다.

10. 모형의 예측 능력을 보다 엄격히 평가하기 위해서 유보 표본을 사용할 수 있다. 최소제곱으로 추정된 식은 제곱한 오차의 내표본 합을 최소화하도록 고안된다. 모형의 표본을 제외한 예측 능력을 점검하기 위해서, 일부 관찰값들은 추정에서 보류될 수 있으며 모형은 보류된 관찰값들을 예측하는 능력에 기초하여 평가될 수 있디.

11. 바로 앞의 지침을 따를 경우 거의 피할 수 없게 최초로 제시된 모형을 수정하거나 또는 대안적인 모형을 갖고 보다 일반적인 실험을 할 수도 있다. '유의한' 추정값을 갖는 모형과 최종적으로 선택된 '유의한' 모형의 선별적 보고를 탐색해 가는 과정은 문제가 제기될 수도 있다. 선택된 결과로 이어진 탐색 과정을 알지 못할 경우 해당 결과에 대한 타당한 해석을 하기가 어렵게 된다. 결과를 적절히 보고하기 위해서는 모든 추정된 모형을 공개하고 모형을 선택하는 데 활용한 기준을 제시하여야 한다.

6.3.6 RESET

모형 설정 오진에 대한 검정은 다음과 같은 질문과 관련된다. 해당 모형이 적절한가 아니면 이를 개선할 수 있는가? 중요한 변수가 누락되거나, 관련이 없는 변수를 포함하거나, 잘못된 함수 형태를 선택하거나, 다중회귀 모형의 가정을 위배한 모형인 경우 해당 모형이 잘못 설정될 수 있다. **RESET**(REgression Specification Error Test) 검정은 누락된 변수와 잘못된 함수 형태를 알아낼 수 있도록 고안되었다. 그 절차는 다음과 같다.

다음과 같은 회귀 모형을 설정하고 추정하는 경우를 가상해 보자.

$$y = \beta_1 + \beta_2 x_2 + \beta_3 x_3 + e$$

(b_1, b_2, b_3)를 최소제곱 추정값이라 하고, 자료에 적합하게 맞춘 y값들을 다음과 같다고 하자.

$$\hat{y} = b_1 + b_2 x_2 + b_3 x_3 \tag{6.32}$$

다음과 같은 2개의 인위적인 모형을 생각해 보자.

$$y = \beta_1 + \beta_2 x_2 + \beta_3 x_3 + \gamma_1 \hat{y}^2 + e \tag{6.33}$$

$$y = \beta_1 + \beta_2 x_2 + \beta_3 x_3 + \gamma_1 \hat{y}^2 + \gamma_2 \hat{y}^3 + e \tag{6.34}$$

식 (6.33)에서 설정 오진에 대한 검정은 대립가설 $H_1 : \gamma_1 \neq 0$에 대응하는 $H_0 : \gamma_1 = 0$의 검정이다. 식 (6.34)에서 $H_1 : \gamma_1 \neq 0$ 및/또는 $\gamma_2 \neq 0$에 대응하는 $H_0 : \gamma_1 = \gamma_2 = 0$을 검정하는 것이 설정 오진에 대한 검정이 된다. 첫 번째 경우에 t-검정 또는 F-검정이 사용될 수 있으며, 두 번째 식에서는 F-검정이 필요하다. H_0를 기각할 경우 원래 모형이 부적절하며 향상될 수 있다는 의미인 반면에 H_0를 기각하는 데 실패할 경우 검정이 설정의 오진을 알아낼 수 없다는 의미이다.

이 검정 이면에 있는 논리를 이해하기 위해서 $\hat{y}^2$ 및 $\hat{y}^3$가 x_2 및 x_3의 다항식 함수라는 사실에 주목하자. 식 (6.32)의 양변을 제곱하고 세제곱할 경우 x_2^2, x_3^3, $x_2 x_3$, $x_2 x_3^2$ 등과 같은 항을 구할 수 있다. 다항식들은 많은 상이한 종류의 함수 형태에 근접하기 때문에, 원래 함수 형태가 틀린 경우 $\hat{y}^2$ 및 $\hat{y}^3$을 포함하는 다항식 근사치들은 모형의 적합성을 유의하게 향상시킬 수 있다. 이런 경우라면 γ_1 및 γ_2의 값이 0이 아니라는 사실을 통해 알게 된다. 나아가 일부 변수를 누락시켰는데 이 변수들이 x_2 및 x_3와 상관된 경우 이들은 또한 x_2^2 및 x_3^2과 같은 항과 상관될 가능성이 높으며, 이로 인한 일부 영향은 $\hat{y}^2$ 및/또는 $\hat{y}^3$항을 포함시킴으로써 포착될 수 있다. 종합적으로 말해 이 검정의 일반적인 철학은 다음과 같다. 모형 예측치를 거듭제곱하여 인위적으로 이를 포함시킴으로써 해당 모형을 유의하게 향상시킬 수 있다면 원래 모형은 적절하지 못한 것이다.

🖐 정리문제 6.14 　가계소득식에 대한 RESET의 적용

RESET을 설명하기 위해서 정리문제 6.10~6.12에서 살펴본 가계소득을 다시 검토해 보자. 이들 예에서는 상이한 변수들이 포함된 모형들을 추정하였으며, 표 6.1은 이들의 분석 결과를 보여주고 있다. 관련이 없는 변수들을 제외한 모형은 다음과 같다.

$$\ln(FAMINC) = \beta_1 + \beta_2 HEDU + \beta_3 WEDU + \beta_4 KL6 + e$$

다시 돌아가서 표 6.1을 검토해 보자. $H_0: \gamma_1 = 0$ 및 $H_0: \gamma_1 = \gamma_2 = 0$에 대한 RESET p-값이 표의 마지막 두 행에 제시되어 있다. RESET이 5% 유의수준에서 모형을 기각한 유일한 예는 부인의 교육 연수가 배제되고 귀무가설이 $H_0: \gamma_1 = \gamma_2 = 0$인 경우이다. $KL6$의 배제가 RESET에 의해 문제시 되지 않는 가장 그럴듯한 이유는 이 변수가 $HEDU$

및 $WEDU$와 높게 상관되지 않기 때문이라고 할 수 있다. 또한 관련이 없는 변수 $XTRA\_X5$ 및 $XTRA\_X6$가 포함되고 $WEDU$가 배제된 경우에도 RESET은 모형 오설정을 제시하지 못한다. 이렇게 하지 못하는 그럴듯한 이유로는 $WEDU$와 2개의 관련이 없는 변수들 사이에 높은 상관이 있다는 점을 들 수 있다.

이 정리문제에서 두 가지 중요한 교훈을 얻을 수 있다. 첫째, RESET이 모형을 기각하지 않는다고 해당 모형이 반드시 적절하다고 볼 수 없다. 둘째, RESET이 언제나 대안적인 모형들 사이에 구별을 하는 것은 아니다. 귀무가설을 기각할 경우 이는 모형 오설정을 시사하는 표시가 될 수 있으나, 귀무가설을 기각하는 데 실패할 경우 시사하는 바가 거의 없다고 볼 수 있다.

6.4 예측

1개의 설명변수를 갖는 회귀 모형에 대한 예측 문제는 4.1절에서 소개하였다. 그 내용은 1개를 초과하는 설명변수를 갖는 보다 일반적인 모형으로 자연스럽게 확장된다. 이 절에서는 이러한 확장을 설명하고 이전의 내용을 보강하며 보다 일반적인 일부 지식을 살펴볼 것이다.

우리는 $\mathbf{x}_0 = (1, x_{02}, x_{03}, \cdots, x_{0K})$로 나타내는 $K-1$개 설명변수들의 값을 갖고 있으며, 이 정보를 활용하여 이에 상응하는 종속변수값 y_0를 예측하고자 한다고 가상하자. y_0에 대한 최소 평균제곱오차 예측치는 조건부 기댓값 $E(y_0|\mathbf{x}_0)$라는 사실을 알고 있다. 이런 결과가 작동되게 하기 위해서 우리는 $E(y_0|\mathbf{x}_0)$에 대한 함수 형태에 관해 가정을 하고 그것이 의존하는 모수를 추정해야 한다. 다중회귀 모형과 일치되게, 조건부 기댓값은 다음과 같이 모수들의 선형 함수라고 가정하자.

$$E(y_0|\mathbf{x}_0) = \beta_1 + \beta_2 x_{02} + \beta_3 x_{03} + \cdots + \beta_K x_{0K} \tag{6.35}$$

$e_0 = y_0 - E(y_0|\mathbf{x}_0)$라고 정의하면 다음과 같이 나타낼 수 있다.

$$y_0 = \beta_1 + \beta_2 x_{02} + \beta_3 x_{03} + \cdots + \beta_K x_{0K} + e_0 \qquad (6.36)$$

식 (6.35)의 모수들 $(\beta_1, \beta_2, \cdots, \beta_K)$를 추정하기 위해서, 다음과 같아지도록 관찰값 y_i, $i = 1, 2, \cdots, N$ 그리고 $\mathbf{x}_i = (1, x_{i2}, x_{i3}, \cdots, x_{iK})$를 갖고 있다고 가정하자.

$$E\big(y_i | \mathbf{x}_i\big) = \beta_1 + \beta_2 x_{i2} + \beta_3 x_{i3} + \cdots + \beta_K x_{iK} \qquad (6.37)$$

$(\beta_1, \beta_2, \cdots, \beta_K)$를 추정하기 위해서 사용된 모형이 다음과 같아지도록, $e_i = y_i - E(y_i | \mathbf{x}_i)$라고 정의하자.

$$y_i = \beta_1 + \beta_2 x_{i2} + \beta_3 x_{i3} + \cdots + \beta_K x_{iK} + e_i \qquad (6.38)$$

식 (6.35)~(6.38)은 예측 모형(predictive model)을 구성한다. 식 (6.37) 및 (6.38)은 모수를 추정하기 위해 사용된 표본 관찰값들에 관해 말하고 있다. 식 (6.35)는 모수들 $(\beta_1, \beta_2, \cdots \beta_K)$가 알려진 경우 활용되는 예측치이다. 식 (6.36)은 실현된 값 y_0 및 오차 e_0를 포함한다. 예측에 관해 고려할 때, 자연적으로 표본 관찰값들 범위 밖의 예측을 생각하게 된다. 이런 상황하에서 예측이 이루어질 때 y_0는 관찰되지 않게 된다. 시계열 자료의 경우, $\mathbf{x}_0$는 예측이 필요한 설명변수들의 장래값이다. 횡단면 자료의 경우, 이것은 표본추출되지 않은 개체 또는 어떠한 다른 경제 단위에 대한 값이다. 하지만 y에 대한 실현된 값을 관찰한다는 사실에도 불구하고, 표본 내 예측을 하는 예가 존재한다. 한 가지 예로 RESET에서의 활용을 들 수 있으며, 거기서 회귀식에는 표본 내 예측의 제곱 및 세제곱이 추가된다. 표본 내 예측 $\mathbf{x}_0$를 생각할 때, $\mathbf{x}_0$는 $\mathbf{x}_i$ 중 1개와 동일하거나 또는 모든 $\mathbf{x}_i$를 나타내는 포괄적 기호로 볼 수 있다.

식 (6.36) 및 (6.38)은 인과 모형일 필요가 없다. 훌륭한 예측 모형을 갖기 위해서는 (y_i, y_0)가 $(\mathbf{x}_i, \mathbf{x}_0)$의 변수들과 고도로 상관되어야 하지만, (y_i, y_0)가 $(\mathbf{x}_i, \mathbf{x}_0)$에 의해 발생될 필요는 없다. y에 영향을 미치는 모든 변수들이 포함되어야 할 필요는 없으며, 누락변수 편의와 같은 것이 존재하지 않는다. 식 (6.38)에서는 포함된 변수들의 조건부 기댓값을 단순히 추정한다. 이런 상황하에서 (e_i, e_0)에 대한 해석은 인과 모형(causal model)에서의 그에 대한 해석과 상이하다. 인과 모형에서 e는 모형에서 누락된 변수들의 영향을 나타내며, 이런 영향은 외생성 가정을 통해 모형에 있는 변수들과 분리된다는 점이 중요하다. e를 자료 생성 과정의 일부로 생각한다. 예측 모형에서 조건부 기대의 계수들은 포함된 변수들의 직접 영향과 배제된 변수들의 간접 영향을 나타낼 수 있다. 오차항 e는 실현된 값 y와 그것의 조건부 기대 사이에 존재하는 차이를 단순히 의미한다. 그것은 $(\beta_1, \beta_2, \cdots, \beta_K)$가 알려져 있었고 추정할 필요가 없었을 때 발생하는 예측오차(forecasting error)이다. 그것은 '모든 다른 변수'들에 대한 해석이란 성격을 띠지 않는다.

식 (6.35)에 최소제곱법을 적용할 경우 $\mathbf{X} = (\mathbf{x}_1, \mathbf{x}_2, \cdots, \mathbf{x}_N)$에 대한 조건부로 $(\beta_1, \beta_2, \cdots, \beta_K)$의 불편 추정값을 구할 수 있다. 추가적으로 $\mathrm{var}\big(e_i | \mathbf{X}\big) = \sigma^2$ 및 $i \neq j$인 경우 $E\big(e_i e_j | \mathbf{X}\big) = 0$이라고 가정하면, 최소제곱 추정량은 $\mathbf{X}$에 대한 조건부로 최우수 선형 불편하게 된다. 설명변수들의 제한된 행태에 관한 가정들이 준수될 경우 이것은 무조건적으로 일치하게 된다. 최소제곱 추정값 $(b_1, b_2, \cdots, b_K)$를 구하고 나서, y_0에 대한 운용할 수 있도록 마련된 예측치는 알지 못하는 β_k를 이들의 추정량으로 대체시켜 식 (6.35)처럼 정의할 수 있다. 즉 다음과 같다.

$$\hat{y}_0 = b_1 + b_2 x_{02} + b_3 x_{03} + \cdots + b_K x_{0K} \tag{6.39}$$

우리가 필요한 여분의 가정은 $(e_0 | \mathbf{x}_0)$가 $i = 1, 2, \cdots, N$ 및 $i \neq 0$인 $(e_i | \mathbf{X})$와 상관되지 않는다는 것이다. 우리는 또한 예측오차의 분산을 도출할 때 사용했던 가정인 $\text{var}(e_0 | \mathbf{x}_0) = \text{var}(e_i | \mathbf{X}) = \sigma^2$이라고 가정한다.

β_k를 b_k로 대체시키고 나면, 예측오차는 다음과 같다.

$$\begin{aligned} f &= y_0 - \hat{y}_0 \\ &= (\beta_1 - b_1) + (\beta_2 - b_2) x_{02} + (\beta_3 - b_3) x_{03} + \cdots + (\beta_K - b_K) x_{0K} + e_0 \end{aligned} \tag{6.40}$$

예측오차에는 두 개의 구성요소가 있다. 즉 알지 못하는 모수를 추정하는 데 따른 오차 $(\beta_k - b_k)$ 그리고 조건부 평균으로부터 실현된 y_0의 일탈을 나타내는 오차 e_0로 구성된다. 예측치 $\hat{y}_0$는 $E(f | \mathbf{x}_0, \mathbf{X}) = 0$이라는 의미에서 불편하며, 조건부 분산 $\text{var}(f | \mathbf{x}_0, \mathbf{X})$는 어떠한 다른 선형 불편 예측치의 것보다 더 크지 않다는 의미에서 최우수 선형 불편 예측치이다. 예측오차의 조건부 분산은 다음과 같다.

$$\begin{aligned} \text{var}(f | \mathbf{x}_0, \mathbf{X}) &= \text{var}\left[\left(\sum_{k=1}^{K} (\beta_k - b_k) x_{0k} \right) \Big| \mathbf{x}_0, \mathbf{X} \right] + \text{var}(e_0 | \mathbf{x}_0, \mathbf{X}) \\ &= \text{var}\left[\left(\sum_{k=1}^{K} b_k x_{0k} \right) \Big| \mathbf{x}_0, \mathbf{X} \right] + \sigma^2 \\ &= \sum_{k=1}^{K} x_{0k}^2 \text{var}(b_k | \mathbf{x}_0, \mathbf{X}) + 2 \sum_{k=1}^{K} \sum_{j=k+1}^{K} x_{0k} x_{0j} \text{cov}(b_k, b_j | \mathbf{x}_0, \mathbf{X}) + \sigma^2 \end{aligned} \tag{6.41}$$

이 식의 첫 번째 줄에서 우리는 $(\beta_k - b_k)$와 e_0 사이의 공분산이 영이라고 가정하였다. 표본의 범위 밖 예측에 대한 경우 그리고 e_0가 β_k를 추정하기 위해 사용한 표본자료와 상관되지 않는 경우 이 가정은 실제로 참이 된다. 표본 내 예측을 할 경우 상황은 보다 복잡해진다. 엄격히 말해서, e_0가 표본에서 e_i 중 하나라고 하면, $(\beta_k - b_k)$와 e_0는 상관된다. 하지만 이 상관은 f의 전반적인 분산에 비해 크지 않아서 소프트웨어 계산 시 무시되는 경향이 있다. 식 (6.41)의 두 번째 줄에서 $\beta_k x_{0k}$는 상수로 취급될 수 있으므로 $\text{var}((\beta_k - b_k) x_{0k} | \mathbf{x}_0, \mathbf{X}) = \text{var}(b_k x_{0k} | \mathbf{x}_0, \mathbf{X})$가 된다.[5]

$\text{var}(f | \mathbf{x}_0, \mathbf{X})$에 대한 식의 항들의 각각은 σ^2을 포함한다. 예측오차의 추정된 분산 $\widehat{\text{var}}(f | \mathbf{x}_0, \mathbf{X})$를 구하기 위해 σ^2을 이것의 추정량 $\hat{\sigma}^2$로 대체시켜 보자. 예측의 표준오차는 $\text{se}(f) = \sqrt{\widehat{\text{var}}(f | \mathbf{x}_0, \mathbf{X})}$가 된다. 무작위 오차 e_i, e_0가 정규분포하거나, 표본이 크다면 다음과 같다.

$$\frac{f}{\text{se}(f)} = \frac{y_0 - \hat{y}_0}{\sqrt{\widehat{\text{var}}(y_0 - \hat{y}_0 | \mathbf{x}_0, \mathbf{X})}} \sim t_{(N-K)} \tag{6.42}$$

우리가 여러 번 사용했던 단계를 밟아 가면, y_0에 대한 $100(1-\alpha)\%$ 구간 예측치는 $\hat{y}_0 \pm t_c \text{se}(f)$가 되며,

---

5 세 번째 줄은 제0장의 식 (0.20)을 참조하시오.

여기서 t_c는 $t_{(N-K)}$ 분포로부터의 임계값이다.

사례를 살펴보기 전에 언급할 만한 가치가 있는 두 가지 실제적인 고려할 사항이 있다. 첫째, 식 (6.41)에서 오차분산 σ^2은 다른 구성, 즉 β_k의 추정에 기인하는 예측오차 부분의 분산보다 일반적으로 훨씬 더 크다. 따라서 이 후자 구성요소는 이따금 무시되고 $se(f) = \hat{\sigma}$이 사용된다. 둘째, 지금까지 제시된 틀은 시계열 예측의 일반적인 특성들 중 많은 부분을 포괄하지 못한다. 시계열 예측의 경우 일부 설명변수들은 통상적으로 종속변수의 시차가 있는 값을 사용하게 된다. 이것이 의미하는 바는 y_0의 조건부 기대가 자신의 과거값에 의존하게 된다는 것이다. 표본 정보는 y_0의 조건부 기대에 기여한다. 위의 설명에서 $\mathbf{x}_0$를 설명변수들의 장래값으로 취급하였다. 표본 정보는 알지 못하는 β_k의 추정을 통해서 예측치에 공헌할 뿐이다. 다시 말해 $E(y_0|\mathbf{x}_0) = E(y_0|\mathbf{x}_0, \mathbf{X}, \mathbf{y})$이며, 여기서 $\mathbf{y}$는 종속변수에 대한 모든 관찰값들을 나타내기 위해 사용되었다. 이 가정이 완화된 시계열 예측에 대한 보다 일반적인 시나리오는 제9장에서 살펴볼 것이다.

🐂 정리문제 6.15 햄버거 체인점에 대한 *SALES*의 예측

$PRICE_0 = 6$, $ADVERT_0 = 1.9$, $ADVERT_0^2 = 3.61$인 경우 햄버거 체인점인 빅 앤디스 버거 반의 *SALES*에 대한 95% 예측구간을 구하려 한다. 이들은 정리문제 6.6에서 검토하였던 숫자값들이다. 일반적인 표기법으로 나타내면 $\mathbf{x}_0 = (1, 6, 1.9, 3.61)$이 된다. 점 예측은 다음과 같다.

$$\widehat{SALES}_0 = 109.719 - 7.640\,PRICE_0 + 12.1512\,ADVERT_0$$
$$- 2.768\,ADVERT_0^2$$
$$= 109.719 - 7.640 \times 6 + 12.1512 \times 1.9 - 2.768$$
$$\times 3.61$$
$$= 76.974$$

위의 제시된 상황하에서 판매수입액은 \$76,974라고 예측한다.

예측구간을 구하기 위해서 먼저 예측오차의 추정된 분산을 계산할 필요가 있다. 식 (6.41)과 표 6.3에 있는 공분산 행렬의 값들을 활용하여 다음과 같이 구할 수 있다.

표 6.3 앤디스 버거 반 모형에 대한 공분산 행렬

	b_1	b_2	b_3	b_4
b_1	46.227019	−6.426113	−11.600960	2.939026
b_2	−6.426113	1.093988	0.300406	−0.085619
b_3	−11.600960	0.300406	12.646302	−3.288746
b_4	2.939026	−0.085619	−3.288746	0.884774

$$\widehat{\text{var}}(f|\mathbf{x}_0, \mathbf{X}) = \hat{\sigma}^2 + \widehat{\text{var}}(b_1|\mathbf{x}_0, \mathbf{X}) + x_{02}^2\,\widehat{\text{var}}(b_2|\mathbf{x}_0, \mathbf{X})$$
$$+ x_{03}^2\,\widehat{\text{var}}(b_3|\mathbf{x}_0, \mathbf{X}) + x_{04}^2\,\widehat{\text{var}}(b_4|\mathbf{x}_0, \mathbf{X})$$
$$+ 2x_{02}\,\widehat{\text{cov}}(b_1, b_2|\mathbf{x}_0, \mathbf{X})$$
$$+ 2x_{03}\,\widehat{\text{cov}}(b_1, b_3|\mathbf{x}_0, \mathbf{X})$$
$$+ 2x_{04}\,\widehat{\text{cov}}(b_1, b_4|\mathbf{x}_0, \mathbf{X})$$
$$+ 2x_{02}x_{03}\,\widehat{\text{cov}}(b_2, b_3|\mathbf{x}_0, \mathbf{X})$$
$$+ 2x_{02}x_{04}\,\widehat{\text{cov}}(b_2, b_4|\mathbf{x}_0, \mathbf{X})$$
$$+ 2x_{03}x_{04}\,\widehat{\text{cov}}(b_3, b_4|\mathbf{x}_0, \mathbf{X})$$
$$= 21.57865 + 46.22702 + 6^2 \times 1.093988$$
$$+ 1.9^2 \times 12.6463 + 3.61^2 \times 0.884774$$
$$+ 2 \times 6 \times (-6.426113)$$
$$+ 2 \times 1.9 \times (-11.60096)$$
$$+ 2 \times 3.61 \times 2.939026$$
$$+ 2 \times 6 \times 1.9 \times 0.300406$$
$$+ 2 \times 6 \times 3.61 \times (-0.085619)$$
$$+ 2 \times 1.9 \times 3.61 \times (-3.288746)$$
$$= 22.4208$$

예측오차의 표준오차는 $se(f) = \sqrt{22.4208} = 4.7351$이며,

관련 t-값은 $t_{(0.975, 71)} = 1.9939$이다. 이런 경우 95% 예측구간은 다음과 같다.

$$(76.974 - 1.9939 \times 4.7351, \quad 76.974 + 1.9939 \times 4.7351)$$
$$= (67.533, \quad 86.415)$$

가격 및 광고비가 위와 같이 주어진 경우, $SALES$는 $67,533과 $86,415 사이에 위치한다고 95% 신뢰로 예측한다.

6.4.1 예측 모형 선택 기준

이 절에서 우리는 세 가지의 모형 선택 기준, 즉 (i) R^2 및 $\overline{R}^2$, (ii) AIC, (iii) SC(BIC)를 살펴보고, 모형의 예측능력을 평가하기 위해 유보 표본이 어떻게 사용될 수 있는지 설명할 것이다. 이 절 전반에 걸쳐 우리는 이 기준들 중 어떠한 것을 마구잡이로 적용하는 것을 추천하지 않는다는 점을 명심하여야 할 것이다. 이들은 대안적인 모형들의 관련 장점들에 대한 추가적인 정보를 제공해 주는 방안으로 취급되어야 하며, 6.3.5절 및 6.3절 서론 부분에 나열된 다른 고려사항들과 함께 활용되어야 한다.

$\overline{R}^2$, AIC, 또는 SC에만 배타적으로 기초하여 모형을 선택하는 것에는 여분의 변수 추가에 대해 벌점을 주며 제곱한 오차의 합을 최소화하는 모형을 선택하는 것도 포함된다. 이런 기준들은 예측 모형과 인과 모형 둘 다에 활용될 수 있지만, 계수에 초점을 맞추기보다 제곱한 오차의 합에 관한 함수를 최소화하고자 하는 목표로 인해 예측 모형 선택에 더 적합할 수 있다. 이런 기준들이 갖는 또 다른 공통적인 특징은 동일한 종속변수를 갖는 모형들을 비교하는 데만 적합하지, 예를 들면, y와 $\ln(y)$처럼 상이한 종속변수를 갖는 모형들에는 적합하지 않다. 우도함수에 기초한 AIC 및 SC의 보다 일반적인 형태는 변형된 종속변수를 갖는 모형에도 가용할 수 있지만 여기서는 살펴보지 않을 것이다.

R^2 및 $\overline{R}^2$ 제4장 및 제5장에서 결정계수 $R^2 = 1 - SSE/SST$를 적합도의 척도로 소개하였다. 이것은 설명변수의 변동에 의해 설명되는 종속변수의 변동 비율을 말한다. 자료에 적합한 모형을 갖는 것이 바람직하기 때문에, 최우수 모형은 가장 높은 R^2을 갖고 모형이라고 생각하는 경향이 있을 수 있다. 이러한 사고 방식에는 최소한 두 가지 문제가 발생할 수 있다. 첫째, 횡단면 자료를 사용하여 인과관계 효과를 추정하려는 경우, R^2이 낮은 경우가 일반적이며 반드시 관심사항이 되지는 않는다. 보다 중요한 것은 누락변수 편의를 피하고 관심 있는 계수의 신뢰할 만한 추정값을 얻기 위해 충분히 큰 크기의 표본을 갖는 것이다.

두 번째 문제는 예측 모형, 즉 모형들이 동일한 수의 설명변수를 갖고 있다면 R^2에 기초하여 모형들을 비교하는 것이 타당한 경우와 관련된다. 추가된 변수들이 정당성을 갖지 않더라도 보다 많은 변수들이 추가될 경우 언제나 R^2을 증가시킨다. 변수가 추가될 때 제곱한 오차의 합 SSE는 감소하며 이에 따라 R^2은 증가한다. 모형에 $N-1$개 변수들이 포함된다면, $R^2 = 1$이 된다.

이런 문제를 극복하기 위해 조정된 R^2(adjusted R^2)이라고 하는 대안적인 적합도 기준이 제시되었다. 이를 $\overline{R}^2$이라고 표기하며 다음과 같이 계산된다.

$$\overline{R}^2 = 1 - \frac{SSE/(N-K)}{SST/(N-1)}$$

이 척도는 분자에 있는 자유도 $N-K$로 인해서 변수가 추가될 때 반드시 증가하지는 않는다. 변수들의 수 K가 증가함에 따라 SSE는 감소하지만 $N-K$도 역시 감소한다. $\overline{R}^2$에 미치는 영향은 SSE가 감소하는 크기에 의존한다. 문제 하나는 해결하였지만 이 수정된 적합도 기준은 불행히도 다른 문제를 야기한다. 그것은 해석상의 문제로 $\overline{R}^2$은 더 이상 설명된 변동의 비율이 아니다. 또한 어떤 변수가 식에 추가되어 이에 따라 계수 β_K가 더해지면, 가설 $H_0{:}\beta_K = 0$을 검정하는 t-값이 1보다 클 경우 $\overline{R}^2$은 증가된다. 따라서 $\overline{R}^2$을 일련의 적절한 설명변수들을 선택하는 방법으로 활용할 경우, 이는 유의수준 5% 및 10%하에서 일반적으로 사용되는 것보다 훨씬 더 적은 값인 임계값 1을 갖는 계수의 유의성에 대한 가설검정을 하는 것과 같다. 이런 복잡한 문제들로 인해 적합도의 척도로 조정되지 않은 R^2을 제시하길 선호하며, $\overline{R}^2$을 활용하여 모형 선택을 하려는 경우 주의가 요구된다. 그럼에도 불구하고 $\overline{R}^2$에 익숙해져야만 한다. 여러분은 연구 보고서 그리고 소프트웨어 패키지의 분석 결과에서 이를 접하게 될 것이다.

정보 척도 $\overline{R}^2$을 최대화하는 변수들을 선택하는 것은 너무 많은 변수들을 포함시킬 경우 벌점을 준다는 조건으로 SSE를 최소화하는 변수들을 선택하는 것으로 볼 수 있다. AIC 및 SC 둘 다 유사한 방법으로 작동하지만, 너무 많은 변수들을 포함할 경우 상이하게 벌점을 준다. 아카이케 정보 척도 (Akaike information criterion, AIC)는 다음과 같다.

$$\text{AIC} = \ln\left(\frac{SSE}{N}\right) + \frac{2K}{N} \tag{6.43}$$

슈와르츠 척도(Schwarz criterion)는 베이지언 정보 척도(Bayesian information criterion, BIC)라고도 알려져 있으며 다음과 같다.

$$\text{SC} = \ln\left(\frac{SSE}{N}\right) + \frac{K\ln(N)}{N} \tag{6.44}$$

위의 두 경우 각각에서 첫 번째 항은 여분의 변수가 추가됨에 따라 SSE가 감소하므로 더 작아지지만, 두 번째 항은 K가 증가하기 때문에 더 커진다. $N \geq 8$인 경우 $K\ln(N)/N > 2K/N$이기 때문에 합리적인 표본크기에서 SC는 AIC보다 여분의 변수에 대해 더 무겁게 벌점을 부과한다. 이 척도들이 사용될 경우 가장 작은 AIC 또는 가장 작은 SC를 갖는 모형이 선호된다.

우도함수의 극대화된 값에 기초한 이런 척도들의 보다 일반적인 형태의 값을 구하기 위해서는 식 (6.43) 및 (6.44)에 $[1 + \ln(2\pi)]$를 추가하여야만 한다. 여러분이 사용하는 컴퓨터 소프트웨어가 보다 일반적인 형태를 제시할 경우 이런 사실에 대해 인지하는 것이 좋다. 하지만 이것이 명백하게 AIC 및 SC 값을 변화시킨다 하더라도, 상수를 추가시킨다고 척도를 극소화하는 변수의 선택을 변화시키지는 않는다.

유보 표본의 활용 모형이 예측하기 위해 마련된 때에는, 아직 관찰되지 않은 종속변수의 값을 예측하는 능력에 자연적으로 관심을 갖게 된다. 이것에 기초하여 모형을 평가하기 위해, 예측을 하고 이런 예측된 값을 이에 상응하는 실제로 발생한 실현된 값과 비교해 볼 수 있다. 하지만 우리가 조사하고자 하는 모형의 추정 단계에 있다면, 여분의 관찰값들을 기다리고자 하지는 않을 것이다. 이런 어려움에서 벗어나는 한 가지 방법은 추정할 때 일부 관찰값들을 유보해 두고 나서 모형이 누락된 관찰값들을 얼마나 잘 예측할 수 있는지에 기초하여 이를 평가하는 것이다. 총 N개의 관찰값이 있으며 이 중 N_1개는 추정하는 데 사용하였고, $N_2 = N - N_1$개는 모형의 예측능력을 평가하기 위해서 유보해 두었다고 가상하자. 따라서 $i = 1, 2, \cdots, N_1$에 대한 $(y_i, \mathbf{x}_i)$ 관찰값들로부터 추정값 $(b_1, b_2, \cdots, b_K)$를 구하여 다음과 같이 예측을 계산할 수 있다.

$$\hat{y}_i = b_1 + b_2 x_{i2} + \cdots + b_K x_{iK}, \quad i = N_1 + 1, N_1 + 2, \cdots, N$$

모형의 표본 범위를 벗어난 예측 능력의 척도는 평균 제곱근 오차(root mean squared error, RMSE)로 다음과 같다.

$$\text{RMSE} = \sqrt{\frac{1}{N_2} \sum_{i=N_1+1}^{N} (y_i - \hat{y}_i)^2}$$

우리는 이것의 크기가 표본 내 상대치인 $\hat{\sigma} = \sqrt{\sum_{i=1}^{N_1}(y_i - \hat{y}_i)^2 / (N_1 - K)}$보다 더 클 것으로 기대한다. 왜냐하면 최소제곱 추정절차는 $\sum_{i=1}^{N_1}(y_i - \hat{y}_i)^2$을 최소화하는 것이기 때문이다. 모형들은 이들의 유보 RMSE들에 기초하여 비교될 수 있다.

🏆 정리문제 6.16   주택가격 예측

부동산 업자와 잠재적 주택 매입자들은 주택가격을 평가하거나 특정한 특성을 갖고 있는 주택의 가격을 예측하는 데 관심을 갖고 있다. 주택가격과 관련된 많은 요인들이 있지만, 지금 살펴보는 예측 모형에서는 단지 2개의 요인, 즉 주택의 햇수(AGE)와 백 제곱피트 단위로 측정한 규모($SQFT$)만을 고려할 것이다. 고려하고 있는 가장 일반적인 모형은 다음과 같다.

$$\ln(PRICE) = \beta_1 + \beta_2 AGE + \beta_3 SQFT + \beta_4 AGE^2 + \beta_5 SQFT^2 + \beta_6 AGE \times SQFT + e$$

여기서 $PRICE$는 천 달러 단위로 측정한 주택가격이다. 제곱항들, AGE^2, $SQFT^2$, $AGE \times SQFT$ 중 일부 또는 전부가 모형의 예측 능력을 향상시키는 데 도움이 되는지 여부에

관심이 있다. 편의상 $PRICE$가 아니라 $\ln(PRICE)$항에 대한 예측 능력을 평가하고자 한다. 2005년 미국 루이지애나주 배턴루지에서 판매된 900채 주택에 대한 자료를 사용할 것이다. (다른 기준이 아니라) RMSE에 기초한 비교를 하여, 추정하기 위한 800개 관찰값과 유보 표본으로 사용할 100개 관찰값을 무작위로 선택하였다. 이렇게 무작위로 선택한 후에, 처음 800개는 추정하기 위해 사용되고 마지막 100개는 예측 능력을 평가하는 데 사용되도록 관찰값을 배열하였다.

표 6.4는 다양한 모형에 대한 척도 기준들을 보여주고 있다. 가장 높은 $\overline{R}^2$을 갖는 모형과 AIC 및 SC에서 가장 작은 값(또는 가장 큰 음의 수)을 갖는 모형을 찾다 보면, 이들 세 기준 모두에서 AGE^2은 포함되고 $SQFT^2$ 및

모형	(SQFT, AGE) 이외에 포함된 변수	R^2	$\bar{R}^2$	AIC	SC	RMSE
1	None	0.6985	0.6978	-2.534	-2.518	0.2791
2	AGE^2	0.7207	0.7198^*	-2.609^*	-2.587^*	0.2714
3	$SQFT^2$	0.6992	0.6982	-2.535	-2.513	0.2841
4	$AGE \times SQFT$	0.6996	0.6986	-2.536	-2.515	0.2790
5	$AGE^2, SQFT^2$	0.7208	0.7196	-2.607	-2.580	0.2754
6	$AGE^2, AGE \times SQFT$	0.7210	0.7197	-2.608	-2.581	0.2712^*
7	$SQFT^2, AGE \times SQFT$	0.7006	0.6993	-2.537	-2.510	0.2840
8	$SQFT^2, AGE^2, AGE \times SQFT$	0.7212^*	0.7197	-2.606	-2.574	0.2754

표 6.4 주택가격 정리문제에 대한 모형 선택 기준

*각 척도 기준에 따른 최우수 모형

$AGE \times SQFT$는 배제된 모형 2가 그러하다. 표본 범위를 벗어난 RMSE 기준을 사용하면, AGE^2 이외에 $AGE \times SQFT$ 가 포함된 모형 6이 모형 2보다 약간 선호된다.

6.5 자료의 부족, 공선성, 비유의성

경제적 관계를 추정하는 데 사용되는 대부분의 경제 자료는 비실험적인 것들이다. 실제로 대부분의 경우에 이 자료들은 관리나 다른 목적을 위해 단순히 '수집될' 뿐이다. 자료들은 설명변수에 대해 설계된 실험을 한 계획된 실험의 결과가 아니다. 통제된 실험에서 통계 모형의 오른쪽에 있는 변수들은 개별효과를 확인하여 정확하게 추정하는 방법으로 값이 결정된다. 자료가 통제되지 않은 실험의 결과인 경우 많은 경제변수들이 체계적으로 같이 움직인다. 이런 변수들을 공선(collinear)되었다 하고 이런 문제를 공선성(collinearity)이라 한다. 이런 경우 자료가 '풍부한 정보'를 갖고 있다고 보장할 수 없고 특정한 경제적 관계나 관심의 대상이 되는 모수를 분리할 수도 없다.

한 예로 빅 앤디스 버거 반의 마케팅 책임자가 신문 광고로 인한 판매수입 증가와 우대권 광고를 통한 판매수입 증가를 추정하려는 경우 직면하게 되는 문제를 생각해 보자. 이 두 가지 광고 방법을 조화시켜 통합 실시하는 것이 관례라고 가정하자. 따라서 신문 광고가 시행되는 동시에 햄버거 가격 인하 우대권이 포함된 광고전단이 배포된다. 이 두 가지 광고비 지출을 측정하는 변수가 식 (5.2)와 같은 판매수입식의 오른쪽에 포함될 경우 이 변수에 대한 자료들은 체계적인 양의 관계를 나타낸다. 직관적으로 볼 때 이런 자료가 두 가지 형태의 광고 효과를 분리해서 보여주기는 어려울 것으로 보인다. 두 가지 형태의 광고비 지출은 함께 움직이므로 총수입에 대해 미치는 효과를 분리해서 알아내기는 어렵다.

두 번째 예로 다양한 양의 투입요소에 대한 함수로서 설명되는 상당 기간 동안의 생산관계를 생각해 보자. 노동과 자본처럼 상대적으로 고정된 비율로 사용되는 생산(투입)요소가 있다. 생산이 증가함에 따라 둘 또는 그 이상의 이런 요소들의 양은 비례적으로 증가한다. 변수들 간의 비례적인 관계는

'공선성'으로 요약되는 바로 이런 종류의 체계적 관계이다. 이런 자료를 이용하여 다양하게 혼합된 요소들의 개별적인 또는 분리된 효과(한계생산물)를 측정하기는 어렵다.

　설명변수의 개별 효과를 분리하기 어려운 이유가 단지 자료표본 내 변수들 간의 관계 때문만은 아니라는 점에 주목해야 한다. 설명변수의 값이 자료표본 내에서 큰 폭으로 변동하지 않거나 변화하지 않을 경우 이런 자료를 이용하여 해당 변수의 변화가 미치는 영향을 설명하는 계수를 추정하기는 어렵다. 변화가 없는 경우 변화의 효과를 추정하기란 어렵다.

6.5.1 공선성의 결과

공선성의 결과 및/또는 변동의 결여는 추정을 할 수 없는 극단적인 경우인지 또는 추정은 할 수 있지만 추정값의 정확성이 결여된 극단적이지는 않지만 상황이 나쁜 경우인지에 달려 있다. 5.3.1절에서 다음과 같은 모형을 생각해 보았다.

$$y_i = \beta_1 + \beta_2 x_{i2} + \beta_3 x_{i3} + e_i$$

β_2의 최소제곱 추정량의 분산은 다음과 같다.

$$\mathrm{var}(b_2|\mathbf{X}) = \frac{\sigma^2}{\left(1 - r_{23}^2\right)\sum_{i=1}^{N}(x_{i2} - \bar{x}_2)^2} \tag{6.45}$$

위에서 r_{23}는 x_2 및 x_3 사이의 상관관계를 의미한다. x_2 및 x_3가 완벽하게 상관되는 경우 정확한 공선성 또는 극단적인 공선성이 존재하며, 이 경우 $r_{23} = 1$이 되고 $\mathrm{var}(b_2|\mathbf{X})$는 무한대가 된다. 이와 유사하게, x_2가 변동하지 않는 경우 $\sum(x_{i2} - \bar{x}_2)^2$은 0이 되고 $\mathrm{var}(b_2|\mathbf{X})$는 또한 무한대가 된다. 이 경우 x_2는 상수항과 공선이 이루어진다. 일반적으로 설명변수 사이에 하나 또는 그 이상의 정확한 선형관계가 있을 경우 정확한 공선성 조건이 존재하게 된다. 이 경우 최소제곱 추정량이 확인되지 못한다. 최소제곱 원칙을 사용하여 β_k들의 추정값을 구할 수 없다. 최소제곱법을 시행하는 데 필요한 가정 중 하나인 MR5, 즉 x_{ik}의 값이 다른 설명변수의 정확한 선형 함수가 아니라는 가정이 위반된다.

　보다 일반적인 경우는 설명변수들 사이의 상관성은 높지만 정확히 1이 아닌 경우이거나, 또는 설명변수들의 변동은 낮을 수 있지만 0이 아니거나, 또는 2개 이상인 설명변수들 사이의 선형적인 의존 관계가 높기는 하지만 정확한 선형관계가 이루어지지 않는 경우이다. 위와 같은 경우 최소제곱 추정법의 가정이 위반되지는 않는다. 가우스-마코프 정리에 따르면 최소제곱 추정량은 최우수 선형 불편 추정량이 된다. 하지만 우리가 할 수 있는 최선의 방안이 자료의 미비로 인해서 제한될 경우 문제가 발생할 수 있다. 위의 식 (6.45)에서 r_{23}가 1에 근접하거나 $\sum(x_i - \bar{x}_2)^2$이 0에 가까운 경우 b_2의 분산이 커진다. 분산이 크다는 의미는 표준오차가 커진다는 것이며, 이는 추정값이 0과 유의하게 상이해질 수 없으며 구간 추정값이 넓다는 의미이다. 표본자료는 미지의 모수에 대해 상대적으로 부정확한 정보를 제공한다.

　식 (6.45)는 2개의 설명변수를 갖는 회귀 모형에 대해 단지 타당할 뿐이지만, 몇 개를 단순히 변화시키고 나면 $K-1$개의 설명변수를 갖는 보다 일반적인 다중회귀 모형에서의 공선성도 간과할 수 있도록 일반화시킬 수 있다. 먼저 4.2.2절에서 2개 변수 사이의 단순 상관은 어떤 변수의 다른 변수에 대한 회귀에서의 R^2과 똑같아졌다는 점을 기억하자. 따라서 $r_{23}^2 = R_2^2$이며, 여기서 R_2^2은 소위 보조회귀(auxiliary regression)라는 $x_{i2} = \alpha_2 + \alpha_3 x_{i3} + v_i$의 R^2이다. 그리고 식 (6.45)를 표현하는 또 다른 방법은 다음과 같다.

$$\text{var}(b_2|\mathbf{X}) = \frac{\sigma^2}{\sum (x_{i2} - \bar{x}_2)^2 \left(1 - R_{2.}^2\right)} \tag{6.46}$$

이 식의 좋은 점은 일반 모형 $y_i = \beta_1 + \beta_2 x_{i2} + \beta_3 x_{i3} + \cdots + \beta_K x_{iK} + e_i$에 대해 이것이 준수된다는 것이다. 여기서 R_2^2은 보조회귀 $x_{i2} = \alpha_2 + \alpha_3 x_{i3} + \cdots + \alpha_K x_{iK} + v_i$로부터의 R^2이다. 다음과 같은 비율을 분산팽창인자(variance inflation factor)라고 한다.

$$\text{VIF} = 1/\left(1 - R_{2.}^2\right)$$

$R_2^2 = 0$이라면 이는 공선성이 존재하지 않는다는 것이며 x_2의 변동이 다른 설명변수들에 의해 설명되지 않는다는 것을 의미한다. 이런 경우 $\text{VIF} = 1$ 그리고 $\text{var}(b_2|\mathbf{X}) = \sigma^2/\sum (x_{i2} - \bar{x}_2)^2$이 된다. 반면에 $R_2^2 = 0.90$이라면 이는 x_2 변동의 90%가 다른 설명변수에 의해 설명될 수 있다는 의미이다. 이 경우 $\text{VIF} = 10$이며, $\text{var}(b_2|\mathbf{X})$는 공선성이 존재하지 않는 경우보다 10배가 더 커진다. VIF는 회귀에서의 공선성의 심각성을 설명하는 데 이따금 사용된다. 보조회귀의 R_k^2들과 분산팽창인자들은 회귀의 모든 설명변수들에 대해 구할 수 있으며, 식 (6.46)과 유사한 식들이 각 계수 추정값들에 대해 유지된다.

R_2^2을 검토함으로써 많은 정보를 제공해 주는 세 번째 식을 구할 수 있다. 회귀 $x_{i2} = \alpha_2 + \alpha_3 x_{i3} + \cdots + \alpha_K x_{iK} + v_i$로부터의 R^2은 모형에 의해 설명되는 평균에 대한 x_2의 총변동 부분 $\sum (x_{i2} - \bar{x}_2)^2$이다. 보조회귀로부터의 적합하게 맞춘 값을 $\hat{x}_{i2} = a_2 + a_3 x_{i3} + \cdots + a_K x_{iK}$라고 하자. 여기서 $(a_2, a_3, \cdots, a_K)$는 $(\alpha_2, \alpha_3, \cdots, \alpha_K)$의 최소제곱 추정값이다. 보조회귀의 잔차는 $x_{i2} - \hat{x}_{i2}$이며, 이것의 R^2은 다음과 같이 나타낼 수 있다.

$$R_{2.}^2 = 1 - \frac{\sum (x_{i2} - \hat{x}_{i2})^2}{\sum (x_{i2} - \bar{x}_2)^2}$$

이를 식 (6.46)에 대입하면 다음과 같다.

$$\text{var}(b_2|\mathbf{X}) = \frac{\sigma^2}{\sum (x_{i2} - \hat{x}_{i2})^2} \tag{6.47}$$

$\sum (x_{i2} - \hat{x}_{i2})^2$항은 보조회귀로부터의 제곱한 최소제곱 잔차의 합이다. 공선성이 더 강해서 다른 변수들에 의해 설명되는 x_2 변동의 크기가 더 커질 때, $\sum (x_{i2} - \hat{x}_{i2})^2$은 더 작아지고 $\text{var}(b_2|\mathbf{X})$는 더 커진다. 최소제곱 추정의 정확성을 증대시키는 것은, 다른 설명변수에 의해 설명되지 않는 x_2의 변동이다.

공선성에서 비롯된 부정확한 추정이 미치는 영향은 다음과 같이 요약될 수 있다.

1. 추정량 표준오차가 클 때에 통상적인 t-검정에 따를 경우 모수 추정값이 0과 유의하게 다르지 않다고 결론 내리기 쉽다. 때에 따라 R^2이 높거나 모형 전체의 설명력이 '유의하다'는 의미로 F-값이 높은 경우에도 이런 경우가 발생한다. 문제는 경제이론에 따를 경우 중요한 관계가 있음에도 불구하고 공선된 변수들이 각각의 분리된 효과를 추정할 만큼 충분한 정보를 제공하지 못하는 데 있다.

2. 추정량이 몇 개의 관찰값을 추가 또는 삭제하거나 명백히 유의하지 않은 변수를 삭제하는 데 매우 민감할 수 있다.

3. 이런 표본으로부터 개별 변수의 효과를 분리하는 데 어려움이 있지만, 이런 공선관계가 표본 범위를 벗어난 관찰값에도 동일하게 존재하는 경우 정확한 예측이 가능할 수 있다. 예를 들어, 생산요소인 노동과 자본이 거의 공선관계인 생산 함수에서 생산요소의 다양한 혼합이 아니라 특정 비율에 기초하여 정확한 생산량 예측이 가능할 수 있다.

6.5.2 공선성의 식별 및 해결

불완전한 공선성이 존재하는 경우 최소제곱법의 가정이 위배되지는 않기 때문에, 공선성이 존재한다는 증거가 없다면 군이 문제점을 찾는 것이 이치에 닿지 않는 것처럼 보일 수도 있다. 계수가 유의하며 정확하게 추정된 식을 구하였고, 부호 및 크기가 기대했던 것과 같으며, 몇 개 관찰값이나 유의하지 않은 변수를 추가하거나 삭제하는 것에 추정식이 민감하게 반응하지 않는다면, 공선성을 확인하거나 이 문제를 완화시키려고 노력할 이유는 없다. 하지만 식이 잘못 추정되어서 기대에 부합되지 않는 경우 추정값이 잘못된 이유를 살펴볼 필요가 있다.

공선관계를 찾아내는 간단한 방법은 설명변수들 짝 사이의 표본상관계수를 이용하는 것이다. 이 표본상관은 선형관계를 측정하는 방법이다. 하지만 2개를 초과하는 설명변수를 포함하는 공선관계는 **보조회귀**를 사용할 경우 더 잘 간파된다. R_k^2가 높은 경우 예를 들면, 0.8보다 더 크다면, x_k 변동의 많은 부분이 다른 회귀 설명변수에 의해 설명되며, 그것은 β_k 추정의 정확성에 대해 유해한 영향을 미칠 수 있다. 보조회귀 R_k^2이 높지 않다면, 추정량 b_k의 정확성은 x_k의 변동이 충분하지 않을 경우 계속해서 어려움이 존재할 수 있지만 공선성에 의해 부당하게 영향을 받지는 않는다.

공선성 문제는 통계 모형의 모든 모수를 정확하게 추정할 수 있도록 설명변수의 개별 효과에 관해 자료가 충분한 '정보'를 포함하지 못하는 데서 비롯된다. 따라서 이에 대한 한 가지 해결책은 더 많은 정보를 구하여 이를 분석에 포함시키는 것이다. 새로운 정보를 구할 수 있는 방법은 더 많고 더 나은 표본자료를 구하는 것이지만 불행히도 경제학에서 이것이 언제나 가능한 것이 아니다. 횡단면 자료는 얻는데 비싼 대가를 치러야 하며, 시계열 자료는 시간이 흘러야 구할 수 있다. 이와 달리 원래의 자료 표본과 동일한 비실험적 과정을 통해 새로운 자료를 구할 경우, 새로운 자료는 전과 같은 공선관계 문제를 가질 수 있고 새로운 독립적인 정보를 거의 제공하지 못하게 된다. 이런 상황에서 새로운 자료는 최소제곱 추정값의 정확성을 향상시키는 데 거의 도움이 되지 않는다.

새로운 정보를 추가하는 두 번째 방법은 6.2절에서 했던 것처럼 모수에 대해 제한을 함으로써 비표본 정보를 도입하는 것이다. 이럴 경우 비표본 정보는 표본 정보와 결합되어 제한 최소제곱 추정값을 구하는 데 사용된다. 좋은 점은 모수값에 선형제한을 하여 비표본 정보를 사용할 경우 추정량의 표본추출 변동을 낮출 수 있다는 것이다. 나쁜 점은 이에 따라 구한 제한 추정량은 제한이 **정확히** 참인 아닌 경우 편의된다는 것이다. 따라서 좋은 비표본 정보를 이용하는 것이 중요하며, 추정량의 대규모 편의를 대가로 표본추출 변동을 낮추지 않아도 된다.

🖐 정리문제 6.17 쌀 생산 함수에서의 공선성

공선성을 설명하기 위해서, 필리핀 쌀 경작 농부들의 횡단면 자료로부터 얻은 쌀 생산 자료를 사용하여 다음의 생산 함수를 추정하여 보자.

$$\ln(PROD) = \beta_1 + \beta_2\ln(AREA) + \beta_3\ln(LABOR) \\ + \beta_4\ln(FERT) + e \tag{6.48}$$

여기서 $PROD$는 햅쌀의 톤 수를 나타내며, $AREA$는 경작되는 농지의 헥타르를 의미한다. $LABOR$는 고용 노동자 및 가족 노동자의 사람-노동 일수를 표시하며, $FERT$는 비료의 킬로그램 수를 나타낸다. 이 모형에서는 공선성이 문제가 될 수 있다고 예상할 수 있다. 경작 면적이 더 넓은 대규모 농장은 소규모 농장보다 더 많은 노동자와 더 많은 비료를 사용할 가능성이 높다. 공선성 문제가 발생할 가능

성은 표 6.5의 분석 결과를 검토함으로써 확인된다. 여기서는 단지 1994년의 자료만을 사용하여 생산 함수를 추정하였다. 이 분석 결과는 정보를 거의 전달하지 못하고 있다. 95% 구간 추정값은 그 폭이 매우 넓으며, $\ln(AREA)$ 및 $\ln(LABOR)$의 계수들이 영과 유의하게 다르지 않기 때문에 구간 추정값들이 음의 영역을 포함한다. 높은 보조회귀식 R^2들과 이에 상응하는 높은 분산팽창인자는 부정확한 분석 결과의 주요 요인으로 공선성을 시사하고 있다. 추가적인 증거로는 식 (6.48)을 추정하면서 얻은 상대적으로 높은 $R^2=0.875$와 유의하지 않은 2개 계수의 결합검정 $H_0 : \beta_2 = \beta_3 = 0$에 대한 p-값 0.0021을 들 수 있다.

추정값의 정확성을 향상시키기 위해 두 가지 방법, 즉 (1) 비표본 정보의 포함, (2) 보다 많은 관찰값들의 활용을

표 6.5 1994년 자료를 사용한 쌀 생산 함수의 분석 결과

변수	계수 b_k	$se(b_k)$	95% 구간 추정값	p-값*	보조회귀식 R^2	VIF
C	−1.9473	0.7385		0.0119		
$\ln(AREA)$	0.2106	0.1821	[−0.1573, 0.5786]	0.2543	0.891	9.2
$\ln(LABOR)$	0.3776	0.2551	[−0.1379, 0.8931]	0.1466	0.944	17.9
$\ln(FERT)$	0.3433	0.1280	[0.0846, 0.6020]	0.0106	0.870	7.7

*$H_0 : \beta_k = 0$ 대 $H_1 : \beta_k \neq 0$에 관한 p-값

표 6.6 규모에 대한 수확불변 가정하에서 1994년 자료를 사용한 쌀 생산 함수 분석 결과

변수	계수 b_k	$se(b_k)$	95% 구간 추정값	p-값*
C	−2.1683	0.7065		0.0038
$\ln(AREA)$	0.2262	0.1815	[−0.1474, 0.5928]	0.2197
$\ln(LABOR)$	0.4834	0.2332	[0.0125, 0.9544]	0.0445
$\ln(FERT)$	0.2904	0.1171	[0.0539, 0.5268]	0.0173

*$H_0 : \beta_k = 0$ 대 $H_1 : \beta_k \neq 0$에 관한 p-값

생각해 보자. 비표본 정보의 경우 규모에 대한 수확불변이란 개념을 받아들인다고 가상하자. 즉 모든 생산요소를 동일한 비율로 증가시킬 경우 생산도 동일한 비율로 증가하게 된다. 이런 제약이 준수된다면 $\beta_2 + \beta_3 + \beta_4 = 1$이 된다. 이 제약을 귀무가설로 검정할 경우 p-값은 0.313이다. 따라서 1994년 자료와 부합되지 않는 제약은 아니라고 볼 수 있다. $\beta_2 + \beta_3 + \beta_4 = 1$을 식 (6.48)로 대입시켜서 재정리하면 다음과 같다.

$$\ln\left(\frac{PROD}{AREA}\right) = \beta_1 + \beta_3 \ln\left(\frac{LABOR}{AREA}\right) + \beta_4 \ln\left(\frac{FERT}{AREA}\right) + e$$

$$(6.49)$$

위의 식은 '수확량' 식으로 간주될 수 있다. 헥타르당 쌀 수확량은 헥타르당 투입된 노동력 및 헥타르당 비료의 함수가 된다. 표 6.6은 이를 추정한 결과를 보여준다. 추정한 결과가 개선되었는가? 대답은 '그렇지 않다!'이다. β_3에 대한 추정값이 더 이상 '유의하지 않은' 것은 아니다. 하지만 그것은 표준오차의 감소에서 비롯됐다기보다 b_3 크기의 증대에서 더 비롯되었다. 표준오차의 감소는 근소하며, 구간 추정값의 폭은 아직도 넓어서 정보를 거의 전달해 주지 못한다. $\ln(LABOR/AREA)$과 $\ln(FERT/AREA)$ 사이의 제곱한 상관은 0.414로 이전의 보조회귀식 R^2들보다 훨씬 더 작다. 그럼에도 불구하고 새로운 추정값들은 상대적으로 부정확하다.

추정 절차에 비표본 정보를 주입하는 것의 대안으로서, 1993년의 관찰값들과 1994년의 자료를 결합시켜 보다 많은 관찰값들을 포함시킬 경우 나타날 영향을 검토해 보자. 분석 결과는 표 6.7에 있다. 분산팽창인자는 아직도 크기가 상대적으로 크지만, 표준오차가 상당 폭 감소하였으며 추정값의 정확성이 상당히 향상되었다. 가장 큰 향상은 $\ln(FERT)$의 계수에서 나타났으며, 이는 분산팽창인자의 값이 가장 낮다. 다른 2개의 계수들에 대한 구간 추정값들은 연구자들이 원하는 것보다 아직 그 폭이 넓지만 적어도 일부 개선이 이루어졌다.

표 6.7 1993년 및 1994년 자료를 사용한 쌀 생산 함수 분석 결과

변수	계수 b_k	$se(b_k)$	95% 구간 추정값	p-값*	보조회귀식 R^2	VIF
C	−1.8694	0.4565		0.0001		
$\ln(AREA)$	0.2108	0.1083	$[-0.0045, 0.4261]$	0.0549	0.870	7.7
$\ln(LABOR)$	0.3997	0.1307	$[0.1399, 0.6595]$	0.0030	0.901	10.1
$\ln(FERT)$	0.3195	0.0635	$[0.1932, 0.4457]$	0.0000	0.776	4.5

*$H_0 : \beta_k = 0$ 대 $H_1 : \beta_k \neq 0$에 관한 p-값

6.5.3 영향 관찰값을 조사하기

4.3.6절에서는 영향 관찰값을 탐지하기 위한 많은 측정값들을 소개하였다. 이런 측정값들을 구하는 목적은 첫째, 자료 오차가 존재하는지 여부를 간파하는 것이며, 둘째, 자료의 정확성이 확인된 경우라면 추가적인 조사를 할 만한 가치가 있는 유별난 관찰값인지를 판정하는 것이다. 제안된 모형의 틀 내에서 설명될 수 있는 관찰값들이 존재하는가? 색다른 관찰값으로 이어질 수 있도록 하는 작동하는 다른 요소들이 존재하는가?

4.3.6절에서는 설명변수가 1개인 단순회귀 모형의 틀 내에서 측정값들을 소개하였다. 동일한 측정값들이 다중회귀 모형에도 관련되지만, 여분의 설명변수들을 수용하기 위해서 일부 공식들은 약간 변경된다. 지금이 4.3.6절로 돌아가서 다시 한 번 읽어보기 적당한 시간이다. 돌아가서 복습을 해 보

표 6.8 영향 관찰값을 판정하는 통계량

영향 통계량	공식	조사 임계값
레버리지	$h_i = \dfrac{\widehat{\text{var}}(\hat{e}_i) - \hat{\sigma}^2}{\hat{\sigma}^2}$	$h_i > \dfrac{2K}{N}$ 또는 $\dfrac{3K}{N}$
표준화된 잔차	$\hat{e}_i^{stu} = \dfrac{\hat{e}_i}{\hat{\sigma}(i)\left(1 - h_i\right)^{1/2}}$	$\left\|\hat{e}_i^{stu}\right\| > 2$
DFBETAS	$\text{DFBETAS}_{ki} = \dfrac{b_k - b_k(i)}{\left(\hat{\sigma}(i)/\hat{\sigma}\right) \times \text{se}(b_k)}$	$\left\|\text{DFBETAS}_{ki}\right\| > \dfrac{2}{\sqrt{N}}$
DFFITS	$\text{DFFITS}_i = \left(\dfrac{h_i}{1 - h_i}\right)^{1/2} \hat{e}_i^{stu}$	$\left\|\text{DFFITS}_i\right\| > 2\left(\dfrac{K}{N}\right)^{1/2}$

있는가? 일단 관련 개념들을 이해하였다면 앞으로 나아갈 수 있다. 해당 절에서 소개한 중요한 개념들로는 i번째 관찰값의 레버리지 h_i, 표준화된 잔차 $\hat{e}_i^{stu}$, i번째 관찰값의 누락에 대한 계수 추정값의 민감도 DFBETAS_{ki}, i번째 관찰값의 누락에 대한 예측의 민감도 DFFITS_i가 있다. 이들 측정값의 다중회귀 형태는 관찰값에 대한 추가적이 정밀한 조사가 정당화될 수 있는 관습적인 임계값과 함께 표 6.8에 요약되어 있다. 목적은 색다른 관찰값들을 삭제하는 것이 아니라 이들로부터 무언가를 배우는 것이라는 점을 기억하자. 이것들은 해당 자료가 갖고 있는 어떤 중요한 특징을 나타내는 것일 수 있다.

🔍 정리문제 6.18   주택가격식에서의 영향 관찰값

잠재적 영향 관찰값을 어떻게 확인하는지에 대해 알아보기 위해서 정리문제 6.16을 다시 한 번 살펴보도록 하자. 예측 모형 선택 기준을 활용하여 구한 주택가격 예측 식은 다음과 같았다.

$$\ln(PRICE) = \beta_1 + \beta_2 SQFT + \beta_3 AGE + \beta_4 AGE^2 + e$$

900개 관찰값들로 구성된 표본에서 다양한 영향 측정치가 권고된 임계값을 초과하는, 상대적으로 많은 수의 자료를 발견하는 것은 놀라운 일이 아니다. 예를 들면, 표 6.9는 3개의 가장 큰 DFFITS를 갖는 관찰값들의 측정치를 보여주고 있다. 이들 3개 관찰값에 대한 다른 영향 측정치들도 또한 큰 값을 갖는다. 각 측정치 옆의 괄호 안에는 절댓값

표 6.9 주택가격식에 대한 영향 측정치

관찰값	h_i(순위)	$\hat{e}_i^{stu}$(순위)	DFFITS_i(순위)	DFBETAS_{ki}(순위)		
임계값	$\dfrac{2.5K}{N} = 0.011$	2	$2\left(\dfrac{K}{N}\right)^{1/2} = 0.133$	$\dfrac{2}{\sqrt{N}} = 0.067$		
				SQFT	AGE	AGE^2
411	0.0319 (10)	−4.98 (1)	0.904 (1)	−0.658 (1)	0.106 (17)	−0.327 (3)
540	0.0166 (22)	−4.31 (3)	0.560 (2)	0.174 (9)	0.230 (2)	−0.381 (2)
150	0.0637 (2)	1.96 (48)	−0.511 (3)	−0.085 (29)	−0.332 (1)	0.448 (1)

으로 본 순위가 적혀 있다. 눈에 띄는 3개 관찰값의 특성을 살펴보면, 관찰값 540이 표본에서 가장 신규로 건축된 주택이며 관찰값 150은 가장 오래된 주택이다. 관찰값 411 은 오래되고 규모가 큰 주택이다. 표본에서 10번째(99번째 백분위수)로 큰 주택이며 6번째(99.4번째 백분위수)로 오래된 주택이다.

6.6 비선형 최소제곱

다양한 비선형 함수를 추정하기 위해서 최소제곱 추정기법이 어떻게 활용될 수 있는지 살펴보았다. 여기에는 대수-대수 모형, 대수-선형 모형, 2차 및 상호작용 항을 갖는 모형이 포함된다. 하지만 우리가 지금까지 접했던 모형들은 모두 모수 β_1, β_2, $\cdots$, β_K가 선형이었다. 이 절에서는 모수가 비선형인 모형들의 추정에 관해 논의할 것이다. 이런 모형이 의미하는 바를 평가하기 위해서 다음과 같은 간단한 인위적인 예로부터 시작하는 것이 편리하다.

$$y_i = \beta x_{i1} + \beta^2 x_{i2} + e_i \tag{6.50}$$

여기서 y_i는 종속변수이고, x_{i1} 및 x_{i2}는 설명변수이며, β는 추정하고자 하는 알지 못하는 모수이다. e_i는 다중회귀 가정 MR1~MR5를 충족시킨다. 이 예는 관습적인 선형 모형과 상이하다. 왜냐하면 x_{i2} 계수는 x_{i1} 계수의 제곱과 같아서 모수의 수가 변수의 수와 동일하지 않기 때문이다.

β를 어떻게 추정할 수 있는가? 제2장으로 돌아가서 생각해보자. 2개의 알지 못하는 모수 β_1 및 β_2를 갖는 단순 선형회귀식인 경우 어떻게 하였는가? 식 (6.50)의 틀 내에서 다음과 같은 제곱한 오차의 합인 함수를 설정하게 된다.

$$S(\beta) = \sum_{i=1}^{N} \left(y_i - \beta x_{i1} - \beta^2 x_{i2} \right)^2 \tag{6.51}$$

그리고 나서 알지 못하는 모수의 어떤 값이 $S(\beta)$를 최소화시키는지를 물어보았다. 최소제곱 추정량을 구하는 공식을 활용하여 답할 수 있었다.

모수가 비선형인 모형을 갖고 있는 경우, 제곱한 오차의 합인 함수를 최소화하는 모수의 공식을 일반적으로 도출할 수 없다. 하지만 주어진 자료 세트에 대해서, 이를 충족시키는 모수값을 구하도록 컴퓨터에게 요구할 수 있다. 예를 들어, $S(\beta)$와 같은 함수에 대해서 최소화하는 값을 구하는 데 사용할 수 있는 숫자로 나타낸 많은 소프트웨어 알고리즘이 있다. 이런 최소화한 값들은 비선형 최소제곱 추정값(nonlinear least squares estimate)이라고 알려져 있다. 비선형 최소제곱 추정량들의 유한표본 특성 및 분포를 가용할 수 없지만, 대표본 점근적 특성은 잘 확립되어 있다.

정리문제 6.19   단순 모형에 대한 비선형 최소제곱 추정값

그림 6.1은 제곱한 오차의 합인 함수를 보여주고 있다. 단지 1개의 모수를 갖고 있으므로 '사발 모양'이 아닌 2차원적인 곡선 모양이다. β를 최소화하는 값은 1.0과 1.5 사이에 있다는 점이 분명하다. 소프트웨어를 사용하여 구한 비선형 최소제곱 추정값은 $b = 1.1612$이다. 표준오차는 최솟값에서 제곱 합의 함수의 곡률도에 달려 있다. 높은 곡률도를 갖는 예리한 최솟값은 상대적으로 작은 표준오차로 이어지는 반면에, 낮은 곡률도를 갖는 평탄한 최솟값은 상대적으로 높은 표준오차로 이어진다. 상이한 표준오차로 이어질 수 있는 곡률도를 측정하는 다른 방법들이 있다. 이 정리문제에서는 기울기 외적법에 따를 경우 표준오차는 $se(b) = 0.1307$이 되는 반면에 관찰된 헤시안 방법에 의하면 $se(b) = 0.1324$가 된다. 이와 같은 차이는 표본크기가 커짐에 따라 사라지게 된다.

모수의 비선형 모형을 추정하려는 경우 두 가지 점에 대해 특히 주목하여야 한다. 첫째, 추정 과정이 전역 최솟값으로 수렴하는지 점검해야 한다. 추정 과정은 반복적으로 이루어지며, 과정이 최솟값으로 수렴할 때까지 일련의 상이한 모수값들을 점검해야 한다. 소프트웨어가 과정이 수렴되지 못한다고 할 경우, 제공된 분석 결과가 있더라도

이는 비선형 최소제곱 추정값을 제공한 것이 아니다. 반복하는 작업 최대치에 도달했거나, 반복 작업이 멈춰지도록 하는 숫자상의 문제가 발생하는 경우 이런 일이 발생할 수 있다. 둘째, 반복적인 과정이 전역 최솟값이 아닌 지역 최솟값에서 멈출 수 있다는 점을 유의해야 한다. 그림 6.1에서는 β = −2.0295에서 지역 최솟값이 존재한다. 일부 소프트웨어는 반복적인 과정을 할 때 출발값(starting values)을 지정하도록 한다. 출발값을 −2로 설정할 경우 추정값 $b = -2.0295$에서 과정이 종식될 가능성이 매우 높다. 하지만 이 값은 비선형 최소제곱 추정값이 아니다. 최솟값이 2개 이상 존재하는 경우, 그중 가장 작은 전역 최솟값에서 비선형 최소제곱 추정값을 구할 수 있다. 지역 최솟값에서 과정이 종식되지 않도록 어떻게 조심을 하여야 하는가? 매번 동일한 지점에서 끝나는지 확인하기 위하여 상이한 출발값을 부여할 수 있다. 그림 6.1에서 지역 최솟값에서의 곡률도는 전역 최솟값에서의 곡률도보다 훨씬 작다. 이런 점은 지역 최솟값에서 더 큰 표준오차로 반영된다. 이 경우가 바로 그렇다. 기울기 외적법을 활용할 경우 $se(b) = 0.3024$가 되며, 관찰된 헤시안 방법에 의할 경우 $se(b) = 0.3577$이 된다.

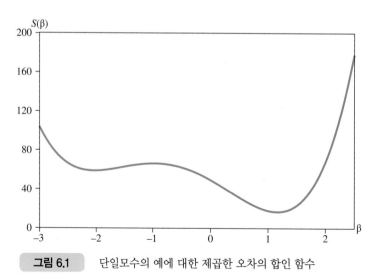

그림 6.1   단일모수의 예에 대한 제곱한 오차의 합인 함수

🔍 정리문제 6.20 　로지스틱 성장 곡선

기술변화의 확산을 모형화하는 데 일반적으로 사용되는 모형은 다음과 같은 로지스틱(logistic) 성장 곡선이다.

$$y_t = \frac{\alpha}{1 + \exp(-\beta - \delta t)} + e_t \qquad (6.52)$$

위의 식에서 y_t는 새로운 기술을 채택하는 비율이다. 예를 들어, y_t는 컴퓨터를 보유한 가구의 비율일 수 있다. 이는 또한 최신 컴퓨터를 보유한 가구의 비율일 수도 있다. CD로 판매된 음반의 비율은 또 다른 예가 될 수 있다. 여기서 y_t는 전기 용광로 기술로 생산되는 미국 철강 총생산량의 비율이다.

　위의 예를 살펴보기 전에 식 (6.52)의 관계에 대한 일부 세부적인 사항에 관해 알아보도록 하자. 오른쪽에는 오직 하나의 설명변수, 즉 시간 $t=1, 2, \cdots, T$가 있다. 따라서 로지스틱 성장 모형은 기술변화의 채택률 또는 어떤 예에서는 시장점유의 성장률을 측정할 수 있도록 고안되었다고 할 수 있다. 로지스틱 곡선의 예는 그림 6.2에 있다. 이 예에서 성장률은 처음에 증가하기 시작하여 $t=-\beta/\delta=20$인 변곡점까지 증가한다. 그리고 나서 성장률은 감소하며 $\alpha=0.8$로 주어진 포화 수준에서 평평하게 된다. $y_0=\alpha/(1+\exp(-\beta))$이므로, 모수 β는 시기가 영인 경우 점유율

이 포화 수준에서 얼마나 아래에 있는지를 결정한다. 모수 δ는 변곡점과 포화 수준에 도달하는 속도를 통제한다. 곡선에서 변곡점의 점유율은 포화 수준의 절반인 $\alpha/2=0.4$이다.

　철광석과 고로를 사용하는 전통적인 제철기술은 고철을 사용하는 새로운 전기로 기술로 대체되었다. 이런 대체되는 현상은 철광석과 같은 원료를 공급하는 업자에게 중요한 의미가 있다. 따라서 철강 생산에서 장래에 전기로가 차지하는 비중을 예측하는 일은 광산업자에게 매우 중요하다. 1970년부터 2015년 사이에 미국의 철강 생산에서 전기로가 차지하는 비중에 관한 연간 자료를 사용하여, 로지스틱 성장 곡선의 비선형 최소제곱 추정값을 구할 경우 다음과 같은 추정값(표준오차)을 구할 수 있다.

$$\hat{\alpha} = 0.8144 \ (0.0511) \quad \hat{\beta} = -1.3777 \ (0.0564)$$
$$\hat{\delta} = 0.0572 \ (0.0043)$$

관심의 대상이 되는 수치는 다음과 같다. 채택하는 비율이 증가하다가 감소하는 변곡점 $-\beta/\delta$, 포화 비율 α, 시간이 영인 경우의 점유 비율 $y_0=\alpha/(1+\exp(-\beta))$, 장래에서의 점유 비율 예측 등을 들 수 있다.

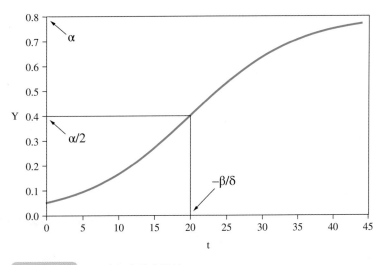

그림 6.2 　로지스틱 성장 곡선

주요 용어

• 국문

F-검정	비관련 변수	왈드검정
RESET	비선형 최소제곱 추정값	인과 모형
공선성	비표본 정보	전반적인 유의성
누락변수 편의	슈와르츠 척도	제한 최소제곱 추정값
베이지언 정보 척도	아카이케 정보 척도	통제변수
보조회귀	예측 모형	평균 제곱근 오차
분산팽창인자	예측오차	

• 영문

Akaike information criterion(AIC)	F-test	Regression Specification Error Test (RESET)
auxiliary regression	irrelevant variables	
Bayesian information criterion(BIC)	nonlinear least squares estimate	restricted least squares estimate
causal model	nonsample information	root mean squared error(RMSE)
collinearity	omitted variable bias	Schwarz criterion(SC)
control variables	overall significance	variance inflation factor
forecasting error	predictive model	Wald test

복습용 질문

1. 제곱한 오차의 제한된 합과 제한되지 않은 합의 개념을 설명하고 이들이 가설검정에 어떻게 사용되는지도 설명하시오.

2. F-검정을 이용하여 단일 귀무가설 또는 결합 귀무가설을 검정하시오.

3. 컴퓨터를 이용하여 F-검정을 하시오.

4. 회귀 모형의 전반적인 유의성을 검정하고, 컴퓨터 분석 결과에서 이 검정의 구성요소를 확인하시오.

5. 컴퓨터 소프트웨어가 제공하는 분석 결과에서 (a) 제곱한 오차의 합, (b) 회귀 모형의 전반적인 유의성에 관한 F-값, (c) 최소제곱 추정값에 대한 추정한 공분산 행렬, (d) 설명변수 사이의 상관행렬이 어디에 있는지 알아보시오.

6. 유한표본 F-검정과 대표본 χ^2-검정 사이의 관계, 그리고 각각이 적합한 가정들을 설명하시오.

7. 추정절차에서 비표본 정보를 포함하는 제한된 최소제곱 추정값을 구하시오.

8. 제한된 최소제곱 추정량의 특성을 설명하시오. 특히 이 추정량의 편의 및 분산을 제한되지 않은 최소제곱 추정량의 것과 어떻게 비교할 수 있는가?

9. 예측하기 위해 고안된 모형과 인과관계 효과를 추정하기 위해 고안된 모형의 차이점을 설명하시오.

10. (a) 누락된 변수 및 (b) 관련되지 않은 변수가 의미하는 바는 무엇인가? 누락된 변수 및 관련되지 않은 변수가 최소제곱 추정량의 특성에 미치는 영향을 설명하시오.

11. 통제변수의 개념과 통제변수가 효과적이기 위해 필요한 가정을 설명하시오.

12. 회귀 모형을 선택할 때 고려해야 하는 문제들을 설명하시오.

13. RESET을 활용하여 잘못된 모형 설정에 대한 검정을 하시오.

14. 다중회귀 모형의 예측, 예측오차의 표준오차, 구간예측을 계산하시오.

15. 아카이케 정보 척도 또는 슈와르츠 척도를 활용하여 예

측 모형에 대한 변수를 선택하시오.

16. 공선성을 확인하고 최소제곱 추정법에 대한 이것의 결과를 설명하시오.

17. 다중회귀 모형에서 영향 관찰값들을 확인하시오.

18. 모수들이 비선형인 회귀 모형에 대해 모수 추정값을 계산하고, 비선형 최소제곱이 선형 최소제곱과 어떻게 다른지 설명하시오.

연습문제

6.1 $N = 50$개 관찰값을 이용하여 모형 $y_i = \beta_1 + \beta_2 x_i + \beta_3 z_i + e_i$를 추정하면, $SSE = 2132.65$ 및 $s_y = 9.8355$를 구할 수 있다.

   a. R^2을 구하시오.

   b. $H_0 : \beta_2 = 0, \beta_3 = 0$을 검정하기 위한 F-통계량값을 구하시오. 1% 유의수준에서 H_0를 기각하는가? 또는 기각하는 데 실패하는가?

   c. 예측치의 제곱 및 세제곱, 즉 $\hat{y}_i^2$ 및 $\hat{y}_i^3$을 모형에 추가하고 나서 $SSE = 1072.88$을 구하였다. RESET을 활용하여 1% 유의수준에서 모형 설정 오진을 검정하시오.

   d. 모형 $y_i = \beta_1 + \beta_2 x_i + \beta_3 z_i + \beta_4 z_i^2 + e_i$를 추정한 후에 $SSE = 401.179$를 구하였다. 이 모형을 추정할 경우 R^2은 무엇인가?

   e. (d)의 모형에 예측치의 제곱 및 세제곱, 즉 $\hat{y}_i^2$ 및 $\hat{y}_i^3$을 추가한 후에 $SSE = 388.684$를 구하였다. RESET을 활용하여 5% 유의수준에서 모형 설정 오진을 검정하시오.

6.2 주류에 지출된 가계 예산의 비중(백분율) WALC를 총지출 TOTEXP, 가계의 자녀 수 NK, 가장의 연령 AGE에 연계시킨 다음의 모형을 생각해 보자.

$$WALC = \beta_1 + \beta_2 \ln(TOTEXP) + \beta_3 NK + \beta_4 AGE + \beta_5 AGE^2 + e$$

런던시에서 수집한 1,200개 관찰값을 이용하여, 변수 AGE를 포함한 모형과 포함하지 않은 모형을 추정하여 다음과 같은 결과를 얻었다.

$$\widehat{WALC} = 8.149 + 2.884\ln(TOTEXP) - 1.217NK - 0.5699AGE + 0.005515AGE^2 \quad \hat{\sigma} = 6.2048$$
$$\text{(se)} \qquad\qquad (0.486) \qquad\qquad (0.382) \qquad (0.1790) \qquad\quad (0.002332)$$

$$\widehat{WALC} = -1.206 + 2.152\ln(TOTEXP) - 1.421NK \quad \hat{\sigma} = 6.3196$$
$$\text{(se)} \qquad\qquad (0.482) \qquad\qquad (0.376)$$

   a. F-검정과 5% 유의수준을 사용하여, AGE 및 AGE^2이 식에 포함되어야 하는지 여부를 검정하시오.

   b. F-검정과 5% 유의수준을 사용하여, NK가 첫 번째 식에 포함되어야 하는지 여부를 검정하

시오. [요령 : $F = t^2$]

c. F-검정, 5% 유의수준, 그리고 첫 번째 식을 사용하여 귀무가설 $H_0:\beta_2 = 3.5$를 검정하시오. 이때 대립가설은 $H_1:\beta_2 \neq 3.5$이다.

d. 아래 식을 추정하고 나서 $SSE = 46086$을 구하였다.

$$WALC - 3.5\ln(TOTEXP) + NK = \beta_1 - (2\beta_5 \times 50)AGE + \beta_5 AGE^2 + e$$

모든 변수가 포함된 최초의 식과 관련하여, 어떤 귀무가설에 대해 이 식이 제한된 모형인가? 5% 유의수준에서 이 귀무가설을 검정하시오.

e. (d)에서의 검정에 대한 χ^2-값은 무엇인가? 이 경우 χ^2-검정이 F-검정보다 선호되는 이유가 있는가?

6.3 회귀 모형 $y_i = \beta_1 + \beta_2 x_i + \beta_3 z_i + e_i$를 생각해 보자. 여기서 $E(e_i|\mathbf{X}) = 0$, $\mathrm{var}(e_i|\mathbf{X}) = \sigma^2$, $i \neq j$인 경우 $E(e_i e_j|\mathbf{X}) = 0$, $\mathbf{X}$는 x 및 z에 관한 모든 관찰값을 나타낸다. z_i가 위의 식에서 누락되었다고 가상하면, β_2에 대한 최소제곱 추정량은 다음과 같다.

$$b_2^* = \frac{\sum (x_i - \bar{x})(y_i - \bar{y})}{\sum (x_i - \bar{x})^2}$$

다음 사항을 증명하시오.

a. $b_2^* = \beta_2 + \beta_3 \sum w_i z_i + \sum w_i e_i$, 여기서 $w_i = (x_i - \bar{x}) / \sum (x_i - \bar{x})^2$이다.

b. $E(b_2^*|\mathbf{X}) = \beta_2 + \beta_3 \widehat{\mathrm{cov}}(x, z) / \widehat{\mathrm{var}}(x)$

c. $\mathrm{var}(b_2^*|\mathbf{X}) = \sigma^2 / (N\widehat{\mathrm{var}}(x))$

d. $\mathrm{var}(b_2^*|\mathbf{X}) \leq \mathrm{var}(b_2|\mathbf{X})$, 여기서 b_2는 x 및 z 둘 다 포함된 경우의 최소제곱 추정량이다.
   [요령 : 식 (5.13)을 검토하시오.]

6.4 회귀 모형 $y_i = \beta_1 + \beta_2 x_i + \beta_3 z_i + \beta_4 q_i + e_i$를 가상하자. 여기서 $E(e_i|\mathbf{X}) = 0$이라고 하며 $\mathbf{X}$는 x, z, q에 대한 모든 관찰값을 나타낸다. z_i는 관찰할 수 없으며 식에서 누락된다고 가상하자. 하지만 조건부 평균 독립 $E(z_i|x_i, q_i) = E(z_i|q_i)$가 준수되며 $\mathrm{E}(z_i|q_i) = \delta_1 + \delta_2 q_i$이다.

a. $E(y_i|x_i, \mathrm{qi}) = (\beta_1 + \beta_3 \delta_1) + \beta_2 x_i + (\beta_3 \delta_2 + \beta_4)q_i$를 보이시오.

b. i. y_i에 대한 x_i의 인과 효과의 일치하는 추정값을 구하는 것이 가능한가?

   ii. y_i에 대한 z_i의 인과 효과의 일치하는 추정값을 구하는 것이 가능한가?

   iii. y_i에 대한 q_i의 인과 효과의 일치하는 추정값을 구하는 것이 가능한가?

6.5 다음과 같은 임금식을 생각해 보자. 여기서 $EDUC$ = 교육 연수, $EXPER$ = 경험 연수이다.

$$\ln(WAGE) = \beta_1 + \beta_2 EDUC + \beta_3 EXPER + \beta_4 EXPER^2 + e$$

$EXPER$에 대한 관찰값들을 가용할 수 없다고 가상하자. 따라서 변수 AGE 및 AGE^2을 대신 사용하기로 하자. β_2에 대한 최소제곱 추정값에 인과적 해석이 주어지기 위해서는 어떤 가정들이 있어야 충분한가?

6.6 *F*-검정을 사용하여 정리문제 6.10 및 표 6.1에 있는 가계소득식에 대해 2개 변수 *XTRA_X5* 및 *XTRA_X6*의 관련성을 결합 검정하시오.

6.7 정리문제 6.15에서는 빅 앤디스 버거 반의 *SALES*에 대한 예측구간을 $PRICE_0 = 6$, $ADVERT_0 = 1.9$라 설정하고 계산하였다. 다음에 대한 점 및 95% 구간 추정값을 구하시오.

$$E(SALES|PRICE = 6, ADVERT = 1.9)$$

정리문제 6.15에서 구한 점 및 구간 예측값과 여러분의 답변을 비교하시오. [요령 : 점 추정값에 대한 표준오차를 계산하는 가장 쉬운 방법은 정리문제 6.15에서 구한 계산들을 활용하는 것이다.]

6.8 다음과 같은 임금식을 생각해 보자.

$$\ln(WAGE) = \beta_1 + \beta_2 EDUC + \beta_3 EDUC^2 + \beta_4 EXPER + \beta_5 EXPER^2 + \beta_6 (EDUC \times EXPER) + e$$

여기서 설명변수는 교육 연수(*EDUC*)와 경험 연수(*EXPER*)이다. 이 식의 추정 결과와 일부 변수를 누락시켜 구한 변경된 식의 추정 결과가 표 6.10에 있다. 이 결과는 200개의 관찰값을 사용하여 구하였다.

a. Eqn (A)의 계수들에 어떤 제한을 하면 Eqn (B)를 구할 수 있을까? *F*-검정을 사용하여 이 제한을 검정하시오. *t*-검정을 사용하여 어떻게 동일한 결과를 구할 수 있는지 보이시오.

b. Eqn (A)의 계수들에 어떤 제한을 하면 Eqn (C)를 구할 수 있을까? *F*-검정을 사용하여 이 제한을 검정하시오. 이 검정을 시행함으로써 어떤 물음에 답하려 하는가?

c. Eqn (B)의 계수들에 어떤 제한을 하면 Eqn (D)를 구할 수 있을까? *F*-검정을 사용하여 이

표 6.10 연습문제 6.8에 대한 임금식 추정값

변수	계수 추정값 및 (표준오차)				
	Eqn (A)	Eqn (B)	Eqn (C)	Eqn (D)	Eqn (E)
C	0.403	1.483	1.812	2.674	1.256
	(0.771)	(0.495)	(0.494)	(0.109)	(0.191)
EDUC	0.175	0.0657	0.0669		0.0997
	(0.091)	(0.0692)	(0.0696)		(0.0117)
EDUC^2	− 0.0012	0.0012	0.0010		
	(0.0027)	(0.0024)	(0.0024)		
EXPER	0.0496	0.0228		0.0314	0.0222
	(0.0172)	(0.0091)		(0.0104)	(0.0090)
EXPER^2	− 0.00038	− 0.00032		− 0.00060	− 0.00031
	(0.00019)	(0.00019)		(0.00022)	(0.00019)
EXPER×*EDUC*	− 0.001703				
	(0.000935)				
SSE	37.326	37.964	40.700	52.171	38.012
AIC	− 1.619	− 1.612	− 1.562	− 1.264	− 1.620
SC		− 1.529	− 1.513	− 1.264	− 1.554

제한을 검정하시오. 이 검정을 시행함으로써 어떤 물음에 답하려 하는가?

d. Eqn (A)의 계수들에 어떤 제한을 하면 Eqn (E)를 구할 수 있을까? F-검정을 사용하여 이 제한을 검정하시오. 이 검정을 시행함으로써 어떤 물음에 답하려 하는가?

e. (a)~(d)에 대한 답변에 기초할 경우 어느 모형을 선호하는가? 그 이유는 무엇 때문인가?

f. Eqn (D)에 대한 AIC값과 Eqn (A)에 대한 SC값을 계산하시오. AIC에 따르면 어느 모형을 선호하는가? SC에 따르면 어느 모형을 선호하는가?

6.9 *RESET*은 기존의 모형에 예측치 $\hat{y}_i$의 제곱, 또는 제곱 및 더 높은 차수의 거듭제곱을 추가시킬 것을 제안한다. 예를 들면, $(\hat{y}_i^2)$ 또는 $(\hat{y}_i^2, \hat{y}_i^3)$ 또는 $(\hat{y}_i^2, \hat{y}_i^3, \hat{y}_i^4)$를 들 수 있다. 예측치 $\hat{y}_i$을 갖고 모형을 증대시킬 경우 어떤 일이 발생하는가?

6.10 비선형 최소제곱을 사용하여 제곱합의 함수 $S(\beta) = \sum_{i=1}^{N}\left(y_i - \beta x_{i1} - \beta_2 x_{i2}\right)^2$을 최소화함으로써 모형 $y_i = \beta x_{i1} + \beta^2 x_{i2} + e_i$를 추정하였던 정리문제 6.19를 다시 생각해 보자.

a. $\dfrac{dS}{d\beta} = -2\sum_{i=1}^{N} x_{i1} y_i + 2\beta\left(\sum_{i=1}^{N} x_{i1}^2 - 2\sum_{i=1}^{N} x_{i2} y_i\right) + 6\beta^2\sum_{i=1}^{N} x_{i1} x_{i2} + 4\beta^3\sum_{i=1}^{N} x_{i2}^2$를 보이시오.

b. $\dfrac{d^2S}{d\beta^2} = 2\left(\sum_{i=1}^{N} x_{i1}^2 - 2\sum_{i=1}^{N} x_{i2} y_i\right) + 12\beta\sum_{i=1}^{N} x_{i1} x_{i2} + 12\beta^2\sum_{i=1}^{N} x_{i2}^2$

c. $\sum_{i=1}^{N} x_{i1}^2 = 10.422155$, $\sum_{i=1}^{N} x_{i2}^2 = 3.586929$, $\sum_{i=1}^{N} x_{i1} x_{i2} = 4.414097$, $\sum_{i=1}^{N} x_{i1} y_i = 16.528022$, $\sum_{i=1}^{N} x_{i2} y_i = 10.619469$가 주어진 경우 전반적인 최솟값 $\beta = 1.161207$ 및 국지적인 최솟값 $\beta = -2.029494$ 둘 다에서의 $dS/d\beta$를 구하시오.

d. $\beta = 1.161207$ 및 $\beta = -2.029494$에서의 $d^2S/d\beta^2$을 구하시오.

e. 전역 최솟값에서 $\hat{\sigma}_G = 0.926452$를 구한 반면에, 지역 최솟값을 잘못 활용한 경우 $\hat{\sigma}_L = 1.755044$를 구하게 된다. β 및 $\hat{\sigma}$에 대해 전역 및 지역 최솟값 둘 다에서 $q = \hat{\sigma}\sqrt{\dfrac{2}{d^2S/d\beta^2}}$를 구하시오. 이런 q값들과 관련된 것은 무엇인가?

뒤로 돌아가서 정리문제 6.19를 점검하고 무엇을 알게 되었는지 살펴보시오.

6.11 정리문제 6.7에서 다음과 같은 결합 귀무가설을 검정하였다. 즉 모형 $SALES = \beta_1 + \beta_2 PRICE + \beta_3 ADVERT + \beta_4 ADVERT^2 + e_i$에서 $H_0:\beta_3 + 3.8\beta_4 = 1$, $\beta_1 + 6\beta_2 + 1.9\beta_3 + 3.61\beta_4 = 80$을 검정하였다. 제한들을 모형에 대체시키고 변수들을 재정렬함으로써, 최소제곱법이 제한된 최소제곱 추정값을 제시하는 형태로 모형을 어떻게 표기할 수 있는지 보이시오.

6.12 이 문제는 2005년 중반 동안 미국 루이지애나주 배턴루지시에서 매도된 850개 주택에 대한 자료를 사용한다. 여기서는 천 달러로 측정한 주택 매도가격(*PRICE*), 백 제곱피트로 나타낸 주택 크기(*SQFT*), 화장실의 개수(*BATHS*), 침실의 개수(*BEDS*)에 관심을 갖고 있다. 다음과 같은 조건부 기댓값을 생각해 보자.

$$E(PRICE|BEDS) = \alpha_1 + \alpha_2 BEDS \tag{XR6.12.1}$$

$$E(PRICE|BEDS, SQFT) = \beta_1 + \beta_2 BEDS + \beta_3 SQFT \tag{XR6.12.2}$$

$$E(SQFT|BEDS) = \gamma_1 + \gamma_2 BEDS \tag{XR6.12.3}$$

$$E(PRICE|BEDS, SQFT, BATHS) = \delta_1 + \delta_2 BEDS + \delta_3 SQFT + \delta_4 BATHS \tag{XR6.12.4}$$

$$E(BATHS|BEDS, SQFT) = \theta_1 + \theta_2 BEDS + \theta_3 SQFT \qquad\qquad \text{(XR6.12.5)}$$

a. 모수 $(\beta_1, \beta_2, \beta_3, \gamma_1, \gamma_2)$의 측면에서 α_1 및 α_2를 나타내시오.

b. 모수 $(\delta_1, \delta_2, \delta_3, \delta_4, \theta_1, \theta_2, \theta_3)$의 측면에서 $\beta_1, \beta_2, \beta_3$를 나타내시오.

c. 표 6.11의 정보를 사용하여 1% 유의수준에서 다음을 검정하시오.

$$E(PRICE|BEDS, SQFT, BATHS) = E(PRICE|BEDS)$$

d. 표 6.11에 있는 추정값들이 (a) 및 (b)에서 도출한 식을 충족시키는지 보이시오.

e. $SQFT$가 식 (XR6.12.1)에 추가될 때 $BEDS$ 계수의 부호가 변하는 이유를 설명할 수 있는가?

f. $E(BATHS|BEDS) = \lambda_1 + \lambda_2 BEDS$라고 가상하시오. 표 6.11의 결과를 사용하여 λ_1 및 λ_2에 대한 추정값을 구하시오.

g. (f)의 추정값과 식 (XR6.12.3) 및 식 (XR6.12.4)에 대한 추정값을 사용하여, α_1 및 α_2의 추정값을 구하시오. 표 6.11의 추정값에 동의하는가?

h. 어떤 모수 추정값을 인과관계로 볼 수 있는가?

표 6.11 연습문제 6.12에 대한 주택가격식의 추정값

	계수 추정값 및 (표준오차)				
	(XR6.12.1) PRICE	(XR6.12.2) PRICE	(XR6.12.3) SQFT	(XR6.12.4) PRICE	(XR6.12.5) BATHS
C	− 71.873 (16.502)	− 0.1137 (11.4275)	− 6.7000 (1.1323)	− 24.0509 (11.7975)	0.67186 (0.06812)
BEDS	70.788 (5.041)	− 28.5655 (4.6504)	9.2764 (0.3458)	− 32.649 (4.593)	0.1146 (0.0277)
SQFT		10.7104 (0.3396)		9.2648 (0.4032)	0.04057 (0.00202)
BATHS				35.628 (5.636)	
SSE	8,906,627	4,096,699	41,930.6	3,911,896	145.588

6.13 총기류 환매계획이 생명을 구할 것인가? 1996년에 발생한 대량학살 사건 이후 호주 정부는 1997년에 총기류 환매계획을 도입하였다. 이 계획의 성공 여부에 대해 조사를 하였다. 1996년 및 1997년이 누락된 1980~2006년 동안 호주의 9개 주 및 자치령에 대한 자료의 부분들을 사용하여 다음 모형을 추정하였다. 총관찰값의 수는 $N = 200$개이다.

$$SUIC\_RATE = \beta_1 + \beta_2 GUNRATE + \beta_3 URATE + \beta_4 CITY + \beta_5 YEAR + e$$

3개 식이 고려된다. $SUIC\_RATE$가 첫 번째 식에서는 총기류에 의한 자살률, 두 번째 식에서는 비총기류에 의한 사망률, 세 번째 식에서는 전체 사망률을 나타낸다. 이들은 모두 백만 명당 사망자의 측면에서 측정된다. 변수 $GUNRATE$는 1997년 이후 연도의 경우 1997년 동안 인구 천 명당 환매된 총기류의 수를 나타내며, 이전 연도들의 경우 영이 된다. $URATE$는 실업률을 의미

하며, *CITY*는 도시지역에 거주하는 인구의 비율을 나타낸다. *YEAR*는 존재할지도 모르는 추세를 내포하기 위해 포함된다. 표 6.12는 추정된 식을 보여주고 있다.

표 6.12   연습문제 6.13에 대한 총기류 환매식의 추정값

	계수 추정값 및 (표준오차)		
	총기류 자살률	비총기류 자살률	전체 자살률
C	1909	− 1871	38.37
	(345)	(719)	(779.76)
GUNRATE	− 0.223	0.553	0.330
	(0.069)	(0.144)	(0.156)
URATE	− 0.485	1.902	1.147
	(0.534)	(1.112)	(1.206)
CITY	− 0.628	0.053	− 0.576
	(0.057)	(0.118)	(0.128)
YEAR	− 0.920	0.976	0.056
	(0.174)	(0.362)	(0.393)
SSE	29745	129122	151890
SSE_R	50641	131097	175562

a. 총기류 환매가 총기류 자살을 낮추었다는 증거가 있는가? 총기류에서 다른 자살 수단으로 대체되었는가? 자살률에 추세가 존재하는가?

b. 실업률이 높아지면 자살률이 증가한다는 증거가 있는가?

c. *URATE* 및 *CITY*가 각 식에서 공헌을 하는지 여부를 결합 검정하시오. 이 변수들이 누락된 식들에 대한 제곱한 오차의 합은 SSE_R행에 있다.

6.14 총기류 환매계획이 생명을 구할 것인가? 1996년에 발생한 대량학살 사건 이후 호주 정부는 1997년에 총기류 환매계획을 도입하였다. 연습문제 6.13에서 살펴본 것처럼 이 계획의 성공 여부에 대해 조사를 하였다. 1996년 및 1997년이 누락된 1980~2006년 동안 호주의 8개 주 및 자치령에 대한 자료의 부분들을 사용하여 다음 모형을 추정하였다. 총관찰값의 수는 $N = 200$개이다.

$$HOM\_RATE = \beta_1 + \beta_2 GUNRATE + \beta_3 YEAR + e$$

3개 식이 고려된다. *HOM_RATE*가 첫 번째 식에서는 총기류에 의한 살인율, 두 번째 식에서는 비총기류에 의한 살인율, 세 번째 식에서는 전체 살인율을 나타낸다. 이들은 모두 백만 명당 사망자의 측면에서 측정된다. 변수 *GUNRATE*는 1997년 이후 연도의 경우 1997년 동안 인구 천 명당 환매된 총기류의 수를 나타내며, 이전 연도들의 경우 영이 된다. *YEAR*는 존재할지도 모르는 추세를 내포하기 위해 포함된다. 표 6.13은 추정된 식을 보여주고 있다.

a. 총기류 환매가 총기류 살인율을 낮추었다는 증거가 있는가? 살인율이 증가하였는가? 또는 감소하였는가?

b. *GUNRATE* 및 *YEAR*의 계수들에 대한 결합검정을 사용하여, 각각의 살인율이 표본 기간 동

안 불변하는지 여부를 검정하시오.

표 6.13   연습문제 6.14에 대한 총기류 환매식의 추정값

	계수 추정값 및 (표준오차)		
	총기류 살인율	비총기류 살인율	전체 살인율
C	694	1097	1791
	(182)	(816)	(907)
GUNRATE	0.0181	0.0787	0.0968
	(0.0352)	(0.1578)	(0.1754)
YEAR	−0.346	−0.540	−0.886
	(0.092)	(0.410)	(0.456)
SSE	9017	181087	223842
s_y	7.1832	30.3436	34.0273

6.15 다음 식은 CANS(천 개 단위로 측정한 브랜드 A의 참치 주당 판매 개수)의 PRA(달러로 측정한 브랜드 A의 가격), PRB 및 PRC(2개의 경쟁 브랜드 B 및 C의 가격)에 대한 의존성을 추정한다. 다음 식을 52개 주당 관찰값들을 사용하여 추정하였다.

$$\widehat{E}(CANS|PRA, PRB, PRC) = 22.96 - 47.08PRA + 9.30PRB + 16.51PRC \qquad SSE = 1358.7$$

a. PRB 및 PRC가 식에서 누락될 경우, 제곱한 오차의 합은 1513.6으로 증가한다. 10% 유의수준을 사용하여 경쟁 브랜드의 가격이 식에 포함되어야 하는지 여부를 검정하시오.$\left(F_{(0.9, 2.48)} = 2.417\right)$

b. 다음의 2개 추정식을 생각해 보자. $\widehat{E}(PRB|PRA) = 0.5403 + 0.3395PRA$, $\widehat{E}(PRC|PRA) = 0.7708 + 0.0292PRA$. PRB 및 PRC가 CANS에 대한 최초 식에서 누락될 경우, PRA에 대한 계수 추정값이 얼마나 변하는가? 절편 추정값은 얼마나 변하는가?

c. 최초 식을 사용하여 $E(CANS|PRA = 0.91, PRB = 0.91, PRC = 0.90)$의 점 및 95% 구간 추정값을 구하시오. 필요한 표준오차는 1.58이다.

d. (b)에서 구한 식을 사용하여 $E(CANS|PRA = 0.91)$에 대한 점 추정값을 구하시오. (c) 및 (d)의 점 추정값이 상이한 이유를 말할 수 있는가? PRB와 PRC가 동일해지는 값들이 존재하는가?

e. PRA = 0.91, PRB = 0.91, PRC = 0.90일 때 CANS에 대한 95% 예측구간을 구하시오. 여러분이 참치를 판매하는 슈퍼마켓에 조언을 하는 통계 컨설턴트라면 이 구간을 어떻게 제시할 것인가?

f. $\widehat{CANS}^2$을 최초 식에 회귀 설명변수로 추가할 경우, 제곱한 오차의 합은 1198.9로 감소한다. 식이 잘못 설정되었다는 증거가 있는가?

6.16 미국 제조업 분야에 대한 생산량(Y), 자본(K), 노동(L), 중간재(M)의 28개 연간 관찰값을 사용하여 다음과 같은 콥-더글라스 생산함수를 추정하여 보자.

$$\ln(Y) = \beta_1 + \beta_2 \ln(K) + \beta_3 \ln(L) + \beta_4 \ln(M) + e$$

다음과 같은 결과를 구하였다.

$$b_2 = 0.1856 \qquad b_3 = 0.3990 \qquad b_4 = 0.4157 \qquad SSE = 0.05699 \qquad s_{\ln(Y)} = 0.23752$$

설명변수들의 표준편차는 $s_{\ln(K)} = 0.28108$, $s_{\ln(L)} = 0.17203$, $s_{\ln(M)} = 0.27505$이다. 설명변수에 대한 보조회귀를 활용해서 구한 제곱한 오차의 합은 다음과 같다(아래첨자는 보조회귀에서의 종속변수를 의미한다).

$$SSE_{\ln(K)} = 0.14216 \qquad SSE_{\ln(L)} = 0.02340 \qquad SSE_{\ln(M)} = 0.04199$$

a. (i) b_2, b_3, b_4에 대한 표준오차, (ii) 각 보조회귀에 대한 R^2, (iii) b_2, b_3, b_4에 대한 분산팽창인자를 구하시오.

b. 5% 유의수준을 사용하여 b_2, b_3, b_4의 유의성을 검정하시오.

c. 5% 유의수준을 사용하여 다음의 가설을 검정하시오. (i) $H_0 : \beta_2 = 0$, $\beta_3 = 0$, (ii) $H_0 : \beta_2 = 0$, $\beta_4 = 0$, (iii) $H_0 : \beta_3 = 0$, $\beta_4 = 0$, (iv) $H_0 : \beta_2 = 0$, $\beta_3 = 0$, $\beta_4 = 0$. 처음 3개 가설에 대한 제곱한 오차의 제한된 합은 다음과 같다. (i) $SSE_R = 0.0551$, (ii) $SSE_R = 0.08357$, (iii) $SSE_R = 0.12064$.

d. 공선성의 존재 가능성 및 영향을 말하시오.

모의변수 활용

7.1 모의변수

모의변수를 이용하면 절편을 포함하여 회귀 모형의 일부 또는 모든 모수가 일부 표본 관찰값에 대해 변할 수 있는 모형을 만들 수 있다. 특정 사례에 적용하기 위해서 부동산 경제학의 예를 생각해 보자. 주택 매수인 및 매도인, 과세 사정인, 부동산 감정평가사, 주택담보 장기대출 업자들은 주택의 현재 시장가격을 예측하는 데 관심이 있다. 주택가격을 예측하는 통상적인 방법은 쾌락 모형(hedonic model)을 이용하는 것이다. 이 모형에서 주택가격은 예를 들면, 주택 크기, 위치, 방의 개수, 건축 연도 등처럼 주택 특성의 함수로 설명된다. 이 모형의 기본적인 생각은 물품을 이의 구성요소로 분류하여 각 특성 가치를 추정하는 것이다.[1]

지금은 제곱피트로 측정한 주택 크기 $SQFT$가 주택가격 $PRICE$를 결정하는 유일한 관련 변수라고 가정하자. 회귀 모형을 다음과 같이 설정하자.

$$PRICE = \beta_1 + \beta_2 SQFT + e \tag{7.1}$$

위의 모형에서 β_2는 제곱피트로 측정한 생활공간이 추가됨에 따른 값이고 β_1은 대지만의 크기에 따른 값이다.

부동산에서 가장 중요하다고 여기는 세 가지 요소는 '위치, 위치, 그리고 또 위치'이다. 대학 근처라든지 또는 골프장 부근처럼 바람직한 주변환경에 위치한 부동산이 갖는 영향을 어떻게 설명할 수 있을까? 이렇게 생각할 경우 위치는 주택이 갖는 '질적인' 특성이다.

모의변수(dummy variable)는 계량경제 모형에서 질적인 요소를 설명하는 데 사용된다. 이들은 특성의 존재 여부를 나타내거나 또는 상황이 참인지 거짓인지 나타내기 위하여 단지 2개의 값, 보통 1

---

1 이 모형은 개인용 컴퓨터, 자동차, 포도주 등 여러 가지 종류의 물품에 적용될 수 있다. 이런 생각은 다음에서 처음 소개되었다. Sherwin Rosen (1978) "Hedonic Prices and Implicit Markets", *Journal of Political Economy*, 82, 357-369. 이런 논리를 요약하고 아스파라거스 및 개인용 컴퓨터에 적용한 논문은 다음과 같다. Ernst Berndt(1991) *The Practice of Econometrics: Classic and Contemporary*, Reading, MA: Addison-Wesley, Chapter 4.

또는 0의 값을 갖기 때문에 종종 이원변수(binary variable) 또는 이분변수(dichotomous variable)라고도 한다. 또는 표시변수(indicator variable)라고도 한다. 모의변수는 수치로 나타내지 못하는 질적인 특성을 대신해서 수치로 나타낸 변수를 만들었다는 의미이다. 이 변수들의 값으로 1 또는 0을 사용하는 것은 자의적인 것처럼 보이지만 앞으로 살펴볼 것처럼 이는 매우 유용한 방법이다. 일반적으로 모의변수 D는 다음과 같이 정의된다.

$$D = \begin{cases} 1 & \text{특성이 존재하는 경우} \\ 0 & \text{특성이 존재하지 않는 경우} \end{cases} \tag{7.2}$$

따라서 주택가격 모형에서 바람직한 주변환경을 설명하기 위한 모의변수를 다음과 같이 정의할 수 있다.

$$D = \begin{cases} 1 & \text{주택이 바람직한 주변환경에 위치해 있는 경우} \\ 0 & \text{주택이 바람직한 주변환경에 위치해 있지 않은 경우} \end{cases}$$

모의변수를 이용하여 모형의 절편, 기울기, 또는 둘 다의 변화를 설명할 수 있다. 이를 차례대로 살펴보기로 하자.

7.1.1 절편 모의변수

모의변수는 회귀 모형의 절편 모수를 변화시키는 데 가장 많이 사용된다. 새로운 모수 δ와 함께 모의변수 D를 회귀 모형에 추가시키면 다음과 같다.

$$PRICE = \beta_1 + \delta D + \beta_2 SQFT + e \tag{7.3}$$

모의변수 D를 회귀 모형에 포함시킬 경우 발생하는 효과를 가장 잘 알 수 있는 방법은 2개의 상이한 위치에 대한 회귀 함수 $E(PRICE|SQFT)$를 검토하는 것이다. 식 (7.3)의 모형이 옳게 설정되었다면 $E(e|SQFT, D) = 0$이고 다음과 같다.

$$E(PRICE|SQFT) = \begin{cases} (\beta_1 + \delta) + \beta_2 SQFT & D = 1\text{인 경우} \\ \beta_1 + \beta_2 SQFT & D = 0\text{인 경우} \end{cases} \tag{7.4}$$

바람직한 주변환경인 경우 $D = 1$이고 회귀 함수의 절편은 $(\beta_1 + \delta)$가 되며, 다른 지역인 경우 회귀 함수의 절편은 단순히 β_1이다. $\delta > 0$이라고 가정할 경우 이 차이를 그림 7.1에서 찾아볼 수 있다.

모의변수 D를 회귀 모형에 추가시킬 경우 위의 관계를 δ 크기만큼 수평이동하게 된다. 주택가격 모형에서 모수 δ는 바람직한 주변환경에 위치함으로써 발생하는 주택가격의 차이, 즉 '위치에 따른 할증가격'으로 본다. D가 절편의 이동을 질적인 요소로 인해 발생한 결과라고 보는 회귀 모형에 포함될 경우 이 모의변수를 절편 모의변수(intercept dummy variable)라 한다. 주택가격의 예에서 바람직한 주변환경에 위치할 경우 주택가격이 높을 것으로 예상되므로 δ는 양수일 것이라 생각된다.

최소제곱 추정량의 특성은 설명변수 중 하나가 단지 1 또는 0으로 구성된다는 사실 때문에 영향을

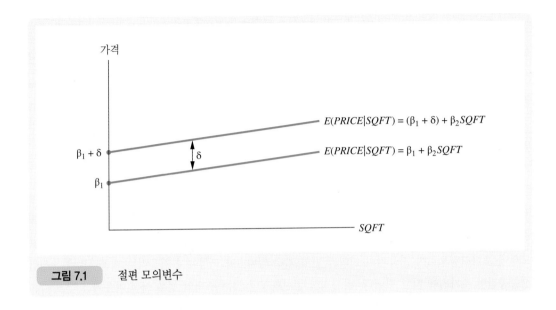

그림 7.1   절편 모의변수

받지 않으므로 D는 다른 설명변수로 취급한다. δ에 대한 구간 추정값을 구하거나 최소제곱 추정값의 유의성을 검정할 수 있다. 이런 검정은 주택가격에 주변환경이 미치는 영향이 '통계적으로 유의한지' 여부에 관한 검정이다. $\delta = 0$인 경우 문제가 되는 주변환경에 대해 위치에 따른 할증가격이 존재하지 않는다고 본다.

준거집단의 선택   식 (7.4)에서 살펴본 것처럼 $D = 0$ 및 $D = 1$의 값을 취하는 것이 편리하다. $D = 0$은 바람직한 주변환경에 소재하지 않는 주택들의 준거집단(reference group) 또는 기초집단(base group)을 나타낸다. 이 주택들의 기대가격은 단순히 $E(PRICE \mid SQFT) = \beta_1 + \beta_2 SQFT$로 나타낼 수 있다. 식 (7.3)을 이용하여 바람직한 주변환경에 위치한 주택가격을 그렇지 못한 기초집단에 속한 주택들의 가격과 비교할 수 있다.

연구자는 설명을 하는 데 가장 편리한 주변환경을 준거집단으로 선택할 수 있다. 예를 들어, 모의변수 LD는 덜 바람직한 주변환경을 나타낸다고 볼 수 있다.

$$LD = \begin{cases} 1 & \text{주택이 바람직한 주변환경에 위치해 있지 않은 경우} \\ 0 & \text{주택이 바람직한 주변환경에 위치해 있는 경우} \end{cases}$$

이 모의변수는 D와 정반대로 정의되며 $LD = 1 - D$가 된다. 모형에 LD를 포함시킬 경우 다음과 같다.

$$PRICE = \beta_1 + \lambda LD + \beta_2 SQFT + e$$

준거집단, 즉 $LD = 0$은 바람직한 주변환경에 위치한 주택들이 된다.

여러분은 각 주변환경이 주택에 미치는 영향을 설명하기 위해서 회귀 모형에 D 및 LD 모두를 포함시키려 할지도 모른다. 즉 다음과 같은 모형을 설정하려 할 수도 있다.

$$PRICE = \beta_1 + \delta D + \lambda LD + \beta_2 SQFT + e$$

위의 모형에서 변수 D 및 LD는 $D + LD = 1$이 된다. 절편 변수 $x_1 = 1$이므로 이 모형은 정확한 공선성(exact collinearity) 문제를 갖게 된다. 이 경우 6.5절에서 살펴본 것처럼 최소제곱 추정량은 확정되지 않는다. 이런 오류를 모의변수 함정(dummy variable trap)에 빠졌다고도 한다. 모의변수 중 하나, 즉 D 또는 LD만을 모형에 포함시켜서 누락된 변수가 준거집단을 규정하게 되면 이런 문제를 피할 수 있다.[2]

7.1.2 기울기 모의변수

위치가 주택가격에 미치는 영향이 식 (7.1)에 있는 쾌락 회귀식의 절편을 변화시킨다고 가정하는 대신에, 해당 식의 기울기를 변화시킨다고 가정하자. 모의변수와 연속변수의 곱인 또 다른 설명변수를 모형에 포함시킴으로써 기울기의 변화를 반영할 수 있다. 이 모형에서 기울기는 제곱피트로 측정한 생활공간이 추가됨에 따른 값이다. 바람직한 주변환경에 있는 주택의 경우 어떤 기울기를 갖고 다른 주변환경에 있는 주택의 경우 다른 기울기를 갖는다면 다음과 같이 나타낼 수 있다.

$$PRICE = \beta_1 + \beta_2 SQFT + \gamma(SQFT \times D) + e \tag{7.5}$$

새로운 변수 $(SQFT \times D)$는 주택 크기와 모수변수의 곱이며, 위치와 크기가 주택가격에 미치는 상호작용 효과를 나타낸다는 의미에서 상호작용 변수(interaction variable)라 한다. 이는 식의 기울기를 변화시키므로 기울기 모의변수(slope dummy variable)라고도 한다. $D = 1$인 경우 바람직한 주변환경에 있는 주택에 대해 기울기 모의변수는 $SQFT$가 되며, 다른 주변환경에 있는 주택에 대해서는 0이 된다. 기울기 모의변수는 성격이 특이하지만 회귀 모형에서 다른 설명변수와 똑같이 취급된다. 2개의 상이한 위치에 대한 회귀 함수를 검토하여 보면, 기울기 모의변수가 경제 모형에 포함될 경우의 효과를 잘 살펴볼 수 있다.

$$E(PRICE|SQFT, D) = \beta_1 + \beta_2 SQFT + \gamma(SQFT \times D) = \begin{cases} \beta_1 + (\beta_2 + \gamma)SQFT & D = 1인\ 경우 \\ \beta_1 + \beta_2 SQFT & D = 0인\ 경우 \end{cases}$$

바람직한 주변환경에 위치한 주택의 제곱피트당 가격은 $(\beta_2 + \gamma)$이며, 다른 장소에 위치한 주택의 경우는 β_2이다. 보다 바람직한 주변환경에 위치한 주택의 제곱피트당 가격이 더 높은 경우 $\gamma > 0$일 것으로 기대된다. 이 상황은 그림 7.2(a)에 있다.

기울기 모의변수를 포함함으로써 나타날 효과를 살펴보는 또 다른 방법은 미분법을 사용하는 것이다. 기울기를 의미하는 (제곱피트로 측정한) 주택 크기에 대한 기대되는 주택가격의 편미분은 다음과 같다.

$$\frac{\partial E(PRICE|SQFT, D)}{\partial SQFT} = \begin{cases} \beta_2 + \gamma & D = 1인\ 경우 \\ \beta_2 & D = 0인\ 경우 \end{cases}$$

---

2 모의변수 함정을 피할 수 있는 또 다른 방법은 모형에서 절편항을 빼는 것이다.

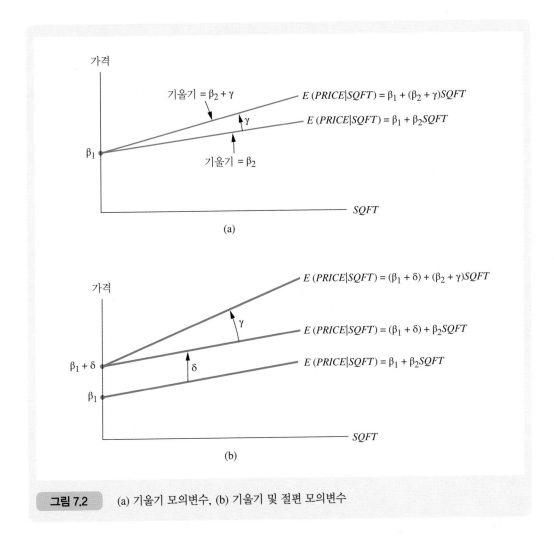

그림 7.2   (a) 기울기 모의변수, (b) 기울기 및 절편 모의변수

회귀 모형의 가정이 식 (7.5)에 대해 준수될 경우 최소제곱 추정량은 5.3절에서 논의한 것처럼 통상적인 바람직한 특성을 갖게 된다. 제곱피트로 측정한 생활공간의 가치가 두 지역에서 동일하다는 가설에 대한 검정은, 대립가설 $H_1 : \gamma \neq 0$에 대응하는 귀무가설 $H_0 : \gamma = 0$을 검정함으로써 알 수 있다. 이 경우 미치는 효과가 양일 것으로 기대되므로 $H_1 : \gamma > 0$에 대응하는 $H_0 : \gamma = 0$을 검정할 수도 있다.

주택의 위치가 절편과 기울기 모두에 영향을 미친다고 가정할 경우, 두 효과 모두를 단일 모형에 포함시킬 수 있다. 이에 따른 회귀 모형은 다음과 같다.

$$PRICE = \beta_1 + \delta D + \beta_2 SQFT + \gamma(SQFT \times D) + e \tag{7.6}$$

이 경우 2개의 상이한 장소에 위치한 주택가격의 회귀 함수는 다음과 같다.

$$E(PRICE|SQFT) = \begin{cases} (\beta_1 + \delta) + (\beta_2 + \gamma)SQFT & D = 1\text{인 경우} \\ \beta_1 + \beta_2 SQFT & D = 0\text{인 경우} \end{cases}$$

그림 7.2(b)는 $\delta > 0$과 $\gamma > 0$라고 가정하는 주택가격의 식을 보여주고 있다.

주택가격에 대학이 미치는 영향

부동산 경제학자는 소위 '대학도시'라고 하는 2개의 유사한 주택지구, 즉 하나는 대규모 주립대학에 인접한 주택지구이고 다른 하나는 대학으로부터 약 3마일 떨어진 주택지구에 대한 자료를 수집하였다. 관찰값들 중 일부가 표 7.1에 있다.

주택가격($PRICE$)은 $1,000로, 크기($SQFT$)는 생활공간의 100제곱피트로 나타냈다. 예를 들어, 표에서 첫 번째 주택은 $205,452에 판매되었으며 생활공간은 2,346제곱피트이다. 또한 건축 연도(년) AGE, 위치(대학에 인접한 주택인 경우 $UTOWN=1$, 그렇지 않은 경우 0), 수영장의 유무(수영장 있는 경우 $POOL=1$, 그렇지 않은 경우 0), 벽난로의 유무(벽난로가 있는 경우 $FPLACE=1$, 그렇지 않은 경우 0)가 포함되어 있다.

경제학자는 회귀식을 다음과 같이 설정하였다.

$$PRICE = \beta_1 + \delta_1 UTOWN + \beta_2 SQFT + \gamma(SQFT \times UTOWN) + \beta_3 AGE + \delta_2 POOL + \delta_3 FPLACE + e$$

$$(7.7)$$

주택 연도가 주택가격에 미치는 영향 또는 감가상각의 추정값인 β_3를 제외하고 위 모형의 모든 계수는 양수일 것으로 기대된다. $POOL$ 및 $FPLACE$는 절편 모의변수라는 점에 주목하자. 이 변수들을 포함시킴으로써 주택의 이런 특징들이 주택가격에 영향을 미치는지, 미친다면 얼마나 미치는지를 알 수 있다. 이 변수들은 독자적으로 작용하며 $SQFT$와 상호작용을 하지 않기 때문에 제곱피트당 가격에 영향을 미치지 않는다고 가정한다. 추정된 회귀분석 결과는 표 7.2에 있다. $R^2=0.8706$으로 모형이 자료에 적합하다고 할 수 있다. 기울기 모의변수는 $SQFT \times UTOWN$이다. 단측 t-검정에 기초할 경우 각 모수가 0이라는 귀무가설을 기각하고 AGE 계수가 음이라는 점을 제외하고는 다

표 7.1 부동산 자료의 예

PRICE	SQFT	AGE	UTOWN	POOL	FPLACE
205.452	23.46	6	0	0	1
185.328	20.03	5	0	0	1
248.422	27.77	6	0	0	0
287.339	23.67	28	1	1	0
255.325	21.30	0	1	1	1
301.037	29.87	6	1	0	1

표 7.2 주택가격 식의 추정값

Variable	Coefficient	Std. Error	t-Statistic	Prob.
C	24.5000	6.1917	3.9569	0.0001
UTOWN	27.4530	8.4226	3.2594	0.0012
SQFT	7.6122	0.2452	31.0478	0.0000
SQFT×UTOWN	1.2994	0.3320	3.9133	0.0001
AGE	−0.1901	0.0512	−3.7123	0.0002
POOL	4.3772	1.1967	3.6577	0.0003
FPLACE	1.6492	0.9720	1.6968	0.0901
$R^2=0.8706$	SSE=230,184.4			

른 계수들이 양이라는 대립가설을 받아들인다. 특히 위의 *t*-검정에 기초할 경우 대학 주변에 있는 주택들은 유의하게 더 높은 기본가격을 가지며 제곱피트당 가격도 인근 다른 주택들과 비교해 볼 때 유의하게 더 높다.

대학에 인접한 주택들의 추정된 회귀 함수는 다음과 같다.

$$\widehat{PRICE} = (24.5 + 27.453) + (7.6122 + 1.2994)SQFT$$
$$- 0.1901AGE + 4.3772POOL + 1.6492FPLACE$$
$$= 51.953 + 8.9116SQFT - 0.1901AGE$$
$$+ 4.3772POOL + 1.6492FPLACE$$

다른 지역에 소재한 주택들의 추정된 회귀 함수는 다음과 같다.

$$\widehat{PRICE} = 24.5 + 7.6122SQFT - 0.1901AGE$$
$$+ 4.3772POOL + 1.6492FPLACE$$

표 7.2의 회귀분석 결과에 기초하여 다음과 같이 추정할 수 있다.

- 대학 근처에 소재하는 주택지구의 위치에 따라 발생한 할증가격은 $27,453라고 추정하였다.
- 대학 근처에 소재한 주택의 제곱피트당 가격은 $89.12이고, 다른 지역에 소재한 주택의 경우는 $76.12라고 추정하였다.
- 주택은 매년 $190.10씩 감가상각이 발생한다고 추정하였다.
- 수영장이 있는 경우 주택가격은 $4,377.20만큼 증가한다고 추정하였다.
- 벽난로가 있는 경우 주택가격은 $1,649.20만큼 증가한다고 추정하였다.

7.2 모의변수의 적용

모의변수를 이용하여 다양한 종류의 질문에 답을 할 수 있다. 이 절에서는 모의변수가 사용되는 일반적인 방법을 살펴보고자 한다.

7.2.1 질적인 요소 간의 상호작용

모의변수가 회귀 모형에서 질적인 요소를 어떻게 나타내는지 살펴보았다. 질적인 요소에 대한 절편 모의변수는 부가적이다. 즉 각 질적인 요소의 효과는 회귀절편에 추가되었으며 한 모의변수의 효과는 다른 질적인 요소에 대해 독립적이다. 그러나 질적인 요소의 효과가 이따금 독립적이지 않은 경우도 있다.

예를 들어, 각 개인의 임금을 경험, 기술, 생산성과 관련된 기타 다른 요소의 함수로 설명하는 임금식을 추정한다고 가정해 보자. 이런 식에서는 인종 및 성에 대해 모의변수를 추가하는 것이 관례적이다. 생산성의 특성을 잘 모형화하고 임금 결정이 무차별적이라면 인종 및 성 모의변수의 계수는 유의하지 말아야 한다. 그러나 단지 인종 및 성에 대한 모의변수만 포함시킬 경우 이들 질적인 요소 간의 상호작용을 설명하지 못하게 된다. 흑인 여성에 대한 임금 차이가 존재하는가? '흑인' 그리고 '여성'을 의미하는 별개의 모의변수는 이런 추가적인 상호효과를 설명할 수 없다. 이런 가능성을 포함시키기 위하여 다음과 같이 설정된 모형을 생각해 보자. 이 모형에서는 단순화시키기 위하여 생산성을 측정하는 방법으로 교육(*EDUC*)만을 사용하였다.

$$WAGE = \beta_1 + \beta_2 EDUC + \delta_1 BLACK + \delta_2 FEMALE$$
$$+ \gamma(BLACK \times FEMALE) + e \tag{7.8}$$

여기서 $BLACK$ 및 $FEMALE$은 모의변수이며 이들 간의 상호작용이 존재한다. 이들은 연속적인 설명변수와 상호작용을 하지 않기 때문에 절편 모의변수가 된다. 그림 7.1에서 본 것처럼 이들로 인해 회귀식이 수평이동하게 된다. 다중 모의변수가 존재하는 경우, 특히 모의변수 간에 상호작용이 있는 경우 적절한 해석을 하기 위하여 모의변수가 결합된 각각에 대해 회귀 함수 $E(WAGE|EDUC)$를 정리해 놓는 것이 중요하다.

$$E(WAGE|EDUC) = \begin{cases} \beta_1 + \beta_2 EDUC & \text{백인-남성인 경우} \\ (\beta_1 + \delta_1) + \beta_2 EDUC & \text{흑인-남성인 경우} \\ (\beta_1 + \delta_2) + \beta_2 EDUC & \text{백인-여성인 경우} \\ (\beta_1 + \delta_1 + \delta_2 + \gamma) + \beta_2 EDUC & \text{흑인-여성인 경우} \end{cases}$$

위의 모형에서 백인 남성인 경우는 모든 모의변수가 0의 값을 취하므로, 즉 $BLACK = 0$ 및 $FEMALE = 0$인 값을 취하므로 이 집단이 준거집단이 된다. 모수 δ_1은 준거집단에 비해 흑인인 경우의 영향을 나타내고, 모수 δ_2는 여성인 경우의 영향을 측정하며, 모수 γ는 흑인 여성인 경우의 영향을 의미한다.

🔍 정리문제 7.2 인종 및 성이 임금에 미치는 영향

미국 Current Population Survey 자료를 이용하여 표 7.3과 같은 분석 결과를 얻었다. 교육이 미치는 영향을 일정하다고 보면 흑인 남성은 백인 남성보다 시간당 $2.07 임금을 덜 받고 백인 여성은 백인 남성보다 $4.22 덜 받으며 흑인 여성은 백인 남성보다 $5.76 덜 받는다. $EDUC$ 및 $FEMALE$의 계수는 개별 t-검정을 사용할 경우 모두 0과 유의하게 다르다. $BLACK$과 $FEMALE$의 상호작용 효과는 1,200개의 관찰값을 사용해서는 그렇게 정확하게 추정되지 않으며 통계적으로 유의하지 않다.

모든 질적인 요소에 대해 결합 유의성 검정을 하려 한다고 가상하자. 인종이나 성별이 임금에 영향을 미치지 않는다는 가설을 어떻게 검정할 수 있는가? 관련 모수 중 적어도 하나가 0이 아니라는 대립가설에 대해 귀무가설 $H_0 : \delta_1 = 0$, $\delta_2 = 0$, $\gamma = 0$을 검정함으로써 이 일을 할 수 있

표 7.3 인종 및 성에 대한 모의변수를 갖는 임금식

Variable	Coefficient	Std. Error	t-Statistic	Prob.
C	-9.4821	1.9580	-4.8428	0.0000
$EDUC$	2.4737	0.1351	18.3096	0.0000
$BLACK$	-2.0653	2.1616	-0.9554	0.3396
$FEMALE$	-4.2235	0.8249	-5.1198	0.0000
$BLACK \times FEMALE$	0.5329	2.8020	0.1902	0.8492
$R^2 = 0.2277$	$SSE = 214,400.9$			

다. 귀무가설이 참인 경우 인종 및 성별이 회귀 모형에서 빠지게 되며 임금에 영향을 미치지 않게 된다.

위의 가설을 검정하기 위해서는 6.1절에서 살펴본 F-검정 절차를 사용하여야 한다. 결합가설에 대한 검정 통계량은 다음과 같다.

$$F = \frac{(SSE_R - SSE_U)/J}{SSE_U/(N-K)}$$

여기서 SSE_R은 귀무가설이 참이라고 가정하는 '제한된' 모형의 제곱한 최소제곱 잔차의 합이며, SSE_U는 원래의 '제한되지 않은' 모형의 제곱한 잔차의 합이다. J는 결합가설의 수이며, $N-K$는 제한되지 않은 모형의 자유도이다. 귀무가설이 참인 경우 검정 통계량 F는 분자 자유도 J와 분모 자유도 $N-K$인 F-분포, 즉 $F_{(J,\,N-K)}$를 갖는다. $F \geq F_c$인 경우 귀무가설을 기각하며 여기서 F_c는 유의수준에서의 임계값이다. $J=3$인 결합 귀무가설 $H_0: \delta_1 = 0,\ \delta_2 = 0,$

$\gamma = 0$을 검정하기 위해서 표 7.3의 분석 결과로부터 제한되지 않은 제곱한 오차의 합 $SSE_U = 214,400.9$를 구할 수 있다. 제한된 제곱한 오차의 합은 귀무가설이 참이라고 가정하는 모형을 추정함으로써 구할 수 있으며 이는 다음과 같다.

$$\widehat{WAGE} = -10.4000 + 2.3968 EDUC$$
$$(se) \quad (1.9624) \quad (0.1354)$$

위의 식에 $SSE_R = 220,062.3$이 된다. 제한되지 않은 모형에서 자유도는 $(N-K) = (1,200-5) = 1,195$이다. F-통계량의 값은 다음과 같다.

$$F = \frac{(SSE_R - SSE_U)/J}{SSE_U/(N-K)} = \frac{(220,062.3 - 214,400.9)/3}{214,400.9/1,195}$$
$$= 10.52$$

1% 수준의 임계값(즉, 99번째 백분위값)은 $F_{(0.99,\,3,\,1,195)} = 3.798$이다. 따라서 인종 및/또는 성별은 임금식에 영향을 미친다고 결론을 내릴 수 있다.

7.2.2 여러 개의 범주를 갖는 질적인 요소

많은 질적인 요소들은 2개를 초과하는 범주를 갖고 있다. 예를 들면, 위의 임금 방정식에 미국 내 다양한 지역을 포함시킬 수 있다. 위의 Current Population Survey 자료는 근로자가 미국 내 4개 지역, 즉 동북지역, 중서부지역, 남부지역, 서부지역 중 어느 지역에 거주하는지 기록하고 있다. 다시 한 번 간단한 임금 방정식에 기초하여 다음과 같이 모의변수를 포함시켜 보자.

$$WAGE = \beta_1 + \beta_2 EDUC + \delta_1 SOUTH + \delta_2 MIDWEST + \delta_3 WEST + e \qquad (7.9)$$

위의 모형에서 모든 지역에 대한 모의변수를 포함시키지 않았다는 점에 주목하자. 모형에 모두 포함시켰을 경우 정확한 공선성이 존재하는 모형을 만들게 된다. 지역의 범주를 총망라하기 때문에 지역 모의변수(regional indicator variables)의 합은 $NORTHEAST + SOUTH + MIDWEST + WEST = 1$이 된다. 따라서 '절편변수' $x_1 = 1$은 지역에 관한 모의변수의 정확한 선형결합이 된다. 6.5절에서 이런 경우에 최소제곱 추정량이 확정되지 않았음을 기억하자. 모의변수 1개를 빼지 않을 경우 컴퓨터 소프트웨어는 최소제곱 추정법이 실패했음을 알려주는 메시지를 보여줄 것이다. 이런 문제가 7.1.1절에서 논의한 모의변수 함정이다.

이런 문제에 대한 통상적인 해결책은 1개의 모의변수를 빼고 회귀 함수를 검토함으로써 이를 준거집단으로 정의하는 것이다.

$$E(WAGE|EDUC) = \begin{cases} (\beta_1 + \delta_3) + \beta_2 EDUC & \text{서부지역}(WEST)\text{의 경우} \\ (\beta_1 + \delta_2) + \beta_2 EDUC & \text{중서부지역}(MIDWEST)\text{의 경우} \\ (\beta_1 + \delta_1) + \beta_2 EDUC & \text{남부지역}(SOUTH)\text{의 경우} \\ \beta_1 + \beta_2 EDUC & \text{동북지역}(NORTHEAST)\text{의 경우} \end{cases}$$

빠뜨린 모의변수 $NORTHEAST$는 준거집단이 되며 다른 지역의 근로자들이 비교가 된다. 이는 지역 모의변수 $WEST$, $MIDWEST$, $SOUTH$를 0이라고 놓을 경우 남게 되는 집단이다. 수학적으로 볼 때 어느 모의변수를 빼도 문제가 되지 않으며 해석하는 데 가장 편리하게 선택하면 된다. 절편 모수 β_1은 동북지역에 거주하며 교육을 받지 않은 근로자의 기본임금을 의미한다. 모수 δ_1은 남부지역 근로자와 동북지역 근로자 사이의 기대 임금 차이를 나타내며 δ_2는 중서부지역 근로자와 동북지역 근로자 사이의 기대 임금 차이를 의미한다.

🔍 정리문제 7.3 　지역에 대한 모의변수를 갖는 임금식

표 7.3의 모형에다 지역에 대한 모의변수 $SOUTH$, $MIDWEST$, $WEST$를 추가하고, Current Population Survey 자료를 사용하여 추정한 결과는 표 7.4에 있다. 이 추정 결과에 따르면 다른 요인들이 불변할 경우 남부지역(South)의 근로자들은 동북지역(Northeast)의 근로자들보다 시간당 \$1.65 더 적게 받으며, 중서부지역(Midwest)의 근로자들은 동북지역 근로자들보다 시간당 \$1.94 더 적게 받는다. 이 추정값들은 10% 유의수준에서 영과 유의하게 다르지 않다.

지역적 차이가 없다는 가설을 어떻게 검정할 수 있는가? 이를 위해 지역 모의변수의 계수들이 모두 영이라는 귀무가설을 결합 검정할 수 있다. 표 7.4의 임금식에 대해서 $SSE_U = 213552.1$이다. 귀무가설에서 표 7.4의 모형은 표 7.3으로 단순화된다. 표 7.3에서 $SSE_R = 214,400.9$이다. 이 경우 F-통계량은 1.579가 된다. 이 검정에 대한 p-값은 0.1926이다. 따라서 다른 요인들이 불변할 경우 임금식 절편에서 지역적 차이가 없다는 귀무가설을 기각하는 데 실패하였다.

표 7.4　지역에 대한 모의변수를 갖는 임금식

Variable	Coefficient	Std. Error	t-Statistic	Prob.
C	−8.3708	2.1540	−3.8862	0.0001
$EDUC$	2.4670	0.1351	18.2603	0.0000
$BLACK$	−1.8777	2.1799	−0.8614	0.3892
$FEMALE$	−4.1861	0.8246	−5.0768	0.0000
$BLACK \times FEMALE$	0.6190	2.8008	0.2210	0.8251
$SOUTH$	−1.6523	1.1557	−1.4297	0.1531
$MIDWEST$	−1.9392	1.2083	−1.6049	0.1088
$WEST$	−0.1452	1.2027	−0.1207	0.9039
$R^2 = 0.2308$	$SSE = 213{,}552.1$			

7.2.3 두 회귀식 간의 등가검정

7.1.2절에서는 주택가격에 대한 쾌락 방정식에 절편 모의변수 및 기울기 모의변수를 포함시켰다. 이는 식 (7.6)에 있으며 다음과 같다.

$$PRICE = \beta_1 + \delta D + \beta_2 SQFT + \gamma(SQFT \times D) + e$$

2개의 다른 장소에 위치한 주택의 가격에 대한 회귀 함수는 다음과 같다.

$$E(PRICE|SQFT) = \begin{cases} \alpha_1 + \alpha_2 SQFT & D = 1인\ 경우 \\ \beta_1 + \beta_2 SQFT & D = 0인\ 경우 \end{cases}$$

여기서 $\alpha_1 = \beta_1 + \delta$ 및 $\alpha_2 = \beta_2 + \gamma$이다. 그림 7.2(b)는 절편 모의변수와 기울기 모의변수 둘 다를 포함할 경우 2개 회귀식이 전혀 다른 식이 된다고 가정해야 한다는 점을 보여준다. 각각에 대해 별개의 회귀식을 추정함으로써 식 (7.6)의 추정값을 구할 수 있었다. 이 절에서는 이를 보편화한 차우검정 (Chow test)을 소개할 것이다. 이 검정은 계량경제학자 그레고리 차우(Gregory Chow)의 이름을 따서 명명되었으며 2개 회귀식의 등가성에 관한 F-검정이다.

식에 있는 추가적인 변수 각각에 대해 절편 모의변수와 상호작용 모의변수를 포함시킴으로써 질적인 요소에 기초하여 모든 계수를 다르게 할 수 있다. 식 (7.8)의 임금식을 다시 한 번 생각해 보자.

$$WAGE = \beta_1 + \beta_2 EDUC + \delta_1 BLACK + \delta_2 FEMALE + \gamma(BLACK \times FEMALE) + e$$

"남부지역에 대한 임금 회귀식과 나머지 지역에 대한 임금 회귀식 사이에 차이가 있는가?"라는 질문을 할 수 있다. 차이가 없다면 남부지역 및 다른 지역의 자료를 하나로 만들어서 기울기나 절편을 상이하게 하지 않아도 된다. 이를 어떻게 검정할 수 있을까? 모형의 각 변수에 대해 절편 모의변수 또는 기울기 모의변수를 만들고 F-검정을 이용하여 모의변수 계수의 유의성을 결합 검정함으로써 이를 시행할 수 있다. 즉 다음과 같은 모형을 설정할 수 있다.

$$\begin{aligned} WAGE = &\ \beta_1 + \beta_2 EDUC + \delta_1 BLACK + \delta_2 FEMALE + \gamma(BLACK \times FEMALE) \\ &+ \theta_1 SOUTH + \theta_2(EDUC \times SOUTH) + \theta_3(BLACK \times SOUTH) \\ &+ \theta_4(FEMALE \times SOUTH) + \theta_5(BLACK \times FEMALE \times SOUTH) + e \quad (7.10) \end{aligned}$$

위의 식 (7.10)은 식 (7.8)보다 모수 및 변수의 수가 2배가 된다. 5개의 새로운 변수, 즉 SOUTH 절편 모의변수, SOUTH와 다른 4개 변수 사이의 상호작용 변수 그리고 이에 상응하는 모수가 있다. 식 (7.10)을 추정하는 것은 식 (7.8)을 두 번 추정하는 것, 즉 남부지역 근로자에 대해 한 번 추정하고 나머지 지역 근로자에 대해 한 번 더 추정하는 것과 같다. 이에 대해 알아보기 위해서 다음의 회귀 함수를 검토해 보자. $\mathbf{X}$는 (EDUC, BLACK, FEMALE, SOUTH)를 의미한다고 하자.

$$E(WAGE|\mathbf{X}) = \begin{cases} \beta_1 + \beta_2 EDUC + \delta_1 BLACK + \delta_2 FEMALE & SOUTH = 0 \\ \quad + \gamma(BLACK \times FEMALE) & \\ (\beta_1 + \theta_1) + (\beta_2 + \theta_2)EDUC + (\delta_1 + \theta_3)BLACK & \\ \quad + (\delta_2 + \theta_4)FEMALE + (\gamma + \theta_5)(BLACK \times FEMALE) & SOUTH = 1 \end{cases}$$

각 변수들은 남부지역 근로자와 남부 이외 지역 근로자에 대해 별개의 계수를 갖는다는 사실에 주목하자.

🔍 정리문제 7.4   두 회귀식 간의 등가검정 : 차우검정

표 7.5의 (1)열은 전체 표본을 이용하여 완전한 상호작용 모형 식 (7.10)을 추정한 추정값과 표준오차를 보여주고 있다. 이 밖에 기본 모형 식 (7.8)을 남부 이외 지역 근로자에 대해 추정하였고[(2)열], 남부지역 근로자에 대해 다시 한 번 추정하였다[(3)열]. (2)열의 남부 이외 지역 자료에 대한 계수 추정값이 (1)열의 전체 자료에 대한 계수 추정값과 동일하다는 점에 주목하자. 오차분산 σ^2의 추정값이 상이하기 때문에 표준오차는 다르다. 남부지역 근로자들만의 자료를 이용한 계수 추정값은, 모의변수의 상호작용 계수 θ_i를 이에 상응하는 남부 이외 지역 계수에 합산함으로써 구할 수 있다. 예를 들어, (3)열의 *BLACK*에 대한 계수 추정값은 $(\hat{\delta}_1 + \hat{\theta}_3) = 1.1276 - 4.6204 = -3.4928$과 같

이 구할 수 있다. 이와 유사하게, *FEMALE*에 대한 계수는 $(\hat{\delta}_2 + \hat{\theta}_4) = -4.1520 - 0.1886 = -4.3406$이다. 나아가 (1)열의 완전한 모형에 대한 제곱한 잔차의 합은 별개의 2개 회귀식에 대한 *SSE*의 합과 같다.

$$SSE_{완전한 모형} = SSE_{남부 이외 지역 모형} + SSE_{남부지역 모형}$$
$$= 125880.0 + 87893.9 = 213773.9$$

모의변수를 이용하여 남부지역의 차이에 대해 검정할 수 있다. 식 (7.10)을 추정하고 적어도 1개가 $\theta_i \neq 0$이라는 대립가설에 대해 다음의 결합 귀무가설을 검정해 보자.

$$H_0 : \theta_1 = \theta_2 = \theta_3 = \theta_4 = \theta_5 = 0$$

이를 차우검정이라고 한다. 위의 귀무가설을 기각할 경우

표 7.5   분리된 별개 모형에 대한 완전한 상호작용 모형의 비교

Variable	(1) 완전한 표본자료		(2) 남부 이외 지역 자료		(3) 남부지역 자료	
	Coefficient	Std. Error	Coefficient	Std. Error	Coefficient	Std. Error
C	−9.9991	2.3872	−9.9991	2.2273	−8.4162	3.8709
EDUC	2.5271	0.1642	2.5271	0.1532	2.3557	0.2692
BLACK	1.1276	3.5247	1.1276	3.2885	−3.4928	3.1667
FEMALE	−4.1520	0.9842	−4.1520	0.9182	−4.3406	1.7097
BLACK×*FEMALE*	−4.4540	4.4858	−4.4540	4.1852	3.6655	4.1832
SOUTH	1.5829	4.1821				
EDUC×*SOUTH*	−0.1714	0.2898				
BLACK×*SOUTH*	−4.6204	4.5071				
FEMALE×*SOUTH*	−0.1886	1.8080				
BLACK×*FEMALE*×*SOUTH*	8.1195	5.8217				
SSE	213,774.0		125,880.0		87,893.9	
N	1,200		810		390	

다른 지역에 대해 남부지역에 임금식상의 차이가 있다고 결론을 내리게 된다. 이 검정은 또한 표 7.5의 (2)열과 (3)열의 남부 이외 지역과 남부지역의 추정값을 비교하는 것으로도 생각할 수 있다.

검정의 구성요소는 표 7.5에 있는 완전한 모형의 $SSE_U = 213,774.0$(또는 2개의 별개 회귀 함수의 SSE의 합)과 표 7.3에 있는 제한된 모형의 $SSE_R = 214,400.9$이다. $J = 5$인 가설에 대한 검정 통계량은 다음과 같다.

$$F = \frac{(SSE_R - SSE_U)/J}{SSE_U/(N-K)}$$

$$= \frac{(214,400.9 - 213,774.0)/5}{213774.0/1190} = 0.6980$$

분모 자유도는 제한되지 않은 모형 $N-K = 1,200-10$으로부터 구할 수 있다. 이 검정의 p-값은 $p = 0.6250$이다. 따라서 남부지역의 임금회귀는 그 이외 지역의 임금회귀와 다르지 않다는 귀무가설을 기각하는 데 실패하였다.

유의사항

결합 검정을 하기 위한 통상적인 F-검정은 선형회귀 모형의 가정 MR1~MR6에 의존한다. 2개 회귀식의 등가성 검정과 특별히 관련된 것은 MR3으로 이는 오차항의 분산 $\text{var}(e_i|\mathbf{X}) = \sigma^2$이 모든 관찰값에 대해 동일하다는 것이다. 자료의 일부분에서 기울기와 절편이 상이하다고 의심이 될 경우 오차분산이 자료의 서로 다른 두 부분에서 상이한 것이 또한 참일 수도 있다. 이 경우 통상적인 F-검정은 타당하지 않다. 동일한 분산에 대한 검정은 8.2절에서 살펴볼 것이며 이 경우 통합에 따른 의문점은 8.4절에서 검토할 것이다. 지금은 오차분산이 일정하다고 가정한다는 점에 주목하자. ∎

7.2.4 시간에 대한 통제

앞에서 살펴본 예들은 횡단면 자료에 적용한 경우였다. 다음의 예에서 보는 것처럼 모의변수는 또한 시계열 자료를 이용한 회귀에서도 사용된다.

계절 모의변수　여름이 되면 야외에서 바비큐 석쇠판에 요리를 하게 된다. 이는 석쇠판에 자주 사용되는 연료인 목탄 조개탄의 판매에 어떤 영향을 미치는가? 종속변수인 $y_t = t$주에 슈퍼마켓에서 판매되는 로열오크 상표의 20파운드짜리 목탄자루의 수에 대한 모형을 추정한다고 가상해 보자. 설명변수에는 로열오크 상표 목탄자루의 가격, (킹스포드 상표 및 상점 고유상표와 같은) 경쟁상표 목탄자루의 가격, (목탄 점화액, 돼지갈비, 소시지와 같은) 보완재의 가격, (신문광고와 우대권 같은) 광고가 포함될 수 있다. 이런 일반적인 수요와 관련된 요소가 모두 연관지만 또한 강력한 계절적 요인을 생각할 수 있다. 모든 다른 것이 동일하다면 다른 계절보다 여름철에 더 많은 목탄이 판매된다. 따라서 월별 모의변수(예를 들어, 8월인 경우 $AUG = 1$, 그렇지 않은 경우 $AUG = 0$) 또는 계절 모의변수(seasonal indicator variables)(6월, 7월, 8월인 경우 $SUMMER = 1$, 그렇지 않은 경우 $SUMMER = 0$)가 포함될 수도 있다. 이런 계절적인 영향 이외에 공휴일도 야외에서 요리를 하는 특별한 원인을 제공한다. 미국의 경우 이런 공휴일로는 현충일(5월 마지막 월요일), 독립기념일(7월 4일), 노동일(9월 첫 번째 월요일)이 있다. 공휴일 전 주에 판매가 추가적으로 이루어질 것이 예상되며 이는 각 모의변수가 회귀에 포함되어야 한다는 근거가 된다.

연간 모의변수   계절 모의변수와 똑같은 취지로 연간 모의변수(annual indicator variable)를 사용하여 모형에서 그렇지 않으면 측정할 수 없는 연간 효과를 포함시킬 수 있다. 이 장 앞부분에서 논의하였던 부동산 모형이 이런 예가 된다. 부동산 자료는 매월, 매년 계속적으로 이용할 수 있다. 10년 기간에 해당하는 어떤 지역의 주택가격 자료를 갖고 있다고 가상하자. 식 (7.7)에 사용되었던 것과 같은 주택 특성 이외에 전반적인 가격수준은 예를 들면, 인구 변화, 이자율, 실업률, 소득성장과 같은 지역경제의 수요요인들에 의해 영향을 받는다. 도시별 '생활비 지수' 또는 '주택가격 지수'를 작성하는 경제학자들은 순수한 가격효과를 고려한 주택의 구성부분을 포함시켜야 한다. 주택가격 지수를 이해하는 일은 연간 재산세를 계산하기 위해 주택의 시장가격을 평가해야 하는 조세 사정인에게 중요하다. 이는 또한 지역경제 상황의 변화에 따라 대출 유가증권의 가치를 재평가하여야 하는 주택담보 장기대출 담당자에게 중요하며 잠재적 주택 매수인과 매도인에게도 중요하다.

　이런 가격효과를 포함시키는 가장 간단한 방법은 연간 모의변수(1999년인 경우 $D99 = 1$, 그렇지 않은 경우 $D99 = 0$)를 쾌락 회귀 모형에 포함시키는 것이다.

제도효과   경제제도는 일정 기간 동안 존재하였던 일련의 구조적 경제조건을 말한다. 이는 경제관계가 한 제도에서는 어떤 행태를 보이지만 다른 제도에서는 상이한 행태를 보인다는 생각에 기초하고 있다. 경제제도는 정치제도(보수주의 정권, 자유주의 정권), 예외적인 경제상황(석유수출 금지, 경기후퇴, 초인플레이션), 법적인 환경의 변화(조세법의 변화)와 관련되기도 한다. 추가적인 투자를 촉진하기 위해서 투자세액공제가 1962년에 미국에서 시행되었다. 이 법은 1966년 시행이 정지되었다가 1970년 재시행되었으며 1986년 조세개혁법으로 폐지되었다. 따라서 다음과 같은 모의변수를 설정할 수 있다.

$$ITC_t = \begin{cases} 1 & t = 1962{\sim}1965년, \ 1970{\sim}1986년의 \ 경우 \\ 0 & 그렇지 \ 않은 \ 경우 \end{cases}$$

거시경제 투자식은 다음과 같다.

$$INV_t = \beta_1 + \delta ITC_t + \beta_2 GNP_t + \beta_3 GNP_{t-1} + e_t$$

세액공제가 성공적이었다면 $\delta > 0$이 되어야 한다.

7.3 대수-선형 모형

4.5절에서는 대수-선형 모형에 대해 어느 정도 상세히 살펴보았다. 이 절에서는 대수-선형 모형(log-linear model)에서 모의변수를 어떻게 해석하는지에 대해 알아볼 것이다. 식 (7.11)의 대수-선형 모형을 생각해 보자. 간단하게 설명하기 위해서 오차항을 생략하였으며, EDUC 및 FEMALE을 주어진 것으로 본다.

$$\ln(WAGE) = \beta_1 + \beta_2 EDUC + \delta FEMALE \tag{7.11}$$

모수 δ를 어떻게 해석할 수 있는가? *FEMALE*은 절편 모의변수이며 *FIMALE* = 1인 경우 대수−선형 식은 수평으로 이동한다. 즉 다음과 같다.

$$\ln(WAGE) = \begin{cases} \beta_1 + \beta_2 EDUC & \text{남성의 경우 } (FEMALE = 0) \\ (\beta_1 + \delta) + \beta_2 EDUC & \text{여성의 경우 } (FEMALE = 1) \end{cases}$$

하지만 종속변수가 ln(*WAGE*)라는 사실은 무엇을 의미하는가? 이는 영향을 미치는가? 대답은 '그렇다'이며 두 가지 해법이 있다.

7.3.1 대략적인 계산법

우선 여성의 ln(*WAGE*)와 남성의 ln(*WAGE*) 간 차이를 생각해 보자.

$$\ln(WAGE)_{여성} - \ln(WAGE)_{남성} = \delta$$

대수 차이의 100배, 즉 100δ는 백분율 차이와 대략적으로 같다는 사실을 기억하자. 따라서 $100\Delta\ln(WAGE) \cong \%\Delta WAGE = 100\delta\%$가 된다.

🔍 정리문제 7.5   대수−선형 모형에서의 모의변수 : 대략적인 어림셈

대수−선형 모형 식 (7.11)을 추정한 결과는 다음과 같다.

$$\widehat{\ln(WAGE)} = 1.6229 + 0.1024EDUC - 0.1778FEMALE$$
$$\text{(se)} \quad\quad (0.0692) \ (0.0048) \quad\quad\quad (0.0279)$$

따라서 남성 임금과 여성 임금 사이에 17.78% 차이가 있음을 추정할 수 있다. 이 방법은 신속하고 간단하지만 근사오차가 발생한다.

7.3.2 정확한 계산법

약간의 대수학을 사용하면 위에서 살펴본 대략적인 계산법에 따른 오차를 해결할 수 있다. 대수의 특성 $\ln(x) - \ln(y) = \ln(x/y)$을 이용하면 임금 차이를 다음과 같이 나타낼 수 있다.

$$\ln(WAGE)_{여성} - \ln(WAGE)_{남성} = \ln\left(\frac{WAGE_{여성}}{WAGE_{남성}}\right) = \delta$$

이는 자연대수이며 반 대수는 지수 함수의 형태를 갖는다.

$$\frac{WAGE_{여성}}{WAGE_{남성}} = e^{\delta}$$

(약간 교묘하게) 양변으로부터 1을 빼면 다음과 같다.

$$\frac{WAGE_{여성}}{WAGE_{남성}} - \frac{WAGE_{남성}}{WAGE_{남성}} = \frac{WAGE_{여성} - WAGE_{남성}}{WAGE_{남성}} = e^{\delta} - 1$$

여성 임금과 남성 임금 사이의 백분율 차이는 $100(e^{\delta}-1)\%$이다.

🔖 정리문제 7.6   대수-선형 모형에서의 모의변수 : 정확한 계산법

남성과 여성 사이의 임금 차이를 다음과 같이 추정하였다.

$$100\left(e^{\hat{\delta}} - 1\right)\% = 100\left(e^{-0.1778} - 1\right)\% = -16.29\%$$

이 추정값에 대한 대략적인 표준오차는 2.34%이다. 이 값은 소프트웨어를 이용한 계산을 통해 구할 수 있다.

7.4 선형확률 모형

경제학을 이따금 '선택의 이론'이라고 한다. 생활에서 하는 많은 선택들은 실질적으로 '~거나 또는 ~거나'이다. 몇 가지 예를 들면, 다음과 같다.

- 코카콜라와 펩시콜라 사이에서 선택을 해야 하는 소비자
- 노동시장에 진입할지 여부를 결정해야 하는 기혼 여성
- 대출신청서를 받아들일지 여부를 선택해야 하는 은행 직원
- 대학에 진학할지 여부를 결정해야 하는 고등학교 졸업생
- 입법안을 찬성하거나 반대해야 하는 국회의원

계량경제 모형을 사용하여 이런 결과들을 분석하고 예측하려면, 모의변수를 사용하여 선택을 나타내어야 한다. 즉 어떤 선택을 하면 1이란 값을 부여하고, 다른 선택을 하면 0이란 값을 부여한다. 두 가지 대안 사이에서의 선택을 설명하려 하기 때문에, 모의변수는 회귀 모형에서 독립변수가 아니라 종속변수가 된다.

우선 선택을 표시하는 변수를 다음과 같이 나타내자.

$$y = \begin{cases} 1 & \text{첫 번째 대안을 선택한 경우} \\ 0 & \text{두 번째 대안을 선택한 경우} \end{cases}$$

개체들 중 무작위 표본이 하는 선택들을 관찰할 경우 y는 확률변수가 된다. p가 첫 번째 대안을 선택할 확률이라면, $P[y=1] = p$가 된다. 두 번째 대안을 선택할 확률은 $P[y=0] = 1-p$가 된다. 이원적 모의변수에 대한 확률 함수는 다음과 같다.

$$f(y) = p^{y}(1-p)^{1-y}, \quad y = 0, 1$$

모의변수 y는 베르누이 분포(Bernoulli distribution)를 따른다고 한다. y의 기댓값은 $E(y) = p$이며, 분산은 $\text{var}(y) = p(1-p)$이다.

선형회귀 모형 또는 이 상황에서는 선형확률 모형(linear probability model)을 사용하여, 확률 p에 영향을 미칠 수 있는 요인들을 확인하는 데 관심을 갖고 있다.

$$E(y|\mathbf{X}) = p = \beta_1 + \beta_2 x_2 + \cdots + \beta_K x_K$$

평소와 같이 진행하면 관찰된 결과 y를 체계적인 부분, $E(y|\mathbf{X})$와 예측할 수 없는 무작위 오차, e로 나누어 볼 수 있다. 따라서 계량경제 모형은 다음과 같다.

$$y = E(y|\mathbf{X}) + e = \beta_1 + \beta_2 x_2 + \cdots + \beta_K x_K + e$$

선택하는 행태에 대해 이 모형을 사용할 경우 직면하게 되는 어려움을 오차항에 대한 통상적인 가정이 준수될 수 없다는 것이다. 결과 y는 2개 값만을 취하며, 이는 오차항 e도 역시 2개 값만을 취한다는 의미이다. 따라서 오차분포를 설명하는 '종 모양'의 곡선은 준수되지 못한다. y 및 e에 대한 확률함수는 다음과 같다.

y값	e값	확률
1	$1 - (\beta_1 + \beta_2 x_2 + \cdots + \beta_K x_K)$	p
0	$-(\beta_1 + \beta_2 x_2 + \cdots + \beta_K x_K)$	$1-p$

오차항 e의 분산은 다음과 같다.

$$\text{var}(e|\mathbf{X}) = p(1-p) = \left(\beta_1 + \beta_2 x_2 + \cdots + \beta_K x_K\right)\left(1 - \beta_1 - \beta_2 x_2 - \cdots - \beta_K x_K\right)$$

이 오차는 동분산적이 아니므로, 최소제곱 추정량의 분산에 대한 통상적인 공식은 올바르지 않다. 선형확률 모형과 연관된 두 번째 문제점은 예측된 값 $\widehat{E(y)} = \hat{p}$가 $(0, 1)$ 구간 밖에 위치할 수 있으며, 이는 확률로서의 해석이 이치에 닿지 않을 수 있다는 의미이다. 이런 약점에도 불구하고, 선형확률 모형은 단순하다는 이점을 갖고 있으며, 그리고 p가 거의 0 또는 1이 되지 않는 한 선택확률 p에 설명변수 x_k의 변화가 미치는 한계효과에 관해 타당한 추정값을 제시한다는 사실이 밝혀졌다.

🌀 **정리문제 7.7**　선형확률 모형 : 마케팅 사례

구매인은 코카콜라와 펩시콜라 중에서 구매를 결정하려 한다고 가상하자. 변수 *COKE*를 다음과 같이 정의한다.

$$COKE = \begin{cases} 1 & \text{코카콜라를 선택한 경우} \\ 0 & \text{펩시콜라를 선택한 경우} \end{cases}$$

이 변수의 기댓값은 다음과 같다. $E(COKE|\mathbf{X}) = p_{COKE} =$ 상황요인이 주어진 경우 코카콜라를 선택할 확률. 어떤 요인들이 결정을 할 때 영향을 미칠 수 있을까? 펩시콜라에 대한 코카콜라의 상대가격(*PRATIO*)은 잠재적 요인이 될 수 있다. 코카콜라의 상대가격이 상승할 경우, 이를 선택

할 확률이 감소되는 것을 인지해야만 한다. 소비자에 영향을 미치는 다른 요인으로는 해당 물품이 상점에 진열되어 있는지 여부도 꼽을 수 있다. *DISP_COKE* 및 *DISP_PEPSI*는 상점에 진열물이 있을 경우 1을 취하고 진열물이 있지 않을 경우 0을 취하는 모의변수이다. 코카콜라 진열물이 있을 경우 코카콜라의 구입 확률을 증대시키고, 펩시콜라 진열물이 있을 경우 코카콜라의 구입 확률을 감소시킬 것으로 기대된다.

우리가 사용하는 표본은 코카콜라 또는 펩시콜라를 구매하는 1,140명으로 구성되었고, 고객의 44.7%가 코카콜라를 선택하였다.[3] 선형확률 모형을 추정한 결과는 다음과 같다.

$$\hat{p}_{COKE} = 0.8902 - 0.4009PRATIO + 0.0772DISP\_COKE$$
$$(\text{se}) \quad (0.0655) \quad (0.0613) \qquad\qquad (0.0344)$$

$$-0.1657DISP\_PEPSI$$
$$(0.0356)$$

당장은 표준오차가 신뢰할 만하다고 가정을 하자. 모든 계수들은 $\alpha = 0.05$ 수준에서 영과 유의하게 다르다. 코카콜라와 펩시콜라의 가격이 동일한 경우 $PRATIO = 1$이고, 코카콜라가 펩시콜라보다 10% 더 비싼 경우 $PRATIO = 1.10$이라는 사실을 기억하자. 코카콜라 가격이 이렇게 10% 상승할 경우 코카콜라를 구입할 확률은 0.04만큼 감소할 것으로 추정된다. 상점에 코카콜라의 진열물이 있을 경우 코카콜라를 구매할 확률은 0.077만큼 증대될 것으로 추정된다. 펩시콜라의 진열물이 있을 경우 코카콜라의 구매확률이 0.166 감소할 것으로 추정된다. 예측된 확률이 (0, 1)을 벗어날지도 모른다는 우려가 보통 있어 왔다. 하지만 표본의 1,140개 관찰값 중에서 단지 16개에서만 예측된 확률이 영보다 작았다. 1보다 큰 확률은 예측되지 않았다.

7.5 처치효과

"병원은 사람들을 더 건강하게 해 주는가?"라는 질문을 생각해 보자. 설문조사에는 다음과 같은 물음이 포함되어 있다. "지난 12개월 사이에 하룻밤 동안 병원에 환자로 입원한 적이 있는가?" "전반적인 건강 상태가 우수한지, 매우 좋은지, 좋은지, 그저 그런지, 좋지 않은지에 대해 말해 주실 수 있습니까?" 좋지 않은 건강 상태에 대해서는 1점을 배정하고 우수한 건강 상태에 대해서는 5점을 배정할 경우 그 결과는 다음과 같았다. 병원에 입원하지 않았던 사람들의 평균 건강 점수는 3.93이었으며, 입원했던 사람들의 평균 건강 점수는 3.21이었다. 즉 병원에 입원했던 사람들의 건강 상태가 입원하지 않았던 사람들보다 더 좋지 않았다.

경제학 원론 교과서는 다음과 같은 문구, 즉 '이 다음에, 그러므로 이 때문에(post hoc, ergo propter hoc)'라고 알려진 잘못된 추론에 관해 경고하고 있다. 이 문구는 다른 사건에 앞서 어떤 사건이 발생했다고 반드시 첫 번째 사건이 두 번째 사건의 원인이 되지 않는다는 의미이다. 병원에 입원했었다는 사실이 좋지 않은 건강 상태의 원인이 되지 않는다. 덜 건강했던 사람들이 질병이나 부상으로 인해 입원을 선택했었고, 설문조사를 실시할 때도 입원하지 않았던 사람들보다 아직도 덜 건강했을 수 있다. 이에 대해 말하는 또 다른 방법은 '상관(correlation)이 인과관계(causation)와 동일하지 않다'는 문구에 구체화되어 있다. 병원에 입원했던 사람들이 덜 건강하다는 사실을 관찰하였다. 하지만 이런 연관성이 관찰되었다는 사실이 입원하면 사람이 덜 건강해진다는 것을 의미하지는 않는다. 이 예에서 직

---

3 다음을 참조하시오. ERIM(Erasmus Research Institute of Management) public data base, James M. Kilts Center, University of Chicago Booth School of Business.

면하는 문제를 여전히 설명할 수 있는 또 다른 방법은 일부 사람들은 병원에 입원하는 것을 자신이 직접 선택하였고 다른 사람들은 그렇게 하지 않았기 때문에 해당 자료가 선택 편의(selection bias)를 보인다고 말하는 것이다. 처치집단 구성원이 부분적으로 선택에 의해 결정된 경우 해당 표본은 무작위 표본이 아니다. 표본의 구성에 영향을 미치는 체계적인 요인, 이 경우에는 건강상태가 존재한다.

선택 편의에 관한 두 번째 사례는 이 개념을 보다 명확하게 이해하는 데 도움이 된다. 여러분은 계량경제학 수업에 등록을 하였기 때문에 이 책을 읽고 있습니까? 이 교과목은 필수과목입니까? 여러분이 수강하고 있는 과목이 '선택과목'이라면, 여러분과 동급생들은 보다 폭넓은 학생 모집단으로부터의 무작위 표본이 아니다. 경험에 의하면 계량경제학을 선택과목으로 수강하는 학생들은 대학 모집단으로부터의 무작위 표본보다 평균적으로 볼 때 더 높은 수준의 능력과 수학 준비 상태를 갖추고 있다. 또한 계량경제학을 수강한 학부학생들의 더 높은 비율이 경제학이나 관련 분야의 대학원 과정에 입학하는 것도 관찰할 수 있다. 여기에 인과관계가 있는가? 부분적으로 보면 확실히 그렇다. 하지만 또한 능력과 대학원 과정에 입학하겠다는 장래계획 때문에 계량경제학을 수강했을 수 있다. 따라서 이들의 높은 성공률은 부분적으로 선택 편의에서 비롯된 것이다.

다음과 같은 질문을 할 때 선택 편의가 또한 문제가 된다.

- 추가적인 교육 연수는 기혼 여성의 임금을 얼마나 증가시키는가? 어려움은 기혼 여성이 노동시장에 진입하기로 결정한 경우에만 해당 여성의 임금을 관찰할 수 있다는 데 있다. 따라서 관찰된 자료는 무작위 표본이 아니다.
- 직업훈련 프로그램에 참여할 경우 임금이 얼마나 증가하는가? 참여가 자발적이라면 미숙련 근로자들의 더 많은 비율이 이런 프로그램을 이용한다는 사실도 알 수 있다.
- 식이요법 보충제는 체중 감량에 얼마나 도움을 주는가? 이런 보충제를 섭취하는 사람들이 심각한 과체중에 속한다면, 관찰된 결과는 '전형적'이 아닐 수 있다.

위의 각 경우에 선택 편의는 올바른 자료검토를 방해할 수 있으며, 인과 효과(causal effect) 또는 처치 효과(treatment effect)를 측정하려는 시도를 어렵게 만든다.

통상적으로 자연과학 또는 의학을 포함하는 일부 상황에서, 인과 효과를 어떻게 알아볼 수 있는지 보다 명확해진다. 예를 들어, 새로운 종류의 비료가 쌀 생산에 미치는 영향을 측정하려는 경우, 동일한 논에 새로운 비료로 처리되도록 무작위로 할당, 즉 처치군(treatment group)으로 하고, 다른 논은 기존의 비료로 처리되도록 할당, 즉 대조군(control group)으로 한다. 성장기가 지나면 이들 두 가지 종류의 논에서 이루어진 생산을 비교한다. 여기서 핵심적인 사항은 무작위 대조실험(randomized controlled experiment)을 했다는 것이다. 실험 대상물들을 처치군 및 대조군에 무작위로 배정함으로써 관찰한 차이가 처치에서 비롯되었는지 확인해 본다. 의학 연구에서 신약의 효과는 이런 실험으로 측정된다. 실험 대상자들은 가짜 약이 투입되는 대조군과 검증하려는 약이 투입되는 처치군에 무작위로 배정된다. 처치군과 대조군에 무작위로 배정함으로써 선택 편의가 발생하는 것을 방지한다.

경제학자들은 예를 들면, 법률상의 변화, 취약계층에 제공되는 보고 및 훈련 형태와 그 금액의 변화처럼 사회정책상의 변화가 미친 결과들을 알아보기 위해 무작위 대조실험에서 발생하는 정보를 얻고자 한다. 실험 대상자가 사람들이고 그들의 경제적 후생이 위태로워질 수 있기 때문에 무작위 대조실험을 시행하는 데는 한계가 있다. 하지만 일부 예들이 있다. 실험을 진행하기 전에 처치효과를 측정하기 위해서 선택 편의의 통계적 영향을 고찰해 볼 것이다.

7.5.1 차분 추정량

처지효과의 측정에 대해 이해하기 위해서 설명변수가 모의변수인 단순회귀 모형을 생각해보자. 이때 모의변수는 특정 개체가 처치군에 속하는지 또는 대조군에 속하는지를 나타낸다. y를 결과변수라 하며, 이는 처치가 영향을 미치도록 고안된 측정상의 특성이다. 쌀 생산의 예에서 y는 특정 논에서의 쌀 생산량이다. 모의변수 d를 다음과 같이 정의하자.

$$d_i = \begin{cases} 1 & \text{처치군에 속한 개체} \\ 0 & \text{대조군에 속한 개체} \end{cases} \tag{7.12}$$

결과에 대한 처치의 효과는 다음과 같이 모형화될 수 있다.

$$y_i = \beta_1 + \beta_2 d_i + e_i, \quad i = 1, \ldots, N \tag{7.13}$$

여기서 e_i는 결과에 영향을 미치는 다른 요인들을 수집해 놓은 것이다. 처치군 및 통제군에 대한 회귀함수는 다음과 같다.

$$E(y_i) = \begin{cases} \beta_1 + \beta_2 & \text{처치군에 속한 개체}, \ d_i = 1 \\ \beta_1 & \text{대조군에 속한 개체}, \ d_i = 0 \end{cases}$$

이것은 위치가 주택가격에 미치는 영향을 살펴보기 위해 2.9절에서 사용했던 것과 동일한 모형이다. 측정하고자 하는 **처치효과**는 β_2이다. β_2의 최소제곱 추정량은 다음과 같다.

$$b_2 = \frac{\sum_{i=1}^{N}\left(d_i - \bar{d}\right)\left(y_i - \bar{y}\right)}{\sum_{i=1}^{N}\left(d_i - \bar{d}\right)^2} = \bar{y}_1 - \bar{y}_0 \tag{7.14}$$

여기서 $\bar{y}_1 = \sum_{i=1}^{N_1} y_i / N_1$은 처치군$(d = 1)$의 경우 y에 대한 N_1개 관찰값들의 표본 평균이며, $\bar{y}_0 = \sum_{i=1}^{N_0} y_i / N_0$는 대조군$(d = 0)$의 경우 y에 대한 N_0개 관찰값들의 표본 평균이다. 이와 같은 처치군/대조군의 틀에서 볼 때, 추정량 b_2는 처치군과 대조군의 표본 평균 간 차이이므로 차분 추정량(difference estimator)이라고 한다.

7.5.2 차분 추정량의 분석

차분 추정량의 통계적 특성은 2.4.2절에서 채택했던 것과 동일한 방법을 사용하여 검토할 수 있다. 차분 추정량은 다음과 같이 다시 쓸 수 있다.

$$b_2 = \beta_2 + \frac{\sum_{i=1}^{N}\left(d_i - \bar{d}\right)\left(e_i - \bar{e}\right)}{\sum_{i=1}^{N}\left(d_i - \bar{d}\right)^2} = \beta_2 + \left(\bar{e}_1 - \bar{e}_0\right)$$

중간의 등식에서 β_2에 추가된 요소는 e_i가 y_i를 대신했을 뿐 식 (7.14)의 차분 추정량과 동일한 형태를 한다. 이로 인해 최종 등식이 성립된다. 차분 추정량 b_2는 참인 추정효과 β_2에, 처치군에 대한 결과 y에 영향을 미치는 관찰되지 않은 요인들의 평균($\bar{e}_1$)과 대조군에서 이에 해당하는 평균($\bar{e}_0$)의 차이를 합산한 것이다. 차분 추정량이 불편하기, 즉 $E(b_2) = \beta_2$를 위해서는 다음이 참이어야만 한다.

$$E\left(\bar{e}_1 - \bar{e}_0\right) = E\left(\bar{e}_1\right) - E\left(\bar{e}_0\right) = 0$$

이를 말로 표현하면 처리 이외에, 결과에 영향을 미치는 모든 요인들의 기댓값은 처치군과 대조군 둘 다에서 동일하여야만 한다.

개인들이 처치군과 대조군을 스스로 선택하도록 허용할 경우, $E(\bar{e}_1)-E(\bar{e}_0)$는 처치효과 추정에서 발생하는 선택 편의이다. 예를 들면, 입원하지 않은 사람들(대조군)은 평균 건강 점수가 3.93이고, 입원한 사람들(처치군)은 3.21이었다. 추정된 처치효과는 $(\bar{y}_1-\bar{y}_0) = 3.21-3.93 = -0.72$이다. 이 경우 추정량 편의는, $E(\bar{e}_1)$로 측정할 수 있는 처치군의 이전에 존재하는 건강 상태가 $E(\bar{e}_0)$로 측정할 수 있는 대조군의 이전에 존재하는 건강 상태보다 더 좋지 않았기 때문에 발생한다. 이처럼 이 사례에서는 차분 추정량에 음의 편의가 존재한다.

일부 개인 자신들이 처리를 선택할 경우에는 언제나 대조군에 속한 개인들이 처리를 선택하지 않도록 하는 요인들과는 체계적으로 다른, 처리를 선택하도록 하는 요인들이 있을 것으로 기대된다. 이로 인해 차분 추정량에서 선택 편의가 발생한다. 이런 자기 선택 편의를 어떻게 제거할 수 있을까? 이에 대한 해법은 개인들을 처치군과 대조군에 무작위로 배정하는 것이다. 따라서 처리 자체를 제외하고는 집단 간에 체계적인 차이가 존재하지 않는다. 무작위 배정이 이루어지고, 많은 수의 실험 대상자를 사용할 경우 $E(\bar{e}_1) = E(\bar{e}_0)$ 및 $E(b_2) = \beta_2$를 확신할 수 있다.

🔷 정리문제 7.8   차분 추정법의 적용 : 프로젝트 STAR

놀라운 일이지만 흰쥐들은 유전자상으로 인간과 유사하기 때문에, 의료 분야 연구자들은 이들을 사용하여 신약을 테스트한다. 동일하게 사육된 흰쥐들을 무작위로 처치군과 통제군으로 배정하고 나서, 신약이 흰쥐에 미치는 처치효과를 상대적으로 간단하고 재생할 수 과정을 거쳐 추정한다. 인간에 대한 의료 연구는 엄격하게 규제된다. 자원하는 사람들에게 참여하도록 하는 유인책이 주어지며, 무작

위로 처치군과 통제군으로 배정된다. 사회과학에서 무작위로 추출하며 이루어지는 통제된 실험도 통계학자의 관점에서 보면 동일하게 매력적이다. 하지만 이를 조직하고 자금을 마련하는 데 어려움이 있어서 이런 실험이 드물다. 무작위로 이루어지는 실험 중에서 눈에 띄는 예로는 미국 테네시주의 프로젝트 STAR를 꼽을 수 있다.[4]

테네시주에서 이루어진 종단 실험은 1985년에 시작하여

---

4 다음을 참조하시오. https://dataverse.harvard.eduldataset.xhtml?persistentld = hdl: 1902.1/10766

1989년에 끝났다. 유치원에서부터 초등학교 3학년까지 단일의 학생 집단에 대해 이루어졌다. 해당 실험에서 학생들은 학교 내에서 세 가지 종류의 학급, 즉 13~17명의 학생으로 이루어진 소규모 학급, 22~25명의 학생으로 이루어진 정규 학급, 정규 교사를 도와주는 전임 보조교사가 배치된 정규 학급으로 무작위 배정되었다. 학력고사에서 취득한 학생 점수들이 기록되었고, 학생, 교사, 학교에 대한 일부 정보도 기록되었다.

우선 소규모 학급 대 정규 학급에서 학생들의 학력을 비교해 보도록 하자.

변수 *TOTALSCORE*는 독해와 수학 학력고사 점수를 합한 점수이며, 학생이 소규모 학급에 배정된 경우 *SMALL* = 1이고 정규 학급에 배정된 경우 0이다. 표 7.6a 및 b는 두 종류의 학급에 대한 요약된 통계량을 보여준다. 먼저 *TOTALSCORE*를 제외한 모든 기준에 대한 변

표 7.6a   정규 학급의 요약된 통계량

Variable	Mean	Std. Dev.	Min	Max
TOTALSCORE	918.0429	73.1380	635	1229
SMALL	0.0000	0.0000	0	0
TCHEXPER	9.0683	5.7244	0	24
BOY	0.5132	0.4999	0	1
FREELUNCH	0.4738	0.4994	0	1
WHITE_ASIAN	0.6813	0.4661	0	1
TCHWHITE	0.7980	0.4016	0	1
TCHMASTERS	0.3651	0.4816	0	1
SCHURBAN	0.3012	0.4589	0	1
SCHRURAL	0.4998	0.5001	0	1

N = 2,005

표 7.6b   소규모 학급의 요약된 통계량

Variable	Mean	Std. Dev.	Min	Max
TOTALSCORE	931.9419	76.3586	747	1253
SMALL	1.0000	0.0000	1	1
TCHEXPER	8.9954	5.7316	0	27
BOY	0.5150	0.4999	0	1
FREELUNCH	0.4718	0.4993	0	1
WHITE_ASIAN	0.6847	0.4648	0	1
TCHWHITE	0.8625	0.3445	0	1
TCHMASTERS	0.3176	0.4657	0	1
SCHURBAN	0.3061	0.4610	0	1
SCHRURAL	0.4626	0.4987	0	1

N = 1,738

수들의 발표된 평균들은 매우 유사하다. 이는 학생 및 교사들이 학급에 무작위로 배정되었기 때문이며, 분명하게 눈에 띄는 형태를 갖고 있지 말아야 한다. 정규 학급의 *TOTALSCORE* 평균값은 918.0429점이고 소규모 학급의 평균값은 931.9419점이며, 그 차이는 13.899점이다. 소규모 학급의 학력고사 점수가 더 높다. 회귀를 이용하여 구한 차분 추정량은 유의수준과 함께 동일한 추정값을 제시해 줄 것이다.

관심을 끄는 모형은 다음과 같다.

$$TOTALSCORE = \beta_1 + \beta_2 SMALL + e \qquad (7.15)$$

이 모형의 회귀분석 결과는 표 7.7의 (1)열에 있다. 유치원 원생들을 소규모 학급에 배정할 경우 추정되는 '처치효과'는 13.899점이다. 이는 학력고사 총점에 대해 위에서 계산한 표본 평균의 차이와 같은 값이다. 이 차이는 0.01 수준에서 통계적으로 유의하다.

🔍 **정리문제 7.9**   통제가 추가된 차분 추정량

학생들이 처치군과 통제군에 무작위로 배정되었기 때문에 처치효과의 추정값에 선택 편의가 발생하지 않는다. 하지만 추가적인 요인들이 결과변수에 영향을 미친다면 이들은 회귀식에 포함될 수 있다. 예를 들어, 교사들의 경험은 더 큰 학습 효과와 더 높은 학력고사 점수로 이어질 수 있다. *TCHEXPER*을 기본 모형에 추가시킬 경우 다음과 같다.

$$TOTALSCORE = \beta_1 + \beta_2 SMALL + \beta_3 TCHEXPER + e \qquad (7.16)$$

표 7.7 프로젝트 STAR : 유치원

	(1)	(2)	(3)	(4)
C	918.0429***	907.5643***	917.0684***	908.7865***
	(1.6672)	(2.5424)	(1.4948)	(2.5323)
SMALL	13.8990***	13.9833***	15.9978***	16.0656***
	(2.4466)	(2.4373)	(2.2228)	(2.2183)
TCHEXPER		1.1555***		0.9132***
		(0.2123)		(0.2256)
SCHOOL EFFECTS	No	No	Yes	Yes
N	3,743	3,743	3,743	3,743
adj. R^2	0.008	0.016	0.221	0.225
SSE	20,847,551	20,683,680	16,028,908	15,957,534

( ) 안에 표준오차가 있음.
양측검정 p-값 : *$p < 0.10$, **$p < 0.05$, ***$p < 0.01$

식 (7.16)의 최소제곱 추정값은 표 7.7의 (2)열에 있다. 교사 경험이 매년 추가될 때마다 학력고사 점수는 1.156점 상승하며 0.01 수준에서 통계적으로 유의하다. 이는 소규모 학급이 미치는 영향을 이해하는 데 도움이 된다. 추정 결과에 따르면 소규모 학급에 따른 영향은 교사로서의 경험 약 12년에 따른 영향과 같다.

회귀식에 TCHEXPER을 추가시킬 경우 SMALL 학급에 따른 영향의 추정값은 거의 변화하지 않는다는 사실에 주목하자. TCHEXPER이 SMALL과 상관되지 않을 경우 우리가 바로 기대했던 것이다. SMALL과 TCHEXPER 사이의 단순 상관은 −0.0064에 불과하다. 회귀식에 포함된 변수와 상관되지 않은 변수를 누락시키더라도 포함된 변수의 추정된 계수를 변화시키지 않는다는 점을 기억하자. 표 7.7의 (1)열 및 (2)열의 모형들을 비교해 보자. (1)의 모형은 통계적으로 유의한 변수 TCHEXPER을 누락시켰지만, 거의 상관되지 않은 이 변수를 누락하고서 얻은 β_2의 추정값은 거의 변화가 없다. 나아가 일반적으로 추가적인 통제를 포함시킬 수 있다면 보다 작은 표준오차를 갖는 추정량을 얻을 것으로 기대된다. 오차항으로부터 이런 요인들 중 일부를 감하고 이를 회귀식에 포함시키면 오차항의 분산 σ^2은 감소하여 추정량 분산을 감소시킨다.

정리문제 7.10   고정효과가 있는 차분 추정량

처치군으로의 배정은 1개 이상의 주목할 만한 특성과 관련될 수 있다. 즉 외부적 요인이 주어진 상황하에서 처치가 무작위로 배정될 수 있다. 체중 감소에 관한 의료 실험을 시행하기 앞서 참가자들은 '초과체중' 범주 및 '비만' 범주에 속할 수 있다. 초과체중 집단에 속한 사람들 중 30%가 무작위로 처치를 받을 수 있으며, 비만 집단에 속한 사람들 중 50%가 무작위로 처치를 받을 수 있다. 사전 처치 상태가 주어진 상황하에서, 처치가 무작위로 배정된다. 이런 조절요인들이 누락되어서 식 (7.15) 또는 (7.16)의 오차항에 포함될 경우 이런 요인들은 처치변수와 상관되어, 처치효과에 대한 최소제곱 추정량은 편의가 발생하고 불일치하게 된다. '조건부' 무작위화에 맞추는 방법은 조절요인들을 회귀식에 포함시키는 것이다.

STAR 자료에서 결과에 영향을 미칠 것이라 생각되는 요인으로는 학교 자체를 들 수 있다. 학생들은 학교 내에서 무작위로 배정(조건부 무작위화)되었지, 학교들을 교차하

여 무작위화되지는 않았다. 일부 학교들은 보다 높은 보수를 지불할 수 있어서 보다 나은 교사들을 받아들일 수 있는 더 부유한 학군에 위치할 수 있다. 이 표본에 있는 학생들은 79개의 상이한 학교들에 등록되어 있다. 학교 효과를 설명하는 한 가지 방법은 각 학교에 대해 모의변수를 포함시키는 것이다. 즉 78개의 새로운 모의변수를 도입할 수 있다.

$$SCHOOL\_j = \begin{cases} 1 & \text{학생이 학교 } j \text{에 다니는 경우} \\ 0 & \text{그렇지 않은 경우} \end{cases}$$

이는 '절편' 모의변수이며 예상되는 학력고사 점수가 각 학교에 따라 상이해질 수 있도록 한다. 이런 모의변수들을 포함하는 모형은 다음과 같다.

$$TOTALSCORE_i = \beta_1 + \beta_2 SMALL_i + \beta_3 TCHEXPER_i$$
$$+ \sum_{j=2}^{79} \delta_j SCHOOL\_j_i + e_i$$
$$(7.17)$$

학교 j에 다니는 학생에 대한 회귀 함수는 다음과 같다.

$$E(TOTALSCORE_i | \mathbf{X}) =$$
$$\begin{cases} (\beta_1 + \delta_j) + \beta_3 TCHEXPER_i & \text{정규 학급의 학생} \\ (\beta_1 + \delta_j + \beta_2) + \beta_3 TCHEXPER_i & \text{소규모 학급의 학생} \end{cases}$$

위에서 $\mathbf{X}$는 변수들 $SMALL$, $TCHEXPER$, 모든 모의변수 $SCHOOL\_j$를 의미한다. 경험이 없는 교사가 가르치는 정규 학급의 학생에 대해 예상되는 학력고사 점수는 고정된 규모 δ_j만큼 조정된다. 고정효과(fixed effect)는 회귀 모형에 의해 설명되지 않는 학교들의 차이를 통제한다.

표 7.7의 (3)열 및 (4)열은 78개 모의변수 계수들을 제외하고, 관심을 갖고 있는 추정된 계수를 보여주고 있다. 모든 $\delta_j = 0$이라는 가설의 결합 F-검정은 자유도가 $N - K = 3662$인 $J = 78$개 가설로 구성된다. F-값 $= 14.118$은 0.001 수준에서 유의하다. 따라서 학교들 사이에 통계적으로 유의한 개개의 차이가 있다고 결론을 내릴 수 있다. $SMALL$ 및 $TCHEXPER$에 대한 중요 계수들은 약간 변화한다. 소규모 학급에 속한 경우의 추정된 계수는, (2)열에 있는 학력고사 점수 13.9833점과 비교하여 (4)열에 있는 16.0656점으로 상승한다. 소규모 학급으로 인한 일부 효과는 포함되지 않은 각 학교의 차이로 인해 가려진다. 하지만 (4)열 $SMALL$의 계수에 대한 95% 구간 추정값 [11.7165, 20.4148]이 13.9833을 포함하는 사실에서 알 수 있는 것처럼 이 효과는 작다. 마찬가지로, 교사 경험에 대한 추정된 효과는 학교 고정효과가 포함된 모형과 포함되지 않은 모형에서 약간의 차이가 있다.

🎓 정리문제 7.11   무작위 배정에 관한 선형확률 모형의 점검

표 7.6a 및 b에서 학생들이 정규 학급 또는 소규모 학급으로 배정된 자료에 대한 요약된 통계량을 살펴보았다. $TOTALSCORE$를 제외하고 검토한 변수들의 표본 평균에서 큰 차이를 발견하지 못했다. 무작위 배정을 점검하는 다른 방법으로는 $SMALL$을 이런 특성에 대해 회귀추정하고, 유의한 계수가 존재하는지 또는 전반적으로 유의한 관계가 있는지를 점검하는 것이다. 무작위 배정이 이루어졌다면 어떤 유의한 관계도 발견되서는 안 된다. $SMALL$이 모의변수이므로 7.4절에서 논의한 선형확률 모형을 사용한다. 추정된 선형확률 모형은 다음과 같다.

$$\widehat{SMALL} = 0.4665 + 0.0014 BOY + 0.0044 WHITE\_ASIAN$$
$$(t) \qquad (0.09) \qquad\qquad (0.22)$$
$$- 0.0006 TCHEXPER - 0.0009 FREELUNCH$$
$$(-0.42) \qquad\qquad (-0.05)$$

첫째, 우측에 있는 변수들 중 어느 것도 통계적으로 유의하지 않다. 둘째, 선형확률 모형에 대한 F-통계량은 $p = 0.99$인 0.06이다. 학생들이 이런 기준에 기초하여 소규모 학급에 배정되었다는 어떤 증거도 없다. $E(SMALL | \mathbf{X})$가 모집단에서 무작위로 뽑았을 때 $SMALL = 1$이 관찰될 확률이기 때문에 선형확률 모형이 그렇게 명명되었다는 사실을 기억하자. 모든 잠재적 설명 요인들의 계수가 영인

경우 추정된 절편은 학생이 소규모 학급에 속할 추정될 확률이 0.4665라는 사실을 알려준다. 이때 95% 구간 추정값은 [0.4171, 0.5158]이다. 절편이 0.5라는 귀무가설을 기각할 수 없다. 여기서 0.5는 학생들이 동전 던지기로 배정되었다는 것이다. 다시 한 번, 이런 방법이 갖는 중요한

점은 학생들을 소규모 학급에 무작위로 배정함으로써 식 (7.15)의 단순 차분 추정량을 사용하여 처치효과를 추정할 수 있다는 사실이다. 중요한 학급 규모 효과를 분리할 수 있는 능력이, 무작위 통제된 실험을 지지하는 강력한 근거가 될 수 있다.

7.5.3 이중차분 추정량

무작위 대조실험은 비용이 들고 인적 대상자가 연루되기 때문에 경제학에서는 다소 드물게 이루어진다. 유사실험(quasi-experiment)이라고도 하는 자연적 실험(natural experiment)은, 무작위 대조실험에서 발생하게 될 것과 유사한 실제 세계 상황을 관찰하는 데 의존한다. 처리가 무작위로 배정된 것처럼 보이게 된다. 여기서는 '이전 및 이후' 자료를 이용하여 처치효과를 추정해 보고자 한다.

정책 변화 이전 및 이후의 두 집단, 즉 정책에 의해 영향을 받는 처치군과 영향을 받지 않는 대조군을 관찰한다고 가상하자. 이런 자료를 이용하여 대조군에 발생한 변화를 검토하고, 이를 처치군의 변화와 비교할 것이다.

그림 7.3은 이런 분석을 설명하고 있다. 결과변수 y는 취업률, 임금률, 가격 등이다. 정책 변화 이전에는 처치군의 값이 $y = B$이며, 정책 변화 이후에는 처치군의 값이 $y = C$라고 관찰되었다. 처치군의 자료만을 사용할 경우, $y = B$로부터 정책 변화로 인한 $y = C$로 변화하는 부분을 결과에 영향을 미칠 수 있는 다른 요인들로 인한 변화의 부분으로부터 분리해 낼 수 없다. 처치효과가 확인되지 않는다고 말하게 된다.

정책 변화에 의해 영향을 받지 않는 대조군을 이용하여 처치 효과를 분리해 낼 수 있다. 정책 변화 이전에 대조군의 값은 $y = A$라고 관찰되며, 정책 변화 이후에 대조군의 값은 $y = E$가 된다. 점 A, B, C, E에 포함되어 있는 4개 정보를 이용하여 처치효과를 추정하려면 2개 집단이 공통 추세(common trend)를 경험한다는 강한 가정을 해야 한다. 그림 7.3에서 점선 $\overline{BD}$는 정책 변화가 없는 경우 처치군의 성장이었을 것이라고 가상한 것[심리학에서 사용되는 '사후가정'이란 용어가 이런 가상적인 결과를 설명하기 위해 이따금 사용된다]을 나타낸다. 점선 $\overline{BD}$로 나타낸 성장은 관찰할 수 없으며, 정책 변화와 관련되지 않은 처치군의 성장이 대조군의 성장과 동일하다는 가정하에서 구할 수 있다.

처치효과 $\delta = \overline{CD}$는 정책 변화 '이후' 기간에 처치군의 y값과 대조군의 y값 차이에서, 정책 변화가 없었을 경우 두 집단 사이의 차이였을 것이라고 보는 $\overline{DE}$를 감한 것이다. 그림 7.3에 표시되어 있는 관찰할 수 있는 4개 점 A, B, C, E를 이용할 경우 처치효과의 추정은 2개 기간에 걸친 두 집단의 자료 평균에 기초하게 된다. 이는 다음과 같이 나타낼 수 있다.

$$\hat{\delta} = (\hat{C} - \hat{E}) - (\hat{B} - \hat{A})$$
$$= (\overline{y}_{처치군, 이후} - \overline{y}_{대조군, 이후}) - (\overline{y}_{처치군, 이전} - \overline{y}_{대조군, 이전}) \tag{7.18}$$

식 (7.18)에서 표본 평균은 다음과 같다.

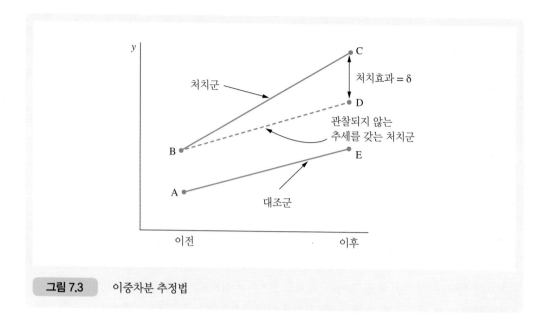

그림 7.3 이중차분 추정법

$$\overline{y}_{\text{대조군, 이전}} = \hat{A} = \text{정책 시행 이전 대조군에 대한 } y\text{의 표본 평균}$$

$$\overline{y}_{\text{처치군, 이전}} = \hat{B} = \text{정책 시행 이전 처치군에 대한 } y\text{의 표본 평균}$$

$$\overline{y}_{\text{대조군, 이후}} = \hat{E} = \text{정책 시행 이후 대조군에 대한 } y\text{의 표본 평균}$$

$$\overline{y}_{\text{처치군, 이후}} = \hat{C} = \text{정책 시행 이후 처치군에 대한 } y\text{의 표본 평균}$$

추정량 δ를 처치효과의 이중차분(differences-in-differences; 간단히 D-in-D, DD, DID라 표기한다) 추정량이라고 한다.

추정량 $\hat{\delta}$는 단순회귀를 사용하여 편리하게 계산될 수 있다. y_{it}는 t기에 개인 i의 관찰된 결과라고 정의된다. $AFTER_t$는 정책 변화 이후 기간($t = 2$)에 1이 되고, 정책 변화 이전 기간($t = 1$)에 0이 되는 모의변수라고 하자. $TREAT_i$는 개인 i가 처치군에 속하는 경우 1이 되고, 대조군에 속하는 경우 0이 되는 모의변수라고 하자. 다음과 같은 회귀 모형을 생각해 보자.

$$y_{it} = \beta_1 + \beta_2 TREAT_i + \beta_3 AFTER_t + \delta(TREAT_i \times AFTER_t) + e_{it} \tag{7.19}$$

회귀 함수는 다음과 같다.

$$E(y_{it}|\mathbf{X}) = \begin{cases} \beta_1 & TREAT = 0, \ AFTER = 0 \ [\text{대조군, 이전} = A] \\ \beta_1 + \beta_2 & TREAT = 1, \ AFTER = 0 \ [\text{처치군, 이전} = B] \\ \beta_1 + \beta_3 & TREAT = 0, \ AFTER = 1 \ [\text{대조군, 이후} = E] \\ \beta_1 + \beta_2 + \beta_3 + \delta & TREAT = 1, \ AFTER = 1 \ [\text{처치군, 이후} = C] \end{cases}$$

여기서 $\mathbf{X}$는 식 (7.19)의 오른쪽에 있는 변수들을 포함한다. 그림 7.3에서 점들은 $A = \beta_1$, $B = \beta_1 + \beta_2$, $E = \beta_1 + \beta_3$, $C = \beta_1 + \beta_2 + \beta_3 + \delta$이다. 그렇다면 다음과 같다.

$$\delta = (C - E) - (B - A)$$
$$= \left[(\beta_1 + \beta_2 + \beta_3 + \delta) - (\beta_1 + \beta_3)\right] - \left[(\beta_1 + \beta_2) - \beta_1\right]$$

위의 식과 식 (7.19)에서 구한 최소제곱 추정값 b_1, b_2, b_3, $\hat{\delta}$을 이용하면 다음과 같다.

$$\hat{\delta} = \left[\left(b_1 + b_2 + b_3 + \hat{\delta}\right) - (b_1 + b_3)\right] - \left[(b_1 + b_2) - b_1\right]$$
$$= \left(\overline{y}_{\text{처치군, 이후}} - \overline{y}_{\text{대조군, 이후}}\right) - \left(\overline{y}_{\text{처치군, 이전}} - \overline{y}_{\text{대조군, 이전}}\right)$$

정리문제 7.12   최저임금 변화의 효과를 추정하기 : DID 추정량

데이비드 카드(David Card) 교수와 앨런 크루거(Alan Krueger) 교수는 자연적 실험과 이중차분 추정량(differences-in-differences estimator)의 예를 보여주었다.[5] 1992년 4월 1일 미국 뉴저지주의 최저임금은 시간당 $4.25에서 $5.05로 인상되었던 반면에 뉴저지주와 인접한 펜실베이니아주의 최저임금은 계속 시간당 $4.25였다. 이들 두 교수는 뉴저지주(처치군) 및 동부 펜실베이니아주(대조군)에 소재하는 410개 패스트푸드 레스토랑에 대한 자료를 수집하였다. 이들 두 집단은 경제적으로 유사하며, 지리적으로 근접해 있다. 즉 몇 개의 다리가 놓여 있는 강으로만 분리되어 있다. '이전' 기간은 1992년 2월이며 '이후' 기간은 1992년 11월이다. 이런 자료를 사용하여 이들은 뉴저지주의 최저임금 인상이 패스트푸드 레스토랑의 고용에 영향을 미치는 '처치'효과를 추정하였다. 이들이 발견한 흥미로운 사실은 고용상에 유의할 만한 감소가 발생하지 않았다는 점이다. 이로 인해 대논쟁과 추가적인 연구가 촉발되었다. 모형 (7.19)에서 다음과 같은 귀무가설 및 대립가설을 검정할 것이다.

$$H_0 : \delta \geq 0 \quad \text{대} \quad H_1 : \delta < 0 \qquad (7.20)$$

우리는 이중차분 추정량을 사용하여 처치효과 δ를 추정하기 위해서, 표 7.8에 있는 전임 등가 종업원의 수, 즉 FTE의 표본 평균을 사용할 것이다.

펜실베이니아주에서 2월부터 11월 사이에 고용이 감소하였다. 뉴저지주에서 최저임금이 변하였으며 펜실베이니

표 7.8   주별 및 기간별 전임 등가 종업원

Variable	N	Mean	se
펜실베이니아주(PA)			
이전(Before)	77	23.3312	1.3511
이후(After)	77	21.1656	0.9432
뉴저지주(NJ)			
이전(Before)	321	20.4394	0.5083
이후(After)	319	21.0274	0.5203

아주에서는 변하지 않았고, 결과적으로 펜실베이니아주 고용 수준은 영향을 받지 않았다는 점을 기억하자. 뉴저지주에서는 동일 기간 동안에 FTE가 증가하였다. 최저임금 변화에 따른 고용 변화에 대한 이중차분 추정값은 다음과 같다.

$$\hat{\delta} = \left(\overline{FTE}_{NJ,\text{이후}} - \overline{FTE}_{PA,\text{이후}}\right) - \left(\overline{FTE}_{NJ,\text{이전}} - \overline{FTE}_{PA,\text{이전}}\right)$$
$$= (21.0274 - 21.1656) - (20.4394 - 23.3312)$$
$$= 2.7536$$

$$(7.21)$$

뉴저지주의 최저임금이 인상되었던 기간 동안에 FTE 고용은 2.75명이 증가하였다고 추정된다. 이런 양의 효과는 경제이론이 예측하는 것과 상반된다.

표본 평균을 사용하여 이중차분 추정값을 계산하기보다 회귀식을 사용하는 것이 더 용이하고 보다 일반적이다. 식 (7.19)에서 $y = FTE$라고 하자. 관찰값을 뉴저지주에서 구

---

5 David Card and Alan Krueger (1994) "Minimum Wages and Employment: A Case Study of the Fast Food Industry in New Jersey and Pennsylvania," *The American Economic Review*, 84, 316-361.

한 경우 처치변수는 모의변수 $NJ = 1$이며, 펜실베이니아 주에서 구한 경우 모의변수 $NJ = 0$이다. 관찰값을 11월에 구한 경우 시간 모의변수는 $D = 1$이고, 2월에 구한 경우 $D = 0$이다. 그러면 이중차분 회귀식은 다음과 같다.

$$FTE_{it} = \beta_1 + \beta_2 NJ_i + \beta_3 D_t + \delta(NJ_i \times D_t) + e_{it} \quad (7.22)$$

794개의 완벽한 관찰값을 사용하여 추정한 최소제곱 추정값은 표 7.9의 (1)열에 있다. $\alpha = 0.05$ 유의수준에서 식 (7.20)의 좌측검정에 대한 기각역은 $t \leq -1.645$이므로, 귀무가설을 기각하는 데 실패한다. 뉴저지주의 최저임금 인상이 뉴저지주 패스트푸드 레스토랑의 고용을 감소시켰다고 결론내릴 수 없다.

무작위 대조실험과 마찬가지로 이 결과들의 확고성을 알아보는 것은 흥미로운 일이다. 표 7.9 (2)열에서는 패스트푸드 체인점과 레스토랑들이 프랜차이즈 소유가 아니라 기업 소유인지에 대해 모의변수를 추가하였다. (3)열에서는 조사지역 내의 지리적 영역에 대해 모의변수를 추가시켰다. 이런 변화를 주어도 이중차분 추정값을 변화시키지 않으며, 식 (7.20)의 귀무가설 기각으로 이어지지 않는다.

표 7.9 이중차분 회귀분석 결과

	(1)	(2)	(3)
C	23.3312***	25.9512***	25.3205***
	(1.072)	(1.038)	(1.211)
NJ	-2.8918*	-2.3766*	-0.9080
	(1.194)	(1.079)	(1.272)
D	-2.1656	-2.2236	-2.2119
	(1.516)	(1.368)	(1.349)
D_NJ	2.7536	2.8451	2.8149
	(1.688)	(1.523)	(1.502)
KFC		-10.4534***	-10.0580***
		(0.849)	(0.845)
$ROYS$		-1.6250	-1.6934*
		(0.860)	(0.859)
$WENDYS$		-1.0637	-1.0650
		(0.929)	(0.921)
CO_OWNED		-1.1685	-0.7163
		(0.716)	(0.719)
$SOUTHJ$			-3.7018***
			(0.780)
$CENTRALJ$			0.0079
			(0.897)
$PA1$			0.9239
			(1.385)
N	794	794	794
R^2	0.007	0.196	0.221
adj. R^2	0.004	0.189	0.211

( ) 안에 표준오차가 있음
양측검정 p-값 : *$p < 0.05$, **$p < 0.01$, ***$p < 0.001$

🧠 **정리문제 7.13** 최저임금 변화에 따른 효과를 추정하기 : 패널자료의 사용

앞에서 이중차분 분석을 하면서는, 동일한 패스트푸드 레스토랑들을 두 시기에 걸쳐 관찰한 자료들의 한 가지 매우 중요한 특징을 살펴보지 않았다. 410개 레스토랑 중에서 384개에 대한 '이전(before)' 및 '이후(after)' 자료를 갖고 있다. 이 자료들을 쌍체 자료(paired data) 관찰값, 반복 자료(repeat data) 관찰값, 패널자료(panel data) 관찰값이라고 한다. 이런 자료들에서 우리는 여러 기간에 걸쳐 동일한 개별 수준 단위들을 관찰한다. 앞의 최저임금 관련 자료는 조사한 410개 레스토랑 중에서 $N = 384$개 개별 레스토랑들에 대해 $T = 2$ 관찰값들을 포함한다. 나머지 26개 레스토랑들은 '이전' 또는 '이후' 자료 중 하나에서 FTE에 관한 결손 자료를 포함하고 있다. 패널자료를 사용할 때 강한 이점들이 있으며, 그중 일부를 여기서 살펴볼 것이다.

패널자료를 사용할 경우 관찰되지 않은 개체 특정적 특색들을 통제할 수 있다. 관찰된 레스토랑들은 각각 특색들을 갖는다. 일부 레스토랑들은 유리한 위치에 소재하며,

일부는 우수한 관리자를 채용하고 있을 수 있다. 이런 관찰되지 않은 개체 특정적 특색들은 회귀식 (7.22)의 오차항에 포함된다. c_i는 시간이 흘러도 변하지 않는 레스토랑 i의 관찰되지 않은 특색이다. 식 (7.22)에 c_i를 추가하면 다음과 같다.

$$FTE_{it} = \beta_1 + \beta_2 NJ_i + \beta_3 D_t + \delta(NJ_i \times D_t) + c_i + e_{it} \tag{7.23}$$

c_i가 무엇이라고 하더라도, 이것은 회귀 모형을 오염시킬 수 있다. 패널자료를 사용한다면 해법을 쉽게 찾을 수 있다. $T=2$인 반복 관찰값을 갖고 있는 경우 기간 1에서 기간 2로의 FTE 변화를 분석함으로써 c_i를 제거할 수 있다. 기간 1에서 $D_t=0$이라는 사실을 기억하자. 따라서 $D_1=0$이고 기간 2에서 $D_t=1$이므로 $D_2=1$이다. $t=2$인 경우의 관찰값에서 $t=1$인 경우의 관찰값을 감하면 다음과 같다.

$$FTE_{i2} = \beta_1 + \beta_2 NJ_i + \beta_3 1 + \delta(NJ_i \times 1) + c_i + e_{i2}$$
$$-\underline{(FTE_{i1} = \beta_1 + \beta_2 NJ_i + \beta_3 0 + \delta(NJ_i \times 0) + c_i + e_{i1})}$$
$$\Delta FTE_i = \beta_3 + \delta NJ_i + \Delta e_i$$

여기서 $\Delta FTE_i=FTE_{i2}-FTE_{i1}$ 및 $\Delta e_i=e_{i2}-e_{i1}$이다. 차분

자료(differenced data)를 사용하면 관심의 대상인 회귀 모형은 다음과 같다.

$$\Delta FTE_i = \beta_3 + \delta NJ_i + \Delta e_i \tag{7.24}$$

오염 요인 c_i가 떨어져 나갔다는 사실에 주목하자. 이런 관찰할 수 없는 특색이 무엇이든지 간에 이것들은 이제 사라지게 되었다. 절편 β_1 및 계수 β_2도 또한 떨어져 나가서 모수 β_3가 새로운 절편이 되었다. 처치효과를 측정한 가장 중요한 모수 δ는, 처치군(뉴저지주)과 대조군(펜실베이니아주)의 관찰값들을 확인해 주는 모의변수 NJ_i의 계수이다.

모형 (7.24)의 추정된 결과는 다음과 같다.

$$\widehat{\Delta FTE} = -2.2833 + 2.7500NJ \quad R^2 = 0.0146$$
$$(se) \quad (1.036) \quad (1.154)$$

관찰되지 않는 개체별 차이에 대해 알려주는 차분 자료를 사용하여 구한 처치효과의 추정값 $\hat{\delta}=2.75$는 이중차분 추정값에 매우 근접한다. 다시 한 번 뉴저지주의 최저임금 인상이 해당 주의 고용을 감소시킨다고 결론을 내리는 데 실패하였다.

7.6 처치효과와 인과 모형

7.5절에서는 처치효과 모형의 기본적인 사항들에 대해 살펴보았다. 이 절에서는 이 접근법을 처음 공식화한 도널드 B. 루빈(Donald B. Rubin)의 공로를 인정하여 이름 붙여진 루빈 인과 모형(Rubin Causal Model, RCM)이라고도 하는, 잠재적 결과(potential outcome)의 틀을 이용하여 이를 확장하고 향상시킬 것이다.

7.6.1 인과 효과의 특성

경제학자들은 변수들 사이의 인과관계에 관심을 갖고 있다. 인과관계(causality)란 한 변수의 변화는 다른 변수 변화의 직접적인 결과라는 것을 의미한다. 예를 들면, 시간당 임금을 받는 경우 근로 시간의 증가(원인)는 소득 증가(결과)로 이어진다. 다른 예로는 정상재의 기본적인 공급 및 수요 모형을 들 수 있다. 소비자 소득이 증가(원인)하면, 수요가 증가되고, 이는 시장가격 상승과 거래량 증가(결과)로 이어진다.

원인은 결과보다 먼저 발생하거나 동시에 발생해야 한다. 상관과 인과관계 사이의 혼돈이 만연해 있지만, 상관이 인과관계를 의미하지 않는다. 인과관계가 없는 변수들 사이에서 많은 연관성을 관찰할 수 있다. 2000~2009년 기간 동안에 미국 메인주의 이혼율과 미국 1인당 마가린 소비 사이의 상관

은 0.9926이다. 이 높은 상관이 인과관계라는 데는 그 신빙성에 의심을 갖게 된다. 모든 혼동이나 허구적 상관이 용납할 만하고 해가 없는 것은 아니다. 어린아이들에 대한 예방접종과 예를 들면, 자폐증과 같은 이에 따른 건강상의 부작용 사이에 존재할지도 모를 관계에 대해 일부 부모들이 우려를 하고 있다. 미국 질병관리예방센터의 인과관계가 없다는 연구에도 불구하고, 자녀들에게 예방접종을 하지 않는 부모들 사이의 움직임이 있다. 이에 따라 국민건강을 담당하는 공무원들은 일부 어린이 질병이 다시 만연하지 않을까 하는 우려를 하고 있다.

7.6.2 처치효과 모형

처치효과 모형은 인과 효과를 추정하려 한다. 개인이 신약을 투여받거나 또는 추가적인 직업훈련을 받을 경우 이를 처치라 하며, $d_i = 1$이라고 표기하는 반면에 이런 처치를 받지 않을 경우 $d_i = 0$이 된다. 처치가 신약인 경우 관심의 대상인 결과는 콜레스테롤 수준이다. 처치가 직업훈련인 경우 결과는 특정 작업을 완수하는 근로자의 작업성과이다. 각 개인에게는 2개의 가능한 결과 또는 잠재적 결과가 있다. 개인이 처치를 받은 경우($d_i = 1$)라면 y_{1i}가 되고, 받지 않은 경우($d_i = 0$)라면 y_{0i}가 된다. 우리는 인과 효과(causal effect), 즉 개인 i가 처치를 받을 경우와 받지 않을 경우 결과의 차이 $y_{1i} - y_{0i}$를 알아보고자 한다. 잠재적 결과의 분석 틀이 갖는 이점은 처치효과가 개인에 따라 변동한다는 사실을 인지하게 해 준다는 사실, 즉 개인 특정적이라는 것이다. 어려운 점은 우리가 y_{1i} 및 y_{0i} 둘 다를 관찰하지 못하며, 하나만을 관찰할 수 있다는 것이다. 우리가 관찰한 결과는 다음과 같다.

$$y_i = \begin{cases} y_{1i} & d_i = 1\text{인 경우} \\ y_{0i} & d_i = 0\text{인 경우} \end{cases} \tag{7.25}$$

이를 다른 방법으로 나타내면, 우리가 관찰한 것은 다음과 같다.

$$y_i = y_{1i}d_i + y_{0i}(1 - d_i) = y_{0i} + (y_{1i} - y_{0i})d_i \tag{7.26}$$

각 개인에 대해 $y_{1i} - y_{0i}$를 추정할 수 있는 대신에, 우리가 추정할 수 있는 것은 모집단의 평균처치효과 (average treatment effect, ATE), $\tau_{ATE} = E(y_{1i} - y_{0i})$이다. 이에 대해 알아보기 위해서 y_i의 조건부 기댓값, 즉 처치를 받은 사람들($d_i = 1$)과 받지 않은 사람들($d_i = 0$)에 대해 우리가 실제로 관찰한 결과 사이의 차이를 식으로 나타내면 다음과 같다.

$$E(y_i|d_i = 1) - E(y_i|d_i = 0) = E(y_{1i}|d_i = 1) - E(y_{0i}|d_i = 0) \tag{7.27}$$

무작위 대조 실험에서, 개인들은 모집단으로부터 무작위로 뽑히며, 그리고 나서 처치를 받은 집단, 즉 처치군($d_i = 1$) 또는 처치를 받지 않은 집단, 즉 대조군($d_i = 0$)에 무작위로 배정된다. 이런 방법으로 처치 d_i는 잠재적 결과 y_{1i} 및 y_{0i}와 통계적으로 독립적이다. 따라서 다음과 같다.

$$\begin{aligned} E(y_i|d_i = 1) - E(y_i|d_i = 0) &= E(y_{1i}|d_i = 1) - E(y_{0i}|d_i = 0) \\ &= E(y_{1i}) - E(y_{0i}) = E(y_{1i} - y_{0i}) \\ &= \tau_{ATE} \end{aligned} \tag{7.28}$$

첫째 줄에서 둘째 줄로 변환시키기 위해서, 두 확률변수 X 및 Y가 통계적으로 독립적인 경우 $E(Y|X=x)=E(Y)$라는 사실을 이용하였다. 이것이 참인지 알아보기 위해서 X 및 Y가 이산적 확률변수라고 가상하자. 그러면 다음과 같다.

$$E(Y)=\sum yP(Y=y) \quad \text{및} \quad E(Y|X=x)=\sum yP(Y=y|X=x)$$

X 및 Y가 통계적으로 독립적이라면 다음과 같다.

$$P(Y=y|X=x)=P(Y=y)$$

따라서 다음과 같다.

$$E(Y|X=x)=\sum yP(Y=y|X=x)=\sum yP(Y=y)=E(Y)$$

모집단 구성원을 무작위로 뽑아서 이들을 처치군과 대조군에 무작위로 배정할 경우, 처치 d_i는 실험의 잠재적 결과와 통계적으로 독립적이 된다. $E(y_i|d_i=1)$의 불편 추정량은 처치군의 N_1개 결과들의 표본 평균, $\bar{y}_1=\sum_{i=1}^{N_1}y_{1i}/N_1$이다. $E(y_i|d_i=0)$의 불편 추정량은 대조군의 N_0개 결과들의 표본 평균, $\bar{y}_0=\sum_{i=1}^{N_0}y_{0i}/N_0$이다. 모집단 평균 처치효과의 불편 추정량은 $\hat{\tau}_{ATE}=\bar{y}_1-\bar{y}_0$이다. 이는 식 (7.14)의 차분 추정량이다. 즉 $N=N_0+N_1$개 관찰값들을 사용하여 단순회귀 $y_i=\alpha+\tau_{ATE}d_i+e_i$로부터 평균 처치효과의 추정량을 구할 수 있다.

7.6.3 처치효과의 분해

식 (7.27), 즉 $\left[E(y_i|d_i=1)-E(y_i|d_i=0)=E(y_{1i}|d_i=1)-E(y_{0i}|d_i=0)\right]$을 이용하면, 단순회귀 $y_i=\alpha+\tau_{ATE}d_i+e_i$에 관해 추가적인 통찰을 할 수 있다. $E(y_{0i}|d_i=1)$을 오른편에 더하고 이를 다시 뺀 후에 재정리하면 다음과 같은 결과를 얻을 수 있다.

$$\begin{aligned}E(y_i|d_i=1)-E(y_i|d_i=0)=&\left[E(y_{1i}|d_i=1)-E(y_{0i}|d_i=1)\right]\\&+\left[E(y_{0i}|d_i=1)-E(y_{0i}|d_i=0)\right]\end{aligned} \tag{7.29}$$

왼편은 처치군($d_i=1$)과 대조군($d_i=0$)의 평균 결과상 차이이다. 차이$\left[E(y_{1i}|d_i=1)-E(y_{0i}|d_i=1)\right]$는 처치를 받은 사람들의 잠재적 결과상 평균 차이이고, 해당 연구에서 명명한 바는 처치받은 사람들에 대한 평균처치효과(average treatment effect on the treated, ATT)이며 τ_{ATT}로 표시된다. 두 번째 항 $E(y_{0i}|d_i=1)-E(y_{0i}|d_i=0)$은, 처치군에 있는 사람들이 처치를 받지 않았을 경우의 평균 잠재적 결과에서 대조군에 있는 사람들의 평균 결과를 감한 것이다. 개인들이 정말 무작위로 처치군과 대조군에 배정될 경우 $E(y_{0i}|d_i=1)-E(y_{0i}|d_i=0)$은 영이 되며, 이는 처치군과 대조군이 처치되지 않는다면 이들 두 군 사이의 기대되는 잠재적 결과에 차이가 없다는 의미이다. 이 경우 처치효과, 즉 $\tau_{ATE}=E(y_i|d_i=1)-E(y_i|d_i=0)$은 처치받은 사람들에 대한 평균 처치효과, 즉 $\tau_{ATT}=E(y_{1i}|d_i=1)-E(y_{0i}|d_i=1)$와 같다.

식 (7.29)에서 두 번째 모난 괄호 안에 있는 항이 영이 아닌 경우, 또는 $E(y_{0i}|d_i=1)-$

$E(y_{0i}|d_i = 0) \neq 0$인 경우, **선택 편의**가 있다. 이것은 처치군과 대조군에서 처치를 받지 않은 y_{0i}의 경우 잠재적 결과의 평균이 상이하기 때문에, 개인들이 처치군과 대조군에 무작위적으로 배정되지 않았다는 의미이다. 처치가 신약이 투입되는 것이라면 다음과 같은 경우 선택 편의가 발생한다. (i) 배정하는 사람이 무작위로 선택된 사람을 바라보면서 "이 사람은 아파 보이며 이 약을 이용할 수 있을 것이므로, 나는 이 사람을 처치군에 배정한다." (ii) 어떤 사람이 처치가 자신에게 이로울 것으로 보인다고 생각하고, 처치군에 그럭저럭 포함되도록 한다. 이들 두 가지 중 어느 것이든 처치군과 대조군의 평균적인 처치받지 않은 건강 상태 y_{0i}에 차이가 있다. 이런 이유로 인해 $E(y_{0i}|d_i = 1) - E(y_{0i}|d_i = 0)$ 항을 선택 편의라고 한다. 처치군과 대조군에 개인들을 무작위로 배정함으로써 선택 편의를 제거할 수 있다. 선택 편의가 있는 경우 차분 추정량 $\hat{\tau}_{ATE} = \bar{y}_1 - \bar{y}_0$은 평균처치효과의 불편 추정량이 아니며, 평균처치효과는 처치받은 사람들에 대한 평균처치효과가 아니다.

요약하여 말하면, 무작위 실험에서 처치 지표 d_i는 잠재적 결과 y_{0i} 및 y_{1i}와 통계적으로 독립적이다. 잠재적 결과 둘 다를 관찰하지는 못하지만 $y_i = y_{0i} + (y_{1i} - y_{0i})d_i$는 관찰한다. 처치 d_i가 잠재적 결과와 통계적으로 독립적이라면 다음과 같다.

$$\tau_{ATE} = \tau_{ATT} = E(y_i|d_i = 1) - E(y_i|d_i = 0) \tag{7.30}$$

불편 추정량은 다음과 같다.

$$\hat{\tau}_{ATE} = \hat{\tau}_{ATT} = \bar{y}_1 - \bar{y}_0 \tag{7.31}$$

통계적 독립성보다 약한 가정하에서 등식 $\tau_{ATE} = \tau_{ATT}$가 실제로 성립한다. 식 (7.29)로부터 다음과 같다.

$$\tau_{ATE} = \tau_{ATT} + E(y_{0i}|d_i = 1) - E(y_{0i}|d_i = 0) \tag{7.32}$$

$E(y_{0i}|d_i = 1) = E(y_{i0})$ 및 $E(y_{0i}|d_i = 0) = E(y_{i0})$라면, 선택 편의 항은 $E(y_{0i}|d_i = 1) - E(y_{0i}|d_i = 0) = 0$이 된다. 이를 조건부 독립 가정(conditional independence assumption, CIA) 또는 조건부 평균 독립(conditional mean independence)이라고 한다. 이것은 처치와 잠재적 결과 사이의 통계적 독립성보다 덜 엄중한 조건이지만 계속해서 강한 조건이다. 이것은 처치군에 속하든지 또는 대조군에 속하든지 간에 처치받지 않은 사람들의 평균 결과와 관련되지 않는다는 것을 시사한다.

7.6.4 통제변수의 도입

통제변수(control variable) x_i는 연구에서 관심의 대상은 아니다. 무시할 경우 선택 편의로 이어질 수 있는 불변 요소를 유지하기 위해서 모형에 포함된다. 6.3.4절을 살펴보시오. 처치효과 모형에서 잠재적 결과 y_{0i} 및 y_{1i}가 처치변수 d_i와 상관되었을 수도 있을 때, 처치효과를 불편 추정하기 위해서 통제변수가 도입된다. 이상적으로 말하면 통제변수 x_i에 조건을 붙임으로써 처치는 무작위 배정과 '똑같이 잘' 작동해서 평균 인과 효과 또는 처치효과를 추정할 수 있다. 설명을 간단히 하기 위해서 단 하나의 통제변수만을 고려할 것이다. 아래에서 논의하는 방법은 다중 통제변수의 경우로 이어질 수 있다. 핵심은 조건부 독립 가정을 연장하는 것이다.

$$E(y_{0i}|d_i, x_i) = E(y_{0i}|x_i) \quad \text{및} \quad E(y_{1i}|d_i, x_i) = E(y_{1i}|x_i) \tag{7.33}$$

일단 통제변수에 조건을 붙이게 되면, 기대 잠재적 결과는 처치에 의존하지 않는다. 어떤 점에서 좋은 통제변수를 갖는다는 것은 무작위 대조실험을 갖는 것과 똑같이 좋다. 좋은 통제변수는 처치가 배정될 때 고정되고 주어진다는 의미에서 '선결되는' 특징을 갖고 있다. 조건부 독립 가정이 준수되기 위해서는 충분한 통제변수들이 추가되어야만 한다. 처치의 결과가 될지도 모를 '나쁜 통제' 변수를 피하시오.

잠재적 결과가 x_i에 의존할 때, 평균처치효과는 x_i에 의존하며 다음과 같다.

$$\tau_{ATE}(x_i) = E(y_{1i}|d_i, x_i) - E(y_{0i}|d_i, x_i) = E(y_{1i}|x_i) - E(y_{0i}|x_i)$$

기대에 대한 선형회귀 구조를 가정하고, 관찰된 결과가 $y_i = y_{0i} + (y_{1i} - y_{0i})d_i$라는 것을 기억하자. 그리고 다음과 같다고 하자.

$$E(y_i|x_i, d_i = 0) = E(y_{i0}|x_i, d_i = 0) = E(y_{i0}|x_i) = \alpha_0 + \beta_0 x_i \tag{7.34a}$$

$$E(y_i|x_i, d_i = 1) = E(y_{i1}|x_i, d_i = 1) = E(y_{i1}|x_i) = \alpha_1 + \beta_1 x_i \tag{7.34b}$$

처치효과는 식 (7.34b)와 (7.34a) 사이의 차이이며, 또는 다음과 같다.

$$\tau_{ATE}(x_i) = (\alpha_1 + \beta_1 x_i) - (\alpha_0 + \beta_0 x_i) = (\alpha_1 - \alpha_0) + (\beta_1 - \beta_0)x_i \tag{7.35}$$

$\tau_{ATE}(x_i)$는 x_i에 의존하기 때문에, x_i의 모집단 분포에 걸쳐 '평균화'함으로써 평균처치효과를 구할 수 있다. 확률의 기본 개념에서 '모집단 평균'이 기댓값이었다는 사실을 기억하자. 따라서 평균처치효과를 $\tau_{ATE} = E_x[\tau_{ATE}(x_i)]$로 정의하며, 여기서 기대 연산 부호상에 첨부한 아래첨자 x는 우리가 x를 무작위로 취급한다는 의미이다.

실제로 처치군 및 대조군에 대한 회귀 함수를 분리해서 추정할 수 있다.

1. 대조군$(d_i = 0)$에서, x_i에 대한 y_i의 회귀로부터 $\hat{\alpha}_0 + \hat{\beta}_0 x_i$를 구하시오.
2. 처치군$(d_i = 1)$에서, x_i에 대한 y_i의 회귀로부터 $\hat{\alpha}_1 + \hat{\beta}_1 x_i$를 구하시오.

그러면 다음과 같다.

$$\hat{\tau}_{ATE}(x_i) = \hat{\alpha}_1 + \hat{\beta}_1 x_i - \left(\hat{\alpha}_0 + \hat{\beta}_0 x_i\right) = (\hat{\alpha}_1 - \hat{\alpha}_0) + \left(\hat{\beta}_1 - \hat{\beta}_0\right)x_i \tag{7.36}$$

표본값들에 걸친 추정값을 평균하면 다음과 같다.

$$\hat{\tau}_{ATE} = N^{-1} \sum_{i=1}^{N} \hat{\tau}_{ATE}(x_i) = N^{-1} \sum_{i=1}^{N} \left[(\hat{\alpha}_1 - \hat{\alpha}_0) + (\hat{\beta}_1 - \hat{\beta}_0) x_i \right]$$

$$= (\hat{\alpha}_1 - \hat{\alpha}_0) + (\hat{\beta}_1 - \hat{\beta}_0) \left(N^{-1} \sum_{i=1}^{N} x_i \right) \tag{7.37}$$

$$= (\hat{\alpha}_1 - \hat{\alpha}_0) + (\hat{\beta}_1 - \hat{\beta}_0) \bar{x}$$

기울기 및 절편 모의변수를 이용하여, 통합회귀에서 평균처치효과를 추정할 수 있으며 추정값 $\hat{\tau}_{ATE}$에 대한 표준오차를 계산할 수 있다. 통합회귀는 다음과 같다.

$$y_i = \alpha + \theta d_i + \beta x_i + \gamma(d_i x_i) + e_i \tag{7.38}$$

처치군 및 대조군에 대한 회귀 함수는 다음과 같다.

$$E(y_i|d_i, x_i) = \begin{cases} \alpha + \beta x_i & d_i = 0 \text{인 경우} \\ (\alpha + \theta) + (\beta + \gamma) x_i & d_i = 1 \text{인 경우} \end{cases} \tag{7.39}$$

별개의 회귀계수 측면에서 보면 다음과 같다.

$$\alpha = \alpha_0, \quad \beta = \beta_0, \quad \alpha + \theta = \alpha_1, \quad \beta + \gamma = \beta_1 \tag{7.40}$$

통합회귀 식 (7.38)에서 당연히 추정값 $\hat{\theta} = \hat{\alpha}_1 - \hat{\alpha}_0$ 및 $\hat{\gamma} = \hat{\beta}_1 - \hat{\beta}_0$이 된다. 이들 추정값과 $\hat{\tau}_{ATE}$의 관계는 다음과 같다.

$$\hat{\theta} = \hat{\tau}_{ATE} - \bar{x}(\hat{\beta}_1 - \hat{\beta}_0) = \hat{\tau}_{ATE} - \bar{x}\hat{\gamma}$$

또는

$$\hat{\tau}_{ATE} = \hat{\theta} + \bar{x}\hat{\gamma}$$

τ_{ATE}가 통합회귀에 포함될 수 있도록, 통합회귀를 수정할 수 있다. 통합회귀 식 (7.38)에서 $\gamma(d_i\bar{x})$를 더했다가 빼보자.

$$y_i = \alpha + \theta d_i + \beta x_i + \gamma(d_i x_i) + \left[\gamma d_i \bar{x} - \gamma d_i \bar{x} \right] + e_i$$

$$= \alpha + (\theta + \gamma\bar{x}) d_i + \beta x_i + \gamma[d_i(x_i - \bar{x})] + e_i \tag{7.41}$$

$$= \alpha + \tau_{ATE} d_i + \beta x_i + \gamma(d_i \tilde{x}_i) + e_i$$

이제는 모집단 평균처치 효과 τ_{ATE}가 통합회귀에서 모수가 되었다. $\tilde{x}_i = (x_i - \bar{x})$는 평균에 대한 편차의 표기법이다. 최소제곱 회귀를 사용하여 $\hat{\tau}_{ATE}$를 구할 수 있다. 여러분이 사용한 소프트웨어는 또한 표준오차 $\text{se}(\hat{\tau}_{ATE})$를 제시해 줄 것이다.

모집단에서의 평균처치효과, 즉 $\tau_{ATE} = E(y_{1i} - y_{0i})$가 일부 사례에서는 관심 있는 모수가 아닐 수 있다. 통합회귀를 약간 수정함으로써 부분 모집단의 평균처치효과를 구할 수 있다. 예를 들면, 다음과 같은 질문을 할 수 있다. 실제로 처치를 받은 사람들에 대한 평균처치효과는 얼마나 큽니까? 처치받은 사람들에 대한 평균처치효과, 즉 τ_{ATT}는 다음과 같은 통합회귀를 추정함으로써 구할 수 있다. 여기서 아래첨자 ATT는 대상집단을 표시한다.

$$y_i = \alpha + \tau_{ATT} d_i + \beta x_i + \gamma(d_i \tilde{x}_{i1}) + e_i \tag{7.42}$$

여기서 $\tilde{x}_{i1} = (x_i - \bar{x}_1)$ 및 $\bar{x}_1 = N_1^{-1} \sum_{i=1}^{N_1} x_i$이며, $d_i = 1$이다.

이와 유사하게, 처치효과의 측정을 관심 있는 다른 부분 모집단에 한정시킬 수 있다. 예를 들면, 직업훈련 프로그램의 효과를 생각할 경우 매우 부유한 사람들을 포함시키지 않고자 할 수 있다. 관심 있는 모집단을 소득 하위 25% 사람들에 특정화시킬 수 있다. 관심을 갖고 있는 제한 집단을 R로 표기하고 $\tau_{ATE, R}$을 이 집단에 대한 평균처치효과라고 하자. $\tilde{x}_{iR} = (x_i - \bar{x}_R)$이라 하자. 여기서 $\bar{x}_R = N_R^{-1} \sum_{i \in R} x_i$이고, $i \in R$은 대상 집단 R에 속하는 개인들 i에 한정된다는 것을 나타내며, N_R은 조건을 충족시키는 표본에 있는 개인들의 수이다. 그렇다면 다음과 같은 통합회귀로부터 $\tau_{ATE, R}$을 추정할 수 있다.

$$y_i = \alpha + \tau_{ATE,R} d_i + \beta x_i + \gamma(d_i \tilde{x}_{iR}) + e_i \tag{7.43}$$

7.6.5 중첩 가정

식 (7.33)의 조건부 독립 가정 이외에, 소위 중첩 가정(overlap assumption)이 준수되어야 한다. 중첩 가정에 따르면 각 x_i값에 대해 처치군과 대조군에서 개체를 발견하는 것이 가능하거나, 또는 $0 < P(d_i = 1 \mid x_i) < 1$ 및 $0 < P(d_i = 0 \mid x_i) = 1 - P(d_i = 1 \mid x_i) < 1$이어야만 한다. 어림법칙을 적용하려면 다음과 같은 표준화된 차이를 계산하여야 한다.

$$\frac{\bar{x}_1 - \bar{x}_0}{\left(s_1^2 + s_0^2\right)^{1/2}} \tag{7.44}$$

여기서 s_1^2 및 s_0^2은 처치군 및 대조군에 대한 설명변수 x의 표본분산이다. 표준화된 차이가 절댓값으로 0.25를 초과한다면, 관심을 가져야 하는 이유가 존재한다. 중첩 가정이 준수되지 못할 경우, 관심을 갖고 있는 모집단을 다시 정의할 필요가 있다. 평균 차이, 즉 $\bar{x}_1 - \bar{x}_0$가 평균처치효과에 미칠 영향을 알아보기 위해서, $f_0 = N_0/N$ 및 $f_1 = N_1/N$을 각각 대조군 및 처치군에 대한 관찰값의 비율이라고 하자. 다소 복잡한 과정을 거쳐 다음과 같은 결과를 도출할 수 있다.

$$\hat{\tau}_{ATE} = (\bar{y}_1 - \bar{y}_0) - \left(f_0 \hat{\beta}_1 + f_1 \hat{\beta}_0\right)(\bar{x}_1 - \bar{x}_0)$$

처치군과 대조군의 표본 평균 차이가 클 경우, 식 (7.34) 회귀들의 추정된 기울기, 즉 $\hat{\beta}_1$ 및 $\hat{\beta}_0$는 평균 처치효과의 추정값 $\hat{\tau}_{ATE}$에서 더 큰 영향을 갖게 된다.

7.6.6 회귀단절 설계

예를 들면, '중간시험에서 75점 이상을 취득한 학생들은 상을 받을 것이다'라는 결정론적인 규정에 따른 처치군과 대조군으로 분리될 경우 회귀단절(RD) 설계(regression discontinuity design)[6]가 발생할 수 있다. 성적에 대한 보상으로 상을 줄 경우 장래의 학구적 성과에 어떤 영향을 미치는지에 대한 질문은 흥미로울 수 있다. RD 설계에 관한 주요한 통찰력은 다음과 같다. '거의 75점'을 받은 학생들은 (점검할 수 있는 상황인) 거의 모든 면에 매우 유사할 가능성이 높기 때문에, 두 집단을 구별하기 위한 단절 점수보다 약간 낮은 점수를 받은 학생들은 약간 높은 점수를 받은 학생들에 대한 좋은 비교군이 될 수 있다. 처치효과를 추정할 목적으로 거의 단절 점수를 받은 학생들을 활용할 경우 사실상 무작위 배정과 '매한가지'가 될 것이다.

x_i는 개체들이 처치군 또는 대조군에 배정될지 여부를 결정하는 단일변수라고 하자. 이 연구에서 x_i를 강제변수(forcing variable)라고 한다. $x_i \geq c$인 경우 처치 모의변수 $d_i = 1$이 되고, 여기서 c는 미리 배정된 단절값이며 $x_i < c$인 경우 $d_i = 0$이 된다. 이런 형태를 계단형 회귀단절 설계(sharp regression discontinuity design)라 한다. 왜냐하면 강제변수가 경계값을 넘을 경우 처치가 분명히 취해지기 때문이다. 관찰된 결과는 $y_i = (1-d_i)y_{0i} + d_i y_{1i}$이다. 여기서 y_{0i}는 처치를 받지 않았을 때 개체 i에 대한 잠재적 결과이며, y_{1i}는 처치를 받았을 때 개체 i에 대한 잠재적 결과이다. 계단형 RD 설계의 경우, 처치는 강제변수 x_i에 의해 완벽하게 결정되기 때문에 다음과 같은 식 (7.33)의 조건부 독립 가정은 자동적으로 충족된다.

$$E(y_{0i}|d_i, x_i) = E(y_{0i}|x_i) \quad 및 \quad E(y_{1i}|d_i, x_i) = E(y_{1i}|x_i)$$

흥미롭게도 중첩 가정은 완벽하게 준수되지 못한다. 주어진 x_i값에 대해 처치군과 대조군 둘 다에서 개체를 관찰하는 것을 바랄 수 없다. RD 설계에서는 모집단 평균 처치효과를 추정하기보다 다음과 같이 '단절 점'에서의 처치효과를 추정한다.

$$\tau_c = E(y_{1i} - y_{0i}|x_i = c) = E(y_{1i}|x_i = c) - E(y_{0i}|x_i = c) \tag{7.45}$$

한 가지 필요한 가정은 '연속성'이다. 즉 $E(y_{1i}|x_i)$ 및 $E(y_{0i}|x_i)$는 '급등'하는 것을 제외하고 $x_i = c$에서 매끈하게 만나야 한다. 급등은 단절 점에서의 처치효과, τ_c이다.

그림 하나는 천 마디 말의 가치가 있으며, 특히 RD 설계에서 그러하다. 따라서 그래프를 살펴보도록 하자. 100점 만점인 중간시험(강제변수 x)을 실시하여 75점(단절값 c) 이상을 취득한 학생들에게 신형 랩톱 컴퓨터를 상으로 준다고 가상하자. 우리가 측정하는 결과는 400점 만점인 기말시험에서의 학생 성적이다.

시뮬레이션한 자료에 기초한 그림 7.4에서 보면, 중간시험 점수 75점에서 기말시험 점수가 급등하

---

6 다음을 참조하시오. David S. Lee and Thomas Lemieux (2010) "Regression Discontinuity Designs in Economics," *Journal of Economic Literature*, 48(1), 5-86. Jeffrey M. Wooldridge (2010) *Econometric Analysis of Cross Section and Panel Data, Second Edition*, MIT Press, Chapter 21 and Joshua D. Angrist and Jörn-Steffen Pischke (2009) *Mostly Harmless Econometrics: An Empiricist's Companion*, Princeton University Press, Chapter 6. Joshua D. Angrist and Jörn-Steffen Pischke (2015) *Mastering Metrics: The Path from Cause to Effect*, Princeton University Press, Chapter 4.

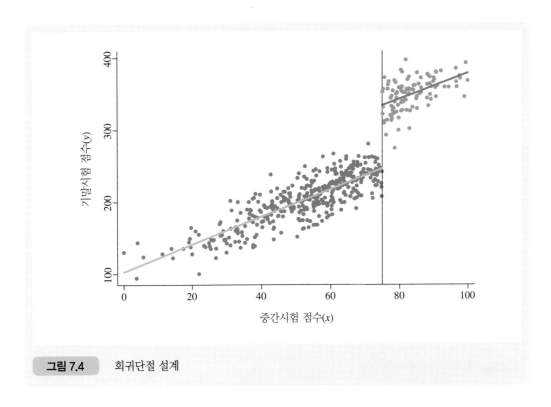

그림 7.4   회귀단절 설계

였음을 알 수 있다. 이런 급등이 우리가 측정하고자 하는 것이다. RDD의 사고는 다음과 같은 생각에 기초하고 있다. 75점보다 약간 낮은 점수 그리고 약간 높은 점수를 받은 학생들은 기본적으로 매우 유사해서, 이들을 비교할 경우 무작위 배정 처리와 매한가지가 된다. 결과를 그림으로 나타내는 또 다른 방법은 강제변수(x)를 구간으로 나누어서 결과변수(y)의 평균값 또는 중앙값을 계산하여 도표로 나타내는 것이다. 그림 7.5는 5점 간격의 구간에 기초한다.

단절 점수의 양편 중 어느 한 편에 속하는 2개 군(A 및 B)의 평균 점수 차이는 단절 점수에서의 처치효과 추정값이며, 이 경우에는 $\hat{\tau}_c = \text{B} - \text{A} = 326.7 - 243.6 = 83.1$이다. 다른 조건들이 동일하다면, 중간시험에서 75점 이상을 취득하고 새로운 컴퓨터를 받은 단절 점수 근처에 있는 학생들이 역시 단절 점수 근처에 위치하지만 상을 받지 못한 학생들보다 기말시험에서 83.1점 더 높은 점수를 받았다고 추정된다. 이 추정량은 합리적이며 직관적으로 타당하다. 어려움은 시험 점수가 70~75점 대에 있는 학생들이 75~80점 대에 있는 학생들과 우리가 바라는 것처럼 유사하지 않을 수 있다는 사실이다. 구간 폭을 점점 더 작게 할 경우 단절 점수의 양편 중 어느 한 편에 있는 집단들은 점점 더 유사해진다. 하지만 각 구간에 있는 관찰값들의 수는 점점 더 작아져서 처치효과의 추정량에 대한 신뢰성이 낮아진다.

대신에, 모든 관찰값들을 사용하고 회귀분석을 하여 단절되는 점수에서의 처치효과, τ_c를 추정하여 보자. 설명변수로 $x_i - c$를 사용하여 2개 군에 대한 회귀함수를 별개로 추정하시오.

1. 단절 점 아래에 있는 $(x_i < c)$ 개체들의 경우, $x_i - c$에 대한 y_i의 회귀로부터 $\hat{\alpha}_0 + \hat{\beta}_0(x_i - c)$를 구하시오.

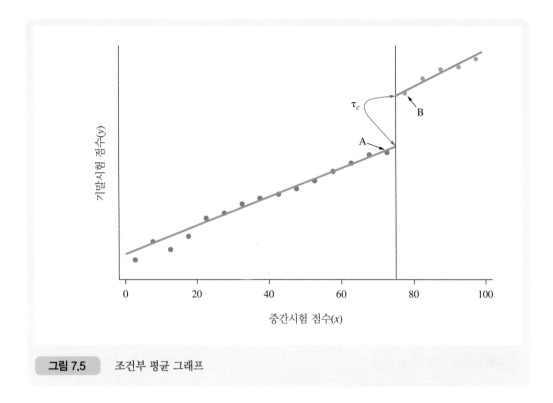

세로축: 기말시험 점수(y)

가로축: 중간시험 점수(x)

그래프 내 레이블: τ_c, A, B

0　20　40　60　80　100

그림 7.5　조건부 평균 그래프

2. 단절 점 위에 있는 $(x_i \geq c)$ 개체들의 경우, $x_i - c$에 대한 y_i의 회귀로부터 $\hat{\alpha}_1 + \hat{\beta}_1(x_i - c)$를 구하시오.

τ_c의 추정값은 $\hat{\tau}_c = \hat{\alpha}_1 - \hat{\alpha}_0$이다. 이와 동등하게 모의변수를 갖는 통합회귀를 사용할 수도 있다. $x_i \geq c$인 경우 $d_i = 1$이라 정의하고 $x_i < c$인 경우 $d_i = 0$이라 정의한다. 동등한 통합회귀는 다음과 같다.

$$y_i = \alpha + \tau_c d_i + \beta(x_i - c) + \gamma\left[d_i(x_i - c)\right] + e_i \tag{7.46}$$

RD 설계를 이용할 경우 몇 가지 사항을 추가적으로 고려하여야 한다. 첫째, 모든 범위의 자료를 사용하는 것은 좋은 생각이 아닐 수 있다. 목표는 단절값 $x_i = c$에서의 회귀 '급등'을 추정하는 것이다. 충분한 관찰값들이 있으면 단절 점수로부터 어떤 거리 h의 범위 내에 있는 자료들만을 사용하여 추정값을 '국지적'으로 구할 수 있다. 즉 $c - h \leq x_i \leq c + h$ 범위 내에 있는 관찰값들을 사용하시오. 다양한 h를 선택하여 조사 결과를 구하고 이들의 확고성을 점검하는 것은 좋은 생각이다.

둘째, 비선형 관계를 포괄할 수 있도록 회귀에 충분한 유연성을 내포시키는 것이 중요하다. 예를 들어, 결과 y와 시험 점수 x 사이의 참인 관계가 비선형이라면, RDD에서 선형 관계를 이용할 경우 처치효과의 추정량은 편의를 가질 수 있다. 그림 7.6에서 근저가 되는 관계에 '급등'이 없는 상황을 보여주고 있다. 하지만 선형 관계가 적합하다고 가정한 RDD를 이용할 경우 $x_i = c$에서 양의 처치효과가 있는 것처럼 보이게 할 수 있다.

이런 이유로 인해 연구자들은 회귀관계에서 $(x_i - c)$의 추가적인 거듭제곱인 $(x_i - c)^2$, $(x_i - c)^3$, $(x_i - c)^4$을 종종 사용한다. 세제곱까지 이용할 경우 통합회귀식은 다음과 같다.

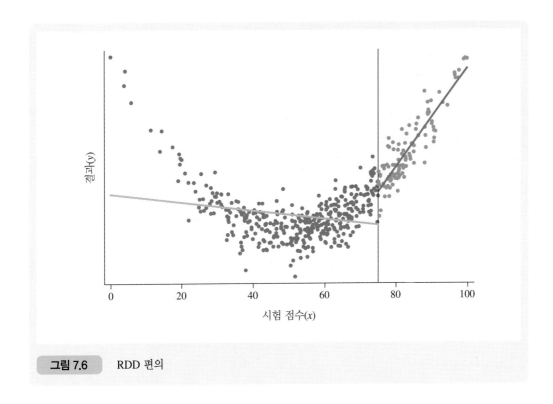

그림 7.6 RDD 편의

$$y_i = \alpha + \tau_c d_i + \sum_{q=1}^{3} \beta_q (x_i - c)^q + \sum_{p=1}^{3} \gamma_p \big[d_i (x_i - c)^p \big] + e_i \tag{7.47}$$

그림 7.6의 자료에 대해 적용한 식 (7.47)의 추정된 처치효과 $\hat{\tau}_c$는 $t = 1.11$ 및 p값 $= 0.268$을 가져서 통계적으로 영과 상이하지 않다. 대안적으로 표현하면 '비급등'이라는 사실을 $c - h \leq x_i \leq c + h$ 범위 내의 국지적인 관찰값을 사용하여 알아낼 수 있다.

셋째, 강제변수 이외의 다른 변수들, 예를 들면, z_i도 결과에 영향을 미칠 수 있다. 식 (7.47)의 RDD 모형에 이런 변수들이 추가될 수 있다.

넷째, 우리가 말한 설명에 따르면 75점 이상을 취득한 사람들에게 이들이 원하는지 여부에 관계 없이 신형 컴퓨터를 주었다. 그 대신에 75점 이상을 취득한 사람들에게 기말시험 이전에 신형 컴퓨터를 매우 할인된 가격으로 구입할 수 있도록 제안할 수 있다. 일부 사람들은 할인된 가격으로 신형 컴퓨터를 구입하길 선택할 것이며, 다른 사람들은 그렇지 않을 것이다. 물론 75점 미만을 취득한 일부 사람들도 신형 컴퓨터를 구입할 수 있다. 이 문제는 경사형 회귀단절 설계(fuzzy regression discontinuity design)라고 알려진 것으로 이어진다. 이 경우 핵심사항은 $x_i = c$에서 (기말시험 전에 신형 컴퓨터를 받는) 처치확률(probability of treatment)상에 '급등'이 있다는 것이다. 이 경우 도구변수 추정법(instrumental variables estimation)이라고 하는 최소제곱의 대안적인 추정법을 사용해야 한다. 이에 대해서는 제10장에서 살펴볼 것이다.

주요 용어

• 국문

강제변수	상호작용 변수	조건부 평균 독립
경사형 회귀단절 설계	선택 편의	준거집단
계단형 회귀단절 설계	선형확률 모형	지역 모의변수
계절 모의변수	연간 모의변수	차분 추정량
고정효과	이분변수	차우검정
기울기 모의변수	이원변수	처치군
기초집단	이중차분	처치받은 사람들에 대한 평균처치효과
대수-선형 모형	이중차분 추정량	처치효과
대조군	인과관계	쾌락 모형
루빈 인과 모형	잠재적 결과	통제변수
모의변수	절편 모의변수	평균처치효과
모의변수 함정	정확한 공선성	표시변수
무작위 대조실험	조건부 독립 가정	회귀단절(RD) 설계

• 영문

annual indicator variables	difference estimator	potential outcome
average treatment effect(ATE)	differences-in-differences(D-in-D, DD, DID)	randomized controlled experiment
average treatment effect on the treated (ATT)	differences-in-differences estimator	reference group
base group	dummy variables	regional indicator variables
binary variable	dummy variable trap	regression discontinuity design
causal effect	exact collinearity	Rubin Causal Model(RCM)
causality	fixed effect	seasonal indicator variables
Chow test	forcing variable	selection bias
conditional independence assumption (CIA)	fuzzy regression discontinuity design	sharp regression discontinuity design
conditional mean independence	indicator variable	slope-indicator variable(slope dummy variable)
control group	interaction variable	treatment effect
control variable	intercept indicator variable	treatment group
dichotomous variables	linear probability model	
	log-linear model	

복습용 질문

1. 질적인 경제변수와 양적인 경제변수 사이의 차이를 설명하시오.

2. 회귀식의 오른편에 모의변수 0-1을 어떻게 포함시킬 수 있는지 논의하시오. 이는 모형을 해석하는 데 어떤 영향을 미치는지 설명하고 그 예를 드시오.

3. 대수-선형 식의 모의변수 계수를 어떻게 해석하는지 설명하시오.

4. 회귀식에 기울기 모의변수를 포함시킬 경우 모형을 해석

하는 데 어떤 영향을 미치는지 설명하고 그 예를 드시오.

5. 회귀식에 2개 모의변수의 곱을 포함시킬 경우 모형을 해석하는 데 어떤 영향을 미치는 설명하고 그 예를 드시오.

6. (일국의 지역처럼) 2개의 범주를 초과하는 질적인 요소를 어떻게 모형화시키고 이에 따른 모형을 어떻게 해석할 수 있는지 설명하고 그 예를 드시오.

7. 표본 일부에서 나타날 수 있는 모수의 구조적 변화를 무시할 경우 나타날 결과를 설명하시오.

8. 모의변수를 사용하여 2개의 회귀식의 등가성을 어떻게

검정할 수 있는지 설명하시오.

9. 모의종속변수를 갖는 회귀를 어떻게 추정하고 해석하는지 설명하시오.

10. 무작위 대조 실험과 자연적 실험의 차이를 설명하시오.

11. 평균처치효과(ATE)와 처치받은 사람들에 대한 평균처치효과(ATT)의 차이를 설명하시오.

12. 회귀단절 설계(RDD)를 어떻게 사용하는지 설명하시오. 그리고 이것이 언제 유용한지 설명하시오.

연습문제

7.1 대규모 대학교에서 경제학 전공자에 대한 무작위 자료표본을 수집한다고 가상하자. 노동인구로 진입한 사람들에 대해 고용 상태 및 졸업 후 5년간 봉급을 관찰한다고도 가정하자. $SAL =$ 피고용인들에 대한 봉급 \$, $GPA =$ 학부 재학 동안의 4.0 만점 중 졸업 평균 평점, 계량경제학을 수강한 경우 $METRICS = 1$, 그렇지 않은 경우 $METRICS = 0$이라고 하자.

  a. 회귀 모형 $SAL = \beta_1 + \beta_2 GPA + \beta_3 METRICS + e$를 생각해보자. 이 모형은 인과 모형인가? 또는 예측 모형인가? 추론하는 바를 설명하시오.

  b. β_2 및 β_3는 양수라고 가정하자. $E(SAL|GPA, METRICS) = \beta_1 + \beta_2 GPA + \beta_3 METRICS$를 개략적으로 그려 보시오.

  c. 여학생인 경우 모의변수 $FEMALE = 1$이고 그렇지 않은 경우는 0이라고 한다. 회귀 모형을 $SAL = \beta_1 + \beta_2 GPA + \beta_3 METRICS + \delta_1 FEMALE + e$로 수정해 보자. 계량경제학을 수강하지 않은 남성의 기대 봉급은 무엇인가? 계량경제학을 수강한 여성의 기대 봉급은 무엇인가?

  d. 다음과 같은 회귀 모형을 생각해 보자.

  $$SAL = \beta_1 + \beta_2 GPA + \beta_3 METRICS + \delta_1 FEMALE$$
  $$+ \delta_2 (FEMALE \times METRICS) + e \qquad \text{(XR7.1.1)}$$

  계량경제학을 수강하지 않은 남성의 기대 봉급은 무엇인가? 계량경제학을 수강한 여성의 기대 봉급은 무엇인가?

  e. 식 (XR7.1.1)에서 $\delta_1 < 0$ 및 $\delta_2 < 0$이라고 가정하자. (i) 계량경제학을 수강하지 않은 남성, (ii) 계량경제학을 수강한 남성, (iii) 계량경제학을 수강하지 않은 여성, (iv) 계량경제학을 수강한 여성에 관한 $E(SAL|GPA, METRICS, FEMALE)$ 대 GPA의 그림을 개략적으로 그리시오.

f. 식 (XR7.1.1)에서 계량경제학에 대한 학습 여부가 경제학 전공자들의 평균 봉급에 영향을 미치지 않는다는 점을 검정하기 위해서, 모형 모수 측면에서 나타낸 귀무가설 및 대립가설은 무엇인가? 식 (6.4)의 검정 통계량을 사용하기 위해서, (XR7.1.1) 이외에 어떤 회귀를 추정하여야 하는가? $N = 300$이라고 가정할 경우 귀무가설이 참이라면 검정 통계량의 분포는 무엇인가? 5% 검정에 대한 기각역은 무엇인가?

7.2 1998년 9월 한 지역 텔레비전 방송국은 계량경제학자에게 어떤 자료를 분석하여 달라고 요청하였다. 그들은 이상한 행동에 영향을 미친다는 보름달의 전설에 관한 '핼러윈'(모든 성인의 날 전야) 이야기를 분석하려고 하였다. 그들은 1998년 1월 1일부터 8월 중순까지의 기간 동안 응급실 사용의 일간 숫자에 관해 자료를 수집하여 229개의 관찰값을 구하였다. 같은 기간 동안 8개의 보름달과 7개의 초승달(관련된 전설은 초승달과 연관이 있다), 그리고 3개의 공휴일(새해, 현충일, 부활절)이 있었다. 이 의문점은 의사와 간호사를 응급실에 근무시켜야 하는 병원 관리자에게 중요하며, 근무 중인 경찰관의 수를 결정해야 하는 지역 경찰에게도 중요한 문제이다. T는 시간 추세($T = 1, 2, 3, \cdots, 229$)이고 나머지는 모의변수이다. 공휴일인 경우 $HOLIDAY = 1$, 그렇지 않은 경우 $= 0$, 금요일인 경우 $FRIDAY = 1$, 그렇지 않은 경우 $= 0$, 토요일인 경우 $SATURDAY = 1$, 그렇지 않은 경우 $= 0$, 보름달인 경우 $FULLMOON = 1$, 그렇지 않은 경우 $= 0$, 초승달인 경우 $NEWMOON = 1$, 그렇지 않은 경우 $= 0$이다. 이 모형은 다음과 같이 나타낼 수 있다.

$$CASES = \beta_1 + \beta_2 T + \delta_1 HOLIDAY + \delta_2 FRIDAY + \delta_3 SATURDAY$$
$$+ \theta_1 FULLMOON + \theta_2 NEWMOON + e \qquad \text{(XR7.2.1)}$$

a. 보름달도 아니고 초승달도 아닌 금요일인 $T = 100$일 동안 응급실 사용 일수의 기대치는 무엇인가?

b. 휴일 토요일인 $T = 185$일 동안 응급실 사용 일수의 기대치는 무엇인가?

c. 보름달도 초승달도 응급실 사용 일수에 영향을 미치지 않는다는 검정을 하기 위한 귀무가설 및 대립가설을 모형 모수 측면에서 작성하시오. 검정 통계량은 무엇인가? 귀무가설이 참인 경우 검정 통계량의 분포는 무엇인가? 5% 검정을 위한 기각역은 무엇인가?

d. (XR7.2.1)의 회귀로부터 구한 제곱한 잔차의 합은 27,109이다. 모형에서 보름달 및 초승달이 누락될 경우 제곱한 잔차의 합은 27,424이다. (c)의 검정을 시행하시오. 결론은 무엇인가?

e. 식 (XR7.2.1) 모형에 기초한 $SATURDAY$의 추정된 계수는 10.59이며 표준오차는 2.12이다. $FRIDAY$의 추정된 계수는 6.91이며 표준오차는 2.11이다. 계수 추정량들 사이의 추정된 공분산은 0.75이다. 병원은 금요일보다 토요일에 유의하게 더 많은 응급실을 마련하여야 하는가? 모형 모수 측면에서 관련된 귀무가설 및 대립가설을 말하시오. 검정 통계량은 무엇인가? 귀무가설이 참인 경우 검정 통계량의 분포는 무엇인가? 10% 유의수준에서 검정에 대한 기각역은 무엇인가? 검정을 시행하고 결론을 말하시오.

7.3 어떤 지역의 주택가격에 관한 주요한 문제들 중 하나는 '가격지수'를 작성하는 것과 관련된다. 즉 다른 요인들이 불변하다고 할 경우 특정 지역에서의 가격은 상승하는가? 하락하는가? 상

대적으로 안정적인가? 예를 들면, 미국 캘리포니아주 스톡턴시의 1991년부터 1996년까지 주택판매에 대한 주택가격($1,000로 측정)의 모형을 생각해 보자. 설명변수로 주택 규모($SQFT$, 100제곱피트로 측정), 주택 연수(AGE), 예를 들면, 1992년이라면 $D92 = 1$, 그렇지 않다면 0처럼 연간 모의변수가 포함된다.

$$PRICE = \beta_1 + \beta_2 SQFT + \beta_3 AGE + \delta_1 D92 + \delta_2 D93 + \delta_3 D94 + \delta_4 D95$$
$$+ \delta_5 D96 + e \qquad\qquad (XR7.3.1)$$

대안적인 모형은 1991~1996년 동안 '추세'변수 $YEAR = 0, 1, \cdots, 5$를 포함한다.

$$PRICE = \beta_1 + \beta_2 SQFT + \beta_3 AGE + \tau YEAR + e \qquad (XR7.3.2)$$

a. 식 (XR7.3.1)을 사용할 경우 1991~1996년 각 연도에 대한 거주공간이 2,000제곱피트인 10년 된 주택의 기대 매도가격은 무엇인가?

b. 식 (XR7.3.2)을 사용할 경우 1991~1996년 각 연도에 대한 거주공간이 2,000제곱피트인 10년 된 주택의 기대 매도가격은 무엇인가?

c. 식 (XR7.3.1) 모형과 (XR7.3.2) 모형 사이에서 선택하기 위해 가설 검정을 해 볼 수 있다. 어떤 일련의 모수 제약이나 제한이 식 (XR7.3.1)과 (XR7.3.2)를 같아지게 하는가? 식 (XR7.3.1)로부터 제곱한 잔차의 합은 2,385,745이며, 식 (XR7.3.2)의 제곱한 잔차의 합은 2,387,476이다. 두 모형을 동일하게 만드는 제한을 검정하기 위한 검정 통계량은 무엇인가? 귀무가설이 참인 경우 검정 통계량의 분포는 무엇인가? 5% 유의수준에서의 검정 기각역은 무엇인가? 표본크기가 $N = 4,682$인 경우 어떤 결론을 내리게 되는가?

d. (XR7.3.1)의 모형을 사용할 경우, 1992년 및 1994년에 대한 모의변수의 추정된 계수와 표준오차는 각각 − 4.393(1.271) 및 − 13.174(1.211)이다. 이들 두 계수 추정량 사이의 추정된 공분산은 0.87825이다. $N = 4,682$인 경우 5% 유의수준에서 대립가설 $\delta_3 \neq 3\delta_1$에 대한 귀무가설 $\delta_3 = 3\delta_1$을 검정하시오.

e. 식 (XR7.3.2)에서 τ의 추정값은 − 4.12이다. 1992년과 1994년에 거주공간이 2,000제곱피트인 10년 된 주택에 대한 기대가격 사이의 추정된 차이는 무엇인가? (d)의 정보를 활용할 경우 이것은 (XR7.3.1)을 사용할 경우의 결과와 어떻게 비교되는가?

7.4 한 연구는 대학 졸업생들의 대규모 표본을 사용하여 대수-소득 식의 추정 결과를 발표하였다.[7] 관심 대상인 예측자(모형에 포함된 다른 예측자도 있다)는 모의변수인 $PRIVATE$ (사립대학에 다닌 경우 = 1, 공립대학에 다닌 경우 = 0) 그리고 $SAT/100$(SAT 점수를 100으로 나눈 것)이다. 추정된 회귀식에서 종속변수는 $\ln(EARNINGS)$이고 절편이 포함된다. 추정한 두 회귀식에 대한 계수 추정값은 다음과 같으며, 표준오차는 괄호 안에 있다.

$$0.212[0.060]PRIVATE \qquad\qquad (XR7.4.1)$$

7 Joshua D. Angrist and Jörn-Steffen Pischke (2015) *Mastering Metrics: The Path from Cause to Effect*, Princeton University Press, p. 66.

$$0.152\,[0.057]PRIVATE + 0.051\,[0.008](SAT/100) \qquad \text{(XR7.4.2)}$$

a. 각 모형에서 공립대학이 아닌 사립대학에 다닌 경우 소득에 대한 대략적인 효과는 무엇인가?

b. 두 번째 모형에서 SAT가 100점 증가할 경우 소득에 미칠 것으로 예측되는 효과는 무엇인가?

c. PRIVATE의 추정된 계수가 첫 번째 모형에서보다 두 번째 모형에서 더 작다. '누락변수 편의' 개념을 사용하여 이 결과를 설명하시오.

d. 부모 소득이 설명변수로 포함되는 경우 식 (XR7.4.2)의 추정된 계수에 어떤 변화가 발생하는가?

7.5 1985년에 미국 테네시주는 초등학교 학생들을 대상으로 주 전체에 걸쳐 실험을 하였다. 교사와 학생들을 정규 규모 학급 또는 소규모 학급에 무작위로 배정하였다. 관심의 대상이 되는 결과는 학생들의 수학 성취도 시험 점수(MATHSCORE)이다. 학생이 소규모 학급에 배정될 경우 SMALL = 1이 되며, 그렇지 않은 경우 SMALL = 0이 된다. 관심의 대상인 또 다른 변수는 교사의 경험 연수, TCHEXPER이다.

a. MATHSCORE를 SMALL 및 TCHEXPER의 함수로 설명하는 선형회귀 모형을 작성하시오. β_1, β_2, β_3를 모형 모수로 사용하시오. 이 모형에서 교사의 경험이 10년이고 정규 규모 학급에 배정된 아이의 기대되는 수학 점수는 무엇인가? 교사의 경험이 10년이고 소규모 학급에 배정된 아이의 기대되는 수학 점수는 무엇인가?

b. 남자아이인 경우 BOY = 1, 여자아이인 경우 BOY = 0이다. (a)의 모형을 수정하여 변수 BOY와 BOY × SMALL을 도입하고, 모수는 θ_1과 θ_2이다. 이 모형을 사용하여 다음 물음에 답하시오.

  i. 교사의 경험이 10년이며 소규모 학급에 배정된 남자아이의 기대되는 수학 점수는 무엇인가?

  ii. 교사의 경험이 10년이며 정규 학급에 배정된 여자아이의 기대되는 수학 점수는 무엇인가?

  iii. 아이의 성별이 기대되는 수학 점수에 영향을 미치지 않는다는 귀무가설을 모형의 모수 측면에서 작성하시오. 대립가설은 무엇인가? 귀무가설에 대한 검정 통계량은 무엇인가? 귀무가설이 참인 경우 분포는 무엇인가? $N = 1,200$일 때 5% 유의수준에서의 검정 기각역은 무엇인가?

  iv. 남자아이가 여자아이보다 소규모 학급으로부터 더 많은 이익을 받을 수 있다고 추측해 보자. 이 추측을 고찰해 보기 위해서 어떤 귀무가설과 대립가설을 검정하여야 하는가? [요령 : 추측을 대립가설이라고 보자.]

7.6 1985년에 미국 테네시주는 초등학교 학생들을 대상으로 주 전체에 걸쳐 실험을 하였다. 교사와 학생들을 정규 규모 학급 또는 소규모 학급에 무작위로 배정하였다. 관심의 대상이 되는 결과는 학생들의 수학 성취도 시험 점수(MATHSCORE)이다. 학생이 소규모 학급에 배정될 경우 SMALL = 1이 되며, 그렇지 않은 경우 SMALL = 0이 된다. 관심의 대상인 또 다른 변수는 교사의 경험 연수, TCHEXPER이다. 남자아이인 경우 BOY = 1, 여자아이인 경우 BOY = 0이다.

a. *MATHSCORE*를 *SMALL*, *TCHEXPER*, *BOY*, *BOY* × *TCHEXPER*의 함수로 설명하는 선형 회귀 모형을 작성하시오. 모수는 β_1, β_2, …이다.

   i. 교사의 경험이 10년이며 소규모 학급에 배정된 남자아이의 기대되는 수학 점수는 무엇인가?

   ii. 교사의 경험이 10년이며 정규 규모 학급에 배정된 여자아이의 기대되는 수학 점수는 무엇인가?

   iii. 교사의 경험이 10년이 아니라 11년이며 소규모 학급에 배정된 남자아이의 기대되는 수학 점수 변화는 무엇인가?

   iv. 교사의 경험이 12년이 아니라 13년이며 소규모 학급에 배정된 남자아이의 기대되는 수학 점수 변화는 무엇인가?

   v. 기대되는 수학 점수에 대한 교사 경험의 한계효과가 남자아이와 여자아이 사이에 차이가 없다는 귀무가설을 모형 모수 측면에서 작성하시오. 이때 대립가설은 남자아이가 추가적인 교사 경험으로부터 더 많은 이득을 얻는다는 것이다. 이 검정을 시행하기 위해서 어떤 검정 통계량을 사용하게 되는가? $N = 1,200$일 때 귀무가설이 참이라고 가정할 경우 검정 통계량의 분포는 무엇인가? 5% 유의수준의 검정일 경우 기각역은 무엇일까?

b. (a)의 모형을 수정하여 *SMALL* × *BOY*를 포함시키시오.

   i. 교사 경험이 10년이며 소규모 학급에 배정된 남자아이의 기대되는 수학 점수는 무엇인가?

   ii. 교사 경험이 10년이며 정규 학급에 배정된 여자아이의 기대되는 수학 점수는 무엇인가?

   iii. 남자아이의 기대되는 수학 점수는 무엇인가? 여자아이의 기대되는 수학 점수는 무엇인가?

   iv. 남자아이와 여자아이 사이에 기대되는 수학 점수상 차이가 있다는 대립가설에 대해서 차이가 없다는 귀무가설을 (b) 모형 모수 측면에서 작성하시오. 이 검정을 시행하기 위해 무슨 검정 통계량을 사용할 것인가? $N = 1,200$일 때 귀무가설이 참이라고 가정할 경우 검정 통계량 분포는 무엇인가? 5% 유의수준 검정에 대한 기각역은 무엇인가?

7.7 금융정책은 심각한 경기후퇴를 완화시킬 수 있는가? 이에 관한 자연 실험이 미국 미시시피주에서 발생하였다. 1930년 12월 미국 남부지역에서는 일련의 은행 파산이 발생하였다. 미시시피주 중앙 부분은 2개의 연방준비구역, 즉 여섯 번째 구역(애틀랜타 연방준비구역)과 여덟 번째 구역(세인트루이스 연방준비구역)으로 분리된다. 애틀랜타 연방준비은행은 은행들에게 완화된 금융정책을 시행한 반면에 세인트루이스 연방준비은행은 그렇지 않았다. (위기가 발생하기 직전인) 1930년 7월 1일 여섯 번째 구역에 속한 미시시피주에는 105개의 주 공인은행이 있었으며, 여덟 번째 구역에는 154개의 주 공인은행이 있었다. (위기가 발생한 직후인) 1931년 7월 1일 여섯 번째 구역에는 96개 은행이 남았으며, 여덟 번째 구역에는 126개 은행이 남았다. 관련 자료는 다음을 참조하시오. Table 1, Gary Richardson and William Troost (2009) "Monetary Intervention Mitigated Banking Panics during the Great Depression: Quasi-Experimental Evidence from a Federal Reserve District Border, 1929-1933," *Journal of Political Economy*,

117(6), 1031~1073.

a. 여덟 번째 구역을 대조군이라 하고, 여섯 번째 구역을 처리군이라 하자. 표본 평균이 아니라 4개 관찰값을 사용하여 그림 7.3과 유사한 그림을 그리시오.

b. 위기 동안에 각 구역에서는 얼마나 많은 은행들이 폐쇄되었는가? 표본 평균이 아니라 4개 관찰값을 가지고 식 (7.18)을 활용하여 처치효과의 크기를 계산하시오.

c. 1929~1934년 동안에 이들 2개 구역에 대한 자료를 갖고 있다고 가상하자. 따라서 $N = 12$ 이다. 1930년 이후 연도에 대해 $AFTER_t = 1$, 1929년 및 1930년에 대해 $AFTER_t = 0$이라고 하자. 여섯 번째 구역의 은행들에 대해 $TREAT_i = 1$, 여덟 번째 구역의 은행들에 대해 $TREAT_i = 0$이라고 하자. $BANKS_{it}$는 매년 각 구역에 있는 은행들의 수를 나타낸다. 관련 연구는 다음과 같은 추정식을 제시하고 있다.

$$\widehat{BANKS_{it}} = 167 - 2.9TREAT_i - 49AFTER_t + 20.5\left(TREAT_i \times AFTER_t\right)$$
$$(\text{se}) \qquad (8.8) \qquad (7.6) \qquad (10.7)$$

위의 식으로부터 구한 추정된 처치효과를 (b)에서 계산한 값과 비교하시오. 추정된 처치효과는 5% 수준에서 유의한가?

7.8 $N = 2,005$개 관찰값을 사용하여, 월간 가계소득, 가계 구성원의 가장 높은 교육수준, 해당 지역의 함수로 나타낸 지난 달 1인당 가계 식료품 지출액들 사이의 관계를 살펴보도록 하자. 관심을 갖고 있는 완전한 식은 다음과 같다.

$$\ln(FOODAWAY) = \beta_1 + \beta_2\ln(INCOME) + \delta_1 COLLEGE + \delta_2 ADVANCED$$
$$+ \theta_1 MIDWEST + \theta_2 SOUTH + \theta_3 WEST + e$$

가계 구성원의 가장 높은 교육수준이 대학 학위인 경우 $COLLEGE = 1$, 가장 높은 교육수준이 (예를 들면, 석사 또는 박사처럼) 고급학위인 경우 $ADVANCED = 1$이다. 가계 구성원이 해당 지역에 거주하는 경우 지역 모의변수는 1이 되고, 그렇지 않은 경우 0이 된다.

a. β_2의 추정값은 0.427이며 표준오차는 0.035이다. 95% 구간 추정값을 구하고 해석하시오.

b. δ_2의 추정값은 0.270이며 표준오차는 0.0544이다. 대략적인 계산법을 활용하여 95% 구간 추정값을 구하고 해석하시오.

c. 정확한 계산법을 활용하여 고급학위를 보유한 구성원이 있는 가계의 1인당 식료품 지출액에 미치는 예측된 효과를 추정하시오.

d. 가계 구성원이 성취한 가장 높은 교육수준은 중요하지 않다는 귀무가설을 모형의 모수 측면에서 작성하시오. 이 가설에 대한 검정 통계량은 무엇인가? 5% 유의수준의 기각역은 무엇인가? 완전한 모형의 제곱한 잔차의 합은 1,586이며, 교육변수가 누락된 모형의 SSE는 1,609이다. 교육변수들이 가계 식료품 지출액의 중요한 예측자라고 결론을 내릴 수 있는가?

e. 완전한 모형에서 $COLLEGE$에 대해 제시된 t-값은 0.34이다. 이것으로부터 어떤 결론을 내릴 수 있는가? [요령 : 준거집단은 무엇인가?]

f. θ_2의 추정값은 0.088이다. 고급학위를 보유한 구성원이 있고 남부지역에 거주하며, 월간 소

득이 $10,000인 가계에 대하여 ln(*FOODAWAY*)의 추정된 기댓값이 무엇인가? 가계 구성원 당 식료품 지출액의 자연 및 수정 예측자를 계산하시오. [요령 : 관련 정보가 (b)에 있다.]

7.9 가계소득(*INCOME*, 월간 $100)과 일부 인구통계학적 변수들의 함수로 나타낸 주류에 대한 가계지출액(*ALC*, 월간 달러) 모형을 추정하려 한다고 가상하자.

a. *KIDS* = 0, 1, 2, …을 가계의 자녀 수라고 하자. *KIDS*는 질적변수인가? 또는 수량변수인가? 다음 모형에서 *KIDS*의 계수를 해석하시오.

$$ALC = \beta_1 + \beta_2 INCOME + \delta KIDS + e \qquad\qquad \text{(XR7.9.1)}$$

두 번째 자녀의 한계적 영향은 무엇인가? 네 번째 자녀의 한계적 영향은 무엇인가?

b. 자녀가 1명인 경우 *ONEKID* = 1, 그렇지 않은 경우 0이라고 하자. 자녀가 2명인 경우 *TWOKIDS* = 1, 그렇지 않은 경우 0이라고 하자. 자녀가 3명 이상인 경우 *MANY* = 1, 그렇지 않은 경우 0이라고 하자. 다음 모형을 생각해 보자.

$$ALC = \beta_1 + \beta_2 INCOME + \delta_1 ONEKID + \delta_2 TWOKIDS + \delta_3 MANY + e \qquad \text{(XR7.9.2)}$$

위 모형의 해석을 (a)의 해석과 비교하시오. 추가적인 자녀가 미치는 영향이 (a)의 모형과 동일한가? 주류에 대한 가계의 기대 지출액에 첫 번째 자녀가 미치는 영향은 무엇인가? 네 번째 자녀가 미치는 영향은 무엇인가?

c. 식 (XR7.9.2)를 식 (XR7.9.1)과 동등하게 하기 위해서, 식 (XR7.9.2)에 부과할 수 있는 일련의 모수 제한 또는 제약이 존재하는가?

7.10 가계소득(*INCOME*, 월간 $100)과 일부 통계학적 변수들의 함수로 나타낸 주류에 대한 가계지출액(*ALC*, 월간 달러) 모형을 추정하려 한다고 가상하자.

a. 가계가 자신을 종교적이 아니라고 생각하는 경우, 약간 종교적이라고 생각하는 경우, 적당히 종교적이라고 생각하는 경우, 매우 종교적이라고 생각하는 경우, 극단적으로 종교적이라고 생각하는 경우 각각에 대해서 *RELIGIOUS* = 0, 1, 2, 3, 4라고 하자. *RELIGIOUS*는 양적변수인가 또는 질적변수인가? 이유를 설명하시오.

b. 다음 모형을 생각해 보자.

$$ALC = \beta_1 + \beta_2 INCOME + \beta_3 RELIGIOUS + e$$

자신을 종교적이 아니라고 생각하는 가계의 경우 주류에 대한 해당 가계의 기대 지출액은 무엇인가? 약간 종교적이라고 생각하는 가계의 경우 기대 지출액은 무엇인가? 적당히 종교적이라고 생각하는 가계의 경우 기대 지출액은 무엇인가?

c. (b)의 모형에서 가설 $\beta_3 = 0$을 검정하려 한다면, 어떤 행위 가정을 검정하는 것인가? 이 가설이 참이라면 주류에 대한 가계의 기대지출액은 무엇인가?

d. 가계가 자신을 약간 종교적이라고 생각하는 경우 *LITTLE* = 1이라고 하자. 마찬가지로 모의변수 *MODERATELY*, *VERY*, *EXTREMELY*를 정의하자. 다음 모형을 생각해 보자.

$$ALC = \gamma_0 + \gamma_1 INCOME + \gamma_2 LITTLE + \gamma_3 MODERATELY + \gamma_4 VERY + \gamma_5 EXTREMELY + e$$

자신을 종교적이 아니라고 생각하는 가계에 대한 기대 지출액은 무엇인가? 자신을 약간 종교적이라고 생각하는 가계에 대한 기대 지출액은 무엇인가? 자신을 적당히 종교적이라고 생각하는 가계에 대한 기대 지출액은 무엇인가? 매우 종교적이라고 생각하는 경우는 어떠한가? 극단적으로 종교적이라고 생각하는 경우는 어떠한가?

e. (d)의 모형에 $\gamma_3 = 2\gamma_2$, $\gamma_4 = 3\gamma_2$, $\gamma_5 = 4\gamma_2$인 제한을 두는 경우, 이 제한된 모형은 (b)의 모형과 어떻게 비교되는가?

7.11 대수-선형 회귀 모형 $\ln(y) = \beta_1 + \beta_2 x + \delta_1 D + \delta_2 (x \times D) + e$를 생각해 보자. 회귀오차가 정규분포 $N(0, \sigma^2)$하는 경우 다음과 같다.

$$E(y|x, D) = \exp\big(\beta_1 + \beta_2 x + \delta_1 D + \delta_2(x \times D)\big) \exp\big(\sigma^2/2\big) \qquad \text{(XR7.11.1)}$$

a. 미분법을 사용하여 다음을 보이시오.

$$\frac{\partial E(y|x, D)}{\partial x} = \exp\big(\beta_1 + \beta_2 x + \delta_1 D + \delta_2(x \times D)\big) \exp\big(\sigma^2/2\big)\big(\beta_2 + \delta_2 D\big) \qquad \text{(XR7.11.2)}$$

b. (a)의 양변을 $E(y|x, D)$로 나누어서 다음을 보이시오.

$$\frac{\partial E(y|x, D)}{\partial x}\frac{1}{E(y|x, D)} = \frac{\partial E(y|x, D)/E(y|x, D)}{\partial x} = \big(\beta_2 + \delta_2 D\big) \qquad \text{(XR7.11.3)}$$

c. (b)에 있는 식의 양변에 100을 곱하면 다음과 같은 결과를 얻을 수 있다.

$$100\frac{\partial E(y|x, D)/E(y|x, D)}{\partial x} = \%\Delta E(y|x, D) = 100\big(\beta_2 + \delta_2 D\big) \qquad \text{(XR7.11.4)}$$

위의 식은 대수-선형 모형에서 x가 1단위 변화할 경우, $E(y|x, D)$의 한계효과, 즉 백분율 변화를 보여준다.

d. 주택가격에 대한 다음과 같은 대수-선형 모형을 생각해 보자. $SQFT$는 주택의 거주면적(100제곱피트로 측정)이며, $UTOWN(D)$는 모의변수로서 대학 근처의 주택인 경우 $UTOWN = 1$이고 그렇지 않은 경우 0이 된다.

$$\widehat{\ln(PRICE)} = 4.456 + 0.362 SQFT + 0.336 UTOWN - 0.00349(SQFT \times UTOWN)$$

식 (XR7.11.4)를 활용하여, 주택가격에 대한 $SQFT$의 한계효과를 $UTOWN = 1$인 주택과 $UTOWN = 0$인 주택에 대해 계산하시오.

e. b_2 및 d_2를 식 (XR7.11.4) β_2 및 δ_2의 최소제곱 추정량이라고 하자. 주어진 D에 대하여 추정된 값 $100(b_2 + d_2 D)$의 표준오차 공식을 작성하시오.

f. (XR7.11.3)의 양변에 x 및 100/100을 곱하고 이를 재정리하면 다음과 같다.

$$\frac{\partial E(y|x,D)/E(y|x,D)}{\partial x}x = \frac{100\partial E(y|x,D)/E(y|x,D)}{100\partial x/x} = (\beta_2 + \delta_2 D)x \qquad (XR7.11.5)$$

$100\partial x/x$를 x의 백분율 변화로 해석할 경우, x의 백분율 변화에 대한 기대가격의 탄력성은 $(\beta_2 + \delta_2 D)x$라는 사실을 알게 된다.

g. 식 (XR7.11.5)의 결과를 적용하여, 면적이 2,500제곱피트이고 $UTOWN = 1$인 주택과 $UTOWN = 0$인 주택에 대해 주택가격 변화에 대한 주택 기대가격의 탄력성을 계산하시오.

h. b_2 및 d_2를 식 (XR7.11.5) β_2 및 δ_2의 최소제곱 추정량이라고 하자. 주어진 D 및 x에 대하여 추정된 값 $(b_2 + d_2 D)x$의 표준오차 공식을 작성하시오.

7.12 대수-선형 회귀 모형 $\ln(y) = \beta_1 + \beta_2 x + \delta_1 D + \delta_2(x \times D) + e$를 생각해 보자. 회귀오차가 정규분포 $N(0, \sigma^2)$하는 경우 $E(y|x, D)$는 식 (XR7.11.1)과 같다.

a. $E(y|x, D = 1)$ 및 $E(y|x, D = 0)$을 구하시오.

b. 다음을 보이시오.

$$\frac{100\big[E(y|x,D=1) - E(y|x,D=0)\big]}{E(y|x,D=0)} = 100\big[\exp(\delta_1 + \delta_2 x) - 1\big] \qquad (XR7.12.1)$$

위의 식은 모의변수가 $D = 0$에서 $D = 1$로 변화할 때 x가 주어진 경우 y의 기댓값상의 백분율 변화이다.

c. 대수-선형 모형하에서 $D = 0$일 때 $\ln(y)$의 값은 $\ln(y|D = 0, x) = \beta_1 + \beta_2 x + e$이며, $D = 1$일 때 $\ln(y|D = 1, x) = (\beta_1 + \delta_1) + (\beta_2 + \delta_2)x + e$가 된다. $\ln(y|D = 1, x)$에서 $\ln(y|D = 0, x)$를 감하고 100을 곱하면 다음과 같다.

$$100\big[\ln(y|D=1,x) - \ln(y|D=0,x)\big] \simeq \%\Delta(y|x) = 100(\delta_1 + \delta_2 x) \qquad (XR7.12.2)$$

d. 주택가격에 대한 대수-선형 모형은 다음과 같다. $SQFT(x)$는 주택의 거주면적(100제곱피트로 측정)이며, $UTOWN(D)$는 모의변수로서 대학 근처의 주택인 경우 $UTOWN = 1$이고 그렇지 않은 경우 0이 된다.

$$\widehat{\ln(PRICE)} = 4.456 + 0.362 SQFT + 0.336 UTOWN - 0.00349(SQFT \times UTOWN)$$

식 (XR7.12.1)을 활용하여 면적이 2,500제곱피트인 주택에 대해 $PRICE$의 기댓값에서의 백분율 변화를 계산하시오. 또한 식 (XR7.12.2)에서의 대략적인 값을 계산하시오.

e. d_1 및 d_2가 식 (XR7.12.2)에서 δ_1 및 δ_2의 최소제곱 추정량이라면, x가 주어진 경우 $100(d_1 + d_2 x)$의 표준오차에 대한 공식을 작성하시오.

7.13 캘리포니아의 많은 도시들은 사람들이 주택을 보다 더 감당할 수 있도록 하기 위한 방법으로 계층혼합형 용도지역 정책을 시행하고 있다. 이 정책에 따르면 개발업자들은 신규주택의 일정 백분율에 대해 시장가격 아래로 판매하여야 한다. 예를 들어, 시장가치가 각각 \$850,000인 10채의 신규주택을 개발하면서, 개발업자는 \$180,000에 5채를 판매할 수 있어야 한다. 어떤 연구는

311개 캘리포니아 소재 도시들에 대한 1990년 및 2000년 센서스 자료를 사용하여 이런 정책이 주택가격과 주택 수에 미치는 영향을 검토하였다.[8]

a. LNPRICE를 평균 주택가격의 대수라 하고 LNUNITS를 주택 수의 대수라 하자. 2000년 의 자료만을 사용하여 계층혼합형 용도지역 정책이 시행된 경우, 즉 IZLAW = 1인 경 우 해당 도시의 LNPRICE 및 LNUNITS의 표본 평균과 이런 정책이 시행되지 않은 경 우, 즉 IZLAW = 0인 경우 해당 도시의 표본 평균을 비교해 보자. 다음 표는 LNPRICE 및 LNUNITS의 표본 평균을 보여주고 있다.

2000	IZLAW = 1	IZLAW = 0
LNPRICE	12.8914	12.2851
LNUNITS	9.9950	9.5449

이들 추정값에 기초하여 볼 때, 이 정책이 시행된 도시들과 시행되지 않은 도시들에 대한 주택가격 및 주택 수에서의 백분율 차이는 무엇인가? y_0와 y_1 사이의 백분율 차이에 대해 대 략 계산법 $100[\ln(y_1) - \ln(y_0)]$를 사용하시오. 이 정책은 시도했던 목적을 달성했는가?

b. 1990년 자료를 사용하여, 위의 정책이 시행되는 도시, 즉 IZLAW = 1에 대한 LNPRICE 및 LNUNITS의 표본평균과 시행되지 않는 도시, 즉 IZLAW = 0에 대한 이들의 표본평균을 비 교하여 보자. 다음 표는 LNPRICE 및 LNUNITS의 표본평균을 보여주고 있다.

1990	IZLAW = 1	IZLAW = 0
LNPRICE	12.3383	12.0646
LNUNITS	9.8992	9.4176

계층혼합형 용도지역 정책을 '처치'로 활용하시오. 이런 정책이 시행되지 않는 도시, IZLAW = 0을 대조군이라 생각하시오. LNPRICE에 대한 처치군과 대조군을 비교하는 그림 7.3과 유사한 그림을 그리고 '처치효과'를 결정하시오. 정책이 미치는 효과에 관한 결론이 (a)의 것과 동일한가?

c. LNUNITS에 대한 처치군과 대조군을 비교하는 그림 7.3과 유사한 그림을 그리고 '처치효 과'를 결정하시오. 정책이 미치는 효과에 관한 결론이 (a)의 것과 동일한가?

7.14 참치 캔의 인기 브랜드('표적' 브랜드)의 주간판매(SALES = 판매된 캔 수, 100개로 측정) 를 자신의 가격(PRICE = 평균가격, 센트로 측정)과 두 개 경쟁 브랜드의 평균가격(PRICE2, PRICE3, 센트로 측정)의 함수로 설명하는 모형을 생각해 보자. 모의변수도 또한 포함된다. 표 적 브랜드가 해당 주 동안 상점에 진열되었지만 신문광고는 없었던 경우 DISP = 1이며, 그렇지 않은 경우 0이 된다. 표적 브랜드가 해당 주 동안 상점에 진열되었고 신문광고가 있었던 경우 DISPAD = 1이며 그렇지 않은 경우 0이 된다. 추정된 대수-선형 모형은 다음과 같다.

---

8   다음을 참조하시오. Tom Means and Edward P. Stringham (2012) "Unintended or Intended consequences? The effect of below -market housing mandates on housing markets in California," *Journal of Public Finance and Public Choice*, p. 39-64.

$$\widehat{\ln(SALES)} = 2.077 - 0.0375PRICE + 0.0115PRICE2 + 0.0129PRICE3 + 0.424DISP$$

(se)   (0.646) (0.00577)   (0.00449)   (0.00605)   (0.105)

$$+ 1.431DISPAD \qquad R^2 = 0.84 \qquad\qquad N = 52$$

(0.156)

a. 가격변수의 계수를 논의하고 해석하시오.

b. 광고변수의 부호 및 상대적 크기가 경제적 논리와 일치하는가? $DISP$ 및 $DISPAD$의 영향에 대한 '대략적' 계산과 '정확한' 계산을 제시하시오.

c. 1% 유의수준에서 양측검정을 사용하여 광고변수의 유의성을 검정하시오. 결론은 무엇인가?

d. 2개 광고변수의 결합 유의성에 대한 F-검정 통계량은 42.0이다. 광고 유의성에 관해 어떤 결론을 내릴 수 있는가? 식 (6.4)의 F-통계량 형태를 사용하려 한다면, 어떤 추가적인 회귀식을 추정하여야 하는가?

e. 식의 모수는 β_1, β_2, ⋯라고 이름을 붙이자. 귀무가설이 H_0:$\beta_6 \le \beta_5$인 경우, 대립가설을 말하시오. 이 귀무가설 및 대립가설 검정이 흥미로운 이유는 무엇 때문인가? 계산된 t-값이 6.86이라고 주어진 경우 1% 유의수준에서 검정을 시행하시오.

7.15 주택담보대출업자는 '연체' 또는 '저당물을 찾는 권리의 상실'로 이어질 수 있는 차용인 및 대출의 특성을 결정하는 데 관심을 갖는다. 1,000개 관찰값과 다음의 변수들을 사용하는 회귀 모형을 추정하여 보자. 관심을 갖는 종속변수는 $MISSED$이며, 이는 차용인이 최소한 세 번을 지급하지 못하는 경우(90 + 일이 늦어지는 경우) 모의변수 = 1이 되지만 그렇지 않은 경우 0이 된다. 설명변수로는 $RATE$ = 주택담보대출의 최초 이자율, $AMOUNT$ = 주택담보대출의 달러 가치($100,000로 측정), 주택담보대출이 변동금리인 경우 $ARM = 1$, 고정금리인 경우 $ARM = 0$이 된다. 추정된 식은 다음과 같다.

$$\widehat{MISSED} = -0.348 + 0.0452RATE + 0.0732AMOUNT + 0.0834ARM$$

(se)   (0.00841)   (0.0144)   (0.0326)

a. 각 계수의 부호 및 유의성을 해석하시오.

b. 지급을 이행하지 못했던 2명의 차용인은 다음과 같은 특성을 갖는 대출을 갖고 있었다. ($RATE = 8.2$, $AMOUNT = 1.912$, $ARM = 1$) 그리고 ($RATE = 9.1$, $AMOUNT = 8.6665$, $ARM = 1$). 이 차용인들 각각에 대해 지급을 이행하지 못하게 될 확률을 예측하시오.

c. 지급을 이행하지 못했던 2명의 차용인은 다음과 같은 특성을 갖는 대출을 갖고 있었다. ($RATE = 12.0$, $AMOUNT = 0.71$, $ARM = 0$) 그리고 ($RATE = 6.45$, $AMOUNT = 8.5$, $ARM = 1$). 이 차용인들 각각에 대해 지급을 이행하지 못하게 될 확률을 예측하시오.

d. 최초 이자율이 6.0인 유동금리 주택담보대출을 얻으려는 차용인의 경우, 대출 총액이 얼마를 초과하면 확률 0.51을 갖고 지급을 이행하지 못할 것이라고 예측하는가?

부록 7A 대수 - 선형 모형의 해석에 관한 설명

7.3절에서 오차항을 뺀 대수-선형 모형의 해석에 관해 논의하였지만 회귀 함수 $E(WAGE|\mathbf{x})$에 대해서는 논의하지 않았다. 오차항이 $e \sim N(0, \sigma^2)$이라면 대수-선형 모형 $\ln(y) = \beta_1 + \beta_2 x + e$에 대한 y의 기댓값은 다음과 같다.

$$E(y|\mathbf{x}) = \exp(\beta_1 + \beta_2 x + \sigma^2/2) = \exp(\beta_1 + \beta_2 x) \times \exp(\sigma^2/2)$$

위의 식을 출발점으로 해서 모의변수항과 상호작용항에 대해 해석을 할 수 있다.

D를 모의변수라 하자. 이 변수를 위의 대수-선형 모형에 추가시키면 $\ln(y) = \beta_1 + \beta_2 x + \delta D + e$가 되며 다음과 같다.

$$E(y|\mathbf{x}) = \exp(\beta_1 + \beta_2 x + \delta D) \times \exp(\sigma^2/2)$$

$D = 1$ 및 $D = 0$인 경우 각각 $E(y_1|\mathbf{x})$ 및 $E(y_0|\mathbf{x})$라면 이들의 백분율 차이는 다음과 같이 계산할 수 있다.

$$
\begin{aligned}
\%\Delta E(y|\mathbf{x}) &= 100\left[\frac{E(y_1|\mathbf{x}) - E(y_0|\mathbf{x})}{E(y_0|\mathbf{x})}\right]\%, \\
&= 100\left[\frac{\exp(\beta_1 + \beta_2 x + \delta) \times \exp(\sigma^2/2) - \exp(\beta_1 + \beta_2 x) \times \exp(\sigma^2/2)}{\exp(\beta_1 + \beta_2 x) \times \exp(\sigma^2/2)}\right]\% \\
&= 100\left[\frac{\exp(\beta_1 + \beta_2 x)\exp(\delta) - \exp(\beta_1 + \beta_2 x)}{\exp(\beta_1 + \beta_2 x)}\right]\% = 100[\exp(\delta) - 1]\%
\end{aligned}
$$

대수-선형 모형에서 모의변수에 대한 해석은 회귀 함수로 이월된다. y에 대한 기댓값의 백분율 차이는 $100[\exp(\delta) - 1]\%$이다.

이분산

8.1
이분산의 본질

제2장에서는 가계 식료품 지출액과 가계 소득 사이의 관계에 대해 논의하였다. 우리는 다음과 같은 단순 모집단 회귀 모형을 제의하였다.

$$FOOD\_EXP_i = \beta_1 + \beta_2 INCOME_i + e_i \tag{8.1}$$

모수값 β_1 및 β_2가 주어진 경우 가계의 소득이 결정되면 그에 해당하는 식료품 지출액을 예측할 수 있다. 소득은 가계가 주당 식료품 지출액을 결정할 때 중요한 요소지만, 특정 가계가 결정할 때 많은 다른 요소가 영향을 미친다. 무작위 오차 e_i는 가계의 식료품 지출액에 영향을 미치는 다른 모든 요소들의 집합체라고 할 수 있다.

강 외생성(strict exogeneity) 가정에 따르면 가계 소득에 관한 정보를 사용할 때 무작위 오차에 관해 우리가 할 수 있는 최선의 예측은 영이 된다는 것이다. 표본값들을 무작위로 선택할 경우 이런 가정을 기술적으로 표현하면 다음과 같다. 소득이 주어진 경우 무작위 오차 e_i에 대한 조건부 기댓값은 영이다. 즉 $E(e_i|INCOME_i) = 0$이다. 강 외생성이라는 가정이 준수될 경우 회귀 함수는 다음과 같다.

$$E(FOOD\_EXP_i|INCOME_i) = \beta_1 + \beta_2 INCOME_i$$

기울기 모수 β_2는 그 밖의 모든 다른 조건이 일정하다면 가계 소득이 \$100 증가할 때 기대(모집단 평균) 가계 식료품 지출액이 어떻게 변하는지를 나타낸다. 절편 모수 β_1은 주당 소득이 없는 가계에 대한 평균 식료품 지출액을 측정한다.

위에서의 논의는 식료품 지출액 수준 또는 규모에 초점을 맞추고 있다. 이제는 "상이한 소득수준에서 가계 식료품 지출액에 얼마나 많은 변동(variation)이 있는가?"에 관해 알아보도록 하자. 미국의 가계소득 중앙값은 주당 약 \$1,000이다. 이런 가계에 대한 기대 주당 식료품 지출액은 $E(FOOD\_EXP_i|INCOME = 10) = \beta_1 + \beta_2(10)$이다. 소득의 중앙값을 갖는 많은 가계들을 관찰할 경우 실제 주당 식료품 지출액의 범위가 매우 넓다는 것을 알게 된다. 상이한 가계들은 서로 다른 기호 및 선호를

갖게 되며 다른 인구학적 특성 및 생활환경을 유지하기 때문에 이런 변동이 발생한다. 여러분이 학생이고 전형적인 학생 소득으로 생활한다면 주당 식료품 지출액은 얼마나 변동하는가? 일반적으로 소득수준이 낮은 가계는 주당 식료품 지출액의 변동 폭이 작다. 반면에 주당 소득이 많은 가계의 경우 식료품 선택의 폭이 넓다. 일부 고소득 가계들은 샴페인, 캐비아, 스테이크를 선택할 수도 있으나, 다른 고소득 가계들은 맥주, 쌀밥, 파스타, 콩을 선택할 수도 있다. 소득이 많은 가계의 경우 주당 식료품 지출액의 변동 폭이 더 클 것으로 기대된다.

소득은 일정하다고 보고 위의 모형이 주어진다면, 가계 식료품 지출액이 변동하게 되는 근본 원인은 무엇 때문인가? 그것은 식료품 지출액에 영향을 미치는 소득 이외의 다른 요인들의 집합체, 즉 무작위 오차에서 비롯되었다. 일정한 소득수준에 있는 상이한 가계들을 고찰해 보면, 무작위로 표본추출된 가계들이 상이한 기호 및 선호를 갖기 때문에 식료품 지출액의 변동이 발생하게 된다. 회귀의 무작위 오차는 결과변수에 대한 관찰값과 이것의 조건부 기댓값 사이의 차이, 즉 다음과 같다는 점에 주목하자.

$$e_i = FOOD\_EXP_i - E(FOOD\_EXP_i \mid INCOME_i) \tag{8.2}$$

강 외생성 가정이 준수될 경우 무작위 오차의 모집단 평균값은 $E(e_i \mid INCOME_i) = E(e_i) = 0$이다. 양의 무작위 오차는 식료품 지출액이 기대한 지출액보다 더 큰 관찰값과 부합되는 반면에, 음의 무작위 오차는 식료품 지출액이 기대한 지출액보다 더 작은 관찰값과 부합된다.

소득이 높은 가계의 경우 식료품 지출액의 변동이 더 크다는 사실을 설명하는 다른 방법은, 낮은 소득의 가계보다 높은 소득의 가계에서 큰 양의 무작위 오차나 음의 무작위 오차를 관찰할 확률이 높다고 말하는 것이다. 이렇게 설명하는 방법을 알아보기 위해서 제0장에 있는 그림 0.5를 살펴보도록 하자. 먼저 무작위 오차의 확률분포가 $N(0, 1)$인 경우, 즉 그림 0.5에서 굵은 선으로 나타낸 곡선을 생각해 보자. e_i가 2보다 더 큰 무작위값을 갖는 경우를 관찰할 확률은 얼마인가? 부록 표 1을 이용하면, $P(e_i > 2) = P(Z > 2) = 0.0228$이다. 이제는 무작위 오차의 확률분포가 $N(0, 4)$인 경우, 즉 점으로 연결된 선으로 나타낸 곡선을 생각해 보자. e_i가 2보다 더 큰 무작위값을 갖는 경우를 관찰할 확률은 얼마인가? 부록 표 1을 이용하면 $P(e_i > 2) = P(Z > 1) = 0.1587$이다. 식료품 지출액의 정리문제 틀에서 보면, 소득이 증대함에 따라 $var(e_i \mid INCOME_i)$가 증가한다고 가정함으로써 설명하고자 하는 효과를 나타낼 수 있다. 소득이 클 경우 식료품 지출액은 자신의 평균값 또는 기댓값으로부터 더 많이 벗어날 수 있다.

모든 관찰값에 대해 오차분산이 동일하지 않을 때 이분산(heteroskedasticity)이 존재한다고 본다. 달리 표현하면 무작위 오차 e_i가 이분산적(heteroskedastic)이라고 말한다. 반대로 모든 관찰값을 동일한 분산을 갖는 확률밀도 함수에서 구한 경우 동분산(homoskedasticity)이라고 말한다. 이분산적, 동분산적, 이분산은 일반적으로 서로 대체 사용된다.

그림 8.1은 이분산적인 가정을 보여주고 있다. $y_i = FOOD\_EXP_i$ 및 $x_i = INCOME_i$라고 하자. x_1에서의 식료품 지출액 확률밀도 함수 $f(y_1 \mid x_1)$은 y_1이 확률적으로 높게 $E(y_1 \mid x_1)$으로 근접하게 된다는 것이다. 더 큰 값 x_2로 이동하게 되면 확률밀도 함수 $f(y_2 \mid x_2)$는 더 퍼지게 된다. y_2가 어디에 위치하게 될지에 관해 덜 확신을 갖게 되며, 평균 $E(y_2 \mid x_2)$보다 훨씬 더 크거나 또는 작은 값을 갖게 된다.

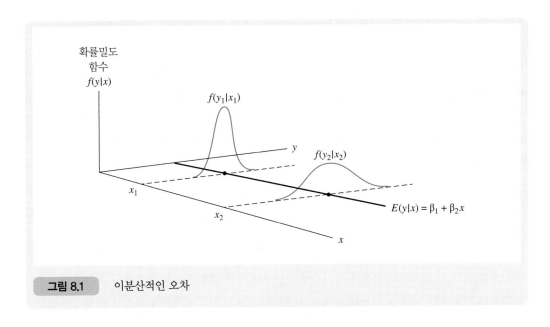

그림 8.1   이분산적인 오차

동분산이 존재할 경우, 그림 2.3에서 살펴본 것처럼 x가 변화함에 따라 오차에 대한 확률밀도 함수가 변화하지 않는다.

8.2 다중회귀 모형에서의 이분산

이분산이 존재할 경우 5.1절에서 살펴본 최소제곱에 관한 가정 중 하나가 위배된다는 사실에 주목하자. $y_i = \beta_1 + \beta_2 x_{i2} + \cdots + \beta_K x_{iK} + e_i$, $i = 1, \cdots, N$에 대한 가정 MR3은 다음과 같다.

$$\text{var}(e_i|\mathbf{X}) = \text{var}(y_i|\mathbf{X}) = \sigma^2$$

무작위 오차 그리고 종속변수의 조건부 분산은 일정한 σ^2이다. 가정 MR3은 무작위 오차항이 조건부 동분산적이라는 것이다. 조건부 이분산 가정을 가장 간단한 형태로 표현하면 다음과 같다.

$$\text{var}(e_i|\mathbf{X}) = \text{var}(y_i|\mathbf{X}) = \sigma_i^2 \tag{8.3}$$

변화를 포착하기가 힘들다. 위의 식에는 오차분산 σ^2에 아래첨자 i가 추가되었으며, 이것이 의미하는 바는 오차분산이 반드시 동일하게 일정하지 않으며 관찰값 $i = 1, \cdots, N$에 따라 변화할 수 있다는 것이다. 극단적으로 말하면 단지 하나의 무작위 오차가 나머지 $N-1$개의 무작위 오차와 다른 분산을 갖더라도 오차는 이분산적이라고 볼 수 있다는 것이다. 하지만 일반적으로 이분산이 존재할 경우 이분산 문제가 보다 널리 퍼져 있다고 생각한다.

가정 MR1~MR5는 시계열 또는 횡단면 자료를 사용하는 어떠한 형태의 회귀에도 적용된다. 우리가 사용하는 기호 $\mathbf{X}$는 $K-1$개 설명변수와 상수항에 대한 모든 N개 관찰값들을 나타낸다. 횡단면 자료(cross-sectional data)를 이용할 경우 상이한 분산 또는 이분산을 자주 접하게 된다. 횡단면 자료라는 용어는 주어진 시점에서 기업 또는 가계와 같은 경제단위에 대해 많은 자료를 갖는 경우를 말한다.

소득 및 식료품 지출에 관한 가계 자료는 이 범주에 속한다. 다른 예로는 많은 기업에 대한 비용, 생산량, 투입요소량에 관한 자료와 많은 소매점에 있는 상품 또는 상품들에 대한 구매량과 가격에 관한 자료가 있다. 횡단면 자료는 항상 다양한 규모의 경제단위에 관한 관찰값을 포함한다. 예를 들어, 가계에 관한 자료는 다양한 가구원 수 및 상이한 소득수준의 가계를 포함하게 된다. 많은 기업에 관한 자료의 경우 생산하는 생산량에 따라 기업의 크기를 측정한다. 빈번히 기업이 클수록 또는 가계가 클수록 일련의 설명변수 변동으로 결과를 나타내는 변수인 y_i의 변동을 설명하기가 더욱 어려워진다. 기업과 가계의 규모가 커질수록 y_i값을 결정하는 방법이 더욱 다양해지고 유연해진다. 선형회귀 모형에 관해 이것이 의미하는 바는 경제단위의 크기가 커질수록 결과인 y_i와 관련된 불확실성이 더욱 증대된다는 것이다. 경제단위의 규모가 커질수록 오차분산이 더 커진다고 함으로써 더 커진 불확실성을 모형화할 수 있다.

이분산이 반드시 횡단면 자료에만 국한되는 특성은 아니다. 하나의 기업, 하나의 가계, 하나의 전체 경제와 같이 한 경제단위에 관한 장기간에 걸친 자료인 시계열 자료인 경우에도 조건부 오차분산이 변화할 가능성이 있다. y에 관해 다소간의 불확실성을 일으킬 상황에서 외적인 충격이나 변화가 있는 경우 이런 상황이 발생할 수 있다.

간소화하기 위해서 이 책의 나머지 부분에서는 오차는 상관되지 않고, 이분산은 각 관찰값별로 나타나는 문제이며, i번째 관찰값의 무작위 오차 e_i의 조건부 분산은 j번째 관찰값과 관련되지 않는다고 가정한다. 횡단면 자료인 식료품 지출액 사례에서 i번째 가계에 대한 무작위 오차 요인의 변동이 j번째 가계의 특성과 연계되거나 설명되는 경우는 배제한다. 시계열 회귀 틀에서는 t기의 오차 변동이 과거인 $t-s$기의 조건과 연계되는 경우를 배제한다. 이런 예외적인 상황을 언제나 배제할 수 있는가? 그렇게 할 수 없다. 횡단면 자료의 경우 일부 지역이나 이웃들로부터 추출된 가계들은 유사해서, 인접한 가계들의 오차 변동은 유사하거나 연계될 수가 있다. 시계열 자료인 경우 매우 확신하지만 안전성이 지속적으로 유지되는 기간, 아마도 한 번에 여러 주를 배제할 수 없으며, 여러 주 또는 여러 달 동안 유사하게 지속되는 불안정한 기간도 배제할 수 없다. 이것이 의미하는 바는 t기의 오차 변동이 $t-1$기, $t-2$기 등의 오차 변동과 연계된다는 것이다. 하지만 당분간은 이런 흥미로운 경우를 배제할 것이다.

8.2.1 이분산적인 회귀 모형

다중회귀 모형은 $y_i = \beta_1 + \beta_2 x_{i2} + \cdots + \beta_K x_{iK} + e_i$이다. i번째 관찰값이 j번째 관찰값과 통계적으로 독립적이 되도록 무작위 표본을 갖고 있다고 가정하자. $x_i = (1, x_{i2}, \cdots, x_{iK})$는 i번째 관찰값에 대한 K개 설명변수들의 값을 나타낸다고 하자. 식 (8.3)의 이분산 가정은 다음과 같아진다.

$$\mathrm{var}(y_i \,|\, \mathbf{x}_i) = \mathrm{var}(e_i \,|\, \mathbf{x}_i) = \sigma^2 h(\mathbf{x}_i) = \sigma_i^2 \tag{8.4}$$

여기서 $h(\mathbf{x}_i) > 0$는 $\mathbf{x}_i$의 함수이며 이따금 산포 함수(skedastic function)라고 한다.[1] $\sigma^2 > 0$은 상수이다. $h(\mathbf{x}_i) = 1$인 경우 조건부 분산은 동분산적이 된다. $h(\mathbf{x}_i)$가 상수가 아닌 경우 조건부 분산은 이분산

---

1   다음을 참조하시오. A. Colin Cameron and Pravin K. Trivedi (2010) *Microeconometrics Using Stata*, *Revised Edition*, Stata Press, p. 153.

적이 된다. 예를 들면, $h(\mathbf{x}_i) = x_{ik}$일 때, 조건부 분산은 $\text{var}(e_i|\mathbf{x}_i) = \sigma^2 x_{ik}$가 되며 오차분산은 k번째 설명변수 x_{ik}에 비례한다. 분산은 양수가 되어야 하기 때문에 비례적 이분산 모형이 작동하기 위해서는 $h(\mathbf{x}_i) = x_{ik} > 0$이어야 한다. 식 (8.4)에서 조건부 분산은 회귀식의 일부 또는 모든 설명변수들의 값에 의존한다.

이 장에서는 식 (8.4)와 같은 분산 가정의 결과에 관심을 갖고 있다. 최소제곱 추정량의 특성들에 대한 결과는 어떠한가? 더 나은 추정 기법이 있는가? 이분산의 존재를 어떻게 알아낼 수 있는가?

정리문제 8.1   식료품 지출 모형에서의 이분산

식료품 지출액 자료를 사용하여 이분산의 본질을 보다 자세히 소개하고, 동시에 이분산의 존재 여부를 알 수 있는 직관적인 방법을 살펴보고자 한다. 관련 자료에 있는 $N=40$개 관찰값을 사용하여 구한 OLS 추정값은 다음과 같다.

$$\widehat{FOOD\_EXP}_i = 83.42 + 10.21\, INCOME_i$$

제2장 그림 2.8에서는 지출액-소득 관계를 나타내는 모든 점들을 따라 이에 적합하게 그어진 선을 살펴보았다. 소득이 증가함에 따라 자료의 점들은 추정된 평균 함수로부터 점점 더 벗어나는 경향이 있다는 점에 주목하자. 소득이 커짐에 따라 점들이 선으로부터 점점 더 멀리 분산된다. 이런 모습을 설명하는 또 다른 방법은 다음과 같이 정의되는 최소제곱 잔차가 소득이 증대함에 따라 절댓값 면에서 증가한다고 말하는 것이다.

$$\hat{e}_i = FOOD\_EXP_i - 83.42 - 10.21\, INCOME_i$$

그림 8.2에 있는 소득에 대해 잔차의 절댓값 $|\hat{e}_i|$를 나타낸 도표는 이를 매우 명확하게 보여준다. 그림 8.3에 있는 소득에 대해 계산된 잔차 $\hat{e}_i$를 나타낸 도표는 제4장 그림 4.7(b)에서 살펴본 특징적인 '물보라' 형태를 보여준다. 그림 4.7(a)는 오차가 조건부적으로 동분산적인 경우 기대되는 무작위로 흩뿌려진 형태를 보여주고 있다. 그림 4.7(b)-(d)에는 오차가 조건부적으로 이분산적인 경우 관찰될 수 있는 물보라 형태, 깔때기 형태, 나비넥타이 형태가 있다.

관찰할 수 있는 최소제곱 잔차($\hat{e}_i$)는 관찰할 수 없는 오차(e_i)와 유사하기 때문에, 그림 8.2 및 8.3은 소득이 증가함에 따라 관찰할 수 없는 오차들이 절댓값 면에서 증가하

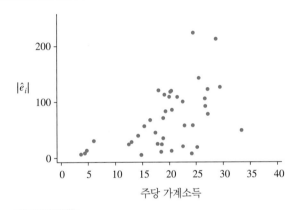

그림 8.2   식료품 지출 잔차의 절댓값 대 소득

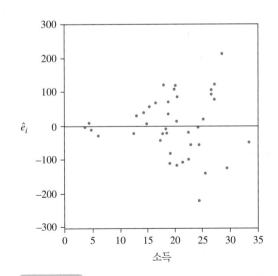

그림 8.3   소득에 대해 도표로 나타낸 식료품 지출의 최소제곱 잔차

는 추세가 있다는 사실을 시사한다. 즉 조건부 평균 식료품 지출액 $E(FOOD\_EXP_i | INCOME_i) = \beta_1 + \beta_2 INCOME_i$를 에워싸고 있는 식료품 지출액의 변동 및 무작위 오차항의 변동은 소득이 증가함에 따라 증대된다. 조건부 분산은 $\text{var}(e_i | INCOME_i) = \sigma^2 h(INCOME_i)$이며 여기서 $h(INCOME_i)$는 소득에 대해 증가하는 함수이다. 분산 함수에는 다음과 같은 형태가 포함될 수 있다.

$$\text{var}(e_i | INCOME_i) = \sigma^2 INCOME_i$$

또는

$$\text{var}(e_i | INCOME_i) = \sigma^2 INCOME_i^2$$

이는 이전에 설정하였던 가설과 일치한다. 즉 평균 식료품 지출액 함수는 고소득 가계보다 저소득 가계의 식료품 지출액을 설명하는 데 더 낫다는 가설과 일치한다.

최소제곱 잔차를 도표로 나타내는 방법은 이분산을 탐지하는 직관적인 방법이다. 이 장의 8.6절에서는 정식 검정절차를 고찰할 것이다. 하지만 우선 이분산을 보이는 자료를 최소제곱 추정법으로 추정할 경우 발생하는 결과에 대해 살펴볼 것이다.

8.2.2 OLS 추정량에 대한 이분산 결과

이분산이 존재한다는 사실은 최소제곱 가정인 $\text{var}(e_i | \mathbf{x}_i) = \sigma^2$이 위배되었다는 의미이므로, 이런 위배가 최소제곱 추정량에 대해 미치는 영향은 무엇이며 이를 어떻게 해결할 수 있는지 살펴보아야 한다. 이는 다음과 같은 두 가지 의미가 있다.

1. 최소제곱 추정량은 아직 선형 불편 추정량이지만 더 이상 최우수 선형 불편 추정량은 아니다. 보다 작은 분산을 갖는 다른 추정량이 있다.
2. 최소제곱 추정량에 대해 통상적으로 계산된 표준오차는 적당하지 않다. 이 표준오차를 사용한 신뢰구간과 가설검정은 오도될 수 있다.

먼저 다음과 같은 동분산을 갖는 단순 선형회귀 모형을 생각해 보자.

$$y_i = \beta_1 + \beta_2 x_i + e_i, \ \text{var}(e_i | \mathbf{x}) = \sigma^2 \tag{8.5}$$

제2장에서 b_2에 대한 최소제곱 추정량의 조건부 분산이 다음과 같다는 사실을 보여 주었다.

$$\text{var}(b_2 | \mathbf{x}) = \sigma^2 \Big/ \sum_{i=1}^{N} (x_i - \bar{x})^2 \tag{8.6}$$

각 관찰값에 대한 오차분산이 상이하고 σ^2에 아래첨자 i를 추가함으로써 이 차이를 나타낼 수 있다고 가상하자. 그러면 다음과 같다.

$$y_i = \beta_1 + \beta_2 x_i + e_i, \ \text{var}(e_i | \mathbf{x}) = \sigma_i^2 \tag{8.7}$$

식 (8.7)의 이분산적으로 설정된 모형하에서 최소제곱 추정량은 불편 추정량으로 다음과 같은 조건부 분산을 갖는다. 이 조건부 분산은 몇 가지 단계를 거쳐 도출될 수 있다.

$$\text{var}(b_2|\mathbf{x}) = \left[\sum_{i=1}^{N}(x_i - \bar{x})^2\right]^{-1}\left[\sum_{i=1}^{N}(x_i - \bar{x})^2\sigma_i^2\right]\left[\sum_{i=1}^{N}(x_i - \bar{x})^2\right]^{-1} \tag{8.8}$$

오차가 동분산할 경우, 식 (8.8)은 식 (8.6)의 통상적인 OLS 추정량 분산으로 축소된다. 오차가 이분산할 경우, 식 (8.8)이 정확하며 식 (8.6)은 정확하지 않다. 여러분이 사용하는 컴퓨터 소프트웨어는 제2장 식 (2.20)~(2.22)에서 주어진 동분산하에서의 최소제곱 추정량의 추정된 분산 및 공분산을 프로그램으로 짠다. 이 다음에는 오차가 이분산적인 경우 식 (2.23)~(2.24)의 통상적인 표준오차가 정확하지 않다는 것을 의미한다. t-검정과 신뢰구간에서 정확하지 않은 표준오차를 사용할 경우 잘못된 결론을 내릴 수 있다. $\text{var}(e_i) = \sigma_i^2$일 때 최소제곱 추정량과 이것의 통상적인 표준오차를 계속 사용하게 되면, 식 (8.8)의 추정값을 사용해야 할 때 식 (8.6)의 추정값을 사용하여 b_2의 표준오차를 계산하게 된다.

8.3 이분산 확고한 분산 추정량

식 (8.8)을 도출하는 이론적 과정은 단순하지 않지만, 이에 대한 올바른 추정값을 계산하는 일은 매우 간단하다. σ_i^2을 단순히 $[N/(N-2)]\hat{e}_i^2$, 즉 제곱한 OLS 잔차에 팽창인자를 곱한 것으로 대체시키자. 단순회귀 모형에 대해 대표본에서 타당한 화이트 이분산 일치하는 추정량(White heteroskedasticity-consistent estimator, HCE)은 다음과 같다.

$$\widehat{\text{var}}(b_2) = \left[\sum(x_i - \bar{x})^2\right]^{-1}\left\{\sum\left[(x_i - \bar{x})^2\left(\frac{N}{N-2}\right)\hat{e}_i^2\right]\right\}\left[\sum(x_i - \bar{x})^2\right]^{-1} \tag{8.9}$$

여기서 $\hat{e}_i$는 회귀 모형 $y_i = \beta_1 + \beta_2 x_i + e_i$의 최소제곱 잔차이다. 추정량은 이 개념을 발전시킨 계량경제학자 화이트(Halbert White)의 이름을 따서 명명되었다. 이 분산 추정량은 이분산의 존재 여부에 관계없이 타당하기 때문에 확고하다. 따라서 무작위 오차가 이분산하거나 또는 동분산하는지 여부를 확신하지 못한다면, 확고한 분산 추정량을 사용하여 표준오차, t-검정, 구간 추정값이 대표본에서 타당하다는 점을 확신할 수 있다.

식 (8.9)의 공식은 멋진 좌우대칭을 이루고 있으며 분산 샌드위치(variance sandwich)의 한 예가 된다. $C = \left[\sum(x_i - \bar{x})^2\right]^{-1}$을 '샌드위치 바깥쪽 빵 조각(Crust)'이라 하고 $A = \left\{\sum\left[(x_i - \bar{x})^2\left(\frac{N}{N-2}\right)\hat{e}_i^2\right]\right\}$을 '어떤 음식 충전물(Any filling)'이라고 하자. 그렇게 되면 분산 샌드위치는 2개의 빵 조각 사이를 채우는 어떤 음식 충전물이 되어서, $\widehat{\text{var}}(b_2) = CAC$로 나타낼 수 있다. 현대 계량경제학은 이런 형태의 많은 샌드위치를 제시하고 있다. 식 (8.8) 및 (8.9)는 단순화할 수 있지만, '샌드위치' 형태를 강조하기 위해서 이들을 그 상태대로 놔두고자 한다. 향후 여러분이 공부할 계량경제학 과목에서 다룰 다중회귀에도 역시 행렬 접근법들은 샌드위치 형태를 활용하게 된다.

표준오차에 대한 화이트 추정량은 이분산이 존재할 경우에 부정확한 구간 추정값이나 부정확한 검정 통계량을 계산하는 것을 피할 수 있게 도움을 준다. 하지만 이런 사실은 이 절 앞부분에서 언급한 이분산이 갖는 첫 번째 의미, 즉 최소제곱 추정량이 더 이상 최우수 추정량이 아니라는 점에 대해 언

정리문제 8.2   식료품 지출 모형에서의 확고한 표준오차

대부분의 회귀분석 패키지는 화이트 추정량을 사용한 표준오차를 계산할 수 있는 선택사항을 포함하고 있다. 식료품 지출액의 예에 대해 이를 적용하면 다음과 같다.

$$\widehat{FOOD\_EXP} = 83.42 + 10.21 INCOME$$
$$(27.46) \ (1.81) \ \text{(화이트 확고한 표준오차)}$$
$$(43.41) \ (2.09) \ \text{(OLS 부정확한 표준오차)}$$

위의 경우 이분산을 무시하고 식 (8.6)의 통상적인 식에 기초하여 틀린 표준오차를 사용할 경우 추정의 정확성을 과소평가하는 경향이 있다. 신뢰구간이 그래야만 하는 것보다 더 넓어지는 경향이 발생한다. 제3장의 결과에 따라 이에 상응하는 β_2의 95% 신뢰구간을 구하면 다음과 같다.

화이트 확고한 표준오차의 경우 :

$$b_2 \pm t_c se(b_2) = 10.21 \pm 2.024 \times 1.81 = [6.55, \ 13.87]$$

OLS 부정확한 표준오차의 경우 :

$$b_2 \pm t_c se(b_2) = 10.21 \pm 2.024 \times 2.09 = [5.97, \ 14.45]$$

이분산의 존재를 무시할 경우 β_2는 5.97과 14.45 사이에 위치한다고 추정하게 된다. 이분산의 존재를 인정할 경우 제공되는 정보가 보다 정확해지며, 확고한 표준오차(robust standard error)를 사용하여 추정하면 β_2는 6.55와 13.87 사이에 위치한다. 여기서 주의할 점은 표본규모가 작다는 사실이며, 이는 우리가 제시한 확고한 표준오차 공식이 표본이 큰 경우만큼 정확하지 않을 수 있다는 것이다.

급하고 있지 않다. 하지만 '최우수' 추정량을 사용하지 못하더라도, 추정값들이 유용한 경제적 분석을 할 수 있도록 충분히 정확하다면 이것이 중대한 과실이 되지는 않는다. 많은 횡단면 자료 세트들은 수천 개의 관찰값들로 구성되기 때문에, 크기가 작은 확고한 표준오차로 이어져서 폭이 좁은 구간 추정값을 구하고 설득력 있는 t-검정을 할 수 있다. 이런 경우 추가적으로 할 것이 없다. 하지만 추정값이 경제분석을 하는 데 충분히 정확하지 않다면 더 좋고 효율적인 추정량이 요구된다. 이런 추정량을 사용하려면 $\mathbf{x}_i$와 또한 어쩌면 다른 변수들로도 구성된 함수인, 조건부 이분산의 형태를 설명하는 산포 함수를 설정해야 한다. 다음 절에서는 최소제곱 추정량보다 더 작은 분산을 갖는 대안적인 추정량을 살펴볼 것이다.

8.4 일반 최소제곱 : 형태를 아는 분산의 경우

우선 단순회귀 모형 $y_i = \beta_1 + \beta_2 x_i + e_i$를 생각해 보자. 자료는 무작위 표본추출을 통해 구하여 관찰값들은 서로 통계적으로 독립적이고, $E(e_i|x_i) = 0$이며, 이분산 가정은 다음과 같다고 가정하자.

$$\text{var}(e_i|x_i) = \sigma^2 h(x_i) = \sigma_i^2 \tag{8.10}$$

오차분산 σ_i^2이 각 관찰값에 대해 상이할 수 있다고 단순히 가정함으로써 화이트 이분산 일치하는 분산 추정값을 구할 수는 있지만, 최소제곱 추정량보다 더 나은 추정량을 개발하려면 분산 σ_i^2이 각 관찰값에 따라 어떻게 변하는지에 관한 추가적인 가정을 할 필요가 있다. 이것은 산포 함수 $h(x_i)$에 관해 가정을 한다는 의미이다. 이분산이 존재할 때의 최우수 선형 불편 추정량, 즉 일반 최소제곱(generalized least squares, GLS) 추정량은 알지 못하는 σ_i^2에 달려 있다. σ_i^2이 어떻게 변하는지에 관한

제한적인 가정을 하지 않고 N개의 관찰값만으로 N개의 알지 못하는 분산 $\sigma_1^2, \sigma_2^2, \cdots, \sigma_N^2$을 추정하는 것은 실제적이지 못하다. 따라서 GLS 추정량이 작동하려면 어떤 구조식이 σ_i^2에 부과되어야 한다. 이 절과 다음 절에서 대안적인 구조식을 생각해 볼 것이다. GLS 추정량과 관련된 문제들의 세부적인 사항은 앞으로 나아가면서 학습하면 명확해질 것이다.

8.4.1 모형의 변형 : 비례적 이분산

앞에서 식료품 지출액 사례에 관한 최소제곱 잔차를 살펴보았던 사항에 대해 기억해 보자. 소득이 증가함에 따라 OLS 잔차의 변동이 증가하며, 이는 소득이 증가함에 따라 오차분산이 증가한다는 사실을 시사한다. 이런 특징을 갖는 분산 σ_i^2에 대해 다음과 같은 가정을 생각해 볼 수 있다.

$$\mathrm{var}(e_i|x_i) = \sigma_i^2 = \sigma^2 h(x_i) = \sigma^2 x_i, \quad x_i > 0 \tag{8.11}$$

즉 i번째 오차항의 분산 σ_i^2은 양인 미지의 일정한 모수 σ^2에 양인 소득변수 x_i를 곱한 것이라고 가정하며, 이에 따라 $\mathrm{var}(e_i|x_i)$는 소득에 비례하게 된다. 산포 함수는 $h(x_i) = x_i$라고 가정하자. 앞에서 설명한 것처럼 경제적인 용어로 말하면, 이 가정은 소득수준(x_i)이 낮은 경우 식료품 지출액(y_i)은 회귀 함수 $E(y_i|x_i) = \beta_1 + \beta_2 x_i$ 근처에 군집하게 된다는 의미이다. 소득이 낮은 가계의 식료품에 대한 지출은 소득수준에 의해 주로 설명되며, 소득수준이 높은 경우 식료품 지출은 회귀 함수로부터 더 벗어날 수 있다. 이것이 의미하는 바는 소득이 높은 가계의 식료품에 대한 지출 변동이 커지도록 하는, 오차항에 존재하는 특정 기호 및 선호처럼 오차항에 많은 다른 요소가 있을 확률이 높다는 것이다.

이분산이 존재하는 경우 최소제곱 추정량은 최우수 선형 불편 추정량이 아니다. 이런 상황하에서 최우수 선형 불편 추정량이 존재하는가? 물론 존재한다. 이 문제를 해결하는 한 방법은 모형을 동분산적인 오차를 갖는 모형으로 변화시키거나 변형시키는 것이다. 모형의 기본구조를 변화시키지 않고 이분산적인 오차 모형을 동분산적인 오차 모형으로 전환하는 것이 가능하다. 이런 변형이 일단 이루어지고 나서 변형 모형(transformed model)에 최소제곱을 적용하면 최우수 선형 불편 추정량을 구할 수 있다. 이런 단계들은 새로운 GLS 추정량을 정의하고 있다.

이를 보여주기 위하여 식 (8.7)에 있는 원래 모형의 양편을 $\sqrt{x_i}$ 로 나누어 보자.

$$\frac{y_i}{\sqrt{x_i}} = \beta_1 \left(\frac{1}{\sqrt{x_i}} \right) + \beta_2 \left(\frac{x_i}{\sqrt{x_i}} \right) + \frac{e_i}{\sqrt{x_i}} \tag{8.12}$$

이제는 다음과 같은 변형변수(transformed variables) 및 변형오차(transformed error)를 정의해 보자.

$$y_i^* = \frac{y_i}{\sqrt{x_i}}, \quad x_{i1}^* = \frac{1}{\sqrt{x_i}}, \quad x_{i2}^* = \frac{x_i}{\sqrt{x_i}} = \sqrt{x_i}, \quad e_i^* = \frac{e_i}{\sqrt{x_i}} \tag{8.13}$$

식 (8.12)는 다음과 같이 다시 나타낼 수 있다.

$$y_i^* = \beta_1 x_{i1}^* + \beta_2 x_{i2}^* + e_i^* \tag{8.14}$$

이 변형된 모형의 장점은 변형된 오차항 e_i^*가 동분산적이란 점이다. 이에 대해 알아보기 위해서 제 0장에서 살펴본 식 (0.14)를 기억해 보자. 즉 X가 확률변수이고 a가 상수라면, $\text{var}(aX) = a^2\text{var}(X)$이다. 이 규칙을 여기서 적용하면 다음과 같다.

$$\text{var}(e_i^*|x_i) = \text{var}\left(\frac{e_i}{\sqrt{x_i}}\middle|x_i\right) = \frac{1}{x_i}\text{var}(e_i|x_i) = \frac{1}{x_i}\sigma^2 x_i = \sigma^2 \tag{8.15}$$

기댓값 규칙을 이용하면, 변형오차항은 영인 조건부 평균 $E(e_i^*|x_i) = 0$을 유지하게 된다. 결과적으로 OLS를 변형변수 y_i^*, x_{i1}^*, x_{i2}^*에 적용하여 β_1 및 β_2에 대한 최우수 선형 불편 추정량을 구할 수 있다. 변형변수 y_i^*, x_{i1}^*, x_{i2}^*는 만들어내기가 쉽다는 점에 주목하자. 최초 모형과 변형 모형 사이의 중요한 차이는 변형 모형이 더 이상 상수항을 포함하지 않는다는 사실이다. 최초 모형에서 $x_{i1} = 1$이다. 변형 모형에서 변수 $x_{i1}^* = 1/\sqrt{x_i}$는 더 이상 일정하지 않다. 사용하는 컴퓨터 소프트웨어가 자동적으로 1을 삽입할 경우 이 상수항을 배제해야 한다는 점에 유의해야 하지만 계속 진행시킬 수도 있다. 변형된 모형에서 미지의 모수 β_1 및 β_2 간에는 선형이며 이것들이 추정하려고 했던 원래의 모수들이다. 이들은 변형에 의해 영향을 받지 않는다. 간단히 말해, 변형된 모형은 OLS 추정법을 적용할 수 있는 선형 모형이다. 변형 모형은 가우스 – 마코프 정리의 조건을 충족시키며, 변형변수 측면에서 정의된 OLS 추정량은 BLUE이다.

요약하면 식 (8.11)에 설정된 형태의 이분산, 즉 $\text{var}(e_i|x_i) = \sigma_i^2 = \sigma^2 h(x_i) = \sigma^2 x_i$를 갖는 모형에 대한 최우수 선형 불편 추정량을 얻기 위해서는 다음과 같이 해야 한다.

1. 식 (8.13)에 있는 변형변수를 계산해야 한다.
2. OLS를 사용하여 식 (8.14)의 변형 모형을 추정하고, 추정값 $\hat\beta_1$ 및 $\hat\beta_2$를 구해야 한다.

이런 방법을 통해 구한 추정값은 GLS 추정값이다.

비례하는 이분산이란 모형 가정이 옳다면 GLS 추정량은 BLUE이다. 물론 가정한 산포 함수가 옳은지 여부를 알 수 없다. 사려 깊게 선택한 변형을 통해 모형의 이분산을 아마도 낮출 것이다. 하지만 선택한 모형이 이분산을 완전하게 제거하지 못할 경우, GLS 추정량은 선형 불편 추정량이지만 최우수는 되지 못하며 변형 모형 추정을 통해 얻은 표준오차는 정확하지 못하다. 그러면 무엇을 해야 하는가? 하기 쉽다. 변형된 자료 모형을 갖고 화이트 확고한 표준오차를 사용하여 (대표본인 경우) 타당한 표준오차를 구하시오. 이렇게 해서 보다 효율적인 추정량을 구하려고 노력은 하지만, 타당한 표준오차, t-통계량, 구간 추정값을 제시하는 데 신중을 기해야 한다. 정리문제 8.3에서 이 전략에 관해 살펴볼 것이다.

8.4.2 가중 최소제곱 : 비례적 이분산

GLS 추정량을 보는 한 방법은 가중 최소제곱(weighted least squares, WLS) 추정량으로 보는 것이다.

OLS 추정값은 다음과 같은 제곱한 오차의 합을 최소화하는 β_1 및 β_2의 값이라는 점을 기억하자.

$$S(\beta_1, \beta_2 | y_i, x_i) = \sum_{i=1}^{N} (y_i - \beta_1 - \beta_2 x_i)^2$$

변형된 자료 모형 식 (8.14)를 사용한 제곱 합의 함수는 다음과 같다.

$$
\begin{aligned}
S(\beta_1, \beta_2 | y_i, x_i) &= \sum_{i=1}^{N} (y_i^* - \beta_1 x_{i1}^* - \beta_2 x_{i2}^*)^2 = \sum_{i=1}^{N} \left(\frac{y_i}{\sqrt{x_i}} - \beta_1 \frac{1}{\sqrt{x_i}} - \beta_2 \frac{x_{i2}}{\sqrt{x_i}} \right)^2 \\
&= \sum_{i=1}^{N} \left[\frac{1}{\sqrt{x_i}} (y_i - \beta_1 - \beta_2 x_{i2}) \right]^2 \qquad\qquad (8.16) \\
&= \sum_{i=1}^{N} \frac{(y_i - \beta_1 - \beta_2 x_{i2})^2}{x_i}
\end{aligned}
$$

제곱한 오차는 $1/x_i$로 가중된다. 분산은 $\mathrm{var}(e_i | x_i) = \sigma^2 x_i$라고 가정했다는 사실을 기억하자. x_i가 더 작을 때 오차분산이 더 작아지고 자료는 회귀 함수에 더 근접하게 된다고 가정한다. 이런 자료들이 $E(y_i | x_i) = \beta_1 + \beta_2 x_i$의 위치에 관해 더 많은 정보를 갖고 있다. x_i가 더 클 때 오차분산이 더 커지고 자료는 회귀 함수로부터 더 떨어지게 된다고 가정한다. 이런 자료들은 $E(y_i | x_i) = \beta_1 + \beta_2 x_i$의 위치에 관해 더 적은 정보를 갖고 있다. 직관적으로 볼 때 더 적은 정보를 갖고 있는 관찰값들에 더 작은 가중을 두고, 더 많은 정보를 갖고 있는 관찰값들에 더 큰 가중을 두는 것은 합리적인 것처럼 보인다. 이것이 바로 가중한 제곱 합의 함수 식 (8.16)이 이루어 놓은 것이다. x_i가 작을 때 자료는 회귀 함수에 관해 더 많은 정보를 포함하고 있고 이 관찰값들에 더 큰 가중을 준다. x_i가 클 때 자료는 더 적은 정보를 포함하고 있고 이 관찰값들에 더 작은 가중을 준다. 위와 같은 방법으로 이분산을 활용하여 모수 추정을 향상시킬 수 있다. 반면에 OLS 추정법은 동분산하에서 하는 것과 마찬가지로 모든 관찰값이 동일한 정보를 포함하고 동일하게 중요한 것으로 간주한다.

대부분의 컴퓨터 소프트웨어는 WLS 또는 GLS를 선택사항으로 포함하고 있다. 여러분이 사용하는 소프트웨어가 이 범주에 속할 경우 추정하기 전에 변수를 변형하거나 또는 상수항을 빼는 일에 신경을 쓸 필요가 없다. 소프트웨어 명령어를 활용하면 컴퓨터가 변형 및 추정 둘 다를 할 것이다. 여러분 자신이 변형시키려는 경우, 즉 변수 y_i^*, x_{i1}^*, x_{i2}^*를 만들어 OLS를 적용하려는 경우에는 회귀식에 상수항을 포함시키지 않도록 주의를 기울여야 한다. 앞에서 언급한 것처럼 $x_{i1}^* \neq 1$이므로 상수항은 없게 된다.

🔧 **정리문제 8.3**   식료품 지출 자료에 GLS/WLS 적용하기

식료품 지출 예에서 $\mathrm{var}(e_i | INCOME_i) = \sigma_i^2 = \sigma^2 INCOME_i$ 라고 가정하자. 일반(가중) 최소제곱법을 가계 지출 자료에 적용하면 다음과 같은 추정값을 구할 수 있다.

$$\widehat{FOOD\_EXP}_i = 78.68 + 10.45 INCOME_i \quad (8.17)$$
$$\text{(se)} \qquad (23.79) \quad\ (1.39)$$

즉 절편항으로 $\hat{\beta}_1 = 78.68$, 그리고 소득 변화에 대한 식

료품 지출액의 반응을 보여주는 기울기 계수로 $\hat{\beta}_2 = 10.45$를 추정하였다. 이 추정값은 이분산의 존재를 고려하지 않았던 최소제곱 추정값 $b_1 = 83.42$ 및 $b_2 = 10.21$과 다소 다르다. β_1 및 β_2에 대한 해석은 변형된 모형 식 (8.14)에서 변형되지 않은 모형 식 (8.7)과 같다. 변수를 변형시키는 일은 이분산 오차 모형을 동분산 오차 모형으로 전환하는 방법으로 간주되지, 계수의 의미를 변화시키는 것으로 보지 않는다.

식 (8.17)의 표준오차, 즉 $se(\hat{\beta}_1) = 23.79$ 및 $se(\hat{\beta}_2) = 1.39$ 둘 다 화이트 확고한 표준오차, 즉 $se(b_1) = 27.46$ 및 $se(b_2) = 1.81$보다 작다. GLS가 최소제곱보다 더 나은 추정법이기 때문에, GLS 표준오차가 더 낮을 것으로 기대된다. 하지만 이는 다음과 같은 두 가지 면을 고려해야 한다. 첫째, 표준오차는 추정된 분산의 제곱근이라는 사실을 기억하자. 단일 표본에서 참인 분산의 상대적인 크기가 이에 상응하는 분산 추정값에 의해 반드시 반영되지는 않는다. 둘째, 분산의 감소는 추가적인 가정, 즉 분산이 식 (8.11)의 것과 같은 형태를 갖는다는 가정을 한 대가로 이루어진다.

표준오차가 작을수록 더 좁고, 더 많은 정보를 함축한 신뢰구간을 구할 수 있는 장점이 있다. 예를 들어, GLS의 결과를 이용하여 β_2의 95% 신뢰구간을 구하면 다음과 같다.

$$\hat{\beta}_2 \pm t_c se\left(\hat{\beta}_2\right) = 10.451 \pm 2.024 \times 1.386 = [7.65, 13.26]$$

화이트 표준오차를 이용하여 계산한 최소제곱의 신뢰구간은 $[6.55, 13.87]$이었다.

GLS 추정값을 구하기 위해서 특정한 형태의 이분산, 즉 $var(e_i | x_i) = \sigma_i^2 = \sigma^2 h(x_i) = \sigma^2 x_i$를 가정하였다. 이 가정이 자료에 존재하는 이분산의 형태를 적절히 나타내는지 여부를 자문해 보아야 한다. 적절히 나타낸다면 변형된 모형 식 (8.14)는 동분산적 오차를 가져야만 한다. 직관적인 점검방법은 변형된 모형의 잔차를 계산해서 이를 도표로 그려 보는 것이다. 즉 $\hat{e}_i^* = y_i^* - \hat{\beta}_1 x_{i1}^* - \hat{\beta}_2 x_{i2}^*$라고 하자. WLS/GLS 소프트웨어를 사용할 경우 이를 통해 저장된 잔차는 GLS 잔차 $\hat{e}_{i,\text{WLS}} = y_i - \hat{\beta}_1 - \hat{\beta}_2 x_{i2}$일 가능성이 매우 높다. $\hat{e}_i^* = \hat{e}_{i,\text{WLS}} / \sqrt{x_i}$이다. 그림 8.4는 가계소득에 대한 변형된 모형 잔차 및 OLS 잔차의 도표를 보여준다.

변형된 모형이 이분산을 나타내는 '물보라' 형태를 상당히 완화시켰다는 사실이 분명하다. 변형이 완벽하게 성공했다면, 어느 변수에 대해 변형된 잔차를 도표로 나타낼 경우 어떤 형태도 보여서는 안 된다. 특정 형태가 남아 있다면 다른 형태의 오차분산 함수를 시도해 볼 수 있다. 또는 변형을 통해 이분산을 전부가 아니라면 대부분 제거한 것이 시각적으로 분명하기 때문에, 변형된 모형을 갖는 화이트 이분산 확고한 표준오차를 사용할 수 있다. 이런 방법을 통해 보다 효율적인 추정량을 얻도록 시도해야 할 것이

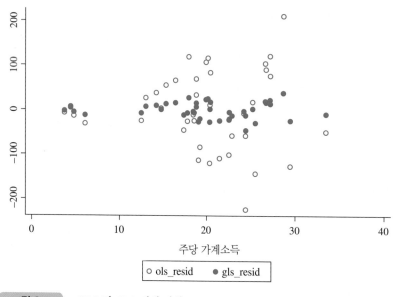

그림 8.4   OLS 및 GLS 변형 잔차

다. 그렇게 되면 잔존해 있는 이분산으로부터 비롯된 부정확한 표준오차에 대해 우리 자신을 보호하게 된다. 확고한 표준오차를 갖고 추정한 GLS/WLS 모형은 다음과 같다.

$$\widehat{FOOD\_EXP}_i = 78.68 + 10.45 INCOME_i$$
$$(\text{robse}) \quad (12.04) \quad (1.17)$$

기울기에 대한 95% 구간 추정값은 [8.07, 12.83]이다.

8.5 일반 최소제곱 : 형태를 알지 못하는 분산의 경우

앞 절에서 이분산은 분산 함수(variance function) $\text{var}(e_i|x_i) = \sigma^2 x_i$로 설명할 수 있다고 가정하였다. 식료품 지출 사례에서 $x_i = INCOME_i > 0$이고 직관적으로 합리적인 것처럼 보이므로 이 가정은 편리하고 간단하다고 볼 수 있다. 하지만 이것은 선택 가능한 한 가지 산포 함수 $h(x_i)$일 뿐이다. 예를 들면, $\text{var}(e_i|x_i) = \sigma^2 h(x_i) = \sigma^2 x_i^2$ 및 $\text{var}(e_i|x_i > 0) = \sigma^2 h(x_i) = \sigma^2 x_i^{1/2}$과 같은 다른 대안들이 있다. 이들 두 가지는 x_i가 증가함에 따라 오차분산도 증가하는 특성을 갖고 있다. 이 함수들 중 하나를 선택해서는 안되는가?

다중회귀 $y_i = \beta_1 + \beta_2 x_{i2} + \cdots + \beta_K x_{iK} + e_i$에서 이분산 형태는 1개를 초과하는 설명변수와 연관될 수 있으므로, 산포 함수 $h(x_{i2}, \cdots, x_{iK}) = h(\mathbf{x}_i)$를 생각해 볼 수 있다. 실제로는 이분산 형태가 모형에도 있지 않은 변수와 연계될 수도 있다. 이런 모든 가능성을 포함하는 보다 일반화되게 설정된 모형을 처리하기 위해서, 유연하고 알뜰한 모형이 필요하며 이 경우 $\sigma_i^2 > 0$이다. 작동이 잘되는 한 가지 모형은 다음과 같다.

$$\begin{aligned}
\sigma_i^2 &= \exp(\alpha_1 + \alpha_2 z_{i2} + \cdots + \alpha_S z_{iS}) \\
&= \exp(\alpha_1) \exp(\alpha_2 z_{i2} + \cdots + \alpha_S z_{iS}) \\
&= \sigma^2 h(z_{i2}, \ldots, z_{iS})
\end{aligned} \tag{8.18}$$

이분산과 아마도 연관된 후보변수 $z_{i2}, \cdots, z_{iS}$는 $\mathbf{x}_i$에 있을 수도 있고 있지 않을 수도 있다. 지수 함수는 모수 $\alpha_1, \alpha_2, \cdots, \alpha_S$의 모든 가능한 값들에 대해 분산 σ_i^2이 양수가 되도록 보장하기 때문에 이 형태가 편리하다. 식 (8.18)을 승법적 이분산(multiplicative heteroskedasticity) 모형이라고 한다. 이 모형은 동분산을 특수한 경우로 포함한다. 즉 $\alpha_2 = \cdots = \alpha_S = 0$인 경우 오차분산은 $\sigma_i^2 = \exp(\alpha_1) = \sigma^2$이 된다. 다음과 같은 이유로 인해 이를 승법적 모형이라고 한다.

$$\exp(\alpha_1)\exp(\alpha_2 z_{i2} + \cdots + \alpha_S z_{iS}) = \exp(\alpha_1)\exp(\alpha_2 z_{i2})\cdots\exp(\alpha_S z_{iS})$$

각 후보변수는 별개의 승법적 효과를 갖는다. 이 모형은 일부 새로운 모수를 도입하였으나, 여러 번 보아 왔던 것처럼 알지 못하는 모수가 있을 때 계량경제학자는 이를 어떻게 추정하는지 밝히게 된다. 그것이 우리가 하고자 하는 것이다.

위에서 언급한 특징, 즉 유연하고 알뜰하며 $\sigma_i^2 > 0$이고, 또한 매우 유용한 몇 가지 특수한 경우를 포함하고 있기 때문에 이 모형은 매력적이다.

승법적 이분산, 특수한 경우 1 : $\mathrm{var}(e_i|x_i) = \sigma_i^2 = \sigma^2 x_i^{\alpha_2}$ 식료품 지출액 사례에서 살펴본 것처럼, 세 가지 그럴듯한 분산 함수는 $\mathrm{var}(e_i|x_i) = \sigma^2 x_i$, $\mathrm{var}(e_i|x_i) = \sigma^2 h(x_i) = \sigma^2 x_i^2$, $\mathrm{var}(e_i|x_i > 0) = \sigma^2 h(x_i) = \sigma^2 x_i^{1/2}$ 이다. 이것들은 아래와 같은 형태의 특수한 경우이다.

$$\mathrm{var}(e_i|x_i) = \sigma_i^2 = \sigma^2 x_i^{\alpha_2}$$

여기서 α_2는 알지 못하는 모수이다. 승법적 모형에서 $S = 2$, $z_{i2} = \ln(x_i)$, $h(z_{i2}) = \exp[\alpha_2 \ln(x_i)]$라고 하자. 대수 및 지수의 특성을 이용하여 다음과 같은 결과를 얻을 수 있다.

$$\begin{aligned}
\sigma_i^2 &= \exp(\alpha_1 + \alpha_2 z_{i2}) \\
&= \exp(\alpha_1)\exp\big[\alpha_2 \ln(x_i)\big] = \exp(\alpha_1)\exp\big[\ln(x_i^{\alpha_2})\big] \\
&= \sigma^2 x_i^{\alpha_2}
\end{aligned}$$

승법적 이분산, 특수한 경우 2 : 집단화된 이분산   자료분할은 많은 경제 사례에서 자연적으로 발생한다. 도시지역 주민과 농촌지역 주민 둘 다에 관한 자료를 갖고 임금식을 추정할 수 있다. 도시지역의 노동시장이 더 다양할 가능성이 높기 때문에, 농촌지역에서보다 개인 간 임금변동이 더 커질 수 있다. 어쩌면 예를 들어, 초등학교 교육만을 받은 사람, 고등학교 교육을 받은 사람, 중등과정 후 교육을 받은 사람들처럼 상이한 교육수준을 갖고 있는 사람들에 대한 임금을 생각해 볼 수도 있다. 혹은 상이한 산업에 종사하는 사람들이나 상이한 국가에 거주하는 사람들에 대해서도 생각해 볼 수 있다. 절편 모의변수를 갖고 있는 각 집단과 상호 간에 다른 오차분산을 갖는 각 집단에 대해서도 동일한 기본구조가 유지될 수 있다.

단지 두 집단만을 생각한다고 가상하자. 한쪽 집단에 속한 관찰값인 경우 모의변수 $D_i = 1$, 다른 쪽 집단에 속한 관찰값인 경우 $D_i = 0$이라고 하자. 그러면 분산 함수는 다음과 같다.

$$\mathrm{var}(e_i|\mathbf{x}_i) = \exp(\alpha_1 + \alpha_2 D_i) = \begin{cases} \exp(\alpha_1) = \sigma^2 & D_i = 0 \\ \exp(\alpha_1 + \alpha_2) = \sigma^2 \exp(\alpha_2) & D_i = 1 \end{cases}$$

승법적 형태, 즉 $\sigma_i^2 = \exp(\alpha_1 + \alpha_2 D_i) = \exp(\alpha_1)\exp(\alpha_2 D_i) = \sigma^2 h(D_i)$를 사용하면 산포 함수는 $h(D_i) = \exp(\alpha_2 D_i)$이다. $\alpha_2 = 0$인 경우 오차분산은 두 집단에 대해 동일해지며, 이는 동분산 가정이 유지된다는 것을 의미한다는 점에 주목하라.

2개를 초과하는 집단이 있는 경우에도 동일한 전략이 적용될 수 있다. $g = 1, 2, \cdots, G$개 집단 또는 자료분할이 있다고 가상하자. 각 집단에 대해 모의변수를 만들어 보도록 하자. 관찰값이 집단 g에 속한 경우 $D_{ig} = 1$이라 하고, 그렇지 않은 경우 $D_{ig} = 0$이라 하자. e_{ig}는 집단 g에 속한 i번째 관찰값에 대한 무작위 오차라면, 유용한 분산 함수는 다음과 같다.

$$\mathrm{var}(e_{ig}|\mathbf{x}_{ig}) = \exp(\alpha_1 + \alpha_2 D_{i2} + \cdots + \alpha_G D_{iG}) = \begin{cases} \exp(\alpha_1) = \sigma^2 = \sigma_1^2 & g = 1; \text{ 단지 } D_{i1} = 1\text{이 된다.} \\ \exp(\alpha_1 + \alpha_2) = \sigma_2^2 & g = 2; \text{ 단지 } D_{i2} = 1\text{이 된다.} \\ \quad\quad\quad\vdots \\ \exp(\alpha_1 + \alpha_G) = \sigma_G^2 & g = G; \text{ 단지 } D_{iG} = 1\text{이 된다.} \end{cases}$$

이렇게 설정된 모형에서 집단 1을 준거집단으로 선택하고 그것의 모의변수를 누락시켜 보자. 이 것은 제7장에서 살펴본 모의변수 접근법과 유사하다. 준거집단 오차의 분산을 σ^2 또는 σ_1^2이라 고 표기할 수 있으며, 이는 집단 1에 대한 것이라는 점을 나타낸다. 집단 2, $\cdots$, G에 대한 산 포 함수는 $h(D_g) = \exp(\alpha_g D_g)$이다. 이를 달리 설명하기 위해서 분산 함수를 $\mathrm{var}(e_{ig} \mid \mathbf{x}_{ig}) = \exp(\alpha_1 D_{i1} + \alpha_2 D_{i2} + \cdots + \alpha_G D_{iG})$라고 하자. 이렇게 변형된 각 집단에 대한 분산을 활용해 보자. 이런 2개의 모형 설정을 활용한 최종결과는 동일하다.

8.5.1 승법적 모형을 추정하기

식 (8.18)과 같은 가정하에서 추정을 어떻게 진행하는가? 궁극적 목표는 회귀 모수 β_1, β_2,$\cdots$, β_K를 추정하는 것이다. 승법적 이분산 모형하에서 몇 가지 추정 단계를 밟아야 한다.

실행할 수 있는 GLS 절차

1. 최초 모형 $y_i = \beta_1 + \beta_2 x_{i2} + \cdots + \beta_K x_{iK} + e_i$를 OLS로 추정하고, OLS 잔차 $\hat{e}_i$를 저장하시오.
2. 최소제곱 잔차 및 변수 $z_{i2},\cdots, z_{iS}$를 이용하여 α_1, α_2, $\cdots$, α_S를 추정하시오.
3. 추정된 산포 함수 $\hat{h}(z_{i2},\cdots, z_{iS})$를 계산하시오.
4. 각 관찰값을 $\sqrt{\hat{h}(z_{i2},\cdots,z_{iS})}$로 나누고 이 변형된 자료에 OLS를 적용하거나, 또는 가중요소 $1/\hat{h}(z_{i2},\cdots, z_{iS})$를 가지고 WLS 회귀를 사용한다.

이에 따른 추정값 $\hat{\hat{\beta}}_1, \hat{\hat{\beta}}_2, \ldots, \hat{\hat{\beta}}_K$를 실행할 수 있는 일반 최소제곱(feasible generalized least squares, FGLS) 추정값 또는 추정된 일반 최소제곱(estimated generalized least squares, EGLS) 추정값이라고 한다. 이분산이 존재할 경우 FGLS 추정량은 일치하며 대표본에서 OLS보다 더 효율적이다. 이 추정 값들에 두 번째 '헬(^)'을 추가하였는데, 이는 이전의 GLS 추정값과 구별하고 이 추정값들이 1단계 추정에 의존한다는 것을 깨닫게 하기 위해서이다.

　위의 절차에서 단계 2는 승법적 이분산 모형을 아주 재치있게 다루어서 이를 달성할 수 있다. 식 (8.18)의 양쪽에 대수를 취하면 다음과 같은 결과를 얻을 수 있다.

$$\ln(\sigma_i^2) = \alpha_1 + \alpha_2 z_{i2} + \cdots + \alpha_S z_{iS}$$

왼편을 알지 못한다는 사실을 제외하면 위의 식은 회귀 모형처럼 보인다. 제곱한 최소제곱 잔차에 대 해 대수를 취한 것을 양편에 추가하면 다음과 같다.

$$\ln(\sigma_i^2) + \ln(\hat{e}_i^2) = \alpha_1 + \alpha_2 z_{i2} + \cdots + \alpha_S z_{iS} + \ln(\hat{e}_i^2) \tag{8.19}$$

　식 (8.19)를 재정리하여 이를 단순화하면 다음과 같다.

$$\begin{aligned}
\ln(\hat{e}_i^2) &= \alpha_1 + \alpha_2 z_{i2} + \cdots + \alpha_S z_{iS} + \ln(\hat{e}_i^2) - \ln(\sigma_i^2) \\
&= \alpha_1 + \alpha_2 z_{i2} + \cdots + \alpha_S z_{iS} + \ln(\hat{e}_i^2/\sigma_i^2) \\
&= \alpha_1 + \alpha_2 z_{i2} + \cdots + \alpha_S z_{iS} + \ln\left[(\hat{e}_i/\sigma_i)^2\right] \\
&= \alpha_1 + \alpha_2 z_{i2} + \cdots + \alpha_S z_{iS} + v_i
\end{aligned}$$

승법적 이분산 모형을 취했고 간단한 조작을 통해 다음과 같은 결론에 도달하였다.

$$\ln\left(\hat{e}_i^2\right) = \alpha_1 + \alpha_2 z_{i2} + \cdots + \alpha_S z_{iS} + v_i \tag{8.20}$$

이 모형을 사용하고 OLS를 이용하여 식 (8.19)의 α_1, $\alpha_2, \cdots$, α_S를 추정할 수 있으며, 절차적 단계를 계속 밟아갈 수 있다. 이 절차가 정당한지 여부는 식 (8.20)에서 도입한 새로운 오차항 v_i의 특성에 달려 있다. 이것은 영인 평균을 갖는가? 동분산적인가? 소표본인 경우 이 물음에 대한 대답은 부정적이다. 하지만 대표본인 경우 대답은 보다 긍정적이 된다. $\mathbf{z}_i = (1, z_{i2}, \cdots, z_{iS})$이고 $e_i \sim N(0, \sigma_i^2)$이라면 $E(v_i | \mathbf{z}_i) \cong -1.2704$ 및 $\mathrm{var}(v_i | \mathbf{z}_i) \cong 4.9348$이라는 사실을 통계학자들이 보여주었다. 회귀오차가 조건부 평균 영을 갖지 않기 때문에 α_1의 추정된 값은 -1.2704만큼 감하게 된다. 하지만, $\hat{\alpha}_2$, $\cdots$, $\hat{\alpha}_S$는 일치하는 추정량이며, 이것이 산포 함수 $\hat{h}(z_{i2}, \cdots, z_{iS})$를 추정하는 데 문제가 되는 모든 것이다.

🏷 정리문제 8.4 식료품 지출 모형에서의 승법적 이분산

식료품 지출 예에서 $z_{i2} = \ln(INCOME_i)$라고 정의할 경우 식 (8.19)의 최소제곱 추정값은 다음과 같다.

$$\widehat{\ln\left(e_i^2\right)} = 0.9378 + 2.329 \ln\left(INCOME_i\right)$$

추정값 $\hat{\alpha}_2 = 2.329$는 $\alpha_2 = 1$의 2배를 초과한다($\alpha_2 = 1$은 정리문제 8.3에서 사용한 분산 모형 설정의 묵시적 가정이었다). 이것이 시사하는 바는 이전의 변형이 충분하게 적극적이지 못했다는 것이다. FGLS 추정값을 구하기 위해서 절차를 밟아 나가 보도록 하자. 모형의 양쪽을 $\sqrt{\hat{h}(z_{i2})}$로 나누어 모형을 변형시키고 나서, 변형된 자료에 OLS를 적용하거나 또는 가중치 $1/\hat{h}(z_{i2})$를 갖는 WLS를 사용하자. 여기서 $\hat{h}(z_{i2}) = \exp\left[\hat{\alpha}_2 \ln(INCOME_i)\right]$이다. 식료품 지출 자료에 대한 FGLS 추정값은 다음과 같다.

$$\widehat{FOOD\_EXP_i} = 76.05 + 10.63 INCOME_i \tag{8.21}$$
$$\text{(se)} \quad\quad (9.71) \quad (0.97)$$

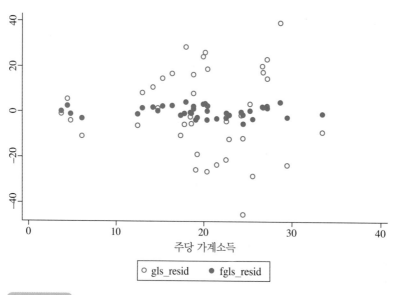

| gls_resid | ● fgls_resid |

그림 8.5 GLS 및 FGLS 변형 잔차

분산 모형 설정 $\sigma_i^2 = \sigma^2 INCOME_i$에 대한 GLS 추정결과와 비교해 볼 때, β_1 및 β_2의 추정값은 크게 변화하지 않았으나 표준오차는 상당히 감소하였다. 이전의 분산 모형 설정에서는 표준오차가 $se(\hat{\beta}_1)=23.79$ 및 $se(\hat{\beta}_2)=1.39$였다.

FGLS 변형이 적절한지 여부를 자문해 보아야 한다. 변형된 모형은 동분산 가정을 충족시키는가? 정리문제 8.3에서는 변형된 모형의 잔차 $\hat{e}_i^* = y_i^* - \hat{\beta}_1 x_{i1}^* - \hat{\beta}_2 x_{i2}^*$를 계산하였다. 이와 마찬가지로 $\hat{\hat{e}}_i^* = y_i^{**} - \hat{\hat{\beta}}_1 x_{i1}^{**} - \hat{\hat{\beta}}_2 x_{i2}^{**}$라고 하자. 여기서 $y_i^{**} = y_i \big/ \sqrt{\hat{h}(z_{i2})}$, $x_{i1}^{**} = 1 \big/ \sqrt{\hat{h}(z_{i2})}$, $x_{i2}^{**} = x_{i2} \big/ \sqrt{\hat{h}(z_{i2})}$이다. 그림 8.5에서는 GLS 변형 모형의 $\hat{e}_i^*$(속이 빈 하얀 원) 및 FGLS 변형 모형의 $\hat{\hat{e}}_i^*$ (속이 찬 검은 원)

를 소득에 대해 도표로 나타내었다. 그림 8.4 및 8.5에서 수직축의 척도가 상이하다는 사실에 주목하자. 따라서 이들을 비교할 때 이것을 고려해야 한다. GLS 변형 모형의 $\hat{e}_i^*$(속이 빈 하얀 원)에 초점을 맞추어 들여다보면 원래의 형태가 지속된다는 사실을 알 수 있다. 이는 GLS 변형이 이분산을 완벽하게 제거하지 못했다는 의미이다. 그림 8.4에서는 '물보라' 형태가 크게 완화되었다. 그림 8.5에서는 FGLS 변형 모형이 이제 더 작은 잔차를 갖게 되었으며 '물보라' 형태가 더욱 완화되었다. 눈에 보이는 증거에 기초할 경우 FGLS 모형이 GLS 모형보다 이분산을 제거하는데 더 나은 임무를 수행하였다.

정리문제 8.5   이분산적 분할

이분산적 분할의 개념을 설명하기 위해서, 개인의 임금률($WAGE$)이 해당 개인의 교육($EDUC$)과 경험($EXPER$)에 의존하는 단순 임금식을 생각해 보자. 또한 대도시 또는 도시화된 지역, 그렇지 않은 지역에 거주하는지 여부에 따라 모의변수를 추가할 수 있다. 편의상 대도시가 아닌 지역을 '농촌'지역이라고 하자. 즉 다음과 같이 모의변수를 설정하자.

$$METRO = \begin{cases} 1, & \text{개인이 대도시지역에 거주할 경우} \\ 0, & \text{개인이 농촌지역에 거주할 경우} \end{cases}$$

임금식은 다음과 같다.

$$WAGE_i = \beta_1 + \beta_2 EDUC_i + \beta_3 EXPER_i + \beta_4 METRO_i + e_i$$

여기서 제기되는 문제는 오차항의 분산이 농촌지역에서보다 대도시지역에서 상이한지에 대한 가능성이다. 즉 다음과 같은지 의심을 하게 된다.

$$var(e_i | \mathbf{x}_i) = \begin{cases} \sigma_M^2, & METRO=1\text{인 경우} \\ \sigma_R^2, & METRO=0\text{인 경우} \end{cases}$$

실례를 들어 설명하기 위해, 미국 중서부지역($MIDWEST=1$)에서의 관찰값에만 국한해 살펴보자. 우선, 표 8.1에 있는 대도시지역 근로자, $METRO=1$ 및 농촌지역 근로자, $METRO=0$에 대한 요약된 통계량을 살펴보도록 하자.

평균 임금 및 임금의 표준편차가 농촌지역에서보다 대도시지역에서 더 높다는 사실에 주목하자. 이것은 이분산의 존재를 암시하는 것이지 증거는 되지 못한다. 표준편차는 회귀 모형에 의존하지 않는 '무조건적인' 측정치이다. 이분산은 다른 요인들 여기서는 교육 및 경험은 불변한다고 보고, 회귀 무작위 오차들에서의 변동에 관해 관심을 갖는다.

이분산 확고한 표준오차를 갖는 OLS 추정값은 다음과 같다.

$$\widehat{WAGE}_i = -18.450 + 2.339 EDUC_i + 0.189 EXPER_i$$
$$\text{(robse)} \quad (4.023) \quad (0.261) \quad (0.0478)$$
$$+ 4.991 METRO_i$$
$$(1.159)$$

OLS 잔차 $\hat{e}_i$를 저장하고, $z_{i2} = METRO_i$를 사용하여 식 (8.20), $\ln(\hat{e}_i^2) = \alpha_1 + \alpha_2 METRO + v_i$를 추정하면 다음과 같다.

$$\widehat{\ln(\hat{e}_i^2)} = 2.895 + 0.700 METRO$$

추정된 분산 함수는 다음과 같다.

$$\hat{h}(z_{i2}) = \exp(\hat{\alpha}_2 METRO_i)$$

$$= \exp(0.700 METRO) = \begin{cases} 2.0147, & METRO = 1\text{인 경우} \\ 1, & METRO = 0\text{인 경우} \end{cases}$$

무작위 오차의 조건부 분산은 대도시지역이 농촌지역의 약 2배라고 추정한다. WLS 회귀에서 대도시지역 관찰값들이 농촌지역 관찰값들의 절반 가중치를 받게 된다. 실행할 수 있는 GLS 추정값은 다음과 같다.

$$\widehat{WAGE}_i = \underset{(3.788)}{-16.968} + \underset{(0.239)}{2.258 EDUC_i} + \underset{(0.0447)}{0.175 EXPER_i}$$
$$\text{(se)}$$
$$+ \underset{(1.214)}{4.995 METRO_i}$$

EDUC 및 *EXPER*에 대한 FGLS 계수 추정값 및 표준오차는 OLS 추정법에서의 것들보다 약간 더 작다.

표 8.1 *METRO*별 요약된 통계량

	변수	관찰값	평균	표준편차
METRO = 1	*WAGE*	213	24.25	14.00
	EDUC	213	14.25	2.77
	EXPER	213	23.15	13.17
METRO = 0	*WAGE*	84	18.86	8.52
	EDUC	84	13.99	2.26
	EXPER	84	24.30	14.32

8.6 이분산의 탐지

식료품 지출 식을 논의하면서 경제 문제의 성격과 자료를 이용하여 특정 형태의 이분산이 존재할 수 있는 이유를 살펴보았다. 하지만 많은 적용사례에서 이분산이 존재하는지 또는 존재하지 않는지에 관해 확신을 할 수 없다. 이럴 때 제기되는 일상적인 질문은 다음과 같다. 특정 모형 및 자료에 대해 이분산이 문제가 되는지를 어떻게 알 수 있는가? GLS 방법을 사용해야 하는지 여부를 알 수 있도록 이분산을 탐지하는 방법이 있는가? 이 물음에 답하기 위해서 세 가지 방법을 고찰해 볼 것이다. 첫 번째 방법은 잔차도표(residual plots)를 이용하여 탐지하는 직관적인 방법이며 다른 두 가지 방법은 통계적 검정을 통한 보다 격식을 갖춘 방법이다.

8.6.1 잔차도표

이분산의 존재를 탐지하는 방법은 최소제곱을 이용하여 해당 모형을 추정하고 최소제곱 잔차를 도표로 나타내는 것이다. 오차가 동분산적인 경우 그림 4.7(a)에서 보는 것처럼 잔차에 어떤 종류의 특정 양식이 존재하지 않아야 한다. 오차가 이분산적인 경우 그림 4.7(b)~(d)에서 보는 것처럼 체계적인 방법으로 변동이 더 큰 폭으로 또는 더 작은 폭으로 이루어지는 경향이 있다. 예를 들어, 가계지출 자료의 경우 소득이 증가함에 따라 분산이 증가할 수 있다고 생각할 수 있다. 정리문제 8.1~8.3에서 진단에 도움이 되는 잔차도표를 어떻게 사용하는지 살펴보았다. 이를 통해 소득이 증가함에 따라 잔차의 절댓값이 실제로 증대되는 경향이 있다는 점을 알게 되었다. 이분산을 조사하는 이런 방법은 단순회귀인 경우에 적합할 수 있다. 둘 이상의 설명변수가 있는 경우 추정된 최소제곱 함수를 도표상에 쉽게 나타낼 수 없다. 그러나 이런 경우 할 수 있는 것은 각 설명변수 또는 $\hat{y}_i$에 대해 최소제곱 잔차를 도표로 나타내서 잔차가 특정 변수에 대해 체계적인 방법으로 변동하는지 여부를 살펴보는 것이다.

8.6.2 골드펠드-콴트 검정

이분산의 존재 여부를 탐지하는 두 번째 방법은 상이한 분산을 갖고 있을지도 모를 2개 부표본에 대해 검정을 하는 것이다. 부표본들은 모의변수에 근거할 수도 있다. 정리문제 8.5에서는 임금식을 추정하기 위해서 대도시지역 부표본과 농촌지역 부표본을 고려해 보았다. 달리 설명하면 하나의 연속적 변수 크기에 따라 자료를 구분하고 나서, 해당 자료를 부표본들로 나누며, 이때 가능하다면 구분하기 위해서 중앙에 있는 소수의 관찰값들을 누락시킬 수 있다. 어느 쪽 경우이든 골드펠드-콴트 (Goldfeld-Quandt) 검정은 검정의 기초로서 분리된 부표본 회귀들로부터 구한 추정된 오차분산들을 사용한다. 첫 번째 부표본은 N_1개 관찰값을 포함하며 이 분할된 회귀 모형은 절편을 포함하여 K_1개의 모수를 갖는다고 하자. 이 표본의 참인 오차분산은, 추정량이 $\hat{\sigma}_1^2 = SSE_1/(N_1-K_1)$인 σ_1^2이라고 하자. 두 번째 부표본은 N_2개 관찰값을 포함하며 이 분할된 회귀 모형은 절편을 포함하여 K_2개의 모수를 갖는다고 하자. 이 표본의 참인 오차분산은, 추정량이 $\hat{\sigma}_2^2 = SSE_2/(N_2-K_2)$인 σ_2^2이라고 하자. 검정 통계량은 다음과 같다.

$$GQ = \frac{\hat{\sigma}_1^2}{\hat{\sigma}_2^2} \sim F_{(N_1-K_1,\ N_2-K_2)} \tag{8.22}$$

귀무가설 $H_0 : \sigma_1^2/\sigma_2^2 = 1$이 참이라면, 검정 통계량 $GQ = \hat{\sigma}_1^2/\sigma_2^2$은 분자 자유도$(N_1 - K_1)$ 및 분모 자유도 $(N_2 - K_2)$인 F분포를 한다. 대립가설이 $H_1 : \sigma_1^2/\sigma_2^2 \neq 1$이라면, 양측검정을 하게 된다. 유의수준 $\alpha = 0.05$를 선택한다면, $GQ \geq F_{(0.975,\ N_1-K_1,\ N_2-K_2)}$인 경우이거나 또는 $GQ \leq F_{(0.025,\ N_1-K_1,\ N_2-K_2)}$인 경우 귀무가설을 기각한다. 여기서 $F_{(\alpha,\ N_1-K_1,\ N_2-K_2)}$는 특정한 자유도를 갖는 F분포의 100α 백분위수를 나타낸다. 대립가설이 단측, $H_1 : \sigma_1^2/\sigma_2^2 > 1$이라면, $GQ \geq F_{(0.95,\ N_1-K_1,\ N_2-K_2)}$인 경우 귀무가설을 기각한다.

🌀 **정리문제 8.6**　　분할 자료를 갖고 하는 골드펠드-콴트 검정

정리문제 8.5에 이어 계속해서 골드펠드-콴트 검정을 살펴보고자 한다. 자료분할은 다음과 같은 모의변수에 기초한다.

$$METRO = \begin{cases} 1, & \text{개인이 대도시지역에 거주할 경우} \\ 0, & \text{개인이 농촌지역에 거주할 경우} \end{cases}$$

여기서 제기되는 문제는 오차항의 분산이 농촌지역에서보다 대도시지역에서 상이한지에 대한 가능성이다. 동분산 가정을 검정하기 위해서, 다음의 각 자료분할에서 임금식을 추정해 보자.

$$WAGE_{Mi} = \beta_{M1} + \beta_{M2}EDUC_{Mi} + \beta_{M3}EXPER_{Mi} + e_{Mi}$$
$$WAGE_{Ri} = \beta_{R1} + \beta_{R2}EDUC_{Ri} + \beta_{R3}EXPER_{Ri} + e_{Ri}$$

$\text{var}(e_{Mi}|\mathbf{x}_{Mi}) = \sigma_M^2$ 및 $\text{var}(e_{Ri}|\mathbf{x}_{Ri}) = \sigma_R^2$이라고 하자. 귀무가설은 $H_0 : \sigma_M^2/\sigma_R^2 = 1$이다. 대립가설은 $H_1 : \sigma_M^2/\sigma_R^2 \neq 1$이므로 양측검정을 사용하게 된다. 대도시지역 부표본에는 213개 관찰값이 있으며, 농촌지역 부표본에는 84개 관찰값이 있다. 대부분의 경우처럼 이 경우에도 각 자료분할 회귀에서 모수의 수는 $K = K_1 = K_2 = 3$으로 동일하다. 검정 임계값은 $F_{(0.975,\ 210,\ 81)} = 1.4615$ 및 $F_{(0.025,\ 210,\ 81)} = 0.7049$이다. $\widehat{\text{var}}(e_{Mi}|\mathbf{x}_{Mi}) = \hat{\sigma}_M^2 = 147.62$ 및 $\widehat{\text{var}}(e_{Ri}|\mathbf{x}_{Ri}) = \hat{\sigma}_R^2 = 56.71$을 사용하여 골드펠드-콴트 통계량을 계산하면 $GQ = 2.6033 > F_{(0.975,\ 210,\ 81)} = 1.4615$가 된다. 따라서 두 부표본에서 오차분산이 동일하다는 귀무가설을 기각한다.

정리문제 8.7   식료품 지출 모형에서의 골드펠드–콴트 검정

골드펠드–콴트 검정은 특히 표본이 자연적으로 2개의 부표본으로 분리되는 경우에 적합하지만, 이 검정은 또한 H_1에서 분산이 단일 설명변수의 함수인 경우에도 사용될 수 있다. 식료품 지출 모형에서는 소득이 증가함에 따라 오차 분산이 증대한다는 의심을 갖게 된다. 소득규모에 따라 관찰값들을 순서대로 배열하자. 그래서 이분산이 존재하는 경우에 표본의 처음 반쪽 부분에는 분산이 낮은 관찰값들이 위치하고, 나머지 반쪽 부분에는 분산이 높은 관찰값들이 위치하게 된다. 그리고 나서 표본을 대략 크기가 같은 두 부분으로 나누고, 별개의 두 개 최소제곱 회귀를 추정해야 한다. 이를 통해 분산 추정값, 예를 들면, $\hat{\sigma}_1^2$ 및 $\hat{\sigma}_2^2$을 구하고 앞에서 논의한 대로 검정을 진행하면 된다.

식료품 지출 사례의 경우 소득규모에 따라 관찰값을 순서대로 위치시키고, 관찰값의 수가 각각 20개가 되도록 동일한 크기의 2개 부표본으로 나누고 나서 위에서 말한 절차를 밟아 보자. 표본이 작기 때문에 중앙의 관찰값을 빼지 않는다. 각 부표본에 대한 모형을 추정하면 $\hat{\sigma}_1^2 = 3,574.8$ 및 $\hat{\sigma}_2^2 = 12,921.9$를 구할 수 있으며 다음과 같다.

$$F = \frac{\hat{\sigma}_2^2}{\hat{\sigma}_1^2} = \frac{12,921.9}{3,574.8} = 3.61$$

분산이 소득에 따라 증가하지, 감소하지는 않는다는 믿음으로 5% 유의수준에서의 임계값 $F_{(0.95,\ 18,\ 18)} = 2.22$를 갖고 단측검정을 해 보자. $3.61 > 2.22$이므로 분산이 소득과 함께 증가한다는 대립가설을 받아들이고, 동분산적이라는 귀무가설을 기각한다.

8.6.3 조건부 이분산에 대한 일반검정

여기서는 일부 '설명'변수와 관련된 조건부 이분산(conditional heteroskedasticity)에 대한 검정에 관해서 살펴보고자 한다. 관심을 갖고 있는 식은 다음과 같은 회귀 모형이다.

$$y_i = \beta_1 + \beta_2 x_{i2} + \cdots + \beta_K x_{iK} + e_i \tag{8.23}$$

가정 MR1~MR5하에서 OLS 추정량은 모수 $\beta_1, \beta_2, \cdots, \beta_K$의 최우수 선형 불편 추정량이다. 조건부 이분산이 존재할 가능성이 있을 때, 무작위 오차 e_i의 분산이 설명변수 $x_{i2}, \cdots, x_{iK}$ 중 일부 또는 전부를 포함할 수 있는 일련의 설명변수 $z_{i2}, z_{i3}, \cdots, z_{iS}$에 의존한다는 가설을 세운다. 즉 조건부 분산에 관한 일반식은 다음과 같다고 가정하자.

$$\text{var}(e_i | \mathbf{z}_i) = \sigma_i^2 = E(e_i^2 | \mathbf{z}_i) = h(\alpha_1 + \alpha_2 z_{i2} + \cdots + \alpha_S z_{iS}) \tag{8.24}$$

여기서 $h(\cdot)$는 어떤 부드러운 함수이다. $\alpha_2, \alpha_3, \cdots, \alpha_S$는 장애 모수(nuisance parameters)이며, 이는 이들의 값에 실제로 관심을 갖고 있지 않지만 존재를 인정해야만 한다는 것을 의미이다. 제시하려고 하는 검정의 뛰어난 점은 함수 $h(\cdot)$를 실제로 알 필요가 없거나 또는 추측할 필요조차도 없다는 것이다. 오차항의 분산과 선택된 변수들의 어떤 함수 사이의 어떠한 관계를 검정할 것이다. 함수 $h(\cdot)$는 식 (8.4)의 산포 함수와 유사하지만, 여기서는 일정한 σ^2을 요소로 뽑아내지 않는다. 실행할 수 있는 GLS 추정법과 달리 $h(\cdot)$에 대해 지수 형태를 선택할 필요가 없다. $\alpha_2 = \alpha_3 = \cdots = \alpha_S = 0$일 때 어떤 일이 발생하는지 주목해 보자. 이는 다음과 같이 단축된다.

$$h(\alpha_1 + \alpha_2 z_{i2} + \cdots + \alpha_S z_{iS}) = h(\alpha_1) \tag{8.25}$$

σ^2으로 정의할 수 있는 항 $h(\alpha_1)$은 상수이며, $\text{var}(e_i|\mathbf{z}_i) = h(\alpha_1) = \sigma^2$이다. 바꾸어 말하면, $\alpha_2 = \alpha_3 = \cdots = \alpha_S = 0$일 때 무작위 오차는 동분산적이다. 반면에 모수 α_2, $\alpha_3, \cdots$, α_S 중 어떤 것이라도 영이 아니라면, 그때는 이분산이 존재한다. 따라서 분산 함수에 기초하여 이분산에 대한 검정을 하려는 경우 귀무가설과 대립가설은 다음과 같다.

$$\text{동분산} \leftrightarrow H_0 : \alpha_2 = \alpha_3 = \cdots = \alpha_S = 0$$
$$\text{이분산} \leftrightarrow H_1 : H_0 \text{에 있는 모든 } \alpha_s \text{가 영은 아니다.} \tag{8.26}$$

귀무가설 및 대립가설은 검정의 첫 번째 요인이다. 그다음 요인은 검정 통계량이다. 검정 통계량을 구하기 위해서 다음과 같은 선형 조건부 분산 함수를 생각해 보자.

$$\sigma_i^2 = E(e_i^2|\mathbf{z}_i) = \alpha_1 + \alpha_2 z_{i2} + \cdots + \alpha_S z_{iS} \tag{8.27}$$

선형 조건부 분산 함수를 사용하였음에도 불구하고, 검정은 식 (8.24)의 일반 이분산 모형에 대한 것이다. $v_i = e_i^2 - E(e_i^2|\mathbf{z}_i)$를 제곱한 오차와 이것의 조건부 분산 사이의 차이라고 하자. 그러면 식 (8.27)을 다음과 같이 나타낼 수 있다.

$$e_i^2 = E(e_i^2|\mathbf{z}_i) + v_i = \alpha_1 + \alpha_2 z_{i2} + \cdots + \alpha_S z_{iS} + v_i \tag{8.28}$$

위의 식은 매우 선형회귀 모형처럼 보인다. 한 가지 문제점은 '종속변수' e_i^2을 관찰할 수 없다는 것이다. e_i^2을 제곱한 OLS 잔차 $\hat{e}_i^2$으로 대체시킴으로써 이 문제를 해결할 수 있다. 대표본에서는 $N \to \infty$ 함에 따라, 차이 $e_i - \hat{e}_i$가 영으로 근접하기 때문에 이 방법은 타당한 것으로 보인다. 식 (8.28)의 작동하는 형태는 다음과 같다.

$$\hat{e}_i^2 = \alpha_1 + \alpha_2 z_{i2} + \cdots + \alpha_S z_{iS} + v_i \tag{8.29}$$

엄밀히 말하면, e_i^2을 $\hat{e}_i^2$으로 대체시킬 경우 v_i에 대한 정의도 또한 변화시키게 된다. 하지만 불필요한 복잡성을 피하기 위해서 동일한 기호를 유지할 것이다.

이분산에 대한 검정은 식 (8.29)의 OLS 추정에 기초한다. 우리가 묻고 있는 질문은 "변수들 z_{i2}, $z_{i3}, \cdots$, z_{iS}가 $\hat{e}_i^2$을 설명하는 데 도움이 되는가?"이다. 한 가지 방법은 귀무가설에 대해 F-검정을 이용하는 것이다. 점근적으로 균등하며 편리한 검정은 식 (8.29)로부터의 R^2, 즉 적합도 통계량에 기초하는 것이다. 귀무가설이 참이라면, 즉 $\alpha_2 = \alpha_3 = \cdots = \alpha_S = 0$이라면, R^2은 작아야만 하고 영에 근접해야만 한다. R^2이 크다면, 이것은 동분산이란 가정에 상반되는 증거가 된다. 동분산을 기각하기 위해서는 R^2이 얼마나 커야만 하는가? 대답을 하려면 검정 통계량과 기각역이 필요하다. 무작위 오차들이 동분산적이라면 R^2을 곱한 표본크기, 즉 $N \times R^2$ 또는 간단히 NR^2은 대표본에서 자유도가 $S-1$인 카이제곱(χ^2) 분포를 한다. 즉 다음과 같다.

$$NR^2 \overset{a}{\sim} \chi_{(S-1)}^2 \quad \text{귀무가설인 동분산이 참인 경우} \tag{8.30}$$

이 책에서는 지금까지 χ^2분포에 관해 상대적으로 제한되게 살펴보았다. 4.3.5절에서 정규성에 대한 검정을 하는 데 사용하였으며, 6.1.5절에서는 F검정과의 관계를 검토하였다. F확률변수처럼 χ^2확률변수는 양의 값만을 취한다. χ^2분포의 임계값은 부록 표 3에 있다. 왼쪽 열에 자유도가 있고 열에서 임계값을 구할 수 있으며, 각 값은 분포의 백분위수와 상응한다. 큰 R^2값은 귀무가설인 동분산과 상반되는 증거(즉 z값들이 분산의 일부 변화를 설명한다고 시사하는 것)이기 때문에 식 (8.30)에서의 통계량에 대한 기각역은 분포의 오른쪽 꼬리 부분에 위치한다. α 유의수준 검정에 대해 $NR^2 \geq \chi^2_{(1-\alpha, S-1)}$인 경우, H_0를 기각하고 이분산이 존재한다고 결론을 내린다. 예를 들어, $\alpha = 0.01$ 및 $S = 2$이면 $NR^2 \geq \chi^2_{(0.99,1)} = 6.635$인 경우 동분산 가정을 기각하게 된다. 계량경제학 소프트웨어는 χ^2-검정에 대한 임계값과 p-값을 계산할 수 있는 기능을 갖고 있다.

이 검정의 몇 가지 중요한 특성을 정리하면 다음과 같다.

1. 이는 대표본을 위한 검정이다. 식 (8.30)의 결과는 대표본인 경우 대략적으로 준수된다.
2. 여러분은 이분산에 대한 라그랑주 승수 검정(Lagrange multiplier test, LM test) 또는 브레쉬−페이건 검정(Breusch-Pagan test)이란 검정을 자주 접하게 될 것이다. 브레쉬와 페이건은 나중에 다른 학자들에 의해 식 (8.30)의 형태로 수정된 초기 검정 형태를 라그랑주 승수원칙을 이용하여 도출하였다. 이 검정과 이것의 약간 다른 형태의 검정(그중 하나가 F-검정이다)에 대한 검정값은 많은 컴퓨터 소프트웨어 패키지를 이용하여 자동적으로 계산된다. 여러분의 컴퓨터 소프트웨어가 제공하는 검정은 식 (8.30)의 NR^2과 정확히 같지 않을 수 있다. 이 책을 공부해 나가면서 계량경제학을 더 배우게 되면 많은 LM 검정들이 NR^2의 형태로 나타낼 수 있음을 알게 될 것이다. 여기서 R^2은 검정하려는 가설과 관련된 편리한 보조회귀에서 구할 수 있다.
3. 일반적인 조건부 분산 함수 $\sigma_i^2 = h(\alpha_1 + \alpha_2 z_{i2} + \cdots + \alpha_S z_{iS})$를 갖고 대안적인 가설 측면에서 검정을 할 수도 있지만, 우리는 선형 함수 $\hat{e}_i^2 = \alpha_1 + \alpha_2 z_{i2} + \cdots + \alpha_S z_{iS} + v_i$를 이용한 검정을 계속해 나갔다. 브레쉬−페이건/LM 검정의 장점 중 하나는, 분산함수가 식 (8.24)의 형태일 수 있는 이분산에 관한 대립가설을 검정하는 데 선형 함수로부터 계산한 통계량이 유효하다는 것이다.
4. 브레쉬−페이건 검정은 조건부 이분산에 대한 것이다. 오차항 분산이 완전하게 무작위적일 때, 즉 관찰값별로 변화하지만 어떤 특정 변수와 연관되지 않을 때 무조건적 이분산(unconditional heteroskedasticity)이 존재한다. 최소제곱 추정량이 갖고 있는 특성은 무조건적 이분산에 의해 영향을 받지 않는다.

8.6.4 화이트 검정

지금까지 살펴본 분산 함수 검정과 관련된 문제점은, 이분산에 관한 대립가설이 참인 경우 분산함수에 어떤 변수가 포함되는지 알고 있다고 전제하는 것이다. 다시 말해 $z_2, z_3, \cdots, z_S$를 특정화시킬 수 있다고 가정한다. 현실적으로는 관련 변수에 관한 정확한 정보 없이 이분산에 대한 검정을 하고자 할 수 있다. 이 점을 염두에 두고 계량경제학자 화이트(Hal White)는 z를 x, x의 제곱, 그리고 교차곱으로 정의하자고 제안하였다. 분산에 영향을 미치는 변수들은 종종 평균 함수의 변수와 같다. 또한 2차 함수를 사용하여 많은 다른 조건부 분산 함수들에 근접할 수 있다. 회귀 모형은 다음과 같다고 가상하자.

$$y_i = \beta_1 + \beta_2 x_{i2} + \beta_3 x_{i3} + e_i$$

화이트 검정(White test)은 다음과 같은 것을 사용한다.

$$z_2 = x_2, \quad z_3 = x_3, \quad z_4 = x_2^2, \quad z_5 = x_3^2, \quad z_6 = x_2 x_3$$

회귀 모형이 (예를 들면, $x_3 = x_2^2$과 같은) 2차항을 포함한다면 일부, z들은 여분의 중복적인 것이 되며 삭제된다. 또한 x_3가 값 0 및 1을 취하는 모의변수라면, $x_3^2 = x_3$도 또한 중복적인 것이 된다.

화이트 검정은 식 (8.29)에서 정의된 NR^2 검정 또는 F-검정을 사용하여 시행된다. 화이트 검정이 갖는 한 가지 어려움은 이분산 이외의 문제를 간파해 낼 수 있다는 점이다. 따라서 화이트 검정은 유용한 진단 방법이기는 하지만, 유의한 화이트 검정의 결과를 해석할 때는 주의를 기울여야 한다. 부정확한 함수 형태 또는 누락변수를 갖고 있을 수 있다. 이런 의미에서 이 검정은 RESET, 즉 제6장에서 논의한 모형설정 오차 검정과 같은 것이다.

8.6.5 모형설정과 이분산

앞 절 끝부분에서 암시한 것처럼 모형설정 오차로 인해 이분산이 존재할 수 있다. 자료분할을 인지하지 못했거나, 중요한 변수를 누락시켰거나, 부정확한 함수 형태를 선택하였다면 이분산이 존재하는 것처럼 보일 수 있다. 이로 인한 한 가지 충고는 '아무것도 신뢰하지 말라'는 것이다. 유의한 이분산 검정결과가 이분산이 문제이고 확고한 표준오차를 사용하면 충분히 해결된다는 것을 의미한다고 반드시 믿어서는 안 된다. 경제적 추론의 관점에서 모형을 비판적으로 검토하고 모형설정 문제가 존재하는지 찾아보라.

경제자료와 관련된 한 가지 매우 일반적인 모형설정 문제는 함수 형태의 선택에 관한 것이다. 4.3.2절에서 비선형 또는 곡선 관계를 고려할 때 유용하게 사용될 수 있는 다양한 모형설정에 관해 논의하였다(그림 4.5 참조). 많은 경제적 응용문제들은 '대수-대수' 또는 '대수-선형' 모형을 사용한다. 종속변수에 대해 대수적 변형을 한 것을 사용할 경우, 이분산적인 자료 상황에서 유용한 또 다른 특징인 분산 안정화(variance stabilization)를 기할 수 있다. 임금, 소득, 주택가격, 지출액과 같은 경제변수들은 오른쪽으로 기울어져서, 오른쪽으로 긴 꼬리를 갖고 있다. 이런 변수들을 모형화할 때 대수-정규(log-normal) 확률분포가 유용하다. 확률변수 y가 대수-정규 확률밀도 함수를 갖는다면, $\ln(y)$는 정규분포를 하며 대칭적이고 종 모양이지 한쪽으로 기울어지지 않는다. 즉 $\ln(y) \sim N(\mu, \sigma^2)$이다. 현재 관심을 갖고 있는 대수-정규 확률변수의 특징은 이것의 평균값 및 중앙값이 증가할 때 분산이 증가한다는 것이다. 대수-선형 모형이 그림 8.6에서 굵은 선으로 나타낸 $E(y|x)$를 보여주고, 점선으로 나타낸 $E(y|x) \pm 2\sqrt{\text{var}(y|x)}$를 포함하도록 그림 4.5(e)를 수정하였다. 대수-선형 모형 또는 대수-대수 모형을 선택함으로써, 변수 y와 변수 x 사이에 곡선적이며 이분산적인 관계가 있다고 묵시적으로 가정한다. 하지만 $\ln(y)$와 x 사이에는 선형적이며 동분산적인 관계가 존재한다.

한 예를 살펴보도록 하자.

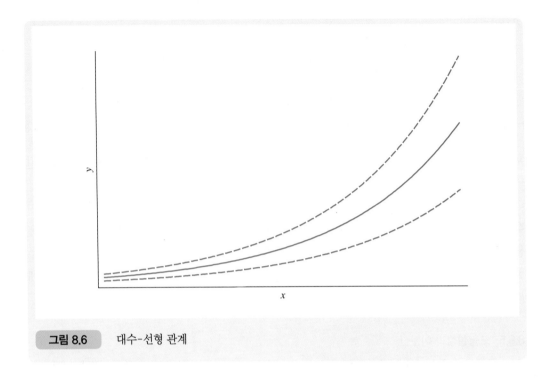

그림 8.6   대수-선형 관계

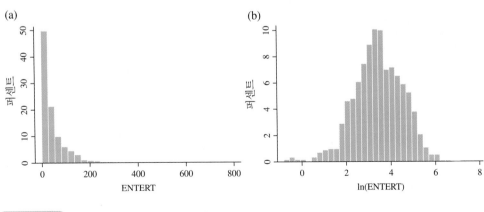

🔍 **정리문제 8.8**   분산을 안정화시키는 대수 변형

그림 8.7(a)는 오락비 지출이 있는 가계들에 대한 1인당 오락비 지출, *ENTERT*의 히스토그램을 보여준다. 그림 8.7(b)는 ln(*ENTERT*)에 대한 히스토그램이다.

그림 8.7(a)에 있는 오락비 지출액의 분포는 극단적으로 한쪽으로 기울여졌다는 사실에 주목하자. 그림 8.7(b)는 대수 변형의 효과를 보여준다. ln(*ENTERT*)의 분포는 거의

한쪽으로 기울어지지 않는다. 그림 8.8(a)에서는 소득에 대해 오락비 지출액을 점으로 나타냈으며, 이에 적합한 최소제곱 선을 그었다.

적합하게 그은 선에 대한 *ENTERT*의 변동은 소득이 증가함에 따라 증대된다. 모형 $ENTERT = \beta_1 + \beta_2 INCOME + \beta_3 COLLEGE + \beta_4 ADVANCED + e$를 추정하자. 이를 통해

그림 8.7   오락비 지출액의 히스토그램

우리는 최소제곱 잔차를 구하고 나서, OLS를 이용하여 모형 $\hat{e}_i^2 = \alpha_1 + \alpha_2 INCOME_i + v_i$를 추정해 보자. 이 회귀로부터 $NR^2 = 31.34$이다. 1% 유의수준에서 이분산 검정의 임계값은 6.635이다. 따라서 이분산이 존재한다고 결론을 내린다. 그림 8.8(b)에서는 소득에 대해 오락비 지출액에 대한 대수, $\ln(ENTERT)$를 점으로 나타내었으며, 이에 적합한 최소제곱선을 그렸다. 이분산에 대한 시각적인 증거가 거의 없으며, 이분산 검정 통계량의 값은 $NR^2 = 0.36$이다.

따라서 동분산이라는 귀무가설을 기각하지 않는다. 대수 변형은 이분산 문제를 해결하였다.

표본에 있는 1,200개 가계 중에서 100개 가계는 오락비 지출을 전혀 통보하지 않았다. 대수 변형은 양수값에 대해서만 사용될 수 있다. 오락비 지출을 하지 않는 100개 가계를 제외시켰지만, 이것이 반드시 최선의 방법은 아니다. 나중에 이런 형태의 자료, 즉 삭제된 자료에 대해 논의할 것이다.

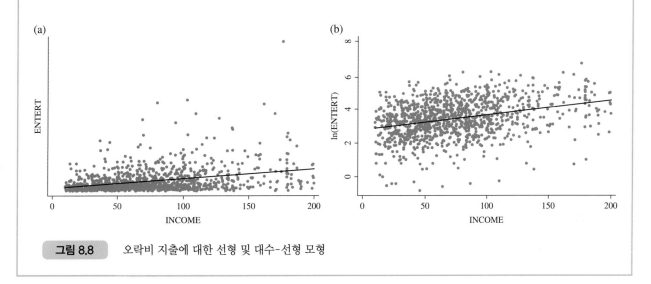

그림 8.8　오락비 지출에 대한 선형 및 대수-선형 모형

8.7 선형확률 모형에서의 이분산

7.4절에서는 두 가지 대안 가운데서의 선택을 설명하는 선형확률 모형(linear probability model)을 소개하였다. 첫 번째 대안을 선택할 경우 확률이 p인 값 1을 취하고, 두 번째 대안을 선택할 경우 확률이 $1-p$인 값 0을 취하는 모의변수 y로 이런 선택을 나타낼 수 있다. 이런 특성을 갖는 모의변수는 평균이 $E(y) = p$이고 분산이 $\text{var}(y) = p(1-p)$인 베르누이 확률변수이다. 설명변수 $x_2, x_3, \cdots, x_k$가 확률 p에 미치는 영향을 측정하는 데 관심이 집중된다. 선형확률 모형에서 p와 설명변수들 사이의 관계는 다음과 같은 선형 함수로 나타낼 수 있다.

$$E(y_i | \mathbf{x}_i) = p = \beta_1 + \beta_2 x_{i2} + \cdots + \beta_K x_{iK}$$

오차 e_i를 i번째 관찰값에 대한 차이인 $y_i - E(y_i | \mathbf{x}_i)$로 정의할 경우, 다음과 같은 모형을 구할 수 있다.

$$y_i = E(y_i | \mathbf{x}_i) + e_i = \beta_1 + \beta_2 x_{i2} + \cdots + \beta_K x_{iK} + e_i \tag{8.31}$$

7.4절에서 살펴본 이 모형은 최소제곱으로 추정할 수 있으나 다음과 같은 이유로 인해 이분산에 따른 문제에 직면하게 된다.

$$\text{var}(y_i|\mathbf{x}_i) = \text{var}(e_i|\mathbf{x}_i) = p_i(1-p_i)$$

$$= (\beta_1 + \beta_2 x_{i2} + \cdots + \beta_K x_{iK})(1 - \beta_1 - \beta_2 x_{i2} - \cdots - \beta_K x_{iK}) \tag{8.32}$$

오차분산은 설명변수들의 값에 달려 있다. 이 장 앞부분에서 살펴본 기법을 적용하여 이 문제를 수정할 수 있다. 최소제곱 표준오차를 사용하는 대신에, 이분산 확고한 표준오차를 사용할 수 있다. 또는 다른 방안으로 GLS 절차를 적용할 수도 있다.

GLS 추정값을 얻기 위한 첫 번째 단계는 식 (8.32)의 분산을 추정하는 것이다. p_i의 추정값은 최소제곱 예측으로부터 구할 수 있다.

$$\hat{p}_i = b_1 + b_2 x_{i2} + \cdots + b_K x_{iK} \tag{8.33}$$

추정된 분산은 다음과 같다.

$$\widehat{\text{var}}(e_i|\mathbf{x}) = \hat{p}_i(1 - \hat{p}_i) \tag{8.34}$$

주의를 기울여야 할 점이 있다. 식 (8.33)에서 구한 $\hat{p}_i$들은 $0 < \hat{p}_i < 1$ 구간 내에 위치하지 않을 수 있다. 만일 이런 일이 발생한다면 식 (8.34)에서 이에 상응하는 분산 추정값은 음수 또는 영이 되어 의미 없는 결과가 된다. 따라서 식 (8.34)에서 추정된 분산을 계산하기 전에, 식 (8.33)에서 구한 추정 확률이 0과 1 사이에 위치하는지 확인하기 위해 이를 점검해 볼 필요가 있다. 이를 위반하는 관찰값들에 대해서, 제시할 수 있는 한 가지 해법은 $\hat{p}_i$들을 0.99 이상이라고 설정하고, $\hat{p}_i$들을 0.01 이하라고 설정하는 것이다. 또 다른 해법은 위반한 관찰값들을 누락시키는 것이다. 이들 해법 중 어느 것도 전적으로 만족스럽지는 않다. 0.99 또는 0.01에서 자른 것은 자의적이며, 결과는 끝을 자르는 점에 민감해질 수 있다. 관찰값들을 누락시킨다는 것은 정보를 버린다는 의미이다. 확고한 표준오차를 갖는 최소제곱을 사용하기를 선호할 수도 있으며, 이것은 어쨌든 시도할 선택방안 중 하나임에 틀림없다.

필요한 경우 조정을 거치더라도 식 (8.34)를 이용하여 양인 분산 추정값을 일단 구하게 되면, 다음과 같은 변형식에 최소제곱을 적용하여 GLS 추정값을 구할 수 있다.

$$\frac{y_i}{\sqrt{\hat{p}_i(1-\hat{p}_i)}} = \beta_1 \frac{1}{\sqrt{\hat{p}_i(1-\hat{p}_i)}} + \beta_2 \frac{x_{i2}}{\sqrt{\hat{p}_i(1-\hat{p}_i)}} + \cdots + \beta_K \frac{x_{iK}}{\sqrt{\hat{p}_i(1-\hat{p}_i)}} + \frac{e_i}{\sqrt{\hat{p}_i(1-\hat{p}_i)}}$$

🔍 정리문제 8.9   마케팅 정리문제의 재검토

정리문제 7.7에서 코카콜라($COKE=1$) 또는 펩시콜라($COKE=0$)를 구매하기로 선택하는 모형은, 펩시콜라에 대한 코카콜라의 상대가격($PRATIO$), 코카콜라 및 펩시콜라가 상점에 진열되어 있는지 여부(코카콜라가 진열되어 있는 경우 $DISP\_COKE=1$, 그렇지 않은 경우 0)에 의

존한다. 관련 자료에는 이 변수들에 대한 1,140개 관찰값이 있다. 표 8.2는 (1) 최소제곱, (2) 확고한 표준오차를 갖는 최소제곱, (3) 0.01 미만의 분산은 0.01로 끝수를 정리한 GLS, (4) $0 < \hat{p}_i < 1$을 충족시키지 못하는 관찰값을 뺀 GLS의 분석결과를 보여준다. GLS 추정값들의 경우

$\hat{p}_i > 0.99$인 관찰값은 없으며, $\hat{p}_i < 0.01$인 16개의 관찰값이 있고 이들의 경우 $\hat{p}_i < 0$도 또한 참이다.

식 (8.32)의 분산 함수는 x들, 이들의 제곱, 이들의 교차곱을 포함하고 있으므로, 이분산에 대한 적합한 검정은 화이트 검정이다. 최소제곱 추정식으로부터 구한 잔차들에 대해 이 검정을 적용하면 다음과 같다.

$$\chi^2 = N \times R^2 = 25.817 \quad p\text{-value} = 0.0005$$

따라서 1% 유의수준에서 동분산이라는 귀무가설을 기각한다. 이 검정을 시행할 때, 여러분이 사용하는 소프트웨어는 $DISP\_COKE$의 제곱, $DISP\_PEPSI$의 제곱을 누락시킨다는 점에 주목하자. 이런 변수들은 모의변수이므로 $DISP\_COKE^2 = DISP\_COKE$ 및 $DISP\_PEPSI^2 = DISP\_PEPSI$가 된다.

표 8.2의 추정값들을 검토해 보면, 표준오차 4개 세트에 거의 차이가 없다는 사실을 알 수 있다. 이 특정한 경우에서 최소제곱 표준오차를 사용하는 것은 문제가 되지 않는 것처럼 보인다. 계수 추정값 4개 세트는 음수인 $\hat{p}$들을 0.01로 끝수를 정리한 GLS(표 8.2의 GLS-trunc)의 계수들을 제외하고 또한 유사하다. 분산 $\text{var}(e_i) = 0.01(1 - 0.01) = 0.0099$를 갖는 관찰값들에 대한 가중치는 상대적으로 크다. 이런 16개 관찰값들에 부여된 큰 가중치는 추정값에 주목할 만한 영향을 미치는 것처럼 보인다. 부호는 기대했던 것과 모두 일치한다. 코카콜라가 비싸지는 경우 더 많은 사람들이 펩시콜라를 구입하게 된다. 코카콜라가 상점에 진열되어 있는 경우 코카콜라 구매를 촉진하며, 펩시콜라가 진열되는 경우 펩시콜라 구매를 촉진한다.

표 8.2　선형확률 모형 추정값

	LS	LS-robust	GLS-trunc	GLS-omit
C	0.8902	0.8902	0.6505	0.8795
	(0.0655)	(0.0652)	(0.0568)	(0.0594)
$PRATIO$	−0.4009	−0.4009	−0.1652	−0.3859
	(0.0613)	(0.0603)	(0.0444)	(0.0527)
$DISP\_COKE$	0.0772	0.0772	0.0940	0.0760
	(0.0344)	(0.0339)	(0.0399)	(0.0353)
$DISP\_PEPSI$	−0.1657	−0.1657	−0.1314	−0.1587
	(0.0356)	(0.0343)	(0.0354)	(0.0360)

주요 용어

• 국문

가중 최소제곱
강 외생성
골드펠드-콴트
동분산
라그랑주 승수 검정
무조건적 이분산
분산 안정화
분산 함수

브레쉬-페이건 검정
산포 함수
선형 확률 모형
승법적 이분산
실행할 수 있는 일반 최소제곱
이분산
일반 최소제곱
잔차도표

장애모수
조건부 이분산
추정된 일반 최소제곱
화이트 검정
화이트 이분산 일치하는 추정량
확고한 표준오차
횡단면 자료

• 영문

Breusch-Pagan test
conditional heteroskedasticity
cross-sectional data
estimated generalized least

squares(EGLS)
feasible generalized least
squares(FGLS)
generalized least squares(GLS)

Goldfeld-Quandt
heteroskedasticity
Lagrange multiplier test
linear probability model

multiplicative heteroskedasticity	strict exogeneity	weighted least squares(WLS)
nuisance parameters	unconditional heteroskedasticity	White heteroskedasticity-consistent
residual plots	variance function	estimator(HCE)
robust standard error	variance sandwich	White test
skedastic function	variance stabilization	

복습용 질문

1. 이분산의 의미를 설명하고 이분산이 존재할 가능성이 있는 자료의 예를 드시오.

2. 최소제곱 잔차의 도표가 이분산을 어떻게 보여주는지 그리고 그 이유가 무엇인지를 설명하시오.

3. 분산 함수를 설정하고 이를 이용하여 (a) 브레쉬–페이건 검정과 (b) 화이트 검정을 갖고 이분산을 검정하시오.

4. (a) 잠재적으로 상이한 분산을 갖는 2개의 부표본과 (b) 분산이 설명변수에 의존한다고 가설화되어 있는 모형에 골드펠드-콴트 검정을 적용하여 이분산을 검정하시오.

5. 이분산이 존재할 경우 최소제곱 추정량과 일반 최소제곱 추정량의 특성을 설명하고 비교하시오.

6. 최소제곱에 대해 이분산 일치하는 표준오차를 계산하시오.

7. 이분산을 제거하기 위하여 모형을 어떻게 변형시키는지 설명하시오.

8. 다음과 같은 이분산적 모형에 대해 일반 최소제곱 추정값을 계산하시오.
   (a) 분산이 일정한 σ^2에 비례적인 경우
   (b) 분산이 설명변수 및 미지의 모수의 함수인 경우
   (c) 표본이 상이한 분산을 갖는 2개의 부표본으로 나뉘어 있는 경우

9. 선형확률 모형이 이분산을 보이는 이유를 설명하시오.

10. 선형확률 모형의 일반 최소제곱 추정값을 계산하시오.

연습문제

8.1 이분산이 있는 단순회귀 모형, 즉 $y_i = \beta_1 + \beta_2 x_i + e_i$ 및 $\text{var}(e_i | \mathbf{x}_i) = \sigma_i^2$에 대해, 분산 $\text{var}(b_2 | \mathbf{x}_i) = \left[\sum_{i=1}^{N} (x_i - \bar{x})^2 \right]^{-1} \left[\sum_{i=1}^{N} (x_i - \bar{x})^2 \sigma_i^2 \right] \left[\sum_{i=1}^{N} (x_i - \bar{x})^2 \right]^{-1}$은 동분산하에서 $\text{var}(b_2 | \mathbf{x}) = \sigma^2 / \sum_{i=1}^{N} (x_i - \bar{x})^2$로 단순화된다는 점을 보이시오.

8.2 2개의 설명변수 x_{i1} 및 x_{i2}가 있고 상수항은 없는 회귀 모형 $y_i = \beta_1 x_{i1} + \beta_2 x_{i2} + e_i$를 생각해 보자.

   a. 제곱합 함수는 $S(\beta_1, \beta_2 | \mathbf{x}_1, \mathbf{x}_2) = \sum_{i=1}^{N} (y_i - \beta_1 x_{i1} - \beta_2 x_{i2})^2$이다. 모수 β_1 및 β_2에 대한 편미분을 구하시오. 이 도함수들을 영이라고 놓고 해법을 구하여 β_2의 최소제곱 추정량이 다음과 같다는 사실을 보이시오.

   $$b_2 = \frac{\left(\sum x_{i1}^2 \right) \left(\sum x_{i2} y_i \right) - \left(\sum x_{i1} x_{i2} \right) \left(\sum x_{i1} y_i \right)}{\left(\sum x_{i1}^2 \right) \left(\sum x_{i2}^2 \right) - \left(\sum x_{i1} x_{i2} \right)^2}$$

b. $x_{i1} = 1$이라 놓고 (a)의 추정량이 다음과 같이 단순화된다는 사실을 보이시오.

$$b_2 = \frac{\dfrac{\sum x_{i2} y_i}{N} - \dfrac{\sum x_{i2}}{N} \dfrac{\sum y_i}{N}}{\dfrac{\sum x_{i2}^2}{N} - \left(\dfrac{\sum x_{i2}}{N}\right)^2}$$

이 식을 제2장 부록에 있는 식 (2A.5)와 비교하고 이들이 동등하다는 점을 보이시오.

c. (a)의 추정량에서, y_i, x_{i1}, x_{i2}를 $y_i^* = y_i/\sqrt{h_i}$, $x_{i1}^* = x_{i1}/\sqrt{h_i}$, $x_{i2}^* = x_{i2}/\sqrt{h_i}$로 대체시키시오. 이것들은 이분산 모형 $\sigma_i^2 = \sigma^2 h(\mathbf{z}_i) = \sigma^2 h_i$에 대한 변형된 변수들이다. 이에 따른 GLS 추정량은 다음과 같다는 사실을 보이시오.

$$\hat{\beta}_2 = \frac{\sum a_i x_{i2} y_i - \sum a_i x_{i2} \sum a_i y_i}{\sum a_i x_{i2}^2 - \left(\sum a_i x_{i2}\right)^2}$$

여기서 $a_i = 1/(ch_i)$, $c = \sum(1/h_i)$이다. $\sum_{i=1}^{N} a_i$를 구하시오.

d. 동분산하에서 $\hat{\beta}_2 = b_2$라는 사실을 보이시오.

e. $\hat{\beta}_2$는 '가중 자료 평균'에서 구할 수 있는 반면에, 통상적인 최소제곱 추정량 b_2는 '산술 자료 평균'에서 구할 수 있다고 어떻게 말할 수 있는지 설명하시오. 여러분의 논의를 WLS와 OLS의 차이와 연계시키시오.

8.3 성과변수 $y_{ij} = \beta_1 + \beta_2 x_{ij} + e_{ij}$, $i = 1, \cdots, N$; $j = 1, \cdots, N_i$를 생각해 보자. $E(e_{ij} | \mathbf{X}) = 0$, $\mathrm{var}(e_{ij} | \mathbf{X}) = \sigma^2$이라고 가정하자. 한 가지 예는 y_{ij} = 토지의 j번째 에이커에서 i번째 농장의 생산이며, 각 농장은 N_i에이커로 구성된다. 변수 x_{ij}는 j번째 에어커의 i번째 농장에 의해 사용된 생산요소, 즉 노동 또는 비료의 양이다.

a. 각 개별 에이커에 대한 자료는 갖고 있지 않지만, 총합적인 농장 수준의 자료, $\sum_{j=1}^{N_i} y_{ij} = y_{Ai}$, $\sum_{j=1}^{N_i} x_{ij} = x_{Ai}$만을 갖고 있다고 가상하자. 선형 모형 $y_{Ai} = \beta_1 + \beta_2 x_{Ai} + e_{Ai}$, $i = 1, \cdots, N$을 설정할 경우, 무작위 오차의 조건부 분산은 무엇인가?

b. 각 개별 에이커에 대한 자료는 갖고 있지 않지만, 각 농장에 대한 평균적 자료 $\sum_{j=1}^{N_i} y_{ij}/N_i = \bar{y}_i$, $\sum_{j=1}^{N_i} x_{ij}/N_i = \bar{x}_i$만을 갖고 있다고 생각하자. 선형 모형 $\bar{y}_i = \beta_1 + \beta_2 \bar{x}_i + \bar{e}_i$, $i = 1, \cdots, N$을 설정할 경우, 무작위 오차의 조건부 분산은 무엇인가?

c. 성과변수가 이원변수라고 가상하자. 예를 들면, 수확하면서 i번째 농장의 j번째 에이커에서 줄기마름병의 흔적을 발견할 경우 $y_{ij} = 1$이라 하고 그렇지 않은 경우 $y_{ij} = 0$이라고 가상하자. 이런 경우 $\sum_{j=1}^{N_i} x_{ij}/N_i = p_i$이며, 여기서 p_i는 i번째 농장에서 줄기마름병을 보이는 에이커들의 표본비율이다. 특정 에이커에서 줄기마름병을 보여주는 i번째 농장의 확률은 P_i라고 가상하자. 선형 모형 $\bar{y}_i = \beta_1 + \beta_2 \bar{x}_i + \bar{e}_i$, $i = 1, \cdots, N$을 설정할 경우, 무작위 오차의 조건부 분산은 무엇인가?

8.4 단순회귀 모형 $y_i = \beta_1 + \beta_2 x_i + e_i$를 생각해 보자. 여기서 $\sigma_i^2 = \sigma^2 x_i^2$ 형태의 이분산을 가설로 세운다. $N = 4$ 관찰값을 갖고 있으며, $x = (1, 2, 3, 4)$ 및 $y = (3, 4, 3, 5)$이다.

a. 문제 8.2(b)의 최소제곱 추정량에 대한 공식을 사용하여 β_2의 OLS 추정값을 계산하시오.

이 경우 $\Sigma x_{i2}y_i/N = 10$, $\Sigma x_{i2}^2/N = 7$이다.

b. 문제 8.2(c)와 관련하여, $c = \sum(1/h_i)$의 값은 무엇인가?

c. 문제 8.2(c)와 관련하여, $a_i = 1/(ch_i)$, $i = 1, \cdots, 4$의 값은 무엇인가? $\sum_{i=1}^{4} a_i$는 무엇인가?

d. 문제 8.2(c)의 GLS 추정량에 대한 공식을 사용하여 β_2의 GLS 추정값을 구하시오.

e. $\sigma^2 = 0.2$라는 사실을 알고 있다고 가상하자. 식 (8.8)에서 주어진 참인 OLS 분산을 계산하시오. $(x_i - \bar{x})^2$의 값들은 (2.25, 0.25, 0.25, 2.25)이다. 식 (8.6)에 있는 부정확한 분산값은 무엇인가?

8.5 단순회귀 모형 $y_i = \beta_1 + \beta_2 x_{i2} + e_i$를 생각해 보자. $N = 5$개이고 x_{i2}의 값들은 (1, 2, 3, 4, 5)라고 가상하자. 모수의 참인 값들은 $\beta_1 = 1$, $\beta_2 = 1$이라고 하자. 현실적으로는 결코 알지 못하는 참인 무작위 오차값들은 $e_i = (1, -1, 0, 6, -6)$이라고 하자.

a. y_i의 값들을 계산하시오.

b. 모수의 OLS 추정값들은 $b_1 = 3.1$ 및 $b_2 = 0.3$이다. 첫 번째 관찰값에 대한 최소제곱 잔차 $\hat{e}_1$과 네 번째 관찰값에 대한 최소제곱 잔차 $\hat{e}_4$를 계산하시오. 모든 최소제곱 잔차의 합은 무엇인가? 이 예에서, 참인 무작위 오차의 합은 무엇인가? 잔차의 합은 무작위 오차의 합과 언제나 같은가? 설명하시오.

c. 자료가 이분산한다고, 즉 처음 3개 무작위 오차의 분산은 σ_1^2이고, 마지막 2개 무작위 오차의 분산은 σ_2^2이라는 가설을 세워 보자. 제곱한 잔차 $\hat{e}_i^2$를 모의변수 z_i에 대해 회귀추정을 해 보자. 여기서 $z_i = 0$, $i = 1, 2, 3$이고 $z_i = 1$, $i = 4, 5$이다. 전반적인 모형 F-통계량값은 12.86이다. 이 값은 5% 유의수준에서 이분산이 존재한다는 증거를 제시하는가? 이 F-값에 대한 p-값은 무엇인가(컴퓨터 작업이 필요하다)?

d. (c)의 회귀에서 $R^2 = 0.8108$이다. 이 값을 이용하여 5% 유의수준에서 이분산에 대한 LM(브레쉬-페이건) 검정을 시행하시오. 이 검정에 대한 p-값은 무엇인가(컴퓨터 작업이 필요하다)?

e. 지금 $\ln(\hat{e}_i^2)$를 z_i에 대해 회귀추정한다. z_i의 추정된 계수는 3.81이다. 이 계산에서는 $N = 4$개 관찰값들만을 사용하여 소프트웨어가 결과를 제시한다는 사실을 알게 된다. 그 이유를 설명하시오.

f. (e)의 회귀로부터 구한 정보를 활용하여 실행할 수 있는 GLS를 시행하기 위해서, 먼저 변형된 변수 $(y_i^*, x_{i1}^*, x_{i2}^*)$를 만들어 보자. $i = 1$ 및 $i = 4$에 대한 변형된 관찰값을 구하시오.

8.6 다음의 임금식을 생각해보자.

$$WAGE_i = \beta_1 + \beta_2 EDUC_i + \beta_3 EXPER_i + \beta_4 METRO_i + e_i \tag{XR8.6a}$$

임금은 시간당 달러로 측정되며, 교육 및 경험은 연수로 나타내고, 대도시지역에 거주할 경우 $METRO = 1$이 된다. 2013년부터 $N = 1,000$개 관찰값이 있다.

a. 교육, 경험, $METRO$가 일정하다 볼 경우, 남성 및 여성에 대한 임금상의 무작위 변동 규모가 동일한지 여부에 관심을 갖고 있다. $var(e_i | \mathbf{x}_i, FEMALE = 0) = \sigma_M^2$ 및 $var(e_i | \mathbf{x}_i, FEMALE = 1) = \sigma_F^2$라고 가상하자. $\sigma_M^2 \neq \sigma_F^2$에 대한 귀무가설 $\sigma_M^2 = \sigma_F^2$을 특정적으로 검

정하고자 한다. 남성에 대한 577개 관찰값을 사용하여 구한 제곱한 OLS 잔차의 합은 $SSE_M = 97161.9174$이다. 여성에 대한 자료를 사용하여 구한 회귀에 따르면 $\hat{\sigma}_F = 12.024$이다. 5% 유의수준에서 귀무가설을 검정하시오. 검정 통계량 및 기각역의 값을 명확히 말하고 결론을 내리시오.

b. 배우자 지원에 의존하는 기혼자는 보다 폭넓은 고용 형태를 추구할 수 있으며, 그 밖의 모든 것이 동일하다고 할 경우 보다 변화무쌍한 임금을 가져야 한다고 가설을 세울 수 있다. $\text{var}(e_i \mid \mathbf{x}_i, MARRIED = 0) = \sigma^2_{SINGLE}$ 그리고 $\text{var}(e_i \mid \mathbf{x}_i, MARRIED = 1) = \sigma^2_{MARRIED}$라고 가상하자. 귀무가설 $\sigma^2_{SINGLE} = \sigma^2_{MARRIED}$ 대 대립가설 $\sigma^2_{MARRIED} > \sigma^2_{SINGLE}$을 설정해 보자. 설명변수로 임금식에 $FEMALE$을 추가하면 다음과 같다.

$$WAGE_i = \beta_1 + \beta_2 EDUC_i + \beta_3 EXPER_i + \beta_4 METRO_i + \beta_5 FEMALE + e_i \qquad \text{(XR8.6b)}$$

미혼자에 대한 $N = 400$개 관찰값을 사용할 경우, (XR8.6b)의 OLS 추정법에 따른 제곱한 잔차의 합은 56231.0382이다. 600명의 기혼자에 대해서 구한 제곱한 오차의 합은 100,703.0471이다. 5% 유의수준에서 귀무가설을 검정하시오. 검정통계량 및 기각역의 값을 명확히 말하고 결론을 내리시오.

c. (b)의 회귀를 쫓아서 이분산과 관련될 것으로 보이는 (XR8.6b)의 오른쪽 변수들을 사용하여 NR^2 검정을 시행해 보자. 이 통계량값은 59.03이다. 5% 유의수준에서 이분산에 관해 어떤 결론을 내리게 되는가? 이것은 (b)에서 논의한 문제, 즉 오차변동이 기혼자 및 미혼자에 대해 상이한지 여부에 관한 증거를 제시하는가? 설명하시오.

d. (b)의 회귀를 쫓아서 이분산에 대한 화이트 검정을 시행해 보자. 검정통계량의 값은 78.82이다. 검정통계량의 자유도는 무엇인가? 검정에 대한 5% 임계값은 무엇인가? 어떤 결론을 내리게 되는가?

e. (b)에 적합한 OLS 모형은 다음과 같으며 통상적인 확고한 표준오차가 포함되어 있다.

$$\widehat{WAGE} = -17.77 + 2.50 EDUC + 0.23 EXPER + 3.23 METRO - 4.20 FEMALE$$

(se)	(2.36)	(0.14)	(0.031)	(1.05)	(0.81)
(robse)	(2.50)	(0.16)	(0.029)	(0.84)	(0.80)

어떤 계수에 대해 구간 추정값의 폭이 더 좁아지는가? 어떤 계수에 대해 구간 추정값의 폭이 더 넓어지는가? 결과에 불일치성이 존재하는가?

f. $MARRIED$를 (b)의 모형에 추가시킬 경우 화이트 이분산 확고한 표준오차를 사용한 t-값이 약 1.0이라는 사실을 알 수 있다. 이것은 이분산에 관해 (b)의 결과와 충돌하는가 또는 양립할 수 있는가? 설명하시오.

8.7 단순한 처치효과 모형 $y_i = \beta_1 + \beta_2 d_i + e_i$를 생각해 보자. 처치가 무작위로 선택된 개체들에게 주어졌느냐 또는 주어지지 않았느냐를 나타내는 $d_i = 1$ 또는 $d_i = 0$을 가상해 보자. 종속변수 y_i는 결과변수이다. 7.5.1절에서 논의한 차분 추정량을 참조해 보자. N_1 개체들에게 처치가 주어졌으며, N_0 개체들은 처치가 주어지지 않은 대조군에 속한다.

a. $\text{var}(e_i|\mathbf{d}) = \sigma^2$인 경우 β_2의 OLS 추정량 b_2의 분산은 $\text{var}(b_2|\mathbf{d}) = N\sigma^2/(N_0 N_1)$이라는 사실을 보이시오.

b. $\bar{y}_0 = \sum_{i=1}^{N_0} y_i/N_0$를 대조군 N_0개 관찰값들에 대한 결과들의 표본 평균이라고 하자. $SST_0 = \sum_{i=1}^{N_0}(y_i - \bar{y}_0)^2$을 $d_i = 0$인 대조군의 표본 평균에 대한 제곱들을 합한 것이라고 하자. 이와 유사하게, $\bar{y}_1 = \sum_{i=1}^{N_1} y_i/N_1$을 $d_i = 1$인 처리군 N_1개 관찰값들에 대한 결과들의 표본 평균이라고 하자. $SST_1 = \sum_{i=1}^{N_1}(y_i - \bar{y}_1)^2$을 처치군의 표본 평균에 대한 제곱들을 합한 것이라고 하자. $\hat{\sigma}^2 = \sum_{i=1}^{N} \hat{e}_i^2/(N-2) = (SST_0 + SST_1)/(N-2)$이고, 따라서 다음과 같다는 사실을 보이시오.

$$\widehat{\text{var}}(b_2|\mathbf{d}) = N\hat{\sigma}^2/(N_0 N_1) = \left(\frac{N}{N-2}\right)\left(\frac{SST_0 + SST_1}{N_0 N_1}\right)$$

c. 식 (2.14)를 활용하여 $\text{var}(b_1|\mathbf{d})$를 구하시오. 여기서 b_1은 절편 모수 β_1의 OLS 추정량이다. $\widehat{\text{var}}(b_1|\mathbf{d})$는 무엇인가?

d. 처치군과 대조군은 잠재적으로 상이한 평균뿐만 아니라 잠재적으로 상이한 분산을 갖는다고 가상하자. 따라서 $\text{var}(e_i|d_i=1) = \sigma_1^2$ 및 $\text{var}(e_i|d_i=0) = \sigma_0^2$을 갖는다. $\text{var}(b_2|\mathbf{d})$를 구하시오. $\text{var}(b_2|\mathbf{d})$에 대한 불편 추정량은 무엇인가?

e. 이 경우에 식 (8.9)의 화이트 이분산 확고한 추정량이 $\widehat{\text{var}}(b_2|\mathbf{d}) = \frac{N}{N-2}\left(\frac{SST_0}{N_0^2} + \frac{SST_1}{N_1^2}\right)$으로 단순화된다는 점을 보이시오. 이 추정량과 (d)의 불편 추정량을 비교하시오.

f. (e)에서 제시된 추정량에서 자유도 수정항 $N/(N-2)$을 누락시킬 경우 확고한 추정량은 무엇이 되는가? 이 추정량을 (d)의 불편 추정량과 비교하시오.

8.8 단순 선형회귀 모형 $y_i = \beta_1 + \beta_2 x_{i2} + e_i$에서 β_1의 OLS 추정량의 이론적으로 유용한 형태가 $b_1 = \beta_1 + \sum(-\bar{x} w_i + N^{-1})e_i = \sum v_i e_i$라는 점을 알 수 있다. 여기서 $v_i = (-\bar{x} w_i + N^{-1})$ 및 $w_i = (x_i - \bar{x})/\sum(x_i - \bar{x})^2$이다. 이 공식을 이용하여 단순 처치효과 모형 $y_i = \beta_1 + \beta_2 d_i + e_i$를 생각해 보자. 무작위로 선택된 개체들에게 처치가 주어지거나 주어지지 않는다는 점을 나타내는 $d_i = 1$ 또는 $d_i = 0$을 가상해 보자. 종속변수 y_i는 결과변수이다. 7.5.1절에서 논의한 차분 추정량을 참조해 보자. N_1 개체들에게는 처리가 주어졌으며, 대조군의 N_0 개체들에게는 처리가 주어지지 않았다. $N = N_0 + N_1$을 총 개체수라고 하자.

a. $d_i = 0$일 경우 $v_i = 1/N$이고, $d_i = 1$일 경우 $v_i = 0$이라는 사실을 보이시오.

b. 동분산 오차, 즉 $\text{var}(e_i|\mathbf{d}) = \sigma^2$하에서 $\text{var}(b_1|\mathbf{d})$를 도출하시오. 이 경우 $\text{var}(b_1|\mathbf{d})$의 불편 추정량은 무엇인가?

c. 이분산적 오차 가정, 즉 $\text{var}(e_i|d_i=1) = \sigma_1^2$ 및 $\text{var}(e_i|d_i=0) = \sigma_0^2$하에서 $\text{var}(b_1|\mathbf{d})$를 도출하시오. 이 경우에 $\text{var}(b_1|\mathbf{d})$의 불편 추정량은 무엇인가?

8.9 다음과 같은 쾌락 회귀 모형을 추정하고자 한다.

$$PRICE_i = \beta_1 + \beta_2 SQFT_i + \beta_3 CLOSE_i + \beta_4 AGE_i + \beta_5 FIREPLACE_i + \beta_6 POOL_i$$
$$+ \beta_7 TWOSTORY_i + e_i$$

변수들은 다음과 같다. *PRICE* ($1,000); *SQFT*(100단위로 측정); 주요대학 근처에 소재한 경우 *CLOSE* = 1, 그렇지 않은 경우 0; *AGE*(연수); 있는 경우 *FIREPLACE*, *POOL*, *TWOSTORY* = 1, 그렇지 않은 경우 0.

a. 표 8.3을 활용하여, 변수 *CLOSE*에 대한 OLS 계수 추정값의 부호, 유의성, 해석에 관해 논하시오.

b. 다음의 각각에 대해 '옳음' 또는 '틀림'으로 답하시오. 이분산이 존재하는 회귀 모형에서 다음과 같다. (i) OLS 추정량은 편의가 있다. (ii) OLS 추정량은 불일치한다. (iii) OLS 추정량은 대표본에서 대략적인 정규분포를 하지 않는다. (iv) 통상적인 OLS 표준오차는 너무 작다. (v) 통상적인 OLS 추정량 표준오차가 부정확하다. (vi) 통상적인 R^2은 더 이상 의미가 없다. (vii) 통상적인 전반적 *F*-통계량은 대표본에서 신뢰할 만하다.

c. OLS 회귀에 따라 잔차를 *EHAT*로 저장하자. 표 8.3에서 AUX라고 명명된 회귀의 경우, 종속변수는 $EHAT^2$이다. 5% 유의수준을 사용하여 이분산의 존재 여부에 대해 검정하시오. 검정 통계량 및 검정 임계값을 말하고 결론을 내리시오.

d. 화이트 이분산 일치하는 표준오차를 사용하는 OLS로 이 모형을 다시 추정해 보자. 이들 표준오차는 어떤 면에서 확고한가? 소표본 및 대표본에서 동분산이 존재할 때 이들은 타당한가? 이분산이 존재할 때는 어떠한가? 확고한 표준오차를 사용할 때 통계적으로 유의한 계수들 중 어느 것이 더 넓은 신뢰구간을 갖는가? 5% 수준에서 유의했던 계수들 중 어느 것이

표 8.3 연습문제 8.9에 대한 추정값

	OLS	AUX	Robust OLS	GLS	Robust GLS
C	−101.072***	−25561.243***	−101.072***	−4.764	−4.764
	(27.9055)	(5419.9443)	(34.9048)	(21.1357)	(35.8375)
SQFT	13.3417***	1366.8074***	13.3417***	7.5803***	7.5803***
	(0.5371)	(104.3092)	(1.1212)	(0.5201)	(0.9799)
CLOSE	26.6657***	1097.8933	26.6657***	39.1988***	39.1988***
	(9.8602)	(1915.0902)	(9.6876)	(7.0438)	(7.2205)
AGE	−2.7305	52.4499	−2.7305	1.4887	1.4887
	(2.7197)	(528.2353)	(3.2713)	(2.1034)	(2.5138)
FIREPLACE	−2.2585	−3005.1375	−2.2585	17.3827**	17.3827*
	(10.5672)	(2052.4109)	(10.6369)	(7.9023)	(9.3531)
POOL	0.3601	6878.0158*	0.3601	8.0265	8.0265
	(19.1855)	(3726.2941)	(27.2499)	(17.3198)	(15.6418)
TWOSTORY	5.8833	−7394.3869**	5.8833	26.7224*	26.7224*
	(14.8348)	(2881.2790)	(20.8733)	(13.7616)	(16.0651)
R^2	0.6472	0.3028	0.6472	0.4427	0.4427

( ) 안에 표준오차가 있음.

*$p < 0.10$

**$p < 0.05$

***$p < 0.01$

5% 수준에서 유의하지 않게 되는가? 정반대되는 경우는 어떠한가?

e. 각 변수와 상수항을 *SQFT*로 나눈 후에 이 식을 추정하여 GLS 추정값을 구하였다. 이 추정을 하면서 이분산의 형태에 관해 어떤 가정을 하였는가? 표 8.3에 있는 GLS 추정값들은 OLS 추정값들과 눈에 띄게 상이한가? 5% 수준에서 유의했던 계수들 중 어느 것이 5% 수준에서 유의하지 않게 되는가? 정반대되는 경우는 어떠한가?

f. (e)에서의 변형된 회귀로부터 구한 잔차를 *ESTAR*이라고 하자. $ESTAR^2$을 모든 변형된 변수들에 대해 회귀분석하고 절편을 포함시켜 보자. $R^2 = 0.0237$이라 하자. 이분산이 제거되었는가?

g. (e)의 모형을 다시 한 번 추정하였지만 확고한 표준오차를 사용하였다. 추정결과는 표 8.3에 'Robust GLS'라고 제시되었다. 이것은 사려 깊은 것인가? 여러분의 생각을 설명하시오.

8.10 자녀가 더 많으면 부모들은 보다 많은 주류를 소비하는가? 다음 변수들에 관한 자료를 갖고 있다ー*WALC* = 주류 지출액에 대한 예산의 비중(지출된 소득의 백분율); *INCOME* = 총 순가계소득(10,000 영국 파운드); *AGE* = 가장의 연령/10; *NK* = 자녀의 수(1 또는 2). 다음 식에 관심을 갖고 있다.

$$\ln(WALC) = \beta_1 + \beta_2 INCOME + \beta_3 AGE + \beta_4 NK + e$$

a. 자료는 표본조사에 기초한다. *NK*와 주류에 지출된 예산의 비중 사이에 인과관계를 고찰하려는 경우, 최소제곱 추정량이 BLUE라는 사실을 입증하는 데 어떤 가정이면 충분한가?

b. 주류에 대해 양의 예산 비중을 갖는 가계에 관한 1,278개 관찰값을 사용하여 OLS 추정식을 구하였다. 일반적인 표준오차가 제시되었다.

$$\widehat{\ln(WALC)} = -1.956 + 0.837 INCOME - 0.228 AGE - 0.251 NK$$
$$(se) \quad\quad (0.166) \quad (0.516) \quad\quad\quad (0.039) \quad\quad\quad (0.058)$$

자녀의 수가 1명에서 2명으로 증가할 경우 주류의 예산상 비중이 증가할 것이라는 대립가설에 대해 영향을 미치지 않을 것이라는 귀무가설을 검증하시오. 5% 유의수준을 사용하시오.

c. 2명의 자녀가 있는 가계의 경우 1명의 자녀가 있는 가계의 경우보다 회귀오차분산이 더 클 수 있다고 생각할 수도 있다. 1명의 자녀가 있는 가계와 2명의 자녀가 있는 가계를 분리해서 최소제곱법으로 예산의 몫을 추정해 보자. 1명의 자녀가 있는 489개 가계에 대한, 제곱한 잔차의 합은 465.83이다. 2명의 자녀가 있는 789개 가계에 대한 제곱한 잔차의 합은 832.77이다. 이들 두 집단에 관한 회귀오차분산 사이에 차이가 있다는 대립가설에 대해 차이가 없다는 귀무가설을 검정하시오. 5% 유의수준에서 골드펠드-콴트 검정을 사용하시오. 2명의 자녀가 있는 가계의 부표본에 대한 회귀오차분산이 1명의 자녀가 있는 가계보다 더 크다는 대립가설을 사용하여 검정을 다시 해 보시오. 어떤 결론을 내릴 수 있는가?

d. (b)의 회귀로부터 구한 최소제곱 잔차를 저장하고 이를 *EHAT*이라고 하자. 그러고 나서 2단계 회귀결과 $EHAT^2 = 0.012 + 0.279 AGE + 0.025 NK$를 구하면 이때 $R^2 = 0.0208$이다. 이분산이 존재한다는 증거가 있는가? 적절한 가설을 설정하고 1% 유의수준에서 검정을 시행

하시오. 어떤 결론을 내릴 수 있는가?

e. 그러고 나서 회귀 $\widehat{\ln(EHAT^2)} = -2.088 + 0.291AGE - 0.048NK$를 이행하시오. NK를 일정하다고 할 경우 추정된 분산비율 $\widehat{\text{var}}(e_i | AGE = 40) / \widehat{\text{var}}(e_i | AGE = 30)$을 계산하시오. [요령 : AGE가 10년 단위로 측정된다는 사실을 기억하시오.] 추정된 비율 $\widehat{\text{var}}(e_i | AGE = 60) / \widehat{\text{var}}(e_i | AGE = 30)$은 무엇인가? AGE를 일정하다고 할 경우 추정된 분산비율 $\widehat{\text{var}}(e_i | NK = 2) / \widehat{\text{var}}(e_i | NK = 1)$을 계산하시오.

f. 지금까지 얻은 결과에 기초할 경우, (b)에서 사용된 최소제곱 추정량을 BLUE라고 주장할 수 있는가?

g. 실행할 수 있는 일반 최소제곱 추정법을 시행하기 위해 OLS로 어떤 모형을 추정하게 되는가?

8.11 쌀 생산, 생산요소인 노동 및 비료, 경작면적 사이의 관계를 $N = 44$개 농장에 관한 자료를 사용하여 알아보고자 한다.

$$RICE_i = \beta_1 + \beta_2 LABOR_i + \beta_3 FERT_i + \beta_4 ACRES_i + e_i$$

a. 최소제곱 잔차 $\hat{e}_i$를 $ACRES$에 대해 도표로 나타낼 경우 그 크기가 증가한다는 점을 관찰할 수 있다. $\hat{e}_i^2$을 $ACRES$에 대해 회귀추정하면 $R^2 = 0.2068$인 회귀결과를 구할 수 있다. $ACRES$의 추정된 계수는 2.024이며 표준오차는 0.612이다. 이 결과에 기초할 경우 이 분산에 관해 어떤 결론을 내릴 수 있는가? 당신의 추론을 설명하시오.

b. 대신에 다음 모형을 추정해 보자.

$$RICE_i / ACRES_i = \alpha + \beta_1 (1/ACRES_i) + \beta_2 LABOR_i / ACRES_i + \beta_3 FERT_i / ACRES_i + e_i$$

이분산 형태에 관한 묵시적 가정은 무엇인가?

c. 많은 경제학자들은 위의 식에서 $(1/ACRES_i)$을 누락시키곤 한다. 이를 옹호할 수 있는 어떤 주장을 제안할 수 있는가?

d. (b) 또는 (c)에 있는 모형의 추정을 쫓아, 제곱한 잔차 $\tilde{e}_i^2$을 $ACRES$에 대해 회귀추정해 보자. 추정된 계수는 음수이며 10% 수준에서 유의하다. 회귀의 $R^2 = 0.0767$이다. (b) 또는 (c)의 모형에 관해 어떤 결론을 내릴 수 있는가? 즉 그런 결론을 내린 근거는 무엇인가?

e. 추가적으로 $\ln(\hat{e}_i^2) = -1.30 + 1.11 \ln(ACRES)$ 그리고 $\ln(\tilde{e}_i^2) = -1.20 - 1.21 \ln(ACRES)$를 추정하였다. 이것은 (d)의 물음에 관해 어떤 증거를 제공하는가?

f. $(1/ACRES_i)$를 누락시킨 모형 (c)를 추정할 경우 화이트 이분산 확고한 표준오차를 사용하도록 권할 것인가? 권하는 이유 또는 권하지 않는 이유를 설명하시오.

8.12 계량경제학자들은 시뮬레이션된 자료를 사용하여 추정량의 특성을 알아보고자 한다. 표본크기 N이 100으로 설정되었다고 가상하자. 절편 및 기울기 모수가 각각 100 및 10이다. 유일한 설명변수 x는 평균 10이고 표준편차가 10인 정규분포를 한다. x와 독립적인 표준정규확률변수 z가 만들어졌다. 자료 생성 과정은 $y_i = \beta_1 + \beta_2 x_i + e_i$이다. 여기서 다음과 같다.

$$e_i = \begin{cases} z_i, & i\text{가 홀수인 경우} \\ 2z_i, & i\text{가 짝수인 경우} \end{cases}$$

a. OLS 추정량은 100개 자료 쌍 (y_i, x_i)를 사용할 경우 최우수 선형 불편 추정량이 아니다. 참인가 또는 틀렸는가? 설명하시오.

b. 짝수 관찰값들에 대해서는 y 및 x를 $\sqrt{2}$로 나누며 홀수 관찰값들은 그냥 놔두고 나서 최소제곱 회귀분석을 할 경우, 그에 따른 추정량은 BLUE이다. 참인가 또는 틀렸는가? 설명하시오.

c. 자료상에서 이분산이 '통계적으로 유의한지'를 보여주는 일을 배정받았다고 가상하자. 100개 자료 쌍 (y_i, x_i)를 사용하여 얼마나 정확하게 이 작업을 할 수 있는가?

8.13 연구자는 가계 오락비(전 분기 1인당 \$로 측정), *ENTERT*에 대한 1,100개 관찰값을 갖고 있다. 이 연구자는 이들 지출액을 *INCOME*(지난해 월간소득 \$100 단위로 측정), 가계가 도시지역에 거주하는지 여부(*URBAN*), 가계 구성원이 학사학위(*COLLEGE*) 또는 석사·박사 학위(*ADVANCED*)를 보유하고 있는지 여부의 함수로 설명하고자 한다. *COLLEGE* 및 *ADVANCED*는 모의변수이다.

a. OLS 추정값 및 t-값이 표 8.4에 있다. 이 회귀식으로부터 잔차를 구하고 이들의 제곱한 값을 모든 설명변수에 대해 회귀추정할 경우 $R^2 = 0.0344$가 된다. 이렇게 작은 값은 이분산이 존재하지 않는다는 사실을 의미한다. 옳은가? 이 말이 옳지 않다면 적절한 검정을 시행하시오. 이분산이 존재하는지 여부에 관해 어떤 결론을 내릴 수 있는가?

b. 신중하게 처리하기 위해서 해당 연구자는 화이트 이분산 확고한 표준오차를 사용하였으며 표 8.4에 결과(Robust OLS)가 있다. 연구자의 보고서는 가계 구성원이 고급학위를 갖고 있는 경우 오락비에 미치는 영향에 관해 언급하여야 한다. 2개의 OLS 회귀추정에서 *ADVANCED*의 유의성을 비교하시오. 무엇을 발견했는가? 확고한 표준오차가 확고하지 않은 표준오차보다 더 큰 것이 일반적이다. 이 경우 참인가 또는 거짓인가?

c. 모형에서 변수 *ADVANCED*의 중요성으로 인해 연구자는 추가적인 작업을 하게 된다. OLS 잔차 $\hat{e}_i$를 사용하여 연구자는 다음과 같은 결과를 얻었다.

$$\ln\left(\hat{e}_i^2\right) = 4.9904 + 0.0177INCOME_i + 0.2902ADVANCED_i$$
$$(t) \qquad\qquad (10.92) \qquad\qquad (1.80)$$

이 분석 결과에는 이분산에 관한 어떤 증거가 있는가?

d. 연구자는 (c)의 결과를 취하여 다음과 같은 계산을 하였다.

$$h_i = \exp\left(0.0177INCOME_i + 0.2902ADVANCED_i\right)$$

절편을 포함하여 각 변수를 $\sqrt{h_i}$로 나누어 보자. 모형을 다시 추정하여 표 8.4에 있는 FGLS 결과를 구해 보자. 이들 결과에 기초하면 고급학위를 갖고 있는 구성원이 포함된 가계의 경우 오락비에 얼마나 큰 영향을 미치는가? 일련의 어떤 OLS 분석결과에 대해 FGLS

표 8.4   연습문제 8.13에 대한 추정값

	OLS	Robust OLS	FGLS	Log-linear
C	20.5502	20.5502	18.5710	2.7600
	(3.19)	(3.30)	(4.16)	(25.79)
INCOME	0.5032	0.5032	0.4447	0.0080
	(10.17)	(6.45)	(8.75)	(9.77)
URBAN	−6.4629	−6.4629	−0.8420	0.0145
	(−1.06)	(−0.81)	(−0.20)	(0.14)
COLLEGE	−0.7155	−0.7155	1.7388	0.0576
	(−0.16)	(−0.15)	(0.52)	(0.77)
ADVANCED	9.8173	9.8173	9.0123	0.2315
	(1.87)	(1.58)	(1.92)	(2.65)

( ) 안에 t-값이 있음.

추정값을 갖고 타당한 비교를 할 수 있는가? (c) 및 (d)의 단계를 밟을 경우 *ADVANCED*가 오락비에 미치는 영향에 대한 추정을 향상시키는가? 이 물음에 대해 매우 조심스럽게 답하시오.

e. 더 용이한 방법을 찾아보기 위해 연구자는 대수-선형 모형을 추정하였고 이는 표 8.4에 Log-linear에 포함되어 있다. 이 추정법을 쫓아서, 제곱한 잔차를 설명변수에 대해 추정회귀할 경우 $NR^2 = 2.46$을 구할 수 있다. 설명변수들의 제곱 및 교차곱을 포함한 화이트 검정을 사용할 경우 $NR^2 = 6.63$을 구할 수 있다. 이들 검정 통계량 각각에 대한 임계값은 무엇인가? 5% 유의수준에서 검정을 할 경우 대수-선형 모형에서의 동분산을 기각하는가 또는 기각하지 않는가?

f. *ADVANCED*가 오락비에 미치는 영향에 관심을 갖고 있는 연구자의 관점에서 (e)의 회귀 결과를 해석하시오. 대수-선형 모형을 사용할 경우 정확히 어떤 일이 발생하는가? 직관적인 설명을 하시오. 힌트를 주기 위한 그림 8.9를 참조해 보자. 이 그림은 월급 $7,000에서 $8,000 사이의 소득범위에 대한 오락비를 보여준다.

8.14 1,000명의 주택대출 차용인에 대한 자료를 사용하여 다음과 같은 선형확률 모형을 추정해 보자.

$$DEFAULT = \beta_1 + \beta_2 LTV + \beta_3 RATE + \beta_4 AMOUNT + \beta_5 FICO + e$$

$DEFAULT = 1$, 차용인이 주택담보대출금을 90일을 초과하여 늦게 지불을 한 경우; $LTV = 100$(대출금/자산가치); $RATE = $ 이자율; $AMOUNT = $ 대출금($10,000단위로 측정); $FICO = $ 차용인의 신용점수

a. 그림 8.10(a)는 최소제곱 잔차 $\hat{e}$의 히스토그램이다. 두 가지 형태를 설명하시오.

b. 그림 8.10(b)는 적합한 최소제곱값들의 히스토그램이다.

$$\widehat{DEFAULT} = 0.6887 + 0.0055 LTV + 0.0482 RATE - 0.0012 AMOUNT - 0.0014 FICO$$

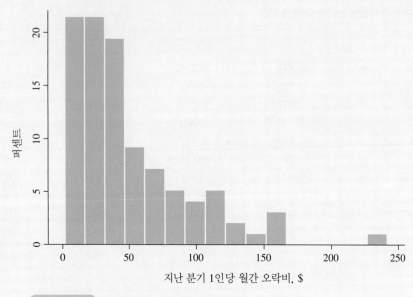

지난 분기 1인당 월간 오락비, $

그림 8.9 오락비에 대한 히스토그램

적합한 값들을 해석하시오. 그림에 통상적이지 않은 적합한 값들이 존재하는가?

c. Y를 베르누이 확률변수라고 하자. 1 또는 0의 값을 취하며 확률은 P 및 $1 - P$이다. $\text{var}(Y) = P(1 - P)$를 보이시오.

d. $\hat{e}_i^2$을 설명변수들에 대해 회귀추정하여 $R^2 = 0.0206$을 구하였으며 F-통계량은 5.22이다. 이들 값 각각은 이 모형에서 동분산이라는 귀무가설에 대해 무엇을 시사하고 있는가? 관련된 검정 통계량과 5% 유의수준에서의 임계값을 제시하시오. (c)에 비추어 볼 때 이 결과는 놀라운 것인가?

e. 두 명의 가상적인 차용인을 생각해 보자.

차용인 1 : $LTV = 85$, $RATE = 11$, $AMOUNT = 400$, $FICO = 500$

차용인 2 : $LTV = 50$, $RATE = 5$, $AMOUNT = 100$, $FICO = 700$

OLS, 이분산 확고한 표준오차를 갖는 OLS, FGLS를 사용하여 다음과 같은 작업을 해 보자. 즉 가상적인 차용인에 대한 채무불이행 기대확률의 95% 구간 추정값은 표 8.5에 있다.

표 8.5 연습문제 8.14(e)에 대한 구간 추정값

차용인	방법	하부한계	*DEFAULT*	상부한계	표준오차
1	OLS	−0.202	0.527	1.257	0.372
1	OLS (확고한)	−0.132	0.527	1.187	0.337
1	FGLS	−0.195	0.375	0.946	0.291
2	OLS	−0.043	0.116	0.275	0.082
2	OLS (확고한)	−0.025	0.116	0.257	0.072
2	FGLS	−0.019	0.098	0.215	0.060

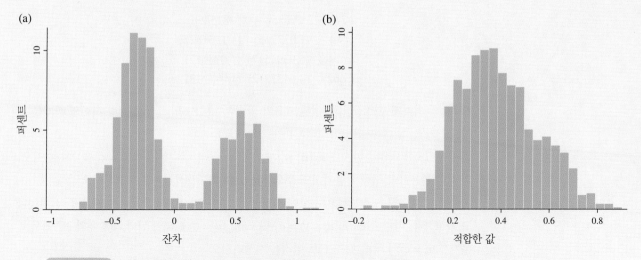

그림 8.10 연습문제 8.14에 대한 잔차 및 적합한 값들의 히스토그램

이 구간 추정값을 논의하시오. 이런 두 명의 차용인이 대출을 신청할 경우 누구에게 대출을 제의할 것인가?

f. (e)의 FGLS 추정값을 구하기 위해 9개 관찰값들에서 예측된 음의 값에 대해 절댓값을 취해 양수로 전환시켜 보자. 그렇게 하는 이유는 무엇 때문인가? 어떤 다른 대안적인 방법이 있는가?

8.15 미국의 인접한 2개 주에 소재하는 패스트푸드점 고용에 관한 $N = 396$개 관찰값을 갖고 있다. 이들 주는 뉴저지와 펜실베이니아이다. 대조군 $d_i = 0$인 펜실베이니아주에는 최저임금법이 존재하지 않는다. 처치군 $d_i = 1$인 뉴저지주에는 최저임금법이 존재한다. 관찰된 결과변수는 서로 비교되는 패스트푸드점에서의 상시(풀타임)고용 FTE_i라고 하자. 2개 주에서의 FTE_i에 대한 일부 표본 요약 통계량이 표 8.6에 있다. 펜실베이니아주의 경우 표본 크기는 $N_0 = 77$이고, 표본 평균은 $\overline{FTE_0} = \sum_{i=1, d_i=0}^{N_0} FTE_i/N_0$이며, 표본 분산은 $s_0^2 = \sum_{i=1, d_i=0}^{N_0} (FTE_i - \overline{FTE_0})^2/(N_0 - 1) = SST_0/(N_0 - 1)$이다. 표본 표준편차는 $s_0 = \sqrt{s_0^2}$이며 평균의 표준오차는 $se_0 = \sqrt{s_0^2/N_0} = s_0/\sqrt{N_0}$이다. 뉴저지주의 경우 아래첨자 '1'이 첨부된다.

표 8.6 연습문제 8.15에 대한 요약 통계량

	d	N	표본 평균	표본 분산	표본 표준편차	평균의 표준오차
펜실베이니아(대조군)	0	77	21.16558	68.50429	8.276732	0.9432212
뉴저지(처치군)	1	319	21.02743	86.36029	9.293024	0.5203094

a. 회귀 모형 $FTE_i = \beta_1 + \beta_2 d_i + e_i$를 생각해 보자. OLS 추정값은 다음에 제시되어 있다. 통상적인 표준오차(se), 화이트 이분산 확고한 표준오차(robse), 대안적인 확고한 표준오차(rob2)도 포함되었다.

$$\widehat{FTE}_i = 21.16558 - 0.1381549d_i$$

$$\begin{array}{ccc} \text{(se)} & (1.037705) & (1.156182) \\ \text{(robse)} & (0.9394517) & (1.074157) \\ \text{(rob2)} & (0.9432212) & (1.077213) \end{array}$$

계수들의 최소제곱 추정값, 추정된 기울기 및 절편, 표 8.6의 요약 통계량 사이의 관계를 보이시오.

b. 문제 8.7(b)에서 도출한 $\widehat{var}(b_2 | \mathbf{d}) = N\hat{\sigma}^2/(N_0 N_1) = \left(\dfrac{N}{N-2}\right)\left(\dfrac{SST_0 + SST_1}{N_0 N_1}\right)$을 계산하시오. 이 식을 활용하여 구한 기울기의 표준오차와 (a)의 회귀분석결과를 비교하시오.

c. 처치군 및 대조군은 잠재적으로 상이한 평균뿐만 아니라 잠재적으로 상이한 분산을 갖는다고 가상하자. 따라서 $var(e_i | d_i = 1) = \sigma_1^2$ 및 $var(e_i | d_i = 0) = \sigma_0^2$이 된다. 1% 유의수준에서 귀무가설 $\sigma_0^2 = \sigma_1^2$의 골드펠드–콴트 검정을 시행하시오.

d. 문제 8.7(e)에서 기울기 추정량에 대한 이분산 확고한 분산이 $\widehat{var}(b_2 | \mathbf{d}) = \dfrac{N}{N-2}\left(\dfrac{SST_0}{N_0^2} + \dfrac{SST_1}{N_1^2}\right)$이라는 사실을 살펴보았다. 요약 통계량 자료를 사용하여 이 값을 계산하시오. 이 식을 사용하여 기울기의 이분산 확고한 표준오차를 회귀분석결과의 것과 비교하시오. 이것이 가장 일반적이며 통상적으로 'HCE1'이라고 한다. HCE는 'heteroskedasticity consistent estimator'를 의미한다.

e. 대안적인 확고한 표준오차, rob2는 $\widehat{var}(b_2 | \mathbf{d}) = \dfrac{SST_0}{N_0(N_0-1)} + \dfrac{SST_1}{N_1(N_1-1)}$으로부터 계산될 수 있다는 사실을 보이시오. 이 추정량을 'HCE2'라고 한다. 이것은 $\widehat{var}(b_2 | \mathbf{d}) = \left(\sigma_0^2/N_0\right) + \left(\sigma_1^2/N_1\right)$으로 나타낼 수 있다는 점에 주목하시오. 여기서 $\hat{\sigma}_0^2 = SST_0/(N_0-1)$ 및 $\hat{\sigma}_1^2 = SST_1/(N_1-1)$이다. $\sigma_0^2 = \sigma_1^2$인 경우 분산추정량은 불편하는가?

f. 추정량 HCE1은 $\widehat{var}(b_2 | \mathbf{d}) = \dfrac{N}{N-2}\left(\dfrac{SST_0}{N_0^2} + \dfrac{SST_1}{N_1^2}\right)$이다. 자유도 수정 $N/(N-2)$을 누락시킬 경우 HCE0, $\widehat{var}(b_2 | \mathbf{d}) = (\tilde{\sigma}_0^2/N_0) + (\tilde{\sigma}_1^2/N_1)$이 된다는 사실을 보이시오. 여기서 $\tilde{\sigma}_0^2 = SST_0/N_0$ 및 $\tilde{\sigma}_1^2 = SST_1/N_1$은 분산의 편의가 있지만 일치하는 추정량이다. 이 대안적인 방법을 활용하여 b_2에 대한 표준오차를 계산하시오.

g. 확고한 분산 추정량의 세 번째 변형, HCE3는 $\widehat{var}(b_2 | \mathbf{d}) = \left(\dfrac{\hat{\sigma}_0^2}{N_0-1}\right) + \left(\dfrac{\hat{\sigma}_1^2}{N_1-1}\right)$이며, 여기서 $\hat{\sigma}_0^2 = SST_0/(N_0-1)$ 및 $\hat{\sigma}_1^2 = SST_1/(N_1-1)$이다. HCE3를 사용하여 이 예에 대한 확고한 표준오차를 계산하시오. 이 문제의 HCE0를 HCE2, HCE3와 비교하시오. 어느 것이 가장 큰가? 어느 것이 가장 작은가?

부록 8A 최소제곱 추정량의 도출

부록 2D에서 우리는 단순회귀 모형의 경우 β_2에 대한 최소제곱 추정량을 $b_2 = \beta_2 + \sum w_i e_i$로 나타내었다. 여기서 다음과 같다.

$$w_i = \frac{x_i - \bar{x}}{\sum (x_i - \bar{x})^2}$$

이 식은 이분산하에서 최소제곱 추정량의 특성을 알아보는 데 유용하다. 우리가 설정한 첫 번째 특성은 불편성이다. 이 특성은 동분산하에서의 식 (2.13)에서 도출되었다. 활용했던 유일한 오차항 가정은 $E(e_i|\mathbf{x}) = 0$이므로 이분산하에서도 동일한 가정이 준수된다.

$$\begin{aligned}
E(b_2|\mathbf{x}) &= E(\beta_2 + \sum w_i e_i|\mathbf{x}) = E(\beta_2 + w_1 e_1 + w_2 e_2 + \cdots + w_N e_N|\mathbf{x}) \\
&= E(\beta_2) + E(w_1 e_1|\mathbf{x}) + E(w_2 e_2|\mathbf{x}) + \cdots + E(w_N e_N|\mathbf{x}) \\
&= \beta_2 + \sum E(w_i e_i|\mathbf{x}) = \beta_2 + \sum w_i E(e_i|\mathbf{x}) = \beta_2
\end{aligned}$$

오차가 이분산 하더라도 $E(e_i|\mathbf{x}) = 0$이라면 최소제곱 추정량은 불편한다. 이것은 단순회귀 및 다중회귀 모형 둘 다에서 참이다.

최소제곱 추정량의 분산은 다음과 같다.

$$\begin{aligned}
\text{var}(b_2|\mathbf{x}) &= \text{var}(\sum w_i e_i|\mathbf{x}) \\
&= \sum w_i^2 \text{var}(e_i|\mathbf{x}) + \sum_{i \neq j} \sum w_i w_j \text{cov}(e_i, e_j|\mathbf{x}) \\
&= \sum w_i^2 \sigma_i^2 \\
&= \sum \left\{ \frac{(x_i - \bar{x})}{\sum (x_i - \bar{x})^2} \right\}^2 \sigma_i^2 = \sum \left\{ \frac{(x_i - \bar{x})^2}{\left[\sum (x_i - \bar{x})^2 \right]^2} \sigma_i^2 \right\} \\
&= \left[\sum (x_i - \bar{x})^2 \right]^{-1} \sum \left[(x_i - \bar{x})^2 \sigma_i^2 \right] \left[\sum (x_i - \bar{x})^2 \right]^{-1}
\end{aligned} \tag{8A.1}$$

두 번째 줄에서 세 번째 줄로 이동하기 위해서 우리는 가정 MR4, 즉 조건부 상관되지 않는 오차 $\text{cov}(e_i, e_j|\mathbf{x}) = 0$을 활용하였다. 분산이 모두 동일하다면 ($\sigma_i^2 = \sigma^2$), 세 번째 줄은 $\sigma^2 \sum w_i^2 = \text{var}(b_2|\mathbf{x}) = \sigma^2 / \sum (x_i - \bar{x})^2$이 되고 이것은 통상적인 OLS 분산식이다. 이분산하에서 단순화는 가능하지 않다. 네 번째 줄 및 다섯 번째 줄은 무작위 오차가 이분산적일 때 최소제곱 추정량의 분산을 표현하는 것과 동등한 방식, 즉 식 (8.8)이다.

부록 8B   이분산에 관한 라그랑주 승수(LM) 검정

평균 함수의 유의성을 검정하기 위하여 식 (6.8)에서 소개한 F-검정과 LM 및 다른 분산 함수 검정을 연계시키면 이를 보다 심도 있게 살펴볼 수 있다. 분산함수의 틀 내에서 이 검정을 검토하기 위해 식 (8.29)를 생각해보자.

$$\hat{e}_i^2 = \alpha_1 + \alpha_2 z_{i2} + \cdots + \alpha_S z_{iS} + v_i \tag{8B.1}$$

우리의 목적은 위의 식에서 $s = 2, \cdots, S$에 관해 적어도 1개의 α_S가 0이 아니라는 대립가설에 대해 $H_0 : \alpha_2 = \alpha_3 = \cdots = \alpha_S = 0$을 검정하는 것이다. 앞에서 식 (8B.1)보다 더 일반적인 분산 함수를 살펴보았지만, 식 (8B.1)의 선형 함수를 사용해도 보다 일반적인 다른 가설을 검정하는 데 타당하다는 사실도 알 수 있었다.

식 (6.8)의 F-값을 식 (8B.1)의 전반적인 유의성을 검정하는 데 적용하려면 다음과 같아진다.

$$F = \frac{(SST - SSE)/(S - 1)}{SSE/(N - S)} \tag{8B.2}$$

여기서

$$SST = \sum_{i=1}^{N}\left[\hat{e}_i^2 - \overline{\hat{e}^2}\right]^2 \quad \text{및} \quad SSE = \sum_{i=1}^{N}\hat{v}_i^2$$

는 제곱의 총합과 식 (8B.1)을 추정하여 구한 제곱한 오차의 합이다. $\overline{\hat{e}^2}$는 식 (8B.1)의 종속변수의 평균이라는 점을 주목하자. 달리 표현하면 회귀 함수의 최소제곱 잔차를 제곱한 것의 평균이다. 5% 유의수준에서 F-값이 임계값 $F_{(0.95,\, S-1,\, N-S)}$ 보다 큰 경우 H_0를 기각하게 된다.

식 (8B.2)를 수정하면 추가적으로 2개의 검정, 즉 최초의 브레쉬-페이건 검정과 이를 변형시킨 $N \times R^2$ 검정을 구할 수 있다. 이런 수정 과정을 살펴보려면 인내심이 조금 필요하다. 우선 식 (8B.2)를 다음과 같이 나타내 보자.

$$\chi^2 = (S - 1) \times F = \frac{SST - SSE}{SSE/(N - S)} \sim \chi_{(S-1)}^2 \tag{8B.3}$$

카이제곱 통계량 $\chi^2 = (S - 1) \times F$는 대표본에서 대략 $\chi_{(S-1)}^2$분포를 갖는다. 즉 분자의 자유도를 F-통계량에 곱할 경우 카이제곱 분포를 따르는 또 다른 통계량을 얻게 된다. 카이제곱 분포의 자유도는 $S - 1$로 F-분포의 분자의 자유도와 같다.

이제는 다음 사실에 주목하자.

$$\widehat{\text{var}}(e_i^2) = \widehat{\text{var}}(v_i) = \frac{SSE}{N - S} \tag{8B.4}$$

즉, 종속변수의 분산은 오차 분산과 같으며 이는 식 (8B.1)에서 제곱한 오차의 합으로부터 추정할 수 있다. 식 (8B.4)를 (8B.3)에 대입시키면 다음과 같다.

$$\chi^2 = \frac{SST - SSE}{\widehat{\text{var}}(e_i^2)} \tag{8B.5}$$

이 검정 통계량은 브레쉬-페이건 통계량의 기본형태이다. $\widehat{\text{var}}(e_i^2)$를 대체하기 위해 사용될 서로 다른 추정량으로 인해 두 가지 해석이 가능하다.

e_i가 정규분포한다고 가정할 경우 $\text{var}(e_i^2) = 2\sigma_e^4$, 그리고 브레쉬–페이건 검정의 첫 번째 해석에 대한 통계량이 다음과 같다는 사실을 보여줄 수 있다.

$$\chi^2 = \frac{SST - SSE}{2\hat{\sigma}_e^4} \tag{8B.6}$$

$\sigma_e^4 = (\sigma_e^2)^2$은 평균 함수에 대한 오차분산의 제곱이라는 점에 주목하자. SST 및 SSE와 달리 이의 추정값은 식 (8.23)을 추정함으로써 구할 수 있다. $\text{var}(e_i^2) = 2\sigma_e^4$란 결과는 기대하지 못한 것일 수 있다. 어떻게 구했는지 알아보기 위해서는 약간의 증명 과정이 필요하다. $e_i \sim N(0, \sigma_e^2)$인 경우 $(e_i/\sigma_e) \sim N(0, 1)$과 $(e_i^2/\sigma_e^2) \sim \chi_{(1)}^2$이 된다. $\chi_{(1)}^2$확률변수의 분산은 2이다. 따라서 다음과 같다.

$$\text{var}\left(\frac{e_i^2}{\sigma_e^2}\right) = 2 \Rightarrow \quad \frac{1}{\sigma_e^4}\text{var}(e_i^2) = 2 \Rightarrow \text{var}(e_i^2) = 2\sigma_e^4$$

식 (8B.6)을 이용하여 χ^2-값이 $\chi_{(S-1)}^2$ 분포의 임계값보다 큰 경우 동분산이란 귀무가설을 기각하게 된다.

식 (8B.5)에 대한 두 번째 해석에서는 오차가 정규분포한다는 가정이 필요하지 않다. 이런 가정이 사용되기 때문에 보통 이를 확고한 브레쉬–페이건 검정 형태라고 한다. 제곱한 최소제곱 잔차 $\hat{e}_i^2$의 표본분산은 $\text{var}(e_i^2)$의 추정량으로 사용된다. 자세히 나타내면 다음과 같다.

$$\widehat{\text{var}}(e_i^2) = \frac{1}{N}\sum_{i=1}^{N}\left[\hat{e}_i^2 - \overline{\hat{e}^2}\right]^2 = \frac{SST}{N} \tag{8B.7}$$

H_0가 참이라는 가정하에서 이 값은 $\text{var}(e_i^2)$의 추정량이 된다. 이는 또한 분산 함수를 추정함으로써 얻은 제곱의 총합을 표본크기로 나눈 값으로도 나타낼 수 있다. 식 (8B.7)을 식 (8B.5)로 대입시키면 다음과 같다.

$$\begin{aligned}\chi^2 &= \frac{SST - SSE}{SST/N} \\ &= N \times \left(1 - \frac{SSE}{SST}\right) \\ &= N \times R^2\end{aligned} \tag{8B.8}$$

여기서 R^2은 분산 함수를 추정하여 얻은 R^2 적합도 통계량이다. 5% 유의수준에서 $\chi^2 = N \times R^2$이 임계값 $\chi_{(0.95, S-1)}^2$을 초과할 경우 동분산이란 귀무가설이 기각된다.

컴퓨터 소프트웨어는 종종 8.6.4절에서 살펴본 화이트 검정의 결과를 F-값 또는 χ^2-값으로 나타낸다. F-값은 x, 이것의 제곱, 어쩌면 교차곱으로 선택된 z를 갖고 식 (8B.2)의 통계량으로부터 구한다. χ^2-값은 x, 이것의 제곱, 어쩌면 교차곱으로 선택된 z를 가지고 식 (8B.8)의 통계량으로부터 구한다.

시계열 자료를 활용한 회귀 : 안정적인 변수

9.1 서론

변수들 사이의 관계를 모형화할 경우 수집된 자료들의 성질은 적절한 계량경제 모형을 선택하는 데 중요한 의미를 갖는다. 특히 횡단면 자료(특정 시점에서 많은 경제단위에 대한 자료)와 시계열 자료(특정 경제단위에 대해 시간이 흐름에 따라 수집된 자료)를 구별하는 것이 중요하다. 보통 관찰값을 얻게 되는 경제단위의 예로는 개인, 가계, 기업, 지리적인 지역, 국가 등이 있다. 횡단면 자료는 보통 무작위 표본으로 만들어지기 때문에 특정 변수에 대한 횡단면 관찰값은 일반적으로 상관되지 않는다. 예를 들면, 한 가계에서 관찰된 소득수준은 다른 가계에서 관찰된 소득수준에 영향을 미치지도 않고 영향을 받지도 않는다. 반면에 많은 기간에 걸쳐 관찰된 특정 경제단위에 대한 시계열 관찰값은 상관될 가능성이 크다. 한 가계의 어떤 연도에 관찰된 소득소준은 해당 가계의 전년도 소득수준과 관련될 가능성이다. 따라서 시계열 자료를 횡단면 자료와 구별지을 수 있는 한 가지 특징은 상이한 관찰값들 사이에 가능하다고 생각되는 상관의 존재 여부이다. 이 장에서의 학습목표는 이런 상관에 대한 검정과 모형화를 포함한다.

시계열 자료를 구별 짓는 두 번째 특징은 시간에 따라 자연적인 순서가 정해진다는 점이다. 횡단면 자료의 경우 다른 관찰값보다 더 좋거나 또는 더 자연적인 관찰값들이 특정하게 배열되지 않는다. 관찰값들을 뒤죽박죽으로 하고 나서 어떤 정보도 잃지 않고 추정을 진행할 수도 있을지 모른다. 시계열 관찰값들을 뒤죽박죽으로 섞게 되면 구별할 수 있는 가장 중요한 특징, 즉 변수들 사이에 존재할지도 모를 동적인 전개 관계를 혼동시킬 위험이 있다. 동적인 관계는 어떤 변수의 변화가 1개 이상의 장래 기간에 걸쳐 동일한 변수 또는 다른 변수에 영향을 미치는 관계이다. 예를 들면, 어떤 설명변수의 수준 변화가 있는 경우 변화가 발생한 시기를 넘어서까지 다른 변수에 대해 행태적 의미를 갖는 것이 일반적이다. 경제변수의 변화로 이어지는 경제적 결정의 결과는 오랫동안 지속될 수 있다. 소득세가

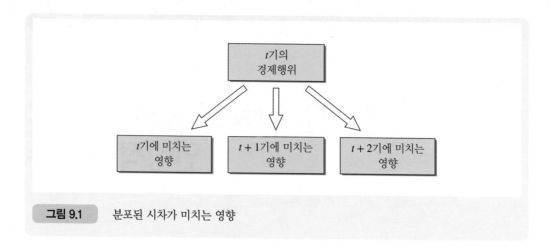

그림 9.1   분포된 시차가 미치는 영향

인상될 경우 소비자의 가처분 소득이 감소하여 재화 및 용역에 대한 지출을 감소시키게 된다. 이는 공급자의 이윤을 축소시켜 생산요소에 대한 수요 감소로 이어지며 이는 다시 요소 공급자의 이윤을 축소시키는 등 이런 과정이 계속해서 반복된다. 조세 증가는 경제 전 분야에 걸쳐 파급효과를 갖게 되며 이런 효과는 즉각적으로 나타나지 않고 장래의 기간에 걸쳐 퍼져 나가거나 분포된다. 그림 9.1에서 보는 것처럼 t기의 한 시점에서 취해진 경제적 행동이나 결정은 t기뿐만 아니라 $t + 1$기, $t + 2$기 등 계속해서 경제에 영향을 미치게 된다.

정리문제 9.1   미국의 실업률 및 GDP 성장률을 도표로 나타내기

그림 9.2(a) 및 (b)에서는 1948년 1분기(1948Q1)부터 2016년 1분기(2016Q1)까지의 미국 분기별 실업률과 미국 GDP 분기별 성장률을 시간에 대해 그래프로 나타내었다. 이와 같은 자료 시리즈들이 시간이 흐름에 따라 어떻게 전

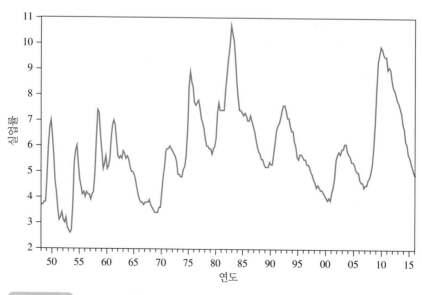

그림 9.2a   1948Q1부터 2016Q1까지 미국 분기별 실업률

개되고, 각 자료 시리즈의 현재값이 과거값과 어떻게 상관되며, 한 시리즈는 다른 시리즈의 현재값 및 과거값과 어떻게 연계되는지를 이해하고자 한다. 변수들의 시간경로, 상관구조, 다른 변수들의 시간경로와의 관계를 설명하는 데 사용할 수 있는 몇 가지 형태의 모형이 있다. 일단 모형을 선택해서 추정하게 되면 장래값을 예측하고 정책을 분석하는 데 사용될 수 있다. 많은 가능한 시계열 모형 중 일부를 소개하고, 자료 시리즈의 현재값과 과거값 사이에 존재하는 상관의 성격을 설명하는 데서부터 이 장을 시작하고자 한다.

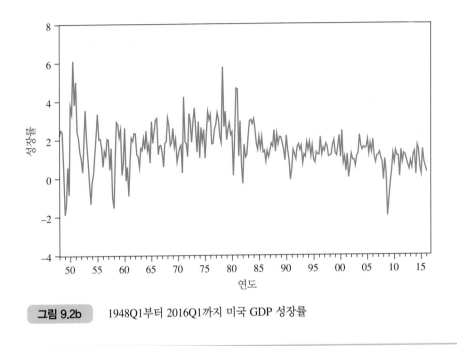

그림 9.2b 1948Q1부터 2016Q1까지 미국 GDP 성장률

9.1.1 동적 관계의 모형화

변수의 현재값이 자신의 과거값과 상관되고, 다른 변수들의 현재값 및 과거값과 관련된다는 의미에서 시계열 변수들이 동태적이라면, 이런 동적 관계의 성격을 어떻게 모형화할지 물어보아야 한다. 이런 시차들은 설명변수의 시차값 (x_{t-1}, x_{t-2}, $\cdots$, x_{t-q}), 종속변수의 시차값 (y_{t-1}, y_{t-2}, $\cdots$, y_{t-p}), 오차항의 시차값 (e_{t-1}, e_{t-2}, $\cdots$, e_{t-s}) 모습으로 나타낼 수 있다. 이 절에서는 이런 종류들의 시차를 도입함으로써 발생하는 많은 시계열 모형을 설명하고 이들의 관계를 살펴볼 것이다.

유한 시차분포 변수 y값은 다른 변수 x의 과거값, 즉 과거로 q기간까지 거슬러 올라가는 값들에 의존한다고 가상하자. 이 모형은 다음과 같이 나타낼 수 있다.

$$y_t = \alpha + \beta_0 x_t + \beta_1 x_{t-1} + \beta_2 x_{t-2} + \cdots + \beta_q x_{t-q} + e_t \tag{9.1}$$

(y_t, x_t)는 현재 기간의 y 및 x에 대한 값을 나타낸다고 생각하자. x_{t-1}은 전기의 x값을 의미하고, x_{t-2}는 두 기간 전의 x값을 의미하는 등이다. 이런 해석을 그림 9.1에서와 같이 해 보자. 현재의 이자율 변화는 현재 및 향후 q기간의 장래 인플레이션에 영향을 미치게 된다는 의미이다. 즉 이자율 변화의 효과

가 경제 전반에 걸쳐 완전하게 작동하는 데는 시간이 걸린다. 이런 시차효과가 존재하기 때문에 식 (9.1)을 시차분포 모형(distributed lag model)이라고 한다. 계수 β_k는 이따금 시차 가중치(lag weight)라고 알려져 있으며, 이들의 수열 β_0, β_1, β_2, …을 시차 양식(lag pattern)이라고 한다. x가 y에 미치는 영향은 유한한 기간 수 q 이후에 중단되기 때문에 이런 모형을 유한 시차분포(finite distributed lag) 모형이라고 한다. 이런 종류의 모형은 예측하거나 정책을 분석하는 데 사용될 수 있다. 예측하는 관점에서 보면, 장래 인플레이션을 예측하기 위해서 과거 이자율에 관한 정보를 사용하는 데 관심을 가질 수 있다. 정책 분석의 관점에서 보면, 중앙은행은 현재 이자율의 변화에 대해 인플레이션이 현재와 장래에 어떻게 반응을 할지에 관심을 가질 수 있다.

식 (9.1)의 기호는 지금까지 일반적으로 사용했던 것과 상이하다. 계수에 대한 아래첨자 기호를 변화시키는 것이 편리하다. 즉 β_s는 x_{t-s}의 계수를 나타내는 데 사용될 수 있고 α는 절편을 나타내기 위해 도입되었다. 다른 설명변수들은 관련될 경우 추가될 수 있으며, 이 경우 이들의 계수를 나타내기 위해 다른 기호들이 필요하다.

유의사항

이 장에서는 회귀 모수에 대해 많은 상이한 그리스어 기호를 사용할 것이다. 이따금 낯선 기호가 있을 수도 있지만 목적은 명확히 하기 위해서이다. ■

자기회귀 모형   자기회귀 모형(autoregressive model) 또는 자기회귀 과정(autoregressive process)은 변수 y가 자신의 과거값들에 의존하는 형태이다. p개의 시차값(y_{t-1}, y_{t-2}, …, y_{t-p})을 갖는 일반적인 식을 p차 자기회귀 모형(과정)이라고 하며, AR(p)로 간략하게 나타낸다. 이를 표기하면 다음과 같다.

$$y_t = \delta + \theta_1 y_{t-1} + \theta_2 y_{t-2} + \cdots + \theta_p y_{t-p} + e_t \tag{9.2}$$

예를 들면, 그림 9.2(a)의 실업률 시리즈 U에 대한 AR(2) 모형은 $U_t = \delta + \theta_1 U_{t-1} + \theta_2 U_{t-2} + e_t$가 될 수 있다. 변수의 시간경로를 설명하고 현재값과 과거값들 사이의 상관을 포괄하기 위해서 AR 모형이 사용될 수 있다. 이들은 일반적으로 예측하기 위해서 사용된다. 장래값을 예측하기 위해서 과거값들이 사용된다.

자기회귀 시차분포 모형   특별한 경우로서 유한 시차분포 모형과 자기회귀 모형 둘 다를 포함하는 보다 일반적인 모형이 다음과 같은 자기회귀 시차분포(autoregressive distributed lag) 모형이다.

$$y_t = \delta + \theta_1 y_{t-1} + \cdots + \theta_p y_{t-p} + \delta_0 x_t + \delta_1 x_{t-1} + \cdots + \delta_q x_{t-q} + e_t \tag{9.3}$$

y의 시차 p, x의 현재값, x의 시차 q를 갖는 위의 모형은 ARDL(p, q) 모형으로 요약하여 표현할 수 있다. 명칭 ARDL의 구성요소 AR은 y의 자신의 시차값들에 대한 회귀에서 비롯되며, 구성요소 DL은 시차가 있는 x들의 시차분포효과에서 비롯된다. 예를 들면, 실업률 U를 경제성장률 G와 연계시킨 ARDL(2,1) 모형은 $U_t = \delta + \theta_1 U_{t-1} + \theta_2 U_{t-2} + \delta_0 G_t + \delta_1 G_{t-1} + e_t$로 나타낼 수 있을 것이다. ARDL 모형은 예측과 정책분석 둘 다에 모두 사용될 수 있다. 절편에 대해서는 아래첨자가 없는 'δ'를 사

용하고, x_{t-s}의 계수에 대해서는 'δ_s'(아래첨자가 있는 δ)를 사용하였다. 이 기호는 약간 생소하지만, ARDL 모형에서 또 다른 그리스 문자의 사용을 피할 수 있다.

무한 시차분포 모형 식 (9.1)을 선택하고 과거, 즉 시차가 있는 x들의 충격이 q기간 후에 중단되지 않고 과거로 무한히 거슬러 올라간다고 가정하면, 다음과 같은 무한 시차분포(infinite distributed lag, IDL) 모형을 생각해 볼 수 있다.

$$y_t = \alpha + \beta_0 x_t + \beta_1 x_{t-1} + \beta_2 x_{t-2} + \beta_3 x_{t-3} + \cdots + e_t \tag{9.4}$$

오래전의 x값들이 y에 대해 계속해서 영향을 미치는지에 대해 의문을 가질 수 있다. 유한 시차분포의 경우 중단점 q를 어떻게 결정할지에 대해서도 알고 싶어 할 수 있다. 이런 어려움으로부터 벗어나는 한 가지 방법은 계수 β_s가 궁극적으로 감소해서 이들의 영향이 오랜 시차가 지난 후에 무시할 정도가 된다고 가정하는 것이다. 이런 결과를 얻을 수 있는 많은 가능한 시차 양식에 대해 가정을 할 수 있다. 예를 들면, 다음과 같은 기하학적으로 감소하는 시차(geometrically declining lag) 양식을 생각해 볼 수 있다.

$$\beta_s = \lambda^s \beta_0, \quad 0 < \lambda < 1, \quad s = 0, 1, 2, \ldots \tag{9.5}$$

그림 9.3은 $\beta_0 = 1$ 및 $\lambda = 0.8$인 경우의 시차양식 도표를 보여준다. 시간적으로 거슬러 올라감에 따라 (s가 증가함에 따라) β_s는 β_0의 점점 더 작은 배수가 된다는 점에 주목하자.

식 (9.5)의 가정을 활용하여 다음과 같이 나타낼 수 있다.

$$y_t = \alpha + \beta_0 x_t + \lambda \beta_0 x_{t-1} + \lambda^2 \beta_0 x_{t-2} + \lambda^3 \beta_0 x_{t-3} + \cdots + e_t \tag{9.6}$$

위의 식을 1기간 만큼 시차를 둘 경우 y_{t-1}에 대한 식을 다음과 같이 나타낼 수 있다.

$$y_{t-1} = \alpha + \beta_0 x_{t-1} + \lambda \beta_0 x_{t-2} + \lambda^2 \beta_0 x_{t-3} + \lambda^3 \beta_0 x_{t-4} + \cdots + e_{t-1}$$

이 식의 양쪽에 λ를 곱하면 다음과 같다.

$$\lambda y_{t-1} = \alpha\lambda + \lambda \beta_0 x_{t-1} + \lambda^2 \beta_0 x_{t-2} + \lambda^3 \beta_0 x_{t-3} + \lambda^4 \beta_0 x_{t-4} + \cdots + \lambda e_{t-1} \tag{9.7}$$

식 (9.6)에서 식 (9.7)을 빼면 다음과 같다.

$$y_t - \lambda y_{t-1} = \alpha(1 - \lambda) + \beta_0 x_t + e_t - \lambda e_{t-1} \tag{9.8}$$

또는 다음과 같아진다.

$$y_t = \delta + \theta y_{t-1} + \beta_0 x_t + v_t \tag{9.9}$$

식 (9.9)가 ARDL 모형으로 인지될 수 있도록 $\delta = \alpha(1-\lambda)$, $\theta = \lambda$, $v_t = e_t - \lambda e_{t-1}$로 대체시켰다. $\beta_s = \lambda^s \beta_0$라고 가정함으로써 IDL 모형을 ARDL(1, 0) 모형으로 전환시킬 수 있다. 식 (9.9)의 오른쪽에 y의 시차 1 및 x의 현재값이 있다. 이는 다른 방향으로도 진행될 수 있음을 나중에 알게 될 것이다.

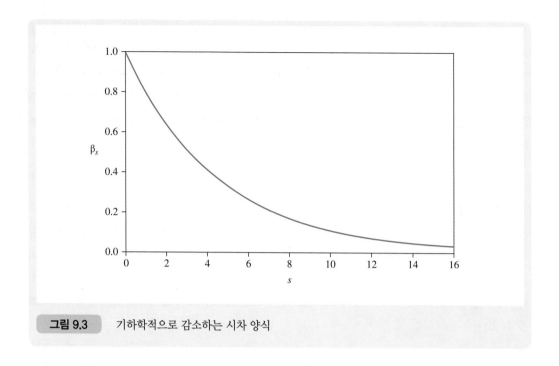

그림 9.3 기하학적으로 감소하는 시차 양식

보다 일반적으로 표현하면 IDL의 시차가 있는 계수들이 궁극적으로 감소하여 무시할 수 있는 수준이 될 경우, ARDL(p, q) 모형은 보다 유연한 IDL 모형으로 전환될 수 있다. ARDL 모형은 예측하는 데 유용하며, IDL 모형은 정책분석을 하는 데 유용한 정보를 제공한다.

자기회귀 오차 모형 시차를 모형에 포함시킬 수 있는 또 다른 방법은 오차항을 통해서이다. 예를 들면, 오차 e_t가 AR(1) 모형 가정을 충족시킬 경우 다음과 같이 나타낼 수 있다.

$$e_t = \rho e_{t-1} + v_t \tag{9.10}$$

여기서 v_t는 상관되지 않는다. 위의 식에 따르면 t기의 무작위 오차는 전기의 무작위 오차에 무작위 요소를 더한 것과 관련된다. 식 (9.2)의 AR 모형과 대조적으로 식 (9.10)에는 절편 모수가 없다. e_t 가 0인 평균을 갖기 때문에 절편이 누락되었다. **AR(1)** 오차 모형은 지금까지 살펴본 어떤 모형에도 추가될 수도 있다. 이것이 갖는 의미를 알아보기 위해서 $e_t = \rho e_{t-1} + v_t$가 모형의 오차항이라고 가상하자.

$$y_t = \alpha + \beta_0 x_t + e_t \tag{9.11}$$

$e_t = \rho e_{t-1} + v_t$를 $y_t = \alpha + \beta_0 x_t + e_t$에 대체시키면 다음과 같아진다.

$$y_t = \alpha + \beta_0 x_t + \rho e_{t-1} + v_t \tag{9.12}$$

회귀식 (9.11)로부터 전기, 즉 $t-1$기의 오차는 다음과 같이 나타낼 수 있다.

$$e_{t-1} = y_{t-1} - \alpha - \beta_0 x_{t-1} \tag{9.13}$$

식 (9.13)의 양쪽에 ρ를 곱하면 다음과 같다.

$$\rho e_{t-1} = \rho y_{t-1} - \rho\alpha - \rho\beta_0 x_{t-1} \tag{9.14}$$

식 (9.14)를 식 (9.12)에 대체시켜서, 이를 재정리하면 다음과 같아진다.

$$\begin{aligned} y_t &= \alpha(1-\rho) + \rho y_{t-1} + \beta_0 x_t - \rho\beta_0 x_{t-1} + v_t \\ &= \delta + \theta y_{t-1} + \beta_0 x_t + \beta_1 x_{t-1} + v_t \end{aligned} \tag{9.15}$$

식 (9.15)의 두 번째 줄에서는, 식 (9.10) 및 (9.11)의 AR(1) 오차 모형을 ARDL(1, 1)로 나타낼 수 있다는 것을 보여주기 위해서 $\delta = \alpha(1-\rho)$, $\theta = \rho$, $\beta_1 = -\rho\beta_0$로 대체시켰다. 식 (9.15)는 한 차례 시차가 있는 y, x의 현재값, 한 차례 시차가 있는 x를 포함하고 있다. 하지만 계수들 중 한 개가 두 개의 다른 계수를 곱한 값에 음의 부호를 추가한 것과 동일하기 때문에, ARDL 모형의 특별한 형태가 된다. 즉 제약 또는 조건인 $\beta_1 = -\theta\beta_0$를 갖는다. 1개를 초과하는 시차를 갖는 자기회귀 오차(autoregressive error) 모형도 또한 ARDL 모형의 특별한 경우로 변환될 수 있다.

요약 및 예견   다양한 방법으로 시차를 포함시킴으로써 변수들 사이의 동태적 관계가 어떻게 모형화되는지를 살펴보았다. 표 9.1은 다양한 모형을 요약해서 보여주고 있다. 대부분의 모형들은 ARDL 모형이나 ARDL 모형의 특별한 경우로 간주될 수 있다는 데 의미가 있다. 하지만 각 모형을 어떻게 해석하고 진행시킬지는 모형이 예측 또는 정책분석에 사용되는지 여부와 각 모형에서 오차항에 관해 어떤 가정을 하는지에 달려 있다. 이 장 전반에 걸쳐 모든 모형에 대해 설정된 한 쌍의 가정은 모형의 변수들이 안정적이며 약하게 의존적이라는 것이다. 이들 두 가지 필요조건을 논의하기에 앞서

표 9.1   안정적 시계열 자료에 대한 동태 모형 개요

자기회귀 시차분포 모형, ARDL(p, q)

$$y_t = \delta + \theta_1 y_{t-1} + \cdots + \theta_p y_{t-p} + \delta_0 x_t + \delta_1 x_{t-1} + \cdots + \delta_q x_{t-q} + e_t \tag{M1}$$

유한 시차분포(FDL) 모형

$$y_t = \alpha + \beta_0 x_t + \beta_1 x_{t-1} + \beta_2 x_{t-2} + \cdots + \beta_q x_{t-q} + e_t \tag{M2}$$

무한 시차분포(IDL) 모형

$$y_t = \alpha + \beta_0 x_t + \beta_1 x_{t-1} + \beta_2 x_{t-2} + \beta_3 x_{t-3} + \cdots + e_t \tag{M3}$$

자기회귀 모형, AR(p)

$$y_t = \delta + \theta_1 y_{t-1} + \theta_2 y_{t-2} + \cdots + \theta_p y_{t-p} + e_t \tag{M4}$$

기하학적으로 감소하는 시차 가중치를 갖는 무한 시차분포 모형

$$\beta_s = \lambda^s \beta_0, \quad 0 < \lambda < 1, \quad y_t = \alpha(1-\lambda) + \lambda y_{t-1} + \beta_0 x_t + e_t - \lambda e_{t-1} \tag{M5}$$

AR(1) 오차를 갖는 단순회귀

$$y_t = \alpha + \beta_0 x_t + e_t, \quad e_t = \rho e_{t-1} + v_t, \quad y_t = \alpha(1-\rho) + \rho y_{t-1} + \beta_0 x_t - \rho\beta_0 x_{t-1} + v_t \tag{M6}$$

계열상관(serial correlation)이라고도 알려진 자기상관(autocorrelation)의 개념에 대해 살펴보는 것이 유용하다.

9.1.2 자기상관

공분산 및 상관 개념은 2개 확률변수 사이의 선형 연관 정도에 관한 것이다. 변수들 사이에 선형 연관성이 없다면 공분산 및 상관 둘 모두 영이 된다. 어느 정도 선형 연관성이 존재할 경우 상관이 선호되는 측정치가 되는데, 그 이유는 이 값이 측정단위로부터 자유로우며 구간 $[-1, 1]$ 사이에 위치하기 때문이다. 반면에 공분산의 크기는 2개 변수의 측정단위에 의존한다. 2개 확률변수, 예를 들면, u 및 v에 대한 상관은 다음과 같이 정의된다.

$$\rho_{uv} = \frac{\text{cov}(u, v)}{\sqrt{\text{var}(u)\,\text{var}(v)}} \tag{9.16}$$

u 및 v가 완전 상관될 경우, $u = c + dv$인 상수 c 및 $d \neq 0$이 존재한다. 여기서 $d > 0$일 때 $\rho_{uv} = 1$이 되며, $d < 0$일 때 $\rho_{uv} = -1$이 된다. u 및 v가 상관되지 않을 경우, $\rho_{uv} = \text{cov}(u, v) = 0$이 된다. ρ_{uv}의 중간값들은 선형 연관성의 정도를 측정한다.

횡단면 자료를 처리할 때 관찰값들의 각 쌍은 다른 관찰값들과 상관되지 않는다고 가정하는 것이 종종 합리적이며, 이것은 무작위 표본추출에 의해 보장되는 특징이다. 다시 말해 $i \neq j$인 경우 $\text{cov}(y_i, y_j) = 0$ 및 $\text{cov}(x_i, x_j) = 0$이라고 가정한다. 시계열 자료의 경우 이런 공분산들이 영이 될 가능성은 낮다. s가 t에 근접해지면 $t \neq s$인 경우 $\text{cov}(y_t, y_s) \neq 0$ 및 $\text{cov}(x_t, x_s) \neq 0$가 거의 확실하다. 그림 9.2(a) 및 (b)를 대충 훑어보자. 실업이 한 분기에서 평균보다 높을 경우, 다음 분기에 평균보다 낮기보다는 다시 평균보다 높을 가능성이 크다. 이는 GDP 성장률에 대해서도 유사하게 적용될 수 있다. 예를 들면, 실업, 생산량 성장, 인플레이션, 이자율과 같은 변수들의 변화는 급격하게보다는 점진적으로 이루어진다. 즉 한 기간의 값은 전기에 이루어진 것에 의존하게 된다. 이는 예를 들어, 현재의 GDP 성장은 전기의 GDP 성장과 상관된다는 것을 의미한다. 연속적인 관찰값들은 상관될 가능성이 높다. 실제로 y_t와 이것의 시차값들 사이에 선형관계가 있는 ARDL 모형에서는 y_t가 자신의 시차값들과 상관되어야만 한다. 이런 종류의 상관을 자기상관이라고 한다. 한 변수가 시간이 흐름에 따라 상관을 보여준 경우, 이를 자기상관되었거나 또는 계열상관되었다고 한다. 이들 두 용어를 상호 교환해서 사용할 것이다.

상관을 보다 정확하게 정의해 보도록 하자. 어떤 변수에 대한 관찰값들의 시계열이 $x_1, x_2, \cdots, x_T$라고 가상하자. 여기서 평균은 $E(x_t) = \mu_X$이며 분산은 $\text{var}(x_t) = \sigma_X^2$이다. μ_X 및 σ_X^2은 시간이 흐름에 따라 변화하지 않는다고 가정한다. 상이한 기간에 관찰된 x들 사이의 상관구조는 한 기간 떨어진 관찰값들 사이의 상관, 두 기간 떨어진 관찰값들 사이의 상관 등으로 설명된다. 식 (9.16)을 x_t와 x_{t-1} 사이의 상관을 측정하는 데 적용할 경우 다음과 같아진다.

$$\rho_1 = \frac{\text{cov}(x_t, x_{t-1})}{\sqrt{\text{var}(x_t)\,\text{var}(x_{t-1})}} = \frac{\text{cov}(x_t, x_{t-1})}{\text{var}(x_t)} \tag{9.17}$$

기호 ρ_1은 한 기간 떨어진 관찰값들 사이의 모집단 상관을 나타내며 1차 모집단 자기상관(population autocorrelation of order 1)이라고도 알려져 있다. 식 (9.17)의 두 번째 등식은 $\text{var}(x_t) = \text{var}(x_{t-1}) = \sigma_X^2$ 이기 때문에 준수된다. 분산은 시간이 흐름에 따라 변하지 않는다고 가정하였다. s기간 떨어진 관찰값들에 대한 모집단 자기상관은 다음과 같다.

$$\rho_s = \frac{\text{cov}(x_t, x_{t-s})}{\text{var}(x_t)} \qquad s = 1, 2, \ldots \tag{9.18}$$

표본 자기상관　식 (9.17) 및 (9.18)에 명시된 모집단 자기상관은 영원히 지속되는, 즉 무한한 과거에서 시작해서 무한한 장래로 계속되는 개념상의 시계열 관찰값들, $\cdots, x_{-2}, x_{-1}, x_0, x_1, x_2, \cdots$와 관련된다. 표본 자기상관(sample autocorrelation)은 모집단 자기상관을 구하기 위해서 유한한 기간 동안의 표본 관찰값들 $x_1, x_2, \cdots, x_T$를 사용하여 구하게 된다. ρ_1을 추정하기 위해서 다음 식을 사용한다.

$$\widehat{\text{cov}}(x_t, x_{t-1}) = \frac{1}{T-1} \sum_{t=2}^{T} (x_t - \bar{x})(x_{t-1} - \bar{x}) \quad \text{및} \quad \widehat{\text{var}}(x_t) = \frac{1}{T-1} \sum_{t=1}^{T} (x_t - \bar{x})^2$$

여기서 $\bar{x}$는 표본 평균 $\bar{x} = T^{-1} \sum_{t=1}^{T} x_t$이다. $\widehat{\text{cov}}(x_t, x_{t-1})$에 대한 공식에서 합산지수는 x_0를 관찰하지 못하기 때문에 $t = 2$에서 시작된다. 대체를 하고 시차 1에서의 표본 자기상관을 의미하는 r_1을 활용하면 다음과 같이 나타낼 수 있다.

$$r_1 = \frac{\sum_{t=2}^{T} (x_t - \bar{x})(x_{t-1} - \bar{x})}{\sum_{t=1}^{T} (x_t - \bar{x})^2} \tag{9.19}$$

보다 일반적으로 표현하면, s기간 떨어진 관찰값들 사이의 상관(x_t와 x_{t-s} 사이의 상관)을 구할 수 있는 시리즈 x에 대한 s차 표본 자기상관(s-order sample autocorrelation)은 다음과 같다.

$$r_s = \frac{\sum_{t=s+1}^{T} (x_t - \bar{x})(x_{t-s} - \bar{x})}{\sum_{t=1}^{T} (x_t - \bar{x})^2} \tag{9.20}$$

위의 공식은 문헌 및 소프트웨어에서 일반적으로 사용되며 이 책에서 자기상관을 계산하기 위해서 사용하는 것이다. 하지만 이따금 사용되는 이 공식의 변형에 대해 살펴보는 것은 가치가 있다. 분자를 계산하기 위해서 $(T-s)$개 관찰값들이 사용되고 분모를 계산하기 위해서 T개 관찰값이 사용되기 때문에, 유한표본에서 보다 큰 관찰값으로 이어지는 대안적인 방법은 다음과 같다.

$$r_s' = \frac{\frac{1}{T-s} \sum_{t=s+1}^{T} (x_t - \bar{x})(x_{t-s} - \bar{x})}{\frac{1}{T} \sum_{t=1}^{T} (x_t - \bar{x})^2}$$

유사한 효과를 갖는 식 (9.20)의 또 다른 수정식은 분모에서 $(T-s)$개 관찰값만을 사용하는 것이므로 분모는 $\sum_{t=s+1}^{T}(x_i-\bar{x})^2$이 된다. 여러분의 소프트웨어가 어느 것을 사용하는지 알아보기 위해서 이 책을 활용하여 계산 매뉴얼을 점검해 보자.

자기상관의 유의성 검정 표본 자기상관이 영과 유의하게 상이한지 여부를 검정하는 것은 종종 유용하다. 즉 대립가설 $H_1 : \rho_s \neq 0$에 대한 $H_0 : \rho_s = 0$의 검정을 시행하는 것이다. 이런 종류의 검정은 모형을 세우고 식의 오차들이 계열 상관되는지 여부를 점검하는 데 유용하다. 이 검정에 대한 검정 통계량은 상대적으로 단순하다. 귀무가설 $H_0 : \rho_s = 0$이 참인 경우 r_s는 평균이 영이고 분산이 $1/T$인 대략적인 정규분포를 한다. 따라서 적합한 검정 통계량은 다음과 같다.

$$Z = \frac{r_s - 0}{\sqrt{1/T}} = \sqrt{T}r_s \overset{a}{\sim} N(0,1) \tag{9.21}$$

표본크기의 제곱근과 표본 자기상관 r_s의 곱은 대략적인 표본 정규분포로 한다. $\sqrt{T}r_s \geq 1.96$ 또는 $\sqrt{T}r_s \leq -1.96$인 경우 5% 유의수준에서 $H_0 : \rho_s = 0$을 기각한다.

상관도표 자기상관의 유의성을 평가하는 데 유용한 방안은 상관도표(correlogram)라고 하는 도식적인 설명방법이다. 표본 자기상관 함수(sample autocorrelation function)라고도 하는 상관도표는 연속적인 자기상관 r_1, r_2, r_3, …을 보여준다. 이것은 한 기간 떨어진 관찰값들 사이의 상관, 두 기간 떨어진 관찰값들 사이의 상관, 세 기간 떨어진 관찰값들 사이의 상관 등을 보여준다. $\sqrt{T}r_s \geq 1.96$이거나 $\sqrt{T}r_s \leq -1.96$인 경우 자기상관 r_s가 5% 유의수준에서 영과 유의하게 상이하다고 본다. 이를 달리 표현하면 $r_s \geq 1.96/\sqrt{T}$이거나 또는 $r_s \leq -1.96/\sqrt{T}$인 경우 r_s가 영과 유의하게 상이하다고 말할 수 있다. 상관도표의 표시방법은 전형적으로 자기상관의 크기를 나타내는 막대 형태 또는 물결 형태를 하며, $\pm 2/\sqrt{T}$에서 유의한 한계선을 대략적으로 그릴 수 있다. 이를 통해 계량경제학자는 어느 상관이 유의한지 일견하여 알 수 있다.

🐘 **정리문제 9.2**   실업률에 대한 표본 자기상관

미국 실업률에 대한 분기별 자료 시리즈를 생각해 보자. 살펴보고자 하는 시리즈에는 1948년 1분기부터 2016년 1분기까지 총 273개 관찰값들이 있다. 이 시리즈에 대한 처음 4개 표본 자기상관을 식 (9.20)에 기초하여 계산하면 $r_1 = 0.967$, $r_2 = 0.898$, $r_3 = 0.811$, $r_4 = 0.721$이 된다. $r_1 = 0.967$이 의미하는 바는 실업의 연속적인 값들이 매우 높게 상관되어 있다는 것이다. $r_4 = 0.721$에 기초할 경우,

4분기 떨어진 관찰값들조차도 높게 상관되어 있다는 것을 알 수 있다. 그림 9.4는 처음 24개 시차에 대한 실업률의 상관도표를 보여주고 있다. 막대의 높이는 상관을 나타낸다. $2/\sqrt{273} = 0.121$에서 그은 수평선은 양의 자기상관에 대한 유의성 한계이다. 모든 자기상관들은 양이므로 음의 한계인 -0.121이 그래프에 포함되지 않았다. 자기상관은 점진적인 감소 형태를 보여주지만 시차 19까지는 영과 유

의하게 상이하다. 시차 19를 넘어가면 통계적으로 유의하지 않다. 이 장을 더 공부하다 보면 자기상관 추정값이 모형을 설정하는 데 중요하며, 가정들 중 한 개가 위배되었는지 여부를 점검해 준다는 사실을 알게 될 것이다.

소프트웨어에 따라서는 그림 9.4에 있는 상관도표와 정확하게 같은 도표를 제공해 주지 않을 수 있다. 어떤 도표에는 x축에 상관, y축에 시차가 기재될 수 있다. 상관을 나타내는 막대 대신에 다른 기호를 사용할 수도 있으며 많은 추가 정보를 제공할 수도 있다. 또한 유의성 한계가 현재의 것과 약간 상이할 수 있다. 그림 9.4에 있는 정보들에 상응하는 것을 분리해서 집중적으로 살펴보고, 분석결과가 약간 다르지 실제적으로 상이하지 않다면 당황할 필요가 없다. 유의성 한계가 약간 상이하다면, 대표본 어림셈 $\sqrt{T}r_s \overset{a}{\sim} N(0, 1)$을 약간 다르게 정교화했기 때문이다.

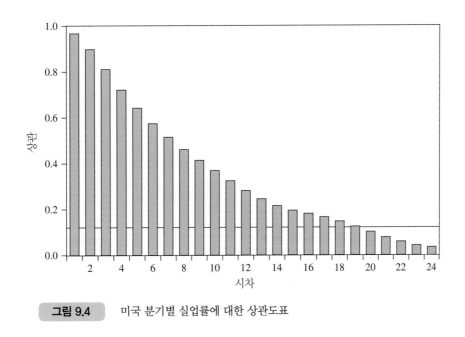

그림 9.4   미국 분기별 실업률에 대한 상관도표

🔄 **정리문제 9.3**   GDP 성장률에 대한 표본 자기상관

표본 자기상관과 관련된 상관도표의 두 번째 예로서 미국 GDP 성장률의 분기별 자료를 생각해 보자. 이 경우 처음 4개 표본 자기상관은 $r_1 = 0.507$, $r_2 = 0.369$, $r_3 = 0.149$, $r_4 = 0.085$이다. 48개 시차까지에 대한 상관도표는 그림 9.5에 있다. 이들 상관은 실업 시리즈에 대한 것보다 훨씬 더 작다. 상관이 보다 긴 시차에서는 유의성과 비유의성 사이를 넘나든다는 면에서 외관상 기묘한 경향이 관찰된다. 이는 복잡한 구조로 어쩌면 경기변동에서 비롯된다고 볼 수 있다.

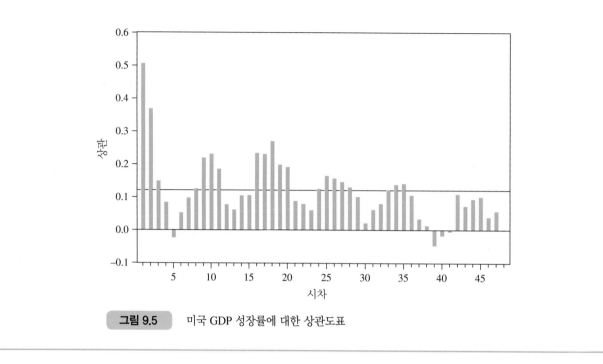

그림 9.5 미국 GDP 성장률에 대한 상관도표

9.2 안정성 및 약 의존성

이 장 전반에 걸쳐 유지되는 중대한 가정은 우리가 상정한 식에 있는 변수들이 안정적(stationary)이라고 보는 것이다. 안정적인 변수들은 시간이 흐르더라도 변하지 않는 평균 및 분산, 그리고 특정 시점이 아니라 관찰값들이 시간적으로 얼마나 멀리 떨어져 있느냐에만 의존하는 자기상관을 갖는다. 명확히 표현하면, 식 (9.18)의 자기상관은 기간 s 사이의 시간에 의존하지, 실제 시점 t에는 의존하지 않는다. 9.1.2절의 논의에서는 x_t가 안정적이라고 묵시적으로 본다. 이것의 평균 μ_X, 분산 σ_X^2, 자기상관 ρ_s는 상이한 t에 대해 상이하지 않다고 가정하였다. 정리문제 9.2 및 9.3에서 실업률 및 성장률에 대한 자기상관들은 둘 다 안정적이라는 가정하에서 계산되었다. 계열 자료가 안정적이라고 말하는 것은 상이한 시기의 관찰기회에 상응하는 상이한 관찰값 부분집합을 취해서 추정하기 위해 이를 사용할 경우, 동일한 모집단 분량, 동일한 평균 μ, 동일한 분산 σ^2, 동일한 자기상관 ρ_1, ρ_2, ρ_3, …을 추정하게 된다는 의미이다.

시계열 자료를 활용하여 관계를 추정하려 할 때 해야 하는 첫 번째 작업은, 해당 자료의 성격을 파악하고 불안정성을 보이는지 여부를 알아보기 위해서 그림 9.2(a) 및 (b)에서 했던 것처럼 변수들의 관찰값들을 도표로 나타내 보는 것이다. 이밖에 단위근 검정(unit root test)이라고 알려진 정식의 검정을 시행해서도 불안정성을 파악해 볼 수 있다. 불안정한 변수를 갖고 추정을 하기 위한 이런 검정 및 전략은 제12장에서 살펴볼 것이다. 불안정성에 대한 점검은 반드시 필요한 첫 번째 단계이므로, 일부 독자들은 안정적인 변수들을 갖고 추정하며 예측하는 현재의 범위를 넘어서 제12장에서 다루게 될 단위근 검정으로 잠시 건너뛰기를 원할 수도 있을지 모르겠다. 지금 당장은 안정적인 변수란 폭발적으로 증가하지 않거나, 추세를 갖지 않거나, 평균으로 회귀하지 않으면서 목표 없이 종잡을 수 없게 이리저리 변하지 않는 변수라고만 하자. 이런 특징들은 도표를 활용하여 설명될 수 있다. 그림 9.6(a–c)는 3개의 상이한 변수들에 대해 시뮬레이션한 관찰값들을 시간에 대해 도표로 나타낸 그래프들이다. 이런 종류의 도표는 시계열 변수들을 검토할 때 일상적으로 고려해 보는 것들이다. 그림 9.6(a)의 변수 y는 이리저리 변하지 않거나 또는 추세를 갖지 않으면서 일정한 평균 근처에서 변동하는 경향이 있기 때문에 안정적이라고 생각된다. 반면에 그림 9.6(b)와 (c)에 있는 x 및 z는 불안정한 변수의 특징을 갖고 있다. 그림 9.6(b)에서 x는 종잡을 수 없게 이리저리 변하는 경향을 보이거나 또는 '서서히 선회'하는 반면에, 그림 9.6(c)는 추세를 보이고 있다. 이런 개념들은 제12장에서 보다 정확하게 정의할 것이다. 현재로서 기억해야 할 중요한 사항은 이 장에서 시계열 자료가 y와 유사한 특성을 갖는 안정적인 변수들 사이의 동태적인 관계를 모형화하고 추정하는 데 관심을 갖고 있다는 것이다. 즉 안정적인 변수들은 '이리저리 변하지도' 않고 '추세를 갖지도' 않는다.

　변수들이 안정적이라고 가정하는 이외에, 이 장에서는 변수들이 약하게 의존적(weakly dependent)이라고도 가정할 것이다. 약 의존성(weak dependence)이 의미하는 바는 $s \to \infty$함에 따라(관찰값들이 시간적으로 점점 더 멀리 떨어짐에 따라) 거의 독립적이 된다는 것이다. s가 충분히 커질 경우 자기상관 ρ_s는 무시할 정도가 된다. 상관된 시계열 변수를 사용할 때, 최소제곱 추정량이 바람직한 대표본 특성을 갖기 위해서는 약 의존성이 필요하다. 일반적으로 안정적인 변수들은 약 의존성을 갖는다. 하

🔍 정리문제 9.4　　실업 시리즈 및 성장률 시리즈는 안정적이고 약하게 의존적인가?

실업 시리즈 및 성장률 시리즈의 안정성(stationarity)에 대한 정식조사는 제12장에서 단위근을 검토할 때까지 뒤로 미룬다. 하지만 이들 두 시리즈의 그림과 상관도표로부터 어떤 임시적인 결론을 도출해 낼 수 있는지 검토해 보는 것은 유용하다. 그림 9.2(a)에 있는 실업에 대한 도표를 검토해 보면, 그것은 그림 9.6(a)보다 그림 9.6(b)에 더 유사하도록 하는 특성을 갖고 있음을 암시한다. 따라서 도표에만 기초할 경우 실업률은 불안정적이라고 결론을 내리게 할 수도 있다. 단위근 검정은 불안정성이란 귀무가설을 기각하는 것으로 판명하였고, 이는 시리즈들이 안정적인 것으로 취급될 수 있다는 점을 시사한다. 하지만 매우 높은 자기상관은 그림 9.2(a)에서 보여준 왔다 갔다 하는 특성으로 이어졌다. 시리즈들이 약하게 의존적이라고 시사하는 증거가 있는가? 대답은 '그렇다'이다. 그림 9.4에 있는 상관도표의 자기상관은 보다 길어진 시차에서 점점 더 작아지고 궁극적으로 $r_{24} = 0.035$로 희미해진다. 24보다 큰 시차를 생각할 경우, $r_{36} = 0.008$이 된다.

　GDP 성장률 시리즈로 눈을 돌리면, 그림 9.2(b)에 있는 도표가 그림 9.6(a)의 특성과 유사한 것을 갖고 있다는 사실에 주목하게 된다. 이를 통해 해당 시리즈가 안정적이라고 임시로 결론을 내릴 수 있게 한다. GDP 성장률은 한 분기에서 다음 분기로 이동할 경우 위로 아래로 이동하지만, 오랜 기간 동안 계속해서 상승하거나 하락하지 않는다. 짧은 기간 내에 중앙 또는 평균으로 되돌아온다. 그림 9.5의 상관도표는 긴 시차에서 일부 유의한 상관을 갖지만 크지는 않다. 그림 9.5에서 보는 시차를 초과한 자기상관을 검토할 경우, 매우 급속하게 사라져서 해당 시리즈가 약하게 의존적이라고 결론 내리게 한다.

　실업률 및 성장률이 안정적이며 약하게 의존적이라는 사실을 알았다는 것이 의미하는 바는, 안정적인 변수를 갖는 시계열 회귀 모형들에 전적으로 집중하는 이 장에서 이들을 실례로 계속 사용할 수 있다는 것이다. 제12장에서 살펴보게 될 공적분이라고 알려진 특별한 경우를 제외하고 시계열 회귀의 변수들은, 최소제곱 추정량이 일치하기 위해서는 안정적이며 약하게 의존적이어야 한다.

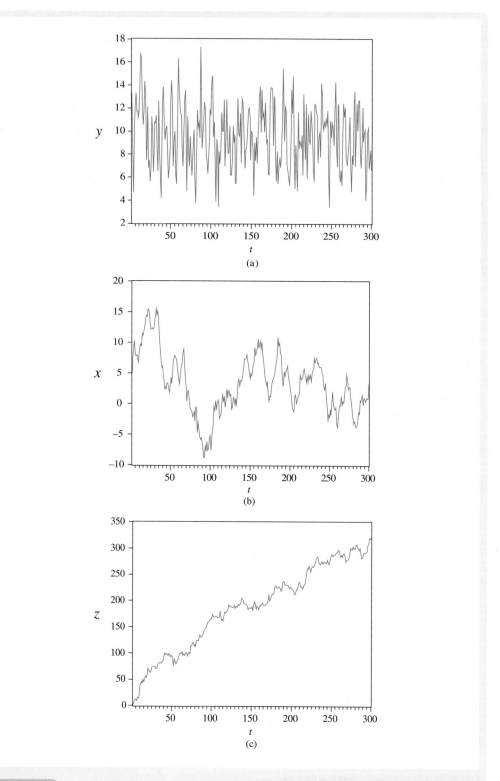

그림 9.6 (a) 안정적인 변수의 시계열 자료 (b) '서서히 선회하거나' 또는 '종잡을 수 없게 이리저리 변하는' 불안정한 변수의 시계열 자료 (c) '추세를 갖는' 불안정한 변수의 시계열 자료

지만 드물게 예외가 있을 수 있다.

9.3 예측하기

경제변수들의 값을 예측하는 일은 기업, 은행, 정부, 개인을 포함한 많은 기관들의 주요한 업무이다. 정확한 예측은 정부 경제정책, 투자 전략, 소매업체에 대한 물품의 공급, 일상생활에 영향을 미치는 것들의 규모에 대한 의사결정을 할 때 중요하다. 예측의 중요성으로 인해서 예측의 다양한 면, 즉 예측 방법 및 모형, 예측을 평가하는 방법 및 이들의 신뢰성, 실제 사례에 집중한 저서 및 학습과정이 존재한다는 사실을 알게 될 것이다. 이 절에서는 두 가지 모형, 즉 AR 모형 및 ARDL 모형을 사용하여 예측을 고찰해 볼 것이다. 우리는 단기 예측(short-term forecasting), 즉 일반적으로 향후 3기간까지의 예측에 초점을 맞출 것이다.

ARDL 모형의 틀 내에서 예측 문제를 소개하기 위해, 다음과 같은 ARDL(2,2) 모형이 주어졌다고 가상하자.

$$y_t = \delta + \theta_1 y_{t-1} + \theta_2 y_{t-2} + \delta_1 x_{t-1} + \delta_2 x_{t-2} + e_t \tag{9.22}$$

y 및 x에 대한 시차 수를 선택하는 기준에 대해서는 9.3.3절 및 9.4절에서 논의할 것이다. 지금은 각각 2개의 시차를 사용하여 예측 문제와 관련된 필수적인 특징을 설명할 것이다. 식 (9.22)와 (9.3)을 간단히 비교해 보면 약간의 차이가 있음을 알 수 있다. 식 (9.22)에서는 $\delta_0 x_t$항이 누락되었다. 그 이유를 알아보기 위해서, 표본 관찰값 $\{(y_t, x_t), t = 1, 2, \cdots, T\}$를 갖고 있으며 식 (9.22)로부터 다음과 같이 주어진 y_{T+1}을 예측하고자 한다고 가상하자.

$$y_{T+1} = \delta + \theta_1 y_T + \theta_2 y_{T-1} + \delta_1 x_T + \delta_2 x_{T-1} + e_{T+1} \tag{9.23}$$

식 (9.22)에 $\delta_0 x_t$를 포함시킨다는 것은 식 (9.23)에 $\delta_0 x_{T+1}$을 포함시킨다는 의미이다. 장래값 x_{T+1}이 알려진 경우 이를 포함시키는 것이 바람직하지만, 발생할 확률이 더 높은 상황은 예측을 하는 T기에 y_{T+1} 및 x_{T+1} 둘 다 관찰되지 않는다는 것이다. 따라서 식 (9.22)에서 x_t를 누락시키는 것이 보다 실제적인 선택이다.

t기에 y 및 x에 대한 모든 현재 및 과거 관찰값의 정보집합을 다음과 같이 정의하자.

$$I_t = \{y_t, y_{t-1}, \ldots, x_t, x_{t-1}, \ldots\} \tag{9.24}$$

표본 기간 말에 위치하며 y_T 및 x_T를 관찰하였다고 할 경우, 한 기간 앞선 예측 문제는 T기에서의 정보 $I_T = \{y_T, y_{T-1}, \cdots, x_T, x_{T-1}, \cdots\}$에 조건부로 또는 이 정보가 주어졌다고 보고 예측값 $\hat{y}_{T+1}$을 구하는 것이다. 모수 $(\delta, \theta_1, \theta_2, \delta_1, \delta_2)$가 알려진 경우, 조건부 평균 제곱 예측오차(forecast error) $E[(\hat{y}_{T+1} - y_{T+1})^2 | I_T]$를 최소화한다는 의미에서의 최선의 예측은 조건부 기댓값 $\hat{y}_{T+1} = E(y_{T+1} | I_T)$이다. 식 (9.23)의 ARDL(2, 2) 모형에 대해 이것이 의미하는 바를 검토하고 나중에 모수의 추정에 관해 논의할 것이다. y의 2개 시차와 x의 2개 시차만이 관련된다고, 즉 최선의 예측을 제공한다고 믿는 경우 다음과 같이 가정을 한다.

$$E(y_{T+1}|I_T) = E(y_{T+1}|y_T, y_{T-1}, x_T, x_{T-1})$$
$$= \delta + \theta_1 y_T + \theta_2 y_{T-1} + \delta_1 x_T + \delta_2 x_{T-1} \qquad (9.25)$$

2개 조건부 기댓값 사이의 차이에 주목해 보자. 즉 $E(y_{T+1}|I_T)$는 모든 과거 관찰값들을 조건부로 하지만, $E(y_{T+1}|y_T, y_{T-1}, x_T, x_{T-1})$은 가장 최근의 2개 관찰값만을 조건부로 한다. ARDL(2, 2) 모형을 채택함으로써, y_{T+1}을 예측하는 데 과거 2개 기간을 초과하는 관찰값들은 가장 최근의 2개 관찰값에 포함된 것과 비교하여 어떠한 추가적인 정보도 제공하지 못한다고 가정하게 된다. 이밖에 식 (9.25)의 결과가 준수되려면 다음 조건이 충족되어야 한다.

$$E(e_{T+1}|\dot{I}_T) = 0 \qquad (9.26)$$

두 기간 그리고 세 기간 앞선 예측의 경우 이들에 대한 최선의 예측은 각각 다음과 같다.

$$\hat{y}_{T+2} = E(y_{T+2}|I_T) = \delta + \theta_1 E(y_{T+1}|I_T) + \theta_2 y_T + \delta_1 E(x_{T+1}|I_T) + \delta_2 x_T$$
$$\hat{y}_{T+3} = E(y_{T+3}|I_T) = \delta + \theta_1 E(y_{T+2}|I_T) + \theta_2 E(y_{T+1}|I_T) + \delta_1 E(x_{T+2}|I_T) + \delta_2 E(x_{T+1}|I_T)$$

이들 2개 예측을 하기 위해서 추가적인 조건이 필요하다는 점에 주목하자. $E(y_{T+2}|I_T)$, $E(y_{T+1}|I_T)$, $E(x_{T+2}|I_T)$, $E(x_{T+1}|I_T)$를 알아야 한다. 이전 기간들의 예측으로부터 쉽사리 알 수 있는 $E(y_{T+2}|I_T)$ 및 $E(y_{T+1}|I_T)$의 추정값은 갖고 있지만, $E(x_{T+2}|I_T)$ 및 $E(x_{T+1}|I_T)$는 추가적인 정보가 필요하다. 이 정보는 독립적인 예측으로부터 구할 수 있거나, 또는 이를테면 x의 향후 두 개 장래값이 $\hat{x}_{T+1}$ 및 $\hat{x}_{T+2}$라면 y_{T+2} 및 y_{T+3}에 대한 점 예측값과 구간 예측값은 어떻게 될 것인가와 같은 만일에 이렇다면 어떻게 될 것인가라는 종류의 질문에 관심을 가져야 할 수도 있다. 모형이 x요소가 없는 순수한 자기회귀 형태라면 문제는 발생하지 않는다. 앞으로 먼저 순수한 AR 모형을 사용하는 사례를 살펴보고 나서, 1개 시차가 있는 x를 갖는 모형을 검토해 볼 것이다. 이들은 모두 식 (9.22)의 특별한 경우이다. 식 (9.26)과 다른 가정들에 관한 논의는 사례를 살펴본 후까지 뒤로 미루어 둘 것이다.

🔎 정리문제 9.5   AR(2) 모형을 활용한 실업률 예측하기

예측하는 데 AR 모형을 어떻게 사용하는지 설명하기 위해서 미국 실업률 U에 대한 다음과 같은 AR(2) 모형을 생각해 보자.

$$U_t = \delta + \theta_1 U_{t-1} + \theta_2 U_{t-2} + e_t \qquad (9.27)$$

목표는 향후 3개 분기, 즉 2016Q2, 2016Q3, 2016Q4의 실업률을 예측하기 위해서 2016Q1을 포함한 그때까지의 관찰값을 사용하는 것이다. t기의 정보집합은 $I_t = \{U_t, U_{t-1}, \cdots\}$이다. 2016Q1을 관찰했을 때의 그것은 $I_{2016Q1} = \{U_{2016Q1}, U_{2015Q4}, \cdots\}$이다. 식 (9.26)이 준수된다고 가

정하며, 이를 어떤 시기의 일반적인 형태로 표현하면 $E(e_t|I_{t-1}) = 0$으로 나타낼 수 있다. 현재의 오차를 예측하는 데 과거의 실업률을 사용할 수 없다. 이런 체제를 갖고 2016년 나머지 분기들에 대한 예측식은 다음과 같이 나타낼 수 있다.

$$\hat{U}_{2016Q2} = E(U_{2016Q2}|I_{2016Q1}) = \delta + \theta_1 U_{2016Q1} + \theta_2 U_{2015Q4} \qquad (9.28)$$

$$\hat{U}_{2016Q3} = E(U_{2016Q3}|I_{2016Q1})$$
$$= \delta + \theta_1 E(U_{2016Q2}|I_{2016Q1}) + \theta_2 U_{2016Q1} \qquad (9.29)$$

$$\hat{U}_{2016Q4} = E(U_{2016Q4}|I_{2016Q1})$$
$$= \delta + \theta_1 E(U_{2016Q3}|I_{2016Q1}) + \theta_2 E(U_{2016Q2}|I_{2016Q1})$$
$$(9.30)$$

위의 식들은 모두 알지 못하는 모수 $(\delta, \theta_1, \theta_2)$에 의존하기 때문에, 계속 진행하기에 앞서 이 모수들을 추정해야 한다. AR(2) 모형의 추정은 잠시 미루어 두기로 하자.

실업률에 대한 AR(2) 모형의 OLS 추정 가정 $E(e_t|I_{t-1}) = 0$은 $(\delta, \theta_1, \theta_2)$에 대한 OLS 추정량이 일치하는 데 충분하다. OLS 추정량이 불편하지는 않지만, 일치성으로 인해 대표본 정당성이 부여된다. $E(e_t|I_{t-1}) = 0$이 강 외생성 가정보다 약하다고 당연히 생각한다. 일반적인 ARDL 모형에서 이것은 모든 $s > 0$에 대해 $\text{cov}(e_t, y_{t-s}) = 0$ 및 $\text{cov}(e_t, x_{t-s}) = 0$이라는 것을 의미하지만, $s > 0$에 대해 장래값 y_{t+s} 및 x_{t+s}가 e_t와 상관되지 못하게 하지는 않는다. 식 (9.27)의 모형은 $U_{t-1} = x_{t1}$, $U_{t-2} = x_{t2}$라 할 경우 제5장 및 제6장의 다중회귀 모형과 동일한 방법으로 취급될 수 있다. 시차가 있는 2개의 '종속변수'는 2개의 상이한 설명변수로 취급될 수 있다. 한 가지 차이점은 시차가 있는 2개 변수로 인해 2개 관찰값을 상실하게 된다는 점이다. $T = 273$개 관찰값을 갖는 대신에 추정하는 데 단지 $T-2 = 271$개만을 가용할 수 있다. 실제적인 관점에서 볼 때 이런 변화는 우려의 대상이 되지 않는다. 여러분이 사용하는 소프트웨어가 필요한 조정을 해 줄 것이다. 그럼에도 불구하고 시차가 있는 변수가 어떻게 정의되며 이들의 관찰값들이 추정절차에 어떻게 입력되는지 완전하게 알아보는 것은 유용하다. 표 9.2는 관찰값들이 스프레드시트에 기입되는 형태로 이들을 별개의 변수로 포함하고 있다. 관찰값들에 어떻게 시차가 주어지며, U_{t-1}일 때 어떻게 1개 관찰값이 상실되고 U_{t-2}일 때 어떻게 2개 관찰값이 상실되는지 주목해 보자.

표 9.2의 관찰값들을 사용하여 식 (9.27)의 모형에 대한 OLS 추정값을 구하면 다음과 같다.

$$\hat{U}_t = 0.2885 + 1.6128 U_{t-1} - 0.6621 U_{t-2} \qquad \hat{\sigma} = 0.2947$$
$$\text{(se)} \quad (0.0666) \quad (0.0457) \qquad (0.0456) \tag{9.31}$$

위 식의 표준오차는 제2장 및 제5장에서 살펴본 관례적인 최소제곱 표준오차이다. 이들 표준오차와 추정값 $\hat{\sigma} = 0.2947$은 조건부 동분산 가정 $\text{var}(e_t|U_{t-1}, U_{t-2}) = \sigma^2$하에서 타당할 것이다. 이밖에 대표

표 9.2 AR(2) 모형에 대한 관찰값들의 스프레드시트

t	분기	U_t	U_{t-1}	U_{t-2}
1	1948Q1	3.7	•	•
2	1948Q2	3.7	3.7	•
3	1948Q3	3.8	3.7	3.7
4	1948Q4	3.8	3.8	3.7
5	1949Q1	4.7	3.8	3.8
⋮	⋮	⋮	⋮	⋮
271	2015Q3	5.2	5.4	5.6
272	2015Q4	5.0	5.2	5.4
273	2016Q1	4.9	5.0	5.2

본에서 통상적인 t-통계량 및 F-통계량은 가설을 검정하거나 (δ, θ_1, θ_2)에 대한 구간 추정값을 구하는 데 효과적이다. 제2장 및 제5장에서 한 가정, 즉 오차들이 계열상관되지 않는다는 가정에 상응하는 가정이 필요할지에 대해서도 생각해 볼 수 있다. 이미 설정된 가정들 중 하나인 $E(U_t|I_{t-1}) = \delta + \theta_1 U_{t-1} + \theta_2 U_{t-2}$는 오차가 상관되지 않는다는 것을 의미한다는 점을 설명할 수 있다.

실업률 예측 AR(2) 모형을 추정하고 나서 이제는 이를 활용하여 예측을 해야 하는 입장에 있다. 가장 최근의 2개 분기에 대한 실업률이 $U_{2016Q1} = 4.9$ 및 $U_{2015Q4} = 5$라는 사실을 알고 나서 식 (9.28)과 (9.31)의 추정값을 이용하여 구한 U_{2016Q2}에 대한 예측은 다음과 같다. 반올림에 따른 오차를 낮추기 위해서 소수점 다섯째 자리까지의 계수 추정값을 사용할 것이다.

$$\begin{aligned}
\hat{U}_{2016Q2} &= \hat{\delta} + \hat{\theta}_1 U_{2016Q1} + \hat{\theta}_2 U_{2015Q4} \\
&= 0.28852 + 1.61282 \times 4.9 - 0.66209 \times 5 \\
&= 4.8809
\end{aligned} \tag{9.32}$$

2분기 앞선 예측을 하면 다음과 같다.

$$\begin{aligned}
\hat{U}_{2016Q3} &= \hat{\delta} + \hat{\theta}_1 \hat{U}_{2016Q2} + \hat{\theta}_2 U_{2016Q1} \\
&= 0.28852 + 1.61282 \times 4.8809 - 0.66209 \times 4.9 \\
&= 4.9163
\end{aligned} \tag{9.33}$$

예측값 $\hat{U}_{2016Q2}$ 및 $\hat{U}_{2016Q3}$를 구하는 방법상 중요한 차이가 있다. U에 대한 과거의 관찰값만을 사용하여 $\hat{U}_{2016Q2}$를 계산하는 것이 가능하다. 하지만 U_{2016Q3}는 2016Q1에는 관찰되지 않는 U_{2016Q2}에 의존한다. 이 문제를 극복하기 위해 식 (9.33)의 오른쪽에서 U_{2016Q2}를 예측값인 $\hat{U}_{2016Q2}$로 대체해 보자. U_{2016Q4}를 예측하기 위해서는 해당 식의 오른쪽에 U_{2016Q3} 및 U_{2016Q2} 둘 다에 대한 예측값이 필요하다. 명시적으로 나타내면 다음과 같다.

$$\begin{aligned}
\hat{U}_{2016Q4} &= \hat{\delta} + \hat{\theta}_1 \hat{U}_{2016Q3} + \hat{\theta}_2 \hat{U}_{2016Q2} \\
&= 0.28852 + 1.61282 \times 4.9163 - 0.66209 \times 4.8809 \\
&= 4.986
\end{aligned} \tag{9.34}$$

2016Q2, 2016Q3, 2016Q4에 대한 예측 실업률은 각각 대략 4.88%, 4.92%, 4.99%이다.

9.3.1 예측구간과 표준오차

우리는 일반적으로 점 예측뿐만 아니라, 장래값이 속할지도 모른다고 생각되는 범위를 알려주며 점 예측의 신뢰성을 보여주는 구간 예측에도 관심을 갖는다. 예측구간을 어떻게 구하는지 알아보기 위해서 보다 일반적인 ARDL(2, 2) 모형을 다시 한 번 살펴보도록 하자.

$$y_t = \delta + \theta_1 y_{t-1} + \theta_2 y_{t-2} + \delta_1 x_{t-1} + \delta_2 x_{t-2} + e_t$$

그리고 한 기간, 두 기간, 세 기간 앞선 예측값들에 대한 예측오차를 검토해 보자. 한 기간 앞선 예측
오차 f_1은 다음과 같다.

$$f_1 = y_{T+1} - \hat{y}_{T+1} = \left(\delta - \hat{\delta}\right) + \left(\theta_1 - \hat{\theta}_1\right) y_T + \left(\theta_2 - \hat{\theta}_2\right) y_{T-1} + \left(\delta_1 - \hat{\delta}_1\right) x_{T-1}$$
$$+ \left(\delta_2 - \hat{\delta}_2\right) x_{T-2} + e_{T+1} \tag{9.35}$$

여기서 $(\hat{\delta}, \hat{\theta}_1, \hat{\theta}_2, \hat{\delta}_1, \hat{\delta}_2)$는 최소제곱 추정값들이다. 예측값 $\hat{y}_{T+1}$과 이에 상응하는 실제값 y_{T+1} 사이
의 차이는 실제 계수와 추정 계수 사이의 차이와 무작위 오차값 e_{T+1}에 의존한다. 회귀 모형을 이용
하여 예측을 했을 때 제4장 및 제6장에서도 유사한 상황이 발생했다. 우리가 지금 다르게 할 일은 계
수 추정의 오차를 무시하는 것이다. 무작위 오차의 분산은 추정된 계수의 분산에 비해 일반적으로 크
기 때문에 시계열 예측에서 그렇게 하는 것이 일반적이며, 이에 따른 예측오차 분산에 대한 추정량은
일치성의 특성을 갖게 된다. 이것이 의미하는 바는 1분기 앞선 경우 예측오차를 다음과 같이 나타낼
수 있다는 것이다.

$$f_1 = e_{T+1} \tag{9.36}$$

두 기간 앞선 경우 예측오차는 보다 복잡해진다. 이 경우 계수 추정으로부터의 표본추출 오차를 무시
하면서 식 (9.38)을 예측하기 위해 식 (9.37)을 사용할 것이다.

$$\hat{y}_{T+2} = \delta + \theta_1 \hat{y}_{T+1} + \theta_2 y_T + \delta_1 \hat{x}_{T+1} + \delta_2 x_T \tag{9.37}$$

$$y_{T+2} = \delta + \theta_1 y_{T+1} + \theta_2 y_T + \delta_1 x_{T+1} + \delta_2 x_T + e_{T+2} \tag{9.38}$$

식 (9.37)에서 $\hat{y}_{T+1}$은 한 기간 앞선 예측에서 비롯되지만, $\hat{x}_{T+1}$은 어딘가 다른 곳에서 구해야 한다.
두 기간 앞서 예측하기 위해서는 $\hat{x}_{T+2}$도 또한 필요할 것이다. 이 값들은 이것들 자체의 예측 모형에서
비롯될 수 있거나, 또는 만일 이렇다면 어떻게 되겠는가와 같은 종류의 물음에 답하기 위해 예측하는
사람에 의해 설정될 수도 있다. 이 값들은 주어져서 $\hat{x}_{T+1} = x_{T+1}$ 및 $\hat{x}_{T+2} = x_{T+2}$라고 가정하거나, 또
는 대안적으로 x의 장래값을 예측하는 데 따른 오차가 존재하지 않는다고 가정할 수 있도록 만일 이
렇다면 어떻게 되겠는가와 같은 질문을 한다고 가정할 것이다. 이런 가정들이 주어진다면, 두 기간
앞선 예측오차는 다음과 같다.

$$f_2 = \theta_1\left(y_{T+1} - \hat{y}_{T+1}\right) + e_{T+2} = \theta_1 f_1 + e_{T+2} = \theta_1 e_{T+1} + e_{T+2} \tag{9.39}$$

세 기간 앞선 경우 예측오차는 다음과 같이 나타낼 수 있다.

$$f_3 = \theta_1 f_2 + \theta_2 f_1 + e_{T+3} = \left(\theta_1^2 + \theta_2\right) e_{T+1} + \theta_1 e_{T+2} + e_{T+3} \tag{9.40}$$

e_t들의 측면에서 예측오차를 표현할 경우 예측오차 분산에 대한 식을 도출하는 데 편리하다. 가정
$E(e_t | I_{t-1}) = 0$ 및 $(e_t | y_{t-1}, y_{t-2}, x_{t-1}, x_{t-2}) = \sigma^2$하에서 식 (9.36), (9.39), (9.40)을 사용하여 다음과
같이 나타낼 수 있다.

$$\sigma^2_{f1} = \mathrm{var}(f_1|I_T) = \sigma^2$$

$$\sigma^2_{f2} = \mathrm{var}(f_2|I_T) = \sigma^2(1+\theta^2_1) \qquad (9.41)$$

$$\sigma^2_{f3} = \mathrm{var}(f_3|I_T) = \sigma^2\left[(\theta^2_1+\theta_2)^2 + \theta^2_1 + 1\right]$$

예측오차의 표준오차는 식 (9.41)의 알지 못하는 모수를 이들의 추정값으로 대체시키고 나서 제곱근을 취함으로써 구할 수 있다. 이들 표준오차를 $\hat{\sigma}_{f1}$, $\hat{\sigma}_{f2}$, $\hat{\sigma}_{f3}$로 나타낼 경우 $100(1-\alpha)\%$ 예측구간 (forecast interval)은 $\hat{y}_{T+j} \pm t_{(1-\alpha/2,\ T-7)}\hat{\sigma}_{fj}$, $j=1, 2, 3$으로 구할 수 있다. t분포의 자유도는 $(T-p-q-1)-2 = T-7$이다. 왜냐하면 5개의 계수가 추정되었고 2개의 시차로 인해 2개의 관찰값이 손실되었기 때문이다.

🗨 정리문제 9.6   AR(2) 모형을 활용하여 구한 실업률의 예측구간

식 (9.41)의 예측오차 분산, 식 (9.31)의 추정값, $t_{(0.975,\ 268)}$ $=1.9689$를 활용하여, 표 9.3에 제시된 예측 표준오차 및 95% 예측구간을 계산할 수 있다. 장래에 대해 더 멀리 예측하려 하면 그에 따른 추가적인 불확실성이 반영되어서, 예측 표준오차 및 구간의 폭이 어떻게 증대되는지 주목해 보자. 장래에 대해 더 멀리 예측할 경우 정확해지기란 더욱 어려워진다. 그림 4.2는 이런 생각을 보여주었다.

표 9.3   AR(2) 모형을 활용하여 구한 예측값 및 예측구간

분기	예측값 $\hat{U}_{T+j}$	예측오차의 표준오차($\hat{\sigma}_{fj}$)	예측구간 ($\hat{U}_{T+j} \pm 1.9689 \times \hat{\sigma}_{fj}$)
2016Q2($j=1$)	4.881	0.2947	(4.301, 5.461)
2016Q3($j=2$)	4.916	0.5593	(3.815, 6.017)
2016Q4($j=3$)	4.986	0.7996	(3.412, 6.560)

🗨 정리문제 9.7   ARDL(2, 1) 모형을 활용한 실업률 예측하기

이 정리문제에서는 GDP 성장률(G)의 과거값을 포함시킬 경우 예측의 정확성이 향상되는지 여부를 알아보기 위해 이 변수를 포함시킬 것이다. 성장률이 높아지면 실업의 감소로 이어지고, 경기가 둔화되면 더 많은 실업이 발생할 것으로 기대된다. 최소제곱 추정된 모형은 다음과 같다.

$$\hat{U}_t = 0.3616 + 1.5331U_{t-1} - 0.5818U_{t-2} - 0.04824G_{t-1}$$
$$\text{(se)}\quad (0.0723)\ (0.0556)\qquad (0.0556)\qquad (0.01949)$$
$$\hat{\sigma} = 0.2919 \qquad\qquad\qquad\qquad\qquad\qquad (9.42)$$

1분기를 초과하여 앞선 장래를 예측하기 위해서 필요한 G의 장래값을 제공해야 하는 필요성은 별개 문제라고 하더라도, ARDL 모형의 예측절차는 근본적으로 순수한 AR 모형의 예측절차와 동일하다. G의 장래값 상정상의 어떠한 오차를 무시하는 예측구간을 구하는 데 만족한다면, AR 모형에 분포시차 요소를 추가하는 데 어떤 특별한 처치가 필요하지 않다. 점 예측값 및 구간 예측값은 동일한 방법으로 구할 수 있다. 2016Q3 및 2016Q4에 대해 예측하기 위해서 $G_{2016Q2}=0.869$ 및 $G_{2016Q3}=1.069$라고 가정했다. 표 9.3 및 표 9.4의 예측값을 비교해 보면, 시차가 있는 성장률을 포함시킬 경우 실업의 점 예측값이 증가하고 예측값의 표준오차는 약간 감소한다. 점 예측값이 보다 증대된 주된 이유는 절편 δ의 추정값이 0.2885로부터 0.3616으로 증가한 데서 비롯되었다. 이밖에 $G_{2016Q2}=0.869$ 및 $G_{2016Q3}=1.069$는 $G_{2016Q1}=0.310$에 비해 향상된 성장률이라고 당연히 생각한다고 해도, 이것들은 아직 표본 평균 성장률 $\bar{G}=1.575$보다 낮다.

표 9.4	AR(2, 1) 모형을 활용하여 구한 예측값 및 예측구간		
분기	예측값 $\hat{U}_{T+j}$	예측오차의 표준오차($\hat{\sigma}_{fj}$)	예측구간 ($\hat{U}_{T+j} \pm 1.9689 \times \hat{\sigma}_{fj}$)
2016Q2($j=1$)	4.950	0.2919	(4.375, 5.525)
2016Q3($j=2$)	5.058	0.5343	(4.006, 6.110)
2016Q4($j=3$)	5.184	0.7430	(3.721, 6.647)

AR 모형과 ARDL 모형 둘 다를 활용하여 예측을 하였다. AR 요소가 없는 유한 시차분포 모형을 활용한 예측은 6.4절에서 살펴본 선형회귀 모형에서의 예측과 동일한 틀 내에서 시행될 수 있음을 지적해 두는 바이다. 오른쪽 변수들이 많은 상이한 x들인 대신에, 동일한 x에 대한 많은 시차들을 포함하고 있다.

9.3.2 예측하기 위한 가정

ARDL 모형을 일치하게 추정하고 이를 예측하는 데 사용될 수 있도록 확실하게 하려는 다양한 가정들을 이 절 전반에 걸쳐 언급하였다. 이 가정들을 요약하고 이들이 갖는 의미의 일부를 요약하면 다음과 같다.

F1 : 시계열 y 및 x는 안정적이며 약하게 의존적이다. 이 가정을 어떻게 검정하고 이 가정을 위반한 시계열 자료를 어떻게 모형화할지는 제12장에서 살펴볼 것이다.

F2 : 조건부 기대 $E(y_t|I_{t-1})$는 y 및 x의 유한 시차수의 선형 함수이다. 이는 다음과 같다.

$$E(y_t|I_{t-1}) = \delta + \theta_1 y_{t-1} + \cdots + \theta_p y_{t-p} + \delta_1 x_{t-1} + \cdots + \delta_q x_{t-q} \tag{9.43}$$

여기서 $I_{t-1} = \{y_{t-1}, y_{t-2}, \cdots, x_{t-1}, x_{t-2}, \cdots\}$는 $t-1$기의 정보집합으로 정의되며 t기에서의 모든 과거 관찰값들을 나타낸다. 이 가정이 의미하는 바는 다음과 같다.

1. y_{t-p}를 넘어서는 y의 시차들과 x_{t-q}를 넘어서는 x의 시차들은 조건부 기대에 기여하지 않는다. 이것들은 y_t의 예측을 향상시킬 수 없다.

2. 다음과 같은 ARDL 모형에서 오차항 e_t는 $E(e_t|I_{t-1}) = 0$과 같은 것이다.

$$y_t = \delta + \theta_1 y_{t-1} + \cdots + \theta_p y_{t-p} + \delta_1 x_{t-1} + \cdots + \delta_q x_{t-q} + e_t$$

3. $\mathbf{z}_t = (1, y_{t-1}, \cdots, y_{t-p}, x_{t-1}, \cdots, x_{t-q})$는 t기 ARDL 모형에서의 모든 오른쪽 변수들을 나타낸다. $t \neq s$인 경우 $E(e_t e_s|\mathbf{z}_t, \mathbf{z}_s) = 0$이라는 의미에서 e_t는 계열상관되지 않는다. e_t가 계열상관된 경우 y의 시차가 적어도 하나 더 $E(y_t|I_{t-1})$에 포함되어야만 한다. 이것이 왜 이렇게 되어야 하는지에 대해 직관적으로 평가하기 위해 AR(1) 모형, $y_t = \delta + \theta_1 y_{t-1} + e_t$를 생각

해 보자. e_t와 e_{t-1} 사이의 상관이 의미하는 바는 $E(e_t|I_{t-1}) = \rho e_{t-1}$이라고 표현할 수 있다는 것이며, 이것으로부터 $E(y_t|I_{t-1}) = \delta + \theta_1 y_{t-1} + \rho e_{t-1}$을 구할 수 있다. 최초 모형으로부터 $e_{t-1} = y_{t-1} - \delta - \theta_1 y_{t-2}$가 되므로 다음과 같아진다.

$$E(y_t|I_{t-1}) = \delta + \theta_1 y_{t-1} + \rho(y_{t-1} - \delta - \theta_1 y_{t-2})$$
$$= \delta(1 - \rho) + (\theta_1 + \rho)y_{t-1} - \rho\theta_1 y_{t-2}$$

4. 가정 $E(e_t|I_{t-1}) = 0$이 과거 오차 $e_{t-j}(j > 0)$로부터 x의 현재값 및 장래값으로의 피드백을 배제하지는 않는다. x가 상황이 e 및 y의 과거값들에 반응하는 정책변수라면, 최소제곱 추정량은 계속 일치하며 조건부 기대는 여전히 최선의 예측값이다. 하지만 e_t와 x의 과거값들 사이의 상관은 배제된다. e_t가 (예를 들면) x_{t-1}과 상관될 경우 $E(e_t|I_{t-1}) \neq 0$이다.

F3 : 오차는 조건부적으로 동분산적, 즉 $\text{var}(e_t|\mathbf{z}_t) = \sigma^2$이다. 이 가정은 전통적인 최소제곱 표준오차가 타당하며 예측 표준오차를 계산하기 위해서 필요하다.

9.3.3 시차 길이의 선택

지금까지는 ARDL 모형과 이것이 예측하는 데 어떻게 사용될 수 있는지를 설명하면서, 시차 길이(lag length) p 및 q는 주어진 것으로 간주하였다. 최소한의 평균제곱 오차라는 의미에서 우리가 최선의 예측값을 갖고 있다는 점을 확신하기 위한 중요한 가정은, 모형에 포함된 시차를 넘어서는 어떠한 시차도 예측을 향상시킬 수 있는 추가적인 정보를 포함하고 있지 않다는 것이다. 기술적으로 나타내면 이 가정은 $E(e_t|I_{t-1}) = 0$과 같으며, 여기서 e_t는 식의 오차항이고 $I_{t-1} = \{y_{t-1}, y_{t-2}, \cdots, x_{t-1}, x_{t-2}, \cdots\}$는 기간 t 이전의 정보집합이다. 이제 제기되는 자연적인 질문은 다음과 같다. y 및 x의 얼마나 많은 시차들이 포함되어야 하는가? 명시적으로 말하면, 다음과 같은 ARDL(p, q) 모형에서 p 및 q를 어떻게 결정하는가?

$$y_t = \delta + \theta_1 y_{t-1} + \cdots + \theta_p y_{t-p} + \delta_1 x_{t-1} + \cdots + \delta_q x_{t-q} + e_t$$

사용될 수 있는 많은 상이한 기준들이 있다. 이들 모두가 반드시 동일한 선택으로 이어지지 않기 때문에 어느 정도 주관적인 판단이 작용하게 된다. 계량경제학은 과학뿐만 아니라 예술의 영역도 포함한다.

세 가지 기준을 상대적으로 신속하게 설명할 수 있다. 첫 번째 기준은 추정된 계수가 영과 유의하게 다른 동안에는 y 및 x에 대한 시차길이를 연장하는 것이다. 두 번째 기준은 AIC 또는 SC 변수 선택기준을 최소화하는 p 및 q를 선택하는 것이다. 세 번째 기준은 유보표본을 이용하여 각 (p, q) 결합의 외표본 예측 기능을 평가하는 것이다. 유의성 검정은 제3장에서 살펴보았으며 그 후 지금까지 광범위하게 사용되었다. 두 번째 및 세 번째 기준은 6.4.1절에서 논의하였다. 이 절의 나머지 부분에서는 시차 길이를 선택하기 위해 SC가 어떻게 사용될 수 있는지 보여주기 위해 실업식을 사용할 것이다. p 및 q를 결정하는 네 번째 방법을 오차항에서의 계열상관을 점검하는 것이다. $E(e_t|I_{t-1}) = 0$은

시차길이 p 및 q가 충분해서 오차가 계열상관되지 않는다는 것을 의미하므로, 계열상관이 존재할 경우 이는 불충한 시차를 사용하고 있다는 징조가 될 수 있다. 계열상관에 대한 검정은 그 자체만으로도 당연히 중요한 논제이므로 9.4절에서 이에 대해 살펴볼 것이다.

📖 정리문제 9.8   ARDL(p, q) 실업 식에서 시차길이 선택하기

우리의 목적은 다음 식에서 SC(Schwarz Criterion)를 사용하여 U에 대한 시차 수 및 G에 대한 시차 수를 선택하고자 한다.

$$U_t = \delta + \theta_1 U_{t-1} + \cdots + \theta_p U_{t-p} + \delta_1 G_{t-1} + \cdots + \delta_q G_{t-q} + e_t$$

많은 시차 수에 대해 SC를 계산할 경우, 각 모형을 추정하는 데 동일한 수의 관찰값을 사용하는 것이 중요하다. 그렇지 않으면 SC에서 제곱한 오차의 합 요소를 모형들 간에 비교할 수 없다. 시차가 있는 변수들로 인해 관찰값의 손실이 발생하고, 손실되는 관찰값의 수는 시차의 길이에 달려 있으므로 추정하는 기간을 선택할 때 주의를 기울여야만 한다. U 및 G 둘 다에 대해 최대 8개 시차를 고려하고 있으며, 비교를 확실히 하기 위해서 추정 기간은 모든 모형에 대해 1950Q1부터 2016Q1까지다. 각 식의 오른편 시차에 대해 8개 관찰값이 사용되며, U_t의 첫 번째 표본값은 언제나 1950Q1이며 총 265개의 관찰값을 갖는다. 표 9.5는 $p=1, 2, 4, 6, 8$에 대한 $q=0, 1, 2, \cdots, 8$에 대한 SC값을 보여주고 있다. $p=3, 5, 7$에 대한 SC값은 누락되었는데, 그 이유는 다른 p값들에 의해 충분히 정보가 제공되고 추가적인 정보를 제공하지 못하기 때문이다. SC값은 음수이므로 p 및 q에 대한 최솟값은 '가장 큰 마이너스'가 기입된 항, 즉 $p=2$ 및 $q=0$인 경우로 ARDL(2, 0) 모형 $U_t = \delta + \theta_1 U_{t-1} + \theta_2 U_{t-2} + e_t$가 적합하다고 시사한다. 주목할 만한 다른 사실들은, U_{t-2}를 누락시킬 때 SC가 상대적으로 크게 증가한다는 것과 U_t의 시차가 2개를 초과할 경우에는 q의 시차에 관계없이 SC에 의해 좋은 평가를 받지 못한다는 것이다.

또한 G_{t-1}이 포함된 ARDL(2, 1)을 사용하기 때문에 이를 포함시키는 것이 타당한지를 알려주는 증거가 있는지 알아보도록 하자. 뒤로 돌아가서 1948Q3부터 표본을 시작할 경우(이 경우 2개 시차를 수용하기 위해서 처음 2개 관찰값을 누락시켜야 한다) ARDL(2, 0) 모형 및 ARDL(2, 1) 모형의 SC값은 각각 -2.393 및 -2.395이다. 이 경우 G_{t-1}을 포함시키는 것을 약간 더 선호하게 된다. 나아가 식 (9.42)에서 살펴본 것처럼 G_{t-1}의 계수가 5% 유의수준에서 영과 유의하게 다르다. 귀무가설에 대한 p-값은 0.014이다.

표 9.5   ARDL(p, q) 실업 식에 대한 SC값

시차	SC				
q/p	1	2	4	6	8
0	−1.880	−2.414	−2.391	−2.365	−2.331
1	−2.078	−2.408	−2.382	−2.357	−2.323
2	−2.063	−2.390	−2.361	−2.337	−2.302
3	−2.078	−2.407	−2.365	−2.340	−2.306
4	−2.104	−2.403	−2.362	−2.331	−2.297
5	−2.132	−2.392	−2.353	−2.346	−2.312
6	−2.111	−2.385	−2.346	−2.330	−2.292
7	−2.092	−2.364	−2.325	−2.309	−2.271
8	−2.109	−2.368	−2.327	−2.307	−2.269

9.3.4 그레인저 인과관계에 대한 검정

그레인저 인과관계(Granger causality)[1]는 어떤 변수를 예측하는 데 기여하는 다른 변수 시차들의 능

---

1 Granger, C.W.J. (1969), "Investigating causal relations by econometric models and cross-spectral methods," *Econometrica* 37, 424–38.

력과 관련된다. ARDL 모형, $y_t = \delta + \theta_1 y_{t-1} + \cdots + \theta_p y_{t-p} + \delta_1 x_{t-1} + \cdots + \delta_q x_{t-q} + e_t$의 틀에서 다음과 같다면 x는 y의 '그레인저 원인'이 되지 않는다.

$$E\left(y_t | y_{t-1}, y_{t-2}, \ldots, y_{t-p}, x_{t-1}, x_{t-2}, \ldots, x_{t-q}\right) = E\left(y_t | y_{t-1}, y_{t-2}, \ldots, y_{t-p}\right)$$

따라서 그레인저 인과관계에 대한 검정은 다음의 검정과 같다.

$$H_0 : \delta_1 = 0, \delta_2 = 0, \cdots, \delta_q = 0$$
$$H_1 : \text{적어도 한 개는 } \delta_i \neq 0$$

결합 선형가설 검정에 관해 제6장에서 살펴본 F-검정을 사용하여 위의 검정이 시행될 수 있다. H_0가 기각될 경우 이는 x가 y의 그레인저 원인이 된다는 것이다. x가 y의 그레인저 원인이 될 경우, 이것이 x와 y 사이의 직접적 인과관계를 반드시 의미하지 않는다는 사실에 주목하자. 이것은 과거 x값에 대한 정보를 가질 경우 y에 대한 예측을 향상시키게 된다는 의미이다. 어떠한 인과효과는 간접적일 수 있다.

🔍 정리문제 9.9   성장률은 실업의 그레인저 원인이 되는가?

이 질문에 답하기 위해서, 먼저 ARDL(2, 1) 모형으로 돌아가자. 추정값은 식 (9.42)에 다음과 같이 주어졌다.

$$\hat{U}_t = 0.3616 + 1.5331 U_{t-1} - 0.5818 U_{t-2} - 0.04824 G_{t-1}$$
$$\text{(se)} \quad (0.0723) \quad (0.0556) \qquad (0.0556) \qquad (0.01949)$$

위의 모형에서 G가 U의 그레인저 원인이 되는지 여부에 대한 검정은 G_{t-1} 계수의 유의성 검정과 같다. 이는 t-검정 또는 F-검정으로 시행할 수 있다. 예를 들어, F-값은 다음과 같다.

$$F = t^2 = (0.04824/0.01949)^2 = 6.126$$

위의 값은 5% 임계값 $F_{(0.95,\ 1,\ 267)} = 3.877$을 초과하기 때문에, G는 U의 그레인저 원인이 된다고 결론을 내릴 수 있다.

2개 이상의 시차를 검정할 때 검정을 어떻게 하는지 설명하기 위해서, G의 4개 시차를 갖는 다음과 같은 모형을 생각해 보자.

$$U_t = \delta + \theta_1 U_{t-1} + \theta_2 U_{t-2} + \delta_1 G_{t-1} + \delta_2 G_{t-2}$$
$$+ \delta_3 G_{t-3} + \delta_4 G_{t-4} + e_t$$

위의 모형에서 G가 U의 그레인저 원인이 되는지 검정하는 것은 다음을 검정하는 것과 동일하다.

$$H_0 : \delta_1 = 0, \delta_2 = 0, \delta_3 = 0, \delta_4 = 0$$
$$H_1 : \text{적어도 한 개는 } \delta_i \neq 0$$

H_0가 참이라고 가정함으로써 얻게 되는 제한된 모형은 $U_t = \delta + \theta_1 U_{t-1} + \theta_2 U_{t-2} + e_t$가 된다. 제곱한 오차의 제한된 합과 제한되지 않은 합을 사용하여 F-값을 계산할 경우, 두 모형 모두 동일한 수의 관찰값, 이 경우 표본기간 1949Q1부터 2016Q1까지 동일한 수의 관찰값 269개를 사용하는지 확실히 해두는 것이 중요하다. 이 검정에 대한 F-값은 다음과 같다.

$$F = \frac{(SSE_R - SSE_U)/J}{SSE_U/(T-K)} = \frac{(23.2471 - 21.3020)/4}{21.3020/(269-7)} = 5.981$$

$F = 5.981$은 5% 임계값 $F_{(0.95,\ 4,\ 262)} = 2.406$보다 크기 때문에, H_0를 기각하고 G는 U의 그레인저 원인이 된다고 결론을 내린다.

9.4 계열상관된 오차에 대한 검정

다음과 같은 ARDL(p, q) 모형을 다시 한 번 생각해 보자.

$$y_t = \delta + \theta_1 y_{t-1} + \cdots + \theta_p y_{t-p} + \delta_1 x_{t-1} + \cdots + \delta_q x_{t-q} + e_t$$

여기서 $I_{t-1} = \{y_{t-1}, y_{t-2}, \cdots, x_{t-1}, x_{t-2}, \cdots\}$은 $t-1$기에서의 정보집합으로 정의되며, t기에서 모든 과거 관찰값들을 나타낸다. 기호 및 설명을 상대적으로 간단히 하기 위해서 $p = q = 1$이라고 가상하자. 모든 관련 시차들이 조건부 기대 $E(y_t|I_{t-1}) = \delta + \theta_1 y_{t-1} + \delta_1 x_{t-1}$에 포함된다는 예측 가정 F2가 갖는 한 가지 의미는 오차 e_t가 계열상관되지 않는다는 것이다. 계열상관이 존재하지 않기 위해서는 2개의 상이한 오차들 사이의 조건부 공분산이 영이 되어야 한다. 즉 모든 $t \neq s$에 대해서 $E(e_t e_s | \mathbf{z}_t, \mathbf{z}_s) = 0$이 되어야 하며, 여기서 $\mathbf{z}_t = (1, y_{t-1}, x_{t-1})$은 t기에서 ARDL 모형의 모든 오른쪽 변수들을 나타낸다. $E(e_t e_s | \mathbf{z}_t, \mathbf{z}_s) \neq 0$인 경우 $E(e_t|I_{t-1}) \neq 0$이며, 이것은 다시 $E(y_t|I_{t-1}) \neq \delta + \theta_1 y_{t-1} + \delta_1 x_{t-1}$을 의미한다. 따라서 최선의 예측을 얻을 수 있도록 충분한 시차가 포함되었는지 여부를 판단하는 한 가지 방법은 계열상관된 오차에 대해 검정을 하는 것이다.

예측을 하기 위해 최선의 모형을 사용하지 않을 경우, 이는 계열상관된 오차의 의미만을 갖지는 않는다. $t \neq s$인 경우 $E(e_t e_s | \mathbf{z}_t, \mathbf{z}_s) \neq 0$이라면, 통상적인 최소제곱 표준오차는 타당하지 않다. 타당하지 않은 표준오차의 가능성은 예측식에 대해서만이 아니라 9.5절에서 논의할 정책분석을 위해 사용되는 식에 대해서도 의미를 갖는다. 이런 이유들로 인해 계열상관된 오차들에 대한 검정은 시계열 회귀를 추정할 때 일상적인 과정이 된다. 이를 위해 세 가지 검정, 즉 최소제곱 잔차의 상관도표, 라그랑주 승수 검정, 더빈-왓슨 검정에 대해 논의할 것이다.

9.4.1 최소제곱 잔차의 상관도표에 대한 점검

9.1.2절에서는 시계열 자료의 자기상관 성격을 살펴보고 이 자기상관들이 영과 유의하게 상이한지 여부를 검정하기 위해서 상관도표가 어떻게 사용될 수 있는지 살펴보았다. 실업 및 성장 시계열 자료에 대한 자기상관은 정리문제 9.2 및 9.3에서 각각 고찰하였다. 이와 유사한 방법으로 계열상관된 오차를 점검하기 위해서 최소제곱 잔차의 상관도표를 사용할 수 있다. 오차 e_t가 관찰되지 않기 때문에 이들의 상관도표를 직접적으로 점검할 수는 없다. 하지만 e_t의 추정값으로 최소제곱 잔차 $\hat{e}_t = y_t - \hat{\delta} - \hat{\theta}_1 y_{t-1} - \hat{\delta}_1 x_{t-1}$을 구하여 이들의 자기상관을 검토해 볼 수 있다. 최소제곱 잔차의 평균이 영이라는 사실에 주목하고 식 (9.20)을 적응시킬 경우, 잔차에 대한 k차 자기상관을 다음과 같이 나타낼 수 있다.

$$r_k = \frac{\sum_{t=k+1}^{T} \hat{e}_t \hat{e}_{t-k}}{\sum_{t=1}^{T} \hat{e}_t^2} \tag{9.45}$$

이론적으로 보면 상관도표가 계열상관이 존재하지 않는다고 제시하기 위해서는, 5% 유의수준에 대한 임계값 1.96에 가까워지기 위해 사용되는 $|r_k| < 2/\sqrt{T}$를 가져야 한다. 여기서 $k = 1, 2, \cdots$이다. 하지만 긴 시차에서 이따금 유의한 (하지만 작은 크기의) 자기상관은 강한 증거를 구성하지 못하고

용인되어 받아들여진다.

정리문제 9.10   ARDL(2.1) 실업률 식에 대한 잔차 상관도표 점검하기

271개 관찰값으로 추정한 식 (9.42)의 ARDL(2,1) 모형으로 다시 돌아가보자.

$$\hat{U}_t = 0.3616 + 1.5331 U_{t-1} - 0.5818 U_{t-2} - 0.04824 G_{t-1}$$
$$\text{(se)} \quad (0.0723) \quad (0.0556) \qquad (0.0556) \qquad (0.01949)$$

그림 9.7의 상관도표에 있는 이 모형의 잔차에 대한 자기상관은 전반적으로 작고 유의하지 않다. 시차 7, 8, 17은 예외이며, 여기서는 자기상관이 유의성 한계를 초과한다. 이런 상관들은 긴 시차에서 발생하였고, 간신히 유의하며 상대적으로 크기가 작다($r_7 = 0.146$, $r_8 = -0.130$, $r_{17} = 0.133$). 계열상관에 대한 강한 증거가 존재하지 않는다고 결론을 내리는 것이 합리적이다.

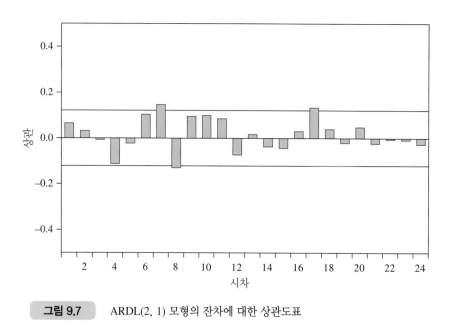

그림 9.7   ARDL(2, 1) 모형의 잔차에 대한 상관도표

정리문제 9.11   ARDL(1, 1) 실업률 식에 대한 잔차 상관도표 점검하기

정리문제 9.10의 추정결과와 계열상관이 명백히 존재하는 경우의 추정결과를 대조하기 위해서, U_{t-2}를 누락시키고 272개 관찰값을 사용하여 해당 모형을 재추정하였다. U_{t-2}가 예측식에 중요한 기여를 한다면, 이를 누락시킬 경우 이는 오차의 계열상관으로 이어질 가능성이 높다. 재추정한 식은 다음과 같다.

$$\hat{U}_t = 0.4849 + 0.9628 U_{t-1} - 0.1672 G_{t-1} \tag{9.46}$$
$$\text{(se)} \quad (0.0842) \quad (0.0128) \qquad (0.0187)$$

그림 9.8은 위 추정식의 상관도표를 보여주고 있다. 이 경우 처음 3개 자기상관은 유의하며, 특히 처음 2개는 크기가 적절하게 크다($r_1 = 0.449$, $r_2 = 0.313$). 오차가 계열상관되었다고 결론을 내린다. 예측 모형을 향상시키기 위해서는 보다 많은 시차가 필요하며, 식 (9.46)의 최소제곱 표준오차들은 타당하지 않다.

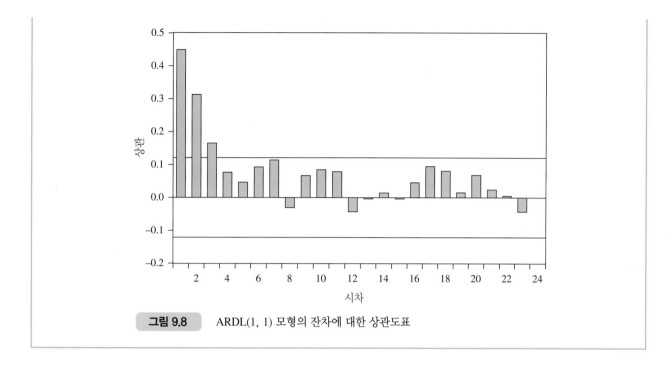

그림 9.8   ARDL(1, 1) 모형의 잔차에 대한 상관도표

9.4.2 라그랑주 승수 검정

계열상관된 오차에 대한 검정을 하기 위해 생각해 볼 수 있는 두 번째 검정은 라그랑주 승수 (Lagrange multiplier, LM) 검정을 가능하게 하는 일반적인 일련의 가설 검정 원칙으로부터 도출된다. 이 검정의 장점은 1개를 초과하는 시차에서 상관의 **결합** 검정으로 쉽사리 일반화된다는 점이다.

이 검정을 소개하기 위해서 ARDL(1, 1) 모형 $y_t = \delta + \theta_1 y_{t-1} + \delta_1 x_{t-1} + e_t$를 생각해 보자. 이 검정에 대한 귀무가설은 오차 e_t가 상관되지 않는다는 것이다. 1개를 초과하는 모수에 대한 제한의 측면에서 이 귀무가설을 설명하기 위해, 대립가설에 대한 모형을 도입할 수 있으며, 이 모형은 자기상관의 있음 직한 성격을 설명한다. 많은 대안적인 모형들을 살펴볼 것이다.

AR(1) 오차에 대한 검정   우선 첫째로 오차가 AR(1) 과정 $e_t = \rho e_{t-1} + v_t$를 통해 상관되는 대립가설을 생각해 보자. 여기서 새로운 오차 v_t는 $t \neq s$인 경우 $\text{cov}(v_t, v_s | \mathbf{z}_t, \mathbf{z}_s) = 0$을 충족시킨다. ARDL(1, 1) 모형의 틀 내에서 $\mathbf{z}_t = (1, y_{t-1}, x_{t-1})$이다. 최초 식에서 e_t를 대체시키면 다음과 같아진다.

$$y_t = \delta + \theta_1 y_{t-1} + \delta_1 x_{t-1} + \rho e_{t-1} + v_t \tag{9.47}$$

이제 $\rho = 0$이라면 $e_t = v_t$가 되고, v_t는 계열상관되지 않기 때문에 e_t도 계열상관되지 않는다. 따라서 계열상관에 대한 검정은 가설 $H_0 : \rho = 0$ 및 $H_1 : \rho \neq 0$의 측면에서 설정될 수 있다. e_{t-1}을 관찰할 수 있다면 이 검정을 시행하는 분명한 방법은 y_t를 y_{t-1}, x_{t-1}, e_{t-1}에 대해 회귀하고 나서 t-검정 또는 F-검정을 사용하여 e_{t-1} 계수의 유의성을 검정하는 것이다. 하지만 e_{t-1}은 관찰될 수 없기 때문에 이를 시차가 있는 최소제곱 잔차 $\hat{e}_{t-1}$로 대체시키고 나서 통상적인 방법으로 검정을 시행한다.

이런 방법으로 진행하는 것은 간단한 것처럼 보인다. 하지만 다소 복잡하게 응용계량경제학자들은

적어도 네 가지 상이한 방법으로 이를 그럭저럭 진행시키고 있다! 변형된 방법 중 하나는 첫 번째 관찰값의 처리를 중심으로 한다. 이 문제를 평가하기 위해 ARDL(1, 1) 모형을 추정할 100개 관찰값을 갖고 있다고 하자. y 및 x가 모두 한 번씩 시차가 주어졌기 때문에, 유효한 표본인 99개 관찰값을 추정하는 데 사용할 것이다. 99개 잔차 $\hat{e}_t$이 있게 된다. 식 (9.47)에서 $\hat{e}_{t-1}$로 e_{t-1}을 대체시킨다는 것은 추가적으로 관찰값이 상실되어 검정식에 98개 관찰값이 남게 된다는 의미이다. 이 마지막 관찰값을 상실하지 않기 위한 다른 방안은 99개 관찰값이 유지되도록 $\hat{e}_{t-1}$의 처음 값을 영이라고 놓는 것이다. H_0가 참일 때 $E(e_{t-1} | \mathbf{z}_{t-1}) = 0$이므로 그렇게 하는 것은 정당화될 수 있다. 이것은 인기 있는 소프트웨어 패키지 Stata 및 EViews의 자동적인 명령으로 채택되고 있는 방식이다.

두 번째 변형된 방법은 약간 더 많은 작업을 필요로 한다. LM 검정은 종종 간단한 식 $T \times R^2$으로 나타낼 수 있는 것이다. 여기서 T는 표본 관찰값의 수이고 R^2은 보조회귀로부터의 적합도 통계량이다. 자기상관 LM 검정에 대한 관련 보조회귀를 도출하기 위해 식 (9.47)의 검정식을 다음과 같이 작성함으로써 시작해 보자.

$$y_t = \delta + \theta_1 y_{t-1} + \delta_1 x_{t-1} + \rho \hat{e}_{t-1} + v_t \tag{9.48}$$

$y_t = \hat{y}_t + \hat{e}_t = \hat{\delta} + \hat{\theta}_1 y_{t-1} + \hat{\delta}_1 x_{t-1} + \hat{e}_t$라는 점에 주목하면서 식 (9.48)을 다음과 같이 재작성할 수 있다.

$$\hat{\delta} + \hat{\theta}_1 y_{t-1} + \hat{\delta}_1 x_{t-1} + \hat{e}_t = \delta + \theta_1 y_{t-1} + \delta_1 x_{t-1} + \rho \hat{e}_{t-1} + v_t$$

위의 식을 재정리하면 다음과 같다.

$$\begin{aligned}\hat{e}_t &= \left(\delta - \hat{\delta}\right) + \left(\theta_1 - \hat{\theta}_1\right) y_{t-1} + \left(\delta_1 - \hat{\delta}_1\right) x_{t-1} + \rho \hat{e}_{t-1} + v_t \\ &= \gamma_1 + \gamma_2 y_{t-1} + \gamma_3 x_{t-1} + \rho \hat{e}_{t-1} + v_t\end{aligned} \tag{9.49}$$

여기서 $\gamma_1 = \delta - \hat{\delta}$, $\gamma_2 = \theta_1 - \hat{\theta}_1$, $\gamma_3 = \delta_1 - \hat{\delta}_1$이다. $\hat{e}_{t-1}$ 계수의 유의성을 검정함으로써 자기상관에 대해 검정하려 할 때 식 (9.48) 또는 (9.49)를 추정할 수 있다. 두 가지 모두 동일한 검정 결과, 즉 $\hat{e}_{t-1}$에 대한 동일한 계수 추정값과 동일한 t-값을 산출해 낸다. 하지만 절편과 y_{t-1} 및 x_{t-1}의 계수들에 대한 추정값은 상이하다. 식 (9.49)에서는 δ, θ_1, δ_1 대신에 $\left(\delta - \hat{\delta}\right)$, $\left(\theta_1 - \hat{\theta}_1\right)$, $\left(\delta_1 - \hat{\delta}_1\right)$을 추정한다. LM 검정에 대한 $T \times R^2$을 구하는 보조회귀는 식 (9.49)이다. $\left(\delta - \hat{\delta}\right)$, $\left(\theta_1 - \hat{\theta}_1\right)$, $\left(\delta_1 - \hat{\delta}_1\right)$은 영을 중심으로 하기 때문에, 식 (9.49)가 유의한 설명력을 갖는 회귀라면 그 설명력은 $\hat{e}_{t-1}$에서 비롯될 것이다.

$H_0 : \rho = 0$이 참인 경우 LM $= T \times R^2$은 대략적으로 $\chi^2_{(1)}$ 분포를 한다. 여기서 T 및 R^2은 각각 식 (9.49)의 최소제곱 추정의 표본크기 및 적합도 통계량이다. 다시 한 번 첫 번째 관찰값을 폐기하는지 여부 또는 $\hat{e}_0$을 영이라고 하는지 여부에 따라 두 가지 다른 방안이 있다.

MA(1) 오차에 대한 검정   관찰된 표본 자기상관의 특성을 포괄하기 위해 사용될 수 있는 몇 가지 종류의 모형이 있다. 이 모형들은 예를 들면, 실업률 및 GDP 성장률과 같은 관찰된 시계열 자료나 시계열 회귀 모형에서 관찰되지 않는 오차에 적용될 수 있다. 지금까지는 자기회귀 모형만을 논의하였다. 또 다른 종류의 유용한 모형은 이동평균(moving-average) 모형이라고 알려진 것이다. 여러분이 시계열 교과목을 선택할 경우 이 모형과 다른 모형을 보다 심도 있게 학습할 것이다. 지금 우리가 할 일은 다음과 같은 MA(1) 진행 과정을 이용하여 자기상관의 대립가설을 모형화할 때 검정 통계량을 구하는 것이다.

$$e_t = \phi v_{t-1} + v_t \tag{9.50}$$

v_t는 상관되지 않는다고, 즉 $t \neq s$인 경우 $\mathrm{cov}(v_t, v_s | \mathbf{z}_t, \mathbf{z}_s) = 0$이라고 가정된다. AR(1) 오차 모형을 채택한 전략에 따라 식 (9.50)에 ARDL(1.1)을 결합시키면 다음과 같아진다.

$$y_t = \delta + \theta_1 y_{t-1} + \delta_1 x_{t-1} + \phi v_{t-1} + v_t \tag{9.51}$$

$\phi = 0$인 경우 $e_t = v_t$를 의미한다는 점에 주목하자. 따라서 가설 $H_0 : \phi = 0$ 및 $H_1 : \phi \neq 0$을 통해 자기상관에 대해 검정을 할 수 있다. 식 (9.51)과 (9.47)을 비교해 보면 추정값 $\hat{v}_{t-1}$을 구할 수 있는 경우 MA(1) 방법에 대한 검정은 AR(1) 방법에 대한 검정과 정확히 동일해진다는 점을 알 수 있다. 다행스럽게도 전에 했던 것처럼 v_{t-1}을 추정하기 위해 최소제곱 잔차 $\hat{e}_{t-1}$을 사용할 수 있다. 즉 $\hat{v}_{t-1} = \hat{e}_{t-1}$이다. 우리가 이렇게 할 수 있는 이유는 H_0가 참일 때 두 오차가 동일해지기 때문이다. 즉 $e_t = v_t$이기 때문이다. 따라서 MA(1) 오차 대안에 대립하는 검정을 하기 위한 검정은 AR(1) 오차 대안에 관한 검정과 동일해진다. 이 결과의 불리한 측면은 H_0가 기각될 때 LM 검정은 어느 오차 모형이 더 적합한지 확인하지 못한다는 점이다.

고차적인 AR 오차 또는 MA 오차에 대한 검정   LM 검정과 이것의 변종은 고차적인 AR 모형이나 MA 모형 측면으로 나타낸 대안적 가설로 쉽게 확장될 수 있다. 예를 들어, 대안적인 가설에 대한 모형은 AR(4) 또는 MA(4) 과정이라고 가상하자. 그러면 다음과 같다.

$$\text{AR}(4): \quad e_t = \psi_1 e_{t-1} + \psi_2 e_{t-2} + \psi_3 e_{t-3} + \psi_4 e_{t-4} + v_t$$
$$\text{MA}(4): \quad e_t = \phi_1 v_{t-1} + \phi_2 v_{t-2} + \phi_3 v_{t-3} + \phi_4 v_{t-4} + v_t$$

각 경우에 대한 이에 상응하는 귀무가설 및 대립가설은 다음과 같다.

$$\text{AR}(4) \begin{cases} H_0 : \psi_1 = 0, \ \psi_2 = 0, \ \psi_3 = 0, \ \psi_4 = 0 \\ H_1 : \text{적어도 한 개의 } \psi_i \text{는 영이 아니다.} \end{cases}$$

$$\text{MA}(4) \begin{cases} H_0 : \phi_1 = 0, \ \phi_2 = 0, \ \phi_3 = 0, \ \phi_4 = 0 \\ H_1 : \text{적어도 한 개의 } \phi_i \text{는 영이 아니다.} \end{cases}$$

식 (9.48) 및 (9.49)에 상응하는 2개의 대안적인 검정식은 다음과 같다.

$$y_t = \delta + \theta_1 y_{t-1} + \delta_1 x_{t-1} + \psi_1 \hat{e}_{t-1} + \psi_2 \hat{e}_{t-2} + \psi_3 \hat{e}_{t-3} + \psi_4 \hat{e}_{t-4} + v_t \tag{9.52}$$

$$\hat{e}_t = \gamma_1 + \gamma_2 y_{t-1} + \gamma_3 x_{t-1} + \psi_1 \hat{e}_{t-1} + \psi_2 \hat{e}_{t-2} + \psi_3 \hat{e}_{t-3} + \psi_4 \hat{e}_{t-4} + v_t \tag{9.53}$$

AR 모형의 계수 기호 ψ_i를 사용하였지만, AR 방안 및 MA 방안 둘 다에 대해 검정이 동일하기 때문에 MA 모형의 ϕ_i도 동등하게 잘 사용할 수 있다. 식 (9.52) 또는 (9.53)에서 ψ_i에 대한 유의성을 결합 검정하기 위해서 F-검정을 사용하거나, 또는 식 (9.53)에서 계산된 $LM = T \times R^2$ 검정을 사용할 수 있다. H_0가 참일 때 후자는 $\chi^2_{(4)}$ 분포를 한다. 다시 한 번 처음 관찰값을 누락시키거나 영이라고 놓을 수 있다. 이들 두 가지 대안에 따른 결과에는 약간 차이가 있다.

🖐 정리문제 9.12 ARDL 실업률 식에서 계열상관에 대한 LM 검정

LM 검정을 설명하기 위해서, 앞에서 살펴본 이 검정에 대한 $\chi^2 = T \times R^2$을 ARDL 실업률 식에 적용해 보자. 2개 모형을 선택하였다. 첫 번째는 ARDL(1, 1) 모형으로 이 모형의 잔차 상관도표는 계열상관된 오차가 존재한다고 강하게 시사하였다. 두 번째는 ARDL(2, 1) 모형으로 이 모형의 상관도표는 소수의 작은 규모의 유의한 상관만이 존재한다고 시사하였다. 하지만 그렇지 않다면 계열상관이 없다고 판단하였다. 시차로 인해 잃게 될 $\hat{e}_t$의 최솟값은 영이라고 보았다. 표 9.6은 $k = 1, 2, 3, 4$인 경우 AR(k) 또는 MA(k) 방안에 대한 검정 결과를 보여준다. ARDL(1, 1) 모형의 오차들은 계열상관되었다는 강한 증거가 있다. p-값들이 0.0001보다 작으므로, 검정은 4개 시차 모두에서 계열상관이 존재하지 않는다는 귀무가설을 철저하게 기각한다. ARDL(2, 1) 모형의 경우, 검정 결과는 그렇게 명백하지 않다. 계열상관이 존재하지 않는다는 귀무가설은,

표 9.6 실업률 식 오차의 계열상관에 대한 LM 검정 결과

Values of k for AR(k) or MA(k) Alternative	ARDL(1, 1)		ARDL(2, 1)	
	Test value	p-value	Test value	p-value
1	66.90	0.0000	2.489	0.1146
2	73.38	0.0000	6.088	0.0476
3	73.38	0.0000	9.253	0.0261
4	73.55	0.0000	9.930	0.0521

1개 또는 4개 시차를 갖는 방안에 대해 5% 유의수준에서 기각되지 않으나, 2개 또는 3개 시차를 갖는 방안에 대해서는 기각된다. ARDL(1, 1) 모형에 U_t의 두 번째 시차를 추가시킬 경우 오차의 계열상관을 상당 수준 제거하지만, 일부는 계속 남아 있을 수 있다.

9.4.3 더빈-왓슨 검정

표본 상관도표 및 라그랑주 승수 검정은 계열상관된 오차에 대한 2개의 대표본 검정이다. 이들의 검정 통계량은 대표본에서 특정 분포를 갖는다. 자신의 분포가 대표본 어림셈에 의존하지 않는다는 의미에서 정확한 검정인 이 대안적인 검정은 더빈-왓슨 검정(Durbin-Watson test)이다. 이 검정은 1950년에 개발되었으며, 오랫동안 AR(1) 오차 모형인 $e_t = \rho e_{t-1} + v_t$에서 $H_0 : \rho = 0$에 대한 표준적인 검정이었다. 임계값을 모든 소프트웨어에서 가용할 수 없으며, 대신에 위쪽 임계값과 아래쪽 임계값을 검토해야 하기 때문에 현재는 덜 자주 사용된다. 이 밖에 LM 검정 및 상관도표 검정과 달리 식이 시차가 있는 종속변수를 포함하고 있을 때는 타당하지 않다. 경험에서 얻은 신속한 어림방식에 따를 경우 더빈-왓슨 통계량값이 2.0 근처라면 계열상관이 존재하지 않는다는 가설과 양립할 수 있다. 이는 컴퓨터 분석결과를 점검할 때 유용하다.

9.5 정책분석을 위한 시계열 회귀

9.3절에서는 예측을 하기 위한 모형설정, 추정법, 시계열 회귀의 활용에 대해 집중적으로 살펴보았다. 주요 관심사는 표본 기간 말에 가용할 수 있는 정보 I_T가 주어진 경우, 장래값 y_{T+1}, y_{T+2},$\cdots$를 예측하기 위해 다음과 같은 AR 조건부 기대의 추정값을 어떻게 활용하느냐이거나

$$E\left(y_t|I_{t-1}\right) = \delta + \theta_1 y_{t-1} + \cdots + \theta_p y_{t-p}$$

또는 다음과 같은 ARDL 조건부 기대의 추정값을 어떻게 활용하느냐이다.

$$E\left(y_t|I_{t-1}\right) = \delta + \theta_1 y_{t-1} + \cdots + \theta_p y_{t-p} + \delta_1 x_{t-1} + \cdots + \delta_q x_{t-q}$$

AR 모형에서 정보집합은 $I_T = \{y_T,\ y_{T-1},\ y_{T-2},\cdots\}$였으며, ARDL 모형의 경우는 $I_T = \{y_T,\ x_T,\ y_{T-1},\ x_{T-1},\ y_{T-2},\ x_{T-2},\cdots\}$였다. 우리는 개별 계수의 해석에 관심을 갖지 않았으며, y(또는 y 및 x)의 적절한 시차 수가 관련 조건부 기대에 포함되었다면 누락변수에 관심을 갖지 않았다. 이들 모형이나 다른 설명변수와 이들의 시차를 포함한 모형으로부터 타당한 예측값을 구할 수 있었다. 나아가 장래값을 예측하기 위해서 과거 자료를 사용하였기 때문에, x의 현재값은 ARDL 모형에 포함되지 않았다.

　정책분석을 위한 모형들은 많은 점에서 차이가 있다. 개별 계수들은 설명변수와 이들의 시차들이 변화할 때 종속변수의 평균 결과가 얼마나 변하는지 알려주는 인과적 해석을 가능하게 하기 때문에 관심의 대상이 된다. 예를 들면, 이자율을 설정하는 중앙은행은 이자율의 변화가 현재 및 장래의 인플레이션, 실업, GDP 성장에 어떻게 영향을 미치는지에 관심을 갖고 있다. 변화의 장래효과뿐만 아니라 현재효과에도 관심을 갖고 있기 때문에 설명변수의 현재값이 시차분포 모형 또는 ARDL 모형에 포함될 수 있다. 이밖에 누락변수들이 포함된 변수들과 상관될 경우 계수들이 인과효과를 반영할 수 없기 때문에 문제가 될 수 있다.

　계수를 설명변수의 변화로 인해 발생한 종속변수의 변화로 해석할 경우 이는 제2장부터 제8장까지에서 강조한 것과 일치한다. 예측 모형과 인과 모형의 차이를 논의한 6.3.1절과 예측에 전념했던 일부 절들을 제외하고 나면, 이 장들은 다음 모형에서 $\beta_k = \partial E(y_t|\mathbf{x}_t)/\partial x_{tk}$를 추정하는 데 초점을 맞추었다.

$$y_t = \beta_1 + \beta_2 x_{t2} + \cdots + \beta_K x_{tK} + e_t$$

또한 1개 이상의 변수가 대수 형태를 취하거나, y_t와 x_{tk} 사이에 어떤 다른 비선형관계가 존재하는 경우 β_K의 해석이 어떻게 변화하는지에 대해서도 집중적으로 살펴보았다. 인과관계의 추정에 관한 이 앞 장들의 결론은 일부 중요한 가정들이 준수되는 경우 시계열 회귀에 대해서도 또한 유지된다. 제5장에서 살펴본 가정 MR1~MR5하에서 β_k의 해석이 어떻게 변화하는지에 대해서도 집중적으로 살펴보았다. 인과관계의 추정에 관한 이 앞 장들의 결론은 일부 중요한 가정들이 준수되는 경우 시계열 회귀에 대해서도 또한 유지된다. 제5장에서 살펴본 가정 MR1~MR5하에서 β_k의 최소제곱 추정값은 최우수 선형 불편한다. 하지만 이들 중 두 가정은 시계열 틀 내에서 작동할 때 매우 제한적일 수 있다. $\mathbf{X}$가 오른쪽 변수들에 대해 전 기간에 걸쳐 모든 관찰값을 나타내는 데 사용된다는 점을 기억하자. 이들 두 가정은 강 외생성, 즉 $E(e_t|\mathbf{X}) = 0$과 오차들에서의 계열상관 부재, 즉 $t \neq s$인 경우

$\text{cov}(e_t, e_s | \mathbf{X}) = 0$이다. 강 외생성은 오른쪽에 시차가 있는 종속변수가 없고 따라서 ARDL 모형을 배제한다는 의미이다. 이는 또한 오차가 장래 x값과 상관되지 않는다는 것을 의미한다. 이는 x가 예를 들면, 인플레이션율과 같은 y의 과거값들에 의해 그의 설정이 영향을 받는, 예를 들면, 이자율과 같은 정책변수인 경우 위반될 수 있는 가정이다. 계열상관의 부재는 식에서 누락되고 그의 효과가 오차항을 통해 감지되는 변수는 계열상관되지 말아야 한다는 의미이다. 시계열 변수가 전형적으로 자기상관된 경우 이 가정을 충족시키기 어려울 가능성이 높다.

대표본 특성을 기꺼이 받아들인다면 강 외생성 가정이 완화될 수 있다. 5.7.3절에서 가정 $E(e_t) = 0$ 및 모든 t 및 k에 대해서 $\text{cov}(e_t, x_{tk}) = 0$은 최소제곱 추정량이 일치하는 데 충분했다는 점에 주목하자. 따라서 동시기적 외생성(contemporaneous exogeneity) 가정을 완화시켰다는 의미인, 오차와 오른쪽 변수들이 동시기적으로 상관되지 않을 경우 계속 진행시킬 수 있다. ARDL 모형의 일반적인 틀에서 동시기의 외생성 가정은 $E(e_t | \mathbf{z}_t) = 0$으로 나타낼 수 있다. 여기서 $\mathbf{z}_t$는 시차가 있는 x들과 시차가 있는 y들을 포함할 수 있는 모든 오른쪽 변수들을 나타낸다. 현재 및 과거 y로부터 장래 x로의 피드백은 이 가정하에서 가능하며 y의 시차가 있는 값들이 오른쪽에 포함될 수 있다. 하지만 우리가 알게 되겠지만 계수의 적절한 해석과 추정의 일치성 둘 다를 위해서, 올바른 시차 수와 시차가 있는 y값 및 x값이 식에 포함되는 상황에 관해서 주의를 기울여야 한다. 보다 강한 가정들이 종종 이루어져야 한다. 9.1.1절에서 y의 시차값들이 ARDL 모형뿐만 아니라 다른 모형들의 변형, 즉 AR(1)오차를 갖는 모형 및 IDL 모형에서도 포함될 수 있다는 점에 주목하였다. 이런 모형들의 특성들은 9.5.3절 및 9.5.4절에서 고찰할 것이다. 대표본 추론에 대해 OLS 표준오차가 타당하기 위해서는 계열상관되지 않은 오차 가정, 즉 $t \neq s$인 경우 $\text{cov}(e_t, e_s | \mathbf{X}) = 0$은 $t \neq s$인 경우 $\text{cov}(e_t, e_s | \mathbf{z}_t, \mathbf{z}_s) = 0$으로 약화될 수 있다. 하지만 이런 가정이 시계열 상황에서 현실적인지 여부에 관해 계속해서 의문을 가질 필요가 있다.

아래 네 개 절에서는 앞 장에서의 시계열 회귀 결과에 추가된 다음과 같은 세 가지 주요 문제에 관심을 갖고 논의할 것이다.

1. 유한 및 무한 시차분포 모형에서 시차변수 계수의 해석
2. 오차가 자기상관되었을 때 계수들의 추정 및 추론
3. 해석 및 추정하기 위해 필요한 조건

논의를 간단히 하기 위해서 이 장의 앞부분 표 9.1에서 설정한 모형처럼 1개의 x와 이것의 시차로 이루어진 모형들을 대상으로 할 것이다. 이것의 결과 및 결론은 1개를 초과하는 x와 이들의 시차로 이루어진 모형들에게도 계속 타당하다.

9.5.1 유한 시차분포

변수 x의 현재 및 과거 값들이 변수 y의 현재 및 장래값들에 미치는 충격에 관심을 갖고 있는 유한 시차분포 모형은 다음과 같이 나타낼 수 있다.

$$y_t = \alpha + \beta_0 x_t + \beta_1 x_{t-1} + \beta_2 x_{t-2} + \cdots + \beta_q x_{t-q} + e_t \tag{9.54}$$

x가 y에 미치는 충격은 q시차 후에 중단되기 때문에 유한 시차분포라고 한다. x의 변화가 미치는 충격이 장래 기간에 걸쳐 분포되기 때문에 시차분포라고 한다. 계수 β_k가 인과관계를 나타내기 위해서는, 오차항이 $\mathbf{x}_t = (x_t, x_{t-1}, \cdots, x_{t-q})$와 상관된 어떤 누락변수들과도 상관되지 말아야 한다. 특히, x_t는 자기상관될 가능성이 있기 때문에, e_t는 x의 현재 및 모든 과거값들과 상관되지 않아야 한다. 다음과 같은 경우 이 필요조건이 충족된다.

$$E(e_t | x_t, x_{t-1}, \ldots) = 0$$

그러면 논리적으로 당연히 다음과 같아진다.

$$\begin{aligned} E(y_t | x_t, x_{t-1}, \ldots) &= \alpha + \beta_0 x_t + \beta_1 x_{t-1} + \beta_2 x_{t-2} + \cdots + \beta_q x_{t-q} \\ &= E(y_t | x_t, x_{t-1}, \ldots, x_{t-q}) = E(y_t | \mathbf{x}_t) \end{aligned} \tag{9.55}$$

일단 x의 q시차들이 식에 포함되면, x의 추가적인 시차들은 y에 충격을 미치지 않는다.

이런 가정이 주어지면 시차 계수 β_s는 x_{t-s}가 1단위 변화하지만 x가 다른 기간에는 일정할 때 $E(y_t | \mathbf{x}_t)$에서의 변화로 해석될 수 있다. 달리 표현하면 뒤로 향하는 대신에 앞으로 향할 경우, β_s는 x_t가 1단위 변화하지만 다른 기간에는 일정할 때 $E(y_{t+s} | \mathbf{x}_t)$에서의 변화를 알려준다. 미분계수 측면에서 나타내면 다음과 같다.

$$\frac{\partial E(y_t | \mathbf{x}_t)}{\partial x_{t-s}} = \frac{\partial E(y_{t+s} | \mathbf{x}_t)}{\partial x_t} = \beta_s \tag{9.56}$$

이 해석을 추가적으로 평가하기 위해 x 및 y가 최소한 마지막 q기간 동안 일정하며, x_t는 1단위 증가하고 나서 다음 및 뒤이은 기간에 원래 수준으로 돌아간다고 가상하자. 그러고 나서 식 (9.54)를 활용하지만 오차항을 무시한다면 즉각적인 효과는 y_t가 β_0단위만큼 증가하게 된다. 한 기간이 지난 후 y_{t+1}은 β_1단위만큼 증가하고, y_{t+2}는 β_2단위만큼 증가하며 y_{t+q}가 β_q단위만큼 증가하는 $t+q$기간까지 지속된다. $t+q+1$기간에 y값은 원래 수준으로 돌아가게 된다. x_t의 1단위 변화가 미치는 영향은 현재 및 향후 q기간에 걸쳐 분포되며, 이로 인해 시차분포 모형이란 용어가 생겨났다. 계수 β_s를 시차분포 가중치(distributed-lag weight) 또는 s기간 지연승수(s-period delay multiplier)라고 한다. 계수 $\beta_0(s = 0)$는 충격승수(impact multiplier)라고 한다.

이는 또한 x_t가 1단위 증가하고 연속되는 $(t+1)$, $(t+2)$, $\cdots$ 기간에 이 수준이 유지될 경우 어떤 일이 발생하는지에 대한 질문과도 연계된다. 이 경우 즉각적인 충격은 다시 β_0가 되며, $t+1$기의 총효과는 $\beta_0 + \beta_1$이 되고, $t+2$기에는 $\beta_0 + \beta_1 + \beta_2$가 되며 이런 영향이 계속된다. 앞의 기간 전체에 대해 변화에 따른 효과를 합산한다. 이 값을 잠정승수(interim multiplier) 또는 누적승수(cumulative multiplier)라고 한다. 예를 들어, 두 기간의 잠정승수는 $(\beta_0 + \beta_1 + \beta_2)$이다. 총승수(total multiplier)는 q 또는 그 이상의 기간이 지난 후 유지되는 y의 증가에 대한 최종효과이다. 이는 $\sum_{s=0}^{q} \beta_s$로 나타낼 수 있다.

🧠 정리문제 9.13   오쿤의 법칙

다양한 분포시차 개념을 소개하기 위해서 오쿤(Okun)의 법칙이라고 알려진 경제 모형을 소개할 것이다. 이 모형에서 실업과 경제성장 사이의 관계를 다시 생각해 볼 것이다. 하지만 모형을 다르게 설정하고 상이한 자료를 사용할 것이다. 나아가 우리의 목적은 실업을 예측하는 것이 아니라 경제성장에 대한 실업의 시차가 있는 늦은 반응을 검토하는 것이다. 오쿤의 법칙에 관한 기본 모형에서, 어떤 기간으로부터 다음 기간으로의 실업률 변화는 해당 경제의 생산량 성장률에 달려 있다. 이를 다음과 같이 나타낼 수 있다.

$$U_t - U_{t-1} = -\gamma(G_t - G_N) \tag{9.57}$$

여기서 U_t는 t기의 실업률, G_t는 t기의 생산량 성장률, G_N은 시간이 흘러도 일정하다고 가정하는 '정규' 성장률이다. 모수 γ는 양수이며, 이는 생산량 성장률이 정규 성장률을 초과할 때 실업이 하락한다는 의미이다. 성장률이 정규 성장률에 못 미칠 경우 실업이 증가한다. 정규 성장률 G_N은 실업률을 일정하게 유지하는 데 필요한 성장률이며, 노동인구 성장과 노동생산성 성장을 합한 것이다. $0 < \gamma < 1$으로 기대되며, 이는 생산량 성장이 실업에는 1 대 1에 못 미치게 조절된다는 의미이다.

다중회귀 모형의 보다 익숙한 기호로 식 (9.57)을 표현하기 위해서, 실업의 변화를 $DU_t = \Delta U_t = U_t - U_{t-1}$로 표기하며 $\beta_0 = -\gamma$ 및 $\alpha = \gamma G_N$이라 하고 오차항을 포함시키면 다음과 같이 나타낼 수 있다.

$$DU_t = \alpha + \beta_0 G_t + e_t \tag{9.58}$$

생산량의 변화가 실업에 미치는 영향은 즉시 발생하지 않고 시차분포 효과를 갖기 쉽다는 사실을 인정하게 되면, 식 (9.58)을 확장시켜 다음과 같이 G_t의 시차가 있는 항들을 포함하게 된다.

$$DU_t = \alpha + \beta_0 G_t + \beta_1 G_{t-1} + \beta_2 G_{t-2} + \cdots + \beta_q G_{t-q} + e_t \tag{9.59}$$

실업률과 GDP 백분율 변화에 관한 1978년 2분기부터 2016년 2분기까지의 호주 분기별 자료를 사용하여 위의 식을 추정해 보자. 그림 9.9(a) 및 (b)는 DU 및 G에 대한 시계열을 그래프로 나타내어 보여주고 있다. 1983년, 1992년, 2009년경에 실업률이 괄목할 만하게 상승하였으며, 이는 성장이 마이너스인 시기와 시차를 갖고 대략 상응된다. 현재로서는 이 시리즈가 안정적인 것처럼 보인다고

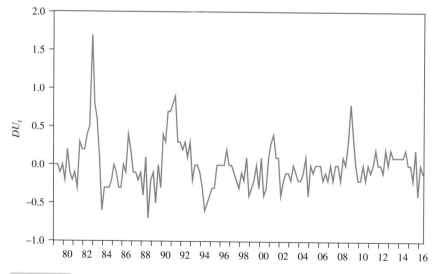

그림 9.9a   호주 실업률 변화에 관한 시계열 시리즈 : 1978Q2~2016Q2

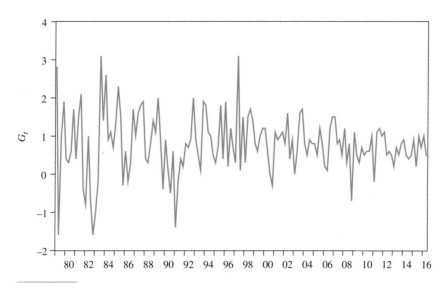

그림 9.9b 호주 GDP 성장률에 관한 시계열 시리즈 : 1978Q2~2016Q2

생각되며, 안정성에 대한 정식 평가는 뒤로 미루기로 한다.

표 9.7은 시차길이 $q=4$ 및 $q=5$에 대한 식 (9.59) 계수들의 최소제곱 추정값과 관련 통계량을 보여준다. G 및 시

표 9.7 오쿤의 법칙 유한 시차분포 모형에 관한 추정값

시차길이 $q=5$				
변수	계수	표준오차	t-값	p-값
C	0.3930	0.0449	8.746	0.0000
G_t	−0.1287	0.0256	−5.037	0.0000
G_{t-1}	−0.1721	0.0249	−6.912	0.0000
G_{t-2}	−0.0932	0.0241	−3.865	0.0002
G_{t-3}	−0.0726	0.0241	−3.012	0.0031
G_{t-4}	−0.0636	0.0241	−2.644	0.0091
G_{t-5}	0.0232	0.0240	0.966	0.3355
관찰값 $=148$		$R^2=0.503$		$\hat{\sigma}=0.2258$

시차길이 $q=4$				
변수	계수	표준오차	t-값	p-값
C	0.4100	0.0415	9.867	0.0000
G_t	−0.1310	0.0244	−5.369	0.0000
G_{t-1}	−0.1715	0.0240	−7.161	0.0000
G_{t-2}	−0.0940	0.0240	−3.912	0.0001
G_{t-3}	−0.0700	0.0239	−2.929	0.0041
G_{t-4}	−0.0611	0.0238	−2.563	0.0114
관찰값 $=149$		$R^2=0.499$		$\hat{\sigma}=0.2251$

차가 있는 G들의 모든 계수들은 $q=5$일 때의 G_{t-5}를 제외하고 기대했던 음의 부호를 가지며 5% 유의수준에서 유의하게 영과 다르다. G_{t-5}의 계수가 양이고 유의하지 않기 때문에 G_{t-5}를 누락시키며, 모든 계수가 기대했던 음의 부호를 갖고 영과 유의하게 상이한 $q=4$인 모형을 선택한다.

시차길이 4에 대한 추정값이 시사하는 바는 무엇인가? 성장률이 1% 상승하면 실업률이 현재 분기에 0.13% 하락할 것으로 기대되며, 다음 분기에는 0.17%, 지금부터 향후 2분기, 3분기, 4분기 뒤에는 각각 0.09%, 0.07%, 0.06% 하락할 것으로 기대된다. 이런 변화는 충격승수값과 1분기부터 4분기까지의 지연승수값을 나타낸다. 성장률이 1% 지속적으로 상승할 경우 미치는 영향을 알려주는 잠정승수는 1분기에 −0.30, 2분기에 −0.40, 3분기에 −0.47, 4분기에 −0.53이 된다. 시차길이가 4인 경우, −0.53이 또한 총승수가 된다. 표 9.8은 이런 값들을 요약해서 제시하

표 9.8 오쿤의 법칙에 관한 승수

지연승수		잠정승수	
b_0	−0.1310		
b_1	−0.1715	$\sum_{s=0}^{1} b_s$	−0.3025
b_2	−0.0940	$\sum_{s=0}^{2} b_s$	−0.3965
b_3	−0.0700	$\sum_{s=0}^{3} b_s$	−0.4665
b_4	−0.0611	$\sum_{s=0}^{4} b_s$	−0.5276
총승수		$\sum_{s=0}^{4} b_s = -0.5276$	

고 있다. 이런 값들을 알아두는 것이 성장률에 영향을 주어서 실업률을 어떤 수준 아래로 유지하고자 하는 정부에게는 중요하다. 식 (9.57)의 γ를 생산량 성장률의 변화로 인한 총 효과로 볼 경우, 이것의 추정값은 $\hat{\gamma} = -\sum_{s=0}^{4} b_s = 0.5276$이

다. 실업률을 일정하게 유지하기 위해서 필요한 정규 성장률의 추정값은 분기당 $\hat{G}_N = \hat{\alpha}/\hat{\gamma} = 0.4100/0.5276 = 0.78\%$이다.

유한 시차분포 모형에 대한 가정   유한 시차분포 모형과 관련하여 종종 발생하는 복잡한 문제를 살펴보기 전에, OLS 추정값이 바람직한 대표본 특성을 갖기 위해 필요한 가정들 그리고 이런 가정들이 위반되었을 때 갖게 되는 의미들을 요약해 보는 것은 유용한 일이다. 또한 특정 가정의 위반을 극복하기 위해서 어떤 교정법을 가용할 수 있는지 그리고 이들의 필요조건에 대해 앞서 생각해 볼 수도 있다.

FDL1 : 시계열 y 및 x는 안정적이며 약하게 의존적이다.

FDL2 : y가 x의 현재값 및 과거값에 어떻게 반응하는지 설명하는 유한 시차분포 모형을 다음과 같이 나타낼 수 있다.

$$y_t = \alpha + \beta_0 x_t + \beta_1 x_{t-1} + \beta_2 x_{t-2} + \cdots + \beta_q x_{t-q} + e_t \tag{9.60}$$

FDL 3 : 오차항은 x의 현재값 및 과거값들에 대해 외생적이며 다음과 같이 나타낼 수 있다.

$$E(e_t | x_t, x_{t-1}, x_{t-2}, \ldots) = 0$$

이 가정으로 인해 다음과 같은 사실이 확실시 된다.

$$E(y_t | x_t, x_{t-1}, x_{t-2}, \ldots) = E(y_t | \mathbf{x}_t)$$

여기서 $\mathbf{x}_t = (x_t, x_{t-1}, x_{t-2}, \cdots, x_{t-q})$이다. 다시 말해 x의 모든 관련 시차들이 모형에 포함된다. 이것은 또한 $\mathbf{x}_t$와 상관되면서 y_t에도 충격을 주는 누락변수가 없다는 의미이다. 이런 의미는 오쿤의 법칙 정리문제에 대해 의문을 제기한다. GDP 성장률과 상관되면서 실업률에도 충격을 줄 수 있는 배제된 거시경제변수들이 있을 수 있다. 임금 상승, 인플레이션, 이자율이 모두 이런 변수로 거론될 수 있다. 상대적으로 단순한 예를 유지하기 위하여 이들 관계로부터 발췌하였다.

FDL 4 : 오차항은 자기상관되지 않는다. 즉 $t \neq s$인 경우 $\text{cov}(e_t, e_s | \mathbf{x}_t, \mathbf{x}_s) = E(e_t e_s | \mathbf{x}_t, \mathbf{x}_s) = 0$이다.

FDL 5 : 오차항은 동분산적이다. $\text{var}(e_t | \mathbf{x}_t) = E(e_t^2 | \mathbf{x}_t) = \sigma^2$이다.

OLS 표준오차, 가설검정, 구간 추정값이 타당하기 위해서 가정 FDL4 및 FDL5가 필요하다. 자기상관된 오차를 가질 확률이 높고 이분산의 가능성이 있기 때문에 FDL4 및 FDL5가 위배될 때 어떻게 진행하는지 알아볼 필요가 있다. 이분산적 오차 문제에 직면했던 제8장에서 우리는 다음과 두 가지 가능한 해법을 고려했었다ᅳ(1) 이분산의 형태에 관해 어떠한 가정도 하지 않고, OLS 추정량에 대해 이분산 일치하는 확고한 표준오차를 사용한다. (2) 산포 함수에 관해 가정을 하고, 가정이 참인 경

우 표준오차가 타당하게 되는 보다 효율적인 일반 최소제곱(generalized least square) 추정량을 채택한다. FDL4 및 FDL5가 위배될 때 시계열 자료의 경우 이에 상당하는 해법이 존재한다. OLS 추정량과 HAC 표준오차[HAC(heteroskedasticity and autocorrelation consistent) standard error] 또는 뉴에이-웨스트 표준오차(Newey-West standard error)라고 알려진 표준오차를 사용하는 것이 가능하다. 아니면 자기상관의 성격에 관해 가정을 하고 보다 효율적인 일반 최소제곱 추정량을 채택한다. 이에 따라 두 가지 선택을 생각해 볼 수 있다. 일반 최소제곱 추정량이 보다 효율적이라고 하더라도 이에 따른 비용이 수반된다. 자기상관의 형태에 관해 가정을 해야 하는 것 이외에 FDL3보다 더 강 외생성 가정이 이루어져야 하는 반면에, HAC 표준오차를 사용하는 OLS의 경우 FDL3로 충분하다.

9.5.2 HAC 표준오차

단순화된 틀 내에서 이분산 및 자기상관 일치하는 표준오차의 성격을 설명하기 위해서 식 (9.60)의 시차가 있는 x들을 생략하고 다음과 같은 단순회귀 모형을 생각해 보자.

$$y_t = \alpha + \beta_0 x_t + e_t$$

β_0에 대한 최소제곱 추정량은 다음과 같이 나타낼 수 있다.

$$b_0 = \beta_0 + \sum_{t=1}^{T} w_t e_t = \beta_0 + \frac{\frac{1}{T}\sum_{t=1}^{T}(x_t - \bar{x})\,e_t}{\frac{1}{T}\sum_{t=1}^{T}(x_t - \bar{x})^2} = \beta_0 + \frac{\frac{1}{T}\sum_{t=1}^{T}(x_t - \bar{x})\,e_t}{s_x^2} \tag{9.61}$$

여기서 $w_t = \dfrac{x_t - \bar{x}}{\sum_{t=1}^{T}(x_t - \bar{x})^2}$ 이며, s_x^2은 x에 대한 표본 분산으로 T를 나눔수로 사용한다. e_t가 동분산적이고 상관되지 않을 때 위의 결과를 활용하여 모든 관찰값 **X**에 조건부적인 b_0의 분산은 다음과 같이 나타낼 수 있다[식 (2.15)를 참조하시오].

$$\mathrm{var}(b_0|\mathbf{X}) = \frac{\sigma_e^2}{\sum_{t=1}^{T}(x_t - \bar{x})^2} = \frac{\sigma_e^2}{Ts_x^2}$$

X에 조건부적이 아니었던 결과에 대해, 점근적 분포의 분산으로부터 b_0에 대한 대표본 근사 분산을 구하였다. 이 분산은 $\mathrm{var}(b_0) = \sigma_e^2/T\sigma_x^2$으로 나타내며 s_x^2이 σ_x^2의 일치하는 추정량이란 사실을 활용한다. 다른 전문용어로 표현하면 σ_x^2은 s_x^2의 확률한계, 즉 $s_x^2 \to \sigma_x^2$이다.

이제는 e_t가 이분산적이고 자기상관될 때 b_0의 무조건적 분산에 관심을 갖고 있다. 이것은 훨씬 더 어려운 문제이다. 5.7절에서 개략적으로 살펴본 것과 유사한 단계를 밟으면서, 식 (9.61)에 있는 s_x^2을 이것의 확률한계 σ_x^2으로 대체시키고 $\bar{x}$를 이것의 확률한계 μ_x로 대체시킬 수 있다. 그러고 나면 b_0의 대표본 분산을 다음과 같이 나타낼 수 있다.

$$\text{var}(b_0) = \text{var}\left(\frac{\frac{1}{T}\sum_{t=1}^{T}(x_t - \mu_x)\,e_t}{\sigma_x^2}\right) = \frac{1}{T^2(\sigma_x^2)^2}\text{var}\left(\sum_{t=1}^{T}q_t\right)$$

$$= \frac{1}{T^2(\sigma_x^2)^2}\left[\sum_{t=1}^{T}\text{var}(q_t) + 2\sum_{t=1}^{T-1}\sum_{s=1}^{T-t}\text{cov}(q_t, q_{t+s})\right] \qquad (9.62)$$

$$= \frac{\sum_{t=1}^{T}\text{var}(q_t)}{T^2(\sigma_x^2)^2}\left[1 + \frac{2\sum_{t=1}^{T-1}\sum_{s=1}^{T-t}\text{cov}(q_t, q_{t+s})}{\sum_{t=1}^{T}\text{var}(q_t)}\right]$$

여기서 $q_t = (x_t - \mu_x)e_t$이다. HAC 표준오차는 대괄호 바깥쪽의 양과 대괄호 안쪽의 양에 대한 추정량을 생각함으로써 구할 수 있다. 대괄호 바깥쪽의 양에 대해서는 먼저 q_t가 영인 평균을 갖는다는 점에 주목하자. 그리고 나서 $\text{var}(q_t)$에 대한 추정량으로 $(T-K)^{-1}\sum_{t=1}^{T}\hat{q}_t^2 = (T-K)^{-1}\sum_{t=1}^{T}(x_t - \bar{x})^2\hat{e}_t^2$ (여기서 $\hat{e}_t$는 최소제곱 잔차이며, 단순회귀이므로 $K = 2$가 된다)를 사용하고, σ_x^2에 대한 추정량으로 s_x^2을 사용하면, $\sum_{t=1}^{T}\text{var}(q_t)/T^2(\sigma_x^2)^2$에 대한 추정량은 다음과 같다.

$$\widehat{\text{var}}_{\text{HCE}}(b_0) = \frac{T\sum_{t=1}^{T}(x_t - \bar{x})^2\hat{e}_t^2}{(T-K)\left(\sum_{t=1}^{T}(x_t - \bar{x})^2\right)^2}$$

거슬러 올라가서 이 식을 제8장의 식 (8.9)와 비교해 보자. 기호가 약간 상이하고 식이 다른 방법으로 정리되었지만, 그렇지 않으면 이들은 동일하다. 이분산은 있지만 자기상관이 없을 때, 식 (9.62)의 마지막 줄에 있는 대괄호 바깥쪽의 양은 b_0의 대표본 무조건적 분산이다. 이것의 추정량 $\widehat{\text{var}}_{\text{HCE}}(b_0)$의 제곱근은 이분산 일치하는 확고한 표준오차이다. 이분산 및 자기상관 둘 다가 존재할 경우에 일치하는 최소제곱에 대한 분산 추정량을 구하기 위해서, $\widehat{\text{var}}_{\text{HCE}}(b_0)$에 식 (9.62)에 있는 대괄호 안의 양에 대한 추정량을 곱해야 한다. 이 양을 g로 나타낼 것이다.

g에 대한 몇 가지 추정량이 제시되었다. 이들이 전개되는 틀에 대해 논의하기 위해서 g를 다음과 같이 단순화하자.

$$g = 1 + \frac{2\sum_{t=1}^{T-1}\sum_{s=1}^{T-t}\text{cov}(q_t, q_{t+s})}{\sum_{t=1}^{T}\text{var}(q_t)} = 1 + \frac{2\sum_{s=1}^{T-1}(T-s)\text{cov}(q_t, q_{t+s})}{T\text{var}(q_t)} \qquad (9.63)$$

$$= 1 + 2\sum_{s=1}^{T-1}\left(\frac{T-s}{T}\right)\tau_s$$

여기서 $\tau_s = \text{corr}(q_t, q_{t+s}) = \text{cov}(q_t, q_{t+s})/\text{var}(q_t)$이다. 오차에 계열상관이 없을 때 q_t도 또한 자기상관되지 않으며, 모든 s에 대해 $\tau_s = 0$이 되어서 $g = 1$이 된다. 자기상관된 오차가 존재하는 경우 g에 대한 일치하는 추정량을 구하기 위해서 식 (9.63)에서의 합산은 T보다 훨씬 더 적은 시차에서 절단되고, 절단점까지의 자기상관 τ_s가 추정되며, 절단점을 넘어서는 시차들에 대한 자기상관은 영이라고 본다. 예를 들어, 5개의 자기상관이 사용될 경우, 이에 상응하는 추정량은 다음과 같다.

$$\hat{g} = 1 + 2\sum_{s=1}^{5} \left(\frac{6-s}{6}\right)\hat{\tau}_s$$

다른 대안적인 추정량들은 τ_s가 추정되는 시차의 수, 그리고 각 시차에서 이들 상관에 부여되는 가중치가 예를 들면, $(6-s)/6$ 또는 다른 대안적인 값인지 여부에 따라 다르다. 많은 가능성이 있기 때문에 상이한 소프트웨어 패키지는 서로 다른 HAC 표준오차를 제시할 수 있다는 점을 알게 될 것이다. 하고 싶은 말은 동일한 문제에 대해 계산된 약간 다른 HAC 표준오차를 발견하더라도 혼란스러워하지 말라는 것이다. 적절한 추정량 $\hat{g}$이 주어진 경우, 오차의 이분산 및 자기상관을 참작하면서 구한 b_0의 분산에 대한 대표본 추정량은 다음과 같다.

$$\widehat{\text{var}}_{\text{HAC}}(b_0) = \widehat{\text{var}}_{\text{HCE}}(b_0) \times \hat{g}$$

이런 분석은 시차 q를 갖는 유한 시차분포 모형 그리고 안정적인 변수를 포함하는 어떠한 시계열 회귀로도 연장될 수 있다. HAC 표준오차는 추정된 HAC 분산의 제곱근으로 구할 수 있다. 정리문제 9.14에서는 필립스 곡선의 경우 시계열 상관이 계수 표준오차에 미치는 충격에 대해 알아볼 것이다.

🤚 정리문제 9.14   필립스 곡선

인플레이션과 실업 간의 관계를 설명하는 도구로서 필립스 곡선은 거시경제학에서 오랜 역사를 갖고 있다. 출발점은 다음과 같은 모형이다.

$$INF_t = INF_t^E - \gamma(U_t - U_{t-1}) \qquad (9.64)$$

INF_t는 t기의 인플레이션율이며, INF_t^E는 t기의 인플레이션율 기대를 나타내고, $DU_t = U_t - U_{t-1}$는 $t-1$기에서 t기까지의 실업률 변화를 의미한다. γ는 알지 못하는 양의 모수이다. 실업수준의 하락($U_t - U_{t-1} < 0$)은 노동에 대한 초과수요를 반영한 것이며, 이는 임금을 상승시키고, 다시 가격을 올리게 된다. 반대로 실업수준의 상승($U_t - U_{t-1} > 0$)은 노동의 초과공급을 반영한 것이며, 이는 임금 및 가격 상승을 완화시킨다. 근로자들은 기대인플레이션으로 인한 비용상승을 수용하기 위해 임금인상에 대해 협상을 하게 되며, 이런 임금인상은 실제인플레이션으로 전파된다. 이런 이유로 인해 기대인플레이션이 포함된다. 인플레이션 기대는 시간이 흘러도 일정하다고 가정하며 $\alpha = INF_t^E$라고

본다. 이밖에 $\beta_0 = -\gamma$라 하고 오차항을 추가시켜 보자. 이 경우 필립스 곡선은 다음과 같은 단순회귀 모형으로 나타낼 수 있다.

$$INF_t = \alpha + \beta_0 DU_t + e_t \qquad (9.65)$$

위의 식 (9.65)를 추정하기 위해서 사용한 자료는 1987년 1분기부터 2016년 1분기까지의 호주의 분기별 자료 총 117개 관찰값이다. 인플레이션은 호주가 판매세를 도입하였던 2000년 3분기에 조절된 소비자 물가지수의 백분율 변화로 계산되었다. 조절된 시계열 시리즈는 그림 9.10에서 그래프로 나타내었다. 실업률 변화에 대한 시계열 시리즈는 그림 9.9(a)에서 그래프로 나타내었다.

식 (9.65)의 최소제곱 추정에 따른 잔차의 상관도표는 그림 9.11에 있다. 자기상관에 대한 약 5% 유의 범위는 $\pm 2/\sqrt{117} = \pm 0.185$에서 선으로 그어 표시하였다. 시차 1-5에서는 적당한 상관이 존재한다는 증거가 있으며, 시차 6 및 8에서는 더 작은 상관이 존재한다. 자기상관된 오차의 충격을 검토하기 위해서 표 9.9는 최소제곱 추정값,

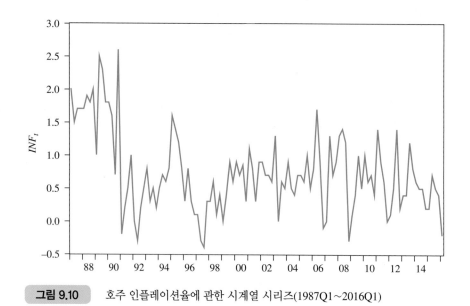

그림 9.10 호주 인플레이션율에 관한 시계열 시리즈(1987Q1~2016Q1)

관례적(OLS) 표준오차, HCE 표준오차, HAC 표준오차, t-값, p-값을 제시하고 있다. 자기상관 및 이분산을 참작한 HAC 표준오차는 이분산도 자기상관도 참작하지 않은 관례적인 OLS 표준오차보다 더 크다. 따라서 자기상관 및 이분산을 묵살할 경우 최소제곱 추정값의 신뢰성을 과장하게 된다. 신뢰성을 과장한다는 것은 구간 추정값이 그래야만 하는 것보다 더 좁아진다는 것을 의미하며, 참인 귀

무가설을 기각할 가능성이 높아진다. $t_{(0.975,\ 115)}=1.981$을 사용한, β_0에 대한 95% 구간 추정값은 관례적인 표준오차의 경우 $(-0.8070,\ 0.0096)$이 되며, HAC 표준오차의 경우 $(-0.9688,\ 0.1714)$가 된다. 관례적인 표준오차를 사용하여 단측검정과 5% 유의수준을 적용할 경우, $H_0 : \beta_2 = 0$을 기각하게 된다. HCE 또는 HAC 표준오차를 사용하면, H_0를 기각하지 않는다.

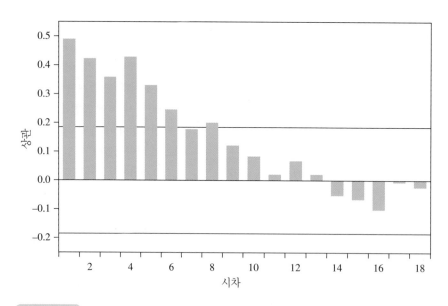

그림 9.11 필립스 곡선의 최소제곱 잔차에 대한 상관도표

| 표 9.9 | 관례적(OLS), HCE, HAC 표준오차의 비교 | | | | | | | | | |

변수	OLS 추정값	표준오차			t-값			단측 p-값		
		OLS	HCE	HAC	OLS	HCE	HAC	OLS	HCE	HAC
C	0.7317	0.0561	0.0569	0.0915	13.05	12.86	7.99	0.0000	0.0000	0.0000
DU	−0.3987	0.2061	0.2632	0.2878	−1.93	−1.51	−1.39	0.0277	0.0663	0.0844

9.5.3 AR(1) 오차하에서의 추정

HAC 표준오차를 갖는 최소제곱을 사용할 경우, 자기상관된 오차가 최소제곱 표준오차에 대해 갖게 되는 부정적인 결과를 극복할 수 있다. 하지만 더 낮은 분산을 갖는다는 의미에서의 더 나은 추정량을 구하는 문제에 대해서는 역점을 두어 다루지 않았다. 이를 진행시키는 한 가지 방법은 자기상관된 오차를 야기하는 모형에 대해 가정을 하고 이 가정과 양립하는 추정량을 도출하는 것이다. 이 절에서는 이런 가정 하나, 즉 AR(1) 오차 가정이 설정될 때 회귀 모형의 모수들을 어떻게 추정하는지 살펴볼 것이다. 지나치게 대수학이 개입되지 않는 설명을 계속하기 위해서 다시 한 번 다음과 같은 단순 회귀 모형을 생각해 보자.

$$y_t = \alpha + \beta_0 x_t + e_t \tag{9.66}$$

이 모형은 FDL 모형의 추가적인 시차와 다른 변수들을 포함하도록 확장될 수 있다. AR(1) 오차 모형은 다음과 같다.

$$e_t = \rho e_{t-1} + v_t \qquad |\rho| < 1 \tag{9.67}$$

여기서 v_t는 영인 평균과 일정한 분산을 갖는 상관되지 않은 무작위 오차라고 가정한다. 즉 다음과 같다.

$$E(v_t|x_t, x_{t-1}, \dots) = 0 , \quad \text{var}(v_t|x_t) = \sigma_v^2, \quad \text{cov}(v_t, v_s|x_t, x_s) = 0 \quad t \neq s \text{인 경우}$$

가정 $|\rho| < 1$은 e_t 및 y_t가 안정적이기 위해서 필요하다. v_t에 관한 가정들로부터 e_t에 대한 평균, 분산, 자기상관을 도출할 수 있다. 모든(현재, 과거, 미래) x들에 대한 조건부로, e_t는 영인 평균, 일정한 분산 $\sigma_e^2 = \sigma_v^2/(1-\rho^2)$, 자기상관 $\rho_k = \rho^k$을 갖는다는 점을 설명할 수 있다. 따라서 AR(1) 모형에 의해 의미된 특별한 자기상관 구조를 설명하는 모집단 상관도표는 $\rho, \rho^2, \rho^3, \dots$이다. $-1 < \rho < 1$ 이므로 AR(1) 자기상관은 시차가 증가함에 따라 기하학적으로 감소해서 궁극적으로 무시할 정도가 된다. 식 $e_t = \rho e_{t-1} + v_t$에는 e에 대한 단지 1개의 시차가 존재하므로, 비록 감소하기는 하지만 1개를 초과하는 시차에서 자기상관이 계속 영이 아니라는 점을 알게 되면 놀라울 수도 있다. 다음 식을 통해 알 수 있듯이 각 e_t는 오차 v_t의 모든 과거값들에 의존하기 때문에 상관이 지속된다.

$$e_t = v_t + \rho v_{t-1} + \rho^2 v_{t-2} + \rho^3 v_{t-3} + \cdots$$

비선형 최소제곱 추정 식 (9.67)과 (9.68)로 설명할 수 있는 AR(1) 모형을 추정하기 위해서, 9.1.1절에 있는 식 (9.15)의 관점에서 볼 때 이들 두 식을 결합시켜서 다음과 같은 형태로 다시 쓸 수 있다는 점에 주목하자.

$$y_t = \alpha(1 - \rho) + \rho y_{t-1} + \beta_0 x_t - \rho\beta_0 x_{t-1} + v_t \qquad (9.68)$$

위의 식을 어떻게 구할 수 있는지 알아보고자 한다면 뒤로 돌아가서 9.1.1절을 점검해 보자. 식 (9.68)이 추정하는 데 유용한 이유는 무엇 때문인가? 자기상관된 오차항 e_t를 갖는 식 (9.66)의 최초 모형을 시간이 흐르더라도 상관되지 않는 오차항 v_t를 갖는 식 (9.68)의 새로운 모형으로 변환시켰다. 이렇게 하는데 따른 이점은 상관되지 않은 오차의 제곱합, $S_v = \sum_{t=2}^{T} v_t^2$을 최소화하는 (α, β_0, ρ)의 추정값을 구하는 일을 지금 진행할 수 있다는 것이다. 상관된 오차의 제곱합 $S_e = \sum_{t=1}^{T} e_t^2$을 최소화하는 최소제곱 추정량은 최소분산이 아니며, 이것의 표준오차는 옳지 않다. 하지만 상관되지 않은 오차의 제곱 합 S_v를 최소화할 경우 대표본에서 최우수하며 표준오차가 옳은 추정량을 구할 수 있다. 이런 결과는 이 책 앞부분에서의 경험과 일치한다는 점에 주목하자. 제2장부터 제7장까지 사용된 최소제곱 추정량은 상관되지 않은 오차의 제곱합을 최소화한다.

하지만 식 (9.68)의 변형된 모형에 관한 눈에 띄는 중요한 특징이 있다. x_{t-1}의 계수는 $\rho(y_{t-1}$의 계수)와 $\beta_0(x_t$의 계수)의 곱에 음의 부호를 추가한 $-\rho\beta_0$라는 점에 주목하자. 이것이 의미하는 바는 식 (9.68)이 변수들 x_t, y_{t-1}, x_{t-1}의 선형 함수라고 하더라도 모수들 (α, β_0, ρ)의 선형 함수는 아니라는 것이다. S_v를 최소화하는 (α, β_0, ρ)의 값들을 구하기 위한 계산법을 사용할 경우 통상적인 선형 최소제곱 공식을 구할 수 없다. 그럼에도 불구하고 추정값을 구하기 위해서 비선형 최소제곱(nonlinear least square)을 사용하여 여전히 진행할 수 있다. 비선형 최소제곱은 제6장에서 살펴보았다. 이것은 추정값을 계산하기 위해서 공식을 사용하는 대신에, 최소제곱 함수를 최소화하는 추정값을 구하기 위해 숫자적인 계산기법 절차를 활용한다.

일반 최소제곱 추정 AR(1) 오차 모형에서 (α, β_0, ρ)에 대한 대안적인 추정량을 설명하기 위해서, 식 (9.68)을 다음과 같이 다시 쓸 수 있다.

$$y_t - \rho y_{t-1} = \alpha(1 - \rho) + \beta_0 \left(x_t - \rho x_{t-1} \right) + v_t \qquad (9.69)$$

$y_t^* = y_t - \rho y_{t-1}$, $\alpha^* = \alpha(1 - \rho)$, $x_t^* = x_t - \rho x_{t-1}$이라고 정의하면 식 (9.69)는 다음과 같아진다.

$$y_t^* = \alpha^* + \beta_0 x_t^* + v_t \qquad t = 2, 3, \ldots, T \qquad (9.70)$$

ρ를 아는 경우 변형된 변수 y_t^* 및 x_t^*에 대한 값을 계산할 수 있으며, 식 (9.70)에 최소제곱을 적용하며 추정값 $\hat{\alpha}^*$및 $\hat{\beta}_0$을 구할 수 있다. 최초의 절편에 대한 추정값은 $\hat{\alpha} = \hat{\alpha}^*/(1-\rho)$이다. 이 절차는 이분산적 오차를 갖는 모형을 동분산적 오차를 갖는 모형으로 변환시켰던 8.4절에서 설명했던 것과 유사하다. 그 경우에 변형된 변수 y^* 및 x^*에 적용된 최소제곱 추정량은 일반 최소제곱 추정량으로 알려져 있다. 여기서는 자기상관된 오차를 갖는 모형을 상관되지 않은 오차를 갖는 모형으로 변환시킨다. 변형된 변수 y_t^* 및 x_t^*는 이분산 오차 경우의 것과 다르지만, 변형된 변수에 적용된 최소제곱은 다시 한 번 일

반 최소제곱이라고 알려져 있다.

　물론 ρ는 알지 못하고 추정해야만 한다. ρ의 추정값, 즉 $\hat{\rho}$을 이용하여 변형된 변수를 계산하고 이 변형된 변수들에 최소제곱을 적용할 경우, 이에 따른 α 및 β_0에 대한 추정량은 실행할 수 있는 일반 최소제곱 추정량이라고 알려져 있다. 이 추정량과 8.5절에 살펴본 실행할 수 있는 일반 최소제곱 추정량과 직접적으로 유사한 것이 있다. 8.5절에서는 변수들을 변형시키기 위해서 산포 함수와 모수들을 추정해야만 했다. 여기서는 변수들을 변형시키기 위해서 자기상관된 오차 모형의 모수 ρ를 추정할 필요가 있다.

　ρ에 대한 가능한 많은 추정량들이 있다. 간단한 것은 표본 상관도표의 r_1을 사용하는 것이다. 다른 것으로는 OLS 잔차의 시차들에 대한 OLS 잔차의 회귀에서 구한 ρ의 최소제곱 추정값이다. ρ에 관한 이 추정량을 사용하여 α 및 β_0에 대한 실행할 수 있는 일반 최소제곱 추정량을 구하는 단계는 다음과 같다.

1. 식 $y_t = \alpha + \beta_0 x_t + e_t$에서 최소제곱 추정값 a 및 b_0를 구하시오.
2. 최소제곱 잔차 $\hat{e}_t = y_t - a - b_0 x_t$를 계산하시오.
3. 식 $\hat{e}_t = \rho \hat{e}_{t-1} + \hat{v}_t$에 최소제곱을 적용하여 ρ를 추정하시오. 이것을 $\hat{\rho}$이라고 하시오.
4. 변형된 변수 $y_t^* = y_t - \hat{\rho} y_{t-1}$ 및 $x_t^* = x_t - \hat{\rho} x_{t-1}$의 값을 계산하시오.
5. 변형된 $y_t^* = \alpha + \beta_0 x_t^* + v_t$에 최소제곱을 적용하시오.

이 절차들은 또한 반복적인 방법으로 시행될 수 있다. $\hat{\alpha}$ 및 $\hat{\beta}_0$이 단계 5에서 구한 추정값이라면, 새로운 잔차는 $\hat{e}_t = y_t - \hat{\alpha} - \hat{\beta}_0 x_t$로부터 구할 수 있고, 이 새로운 잔차들로부터의 결과를 이용하여 단계 3 − 5를 반복할 수 있으며, 이 과정은 추정값이 수렴될 때까지 지속될 수 있다. 이에 따른 추정량을 종종 **코크레인-오커트**(Cochrane-Orcutt) 추정량이라고 한다.

가정 및 특성　이제 잠시 멈추어서 9.5절의 학습 내용을 자세히 음미해 보자. 가정 FDL1-FDL5하의 유한 시차분포 모형에서 최소제곱 추정량은 일치하며 대표본에서 최소분산이고, 대표본에서 통상적인 OLS t-검정, F-검정, χ^2-검정은 타당하다. 하지만 시계열 자료는 가정 FDL4(오차가 자기상관되지 않는다) 및 FDL5(동분산), 특히 FDL4가 준수되지 않을 수 있다. FDL4 및 FDL5가 위배될 때, 최소제곱 추정량은 여전히 일치하지만, 통상적인 분산 및 공분산 추정값 그리고 표준오차는 정확하지 않으며 이는 다시 타당하지 않은 t-검정, F-검정, χ^2-검정으로 이어진다. 이 문제에 대한 한 가지 해법은 분산 및 공분산에 대한 HAC 추정량과 이에 상응하는 HAC 표준오차를 사용하는 것이다. FDL4 및/또는 FDL5가 준수되지 않을 때 최소제곱 추정량은 더 이상 최소분산이 아니지만, HAC 분산 및 공분산 추정값을 사용할 경우 이는 t-검정, F-검정, χ^2-검정이 타당하게 된다는 의미이다. 우리는 시차를 갖지 않는 단순회귀 모형의 틀 내에서 HAC 표준오차의 사용을 검토했지만, 시차를 포함하는 유한 시차분포 모형에도 동등하게 적용할 수 있다.

　FDL4의 위반에 대한 두 번째 해법은 자기상관된 오차에 대하여 특정 모형을 가정하고, 해당 모형에 대한 최소분산인 추정량을 사용하는 것이다. AR(1) 오차를 갖는 단순회귀 모형의 모수가 (1) 비선형 최소제곱 또는 (2) 실행할 수 있는 일반 최소제곱으로 어떻게 추정될 수 있는지 살펴보았다. 추가적인 두 가지 조건하에서 위의 두 가지 기법은 대표본에서 최소분산인 일치하는 추정량을 제시해 주며, t-검정, F-검정, χ^2-검정이 타당해진다. 이런 특성을 달성하는 데 필요한 추가적인 첫 번째 조건은 자기상관된 오차를 모형화하는 데 AR(1) 오차 모형이 적합하다는 것이다. 하지만 비선형 최소제곱 또는 실행할 수 있는 일반 최소제곱 추정에 따른 HAC 표준오차를 사용할 경우 이 조건이 준수되지 않더라도 타당할 수 있다. 그렇게 함으로써 자기상관된 오차 모형에 대해 잘못된 선택을 하더라도 t-검정, F-검정, χ^2-검정이 타당하다는 것을 확실하게 할 수 있다. 추가적인 두 번째 조건은 FDL3의 것보다 더 강한 외생성 가정이다. 이 두 번째 필요조건에 대해 알아보기 위해서, 다음과 같은 비선형 최소제곱식으로부터 α, β_0, ρ의 추정에 대해 알아보자.

$$y_t = \alpha(1 - \rho) + \rho y_{t-1} + \beta_0 x_t - \rho\beta_0 x_{t-1} + v_t$$

FDL3에 상당하는 외생성 가정은 다음과 같다.

$$E\big(v_t | x_t, x_{t-1}, x_{t-2}, \dots\big) = 0$$

$v_t = e_t - \rho e_{t-1}$에 주목하자. 이 조건은 다음과 같아진다.

$$E\big(e_t - \rho e_{t-1} | x_t, x_{t-1}, x_{t-2}, \dots\big) = E\big(e_t | x_t, x_{t-1}, x_{t-2}, \dots\big) - \rho E\big(e_{t-1} | x_t, x_{t-1}, x_{t-2}, \dots\big) = 0$$

두 번째 항의 아래첨자를 한 기간만큼 앞으로 전진시키면 이 조건을 다음과 같이 다시 쓸 수 있다.

$$E\big(e_t | x_t, x_{t-1}, x_{t-2}, \dots\big) - \rho E\big(e_t | x_{t+1}, x_t, x_{t-1}, \dots\big) = 0$$

ρ의 가능한 모든 값들에 대해 이 식이 참이 되기 위해서는 $E(e_t | x_t, x_{t-1}, x_{t-2}, \dots) = 0$ 및 $E(e_t | x_{t+1}, x_t, x_{t-1}, \dots) = 0$이 되어야 한다. 이제는 반복되는 기대법칙으로부터 $E(e_t | x_{t+1}, x_t, x_{t-1}, \dots) = 0$은 $E(e_t | x_t, x_{t-1}, x_{t-2}, \dots) = 0$을 의미한다. 따라서 비선형 최소제곱이 일치하기 위해 필요한 외생성 조건은 다음과 같으며, 이는 실행할 수 있는 일반 최소제곱에도 동일하다.

$$E\big(e_t | x_{t+1}, x_t, x_{t-1}, \dots\big) = 0 \tag{9.71}$$

이 필요조건은 e_t와 x_{t+1}이 상관될 수 없다는 것을 의미한다. 이것은 이전 시기의 오차 충격에 반응하여 (예를 들면, 이자율을 설정하는 중앙은행과 같은) 정책입안자에 의해 x_{t+1}이 설정되는 경우를 배제한다. 따라서 추정의 효율성을 향상시킨다는 측면에서 볼 때 자기상관된 오차를 모형화하는 것은 좋은 전략인 것처럼 보이지만, 보다 강한 외생성 가정이 충족되지 않을 경우 일치성을 희생시킬 수 있다. HAC를 갖는 최소제곱을 사용할 경우 표준오차는 이런 강한 가정을 필요로 하지 않는다.

　1개를 초과하는 시차를 갖는 자기상관된 오차의 보다 일반적인 형태를 모형화하려면 e_t가 장래로 한 기간을 초과하는 x값들과 상관되지 않아야 한다. 보다 일반적인 경우를 수용하고 식 (9.71)을 의미하는 보다 강한 외생성 가정은 강 외생성 가정 $E(e_t | \mathbf{X}) = 0$이며, 여기서 $\mathbf{X}$는 설명변수들의 모든 현재값, 과거값, 장래값들을 포함한다. 자기상관된 오차들의 일반적인 모형화를 위해서 FDL3을 이 가정으로 대체시킨다.

정리문제 9.15   AR(1) 오차를 활용한 필립스 곡선

이 정리문제에서는 AR(1) 과정을 활용하여 오차를 모형화할 수 있다는 가정하에서, 정리문제 9.14에서 살펴본 필립스 곡선의 추정값을 구하고자 한다. 처음에는 AR(1) 모형이 부적절할 수도 있다고 추측할 수 있다. 그림 9.11의 최소제곱 잔차에 대한 상관도표를 다시 한번 살펴보면, 처음 4개의 표본 자기상관은 $r_1 = 0.489$, $r_2 = 0.422$, $r_3 = 0.358$, $r_4 = 0.428$이다. 이것들은 기하급수적으로 감소하지 않으며, 대략적으로도 그렇지 않다. $r_1 = 0.489$에서 시작하여 AR(1)의 특성에 따라 감소하는 값들은 $r_2 = 0.489^2 = 0.239$, $r_3 = 0.489^3 = 0.117$, $r_4 = 0.489^4 = 0.057$이 된다. 그럼에도 불구하고 이 정리문제에서는 AR(1) 오차 모형을 설명해보고자 한다. 표 9.10

은 표 9.9에서 제시된 최소제곱(OLS) 추정값과 HAC 표준오차와 함께, 비선형 최소제곱(NLS) 및 실행할 수 있는 일반 최소제곱(FGLS) 추정값들을 보여주고 있다. NLS 및 FGLS 추정값과 이들의 표준오차는 거의 동일하며, 추정값들은 또한 OLS의 것들과 유사하다. β_0의 추정값에 대한 NLS 및 FGLS 표준오차는 이에 상응하는 OLS HAC 표준오차보다 더 작다. 이는 아마도 자기상관을 모형화함으로써 얻게 된 효율성을 나타낸다고 볼 수도 있다. 하지만, 표준오차는 표준편차의 추정값이지 알지 못하는 표준오차 그 자체가 아니기 때문에 이와 같이 해석하는 데는 주의를 기울여야만 한다.

표 9.10   AR(1) 오차 모형을 활용한 필립스 곡선 추정값

모수	OLS		NLS		FGLS	
	추정값	HAC 표준오차	추정값	표준오차	추정값	표준오차
α	0.7317	0.0915	0.7028	0.0963	0.7029	0.0956
β_0	−0.3987	0.2878	−0.3830	0.2105	−0.3830	0.2087
ρ			0.5001	0.0809	0.4997	0.0799

9.5.4 무한 시차분포

9.5.1절에서 소개한 유한 시차분포 모형은 설명변수 x의 변화가 종속변수 y에 미치는 영향이 유한의 시차 수 q 이후에 단절된다고 가정하였다. q에 대한 값을 특정화시킬 필요성을 피하는 한 가지 방법은, y가 과거로 무한히 거슬러 올라가는 x의 시차에 의존하는 다음과 같은 IDL 모형을 고려해 보는 것이다.

$$y_t = \alpha + \beta_0 x_t + \beta_1 x_{t-1} + \beta_2 x_{t-2} + \beta_3 x_{t-3} + \cdots + e_t \tag{9.72}$$

9.1.1절에서 이 모형을 소개하였다. 이것이 시행될 수 있기 위해서는 β_s 계수들이 크기 면에서 (반드시 즉각적으로는 아니더라도) 감소하여 긴 시차에서는 궁극적으로 무시할 정도가 되어야 한다. 특정적으로 나타내면 다음과 같다.

$$\beta_s = \frac{\partial E(y_t | x_t, x_{t-1}, \ldots)}{\partial x_{t-s}} = s \text{ 기간 지연승수}$$

$$\sum_{j=0}^{s} \beta_j = s\text{기간 잠정승수}$$

$$\sum_{j=0}^{\infty} \beta_j = \text{총승수}$$

총승수에서 무한의 합은 유한한 값으로 수렴된다고 가정한다.

기하학적으로 감소하는 시차   IDL 모형의 명백한 단점은 무한한 모수의 수이다. 유한한 자료 표본을 갖고 식 (9.72)의 시차계수를 추정하기 위해서는, 어떤 종류의 제한이 이들 계수에 설정될 필요가 있다. 9.1.1절에서 $0 < \lambda < 1$에 대한 제한 $\beta_s = \lambda^s \beta_0$를 통해 계수가 기하학적으로 감소한다고 주장할 경우 이는 다음과 같은 ARDL(1, 0)식으로 이어진다는 점을 보여주었다.

$$y_t = \delta + \theta y_{t-1} + \beta_0 x_t + v_t \tag{9.73}$$

여기서 $\delta = \alpha(1-\lambda)$, $\theta = \lambda$, $v_t = e_t - \lambda e_{t-1}$이다. 식 (9.73)이 어떻게 도출되는지 알아보려면 9.1.1절로 돌아가서 다시 한 번 읽어 보자. 제한이 부과될 경우 무한한 모수의 수는 단지 3개로 낮추어질 수 있다. 지연승수는 제한 $\beta_s = \lambda^s \beta_0$로부터 계산될 수 있다. 기하학적 전개의 합에 대한 결과를 활용할 경우 잠정승수는 다음과 같다.

$$\sum_{j=0}^{s} \beta_j = \beta_0 + \beta_0 \lambda + \beta_0 \lambda^2 + \cdots + \beta_0 \lambda^s = \frac{\beta_0(1 - \lambda^{s+1})}{1 - \lambda}$$

총승수는 다음과 같다.

$$\sum_{j=0}^{\infty} \beta_j = \beta_0 + \beta_0 \lambda + \beta_0 \lambda^2 + \cdots = \frac{\beta_0}{1 - \lambda}$$

식 (9.73)을 추정하려는 경우 몇 가지 어려움에 직면한다. 처음의 오차 e_t가 자기상관되지 않는다고 가정할 경우, $v_t = e_t - \lambda e_{t-1}$은 y_{t-1}과 상관되며 이것은 $E(v_t | y_{t-1}, x_t) \neq 0$을 의미한다. 최소제곱 추정량은 불일치하게 된다. v_t와 y_{t-1}이 상관된다는 것을 알아보기 위해서 이들 둘 모두 e_{t-1}에 의존한다는 점에 주목하자. $v_t = e_t - \lambda e_{t-1}$이 e_{t-1}에 의존한다는 것은 분명하다. y_{t-1}도 또한 e_{t-1}에 의존한다는 것을 알아보기 위해서, 식 (9.72)를 한 기간만큼 늦게 시차를 두면 다음과 같다.

$$y_{t-1} = \alpha + \beta_0 x_{t-1} + \beta_1 x_{t-2} + \beta_2 x_{t-3} + \beta_3 x_{t-4} + \cdots + e_{t-1}$$

과거에 했던 것처럼 $E(e_t | x_t, x_{t-1}, x_{t-2}, \cdots) = 0$이라고 가정하며, x의 현재값 및 과거값이 주어진 경우 e_t를 예측할 수 없다고 의미할 경우 다음과 같아진다.

$$
\begin{aligned}
E(v_t y_{t-1} | x_{t-1}, x_{t-2}, \dots) &= E\Big[(e_t - \lambda e_{t-1})(\alpha + \beta_0 x_{t-1} + \beta_1 x_{t-2} + \cdots + e_{t-1}) | x_{t-1}, x_{t-2}, \dots \Big] \\
&= E\Big[(e_t - \lambda e_{t-1}) e_{t-1} | x_{t-1}, x_{t-2}, \dots \Big] \\
&= E(e_t e_{t-1} | x_{t-1}, x_{t-2}, \dots) - \lambda E(e_{t-1}^2 | x_{t-1}, x_{t-2}, \dots) \\
&= -\lambda \text{var}(e_{t-1} | x_{t-1}, x_{t-2}, \dots)
\end{aligned}
$$

여기서 e_t와 e_{t-1}은 조건부적으로 상관되지 않는다고 하는 가정으로부터의 $E(e_t e_{t-1}|x_{t-1}, x_{t-2}, \cdots) = 0$ 을 이용하였다.

식 (9.73)에 대한 한 가지 가능한 일치하는 추정량은 제10장에서 살펴볼 도구변수 추정량이다. x_{t-1} 이 y_{t-1}의 적합한 도구변수라고 밝혀진다. 제10장을 학습할 때 이것을 한 예로 생각해 보도록 권하는 바이다.

식 (9.73)에 대해 적용된 최소제곱이 일치하는 추정량이 되는 특별한 경우가 있다. v_t가 자기상관된 MA(1) 과정 $v_t = e_t - \lambda e_{t-1}$을 따르며 그리고 y_{t-1}이 해당 식의 오른쪽에 포함되기 때문에 불일치성 문제가 발생한다. e_t가 AR(1) 과정, $e_t = \lambda e_{t-1} + u_t$를 따를 경우 v_t는 더 이상 자기상관되지 않으며, 여기서 λ는 동일한 모수이고 u_t는 상관되지 않는다. 이 경우 다음과 같다.

$$v_t = e_t - \lambda e_{t-1} = \lambda e_{t-1} + u_t - \lambda e_{t-1} = u_t$$

u_t는 자기상관되지 않기 때문에 y_{t-1}과 상관되지 않을 것이며, 따라서 y_{t-1}과 오차 사이의 상관은 최소제곱에 대한 불일치성의 근원이 더 이상 아니다. 분명히 $e_t = \lambda e_{t-1} + u_t$가 합리적인 가정이 될 여부를 점검할 필요가 있다.[2] 이런 목적의 검정에 관한 세부적인 사항은 다음과 같다.

IDL 모형의 ARDL 표기에서 일치성에 대한 검정　이 검정의 개발은 IDL 모형의 오차 e_t가 AR(1) 과정 $e_t = \rho e_{t-1} + u_t$를 따른다는 가정에서 시작해서, (모수 ρ는 λ와 다를 수 있으므로) 가설 $H_0 : \rho = \lambda$를 검정한다. ρ와 λ가 다르다는 가정하에서 다음과 같다.

$$v_t = e_t - \lambda e_{t-1} = \rho e_{t-1} + u_t - \lambda e_{t-1} = (\rho - \lambda) e_{t-1} + u_t$$

그러면 식(9.73)은 다음과 같아진다.

$$y_t = \delta + \lambda y_{t-1} + \beta_0 x_t + (\rho - \lambda) e_{t-1} + u_t \tag{9.74}$$

이 검정은 오차 e_{t-1}의 추정값이 회귀에 대해서 설명에 도움이 되는 효력, 즉 설명력을 추가시키는지 여부에 기초한다.

절차는 다음과 같다.

1. H_0가 준수된다는 가정하에서 식 (9.74)로부터의 최소제곱 잔차를 계산하시오.

$$\hat{u}_t = y_t - \left(\hat{\delta} + \hat{\lambda} y_{t-1} + \hat{\beta}_0 x_t \right), \quad t = 2, 3, \ldots, T$$

2. 단계 1로부터의 최소제곱 추정값 $\hat{\lambda}$을 활용하고, $\hat{e}_1 = 0$이라고 하고 출발하여, 순환적으로 다음을 계산하시오.

$$\hat{e}_t = \hat{\lambda} \hat{e}_{t-1} + \hat{u}_t, \, t = 2, 3, \ldots, T$$

2　McClain, K.T. and J.M. Wooldridge (1995), "A simple test for the consistency of dynamic linear regression in rational distributed lag models," *Economics Letters*, 48, 235 – 240.

3. y_{t-1}, x_t, $\hat{e}_{t-1}$에 대한 $\hat{u}_t$의 최소제곱 회귀로부터 R^2을 하시오.

4. H_0가 참이고, u_t가 동분산적이라고 가정할 경우, $(T-1) \times R^2$은 대표본에서 $\chi^2_{(1)}$ 분포를 한다.

y_{t-1} 및 x_t의 영향을 제거한 후에 $\hat{u}_t$를 y_t와 같은 것으로 볼 수 있다는 점에 주목하시오. 따라서 단계3에서의 회귀가 유의한 설명력을 갖는다면, 그것은 $\hat{e}_{t-1}$에서 비롯될 것이다.

y의 시차가 오직 1개인 ARDL(1, 0) 모형으로 이어지는 기하학적으로 감소하는 시차 가중치를 갖는 모형의 틀 내에서 이 검정을 설명하였다. $p > 1$인 ARDL(p, q) 모형에 대해서도 또한 시행될 수 있다. 이 경우 귀무가설은 e_t에 대한 AR(p) 오차 모형에서의 계수들이 시차가 있는 y들에 대한 ARDL 계수들과 동일하다는 것이며, 여분의 시차들이 검정절차에 포함된다. 또한 카이제곱 통계량은 자유도 p를 갖는데, 이것은 검정식을 추정하기 위해 사용한 관찰값의 수에 해당 식의 R^2을 곱한 것과 같다.

🔵 정리문제 9.16 소비 함수

소비지출 C는 '항상'소득 Y^*의 선형 함수라고 가상하자.

$$C_t = \omega + \beta Y_t^*$$

항상소득은 관찰되지 않는다. 항상소득은 추세항과 관찰된 현재소득 및 과거소득 Y_t, Y_{t-1},…의 기하학적으로 가중된 평균치로 구성된다고 가정한다.

$$Y_t^* = \gamma_0 + \gamma_1 t + \gamma_2 \left(Y_t + \lambda Y_{t-1} + \lambda^2 Y_{t-2} + \lambda^3 Y_{t-3} + \cdots \right)$$

여기서 $t = 0, 1, 2, \cdots$는 추세항이다. 위의 모형에서 소비자들은 자신들의 소득이 과거소득의 가중 평균치로 조절된 아마도 상향하는 추세를 가질 것으로 기대한다. (제12장에서 살펴보겠지만) 소비의 변화($DC_t = C_t - C_{t-1}$)를 실제소득의 변화($DY_t = Y_t - Y_{t-1}$)에 연계시키는 차분화된 형태의 모형을 고려해 보는 것이 편리하다. 이런 형태의 모형은 다음과 같이 나타낼 수 있다.

$$\begin{aligned} DC_t = C_t - C_{t-1} &= (\omega + \beta Y_t^*) - (\omega + \beta Y_{t-1}^*) = \beta(Y_t^* - Y_{t-1}^*) \\ &= \beta \Big\{ \gamma_0 + \gamma_1 t + \gamma_2 \left(Y_t + \lambda Y_{t-1} + \lambda^2 Y_{t-2} + \lambda^3 Y_{t-3} + \cdots \right) \\ &\quad - \Big[\gamma_0 + \gamma_1(t-1) + \gamma_2 \left(Y_{t-1} + \lambda Y_{t-2} + \lambda^2 Y_{t-3} + \lambda^3 Y_{t-4} + \cdots \right) \Big] \Big\} \\ &= \beta\gamma_1 + \beta\gamma_2 \left(DY_t + \lambda DY_{t-1} + \lambda^2 DY_{t-2} + \lambda^3 DY_{t-3} + \cdots \right) \end{aligned}$$

$\alpha = \beta\gamma_1$, $\beta_0 = \beta\gamma_2$라 하고 오차항을 추가하면 위의 식을 다음과 같이 보다 익숙해진 기호로 나타낼 수 있다.

$$DC_t = \alpha + \beta_0 \left(DY_t + \lambda DY_{t-1} + \lambda^2 DY_{t-2} + \lambda^3 DY_{t-3} + \cdots \right) + e_t \tag{9.75}$$

ARDL(1, 0) 식은 다음과 같다.

$$DC_t = \delta + \lambda DC_{t-1} + \beta_0 DY_t + v_t \tag{9.76}$$

이 모형을 추정하기 위해서, 1959Q3부터 2016Q3까지의 소비지출 및 국민가처분소득에 대한 호주의 분기별 자료를 사용할 것이다. 식 (9.76)을 추정하면 다음과 같다.

$$\widehat{DC_t} = 478.6 + 0.3369 DC_{t-1} + 0.0991 DY_t$$
$$\text{(se)} \quad (74.2) \quad (0.0599) \qquad (0.0215)$$

이 모형으로부터 구한 지연승수는 0.0991, 0.0334, 0.0112, …이다. 총승수는 $0.0991/(1-0.3369) = 0.149$이다. 언뜻 보면 이 값은 한계소비성향으로 해석될 수 있는 것으로 보기에는 낮은 것처럼 보인다. 하지만 추세항이 모형에 포함되었기 때문에 추세에서 벗어난 정도를 측정한 것이다. 오차들의 계열상관에 관한 LM 검정을 시차 1, 2, 3, 4에 대해 앞에서 시행하였으며, 각 경우에 계열상관이 존재하지 않는다는 귀무가설은 5% 유의수준에서 기각하지 않았다. 오차들에서 계열상관이 존재하지 않는 것이 식 (9.75)의 오차들에 대해 모수 λ를 갖는 AR(1) 모형에서 기인하는지 알아보기 위해서 앞에서 살펴본 검정 단계를 밟아 가면, 검정값 $\chi^2 = (T-1) \times R^2 = 227 \times 0.00025 = 0.057$을 구할 수 있다. $\chi^2_{(1)}$-분포에 대한 5% 유의수준은 3.84이므로, IDL 식의 오차들을 $e_t = \lambda e_{t-1} + v_t$ 과정으로 나타낼 수 있다는 귀무가설을 기각하는 데 실패한다. 바꿔 말하면, $v_t = e_t - \lambda e_{t-1}$ 형태의 MA(1) 오차 존재가 식 (9.76) 추정에서 불일치의 근원이라고 시사하는 증거는 없다.

ARDL 표기로부터 승수의 도출 기하학적으로 감소하는 시차 모형은 시차 가중치가 제한 $\beta_s = \lambda^s \beta_0$를 실제로 충족시키거나 또는 대략적으로 충족시킨다고 믿는다면 편리한 모형이다. 하지만 현실적일 수 있는 많은 다른 시차 형태가 존재한다. 설명변수의 변화에 따른 가장 큰 충격은 즉각적으로 감지되지 않을 수 있다. 시차 가중치가 처음에는 증가하다가 그 뒤에 감소할 수 있다. 무엇이 부과되는 합리적인 제한이 될 수 있는지 어떻게 결정하는가? IDL 표기로 시작해서 연역적으로 제한을 선택하는 대신에, 대안적인 전략은 관례적인 모형 선택기준을 활용하여 해당 시차를 선택한 ARDL 표기에서 시작하고 선택된 ARDL 모형이 의미하는 IDL 모형에 대한 제한을 도출하는 것이다. 구체적으로 말하면 다음과 같은 ARDL 모형에서 유한한 숫자인 θ들과 δ들을 먼저 추정한다.

$$y_t = \delta + \theta_1 y_{t-1} + \cdots + \theta_p y_{t-p} + \delta_0 x_t + \delta_1 x_{t-1} + \cdots + \delta_q x_{t-q} + v_t \tag{9.77}$$

이 추정값들이 다음과 같은 IDL 모형에서의 무한한 숫자인 β들과 양립되기 위해서는, β들에게 제한이 부과되어야 한다.

$$y_t = \alpha + \beta_0 x_t + \beta_1 x_{t-1} + \beta_2 x_{t-2} + \beta_3 x_{t-3} + \cdots + e_t \tag{9.78}$$

전략은 식 (9.77)과 (9.78)이 같아지도록 θ 및 δ들의 측면에서 β들의 식을 구하는 것이다. 이렇게 하는 한 가지 방법은 순환적인 대체를 활용하는 것으로, 식 (9.77)의 오른쪽에 있는 시차가 있는 종속변수들을 대체시켜 나가서 무한히 거슬러 올라가는 것이다. 하지만 특히 몇 개의 시차가 존재하는 경우 이 과정은 매우 빠르게 번잡해진다. 우리가 시차 연산자(lag operator)라고 알려진 대용량의 기계장치에 숙달된다면, 일반적인 경우에 대해 우리가 할 일은 훨씬 더 용이해질 수 있다.

시차 연산자 L은 다음과 같이 변수에 시차를 주는 영향력을 갖고 있다.

$$Ly_t = y_{t-1}$$

변수에 두 번 시차를 줄 경우 다음과 같다.

$$L(Ly_t) = Ly_{t-1} = y_{t-2}$$

이것은 $L^2 y_t = y_{t-2}$로 나타낼 수 있다. 보다 일반적으로 말해 s제곱으로 나타낸 L은 변수에 s번의 시차를 준다는 의미이다.

$$L^s y_t = y_{t-s}$$

이제는 우리가 시차 연산자 기호 측면에서 ARDL 모형을 나타내야 하는 입장에 있다. 식 (9.77)은 다음과 같다.

$$y_t = \delta + \theta_1 L y_t + \theta_2 L^2 y_t + \cdots + \theta_p L^p y_t + \delta_0 x_t + \delta_1 L x_t + \delta_2 L^2 x_t + \cdots + \delta_q L^q x_t + v_t \quad (9.79)$$

y_t를 포함하는 항들을 식의 왼쪽으로 옮기고 y_t 및 x_t를 추출해서 인수분해할 경우 다음과 같다.

$$(1 - \theta_1 L - \theta_2 L^2 - \cdots - \theta_p L^p) y_t = \delta + (\delta_0 + \delta_1 L + \delta_2 L^2 + \cdots + \delta_q L^q) x_t + v_t \quad (9.80)$$

이런 대수학은 복잡하고 어려워지기 시작한다. 특정한 사례 측면에서 계속할 경우 더 쉬워진다.

🐢 정리문제 9.17   무한시차 오쿤의 법칙 모형에 대한 승수 도출하기

정리문제 9.13에서는 GDP 성장의 현재 및 4개 시차 G_t, $G_{t-1}, \cdots, G_{t-4}$와 연계된 실업의 변화 DU_t를 갖고 오쿤의 법칙에 대한 유한 시차분포 모형을 추정하였다. 이 대신에 무한대로 과거로 돌아갈 수 있는 G값들을 갖는 IDL을 활용하려 한다고 가상하자. 표 9.7의 추정값들은 기하학적으로 감소하는 시차가 적절하지 않음을 시사한다. G_{t-1}의 추정된 계수는 (절댓값으로 볼 때) G_t의 추정된 계수보다 더 크며, 그리고 나서 계수들은 감소한다. 무엇이 적절한 시차분포가 될 수 있는지를 결정하기 위해서 ARDL 모형을 추정하는 데서부터 시작하자. 상이한 p값과 q값을 갖고 시도해 본 후, 계수 추정값의 유의성과 오차들의 계열상관 가능성을 고려해서 다음과 같은 ARDL(2, 1) 모형을 선택하였다.

$$DU_t = \delta + \theta_1 DU_{t-1} + \theta_2 DU_{t-2} + \delta_0 G_t + \delta_1 G_{t-1} + v_t \quad (9.81)$$

식 (9.80)의 시차 연산자 기호를 사용하여 위의 식을 다음과 같이 나타낼 수 있다.

$$(1 - \theta_1 L - \theta_2 L^2) DU_t = \delta + (\delta_0 + \delta_1 L) G_t + v_t \quad (9.82)$$

$(1 - \theta_1 L - \theta_2 L^2)$의 역수를 정의하는 것이 가능하며, 이를 $(1 - \theta_1 L - \theta_2 L^2)^{-1}$로 나타낼 수 있다. 따라서 다음과 같아진다.

$$(1 - \theta_1 L - \theta_2 L^2)^{-1} (1 - \theta_1 L - \theta_2 L^2) = 1$$

이 개념은 약간 추상적이지만, 역수를 계산할 필요는 없

다. 이를 처음 접했을 때는 이를 사용하는 것이 마술처럼 보일 수도 있다. 그냥 받아들이고 계속 나아가도록 하자. 핵심적인 결론에 거의 도달하였다. 식 (9.82)의 양측에 $(1 - \theta_1 L - \theta_2 L^2)^{-1}$을 곱하면 다음과 같은 결과를 얻을 수 있다.

$$\begin{aligned} DU_t = &(1 - \theta_1 L - \theta_2 L^2)^{-1} \delta \\ &+ (1 - \theta_1 L - \theta_2 L^2)^{-1} \times (\delta_0 + \delta_1 L) G_t \quad (9.83) \\ &+ (1 - \theta_1 L - \theta_2 L^2)^{-1} v_t \end{aligned}$$

위의 식을 다음의 IDL 식과 같다고 놓을 수 있으므로 이는 유용하다.

$$\begin{aligned} DU_t &= \alpha + \beta_0 G_t + \beta_1 G_{t-1} + \beta_2 G_{t-2} + \beta_3 G_{t-3} + \cdots + e_t \\ &= \alpha + (\beta_0 + \beta_1 L + \beta_2 L^2 + \beta_3 L^3 + \cdots) G_t + e_t \quad (9.84) \end{aligned}$$

식 (9.83)과 (9.84)가 같아지기 위해서는 다음이 참이어야만 한다.

$$\alpha = (1 - \theta_1 L - \theta_2 L^2)^{-1} \delta \quad (9.85)$$

$$\beta_0 + \beta_1 L + \beta_2 L^2 + \beta_3 L^3 + \cdots \quad (9.86)$$
$$= (1 - \theta_1 L - \theta_2 L^2)^{-1} (\delta_0 + \delta_1 L)$$

$$e_t = (1 - \theta_1 L - \theta_2 L^2)^{-1} v_t \quad (9.87)$$

식 (9.85)는 θ_1, θ_2, δ의 측면에서 α를 도출하는 데 사용될 수 있으며, 식(9.86)은 θ 및 δ 측면에서 β를 도출하는 데 사용될 수 있다. 어떻게 그럴 수 있는지 알아보기 위해서, 먼저 식 (9.85)의 양편에 $(1 - \theta_1 L - \theta_2 L^2)$을 곱하여 $(1 - \theta_1 L - \theta_2 L^2) \alpha = \delta$를 구할 수 있다. 그리고 나서 시차가 있

는 상수는 그대로 동일한 상수가 된다($L\alpha = \alpha$)는 점을 인지하면 다음과 같아진다.

$$\left(1 - \theta_1 - \theta_2\right)\alpha = \delta \quad \text{그리고} \quad \alpha = \frac{\delta}{1 - \theta_1 - \theta_2}$$

이제는 β들에 관심을 가져 보자. 식 (9.86)의 양편에 $(1 - \theta_1 L - \theta_2 L^2)$을 곱하면 다음과 같아진다.

$$\begin{aligned}
\delta_0 + \delta_1 L &= \left(1 - \theta_1 L - \theta_2 L^2\right)\left(\beta_0 + \beta_1 L + \beta_2 L^2 + \beta_3 L^3 + \cdots\right) \\
&= \beta_0 + \beta_1 L + \beta_2 L^2 + \beta_3 L^3 + \cdots \\
&\quad - \theta_1 \beta_0 L - \theta_1 \beta_1 L^2 - \theta_1 \beta_2 L^3 - \cdots \\
&\quad - \theta_2 \beta_0 L^2 - \theta_2 \beta_1 L^3 - \cdots \\
&= \beta_0 + \left(\beta_1 - \theta_1 \beta_0\right) L + \left(\beta_2 - \theta_1 \beta_1 - \theta_2 \beta_0\right) L^2 \\
&\quad + \left(\beta_3 - \theta_1 \beta_2 - \theta_2 \beta_1\right) L^3 + \cdots \quad (9.88)
\end{aligned}$$

시차 연산자를 가지고 대수학을 어떻게 할 수 있는지 주목하자. $L^r L^s = L^{r+s}$라는 사실을 사용하였다.

식 (9.88)은 θ 및 δ 측면에서 β를 도출하기 위한 열쇠를 쥐고 있다. 이 식의 양편이 동일한 것을 의미하기 (동일한

시차를 의미하기) 위해서는, 시차 연산자에서 동일한 거듭제곱의 계수들이 같아야만 한다. 이를 보다 명백하게 하기 위해서 식 (9.88)을 다음과 같이 나타낼 수 있다.

$$\begin{aligned}
&\delta_0 + \delta_1 L + 0L^2 + 0L^3 \\
&= \beta_0 + \left(\beta_1 - \theta_1 \beta_0\right) L + \left(\beta_2 - \theta_1 \beta_1 - \theta_2 \beta_0\right) L^2 \\
&\quad + \left(\beta_3 - \theta_1 \beta_2 - \theta_2 \beta_1\right) L^3 + \cdots \quad (9.89)
\end{aligned}$$

L의 거듭제곱의 계수들이 같다고 보면 다음과 같아진다.

$$\begin{aligned}
\delta_0 &= \beta_0 \\
\delta_1 &= \beta_1 - \theta_1 \beta_0 \\
0 &= \beta_2 - \theta_1 \beta_1 - \theta_2 \beta_0 \\
0 &= \beta_3 - \theta_1 \beta_2 - \theta_2 \beta_1
\end{aligned}$$

따라서 순환식을 사용하여 β를 θ 및 δ로 나타낼 수 있다.

$$\begin{aligned}
\beta_0 &= \delta_0 \\
\beta_1 &= \delta_1 + \theta_1 \beta_0 \\
\beta_j &= \theta_1 \beta_{j-1} + \theta_2 \beta_{j-2}, \quad j \geq 2\text{인 경우} \quad (9.90)
\end{aligned}$$

여러분은 어쩌면 다음과 같이 질문을 할 수 있다. ARDL 모형에 대한 승수들을 도출하고자 할 때마다 이런 모든 과정을 거쳐야만 하는가? 대답은 '그럴 필요가 없다'이다. 식 (9.88)과 동등한 것으로, 일반적 형태인 다음과 같은 것으로부터 시작할 수 있다.

$$\begin{aligned}
\delta_0 + \delta_1 L + \delta_2 L^2 + \cdots + \delta_q L^q &= \left(1 - \theta_1 L - \theta_2 L^2 - \cdots - \theta_p L^p\right) \\
&\quad \times \left(\beta_0 + \beta_1 L + \beta_2 L^2 + \beta_3 L^3 + \cdots\right)
\end{aligned} \quad (9.91)$$

ARDL 모형에 대한 p값과 q값이 주어진 경우, 위의 식을 곱하고 나서 시차 연산자에서 동일한 거듭제곱의 계수들을 등식화해야 한다.

🏆 정리문제 9.18   무한시차 오쿤의 법칙 모형에 대한 승수 추정값 계산하기

오쿤의 법칙에 대한 ARDL(2,1) 모형을 추정한 결과는 다음과 같다.

$$\begin{aligned}
\widehat{DU_t} &= 0.1708 + 0.2639 DU_{t-1} + 0.2072 DU_{t-2} \\
\text{(se)} \quad &(0.0328) \quad (0.0767) \qquad\quad (0.0720) \\
&- 0.0904 G_t - 0.1296 G_{t-1} \\
&\quad (0.0244) \quad\;\; (0.0252) \qquad\qquad\qquad (9.92)
\end{aligned}$$

식 (9.90)의 관계를 이용하여, 처음 4개 분기에 대한 충격승수 및 지연승수는 다음과 같다.

$$\begin{aligned}
\hat{\beta}_0 &= \hat{\delta}_0 = -0.0904 \\
\hat{\beta}_1 &= \hat{\delta}_1 + \hat{\theta}_1 \hat{\beta}_0 = -0.129647 - 0.263947 \times 0.090400 \\
&= -0.1535 \\
\hat{\beta}_2 &= \hat{\theta}_1 \hat{\beta}_1 + \hat{\theta}_2 \hat{\beta}_0 = -0.263947 \times 0.153508 \\
&\quad - 0.207237 \times 0.090400 = -0.0593
\end{aligned}$$

$$\hat{\beta}_3 = \hat{\theta}_1\hat{\beta}_2 + \hat{\theta}_2\hat{\beta}_1 = -0.263947 \times 0.059252$$
$$- 0.207237 \times 0.153508 = -0.0475$$

$$\hat{\beta}_4 = \hat{\theta}_1\hat{\beta}_3 + \hat{\theta}_2\hat{\beta}_2 = -0.263947 \times 0.047452$$
$$- 0.207237 \times 0.059252 = -0.0248$$

GDP 성장의 증대는 실업의 하락으로 이어진다. 이 효과는 현재 분기에서 다음 분기로 증가하며, 그 이후 극적으로 감소하고 나서 영을 향해 점진적으로 감소한다. 가중치가 긴 시차에 걸쳐 영으로 다가가는 이런 특성은 위의 분석이 타당하기 위해서 필수적인 것이다. 그림 9.12는 이런 가중치가 10개 분기까지의 시차에 걸쳐 어떻게 변화하는지를 보여준다.

$\sum_{j=0}^{\infty}\beta_j$로 나타낼 수 있는 총승수를 추정하기 위해서 식 (9.90)이 의미하는 진행경과를 합산할 수도 있지만, 더 용이한 방법은 DU 및 G에 변화가 없는 장기균형상태에 있다고 가정하고, 장기균형에서 G의 변화가 미치는 영향을 검토하는 것이다. 장기균형상태에 있다는 것이 의미하는 바는 식 (9.92)에서 시간을 의미하는 아래첨자와 오차항을 무시할 수 있다는 것이다. 이런 경우 다음과 같이 나타낼 수 있다.

$$DU = 0.1708 + 0.2639DU + 0.2072DU - 0.0904G$$
$$- 0.1296G$$

또는 다음과 같다.

$$DU = \frac{0.1708 - (0.0904 + 0.1296)G}{1 - 0.2639 - 0.2072} = 0.3229 - 0.4160G$$

총승수는 $d(DU)/dG = -0.416$이 된다. 그림 9.12에서 시차계수의 합은 $\sum_{s=0}^{10}\hat{\beta}_s = -0.414$이다. G의 변화에 따른 충격의 대부분은 처음 10분기에서 나타난다. 일정한 실업률을 유지하기 위해서 필요한 정규 성장률의 추정값은 $\hat{G}_N = -\hat{\alpha}/\sum_{j=0}^{\infty}\hat{\beta}_j = 0.3229/0.416 = 0.78\%$이다. 유한 시차분포 모형에서 구한 총승수 추정값은 -0.528로 절댓값으로 볼 때 더 높지만, 정규 성장률의 추정값은 0.78%로 동일하다.

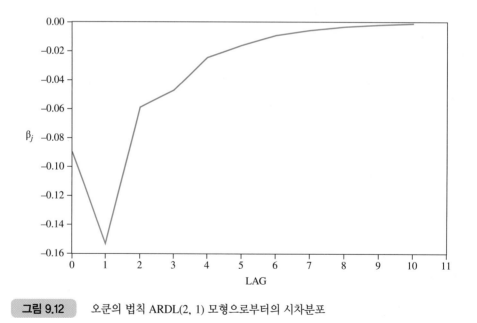

그림 9.12 오쿤의 법칙 ARDL(2, 1) 모형으로부터의 시차분포

오차항 정리문제 9.18에서는 최소제곱을 사용하여 ARDL 모형을 추정하였고 편리를 위해 오차항을 무시하였다. 물어봐야 하는 질문은 오차항이 최소제곱 추정량이 일치하도록 하는 그런 것인지 여부에 관한 것이다. 식 (9.47)에서 다음과 같은 점을 발견하였다.

$$e_t = \left(1 - \theta_1 L - \theta_2 L^2\right)^{-1} v_t$$

이 식의 양편에 $(1-\theta_1 L-\theta_2 L^2)$을 곱하면 다음과 같다.

$$\left(1 - \theta_1 L - \theta_2 L^2\right) e_t = v_t$$
$$e_t - \theta_1 e_{t-1} - \theta_2 e_{t-2} = v_t$$
$$e_t = \theta_1 e_{t-1} + \theta_2 e_{t-2} + v_t$$

일반적인 ARDL(p, q) 모형에서 이 식은 다음과 같다.

$$e_t = \theta_1 e_{t-1} + \theta_2 e_{t-2} + \cdots + \theta_p e_{t-p} + v_t \tag{9.93}$$

ARDL 모형의 최소제곱 추정이 일치하기 위해 필요한 조건인 v_t가 상관되지 않기 위해서, 오차 e_t는 식 (9.93)을 충족시켜야 한다. 즉 이것들은 ARDL 모형의 AR요소에서와 같은 계수를 갖고 AR(p) 과정을 따라야 한다. 기하학적 시차 모형의 틀에서 앞에서 논의한 최소제곱의 일치성에 대한 검정은 일반적인 경우로 확장될 수 있다.

🔍 정리문제 9.19 　 최소제곱 추정의 일치성에 대한 검정

이 검정의 출발점은 IDL 식에서 오차 e_t가 다음과 같은 AR(2) 과정을 따른다는 가정이다.

$$e_t = \psi_1 e_{t-1} + \psi_2 e_{t-2} + v_t$$

여기서 v_t는 상관되지 않는다. ARDL 식은 다음과 같다.

$$DU_t = \delta + \theta_1 DU_{t-1} + \theta_2 DU_{t-2} + \delta_0 G_t + \delta_1 G_{t-1} + v_t \tag{9.94}$$

귀무가설은 $H_0 : \psi_1 = \theta_1$, $\psi_2 = \theta_2$이다. 검정 통계량을 구하기 위해서 $\hat{e}_t = \hat{\theta}_1 \hat{e}_{t-1} + \hat{\theta}_2 \hat{e}_{t-2} + \hat{u}_t$를 계산할 것이며, 여기서 $\hat{u}_t$는 식 (9.92)의 추정식에서 구한 잔차이다. 그러고 나서 $\hat{u}_t$를 상수, DU_{t-1}, DU_{t-2}, G_t, G_{t-1}, $\hat{e}_{t-1}$, $\hat{e}_{t-2}$에 대해 회귀 추정하면, $R^2 = 0.02089$ 및 검정값 $\chi^2 = (T-3) \times R^2 = 150 \times 0.02089 = 3.13$을 구할 수 있다. 5% 임계값은 $\chi^2_{(0.95,\ 2)} = 5.99$이므로, 5% 유의수준에서 H_0를 기각하는 데 실패한다. 식 (9.94)의 최소제곱 추정에서 계열상관된 오차들이 불일치성의 근원이라고 결론 내릴 만한 충분한 증거가 없다.

무한 시차분포 모형에 대한 가정　몇몇 가정은 소비 함수와 오쿤의 법칙 정리문제에서 최소제곱 추정의 기초가 된다. 여기서는 이런 가정들을 요약하고 이것들의 변형이 갖는 의미에 대해 논의할 것이다.

IDL1 : 시계열 y 및 x는 안정적이며 약하게 의존적이다.

IDL2 : y가 x의 현재값과 과거값에 어떻게 반응하는지 설명하는 무한 시차분포 모형은 다음과 같이 나타낼 수 있다.

$$y_t = \alpha + \beta_0 x_t + \beta_1 x_{t-1} + \beta_2 x_{t-2} + \cdots + e_t \tag{9.95}$$

$s \to \infty$함에 따라 $\beta_s \to 0$이 된다.

IDL3 : 식 (9.95)에 상응하는 ARDL(p, q) 모형은 다음과 같다.

$$y_t = \delta + \theta_1 y_{t-1} + \cdots + \theta_p y_{t-p} + \delta_0 x_t + \delta_1 x_{t-1} + \cdots + \delta_q x_{t-q} + v_t \tag{9.96}$$

여기서 $v_t = e_t - \theta_1 e_{t-1} - \theta_2 e_{t-2} - \cdots - \theta_p e_{t-p}$ 이다.

IDL4 : 오차 e_t는 강하게 외생적이다.

$$E(e_t | \mathbf{X}) = 0$$

여기서 $\mathbf{X}$는 x의 모든 현재값, 과거값, 장래값을 포함한다.

IDL5 : 오차 e_t는 다음과 같이 AR(p) 과정을 따라간다.

$$e_t = \theta_1 e_{t-1} + \theta_2 e_{t-2} + \cdots + \theta_p e_{t-p} + u_t$$

여기서

i. u_t는 x의 현재값 및 과거값, 그리고 y의 과거값에 대하여 외생적이다.

$$E(u_t | x_t, x_{t-1}, y_{t-1}, x_{t-2}, y_{t-2}, \ldots) = 0$$

ii. u_t는 동분산적이다. 즉 $\mathrm{var}(u_t | x_t) = \sigma_u^2$이다.

가정 IDL2 및 IDL3하에서 모수 θ 및 δ의 측면에서의 시차 가중치 β_s에 대한 식은, 다음과 같은 곱에서 시차 연산자의 동일한 거듭제곱의 계수들을 등식화함으로써 구할 수 있다.

$$\begin{aligned} \delta_0 + \delta_1 L + \delta_2 L^2 + \cdots + \delta_q L^q &= \left(1 - \theta_1 L - \theta_2 L^2 - \cdots - \theta_p L^p\right) \\ &\quad \times \left(\beta_0 + \beta_1 L + \beta_2 L^2 + \beta_3 L^3 + \cdots\right) \end{aligned} \tag{9.97}$$

가정 IDL5는 식 (9.95)에 대한 자기상관된 오차 모형의 매우 특별한 경우이며, 그런 이유로 인해서 그것의 타당성 검정을 살펴보았다. 식 (9.96)의 최소제곱 추정이 일치하기 위해서는 이것이 필요하다. 외생성 가정 IDL5(i)은 y의 모든 과거값들을 포함하기 때문에 v_t가 자기상관되지 않을 것이라는 점을 확신시켜 준다. IDL5(ii)는 OLS 표준오차가 타당하기 위해서 필요하다. IDL5가 준수되고 식 (9.96)의 최소제곱 추정값들이 사용되어 식 (9.97)을 통해 β들의 추정값을 구하게 되면, β가 인과관계적 해석을 갖기 위해 e_t에 대한 강 외생성(IDL4)이 필요하다. 이런 필요조건은 자기상관된 오차 모형의 비선형 최소제곱 추정 및 일반 최소제곱 추정에 대한 것과 유사하다.

IDL5에 대한 대안적인 가정은 다음과 같다.

IDL5* : 오차 e_t가 상관되지 않으며, 즉 $t \neq s$인 경우 $\mathrm{cov}(e_t, e_s | x_t, x_s) = 0$이며, 그리고 동분산적, 즉 $\mathrm{var}(e_t | x_t) = \sigma_e^2$이다.

이 경우에 오차 $v_t = e_t - \theta_1 e_{t-1} - \theta_2 e_{t-2} - \cdots - \theta_p e_{t-p}$는 MA($p$) 과정을 따라가며, 식 (9.96)의 최소제곱 추정은 불일치한다. 제10장에서 살펴볼 도구변수 접근법이 대안으로 사용될 수 있다.

마지막으로 자기상관된 오차를 갖는 FDL 모형과 IDL 모형은 둘 다 ARDL 모형으로 변환될 수 있다는 점에 주목하였다. 따라서 ARDL 모형을 추정한 후에 발생하는 문제는 이것을 자기상관된 오차를 갖는 FDL 모형으로 해석할지 또는 IDL 모형으로 해석할지에 관한 것이다. 이런 어려움에서 벗어나는 매력적인 방법은 FDL 모형을 가정하고 HAC 표준오차를 사용하는 것이다. 많은 경우에 IDL 모형은 FDL 모형으로 무리 없이 근접해질 수 있으며, HAC 표준오차를 사용할 경우 제한적인 강 외생성 가정을 해야 하는 것을 피할 수 있다.

주요 용어

- **국문**

계열상관	시차분포 모형	자기회귀 시차분포
그레인저 인과관계	시차 양식	자기회귀 오차
누적승수	시차 연산자	잠정승수
단위근 검정	시차 길이	총승수
더빈−왓슨 검정	약 의존성	충격승수
라그랑주 승수	예측구간	코크레인−오커트
무한 시차분포	예측오차	표본 자기상관
분포 가중치	유한 시차분포	표본 자기상관 함수
비선형 최소제곱	자기상관	HAC 표준오차
상관도표	자기회귀 과정	s기간 지연승수
시차 가중치	자기회귀 모형	s차 표본 자기상관

- **영문**

autocorrelation	forecast error	Lagrange multiplier(LM)
autoregressive distributed lag	forecast interval	lag weight
autoregressive error	Granger causality	nonlinear least square
autoregressive model	HAC(heteroskedasticity and	sample autocorrelation function
autoregressive process	autocorrelation consistent) standard	sample autocorrelation
Cochrane-Orcutt	error	serial correlation
correlogram	impact multiplier	s-period delay multiplier
cumulative multiplier	infinite distributed lag	s-order sample autocorrelation
distributed lag model	interim multiplier	total multiplier
distributed-lag weight	lag length	unit root test
Durbin-Watson test	lag operator	weak dependence
finite distributed lag	lag pattern	

복습용 질문

1. 시계열 자료를 사용하는 모형에서 시차가 중요한 이유를 설명하고, 동태적인 계량경제 모형에서 시차가 포함되는 방법에 대해 논의하시오.

2. 계열상관된 시계열이 의미하는 바와 계열상관을 어떻게 측정할 수 있는지 설명하시오.

3. 시계열에 대한 자기상관을 계산하고 이에 상응하는 상관도표를 그래프로 나타내시오. 이를 이용하여 계열상관을 검정하시오.

4. 시차변수를 포함한 회귀의 성격과 가용할 수 있는 관찰값의 수를 설명하시오.

5. 자기회귀(AR) 모형 및 자기회귀 시차분포(ARDL) 모형을 사용하여 예측, 예측의 표준오차, 예측구간을 계산하시오.

6. AR 및 ARDL 예측을 하기 위해 필요한 가정을 설명하시오.

7. ARDL 모형을 설정하고 추정하시오. 계열상관 점검, 계수의 유의성, 모형선택 기준을 활용하여 시차의 길이를 선택하시오.

8. 그레인저 인과관계를 검정하시오.

9. 잔차의 상관도표를 사용하여 계열상관된 오차를 검정하시오.

10. 계열상관된 오차에 대해 라그랑주 승수 검정을 하시오.

11. 예측을 위한 시계열 모형과 정책분석을 위한 시계열 모형의 차이를 설명하시오.

12. 유한 시차분포 모형과 무한 시차분포 모형의 추정값을 추정하고 해석하시오.

13. 최소제곱 추정값에 대한 HAC 표준오차를 계산하시오. 이들이 사용되는 이유를 설명하시오.

14. AR(1) 오차를 갖는 모형에 대한 비선형 최소제곱 추정값과 일반 최소제곱 추정값을 계산하시오.

15. HAC 표준오차에 필요한 외생성 가정과 AR(1) 오차 모형을 추정하는 데 필요한 외생성 가정을 비교하시오.

16. 유한 시차분포 모형과 무한 시차분포 모형에 대한 지연승수, 잠정승수, 총승수를 계산하시오.

연습문제

9.1 **a.** 과거 정보 I_T에만 의존하는 예측 $\hat{y}_{T+1}$에 대한 평균제곱 예측오차 $E\left[\left(\hat{y}_{T+1} - y_{T+1}\right)^2 \middle| I_T\right]$를 다음과 같이 나타낼 수 있음을 보이시오.

$$E\left[\left(\hat{y}_{T+1} - y_{T+1}\right)^2 \middle| I_T\right] = E\left[\left\{\left(\hat{y}_{T+1} - E(y_{T+1}|I_T)\right) - \left(y_{T+1} - E(y_{T+1}|I_T)\right)\right\}^2 \middle| I_T\right]$$

b. $E\left[\left(\hat{y}_{T+1} - y_{T+1}\right)^2 \middle| I_T\right]$는 $\hat{y}_{T+1} = E(y_{T+1}|I_T)$를 선택함으로써 최소화된다는 사실을 보이시오.

9.2 AR(1) 모형 $y_t = \delta + \theta y_{t-1} + e_t$를 생각해 보자. 여기서 $|\theta| < 1$, $E(e_t|I_{t-1}) = 0$, $\text{var}(e_t|I_{t-1}) = \sigma^2$이다. $\bar{y}_{-1} = \sum_{t=2}^{T} y_t/(T-1)$(첫 번째 관찰값이 누락된 y에 대한 관찰값들의 평균) 및 $\bar{y}_{-T} = \sum_{t=2}^{T} y_{t-1}/(T-1)$(마지막 관찰값이 누락된 y에 대한 관찰값들의 평균)이라고 하자.

a. θ에 대한 최소제곱 추정량은 다음과 같이 나타낼 수 있음을 보이시오.

$$\hat{\theta} = \theta + \frac{\sum_{t=2}^{T} e_t\left(y_{t-1} - \bar{y}_{-T}\right)}{\sum_{t=2}^{T}\left(y_{t-1} - \bar{y}_{-T}\right)^2}$$

b. $\hat{\theta}$이 θ에 대한 편의가 있는 추정량인 이유를 설명하시오.

c. $\hat{\theta}$이 θ에 대한 일치하는 추정량인 이유를 설명하시오.

9.3 AR(2) 모형 $y_t = \delta + \theta_1 y_{t-1} + \theta_2 y_{t-2} + e_t$를 AR(1) 오차 모형 $e_t = \rho e_{t-1} + v_t$와 결합시킨 안정적 모형을 생각해 보자. 여기서 $E(v_t|I_{t-1}) = 0$이다. 다음과 같은 사실을 보이시오.

$$E(y_t|I_{t-1}) = \delta(1-\rho) + (\theta_1 + \rho)\, y_{t-1} + (\theta_2 - \theta_1\rho)\, y_{t-2} - \theta_2\rho y_{t-3}$$

오차가 자기상관될 경우 가정 $E(y_t|I_{t-1}) = \delta + \theta_1 y_{t-1} + \theta_2 y_{t-2}$가 위배되는 이유는 무엇인가?

9.4 다음의 ARDL(2, 1) 모형을 생각해 보자.

$$y_t = \delta + \theta_1 y_{t-1} + \theta_2 y_{t-2} + \delta_1 x_{t-1} + e_t$$

보조 AR(1) 모형은 $x_t = \alpha + \phi x_{t-1} + v_t$이다. 여기서 $I_t = \{y_t,\ y_{t-1}, \cdots,\ x_t,\ x_{t-1}, \cdots\}$, $E(e_t|I_{t-1}) = 0$, $E(v_t|I_{t-1}) = 0$, $\mathrm{var}(e_t|I_{t-1}) = \sigma_e^2$, $\mathrm{var}(v_t|I_{t-1}) = \sigma_v^2$이며, v_t와 e_t는 독립적이다. 표본 관찰값은 $t = 1, 2, \cdots, T$에 대해 가용할 수 있다고 가정한다.

a. 기간 $T+1$, $T+2$, $T+3$에 대한 최우수 예측이 다음과 같다는 사실을 보이시오.

$$\hat{y}_{T+1} = \delta + \theta_1 y_T + \theta_2 y_{T-1} + \delta_1 x_T$$
$$\hat{y}_{T+2} = \delta + \delta_1\alpha + \theta_1 \hat{y}_{T+1} + \theta_2 y_T + \delta_1\phi x_T$$
$$\hat{y}_{T+3} = \delta + \delta_1\alpha + \delta_1\phi\alpha + \theta_1 \hat{y}_{T+2} + \theta_2 \hat{y}_{T+1} + \delta_1\phi^2 x_T$$

b. 예측오차분산이 다음과 같다는 사실을 보이시오.

$$\sigma_{f1}^2 = E\!\left(\left(y_{T+1} - \hat{y}_{T+1}\right)^2 \middle| I_T\right) = \sigma_e^2$$
$$\sigma_{f2}^2 = E\!\left(\left(y_{T+2} - \hat{y}_{T+2}\right)^2 \middle| I_T\right) = \left(1 + \theta_1^2\right)\sigma_e^2 + \delta_1^2\sigma_v^2$$
$$\sigma_{f3}^2 = E\!\left(\left(y_{T+3} - \hat{y}_{T+3}\right)^2 \middle| I_T\right) = \left(\left(\theta_1^2 + \theta_2\right)^2 + \theta_1^2 + 1\right)\sigma_e^2 + \delta_1^2\left(\left(\theta_1 + \phi\right)^2 + 1\right)\sigma_v^2$$

9.5 e_t를 시계열 회귀에서의 오차항이라고 하자. AR(1) 오차 모형 $e_t = \rho e_{t-1} + v_t$로부터의 자기상관을 MA(1) 오차 모형 $e_t = \phi v_{t-1} + v_t$로부터의 자기상관과 비교해 보고자 한다. 두 경우 모두에서 $s \neq 0$이라면 $E(v_t v_{t-s}) = 0$ 및 $E(v_t^2) = \sigma_v^2$이라고 가정하자. $\rho_s = E(e_t e_{t-s})/\mathrm{var}(e_t)$를 e_t에 대한 s차 자기상관이라고 하자. 다음과 같은 사실을 보이시오.

a. AR(1) 오차 모형인 경우, $\rho_1 = \rho$, $\rho_2 = \rho^2$, $\rho_3 = \rho^3, \cdots$

b. MA(1) 오차 모형인 경우, $\rho_1 = \phi/(1 + \phi^2)$, $\rho_2 = 0$, $\rho_3 = 0, \cdots$

이들 2개 자기상관 모형 구조의 차이점을 말로 설명하시오.

9.6 HAC 표준오차를 설명하기 위해서 사용된 일부 결과들을 명확히 하기 위해서 이 식이 고안되었다.

a. $\widehat{\mathrm{var}}(\hat{q}_t) = (T-2)^{-1}\sum_{t=1}^{T}\left(x_t - \bar{x}\right)^2 \hat{e}_t^2$ 및 $s_x^2 = T^{-1}\sum_{t=1}^{T}\left(x_t - \bar{x}\right)^2$이 주어진 경우 다음 사실을 보이시오.

$$\frac{\sum_{t=1}^{T} \widehat{\text{var}}(\hat{q}_t)}{T^2 (s_x^2)^2} = \frac{T \sum_{t=1}^{T} (x_t - \bar{x})^2 \hat{e}_t^2}{(T-2) \left(\sum_{t=1}^{T} (x_t - \bar{x})^2 \right)^2}$$

b. $T = 4$인 경우 합산의 모든 항을 작성하시오.

$$\text{(i)} \ \sum_{t=1}^{T-1} \sum_{s=1}^{T-t} \text{cov}(q_t, q_{t+s}) \qquad \text{(ii)} \ \sum_{s=1}^{T-1} (T-s) \text{cov}(q_t, q_{t+s})$$

이들 두 합산이 동일해지기 위해서는 어떤 가정이 필요한가?

c. $E(e_t | x_t) = 0$인 단순회귀 모형 $y_t = \alpha + \beta_0 x_t + e_t$에 대해, $t \neq s$인 경우 $\text{cov}(e_t, e_s | x_t, x_s) = 0$은 $\text{cov}(q_t, q_s) = 0$을 의미한다는 사실을 보이시오. 여기서 $q_t = (x_t - \mu_x)e_t$이다.

9.7 이 장에서 AR(1) 오차 $e_t = \rho e_{t-1} + v_t$이며 ρ를 알고 있는 회귀 모형 $y_t = \alpha + \beta_0 x_t + e_t$에서 α 및 β_0에 대한 일반 최소제곱(GLS) 추정량은, 변형된 모형 $y_t^* = \alpha^* + \beta_0 x_t^* + v_t$에 OLS 적용하여 어떻게 계산될 수 있는지 살펴보았다. 여기서 $y_t^* = y_t - \rho y_{t-1}$, $\alpha^* = \alpha(1 - \rho)$, $x_t^* = x_t - \rho x_{t-1}$이다. 대표본에서, v_t는 동분산하며 자기상관하지 않기 때문에 GLS 추정량은 최소분산 추정량이 된다. 하지만 x_t^* 및 y_t^*는 $t = 2, 3, \cdots, T$에 대해서만 구할 수 있다. GLS 추정량이 소표본에서 최소분산 추정량이 되도록 하기 위해서는 $t = 1$에 대한 변형된 관찰값이 포함되어야 한다. $e_1^* = \sqrt{1 - \rho^2} e_1$이라고 하자.

a. $\text{var}(e_1^*) = \sigma_v^2$이고, e_1^*은 v_t와 상관되지 않는다는 사실을 보이시오. 여기서 $t = 2, 3, \cdots, T$이다.

b. (a)의 결과가 다음의 변형된 모형에 적용된 OLS가 최소분산 추정량을 제시한다고 의미하는 이유를 설명하시오.

$$y_t^* = \alpha j_t + \beta_0 x_t^* + e_t^*$$

여기서 $t = 2, 3, \cdots, T$인 경우 $y_t^* = y_t - \rho y_{t-1}$, $j_t = 1 - \rho$, $x_t^* = x_t - \rho x_{t-1}$, $e_t^* = e_t - \rho e_{t-1} = v_t$이며, $t = 1$인 경우 $y_1^* = \sqrt{1 - \rho^2} y_1$, $j_1 = \sqrt{1 - \rho^2}$, $x_1^* = \sqrt{1 - \rho^2} x_1$이다. 특히 ρ의 추정값을 갖고 반복적으로 사용될 때 이 추정량은 종종 프레스-윈스텐 추정량이라고 알려져 있다.

9.8 민간투자의 백분율 성장($INVGWTH$)을 연방자금금리($FFRATE$)에 연계시킨 다음과 같은 시차분포 모형을 생각해 보자.

$$INVGWTH_t = 4 - 0.4FFRATE_t - 0.6FFRATE_{t-1} - 0.3FFRATE_{t-2} - 0.2FFRATE_{t-3}$$

a. $t = 1, 2, 3, 4$에 대해 $FFRATE = 1\%$라고 가상하자. 위에서 말한 식을 활용하여 $t = 4$인 경우 $INVGWTH$를 예측하시오.

b. $FFRATE$가 기간 $t = 5$에 2%로, 1%만큼 상승하였으며, 기간 $t = 6, 7, 8, 9$에는 최초의 1% 수준으로 되돌아 갔다. 이 식을 이용하여 기간 $t = 5, 6, 7, 8, 9$에 대한 $INVGWTH$를 예측하시오. 예측의 변동을 계수값에 연계시키시오. 지연승수는 무엇인가?

c. $FFRATE$가 기간 $t = 5, 6, 7, 8, 9$에 2%로 상승하였다고 가상하자. 식을 사용하여 기간

$t = 5, 6, 7, 8, 9$에 대한 *INVGWTH*를 예측하시오. 예측의 변동을 계수값에 연계시키시오. 임시승수는 무엇인가? 총승수는 무엇인가?

9.9 대형 백화점에 대해 백만 달러로 측정한 매출액(*SALES*) 및 광고비(*ADV*)에 대한 157개 주당 관찰값을 사용하여 다음과 같은 관계가 추정되었다.

$$\widehat{SALES}_t = 18.74 + 1.006ADV_t + 3.926ADV_{t-1} + 2.372ADV_{t-2}$$

a. 이 추정된 모형에 대해 얼마나 많은 자유도가 있는가? (시차변수들을 통해 상실된 관찰값의 수를 고려하시오.)

b. 매출액과 광고비 사이의 관계를 설명하시오. 시차가 있는 관계에 대한 설명을 포함하시오. 광고비는 언제 가장 큰 영향을 미치는가? 광고비가 지속적으로 백만 달러 증가할 경우 총효과는 무엇인가?

c. 계수들의 추정된 공분산 행렬은 다음과 같다.

	C	ADV_t	ADV_{t-1}	ADV_{t-2}
C	0.2927	−0.1545	−0.0511	−0.0999
ADV_t	−0.1545	0.4818	−0.3372	0.0201
ADV_{t-1}	−0.0511	−0.3372	0.7176	−0.3269
ADV_{t-2}	−0.0999	0.0201	−0.3269	0.4713

양측검정 및 5% 유의수준을 사용하여, 어떤 시차계수가 영과 유의하게 상이한가? 단측검정을 사용할 경우 결론이 변화하는가? 10% 유의수준을 사용할 경우 결론이 변화하는가?

d. 충격승수, 1기간의 임시승수, 총승수에 대한 95% 신뢰구간을 구하시오.

9.10 확률변수 y_t에 대한 크기가 $T = 10$인 다음과 같은 시계열 표본을 생각해 보자. 이들의 표본 평균은 $\bar{y} = 0$이다.

t	1	2	3	4	5	6	7	8	9	10
y_t	1	4	8	5	4	−3	0	−5	−9	−5

a. 손 계산기 또는 스프레드시트를 사용하여 다음의 표본 자기상관을 계산하시오.

$$r_1 = \frac{\sum_{t=2}^{T} y_t y_{t-1}}{\sum_{t=1}^{T} y_t^2} \qquad r_2 = \frac{\sum_{t=3}^{T} y_t y_{t-2}}{\sum_{t=1}^{T} y_t^2} \qquad r_3 = \frac{\sum_{t=4}^{T} y_t y_{t-3}}{\sum_{t=1}^{T} y_t^2}$$

b. 5% 유의수준을 사용하여 r_1, r_2, r_3가 영과 유의하게 상이한지 여부를 따로따로 검정하시오. 상관도표의 처음 세 개 바(bar)를 대략 설명하시오. 유의성 한계를 포함하시오.

9.11 1947년 2분기부터 2009년 3분기까지 미국 GDP 성장률(*G*)에 관한 250개 분기별 관찰값들을 사용하여 다음의 값을 계산해 보자.

$$\sum_{t=1}^{250}\left(G_t-\overline{G}\right)^2=333.8558 \quad \sum_{t=2}^{250}\left(G_t-\overline{G}\right)\left(G_{t-1}-\overline{G}\right)=162.9753$$

$$\sum_{t=3}^{250}\left(G_t-\overline{G}\right)\left(G_{t-2}-\overline{G}\right)=112.4882 \quad \sum_{t=4}^{250}\left(G_t-\overline{G}\right)\left(G_{t-3}-\overline{G}\right)=30.5802$$

a. G에 대한 처음 세 개 자기상관(r_1, r_2, r_3)을 계산하시오. 각 상관이 5% 유의수준에서 영과 유의하게 상이한지 여부를 검정하시오. 상관도표의 처음 세 개 바(bar)를 대략 설명하시오. 유의성 한계를 포함하시오.

b. $\sum_{t=2}^{250}\left(G_{t-1}-\overline{G}_{-1}\right)^2=333.1119$ 및 $\sum_{t=2}^{250}\left(G_t-\overline{G}_1\right)\left(G_{t-1}-\overline{G}_{-1}\right)=162.974$가 주어진 경우, AR(1) 모형 $G_t=\delta+\theta_1 G_{t-1}+e_t$에서 δ 및 θ_1의 최소제곱 추정값을 구하시오. 여기서 $\overline{G}_1=\sum_{t=2}^{250}G_t/249=1.662249$ 및 $\overline{G}_{-1}=\sum_{t=2}^{250}G_t/249=1.664257$이다. 추정값 $\hat{\theta}_1$과 (a)에서 구한 추정값 r_1 사이의 차이를 설명하시오.

9.12 주택담보대출 이자율이 상승할 경우 주택보유에 따른 비용이 증가하고 주택수요가 감소한다. 이 문제에서는 세 개 식을 활용하여 미국에서 판매된 신규 단독주택 수의 월간 변화를 예측하고자 한다. 첫 번째 식 (XR 9.12.1)에서는, 주택 수의 월간 변화 $DHOMES$를 30년 만기 일반적인 주택담보대출 이자율 $DIRATE$의 두 개 시차에 걸친 월간 변화에 대해 회귀추정을 하고 있다. 두 번째 식 (XR 9.12.2)에서는, $DHOMES$를 해당 두 개 시차에 대해 회귀추정을 하고 있으며, 세 번째 식 (XR 9.12.3)에서는 $DHOMES$와 $DIRATE$ 둘 다에 대한 두 개 시차가 설명변수로 포함된다.

$$DHOMES_t=\delta+\delta_1 DIRATE_{t-1}+\delta_2 DIRATE_{t-2}+e_{1,t} \qquad \text{(XR 9.12.1)}$$
$$DHOMES_t=\delta+\theta_1 DHOMES_{t-1}+\theta_2 DHOMES_{t-2}+e_{2,t} \qquad \text{(XR 9.12.2)}$$
$$DHOMES_t=\delta+\theta_1 DHOMES_{t-1}+\theta_2 DHOMES_{t-2}+\delta_1 DIRATE_{t-1}+\delta_2 DIRATE_{t-2}+e_{3,t}$$
$$\text{(XR 9.12.3)}$$

1992년 1월(1992M1)부터 2016년 9월(2016M9)까지의 자료를 사용하였다. 측정단위는 $DHOMES$의 경우 신규 주택 천 채이며, $DIRATE$의 경우 백분율이다. 차분을 하고 두 개 시차를 용인하고 나면 세 개 관찰값이 상실되어서 총 294개 관찰값을 갖게 된다. 이를 사용하여 최소제곱 추정값 구하였으며 이는 표 9.11에 있다.

a. $DHOMES_{2016M8}=-54$, $DHOMES_{2016M9}=18$, $DIRATE_{2016M8}=0.00$, $DIRATE_{2016M9}=0.02$, $DIRATE_{2016M10}=-0.01$이 주어진 경우, 세 개의 추정식을 각각 사용하여 $DHOMES_{2016M10}$ 및 $DHOMES_{2016M11}$에 대한 95% 예측구간을 구하시오.

b. 5% 유의수준을 사용하여, 각 식에서 자기상관된 오차에 대해 검정하시오.

c. 5% 유의수준을 사용하여, $DIRATE$가 $DHOMES$의 그레인저 원인이 되는지 여부를 검정하시오.

9.13 다음과 같은 ARDL 모형에 대한 무한시차식 $y_t=\alpha+\sum_{s=0}^{\infty}\beta_s x_{t-s}+e_t$를 생각해 보자.

$$y_t=\delta+\theta_1 y_{t-1}+\theta_3 y_{t-3}+\delta_1 x_{t-1}+v_t$$

표 9.11 신규 주택을 예측하는 식에 대한 계수 추정값

Dependent variable	XR 9.12.1		XR 9.12.2		XR 9.12.3	
	$DHOMES_t$	$\hat{e}_{1,t}$	$DHOMES_t$	$\hat{e}_{2,t}$	$DHOMES_t$	$\hat{e}_{3,t}$
C	−0.92	−0.03	0.05	0.05	−1.39	0.65
$DHOMES_{t-1}$			−0.32	0.04	−0.37	0.53
$DHOMES_{t-2}$			−0.10	0.16	−0.11	0.14
$DIRATE_{t-1}$	−46.1	−0.31			−45.6	−0.003
$DIRATE_{t-2}$	−13.2	−1.17			−35.3	30.8
$\hat{e}_{1,t-1}$		−0.39		−0.05		−0.54
$\hat{e}_{1,t-2}$		−0.14		−0.17		0.03
SSE	634,312	550,482	599,720	597,568	555,967	550,770

a. $s \geq 4$인 경우, $\alpha = \delta/(1 - \theta_1 - \theta_3)$, $\beta_0 = 0$, $\beta_1 = \delta_1$, $\beta_2 = \theta_1\beta_1$, $\beta_3 = \theta_1\beta_2$, $\beta_s = \theta_1\beta_{s-1} + \theta_3\beta_{s-3}$ 라는 사실을 보이시오.

b. 미국의 인플레이션(INF) 그리고 실업률의 변화(DU)에 관한 분기별 자료(1995년 2분기부터 2016년 1분기까지)를 사용하여 다음과 같은 필립스 곡선식을 추정하였다.

$$\widehat{INF}_t = \underset{(0.049)}{0.094} + \underset{(0.051)}{0.564INF_{t-1}} + \underset{(0.052)}{0.333INF_{t-3}} - \underset{(0.084)}{0.300DU_{t-1}} \qquad SSE = 48.857$$
(se)

c. (a)의 결과를 활용하여, (b)에 있는 추정된 필립스 곡선의 무한시차식에서 처음 12개 시차 가중치의 추정값을 구하시오. 이 가중치를 그래프로 나타내고 해당 그래프에 관해 논의하시오.

d. 어떤 인플레이션율이 일정한 실업률(전 기간에 걸쳐 $DU = 0$)과 일치하는가?

e. $\hat{e}_t = 0.564\hat{e}_{t-1} + 0.333\hat{e}_{t-3} + \hat{u}_t$라고 하며, 여기서 $\hat{u}_t$는 (b) 식의 잔차이다. 최초값 $\hat{e}_1$, $\hat{e}_2$, $\hat{e}_3$를 영이라고 하자. $\hat{u}_t$를 상수, INF_{t-1}, $INF_{t-3}DU_{t-1}$, $\hat{e}_{t-1}$, $\hat{e}_{t-3}$에 대해 회귀추정하여 구한 SSE는 47.619이다. 5% 유의수준을 사용하여 무한시차식의 오차들이 AR(3) 과정 $e_t = \theta_1 e_{t-1} + \theta_3 e_{t-3} + v_t$를 따른다는 가설을 검정하시오. 이 회귀와 (b)의 회귀에서 사용한 관찰값의 수는 241개이다. 이 검정 결과가 갖는 의미는 무엇인가?

9.14 인플레이션 기대는 고용인과 피고용인 사이의 임금협상에서 중요한 역할을 수행한다. 이 문제에서는 국립 호주 은행 표본조사를 통해 얻은 호주 업계의 인플레이션 기대가 과거 인플레이션율에 어떻게 의존하는지를 살펴보았다. 1989년 3분기부터 2016년 1분기까지의 분기별 자료를 사용하였다. 추정된 기본 모형은 다음과 같다.

$$EXPN_t = \alpha + \beta_1 INF_{t-1} + e_t$$

$EXPN_t$는 이전 3개월 동안의 기대 백분율 물가 상승이며, INF_{t-1} 이전 3개월 동안의 인플레이션율이다. 표 9.12의 왼편에 있는 추정값들은 일반적인 표준오차 및 HAC 표준오차들과 함께 α 및 β_1에 대한 OLS 추정값을 포함한다. 오른편에는 식 오차가 AR(1) 과정 $e_t = \rho e_{t-1} + v_t$를 따

표 9.12   인플레이션 기대 모형에 대한 추정값

	OLS 추정값			AR(1) 오차 모형		
	계수	OLS 표준오차	HAC 표준오차	계수	NLS 표준오차	HAC 표준오차
α	1.437	0.110	0.147	1.637	0.219	0.195
β_1	0.629	0.120	0.188	0.208	0.074	0.086
ρ				0.771	0.063	0.076
	$r_1 = 0.651$			$r_1 = -0.132$		
	$r_2 = 0.466$			$r_2 = 0.099$		
	$r_3 = 0.445$			$r_3 = -0.136$		
	관찰값 = 106			관찰값 = 105		

른다는 가정을 한 비선형 최소제곱 추정값과 표준오차들이 있다. 또한 이들 두 개 추정법 각각에 대해 잔차들의 처음 세 개 표본 자기상관이 제시되어 있다.

a. 오차 e_t에 계열상관이 존재한다는 어떤 증거가 있는가? β_1의 구간 추정에 미치는 계열상관의 영향은 무엇인가?

b. AR(1) 오차를 갖는 모형을 추정한 후에 오차 v_t에 계열상관이 남아 있다는 증거가 있는가?

c. β_1의 추정값에 대해 AR(1) 오차 가정이 미치는 영향은 무엇인가? 크기 면에서 큰 차이가 존재하는 이유를 제시하시오.

d. AR(1) 오차 모형은 다음과 같이 나타낼 수 있다는 점을 보이시오.

$$EXPN_t = \delta + \theta_1 EXPN_{t-1} + \delta_1 INF_{t-1} + \delta_2 INF_{t-2} + v_t$$

여기서 $\delta = \alpha(1 - \rho)$, $\theta_1 = \rho$, $\delta_1 = \beta_1$, $\delta_2 = -\rho\beta_1$이다.

e. (d) 모형의 제약되지 않은 식을 OLS로 추정하면 다음과 같다.

$$\widehat{EXPN}_t = 0.376 + 0.773 EXPN_{t-1} + 0.206 INF_{t-1} - 0.163 INF_{t-2}$$
$$\text{(se)} \quad (0.121) \quad (0.070) \quad\quad (0.091) \quad\quad\quad (0.090)$$

$se(\hat{\theta}_1\hat{\delta}_1 + \hat{\delta}_2) = 0.1045$가 주어진 경우, 5% 유의수준을 사용하여 가설 $H_0 : \theta_1\delta_1 = -\delta_2$를 검정하시오. 이 검정 결과가 미치는 영향은 무엇인가?

f. (e)에 있는 추정식의 무한 시차분포 모형식의 처음 네 개 시차계수 추정값을 구하시오.

9.15 a. 시차 연산자 표기로 AR(1) 오차 모형 $e_t = \rho e_{t-1} + v_t$를 작성하시오.

b. $(1 - \rho L)^{-1} = 1 + \rho L + \rho^2 L + \rho^3 L^3 + \cdots$를 보이고, 그러므로 다음과 같다는 점을 보이시오.

$$e_t = v_t + \rho v_{t-1} + \rho^2 v_{t-2} + \rho^3 v_{t-3} + \cdots$$

부록 9A 더빈-왓슨 검정

9.4절에서는 자기상관 검정에 대한 두 가지 검정방법, 즉 표본 상관도표와 라그랑주 승수 검정에 대해 살펴보았다. 이 두 검정은 대표본 검정이다. 이들 검정 통계량은 대표본에서 특정의 분포를 갖는다. 다른 검정으로는 분포가 대표본의 근삿값에 의존하지 않는다는 의미에서 정확하다고 보는 더빈-왓슨 검정이 있다. 이 검정은 1950년에 개발되었으며 오랫동안 AR(1) 오차 모형 $e_t = \rho e_{t-1} + v_t$에서 $H_0 : \rho = 0$에 대한 표준적인 검정이었다. 이 검정은 아래에서 살펴보는 것처럼 위쪽 임계값과 아래쪽 임계값을 점검해야 하며 그리고 식에 시차가 있는 종속변수가 포함될 경우 분포가 더 이상 지켜지지 않기 때문에 오늘날에는 덜 사용되고 있다. 이 밖에, 이 검정은 **X**에 대한 조건부로 도출되며, 설명변수들을 비확률변수로 취급한다.

v_t는 분산 $N(0, \sigma_v^2)$인 독립적인 무작위 오차이고 대립가설은 양의 자기상관에 대한 가설이라고 가정한다. 즉 다음과 같다.

$$H_0 : \rho = 0 \qquad H_1 : \rho > 0$$

H_1에 대응하는 H_0을 검정하는 데 사용되는 통계량은 다음과 같다.

$$d = \frac{\sum_{t=2}^{T} \left(\hat{e}_t - \hat{e}_{t-1} \right)^2}{\sum_{t=1}^{T} \hat{e}_t^2} \tag{9A.1}$$

여기서 $\hat{e}_t$는 최소제곱 잔차 $\hat{e}_t = y_t - b_1 - b_2 x_t$이다. d가 자기상관을 검정하는 데 합리적인 통계량이 되는 이유를 알아보기 위해서 식 (9A.1)을 전개하면 다음과 같다.

$$
\begin{aligned}
d &= \frac{\sum_{t=2}^{T} \hat{e}_t^2 + \sum_{t=2}^{T} \hat{e}_{t-1}^2 - 2\sum_{t=2}^{T} \hat{e}_t \hat{e}_{t-1}}{\sum_{t=1}^{T} \hat{e}_t^2} \\[2mm]
&= \frac{\sum_{t=2}^{T} \hat{e}_t^2}{\sum_{t=1}^{T} \hat{e}_t^2} + \frac{\sum_{t=2}^{T} \hat{e}_{t-1}^2}{\sum_{t=1}^{T} \hat{e}_t^2} - 2\frac{\sum_{t=2}^{T} \hat{e}_t \hat{e}_{t-1}}{\sum_{t=1}^{T} \hat{e}_t^2} \\[2mm]
&\approx 1 + 1 - 2r
\end{aligned} \tag{9A.2}
$$

식 (9A.2)의 마지막 부분은 단지 근삿값으로만 성립된다. 처음 두 항은 첫 번째 분자 합산과 두 번째 분자 합산에서 각각 $\hat{e}_1^2$과 $\hat{e}_T^2$이 배제됨으로써 숫자 1이 안 된다.

$$d \approx 2\left(1 - r_1\right) \tag{9A.3}$$

ρ의 추정값이 $r_1 = 0$인 경우 더빈-왓슨 통계량은 $d \approx 2$가 되며 이는 모형오차가 자기상관되지 않는다는 의미로 받아들여진다. ρ의 추정값이 우연히 $r_1 = 1$인 경우 $d \approx 0$이 되므로, 더빈-왓슨 통계량의

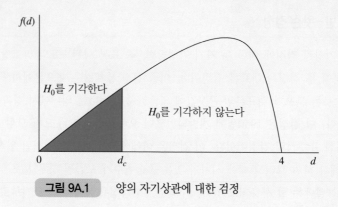

그림 9A.1   양의 자기상관에 대한 검정

값이 낮은 경우 모형오차가 상관되고 ρ > 0이라는 의미이다.

다음과 같은 질문에 답을 해야 한다. 오차가 상관된다고 결론을 내리기 전에 검정 통계량의 값이 0에 얼마나 근접해야 하는가? 다시 말해 $d \leq d_c$인 경우 H_0를 기각시키는 임계값 d_c는 무엇인가? 검정을 위한 임계값과 기각영역을 결정하기 위해서는, 귀무가설 $H_0 : \rho = 0$이 참이라는 가정하에서 본 검정 통계량의 확률분포를 알아야 한다. 5% 유의수준이 요구하는 경우 H_0하에서의 확률분포 $f(d)$를 알게 되면 $P(d \leq d_c) = 0.05$가 되도록 하는 d_c를 알 수 있다. 그림 9A.1에서 보는 것처럼 $d \leq d_c$인 경우 H_0를 기각하고 $d > d_c$인 경우 H_0를 기각하는 데 실패한다. 이와는 달리 검정의 p-값 측면에서 검정절차를 논의할 수 있다. 이런 단측검정의 경우 p-값은 왼쪽에 있는 d의 계산된 값까지의 $f(d)$ 아래 면적이 된다. 따라서 p-값이 0.05보다 작거나 같은 경우 $d \leq d_c$가 되어서 H_0가 기각된다. p-값이 0.05보다 큰 경우 $d > d_c$가 되어서 H_0는 기각되지 않는다.

d를 d_c와 비교하거나 또는 p-값을 계산하여 검정 결과를 알아볼 때 어느 경우에나 확률분포 $f(d)$가 필요하다. $f(d)$와 관련된 어려움은 이전에 다른 검정 통계량을 사용할 때 경험하지 못했던 것으로 확률분포가 설명변수값에 의존한다는 것이다. 일련의 상이한 설명변수들은 상이한 d 분포로 이어진다. $f(d)$가 설명변수값에 의존하기 때문에, 주어진 문제에 대한 임계값 d_c도 또한 설명변수값에 의존한다. 이런 특성이 의미하는 바는 모든 가능한 상황에서 사용할 수 있는 임계값을 표로 만드는 것이 불가능하다는 점이다. t, F, χ^2과 같은 다른 검정통계량의 경우 표로 나타낸 임계값이 모든 모형에 적용된다.

이 문제를 해결하는 두 가지 방법이 있다. 첫 번째 방법은 소프트웨어를 사용하여 생각하고 있는 모형의 설명변수에 관한 p-값을 계산하는 것이다. 계산된 d값과 표에 있는 d_c값을 비교하는 대신에 컴퓨터를 이용하여 해당 검정의 p-값을 계산하는 것이다. 이 p-값이 특정 유의수준보다 작은 경우 $H_0 : \rho = 0$은 기각되고 자기상관이 존재한다고 결론을 내리게 된다.

9A.1 더빈-왓슨 영역 내 검정

p-값을 계산하는 소프트웨어가 없는 경우 영역 내 검정이라고 알려진 검정을 사용하여 일반적인 임계값을 갖지 못하는 문제를 부분적으로 해결할 수 있다. 더빈과 왓슨은 2개의 통계량, 즉 d_L과 d_U를 생각해 냈으며 이들의 확률분포는 설명변수에 의존하지 않고 다음과 같은 특성을 갖는다.

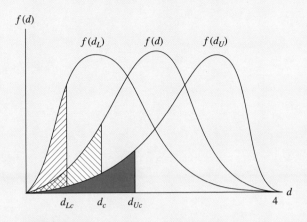

그림 9A.2   더빈-왓슨 검정에 대한 위쪽 및 아래쪽 임계값 영역

$$d_L < d < d_U$$

즉 고려하고 있는 모형의 설명변수에 관계없이 d는 위쪽 한계인 d_U와 아래쪽 한계인 d_L에 의해 영역이 결정된다. 확률분포 $f(d_L)$, $f(d)$, $f(d_U)$ 사이의 관계는 그림 9A.2에 있다. d_{Lc}를 d_L에 관한 확률분포의 5% 임계값이라 하자. 즉 d_{Lc}는 $P(d_L \leq d_{Lc}) = 0.05$가 되도록 하는 값이며 이와 유사하게 d_{Uc}는 $P(d_U < d_{Uc}) = 0.05$가 되도록 하는 값이다. 확률분포 $f(d_L)$과 $f(d_U)$는 설명변수에 의존하지 않기 때문에, 임계값 d_{Lc}와 d_{Uc}를 표로 만드는 것이 가능하다. 이 값들은 T와 K에 의존하지만 상이한 T와 K에 대해 이를 표로 만드는 것이 가능하다.

그림 9A.2는 3개의 임계값을 보여주고 있다. d_{Lc}값과 d_{Uc}값은 표에서 쉽게 구할 수 있다. 검정을 하기 위하여 정말로 관심이 있는 값은 d_c인데 이는 특정 컴퓨터 프로그램이 있어야만 값을 구할 수 있다. 그러나 그림에서 보면 계산된 값 d가 $d \leq d_{Lc}$가 되는 경우 $d \leq d_c$가 성립되어야 하므로 H_0가 기각된다는 점이 명백하다. 또한 $d > d_{Uc}$인 경우 $d > d_c$가 되므로 H_0가 기각되지 않는다. $d_{Lc} < d < d_{Uc}$라고 판명이 나는 경우 d_c의 위치를 알지 못하므로 채택을 해야 하는지 또는 기각을 해야 하는지 확신할 수가 없다. 이런 점들을 고려하여 더빈과 왓슨은 더빈-왓슨 영역 내 검정이라고 총합적으로 알려진 다음과 같은 결정규칙을 제안하였다.

$d \leq d_{Lc}$인 경우 $H_0 : \rho = 0$ 기각하고 $H_0 : \rho > 0$을 채택한다.

$d > d_{Uc}$인 경우 $H_0 : \rho = 0$을 기각하지 않는다.

$d_{Lc} < d < d_{Uc}$인 경우 검정은 결론을 내리지 못한다.

결론에 도달할 수 없는 값의 영역이 존재한다면, 이는 해당 검정이 갖는 명백한 단점이다. 따라서 해당 소프트웨어를 이용할 수 있는 경우 필요한 p-값을 계산할 수 있는 소프트웨어를 마련하는 것이 낫다.

내생적 설명변수와 적률에 기초한 추정법

이 장에서는 선형회귀 모형을 다시 한 번 살펴볼 것이다. 처음에는 단순 선형회귀 모형에 대해 논의하겠지만, 우리의 설명은 일반적인 모형에도 역시 적용된다. 통상적인 가정은 2.2.9절에서 제시된 SR1-SR6이다. 제8장에서는 오차분산이 모든 관찰값에 대해 동일하다는 가정, 즉 $\text{var}(e_i|\mathbf{X}) = \sigma^2$을 완화하였다. 제9장에서는 계열상관되지 않은 오차들에 대한 가정, 즉 $i \neq j$인 경우 $\text{cov}(e_i, e_j|\mathbf{X}) = 0$을 유지할 수 없는 시계열 자료를 활용한 회귀에 대해 살펴보았다.

이 장에서는 외생성 가정을 완화할 것이다. 설명변수가 확률적일 때 최소제곱 추정량의 성격은 독립변수 x의 특성에 의존한다. 강 외생성(strict exogeneity)이란 가정은 단순회귀 모형에서 SR2, 즉 $E(e_i|\mathbf{x}) = 0$이고, 다중회귀 모형에서는 MR2, 즉 $E(e_i|\mathbf{X}) = 0$이다. 이 가정의 수학적 형태는 간단하지만 완벽한 의미는 복잡하다. 2.10.2절에서는 이 가정이 준수되지 않을 수도 있을 때의 일반적인 단순회귀 모형의 예를 제시하였다. 내생적인 설명변수를 갖고 있는 이들 사례에서, 통상적인 최소제곱 추정량은 바람직한 특성을 갖지 못한다. 이 추정량은 모집단 모수 β_1, β_2, …의 불편 추정량이 아니며, β_1, β_2, …의 일치하는 추정량도 아니다. 검정과 구간 추정량은 기대되는 특성을 갖고 있지 않으며 많은 자료표본을 갖더라도 이 문제들을 해결하지 못할 것이다.

이 장에서는 내생적 설명변수를 갖는 최소제곱 추정량의 특성을 재음미하고 논의할 것이며, 새로운 추정량, 즉 도구변수(instrumental variable) 추정량을 제의할 것이다. 이 추정량은 대표본에서 일부 바람직한 특성을 갖는다. 도구변수 추정량을 또한 적률방법(method of moment) 추정량이라고 하며, 2단계 최소제곱(two-stage least square) 추정량이라고도 한다. 하지만 계량경제학의 이 분야는 실제적이고 이론적인 어려움으로 가득하다는 합당한 경고를 하고자 한다. 우리가 하는 탐색이 '최우수' 추정량을 발견하는 것으로부터 '적당한' 추정량을 발견하고자 하는 것으로 선회하였으며, 불행하게도 수긍이 가는 연구 응용물을 산출해 내려면 지식, 기술, 인내가 필요하다. 여러분이 적절하게 시작하기 위해서는 외생성 개념에 관한 2.10절과 최소제곱 추정량의 대표본 또는 점근적 특성에 관한 5.7절을 (지금 당장!) 다시 읽어 보아야 한다.

10.1 내생적 설명변수를 갖는 최소제곱 추정법

출발점으로 무작위 표본추출(random sampling)을 통해 구한 미시경제적, 횡단면 자료를 갖고 시작한다고 가정하자. 단순회귀 모형에 대한 일반적 가정은 RS1~RS6인데 여러분의 편의를 위해서 아래와 같이 다시 한 번 제시하였다.

무작위 표본추출하에서의 단순 선형회귀 모형

RS1 : 관찰할 수 있는 변수 y 및 x는 $y_i = \beta_1 + \beta_2 x_i + e_i$, $i = 1, \cdots, N$으로 연계된다. 여기서 β_1 및 β_2는 알지 못하는 모집단 모수이며 e_i는 무작위 오차항이다.

RS2 : 자료 쌍 (y_i, x_i)는 모든 다른 자료 쌍들과 통계적으로 독립적이며 동일한 결합분포 $f(y_i, x_i)$를 갖는다. 이들은 독립적이며 동일하게 분포, 즉 (iid) 한다.

RS3 : $E(e_i|x_i) = 0$이며 여기서 $i = 1, \cdots, N$이다. x는 동시기적으로 그리고 강하게 외생적이다.

RS4 : 무작위 오차는 일정한 조건부 분산을 갖는다.

$$\text{var}(e_i|x_i) = \sigma^2$$

RS5 : x_i는 적어도 2개의 상이한 값을 취한다.

RS6 : $e_i \sim N(0, \sigma^2)$

무작위 표본추출하에서 i번째 관찰값과 j번째 관찰값은 통계적으로 독립적이기 때문에, i번 오차 e_i는 설명변수의 j번째 값인 x_j와 통계적으로 독립적이다. 그러므로 강 외생성 가정 $E(e_i|x_1, \cdots, x_N) = E(e_i|\mathbf{x}) = 0$은 보다 단순한 동시기적 외생성 가정 $E(e_i|x_i) = 0$으로 단순화 된다.

연구에서의 '금과옥조'는 무작위 대조 실험이라는 사실을 제2장으로부터 기억해 보자. 이상적인 (연구) 세계에서 x값(처치)을 무작위로 배정하고 결과 y의 변화(효과)를 검토한다. x의 변화와 결과 y의 변화 사이에 체계적인 관계가 존재한다면, x의 변화가 결과 y의 변화를 일으킨다고 말한다. 결과에 영향을 미칠 수도 있는 어떠한 다른 무작위 요소, '그 밖의 모든 것' $= e$는 x와 통계적으로 독립적이다. 오직 x변화의 효과만을 분리하거나 확인할 수 있고, 회귀분석을 활용하여 인과관계 효과 $\Delta E(y_i|x_i)/\Delta x_i = \beta_2$를 추정할 수 있다.

강 외생성 가정 $E(e_i|x_i) = 0$이 중요한 이유는 이 가정이 참인 경우 "x는 무작위 배정된 것이나 마찬가지다"라고 보기 때문이다. $E(e_i|x_i) = 0$이라면 무작위 오차 e_i의 최우수 예측은 단순히 영이 된다. x값에 포함된 어떠한 정보도 무작위 오차를 예측하는 데 도움을 주지 못한다. 무작위 오차 e_i의 변동이 설명변수 x_i의 변동과 상관되지 않기 때문에, y_i와 x_i 사이에 공변동이 있을 때 이들 사이의 인과관계를 추론할 수 있다. 이것은 간단히 '마치' 처치 x_i를 피실험자에 무작위로 배정하는 '것과 같다'. 나아가 RS1~RS6하에서 β_1 및 β_2의 최소제곱 추정량은 최우수 선형 불편 추정량이 되며, 통상적인 구간 추정량과 가설 검정은 모든 크기의 표본에서 기대한 것처럼 작용한다.

10.1.1 OLS 추정량의 대표본 특성

5.7절에서는 '대표본' 또는 '점근적' 분석을 소개하였다. 대표본 자료하에서 인과효과를 확인하고 추

정하는 데 강 외생성이 요구되지 않는다. x값이 무작위 오차 e와 상관되지 않고 무작위 오차의 평균이 영이라는 보다 간단한 조건이 필요한 전부이다. 계량경제학자, 통계학자, 수학자들은 가능한 적은 수의 강한 가정을 갖더라도 작동하는 방법을 개발하려고 노력한다. 이런 태도를 받아들여서 RS3, 강 외생성 가정을 다음과 같은 식으로 대체시킬 것이다.

$$\text{RS3}^*: \ E(e_i) = 0 \ \ \text{및} \ \ \text{cov}(x_i, e_i) = 0$$

동시기적인 외생성 대신에 무작위 오차 e_i와 설명변수값 x_i가 동시기적으로 상관되지 않는다(contemporaneously uncorrelated)라고 단순히 가정할 것이다. 이 가정은 $E(e_i|x_i) = 0$보다 더 약한 조건이다. 동시기적이라는 용어는 '동일 시점에 발생한다' 또는 이 경우처럼 동일한 횡단면 관찰값 아래 첨자 i에 대해 발생한다는 것을 의미한다. 회귀오차와 동시기적으로 상관되지 않은 이와 같은 설명변수들을 간단히 외생적이라고 한다.

무작위 표본을 구하게 될 경우, 그러고 나서 어떤 사람의 선택은 다른 사람의 선택과 통계적으로 독립적이다. 무작위로 선택한 어떤 사람의 예를 들면, 교육, 소득, 능력, 인종과 같은 특성은 선택된 어떤 다른 사람의 특성과 통계적으로 독립적이다. 무작위 표본추출은 i번째 관찰값과 j번째 관찰값 사이에 영의 상관을 자동적으로 의미하기 때문에, i번째 값 x_i가 e_i와 상관되지 않는 것만이 요구된다. 무작위 표본추출로 인해서 i번째 오차 e_i와 설명변수의 j번째 값 x_j 사이의 상관은 자동적으로 영이 된다.

회귀 가정 RS3*는 두 가지 사항에 대해 언급한다. 첫째, 회귀 모형 $y_i = \beta_1 + \beta_2 x_i + e_i$에서 모든 관찰할 수 없는 특성이나 회귀 모형으로부터 누락된 변수들의 모집단 평균은 영이다. 즉 $E(e_i) = 0$이다. 둘째, 모집단에서 설명변수 x_i와 무작위 오차 e_i로 결합된 모든 요소 사이의 상관은 영이다. 즉 $\text{cov}(x_i, e_i) = 0$이다.

가정 RS3이 참인 경우 당연히 RS3*도 참이기 때문에, 즉 $E(e_i|x_i) = 0 \Rightarrow \text{cov}(x_i, e_i) = 0$ 그리고 $E(e_i|x_i) = 0 \Rightarrow E(e_i) = 0$이기 때문에, RS3은 RS3*로 대체시킬 수 있다. 가정 RS3*는 외생성에 대한 보다 단순한 표현이고 괜찮기 때문에, 이 가정을 도입하는 것이 편리하다. 하지만 가정 RS3*는 RS3보다 더 약하며, 이 가정하에서 최소제곱 추정량이 불편하거나 또는 어떤 특성들이 소표본에서 준수되는지를 보여줄 수 없다. 우리가 보여줄 수 있는 것은 최소제곱 추정량이 바람직한 대표본 특성(large sample property)을 갖는다는 점이다. 가정 RS1, RS2, RS3*, RS4, RS5하에서 최소제곱 추정량은 다음과 같은 특성을 갖는다.

1. 최소제곱 추정량은 일치한다. $N \to \infty$함에 따라 이들은 확률상 참인 모수로 수렴한다.
2. 무작위 오차가 정규분포하든지 또는 하지 않든지 여하간에 최소제곱 추정량은 대표본에서 대략적인 정규분포를 한다.
3. 표본이 큰 경우, 최소제곱 추정량은 타당한 구간 추정량과 검정 통계량을 제공한다.

실제로 이것이 의미하는 바는 표본이 크고 RS1, RS2, RS3*, RS4, RS5가 준수되는 한에서는 모든 통상적인 해석, 구간 추정값, 가설검정, 예측, 예측구간이 괜찮다는 것이다. 표본이 크고 $\text{cov}(x_i, e_i) = 0$ 및 $E(e_i) = 0$이라면, 이것은 x_i에 무작위로 배정된 처치값과 사실상 '거의 매한가지'이다. 최소제곱 추정량을 사용하여 모집단 모수 β_1, β_2,⋯를 추정할 수 있다. 계열상관이나 이분산이 존재하는 경우 RS3*가 준수되는 한에서는 제8장 및 제9장으로부터의 확고한 표준오차 방법은 괜찮다.

유의사항

"내가 이런 결과 또는 저런 결과를 원한다면, 단순히 이렇게 또는 저렇게 가정할 것이다"라고 생각하는 함정에 빠지지 말아야 한다. 대표본이나 대자료에 근접할 수 있다는 것은 강 외생성에 따른 복잡성에 관해 우려할 필요가 없다는 것을 의미한다고 볼 수 있다. 하지만 대표본에 근접하지 못한다면 어떻게 되는가? 소규모 표본 또는 유한표본에서의 통계적 추론(추정, 가설검정, 예측)은 중요하다. 표본크기 N이 크지 않을 때 추정량의 점근적 특성(asymptotic properties)은 오도될 수 있다. 대표본에서 훌륭할 수 있는 추정량이 소표본에서는 큰 편의를 경험할 수 있다. 추정값이 통계적으로 유의하지 않을 때도 유의한 것처럼 보일 수 있으며, 신뢰구간이 너무 좁거나 또는 너무 넓을 수 있다. 정부나 기업이 잘못된 추론에 기초하여 결정을 할 경우, 결과적으로 대규모 경제적 또는 개인적 손실을 경험할 수 있다. 이것은 단순히 게임이 아니다. ■

가정 RS3*가 참이 아닌 경우, 그리고 특히 x_i와 e_i가 동시기적으로 상관되도록 $\text{cov}(x_i, e_i) \neq 0$인 경우, 최소제곱 추정량은 일치하지 않는다. 이들은 매우 큰 대표본에서조차도 참인 모수값으로 수렴하지 않는다. 나아가 통상적인 가설검정이나 구간 추정 절차는 타당하지 않다. 이것이 의미하는 바는 $\text{cov}(x_i, e_i) \neq 0$일 때 최소제곱 추정량을 사용하여 인과관계를 추정한다면 이것은 잘못된 추론으로 이어질 수 있다는 것이다. x_i가 확률적인 경우 최소제곱 추정법(OLS 또는 GLS)이 적합한지 여부를 결정하려 할 때 x_i와 e_i 사이의 관계는 중대한 요인이 된다. 오차항 e_i가 x_i(또는 다중회귀 모형에서의 x_{ik})와 상관된다면 최소제곱 추정량은 작동하지 않는다. 다음 절에서는 x_i와 e_i 사이의 상관이 최소제곱 추정량의 실패로 이어지는 이유에 대해 설명할 것이다.

10.1.2 최소제곱 추정법이 적합하지 않은 이유

이 절에서는 $\text{cov}(x_i, e_i) \neq 0$일 때 최소제곱 추정량이 적합하지 않은 이유를 직관적으로 설명할 것이다. 대수학적인 증명은 다음 절에서 할 것이다. 회귀 모형 자료생성과정(data generation process)은 체계적인 회귀 함수 $E(y_i|x_i) = \beta_1 + \beta_2 x_i$에 무작위 오차 e_i를 추가시켜 관찰된 결과 y_i를 구한다. 그림 10.1(a)에서 x_i값과 e_i값은 양으로 상관되어 강 외생성 가정을 위반한다. 그림 10.1(b)에서 분석 목적인 양의 기울기를 갖는 회귀 함수 $E(y_i|x_i) = \beta_1 + \beta_2 x_i$는 굵은 실선이다. x_i의 각 값에 대한 y_i의 자료값, $y_i = \beta_1 + \beta_2 x_i + e_i$는 체계적인 부분 $E(y_i|x_i) = \beta_1 + \beta_2 x_i$에 무작위 오차 e_i를 합한 것이다. 자료 쌍 (y_i, x_i)는 그림 10.1(b)에서 점으로 나타내었다. 여러분이 볼 수 있는 것처럼 이 경우에 참인 회귀 함수는 자료의 중앙을 통과하지 않으며, 그 이유는 x_i와 e_i 사이의 상관 때문이다. 더 큰 x_i값에 대한 y_i값은 양의 오차 $e_i > 0$을 갖는 경향이 있다. 더 작은 x_i값에 대한 y_i값은 음의 오차 $e_i < 0$을 갖는다. 이 경우에 x_i값들이 제공하는 정보를 활용하여, 단순히 영이 아닌 보다 나은 무작위 오차 e_i의 예측을 구할 수 있다.

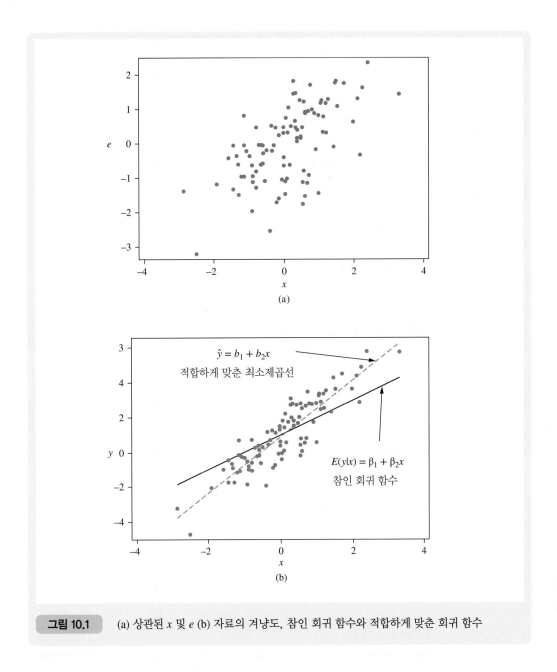

그림 10.1   (a) 상관된 x 및 e (b) 자료의 겨냥도, 참인 회귀 함수와 적합하게 맞춘 회귀 함수

최소제곱 추정은 자료의 중앙을 통과하도록 적합하게 맞춘 선으로 이어지며, 이는 그림 10.1(b)에서 점선으로 나타내었다. 적합하게 맞춘 선의 기울기(추정값 b_2)는 회귀 함수의 기울기 $\beta_2 > 0$을 과대평가한다. 최소제곱 추정량은 y_i의 모든 변동을 x_i의 변동으로 귀속시킨다. x_i와 e_i가 상관될 때 y_i의 변동은 두 가지 출처, 즉 x_i의 변화와 e_i의 변화에서 비롯되며 우리의 예에서 이런 변화는 양의 상관을 갖는다. x_i 및 e_i의 변화가 y_i에 미치는 영향에 관해 생각해 보면 다음과 같다.

$$\Delta y_i = \beta_2 \Delta x_i + \Delta e_i$$
$$(+) \qquad (+) \qquad (+)$$

x_i 및 e_i가 양으로 상관되고 $\beta_2 > 0$인 경우, x_i 및 e_i의 증가는 결합하여 y_i를 증가시킨다. 최소제곱 추정 과정에서 y_i의 모든 변화(증가)는 x_i의 변화(증가) 효과에 귀속되며, 그러므로 최소제곱 추정량은 β_2를 과대평가하게 된다.

이 장 전반에 걸쳐 임금과 교육 연수 사이의 관계를 사례로 활용하고 있다. 이 경우 누락변수 '지능' 또는 능력은 회귀오차에 있게 되며 이는 개인이 받은 교육 연수와 양으로 상관된다. 지능이 높은 개인은 통산적으로 보다 많은 교육 연수를 갖는다. 임금을 교육 연수에 회귀할 때, 최소제곱 추정량은 임금의 증가를 교육 연수의 증가에 귀속시킨다. 임금 증가의 일부는 또한 보다 높은 지능에서 비롯되기 때문에, 교육이 미치는 효과가 과대평가된다.

x_i 및 e_i 사이의 동시기적 상관에 따른 통계적 결과는 최소제곱 추정량에 편의가 발생한다는 것이며, 이 편의는 표본이 아무리 크더라도 사라지지 않는다. 따라서 x_i 및 e_i 사이에 동시기적 상관이 존재할 때, 최소제곱 추정량은 불일치하게 된다.

유의사항

x_i가 내생적인 경우 최소제곱 추정량은 계속해서 유용한 **예측도구**가 된다. 그림 10.1(b)에서 최소제곱에 맞춘 선은 자료에 괜찮게 적합하다. 값 x_0가 주어진 경우 적합하게 맞춘 선을 활용하여 y_0를 예측할 수 있다. 우리가 할 수 없는 것은 이 선의 기울기를 인과관계 효과로 해석하는 것이다. ■

10.1.3 OLS의 불일치를 증명하기

$\text{cov}(x_i, e_i) \neq 0$일 때 최소제곱 추정량이 일치하지 않는다는 사실을 증명해 보자. 회귀 모형은 $y_i = \beta_1 + \beta_2 x_i + e_i$이다. $E(e_i) = 0$, 따라서 $E(y_i) = \beta_1 + \beta_2 E(x_i)$라고 계속해서 가정하자. 그러면 다음과 같다.

- 최초의 식으로부터 기대식을 감하면 다음과 같다.

$$y_i - E(y_i) = \beta_2 \left[x_i - E(x_i) \right] + e_i$$

- 양쪽에 $x_i - E(x_i)$를 곱하면 다음과 같다.

$$\left[x_i - E(x_i) \right]\left[y_i - E(y_i) \right] = \beta_2 \left[x_i - E(x_i) \right]^2 + \left[x_i - E(x_i) \right] e_i$$

- 양쪽에 기댓값을 취하면 다음과 같다.

$$E\left[x_i - E(x_i) \right]\left[y_i - E(y_i) \right] = \beta_2 E\left[x_i - E(x_i) \right]^2 + E\left\{ \left[x_i - E(x_i) \right] e_i \right\},$$

또는

$$\text{cov}(x_i, y_i) = \beta_2 \text{var}(x_i) + \text{cov}(x_i, e_i)$$

- β_2에 대해 풀면 다음과 같다.

$$\beta_2 = \frac{\text{cov}(x_i, y_i)}{\text{var}(x_i)} - \frac{\text{cov}(x_i, e_i)}{\text{var}(x_i)}$$

위의 식은 최소제곱 추정량이 언제 일치하고, 언제 일치하지 않는지를 보여주는 기초가 된다.

$\text{cov}(x_i, e_i) = 0$이라고 가정할 수 있다면, 다음과 같다.

$$\beta_2 = \frac{\text{cov}(x, y)}{\text{var}(x)}$$

모집단으로부터 무작위로 표본추출하기 때문에 아래첨자 'i'를 생략할 수 있으며, 동일한 결합 *pdf* $f(x_i, y_i)$인 자료 쌍들은 독립적으로 분포할 뿐만 아니라 동일하게 분포해서, $\text{cov}(x_i, y_i) = \text{cov}(x, y)$ 및 $\text{var}(x_i) = \text{var}(x)$가 된다. 최소제곱 추정량은 다음과 같다.

$$b_2 = \frac{\sum(x_i - \bar{x})(y_i - \bar{y})}{\sum(x_i - \bar{x})^2} = \frac{\sum(x_i - \bar{x})(y_i - \bar{y})/(N-1)}{\sum(x_i - \bar{x})^2/(N-1)} = \frac{\widehat{\text{cov}}(x, y)}{\widehat{\text{var}}(x)}$$

위의 식은 최소제곱 추정량 b_2가 모집단 관계, $\beta_2 = \text{cov}(x, y)/\text{var}(x)$의 표본 유사물이라는 점을 보여준다. 표본크기 N이 증가함에 따라 표본 분산 및 공분산은 10.3.1절에서 소개할 대수의 법칙에 따라 참인 분산 및 공분산으로 수렴한다. 따라서 최소제곱 추정량은 β_2로 수렴한다.

즉 $\text{cov}(x_i, e_i) = 0$인 경우 다음과 같다.

$$b_2 = \frac{\widehat{\text{cov}}(x, y)}{\widehat{\text{var}}(x)} \rightarrow \frac{\text{cov}(x, y)}{\text{var}(x)} = \beta_2$$

이것은 최소제곱 추정량이 일치한다는 점을 보여준다.

반면에 x_i 및 e_i가 상관될 경우 다음과 같다.

$$\beta_2 = \frac{\text{cov}(x, y)}{\text{var}(x)} - \frac{\text{cov}(x, e)}{\text{var}(x)}$$

이제 최소제곱 추정량은 다음과 같이 수렴한다.

$$b_2 \rightarrow \frac{\text{cov}(x, y)}{\text{var}(x)} = \beta_2 + \frac{\text{cov}(x, e)}{\text{var}(x)} \neq \beta_2$$

이 경우에 b_2는 β_2의 불일치한 추정량이며, 표본이 크다고 가정할 수 있을 때에도 점근적으로 존재하는 편의의 규모는 $\text{cov}(x, e)/\text{var}(x)$이다. 편의의 방향은 x_i 및 e_i 사이의 공분산 부호에 달려 있다. 오차의 요소들이 설명변수 x와 양으로 상관되는 경우, 최소제곱 추정량은 참인 모수를 과대평가하게 된다. 오차의 요소들이 설명변수 x와 음으로 상관되는 경우, 최소제곱 추정량은 참인 모수를 과소평가하게 된다.

다음 절에서는 최소제곱 추정량을 작동하지 않게 만드는 x_i 및 e_i 사이의 상관이 존재할 경우 나타나는 일부 공통적인 상황을 설명할 것이다.

10.2 x 및 e가 동시기적으로 상관된 경우

설명변수와 오차항 사이에 동시기적 상관관계가 존재함으로 인해 최소제곱 추정량이 작동하지 않아서 실패하게 되는 몇 가지 공통적인 상황이 있다. 설명변수와 오차항이 동시기적으로 상관될 경우 해당 설명변수는 내생적이라고 한다. 이 용어는 제11장에서 살펴보게 될 연립방정식 모형에서 비롯됐으며, '모형 내에서 결정되는'이라는 의미를 갖는다. 설명변수가 회귀오차와 동시기적으로 상관된 경우 '내생성 문제'가 존재한다고 말한다.

10.2.1 측정오차

변수오차(errors-in-variables) 문제는 설명변수가 오차를 갖고 측정되는 경우 발생한다. 오차를 갖고 설명변수를 측정할 경우 이는 오차항과 상관되어 최소제곱 추정량이 일치되지 않는다. 설명하기 위해 다음과 같은 중요한 예를 생각해 보자. 소비와 마찬가지로 한 사람의 개인저축은 각자의 '항상' 소득 또는 장기소득에 기초한다고 가정하자. $y_i = i$번째 근로자의 연간 저축, $x_i^* = i$번째 근로자의 연간 항상소득이라고 하자. 이 관계를 나타내는 단순회귀 모형은 다음과 같다.

$$y_i = \beta_1 + \beta_2 x_i^* + v_i \tag{10.1}$$

항상소득은 측정하는 것이 불가능하지는 않지만 어렵기 때문에 항상소득변수에 별표(*)를 첨부하였다. 회귀를 목적으로 $x_i =$ 현재소득을 이용하여 항상소득을 측정한다고 가상하자. 현재소득은 항상소득의 측정값이지만 항상소득을 정확하게 측정하지는 못한다. 이런 측정오차를 포함시키기 위해 다음과 같이 설정하도록 하자.

$$x_i = x_i^* + u_i \tag{10.2}$$

여기서 u_i는 무작위 교란항으로 평균이 0이고 분산이 σ_u^2이다. 이 경우 관찰한 현재소득은 항상소득에 단지 근사할 뿐이므로 항상소득은 오차를 갖고 측정된다는 점을 인정해야 한다. 나아가 측정오차 u_i는 회귀오차 v_i와 독립적이라고 가정하자. 회귀에서 x_i^* 대신에 x_i를 사용할 경우, 대체시키면 그렇게 할 수 있다. 즉 식 (10.1)에 $x_i^* = x_i - u_i$를 대입하면 다음과 같다.

$$\begin{aligned} y_i &= \beta_1 + \beta_2 x_i^* + v_i = \beta_1 + \beta_2\left(x_i - u_i\right) + v_i = \beta_1 + \beta_2 x_i + \left(v_i - \beta_2 u_i\right) \\ &= \beta_1 + \beta_2 x_i + e_i \end{aligned} \tag{10.3}$$

OLS로 식 (10.3)을 추정하기 위해서 x_i가 무작위 오차 e_i와 동시기적으로 상관되지 않는지 또는 상관되는지 여부를 결정해야 한다. $E(e_i) = 0$이라는 사실을 사용하고 식 (10.1)에서 x_i^*가 외생적이라고 가정을 해서 $E(x_i^*, v_i) = 0$인 경우, 이들 두 확률변수 사이의 공분산은 다음과 같다.

$$\begin{aligned} \mathrm{cov}\left(x_i, e_i\right) &= E\left(x_i e_i\right) = E\left[\left(x_i^* + u_i\right)\left(v_i - \beta_2 u_i\right)\right] \\ &= E\left(-\beta_2 u_i^2\right) = -\beta_2 \sigma_u^2 \neq 0 \end{aligned} \tag{10.4}$$

최소제곱 추정량 b_2는 설명변수 x_i와 오차항 e_i 간에 존재하는 상관관계 때문에 식 (10.3)에서의 β_2의 **불일치한 추정량**이 된다. 따라서 b_2는 대표본에서 β_2로 수렴하지 않는다. 나아가 대표본이거나 소표본에서 b_2는 평균 β_2와 분산 $\mathrm{var}(b_2) = \sigma^2 / \sum (x_i - \bar{x})^2$을 갖는 대략적인 정규분포를 하지 않는다. 정규 최소제곱법이 이런 식으로 적합하지 않게 될 경우 적절한 다른 추정법이 있을까? 이에 대한 대답은 10.3절에서 살펴보는 것처럼 긍정적이다.

식 (10.4)에서 $\beta_2 > 0$이라면 x_i와 무작위 오차 e_i 사이에 음의 상관이 존재한다는 데 주목하시오. 최소제곱 추정량은 β_2를 과소평가하게 되며, 측정오차 연구에 전념하는 문헌에서 이것을 경감편의 (attenuation bias)라고 한다. 이것은 $x_i = x_i^* + u_i$를 사용하는 데 따른 논리적인 결과이다. 측정오차 u_i는 x_i^*에 비해 매우 크다고 가상하시오. 그러면 x_i는 완벽한 무작위 숫자에 더욱 유사해져서 자료상에서 y_i와 x_i 사이에 연관관계가 거의 없어지고 b_2는 영에 가깝게 된다.

10.2.2 연립방정식 편의

설명변수가 회귀오차항과 상관되는 또 다른 경우는 연립방정식 모형에서 찾아볼 수 있다. 이 용어가 익숙하지 않을 수도 있지만 경제학을 전공하는 학생들은 경제학을 처음 배우면서 알게 되었던 공급 및 수요 모형에서 접했을 것이다. 경쟁시장에서 상품의 가격 및 수량을 공급과 수요가 결합해서 결정된다. 따라서 $P_i =$ 균형가격, $Q_i =$ 균형량이라면 이들은 2개 식, 즉 공급식과 수요식으로 구성된 연립방정식 내에서 함께 결정되기 때문에 P_i 및 Q_i는 내생적이라고 할 수 있다. 이를 다음과 같이 나타낼 수 있다고 가상하자.

$$Q_i = \beta_1 + \beta_2 P_i + e_i \tag{10.5}$$

가격 변화가 공급량 및 수요량에 영향을 미친다는 사실을 알고 있다. 하지만 또한 공급량 및 수요량의 변화가 가격 변화로 이어진다는 것도 사실이다. P_i 및 Q_i 사이에는 피드백 관계가 있다. 가격과 수량이 결합하거나 또는 동시에 결정되기 때문에 나타나는 피드백으로 인해 $\mathrm{cov}(P_i, e_i) \neq 0$라는 사실을 보여줄 수 있다. 최소제곱 추정 절차를 식 (10.5)에 적용할 경우 내생성 문제로 인해 적합하지 않게 되며, 이로 인한 편의(그리고 불일치성)을 연립방정식 편의(simultaneous equations bias)라고 한다. 공급 및 수요 모형은 경제분석을 하는 데 널리 사용되고 있으며 연립방정식 모형에 대해서는 제11장에서 자세히 살펴볼 것이다.

10.2.3 계열상관이 존재하며 시차가 있는 종속변수 모형

제9장에서는 안정적인 변수들을 갖는 동태적인 모형을 소개하였다. 동태적인 모형을 만드는 한 가지 방법은 시차가 있는 종속변수를 식의 오른편에 포함시키는 것이다. 즉 다음과 같이 하면 된다. $y_t = \beta_1 + \beta_2 y_{t-1} + \beta_3 x_t + e_t$. 시차가 있는 변수 y_{t-1}은 확률적인 설명변수이며 오차항 e_t와 상관되지 않는 한 최소제곱 추정량은 일치한다. 하지만 동태적인 모형을 설정할 경우 오차가 계열적으로 상관될 수 있다. 오차 e_t가 AR(1) 과정 $e_t = \rho e_{t-1} + v_t$를 따를 경우, y_{t-1}은 e_{t-1}에 직접적으로 의존하며 e_{t-1}은 e_t값에 직접적으로 영향을 미치므로 시차가 있는 종속변수 y_{t-1}은 오차항 e_t와 상관된다는 사실을 알 수 있다. $\rho \neq 0$인 경우 y_{t-1}과 e_t 사이에 상관이 존재한다. 이 경우 시차가 있는 종속변수 모형에 적용된 OLS 추정량은 편의가 있으며 불일치한다. 따라서 시차가 있는 종속변수가 식의 오른편에 있는 경우 모형에 계열상관이 존재하는지에 대한 검정이 매우 중요하다.

10.2.4 누락변수

누락변수가 모형에 포함된 설명변수와 상관될 때, 회귀오차는 설명변수와 상관된다. 6.3.2절에서 이런 개념을 소개하였다. 이에 관한 전형적인 예는 노동경제학에서 찾아볼 수 있다. 개인의 임금은 부분적으로 교육수준에 의해 결정된다. 관찰된 시간당 임금을 설명하는 대수-선형 회귀 모형을 다음과 같이 설정하자.

$$\ln(WAGE_i) = \beta_1 + \beta_2 EDUC_i + \beta_3 EXPER_i + \beta_4 EXPER_i^2 + e_i \qquad (10.6)$$

여기서 $EDUC_i$ = 교육 연수, $EXPER_i$ = 업무경험 연수이다. 그밖에 무엇이 임금에 영향을 미치는가? 무엇이 모형으로부터 누락되었는가? 이런 사고력 실험은 회귀 모형이 설정될 때마다 이루어져야 한다. 예를 들면, 노동시장 상황, 해당 국가의 지역, 노동조합원과 같이 생각해 볼 수 있는 몇 가지 요인들이 있다. 하지만 노동경제학자들은 변수 측정능력이 없는 것에 관해 가장 우려를 한다. 논리적으로 볼 때 개인의 능력, 지능, 근면성은 업무의 질과 임금에 영향을 미칠 수 있다. 이 변수들에 대한 측정값을 통상적으로 갖고 있지 못하기 때문에, 이들은 무작위 오차 e_i의 구성요소가 된다. 문제는 능력이 임금에 영향을 미칠 수 있을 뿐만 아니라, 보다 능력 있는 사람들은 또한 교육 연수가 많을 수 있으며 이로 인해 오차항 e_i와 $EDUC_i$ 사이에 양의 상관이 발생하고, 이로 인해 $\text{cov}(EDUC_i, e_i) > 0$이 된다는 것이다. 이것이 참이라면 추가적인 교육 연수에 대한 수익의 최소제곱 추정량은 양의 편의가 발생하여 $E(b_2) > \beta_2$가 되고 불일치하게 된다. 이것은 대표본하에서조차도 편의가 사라지지 않게 된다는 것을 의미한다.

🔍 정리문제 10.1 　임금식의 최소제곱 추정

기혼 여성에 관한 자료를 사용하여 식 (10.6)의 임금 모형을 추정하고자 한다. 노동인구에 속하는 표본의 $N = 428$명 여성 자료를 사용하여 구한 최소제곱 추정값 및 표준오차는 다음과 같다.

$$\begin{aligned}
\ln(WAGE) = & -0.5220 + 0.1075 \times EDUC \\
(se) \quad & \ \ (0.1986) \ \ (0.0141) \\
& + 0.0416 \times EXPER - 0.0008 \times EXPER^2 \\
& \ \ (0.0132) \qquad\qquad (0.0004)
\end{aligned}$$

위의 식은 그 밖의 다른 것들이 일정하다고 볼 경우 추가적으로 받은 교육 연수는 임금을 약 10.75% 증가시킨다고 추정한다. 개인의 능력이 임금에 양의 효과를 미친다면 추정값이 과장될 수 있다. 왜냐하면 개인의 능력이 임금에 공헌한 바가 교육변수에서 비롯된 것으로 보기 때문이다.

추정값 0.1075가 갖는 사회적 및 정책적 중요성은 거의 과장될 수 없다. 국가들은 교육을 향상시키기 위해서 조세수입의 상당 부분을 투자한다. 무엇 때문인가? 교육에 대한 지출은 투자이며, 여느 다른 투자처럼 투자자(납세자)들은 다른 대안들에 대한 수익률과 경쟁할 수 있는 수익률을 기대하게 된다. 위의 추정된 식에 기초할 경우 다른 요인들은 일정하다고 가정하면 학교 교육에 추가적으로 투입한 연수는 임금을 10.75% 증가시킬 것으로 추정된다. 이것이 의미하는 바는 개인들이 자급자족하고 좋은 삶의 질을 누리며, 사회복지기관 또는 공중보건기관의 조력을 필요로 하지 않게 될 가능성이 높아지고, 범죄를 저지를 가능성이 낮아진다는 것이다. 하지만 10.75%는 임금소득에 대한 교육의 수익을 과대평가했다고 가상하자. 교육투자를 재평가하고 어쩌면 학교 대신에 다리나 공원에 세금을 지출하도록 결정할 수도 있다. 교육에 대한 사회적 수익률을 평가하는 일은 사회정책적인 문제이다. 위와 같은 회귀 추정값들을 얻기 위해서는 많은 계산을 해야 한다.

따라서 최선의 방법을 사용하여 추정값을 얻기 위해 계량 경제학자로서 할 수 있는 모든 것을 해야 한다. 다음 절에 서는 회귀오차가 회귀변수와 상관된 모형에서 사용하게 될 다른 추정방법에 대해 살펴볼 것이다.

10.3 적률방법에 기초한 추정량

x_i가 확률적이고 $\mathrm{cov}(x_i, e_i) \neq 0$인 단순 선형회귀 모형 $y_i = \beta_1 + \beta_2 x_i + e_i$에서 최소제곱 추정량은 편의 가 있으며 불일치하고 통상적으로 적절했던 특성 어떤 것도 준수되지 않는다. 이런 상황에 직면하게 되면 대안적인 추정절차를 생각해 보아야 한다. 이 절에서는 최소제곱 추정 원칙에 대한 대안으로 추 정에 관한 '적률방법' 원칙에 대해 논의할 것이다. 선형 모형에 관한 모든 통상적인 가정이 준수될 경 우 적률방법은 최소제곱 추정량으로 이어진다. x_i가 확률적이고 오차항과 상관되어 있는 경우 적률방 법은 대표본에서 적절한 대안인 소위 도구변수 추정법이나 2단계 최소제곱 추정법으로 이어진다.

10.3.1 모집단 평균 및 분산의 적률 추정방법

간단한 경우부터 시작해 보자. 확률변수 Y의 k번째 적률은 k제곱을 한 확률변수의 기댓값으로 다음 과 같다.

$$E(Y^k) = \mu_k = Y\text{의 } k\text{번째 적률} \tag{10.7}$$

대수의 법칙(law of large numbers, LLN)은 유명한 정리이다. 이를 설명하는 한 가지 방법은 다음과 같다. $X_1, X_2, \cdots, X_N$은 모집단으로부터의 무작위 표본이고 $E(X_i) = \mu < \infty$ 및 $\mathrm{var}(X_i) = \sigma^2 < \infty$이라 면, 표본 평균 $\bar{X} = \sum X_i/N$은 표본크기 N이 증가함에 따라 기댓값(모평균) μ로 (확률상) 수렴한다. 이 경우 $\bar{X}$는 μ의 일치하는 추정량이라고 말한다. 대부분의 상황에서 표본 적률(sample moment)은 모집 단 적률(population moment)의 일치하는 추정량이라고 기억하는 것이 유용하다.

대수의 법칙을 적용하고 $X_i = Y_i^k$ 및 $E(X_i) = \mu = E(Y_i^k) = \mu_k$라고 함으로써 $E(Y^k) = \mu_k$의 일치하는 추정량을 구할 수 있다. 그리고 나서 $\mathrm{var}(Y_i^k) = \sigma_k^2 < \infty$라고 가정하면, 모집단 적률 $E(Y^k) = \mu_k$의 일치 하는 추정량은 다음과 같이 이에 상응하는 표본 적률이다.

$$\widehat{E(Y^k)} = \mu_k = Y\text{의 } k\text{번째 표본 적률} = \sum Y_i^k/N \tag{10.8}$$

적률방법(method of moment)의 추정 절차는 m 모집단 적률을 m 표본 적률과 같다고 놓고 m개 미지 의 모수를 추정하는 것이다. 예를 들어, Y를 평균 $E(Y)$, 분산은 다음과 같은 확률변수라고 하자.

$$\mathrm{var}(Y) = \sigma^2 = E(Y - \mu)^2 = E(Y^2) - \mu^2 \tag{10.9}$$

2개의 모집단 모수 μ와 σ^2을 추정하기 위하여, 2개의 모집단 적률은 2개의 표본 적률과 같아야 한다. $Y_1, Y_2, \cdots Y_N$을 모집단으로부터의 무작위표본이라고 하자. Y의 처음 2개 모집단 적률과 표본 적률은 다음과 같다.

$$\begin{array}{ll}\text{모집단 적률} & \text{표본 적률} \\ E(Y) = \mu_1 = \mu & \hat{\mu} = \sum Y_i / N \\ E(Y^2) = \mu_2 & \hat{\mu}_2 = \sum Y_i^2 / N \end{array} \tag{10.10}$$

첫 번째 모집단 적률 μ_1의 경우 아래첨자를 생략하여 μ라고 하고 Y의 평균을 나타낸다고 하는 것이 관례적이라는 점에 주목하자. 이 두 적률을 이용하여 미지의 평균 모수와 분산 모수에 대해 해법을 찾을 수 있다. 우선 식 (10.10)의 첫 번째 표본 적률을 첫 번째 모집단 적률과 같다고 보고 모집단 평균의 추정값을 구해 보자.

$$\hat{\mu} = \sum Y_i / N = \overline{Y} \tag{10.11}$$

그러고 나서 식 (10.9)에 기초하여, 식 (10.10)의 두 번째 모집단 적률을 표본값으로 대체시키고, 첫 번째 적률 μ를 식 (10.11)로 대체시키면 다음과 같다.

$$\tilde{\sigma}^2 = \hat{\mu}_2 - \hat{\mu}^2 = \frac{\sum Y_i^2}{N} - \overline{Y}^2 = \frac{\sum Y_i^2 - N\overline{Y}^2}{N} = \frac{\sum \left(Y_i - \overline{Y} \right)^2}{N} \tag{10.12}$$

적률방법에 따라 모집단 평균 추정량으로 표본 평균을 사용하였다. 분산의 적률방법 추정량은 분모에 통상적인 $N-1$이 아닌 N을 사용하여 통상적으로 사용하였던 표본 분산과 정확히 일치하지 않는다. 그러나 대표본인 경우 명백히 큰 차이는 없을 것이다. 일반적으로 적률법 추정량은 일치하고 대표본에서 참인 모수값에 수렴하지만 어떤 의미에서 '최우수'하다는 보장은 없다.

10.3.2 단순회귀 모형에서의 적률방법 추정법

'적률'에 대한 정의는 보다 일반적인 상황으로 연장될 수 있다. 가정 RS3*에 따르면 $E(e_i) = 0$ 및 $cov(x_i, e_i) = E(x_ie_i) = 0$이다. 이들 두 식을 활용하고 적률 접근법을 사용함으로써 OLS 추정량을 도출할 수 있다. 선형회귀 모형 $y_i = \beta_1 + \beta_2 x_i + e_i$에서 2개 적률조건 $E(e_i) = 0$ 및 $E(x_ie_i) = 0$은 다음과 같은 의미를 갖는다.

$$E(e_i) = 0 \Rightarrow E(y_i - \beta_1 - \beta_2 x_i) = 0 \tag{10.13}$$

그리고

$$E(x_ie_i) = 0 \Rightarrow E\left[x_i(y_i - \beta_1 - \beta_2 x_i) \right] = 0 \tag{10.14}$$

식 (10.13) 및 (10.14)는 모집단 적률조건이다. 대수의 법칙에 따르면 무작위 표본추출하에서 표본 적률은 모집단 적률로 수렴되어서 다음과 같아진다.

$$\frac{1}{N}\sum(y_i - \beta_1 - \beta_2 x_i) \xrightarrow{p} E(y_i - \beta_1 - \beta_2 x_i) = 0$$

$$\frac{1}{N}\sum\left[x_i(y_i - \beta_1 - \beta_2 x_i) \right] \xrightarrow{p} E\left[x_i(y_i - \beta_1 - \beta_2 x_i) \right] = 0$$

2개의 표본 적률 조건을 영이라 하고 미지의 모수 β_1 및 β_2를 이들의 추정량 b_1 및 b_2로 대체시키면, 다음과 같이 2개의 식과 2개의 미지수를 갖게 된다.

$$\frac{1}{N}\sum(y_i - b_1 - b_2 x_i) = 0$$

$$\frac{1}{N}\sum\left[x_i(y_i - b_1 - b_2 x_i)\right] = 0$$

이들 2개 식에 N을 곱하고 해법을 구하면 다음과 같은 최소제곱 추정량을 구할 수 있다.

$$b_2 = \frac{\sum(x_i - \bar{x})(y_i - \bar{y})}{\sum(x_i - \bar{x})^2}$$

$$b_1 = \bar{y} - b_2\bar{x}$$

우리가 보여주고자 한 것은, 약한 가정 $E(e_i) = 0$ 그리고 x_i와 e_i 사이의 영인 동시기적 공분산 $\mathrm{cov}(x_i, e_i) = E(x_i e_i) = 0$하에서, 적률방법을 활용하여 단순 선형회귀 모형에 대한 OLS 추정량을 도출할 수 있다는 것이다. OLS 추정량은 일치하는 추정량(consistent estimator)이며 대표본의 통상적인 특성을 갖는다.

10.3.3 단순회귀 모형에서의 도구변수 추정법

x_i가 확률적이고 무작위 오차 e_i와 동시기적으로 상관되어서 $\mathrm{cov}(x_i, e_i) = E(x_i e_i) \neq 0$인 경우 최소제곱 추정에 대한 문제점이 발생한다. 이 경우 x_i는 내생적이다. 5.7절과 6.3절에서 논의했던 것처럼 설명변수가 내생적일 때 OLS 추정량은 편의가 있고 **불일치**한다. 또한 적률방법의 틀에서 볼 때 내생성 문제는 식 (10.14)의 적률조건을 타당하지 않게 만든다.

무엇을 해야 하는가? 적률 접근법은 대안을 통찰할 수 있게 해준다. 다음과 같은 특성을 갖는 또다른 변수 z_i가 존재한다고 가상하자.

자격을 갖춘 좋은 도구변수의 특성

IV 1 : z_i는 y_i에 대해 직접적인 영향을 미치지 않는다. 그러므로 모형 $y_i = \beta_1 + \beta_2 x_i + e_i$의 오른쪽에 설명변수로 포함되지 않는다.

IV 2 : z_i는 회귀오차항 e_i와 동시기적으로 상관되지 않으므로, $\mathrm{cov}(z_i, e_i) = E(z_i e_i) = 0$이다. $\mathrm{cov}(z_i, e_i) = E(z_i e_i) = 0$인 특성을 갖는 변수들을 외생적이라고 한다.

IV 3 : z_i는 내생적 설명변수 x_i와 강하게(또는 적어도 약하지 않게) 상관된다.

위와 같은 특성을 갖는 변수 z_i를 도구변수(instrumental variable, IV)라고 한다. z는 y에 직접적인 영향을 미치지는 않지만 x와 y 사이의 관계를 추정할 수 있도록 하기 때문에 이런 용어를 사용한다. 이는 목적을 달성하기 위해 사용되는 수단 또는 도구이다.

이런 변수 z가 존재한다면, 이를 활용하여 식 (10.14)를 대체할 적률조건을 구할 수 있으며 이는 다음과 같다.

$$E(z_i e_i) = 0 \Rightarrow E\left[z_i(y_i - \beta_1 - \beta_2 x_i)\right] = 0 \tag{10.15}$$

그러고 나서 2개의 적률식 (10.13) 및 (10.15)를 활용하여 β_1 및 β_2의 추정값을 구할 수 있다. 다시 한 번 대수의 법칙에 의거하여 표본 적률이 모집단 적률로 수렴한다고 주장할 수 있다. 따라서 다음과 같다.

$$\frac{1}{N}\sum(y_i - \beta_1 - \beta_2 x_i) \xrightarrow{p} E(y_i - \beta_1 - \beta_2 x_i) = 0$$

$$\frac{1}{N}\sum\left[z_i(y_i - \beta_1 - \beta_2 x_i)\right] \xrightarrow{p} E\left[z_i(y_i - \beta_1 - \beta_2 x_i)\right] = 0$$

충분하게 큰 표본을 갖고 있다고 가정하면서 표본 적률을 영이라고 하면, 다음과 같은 2개의 표본적률 조건을 구할 수 있다.

$$\frac{1}{N}\sum\left(y_i - \hat{\beta}_1 - \hat{\beta}_2 x_i\right) = 0$$

$$\frac{1}{N}\sum z_i\left(y_i - \hat{\beta}_1 - \hat{\beta}_2 x_i\right) = 0 \tag{10.16}$$

위의 식에 대한 해법을 구하면 경제학에서 통상적으로 도구변수 추정량(instrumental variable estimator, IV estimator)이라고 불리는 다음과 같은 적률방법 추정량을 구할 수 있다.

$$\hat{\beta}_2 = \frac{N\sum z_i y_i - \sum z_i \sum y_i}{N\sum z_i x_i - \sum z_i \sum x_i} = \frac{\sum(z_i - \bar{z})(y_i - \bar{y})}{\sum(z_i - \bar{z})(x_i - \bar{x})} \tag{10.17}$$

$$\hat{\beta}_1 = \bar{y} - \hat{\beta}_2\bar{x}$$

도구변수 추정량을 OLS 추정량 b_1 및 b_2와 구별 짓기 위해서 기호 $\hat{\beta}_1$ 및 $\hat{\beta}_2$를 사용할 것이다. 특성 IV1, IV2, IV3이 준수될 경우 새로운 추정량들은 일치하며, 표본크기 $N \to \infty$에 따라 참인 모수값으로 수렴한다. 또한 이들은 대표본에서 대략적인 정규분포를 하며, 이는 '$\overset{a}{\sim}$'로 나타낸다. 단순회귀 모형의 경우 다음과 같다.

$$\hat{\beta}_2 \overset{a}{\sim} N\left[\beta_2, \widehat{\text{var}}\left(\hat{\beta}_2\right)\right]$$

여기서 추정된 분산은 다음과 같다.

$$\widehat{\text{var}}\left(\hat{\beta}_2\right) = \frac{\hat{\sigma}_{IV}^2 \sum(z_i - \bar{z})^2}{\left[\sum(z_i - \bar{z})(x_i - \bar{x})\right]^2} \tag{10.18a}$$

오차분산 σ^2의 IV 추정량은 다음과 같다.

$$\hat{\sigma}_{IV}^2 = \frac{\sum\left(y_i - \hat{\beta}_1 - \hat{\beta}_2 x_i\right)^2}{N-2} \tag{10.18b}$$

10.3.4 강한 도구변수 사용의 중요성

도구변수를 활용하여 분석할 때 부단히 반복적으로 제기되는 질문은 다음과 같다. "해당 도구변수는 얼마나 강한가?" 강한 도구변수란 무엇인가? 이 장에서는 이 물음에 대한 완전한 답변을 도출하겠지만, 처음에는 강한 도구변수 z를 내생변수 x와 고도로 상관된 변수라고 정의할 것이다. 이 정의가 유용한 이유를 보여주기 위해서 식 (10.18a)의 분산식 $\text{var}(\hat{\beta}_2)$에 약간의 대수학을 적용하여 다음과 같은 정보를 포함하고 있는 동등한 식을 구할 수 있다.

$$\begin{aligned}
\widehat{\text{var}}\left(\hat{\beta}_2\right) &= \frac{\hat{\sigma}_{IV}^2 \sum\left(z_i - \bar{z}\right)^2}{\left[\sum\left(z_i - \bar{z}\right)\left(x_i - \bar{x}\right)\right]^2} \\
&= \frac{\hat{\sigma}_{IV}^2}{\left\{\dfrac{\left[\sum\left(z_i - \bar{z}\right)\left(x_i - \bar{x}\right)\right]^2 / (N-1)}{\sum\left(z_i - \bar{z}\right)^2 \sum\left(x_i - \bar{x}\right)^2 / (N-1)}\right\} \sum\left(x_i - \bar{x}\right)^2} \\
&= \frac{\hat{\sigma}_{IV}^2}{r_{zx}^2 \sum\left(x_i - \bar{x}\right)^2}
\end{aligned}$$

$\sum(x_i - \bar{x})^2$ 및 $(N-1)$을 중간에 있는 식에서 곱하고 나서 다시 나누는 간단한 과정을 거친 후 이를 재정리하였다. 최종적인 식은 내생변수 계수의 추정에 대한 정확성에 관해 알려주고 있다. OLS 추정량의 경우와 마찬가지로, $\hat{\beta}_2$의 분산은 설명변수의 평균에 대한 해당 변수의 변동, $\sum(x_i - \bar{x})^2$과 오차항의 추정된 분산, $\hat{\sigma}_{IV}^2$에 달려 있다. 새로운 사실은 분모에 도구변수 z와 내생변수 x 사이의 표본상관 r_{zx}를 제곱한 것이 포함된다는 것이다. 표본상관 $|r_{zx}|$의 크기가 크면 클수록 IV 추정량의 추정된 분산이 작아지며, 역으로 그 반대도 성립한다. $|r_{zx}|$가 클 때, 도구변수가 강하다. 보다 강한 도구변수는 보다 작은 추정된 분산, 보다 작은 표준오차, 보다 좁은 구간 추정값, 일반적으로 보다 정확한 통계적 추론으로 이어진다. 강한 도구변수를 선택하는 것은 중요하다.

도구변수 강도의 핵심사항을 설명하고 이를 보다 극적으로 보여주기 위해, $\text{cov}(x_i, e_i) = 0$이라 가정해서 OLS 추정량과 IV 추정량 둘 다 일치하게 된다. 2개 추정량의 추정된 분산을 비교해 보면, OLS 추정량의 추정된 분산에 대한 IV 추정량의 추정된 분산의 비율은 다음과 같다.

$$\frac{\widehat{\text{var}}\left(\hat{\beta}_2\right)}{\widehat{\text{var}}\left(b_2\right)} = \frac{\dfrac{\hat{\sigma}_{IV}^2}{r_{zx}^2 \sum\left(x_i - \bar{x}\right)^2}}{\dfrac{\hat{\sigma}^2}{\sum\left(x_i - \bar{x}\right)^2}} = \frac{\hat{\sigma}_{IV}^2 / \hat{\sigma}^2}{r_{zx}^2} \simeq \frac{1}{r_{zx}^2}$$

최종적인 어림셈은, $\text{cov}(x_i, e_i) = 0$인 경우 대표본에서 σ^2의 2개 추정량은 $\hat{\sigma}_{IV}^2 / \hat{\sigma}^2 \simeq 1$이 되도록 동일한 값으로 수렴하게 된다는 사실을 활용하였다. 제곱한 상관 $r_{zx}^2 < 1$이라서, IV 추정량에 대한 분산 추정값은 OLS 추정량에 대한 분산 추정값보다 더 커질 것이라 기대된다. IV 추정량은 OLS 추정량보다 덜 효율적이며, 이는 미지의 모수를 추정하기 위해서 표본자료를 덜 효율적으로 사용한다는 의미이다.

우리는 보다 효율적인 일치하는 추정량을 선호한다. 왜냐하면 그것이 더 작은 표준오차를 갖고 있어서 더 좁은 구간 추정값으로 이어지고, 통계적 추론을 보다 효율적으로 만든다. 표준오차의 비율은 $\text{se}(\hat{\beta}_2) / \text{se}(b_2) \simeq 1/|r_{zx}|$이다. 상관이 $r_{zx} = 0.5$인 경우, $\text{se}(\hat{\beta}_2)/\text{se}(b_2) \simeq 2$이며 IV 추정량의 추정된 표준오차는 OLS 추정량의 표준오차의 2배가 된다. $r_{zx} = 0.1$인 경우, $\text{se}(\hat{\beta}_2)/\text{se}(b_2) \simeq 10$이며 IV 추정량의 추정된 표준오차는 OLS 추정량의 표준오차의 10배가 된다.

관련 내용들을 살펴보기 위해 대표본에서 95% 구간 추정값은 대략 '추정값 ± 2(표준오차)'라는 점을 기억하자. 설명을 하기 위해서 $b_2 \simeq \hat{\beta}_2 = 5$이고 $\text{se}(b_2) = 1$이라고 가상하면, OLS 추정량을 사용한 95% 구간 추정값은 $5 \pm 2(1)$ 또는 $[3, 7]$이다. $r_{zx} = 0.5$라면 IV 추정량에 기초한 구간 추정값은 $5 \pm 2(2)$ 또는 $[1, 9]$이다. $r_{zx} = 0.1$이라면 IV 추정량에 기초한 구간 추정값은 $5 \pm 2(10)$ 또는 $[-15, 25]$이다. 이런 놀라운 차이는 IV 추정량을 사용할 필요가 없다면 이를 사용하지 않아야 한다는 사실을 깨닫게 해준다. IV 추정을 이용해야만 한다면 강한 도구변수, 즉 내생적인 x와 고도로 상관된 변수를 찾아야만 한다.

10.3.5 도구변수 추정량의 일치성을 증명하기

도구변수 추정량이 일치한다는 점을 증명하기 위해서 10.1.3절에서 사용한 논리를 따라갈 것이다. 식 (10.17)에서 β_2의 IV 추정량은 다음과 같다.

$$\hat{\beta}_2 = \frac{\sum (z_i - \bar{z})(y_i - \bar{y})/(N-1)}{\sum (z_i - \bar{z})(x_i - \bar{x})/(N-1)} = \frac{\widehat{\text{cov}}(z, y)}{\widehat{\text{cov}}(z, x)}$$

대표본에서 표본 공분산은 참인 공분산으로 수렴하기 때문에 다음과 같다고 말할 수 있다.

$$\hat{\beta}_2 \to \frac{\text{cov}(z, y)}{\text{cov}(z, x)}$$

도구변수 z가 표본자료 또는 모집단에서 x와 상관되지 않는다면 도구변수 추정량은 작동하지 않고 실패하게 된다. 표본자료에서 z와 x가 상관되지 않을 경우 $\hat{\beta}_2$의 분모에서 영을 의미한다. 모집단에서 z와 x가 상관되지 않을 경우 $\hat{\beta}_2$가 대표본에서 수렴하지 않는다는 의미이다. 따라서 도구변수가 타당하기 위해서는 오차항 e와 상관되지 않아야 하지만, 설명변수 x와는 상관되어야 한다.

이제 10.1.3절과 동일한 단계를 밟을 경우 다음과 같은 결과를 구할 수 있다.

$$\beta_2 = \frac{\text{cov}(z, y)}{\text{cov}(z, x)} - \frac{\text{cov}(z, e)}{\text{cov}(z, x)}$$

$\text{cov}(z_i, e_i) = 0$, 즉 도구변수 z_i의 선택에 부과하는 조건을 가정할 수 있다면, 도구변수 추정량 $\hat{\beta}_2$는 대

표본에서 다음과 같이 β_2로 수렴한다.

$$\hat{\beta}_2 \rightarrow \frac{\text{cov}(z, y)}{\text{cov}(z, x)} = \beta_2$$

따라서 $\text{cov}(z_i, e_i) = 0$ 그리고 $\text{cov}(z_i, x_i) \neq 0$이라면 β_2의 도구변수 추정량은 일치한다. 이 상황에서 OLS 추정량은 x_i와 e_i 사이의 상관으로 인해 일치하지 않는다.

🗨️ 정리문제 10.2   단순 임금식의 도구변수 추정

단순회귀에서의 도구변수 추정법을 설명하기 위해 정리문제 10.1에서 사용한 모형의 단순한 형태, $\ln(WAGE) = \beta_1 + \beta_2 EDUC + e$를 생각해 보자. $N=428$ 기혼 여성에 관한 자료를 사용하여 얻은 OLS 추정값은 다음과 같다.

$$\widehat{\ln(WAGE)} = -0.1852 + 0.1086 EDUC$$
$$\text{(se)} \quad\quad (0.1852) \quad (0.0144)$$

교육에 대한 추정 수익률은 약 10.86%이며, $t=7.55$가 의미하는 바는 추정계수가 1% 유의수준에서도 영과 유의하게 상이하다는 것이다. $EDUC$가 내생변수이고 무작위 오차 e와 상관될 경우, OLS 추정은 올바르지 않은 추론으로 이어질 수 있다. $EDUC$가 누락변수 '능력'과 양으로 상관될 것이라 기대된다. 이는 추정 수익률 10.86%가 참인 값을 과장할 수 있다는 의미이다.

도구변수로 무엇을 사용할 수 있는가? 한 가지 방법으로 어머니의 교육연수 $MOTHEREDUC$를 도구변수로 제안할 수 있다. 이는 적합한가? 10.3.3절에서 도구변수가 될 수 있는 세 가지 기준을 제시하였다. 첫째, 해당 변수는 종속변수에 직접적인 영향을 미치는가? 이 변수는 식에 포함되는가? 어머니의 교육이 딸의 임금을 결정하는 데 직접적인 역할을 하지 않아야 한다. 첫 번째 기준의 충족 여부는 괜찮은 것처럼 보인다. 둘째, 도구변수는 무작위 오차 e와 동시적으로 상관되지 않아야 한다. 어머니의 교육이 누락변수, 딸의 능력과 상관되는가? 이것은 보다 어려운 문제이다. 능력에는 예를 들면, 지능, 독창력, 끈기, 근면성을 포함하여 많은 속성이 포함된다. 이런 성격 특성들의 일부는 부모 유전자 구성의 일부가 될 수 있다. 이 문제에 관한 과학적 논의는 피하고, 어머니의 교육 연수가 딸의 능력과 상관되지 않는다고 가정한다. 셋째, 도구변수는 내생변수와 높게 상관되어야 한다. 이것은 점검할 수 있다. 표본에 있는 428명 여성의 경우 어머니의 교육과 딸의 교육 사이 상관이 0.3870이다. 이것은 매우 크지는 않지만 매우 작지도 않다.

도구변수 추정값은 다음과 같다.

$$\widehat{\ln(WAGE)} = 0.7022 + 0.0385 EDUC$$
$$\text{(se)} \quad\quad (0.4851) \quad (0.0382)$$

교육에 대한 수익률의 도구변수 추정값은 3.85%로 이는 OLS 추정값의 3분의 1에 해당한다. 표준오차는 OLS 표준오차보다 약 2.65배 더 크다. 이는 2개 추정량이 일치할 때 비율일 것이라고 추론한 것에 매우 근접한다.

$$\text{se}(\hat{\beta}_2) \Big/ \text{se}(b_2) = 0.0382/0.0144 = 2.65 \simeq 1/r_{zx}$$
$$= 1/0.3807 = 2.58$$

10.3.6 2단계 최소제곱(2SLS)을 활용하는 도구변수 추정법

IV 추정이라고 하는 사고의 틀을 보다 일반적인 상황으로 확장하는 데 도움을 주는 또 다른 형태의 계산법을 통해 도구변수 추정값을 구할 수 있다. 2단계 최소제곱(two-stage least square)이라 불리는 이 방법은 2개의 최소제곱 회귀를 사용하여 IV 추정값을 계산하는 것이다. 1단계 식(first-stage equation)에서는 종속변수가 내생적 설명변수인 x이고, 독립변수 z는 도구변수이다. 즉 1단계 식은 다음과 같다.

$$x = \gamma_1 + \theta_1 z + v$$

여기서 γ_1은 절편 모수이고, θ_1은 기울기 모수이며, v는 오차항이다. 2SLS의 단계는 다음과 같다.

1. OLS로 1단계 식을 추정하고 적합한 값 $\hat{x} = \hat{\gamma}_1 + \hat{\theta}_1 z$를 구한다.
2. 2단계 식(second-stage equation)에서는 단순회귀 $y = \beta_1 + \beta_2 x + e$에서 내생변수 x를 $\hat{x} = \hat{\gamma}_1 + \hat{\theta}_1 z$로 대체시키고 나서 $y = \beta_1 + \beta_2 \hat{x} + e^*$에 OLS 추정법을 적용한다.

2단계 회귀로부터의 β_1 및 β_2의 OLS 추정값은 IV 추정값 $\hat{\beta}_1$ 및 $\hat{\beta}_2$와 동등하게 같다. 나아가 $\hat{\beta}_1$ 및 $\hat{\beta}_2$의 추정된 분산 및 공분산은 OLS 공식이며, $\hat{\sigma}_{IV}^2 = \sum(y_i - \hat{\beta}_1 - \hat{\beta}_2 x_i)^2/(N-2)$가 σ^2의 통상적인 추정값을 대체하며 $\bar{\hat{x}} = \bar{x}$라는 사실을 활용하여 다음과 같아진다.

$$\widehat{\text{var}}\left(\hat{\beta}_2\right) = \frac{\hat{\sigma}_{IV}^2}{\sum\left(\hat{x}_i - \bar{x}\right)^2} \tag{10.19}$$

위의 분산은 식 (10.18a)에 있는 이전 식과 숫자적으로 동일하다. 식 (10.19)가 사용되지 않는다면, 2단계 OLS 회귀는 분산을 부정확하게 계산한다. 왜냐하면 OLS 소프트웨어는 x_i 대신에 $\hat{x}_i$을 적용한 다음 식을 사용하기 때문이다.

$$\hat{\sigma}_{WRONG}^2 = \sum\left(y_i - \hat{\beta}_1 - \hat{\beta}_2 \hat{x}_i\right)^2\Big/(N-2)$$

정확한 계산을 하려면, IV/2SLS에 대해 설계된 소프트웨어를 언제나 사용하시오.

정리문제 10.3   단순 임금식의 2SLS 추정

도구변수에 상당하는 2단계 최소제곱을 설명하기 위해 1단계 식, 즉 내생변수 *EDUC*의 도구변수 *MOTHEREDUC*에 대한 회귀식을 추정하면 다음과 같다.

$$\widehat{EDUC} = 10.1145 + 0.2674 MOTHEREDUC$$
$$(se) \quad (0.3109) \quad (0.0309)$$

*MOTHEREDUC*가 강한 도구변수가 되려면 *EDUC*와 강하게 상관되어야 한다. 달리 표현하면 *MOTHEREDUC*가 1단계 식에서 강하게 유의적이어야만 하며 실제로 그렇다. t-값은 8.66이므로 계수가 1% 수준에서 영과 유의하게 상이하다. 10.3.9절에서 이 방법에 대해 더 많이 살펴볼 것

이다.

2단계 식에서 $\ln(WAGE)$를 1단계 식으로부터 구한 값들에 회귀 추정하면 다음과 같다.

$$\widehat{\ln(WAGE)} = 0.7021 + 0.0385\widehat{EDUC}$$
$$(부정확한\ se) \quad (0.5021) \quad (0.0396)$$

계수 추정값들은 정리문제 10.2에서의 것과 동일하지만, 두 번째 OLS 추정에서 구한 표준오차는 정리문제 10.2에서의 것과 동일하지 않다는 사실에 주목하라. 왜냐하면 이 표준오차들은 $\hat{\sigma}_{WRONG}^2$을 사용하였기 때문에 부정확하다.

10.3.7 잉여 적률조건의 활용

2단계 최소제곱을 도입한 이유는 그것이 여분의 추가적인 도구변수를 활용하는 용이한 방법이기 때문이다. 단순회귀에서 우리는 단지 하나의 도구변수가 필요하고, 이는 식 (10.16)과 같은 2개 적률조건을 만들어내며 2개의 미지의 모형 모수에 대한 해법을 구하게 된다. 하지만 이따금 필요한 것보다 더 많은 도구변수를 갖게 되기도 한다. 조건 IV1~IV3을 충족시키는 2개의 작동하는 괜찮은 도구변수 z_1 및 z_2를 갖고 있다고 가상하자. 식 (10.16)과 비교해 볼 때 다음과 같은 추가적인 적률조건을 갖게 된다.

$$E(z_2 e) = E\Big[z_2\big(y - \beta_1 - \beta_2 x\big)\Big] = 0$$

이제는 다음과 같은 3개의 표본 적률조건이 존재한다.

$$\frac{1}{N}\sum\big(y_i - \hat{\beta}_1 - \hat{\beta}_2 x_i\big) = 0$$

$$\frac{1}{N}\sum z_{i1}\big(y_i - \hat{\beta}_1 - \hat{\beta}_2 x_i\big) = 0$$

$$\frac{1}{N}\sum z_{i2}\big(y_i - \hat{\beta}_1 - \hat{\beta}_2 x_i\big) = 0$$

단지 2개의 미지수가 존재하는데 3개의 식이 있다. 3개의 식을 모두 만족시키는 해법은 존재하지 않는다. 조건(도구변수)들 중 1개를 간단히 버리고 남아 있는 2개를 이용하여 미지수에 대한 해법을 구할 수도 있다. 더 나은 해법은 그들을 혼합해서 가용할 수 있는 모든 도구변수를 활용하는 것이다. 도구변수들을 혼합하는 최선의 방법은 2단계 최소제곱이란 사고의 틀을 활용하는 것이다. 단순회귀 $y = \beta_1 + \beta_2 x + e$에서 x가 내생적이고 2개의 도구변수 z_1 및 z_2를 갖고 있다면, 1단계 식은 다음과 같다.

$$x = \gamma_1 + \theta_1 z_1 + \theta_2 z_2 + v$$

OLS로 1단계 식을 추정하고 적합하게 맞춘 값을 구하면 다음과 같다.

$$\hat{x} = \hat{\gamma}_1 + \hat{\theta}_1 z_1 + \hat{\theta}_2 z_2$$

2개의 도구변수 z_1 및 z_2를 단일 도구변수 $\hat{x}$으로 합했다. x에 대한 도구변수로 $\hat{x}$을 사용할 경우 다음과 같은 2개 표본 적률조건으로 이어진다.

$$\frac{1}{N}\sum\big(y_i - \hat{\beta}_1 - \hat{\beta}_2 x_i\big) = 0$$

$$\frac{1}{N}\sum \hat{x}_i\big(y_i - \hat{\beta}_1 - \hat{\beta}_2 x_i\big) = 0$$

이 조건들에 대한 해법을 구하고 $\bar{\hat{x}} = \bar{x}$를 활용하면 다음과 같아진다.

$$\hat{\beta}_2 = \frac{\sum \left(\hat{x}_i - \bar{\hat{x}} \right) \left(y_i - \bar{y} \right)}{\sum \left(\hat{x}_i - \bar{\hat{x}} \right) \left(x_i - \bar{x} \right)} = \frac{\sum \left(\hat{x}_i - \bar{x} \right) \left(y_i - \bar{y} \right)}{\sum \left(\hat{x}_i - \bar{x} \right) \left(x_i - \bar{x} \right)}$$

$$\hat{\beta}_1 = \bar{y} - \hat{\beta}_2 \bar{x}$$

위의 공식들을 활용하여 구한 추정값들은 $y = \beta_1 + \beta_2 \hat{x} + e^*$에 대해 최소제곱을 적용하여 구한 IV/2SLS 추정값과 동일하다. 2개를 초과하는 도구변수를 갖고 있는 경우, 몇 개의 도구변수들을 하나로 합하는 동일한 전략을 적용할 수 있다.

🐚 정리문제 10.4 단순 임금식에서 과잉인 도구변수 사용하기

아버지의 교육도 또한 딸의 교육에 대한 잠재적 도구변수가 된다. 428개 관찰값을 사용하여 구한 *FATHEREDUC* 및 *EDUC* 사이의 상관은 0.4154이다. 1단계 식은 다음과 같다.

$$EDUC = \gamma_1 + \theta_1 MOTHEREDUC + \theta_2 FATHEREDUC + v$$

OLS 추정된 1단계 식은 다음과 같다.

$$\widehat{EDUC} = 9.4801 + 0.1564 MOTHEREDUC$$
$$\text{(se)} \quad (0.3211) \ (0.0358)$$
$$+ \ 0.1881 FATHEREDUC$$
$$(0.0336)$$

MOTHEREDUC 및 *FATHEREDUC*의 계수들에 대한 t-통계량은 각각 4.37 및 5.59이며, 1% 수준에서 유의하다. 2개 도구변수(IV)의 결합 유의성 검정은 개별 유의성 검정보다 훨씬 더 중요하다. 귀무가설 $H_0 : \theta_1 = 0$, $\theta_2 = 0$에 대한 F-통계량은 55.83이며 매우 유의하다. 이 결합검정에 기초하여 2개 도구변수 계수 중 적어도 하나는 영이 아니라고 결론을 내린다. F-검정의 중요성은 10.3.9절에서 논의할 것이다.

2단계 식에서 *EDUC*를 $\widehat{EDUC}$로 대체시키고 최소제곱을 적용하여 IV/2SLS 추정값을 구하면 다음과 같다.

$$\widehat{\ln(WAGE)} = 0.5510 + 0.0505\widehat{EDUC}$$
$$\text{(부정확한 se)} \ (0.4257) \ (0.0335)$$

계수 추정값들은 올바른 IV 추정값들이지만, 제시된 표준오차는 부정확하다. 적절한 IV 소프트웨어를 사용하여 다음과 같은 결과를 얻을 수 있다.

$$\widehat{\ln(WAGE)} = 0.5510 + 0.0505\widehat{EDUC}$$
$$\text{(se)} \quad (0.4086) \ (0.0322)$$

10.3.8 다중회귀 모형에서의 도구변수 추정법

다중회귀식에서 도구변수 추정법을 시행하기 위해서는 식 (10.17)보다 더 일반적인 추정공식이 필요하다. 우리의 분석을 보다 일반적인 상황으로 연장하기 위해서 다중회귀 모형 $y = \beta_1 + \beta_2 x_2 + \cdots + \beta_K x_K + e$를 생각해 보자. 설명변수들 중에서 x_K가 오차항과 상관된 내생변수라는 사실을 알고 있거나 의심을 하고 있다고 가상하자. 처음 $K-1$개 변수($x_1 = 1$, $x_2, \cdots, x_{K-1}$)는 오차항 e와 상관되지 않은 외생변수로서 '포함되어 있는 내부의' 도구변수들이다. 도구변수 추정법은 2단계 과정을 활용하여 시행될 수 있으며, 각 단계에서는 OLS 회귀가 적용된다.

1단계 회귀(first-stage regression)에서 내생변수 x_K는 왼쪽에 위치하며, 모든 외생변수 및 도구변수는 오른쪽에 위치한다. 모형 밖에서 구한 z_1, z_2, $\cdots$, z_L인 L개 '외부의' 도구변수가 있는 경우, 1단계 회귀는 다음과 같다.

$$x_K = \gamma_1 + \gamma_2 x_2 + \cdots + \gamma_{K-1} x_{K-1} + \theta_1 z_1 + \cdots + \theta_L z_L + v_K \tag{10.20}$$

여기서 v_K는 오른쪽 모든 변수들과 상관되지 않은 오차항이다. 식 (10.20)의 1단계 회귀를 OLS로 추정하고 적합한 값을 구하면 다음과 같다.

$$\hat{x}_K = \hat{\gamma}_1 + \hat{\gamma}_2 x_2 + \cdots + \hat{\gamma}_{K-1} x_{K-1} + \hat{\theta}_1 z_1 + \cdots + \hat{\theta}_L z_L \tag{10.21}$$

적합하게 맞추어 구한 값 $\hat{x}_K$는 모든 외생변수와 도구변수들의 최적결합이다.

2단계 회귀(second-stage regression)는 x_K를 $\hat{x}_K$로 대체시킨 최초에 설정된 모형이다.

$$y = \beta_1 + \beta_2 x_2 + \cdots + \beta_K \hat{x}_K + e^* \tag{10.22}$$

여기서 e^*는 오차항이다. 대표본에서 e^*는 $\hat{x}_K$를 포함하는 설명변수들과 상관되지 않기 때문에 식 (10.22)에 대한 OLS 추정은 정당화된다. 이 식으로부터의 OLS 추정량 $\hat{\beta}_1, \cdots, \hat{\beta}_K$는 도구변수(IV) 추정량이며, 2개의 최소제곱 회귀를 통해 구할 수 있으므로 이들은 또한 일반적으로 2단계 최소제곱(2SLS) 추정량이라고 알려져 있다. 이들을 IV 추정량 또는 2SLS 추정량 또는 IV/2SLS 추정량의 이름으로 부른다. 오른쪽에 1개를 초과하는 내생변수를 포함하는 일반적인 경우에도, 밟게 되는 단계들은 유사하며 이에 대해서는 10.3.10절에서 논의하게 될 것이다.

식 (10.22)의 최소제곱 추정량에 대해, 5.3.1절에서 살펴본 추정량 분산 및 공분산에 대한 표준공식을 한 가지 수정을 거쳐 활용할 수 있다. 적절한 추정값을 구하기 위해서 2개의 최소제곱 추정을 사용할 수 있지만, 최소제곱 소프트웨어는 정확한 표준오차 및 t-값을 제공하지 못한다. 오차분산의 IV/2SLS 추정량은 최초 모형 $y = \beta_1 + \beta_2 x_2 + \cdots + \beta_K x_K + e$로부터의 잔차에 기초하며, 따라서 오차분산 σ^2의 적절한 추정량은 다음과 같이 식 (10.18b)의 일반적인 형태로 변형된 것이다.

$$\hat{\sigma}^2_{IV} = \frac{\sum \left(y_i - \hat{\beta}_1 - \hat{\beta}_2 x_{i2} - \cdots - \hat{\beta}_K x_{iK} \right)^2}{N - K}$$

2단계 최소제곱 또는 도구변수 추정법 옵션을 선택할 경우, 계량경제 소프트웨어는 자동적으로 적절한 분산 추정량을 사용한다. 식 (10.22)로부터의 IV/2SLS 추정된 표준오차를 사용할 경우, t-검정을 시행할 수 있고 대표본에서 타당한 모수의 구간 추정값을 구할 수 있다. 나아가 약한 도구변수가 아니라면 결합가설에 대한 통상적인 검정은 대표본에서 타당하다.

6.4.1절에서의 논의를 상기해 보는 것이 유익하다. 내생변수의 계수가 통상적으로 가장 흥미롭다. 임금식의 예를 생각해 보면 $EDUC$, 즉 교육 연수의 계수가 결정적으로 중요하다. $SSE_{\hat{x}_K}$를 $\mathbf{x}_{exog} = (x_1 = 1, x_2, x_3, \cdots, x_{K-1})$에 대한 $\hat{x}_K$의 회귀로부터 구한 제곱한 잔차의 합이라고 할 경우, 대표본에서 다음과 같다.

$$\hat{\beta}_K \overset{a}{\sim} N\left[\beta_K, \text{var}\left(\hat{\beta}_K \right) \right]$$

분산 추정값은 다음과 같다.

$$\widehat{\text{var}}\left(\hat{\beta}_K\right) = \frac{\hat{\sigma}_{IV}^2}{SSE_{\hat{x}_K}} \tag{10.23}$$

식 (10.23)에 따르면 β_K의 도구변수 추정량인 $\hat{\beta}_K$의 분산은 $\mathbf{x}_{exog} = (x_1 = 1, \ x_2, \ x_3, \ \cdots, \ x_{K-1})$에 의해 설명되지 않는 $\hat{x}_K$의 변동, $SSE_{\hat{x}_K}$에 의존한다는 것을 알 수 있다. 식 (6.33)과 그 주위의 논의를 알아보도록 하자. 이것은 매우 중요한 개념이므로 '약한' 도구변수에 관해 논의할 때 10.3.9절에서 다시 살펴볼 것이다.

🔍 정리문제 10.5   임금식에서의 IV/2SLS 추정

교육 이외에 근로자의 경험 또한 임금을 결정하는 데 중요하다. 경험을 추가적으로 하는 연수는 임금에 대해 체감하는 한계효과를 갖기 때문에, 다음과 같은 2차 함수 모형을 사용하도록 하자.

$$\ln(WAGE) = \beta_1 + \beta_2 EXPER + \beta_3 EXPER^2 + \beta_4 EDUC + e$$

여기서 $EXPER$은 경험을 한 연수이다. 위의 식은 정리문제 10.1에서 설정한 모형과 동일하다. $EXPER$은 근로자의 능력과 상관되지 않은 외생변수이며, 무작위 오차 e와도 상관되지 않는다. 교육을 받은 연수 $EDUC$에 대한 2개의 도구변수로는 어머니의 교육 연수 $MOTHEREDUC$ 및 아버지의 교육 연수 $FATHEREDUC$를 들 수 있으며, 이전 정리문제에서 이를 이미 살펴보았다. 1단계 식은 다음과

같다.

$$EDUC = \gamma_1 + \gamma_2 EXPER + \gamma_3 EXPER^2 + \theta_1 MOTHEREDUC + \theta_2 FATHEREDUC + v$$

428개 관찰값을 사용하여 추정한 1단계식은 표 10.1에 제시되어 있다. 정확하게 계산된 표준오차를 갖는 IV/2SLS 추정값은 다음과 같다.

$$\widehat{\ln(WAGE)} = 0.0481 + 0.0442 EXPER$$
$$\text{(se)} \quad (0.4003) \ (0.0134)$$
$$- 0.0009 EXPER^2 + 0.0614 EDUC$$
$$(0.0004) \qquad (0.0314)$$

교육에 대해 추정된 수익은 약 6.1%이고, 추정된 계수는 $t = 1.96$을 가지며 통계적으로 유의하다.

표 10.1   1단계 식

Variable	Coefficient	Std. Error	t-Statistic	Prob.
C	9.1026	0.4266	21.3396	0.0000
$EXPER$	0.0452	0.0403	1.1236	0.2618
$EXPER^2$	−0.0010	0.0012	−0.8386	0.4022
$MOTHEREDUC$	0.1576	0.0359	4.3906	0.0000
$FATHEREDUC$	0.1895	0.0338	5.6152	0.0000

10.3.9 1단계 모형을 활용한 도구변수의 강도를 평가하기

10.3.4절에서는 내생적 설명변수를 갖는 단순회귀 모형을 추정할 때 강한 도구변수의 중요성을 강조하였다. 거기서 도구변수의 강도에 대한 평가는 내생변수 x와 도구변수 z 사이의 상관에 기초한다.

다중회귀 모형에서 도구변수의 강도를 측정하는 일은 더욱 복잡해진다. 1단계 회귀는 다중회귀 상황에서 도구변수가 '강한지' 또는 '약한지'를 평가할 때 중요한 수단이 된다.

사례1 : 1개 도구변수의 강도를 평가하기 x_K가 내생적이고 가용할 수 있는 1개의 외생적 도구변수 z_1을 갖고 있다고 가상하자. 위에서 사용한 기호의 측면에서 나타내면 $L = 1$이다. 1단계 회귀식은 다음과 같다.

$$x_K = \gamma_1 + \gamma_2 x_2 + \cdots + \gamma_{K-1} x_{K-1} + \theta_1 z_1 + v_K \tag{10.24}$$

단순회귀 모형에서 우리는 내생변수와 도구변수 사이의 상관에서 도구변수에 대한 강도를 찾아볼 수 있다. 다중회귀 모형에서는 다른 외생변수들$(x_2, \cdots, x_{K-1})$을 처리해야만 한다. 도구변수 z_1의 강도를 평가하는 데 있어서 핵심사항은, 모든 다른 외생변수들의 효과를 통제한 이후에 x_K에 대한 도구변수의 관계 강도이다. 하지만 이것은 정확하게 다중회귀분석의 목적이다. 1단계 회귀 식 (10.24)에서 계수 θ_1은 다른 변수들의 효과를 설명한 후에 x_K에 대한 z_1의 효과를 측정한 것이다.

x_K에 대한 z_1의 효과가 존재해야만 할 뿐만 아니라 그것은 **통계적으로 유의한 효과**여야만 한다. 얼마나 유의해야 하는가? 매우 유의해야 한다. 도구변수 z_1이 약하다는 가설을 기각하기 위해서는, 경험에 따를 경우 식 (10.24)의 귀무가설 $H_0 : \theta_1 = 0$에 대한 F-검정 통계량이 10보다 커야만 한다. 6.1.3절에서 살펴본 t-검정과 F-검정 사이의 관계, 즉 $t^2 = F$를 활용할 경우, 이것은 유의성에 대한 t-통계량의 절댓값이 3.16보다 커야 한다고 해석된다. 이 값은 통상적인 5% 임계값 ± 1.96 또는 1% 임계값 ± 2.58보다 크다. $F > 10$ 규칙은 계량경제학자들의 연구로 다듬어졌다. 도구변수가 약할 때, IV 추정량에 기초한 추정값과 검정은 신뢰할 수 없게 된다.

약한 도구변수에 대한 추가적인 분석   이런 점을 설명하는 또 다른 방법은 다음과 같다. 논리가 약간 부담스러울 수도 있지만 최종결과는 직관적으로 볼 때 만족스러울 것이다. 10.3.8절에서 β_K의 IV 추정량의 대략적인 대표본 분산은 다음과 같다고 했다.

$$\widehat{\text{var}}\left(\hat{\beta}_K\right) = \frac{\hat{\sigma}_{IV}^2}{SSE_{\hat{x}_K}}$$

여기서 $SSE_{\hat{x}_K}$는 $(x_2, x_3, \cdots, x_{K-1})$에 대한 $\hat{x}_K$의 회귀로부터 구한 제곱한 잔차의 합이다. 또한 $\hat{x}_K$는 다음과 같이 1단계 회귀 식 (10.24)로부터 적합하게 맞춘 값이다.

$$\hat{x}_K = \hat{\gamma}_1 + \hat{\gamma}_2 x_2 + \cdots + \hat{\gamma}_{K-1} x_{K-1} + \hat{\theta}_1 z_1$$

한 걸음 더 나가면 1단계 회귀 결과가 얼마나 중요할 수 있는지를 간파할 수 있다. $\mathbf{x}_{exog} = (x_1 = 1, x_2, x_3, \cdots, x_{K-1})$ 및 z_1에 대한 $\hat{x}_K$의 회귀를 생각해 보자. 우리는 실제로 이것을 할 필요가 없다. 이것은 완벽하게 적합해져서 $R^2 = 1$이라는 점을 알고 있다. 그럼에도 불구하고 5.2.4절에서 살펴본 프리슈-워-로벨(Frisch-Waugh-Lovell) 접근법을 따라가 보도록 하자.

- 첫째, $\hat{x}_K$로부터 $\mathbf{x}_{exog}$의 영향을 제거하고 잔차 $\tilde{x}_k$를 구해 보자.
- 둘째, 도구변수 z_1으로부터 $\mathbf{x}_{exog}$의 영향을 제거하고 잔차 $\tilde{z}_1$을 구해 보자. 제곱한 잔차의 합은 $\sum \tilde{z}_{i1}^2$이다.
- 상수항 없이 $\tilde{z}_1$에 대해 $\tilde{x}_k$를 회귀해 보자. 추정된 계수는 $\hat{\theta}_1$이고 $R^2 = 1$이며, 적합하게 맞춘 값 $\hat{\theta}_1 \tilde{z}_1$은 정확하게 $\tilde{x}_k$와 같다!
- $\tilde{x}_k = \hat{\theta}_1 \tilde{z}_1$이므로, $SSE_{\hat{x}_K} = \sum \tilde{x}_{iK}^2 = \sum \left(\hat{\theta}_1 \tilde{z}_{i1} \right)^2 = \hat{\theta}_1^2 \sum \tilde{z}_{i1}^2$ 이라고 나타낼 수 있다.

이 결과는 식 (10.23)에 있는 β_K의 IV 추정량의 대표본 분산에 대한 대안적인 식이므로 다음과 같아진다.

$$\text{var}\left(\hat{\beta}_K \right) = \frac{\hat{\sigma}_{IV}^2}{SSE_{\hat{x}_K}} = \frac{\hat{\sigma}_{IV}^2}{\hat{\theta}_1^2 \sum \tilde{z}_{i1}^2} \tag{10.25}$$

어떤 요소들이 β_K의 IV 추정량의 정확성에 기여하는가? 첫 번째 중요한 요소는 1단계 회귀로부터의 추정값 $\hat{\theta}_1$의 크기이다. 이 계수가 크다는 점은 중요하다! 둘째, 포함된 외생변수 $\mathbf{x}_{exog}$의 선형효과를 제거한 후에 외부의 도구변수 z_1에 얼마나 많은 변동이 존재하는가? 중요한 것은 포함된 외생변수 $\mathbf{x}_{exog}$에 의해 설명되지 않는 z_1에서의 변동규모이다. 이상적으로 보면 z_1은 $\mathbf{x}_{exog}$와 상관되지 않으며 큰 변동을 보이는 것이다. $\hat{\theta}_1$이 숫자적으로 작거나 또는 z_1은 $\mathbf{x}_{exog}$와 고도로 상관되거나 또는 거의 변동을 보이지 않는 경우, IV 추정량 $\hat{\beta}_K$의 정확성은 악화될 것이다.

사례 2 : 1개를 초과하는 도구변수의 강도를 평가하기 x_K는 내생변수이며 가용할 수 있는 L개 외부 도구변수 $z_1, z_2, \cdots, z_L$을 갖고 있다고 가상하자. 단 1개의 내생변수에 대해서 단지 1개의 도구변수가 필요할 뿐이다. 이따금 보다 많은 도구변수를 가용할 수 있고, 보다 강한 도구변수를 가질 경우 도구변수 추정량을 향상시킬 수 있다. 이제 1단계 회귀식은 다음과 같아진다.

$$x_K = \gamma_1 + \gamma_2 x_2 + \cdots + \gamma_{K-1} x_{K-1} + \overbrace{\theta_1 z_1 + \cdots + \theta_L z_L}^{\text{외부의 } IV} + v_K \tag{10.26}$$

우리가 필요한 것은 도구변수들 중에서 적어도 1개가 강해야 한다는 것이다. 필요조건의 성격이 주어졌기 때문에, 식 (10.26)에서 귀무가설 $H_0 : \theta_1 = 0, \theta_2 = 0, \cdots, \theta_L = 0$에 대한 결합 F-검정이 관련된다. 왜냐하면 대립가설은 'θ_i 계수들 중 적어도 1개가 영이 아니다'이기 때문이다. F-검정 통계량값이 충분히 크다면, 즉 대략 $F > 10$이라면, 도구변수가 '약하다'라는 가설을 기각하고 도구변수 추정법을 계속할 수 있다. F-값이 충분히 크지 않다면 도구변수 및 2단계 최소제곱 추정법은 '정규' 최소제곱 추정법보다 아마도 꽤 더 나쁠 수 있다.

1단계 회귀 식 (10.26)으로부터 적합하게 맞춘 값은 다음과 같다.

$$\hat{x}_K = \hat{\gamma}_1 + \hat{\gamma}_2 x_2 + \cdots + \hat{\gamma}_{K-1} x_{K-1} + \hat{\theta}_1 z_1 + \cdots + \hat{\theta}_L z_L$$

앞 절에서의 프리슈-워-로벨 정리를 적용하면 다음과 같이 구할 수 있다.

$$\widehat{\text{var}}\left(\hat{\beta}_K\right) = \frac{\hat{\sigma}^2_{IV}}{\sum\left(\hat{\theta}_1\tilde{z}_{i1} + \hat{\theta}_2\tilde{z}_{i2} + \cdots + \hat{\theta}_L\tilde{z}_{iL}\right)^2} \tag{10.27}$$

여기서 $\tilde{z}_{il}$은 $\mathbf{x}_{exog} = (x_1 = 1,\ x_2,\ x_3,\ \cdots,\ x_{K-1})$에 대한 z_l의 회귀로부터 구한 i번째 잔차이다. β_K의 IV 추정량의 정확성은 1단계 계수의 크기와 외부 도구변수의 설명되지 않은 요소에 달려 있다.

🔍 정리문제 10.6 　임금식에서 도구변수 강도의 점검

정리문제 10.5에는 임금식에 단지 1개의 잠재적 내생변수, *EDUC*가 있다. 도구변수의 최소 개수는 1개이다. 도구변수가 2개인 경우, 적어도 1개는 1단계 식에서 통계적으로 유의해야 한다. F-검정 귀무가설은 두 계수 θ_1 및 θ_2가 모두 영이라고 하며, 이런 귀무가설을 기각할 경우 이들 중 적어도 1개는 영이 아니라고 결론을 내린다. 표 10.1의 1단계 회귀식에서 *MOTHEREDUC*의 추정계수는 0.1576이며 t-값이 4.39이고, *FATHEREDUC*의 추정계수는 0.1895이며 t-값은 5.62이다. 두 계수가 모두 영이라는 귀무가설에 대한 F-통계량값은 55.40이고 1% 수준에서 유의하다. 더 중요한 점은 이것이 경험법칙의 경계값보다 더 크다($F > 10$)는 사실이다. 아주 중요한 F-통계량 이외에 적합도 측정값 R^2 및 $\bar{R}^2$이 이따금 제시된다. 표 10.1의 1단계 식에서 이 값들은 $R^2 = 0.1527$ 및 $\bar{R}^2 = 0.1467$이다.

부분상관 및 부분 R^2

1단계 F-통계량, R^2, 조정 R^2, 부분상관, 부분 R^2은 유용한 정보를 제공한다. 프리슈–워–로벨 정리의 영향력 제거 전략은 도구변수 강도를 점검하는 또 하나의 방법이다. 임금식에 포함된 외생변수는 $\mathbf{x}_{exog} = (x_1 = 1,\ EXPER,\ EXPER^2)$이다. *EDUC*를 $\mathbf{x}_{exog}$에 대해 회귀추정하여 잔차 *REDUC*를 구해 보자.

단일 도구변수 *MOTHEREDUC*를 사용한다고 가상하자. *MOTHEREDUC*를 $\mathbf{x}_{exog}$에 회귀 추정하여 잔차 *RMOM*을 구해보자. 이 잔차변수들은 포함된 외생변수들의 영향력이 제거되도록 한다. 즉 내생변수 *EDUC* 그리고 외부 IV인 *MOTHEREDUC*로부터 포함된 외생변수의 선형영향력을 제거하였다. *REDUC*와 *RMOM* 사이의 상관을 부분상관(partial correlation)이라고 하며, 이 경우 0.3854가 된다. *RMOM*에 대해 *REDUC*를 회귀 추정하여 구한 R^2을 부분 R^2이라 하며, 이 경우 0.1485가 된다. 1개의 내생변수와 1개의 외부 IV를 갖고 있으므로, 부분 $R^2 = 0.1485$는 부분상관의 제곱이 된다. 즉 $0.3854^2 = 0.1485$이다.

더 많은 외부 도구변수가 있다면 부분 R^2은 모든 영향력이 제거된 외부 IV에 대한 영향력이 제거된 내생변수의 R^2이다. IV로 *FATHEREDUC*를 추가하고, 이를 $\mathbf{x}_{exog}$에 회귀 추정하여, 잔차 *RDAD*를 구해 보자. 이번에 부분 R^2은 *RMOM* 및 *RDAD*에 대해 *REDUC*를 회귀 추정하여 구한 R^2이다. 이 경우 부분 $R^2 = 0.2076$이며 조정된 부분 $R^2 = 0.2038$이다.

10.3.10 일반 모형에서의 도구변수 추정법

분석을 보다 일반적인 경우로 확대하기 위하여 다중회귀 모형 $y = \beta_1 + \beta_2 x_2 + \cdots + \beta_K x_K + e$를 생각해 보자. 알고 있거나 생각하고 있는 설명변수($x_1 = 1,\ x_2,\ \cdots,\ x_K$) 중에서 몇 개가 오차항과 상관될 수 있다고 가상하자. 변수를 2개 그룹으로 나누어 보자. 즉 첫 번째 G변수들($x_1 = 1,\ x_2,\ \cdots,\ x_G$)은 오차항 e와 상관되지 않은 외생변수이고, 두 번째 $B = K - G$ 변수들($x_{G+1},\ x_{G+2},\cdots,\ x_K$)은 회귀오차와 상관되어서 내생변수가 된다. 모든 K 변수들을 포함하는 다중회귀 모형은 다음과 같다.

$$\overbrace{}^{G \text{ 외생변수}} \quad \overbrace{\phantom{\beta_{G+1} x_{G+1} + \cdots + \beta_K x_K}}^{B \text{ 내생변수}}$$

$$y = \beta_1 + \beta_2 x_2 + \cdots + \beta_G x_G + \beta_{G+1} x_{G+1} + \cdots + \beta_K x_K + e \tag{10.28}$$

IV 추정법을 시행하기 위해서는 적어도 내생변수만큼의 도구변수를 갖고 있어야 한다. 모형 밖으로부터의 L개 외부 도구변수들, 즉 $z_1, z_2, \cdots, z_L$을 갖고 있다고 가상하자. 이런 표기법은 언제나 혼란스럽고 성가신 작업이다. 직관적으로 알 수 있도록 G = 좋은(Good) 설명변수, B = 나쁜(Bad) 설명변수, L = 행운의(Lucky) 설명변수로 나타낼 수 있다(여기서 행운이란 이 변수를 갖게 되어서 다행스럽다는 의미이다).

$L \geq B$는 도구변수 추정을 하기 위한 필요조건이다. $L = B$인 경우는 도구변수 추정법을 이행하는 데 필요한 정확한 수만큼 도구변수가 있다는 의미이다. 이 경우 모형의 모수는 정확히 식별되었다(just identified 또는 exactly identified)고 한다. 식별되었다(identified)라는 용어는 모형의 모수가 일치하게 추정되었다는 의미이다. $L > B$인 경우는 도구변수 추정법을 시행하는 데 필요한 것보다 더 많은 도구변수를 갖고 있다는 의미이며 이 모형은 과대식별되었다(overidentified)고 한다.

IV/2SLS를 시행하기 위해서, 내생적인 각 설명변수들에 대해 1개씩 B개의 1단계 식을 추정해야 한다. 1단계 식의 왼쪽에는 내생변수가 있다. 오른쪽에는 외생적인 G개의 설명변수, 그리고 또한 외생적이어야만 하는 L개의 도구변수를 포함하는 모든 외생변수들이 있다. B개의 1단계 식은 다음과 같다.

$$x_{G+j} = \gamma_{1j} + \gamma_{2j} x_2 + \cdots + \gamma_{Gj} x_G + \theta_{1j} z_1 + \cdots + \theta_{Lj} z_L + v_j, \quad j = 1, \ldots, B \tag{10.29}$$

1단계 식의 모수들(γ 및 θ)은 각 식에서 다른 값을 취하며, 이것이 'j'라는 아래첨자를 붙이는 이유이다. 간단히 하기 위해서 관찰값에 대한 아래첨자는 누락시켰다. 오른쪽에 있는 변수들은 모두 외생적이기 때문에 식 (10.29)는 OLS로 추정할 수 있다. 그리고 나서 다음과 같은 적합하게 맞춘 값들을 구할 수 있다.

$$\hat{x}_{G+j} = \hat{\gamma}_{1j} + \hat{\gamma}_{2j} x_2 + \cdots + \hat{\gamma}_{Gj} x_G + \hat{\theta}_{1j} z_1 + \cdots + \hat{\theta}_{Lj} z_L, \quad j = 1, \ldots, B$$

이것은 2단계 OLS 추정법의 1단계를 의미한다.

추정의 두 번째 단계에서는 다음과 같은 식에 최소제곱법을 적용하면 된다.

$$y = \beta_1 + \beta_2 x_2 + \cdots \beta_G x_G + \beta_{G+1} \hat{x}_{G+1} + \cdots + \beta_K \hat{x}_K + e^* \tag{10.30}$$

이런 2단계 추정 절차를 통해 적절한 도구변수 추정값을 구할 수는 있지만, 실제로 구체적인 사안에 대해서는 이런 방식으로 해서는 안 된다. 표준오차, t-통계량, 기타 다른 검정 통계량이 적합하게 계산되도록 하기 위해서, 2단계 최소제곱법 또는 도구변수 추정법에 맞도록 고안된 계량경제 소프트웨어를 사용해야 한다.

일반 모형에서의 도구변수 강도를 평가하기 10.3.9절에서 논의한 약한 도구변수에 대한 F-검정은 식의 오른쪽에 1개를 초과하는 내생변수를 갖는 모형의 경우 타당하지 않다. 아래와 같은 $B = 2$인 식

(10.28)의 모형을 생각해보자.

$$y = \beta_1 + \beta_2 x_2 + \cdots + \beta_G x_G + \beta_{G+1} x_{G+1} + \beta_{G+2} x_{G+2} + e \qquad (10.31)$$

여기서 $x_2, \cdots, x_G$는 외생변수이며 오차항 e와 상관되지 않는 반면에, x_{G+1} 및 x_{G+2}는 내생변수이다. 우리는 2개의 외부 도구변수 z_1 및 z_2를 갖고 있으며, z_1은 x_{G+1} 및 x_{G+2} 둘 다에 대해 작동하는 괜찮은 도구변수라고 가상하자. z_2는 관련이 없는 도구변수이며 x_{G+1} 또는 x_{G+2}와 전혀 관련이 없더라도, 약한 도구변수 F-검정은 각 1단계 식에서 유의할 수 있다. 이런 경우에 단 하나의 도구변수만을 갖고 있을 때 2개의 타당한 도구변수들을 갖고 있다고 결론을 내릴 수도 있다.

이 경우 1단계 식은 다음과 같다.

$$x_{G+1} = \gamma_{11} + \gamma_{21} x_2 + \cdots + \gamma_{G1} x_G + \theta_{11} z_1 + \theta_{21} z_2 + v_1$$

$$x_{G+2} = \gamma_{12} + \gamma_{22} x_2 + \cdots + \gamma_{G2} x_G + \theta_{12} z_1 + \theta_{22} z_2 + v_2$$

첫 번째 식에서 약한 도구변수 F-검정은 θ_{11} 및 θ_{21}의 결합 유의성, 즉 $H_0: \theta_{11} = 0, \theta_{21} = 0$에 대한 검정이다. 이 경우 대립가설은 이 계수들 중 적어도 1개가 영이 아니라는 것이다. 이와 유사하게, 두 번째 식에서 z_1이 통계적으로 유의하다면, z_2가 x_{G+2}에 대해 도구변수로서 관련이 없더라도 유의한 F-검정 결과를 구할 수 있다. 이 경우 단지 1개의 타당한 도구변수 z_1만을 이용할 수 있어서 식 (10.31)의 모형이 식별되지 않는다는 사실에도 불구하고, 2개의 개별적인 유의한 F-검정을 갖게 된다. 이 경우에 필요한 보다 일반적인 검정에 대해서는 더 많은 논의가 요구된다.

10.3.11 IV 추정법을 사용할 때의 추가적인 논의사항

이 절에서는 IV 추정법과 관련된 일부 논의사항에 대해 알아볼 것이다.

도구변수 추정값을 갖고 가설검정하기　2단계 최소제곱/도구변수 추정값에 기초하여 회귀 모수에 관한 가설을 검정해야 할 때가 있다. 귀무가설 $H_0: \beta_k = c$를 검정하려는 경우 검정 통계량 $t = (\hat{\beta}_k - c) / \text{se}(\hat{\beta}_k)$를 사용하는 것이 대표본에서 타당하다. $N \to \infty$함에 따라 $t_{(N-K)}$ 분포는 표준 정규분포 $N(0, 1)$로 수렴한다는 사실을 알고 있다. 자유도 $N - K$가 큰 경우 두 분포의 임계값은 매우 근접하게 된다. 더 엄격하게 적절한 $N(0, 1)$ 분포보다 $t_{(N-K)}$ 분포에 기초하는 임계값과 p-값을 사용하는 것이 흔한 방법이기는 하지만 절대적이지는 않다. 그 이유는 t-분포에 기초한 검정이 규모가 크지 않은 자료표본에서 더 잘 작동하는 경향이 있기 때문이다.

다른 문제는 (횡단면 자료에서의) 이분산 또는 (시계열 자료에서의) 자기상관과 이분산이 존재하는 경우 '확고한' 표준오차를 사용하느냐 여부에 관한 것이다. 이 선택사항은 제8장 및 제9장에서 선형 회귀 모형에 대해 살펴보았으며, 이는 도구변수 추정법에 대한 대부분 소프트웨어 패키지에서도 이용할 수 있다. 표준오차에 대한 이런 수정이 적절하게 작동하기 위해서는 대표본일 필요가 있다.

이를테면 $H_0: \beta_2 = c_2, \beta_3 = c_3$와 같은 결합가설을 검정하기 위해 소프트웨어를 사용할 경우, 검정하려는 가설 수(J)와 같은 자유도를 갖고 있는 카이제곱분포에 기초하게 된다. 이런 검정을 왈드(Wald)

검정 또는 우도비율(LR) 검정, 또는 라그랑주 승수(LM) 검정이라고 한다. 이 검정 절차들은 모두 점근적으로 같아진다. 하지만 발표되는 검정 통계량은 또한 분자 자유도가 J이고 분모 자유도가 $N - K$인 F-통계량이라고 할 수 있다. 이런 F-값은 이를테면 왈드 통계량이라고 하는 카이제곱 검정 통계량을 J로 나누어서 종종 구할 수 있다. F-검정을 사용하는 동기는 소표본에서 더 잘 작동하기 때문이다. 이 검정들은 점근적으로 동일한 결론에 도달하게 된다. 다시 한 번 말하지만 결합 검정은 있을 수도 있는 잠재적인 이분산 또는 자기상관 문제에 대해 '확고'하게 사용될 수 있으며, 많은 소프트웨어 패키지에 선택사항으로 있다.

일반 적률방법 추정법   1개를 초과하는 내생변수를 갖는 모형에서 이분산 또는 계열상관이 존재한다면, '확고한' 공분산 행렬을 갖는 도구변수 추정법을 활용할 경우 구간 추정량, 가설검정, 예측구간은 타당한 표준오차를 사용하고 있다는 점을 보장한다. 하지만 확고한 공분산 행렬을 갖는 도구변수 추정량을 사용한다는 사실이 추정량의 효율성을 향상시키는 않는다. 이것은 확고한 공분산 행렬 추정량을 갖고 OLS 추정량을 사용한다는 사실이 효율성을 향상시키지 않는 것과 같다. 제8장 및 제9장에서 이분산 및/또는 계열상관이 있는 오차항을 갖는 선형회귀 모형에 대해 일반 최소제곱 추정량(generalized least squares estimator)을 도입하였다. 동일한 방식으로 도구변수 추정량보다 '점근적으로' 더 효율적인 일반 적률방법 추정량(generalized method-of-moments estimator, GMM estimator)이 있다. '점근적으로 더 효율적이다'라는 의미는 GMM 추정량이 대표본에서의 IV 추정량보다 더 작은 분산을 가진다는 것이다. 이런 이점을 갖기 위해서는 적어도 여분의 도구변수를 하나 갖고 있어야 한다. 효율성에서의 이점은 추정량에 이분산 및/또는 계열상관 수정을 끼워 넣음으로써 얻을 수 있다. GMM 추정량이 대표본에서 추정의 정확성을 향상시킨다는 사실에도 불구하고, 규모가 크지 않은 표본에서 실제로 나타나는 성과는 좋지 않을 수 있다. IV 추정량과 마찬가지로 괜찮은 도구변수들이 필요하다. 이론적으로 GMM 추정량은 OLS 추정량, GLS 추정량, 특별한 경우로서 IV/2SLS를 포함하는 일반적인 추정방법이므로 이것은 매우 매력적이다.

 GMM 추정절차는 계량경제 소프트웨어 패키지에 끼워 들어가 있지만 적절히 사용하기 위해서는 방법론에 대해 깊이 있게 연구할 필요가 있으며 이는 이 책의 범위를 벗어나는 것이다.

도구변수 추정값하에서의 적합도 측정   최소제곱 추정법의 테두리를 벗어나면 R^2 같은 측정값의 사용을 자제하게 된다. 회귀식의 오른쪽에 내생변수가 있을 경우, y의 변동을 변수 x로 얼마나 잘 설명할 수 있는지를 측정하는 개념은 10.2절에서 살펴본 것처럼 해당 모형이 피드백을 갖기 때문에 적합하지 않다. 이런 논리적인 문제는 숫자로도 설명할 수 있다. 모형 $y = \beta_1 + \beta_2 x + e$인 경우 IV 잔차는 $\hat{e} = y - \hat{\beta}_1 - \hat{\beta}_2 x$이다. 많은 소프트웨어 패키지는 적합도 측정값 $R^2 = 1 - \sum \hat{e}_i^2 / \sum (y_i - \bar{y})^2$을 알려준다. 불행하게도 IV 추정값에 기초할 경우 이 값은 음수가 될 수 있다.

10.4 모형설정에 대한 검정

설명변수가 회귀오차항과 상관된 경우 OLS 추정량이 적절하지 못하다는 사실을 살펴보았다. 강한 도구변수를 이용할 수 있는 경우, IV 추정량은 대표본에서 일치하며 대략적으로 정규분포한다. 하지만 약한 도구변수나 회귀오차와 비상관되지 않는다는 의미에서 타당하지 않은 도구변수를 사용할 경우, IV 추정법은 OLS 추정량과 마찬가지로 나쁘거나 또는 더 나쁠 수도 있다. 10.3.9절에서 약한 도구변수를 어떻게 탐지하는지 살펴보았다. 이 절에서는 도구변수 추정법이 고려되는 각 상황에서 답변을 해야만 하는 2개의 다른 중요한 질문을 할 것이다.

1. x가 오차항과 상관되는지 여부를 검정할 수 있는가? 이는 최소제곱을 사용할 경우와 IV 추정량을 사용할 경우에 대한 지침이 될 수 있다.
2. 필요할 때 도구변수로서 타당하고 회귀오차와 비상관되었는지 여부에 대한 검정을 할 수 있는가?

10.4.1 내생성에 대한 하우스만 검정

앞 절에서 설명변수와 오차항 사이에 상관이 존재하는 경우 통상적인 최소제곱 추정량이 적절하지 못하다는 점을 논의하였다. 최소제곱 추정량이 적절하지 못할 경우 사용할 수 있는 추정량인 도구변수 추정량에 대해서도 살펴보았다. 이 절에서 살펴보고자 하는 내용은 적절한 추정절차를 사용할 수 있도록 하기 위해 설명변수와 오차항 사이에 상관이 존재하는지를 어떻게 검정할 수 있는가에 관한 것이다.

귀무가설은 대립가설 $H_1:cov(x_i, e_i) \neq 0$에 대응하는 $H_0:cov(x_i, e_i) = 0$이다. 이 검정의 기초가 되는 생각은 OLS 추정량의 성과와 도구변수 추정량의 성과를 비교하는 것이다. 귀무가설과 대립가설을 통해 다음과 같은 사실을 알 수 있다.

- 귀무가설이 참인 경우, OLS 추정량 b와 도구변수 추정량 $\hat{\beta}$은 둘 모두 일치한다. 따라서 대표본인 경우 이들 사이의 차이는 0으로 수렴한다. 즉 $q = (b - \hat{\beta}) \rightarrow 0$이 된다. 자연히 귀무가설이 참인 경우 더 효율적인 추정량을 사용해야 하며 이는 최소제곱 추정량이다.
- 귀무가설이 거짓인 경우, OLS 추정량은 일치하지 않으며 도구변수 추정량이 일치한다. 따라서 이들 사이의 차이는 대표본에서 0으로 수렴하지 않는다. 즉 $q = (b - \hat{\beta}) \rightarrow c \neq 0$이 된다. 귀무가설이 참이 아닌 경우 도구변수 추정량을 사용해야 하며 이는 일치한다.

이런 귀무가설과 대립가설에 대해 시행되는 몇 가지 형태의 검정이 있는데 이 분야를 처음 개척한 계량경제학자 제리 하우스만(Jerry Hausman)의 업적을 기린다는 의미에서 보통 하우스만 검정(Hausman test)이라 한다. 이런 검정의 한 형태는 위에서 살펴본 것처럼 최소제곱 추정값과 도구변수 추정값의 차이를 직접 검토하는 것이다. 일부 컴퓨터 소프트웨어 프로그램은 사용자를 대신해서 이 검정을 이행하지만 시행하기가 계산적으로 어려울 수 있다.

이 검정의 다른 형태는 시행하기가 매우 용이하며 여기서 소개하고자 하는 것이다. 이 검정의 논리에 대한 설명은 10.4.2절을 참조하시오. 회귀식 $y_i = \beta_1 + \beta_2 x_i + e_i$에서 x_i가 e_i와 상관되는지 여부를 알아보고자 한다. z_1 및 z_2를 x에 대한 도구변수라고 하자. 오차항과 상관되었을지도 모른다고 생각하는 각 변수에 대해 최소한 1개의 도구변수가 필요하다. 다음과 같은 단계를 밟아 가도록 하자.

1. 모든 도구변수와 내생적이라고 생각되지 않는 모든 외생변수를 식의 오른쪽에 포함하고 있는 1단계 모형 $x = \gamma_1 + \theta_1 z_1 + \theta_2 z_2 + v$를 OLS로 추정하여 다음과 같은 잔차를 구해 보자.

$$\hat{v} = x - \hat{\gamma}_1 - \hat{\theta}_1 z_1 - \hat{\theta}_2 z_2$$

   1개를 초과하는 설명변수에 대해 내생성을 검정하려는 경우 각각에 대해 이런 추정을 반복해야 한다.

2. 1단계에서 계산한 잔차를 원래의 회귀식에 설명변수로 포함시키면 다음과 같다. $y = \beta_1 + \beta_2 x + \delta \hat{v} + e$. 이 '인위적인 회귀식'을 최소제곱법을 이용하여 추정하고 유의성 가설에 대해 통상적인 t-검정을 시행하자.

$$H_0: \delta = 0 \ (x_i \text{ 와 } e_i \text{ 사이에 상관이 존재하지 않는 경우})$$
$$H_1: \delta \neq 0 \ (x_i \text{와 } e_i \text{ 사이에 상관이 존재하는 경우})$$

3. 1개를 초과하는 변수에 대해 내생성을 검정하려는 경우, F-검정을 통해 포함된 잔차의 계수에 대한 결합 유의성을 검정한다.

이분산 및/또는 자기상관이 잠재적으로 문제가 될 수 있는 경우, 2단계 및 3단계의 t-검정 및 F-검정을 확고하게 할 수 있다.

10.4.2 하우스만 검정의 논리

10.4.1절에서는 인위적인 회귀식을 이용하여 설명변수가 내생적인지 여부에 대한 하우스만 검정을 살펴보았다. 이 검정이 어떻게 작동하는지 살펴보도록 하자. 단순회귀 모형은 다음과 같다.

$$y = \beta_1 + \beta_2 x + e \tag{10.32}$$

x가 오차항 e와 상관된 경우 x는 내생적이 되며, OLS 추정량은 편의가 발생하고 일치하지 않게 된다.

도구변수 z가 타당하기 위해서는 x와 상관되어야 하지만 e와는 상관되지 않아야 한다. z와 x 사이에 상관이 있다는 의미는 이들 사이에 선형관계가 있다는 것이다. 이것은 이들의 관계를 다음과 같은 회귀식으로 나타낼 수 있다는 것을 의미한다.

$$x = \gamma_1 + \theta_1 z + v \tag{10.33}$$

이것은 10.3.6절에서 소개한 1단계 식이다. 이것은 기본 가정 $E(x|z) = \gamma_1 + \theta_1 z$인 예언적인 모형이다. 내생변수 x의 조건부 평균은 도구변수 z와 선형 관련된다. 식 (10.33)의 양쪽이 동일해지도록 오차항 v는 단순히 $v = x - (\gamma_1 + \theta_1 z)$이다. $\theta_1 \neq 0$인 경우 그리고 단지 그러한 경우 x와 z 사이에 상관이 존재한다. 우리는 x를 두 부분, 즉 체계적인 부분과 무작위적인 부분으로 다음과 같이 나눌 수 있다.

$$x = E(x|z) + v \tag{10.34}$$

여기서 $E(x|z) = \gamma_1 + \theta_1 z$이다. γ_1 및 θ_1을 알고 있는 경우 식 (10.34)를 단순회귀 모형 식 (10.32)에 대입하면 다음과 같다.

$$y = \beta_1 + \beta_2 x + e = \beta_1 + \beta_2 \left[E(x|z) + v \right] + e$$
$$= \beta_1 + \beta_2 E(x|z) + \beta_2 v + e \tag{10.35}$$

이제 잠시 동안 $E(x|z)$ 및 v를 관찰할 수 있고, 회귀식 $y = \beta_1 + \beta_2 E(x|z) + \beta_2 v + e$에서의 설명변수로 간주한다고 가상하자. 최소제곱법을 이 식에 적용할 경우 작동을 하는가? 설명변수 $E(x|z)$는 z에만 의존하며 z가 타당한 도구변수라면 오차항 e와 상관되지 않는다. 문제가 있다면 내생성 문제인데 이 것은 v(x의 무작위적인 부분)와 e 사이의 상관에서 비롯된다. 사실, 회귀 식 (10.32)에서 x와 e 사이의 상관은 $v = x - E(x|z)$이기 때문에 v와 e 사이의 상관을 의미한다.

γ_1 및 θ_1을 알지 못하기 때문에 식 (10.34)에서 정확히 분할할 수는 없다. 하지만 OLS로 1단계 식 (10.33)을 일치하게 추정할 수 있다. 그렇게 함으로써 적합하게 맞춘 1단계 식 $\hat{x} = E(x|z) = \hat{\gamma}_1 + \hat{\theta}_1 z$ 및 잔차 $\hat{v} = x - \hat{x}$을 구할 수 있다. 이를 재정리하면 다음과 같이 식 (10.34)의 추정된 유사한 식을 구할 수 있다.

$$x = E(x|z) + \hat{v} = \hat{x} + \hat{v} \tag{10.36}$$

식 (10.36)을 원래 식 (10.32)로 대입시키면 다음과 같다.

$$y = \beta_1 + \beta_2 x + e = \beta_1 + \beta_2 \left[\hat{x} + \hat{v} \right] + e$$
$$= \beta_1 + \beta_2 \hat{x} + \beta_2 \hat{v} + e \tag{10.37}$$

혼란을 줄이고 동일한 식에 β_2가 두 번 나타나는 것을 피하기 위해서 $\hat{v}$의 계수를 γ로 표기하면 식 (10.37)은 다음과 같아진다.

$$y = \beta_1 + \beta_2 \hat{x} + \gamma \hat{v} + e \tag{10.38}$$

식 (10.38)에서 $\hat{v}$을 누락시키면 회귀식은 다음과 같다.

$$y = \beta_1 + \beta_2 \hat{x} + e \tag{10.39}$$

식 (10.39)에 있는 β_1 및 β_2의 최소제곱 추정값은 10.3.6절에서 논의한 IV/2SLS 추정값이다. 6.3.1절의 식 (6.23)으로부터, 모형에 포함된 변수와 상관되지 않은 회귀식의 변수를 누락시킬 경우 누락변수의 편의가 발생하지 않으며 실제로 최소제곱 추정값이 불변한다는 사실을 기억하자. 최소제곱 잔차 $\hat{v}$은 $\hat{x}$ 및 절편변수와 상관되지 않기 때문에 식 (10.39)에서 이것은 여전히 사실이다. 그러므로 식 (10.38) 및 (10.39)에서 β_1 및 β_2의 최소제곱 추정값은 IV/2SLS 추정값과 동일하다. 따라서 x가 외생적인지에 관계없이 식 (10.38)에 있는 β_1 및 β_2의 최소제곱 추정량은 일치한다. 왜냐하면 이들은 IV 추정량이기 때문이다.

γ는 어떠한가? x가 외생적이고 v 및 e가 상관되지 않은 경우 (10.38)에 있는 γ의 최소제곱 추정량 도 또한 대표본에서 β_2로 수렴하게 된다. 하지만 x가 내생적인 경우 (10.38)에 있는 γ의 최소제곱 추

정량은 대표본에서도 β_2로 수렴하지 않는다. 왜냐하면 v와 같이 $\hat{v}$도 오차항 e와 상관되기 때문이다. 이런 관찰을 통해 식 (10.38)에 있는 β_2 및 γ 추정값의 등가성을 검정함으로써 x가 외생적인지 여부에 대한 검정을 할 수 있다. 귀무가설 $H_0: \beta_2 = \gamma$를 기각할 경우 x의 외생성을 기각하게 되고 내생적이라고 결론을 내린다.

식 (10.38)을 약간 변형시킴으로써 검정을 더 간단하게 시행할 수 있다. 식의 오른편에 $\beta_2\hat{v}$을 더하고 다시 빼서 다음과 같이 구할 수 있다.

$$
\begin{aligned}
y &= \beta_1 + \beta_2\hat{x} + \gamma\hat{v} + e + \beta_2\hat{v} - \beta_2\hat{v} \\
&= \beta_1 + \beta_2(\hat{x} + \hat{v}) + (\gamma - \beta_2)\hat{v} + e \\
&= \beta_1 + \beta_2 x + \delta\hat{v} + e
\end{aligned}
\tag{10.40}
$$

따라서 $H_0: \beta_2 = \gamma$를 검정하는 대신에 식 (10.40)에서 귀무가설 $H_0: \delta = 0$에 대한 통상적인 t-검정을 사용할 수 있다. 이 가설은 10.4.1절에서 살펴본 검정과 정확히 일치한다. 통상적인 컴퓨터 소프트웨어는 이 가설검정에 대한 t-통계량을 자동적으로 보여줌으로써 훨씬 더 용이해진다.

10.4.3 도구변수의 타당성에 대한 검정

타당한 도구변수 z는 회귀오차항과 동시기적으로 상관되지 말아야 하며, 따라서 $\text{cov}(z_i, e_i) = 0$이 된다. 이 조건이 충족되지 않을 경우 식 (10.16)과 같은 적률조건은 타당하지 않으며 도구변수 추정량도 일치하지 않는다. 하지만 불행하게도 모든 도구변수에 대해 타당성을 검정할 수는 없다. 가능한 내생변수가 B개인 식에 대해서 도구변수 추정량을 계산하려면 최소한 B개의 도구변수를 갖고 있어야만 한다. 필요한 도구변수의 최소한의 수에 대한 타당성을 검정할 수 없다. 가용할 수 있는 도구변수가 $L > B$인 경우, 여분의 또는 잉여의 적률조건 $L - B$의 타당성을 검정할 수 있다.

직관적인 방법은 다음과 같다. L개 도구변수들의 집합으로부터 B개 도구변수들의 그룹을 만들고 각각의 상이한 그룹을 이용하여 IV 추정값을 계산한다. 모든 도구변수가 타당하다면 모든 도구변수 추정값은 유사할 것으로 기대된다. 하지만 이렇게 하기보다는 계산하기 더 용이한 잉여 적률조건 (surplus moment condition)에 대한 타당성 검정법이 있다. 검정단계는 다음과 같다.

1. 외생적이라고 추정되는 G개의 변수 $x_1 = 1$, x_2, $\cdots$, x_G와 L개의 도구변수 $z_1, \cdots, z_L$을 포함하여 가용할 수 있는 모든 도구변수를 이용해서 IV 추정값 $\hat{\beta}_k$를 계산한다.
2. 잔차 $\hat{e}_{IV} = y - \hat{\beta}_1 - \hat{\beta}_2 x_2 - \cdots - \hat{\beta}_K x_K$를 구하시오.
3. 1단계에서 설명한 가용할 수 있는 모든 도구변수들에 대해 $\hat{e}_{IV}$를 회귀하시오.
4. 이 회귀식으로부터 NR^2을 계산하시오. 여기서 N은 표본크기이고 R^2은 통상적인 적합도 측정값이다.
5. 잉여 적률조건이 모두 타당할 경우 $NR^2 \sim \chi^2_{(L-B)}$가 된다. 검정 통계량의 값이 $\chi^2_{(L-B)}$ 분포의 $100(1 - \alpha)$ 백분위수(즉 임계값)를 초과할 경우, 잉여의 적률조건 중 최소한 1개가 타당하지 않다.

잉여의 적률조건이 모두 타당하다는 귀무가설을 기각할 경우, 어떤 도구변수가 타당하지 않은지를 결정해야 하고 이들을 어떻게 제거할 것인지에 대해 생각해 보아야 한다.

🎯 정리문제 10.7 　임금식에 대한 모형설정 검정

10.3.6절에서는 잠재적인 내생 설명변수가 될 수 있는 교육($EDUC$)에 대해 2개의 도구변수 '어머니의 교육'과 '아버지의 교육'을 이용하여 기혼여성에 대한 ln($WAGE$)를 살펴보았다.

하우스만 검정을 시행하기 위해서 우선 1단계 회귀식의 추정값을 구해 보자. 이는 표 10.1에 있다. 이 추정값을 이용하여 최소제곱 잔차 $\hat{v}=EDUC-\widehat{EDUC}$을 계산해 보자. 이 잔차를 ln($WAGE$)식에 추가적인 여분의 변수로 포함시켜서, 그에 따른 회귀식을 OLS를 이용하여 추정해 보자. 추정 결과는 표 10.2에 있다.

내생성에 대한 하우스만 검정은 1단계 회귀식의 잔차 $\hat{v}$에 대한 유의성의 t-검정에 기초한다. 계수가 0이라는 귀무가설을 기각할 경우 교육은 내생변수라고 결론을 내린다. 1단계 회귀식의 잔차($VHAT$) 계수가 양측검정을 이용한 10% 유의수준에서 유의하다는 사실에 주목하자. 교육의 내생성에 대한 강한 증거가 되지는 못하지만 도구변수 추정법의 사용을 고려할 만한 충분한 이유가 될 수 있다.

표 10.2　하우스만 검정의 보조 회귀식

Variable	Coefficient	Std. Error	t-Statistic	Prob.
C	0.0481	0.3946	0.1219	0.9030
$EDUC$	0.0614	0.0310	1.9815	0.0482
$EXPER$	0.0442	0.0132	3.3363	0.0009
$EXPER^2$	−0.0009	0.0004	−2.2706	0.0237
$VHAT$	0.0582	0.0348	1.6711	0.0954

둘째, 나머지 변수들의 계수 추정값은 도구변수 추정값과 동일하지만 표준오차는 그렇지 않다는 점에 주목하자. 회귀에 기초한 하우스만 검정의 이런 특징을 10.4.2절에서 살펴보았다.

도구변수 $MOTHEREDUC$ 및 $FATHEREDUC$가 타당하기 위해서는 회귀오차항과 상관되지 않아야 한다. 10.4.3절에서 논의한 것처럼 두 변수 모두의 타당성을 검정할 수는 없으며 '과대식별되거나' 또는 잉여의 도구변수만을 검정할 수 있다. 2개의 도구변수와 단지 1개의 잠재적인 내생변수를 갖고 있으므로 $L-B=1$개인 여분의 도구변수를 갖는다. 이 검정은 도구변수 추정값을 이용하여 계산한 ln($WAGE$) 식의 잔차를 가용할 수 있는 모든 외생변수와 내생변수에 대해 회귀를 함으로써 시행할 수 있다. 검정 통계량은 이 인위적인 회귀식으로부터의 NR^2이며, R^2은 통상적인 적합도 측정값이다. 잉여의 도구변수가 타당한 경우, 검정 통계량은 점근적인 $\chi^2_{(1)}$ 분포를 가지며, 여기서 자유도는 잉여 도구변수의 수이다. 검정 통계량이 이 분포의 임계값보다 더 큰 경우 잉여의 도구변수가 타당하다는 귀무가설을 기각하게 된다. 인위적인 회귀식에 대해 $R^2=0.000883$이며, 검정 통계량값은 $NR^2=428\times0.000883=0.3779$이다. 자유도가 1인 카이제곱 분포의 0.05 임계값은 3.84이므로, 잉여 도구변수의 타당성을 기각하는 데 실패한다. 이 분석 결과로 인해 임금식에 대한 도구변수 추정량이 일치한다는 사실을 다시 확인할 수 있다.

주요 용어

• 국문

강 외생성	변수오차	점근적 특성
경감편의	부분상관	표본적률
대수의 법칙	연립방정식 편의	프리슈–워–로벨
대표본 특성	일반 적률방법 추정량	하우스만 검정
도구변수	일반 최소제곱 추정량	1단계 회귀
도구변수 추정량	잉여 적률조건	2단계 최소제곱
모집단 적률	자료생성과정	2단계 회귀
무작위 표본추출	적률방법	

• 영문

asymptotic properties	Hausman test	random sampling
attenuation bias	instrumental variable(IV)	sample moment
data generation process	instrumental variable estimator	second-stage regression
errors-in-variables	(IV estimator)	simultaneous equations bias
first-stage regression	large sample properties	strict exogeneity
Frisch-Waugh-Lovell	Law of Large Numbers(LLN)	surplus moment condition
generalized least squares estimator	method of moment	two-stage least square
generalized method-of-	partial correlation	
moments(GMM) estimator	population moment	

복습용 질문

1. 확률변수 x와 오차항 사이에 상관이 존재하는 경우 최소제곱 추정량이 불일치하는 이유에 대해 직관적으로 설명하시오.

2. 계량경제학에서 '변수오차' 문제를 설명하고 이것이 최소제곱 추정량에 영향을 미친 결과에 대해 논의하시오.

3. 바람직한 도구변수의 특성을 설명하시오.

4. 최소제곱 추정량과 도구변수 추정량을 도출하기 위하여 적률방법이 어떻게 사용될 수 있는지 논의하시오. 도출하는 데 기초가 되는 가정에 특히 주의를 기울이시오.

5. 도구변수가 해당 확률 설명변수와 고도로 상관되는 것이 왜 중요한지 설명하시오.

6. 도구변수가 과잉인 경우 도구변수 추정법을 어떻게 시행하는지 논의하시오.

7. 단순 선형회귀 모형에 대한 도구변수 추정량의 대략적인 대표본 분포에 대해 언급하고, 구간 추정값을 구하여 가설검정을 하는 데 어떻게 이용할 수 있는지 설명하시오.

8. 한 모형에서 오차항과 설명변수 사이에 동시기적인 상관이 존재하는가에 관한 검정에 대해 언급하고, 이 경우 귀무가설과 대립가설에 대해 설명하시오. 귀무가설이 기각될 경우 나타날 결과에 대해서도 논의하시오.

연습문제

10.1 미국 주의 자료를 사용하여 연구자는 임대료 중앙값($RENT$)을 주택가격 중앙값($MDHOUSE$, $1000로 측정)의 함수로 나타낸 식을 살펴보고자 한다. 도시지역에 거주하는 주 인구의 백분율($PCTURBAN$)을 설명변수로 추가하였다. 표 10.3의 결과를 활용하여 다음 물음에 답하시오.

표 10.3 연습문제 10.1에 대한 추정값

	(1) RENT	(2) MDHOUSE	(3) MDHOUSE	(4) RENT	(5) RENT	(6) EHAT
C	125.9	−19.78	7.225	121.1	121.1	−53.50
	(14.19)	(10.23)	(8.936)	(12.87)	(15.51)	(22.66)
PCTURBAN	0.525	0.205	0.616	0.116	0.116	−0.257
	(0.249)	(0.113)	(0.131)	(0.254)	(0.306)	(0.251)
MDHOUSE	1.521			2.184	2.184	
	(0.228)			(0.282)	(0.340)	
FAMINC		2.584				3.851
		(0.628)				(1.393)
REG4		15.89				−16.87
		(3.157)				(6.998)
VHAT				−1.414		
				(0.411)		
N	50	50	50	50	50	50
R^2	0.669	0.679	0.317	0.737	0.609	0.198
SSE	20,259.6	3,907.4	8,322.2	16,117.6	23,925.6	19,195.8

( ) 안에 표준오차가 있음.

　a. 모형의 OLS 추정값은 (1)열에 있다. 주택가격 중앙값($MDHOUSE$)이 이 회귀에서 내생적이라고 우려할 수도 있는 이유는 무엇 때문인가?

　b. 2개의 도구변수, 즉 가계소득 중앙값($FAMINC$, $1,000로 측정) 및 지역 모의변수($REG4$)를 생각해 볼 수 있다. (2) 및 (3)열의 모형을 사용하여 약한 도구변수인지 여부를 검정하시오.

　c. (4)열에는 (2)열의 회귀에서 구한 최소제곱 잔차($VHAT$)가 기본 회귀식에 설명변수로 추가되어 있다. 추정값은 OLS를 사용하여 구했다. 이 회귀가 갖는 유용성은 무엇인가? (1)의 결과에 대해 이 회귀는 무엇을 시사하는가?

　d. (5)열에는 (b)에서 열거된 도구변수들을 활용한 IV/2SLS 추정값들이 있다. 이 추정결과와 (1)열의 OLS 추정결과 사이에 어떤 차이를 관찰할 수 있는가? (표준오차는 그렇지 않지만) (4)열 및 (5)열의 추정값들이 동일하다는 사실에 주목하자. 이것은 실수인가? 설명하시오.

　e. (6)열에서는 (5)열에서 구한 추정의 잔차들이 보여지는 변수들에 대해 회귀 추정되었다. 이 결과에는 무슨 정보가 포함되어 있는가?

10.2 기혼 여성의 노동공급은 많은 경제연구의 주제가 되어 왔다. 다음과 같이 설정된 공급식을 생각해 보자.

$$HOURS = \beta_1 + \beta_2 WAGE + \beta_3 EDUC + \beta_4 AGE + \beta_5 KIDSL6 + \beta_6 NWIFEINC + e$$

여기서 $HOURS$는 노동공급이고, $WAGE$는 시급이며, $EDUC$는 교육 연수이다. $KIDSL6$은 6세 미만인 가계의 자녀수이고, $NWIFEINC$는 부인의 취업이외 출처에서 얻은 가계소득이다.

    a. 각 계수에 대해 기대되는 부호를 논의하시오.

    b. 이 공급식이 OLS 회귀로 일치하게 추정될 수 없는 이유를 설명하시오.

    c. 여성의 노동시장 경험 $EXPER$과 그것의 제곱 $EXPER^2$이 $WAGE$에 대한 도구변수가 될 수 있다고 가상하자. 이들 변수가 도구변수의 논리를 어떻게 충족시키는지 설명하시오.

    d. 공급식이 식별되는가? 설명하시오.

    e. IV/2SLS 추정값을 구하기 위해서 취하게 되는 단계[컴퓨터 명령어가 아님]를 설명하시오.

10.3 회귀 모형 $y = \beta_1 + \beta_2 x + e$에서 x는 내생변수이고 z는 타당한 도구변수라고 가정하시오. 이 장에서 $\beta_2 = \mathrm{cov}(z, y)/\mathrm{cov}(z, x)$라는 사실을 살펴보았다.

    a. $\beta_2 = \mathrm{cov}(z, y)/\mathrm{cov}(z, x)$의 분모를 $\mathrm{var}(z)$로 나누어 보자. $\mathrm{cov}(z, x)/\mathrm{var}(z)$는 종속변수가 x이고 설명변수가 z인 단순회귀식 $x = \gamma_1 + \theta_1 z + v$의 계수라는 사실을 보이시오. 이것은 2단계 최소제곱에서 1단계 식이라는 점에 주목하시오.

    b. $\beta_2 = \mathrm{cov}(z, y)/\mathrm{cov}(z, x)$의 분자를 $\mathrm{var}(z)$로 나누어 보자. $\mathrm{cov}(z, y)/\mathrm{var}(z)$는 종속변수가 y이고 설명변수가 z인 단순회귀식 $y = \pi_0 + \pi_1 z + u$의 계수라는 사실을 보이시오.

    c. 모형 $y = \beta_1 + \beta_2 x + e$에서 $x = \gamma_1 + \theta_1 z + v$를 활용하여 x를 대체시키고 단순화하여 $y = \pi_0 + \pi_1 z + u$를 구하시오. 회귀 모형 모수 및 오차 그리고 1단계 모수 및 오차 측면에서 볼 경우 π_0, π_1, u는 무엇인가? 이렇게 구한 회귀는 유도형태식이 된다.

    d. $\beta_2 = \pi_1/\theta_1$을 보이시오.

    e. $\hat{\pi}_1$ 및 $\hat{\theta}_1$이 π_1 및 θ_1의 OLS 추정량인 경우, $\hat{\beta}_2 = \hat{\pi}_1/\hat{\theta}_1$이 $\beta_2 = \pi_1/\theta_1$의 일치하는 추정량이란 사실을 보이시오. 추정량 $\hat{\beta}_2 = \hat{\pi}_1/\hat{\theta}_1$은 간접최소제곱 추정량이다.

10.4 회귀식 $y_i = \beta_1 + \beta_2 x_i + e_i$에서 x가 내생변수라고 가상하자. z_i는 2개 값, 1과 0을 취하는 도구변수라고 가상하자(이것은 모의변수이다). $E(e_i | z_i) = 0$이라고 가정한다.

    a. $E(y_i | z_i) = \beta_1 + \beta_2 E(x_i | z_i)$를 보이시오.

    b. $E(x_i | z_i) \ne 0$이라고 가정하자. z_i는 IV1~IV3을 충족시키는가? 설명하시오.

    c. 2개의 경우 $z_i = 1$ 및 $z_i = 0$에 대해 (a)에서의 조건부 기대를 작성하시오. β_2에 대한 그에 따른 2개 식의 해법을 구하시오.

    d. 무작위 표본(y_i, x_i, z_i), $i = 1, \cdots, N$을 갖고 있다고 가상하자. $E(y_i | z_i = 1)$의 일치하는 추정량은 $z_i = 1$인 경우의 관찰값 부분집합에 대한 y_i값들의 표본 평균, 즉 $\bar{y}_1$라는 직관적인 주장을 해 보시오.

    e. (d)의 방법을 좇아서 $\bar{y}_1$, $\bar{y}_0$, $\bar{x}_1$, $\bar{x}_0$를 구해 보시오. (c)의 식을 실증적으로 시행할 경우 왈드 추정량이라는 $\hat{\beta}_{WALD} = (\bar{y}_1 - \bar{y}_0)/(\bar{x}_1 - \bar{x}_0)$이 된다는 사실을 보이시오.

    f. $E(x_i | z_i = 1) - E(x_i | z_i = 0)$을 어떻게 도구변수 z_i의 강도를 측정하는 것으로 볼 수 있는지 설

명하시오.

10.5 x_i는 회귀식 $y_i = \beta_1 + \beta_2 x_i + e_i$에서 내생변수라고 가상하자. z_i는 2개 값, 즉 각각 확률 p 및 $(1-p)$, 다시 말해 $\Pr(z_i = 1) = p$ 및 $\Pr(z_i = 0) = 1-p$를 갖는 1 및 0의 값을 취하는 도구변수라고 가상하자.

a. $E(z_i) = p$를 보이시오.

b. $E(y_i z_i) = pE(y_i | z_i = 1)$을 보이시오.

c. 반복적 기댓값 법칙을 활용하여 $E(y_i) = pE(y_i | z_i = 1) + (1-p) E(y_i | z_i = 0)$을 보이시오.

d. (a), (b), (c)의 결과를 $E(y_i z_i) - E(y_i)E(z_i)$로 대체시켜서 다음과 같다는 사실을 보이시오.

$$\text{cov}(y_i,\, z_i) = p(1-p)\, E(y_i | z_i = 1) - p(1-p)\, E(y_i | z_i = 0)$$

e. (a) ~ (d)의 논의를 활용하여 다음 사실을 보이시오.

$$\text{cov}(x_i,\, z_i) = p(1-p)\big[E(x_i | z_i = 1) - E(x_i | z_i = 0)\big]$$

f. $E(e_i) = 0$을 가정하고 다음 사실을 보이시오. $\big[y_i - E(y_i)\big] = \beta_2\big[x_i - E(x_i)\big] + e_i$

g. (f)식의 양변을 $z_i - E(z_i)$로 곱하고 기댓값을 취하여 다음 사실을 보이시오. $\text{cov}(e_i, z_i) = 0$이라고 가정한다.

$$\text{cov}(y_i,\, z_i) = \beta_2 \text{cov}(x_i,\, z_i)$$

h. (d), (f), (g)를 활용하여 다음 사실을 보이시오.

$$\beta_2 = \frac{E(y_i | z_i = 1) - E(y_i | z_i = 0)}{E(x_i | z_i = 1) - E(x_i | z_i = 0)}$$

i (h)를 실증적으로 시행할 경우 $\hat{\beta}_{WALD} = (\bar{y}_1 - \bar{y}_0)/(\bar{x}_1 - \bar{x}_0)$가 된다는 사실을 보이시오.

10.6 x_i는 회귀식 $y_i = \beta_1 + \beta_2 x_i + e_i$에서 내생변수라고 가상하자. z_i는 2개 값 1 및 0을 취하는 도구변수라고 가상하자.

a. $N_1 = \sum z_i$는 $z_i = 1$과 같은 z_i값의 수이다. $\sum z_i x_i = N_1 \bar{x}_1$이라는 사실을 보이시오. 여기서 $\bar{x}_1$은 $z_i = 1$에 상응하는 x_i값들의 표본 평균이다.

b. $N_0 = N - \sum z_i = N - N_1$은 $z_i = 0$과 같은 z_i값의 수이다. $\sum x_i = N_1 \bar{x}_1 + N_0 \bar{x}_0$를 보이시오. 여기서 $\bar{x}_0$는 $z_i = 0$에 상응하는 x_i값들의 표본 평균이다.

c. $N\sum x_i z_i - \sum z_i \sum x_i = N_1 N_0 (\bar{x}_1 - \bar{x}_0)$를 보이시오.

d. $N\sum y_i z_i - \sum z_i \sum y_i = N_1 N_0 (\bar{y}_1 - \bar{y}_0)$를 보이시오.

e. (c) 및 (d)의 결과를 활용하여 식 (10.17)에 있는 β_2의 IV 추정량이 $\hat{\beta}_2 = (\bar{y}_1 - \bar{y}_0)/(\bar{x}_1 - \bar{x}_0)$로 단순화 된다는 사실을 보이시오.

f. IV 추정량의 추정된 분산은 식 (10.18a)에 주어져 있다. $\sum(z_i - \bar{z})(x_i - \bar{x}) = \sum z_i x_i - N\bar{z}\,\bar{x} = N_1 N_0 (\bar{x}_1 - \bar{x}_0)$라는 사실을 보이시오.

g. (f)의 결과를 활용하여 $(\bar{x}_1 - \bar{x}_0) \simeq 0$이라고 가상하시오. 이것은 IV z_i가 약하다는 점을 어떻게 시사하는가?

h. $\sum(z_i - \bar{z})(x_i - \bar{x})/(z_i - \bar{z})^2$은 z_i에 대한 x_i의 회귀로부터 구한 기울기 계수의 OLS 추정값이다. 옳은가 또는 틀린가? 이 값은 (g)에 있는 약한 도구변수 논의와 어떻게 연계되는가? 이

계수가 작고 t-값이 낮은 경우 z_i가 약한 IV라는 사실을 의미하는가? 설명하시오.

10.7 한 연구는 출생 분기를 도구변수로 활용하여 학교교육에 대한 수익을 1980년 센서스로부터 구한 327,509개 표본을 사용하여 추정하였다. 관심을 갖고 있는 모형은 $\ln(WAGE) = \beta_1 + \beta_2 EDUC + e$이다.

a. $\overline{\ln(WAGE)}$는 주급에 대한 자연대수의 평균을 나타낸다. 1분기에 태어난 남자의 경우 평균은 5.8916이며, 4분기에 태어난 남자의 경우 평균은 5.9027이다. 이들 두 그룹에 대한 대략적인 백분율 차이는 무엇인가?

b. (a)에서 평균상 차이에 대한 표준오차는 0.00274이다. $\overline{\ln(WAGE)}$의 차이는 통계적으로 유의한가? 양측 p-값은 무엇인가?

c. $\overline{EDUC}$는 학교교육의 평균연수를 나타낸다. 1분기에 태어난 남자의 경우 평균이 12.6881이며, 4분기에 태어난 남자의 경우는 평균이 12.7969이다. 이들 두 그룹에 대한 학교교육 연수의 대략적인 백분율 차이는 무엇인가? 4분기에 태어난 남자들이 1분기에 태어난 남자들보다 더 높은 평균 학교교육 연수를 가질 이유가 존재하는가?

d. (c)에서 평균상 차이에 대한 표준오차는 0.0132이다. $\overline{EDUC}$의 차이는 통계적으로 유의한가? 양측 p-값은 무엇인가?

e. 위의 결과를 활용하여 학교교육에 대한 수익의 왈드 추정값, $\hat{\beta}_{2, WALD}$를 계산하시오. 이 경우에 사용된 도구변수 z는 무엇인가?

f. (d)의 결과가 왈드 추정량의 좋은 결과에 중요한 이유를 설명하시오.

10.8 KIPP(Knowledge is Power Program) 학교들은 주로 소수민족 학생들이 다니는, 공적자금을 받아 설립된 학교들이다. 이들 학교는 여러 가지 면에서 기존의 공립학교와 다르지만, 학교에서 보다 많은 일자와 시간을 보낼 것을 강조한다. 이와 관련된 의문점은 다음과 같다. "KIPP 학교에 다니는 데 따른 얼마나 많은 이점이 존재하는가?"

a. $y_i = MATH_i$를 수학 성취도 시험의 결과라고 하자. 이 결과는 평균점수를 빼고 표준편차로 나누어서 표준화된다. 따라서 $y = 0$은 평균점수이고, $y = 1$은 평균 위로 1 표준편차인 점수이며 등등이 된다. $x_i = ATTENDED_i$는 모의변수로 학생이 KIPP 학교에 다닐 경우 1이 되고, 그렇지 않으면 영이 된다. 회귀식 $y_i = \beta_1 + \beta_2 x_i + e_i$에서 β_2의 OLS 추정값은 $b_2 = 0.467$이며 표준오차는 0.103이다. 이 회귀분석 결과에 기초한다면 KIPP 학교에 다닐 경우 수학 성취도 시험점수를 향상시킬 것처럼 보이는가? 향상시킨 규모의 크기가 의미 있을 정도인가? KIPP 학교에 다니지 않는 학생들의 평균점수는 무엇인가?

b. $ATTENDED$가 내생변수라고 우려할 수 있는 이유를 설명하시오.

c. 입학제의가 KIPP 응시자들의 종합명부에 무작위적으로 배정된다. 입학제의를 받은 사람들 중 일부는 입학을 포기하고, 다른 일부는 그렇지 않다. $WINNER$를 모의변수라고 하자. 학생이 입학제의를 받은 경우 1을 취하며, 그렇지 않은 경우 0을 취한다. 입학제의를 받은 학생들 중 78.7%가 수락한다고 가상하자. $WINNER$는 도구변수의 조건을 충족시키는가?

d. $z_i = WINNER_i$라고 가상하자. 이 예의 측면에서 다음의 구성요소를 설명하시오.

$$\beta_2 = \frac{E(y_i|z_i = 1) - E(y_i|z_i = 0)}{E(x_i|z_i = 1) - E(x_i|z_i = 0)}$$

이 식에 관한 배경 논의에 대해서는 연습문제 10.4 및 10.5를 참조하시오.

e. KIPP 학교에 입학을 제의받은 학생들의 평균 수학점수는 −0.003이었으며, 이것은 평균에 매우 근접한다. 제의를 받지 못한 학생들의 평균점수는 −0.358이며, 이것은 평균 밑으로 약 1/3 표준편차가 벗어난다. 흥미롭게도 응시생들로부터 무작위로 선별하지 않았음에도 불구하고, 일부 학생들은 KIPP 학교에 다닐 것을 포기하였다. 입학을 제의받지 않고 KIPP 학교에 다니는 학생들의 비율이 4.6%라고 가정하자. (d)의 모집단 평균을 표본 평균으로 대체함으로써 β_2의 왈드 추정량을 구하시오. 이 추정값은 (a)의 OLS 추정값과 어떻게 비교되는가? KIPP 학교에 다닌다는 사실이 해당 학교에 다니는 학생들의 점수에 의미 있는 양의 효과를 갖는가?

10.9 정리문제 10.5에서 사용한 임금식을 생각해 보자. *ABILITY*를 측정하도록 마련된 변수를 갖고 있다고 가상하자. 이 변수는 인지능력에 대한 10개 상이한 테스트를 사용하여 만들어진 지수이다. 1980년 2,178명의 백인 남성에 대한 자료를 사용할 경우, 능력변수는 표본 평균 0.04 및 표준편차 0.96을 갖는다.

a. 교육 연수와 능력 측정값 사이의 추정된 계수는 $\widehat{EDUC} = 12.30 + 0.977ABILITY$이며 t-값은 25.81이다. 이 결과는 교육의 내생성에 대한 통상적인 '누락변수 편의' 설명과 일치하는가?

b. 정리문제 10.5의 자료 및 모형을 사용하여, 0.0609이며 표준오차는 0.005이다. 식에 *ABILITY*를 추가할 경우 *EDUC*에 대한 추정된 계수는 0.054로 낮아지며 표준오차는 0.006이다. 이것은 여러분이 기대한 효과인가? 설명하시오.

c. 도구변수 *MOTHEREDUC* 및 *FATHEREDUC*에 덧붙여 *ABILITY* 및 *EXPER*이 외생적이라고 가정할 경우, 1단계 식의 모형설정은 무엇인가? 즉 오른편에 무슨 변수들이 있는가?

d. (c)의 1단계 식을 추정하고 나서 *MOTHEREDUC* 및 *FATHEREDUC*의 t-값은 각각 2.55 및 4.72라는 사실을 알았다. 이들의 결합 유의성에 대한 F-검정은 33.82이다. 이들 도구변수들은 IV/2SLS에서 사용하는 데 적절하게 강한가? 설명하시오.

e. $\hat{v}$은 (d)에서 구한 OLS 잔차를 나타낸다고 하자. 정리문제 10.5의 모형을 추정하고 변수 *ABILITY* 및 $\hat{v}$을 포함시킬 경우, $\hat{v}$의 t-통계량은 −0.94이다. 이 결과는 능력을 통제한 후에 *EDUC*의 내생성에 관해 무엇을 시사하는가?

10.10 정리문제 10.5에 있는 모형을 생각해 보자. 교육의 영향이 형제·자매를 갖고 있는 사람들에게 상이할 수 있다는 생각을 한다고 가상하자. *SIBS* = 형제·자매의 수이며 외생적이라고 가정한다. 모형에 변수 *EDUC* × *SIBS*를 추가시켜 보자.

a. *EDUC*를 내생변수로 취급한다고 가정할 경우 *EDUC* × *SIBS*는 어떤 형태와 변수인가? 외생변수인가? 아니면 내생변수인가? 여러분의 추론을 설명하시오.

b. *MOTHEREDUC* 및 *FATHEREDUC* 이외에, *MOTHEREDUC* × *SIBS* 및 *FATHEREDUC* ×

*SIBS*는 잠재적으로 유용한 IV인가? 이들이 어떻게 세 조건 IV1 – IV3을 충족시키는지 설명하시오.

c. 개체들의 대표본에 기초하고 OLS를 사용하여, *EDUC*의 추정된 계수 $0.0903(t = 46.74)$과 $EDUC \times SIBS$의 추정된 계수 $-0.0001265(t = -0.91)$를 구했다. 이 추정된 결과에 기초하여 임금식에서 변수 $EDUC \times SIBS$를 단순히 누락시키지 말아야 하는 이유를 설명하시오.

d. *EDUC* 및 $EDUC \times SIBS$에 대한 1단계 식에는 *EXPER*, $EXPER^2$, (b)에 열거된 4개 변수가 포함된다. IV의 결합 유의성에 대한 F-검정의 p-값은 0.0000이다. 이 IV가 *EDUC* 및 $EDUC \times SIBS$ 둘 다에 대해 강하다고 안전하게 결론을 내릴 수 있는가?

e. 2개의 1단계 식으로부터 잔차를 계산해 보자. *EDUC*식의 잔차를 $\hat{v}_1$이라 하고 $EDUC \times SIBS$ 식의 잔차를 $\hat{v}_2$라고 하자. $\hat{v}_1$ 및 $\hat{v}_2$ 둘 다를 설명변수로 포함하는 OLS로 구조모형을 추정해 보자. 이들의 t-값은 각각 -10.29 및 -1.63이며, 이들 유의성의 결합 F-검정은 55.87이다. *EDUC* 및 $EDUC \times SIBS$ 둘 다 내생적이라고 안전하게 결론을 내릴 수 있는가?

f. IV/2SLS를 사용하여 구한 *EDUC*의 추정된 계수는 0.1462이고 t-값은 25.25이며, $EDUC \times SIBS$의 추정된 계수는 0.0007942이고 t-값은 4.53이다. 이들 두 계수 사이의 추정된 공분산은 4.83×10^{-7}이다. 형제·자매가 없는 사람의 경우 교육을 1년 더 받을 때의 한계효과를 추정하시오. 5명의 형제·자매를 갖는 경우 교육의 추정된 한계효과는 무엇인가?

10.11 정리문제 10.5의 임금식을 생각해 보자.

a. *EDUC*에 대한 2개의 가능한 도구변수는 *NEARC4* 및 *NEARC2*이다. 이들은 개인이 10세 때 4년제 대학 또는 2년제 대학 근처에서 거주하였는지 여부를 나타내는 모의변수이다. 이들이 잠재적으로 타당한 IV인 이유에 관해 생각해 보시오.

b. 2개 IV를 사용한다 가정하고, 회귀에 기초한 하우스만 검정을 시행하는 데 필요한 단계(컴퓨터 명령어가 아님)를 설명하시오.

c. 대규모 자료를 활용하고, 도구변수로 *NEARC4*만을 사용하여 정리문제 10.5에 있는 모형에 대해 회귀에 기초한 하우스만 검정을 할 경우 p-값이 0.28이다. *NEARC2*만을 사용할 경우 p-값은 0.0736이다. 2개 IV를 사용할 경우 p-값은 0.0873이다(강건한 표준오차를 사용하면 0.0854가 된다). 이 모형에서 *EDUC*의 내생성에 관해 어떤 결론을 내려야 하는가?

d. *NEARC4* 및 *NEARC2* 둘 다를 사용하여, IV/2SLS 잔차를 계산해 보자. $N = 3,010$개 관찰값을 사용하여, 이들 2SLS 잔차를 모든 외생변수와 IV에 대해 회귀 추정할 경우 모든 회귀 p-값은 0.30보다 더 크며 $R^2 = 0.000415$이다. 이 결과에 기초할 경우 어떤 결론을 내릴 수 있는가?

e. 내생변수가 있는 식의 계수를 추정하기 위해 OLS를 거의 사용하지 않는 주된 이유는 더 나은 적합한 식을 제시하는 다른 추정방법을 가용할 수 있기 때문이다. 이 말은 참인가 또는 틀렸는가? 확신할 수 없는가? 여러분의 추론을 설명하시오.

f. 1단계 회귀에서 *NEARC4* 및 *NEARC2*의 결합 유의성에 대한 F-검정은 7.89이다. OLS를 사용하여 구한 교육 계수의 95% 구간 추정값은 0.0678부터 0.082까지다. 2SLS를 사용할 경우 0.054부터 0.26까지다. 구간 추정값의 폭이 이처럼 상이한 이유를 설명하시오.

10.12 산업시설 공장에 대한 비용 함수 및 생산 함수를 추정하는 일은 중요하다. 추정된 평균비용 및 한계비용, 평균생산물 및 한계생산물에 기초하여 결정이 내려진다. 특정 기업에 대한 제조공장의 생산량을 다음과 같이 모형화할 수 있다고 가상하자. $Q = \beta_1 + \beta_2 MGT\_EFF + \beta_3 CAP + \beta_4 LAB + e$이고, 여기서 Q는 특정 제조공장에서의 생산량이며 MGT_EFF는 한계효율성지수이다. 또한 CAP는 자본량 생산요소지수이고, LAB는 노동 생산요소지수이다.

a. β_2에 대한 해석은 무엇인가? 이것은 어떤 부호를 가져야만 하는가?

b. MGT_EFF를 측정하는 일은 어렵다. 다음과 같은 모형을 추정하려 한다고 가상하자.

$$Q = \beta_1 + \beta_2 XPER + \beta_3 CAP + \beta_4 LAB + e$$

여기서 $XPER$은 연수로 측정한 공장관리자의 경험이다. 이제 β_2의 부호는 무엇이 되어야만 하는가? $XPER$이 내생변수인지를 우려하는 이유는 무엇 때문인가?

c. 75개 공장으로부터의 자료를 사용하여 (b)의 모형을 추정해 보자. 최소제곱 추정값은 다음과 같다.

$$\hat{Q} = 1.7623 + 0.1468\,XPER + 0.4380\,CAP + 0.2392\,LAB$$
$$\text{(se)} \quad (1.0550) \quad (0.0634) \qquad (0.1176) \qquad (0.0998)$$

계수들의 부호와 이들의 유의성은 기대한 것과 일치하는가? 설명하시오.

d. $XPER$이 내생변수라면, OLS 추정량 편의의 방향은 무엇인가? [요령 : (b)의 답변을 기억하시오.]

e. 공장관리자의 연령, AGE를 도구변수로 생각한다고 가상하자. 이것이 경제적 추론에 기초하여 IV에 대한 기준을 충족시키는가? 그런 이유는 무엇인가? 또는 그렇지 않은 이유는 무엇인가?

f. CAP, LAB, AGE에 대한 $XPER$의 OLS 회귀에서, IV/2SLS를 시행할 수 있는 가능성에 대해 어떤 정보를 제공하는가?

g. (f)로부터의 잔차를 (b)의 모형에 추가시켜 다음과 같은 모형을 얻었다.

$$Q = \beta_1 + \beta_2 XPER + \beta_3 CAP + \beta_4 LAB + \beta_5 RESID + e$$

위의 회귀식에서의 귀무가설 $H_0 : \beta_5 = 0$에 대한 t-통계량은 -2.2이다. 이것으로부터 무엇을 추론해야 하는가?

h. 2단계 최소제곱 추정값은 다음과 같다.

$$\hat{Q} = -2.4867 + 0.5121\,XPER + 0.3321\,CAP + 0.2400\,LAB$$
$$\text{(se)} \quad (2.7230) \quad (0.2205) \qquad (0.1545) \qquad (0.1209)$$

이들 추정값 대 OLS 추정값에서 차이는 무엇인가? 이 차이는 OLS 추정값과 관련하여 여러분의 기대와 일치하는가? 설명하시오.

i. 경제학자는 AGE가 적절한 IV라고 추론을 하면서 $AGE \times LAB$, $AGE \times CAP$를 IV로 또

한 추가시키기로 결정하였다. 이들은 타당한 IV이고 회귀오차항과 상관되지 않을 가능성이 높은가? 이를 검정하기 위해서 2단계 최소제곱 잔차를 CAP, LAB, AGE, $AGE \times LAB$, $AGE \times CAP$에 대해 회귀 추정해 보자. 이에 따른 R^2은 0.0045이다. 이제는 IV의 타당성에 관해 어떤 생각을 하는가?

j. 경제학자는 $XPER$을 CAP, LAB, AGE, $AGE \times LAB$, $AGE \times CAP$에 대해 회귀 추정하였다. AGE, $AGE \times LAB$, $AGE \times CAP$의 결합 유의성에 대한 F-검정은 3.3이다. 추정하는 데 상호작용변수를 IV로 사용하는 것이 타당하다고 생각하는가? 여러분의 답변을 정당화하시오.

10.13 가계는 장기소득을 고려하여 소비지출 및 저축을 계획한다. $SAVING = \beta_1 + \beta_2 LRINCOME + e$ 를 추정하고자 하며, 여기서 $LRINCOME$는 장기소득이다.

a. 장기소득은 정의하고 측정하기 어렵다. 50개 가계의 연간저축($SAVINGS$, $1,000단위로 측정), 연간소득($INCOME$, $1,000단위로 측정)을 사용하여, OLS로 저축식을 추정하여 다음과 같은 결과를 얻었다.

$$\widehat{SAVINGS} = 4.3428 - 0.0052 INCOME$$
$$\text{(se)} \qquad (0.8561) \quad (0.0112)$$

한계저축성향의 OLS 추정량이 편의가 있고 불일치할 것으로 기대할 수도 있는 이유는 무엇인가? 편의의 발생 가능한 방향은 무엇인가?

b. 현재소득 이외에 지난 10년에 걸친 평균 가계소득($AVGINC$, $1,000단위로 측정)을 알고 있다고 가상하자. 이것이 적절한 도구변수가 될 수 있는 이유가 무엇인가?

c. 추정한 1단계 회귀식은 다음과 같다.

$$\widehat{INCOME} = -35.0220 + 1.6417 AVGINC$$
$$(t) \qquad (-1.83) \quad (5.80)$$

$AVGINC$는 강한 도구변수로서의 자격이 있는가? 설명하시오.

d. (c)로부터의 잔차를 $\hat{v}$이라고 하자. 이 변수를 저축식에 추가시키고 OLS로 추정한 결과는 다음과 같다.

$$\widehat{SAVINGS} = 0.9883 + 0.0392 INCOME - 0.0755 \hat{v}$$
$$\text{(se)} \qquad (1.1720) \quad (0.0154) \qquad (0.0201)$$

이 결과에 기초해 저축식의 OLS 추정값에 의존해야 하는가?

e. $INCOME$ 대신에 (c)에서 구한 적합한 값을 사용하고 OLS를 적용할 경우, 다음과 같은 결과를 구할 수 있다.

$$\widehat{SAVINGS} = 0.9883 + 0.0392 \widehat{INCOME}$$
$$\text{(se)} \qquad (1.2530) \quad (0.0165)$$

이 계수 추정값들을 (a)의 추정값들과 비교하시오. 이 추정값들은 (a)의 추정값들보다 여러분의 이전 기대와 더 일치하는가? 또는 그렇지 않은가?

f. (e)의 OLS 표준오차는 옳은가? 또는 옳지 않은가? 설명하시오.

g. IV/2SLS 소프트웨어를 활용하고 도구변수 *AVGINC*를 사용하여 다음과 같은 추정값을 구하였다.

$$\widehat{SAVINGS} = 0.9883 + 0.0392INCOME$$
$$\text{(se)} \quad (1.5240) \quad (0.0200)$$

*SAVINGS*에 대한 *INCOME*의 95% 구간 추정값을 구하시오. 이것을 (a)에서 구한 결과에 기초한 95% 구간 추정값과 비교하고 대조해 보시오.

h. (d), (e), (g)에서 *INCOME*의 추정된 계수가 0.0392이다. 이것은 우연인가? 설명하시오.

i. *AVGINC*는 타당한 도구변수이고 회귀오차와 상관되지 않는지 여부를 어떻게 검정하는지 설명하시오.

10.14 자본자산 가격결정모형(CAPM)에 따르면 주식 *j*에 대한 리스크 프리미엄은 시장 포트폴리오에 대한 리스크 프리미엄과 관련된다. 즉 다음과 같다.

$$r_j - r_f = \alpha_j + \beta_j(r_m - r_f)$$

여기서 r_j 및 r_f는 각각 주식 *j*에 대한 수익 및 무위험 이자율이고, r_m은 시장 포트폴리오에 대한 수익이며, β_j는 *j*번째 주식의 '베타'값이다. 주식의 베타는 해당 주식의 변동성을 나타내므로 투자자에게 중요하다. S & P 시가총액지수를 사용하여 시장 포트폴리오를 측정하고, 30일 만기 LIBOR 월간 수익률로 무위험 이자율을 측정한다.

a. 1988년 1월부터 180개월간 관찰값을 사용하여 구한 IBM 베타의 OLS 추정값은 0.9769이고 표준오차는 0.0978이다. 시장 수익 및 무위험 이자율의 고안된 값이 오차와 함께 측정될 경우, OLS 추정량은 불편하고 일치하는가? 편의가 있다면 편의의 방향은 어떠한가?

b. 설명변수의 값들을 정렬시키고 이 순위를 IV로 사용함으로써 IV를 마련할 수 있다고 제안되었다. 즉 가장 작은 값으로부터 가장 큰 값으로 $(r_m - r_f)$를 정렬시키고 값들 *RANK* = 1, 2,…, 180을 배정해 보자. 이 변수는 잠재적으로 조건 IV1-IV3을 충족시키는가?

c. *RANK*에 대한 $(r_{IBM} - r_f)$의 추정된 1단계 회귀는 모형 유의성에 관한 전반적인 *F*-검정 93.77을 제시한다. IV *RANK*의 강도에 관해 어떤 결론을 내릴 수 있는가?

d. 1단계 잔차를 계산하고 이들을 CAPM 모형에 추가할 경우, 이에 따른 계수는 *t*-값 60.60을 갖게 된다. 이것은 CAPM 모형에서 OLS 추정량에 관해 무엇을 시사하는가?

e. *RANK*를 IV로 사용하고 IV/2SLS로 CAPM 모형을 추정할 경우 IBM 베타의 추정값은 1.0025가 되며 표준오차는 0.1019이다. 이 IV 추정값을 (a)의 OLS 추정값과 비교하시오. IV 추정값은 여러분의 기대와 합치하는가?

연립방정식 모형

우리들 대부분은 공급 및 수요 모형을 공부하면서 경제모형을 처음 접하게 된다. 이 경우 시장가격과 상품의 판매수량은 공급 및 수요가 균형을 이루는 점에서 **결합적으로 결정**된다. 이 장에서는 둘 또는 그 이상의 경제관계를 통해 결합적으로 결정되는 자료의 계량경제모형을 생각해 보자. 이 연립방정식(simultaneous equations)은 단지 하나의 종속변수가 아닌 둘 또는 그 이상의 종속변수가 각 식에 있기 때문에 앞 장에서 살펴본 모형들과 다르다.

연립방정식은 일련의 방정식들로 구성되기 때문에 지금까지 살펴본 대부분의 계량경제모형과도 또한 다르다. 예를 들어, 가격과 수량은 2개의 식, 즉 공급에 관한 식과 수요에 관한 식의 상호작용으로 결정된다. 하나를 초과하는 종속변수와 하나를 초과하는 방정식을 포함하는 연립방정식 모형은 통계적으로 특별히 다루어야 한다. 최소제곱 추정 절차는 이 모형에서 적절하지 않으며 신뢰할 만한 경제모수의 추정값을 얻을 수 있는 새로운 방법을 모색해야만 한다.

이 장에서 다루게 될 일부 개념은 제10장에서 이미 소개한 것들이다. 하지만 제10장을 공부하는 것이 제11장을 배우는 데 전제가 되지는 않으며 상호 독립적이다. 제10장을 공부했다면 배운 것 중 많은 부분이 이 장으로 이월된다는 사실을 깨닫게 될 것이며 연립방정식이 계량경제모형의 큰 틀과 어떻게 조화를 이루는지 알게 될 것이다. 제10장을 공부하지 않았다면 관련 부분을 참조할 경우 이 장에서 제시된 내용을 보다 깊이 있게 이해하는 데 도움이 될 것이다. 이 장은 연립방정식을 분리해서 제시했는데, 그 이유는 계량경제학이 통계학의 분야를 넓히는 데 첫 번째로 한 주요한 공헌이며 경제분석에서 중요성이 크기 때문이다.

11.1 공급 및 수요 모형

공급 및 수요는 **결합**해서 상품의 시장가격과 판매량을 결정한다. 도표를 통해 보면 그림 11.1에서 보는 것처럼 공급 및 수요곡선의 교차점에서 시장균형이 이루어진다는 점을 기억하자. 시장가격과 수량을 설명하는 계량경제모형은 2개의 식, 즉 공급에 관한 식과 수요에 관한 식으로 구성되어야 한다. 함께 작용하는 두 식이 가격과 수량을 결정하기 때문에 이는 연립방정식 모형이 된다. 아주 단순한 모형은 다음과 같을 수 있다.

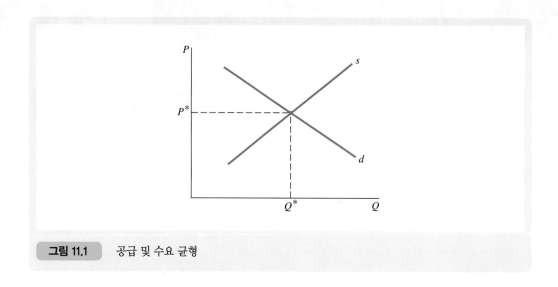

그림 11.1   공급 및 수요 균형

$$\text{수요}: Q_i = \alpha_1 P_i + \alpha_2 X_i + e_{di} \tag{11.1}$$

$$\text{공급}: Q_i = \beta_1 P_i + e_{si} \tag{11.2}$$

경제이론에 기초하면 공급곡선은 양의 기울기, 즉 $\beta_1 > 0$을 가지며 수요곡선은 음의 기울기, 즉 $\alpha_1 < 0$을 가질 것으로 기대된다. 이 모형에서 수요량(Q)은 가격(P)과 소득(X)의 함수라고 가정하였으며, 공급량은 가격만의 함수라고 하였다(대수적으로 더 쉽게 하기 위하여 절편을 누락시켰다. 실제는 이런 모형에서 절편항을 포함시켜야 한다). 관찰값 지수 $i = 1, \cdots, N$은 상이한 시점 또는 상이한 위치에 있는 시장을 나타낸다.

분명히 해 두고자 하는 점은 공급 및 수요 균형을 설명하기 위해 2개의 식을 취했다는 것이다. 가격 및 수량에 대한 2개의 균형값인 P^* 및 Q^*는 각각 동시에 결정된다. 이 모형에서 변수 P 및 Q는 위에서 설정한 체계 내에서 결정되므로 내생변수(endogenous variable)라고 한다. 내생변수 P 및 Q는 종속변수이며 둘 다 확률변수이다. 소득변수 X는 이 체계 밖에서 결정되는 값을 갖는다. 이런 변수들을 외생변수(exogenous variable)라고 하며 통상적인 'x' 설명변수처럼 취급한다.

무작위 오차는 통상적인 이유로 인해 공급 식 및 수요 식에 추가되었다. 외생변수 X_i, $i = 1, \cdots, N$의 어떠한 값이 주어진 경우, 수요 식 및 공급 식 둘 다에 대해 제2장으로부터의 가정 SR2를 채택한

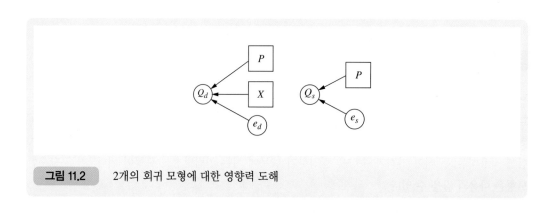

그림 11.2   2개의 회귀 모형에 대한 영향력 도해

다. 기호를 단순화하기 위해서 X_i의 모든 값은 **X**라고 부를 것이며, 여기서 $\mathbf{X} = (X_1, X_2, \cdots, X_N)$이다. 그러면 다음과 같다.

$$E(e_{di}|\mathbf{X}) = 0, \qquad E(e_{si}|\mathbf{X}) = 0 \qquad (11.3)$$

2.10절에서 우리는 이와 같은 외생변수에 대해 '강하게 외생적'이라는 용어를 사용하였다. 이것은 $E(e_{di}) = E(e_{si}) = 0$을 의미한다. 즉 각 오차의 무조건적인 기댓값은 영이다. 이것은 또한 외생변수 X_j의 어떠한 값도 수요 식 및 공급 식의 오차항과 상관되지 않는다는 것을 의미한다. 따라서 $\text{cov}(e_{di}, X_j) = 0$ 및 $\text{cov}(e_{si}, X_j) = 0$이다. 나아가 수요 식 및 공급 식에서 오차항을 동분산적, 즉 $\text{var}(e_{di}|\mathbf{X}) = \sigma_d^2$, $\text{var}(e_{si}|\mathbf{X}) = \sigma_s^2$이라고 가정한다. 마지막으로 계열상관과 2개 식의 오차항들 사이에 상관이 존재하지 않는다고 또한 가정한다.

연립방정식 모형과 회귀 모형의 차이점은 영향력 도해를 이용하여 특별히 살펴보도록 하자. '영향력 도해'는 모형의 요소들 간 관계를 도표로 나타낸 것이다. 앞 장에서 공급 및 수요관계를 개별적인 회귀로 모형화하였으며, 이는 그림 11.2의 영향력 도해를 의미한다. 이 도해에서 원은 내생적인 종속변수 및 오차항을 나타내고 정사각형은 외생적인 설명변수를 나타낸다. 회귀분석에서 영향력의 방향은 설명변수 및 오차항에서부터 종속변수로 일방적이다. 이 경우 수요량이 시장청산 가격에서 공급량과 같아지도록 하는 균형을 유지하는 기구가 존재하지 않는다. 가격이 시장청산 균형으로 조절되기 위해서는, P로부터 Q로 그리고 Q로부터 P로 미치는 영향이 고려되어야 한다.

가격 P와 수량 Q가 결합하여 결정되고 이들 사이에 피드백이 존재한다는 점을 인정할 경우, 그림 11.3의 영향력 도해를 생각해 볼 수 있다. 연립방정식 모형에서 P 및 Q는 결합하여 결정되므로 이들 사이에 상호적인 영향력 또는 피드백이 있음을 알 수 있다. 무작위 오차항 e_d와 e_s는 P와 Q 모두에 영향을 미치며, 이는 각 내생변수 그리고 각 무작위 오차항 사이에 상관이 존재한다는 의미이다. 앞으로 살펴볼 것처럼 이로 인해 연립방정식에서의 정규 최소제곱(OLS) 추정량은 적절하지 않게 된다. 소득 X는 내생변수에 영향을 미치는 외생변수지만, P 및 Q로부터 X로의 피드백은 존재하지 않는다.

P가 공급 및 수요 식의 오른쪽에서 내생변수라는 사실은 확률적인 설명변수를 갖고 있다는 의미이다. P는 확률적일 뿐만 아니라 수요 및 공급 식에서 무작위 오차와 동시기적으로 상관되었다. 즉 $\text{cov}(P_i, e_{di}) = E(P_i e_{di}) \neq 0$ 및 $\text{cov}(P_i, e_{si}) = E(P_i e_{si}) \neq 0$이다. 설명변수가 회귀오차항과 동시기적으

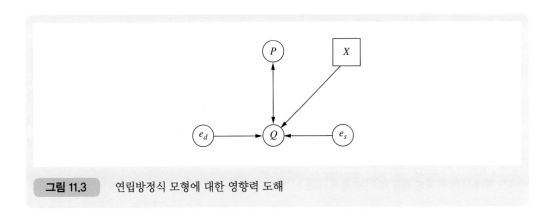

그림 11.3　연립방정식 모형에 대한 영향력 도해

로 상관될 때 OLS 추정량은 편의가 있고 불일치한다. 11.3절에서 이런 결과가 참인 이유에 관해 직관적인 논의를 하고, 11.3.1절에서는 이를 증명할 것이다.

11.2 유도형태식

2개의 구조식 (11.1) 및 (11.2)를 풀어서 내생변수 P 및 Q를 외생변수 X의 함수로 나타낼 수 있다. 이렇게 재구성된 모형을 구조방정식 체계의 유도형태(reduced form)라 한다. 유도형태도 물론 매우 중요하지만 이는 또한 구조방정식 체계를 이해하는 데도 도움이 된다. 유도형태를 구하기 위해 P 및 Q에 대해 식 (11.1) 및 (11.2)를 동시에 풀어보자.

P에 대해 풀어보기 위해, 수요 및 공급 식에 있는 Q가 같다고 하면 다음과 같다.

$$\beta_1 P_i + e_{si} = \alpha_1 P_i + \alpha_2 X_i + e_{di}$$

P_i에 대해 풀면 다음과 같다.

$$P_i = \frac{\alpha_2}{(\beta_1 - \alpha_1)} X_i + \frac{e_{di} - e_{si}}{(\beta_1 - \alpha_1)} = \pi_1 X_i + v_{1i} \tag{11.4}$$

Q_i에 대해 풀기 위해 식 (11.4)의 P_i값을 수요 식 또는 공급 식에 대입시켜 보자. 공급 식이 더 단순하므로 식 (11.2)에 P_i를 대입시켜 단순화하면 다음과 같다.

$$Q_i = \beta_1 P_i + e_{si} = \beta_1 \left[\frac{\alpha_2}{(\beta_1 - \alpha_1)} X_i + \frac{e_{di} - e_{si}}{(\beta_1 - \alpha_1)} \right] + e_{si}$$

$$= \frac{\beta_1 \alpha_2}{(\beta_1 - \alpha_1)} X_i + \frac{\beta_1 e_{di} - \alpha_1 e_{si}}{(\beta_1 - \alpha_1)} = \pi_2 X_i + v_{2i} \tag{11.5}$$

식 (11.4) 및 (11.5)에 있는 모수 π_1 및 π_2를 유도형태 모수(reduced-form parameter)라 하며 오차항 v_{1i} 및 v_{2i}를 유도형태 오차(reduced form error)라고 한다. 유도형태는 예측적인 식이다. $E(P_i|X_i) = \pi_1 X_i$ 및 $E(Q_i|X_i) = \pi_2 X_i$라고 가정한다. 정의에 따르고 가정 식 (11.3)을 활용하면 $E(v_{1i}|X_i) = 0$ 및 $E(v_{2i}|X_i) = 0$이며, 이들은 또한 동일한 사항이 구조식 오차 e_{di} 및 e_{si}에 대해 참이라면 동분산적이고 계열상관되지 않는다. 이런 조건하에서 유도형태 모수 π_1 및 π_2의 정규 최소제곱(OLS) 추정량은 일치하며, 구조식 오차가 정규분포를 하는지에 관계없이 대표본에서 대략적으로 정규분포한다. 유도형태 모수들에 대해 OLS 추정량이 갖는 가장 중요한 면은 이들이 일치하는 추정량이라는 것이다.

유도형태식 (11.4) 및 (11.5)에서는 왼쪽에 내생변수가 있고, 오른쪽에 외생변수 및 무작위 오차항이 있다. 제10장에서 사용한 용어에 따르면 이들은 1단계 식(first-stage equation)이다. 제10장을 학습하지 않았다면 11.5절에서 이 용어에 관해 설명할 것이다. 유도형태식(reduced-form equation)과 1단계 식은 상호 교환해 사용될 수 있다.

유도형태식은 경제분석을 하려는 경우 중요한 역할을 한다. 이 식은 내생변수의 균형값을 외생변수에 연계시킨 것이다. 따라서 소득 X가 증가하는 경우 π_1은 시장조정을 통해 P 및 Q에 대한 새로운 균형이 달성된 이후 기대되는 가격상승을 의미한다. 마찬가지로 π_2는 Q의 기대되는 균형값의 기대되는 증가를 의미한다(질문 : 이런 변화의 방향을 어떻게 결정하였는가?). 둘째, 동일한 논리를 이용하여, 상이한 소득수준에 대한 균형 가격 및 수량을 예측하는 데 추정된 유도방정식을 사용할 수 있다. 물론 최고경영자들과 다른 시장분석가들은 해당 상품의 가격과 판매량을 예측할 수 있는 능력에 관심을 갖고 있다. 이런 예측을 가능하게 하는 것은 바로 추정된 유도형태식이다.

11.3 최소제곱 추정법의 실패

이 절에서는 연립방정식 모형을 추정하기 위해 OLS 추정량이 사용되지 말아야 하는 이유를 설명할 것이다. 다음 절에서 그 이유가 명백해지기 때문에 여기서는 공급 식에 초점을 맞출 것이다. 식 (11.2) 공급 식의 오른쪽에 있는 내생변수 P_i는 오차항 e_{si}와 **동시기적으로** 상관된다. 직관적으로 오차항 e_{si}에서 작은 변화나 일시적인 변동, 예를 들면, Δe_{si}가 발생하였다고 가상하자. 이 변화가 방정식 체계를 통해 미치는 영향을 살펴보도록 하자. 식 (11.2) 오차항의 일시적인 변동 Δe_{si}는 P_i의 균형값에 직접 전달된다. 이는 왼편에 P_i가 있고 오른편에 e_{si}가 있는 유도형태식 (11.4)를 통해 알 수 있다. 공급방정식의 오차항 e_{si}에 변화가 생길 때마다 이는 P_i에 직접적인 선형효과가 있다. $\beta_1 > 0$이고 $\alpha_1 < 0$이므로 $\Delta e_{si} > 0$인 경우 $\Delta P_i < 0$이 된다. 따라서 e_{si}에 변화가 발생할 때마다 P_i에 반대방향으로 관련된 변화가 발생한다. 따라서 P_i와 e_{si}는 음으로 상관된다.

공급 식에 대한 OLS 추정법이 실패하는 이유는 다음과 같이 설명할 수 있다. Q_i와 P_i 사이의 관계를 OLS로 추정할 경우, 교란항(e_{si})의 변화가 미치는 영향에 대해서 가격(P_i)을 살펴보게 된다. 오차항의 변화는 관찰할 수 없고 오차항 e_{si}와의 상관으로 인한 P_i의 변화만을 관찰할 수 있기 때문에 이것이 가능하다. 내생변수 P_i와 오차항 e_{si} 사이에 존재하는 음의 동시기적인 상관관계로 인해, β_1의 OLS 추정량은 이 모형에서 모수의 참값을 **과소평가**하게 된다. 대표본에서 최소제곱 추정량은 음으로 편의가 있게 된다. 표본크기가 커지더라도 이 편의는 계속 존재하므로 최소제곱 추정량은 불일치하게 된다. 이는 최소제곱 추정량의 확률분포가 표본크기 $N \to \infty$가 되더라도 모수의 참값이 아닌 점으로 수렴된다는 의미이다. 추정량의 '대표본' 특성에 관한 일반적인 논의는 5.7절을 참조하시오. 여기서는 다음과 같이 요약할 것이다.

유의사항

체계적인 연립방정식에서 오차와 방정식의 오른편에 있는 내생변수 사이의 동시기적인 상관으로 인해 모수의 최소제곱 추정량은 편의가 있고 불일치한다. ■

11.3.1 OLS의 실패를 증명하기

식 (11.1) 및 (11.2)에 있는 공급 및 수요 모형을 생각해 보자. 공급 식에 대한 OLS 추정량의 실패를 설명하기 위해, P_i 및 e_{si} 사이의 조건부 공분산을 먼저 구해 보자.

$$\text{cov}(P_i, e_{si}|\mathbf{X}) = E\left\{\left[P_i - E(P_i|\mathbf{X})\right]\left[e_{si} - E(e_{si}|\mathbf{X})\right]\Big|\mathbf{X}\right\}$$

$$= E(P_i e_{si}|\mathbf{X}) \qquad\qquad [E(e_{si}|\mathbf{X}) = 0\text{이기 때문이다}]$$

$$= E\left[(\pi_1 X_i + v_{1i})e_{si}|\mathbf{X}\right] \qquad\qquad [P_i\text{를 대체시키시오}]$$

$$= E\left[\left(\frac{e_{di} - e_{si}}{\beta_1 - \alpha_1}\right)e_{si}\Big|\mathbf{X}\right] \qquad\qquad [\pi_1 X_i\text{는 고정되어 있기 때문이다}]$$

$$= \frac{-E(e_{si}^2|\mathbf{X})}{\beta_1 - \alpha_1} \qquad\qquad [e_d, e_s\text{는 상관되지 않는다고 가정하기 때문이다}]$$

$$= \frac{-\sigma_s^2}{\beta_1 - \alpha_1} < 0$$

음의 동시기적인 공분산은 최소제곱 추정량에 대해 어떤 충격을 갖는가? (절편항을 포함하지 않는) 공급 식 (11.2)의 OLS 추정량은 다음과 같다.

$$b_1 = \frac{\sum P_i Q_i}{\sum P_i^2}$$

유도형태식 (11.5)로부터 Q를 대체시키고 단순화하면 다음과 같다.

$$b_1 = \frac{\sum P_i(\beta_1 P_i + e_{si})}{\sum P_i^2} = \beta_1 + \sum\left(\frac{P_i}{\sum P_i^2}\right)e_{si}$$

최소제곱 추정량의 기댓값은 다음과 같다.

$$E(b_1|\mathbf{X}) = \beta_1 + E\left[\sum\left(\frac{P_i}{\sum P_i^2}\right)e_{si}\Big|\mathbf{X}\right] = \beta_1 + E\left[\sum\left(\frac{P_i e_{si}}{\sum P_i^2}\right)\Big|\mathbf{X}\right] \quad [\text{오차를 분자로 이동시킨다}]$$

$$= \beta_1 + \sum\left[E\left(\frac{P_i e_{si}}{\sum P_i^2}\right)\Big|\mathbf{X}\right] \qquad\qquad [\text{합의 기댓값은 기대값의 합이다}]$$

$$\neq \beta_1 \qquad\qquad [\text{합에서의 기댓값 항은 영이 아니다}]$$

마지막 단계에서 $E[(P_i e_{si}/\sum P_i^2)|\mathbf{X}] = E[g(P_i)e_{si}|\mathbf{X}] \neq 0$을 구하였으며, 여기서 $g(P_i) = P_i/\sum P_i^2$이다. P_i와 무작위 오차 e_{si} 사이의 공분산을 구했을 때, $E(P_i e_{si}|\mathbf{X}) = E(P_i e_{si}) = -\sigma_s^2/(\beta_1 - \alpha_1) < 0$을 보여 주었다. $\sum P_i^2 > 0$이므로 $E[(P_i e_{si}/\sum P_i^2)|\mathbf{X}] < 0$이 아닌가 의심을 하게 되며, 따라서 최소제곱 추정량은 음의 편의를 보여주는 것이 아닌가 의심을 갖게 된다. 하지만 비율의 기댓값이 기댓값의 비율은 아니다. 따라서 우리가 실제로 결론을 내릴 수 있는 전부는 e_{si} 및 P_i가 동시기적으로 상관되기 때문에 최소제곱 추정량이 편의를 갖는다고 하는 것이다.

　　이런 편의는 대표본에서도 사라지지 않으므로, 공급 식의 OLS 추정량은 불일치하게도 된다. OLS 추정량은 β_1보다 더 작은 값으로 수렴하며, 제5장의 식 (5.41)과 유사한 점근적 분석을 사용하여 보여 주는 것이 더 용이하다. OLS 추정량을 다음과 같이 다시 쓸 수 있다.

$$b_1 = \beta_1 + \sum\left(\frac{P_i}{\sum P_i^2}\right)e_{si} = \beta_1 + \frac{\sum P_i e_{si}}{\sum P_i^2} = \beta_1 + \frac{\sum P_i e_{si}/N}{\sum P_i^2/N} = \beta_1 + \frac{\widehat{E(P_i e_{si})}}{\widehat{E(P_i^2)}}$$

대수의 법칙을 활용하면 표본 적률(평균)은 모집단 적률(기댓값)으로 수렴한다. 따라서 다음과 같다.

$$\widehat{E(P_i e_{si})} \xrightarrow{p} E(P_i e_{si}) = -\sigma_s^2/(\beta_1 - \alpha_1) < 0$$

그리고

$$\widehat{E(P_i^2)} \xrightarrow{p} E(P_i^2) > 0$$

따라서 다음과 같아진다.

$$b_1 \xrightarrow{p} \beta_1 - \frac{\sigma_s^2/(\beta_1 - \alpha_1)}{E(P_i^2)} < \beta_1$$

11.4 식별문제

식 (11.1) 및 (11.2)에 의해 주어진 공급 및 수요 모형에서 다음과 같이 말할 수 있다.

- 수요 식의 모수 α_1 및 α_2는 어떤 방법에 의해서도 일치하게 추정할 수 없다.
- 공급 식의 기울기 β_1은 일치하게 추정할 수 있다.

어떻게 이런 말을 할 수 있는가? 이에 대한 대답은 아주 직관적으로 도표를 통해 설명할 수 있다. 소득 X가 변화함에 따라 어떤 일이 발생하는가? 수요곡선이 이동하고 새로운 균형가격과 균형량이 결정된다. 그림 11.4는 수요곡선 d_1, d_2, d_3와 세 가지 소득수준에 대한 균형점 a, b, c를 보여주고 있다. 소득이 변화함에 따라 가격 및 수량에 관한 자료를 공급과 수요의 교차점 근처에서 관찰할 수 있다. 무작위 오차 e_d 및 e_s는 공급 및 수요곡선을 소폭 이동시키게 되며 이는 교차점 a, b, c 근처에 산재해 있는 가격 및 수량에 관한 균형값을 만들어 낸다.

자료의 값들을 이용하여 **공급곡선**의 흔적을 찾아낼 수 있으며, 이는 이들에 적절한 선을 그어 기울기 β_1을 추정할 수 있다는 의미이다. 소득은 수요곡선에 포함되지만 공급곡선에는 없기 때문에 자료의 값들은 공급곡선을 따라 위치하게 된다. 소득이 변화함에 따라 수요곡선은 이동하지만 공급곡선은 고정되어 있기 때문에 결과적으로 공급곡선을 따라 관찰값이 위치하게 된다.

수요곡선을 따라 위치하는 자료값이 존재하지 않기 때문에 이들의 기울기를 추정할 방법이 없다. 균형점을 통과하는 무한한 수요곡선 중 어느 하나가 옳은 것일 수 있다. 자료가 주어진 경우 참인 수요곡선과 나머지 곡선들을 구별할 방법이 없다. 균형점 a를 통과하는 몇몇 수요곡선을 그려 보아도 이들 각각은 관찰할 수 있는 자료를 만들어 낸다.

문제는 현재 사용하고 있는 모형에 있다. 공급 식에는 수요곡선에 대해 이를 이동시킬 어떤 변수도 없다. 공급곡선에 어떤 변수, 예를 들면, W를 추가시킬 경우 W가 변할 때마다 공급곡선이 이동하며

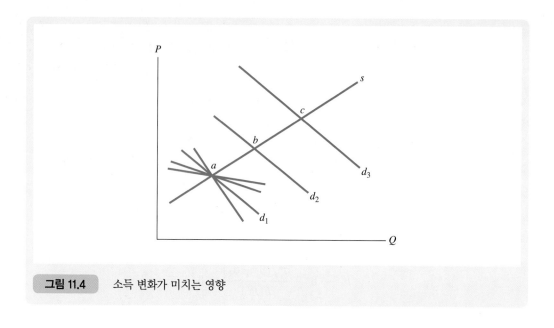

그림 11.4   소득 변화가 미치는 영향

수요곡선은 고정된다. (W가 수요 식에 포함되지 않았기 때문에) 고정된 수요곡선에 대해 공급곡선이 이동할 경우 수요곡선을 따라 균형값을 만들어 내며 이는 수요곡선의 기울기와 수요에 대한 소득의 효과를 추정할 수 있게 한다.

모수 추정이 가능한 것은 어떤 식에서는 변수가 누락되고 다른 식에서는 변수가 **포함**되기 때문이다. 어떤 식의 **식별**(identification)을 위한 **필요조건**이라고 불리는 일반적인 규칙은 다음과 같다.

식별의 필요조건

M개의 내생변수값을 결합하여 결정하는 M개의 연립방정식 체계에서, 모수 추정이 가능하기 위해서는 한 식에서 최소한 $M-1$개의 변수가 빠져 있어야 한다. 방정식의 모수 추정이 가능한 경우 이 식은 **식별되었다**고 하며 이 모수를 일치하게 추정할 수 있다. $M-1$개보다 적은 변수가 식에서 누락된 경우, **비식별되었다**고 하며 이 모수들을 일치하게 추정할 수 없다.

공급 및 수요 모형에는 $M = 2$개 방정식이 있고 식이 식별되기 위해서는 최소한 $M-1 = 1$개 변수가 누락되어야 한다. 총 3개의 변수 P, Q, X가 있다. 수요 식에서는 변수들 중 어느 것도 빠지지 않아서 이는 비식별되며 모수를 일치하게 추정할 수 없다. 공급 식에서는 한 변수, 즉 소득(X)이 누락되었다. 공급곡선은 식별되었고 모수는 추정될 수 있다.

식별조건은 식을 추정하기 전에 검토되어야 한다. 식이 식별되지 않을 경우 이를 추정하기 전에 모형을 변화시키는 것을 고려해야만 한다. 그러나 모형을 아무렇게나 변화시켜서는 안 되며, 단지 식별하기 위해 식에서 중요한 변수를 빠트려서는 안 된다. 연립방정식 체계는 균형이 어떻게 달성되는지에 대한 이해를 반영해야 하고 경제이론과 일치해야 한다. 잘못된 모형을 만들어 식별문제에 대한 해결책을 제시하는 것은 좋은 방법이 아니다.

이 단락은 제10장을 공부한 사람들을 위해 작성되었다. 식별하기 위한 필요조건을 위와 다르기는 하지만 동등한 의미를 갖는 방법으로 나타낼 수 있다. 2단계 최소제곱 추정 절차는 제10장에서 살펴보았으며, **도구변수 추정량**이라는 사실을 보여주었다. 이 추정 절차는 다음 절에서 보다 자세히 살펴볼 것이다. 연립방정식 모형 내의 한 방정식을 추정하는 데 필요한 도구변수의 수는 오른쪽 내생변수의 수와 같다. 연립방정식 모형 내의 한 일반적인 방정식에는 몇 개의 외생변수가 오른쪽에 있다. 따라서 도구변수는 문제가 되는 식에서 빠진 외생변수로부터 찾아야 한다. 따라서 식별하기 위해서는 한 방정식의 빠진 외생변수의 수가 최소한 오른편 내생변수의 수만큼 있어야 한다. 이를 통해 적절한 IV의 수가 확보된다.

11.5 2단계 최소제곱 추정법

식별된 구조방정식의 모수를 추정하는 데 가장 널리 사용되는 방법은 **2단계 최소제곱법**(two stage least squares)이라고 하며 이를 보통 줄여서 2SLS 또는 TSLS라고 한다. 이 명칭은 2개의 OLS 회귀를 이용하여 계산될 수 있다는 사실에서 비롯된다. 식 (11.2)의 공급 식을 생각하면서 이 방법이 어떻게 시행되는지 살펴볼 것이다. 이 식의 오른쪽에 있는 내생변수 P_i가 오차항 e_{si}와 동시기적으로 상관되어서 OLS 추정량에 편의가 발생하고 불일치하게 하기 때문에, β_1을 추정하는 데 통상적인 OLS 절차를 사용할 수 없었던 사실을 기억하자.

변수 P_i는 기댓값 $E(P_i|X_i)$인 체계적인 부분과 유도형태식의 무작위 오차 v_{1i}인 무작위적인 부분으로 구성된다. 즉 다음과 같다.

$$P_i = E(P_i|X_i) + v_{1i} \qquad (11.6)$$

공급 식 (11.2)에서 OLS 추정량에 대해 문제를 일으키는 P_i의 부분은 무작위적인 부분인 v_{1i}이다. P_i를 오차항 e_{si}와 상관시키는 것은 바로 v_{1i}이다. π_1의 값을 알고 있다고 가상하자. $E(P_i|X_i)$를 알고 있다면, 식 (11.6)으로 식 (11.2)의 P_i를 대체시킬 수 있으며 다음과 같아진다.

$$Q_i = \beta_1 \left[E(P_i|X_i) + v_{1i} \right] + e_{si} = \beta_1 E(P_i|X_i) + (\beta_1 v_{1i} + e_{si}) \qquad (11.7)$$

식 (11.7)에서 오른쪽에 있는 설명변수는 $E(P_i|X_i)$이다. 이것은 외생변수에만 의존하며, 오차항과 상관되지 않는다. OLS를 식 (11.7)에 적용하여 β_1을 일치하게 추정할 수 있다.

물론 우리는 그것을 알 수 없기 때문에 P_i 대신에 변수 $E(P_i|X_i)$를 사용할 수 없다. 하지만 $E(P_i|X_i)$를 일치하게 추정할 수는 있다. $\hat{\pi}_1$은 P_i에 관한 유도형태식에 대해 적용한 OLS 추정법에서 비롯된다고 하자. $E(P_i|X_i)$에 대한 일치하는 추정량은 다음과 같다.

$$\hat{P}_i = \hat{\pi}_1 X_i$$

식 (11.7)에서 $E(P_i|X_i)$ 대신에 $\hat{P}_i$를 이용하면 다음과 같다.

$$Q_i = \beta_1 \hat{P}_i + \hat{e}_{*i} \qquad (11.8)$$

대표본에서 $\hat{P}_i$와 무작위 오차 $\hat{e}_{*i}$는 상관되지 않으므로, 모수 β_1은 식 (11.8)에 OLS를 적용하여 일치하게 추정할 수 있다.

식 (11.8)의 OLS 추정량은 β_1의 2단계 **최소제곱 추정량**이며, 이것은 일치하고 점근적으로 정규분포한다. 2단계 최소제곱 추정량은 일치하기 때문에 대표본에서 참인 값으로 수렴한다. 추정량이 점근적으로 정규분포한다는 것은, 대표본인 경우 통상적인 검정과 신뢰구간 추정량이 사용될 수 있다는 것을 의미한다. 요약해서 말하면 2단계 추정절차는 다음과 같다.

1. P_i에 대한 유도형태식의 OLS 추정과 그것의 예측값 $\hat{P}_i$의 계산
2. 오른쪽 내생변수 P_i가 예측값 $\hat{P}_i$로 대체된 구조식의 OLS 추정[1]

실제로는 2SLS에 대해 설계된 소프트웨어를 언제나 사용해서, 표준오차 및 t-값이 정확하게 계산된다.

11.5.1 일반적인 2단계 최소제곱 추정 절차

2단계 최소제곱 추정 절차를 이용하여, 연립방정식 체계 내에서 식별된 방정식의 모수를 추정할 수 있다. M개 연립방정식 체계에서 내생변수를 y_{i1}, y_{i2}, $\cdots$, y_{iM}이라고 하자. 내생변수만큼의 연립방정식 체계 내의 방정식 수가 언제나 있어야만 한다. K개의 외생변수들을 x_{i1}, x_{i2}, $\cdots$, x_{iK}라고 하자. 예를 들어, $M = 3$이라고 가상하면, 이 연립방정식 체계 내의 첫 번째 구조식은 다음과 같다.

$$y_{i1} = \alpha_2 y_{i2} + \alpha_3 y_{i3} + \beta_1 x_{i1} + \beta_2 x_{i2} + e_{i1} \tag{11.9}$$

이 식이 식별된 경우 모수는 2단계를 거쳐 추정될 수 있다.

1. OLS를 사용하여 유도방정식의 모수를 추정하자.

$$y_{i2} = \pi_{12} x_{i1} + \pi_{22} x_{i2} + \cdots + \pi_{K2} x_{iK} + v_{i2}$$
$$y_{i3} = \pi_{13} x_{i1} + \pi_{23} x_{i2} + \cdots + \pi_{K3} x_{iK} + v_{i3}$$

예측값을 구해 보자.

$$\hat{y}_{i2} = \hat{\pi}_{12} x_{i1} + \hat{\pi}_{22} x_{i2} + \cdots + \hat{\pi}_{K2} x_{iK}$$
$$\hat{y}_{i3} = \hat{\pi}_{13} x_{i1} + \hat{\pi}_{23} x_{i2} + \cdots + \hat{\pi}_{K3} x_{iK} \tag{11.10}$$

2. 구조식 (11.9) 오른편에 있는 내생변수 y_{i2} 및 y_{i3}를 식 (11.10)의 예측값으로 대체시켜 보자.

$$y_{i1} = \alpha_2 \hat{y}_{i2} + \alpha_3 \hat{y}_{i3} + \beta_1 x_{i1} + \beta_2 x_{i2} + e_{i1}^*$$

OLS를 이용하여 이 식의 모수를 추정해 보자.

---

[1] 이 논의는 2단계 최소제곱 추정량에 대한 직관적인 설명이다. 이 추정법에 대한 일반적인 논의는 10.3절을 참조하시오. 거기서 2단계 최소제곱 추정량을 도출하였고 그것의 특성을 논의하였다.

실제로 2SLS 또는 IV 추정을 위해 고안된 소프트웨어를 언제나 사용해야만 한다. 이것이 2SLS 추정 값과 이들의 표준오차에 관한 계산을 올바르게 시행할 수 있다.

식 (11.9)에는 2개의 오른쪽에 있는 내생변수와 2개의 외생변수가 있다. K는 외생변수의 전체 수이다. 식 (11.9)가 식별되기 위해서 K는 얼마나 커야 하는가? 식별하기 위한 '필요'조건은 M개 식으로 구성된 연립방정식 체계에서, 해당 체계 내 어딘가 다른 곳에 있을 최소한 $M-1$개 변수가 각 식에서 누락되어야만 한다는 것이다. $M = 3$개 식이 있으므로 $M-1 = 2$개 변수가 각 식에서 누락되어야만 한다. $K = K_1 + K_1^*$라고 하자. 여기서 $K_1 = 2$는 첫 번째 구조식에서 포함된 외생변수의 수이며, K_1^*는 첫 번째 구조식에서 배제된 외생변수의 수이다. 첫 번째 식이 식별되기 위해서는 $K_1^* \geq 2$ 및 $K \geq 4$ 할 필요가 있다. 제10장의 용어를 사용할 경우 K_1^*는 첫 번째 식에 대한 도구변수의 수이다.

식별조건을 달리 나타내는 방법은 누락된 외생변수의 수 K_1^*가 포함된 오른쪽에 있는 내생변수의 수보다 크거나 또는 같아야만 한다는 것이다. $M = 1 + M_1 + M_1^*$라고 하자. 여기서 $M_1 = 2$는 포함된 오른쪽에 있는 내생변수의 수이며 M_1^*는 첫 번째 식으로부터 배제된 내생변수의 수이다. 이 예에서 첫 번째 식은 왼쪽에 있는 변수 y_1을 포함하여 모두 3개의 내생변수를 포함하고 있기 때문에 $M_1^* = 0$이 된다. 식별규칙은 $K_1^* \geq M_1$이다. 제10장의 용어를 활용하면 식의 오른쪽에 있는 내생변수 M_1개만큼의 도구변수 K_1^*개가 있어야만 한다.

유의사항

연립방정식 모형은 1940년대 초에 개발되었으며 여러 해 동안 계량경제 분석의 기초가 되었다. 제10장의 학습주제는 내생변수를 갖는 회귀식이며, 이것은 연립방정식 체계의 한 개 식으로 생각될 수 있다. 완벽한 체계를 만들고 추정하는 일은 어렵기 때문에 최근 들어 보다 많은 연구는 $2SLS/IV$에 의한 개별 식의 추정에 의존하고 있으며, 이것이 바로 제10장의 내용을 연립방정식 처리에 앞서 다룬 이유이다. 하지만 제10장과 제11장에서 사용한 개념 및 방법들은 동일하다. 다음과 같은 사항을 기억해 두자.

1. 2단계 최소제곱 추정법과 도구변수 추정법은 동일하다.
2. IV 또는 도구변수는 식에 포함되어 있지 않은 외생변수이다. 도구변수는 배제된 외생변수이다.
3. 연립방정식 모형에서 유도형태식은 도구변수 2단계 최소제곱 추정법에서 1단계 식에 해당된다. ∎

11.5.2 2단계 최소제곱 추정량의 특성

식별된 방정식의 구조방정식 모수 추정값을 어떻게 구하는지 살펴보았다. 2단계 최소제곱 추정량의 특성에 관해 다음과 같이 말할 수 있다.

- 2SLS 추정량은 편의가 있는 추정량이지만 일치한다.
- 대표본에서 2SLS 추정량은 대략적으로 정규분포한다.
- 2SLS 추정량의 분산 및 공분산이 소표본에서는 알려져 있지 않지만 대표본의 경우 대략적으로 사용할 수 있는 식이 있다. 이 공식은 계량경제 소프트웨어 패키지에 있으며 이는 OLS 회귀 프

로그램과 똑같이 표준오차 및 t-값을 알려준다.

- OLS 회귀 소프트웨어를 사용하여 2개의 최소제곱 회귀에 적용하면 2SLS 추정값을 구할 수 있고 이 경우 두 번째 회귀에서 밝혀진 표준오차 및 t-값은 2SLS 추정량에 대해서 정확하지 않다. 구조식의 추정값을 구하려 할 경우 언제나 전문화된 2SLS 또는 IV 소프트웨어를 사용해야 한다.

🔍 정리문제 11.1   송로버섯에 대한 공급 및 수요

송로버섯은 미식가들이 즐겨 먹는 것으로 땅속에서 자라는 식용버섯이다. 프랑스에서는 돼지를 이용하여 송로버섯을 알아내고 그 위치를 찾아내는 채집가들에 의해 이들이 소재하는 위치를 알게 된다. 실제로 프랑스인들뿐만 아니라 돼지들도 송로버섯을 무척이나 좋아하기 때문에 이를 발견하면 미친듯이 파서 먹으려 하므로 이를 막아야 한다. 송로버섯에 대한 다음과 같은 공급 및 수요 모형을 생각해 보자.

$$수요 : Q_i = \alpha_1 + \alpha_2 P_i + \alpha_3 PS_i + \alpha_4 DI_i + e_{di} \quad (11.11)$$
$$공급 : Q_i = \beta_1 + \beta_2 P_i + \beta_3 PF_i + e_{si} \quad (11.12)$$

수요 식에서 Q는 특정 프랑스 시장에서 거래되는 송로버섯의 수량으로 i라는 색인이 붙어 있다. P는 송로버섯의 시장가격, PS는 진짜 송로버섯의 대체품(송로버섯보다 낮은 평가를 받는 다른 종류의 버섯) 시장가격, DI는 지역주민들의 1인당 월간 가처분 소득을 의미한다. 또한 PF, 즉 생산요소 가격이 포함되는데 이 경우에는 송로를 찾는 과정에 사용되는 돼지의 시간당 임대가격을 의미한다. 이 모형에서 P 및 Q는 내생변수라 가정한다. 외생변수로는 PS, DI, PF, 절편변수가 있다.

식별

추정을 생각하기 전에 각 식의 식별에 대해 알아보자. 한 식을 식별하는 규칙은 M개 식의 체계에서 식이 식별되려면 각 식에서 적어도 $M-1$개 변수가 빠져야 된다는 것이다. 수요 식에서 PF는 포함되지 않으므로 필요한 $M-1=1$개 변수가 빠졌다. 공급 식에서 PS와 DI는 모두 빠져 있으므로 식별조건을 만족시키기에 충분하고도 남는다.

빠진 변수들이 각 식에서 상이하다는 점에 역시 주목해 보자. 이는 각 식이 다른 식에는 없는 적어도 하나의 이동변수를 포함한다는 점을 보여준다. 이 체계 내의 각 식은 식별되며 2단계 최소제곱법으로 추정될 수 있다고 결론 내릴 수 있다.

각 식에서 변수들이 빠진 이유는 무엇 때문인가? 경제이론에 따르면 생산요소 가격은 공급에 영향을 미치지만 수요에는 영향을 미치지 않기 때문이며 대체재의 가격과 소득은 수요에 영향을 미치지만 공급에 영향을 미치지 않기 때문이다. 위의 모형 설정은 공급 및 수요에 관한 미시경제이론에 기초하고 있다.

유도형태식

유도형태식은 내생변수 P 및 Q를 각각, 외생변수 PS, DI, PF 그리고 절편, 오차항으로 다음과 같이 나타낼 수 있다.

$$Q_i = \pi_{11} + \pi_{21} PS_i + \pi_{31} DI_i + \pi_{41} PF_i + v_{i1}$$
$$P_i = \pi_{12} + \pi_{22} PS_i + \pi_{32} DI_i + \pi_{42} PF_i + v_{i2}$$

오른편 변수가 외생적이고 무작위 오차 v_{i1} 및 v_{i2}와 동시적으로 상관되지 않기 때문에 이 식을 OLS로 추정할 수 있다. 관련 자료파일에는 내생 및 외생변수 각각 30개 관찰값을 포함하고 있다. 가격 P는 온스당 달러로 측정하였으며 Q는 온스로 측정되었고 PS는 파운드당 달러 그리고 DI는 천 달러로, PF는 송로버섯을 발견하는 데 사용되는 돼지의 시간당 임대가격(달러)으로 각각 나타내었다. 이 관찰값 중 일부가 표 11.1에 있다. Q 및 P에 대한 유도형태식의 최소제곱 추정 결과는 표 11.2a 및 표 11.2b에 있다.

표 11.1   대표적인 송로버섯 관련 자료

OBS	P	Q	PS	DI	PF
1	29.64	19.89	19.97	2.103	10.52
2	40.23	13.04	18.04	2.043	19.67
3	34.71	19.61	22.36	1.870	13.74
4	41.43	17.13	20.87	1.525	17.95
5	53.37	22.55	19.79	2.709	13.71
요약 통계량					
평균	62.72	18.46	22.02	3.53	22.75
표준편차	18.72	4.61	4.08	1.04	5.33

표 11.2a   송로버섯의 수량(Q)에 대한 유도형태식

Variable	Coefficient	Std. Error	t-Statistic	Prob.
C	7.8951	3.2434	2.4342	0.0221
PS	0.6564	0.1425	4.6051	0.0001
DI	2.1672	0.7005	3.0938	0.0047
PF	−0.5070	0.1213	−4.1809	0.0003

표 11.2b   송로버섯 가격(P)에 대한 유도형태식

Variable	Coefficient	Std. Error	t-Statistic	Prob.
C	−32.5124	7.9842	−4.0721	0.0004
PS	1.7081	0.3509	4.8682	0.0000
DI	7.6025	1.7243	4.4089	0.0002
PF	1.3539	0.2985	4.5356	0.0001

표 11.2a에서 추정된 계수들이 통계적으로 유의하다는 사실을 알 수 있다. 따라서 외생변수들이 유도형태식에서 거래되는 송로의 수량 Q에 영향을 미친다고 결론 내릴 수 있다. $R^2 = 0.697$이며, 전반적인 F-통계량은 19.973으로 p-값이 0.0001보다 작다. 표 11.2b에서 추정된 계수들은 통계적으로 유의하며 이는 외생변수가 시장가격 P에 영향을 미친다는 사실을 의미한다. $R^2 = 0.889$로 이는 유도형태식이 자료에 적합하다는 의미이다. 전반적인 F-통계량 값은 69.189로 p-값이 0.0001보다 작으며, 이는 모형이 통계적으로 유의하게 설명할 수 있다는 의미이다.

구조식

유도형태식을 이용하여 $\hat{P}$을 구할 수 있으며, 2단계 최소제곱법의 두 번째 단계에서 공급 식 및 수요 식의 오른편에 있는 P 대신에 이를 사용할 수 있다. 표 11.2b로부터 다음을 구할 수 있다.

$$\hat{P}_i = \hat{\pi}_{12} + \hat{\pi}_{22}PS_i + \hat{\pi}_{32}DI_i + \hat{\pi}_{42}PF_i$$
$$= -32.512 + 1.708PS_i + 7.603DI_i + 1.354PF_i$$

2SLS 분석 결과는 표 11.3a와 표 11.3b에 있다. 추정된 수요곡선 분석 결과는 표 11.3a에 있다. 가격의 계수가 음수라는 데 주목하자. 이는 수요법칙이 예측하는 것처럼 시장가격이 상승함에 따라 송로버섯의 수요량이 감소한다는 사실을 나타낸다. 밝혀진 표준오차는 2SLS 소프트웨어를 이용하여 구한 것이며, 이것과 t-값은 대표본의 경우 타당하다. p-값에 따르면 수요곡선의 추정된 기울기는 0과 유의하게 다르다. 송로버섯 대체재의 가격이 상승하면 송로버섯에 대한 수요가 증가하며 이는 바로 대체재의 특성이다. 마지막으로 소득의 효과는 양이므로 송로버섯이 정상재라 할 수 있다. 이런 모든 변수들이 통계적으로 유의한 계수를 가지므로 수요량에 대해 영향을 미친다.

표 11.3a   송로버섯 수요에 대한 2SLS 추정값

Variable	Coefficient	Std. Error	t-Statistic	Prob.
C	−4.2795	5.5439	−0.7719	0.4471
P	−0.3745	0.1648	−2.2729	0.0315
PS	1.2960	0.3552	3.6488	0.0012
DI	5.0140	2.2836	2.1957	0.0372

표 11.3b   송로버섯 공급에 대한 2SLS 추정값

Variable	Coefficient	Std. Error	t-Statistic	Prob.
C	20.0328	1.2231	16.3785	0.0000
P	0.3380	0.0249	13.5629	0.0000
PF	−1.0009	0.0825	−12.1281	0.0000

공급 식의 분석 결과가 표 11.3b에 있다. 예상했던 것처럼

송로버섯 가격이 인상되면 공급량이 증대되고 송로버섯을 찾아내는 돼지의 임대가격을 상승시킨다. 이런 임대가격의 상승은 생산요소비용의 증가로 이어져 공급을 감소시킨다. 위의 두 변수는 통계적으로 유의한 계수 추정값이다.

 정리문제 11.2   풀턴 어시장의 공급 및 수요

풀턴(Fulton) 어시장은 150년 이상 뉴욕시에서 운영되고 있다. 물고기 가격은 공급과 수요에 의해 매일 결정된다. 캐스린 그래디(Kathryn Graddy)는 (물고기의 한 종류인) 대구의 가격, 판매량, 기상상태에 관해 1991년 12월 2일부터 1992년 5월 8일까지 일간 자료를 수집하였다.[2] 싱싱한 물고기가 밤중에 시장에 도착하면 도매상인 또는 판매업자들은 소매상인과 음식점 주인에게 판매를 한다. 이 사례의 흥미로운 점은 가격 및 수량이 공급과 수요에 의해 동시에 결정되느냐 여부를 생각해 보는 것이다.[3] 이 시장은 고정된 완전 비탄력적인 공급을 갖는 시장이라고도 생각할 수 있다. 어시장이 개점하는 그날 벽두에 가용할 수 있는 공급은 고정되어 있다. 공급이 고정되어 공급곡선이 수직인 경우 가격은 수요가 결정하게 된다. 즉 수요가 증대하면 가격이 인상되며 공급량의 증대는 이루어지지 않는다. 이것이 참이라면 가격과 수량 사이의 피드백이 제거된다. 이런 모형을 축차(recursive) 모형이라 하며 수요 식은 복잡한 2단계 최소제곱 절차가 아닌 OLS로 추정될 수 있다.

하지만 대구는 상하기 전에 며칠 동안 보관할 수 있다. 판매업자들이 가격이 너무 낮다고 판단하면 다음 날 더 높은 가격에 판매하기를 희망하면서 다 팔지 않고 재고로 쌓아 두거나 완충재고로 남겨둘 수 있다. 또는 어느 날 가격이 드물게 높은 경우 매도인들은 완충재고로부터 물고기를 추가시켜 그날의 어획고를 증대시킬 수 있다. 따라서 해당 물품의 상하는 성격과 싱싱한 물고기의 일간 재고량에도 불구하고 일간 가격은 공급과 수요에 의해 동시에 결정된다. 여기서 핵심적인 사항은 '동시성'이 시간상으로 동시적인 순간에 발생한다는 의미는 아니라는 점이다.

이 시장에 대한 수요 식을 다음과 같이 설정해 보자.

$$\ln(QUAN_t) = \alpha_1 + \alpha_2 \ln(PRICE_t) + \alpha_3 MON_t + \alpha_4 TUE_t + \alpha_5 WED_t + \alpha_6 THU_t + e_{dt} \qquad (11.13)$$

여기서 $QUAN_t$는 파운드로 나타낸 판매량이며 $PRICE_t$는 파운드당 평균 일간 가격을 의미한다. 자료의 성격상 시계열 자료이므로 아래첨자 't'를 사용하여 이런 관계를 보여주는 관찰값을 지수화하였다. 남은 변수들은 금요일을 뺀 요일별 모의변수이다. 계수 α_2는 수요의 가격 탄력성이며 음이 될 것으로 기대된다. 요일별 모의변수는 매일 일어나는 수요의 변화를 설명할 수 있다. 공급 식은 다음과 같다.

$$\ln(QUAN_t) = \beta_1 + \beta_2 \ln(PRICE_t) + \beta_3 STORMY_t + e_{st} \qquad (11.14)$$

계수 β_2는 공급의 가격 탄력성이며 변수 $STORMY$는 3일 전 동안에 발생한 폭풍우를 나타내는 모의변수이다. 폭풍우가 불 경우 고기잡이가 더 어려워져서 시장에 나올 물고기의 공급이 감소하기 때문에 공급 식에서 이 변수가 중요하다.

식별

추정하기 전에 공급 식 및 수요 식의 모수가 식별되었는지 여부를 결정해야만 한다. 식이 식별되기 위한 필요조건은 $M=2$개인 방정식의 체계에서 $M-1=1$개 변수가 각 식으로부터 누락되어야만 한다는 것이다. 수요 식에서는 날씨 변수인 $STORMY$가 누락되었지만 공급 식에는 포함되어

2   다음을 참조하시오. Kathryn Graddy(2006), "The Fulton Fish Market," *Journal of Economic Perspectives*, 20(2), 207-220.

3   다음을 참조하시오. Kathryn Graddy and Peter E. Kennedy (2010), "When Are Supply and Demand Determined Recursively Rather than Simultaneously?," *Eastern Economic Journal*, 36, 188-197.

있다. 공급 식에서는 수요 식에 포함되어 있던 4개의 요일 모의변수가 누락되어 있다. 따라서 수요 식은 매일 변화하는 반면에 공급은 (공급 식이 일간 모의변수를 포함하고 있지 않기 때문에) 고정된다. 따라서 공급곡선의 겨냥도를 그려나가다 보면 그림 11.4에서 보는 것처럼 이를 식별할 수 있다. 이와 유사하게 폭풍우가 발생할 경우 수요곡선은 고정되지만 공급곡선은 변화하게 된다. 수요곡선의 겨냥도를 그려 나가다 보면 이를 식별할 수 있다.

유도형태식

유도형태식은 각 내생변수를 모두 외생변수의 함수로 나타낸 것이다.

$$\ln(QUAN_t) = \pi_{11} + \pi_{21}MON_t + \pi_{31}TUE_t + \pi_{41}WED_t$$
$$+ \pi_{51}THU_t + \pi_{61}STORMY_t + v_{t1} \quad (11.15)$$
$$\ln(PRICE_t) = \pi_{12} + \pi_{22}MON_t + \pi_{32}TUE_t + \pi_{42}WED_t$$
$$+ \pi_{52}THU_t + \pi_{62}STORMY_t + v_{t2} \quad (11.16)$$

이 유도형태식들은 오른편에 있는 변수들이 모두 외생변수이고 유도형태식의 오차항 v_{t1} 및 v_{t2}와 상관되지 않기 때문에 OLS로 추정될 수 있다. 그래디 교수가 제공한 자료를 이용하여 유도형태식을 추정하고 그 결과를 표 11.4a 및 표 11.4b에 수록하였다. 유도형태식을 추정하는 것이 공급 식 및 수요 식에 대한 2단계 최소제곱법의 첫 번째 단계이다. 오른편에 있는 내생변수에 대한 유도형태식의 추정된 계수가 통계적으로 유의한 것이 2단계 최소제곱 추정법을 성공적으로 시행하는 데 필요하다. $\ln(QUAN_t)$를 왼편에 있는 변수로 하고 $\ln(PRICE_t)$를 오른편에 있는 내생변수로 하여 구조식 (11.13) 및 (11.14)를 설정하였다. 따라서 중요한 유도형태식은 $\ln(PRICE_t)$에 대한 식 (11.16)이다. 이 식에서는 다음과 같다.

- 공급곡선을 식별하기 위해서는 요일에 대한 모의변수가 결합적으로 유의해야 한다. 이것이 의미하는 바는 계수들 중 적어도 1개가 0과 통계적으로 상이하다는 것이며 이는 수요 식에 적어도 1개의 유의한 이동변수가 있다는 의미이다. 이로 인해 우리는 공급 식을 신뢰성 있게 추정할 수 있다.

- 수요곡선을 식별하기 위해서는 변수 $STORMY_t$가 통계적으로 유의해야 한다. 이것이 의미하는 바는 공급 식에 유의한 이동변수가 있다는 의미이며 이로 인해 우리는 수요 식을 신뢰성 있게 추정할 수 있다.

이런 이유는 무엇 때문인가? 11.4절에서 식별문제를 논의할 때는 이동변수의 존재에 대해서만 살펴보고 유의성에 대해서는 논의하지 않았다. 이 물음에 대한 대답은 지난 10년간 이루어진 수많은 계량경제 연구에서 비롯된다. 이 연구에 따르면 이동변수가 강하게 유의하지 않을 경우 2단계 최소제곱 추정량이 매우 부정확하게 작동한다고 한다. 2단계 최소제곱법을 시행하기 위해서는 유도형태 회귀식으로부터 예측값을 취하여 구조식의 오른편에 있는 내생변수 대신에 이를 포함시켜야 한다. 즉 다음과 같이 계산해야 한다.

$$\widehat{\ln(PRICE_t)} = \hat{\pi}_{12} + \hat{\pi}_{22}MON_t + \hat{\pi}_{32}TUE_t + \hat{\pi}_{42}WED_t$$
$$+ \hat{\pi}_{52}THU_t + \hat{\pi}_{62}STORMY_t$$

여기서 $\hat{\pi}_{k2}$는 유도형태식 계수의 최소제곱 추정값이며 $\ln(PRICE_t)$를 $\widehat{\ln(PRICE_t)}$로 대체시키게 된다. 요점을 설명하기 위해서 공급 식 (11.14)를 추정하는 문제에 초점을 맞추고 $\hat{\pi}_{22} = \hat{\pi}_{32} = \hat{\pi}_{42} = \hat{\pi}_{52}=0$인 극단적인 경우, 즉 요일별 모의변수에 대한 계수가 모두 동일하게 0인 경우를 생각해 보자. 그러면 다음과 같다.

$$\widehat{\ln(PRICE_t)} = \hat{\pi}_{12} + \hat{\pi}_{62}STORMY_t$$

공급 식 (11.14)에서 $\ln(PRICE_t)$를 이것의 예측값으로 대체시킬 경우 $\widehat{\ln(PRICE_t)}$와 이미 공급 식에 포함된 변수 $STORMY_t$ 사이에는 정확한 공선성이 있으며 2단계 최소제곱은 적절하지 않게 된다. 요일별 모의변수에 대한 계수 추정값이 정확히 0은 아니지만 결합적으로 유의하지 않은 경우 두 번째 단계에서 심각한 공선성이 있다는 의미이다. 공급 식의 2단계 최소제곱 추정값을 계산은 할 수 있지만 신뢰할 수 없게 된다. 식 (11.16)에 대한 유도형태식의 추정값을 보여주는 표 11.4b에서는 요일별 모의변수 중 어느 것도 통계적으로 유의하지 않다. 또한 요일별 모의변수의 유의성에 대한 결합 F-검정도 p-값이 0.65이다. 따라서 모든 계수가 0이라는 귀무가설을 기각할 수 없다.[4] 이 경우 공급 식은 실제로 식별되지 않으며, 그에 대한 추정값을 알려줄 수 없다.

표 11.4a   ln($QUAN_t$)에 대한 유도형태식

Variable	Coefficient	Std. Error	t-Statistic	Prob.
C	8.8101	0.1470	59.9225	0.0000
$STORMY$	−0.3878	0.1437	−2.6979	0.0081
MON	0.1010	0.2065	0.4891	0.6258
TUE	−0.4847	0.2011	−2.4097	0.0177
WED	−0.5531	0.2058	−2.6876	0.0084
THU	0.0537	0.2010	0.2671	0.7899

표 11.4b   ln($PRICE_t$)에 대한 유도형태식

Variable	Coefficient	Std. Error	t-Statistic	Prob.
C	−0.2717	0.0764	−3.5569	0.0006
$STORMY$	0.3464	0.0747	4.6387	0.0000
MON	−0.1129	0.1073	−1.0525	0.2950
TUE	−0.0411	0.1045	−0.3937	0.6946
WED	−0.0118	0.1069	−0.1106	0.9122
THU	0.0496	0.1045	0.4753	0.6356

하지만 $STORMY_t$는 표 11.4b에서 통계적으로 유의하며, 이는 수요 식을 2단계 최소제곱법으로 신뢰성 있게 추정할 수 있다는 의미이다. 2단계 최소제곱 추정법의 장점은 각 식을 별개로 취급하여 추정할 수 있다는 것이다. 따라서 공급 식을 신뢰성 있게 추정할 수 없다는 사실이 수요 식에 대한 추정을 할 수 없다는 의미는 아니다. 구조식의 일련의 이동변수들에 대한 통계적 유의성 점검은 연립방정식 모형이 체계화될 때마다 시행되어야 한다.

생선 수요에 대한 2단계 최소제곱 추정

2단계 최소제곱 추정법을 수요 식에 적용할 경우 표 11.5에 있는 분석 결과를 얻을 수 있다. 수요의 가격 탄력성은 −1.12로 추정되었고 이는 생선가격이 1% 인상될 경우 수요량이 1.12% 감소한다는 의미이며 이 추정값은 5% 유의수준에서 통계적으로 유의하다. 화요일 및 수요일에 대한 모의변수 계수는 음이며 통계적으로 유의하다. 이는 수요가 금요일에 비해 이 요일들에 더 적다는 것이다.

표 11.5   생선 수요에 대한 2SLS 추정값

Variable	Coefficient	Std. Error	t-Statistic	Prob.
C	8.5059	0.1662	51.1890	0.0000
$ln(PRICE)$	−1.1194	0.4286	−2.6115	0.0103
MON	−0.0254	0.2148	−0.1183	0.9061
TUE	−0.5308	0.2080	−2.5518	0.0122
WED	−0.5664	0.2128	−2.6620	0.0090
THU	0.1093	0.2088	0.5233	0.6018

🔍 정리문제 11.3   클라인 모형 I

지난 50년에 걸쳐 가장 널리 사용된 계량경제 예들 중 하나는 1980년 노벨경제학상을 수상한 로렌스 클라인(Lawrence Klein) 교수가 제시한 미국 경제에 대한 소규모이면서 3개 식으로 구성된 거시경제 모형이다. 해당 모형은 추정해야 할 3개 식으로 구성되며, 모형을 완성시키기 위해서 많은 거시경제 항등식 또는 정의를 포함한다. 모두 해서 8개의 내생변수와 8개의 외생변수가 있다.

첫 번째 식은 소비 함수이며, 연도 t의 총소비 CN_t는 모

---

4 변수들이 결합적으로 유의하더라도 문제가 있을 수 있다. 유의성이 '강해야만' 한다. F-값 < 10은 우려의 원인이 될 수 있다. 이 문제는 도구변수 추정법에서 약한 도구변수에 대한 문제와 같다. 10.3.9절을 참조하시오.

든 근로자가 번 총임금과 관련된다. 총임금은 민간부문에서 번 근로자들의 임금 W_{1t}와 공공부문에서 번 근로자들의 임금 W_{2t}로 나뉜다. 따라서 총임금은 $W_t = W_{1t} + W_{2t}$이다. 민간부문 임금 W_{1t}는 내생적이며 아래에서 살펴볼 것처럼 모형의 틀 내에서 결정된다. 공공부문 임금 W_{2t}는 외생적이다. 이밖에 소비지출은 내생적인 현재 연도의 비근로 소득(이윤) P_t와 전년도의 이윤 P_{t-1}과 연관된다. 따라서 소비 함수는 다음과 같다.

$$CN_t = \alpha_1 + \alpha_2(W_{1t} + W_{2t}) + \alpha_3 P_t + \alpha_4 P_{t-1} + e_{1t} \quad (11.17)$$

이제는 5.7.3절의 식 (5.44)로 돌아가서 살펴보도록 하자. 거기서 t기에 관찰된 설명변수 x_{it}가 t기의 무작위 오차 e_t와 상관되지 않는다는 상황을 설명하기 위해서 동시기적으로 비상관된(contemporaneously uncorrelated)이란 용어를 소개하였다. 변수 x_{tk}가 무작위 오차 e_t와 동시적으로 상관되지 않을 경우, 제10장에서 사용한 용어에 따르면 외생적이라고 한다. 변수 x_{tk}가 무작위 오차 e_t와 동시적으로 상관될 경우, 내생적이라고 한다. 소비 함수에서 W_{1t} 및 P_t는 내생적이며, 무작위 오차 e_t와 동시기적으로 상관된다. 반면에 공공부문 임금 W_{2t}는 공공당국에 의해 설정되며, 외생적이라고 가정하고 현재 연도의 무작위 오차 e_{1t}와 상관되지 않는다. 전년도의 이윤 P_{t-1}은 어떠한가? 이것들은 1년 뒤에 발생할 무작위 오차와 상관되지 않는다. 시차가 있는 내생변수를 선결변수(predetermined variable)라 하며 외생변수와 같이 취급한다.

이 모형에서 두 번째 식은 투자식이다. 순투자 I_t는 전년도 말의 자본축적 K_{t-1}뿐만 아니라 현재 이윤 P_t와 시차가 있는 이윤 P_{t-1}의 함수로 모형이 설정된다. 시차가 있는 변수는 선결변수이며 외생변수로 취급된다. 투자식은 다음과 같다.

$$I_t = \beta_1 + \beta_2 P_t + \beta_3 P_{t-1} + \beta_4 K_{t-1} + e_{2t} \quad (11.18)$$

세 번째, 즉 마지막 식은 민간부문의 임금식 W_{1t}이다. $E_t = CN_t + I_t + (G_t - W_{2t})$라고 하자. 여기서 G_t는 정부지출이다. 소비 및 투자는 내생적이며, 정부지출 및 공공부문 임금은 외생적이다. 국민총생산에서 공공부문 임금을 감한, 합계 E_t는 내생적이다. 임금은 E_t 및 선결변수 E_{t-1}과 관련되는 것으로 보며, 외생적인 시간 추세변수 $TIME_t = YEAR_t - 1931$을 추가하여 다음과 같은 임금식을 구할 수 있다.

$$W_{1t} = \gamma_1 + \gamma_2 E_t + \gamma_3 E_{t-1} + \gamma_4 TIME_t + e_{3t} \quad (11.19)$$

전체 식 체계에는 8개의 내생변수가 있으므로, 또한 8개의 식이 있어야 한다. M개의 내생변수가 있는 어떠한 식 체계도 완벽한 M개의 식이 있어야 한다. 5개의 내생변수가 포함된 3개의 식 (11.17)~(11.19) 이외에, 체계를 완성시키기 위해서 3개의 추가적인 내생변수를 포함한 정의를 하는 다른 5개의 식이 있다. 합계를 하면 8개의 외생변수 및 선결변수가 있고, 이는 IV로 사용될 수 있다. 외생변수로는 정부지출 G_t, 공공부문 임금 W_{2t}, 조세 TX_t, 시간 추세변수 $TIME_t$가 있다. 다른 외생변수는 상수항, 각 식에서 '절편'변수인 $X_{1t} \equiv 1$이 있다. 선결변수로는 시차가 있는 이윤 P_{t-1}, 시차가 있는 자본축적 K_{t-1}, 시차가 있는 국민총생산에서 공공부문 임금을 감한 E_{t-1}이 있다.

주요 용어

• 국문

구조 모수	연립방정식	유도형태 모수
내생변수	외생변수	2단계 최소제곱법
식별	유도형태식	
선결변수	유도형태 오차	

• 영문

endogenous variable	reduced-form equation	structural parameter
exogenous variable	reduced-form error	two-stage least squares
identification	reduced-form parameter	
predetermined variable	simultaneous equations	

복습용 질문

1. 공급 및 수요 모형을 추정할 경우 정규최소제곱(OLS)과는 다른 방법이 필요한 이유를 설명하시오.

2. 외생변수와 내생변수의 차이를 설명하시오.

3. 연립방정식 모형에서 '식별'문제를 정의하시오.

4. 연립방정식 모형의 유도형태를 정의하고 유용성을 설명하시오.

5. 유도형태식을 최소제곱법으로 추정하는 것이 받아들여지는 이유를 설명하시오.

6. 연립방정식 모형에서 방정식을 추정하기 위한 2단계 최소제곱 추정 절차를 설명하고, 이는 최소제곱의 추정문제를 어떻게 해결하는지 논의하시오.

연습문제

11.1 우리의 목표는 연립방정식 모형의 모수를 추정하는 것이다.

$$y_1 = \alpha_1 y_2 + e_1$$
$$y_2 = \alpha_2 y_1 + \beta_1 x_1 + \beta_2 x_2 + e_2$$

x_1 및 x_2는 외생적이며 오차항 e_1 및 e_2와 상관되지 않는다.

a. 2개의 구조식을 풀어서 y_2에 대한 유도형태식, 즉 $y_2 = \pi_1 x_1 + \pi_2 x_2 + v_2$를 구하시오. 구조식 모수 측면에서 유도형태식 모수를 제시하시오. 구조식 모수 e_1 및 e_2 측면에서 유도형태식 오차를 표현하시오. y_2가 e_1과 상관된다는 사실을 보이시오.

b. OLS를 사용할 경우 어떤 식 모수가 일치하게 추정되는가? 설명하시오.

c. 연립방정식 관점에서 어떤 모수가 '식별'되는가? 추론을 설명하시오.

d. 적률 방법(MOM)을 사용하여 y_2에 대한 유도형태식의 모수를 추정하기 위해서 다음과 같은 2개 적률식을 생각해 보자. 이에 대해서는 10.3절에서 살펴보았다.

$$N^{-1}\sum x_{i1}\left(y_2 - \pi_1 x_{i1} - \pi_2 x_{i2}\right) = 0$$
$$N^{-1}\sum x_{i2}\left(y_2 - \pi_1 x_{i1} - \pi_2 x_{i2}\right) = 0$$

e. (d)의 MOM 추정량은 OLS 추정량과 동일한가? $y_2 = \pi_1 x_1 + \pi_2 x_2 + v_2$에 대한 제곱한 오차

함수의 합을 제시하고 1차 미분계수를 구하시오. 이들을 영이라 놓고 (d)의 두 식과 동일하다는 사실을 보이시오.

f. $\sum x_{i1}^2 = 1$, $\sum x_{i2}^2 = 1$, $\sum x_{i1}x_{i2} = 0$, $\sum x_{i1}y_{1i} = 2$, $\sum x_{i1}y_{2i} = 3$, $\sum x_{i2}y_{1i} = 3$, $\sum x_{i2}y_{2i} = 4$를 활용하시오. (d)의 두 적률조건을 사용하여 π_1 및 π_2의 MOM/OLS 추정값이 $\hat{\pi}_1 = 3$, $\hat{\pi}_2 = 4$라는 사실을 보이시오.

g. 적합한 값은 $\hat{y}_2 = \hat{\pi}_1 x_1 + \hat{\pi}_2 x_2$이다. α_1을 일치하게 추정하기 위한 타당한 기초로서 적률조건 $\sum \hat{y}_{i2}(y_{i1} - \alpha_1 y_{i2}) = 0$을 사용할 수 있는 이유를 설명하시오. α_1의 IV 추정값을 구하시오.

h. $y_1 = \alpha_1 \hat{y}_2 + e_i^*$에 OLS를 적용함으로써 α_1의 2SLS 추정값을 구하시오. 여러분의 답변을 (g)의 답변과 비교하시오.

11.2 가장 일반적인 묵시적 형태로 제시된 공급 및 수요 모형을 생각해 보자. 알지 못하는 모수에 대해서는 그리스 대문자를 사용하였고 무작위 오차는 E_i로 표기하였다.

$$수요 : \Gamma_{11}q + \Gamma_{21}p + B_{11} + B_{21}x + E_1 = 0$$
$$공급 : \Gamma_{12}q + \Gamma_{22}p + B_{12} + B_{22}x + E_2 = 0$$

a. 각 식에 3을 곱해 보자. 계속 정당한가?

b. 수요 식에 $-1/\Gamma_{11}$을 곱해 보자. 계속 정당한가?

c. $\alpha_{21} = -\Gamma_{21}/\Gamma_{11}$, $\beta_{11} = -B_{11}/\Gamma_{11}$, $\beta_{21} = -B_{21}/\Gamma_{11}$, $e_1 = -E_1/\Gamma_{11}$이라고 정의하며 왼편에 q 그리고 오른편에 나머지 항들이 위치하는 수요 식을 작성하시오. q가 식의 왼편에 위치하도록 함으로써 정규화 규칙을 선택했다.

d. 공급 식에 대해서도 위와 같은 과정을 밟아 보도록 하자. $-1/\Gamma_{22}$을 곱하고 정규화된 공급 곡선을 구해 보자. 기호는 다음과 같다.

$$\alpha_{12} = -\Gamma_{12}/\Gamma_{22}, \quad \beta_{12} = -B_{12}/\Gamma_{22}, \quad \beta_{22} = -B_{22}/\Gamma_{22}, \quad e_2 = -E_2/\Gamma_{22}$$

p가 식의 왼편에 위치하고 나머지 항들은 오른편에 위치하도록, 정규화된 공급 식을 작성하시오.

e. 결합해서 결정되는 변수들의 체계에서 수학적으로 볼 때, 정규화된 각 식의 왼편에 어느 변수가 위치하든지 문제가 되지 않는다. 참인가? 또는 틀린가?

11.3 가장 일반적인 묵시적 형태로 제시된 공급 및 수요 모형을 생각해 보자. 알지 못하는 모수에 대해서는 그리스 대문자를 사용하였고 무작위 오차는 E_i로 표기하였다.

$$수요 : \Gamma_{11}q + \Gamma_{21}p + B_{11} + B_{21}x + E_1 = 0$$
$$공급 : \Gamma_{12}q + \Gamma_{22}p + B_{12} + B_{22}x + E_2 = 0$$

a. p에 대한 유도형태식 $p = \pi_1 + \pi_2 x + v$를 구하시오. 모수 Γ_{ij} 및 B_{ij}의 측면에서 π_1 및 π_2를 나타내시오.

b. '참'인 수요 식을 수요 식 및 공급 식이 결합된 식으로 대체시켰다고 가상하자. 즉 수요 식

에 3을 곱하고 공급 식에 2를 곱하고 나서, 두 식을 더하면 다음과 같다.

$$\left(3\Gamma_{11} + 2\Gamma_{12}\right)q + \left(3\Gamma_{21} + 2\Gamma_{22}\right)p + \left(3B_{11} + 2B_{12}\right) + \left(3B_{21} + 2B_{22}\right)x + \left(3E_1 + 2E_2\right) = 0$$

또는 $\Gamma'_{11}q + \Gamma'_{21}p + B'_{11} + B'_{21}x + E'_1 = 0$이다. ´은 새로운 모수를 나타낸다. 새로운 수요 식과 최초의 공급 식을 사용하여 p에 대한 유도형태식 $p = \pi_1^* + \pi_2^* x + v^*$를 구하시오. π_1^* 및 π_2^*를 Γ_{ij} 및 B_{ij} 측면에서 나타내시오. 이 해법을 (a)의 것과 비교하시오.

11.4 다음의 공급 및 수요 모형을 생각해 보자.

$$수요 : q = -p + 3 + 2x + e_1$$
$$공급 : p = q + 1 + x + e_2$$

a. p 및 q에 대한 유도형태식을 외생변수 x의 함수로 나타내시오.

b. 이제는 수요 식이 $q = -5p + 11 + 8x + e_1^*$라고 가상하자. 이 수요 식과 최초의 공급 식을 사용하여 p 및 q에 대한 유도형태식을 구하시오.

c. 새로운 수요 식은 최초의 공급 식 및 수요 식의 혼합이라는 사실을 보이시오. 명확하게 살펴보면, 그것은 최초의 수요 식에 3을 곱하고 공급 식에 2를 곱해 더한 것이다. [요령 : 수요 식 및 공급 식을 묵시적 형태로 나타내는 것이 더 간단하다. 곱하고 더하기 전에 왼편에 모든 것을 배열하고 오른편에 영을 놓는다.]

d. p, q, x에 대한 N개 관찰값을 갖고 있다면, OLS로 공급 식을 일치하게 추정할 수 있는가? 그 이유는 무엇인가?

e. p, q, x에 대한 N개 관찰값을 갖고 있다면, OLS로 유도형태식을 일치하게 추정할 수 있는가? 그 이유는 무엇인가?

f. 참인 유도형태식이 주어진 경우, $q = -p + 3 + 2x + e_1$ 또는 $q = -5p + 11 + 8x + e_1^*$가 참인 수요 식인지 여부를 추론할 수 있는가?

g. 필요조건을 사용할 경우 수요 식이 '식별'되는가?

11.5 다음의 공급 및 수요 모형을 생각해 보라.

$$수요 : q = -p + 3 + 2x + e_1$$
$$공급 : p = q + 1 + e_2$$

a. p 및 q에 대한 유도형태식을 외생변수 x의 함수로 나타내시오.

b. 이제는 수요 식이 $q = -5p + 11 + 6x + e_1^*$라고 가상하자. 이 수요 식과 최초의 공급 식을 사용하여 p 및 q에 대한 유도형태식을 구하시오.

c. 새로운 수요 식은 최초의 공급 식 및 수요 식의 혼합이라는 사실을 보이시오. 명확하게 살펴보면, 그것은 최초의 수요 식에 3을 곱하고 공급 식에 2를 곱하여 더한 것이다. [요령 : 수요 식 및 공급 식을 묵시적 형태로 나타내는 것이 더 간단하다. 곱하고 더하기 전에 왼편에 모든 것을 배열하고 오른편에 영을 놓는다.]

d. p, q, x에 대한 N개 관찰값을 갖고 있다면, OLS로 공급 식을 일치하게 추정할 수 있는가? 그 이유는 무엇인가?

e. p, q, x에 대한 N개 관찰값을 갖고 있다면, OLS로 유도형태식을 일치하게 추정할 수 있는가? 그 이유는 무엇인가?

f. 문제가 되는 제안된 경제적 공급 및 수요 모형이 주어진 경우, 혼합식 $q = -5p + 11 + 6x + e_1^*$이 공급곡선이 되는 것이 가능한가? 설명하시오.

g. 필요조건을 사용할 경우 수요 식이 '식별'되는가? 필요조건을 사용할 경우 공급 식이 '식별'되는가?

11.6 다음의 공급 및 수요 모형을 생각해 보자. 여기서 x는 외생변수이다.

$$\text{수요}: q = \alpha_1 p + \alpha_2 + \alpha_3 x + e_1$$
$$\text{공급}: p = \beta_1 q + \beta_2 + e_2$$

a. α 및 β 측면에서 유도형태 모수를 표현한 p 및 q에 대한 유도형태식, $q = \pi_{11} + \pi_{21} x + v_1$ 및 $p = \pi_{12} + \pi_{22} x + v_2$를 구하시오.

b. $\pi_{11} = 1/5$, $\pi_{21} = 3/5$, $\pi_{12} = 2/5$, $\pi_{22} = 6/5$이라고 가상하자. 할 수 있는 한 많은 α 및 β에 대한 해법을 구하시오.

11.7 다음의 공급 및 수요 모형을 생각해 보자. 여기서 x 및 w는 외생변수이다.

$$\text{수요}: q = \alpha_1 p + \alpha_2 x + \alpha_3 w + e_1$$
$$\text{공급}: p = \beta_1 q + e_2$$

a. α 및 β의 측면에서 유도형태 모수를 표현한 p 및 q에 대한 유도형태식, $q = \pi_{11} x + \pi_{21} w + v_1$ 및 $p = \pi_{12} x + \pi_{22} w + v_2$를 구하시오.

b. $\pi_{11} = 1/5$, $\pi_{21} = 1/5$, $\pi_{12} = 2/5$, $\pi_{22} = 2/5$라고 가상하자. 할 수 있는 한 많은 α 및 β에 대한 해법을 구하시오.

11.8 거시경제학에서 단순 '소비 함수'는 소비재에 대한 국민지출, $CONSUMP_t = t$기의 총소비를 국민소득, $INCOME_t = GNP_t$에 연계시킨다. INV_t는 총투자라고 가상하자. 가장 단순한 모형에서 소득 항등식은 $INCOME_t = CONSUMP_t + INV_t$이다.

a. 소득 항등식을 소비 함수로 대입시키고, 투자 측면에서 소비에 대한 해법을 제시하시오.

b. $INCOME_t$와 무작위 오차 e_t 사이의 공분산을 구하시오.

c. INV_t와 $INCOME_t$ 사이의 공분산을 구하시오.

d. INV_t는 무작위 오차 e_t와 상관되지 않는다고 가상하자. 이것은 IV에 대한 조건을 충족시키는가?

11.9 다음과 같은 연립방정식 모형을 생각해 보자.

$$y_{i1} = \alpha_1 y_{i2} + \alpha_2 x_{i1} + e_{i1}$$
$$y_{i2} = \alpha_2 y_{i1} + \beta_1 x_{i1} + e_{i2}$$

$$E(e_{i1}|\mathbf{x}_1) = E(e_{i2}|\mathbf{x}_1) = 0, \ \text{var}(e_{i1}|\mathbf{x}_1) = \sigma^2_1, \ \text{var}(e_{i2}|\mathbf{x}_1) = \sigma^2_2, \ \text{cov}(e_{i1}, \ e_{i2}|\mathbf{x}_1) = \sigma_{12}$$라고 가정한다.

a. 두 번째 식을 첫 번째 식으로 대입시키고, y_{i1}에 대한 유도형태식을 구하시오.

b. (a)에서 구한 y_{i1}에 대한 유도형태식에 e_{i2}를 곱하여 $\text{cov}(y_{i1}, \ e_{i2}|\mathbf{x}_1) = E(y_{i1}e_{i2}|\mathbf{x}_1)$을 구하시오.

c. $\alpha_1 = 0$ 및 $\sigma_{12} = 0$인 경우 $\text{cov}(y_{i1}, \ e_{i2}|\mathbf{x}_1) = 0$을 보이시오. 이런 체계를 순환적이라고 한다.

d. (c)의 조건하에서 첫 번째 식의 OLS 추정량은 일치하는가? 설명하시오.

e. (c)의 조건하에서 두 번째 식의 OLS 추정량은 일치하는가? 설명하시오.

11.10 정리문제 11.1의 송로버섯 공급 및 수요 모형을 다시 한 번 생각해 보자. 공급 식은 불변이고 수요 식을 $Q_i = \alpha_1 + \alpha_2 P_i + \alpha_3 PS_i + e^d_i$로 수정하자. 추정값들은 표 11.6에 있다.

a. 11.4절의 필요조건을 사용할 경우 수요 및 공급 식이 식별되는가? 설명하시오.

b. (1)열은 Q에 대한 유도형태식의 OLS 추정값을 포함한다. 각 식에 대한 도구변수 강도를 결정하기 위한 1단계 F-검정을 계산하시오. F-값은 어림법칙 임계값보다 더 큰가? 즉 $F > 10$인가? [요령 : t-검정과 F-검정 사이의 관계를 기억하시오.]

c. 추정값을 사용하여 수직축에 Q, 수평축에 P를 놓고 공급 및 수요 식을 정확하게 그리시오. 이 그림에 대해서 외생변수, PS 및 PF의 값들을 $PF^* = 23$ 및 $PS^* = 22$라고 하자.

d. (c)에서 구한 P 및 Q의 균형값은 무엇인가?

e. (c)의 그래프상에, PS값은 일정하다고 보고 생산요소가격(송로버섯을 찾는 돼지의 임대가격)이 $PF^* = 23$에서 $PF^* = 30$으로 증가하는 데 따른 결과를 보이시오.

표 11.6 연습문제 11.10에 대한 추정값

	(1)	(2)	(3)	(4)
C	5.6169	−40.5043	0.4460	19.9625
	(3.6256)	(10.0873)	(4.1596)	(1.2371)
PF	−0.2762	2.1635		−1.0425
	(0.1097)	(0.3053)		(0.0907)
PS	0.8685	2.4522	1.1815	
	(0.1434)	(0.3991)	(0.2765)	
P			−0.1277	0.3542
			(0.0671)	(0.0288)

* ( ) 안에 표준오차가 있음.

f. (d)의 균형가격 P 및 균형량 Q의 변화를 계산하시오. PF의 백분율 변화로 나눈 균형량의 백분율 변화는 무엇인가?

g. $PF^* = 23$ 및 $PS^* = 22$에서 유도형태식을 사용하여 PF에 대한 Q의 탄력성에 관해서 95% 구간 추정값을 계산하시오. (f)의 탄력성은 95% 구간 추정값 내에 위치하는가?

11.11 정리문제 11.1의 송로버섯 공급 및 수요 모형을 다시 생각해 보자. 수요 식은 불변이고 공급 식을 $Q_i = \beta_1 + \beta_2 P_i + e_i^s$로 수정했다고 가상하자.

  a. 11.4절의 필요조건을 사용할 경우 공급 및 수요 식은 식별되는가?

  b. 추정된 1단계 유도형태식은 다음과 같다.

$$\hat{P}_i = -13.50 + 1.47 PS_i + 12.41 DI_i \qquad F = 54.21$$
$$(t) \qquad\qquad (3.23) \qquad (6.95)$$

누락된 외생변수(도구변수)가 식별된 식을 추정할 만큼 충분히 강하다고 판단하는가? 설명하시오.

  c. 2SLS를 활용해 추정한 공급 식은 다음과 같다.

$$\hat{Q}_i = 8.6455 + 0.1564 P_i$$
$$(se) \quad (2.89) \qquad (0.045)$$

  d. 평균에서의 공급의 가격 탄력성을 계산하고 이것을 표 11.3b의 2SLS 추정값으로부터 계산한 탄력성과 비교하시오.

  e. (b) 및 (c)의 결과를 정리문제 11.1의 것과 비교할 경우, 공급 식에 PF를 포함시켜야 한다고 생각하는가? 설명하시오.

11.12 기혼 여성에 대한 다음과 같은 임금식을 추정하고자 한다고 가상하자.

$$\ln(WAGE) = \beta_1 + \beta_2 HOURS + \beta_3 EDUC + \beta_4 EXPER + \beta_5 EXPER^2 + e_1$$

여기서 $WAGE$는 시급이고 $HOURS$는 주당 근로시간 수이다. 또한 $EDUC$는 교육 연수이며 $EXPER$은 경험 연수이다. 급우들은 다음과 같은 점을 관찰할 수 있다. 임금이 높아질수록 근로노력을 증대시킬 수 있으며, 어린아이가 있는 기혼 여성은 이들을 돌보기 위해서 근로시간을 낮출 수도 있다. 또한 남편의 임금수준은 부인의 근로시간에 영향을 미칠 수 있다. 따라서 다음과 같은 보조식이 있을 수 있다.

$$HOURS = \alpha_1 + \alpha_2 \ln(WAGE) + \alpha_3 KIDS + \alpha_4 \ln(HWAGE) + e_2$$

여기서 $KIDS$는 여성 가계에 있는 6세 미만의 자녀 수이고, $HWAGE$는 남편의 임금수준이다.

  a. OLS 추정량을 사용할 경우 임금식은 만족스럽게 추정될 수 있는가? 만일 그렇지 않다면 그 이유는 무엇 때문인가?

  b. 임금식은 '식별'되는가? 여기서 식별이란 용어는 무엇을 의미하는가?

  c. 임금식에 대한 최소제곱 추정법의 대안을 찾으려 한다면, 추정절차와 (컴퓨터 명령어가 아니라 단계적으로) 이를 어떻게 시행할지 제시하시오.

  d. (c)의 추정절차를 확신을 갖고 사용하기 위해서는 (b)의 식별조건 이외에 부합되어야 하는 다른 조건이 존재하는가? 이 조건들은 무엇인가?

11.13 제2차 세계대전 이후에 금융정책의 효과와 통화공급 및 수요는 중요한 논제가 되었다. 다음의 모형을 생각해 보자. M은 화폐량이고, R은 단기 이자율이며, GNP는 국민소득이다. R_d는 연방준비은행 할인율로서 시중은행에게 부과된다. 내생변수는 통화공급 M과 단기 이자율 R이다. 외생변수는 GNP와 연방준비은행 할인율이다. 시차가 있는 통화량 M_{t-1}은 선결변수로서, 외생변수로 취급되며 현재 기간의 오차와 상관되지 않는다. 전후 기간의 분기별 자료를 사용할 경우, 계절 및 다른 모의변수를 누락시킨 2SLS 추정된 통화수요는 다음과 같다.

$$\hat{M}_t = 23.06 + 0.0618 GNP_t - 0.0025(R \times GNP_t) + 0.686 M_{t-1} + \cdots$$
$$\text{(se)} \qquad (0.0126) \qquad\quad (0.0007) \qquad\qquad (0.0728)$$

통화공급 식은 단기 이자율 R과 할인율 R_d 사이의 차이에 비례한다. 비례인자는 일정하다고 알려진 최대의 잠재적 통화량 M^*이다. 계절 및 다른 모의변수를 누락시킨 추정된 공급 식은 다음과 같다.

$$\hat{M}_t = 0.8522 + 0.0751 \left[M_t^* (R_t - R_{d,t}) \right] + \cdots$$
$$\text{(se)} \qquad\quad (0.0159)$$

a. 이전 시기의 통화공급이 1단위 증가할 경우, 통화수요 함수에는 어떤 일이 발생하는가? 수직축은 M이고 수평축은 R인 그림 11.4와 같은 그래프에서 통화수요곡선은 오른쪽으로 이동하는가, 아니면 왼쪽으로 이동하는가, 아니면 이동하지 않는가? $\Delta M_{t-1} > 0$인 경우 통화공급곡선이 이동하는가? 그렇다면 어느 방향으로 이동하는가?

b. GNP가 1단위 증가할 경우, 통화수요 함수에 어떤 일이 발생하는가? 그림 11.4의 그래프에서 통화수요곡선은 오른쪽으로 이동하는가? 왼쪽으로 이동하는가? 이동하지 않는가? $\Delta GNP_t > 0$인 경우 통화수요곡선이 이동하는가? 그렇다면 어느 방향으로 이동하는가?

c. 할인율 R_d가 인상될 경우 통화수요곡선은 오른쪽으로 이동하는가? 왼쪽으로 이동하는가? 이동하지 않는가? $\Delta R_{d,\,t} > 0$인 경우 통화공급곡선이 이동하는가? 그렇다면 어느 방향으로 이동하는가?

d. (a), (b), (c)의 대답들이 통화 공급 및 수요 함수가 식별된다고 어떻게 의미하는지 설명하시오.

11.14 호주산 포도주는 호주와 전 세계에서 인기가 있다. 포도주용 포도의 거래량 Q(10,000톤 단위)와 온난한 내륙 호주에서 생산된 포도주의 P(톤당 100 호주 \$)를 사용하여 구한 추정된 수요 식은 다음과 같다.

$$\hat{Q}_t = -0.278 P_t + 2.884 INCOME_t - 3.131 XRATE_t - 2.766 STOCKS_{t-1} + \cdots$$
$$(t) \quad (-2.85) \qquad (6.34) \qquad\qquad (-3.04) \qquad\qquad (-2.24)$$

$INCOME$(1,000,000 미국 \$)은 가중된 가계 소비지출액이고, $XRATE$는 호주 \$당 환율이며, $STOCKS$(10억 리터)는 전년도의 자료이다. 추정된 공급 식은 다음과 같다.

$$\hat{Q}_t = 0.824P_t + 0.682Q_{t-4} + 0.598TIME_t - 1.688TEMP_t + 1.793NON_{t-4} - 1.570PREM_{t-4} + \cdots$$
$$(t) \quad (4.82) \qquad (3.68) \qquad (5.87) \qquad (-1.19) \qquad (4.21) \qquad (-2.42)$$

*TEMP*는 1월 평균기온('지구의 반대쪽' 한여름)이고, NON_{t-4}는 비프리미엄 포도와 관련된 4년 시차가 있는 지역 포도주용 포도의 가격이며, $PREM_{t-4}$는 프리미엄 포도와 관련된 4년 시차가 있는 지역 포도주용 포도의 가격이다. $t-4$기에서의 생산은 농장 포도나무와 포도주 생산 사이에 필요한 4년을 반영하여 오른편에 위치한다. 이는 부분조정 모형이다. 위의 두 식 모두에서 절편과 특정 지역에 대한 모의변수를 누락시켰다.

a. 모형의 어느 변수가 공급 식과 관련하여 수요 식을 이동시키는가?

b. 모형의 어느 변수가 수요 식과 관련하여 공급 식을 이동시키는가?

c. 수요 식에서 추정된 계수의 부호에 관해 논의하시오.

d. *Q*, *P*, *INCOME*의 표본평균은 $\overline{Q} = 4.98$, $\overline{P} = 6.06$, $\overline{INCOME} = 1.66$이다. 평균에서 수요의 가격 탄력성과 소득 탄력성을 계산하시오.

e. 공급 식에서 추정된 계수의 부호에 대해 논의하시오.

f. 평균에서 가격에 대한 균형공급의 탄력성을 계산하시오.

11.15 특히 기혼 여성에 대한 노동의 공급 및 수요를 생각해 보자. 임금 및 근로시간은 공급 및 수요에 의해 결합해서 결정된다. 공급 식은 다음과 같다고 하자.

$$HOURS = \beta_1 + \beta_2 \ln(WAGE) + \beta_3 EDUC + \beta_4 AGE$$
$$+ \beta_5 KIDSL6 + \beta_6 KIDS618 + \beta_7 NWIFEINC + e_e$$

*KIDSL6*은 6세 미만인 자녀의 수를 나타내며, *KIDS618*은 6세부터 18세까지의 자녀의 수를 말한다. *NWIFEINC*는 아내의 벌이 이외의 가계소득을 의미한다. 수요 식은 다음과 같다고 하자.

$$\ln(WAGE) = \alpha_1 + \alpha_2 HOURS + \alpha_3 EDUC + \alpha_4 EXPER + \alpha_5 EXPER^2 + e_d$$

a. 수직축에 *HOURS*가 있고 수평축에 $\ln(WAGE)$가 있는 그림 11.4와 같은 공급 및 수요 그래프를 생각해 보자. 어린 자녀의 수가 증가할 경우 여성의 공급 및 수요 곡선에 미치는 기대되는 영향을 그래프상에서 설명하시오. 균형 임금과 근로시간에 기대되는 영향은 무엇인가?

b. 경험이 증가할 경우 여성의 공급 및 수요 곡선에 미치는 기대되는 영향을 그래프상에서 설명하시오. 균형 임금과 근로시간에 기대되는 영향은 무엇인가?

c. 식별을 하기 위한 필요조건이 공급 식에 대해 준수되는 것처럼 보이는가? 2SLS에 사용된 IV들은 무엇인가? $\ln(WAGE)$에 대한 유도형태식의 계량경제 모형을 작성하시오. 계수들은 π_1, π_2 등이라고 하자. 공급 식의 2SLS 추정에서 사용된 IV들의 강도를 평가하기 위해 어떤 가설들을 검정할 것인가?

d. 식별하기 위한 필요조건이 수요 식에 대해 준수되는 것처럼 보이는가? 2SLS에 사용된 IV들은 무엇인가? *HOURS*에 대한 유도형태식의 계량경제 모형을 작성하시오. 계수들은 γ_1, γ_2 등이라고 하자. 수요 식의 2SLS 추정에서 사용된 IV들의 강도를 평가하기 위해서, 어떤

가설들을 검정할 것인가?

11.16 다음의 공급 및 수요 모형을 생각해 보자.

$$\text{수요} : Q_i = \alpha_1 + \alpha_2 P_i + e_{di}, \quad \text{공급} : Q_i = \beta_1 + \beta_2 P_i + \beta_3 W_i + e_{si}$$

여기서 Q는 수량이고, P는 가격이다. W는 임금이며 외생적이라고 가정한다. 이 변수들에 대한 자료는 표 11.7에 있다.

표 11.7　연습문제 11.16에 대한 자료

Q	P	W
4	2	2
6	4	3
9	3	1
3	5	1
8	8	3

a. 유도형태식의 대수학적 형태, $Q = \theta_1 + \theta_2 W + v_2$ 및 $P = \pi_1 + \pi_2 W + v_1$을 도출하고, 구조형태식의 모수 측면에서 유도형태식의 모수를 제시하시오.

b. (a)의 결과로부터 어느 구조형태식 모수에 대한 해법을 제시할 수 있는가? 어느 식이 '식별' 되는가?

c. 추정된 유도형태식은 $\hat{Q} = 5 + 0.5W$ 및 $\hat{P} = 2.4 + 1W$이다. 식별된 구조식 모수에 대한 해법을 제시하시오. 이것은 간접 최소제곱법이다.

d. P에 대한 유도형태식으로부터 적합한 값을 구하고, 2SLS를 적용하여 수요 식의 추정값을 구하시오.

11.17 정리문제 11.3에서 클라인 모형 I을 살펴보았다.

a. 각 식을 추정하기 위해서 적절한 수의 IV를 갖고 있는가? 각 식을 식별하기 위한 필요조건을 점검하시오. 식별하기 위한 필요조건은 M개 식으로 된 체계에서 최소한 $M-1$개 변수들이 각 식으로부터 누락되어야 한다는 것이다.

b. 이와 동등한 식별조건은 식으로부터 배제된 외생변수의 수가 최소한 포함된 오른편의 내생 변수의 수만큼 많아야 한다는 것이다.

c. 민간부문에서 번 근로자의 임금 W_{1t}에 대한 1단계 유도형태식을 계량경제 부호를 사용하여 작성하시오.

d. 소비 함수에 대한 2SLS 추정법에서 2개의 회귀단계를 설명하시오. 이것은 컴퓨터 소프트웨어 명령어에 관한 물음이 아니다.

e. (d)에서 제시한 단계를 밟을 경우 2SLS 추정법에 적합하도록 특별히 고안된 소프트웨어가 제공하는 2SLS 추정값과 동일한가? 특히 t-값이 동일한가?

12 CHAPTER

시계열 자료를 활용한 회귀 : 불안정한 변수

시계열 자료에 대한 분석은 많은 사람들, 예를 들면, 국내 및 국제 경제의 행태를 연구하는 거시 경제학자, 주식시장을 분석하는 금융경제학자, 농산물의 공급과 수요를 예측하는 농업경제학 자들에게 큰 관심사가 되고 있다. 예를 들어, 국내총생산이나 인플레이션의 증대를 예측하고자 하는 경우 경제적 성과를 나타내는 다양한 지표를 보면서 최근 몇 년 동안의 이들의 행태를 분석해 보아야 한다. 그렇지 않고 특정 사업에 대해 관심이 있으면서 잠재적인 매출액을 예측하려 한다면 역시 해당 산업의 지나온 과거를 분석해야 한다. 이런 경우 모두 시계열 자료를 분석하게 된다.

제9장에서 시계열 자료에 대해 살펴보았으며 이런 자료에 대한 회귀 모형들이 동적인 성격을 포함 하는 특성을 어떻게 가질 수 있는지에 대해서 알아보았다. 또한 동적인 관계를 모형화하기 위하여 종 속변수나 설명변수의 시차값을 어떻게 포함시켜야 하는지 그리고 오차의 시차값을 어떻게 포함시켜 야 하는지를 살펴보았다. 자기회귀 시차분포(ARDL) 모형이 예측하는 데 그리고 동적승수를 계산하 는 데 어떻게 사용될 수 있는지 알아보았다. 제9장 전반에 걸쳐 유지하였던 중요한 가정은 변수가 안 정적이며 약 의존적이라는 것이었다. 이들은 시간이 흐르더라도 변하지 않는 평균 및 분산, 그리고 관 찰값의 실제 시간이 아니라 관찰값들 사이의 시간에 의존하는 자기상관을 갖는다. 또한 관찰값들 사 이의 거리가 증가함에 따라 자기상관은 소멸하여 궁극적으로는 무시할 정도가 된다. 하지만 안정적 이지 않은 많은 경제 시계열이 존재한다. 이들의 평균 및/또는 분산은 시간이 흐름에 따라 변하며 강 의존성을 보이고, 자기상관이 소멸하지 않거나 매우 서서히 감소한다. 이 장에서는 불안정한 변수들 의 성격을 조사하고, 회귀식에서 이들을 사용하는 데 따른 결과를 검토하며, 안정성에 대한 검정을 소개할 것이다. 그리고 불안정한 변수를 포함하는 회귀관계를 어떻게 모형화하는지에 대해서도 알아 볼 것이다. 이 장에서 학습하게 되며 회귀 모형을 선택하는 데 관계가 있는 중요한 새로운 개념은 공 적분(cointegration)이다. 공적분이 널리 사용되고 많은 경제 시계열과도 관련이 있어서 이를 개발한 그레인저(Clive W. J. Granger) 교수가 2003년 노벨 경제학상을 공동수상하게 되었다.

12.1 안정적인 변수와 불안정한 변수

불안정한 변수의 특성을 설명하고 광범위한 관련성을 평가하기 위해, 미국 경제에 관한 일부 중요한 경제변수들을 살펴보는 데서 시작할 것이다. 안정적인 시계열 y_t는 시간이 흐르더라도 일정한 평균 및 분산을 갖고, 계열의 2개 값 사이의 공분산(그리고 자기상관)은 해당 값이 관찰된 실제 시간이 아니라 2개 값을 분리시킨 시간의 길이에만 의존한다는 사실을 기억하자. 즉 다음과 같다.

$$E(y_t) = \mu \qquad \text{(일정한 평균)} \qquad (12.1a)$$
$$\text{var}(y_t) = \sigma^2 \qquad \text{(일정한 분산)} \qquad (12.1b)$$
$$\text{cov}(y_t, y_{t+s}) = \text{cov}(y_t, y_{t-s}) = \gamma_s \quad \text{(공분산은 } t\text{가 아니라, } s\text{에 의존한다)} \qquad (12.1c)$$

일정한 평균을 갖는다는 첫 번째 조건에 집중해 보라. 그림 12.1에 있는 계열 자료들의 평균들이 시간이 흐름에 따라 변화하는지 여부를 조사하기 위해서, 관찰값들을 대략적으로 균등한 2개의 부표본으로 나누어서 이들 부표본 각각에 대해 표본 평균을 계산하였다. 표 12.1은 이것을 보여주고 있다. 그림 12.1의 그림들뿐만 아니라 표에 기재된 사항들을 검토해 보면, 최초 수준에 대해 환산된 변수들의 평균은 시간이 흐름에 따라 변화한다는 점이 분명하다. 그림 12.1(a)에서 GDP는 명백히 상향하는 추세를 보여주고 있으며 이로 인해 표본을 둘로 나눈 두 번째 기간에 더 큰 평균을 갖게 된다. 다른 3개의 변수[그림 12.1(c), (e), (g)]는 아래위로 왔다 갔다 하여 표본 평균이 선택된 기간에 매우 민감하게 된다. 표본은 2개의 균등한 부분으로 나누었을 때, 해당 표본의 첫 번째 절반에 더 큰 값들이 있으며 이로 인해 두 번째 절반보다 더 큰 평균을 갖는다. 이런 특징들은 불안정한 변수들의 전형적인 현상이다. 반면에 그림 12.1(b), (d), (f), (h)에서 변수들의 1차 차분(변화)은 분명한 추세를 보이지 않는다. 2개 부표본 동안의 평균들은 크기 면에서 유사하며, 특히 분기별 변동크기 면에서 볼 때 그러하다. 일정한 평균과 평균으로 돌아가는 추세를 보이는 계열 자료의 변동은 안정적인 변수들의 특

🔧 정리문제 12.1   미국 경제 시계열 자료의 도표

그림 12.1의 왼편에는 실질 국내총생산(경제 총생산을 측정한 값), 연간 인플레이션(*INF*)(총물가수준의 변화를 측정한 값), 연방자금금리(*FFR*)(은행 간 하룻밤 사이 대출에 대한 금리), 3년 만기 채권 이자율(*BR*)(3년 동안 보유해야 하는 금융자산에 대한 이자율)을 보여주는 도표들이 있다. 국내총생산(GDP)에 대한 자료는 1984Q1부터 2016Q4까지의 분기별 자료이다. 인플레이션과 2개 이자율에 대한 자료는 1954M8부터 2016N12까지의 월별 자료이다. 변수 GDP는 상향하는 추세를 보이며 변화하지만, 다른 시계열 시리즈들은 인지할 수 있을 정도의 형태나 추세를 보이지 않으면서 '위아래로 변화'하는 형태를 보인다.

그림 12.1의 오른편에 있는 도표들은 왼편에 있는 상응하는 변수들의 변화를 보여주고 있다. 변수의 변화는 이 장에서 반복적으로 사용되는 특히 중요한 개념이므로, 그 정의를 명확히 해 둘 필요가 있다. 1차 차분(first difference)이라고도 알려진, 예를 들면, 변수 y_t의 변화는 $\Delta y_t = y_t - y_{t-1}$이 된다. 즉 Δy_t는 $t-1$기에서 t기로 바뀔 때 변수 y값의 변화를 의미한다. 그림 12.1 오른편의 변화를 나타내는 시계열 자료는 불규칙하게 위아래로 움직이는 것처럼 보이거나 또는 파동치는 것처럼 보인다. 인플레이션율과 2개 이자율의 변화는 일정한 값, 대략 영을 중심으로 변동하는 것처럼 보인다. 변수 GDP의 변화는 세계금융위기 때는 큰 폭으로 하락하였지만, 영이 아닌 값을 중심으로 변동한다. 이 장에서 제기되는 첫 번째 질문은 다음과 같다. 즉 어떤 자료가 안정적인 변수를 나타내며, 어떤 자료가 불안정한 변수값을 보여주는가?

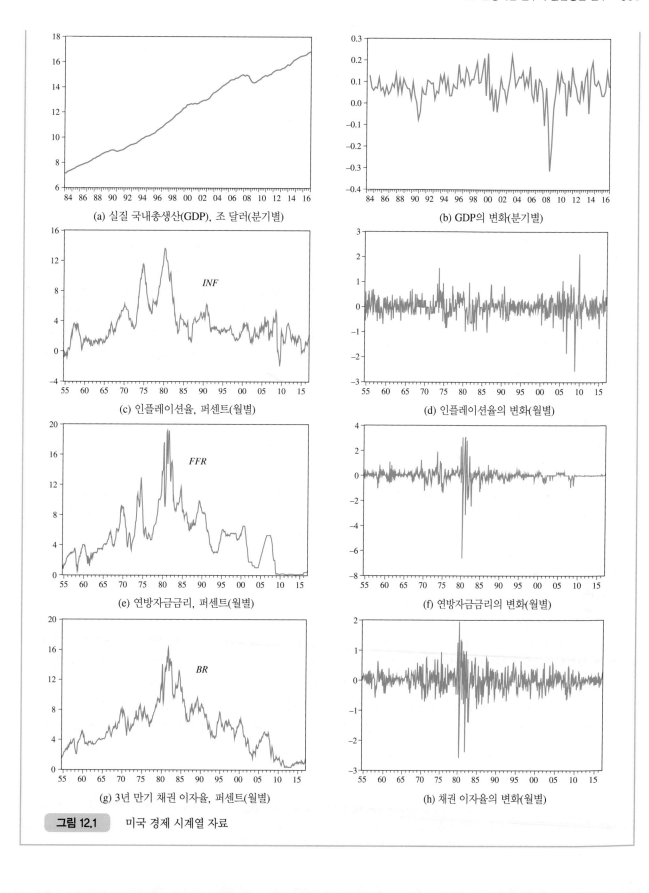

(a) 실질 국내총생산(GDP), 조 달러(분기별)

(b) GDP의 변화(분기별)

(c) 인플레이션율, 퍼센트(월별)

(d) 인플레이션율의 변화(월별)

(e) 연방자금금리, 퍼센트(월별)

(f) 연방자금금리의 변화(월별)

(g) 3년 만기 채권 이자율, 퍼센트(월별)

(h) 채권 이자율의 변화(월별)

그림 12.1   미국 경제 시계열 자료

징이다. 이들은 평균 회귀(mean reversion)란 특성을 갖는다.

불안정한 변수가 갖는 또 다른 특성은 표본 자기상관이 오랜 시차에서도 계속 크다는 것이다. 안정적인 약 의존적 계열 자료는 중단되어 버리거나 또는 기하학적으로 감소하여 긴 시차에서 소멸하는 자기상관을 갖는다. 불안정한 계열 자료의 표본 자기상관은 강 의존성(strong dependence)을 보인다. 그것들은 기하학적이 아니라 선형적으로 감소하며 긴 시차에서도 계속 유의하다. 예를 들면, 그림 12.2는 GDP와 그것의 변화에 대한 상관도표를 보여주고 있다. GDP에 대한 자기상관은 매우 서서히 감소해서 24번째 시차에서도 5% 유의 범위인 0.17을 충분히 넘어서 계속해서 유의하다. 이는 GDP가 불안정적이라는 점을 시사한다. 반면에, GDP 변화의 경우에는 단지 처음 2개의 자기상관이 유의하며 그 나머지는 무시할 수준이다. 이는 ΔGDP가 안정적이라는 점을 암시한다.

표 12.1	그림 12.1에서 살펴본 시계열 자료의 표본 평균		
	표본기간		
변수	GDP INF, BR FFR	1948Q2부터 2000Q3까지 1954M8부터 1985M10까지	2004Q4부터 2016Q4까지 1985M11부터 2016M12까지
실질 GDP(a)		9.56	14.68
인플레이션율(c)		4.42	2.59
연방자금금리(e)		6.20	3.65
채권 이자율(g)		6.56	4.29
GDP의 변화(b)		0.083	0.065
인플레이션율의 변화(d)		0.01	−0.003
연방자금금리의 변화(f)		0.02	−0.02
채권 이자율의 변화(h)		0.02	−0.02

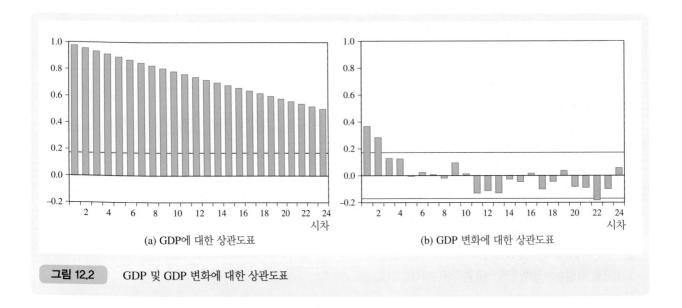

(a) GDP에 대한 상관도표

(b) GDP 변화에 대한 상관도표

그림 12.2 GDP 및 GDP 변화에 대한 상관도표

계열 자료를 도표로 나타내고, 시간이 흐름에 따라 평균이 변화하는지 여부를 검토하고, 표본 자기 상관을 점검하는 것은 계열 자료가 안정적인지 또는 불안정적인지 여부에 대해 어떤 암시를 해 준다. 하지만 이런 점검들은 확실하지 않으며 정식의 가설검정에 대한 엄밀성이 결여되어 있다. 또한 불안정적 특성을 갖는 계열 자료는 1차 차분 후에 안정적인 특성을 갖게 된다는 점은 자주 관찰된다. 하지만 이것은 보편적이지 않으며 증명해야 할 필요가 있다. 안정성에 대한 정식 검정은 12.3절에서 소개할 것이다. 그전까지 우리는 추세를 갖는 계열 자료의 모형화와 최소제곱회귀에 대해 불안정성이 갖는 영향에 관해 논의할 것이다.

12.1.1 추세 안정적인 변수

정리문제 12.1에서는 GDP가 명백한 추세를 가지며 그로 인해 어떻게 불안정적이 되는지를 살펴보고, 다른 변수, 즉 인플레이션율과 2개 이자율이 불안정한 변수들의 또 다른 특징인 아래위로 왔다 갔다 하는 것을 검토하였다. 아래위로 왔다 갔다 하고, 한 방향으로 향했다가 다른 방향으로 향하는 불안정한 변수들은 확률적 추세(stochastic trend)를 갖는다고 한다. 위로 또는 아래로 향하는 명확한 추세는 확률적 추세 또는 결정적 추세(deterministic trend), 그리고 이따금 둘 다에서 기인할 수 있다. 결정적 추세를 '감한' 후의 안정적인 변수를 추세 안정적(trend stationary)이라고 한다. 이 절에서는 결정적 추세의 개념, 이것이 추세 안정적인 개념과 어떻게 연계되는지, 그리고 추세 안정적인 변수를 포함하는 회귀관계의 모형화에 대해 살펴볼 것이다. 확률적 추세에 대해서는 12.1.3절에서 소개할 것이다.

어떤 변수 y에 대한 결정적 추세의 가장 간단한 모형은 다음과 같은 선형 추세 모형이다.

$$y_t = c_1 + c_2 t + u_t \tag{12.2}$$

여기서 $t = 1, 2, \cdots, T$이다. 추세에만 초점을 맞추고 오차의 어떠한 변화도 영($\Delta u_t = u_t - u_{t-1} = 0$)이라고 가정할 경우, 계수 c_2는 어떤 기간에서 다음 기간으로 이동하는 데 따른 y의 변화에 대해 알려 준다.

$$y_t - y_{t-1} = (c_1 + c_2 t) - [c_1 + c_2 (t-1)] + \Delta u_t = c_2$$

'시간변수' t는 반드시 '1'에서 시작할 필요가 없고 증분 '1'이 증가할 필요도 없다. 예를 들어, $t^* = a + bt$처럼 선형 변형을 이용하여 이를 재정의하면, 이는 간단히 c_1 및 c_2의 값을 변화시키고 $b \neq 0$인 경우 c_2의 해석을 변화시킨다. 추세 $c_1 + c_2 t$는 확률적(무작위적) 요소를 포함하지 않으므로 이를 확정적 추세라고 한다. 이런 추세 근처에서의 변수 y_t의 변동이 안정적이라면 이는 추세 안정적이다. 이런 변동들은 다음과 같은 오차항의 변화에 의해 주어지기 때문에, u_t가 안정적이라면 y_t는 추세 안정적이다.

$$u_t = y_t - (c_1 + c_2 t) \tag{12.3}$$

y_t가 추세 안정적일 때 최소제곱법을 이용하여 식 (12.2)로부터 추정값 $\hat{c}_1$ 및 $\hat{c}_2$을 구할 수 있으며,

그리고 나서 추세를 제거함으로써 추세 안정적인 변수 y_t를 다음과 같은 안정적인 변수 $\hat{u}_t$으로 전환시킬 수 있다.

$$\hat{u}_t = y_t - (\hat{c}_1 + \hat{c}_2 t) \tag{12.4}$$

예를 들어, y_t 및 x_t와 같은 2개의 추세 안정적인 변수를 포함하는 회귀 또는 ARDL 모형을 고려하고 나서 이들의 추세를 제거한 후 안정적으로 만들었을 경우, 이들의 관계는 제9장의 틀 내에서 추정될 수 있다.

이 개념을 더 알아보기 위해서 $y_t = c_1 + c_2 t + u_t$ 및 $x_t = d_1 + d_2 t + v_t$가 추세 안정적인 변수라고 가상하자. 여기서 u_t 및 v_t는 안정적이다. y_t 및 x_t의 관계를 추정하기 위해서 먼저 이들의 추세를 제거하면 다음과 같다. $\tilde{y}_t = y_t - (\hat{c}_1 + \hat{c}_2 t)$ 및 $\tilde{x}_t = x_t - (\hat{d}_1 + \hat{d}_2 t)$이며, 여기서 $\hat{c}_1$, $\hat{c}_2$, $\hat{d}_1$, $\hat{d}_2$는 각 추세로부터의 최소제곱 추정값이다. 5.2.4절에서 소개된 프리슈-워-로벨(Frisch-Waugh-Lovell, FWL) 정리에서 사용된 것과 일치하게, $\hat{u}_t$ 및 $\hat{v}_t$ 대신에 기호 $\tilde{y}_t$ 및 $\tilde{x}_t$를 사용하였다. 자신의 추세 근처에서의 y의 변화가 자신의 추세 근처에서의 x의 변화와 어떠한 시차도 없이 연관된다고 가설을 세울 경우, 적합한 선형 모형은 다음과 같다.

$$\tilde{y}_t = \beta \tilde{x}_t + e_t \tag{12.5}$$

$\tilde{y}_t$ 및 $\tilde{x}_t$는 영인 평균을 갖는 OLS 잔차이기 때문에 절편은 누락될 수 있다. 이제 FWL 정리를 활용하여 식 (12.5)로부터의 β에 대한 OLS 추정값은 다음 식으로부터의 β에 대한 OLS 추정값과 동일하다.

$$y_t = \alpha_1 + \alpha_2 t + \beta x_t + e_t \tag{12.6}$$

따라서 y 및 x가 추세 안정적일 때, 먼저 추세를 제거하거나 또는 식에 추세변수를 포함시킴으로써 이들의 관계를 추정할 수 있다.

보다 일반적인 ARDL 모형에서 추세 안정적인 변수가 있는 경우, 이와 유사한 방법으로 진행하여 다음 식 중 하나를 추정할 수 있다.

$$\tilde{y}_t = \sum_{s=1}^{p} \theta_s \tilde{y}_{t-s} + \sum_{r=0}^{q} \delta_r \tilde{x}_{t-r} + e_t \tag{12.7}$$

또는

$$y_t = \alpha_1 + \alpha_2 t + \sum_{s=1}^{p} \theta_s y_{t-s} + \sum_{r=0}^{q} \delta_r x_{t-r} + e_t \tag{12.8}$$

y 및 x의 각 시차를 분리해서 탈 추세화하지 않고 $\tilde{y}_t$ 및 $\tilde{x}_t$에 시차를 줌으로써 $\tilde{y}_{t-s}$ 및 $\tilde{x}_{t-r}$을 만들었다고 가정할 경우, 식 (12.7) 및 (12.8)로부터의 추정값에 약간의 차이가 있게 된다.

추세가 포함되거나 또는 변수들이 탈추세화할 경우 추세 안정적인 변수들은 어떠한 특별한 문제도 끌어들이지 않기 때문에, 이들의 평균이 시간이 흐름에 따라 변해서 엄격히 말하면 안정적이 아니더라도, 종종 이들을 간단히 '안정적'이라고 말한다. 또한 어떠한 추세도 무시하지 않는 것이 중요하다. y_t 및 x_t 둘 다 확정적 추세를 갖고 있을 때 모형 $y_t = \alpha_1 + \beta x_t + e_t$를 추정하게 되면 어떠한 관계가 존재하지 않은 경우에도 y_t와 x_t 사이에 유의한 관계가 있는 것처럼 제시되는 수가 있다.

학습한 것이 무엇이고 아직 학습하지 않은 것이 무엇인지 알아보기 위해 이쯤 해서 잠시 멈추고 생각해 보는 것이 필요하다. 변수들로부터 확정적 추세를 제거하여 안정적으로 만들거나 또는 해당 식에 확정적 추세를 직접적으로 포함시킴으로써, 추세 안정적 변수들 사이의 회귀관계를 모형화할 수 있다는 사실을 알았다. 확정적 추세와 확률적 추세를 어떻게 구별하는지 그리고 확률적 추세를 갖는 불안정한 변수들 사이의 회귀관계를 어떻게 모형화하는지에 대해서는 아직 살펴보지 못했다. 정리문제 12.1에서 GDP는 명백한 추세를 갖고 있다. 이런 추세가 확정적인지 또는 확률적인지 또는 회귀의 틀 내에서 어떻게 모형화되어야 하는지를 아직 모르고 있다. 향후의 절들에서 이런 의문점들을 밝히겠지만, 우선 식 (12.2)의 선형적 추세가 유일한 확정적 추세가 아니라는 점에 주목하고 예를 들어, 보는 것이 유용하다.

다른 추세들   또 다른 널리 알려진 추세는 변수가 대체로 일정한 **백분율**로 성장하는 것이다. 일시적으로 오차항을 무시할 경우 비례적인 변화 a_2에 대해 $y_t = y_{t-1} + a_2 y_{t-1}$을 구할 수 있으며, 또는 백분율로 나타내면 다음과 같다.

$$100 \times \left(\frac{y_t - y_{t-1}}{y_{t-1}} \right) = 100a_2$$

$(y_t - y_{t-1})/y_{t-1}$은 $\Delta \ln(y_t) = \ln(y_t) - \ln(y_{t-1})$로 대략적으로 같아질 수 있다는 점을 인지하면 다음과 같아진다.

$$\ln(y_t) - \ln(y_{t-1}) \cong \%\Delta y_t = 100a_2$$

이런 특성을 갖는 모형으로 오차항이 포함될 경우 다음과 같다.

$$\ln(y_t) = a_1 + a_2 t + u_t \tag{12.9}$$

이 경우 y_t에 대한 확정적 추세는 $\exp(a_1 + a_2 t)$이며, u_t가 안정적이라면 $\ln(y_t)$는 추세 안정적이 된다. 앞 4.5절의 기술 변화로부터 비롯되는 밀 생산량의 증대를 모형화하는 틀 내에서 이 모형이 소개되었다. 지금 해당 절로 돌아가서 다시 한 번 읽으면 도움이 될 수 있다. 즉 일정한 성장률 모형에 대한 보다 많은 통찰력을 줄 것이다.

식 (12.2) 및 (12.9)의 확정적 추세 모형은 가장 일반적인 형태지만 다른 모형들도 가능하다. 4.4절에서는 밀 생산량을 모형화하기 위해서 3차 함수 추세인 $y_t = \beta_1 + \beta_2 t^3 + e_t$가 사용되었다. 감소하다가 증가하는 것을 모형화하기 위해 2차 함수 추세도 사용된다. 하지만 대부분의 확정적 추세는 지속적으로 증가하거나 또는 감소하는 경향이 있으며, 이런 경우 궁극적으로 위로 향하거나 또는 아래로 향하는 2차 또는 3차 함수 추세는 적합하지 않을 수 있다. 곡선의 제한적인 범위가 표본기간 동안의 자료에 적합할 수 있지만, 이 범위를 벗어나면 2차 또는 3차 함수 추세가 비현실적일 수 있다. 이런 이유로 인해 식 (12.2) 및 (12.9)가 의미하는 확정적 추세가 가장 널리 사용된다.

정리문제 12.2   밀 수확량의 결정적 추세

과학자들은 세계 인구증가에 맞추어 세계 식량생산을 증대시키기 위해 다양한 방법을 끊임없이 시도한다. 이것에 조그마한 공헌을 하는 한 가지로 밀 수확량을 증대시키기 위해 밀 신품종을 개발하려는 농학자의 노력을 들 수 있다. 우리는 서부 호주에서 신품종 개발을 반영하여 밀 수확량이 시간이 흐름에 따라 상향 추세를 보일 것으로 기대한다. 하지만 서부 호주에서 밀 생산은 위험한 사업이다. 밀 수확의 성공 여부는 반드시 신뢰할 수는 없는 강수량에 많이 달려 있다. 따라서 밀 수확량이 증가하는 추세 주위에서 변동할 것으로 기대하게 된다. 1950년부터 1997년까지 연간 밀 수확량과 강수량에 관한 자료를 사용할 것이다. 밀 수확량에 대해 일정한 성장률 추세 $\ln(YIELD_t) = a_1 + a_2 t + u_t$를 사용할 것이다. $\ln(YIELD_t)$의 관찰값들은 그림 12.3(a)에 선형 추세선과 함께 그래프로 나타내었다. 관찰값들은 1969년, 특히 흉년이 발생했지만 증가하는 추세선 주위에서 변동을 한다. 그림 12.3(b)에서 강수량 자료를 검토해 보면 약간 하향하는 추세를 보이며 1969년에는 강수량이 극히 적었다.

강수량에 대해 수확이 체감한다는 사실을 알 수 있다. 따라서 $RAIN$뿐만 아니라 $RAIN^2$을 포함시켜 추정하면 다음과 같은 결과를 얻을 수 있다.

$$\ln(YIELD_t) = -2.510 + 0.01971t + 1.149RAIN_t$$
$$\text{(se)} \qquad\qquad (0.00252) \quad (0.290)$$
$$- 0.1344RAIN_t^2 + \hat{e}_t$$
$$(0.0346) \qquad\qquad\qquad (12.10)$$

다른 방도는 $\ln(YIELD)$, $RAIN$, $RAIN^2$의 추세를 제거하고, 추세가 제거된 모형을 추정하는 것이다. 먼저 추세를 추정하면 다음과 같다.

$$\widehat{\ln(YIELD_t)} = -0.1801 + 0.02044t$$
$$\text{(se)} \qquad\qquad (0.00276)$$

$$\widehat{RAIN_t} = 4.408 - 0.01522t$$
$$\text{(se)} \qquad\qquad (0.00891)$$

$$\widehat{RAIN_t^2} = 20.35 - 0.1356t$$
$$\text{(se)} \qquad\qquad (0.0747)$$

처음 두 식은 그림 12.3의 추세선을 설명하고 있다. $RRAIN_t = RAIN_t - \widehat{RAIN_t}$, $RRAIN2_t = RAIN_t^2 - \widehat{RAIN_t^2}$, $RLYIELD_t = \ln(YIELD_t) - \widehat{\ln(YIELD_t)}$을 계산하고 나서 다음과 같은 결과를 얻을 수 있다.

$$\widehat{RLYIELD_t} = 1.149RRAIN_t - 0.1344RRAIN2_t \quad (12.11)$$
$$\text{(se)} \qquad (0.284) \qquad\quad (0.0339)$$

식 (12.10) 및 (12.11)의 추정값들은 동일하지만 표준오차는 동일하지 않다는 사실에 주목하라. 표준오차가 상이한

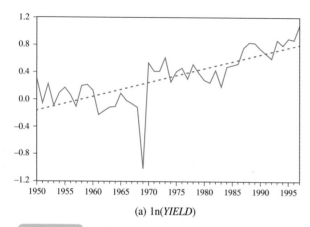

(a) ln(*YIELD*)

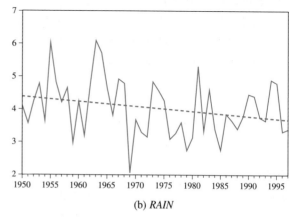

(b) *RAIN*

그림 12.3   밀 수확량에 대한 시계열 자료의 도표

이유는 오차분산을 추정하는 데 사용한 상이한 자유도에서 비롯한다. 식 (12.10)에서 자유도는 48−4=44이며, 식 (12.11)에서는 48−2=46이다. 식 (12.11)의 표준오차에 $\sqrt{46/44}$ = 1.022를 곱하여 이를 수정할 수 있다. 대표본에서는 이런 차이를 무시해도 좋다. 식 (12.10) 및 (12.11) 추정값들의 정당성은 ln(*YIELD*), *RAIN*, *RAIN*^{2}이 추세 안정적이라는 가정에 달려 있다. 이 가정은 12.3절에서 도출할 가설검정 방법을 사용하여 점검할 수 있다.

12.1.2 1차 자기회귀 모형

확률적 추세를 포함하는 불안정한 변수들을 모형화하는 틀을 개발하기 위해서, 제9장에서 소개했던 1차 자기회귀 AR(1) 모형을 수정하는 데서부터 시작해 보자.

　y_t를 시간이 흐름에 따라 관찰할 수 있는 경제변수라고 하자. y_t를 완전하게 예측할 수 없으므로 대부분의 경제변수들처럼 이를 확률변수라고 가정할 것이다. 시계열 변수인 y_t를 생성해 내는 계량경제 모형을 **확률과정**(stochastic process 또는 random process)이라고 한다. y_t의 관찰값 표본을 확률과정을 통한 특정의 **실현값**(realization)이라 한다. 이는 확률과정이 밟아 가는 가능한 많은 경로 중 하나이다. 일변량 시계열 모형은 확률과정의 예이며 여기서 단일변수 y는 자신의 과거값과 현재 및 과거의 오차항과 관련된다. 회귀 모형과는 대조적으로 일변량 시계열 모형은 어떤 설명변수(x)도 포함하지 않는다.

　1차 자기회귀 모형, 즉 AR(1) 모형은 안정적인 자료와 불안정한 자료의 차이를 설명하는 데 유용한 일변량 시계열 모형이다. 먼저 다음과 같은 영인 평균을 갖는 AR(1) 모형을 생각해 보자.

$$y_t = \rho y_{t-1} + v_t, \quad |\rho| < 1 \tag{12.12}$$

여기서 오차 v_t는 독립적이며, 평균은 0이고 분산은 일정한 σ_v^2이며, 정규분포를 한다. 시계열 모형에서 오차는 '충격' 또는 '혁신'이라고도 한다. 앞으로 살펴보겠지만 $|\rho| < 1$이라는 가정은 y_t가 안정적이라는 의미이다. AR(1) 과정에 따르면 확률변수 y_t의 실현값들은 전기의 값 y_{t-1}을 ρ비율만큼 포함하며 오차 v_t가 추가된다. 이 오차는 평균 0, 분산 σ_v^2인 분포를 갖는다. 현재 단지 하나의 시차에만 관심을 갖고 있으므로 이 모형을 1차 자기회귀 모형이라고 한다. 일반적으로 말해 AR(p) 모형의 경우 변수 y_t의 시차는 y_{t-p}까지 포함된다. 그림 12.4(a)는 $\rho = 0.7$이고 독립적이며 $N(0,1)$인 무작위 오차를 갖는 AR(1) 시계열 자료의 예를 보여주고 있다. 이 자료는 인위적으로 생성되었음에 주목하자. 시계열 자료가 0을 중심으로 어떻게 변동하고 안정적인 자료의 특징인 추세가 없는 듯한 행태를 관찰하도록 하자.

　값이 '0'이라는 것은 시계열의 평균이 일정하다는 의미이며 이는 **순환적 대체**(recursive substitution)라고 하는 대수학적인 과정을 거쳐 구할 수 있다. $t = 1$기의 y값, $t = 2$기의 y 값 그리고 계속되는 기간의 값을 생각해 보자. 이는 다음과 같다.

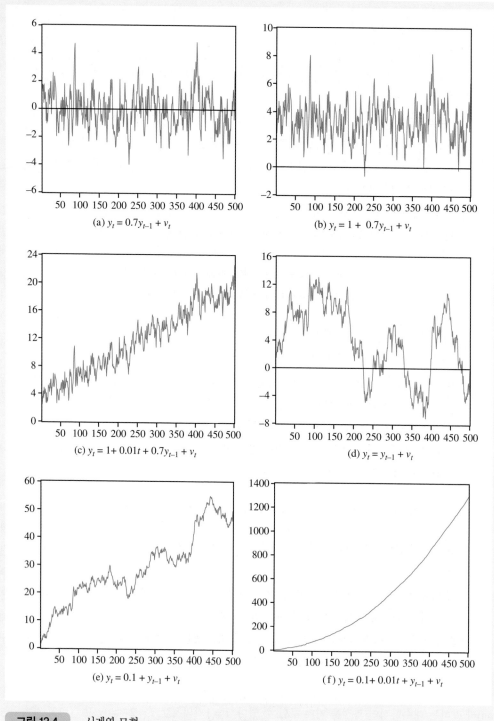

(a) $y_t = 0.7y_{t-1} + v_t$

(b) $y_t = 1 + 0.7y_{t-1} + v_t$

(c) $y_t = 1 + 0.01t + 0.7y_{t-1} + v_t$

(d) $y_t = y_{t-1} + v_t$

(e) $y_t = 0.1 + y_{t-1} + v_t$

(f) $y_t = 0.1 + 0.01t + y_{t-1} + v_t$

그림 12.4   시계열 모형

$$y_1 = \rho y_0 + v_1$$
$$y_2 = \rho y_1 + v_2 = \rho\left(\rho y_0 + v_1\right) + v_2 = \rho^2 y_0 + \rho v_1 + v_2$$
$$\vdots$$
$$y_t = v_t + \rho v_{t-1} + \rho^2 v_{t-2} + \cdots + \rho^t y_0$$

y_t의 평균은 다음과 같다.

$$E\left(y_t\right) = E\left(v_t + \rho v_{t-1} + \rho^2 v_{t-2} + \cdots\right) = 0$$

그 이유는 오차 v_t는 평균이 0이 되며 t의 값이 커질 경우 $\rho^t y_0$의 값은 무시해도 될 정도가 되기 때문이다. 분산은 일정한 $\sigma_v^2/\left(1-\rho^2\right)$이 되며 s 기간의 차이가 나는 2개 오차의 공분산 γ_s는 $\sigma_v^2 \rho^s/\left(1-\rho^2\right)$가 된다. 따라서 식 (12.12)의 AR(1) 모형은 평균이 0인 전형적인 안정과정의 예가 된다.

실제의 자료는 거의 0의 평균을 갖지 않는다. 다음과 같이 식 (12.12)의 y_t를 $\left(y_t - \mu\right)$로 대체함으로써 0이 아닌 평균 μ를 포함시킬 수 있다.

$$\left(y_t - \mu\right) = \rho\left(y_{t-1} - \mu\right) + v_t$$

이를 정리하면 다음과 같다.

$$y_t = \alpha + \rho y_{t-1} + v_t, \quad |\rho| < 1 \tag{12.13}$$

여기서 $\alpha = \mu(1-\rho)$이다. 즉 '평균을 뺀' 변수 $\left(y_t - \mu\right)$를 이용하거나 식 (12.13)처럼 y_t의 자기회귀 과정(autoregressive process)에 절편항 α를 첨부함으로써 y_t에 0이 아닌 평균을 수용할 수 있다. 또한 이 두 가지 방법에 대해 다음과 같이 말할 수 있다. '평균을 뺀' 변수 $\left(y_t - \mu\right)$는 0을 중심으로 안정적이며 변수 y_t는 자신의 평균값 $\mu = \alpha/(1-\rho)$를 중심으로 안정적이다.

그림 12.4(b)는 위의 모형에서 $\alpha = 1$, $\rho = 0.7$의 값을 갖는 시계열 자료를 보여주고 있다. 그림 12.4(a)와 동일한 값을 갖는 오차항 v_t를 사용하였으므로 상수항만큼의 추가된 영향을 보여주고 있다. 시계열 자료가 이제는 0이 아닌 값을 중심으로 변동한다는 사실에 주목하자. 이 0이 아닌 값은 다음과 같이 이 시계열 자료의 일정한 평균값을 의미한다.

$$E\left(y_t\right) = \mu = \alpha/(1 - \rho) = 1/(1 - 0.7) = 3.33$$

위의 식 (12.12)를 다시 한 번 더 확대하여 AR(1) 모형이 선형관계의 추세 $(\mu + \delta t)$를 중심으로 변동하는 경우를 생각해 보자. 이 경우 다음과 같이 '추세가 제거된' 시계열 자료$(y_t - \mu - \delta t)$를 자기회귀 모형처럼 나타낼 수 있다.

$$\left(y_t - \mu - \delta t\right) = \rho\left[y_{t-1} - \mu - \delta(t - 1)\right] + v_t, \quad |\rho| < 1$$

이를 다시 정리하면 다음과 같다.

$$y_t = \alpha + \rho y_{t-1} + \lambda t + v_t \tag{12.14}$$

여기서 $\alpha = \left[\mu(1-\rho) + \rho\delta\right]$, $\lambda = \delta(1-\rho)$이다. $|\rho| < 1$인 경우, 식 (12.14)는 추세 안정적 과정의 예가 될 수 있다. 그림 12.4(c)는 위의 모형에서 $\rho = 0.7$, $\alpha = 1$, $\lambda = 0.01$의 값을 갖는 시계열 자료를 보

여주고 있다. 추세가 제거된 시계열 $(y_t - \mu - \delta t)$도 또한 관찰된 값을 분리하는 기간에만 의존하지 관찰된 시기에는 의존하지 않는 일정한 분산과 공분산을 갖는다. y_t는 결정적 추세선 $\mu + \delta t$를 중심으로 안정적이다.

12.1.3 확률보행 모형

식 (12.12)에서 다음과 같은 $\rho = 1$인 특별한 경우를 생각해 보자.

$$y_t = y_{t-1} + v_t \tag{12.15}$$

위의 모형을 확률보행 모형이라고 한다. 식 (12.15)는 확률변수 y_t의 실현값이 지난 기의 값 y_{t-1}에 오차 v_t를 더한 것이라는 사실을 보여주고 있다. 그림 12.4(d)는 이 모형으로 나타낼 수 있는 시계열의 예를 보여주고 있다. 이런 시계열은 실질적인 형태 없이 서서히 위쪽 또는 아래쪽으로 변동하는 것처럼 보이기 때문에 확률보행(random walk)이라고 한다. 관찰된 값의 부표본에 기초하여 계산된 표본 평균의 값은 표본의 기간에 의존하며 이는 불안정한 시계열의 특징을 나타내는 것이라고 할 수 있다.

다음과 같이 순환적인 대체를 함으로써 확률보행 모형이 '서서히 변동하는' 행태를 갖는다는 점을 이해할 수 있다.

$$
\begin{aligned}
y_1 &= y_0 + v_1 \\
y_2 &= y_1 + v_2 = (y_0 + v_1) + v_2 = y_0 + \sum_{s=1}^{2} v_s \\
&\vdots \\
y_t &= y_{t-1} + v_t = y_0 + \sum_{s=1}^{t} v_s
\end{aligned}
$$

확률보행 모형은 최초값 y_0(이는 과거로 많이 지난 값이므로 y_t에 미치는 영향은 무시할 정도가 되기 때문에 종종 0이라고 본다)와 과거 확률항의 합계인 $\sum_{s=1}^{t} v_s$를 포함한다. 이 후자의 구성요소를 보통 확률적 추세라고 한다. 확률적인 구성요소 v_t가 각 시기 t에 대해 추가되고 이로 인해 시계열 자료는 예측할 수 없는 방향으로 추세를 갖게 되기 때문에 이 항이 문제가 된다. 변수 y_t가 일련의 양의 충격 $v_t > 0$과 그 뒤를 이은 일련의 음의 충격 $v_t < 0$에 따라 변화할 경우 서서히 상향하다가 다시 하향하는 형태를 띠게 된다.

지금까지 우리는 확률보행의 불안정한 성격을 도표를 통해 설명하기 위해 y_t가 오차의 합이란 사실을 이용하였다. 우리는 또한 이를 이용하여 안정성의 조건이 준수되지 않는다는 사실을 대수학적으로 보여줄 수 있다. v_t가 고정된 최초값 y_0에 대해 독립적이라는 점을 인정하고 y_t의 기댓값과 분산을 구하면 다음과 같다.

$$
\begin{aligned}
E(y_t) &= y_0 + E(v_1 + v_2 + \cdots + v_t) = y_0 \\
\mathrm{var}(y_t) &= \mathrm{var}(v_1 + v_2 + \cdots + v_t) = t\sigma_v^2
\end{aligned}
$$

확률보행은 최초값과 동일한 평균, 그리고 시간이 흐름에 따라 증가하다가 궁극에 가서는 무한대가 되는 분산을 갖는다. 평균은 일정하지만 분산이 증대된다는 것은 시계열이 평균으로 돌아오지 않고 다른 기간에 대한 표본 평균도 동일하지 않다는 의미이다.

식 (12.15)에 상수항을 추가함으로써 다음과 같은 또 다른 불안정한 모형을 구할 수 있다.

$$y_t = \delta + y_{t-1} + v_t \qquad (12.16)$$

위의 모형을 표류가 있는 **확률보행**(random walk with drift)이라고 한다. 식 (12.16)은 확률변수 y_t의 각 실현값이 절편(표류의 구성요소 δ)과 전기의 값 y_{t-1}, 그리고 오차 v_t를 포함한다는 사실을 보여준다. 그림 12.4(e)는 ($\delta = 0.1$인 경우) 이 모형이 나타내는 시계열 자료의 예를 보여준다. 시계열 자료가 어떻게 상향하는 '추세를 가질' 뿐만 아니라, '서서히 변동하는' 것처럼 보이는지 주의 깊게 살펴보자. 일반적으로 말해 표류가 있는 확률보행 모형은 (표류를 나타내는 δ가 양인 경우) 상향하거나 (표류를 나타내는 δ가 음인 경우) 하향하는 분명한 추세를 보인다.

다시 한 번 말하지만 다음과 같이 순환적인 대체를 함으로써 이런 행태를 보다 잘 이해할 수 있다.

$$
\begin{aligned}
y_1 &= \delta + y_0 + v_1 \\
y_2 &= \delta + y_1 + v_2 = \delta + (\delta + y_0 + v_1) + v_2 = 2\delta + y_0 + \sum_{s=1}^{2} v_s \\
&\vdots \\
y_t &= \delta + y_{t-1} + v_t = t\delta + y_0 + \sum_{s=1}^{t} v_s
\end{aligned}
$$

시기 t의 y값은 최초값 y_0와 확률적 추세를 나타내는 구성요소($\sum_{s=1}^{t} v_s$), 그리고 이제는 결정적 추세를 나타내는 구성요소 $t\delta$도 포함한다. 각 시기 t에 대해 고정된 값 δ가 추가되기 때문에 이를 결정적 추세라고 한다. 변수 y는 각 시기 t에 고정된 값만큼 증가할 뿐만 아니라 위와 아래로 서서히 변동한다. y_t의 평균과 분산은 다음과 같다.

$$
\begin{aligned}
E(y_t) &= t\delta + y_0 + E(v_1 + v_2 + v_3 + \cdots + v_t) = t\delta + y_0 \\
\mathrm{var}(y_t) &= \mathrm{var}(v_1 + v_2 + v_3 + \cdots + v_t) = t\sigma_v^2
\end{aligned}
$$

이 경우 안정성을 위해 필요한 일정한 평균 및 분산 조건이 위배된다.

시간 추세를 추가함으로써 확률보행 모형은 다음과 같이 더욱 확대시킬 수 있다.

$$y_t = \alpha + \delta t + y_{t-1} + v_t \qquad (12.17)$$

그림 12.4(f)는 ($\alpha = 0.1$, $\delta = 0.01$인 경우) 이 모형이 나타내는 시계열 자료의 예를 보여주고 있다. 시간 추세를 나타내는 변수 t를 추가함으로써 추세적 행태를 어떻게 강화시키는지 주목해 보자. 앞에서와 동일한 대수학적 과정을 밟아 보면 다음과 같이 확대되는 과정을 알 수 있다.

$$
\begin{aligned}
y_1 &= \alpha + \delta + y_0 + v_1 \\
y_2 &= \alpha + \delta 2 + y_1 + v_2 = \alpha + 2\delta + (\alpha + \delta + y_0 + v_1) + v_2 = 2\alpha + 3\delta + y_0 + \sum_{s=1}^{2} v_s \\
&\vdots \\
y_t &= \alpha + \delta t + y_{t-1} + v_t = t\alpha + \left(\frac{t(t+1)}{2}\right)\delta + y_0 + \sum_{s=1}^{t} v_s
\end{aligned}
$$

여기서 우리는 다음과 같은 산수적인 수열의 합계 공식을 이용하였다.

$$1 + 2 + 3 + \cdots + t = t(t + 1)/2$$

추가된 항이 추세적인 행태를 강화시키는 효과가 있다.

앞에서 다룬 내용을 정리해 보면, 우리는 먼저 자기회귀 모형에 대해 알아보고 $|\rho| < 1$일 경우 시계열 자료가 안정적인 특성을 갖는다는 사실을 살펴보았다. 우리는 또한 $\rho = 1$인 확률보행 모형에 대해서도 고찰하였으며 이 확률보행 모형은 불안정한 특성을 보인다는 사실도 알았다. 이제는 다시 돌아가서 그림 12.1의 실제 자료와 그림 12.4의 자료를 비교해 보자. 어떤 모형이 그림 12.1에 있는 다양한 시계열 자료를 생성하였는지 알아보도록 하자. 이 장의 나머지 부분에서는 그림 12.1에 있는 어떤 시계열이 안정적인 특성을 보이고 또 어떤 시계열이 불안정한 특성을 보이는지를 검정하는 방법에 대해 고찰해 볼 것이다.

12.2 확률적 추세의 결과

12.1.2절에서 확정적 추세 및 비확률적 추세를 갖는 변수를 포함하는 회귀는, 추세가 회귀관계에 포함되거나 변수들이 탈추세화될 경우 어떠한 문제도 야기하지 않는다는 사실을 알게 되었다. 추세를 누락할 경우 누락변수 편의로 이어질 수 있기 때문에 추세를 고려하는 것이 중요하다. 이제는 확률적 추세를 갖는 변수를 포함하는 회귀를 추정할 때 갖게 되는 의미를 생각해 보자. 이런 상황에서 확률적 추세는 불안정성을 야기하는 가장 흔한 원인이 되어 특별한 문제를 일으키기 때문에, 불안정한 변수라고 말할 때 일반적으로 안정적이지도 않고 추세 안정적이지도 않은 변수를 의미하게 된다.

확률적 추세를 갖는 불안정한 변수를 포함하는 회귀를 진행할 경우 나타나는 결과는 OLS 추정값이 대표본에서도 더 이상 대략적으로 정규분포하지 않는다는 것이다. 이것은 구간 추정값과 가설검정이 더 이상 타당하지 않다는 사실이다. 눈에 보이는 것처럼 추정이 정확하지 않을 수 있으며, 변수들 사이의 관계에 대한 결론도 틀릴 수 있다. 특히 위험한 점은 2개의 전혀 독립적인 확률보행이 어떠한 관계도 존재하지 않을 때 강한 선형관계를 갖는 것처럼 보일 수 있다는 것이다. 이런 성격에서 비롯된 결과를 허구적 회귀(spurious regression)라고 한다.

요약해서 말하면, 불안정한 시계열 자료가 회귀 모형에 사용될 경우, 어떤 관계가 없더라도 결과는 유의한 관계가 있는 것처럼 허구적으로 보여줄 수 있다. 이 경우 최소제곱 추정량과 최소제곱 예측값은 통상적인 특성을 갖지 못하여 t-통계량은 신뢰할 수 없게 된다. 많은 거시경제 시계열 자료는 불안정하기 때문에, 거시경제 변수로 회귀를 추정할 경우 주의를 기울이는 것이 특히 중요하다.

또한 안정적인 변수와 불안정한 변수를 구별하려는 중요한 정책적 고려사항이 있다. 불안정한 변수를 갖는 경우 각 오차 또는 충격 v_t는 지속적인 효과를 가지며 이런 충격들은 누적된다. 안정적인 변수를 갖는 경우 충격이 미치는 영향은 궁극적으로 소멸되고, 해당 변수는 자신의 평균으로 회귀한다. 거시경제 변수의 변화가 영속적인 효과를 갖는지 또는 일시적인 효과를 갖는지 여부는 정책입안자들에게 매우 중요한 정보다.

그렇다면 시계열이 안정적인지 또는 불안정적인지를 어떻게 검정할 수 있으며, 불안정한 시계열 자료를 가지고 회귀분석을 어떻게 할 수 있는가? 전자는 12.3절에서 논의할 것이며, 후자에 대해서는 12.4절에서 고찰해 볼 것이다.

🐟 정리문제 12.3　　2개의 확률보행을 갖는 회귀

허구적 회귀 문제를 설명하기 위해 다음과 같이 2개의 독립적인 확률보행을 생각해 보자.

$$rw_1 : y_t = y_{t-1} + v_{1t}$$
$$rw_2 : x_t = x_{t-1} + v_{2t}$$

여기서 v_{1t} 및 v_{2t}는 독립적인 $N(0, 1)$ 무작위 오차이다. 그림 12.5(a)는 이 2개의 시계열을 보여주고 있다. 이 시계열들은 서로 독립적으로 생성되었으며 실제로 서로 관련이 전혀 없다. 하지만 이 자료들을 도표로 나타내면 그림 12.5(b)에서 보는 것처럼 서로 양의 관계가 있음을 알 수 있다. 첫 번째 시계열(rw_1)을 두 번째 시계열(rw_2)에 단순회귀를 하여 추정할 경우 다음과 같은 결과를 얻을 수 있다.

$$rw_{1t} = 17.818 + 0.842 rw_{2t}, \quad R^2 = 0.70$$
$$(t) \qquad\qquad (40.837)$$

위의 결과에 따르면 단순회귀 모형이 자료에 잘 부합되며 ($R^2 = 0.70$), 추정된 기울기가 0과 유의하게 상이하다. 실제로 t-통계량의 값은 매우 크다! 하지만 이런 결과는 완벽하게 의미가 없거나 허구적이다. 이처럼 명백하게 유의한 관계는 잘못된 것이다. 이는 확률적인 추세를 갖는 시계열을 다른 확률적인 추세를 갖는 시계열에 연계시킴으로써 비롯된 것이다. 실제로 이 자료들은 공통점이 전혀 없으며 어떤 면에서도 결코 연관이 없다. 회귀에 표류가 있는 확률보행 시계열을 사용할 경우 이와 유사하면서 보다 극적인 결과를 얻을 수 있다. 이런 회귀들의 잔차들은 일반적으로 높게 상관된다. 위의 예에서 1차 자기상관을 검정하기 위한 LM 검정값(괄호 안의 p-값)은 682.958(0.000)이다. 이것은 회귀에 문제가 있다는 확실한 징후이다.

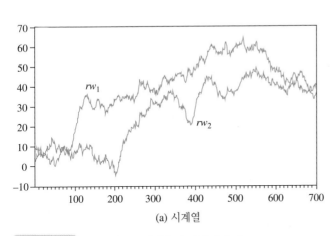

(a) 시계열

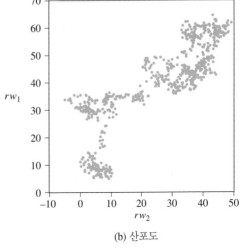

(b) 산포도

그림 12.5　2개 확률보행변수의 시계열과 산포도

12.3 안정성에 대한 단위근 검정

시계열이 안정적인지 또는 불안정적인지를 평가하는 다양한 검정이 있다. 가장 널리 사용되고 있고 지금부터 세부적으로 논의하고자 하는 것이 바로 **단위근**(unit root)에 관한 디키-풀러 검정(Dickey-Fuller test)이다. '단위근'이란 무엇을 의미하는가? 불안정한 시계열에 관해 논의할 때 이 용어를 종종 접했을 것이므로, 그것의 유래에 대해 잠시 동안 알아보는 것도 유용하리라 생각된다.

12.3.1 단위근

AR(1) 모형에서 $|\rho| < 1$인 경우 $y_t = \alpha + \rho y_{t-1} + v_t$는 안정적이며, $\rho = 1$인 경우 불안정하다는 점을 살펴보았다. 또한 $\rho = 1$인 경우 y_t는 단위근을 갖는다고 말했지만, 이 용어의 유래에 대해 알아보기 위해서는 보다 일반적인 AR(p) 모형, $y_t = \alpha + \theta_1 y_{t-1} + \theta_2 y_{t-2} + \cdots + \theta_p y_{t-p} + v_t$를 생각해 볼 필요가 있다. 이 모형에서 다음과 같은 다항식의 근이 절댓값으로 볼 때 1보다 큰 경우 y_t는 안정적이다.

$$\varphi(z) = 1 - \theta_1 z - \theta_2 z^2 - \cdots - \theta_p z^p \tag{12.18}$$

근은 식 $\varphi(z) = 0$을 충족하는 z의 값이다. $p = 1$ 및 $y_t = \alpha + \theta_1 y_{t-1} + v_t$일 때, $\varphi(z) = 1 - \theta_1 z = 0$ 및 $z = 1/\theta_1$이다. 안정성 조건은 $|z| > 1$이며, 이것은 $|\theta_1| < 1$과 동일하다. 식 (12.18)에서 근들 중 하나가 1과 같을 경우, y_t는 단위근을 갖는다고 한다. 이것은 확률적 추세를 가지며 불안정하다. $p = 1$ 및 $\varphi(z) = 1 - \theta_1 z = 0$일 때, $z = 1$은 $\theta_1 = 1$을 의미한다. AR(1) 모형의 경우 θ_1과 ρ를 서로 바꾸어서 사용했다는 점에 주목하자. AR(1) 과정을 AR(p) 과정의 특별한 경우로 생각할 때 θ_1을 사용하는 것이 편리하다. ρ를 사용할 때 이것은 AR(1) 과정에서 y_{t-1}의 계수가 1차 자기상관이라는 사실을 강조한다.

요약해서 말하면, y_t가 단위근을 갖는 경우 그것은 불안정적이 된다. y_t가 안정적이기 위해서, 식 (12.18)의 근은 절댓값으로 볼 때 1보다 커야만 한다. AR(1) 모형 $y_t = \alpha + \rho y_{t-1} + v_t$에서, 이 조건은 단위근의 경우 $\rho = 1$로 전환되며, 안정성의 경우 $|\rho| < 1$로 전환된다. 고차 AR 모형에서, 단위근 및 안정성에 대한 조건을 모수 $\theta_1, \theta_2, \cdots, \theta_p$의 식으로 나타낼 경우 보다 복잡해진다.

$\varphi(z)$의 근들 중 하나가 절댓값으로 볼 때 1보다 작을 경우 어떤 일이 발생할지에 관해 호기심을 가질 수 있다. 아니면 특히, AR(1) 과정에서 $\rho > 1$인 경우 어떤 일이 발생하는지에 대해서 관심을 가질 수 있다. 이 경우 y_t는 불안정하며 폭발적으로 증대될 수 있다. 경험적으로 볼 때 폭발적으로 증가하는 시계열은 관찰되지 않으므로, 단위근과 안정적 과정을 의미하는 근으로 한정할 필요가 있다. 앞으로 살펴보게 될 디키-풀러 검정에서, 귀무가설은 y_t가 단위근을 갖는다는 것이며, 대립가설은 y_t가 안정적이라는 것이다.

12.3.2 디키-풀러 검정

디키-풀러 검정의 세 가지 변형이 있으며, 이들 각각은 다음과 같은 상이한 대립가설로 설계되었다.

1. 대립가설은 y_t가 영이 아닌 평균을 중심으로 안정적이라는 것이다. 이런 계열의 예는 그림 12.4(b)에서 보여주고 있다. 이 경우 검정식에는 절편은 포함되고 추세항은 포함되지 않는다.
2. 대립가설은 그림 12.4(c)에서 보는 것처럼 y_t가 선형 결정적 추세를 중심으로 안정적이라는 것이다. 여기서 검정식은 절편과 추세항을 둘 다 포함한다.
3. 대립가설은 그림 12.4(a)에서 보는 것처럼 y_t는 영인 평균을 중심으로 안정적이라는 것이다. 이 경우 절편과 추세항 둘 다 검정식에서 배제된다.

자료의 성격에 따라 이들 검정 중 선택을 하게 되며, 시간에 대해 계열 자료를 도표로 나타냄으로써
도 알 수 있다. 어떤 검정이 가장 관련되는지 도표를 통해 명백하게 알 수 없다면, 그리고 반드시 분
명하지도 않기 때문에 검정 결론의 확고성을 점검하기 위해서 1개를 초과하는 검정식이 사용될 수도
있다.

12.3.3 디키-풀러 검정 : 절편은 있고 추세가 없는 경우

명백하게 지속적으로 상향하거나 하향하는 추세를 갖지 않고, 영을 중심으로 명백하게 변동하지 않
는 시계열 y_t를 생각해 보자. 이 계열 자료는 그림 12.4(b)의 것과 안정적인 AR(1) 과정으로 더 잘 나
타낼 수 있는지 또는 그림 12.4(d)의 것과 같은 불안정한 확률보행으로 더 잘 나타낼 수 있는지 여부
를 검정하고자 한다고 가상하자. 불안정한 확률보행은 다음과 같이 귀무가설로 설정된다.

$$H_0 : y_t = y_{t-1} + v_t \tag{12.19}$$

안정적인 AR(1) 과정은 다음과 같이 대립가설이 된다.

$$H_1 : y_t = \alpha + \rho y_{t-1} + v_t \quad |\rho| < 1 \tag{12.20}$$

줄곧 v_t는 평균이 영이고 분산이 σ_v^2인 독립적인 무작위 오차이며 과거값들 y_{t-1}, y_{t-2}, $\cdots$과 상관되지
않는다고 가정하였다. H_1하에서 계열 자료는 일정한 평균을 중심으로 변동한다. H_0하에서 아래로 위
로 변동하지만 어느 한 방향으로 명백한 추세를 보이지 않으며 일정한 평균으로 회귀하는 경향도 없다.
　제한되지 않은 대립가설의 모수들 측면에서 귀무가설을 설정하는 분명한 방법은 $H_0 : \alpha = 0$, $\rho = 1$
이다. 이런 목적에 적합한 검정이 개발되었지만,[1] 귀무가설을 $H_0 : \rho = 1$로 단순하게 설정하는 것
이 보다 일반적이다. H_0에서 $\alpha = 0$을 누락시키는 것을 정당화하는 한 가지 방법은 $\alpha = \mu(1 - \rho)$를 다
시 한 번 생각해 보는 것이다. $\rho = 1$인 경우 $\alpha = 0$이 되므로, $H_0 : \rho = 1$을 검정하는 것으로 충분하다
고 주장할 수 있다. 따라서 대립가설 $H_1 : |\rho| < 1$ 또는 $H_1 : \rho < 1$에 대해, $H_0 : \rho = 1$을 검정함으로
써 AR(1) 모형 $y_t = \alpha + \rho y_{t-1} + v_t$에서의 불안정성에 대한 검정을 할 수 있다. 식 (12.20)의 양편에서
y_{t-1}을 감하여 다음과 같아지면 단측(좌측) 검정을 하기에 보다 편리한 형태가 된다.

$$y_t - y_{t-1} = \alpha + \rho y_{t-1} - y_{t-1} + v_t$$
$$\Delta y_t = \alpha + (\rho - 1) y_{t-1} + v_t \tag{12.21}$$
$$= \alpha + \gamma y_{t-1} + v_t$$

　여기서 $\gamma = \rho - 1$ 및 $\Delta y_t = y_t - y_{t-1}$이다. 그렇게 되면 가설은 ρ 또는 γ의 식으로 나타낼 수 있다.

$$H_0 : \rho = 1 \quad \Longleftrightarrow \quad H_0 : \gamma = 0$$
$$H_1 : \rho < 1 \quad \Longleftrightarrow \quad H_1 : \gamma < 0 \tag{12.22}$$

1　보다 높은 수준의 논의는 다음을 참조하시오. Hamilton, J.D. (1994), *Time Series Analysis*, Princeton, p. 494.

표 12.2   디키–풀러 검정에 대한 임계값

모형	1%	5%	10%
$\Delta y_t = \gamma y_{t-1} + v_t$	−2.56	−1.94	−1.62
$\Delta y_t = \alpha + \gamma y_{t-1} + v_t$	−3.43	−2.86	−2.57
$\Delta y_t = \alpha + \lambda t + \gamma y_{t-1} + v_t$	−3.96	−3.41	−3.13
표준 정규 임계값	−2.33	−1.65	−1.28

$\gamma = 0$이란 귀무가설을 기각할 경우 이것은 계열 자료가 안정적이라는 것을 의미한다. H_0를 기각하는 데 실패할 경우, 계열 자료가 불안정할 수 있다는 것을 시사하며 허구적 회귀를 추정하지 않도록 주의를 기울여야만 한다.

식 (12.22)의 가설을 검정하기 위해서, OLS를 이용하여 식 (12.21)을 검정하고 가설 $\gamma = 0$에 대한 t-통계량을 검토한다. 유감스럽게도 이 t-통계량은 회귀계수에 대한 영인 귀무가설을 검정하기 위해 이전에 사용하였던 t-분포를 더 이상 갖지 않는다. 귀무가설이 참인 경우, y_t는 불안정하고 표본크기가 증대함에 따라 분산이 증가하기 때문에 문제가 발생한다. 이런 증가하는 분산으로 인해 H_0가 참인 경우 통상적인 t-통계량의 분포가 변화하게 된다. 이런 사실을 인정하면서 해당 통계량을 보통 타우 통계량[τ(tau) statistic]이라 하고, 그 값을 특별히 생성된 임계값과 비교해야 한다. 12.3.2절에서 살펴 본 검정의 각 변형에 대해 임계값이 상이하다. 표 12.2는 이를 표로 만들었다. 검정식 (12.21)에 대한 임계값들은 가운데 행이 있다. $\tau \le \tau_c$인 경우 $H_0 : \gamma = 0$을 기각하며, 여기서 $\tau = \hat{\gamma}/se(\hat{\gamma})$은 $H_0 : \gamma = 0$에 대한 OLS 't'-값이고 τ_c는 표 12.2에 있는 임계값이다. 다시 말해 τ가 충분히 큰 음수인 경우 y_t가 안정적이라고 결론을 내린다. 디키–풀러 임계값들은 (표의 마지막 행에 있는) 표준 정규 임계값들보다 음수 측면에서 보았을 때 더 크다. 따라서 안정성에 대한 대립가설($\gamma < 0$)을 지지하고 귀무가설($\gamma = 0$)을 기각하기 위해서는, τ-통계량이 통상적인 것보다 (음수 측면에서) 더 큰 값을 취해야만 한다.

AR(1) 과정으로 적절히 모형화하지 못하는 많은 안정적인 시계열들이 있다. 자연적으로 제기되는 질문은 고차 AR 과정에서 단위근에 대한 검정을 어떻게 하느냐이다. y_t가 안정적이라는 대립가설에 대해 다음과 같은 AR(p) 과정에서 단위근에 대한 검정은 어떻게 하는지 알아보자.

$$y_t = \alpha + \theta_1 y_{t-1} + \theta_2 y_{t-2} + \cdots + \theta_p y_{t-p} + v_t$$

이것은 다음과 같은 모형에서 대립가설 $H_1 : \gamma < 0$에 대해 $H_0 : \gamma = 0$을 검정하는 것과 같다.

$$\Delta y_t = \alpha + \gamma y_{t-1} + \sum_{s=1}^{p-1} a_s \Delta y_{t-s} + v_t \tag{12.23}$$

최초의 검정식에 대해 시차가 있는 1차 차분항들 $\Delta y_{t-1} = (y_{t-1} - y_{t-2})$, $\Delta y_{t-2} = (y_{t-2} - y_{t-3})$, $\cdots$, $\Delta y_{t-p+1} = (y_{t-p+1} - y_{t-p})$를 추가할 수 있다. 이 경우의 검정절차는 식 (12.23)을 검정식으로 사용하지만, 그렇지 않다면 이전과 같이 진행된다. 즉 $\tau = \hat{\gamma}/se(\hat{\gamma}) \le \tau_c$인 경우 $H_0 : \gamma = 0$을 기각한다. 임계

값은 표 12.2의 것과 동일하다. 이런 검정을 추가된 디키-풀러 검정(augmented Dickey-Fuller test)이라고 한다. p의 선택은 AR 과정의 차수를 선택하기 위해 제9장에서 설명한 것과 유사한 기준에 기초한다. 오차의 자기상관을 제거하기 위해서 충분한 시차가 포함되어야 한다. 또한 통상적인 대표본 정규분포를 하는 a_s 추정값들의 유의성, 그리고 AIC 및 SC 변수 선택기준을 사용할 수 있다. 실제로는 오차들이 상관되지 않는다는 점을 확신하기 위해 (추가되지 않은 것이 아니라) 추가된 디키-풀러 검정을 언제나 사용한다.

정리문제 12.4   안정성에 대해 2개 이자율 시리즈를 점검하기

한 예로 2개 이자율 시리즈, 즉 연방자금금리 FFR_t 및 3년 만기 채권 이자율 BR_t를 생각해 보자. 이 둘은 각각 그림 12.1(e) 및 (g)에 그래프로 그려져 있다. 이들 두 시리즈는 종잡을 수 없게 이리저리 변하는 형태를 보인다. 즉 어느 방향으로 갈지 인지할 수 없는 추세를 갖고 위로 올라갔다가 다시 아래로 내려간다. 따라서 이들이 불안정한 변수일지 모른다는 의구심을 갖게 된다. 이 변수들 각각에 대해 OLS를 이용하여 검정식 (12.23)을 추정하면 다음과 같다.

$$\widehat{\Delta FFR_t} = 0.0580 - 0.0118 FFR_{t-1} + 0.444\Delta FFR_{t-1}$$
$$(\tau \text{ 및 } t) \qquad (-2.47) \qquad (12.30)$$
$$-0.147\Delta FFR_{t-2}$$
$$(-4.05)$$

$$\widehat{\Delta BR_t} = 0.0343 - 0.00635 BR_{t-1} + 0.426\Delta BR_{t-1}$$
$$(\tau \text{ 및 } t) \qquad (-1.70) \qquad (11.95)$$
$$-0.230\Delta BR_{t-2}$$
$$(-6.43)$$

두 변수 모두에 대해 2개 항이 추가되었다. FFR의 경우 SC를 최소화하는 추가 항의 숫자는 13이었으며 이는 매우 큰 수이다. 하지만 잔차들의 상관도표를 점검하고 나서, 2개의 시차 ΔFFR을 포함하는 것만으로도 오차들의 주요한 자기상관들을 제거하는 데 충분하다는 사실을 알게 되었다. BR의 경우도 2개의 추가된 항들이 SC를 최소화하였고, 상당히 큰 오차들의 자기상관을 제거하는 데 충분하였다. 통상적인 t 또는 정규분포를 사용하여 추가된 항의 계수들에 대한 유의성을 평가할 수 있다. 큰 t-값으로 인해 2개 시차를 포함하는 결정이 타당하였음을 확인할 수 있다.

하지만 안정성을 점검하기 위해서 통상적인 t 임계값 및 p-값이 사용될 수 없다. 대신에 FFR_{t-1} 및 BR_{t-1}의 계수들에 대해 2개의 τ값, 즉 $\tau = -2.47$ 및 $\tau = -1.70$을 표 12.2에 있는 임계값과 비교해 보자. 5% 유의수준에서 관련된 임계값은 $\tau_{0.05} = -2.86$이다. 안정성에 대한 검정은 단측검정으로, 불안정성이란 귀무가설은 $\tau \le -2.86$인 경우 기각된다. 위의 두 경우에 $-2.47 > -2.86$ 및 $-1.70 > -2.86$이므로 H_0를 기각하는 데 실패한다. FFR 및 BR이 안정적이라고 제시할 만한 충분한 증거가 없다.

12.3.4 디키-풀러 검정 : 절편이 있고 추세도 있는 경우

12.1.2절 및 12.1.3절에서 시계열 y_t가 상향하거나 또는 하향 추세를 갖는 2개 모형을 소개하였다. 그림 12.4(c)에서 볼 수 있는 모형에서, y_t는 선형 추세에 대해 안정적이며 다음과 같은 과정으로 나타낼 수 있다.

$$y_t = \alpha + \rho y_{t-1} + \lambda t + v_t \qquad |\rho| < 1 \qquad (12.24)$$

식 (12.24)로 설명할 수 있는 시계열을 추세 안정적이라고 한다. 다른 모형은 그림 12.4(e)에서 볼 수 있는 표류가 있는 확률보행으로 다음과 같다.

$$y_t = \alpha + y_{t-1} + v_t \tag{12.25}$$

이 경우 y_t는 불안정적이다. 절편 및 추세를 갖는 디키-풀러 검정은 이들 두 모형을 구별할 수 있도록 고안되었다. 식 (12.25)는 귀무가설(H_0)이 되고, 식 (12.24)는 대립가설(H_1)이 된다. 귀무가설이 기각될 경우 y_t는 추세 안정적이라고 결론을 내린다. H_0를 기각하는 데 실패할 경우 이는 y_t가 불안정적이거나, 또는 최소한 그렇지 않다는 것을 입증할 수 있는 충분한 증거가 없다는 점을 시사한다.

식 (12.24) 및 (12.25)를 비교해 보면 이것은 관련 귀무가설이 $H_0 : \rho = 1$, $\lambda = 0$이라는 것을 시사한다. 하지만 12.3.3절에서와 마찬가지로 대립가설 $H_1 : \rho < 1$에 대한 $H_0 : \rho = 1$을 간단히 검정하는 것이 보다 일반적이다. 그렇게 하는 것에 대한 이론적 근거는 뒤로 돌아가서 식 (12.14)를 점검해 보면 알 수 있다. 거기서 식 (12.24)를 나타내는 다른 방법은 다음과 같다는 점에 주목하자.

$$(y_t - \mu - \delta t) = \rho (y_{t-1} - \mu - \delta(t-1)) + v_t, \qquad |\rho| < 1$$

여기서 $\mu + \delta t$는 결정적 추세이며, $\alpha = \mu(1-\rho) + \rho\delta$, $\lambda = \delta(1-\rho)$이다. α 및 λ에 대한 이런 정의하에서 $\rho = 1$이라고 설정할 경우 이는 $\alpha = \delta$ 및 $\lambda = 0$을 의미하고 식 (12.25)에서 표류가 있는 확률보행을 시사한다. 이전과 마찬가지로 다음과 같은 식을 구하기 위해 식 (12.24)의 양편에서 y_{t-1}을 감하고 추가항들을 더함으로써 검정식을 구할 수 있다.

$$\Delta y_t = \alpha + \gamma y_{t-1} + \lambda t + \sum_{s=1}^{p-1} a_s \Delta y_{t-s} + v_t \tag{12.26}$$

$H_0 : \gamma = 0$ 대 $H_1 : \gamma < 0$에 관해서 좌측 검정을 활용하면, $\tau = \hat{\gamma}/\mathrm{se}(\hat{\gamma})$이 표 12.2의 세 번째 행에서 선택한 임계값보다 작거나 또는 같을 경우 H_0를 기각한다.

🐢 정리문제 12.5   GDP는 추세 안정적인가?

그림 12.1(a)에서 GDP는 명백하게 상향하는 추세를 보여주고 있다. 이제 선형 결정적 추세 근처에서 안정적인 것으로 모형화할 수 있는지 여부 또는 확률적 추세요소를 포함하는지 여부에 대해 알아보고자 한다. 관련 자료를 사용하여 식 (12.26)을 추정하면 다음과 같다.

$$\widehat{\Delta GDP}_t = 0.269 + 0.00249t - 0.0330\,GDP_{t-1}$$
$$(\tau \text{ 및 } t) \qquad\qquad\qquad (-2.00)$$
$$+ 0.312\Delta GDP_{t-1} + 0.202\Delta GDP_{t-2}$$
$$\qquad (3.58) \qquad\qquad (2.28)$$

추가된 2개 항은 SC를 최소화하며, 잔차의 주요한 자기상관을 제거하고, 5% 수준에서 유의한 계수 추정값을 갖는다. 안정성을 평가하기 위해서 $\tau = -2.00$이라는 사실을 알았으며, 이는 5% 임계값 $\tau_{0.05} = -3.41$보다 크다. 따라서 GDP가 표류가 있는 불안정한 확률보행을 한다는 귀무가설을 기각할 수 없다. GDP가 추세 안정적이라고 결론 내릴 수 있는 충분한 증거가 없다.

정리문제 12.6   밀 수확량은 추세 안정적인가?

정리문제 12.2에서 결정적 추세를 갖는 서부 호주의 밀 수확량을 모형화하였다. 이런 선택이 정당화될 수 있는지 여부를 알아보기 위해, 검정식을 추정하여 다음과 같은 결과를 얻었다.

이 경우 추가되는 항이 필요하지 않았다. $\tau = -5.24$는 5% 임계값 $\tau_{0.05} = -3.41$보다 더 작다. 따라서 이 유의수준에서 불안정성이란 귀무가설을 기각하고 $\ln(YIELD)$가 추세 안정적이라고 결론을 내린다.

$$\widehat{\Delta \ln(YIELD_t)} = -0.158 + 0.0167\,t - 0.745\ln(YIELD_{t-1})$$
$$\qquad (\tau) \qquad\qquad\qquad\qquad\qquad (-5.24)$$

12.3.5 디키-풀러 검정 : 절편이 없고 추세도 없는 경우

추가항이 없는 가장 단순한 형태에서, 이 검정은 안정적인 AR(1) 대립가설 $H_1 : y_t = \rho y_{t-1} + v_t$, $|\rho| < 1$에 대한, 확률보행 귀무가설 $H_0 : y_t = y_{t-1} + v_t$를 검정할 수 있게 고안된다. H_1이 참인 경우 y_t는 평균 0을 갖기 때문에, 그림 12.4(a)에 있는 것처럼 0을 중심으로 변동하는 계열이 된다. 검정식은 다음과 같다.

$$\Delta y_t = \gamma y_{t-1} + \sum_{s=1}^{p-1} a_s \Delta y_{t-s} + v_t \tag{12.27}$$

이전에 설명한 것처럼 $H_1 : \gamma < 0$에 대해, $H_0 : \gamma = 0$을 검정하며, 임계값은 표 12.2의 첫 번째 행에 있다.

최초 수준의 측면에서 측정된 대부분의 시계열은 평균 0을 갖지 않는다. 하지만 1차 차분 $\Delta y_t = y_t - y_{t-1}$은 평균 0을 갖게 될 수 있다. 1차 차분이 안정적인지 여부를 검정하는 것은 12.3.6절에서 살펴보게 될 계열의 적분 차수(order of integration)를 구하는 일과 관련된다.

표 12.3은 3개 검정 각각에 대해, H_0 및 H_1하에서의 모형을 요약해서 보여주고 있다. 표가 복잡해지는 것을 피하기 위해 추가항은 누락시켰다.

12.3.6 적분 차수

현재까지는 시계열이 안정적인지 아니면 불안정적인지만을 논의하였다. 이런 분석을 한 단계 더 발전시켜서 '적분 차수'라고 하는 개념을 생각해 볼 수 있다. y_t가 확률보행인 경우, $\gamma = 0$이 되고 y_t의 1차 차분은 다음과 같다.

$$\Delta y_t = y_t - y_{t-1} = v_t$$

시계열인 $\Delta y_t = y_t - y_{t-1}$의 흥미로운 특징은, 독립적이며 $(0, \sigma_v^2)$인 확률변수 v_t가 안정적이기 때문에, 안정적이 된다는 점이다. 1차 차분을 취함으로써 안정적이 되는 y_t와 같은 시계열을 1차수만큼 적분되었다(integrated of order 1)고 하며, I(1)이라고 표기한다. 안정적인 시계열은 0차수만큼 적분되었다고 하며 I(0)이라고 표기한다. 일반적으로 시계열 적분 차수는 해당 시계열을 안정적으로 만들기 위해 차분되어야만 하는 최소한의 숫자이다.

표 12.3 AR 과정 및 디키-풀러 검정

AR 과정 : $\lvert \rho \rvert < 1$	$\rho = 1$로 설정	디키-풀러 검정
$y_t = \rho y_{t-1} + u_t$	$y_t = y_{t-1} + u_t$	절편이 없고 추세도 없는 경우의 검정
$y_t = \alpha + \rho y_{t-1} + v_t$ $\alpha = \mu(1 - \rho)$	$y_t = y_{t-1} + v_t$ $\alpha = 0$	절편은 있고 추세가 없는 경우의 검정
$y_t = \alpha + \rho y_{t-1} + \lambda t + v_t$ $\alpha = \mu(1 - \rho) + \rho \delta$ $\lambda = \delta(1 - \rho)$	$y_t = \delta + y_{t-1} + v_t$ $\alpha = \delta$ $\lambda = 0$	절편이 있고 추세도 있는 경우의 검정

정리문제 12.7 2개 이자율 시리즈의 적분 차수

정리문제 12.4에서 2개 이자율 시리즈 *FFR* 및 *BR*은 불안정적이라고 결론을 내렸다. 적분 차수를 구하기 위해서 다음과 같은 질문을 하였다. 1차 차분, 즉 $\Delta FFR_t = FFR_t - FFR_{t-1}$ 및 $\Delta BR_t = BR_t - BR_{t-1}$은 안정적인가? 그림 12.1(f) 및 (h)에 있는 도표는 안정성을 시사한다. 이 도표들이 영 근처에서 변동한다고 보면, 절편이 없고 추세가 없는 디키-풀러 검정식을 사용하여 다음과 같은 결과를 구할 수 있다.

$$\widehat{\Delta(\Delta FFR_t)} = -0.715 \Delta FFR_{t-1} + 0.157 \Delta(\Delta FFR_{t-1})$$
$$(\tau \text{ 및 } t) \quad (-17.76) \qquad\qquad (4.33)$$

$$\widehat{\Delta(\Delta BR_t)} = -0.811 \Delta BR_{t-1} + 0.235 \Delta(\Delta BR_{t-1})$$
$$(\tau \text{ 및 } t) \quad (-19.84) \qquad\qquad (6.58)$$

여기서 $\Delta(\Delta FFR_t) = \Delta FFR_t - \Delta FFR_{t-1}$, $\Delta(\Delta BR_t) = \Delta BR_t - \Delta BR_{t-1}$이다. 두 경우에서 추가된 1개 항은 오차들의 계열상관을 제거하는 데 충분하였다. 변수 ΔF 및 변수 ΔB는 안정적이 아니라는 것이 귀무가설이라는 점에 주목하자. τ-통계량의 큰 음의 값, 즉 ΔFFR에 대한 $\tau = -17.76$ 그리고 ΔBR에 대한 $\tau = -19.84$는 5% 임계값 $\tau_{0.05} = -1.94$보다 훨씬 더 작다. 따라서 ΔFFR 및 ΔBR은 단위근을 갖는다는 귀무가설을 기각하고, 이들이 안정적이라고 결론을 내린다.

위의 결과들이 의미하는 바는, 2개 이자율은 불안정하지만 이들의 1차 차분은 안정적이라는 것이다. FFR_t 및 BR_t를 안정적으로 만들기 위해서는 한 번 차분화해야 하기 때문에 시리즈 FFR_t 및 BR_t는 I(1)이라고 한다[ΔFFR_t 및 ΔBR_t는 I(0)이다]. 다음 절에서는 회귀 모형화를 하는 데 위의 결과들이 갖는 의미를 살펴볼 것이다.

12.3.7 기타 단위근 검정

추가된 디키-풀러 검정이 단위근에 대해 가장 널리 사용되는 검정이기는 하지만, 고도로 지속적인 안정적 과정(여기서 ρ는 1에 매우 근접하지만 1은 아니다)과 불안정적 과정(여기서 $\rho = 1$이다)을 종종 구별할 수 없다는 점에서 검정력이 낮다고 볼 수 있다. 결정적인 상수항 및 추세항이 검정식에 포함될 때 검정력은 또한 체감한다. 여기서는 검정력을 향상시킨다는 관점에서 개발될 기타 검정들에 관해 간략히 살펴볼 것이다. 즉 Elliot, Rothenberg, and Stock(ERS) 검정, Phillips and Perron(PP) 검정, Kwiatkowski, Phillips, Schmidt, and Shin(KPSS) 검정, Ng and Perron(NP) 검정 등이 있다.[2] 각 검정은 해당 검정 개발자들의 이름을 따서 약자로 표기하곤 한다.

ERS 검정은 상수/추세효과를 자료로부터 제거하고 잔차에 대해 단위근 검정을 시행하도록 제안한다. t-통계량의 분포는 이제 결정적인 항(즉 상수 및/또는 추세)이 없게 된다. PP 검정은 일반적인 자기회귀 이동평균 구조를 가정하는 비모수 접근법을 채택하고, 검정상관의 표준오차를 추정하기 위해 스펙트럼방법을 사용한다. KPSS 검정은 불안정적인 귀무가설을 명기하는 대신에, 계열이 안정적이거나 또는 추세 안정적인 귀무가설을 명기한다. NP 검정은 PP 검정 및 ERS 검정을 다양하게 수정하도록 제안한다.

12.4 공적분

일반적으로 말해, 불안정한 시계열 변수는 허구적 회귀문제를 피하기 위해 회귀 모형에 사용되지 말아야 한다. 하지만 이 규칙에 예외가 있다. y_t와 x_t가 불안정한 I(1) 변수라면, 이들의 차분 또는 예를 들면, $e_t = y_t - \beta_1 - \beta_2 x_t$와 같은 변수들 간의 선형결합관계도 역시 I(1)이 될 것으로 기대된다.[3] 하지만 $e_t = y_t - \beta_1 - \beta_2 x_t$가 안정적인 I(0) 과정인 중요한 경우가 있다. 이 경우 y_t 및 x_t는 공적분되었다 (cointegrated)고 한다. 공적분이 의미하는 바는 y_t와 x_t가 유사한 확률적 추세를 갖고 있으며 차분 e_t가 안정적이기 때문에 이 두 변수는 서로로부터 결코 멀리 벗어날 수 없다는 것이다.

y_t 및 x_t가 공적분되었는지를 검정하는 자연적인 방법은 오차 $e_t = y_t - \beta_1 - \beta_2 x_t$가 안정적인지를 검정하는 것이다. 하지만 e_t를 관찰할 수 없기 때문에 디키-풀러 검정을 이용하여 OLS 잔차인 $\hat{e}_t = y_t - b_1 - b_2 x_t$의 안정성을 검정하게 된다. 공적분 검정은 실제로 잔차의 안정성에 대한 검정이다. 잔차가 안정적인 경우 y_t와 x_t는 공적분되었다고 한다. 잔차가 불안정한 경우 y_t와 x_t는 공적분되지 않았다고 하며, 이 변수 사이의 명백한 회귀 관계는 허구적이라고 한다.

잔차의 안정성에 대한 검정은 다음과 같은 검정식에 기초하여 이루어진다.

$$\Delta\hat{e}_t = \gamma\hat{e}_{t-1} + v_t \tag{12.28}$$

여기서 $\Delta\hat{e}_t = \hat{e}_t - \hat{e}_{t-1}$이다. 앞에서와 마찬가지로 추정된 기울기의 계수에 대한 t(또는 타우) 통계량을 검토해야 한다. 회귀 잔차의 평균은 0이므로 회귀는 상수항을 포함하지 않는다는 점에 주목하자. 또한 잔차의 추정된 값에 기초하여 검정이 이루어지기 때문에 임계값은 표 12.2의 것과 다르다. 공적분 검정에 대한 적절한 임계값은 표 12.4에 있다. v_t의 자기상관을 제거하기 위해 필요하다면 검정식은 오른편에 $\Delta\hat{e}_{t-1}, \Delta\hat{e}_{t-2}, \cdots$와 같은 항들을 추가적으로 포함할 수 있다.

세 가지 부류의 임계값이 있다. 어느 임계값을 사용하느냐는 잔차 $\hat{e}_t$가 [식 (12.29a)처럼] 상수항이 없는 회귀식에서 도출되었는지, 또는 [식 (12.29b)처럼] 상수항이 있는 회귀식에서 도출되었는지, 아

---

2 보다 세부적인 사항은 다음을 참조하시오. William Greene, *Econometric Analysis*, 8th ed., Chapter 21, 2018, Pearson.

3 x 및 y의 선형 결합관계는 새로운 변수 $z = a_0 + a_1 x + a_2 y$이다. 여기서 상수 $a_0 = -\beta_1$, $a_1 = -\beta_2$, $a_2 = 1$이라고 하면 z는 시계열 e라고 한다.

표 12.4   공적분 검정의 임계값

회귀 모형	1%	5%	10%
(1) $y_t = \beta x_t + e_t$	−3.39	−2.76	−2.45
(2) $y_t = \beta_1 + \beta_2 x_t + e_t$	−3.96	−3.37	−3.07
(3) $y_t = \beta_1 + \delta t + \beta_2 x_t + e_t$	−3.98	−3.42	−3.13

니면 [식 (12.29c)처럼] 상수항과 시간추세가 있는 회귀식에서 도출되었는지에 달려 있다.

$$\text{식 1}: \hat{e}_t = y_t - bx_t \tag{12.29a}$$

$$\text{식 2}: \hat{e}_t = y_t - b_2 x_t - b_1 \tag{12.29b}$$

$$\text{식 3}: \hat{e}_t = y_t - b_2 x_t - b_1 - \hat{\delta} t \tag{12.29c}$$

🔍 정리문제 12.8   연방자금금리와 채권 이자율은 공적분되는가?

위의 검정을 설명하기 위해 그림 12.1(e) 및 그림 12.1(g)에서 도표로 나타낸 것처럼, $y_t = BR_t$ 및 $x_t = FFR_t$가 공적분되었는지 검정해 보자. 우리는 이미 이 두 시계열 시리즈가 불안정하다는 점을 살펴보았다. 이 변수들 사이의 추정된 최소제곱 회귀식은 다음과 같다.

$$\widehat{BR}_t = 1.328 + 0.832 \, FFR_t \qquad R^2 = 0.908$$
$$(t) \qquad\qquad (85.72) \tag{12.30}$$

OLS 잔차 $\hat{e}_t = BR_t - 1.328 - 0.832 \, FFR_t$의 안정성에 대한 추정된 검정식은 다음과 같다.

$$\widehat{\Delta \hat{e}}_t = -0.0817 \hat{e}_{t-1} + 0.223 \Delta \hat{e}_{t-1} - 0.177 \Delta \hat{e}_{t-2}$$
$$(\tau \text{ 및 } t) \quad (-5.53) \qquad (6.29) \qquad (-4.90)$$

이는 자기상관을 수정하기 위하여 2개의 시차가 있는 항 $\Delta \hat{e}_{t-1}$ 및 $\Delta \hat{e}_{t-2}$를 포함하는 추가된 디키-풀러 검정이라는 점에 주목하자. 식 (12.30)에는 상수항이 있으므로 표 12.4에 있는 식 (2)의 임계값을 사용해야 한다.

공적분에 대한 검정에서 귀무가설 및 대립가설은 다음과 같다.

H_0 : 시계열은 공적분되지 않는다. ⇔ 잔차가 불안정하다.

H_1 : 시계열은 공적분된다. ⇔ 잔차가 안정적이다.

단측 단위근 검정과 유사하게, $\tau \leq \tau_c$인 경우 공적분되지 않는다는 귀무가설을 기각하게 되며, $\tau > \tau_c$인 경우 시계열이 공적분되지 않는다는 귀무가설을 기각하지 않는다. 이 경우 타우 통계량은 5% 유의수준에서의 임계값인 −3.37보다 작은 −5.53이 된다. 따라서 최소제곱 잔차가 불안정하다는 귀무가설을 기각하고 이들은 안정적이라고 결론을 내리게 된다. 이는 채권 이자율과 연방자금금리가 공적분되었다는 의미이다. 다시 말해 이 두 변수들 사이에는 근본적인 관계가 있으며(이 변수들 사이의 추정된 회귀 관계는 타당하지 허구적이 아니며) 절편 및 기울기의 추정값은 각각 1.328 및 0.832가 된다.

연방자금금리와 채권 이자율이 공적분되었다는 결과는 주요한 경제적 의미를 갖는다. 즉 이것은 미국 연방준비이사회가 연방자금금리를 변화시켜 금융정책을 시행할 경우 금융정책의 효과가 경제의 여타 부분에 미칠 것이라 확신하며 그로 인해 채권 이자율도 또한 변화한다는 의미이다. 이와는 대조적으로 채권 이자율과 연방자금금리가 위조적인 관계를 갖는다면 이는 이 두 변수들의 움직임이 근본적으로 서로에게 거의 영향을 미치지 않는다는 의미이므로 금융정책의 효과는 심각하게 제한을 받게 된다.

12.4.1 오차 수정 모형

12.4절에서는 잔차가 I(0)이라는 I(1) 변수들 사이의 관계로 공적분의 개념을 논의하였다. I(1) 변수들 사이의 관계는 또한 종종 장기관계라고 하는 반면에, I(0) 변수들 사이의 관계는 종종 단기관계라고 한다. 이 절에서는 공적분 관계를 끼워 넣은 I(0) 변수들 사이의 동태적 관계에 대해 살펴볼 것이며, 이는 단기 오차 수정 모형이라고 알려져 있다.

제9장에서 논의한 것처럼 시계열 자료를 연구대상으로 할 경우 동태적 효과를 고려하는 것은 매우 일반적이며, 실제로 매우 중요하다. 오차 수정 모형을 도출하기 위해서는 약간의 대수학이 필요하지만 이 모형이 제의하는 것처럼 장기 및 단기 효과를 결합시키는 일관된 방법을 유지할 것이다.

이제는 변수가 불안정하다는 점을 제외하고는 제9장에서 살펴본 ARDL 모형, 다시 말해 다음과 같이 y 및 x의 시차를 포함하는 일반적인 모형에서 시작해 보자.

$$y_t = \delta + \theta_1 y_{t-1} + \delta_0 x_t + \delta_1 x_{t-1} + v_t$$

간단히 하기 위해서 차수 1까지의 시차만을 고려하겠지만, 아래의 분석은 어떤 차수의 시차에도 적용된다. 이제는 y 및 x가 공적분될 경우 이는 변수들 사이에 장기관계가 존재한다는 사실을 의미한다는 점을 인지하도록 하자. 이 정확한 관계를 도출하기 위해 $y_t = y_{t-1} = y$, $x_t = x_{t-1} = x$, $v_t = 0$이라 하고 나서, 이 개념을 ARDL에 부과하면 다음과 같다.

$$y(1 - \theta_1) = \delta + (\delta_0 + \delta_1) x$$

이 식은 $y = \beta_1 + \beta_2 x$로 다시 나타낼 수 있으며, 여기서 $\beta_1 = \delta/(1 - \theta_1)$ 및 $\beta_2 = (\delta_0 + \delta_1)/(1 - \theta_1)$이다. 반복해서 말하면, 우리는 이제 y 및 x 사이의 함축된 공적분 관계를 도출하였다. 달리 표현하면, 2개 I(1) 변수들 사이에 준수되는 장기관계를 도출하였다.

ARDL이 공적분 관계를 어떻게 끼워넣는지 알아보기 위해서, 이제는 이를 조작해 볼 것이다. 첫째, 이 식의 양변에 $-y_{t-1}$항을 추가하면 다음과 같다.

$$y_t - y_{t-1} = \delta + (\theta_1 - 1) y_{t-1} + \delta_0 x_t + \delta_1 x_{t-1} + v_t$$

둘째, 오른쪽에 $-\delta_0 x_{t-1} + \delta_0 x_{t-1}$항을 추가하면 다음과 같다.

$$\Delta y_t = \delta + (\theta_1 - 1) y_{t-1} + \delta_0 (x_t - x_{t-1}) + (\delta_0 + \delta_1) x_{t-1} + v_t$$

여기서 $\Delta y_t = y_t - y_{t-1}$이다. 다음과 같아지도록 식을 조작해 보자.

$$\Delta y_t = (\theta_1 - 1) \left(\frac{\delta}{(\theta_1 - 1)} + y_{t-1} + \frac{(\delta_0 + \delta_1)}{(\theta_1 - 1)} x_{t-1} \right) + \delta_0 \Delta x_t + v_t$$

여기서 $\Delta x_t = x_t - x_{t-1}$이다. 약간 더 식을 정돈하고, 정의 β_1 및 β_2를 사용하면 다음과 같다.

$$\Delta y_t = -\alpha (y_{t-1} - \beta_1 - \beta_2 x_{t-1}) + \delta_0 \Delta x_t + v_t \tag{12.31}$$

여기서 $\alpha = (1-\theta_1)$이다. 여러분이 알 수 있는 것처럼, 괄호 안에 있는 식은 공적분 관계를 나타낸다. 다시 말해 일반적인 ARDL 틀 내에서 y와 x 사이의 공적분 관계를 끼워 넣었다.

식 (12.31)은 다음과 같은 이유들로 인해 오차 수정식이라고 한다. (a) 식 $(y_{t-1}-\beta_1-\beta_2 x_{t-1})$은 y_{t-1}의 장기적인 값, $\beta_1 + \beta_2 x_{t-1}$로부터 y_{t-1}이 벗어난 정도, 다시 말해 이전 기간에서의 '오차'를 보여준다. (b) $(\theta_1 - 1)$항은 '오차'에 대한 Δy_t의 '수정'을 보여준다. 보다 명확히 설명하면, $y_{t-1} > (\beta_1 + \beta_2 x_{t-1})$이 되도록 이전 기간의 오차가 양수인 경우, y_t는 하락해서 Δy_t는 음이 되어야만 한다. 반대로 $y_{t-1} < (\beta_1 + \beta_2 x_{t-1})$이 되도록 이전 기간의 오차가 음수인 경우, y_t는 상승해서 Δy_t는 양이 되어야만 한다. 이것이 의미하는 바는 y와 x 사이에 공적분 관계가 존재해서 '오차가 수정되도록' 조정이 언제나 작동하는 경우, 경험적으로 볼 때 $\theta_1 < 1$이라는 사실을 의미하는 $(1-\theta_1) > 0$을 또한 발견해야만 한다는 것이다. 변수들 사이에 공적분이 존재한다는 증거가 존재하지 않는다면, θ_1에 대한 추정값은 유의하지 않게 된다.

오차 수정 모형은 공적분 관계를 향한 조정을 포함하여, 변수들 사이의 단기적인 조정(즉 변화)뿐만 아니라 변수들 사이의 기초가 되거나 근본이 되는 연계성(장기적인 관계)을 고려하기 때문에 매우 널리 사용되는 모형이다. (y, x)가 공적분되어서 $(y_{t-1}-\beta_0-\beta_1 x_{t-1})$이 안정적인 잔차를 포함하고 있다고 의미할 경우, 동일한 식에서 I(1) 변수 (y_{t-1}, x_{t-1}) 및 I(0) 변수 $(\Delta y_t, \Delta x_t)$를 연구대상으로 삼을 수 있다는 점을 또한 보여준다. 사실 이렇게 공식화된 식은 또한 y와 x 사이의 공적분을 검정하는 데 사용될 수 있다.

🐢 정리문제 12.9   채권 이자율과 연방자금금리에 대한 오차 수정 모형

채권 이자율의 변화를 시차가 있는 공적분한 관계 및 연방자금금리와 연계시킨 오차 수정 모형의 경우, ΔFFR_t의 4개 시차까지 관련되며, 오차의 시계열 상관을 제거하기 위해서는 ΔBR_t의 2개 시차가 필요하다. 비선형 최소제곱을 사용하여 직접 추정한 식은 다음과 같다.

$$\widehat{\Delta BR_t} = -0.0464(BR_{t-1}-1.323-0.833FFR_{t-1})$$

$$(t) \quad\quad (3.90)$$

$$+ 0.272\Delta BR_{t-1} - 0.242\Delta BR_{t-2}$$

$$(7.27) \quad\quad (-6.40)$$

$$+ 0.342\Delta FFR_t - 0.105\Delta FFR_{t-1} + 0.099\Delta FFR_{t-2}$$

$$(14.22) \quad\quad (-3.83) \quad\quad\quad (3.62)$$

$$- 0.066\Delta FFR_{t-3} + 0.056\Delta FFR_{t-4}$$

$$(-2.69) \quad\quad\quad (2.46) \quad\quad\quad\quad (12.32)$$

추정값 $\hat{\beta}_1 = 1.323$ 및 $\hat{\beta}_2 = 0.833$은 식 (12.30)에 있는 공적분한 관계의 직접 OLS 추정으로부터 구한 추정값과 매우 유사하다.

공적분에 대해 검정하기 위해서 식 (12.32)의 추정값으로부터 구한 잔차 $\hat{e}_t = BR_t - 1.323 - 0.833FFR_t$를 사용하면, 이 전의 결과와 유사한 것을 다음과 같이 구할 수 있다.

$$\widehat{\Delta e_t} = -0.0819\hat{e}_{t-1} + 0.224\Delta\hat{e}_{t-1} - 0.177\Delta\hat{e}_{t-2}$$

$$(\tau \text{ 및 } t) \quad (-5.53) \quad\quad\quad (6.29) \quad\quad\quad\quad (-4.90)$$

여느 때와 같이 귀무가설은 (BR, FFR)이 공적분되지 않는다(잔차가 불안정하다)는 것이다. 공적분한 관계가 상수를 포함하고 있으므로, 표 12.4에서 임계값은 -3.37이다. 실제값 $\tau = -5.53$과 임계값을 비교해 보면, 귀무가설을 기각하고 (BR, FFR)이 공적분되었다고 결론을 내리게 된다.

식 (12.31)을 추정하기 위해서 다음과 같은 두 가지 방법 중 하나로 진행할 수 있다. 즉 $\hat{e}_{t-1}$로 대체시킨 $y_{t-1} - \beta_1 - \beta_2 x_{t-1}$을 포함하는 식을 추정할 수 있다. 또는 α 및 δ_0를 추정할 때 동시에 β_1 및 β_2의 새로운 추정값을 구할 수 있다. 후자의 방법을 따를 경우 비선형 최소제곱을 식 (12.31)에 적용하여 모수를 직접 추정하거나, 또는 OLS를 활용하여 다음 식을 추정할 수 있다.

$$\Delta y_t = \beta_1^* + \alpha^* y_{t-1} + \beta_2^* x_{t-1} + \delta_0 \Delta x_{t-1} + v_t$$

그러고 나서 $\alpha = -\alpha^*$, $\beta_1 = -\beta_1^*/\alpha^*$, $\beta_2 = -\beta_2^*/\alpha^*$로부터 식 (12.31)의 모수를 회복시켜 구할 수 있다. 비선형 최소제곱 추정값과 회복된 OLS 추정값은 동일하다. 하지만 이들은 $\hat{e}_{t-1}$로 $y_{t-1} - \beta_1 - \beta_2 x_{t-1}$을 대체시켜 구한 2단계 추정값들과는 약간 상이하다.

12.5 공적분이 없는 경우의 회귀

지금까지는 I(1) 변수가 공적분되어서 허구적 결과에 따른 문제를 피할 수 있게 된다면 이들 변수를 이용한 회귀를 받아들일 수 있음을 살펴보았다. 또한 제9장에서 학습한 안정적인 I(0) 변수를 이용한 회귀도 역시 받아들일 수 있다는 사실을 알고 있다. 그렇다면 I(1) 변수들 사이에 공적분이 없는 경우에는 어떤 일이 발생하는가? 이 경우 사리에 맞게 할 수 있는 일은 불안정한 시계열을 안정적인 시계열로 변환시켜서 제9장에서 논의한 기법을 이용하여 안정적인 변수들 사이의 동적인 관계를 추정하는 것이다. 하지만 이런 조치는 I(1) 변수들 사이에 공적분을 찾아낼 수 없을 때만 취해져야 한다. 공적분된 I(1) 변수를 이용한 회귀의 경우 최소제곱 추정량은 '초 일치적'이 되며, 나아가 경제변수 자체의 수준 사이에 존재하는 관계를 정립하는 데도 경제적으로 유용하다.[4]

불안정한 시계열을 안정적인 시계열로 어떻게 변환시켜 그 모형을 추정할지는 변수들이 차분 안정적(difference stationary)인지 또는 추세 안정적(trend stationary)인지에 달려 있다. 전자의 경우, 1차 차분을 함으로써 불안정한 시계열을 안정적인 것으로 변환시킬 수 있다. 후자의 경우, 추세를 제거함으로써 불안정한 시계열을 안정적인 시계열로 전환시키거나 또는 회귀관계식에 추세항을 포함시키며, 이에 관해서는 12.1.1절에서 다루었다. 이제는 공적분되지도 않고 추세 안정적이지도 않은 불안정한 변수를 포함하는 회귀 관계식을 어떻게 추정할지 생각해 보자.

I(1) 변수는 한 번 차분한 후에 안정적이 된다는 점을 기억하자. 이런 특성을 갖는 변수들의 다른 이름은 이들이 1차 차분 안정적(first-difference stationary)이라는 것이다. 보다 분명하게 말해서, y_t는 확률적 추세를 갖는 불안정한 변수이고 이것의 1차 차분 $\Delta y_t = y_t - y_{t-1}$이 안정적이라면, y_t는 I(1)이고 1차 차분 안정적이다. 회귀에서 연계시키고자 하는 두 변수 y 및 x가 1차 차분 안정적이며 공적분되지 않는다는 점을 디키-풀러 검정을 통해 알 수 있는 경우, 안정적인 변수만을 포함하는 적합한 회귀는 y의 변화를 x의 변화와 연관시키면서 관련 시차를 포함하는 것이다. y_t 및 x_t가 명백한 추세가 없는 확률보행처럼 움직이는 경우, 절편이 누락될 수 있다. 예를 들어, 1개의 시차가 있는 Δy_t 그리고

---

4 일치성은 $T \to \infty$함에 따라 최소제곱 추정량이 모수의 참값으로 수렴한다는 의미이다. 초 일치성은 최소제곱 추정량이 더욱 빠른 비율로 참값으로 수렴한다는 뜻이다.

현재 및 시차가 있는 Δx_t를 활용할 경우 다음과 같아진다.

$$\Delta y_t = \theta \Delta y_{t-1} + \beta_0 \Delta x_t + \beta_1 \Delta x_{t-1} + e_t \tag{12.33}$$

y_t 및 x_t가 표류가 있는 확률보행처럼 움직이는 경우, 절편을 포함하는 것이 적절하다. 이것의 예는 다음과 같다.

$$\Delta y_t = \alpha + \theta \Delta y_{t-1} + \beta_0 \Delta x_t + \beta_1 \Delta x_{t-1} + e_t \tag{12.34}$$

표류가 있는 확률보행은 $\Delta y_t = \alpha + v_t$와 같은 것이라는 점에 주목하자. 이것은 절편이 포함되어야만 한다는 점을 의미하는 반면에 표류가 없는 확률보행은 $\Delta y_t = v_t$가 된다. 제9장과 일치하게 표현하면 식 (12.33) 및 (12.34)에 있는 모형은 1차 차분된 변수를 포함하는 ARDL 모형이다. 일반적으로 상수항이 어떤 역할을 할지 모른다고 종종 생각하였기 때문에, 관례상 통상적으로 회귀에 절편항을 포함시킨다.

🧠 정리문제 12.10   1차 차분으로 나타낸 소비 함수

제9장에는 변수들의 1차 차분을 포함하는 많은 정리문제가 있었다. 제9장을 학습하면서, 수준으로 나타낸 변수들을 사용하지 않았던 이유가 무엇인지 의아하게 여겼을지 모른다. 그 이유가 이제는 명백해졌다. 변수들이 안정적이라는 것을 확실하게 하기 위해서였다. 아래의 소비 함수 예에서는 정리문제 9.16에서 사용하였던 호주 소비지출 및 가처분 소득에 관한 분기별 자료(1985Q1부터 2016Q3까지의 자료)를 사용할 것이다. 이 시리즈의 도포들은 그림 12.6에 있다.

소비(C) 및 소득(Y) 모두 명백하게 추세를 보이고 있기 때문에, 이들이 추세 안정적으로 다루어져야 하는지 또는 차분 안정적으로 다루어져야 하는지를 알아보기 위해서 디키-풀러 검정식에 추세항을 포함시킨다. 검정식의 결과는 다음과 같다.

$$\widehat{\Delta C_t} = 1{,}989.7 + 29.43\,t - 0.0193 C_{t-1} + 0.244 \Delta C_{t-1}$$
$$(\tau \text{ 및 } t) \qquad (2.03)\,(-1.70) \qquad (2.82)$$

$$\widehat{\Delta Y_t} = 5{,}044.6 + 80.04\,t - 0.0409 Y_{t-1} + 0.248 \Delta Y_{t-1}$$
$$(\tau \text{ 및 } t) \qquad (2.27)\,(-2.14) \qquad (2.89)$$

표 12.2에서 추세를 포함한 검정식에 대한 5% 임계값은 $\tau_{0.05} = -3.41$이다. 소비에 대한 τ값(-1.70) 및 소득에 대한 τ값(-2.14)는 모두 $\tau_{0.05}$보다 더 크다. 따라서 C 및 Y가 추세 안정적이라고 결론을 내릴 수 없다.

다음 단계는 C 및 Y가 공적분하는지 여부를 알아보는 것이다. 두 변수 모두 추세를 보이므로 추세항을 포함시키고 다음 식을 추정하자. 잔차는 저장한다.

$$\hat{C}_t = -18{,}746 + 420.4\,t + 0.468 Y_t$$
$$(t) \qquad\qquad (9.92) \quad (20.49) \tag{12.35}$$

잔차가 안정적이라면, C 및 Y는 공적분되고 식 (12.35)는 타당한 회귀식이라고 결론을 내릴 수 있다. 잔차가 불안정적이라면, 식 (12.35)는 허구적 회귀식이 될 수 있다. 잔차의 안정성을 평가하는 검정식은 다음과 같다.

$$\widehat{\Delta \hat{e}_t} = -0.121 \hat{e}_{t-1} + 0.263 \Delta \hat{e}_{t-1}$$
$$(\tau \text{ 및 } t) \; (-2.93) \qquad (2.94)$$

$\tau = -2.93$과 표 12.4의 세 번째 행에 있는 임계값 $\tau_{0.05} = -3.42$를 비교하면, 잔차가 불안정적이다(C 및 Y가 공적분되지 않는다)라는 귀무가설을 기각하는 데 실패한다.

C 및 Y가 추세 안정적이 아니고 공적분되지 않는다는 사실을 확립하거나 또는 그렇지 않다고 제시할 만한 충분한 증거가 없다는 사실을 최소한 확립할 경우, 두 변수를

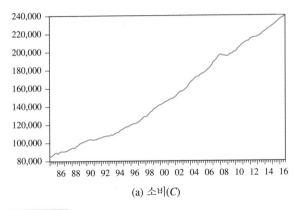

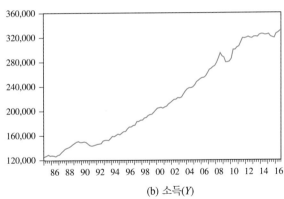

| (a) 소비(C) | (b) 소득(Y) |

그림 12.6 호주 소비 및 가처분 소득

관련지어 추정하게 될 자연적인 회귀식은 1차 차분된 식이다. 하지만 우선 이 변수들이 1차 차분 안정적이다(또는 1차수만큼 적분되었다)라는 사실을 확인해야 한다. 이런 목적에 대한 단위근 검정식은 다음과 같다.

$$\widehat{\Delta(\Delta C_t)} = 844.0 - 0.689\Delta C_{t-1}$$
$$(\tau) \qquad\qquad (-8.14)$$

$$\widehat{\Delta(\Delta Y_t)} = 1,228.7 - 0.751\Delta Y_{t-1}$$
$$(\tau) \qquad\qquad (-8.68)$$

수준으로 나타낸 변수들에 대한 단위근 검정이 추세를 포함하므로 이들 식에 상수를 포함시킨다. 검정값 $\tau = -8.14$ 및 $\tau = -8.68$은 표 12.2에서 구한 5% 임계값 $\tau_{0.05} = -2.86$보다 작다. 그러므로 ΔC 및 ΔY는 안정적이며 이에 따라 C 및 Y는 1차 차분 안정적이라고 결론을 내린다. 1차 차분된 C 및 Y에 대한 ARDL 모형을 추정하면 다음과 같다.

$$\widehat{\Delta C_t} = 785.8 + 0.0573\Delta Y_t + 0.282\Delta C_{t-1}$$
$$(t) \qquad\qquad (2.07) \qquad (3.34)$$

12.6 요약

- 변수가 안정적이거나 또는 I(1)이며 공적분된 경우, 허구적 회귀의 가능성을 우려하지 않으면서 해당 변수들 수준 사이의 회귀 관계를 추정할 수 있다. 후자의 경우, I(1) 변수들 사이의 최소제곱식을 추정하거나 또는 I(1) 변수들을 끼워 넣은 비선형 최소제곱 오차 수정 모형을 추정함으로써 이렇게 할 수 있다.
- 변수가 I(1)이며 공적분되지 않은 경우, 상수항을 포함하거나 또는 포함하지 않으면서 1차 차분들에서의 관계를 추정해야 한다.
- 변수가 추세 안정적인 경우, 우선 시계열의 추세를 제거하고 나서 (추세가 제거된) 안정적인 변수를 이용하여 회귀분석을 하거나 또는 다른 방법으로 추세변수를 포함하는 회귀 관계를 추정하면 된다.

그림 12.7은 이런 선택들을 보여준다.

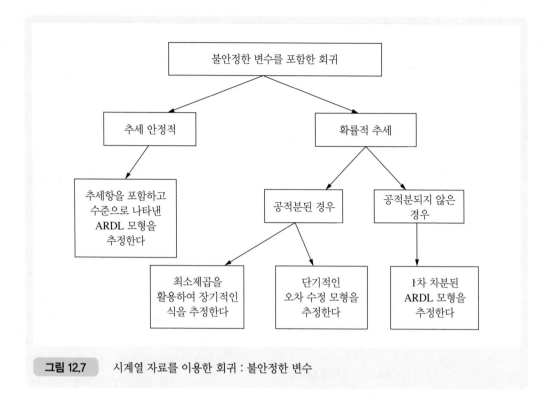

그림 12.7 시계열 자료를 이용한 회귀 : 불안정한 변수

주요 용어

• 국문

공적분	자기회귀 과정	표류가 있는 확률보행
단위근 검정	적분 차수	확률과정
디키-풀러 검정	차분 안정적	확률보행 과정
불안정적	추세 안정적	확률적 추세
안정적	타우 통계량	
허구적	평균 환원	

• 영문

autoregressive process	order of integration	stochastic trend
cointegration	random walk	tau statistic
Dickey-Fuller test	random walk with drift	trend stationary
difference stationary	spurious regressions	unit root test
mean reversion	stationary	
nonstationary	stochastic process	

복습용 질문

1. 안정적인 시계열 과정과 불안정한 시계열 과정의 차이를 설명하시오.

2. 자기회귀 과정과 확률보행 과정의 일반적인 형태를 설명하시오.

3. '단위근' 검정이 필요한 이유를 설명하고, 귀무가설과 대립가설의 의미를 말하시오.

4. 시계열이 '1차수만큼 적분'되었다고 하거나 I(1)이라고 하는 의미를 설명하시오.

5. 안정성에 대한 디키-풀러 검정과 추가된 디키-풀러 검정을 어떻게 하는지 설명하시오.

6. '허구적 회귀'의 의미를 설명하시오.

7. 공적분의 개념을 설명하고, 2개의 계열이 공적분되었는지 여부를 어떻게 검정하는지 설명하시오.

8. 시계열 자료를 이용하는 경우, 적절한 회귀분석 모형을 어떻게 선택할 수 있는지 설명하시오.

연습문제

12.1 AR(2) 모형 $y_t = \delta + \theta_1 y_{t-1} + \theta_2 y_{t-2} + v_t$를 생각해 보자. 다음과 같다고 가상하자.

$$1 - \theta_1 z - \theta_2 z^2 = (1 - c_1 z)(1 - c_2 z)$$

a. $c_1 + c_2 = \theta_1$ 및 $c_1 c_2 = -\theta_2$를 보이시오.

b. $\theta_1 + \theta_2 - 1 = 0$인 경우에 한해, AR(2) 모형이 단위근을 가진다는 사실을 증명하시오. [요령 : $1 - \theta_1 z - \theta_2 z^2 = 0$의 근은 $1/c_1$ 및 $1/c_2$이다.]

c. AR(2) 과정이 안정적이라면, $\theta_1 + \theta_2 - 1 < 0$이라는 사실을 증명하시오.

d. AR(2) 모형 $y_t = \delta + \theta_1 y_{t-1} + \theta_2 y_{t-2} + v_t$를 또한 다음과 같이 나타낼 수 있다는 사실을 증명하시오.

$$\Delta y_t = \delta + \gamma y_{t-1} + a_1 \Delta y_{t-1} + v_t$$

여기서 $\gamma = \theta_1 + \theta_2 - 1$ 및 $a_1 = -\theta_2$이다. 이 결과와 AR(2) 모형에서 단위근 검정에 대한 (b) 및 (c)의 결과가 갖는 의미는 무엇인가?

e. $\gamma = \theta_1 + \theta_2 + \cdots + \theta_p - 1 = 0$인 경우 AR($p$) 모형이 단위근을 갖는다는 사실을 보이시오.

f. 식 (12.23)에서 $\gamma = \theta_1 + \theta_2 + \cdots + \theta_p - 1$이라고 설정할 경우 이것은 $a_j = -\sum_{r=j}^{p-1} \theta_{r+1}$을 의미한다는 사실을 보이시오.

12.2 a. 안정적인 AR(1) 모형 $y_t = \rho y_{t-1} + v_t$, $|\rho| < 1$을 생각해 보자. v_t는 독립적인 무작위 오차이며 평균 0 및 분산 σ_v^2을 갖는다. 이 모형에 대한 자기상관은 $\mathrm{corr}(y_t, y_{t+s}) = \rho^s$라는 사실을 살펴보았다. $\rho = 0.9$가 주어진 경우 1기간 떨어진 관찰값들에 대한 자기상관을 구하시오. 2기간 떨어진 경우 등 계속해서 10기간 떨어진 경우의 관찰값들에 대한 자기상관을 구하시오.

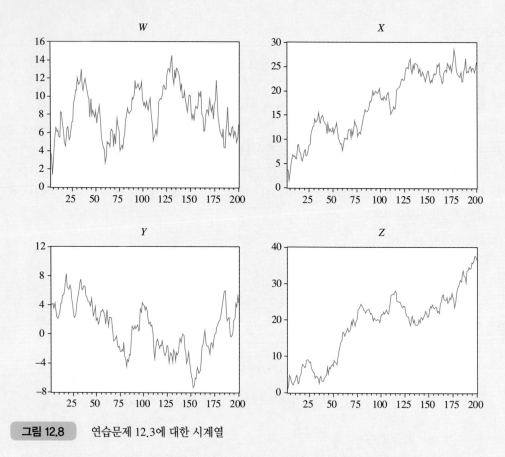

그림 12.8   연습문제 12.3에 대한 시계열

b. 불안정한 확률보행 모형 $y_t = y_{t-1} + v_t$를 생각해 보자. 고정된 $y_0 = 0$을 가정하고, y_t를 모든 과거 오차들 $v_{t-1}, v_{t-2}, \cdots, v_1$의 함수로 다시 작성해 보자.

c. (b)의 결과를 활용하여, (i) y_t의 평균, (ii) y_t의 분산, (iii) y_t와 y_{t+s} 사이의 공분산을 구하시오.

d. (c)의 결과를 활용하여 $\text{corr}(y_t, y_{t+s}) = \sqrt{t/(t+s)}$를 보이시오.

e. $t = 100$(확률보행은 100기간 동안 작용한다)을 가정해 보자. y_{100}과 향후 10기간 각각에서의 $y(y_{110}$까지) 사이에 상관을 구하시오. 이 상관과 (a)에서 구한 상관을 비교하시오.

12.3 그림 12.8은 4개 시계열의 그림을 보여주고 있다.

a. 이들 4개 변수에 대한 디키-풀러 검정식들의 결과는 다음과 같다. 이들 식이 선택된 이유를 설명하시오. 추가항이 포함되어 있지 않다. 어떤 기준에 의해 이들을 누락시켰는가?

$$\widehat{\Delta W_t} = 0.778 - 0.0936 W_{t-1}$$
$$(\tau) \qquad (-3.23)$$

$$\widehat{\Delta Y_t} = 0.0304 - 0.0396 Y_{t-1}$$
$$(\tau) \qquad (-1.98)$$

$$\widehat{\Delta X_t} = 0.805 - 0.0939 X_{t-1} + 0.00928 t$$
$$(\tau) \qquad (-3.13)$$

$$\widehat{\Delta Z_t} = 0.318 - 0.0355 Z_{t-1} + 0.00306\, t$$
$$(\tau) \qquad (-1.87)$$

b. 이들 시계열 각각에 대해 디키-풀러 검정을 시행하시오. 안정성 특성에 관해 어떤 결론을 내릴 수 있는가?

c. 다음의 추정식은 모형 $X_t = \beta_1 + \delta t + \beta_2 Z_t + e_t$에 대한 최소제곱 추정으로부터의 잔차를 사용한다. X_t와 Z_t는 공적분된다고 결론을 내릴 수 있는가?

$$\widehat{\Delta \hat{e}_t} = -0.0683 \hat{e}_{t-1}$$
$$(\tau) \qquad (-2.83)$$

d. 다음 식과 이전의 결과를 활용하여 Z_t의 적분 차수를 구하시오.

$$\widehat{\Delta\left(\Delta Z_t\right)} = 0.174 - 0.987 \Delta Z_{t-1}$$
$$(\tau) \qquad (-13.76)$$

12.4 $y_t = \alpha + y_{t-1} + v_t,\ v_t \sim N(0,\ \sigma^2)$의 시계열 과정은 $y_t - y_{t-1} = \Delta y_t = \alpha + v_t$로 재정리될 수 있다. y_t가 1차수만큼 적분된다는 점을 보이시오. 왜냐하면 y_t의 1차 차분이 안정적이기 때문이다. 시계열 $y_t = 2y_{t-1} - y_{t-2} + \alpha + v_t$가 2차수만큼 적분된다는 점을 보이시오.

12.5 제9장에서 시계열 관찰값 $I_T = \left\{(y_1,\ x_1),\ (y_2,\ x_2),\ \cdots,\ (y_T,\ x_T)\right\}$가 주어진 경우, y_{T+1} 및 y_{T+2}에 대한 1기간 및 2기간 앞선 최우수 예측치는 각각 $E(y_{T+1}\,|\,I_T)$ 및 $E(y_{T+2}\,|\,I_T)$로 나타낼 수 있음을 살펴보았다. $T = 29,\ y_T = 10,\ y_{T-1} = 12,\ x_{T+2} = x_{T+1} = x_T = 5,\ x_{T-1} = 6$이 주어진 경우, 다음의 각 모형으로부터 y_{T+1} 및 y_{T+2}에 대한 예측치를 구하시오. 각 경우에서 v_t는 독립적인 무작위 오차로 $N(0,\ \sigma_v^2 = 4)$로 분포한다.

a. 확률보행 $y_t = y_{t-1} + v_t$

b. 표류가 있는 확률보행 $y_t = 5 + y_{t-1} + v_t$

c. 확률보행 $\ln(y_t) = \ln(y_{t-1}) + v_t$

d. 결정적 추세 모형 $y_t = 10 + 0.1t + v_t$

e. ARDL 모형 $y_t = 6 + 0.6y_{t-1} + 0.3x_t + 0.1x_{t-1} + v_t$

f. 오차 수정 모형 $\Delta y_t = -0.4(y_{t-1} - 15 - x_{t-1}) + 0.3\Delta x_t + v_t$

이밖에 $x = 5$일 때 y에 대한 장기 균형값을 구하시오.

g. 1차 차분 모형 $\Delta y_t = 0.6\Delta y_{t-1} + 0.3\Delta x_t + 0.1\Delta x_{t-1} + v_t$

12.6 주택담보 장기대출 이자율이 상승할 경우 주택 보유에 따른 비용이 증가하고 주택에 대한 수요는 감소한다. 이 식에서는 이런 수요관계를 모형화하는 데 사용될 수 있는 2개 시계열, 즉 미국에서 판매된 신규 단독주택의 수(*HOMES*)의 특성을 살펴보고자 한다. 이들 시계열의 차이와 함께 이 계열들 *DHOMES* 및 *DIRATE*는 그림 12.9에 그림으로 나타내었다. 1992년 1월(1992M1)부터 2016년 9월(2016M9)까지의 자료가 사용되었다. 측정단위는 *HOMES*의 경우 신

규주택 천 채이며, *IRATE*의 경우 백분율이다.

다음의 검정식 결과를 활용하여 단위근 검정을 해 보자. 각 경우에 귀무가설 및 대립가설을 말하고 결론을 도출하시오. 모든 경우에 5% 유의수준을 사용하시오. 검정 결과에 기초해 수요 관계에 대한 모형을 어떻게 설정하는지 설명하시오(각 모형에서 OLS 표준오차는 추정량 $\hat{\gamma}$의 참인 분산을 반영하지 않지만, 그럼에도 불구하고 τ-통계량을 구하기 위해서 사용될 수 있다).

a.
$$\widehat{\Delta HOMES_t} = 7.051 - 0.0102 HOMES_{t-1} - 0.280 \Delta HOMES_{t-1}$$
$$\text{(se)} \qquad (0.0096) \qquad\qquad (0.056)$$

b.
$$\widehat{\Delta HOMES_t} = 16.36 - 0.0385t - 0.0151 HOMES_{t-1} - 0.279 \Delta HOMES_{t-1}$$
$$\text{(se)} \qquad (0.0345) \quad (0.0106) \qquad\qquad (0.056)$$

c.
$$\widehat{\Delta IRATE_t} = 0.0477 - 0.00985 IRATE_{t-1} + 0.300 \Delta IRATE_{t-1}$$
$$\text{(se)} \qquad (0.00679) \qquad\qquad (0.056)$$

d.
$$\widehat{\Delta IRATE_t} = 0.603 - 0.00120t - 0.0710 IRATE_{t-1} + 0.329 \Delta IRATE_{t-1}$$
$$\text{(se)} \qquad (0.00033) \quad (0.0181) \qquad\qquad (0.055)$$

e.
$$\widehat{\Delta DHOMES_t} = -0.254 - 1.285 DHOMES_{t-1}$$
$$\text{(se)} \qquad\qquad (0.056)$$

f.
$$\widehat{\Delta DIRATE_t} = -0.0151 - 0.816 DIRATE_{t-1} + 0.151 \Delta DIRATE_{t-1}$$
$$\text{(se)} \qquad\qquad (0.069) \qquad\qquad (0.058)$$

g. 다음 검정식에서 $\hat{e}_t$는 식 $HOMES_t = \beta_1 + \beta_2 IRATE_t + e_t$를 추정하면서 얻은 잔차이다.

$$\widehat{\Delta \hat{e}_t} = -0.0191 \hat{e}_{t-1} - 0.181 \Delta \hat{e}_{t-1}$$
$$\text{(se)} \quad (0.0117) \qquad (0.057)$$

h. 다음 검정식에서 $\hat{u}_t$는 식 $HOMES_t = \beta_1 + \delta t + \beta_2 IRATE_t + u_t$를 추정하면서 얻은 잔차이다.

$$\widehat{\Delta \hat{u}_t} = -0.0180 \hat{u}_{t-1} - 0.208 \Delta \hat{u}_{t-1}$$
$$\text{(se)} \quad (0.0114) \qquad (0.057)$$

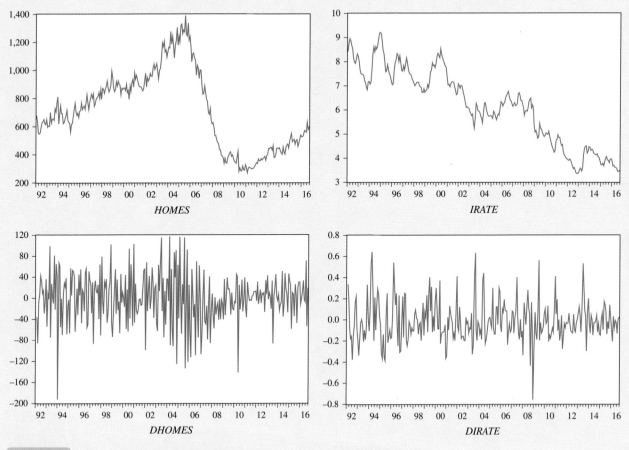

그림 12.9 신규주택과 주택담보 장기대출 이자율 그리고 이들의 차이에 대한 시계열

벡터 오차 수정(VEC) 모형 및 벡터 자기회귀(VAR) 모형

제 12장에서는 시계열 자료의 특성과 불안정한 시계열 자료들 사이의 공적분 관계를 살펴보았다. 이런 예에서 우리는 변수들 중 하나를 종속변수(이를 y_t라 하자)라 하고, 다른 변수를 독립변수 (이를 x_t라 하자)라 하였으며, y_t와 x_t 사이의 관계를 회귀 모형처럼 취급하였다. 그러나 생각해 보면 그렇지 않다고 볼 충분한 이유를 갖고 있지 않다면, 손쉽게 y_t를 독립변수라 하고 x_t를 종속변수라고 도 가정할 수 있었다. 간단히 말해 2개의 변수 $\{y_t, x_t\}$가 있고 이를 연계시키는 회귀 모형은 다음과 같이 2개가 가능하다.

$$y_t = \beta_{10} + \beta_{11}x_t + e_t^y, \quad e_t^y \sim N\left(0, \sigma_y^2\right) \tag{13.1a}$$

$$x_t = \beta_{20} + \beta_{21}y_t + e_t^x, \quad e_t^x \sim N\left(0, \sigma_x^2\right) \tag{13.1b}$$

이 이변량(2개의 시계열) 체계에서 x_t와 y_t 사이에는 오직 1개의 유일한 관계가 존재할 수 있을 뿐이다. 따라서 $\beta_{21} = 1/\beta_{11}$ 및 $\beta_{20} = -\beta_{10}/\beta_{11}$인 경우가 성립되어야만 한다. 약간 전문적인 용어를 사용하여 표현하면 다음과 같다. 식 (13.1a)에서는 (y 앞에 있는 계수를 1이라고 놓았다는 의미에서) y에 대해 정규화하였다고 할 수 있으며, 반면에 식 (13.1b)에서는 (x 앞에 있는 계수를 1이라고 놓았다는 의미에서) x에 대해 정규화하였다고 할 수 있다.

식 (13.1a) 또는 식 (13.1b)처럼 변수들 간의 관계를 표현하는 것이 나은가? 아니면 y 및 x와 같은 변수들이 여러 관계에서 동시에 결정된다는 사실을 인정하는 것이 나은가? 이 장의 목표는 짝을 이루는 시계열 변수들 사이의 인과관계를 알아보는 것이다. 그렇게 함으로써 시계열 자료에 대한 연구의 폭을 넓혀 이들의 동적인 특성과 상호작용을 살펴보고자 한다. 특히, 벡터 오차 수정(vector error correction, VEC) 모형과 벡터 자기회귀(vector autoregressive, VAR) 모형에 대해 살펴볼 것이다. 우리는 I(1) 변수들 사이에 공적분이 있는 경우 VEC 모형을 어떻게 추정하는지를 알아보고, 공적분이 없는 경우 VAR 모형을 어떻게 추정하는지에 대해서 고찰해 볼 것이다. 이것은 제12장에서 살펴본 단일식 모형의 확장이라는 점에 주목하자.

몇 가지 중요한 용어를 정리하도록 하자. 일변량 분석은 단 하나의 시계열 자료를 분석하는 것이며, 이변량 분석은 짝을 이루는 시계열 자료를 검토하는 것이다. 벡터(vector)라는 용어는 2개, 3개,

그 이상의 많은 시계열을 고려한다는 의미이다. '벡터'라는 용어는 일변량인 경우와 이변량인 경우를 일반화한 것이다.

13.1 VEC 모형과 VAR 모형

2개의 시계열 변수 y_t와 x_t를 가지고 제9장에서 살펴본 동태적 관계(dynamic relationship)에 대한 논의를 일반화해서 다음과 같은 방정식 체계를 만들어 보자.

$$y_t = \beta_{10} + \beta_{11}y_{t-1} + \beta_{12}x_{t-1} + v_t^y$$
$$x_t = \beta_{20} + \beta_{21}y_{t-1} + \beta_{22}x_{t-1} + v_t^x$$

(13.2)

위의 식 (13.2)에 있는 각각의 식에서 각 변수들은 자신의 시차와 방정식에 있는 다른 변수들의 시차에 대한 함수로 나타냈다. 위의 경우 2개의 변수 y와 x가 포함되어 있다. 첫 번째 식에서 y_t는 자신의 시차 y_{t-1}과 다른 변수의 시차 x_{t-1}의 함수이다. 두 번째 식에서 x_t는 자신의 시차 x_{t-1}과 다른 변수의 시차 y_{t-1}의 함수이다. 위의 식들은 함께 VAR이라고 하는 방정식 체계를 구성한다. 위의 예에서 최대 시차는 1차이므로 VAR(1)을 갖게 된다.

y와 x가 안정적인 I(0) 변수인 경우 각각의 식에 최소제곱을 적용하여 추정할 수 있다. 하지만 y와 x가 불안정한 I(1) 변수이고 공적분되지 않은 경우 제12장에서 논의한 것처럼 1차 차분하여 추정하게 된다. 이 경우 VAR 모형은 다음과 같아진다.

$$\Delta y_t = \beta_{11}\Delta y_{t-1} + \beta_{12}\Delta x_{t-1} + v_t^{\Delta y}$$
$$\Delta x_t = \beta_{21}\Delta y_{t-1} + \beta_{22}\Delta x_{t-1} + v_t^{\Delta x}$$

(13.3)

위의 식에 있는 모든 변수들은 이제 I(0)이고 이 식들은 최소제곱을 이용하여 추정할 수 있게 되었다. 다음과 같은 사실을 다시 한 번 생각해 보자. VAR 모형은 안정적인 변수들 사이의 동적인 상호관계를 나타내는 일반적인 방법이다. 따라서 y와 x가 안정적인 I(0) 변수인 경우 위의 식 (13.2)가 사용된다. 반면에 y와 x가 I(1) 변수지만 공적분되지 않은 경우 1차 차분한 식 (13.3)의 VAR 모형을 이용하여 변수들 사이의 상호관계를 검토해야 한다.

y와 x는 I(1)이고 공적분되었다면 I(1) 변수들 사이의 공적분한 관계를 고려할 수 있도록 식들을 수정할 필요가 있다. 다음과 같은 두 가지 이유로 인해 이렇게 하게 된다. 첫째, 경제학자로서 공적분 관계에 대한 가치 있는 정보를 계속 유지하고 사용하길 원한다. 둘째, 계량경제학자로서 시계열 자료의 특성을 고려하여 최선의 기법을 사용하였다고 확신할 수 있기를 바란다. 연립방정식에 관한 학습을 할 때 공적분 식은 해당 자료가 안정적인지를 판단하지 않고 동시에 일어나는 상호작용을 도입하는 한 방법이었다는 점을 기억하자. 공적분 관계를 도입하게 되면 VEC 모형이라고 하는 모형이 된다. 이 모형에 대해 살펴보기로 하자.

1차 적분된 2개의 불안정한 변수 y_t 및 x_t, $y_t \sim$ I(1) 및 $x_t \sim$ I(1)을 생각해 보자. 이들은 공적분되었음을 보여주었으므로 다음과 같이 나타낼 수 있다.

$$y_t = \beta_0 + \beta_1 x_t + e_t \tag{13.4}$$

$\hat{e}_t \sim I(0)$이며 여기서 $\hat{e}_t$는 추정된 잔차이다. x에 대해 정규화할 수 있었음을 주목하자. y 또는 x에 대해 정규화할지 여부는 보통 경제이론에서 비롯된다. 유의해야 할 점은 두 변수들 사이에 많아야 1개의 근본적인 관계가 있을 수 있다는 사실이다.

VEC 모형은 공적분된 I(1) 변수들에 대한 VAR의 특별한 형태이다. VEC 모형은 다음과 같다.

$$\Delta y_t = \alpha_{10} + \alpha_{11}(y_{t-1} - \beta_0 - \beta_1 x_{t-1}) + v_t^y$$
$$\Delta x_t = \alpha_{20} + \alpha_{21}(y_{t-1} - \beta_0 - \beta_1 x_{t-1}) + v_t^x \tag{13.5a}$$

위의 식을 전개하면 다음과 같다.

$$y_t = \alpha_{10} + (\alpha_{11} + 1)y_{t-1} - \alpha_{11}\beta_0 - \alpha_{11}\beta_1 x_{t-1} + v_t^y$$
$$x_t = \alpha_{20} + \alpha_{21}y_{t-1} - \alpha_{21}\beta_0 - (\alpha_{21}\beta_1 - 1)x_{t-1} + v_t^x \tag{13.5b}$$

식 (13.5b)를 식 (13.2)와 비교해 보면 VEC는 I(1) 변수 y_t가 다른 시차변수(y_{t-1} 및 x_{t-1})와 연계되고 I(1) 변수 x_t가 다른 시차변수(y_{t-1} 및 x_{t-1})와 연계되는 VAR로 볼 수 있다. 하지만 두 방정식은 공통의 공적분 관계를 포함하고 있다는 사실을 주목하자.

계수 α_{11}, α_{21}을 오차 수정(error correction)계수라고 하는데, 이는 이 계수들이 Δy_t 및 Δx_t가 공적분 오차 $y_{t-1} - \beta_0 - \beta_1 x_{t-1} = e_{t-1}$에 얼마나 반응하는지를 보여주기 때문에 그렇게 붙인 이름이다. 오차가 수정된다는 생각은 안정성이 확보되도록, 즉 $(-1 < \alpha_{11} \le 0)$ 및 $(0 \le \alpha_{21} < 1)$이 유지되도록 α_{11}, α_{21}에 부가된 조건으로 인해 생긴 것이다. 이런 논리에 대해 알아보기 위해 $y_{t-1} > (\beta_0 + \beta_1 x_{t-1})$이기 때문에 발생하는 양의 오차, 즉 $e_{t-1} > 0$인 경우를 생각해 보자. 첫 번째 식에서 음의 오차 수정계수 (α_{11})은 Δy가 감소할 것이라는 점을 확실히 보여주는 반면에, 두 번째 식에서 양의 오차 수정계수 (α_{21})은 Δx가 증가할 것이라는 사실을 확실히 보여준다. 이처럼 오차를 수정하게 된다. 오차 수정계수가 절댓값으로 볼 때 1보다 작은 경우 해당 방정식 체계는 폭발적으로 증가하지 않게 된다. VEC는 제12장에서 논의한 오차 수정(단일 식) 모형의 일반화라는 사실에 유의하시오. VEC(체계 식) 모형에서, y_t 및 x_t 둘 다 "오차 수정한다".

오차 수정 모형은 이를 해석하는 경우 직관적으로 호소력이 크기 때문에 매우 널리 사용된다. 관계가 있을 것으로 (공적분된 것으로) 기대되는 2개의 불안정한 변수, 예를 들면, 소비(이를 y_t라고 하자)와 소득(이를 x_t라고 하자)을 생각해 보자. 이제 소득의 변화 Δx_t에 대해 생각해 보자. 봉급이 인상된 경우를 가상해 보자. 소비도 역시 증가할 가능성이 매우 높지만 봉급의 변화에 대해 소비행태를 변화시키는 데는 시간이 다소 걸리게 된다. VEC 모형을 이용하면 변화의 속도[오차 수정 부분, $\Delta y_t = \alpha_{10} + \alpha_{11}(e_{t-1}) + v_t^y$, 여기서 e_{t-1}은 공적분 오차이다]뿐만 아니라 설명변수의 변화에 반응하여 소비가 얼마나 변화하는지[공적분 부분, $y_t = \beta_0 + \beta_1 x_t + e_t$]를 검토할 수 있다.

마지막으로 한 가지 사항에 대해 논의가 필요하다. 절편항의 역할에 대해 살펴보도록 하자. 지금까지 VEC (α_{10} 및 α_{20})에서뿐만 아니라 공적분한 식 (β_0)에서도 절편항을 포함시켰다. 하지만 그렇게 함으로써 문제가 발생하게 되었다. 그 이유를 알아보기 위해서 모든 절편항을 모아 식 (13.5b)를 다음과 같이 재정리할 수 있다.

$$y_t = (\alpha_{10} - \alpha_{11}\beta_0) + (\alpha_{11} + 1)y_{t-1} - \alpha_{11}\beta_1 x_{t-1} + v_t^y$$
$$x_t = (\alpha_{20} - \alpha_{21}\beta_0) + \alpha_{21}y_{t-1} - (\alpha_{21}\beta_1 - 1)x_{t-1} + v_t^x \qquad (13.5c)$$

위의 각 식을 최소제곱을 이용하여 추정하게 되면 합성된 항, 즉 $(\alpha_{10} - \alpha_{11}\beta_0)$ 및 $(\alpha_{20} - \alpha_{21}\beta_0)$의 추정 값을 구하게 되어 β_0, α_{10}, α_{20}의 개별효과를 분리하여 추정할 수 없게 된다. 다음 절에서는 이 문제를 해결할 수 있는 단순한 2단계 최소제곱 절차에 대해 살펴볼 것이다. 하지만 여기서 알아 두어야 할 점은 절편항이 필요한지 여부와 어디에서 필요한지를 점검해 보는 것이다.

13.2 벡터 오차 수정(VEC) 모형의 추정

오차 수정 모형을 추정하는 많은 계량경제학적 방법이 있다. 비선형(체계) 최소제곱도 한 가지 방법 이지만, 가장 간단한 방법은 2단계 최소제곱 절차를 이용하는 것이다. 첫째, OLS를 이용하여 공적분 관계 $y_t = \beta_0 + \beta_1 x_t + e_t$를 추정하고 시차가 있는 잔차 $\hat{e}_{t-1} = y_{t-1} - b_0 - b_1 x_{t-1}$을 생성한다.

둘째, OLS를 이용하여 다음 식을 추정한다.

$$\Delta y_t = \alpha_{10} + \alpha_{11}\hat{e}_{t-1} + v_t^y \qquad (13.6a)$$
$$\Delta x_t = \alpha_{20} + \alpha_{21}\hat{e}_{t-1} + v_t^x \qquad (13.6b)$$

식 (13.6)에 있는 모든 변수들 $(\Delta y, \Delta x, \hat{e})$은 안정적이라는 사실에 주목하자($y$와 x가 공적분되기 위해 서는 잔차 $\hat{e}$이 안정적이어야 한다는 점을 기억하자). 여기서 앞에서 살펴본 표준적인 회귀분석을 사 용하여 모수의 유의성을 검정할 수 있다. 통상적인 잔차 진단 검정을 적용할 수 있다.

여기서 우리는 회귀 모형에서 안정적인 변수와 불안정한 변수를 어떻게 결합시키는지에 관해 주의 를 기울일 필요가 있다. 공적분은 I(1) 변수들 사이의 관계에 관한 것이다. 공적분 식은 I(0) 변수들을 포함하지 않는다. 하지만 이에 상응하는 VEC 모형은 I(1) 변수의 변화 [I(0) 변수 Δy 및 Δx]를 다른 I(0) 변수, 즉 공적분 잔차 $\hat{e}_{t-1}$과 연계시키며, 필요한 경우 다른 안정적인 변수들이 추가될 수 있다. 다시 말해 안정적인 변수와 불안정한 변수를 혼합해서는 안 된다. 즉 회귀식의 왼편에 있는 I(0) 종속 변수는 오른편에 있는 다른 I(0) 변수로 '설명'되어야 하며 회귀식의 왼편에 있는 I(1) 종속변수는 오 른편에 있는 다른 I(1) 변수로 설명되어야 한다.

🖐 정리문제 13.1 GDP에 대한 VEC 모형

그림 13.1은 1970년 1분기부터 2000년 4분기까지 동안의 소국경제(호주)와 대국경제(미국)의 분기별 실질 GDP를 보여주고 있다. 시계열 자료는 양국 모두에서 2000년 실질 GDP가 100이 되도록 비율에 따라 조정되었다는 사실에 주목하자. 그림을 통해 볼 때 두 시계열은 불안정하며 아 마도 공적분된 것처럼 보인다.

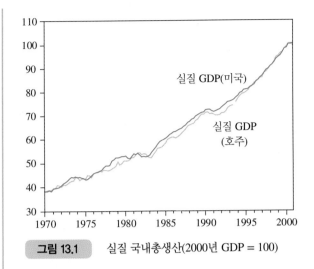

그림 13.1 실질 국내총생산(2000년 GDP = 100)

이 시계열에 대한 정식의 단위근 검정을 하면 실제로 불안정하다는 점을 확인할 수 있다. 다음의 식 (13.7)은 공적분을 검정하기 위해 구한 추정식이다(절편항은 경제적 의미가 없기 때문에 생략되었다).

$$\hat{A}_t = 0.985 U_t, \qquad (13.7)$$

여기서 A는 호주의 실질 GDP를 의미하며, U는 미국의 실질 GDP를 뜻한다. 대국경제에 대해 반응하는 소국경제에 관해 생각하는 것이 더 의미가 있기 때문에 A에 관해 정규화하였다는 점에 주목하자. 공적분 관계로부터 도출한 잔차 $\hat{e}_t = A_t - 0.985 U_t$는 그림 13.2에 있다. 이들의 1차 자기상관은 0.870이며, 이 시계열 자료를 눈으로 관찰할 경우

잔차가 안정적일 수 있다고 연상된다.

정식의 단위근 검정을 하고, 추정된 단위근 검정식은 다음과 같다.

$$\widehat{\Delta e_t} = -0.128 \hat{e}_{t-1} \qquad (13.8)$$
$$(tau) \quad (-2.889)$$

공적분 관계가 절편항을 포함하지 않기 때문에(제12장 참조), 5% 임계값은 -2.76이 된다. 단위근 t-값인 -2.889는 -2.76보다 작다. 따라서 공적분되지 않는다는 귀무가설을 기각하고 2개의 실질 GDP 시계열은 공적분된다고 결론을 내릴 수 있다. 이 결과가 의미하는 바는 소국경제(호주, A_t)의 경제활동은 대국경제(미국, U_t)의 경제활동과 연계된다는 것이다. U_t가 1단위만큼 증가하게 되면 A_t는 0.985만큼 증가한다. 하지만 호주경제는 1분기 내에 이만큼 완전하게 반응하지 않을 수 있다. 1분기 내에 얼마나 반응하는지 알아보기 위해서 최소제곱법을 이용하여 오차 수정 모형을 추정해야 한다. $\{A_t, U_t\}$에 대한 추정된 VEC 모형은 다음과 같다.

$$\widehat{\Delta A_t} = 0.492 - 0.099 \hat{e}_{t-1}$$
$$(t) \qquad (-2.077)$$
$$\qquad (13.9)$$
$$\widehat{\Delta U_t} = 0.510 + 0.030 \hat{e}_{t-1}$$
$$(t) \qquad (0.789)$$

위의 결과에 따르면 2개의 오차 수정계수는 적합한 부호를 갖는 것처럼 보인다. 양의 공적분 오차($\hat{e}_{t-1} > 0$ 또는

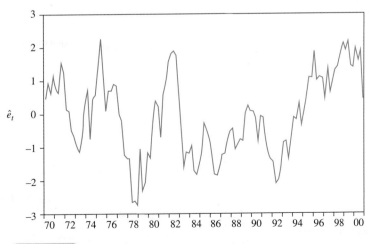

그림 13.2 공적분한 관계로부터 도출한 잔차

$A_{t-1} > 0.985U_{t-1}$)가 있는 경우, 첫 번째 식의 음의 오차 수정계수(-0.099)는 ΔA가 감소한다(즉 A_t가 감소하거나 또는 ΔA_t가 음이 된다)는 의미인 반면에, 두 번째 식의 양의 오차 수정계수(0.030)는 ΔU가 증가한다(즉 U_t가 증가하거나 또는 ΔU_t가 양이 된다)는 뜻이다. 위와 같은 행태(즉 A의 음의 변화 및 U의 양의 변화)는 공적분 오차를 '수정'한다는 것이다. 오차 수정계수(-0.099)는 5% 수준에서 유의하며, 이는 A_t의 분기별 조정이 공적분한 값 $0.985U_{t-1}$로부터 A_{t-1}의 일탈이 약 10%가 된다는 의미이다. 이 조정률은 느린 것이다. 하지만 두 번째 식의 오차 수정계수(0.030)는 유의하지 않으며 이는 ΔU가 공적분 오차에 대해 반응하지 않는다는 의미이다. 이것은 소국경제는 대국경제의 경제상황에 반응할 가능성이 높지만 그 역은 성립되지 않는다는 견해와 일치한다.

13.3 벡터 자기회귀(VAR) 모형의 추정

VEC는 공적분한 식을 포함하는 다변량 동태 모형이다. 이 모형은 이변량인 경우 두 변수 모두 I(1)이지만 공적분된 변수, 예를 들면, y와 x를 갖게 될 때 관련된다. 이제는 다음과 같은 질문을 해 보자. y와 x의 상호 의존성에 관심을 갖고 있지만 이들이 공적분되지 않은 경우, 무엇을 해야 하는가? 이 경우에는 식 (13.3)에서 살펴본 것처럼 VAR 모형을 추정해야 한다.

🧩 정리문제 13.2   소비 및 소득에 대한 VAR 모형

1986년 1분기부터 2015년 2분기까지의 미국 경제에 대한 실질 개인 가처분소득(RPDI)에 대수를 취한 값(Y로 나타낸다)과 실질 개인 소비지출(RPCE)에 대수를 취한 값(C로 나타낸다)을 보여주는 그림 13.3을 생각해 보자. 이들 두 시계열 자료는 불안정적인 것처럼 보이나, 이들이 공적분되었는가?

절편만 포함되었을 때 C에 대한 단위근 디키-풀러 검정값은 -0.88이었으며, 절편과 추세항이 포함되었을 때 이 검정값은 -1.63이었다. 두 경우 모두에 추가되는 3개 항이 있었다. Y에 대한 이에 상응하는 값들은 -1.65와 -0.43이었다. 이들 경우에 추가되는 1개 항이면 충분하였다. 표 12.2에서 10% 임계값은 추세가 없는 경우 -2.57이며, 추세가 있는 경우 -3.13이다. 검정값들이 임계값들보다 더 크기 때문에, 이 시계열 시리즈가 안정적이라고 결론은 내릴 수 없다. 10% 유의수준을 사용할 경우 시계열 시리즈의 1차 차분에 대한 단위근 검정을 하면 1차 차분이 안정적이라는 결론을 내리게 되며, 그러므로 이 시리즈는 I(1)이 된다. 공적분에 대한 검정을 하면 다음과 같은 결과를 얻을 수 있다.

$$\hat{e}_t = C_t + 0.543 - 1.049Y_t$$
$$\widehat{\Delta \hat{e}_t} = -0.203\hat{e}_{t-1} - 0.290\Delta\hat{e}_{t-1} \qquad (13.10)$$
$$(\tau) \quad (-3.046)$$

절편항은 가처분 소득과 독립적인 (log)소비의 부분을 담당하도록 포함되었다. 공적분한 잔차에서의 안정성에 대한 검정의 10% 임계값을 표 12.4로부터 구하면 이는 -3.07이다. 타우(단위근 t-값) -3.046은 -3.07보다 크기 때문에 오차가 안정적이 아니라고 시사하며, C[즉 log(RPCE)]와 Y[즉 log(RPDI)] 사이의 관계가 허구적이라고 볼 수 있다. 즉 공적분을 갖지 못한다. 따라서 VEC 모형을 이용하여 총소비 C와 소득 Y 사이의 동태적 관계를 검토할 수 없다. 대신에 I(0) 변수 $\{\Delta C_t, \Delta Y_t\}$에 대해 VAR 모형을 추정해야 한다.

설명을 하기 위해서 이 예에서는 시차 수를 1개로 제한하였다. 일반적으로 2개 이상의 적절한 시차 수를 선택하려 한다면 계속 추정값들의 유의성과 오차들의 시계열 상관을 활용해야 한다. 결과는 다음과 같다.

$$\widehat{\Delta C_t} = 0.00367 + 0.348\Delta C_{t-1} + 0.131\Delta Y_{t-1}$$
$$(t) \quad (4.87) \quad\quad (4.02) \quad\quad\quad (2.52) \quad\quad\quad (13.11a)$$

$$\widehat{\Delta Y_t} = 0.00438 + 0.590\Delta C_{t-1} - 0.291\Delta Y_{t-1}$$
$$(t) \quad (3.38) \quad\quad (3.96) \quad\quad\quad (-3.25) \quad\quad (13.11b)$$

첫 번째 식 (13.11a)에 따르면, 소비의 분기별 성장 (ΔC_t) 은 자신의 과거값 (ΔC_{t-1})과 유의하게 관련되고 지난 기간의 분기별 소득성장 (ΔY_{t-1})과 또한 유의하게 연관된다. 두 번째 식 (13.11b)에 따르면, ΔY_t는 자신의 과거값 (ΔY_{t-1})와 유의하게 음으로 연관되지만 지난 기간의 소

비 변화(ΔC_{t-1})와는 유의하게 양으로 연관된다. 상수항은 (log)소비의 변화 및 (log)소득의 변화에서 고정된 부분을 포괄한다.

이 모형을 추정함으로써 그 밖의 어느 것을 추론할 수 있는가? 소득충격을 받게 되면, 소비 및 소득의 분기별 성장에 관한 동태적인 경로에 어떤 영향을 미치는가? 이것들은 증가하는가? 얼마나 증가하는가? 또한 소비충격을 받게 되면, 소득의 변동에 소득충격 대 소비충격은 어떤 영향을 미치는가? 이제는 이런 질문에 답하는 데 적합한 분석을 해 보도록 하자.

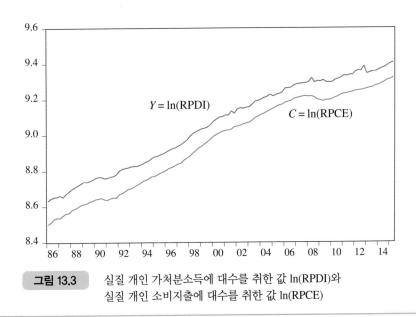

그림 13.3 실질 개인 가처분소득에 대수를 취한 값 ln(RPDI)와
실질 개인 소비지출에 대수를 취한 값 ln(RPCE)

13.4 충격반응과 분산분해

충격반응 함수(impulse response function)와 분산분해는 거시 계량경제학자들이 예를 들면, 유가충격이 인플레이션과 GDP 성장에 미치는 영향, 그리고 금융정책의 변화가 경제에 미치는 영향과 같은 문제를 분석하는 데 사용되는 기법이다.

13.4.1 충격반응 함수

충격반응 함수는 충격이 변수들의 조정과정에 미치는 영향을 보여준다. 이를 이해할 수 있도록 우선
일변량 시계열의 경우를 생각해 보자.

일변량의 경우 일변량 시계열 $y_t = \rho y_{t-1} + v_t$를 생각해 보자. 이는 1기에서 크기 v인 충격을 겪게 된다. 시기 0에서 y의 자의적인 출발값은 $y_0 = 0$이라고 가상하자(우리는 동태적인 경로에 관심이 있기 때문에 출발점은 관계가 없다). 충격에 뒤이은 시기 $t = 1$에서 y의 값은 $y_1 = \rho y_0 + v_1 = v$가 된다. 뒤이어서 충격이 연속적으로 발생하지 않는다고, 즉 $[v_2 = v_3 = \cdots = 0]$이라고 가정하자. $t = 2$기에는 $y_2 = \rho y_1 = \rho v$가 되고, $t = 3$기에는 $y_3 = \rho y_2 = \rho(\rho y_1) = \rho^2 v$가 되며, 이것이 계속 그렇게 진행된다. 따라서 충격에 뒤이은 y의 시간이 흐름에 따른 경로는 $\{v, \rho v, \rho^2 v, \cdots\}$가 된다. 계수의 값 $\{1, \rho, \rho^2, \cdots\}$을 승수라고 하며, 충격에 뒤이은 y의 시간의 흐름에 따른 경로를 충격반응 함수라고 한다.

설명을 하기 위해 $\rho = 0.9$라고 가정하고 충격은 단위값을 갖는다고, 즉 $v = 1$이라고 하자. 분석에 의하면 y는 $\{1, 0.9, 0.81, \cdots\}$이 되고, 시간이 흐름에 따라 0에 근접하게 된다. 그림 13.4는 이런 충격반응 함수를 나타내며 이는 충격 이후에 y에 어떤 일이 발생하는지를 보여준다. 이 경우 y는 처음에 충격의 총 크기만큼 증가하였다가 충격 이전의 값으로 점점 돌아가게 된다.

이변량의 경우 이제는 안정적인 변수의 이변량 VAR 체계에 기초하여 2개의 시계열에 대한 충격반응 함수의 분석에 대해 생각해 보자.

$$y_t = \delta_{10} + \delta_{11} y_{t-1} + \delta_{12} x_{t-1} + v_t^y$$
$$x_t = \delta_{20} + \delta_{21} y_{t-1} + \delta_{22} x_{t-1} + v_t^x$$

(13.12)

위의 경우 2개의 충격이 가능하다. 하나는 y에 대한 충격이며 다른 하나는 x에 대한 충격이다. 따라서 우리는 4개의 충격반응 함수, 즉 y에 대한 충격이 y 및 x의 시간의 흐름에 따른 경로에 미치는 영향 그리고 x에 대한 충격이 y 및 x의 시간의 흐름에 따른 경로에 미치는 영향을 생각해 볼 수 있다.

식 체계에서 충격반응을 생성하는 실제 구조는 다음과 같은 사실로 인해 복잡해진다. (i) 상호의존

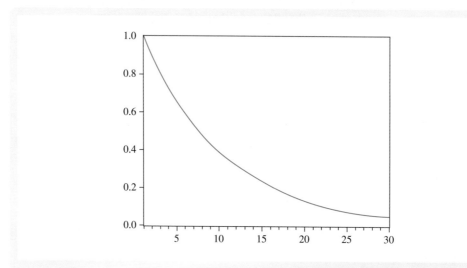

그림 13.4 단위 충격에 뒤이은 AR(1) 모형 $y_t = 0.9 y_{t-1} + v_t$의 충격반응

적인 동태성(승수를 생성하는 다변량 아날로그형)을 고려해야 한다. (ii) 관찰할 수 없는 자료로부터 올바른 충격을 식별해야만 한다. 이런 두 가지 복잡성으로 인해 식별문제(identification problem)에 직면하게 된다. 이 장에서는 식별문제가 없는 특별한 경우에 대해 알아볼 것이다.[1] 이 특별한 경우는 식 (13.12)의 식 체계가 동태적인 체계를 올바르게 나타낼 때, 즉 y는 시차가 있는 y 및 x 하고만 연계되고, x는 시차가 있는 y 및 x 하고만 연계될 때 발생한다. 다시 말해, y 및 x는 동태적인 형태로만 연결되지 동시적으로 연계되지 않는다. 현재값인 x_t는 y_t에 대한 식에 포함되지 않으며, 현재값인 y_t는 x_t에 대한 식에 포함되지 않는다. 또한 오차 v_t^y 및 v_t^x는 동시기적으로 상관되지 않는다고 가정하여야 한다.

$t = 1$기에 $v_1^y = \sigma_y$가 되고 그 이후에 v_t^y는 0이 되도록 1개 표준편차 충격[달리 표현하면 혁신(innovation)이라고 한다]이 있는 경우를 생각해 보자. 모든 t에 대해 $v_t^x = 0$이라고 가정하자. 측정단위를 제거하기 위해서 단위 충격보다는 표준편차 충격(혁신)을 고려하는 것이 일반적이다. $y_0 = x_0 = 0$이라고 가정하자. 또한 충격이 y 및 x의 경로를 어떻게 변화시키는지에 초점을 맞추고 있으므로 절편을 무시할 수도 있다. 그렇게 되면 다음과 같다.

1. $t = 1$일 때, 크기가 σ_y인 충격이 y에 미치는 영향은 $y_1 = v_1^y = \sigma_y$가 되고 x에 미치는 영향은 $x_1 = v_1^x = 0$이 된다.

2. $t = 2$일 때, 충격이 y에 미치는 영향은 다음과 같다.

$$y_2 = \delta_{11}y_1 + \delta_{12}x_1 = \delta_{11}\sigma_y + \delta_{12}0 = \delta_{11}\sigma_y$$

x에 미치는 영향은 다음과 같다.

$$x_2 = \delta_{21}y_1 + \delta_{22}x_1 = \delta_{21}\sigma_y + \delta_{22}0 = \delta_{21}\sigma_y$$

3. $t = 3$일 때, 충격이 y에 미치는 영향은 다음과 같다.

$$y_3 = \delta_{11}y_2 + \delta_{12}x_2 = \delta_{11}\delta_{11}\sigma_y + \delta_{12}\delta_{21}\sigma_y$$

x에 미치는 영향은 다음과 같다.

$$x_3 = \delta_{21}y_2 + \delta_{22}x_2 = \delta_{21}\delta_{11}\sigma_y + \delta_{22}\delta_{21}\sigma_y$$

$t = 4, 5, \cdots$에 대해 반복적으로 대체를 하면, y에 대한 충격(혁신)이 y에 미치는 충격반응으로 $\sigma_y[1, \delta_{11}, (\delta_{11}\delta_{11} + \delta_{12}\delta_{21}), \cdots]$를 구할 수 있으며, y에 대한 충격이 x에 미치는 충격반응으로 $\sigma_y[0, \delta_{21}, (\delta_{21}\delta_{11} + \delta_{22}\delta_{21}), \cdots]$를 구할 수 있다.

이제는 $t = 1$기에 $v_1^x = \sigma_x$가 되고 그 이후에 v_t^x는 0이 되도록 x에 대한 1개 표준편차 충격이 있는 경우 어떤 일이 발생하는지 생각해 보자. 모든 t에 대해 $v_t^y = 0$이라고 가정하자. 충격 이후 1기에 크기

---

1 이 장의 부록 13A는 일반적인 문제를 소개할 것이다.

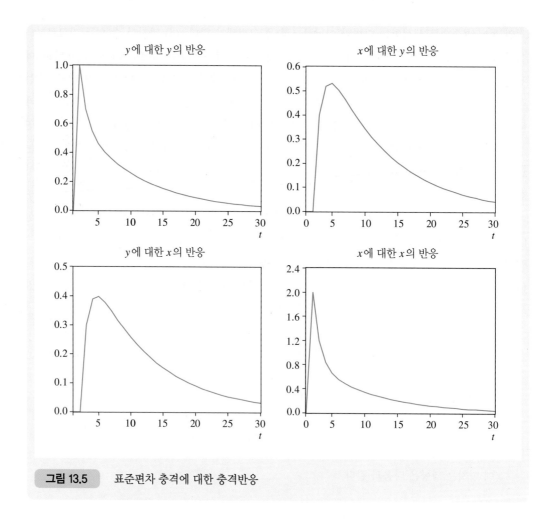

그림 13.5   표준편차 충격에 대한 충격반응

가 σ_x인 충격이 y에 미치는 영향은 $y_1 = v_1^y = 0$이 되고, 충격이 x에 미치는 영향은 $x_1 = v_1^x = \sigma_x$가 된다. 충격 이후 2기, 즉 $t = 2$일 때 y에 미치는 영향은 다음과 같다.

$$y_2 = \delta_{11}y_1 + \delta_{12}x_1 = \delta_{11}0 + \delta_{12}\sigma_x = \delta_{12}\sigma_x$$

x에 미치는 영향은 다음과 같다.

$$x_2 = \delta_{21}y_1 + \delta_{22}x_1 = \delta_{21}0 + \delta_{22}\sigma_x = \delta_{22}\sigma_x$$

다시 한 번 대체를 반복하게 되면 x에 대한 충격이 y에 미치는 충격반응으로 $\sigma_x[0, \delta_{12}, (\delta_{11}\delta_{12} + \delta_{12}\delta_{22}), \cdots]$를 구할 수 있고, x에 대한 충격이 x에 미치는 충격반응으로 $\sigma_x[1, \delta_{22}, (\delta_{21}\delta_{12} + \delta_{12}\delta_{22}), \cdots]$를 구할 수 있다. 그림 13.5는 수치가 $\sigma_y = 1$, $\sigma_x = 2$, $\delta_{11} = 0.7$, $\delta_{12} = 0.2$, $\delta_{21} = 0.3$, $\delta_{22} = 0.6$인 경우 4개의 충격반응 함수를 보여주고 있다.

(단순히 VAR 계수가 아니라) 충격반응 함수를 검토함으로써 얻을 수 있는 이점은 상호의존성을 고려하면서 충격이 흩어져 사라지는 비율과 더불어 충격이 미치는 영향의 크기를 알 수 있다는 것이다.

13.4.2 예측오차의 분산분해

다양한 충격이 미치는 영향을 분리해서 찾아내는 또 다른 방법은 각 형태의 충격이 예측오차의 분산에 미치는 영향의 정도를 검토해 보는 것이다.

일변량 분석 다시 한 번 일변량 시계열 $y_t = \rho y_{t-1} + v_t$를 생각해 보자. 최선의 한 단계 앞선 예측(달리 표현하면 한 기 앞선 예측)은 다음과 같다.

$$y_{t+1}^F = E_t\left[\rho y_t + v_{t+1}\right]$$

여기서 E_t는 t기의 정보에 대한 조건부 기댓값이다(즉 우리는 t기에 알고 있는 것을 이용하여 y_{t+1}의 평균값에 관심이 있다). t기의 조건부 기대 $E_t\left[\rho y_t\right] = \rho y_t$는 알 수 있지만 오차 v_{t+1}은 알지 못하고 그래서 조건부 기대는 0이 된다. 따라서 y_{t+1}의 최선의 예측은 ρy_t가 되며 예측오차는 다음과 같다.

$$y_{t+1} - E_t\left[y_{t+1}\right] = y_{t+1} - \rho y_t = v_{t+1}$$

한 단계 앞선 예측오차의 분산은 $\mathrm{var}\left(v_{t+1}\right) = \sigma^2$이다. 두 단계 앞서 예측하고자 한다고 가정하자. 동일한 논리를 적용하면 두 단계 앞선 예측은 다음과 같다.

$$y_{t+2}^F = E_t\left[\rho y_{t+1} + v_{t+2}\right] = E_t\left[\rho\left(\rho y_t + v_{t+1}\right) + v_{t+2}\right] = \rho^2 y_t$$

두 단계 앞선 예측오차는 다음과 같다.

$$y_{t+2} - E_t\left[y_{t+2}\right] = y_{t+2} - \rho^2 y_t = \rho v_{t+1} + v_{t+2}$$

이 경우 예측오차의 분산은 $\mathrm{var}\left(\rho v_{t+1} + v_{t+2}\right) = \sigma^2\left(\rho^2 + 1\right)$이 되며, 이는 예측의 범위가 확대됨에 따라 예측오차의 분산이 증가한다는 사실을 보여준다. 예측오차로 이어지는 단 1개의 충격이 있을 뿐이다. 따라서 예측오차의 분산은 100% 자신의 충격에서 기인한다. 예측오차 변동의 근원을 밝히는 작업을 분산분해라고 한다.

이변량 분석 식별문제가 없는 특별한 이변량의 예에 대해 예측오차의 분산분해(forecast error variance decomposition)를 해 보도록 하자. (절편은 상수이므로) 이를 무시한 채 한 단계 앞선 예측을 하면 다음과 같다.

$$y_{t+1}^F = E_t\left[\delta_{11}y_t + \delta_{12}x_t + v_{t+1}^y\right] = \delta_{11}y_t + \delta_{12}x_t$$

$$x_{t+1}^F = E_t\left[\delta_{21}y_t + \delta_{22}x_t + v_{t+1}^x\right] = \delta_{21}y_t + \delta_{22}x_t$$

이에 상응하는 한 단계 앞선 예측오차 및 분산은 다음과 같다.

$$FE_1^y = y_{t+1} - E_t\left[y_{t+1}\right] = v_{t+1}^y \qquad \text{var}\left(FE_1^y\right) = \sigma_y^2$$

$$FE_1^x = x_{t+1} - E_t\left[x_{t+1}\right] = v_{t+1}^x \qquad \text{var}\left(FE_1^x\right) = \sigma_x^2$$

그러므로 첫 번째 시기에서 y에 대한 예측오차의 모든 변동은 자신의 충격에서 비롯된다. 마찬가지로 x에 대한 예측오차도 100% 자신의 충격으로 설명된다. 동일한 기법을 이용하여 y에 대해 두 단계 앞선 예측을 하면 다음과 같다.

$$
\begin{aligned}
y_{t+2}^F &= E_t\left[\delta_{11}y_{t+1} + \delta_{12}x_{t+1} + v_{t+2}^y\right] \\
&= E_t\left[\delta_{11}\left(\delta_{11}y_t + \delta_{12}x_t + v_{t+1}^y\right) + \delta_{12}\left(\delta_{21}y_t + \delta_{22}x_t + v_{t+1}^x\right) + v_{t+2}^y\right] \\
&= \delta_{11}\left(\delta_{11}y_t + \delta_{12}x_t\right) + \delta_{12}\left(\delta_{21}y_t + \delta_{22}x_t\right)
\end{aligned}
$$

x에 대해 두 단계 앞선 예측을 하면 다음과 같다.

$$
\begin{aligned}
x_{t+2}^F &= E_t\left[\delta_{21}y_{t+1} + \delta_{22}x_{t+1} + v_{t+2}^x\right] \\
&= E_t\left[\delta_{21}\left(\delta_{11}y_t + \delta_{12}x_t + v_{t+1}^y\right) + \delta_{22}\left(\delta_{21}y_t + \delta_{22}x_t + v_{t+1}^x\right) + v_{t+2}^x\right] \\
&= \delta_{21}\left(\delta_{11}y_t + \delta_{12}x_t\right) + \delta_{22}\left(\delta_{21}y_t + \delta_{22}x_t\right)
\end{aligned}
$$

이에 상응하는 두 단계 앞선 예측오차 및 분산은 다음과 같다(오차가 독립적인 특별한 경우를 가정하였음을 기억하자).

$$FE_2^y = y_{t+2} - E_t\left[y_{t+2}\right] = \left[\delta_{11}v_{t+1}^y + \delta_{12}v_{t+1}^x + v_{t+2}^y\right]$$

$$\text{var}\left(FE_2^y\right) = \delta_{11}^2\sigma_y^2 + \delta_{12}^2\sigma_x^2 + \sigma_y^2$$

$$FE_2^x = x_{t+2} - E_t\left[x_{t+2}\right] = \left[\delta_{21}v_{t+1}^y + \delta_{22}v_{t+1}^x + v_{t+2}^x\right]$$

$$\text{var}\left(FE_2^x\right) = \delta_{21}^2\sigma_y^2 + \delta_{22}^2\sigma_x^2 + \sigma_x^2$$

y에 대한 예측오차의 총분산 $\left(\delta_{11}^2\sigma_y^2 + \delta_{12}^2\sigma_x^2 + \sigma_y^2\right)$은 y에 대한 충격에서 기인한 부분 $\left(\delta_{11}^2\sigma_y^2 + \sigma_y^2\right)$과 x에 대한 충격에서 기인한 부분 $\left(\delta_{12}^2\sigma_x^2\right)$으로 분해된다. 이런 분해는 자주 비례적인 항으로 나타낸다. y의 두 단계 앞선 예측오차 분산을 y '자신'의 충격으로 설명할 수 있는 비율은 다음과 같다.

$$\left(\delta_{11}^2\sigma_y^2 + \sigma_y^2\right)\Big/\left(\delta_{11}^2\sigma_y^2 + \delta_{12}^2\sigma_x^2 + \sigma_y^2\right)$$

y의 두 단계 앞선 예측오차 분산을 y 이외의 '다른' 충격으로 설명할 수 있는 비율은 다음과 같다.

$$\left(\delta_{12}^2\sigma_x^2\right)\Big/\left(\delta_{11}^2\sigma_y^2 + \delta_{12}^2\sigma_x^2 + \sigma_y^2\right)$$

이와 유사하게, x의 두 단계 앞선 예측오차 분산을 x 자신의 충격으로 설명할 수 있는 비율은 다음과 같다.

$$\left(\delta_{22}^2 \sigma_x^2 + \sigma_x^2\right) \Big/ \left(\delta_{21}^2 \sigma_y^2 + \delta_{22}^2 \sigma_x^2 + \sigma_x^2\right)$$

x의 예측오차 분산을 x 이외의 다른 충격으로 설명할 수 있는 비율은 다음과 같다.

$$\left(\delta_{21}^2 \sigma_y^2\right) \Big/ \left(\delta_{21}^2 \sigma_y^2 + \delta_{22}^2 \sigma_x^2 + \sigma_x^2\right)$$

$\sigma_y = 1$, $\sigma_x = 2$, $\delta_{11} = 0.7$, $\delta_{12} = 0.2$, $\delta_{21} = 0.3$, $\delta_{22} = 0.6$인 숫자의 예에서, y의 두 단계 앞선 예측오차의 분산 중 90.303%가 y에서 기인하며, 단지 9.697%만이 x에서 기인한다.

결론적으로 말해 경제성장과 인플레이션 사이의 관계에 대해 알아보려 한다고 가상하자. VAR 모형은 이 두 변수가 서로에게 유의한 관계가 있는지 여부를 알려 주며, 충격반응 분석은 경제성장과 인플레이션이 충격에 대해 어떻게 동태적으로 반응하는지 보여준다. 또한 분산분해 분석은 변동의 근원에 대해 알려 준다.

일반적인 경우   위의 예에서 x 및 y는 동시기적으로 연계되지 않으며 충격들은 상관되지 않는다고 가정했다. 식별문제가 없었으며 충격반응 함수 및 예측오차의 분산분해를 생성하고 해석하는 일이 간단했다. 하지만 일반적으로 이런 경우는 드물다. 동시기적인 상호작용과 상관된 오차로 인해 충격의 본질을 식별하는 일을 복잡하게 만든다. 그리고 그 때문에 충격에 대한 해석과 예측오차 분산의 원인에 대한 분해도 복잡하게 된다. 이런 문제는 시계열 분석을 중심적으로 다루는 교과서에서 보다 자세히 소개하고 있다.[2]

주요 용어

- **국문**

동태적 관계	예측오차 분산분해	VEC 모형
식별문제	충격반응 함수	
오차 수정	VAR 모형	

- **영문**

dynamic relationship	identification problem	VEC model
error correction	impulse response function	
forecast error variance decomposition	VAR model	

---

2 참고문헌을 하나 소개하면 다음과 같다. Lütkepohl, H. (2005) *Introduction to Multiple Time Series Analysis*, Springer, New York, chapter 9.

복습용 질문

1. 경제변수들이 동태적으로 상호의존하는 이유를 설명하시오.

2. VEC 모형을 설명하시오.

3. 오차 수정의 중요성을 설명하시오.

4. VAR 모형을 설명하시오.

5. VEC 모형과 VAR 모형 사이의 관계를 설명하시오.

6. 이변량의 경우 VEC 모형과 VAR 모형을 어떻게 추정하는지 설명하시오.

7. 변수들이 동시기적으로 상호의존적이지 않고 충격이 상관되지 않은 단순한 경우의 충격반응 함수와 분산분해를 어떻게 생성하는지 설명하시오.

연습문제

13.1 안정적인 변수들의 다음과 같은 1차 VAR 모형을 생각해 보자.

$$y_t = \delta_{11} y_{t-1} + \delta_{12} x_{t-1} + v_t^y$$
$$x_t = \delta_{21} y_{t-1} + \delta_{22} x_{t-1} + v_t^x$$

동시기적인 의존이 존재하지 않는다는 가정하에서, 다음에 대한 한 표준편차 충격 후의 네 기간 충격반응을 결정하시오.

a. y에 대한 충격에 뒤따른, y

b. x에 대한 충격에 뒤따른, y

c. y에 대한 충격에 뒤따른, x

d. x에 대한 충격에 뒤따른, x

13.2 연습문제 13.1의 1차 VAR 모형을 생각해 보자. 동시기적 의존이 존재하지 않는다는 가정하에서, 다음을 결정하시오.

a. y에 대한 3단계 앞선 예측오차의 분산에 대해서, y에 대한 충격이 미치는 영향

b. y에 대한 3단계 앞선 예측오차의 분산에 대해서, x에 대한 충격이 미치는 영향

c. x에 대한 3단계 앞선 예측오차의 분산에 대해서, y에 대한 충격이 미치는 영향

d. x에 대한 3단계 앞선 예측오차의 분산에 대해서, x에 대한 충격이 미치는 영향

13.3 VEC 모형은 공적분된 I(1) 변수들에 대한 VAR의 특별한 형태이다. 다음과 같은 VEC 모형을 생각해 보자.

$$\Delta y_t = \alpha_{10} + \alpha_{11}(y_{t-1} - \beta_0 - \beta_1 x_{t-1}) + v_t^y$$
$$\Delta x_t = \alpha_{20} + \alpha_{21}(y_{t-1} - \beta_0 - \beta_1 x_{t-1}) + v_t^x$$

VEC 모형은 또한 VAR로 재작성될 수 있기만, 두 식은 공통의 모수를 포함한다.

$$y_t = \alpha_{10} + (\alpha_{11} + 1)y_{t-1} - \alpha_{11}\beta_0 - \alpha_{11}\beta_1 x_{t-1} + v_t^y$$

$$x_t = \alpha_{20} + \alpha_{21}y_{t-1} - \alpha_{21}\beta_0 - (\alpha_{21}\beta_1 - 1)x_{t-1} + v_t^x$$

a. 추정된 VEC 모형으로부터 다음과 같은 결과가 주어졌다고 가상하자.

$$\widehat{\Delta y_t} = 2 - 0.5(y_{t-1} - 1 - 0.7x_{t-1})$$

$$\widehat{\Delta x_t} = 3 + 0.3(y_{t-1} - 1 - 0.7x_{t-1})$$

VAR 형태로 이 모형을 다시 작성하시오.

b. 이제는 추정된 VAR 모형의 다음과 같은 결과가 주어졌다고 가상하자. 하지만 y 및 x가 공적분된다는 사실도 또한 알고 있다.

$$\hat{y}_t = 0.7y_{t-1} + 0.3 + 0.24x_{t-1}$$

$$\hat{x}_t = 0.6y_{t-1} - 0.6 + 0.52x_{t-1}$$

이 모형을 VEC 형태로 다시 작성하시오.

13.4 VAR 모형 및 VEC 모형은 기대되는 장래값을 예측하는 데 관찰된 결과의 과거 사실에 의존하기 때문에 널리 사용되는 예측 모형이다.

a. 다음과 같이 추정된 VAR 모형을 생각해 보자.

$$y_t = \hat{\delta}_{11}y_{t-1} + \hat{\delta}_{12}x_{t-1} + \hat{v}_{1t}$$

$$x_t = \hat{\delta}_{21}y_{t-1} + \hat{\delta}_{22}x_{t-1} + \hat{v}_{2t}$$

y_{t+1} 및 x_{t+1}에 대한 예측치는 무엇인가?

y_{t+2} 및 x_{t+2}에 대한 예측치는 무엇인가?

b. 다음과 같이 추정된 VEC 모형을 생각해 보자.

$$\Delta y_t = \hat{\alpha}_{11}(y_{t-1} - \hat{\beta}_1 x_{t-1}) + \hat{v}_{1t}$$

$$\Delta x_t = \hat{\alpha}_{21}(y_{t-1} - \hat{\beta}_1 x_{t-1}) + \hat{v}_{2t}$$

y_{t+1} 및 x_{t+1}에 대한 예측치는 무엇인가?

y_{t+2} 및 x_{t+2}에 대한 예측치는 무엇인가?

부록 13A 식별문제

동시기적인 상호작용을 포함하는 이변량 동태 체계(또는 구조 모형)는 다음과 같이 나타낼 수 있다.

$$y_t + \beta_1 x_t = \alpha_1 y_{t-1} + \alpha_2 x_{t-1} + e_t^y$$
$$x_t + \beta_2 y_t = \alpha_3 y_{t-1} + \alpha_4 x_{t-1} + e_t^x$$

보다 편리하게 행렬 형태로 나타내면 다음과 같다.

$$\begin{bmatrix} 1 & \beta_1 \\ \beta_2 & 1 \end{bmatrix} \begin{bmatrix} y_t \\ x_t \end{bmatrix} = \begin{bmatrix} \alpha_1 & \alpha_2 \\ \alpha_3 & \alpha_4 \end{bmatrix} \begin{bmatrix} y_{t-1} \\ x_{t-1} \end{bmatrix} + \begin{bmatrix} e_t^y \\ e_t^x \end{bmatrix}$$

부호를 사용하여 나타내면 $BY_t = AY_{t-1} + E_t$이며, 여기서 다음과 같다.

$$Y_t = \begin{bmatrix} y_t \\ x_t \end{bmatrix} \quad B = \begin{bmatrix} 1 & \beta_1 \\ \beta_2 & 1 \end{bmatrix} \quad A = \begin{bmatrix} \alpha_1 & \alpha_2 \\ \alpha_3 & \alpha_4 \end{bmatrix} \quad E_t = \begin{bmatrix} e_t^y \\ e_t^x \end{bmatrix}$$

VAR 형태(또는 유도형태 모형)로 나타내면 다음과 같다.

$$y_t = \delta_1 y_{t-1} + \delta_2 x_{t-1} + v_t^y$$
$$x_t = \delta_3 y_{t-1} + \delta_4 x_{t-1} + v_t^x$$

행렬 형태로 나타내면 $Y_t = CY_{t-1} + V_t$이며, 여기서 다음과 같다.

$$C = \begin{bmatrix} \delta_1 & \delta_2 \\ \delta_3 & \delta_4 \end{bmatrix} \quad V_t = \begin{bmatrix} v_t^y \\ v_t^x \end{bmatrix}$$

$C = B^{-1} A$ 및 $V_t = B^{-1}E_t$ 란 관계가 있다. 이 장에서 고려하고 있는 특별한 경우는 동시기적인 상호작용이 없다($\beta_1 = \beta_2 = 0$)고 가정을 하며, 이에 따라 B는 항등행렬이 된다. 이 경우에는 식별문제가 발생하지 않는다. 왜냐하면 VAR 잔차는 y에 대한 충격 또는 x에 대한 충격, 즉 $v^y = e^y$, $v^x = e^x$로 분명히 식별될 수 있기 때문이다. 충격반응과 분산분해의 생성 및 해석이 분명해진다.

하지만 일반적으로 B는 항등행렬이 아니며, v^y 및 v^x는 e^y 및 e^x의 가중평균이 된다. 이런 일반적인 경우 충격의 출처에 관해 확신할 수 없기 때문에, 이런 v^y 및 v^x에 기초한 충격반응 및 분산분해는 의미가 없거나 유용하지 않다. 유도형태로부터 구조 모형을 식별하는 여러 가지 방법이 있다.

시간의 변화에 따른 변동성과 ARCH 모형

제12장에서는 시간의 변화에 따른 평균 과정과 거시경제 시계열에 대해 살펴보았다. 안정적인 변수와 불안정한 변수에 대해 알아보았으며 특히 국내총생산(GDP), 인플레이션, 이자율과 같은 거시경제 변수에 대해 고찰하였다. 변수의 불안정한 성격은 이들이 시간이 흐름에 따라 변화하는 평균(means that change over time)을 갖는다는 의미였다. 이 장에서는 안정적인 계열에 관심을 갖기는 하지만, 시간의 흐름에 따라 변화하는 조건부 분산에 관심을 갖는다. 우리가 살펴볼 이런 모형을 자기회귀 조건부 이분산(ARCH) 모형이라고 한다.

노벨상 수상자인 로버트 엥글(Robert Engle) 교수의 ARCH에 대한 최초의 연구는 인플레이션의 변동성에 관한 것이었다. 하지만 자신의 업적에 대한 중요성을 알리고 이를 공고히 했던 연구는 ARCH 모형을 금융 시계열에 적용한 것이었다. 이런 이유 때문에 이 장에서 소개되는 실례는 금융 시계열에 기초한 것들이다. 앞으로 살펴볼 것처럼 금융 시계열은 동태적인 분산을 갖는 모형에 적합한 특성을 갖고 있다. 이 장의 목적은 특히 변동성에 관한 ARCH 부류의 모형을 이용하여 동태적인 분산을 모형화하고 이런 모형을 추정하며 예측하는 데 이를 사용하는 방법에 관해 논의하는 것이다.

14.1 ARCH 모형

ARCH는 autoregressive conditional heteroskedasticity를 의미한다. 자기회귀 오차 및 이분산 오차의 개념에 대해서는 제9장 및 제8장에서 각각 살펴보았다. 따라서 오차항의 조건부 평균 및 무조건부 평균, 그리고 조건부 분산 및 무조건부 분산에 관해 먼저 논의해 보자.

다음과 같이 AR(1) 오차항을 갖는 모형을 생각해 보자.

$$y_t = \phi + e_t \tag{14.1a}$$

$$e_t = \rho e_{t-1} + v_t, \qquad |\rho| < 1 \tag{14.1b}$$

$$v_t \sim N(0, \sigma_v^2) \tag{14.1c}$$

편리하게 설명을 하기 위해서, 먼저 연속적으로 대체를 해 오차항 v_t의 무한급수 합으로 된 e_t를 구해 보자. 이렇게 하기 위해 $e_t = \rho e_{t-1} + v_t$인 경우, $e_{t-1} = \rho e_{t-2} + v_{t-1}$, $e_{t-2} = \rho e_{t-3} + v_{t-2}$ 등이 된다는 사실에 주목하자. 따라서 $e_t = v_t + \rho^2 v_{t-2} + \cdots + \rho^t e_0$가 되며, 여기서 최종항 $\rho^t e_0$는 무시해도 될 정도이다.

오차의 무조건부 평균(unconditional mean)은 다음과 같다.

$$E[e_t] = E[v_t + \rho v_{t-1} + \rho^2 v_{t-2} + \cdots] = 0$$

왜냐하면 모든 j에 대해 $E[v_{t-j}] = 0$이 되기 때문이다. 반면에 t기보다 전의 정보에 조건부적인, 오차에 대한 조건부 평균(conditional mean)은 다음과 같다.

$$E[e_t | I_{t-1}] = E[\rho e_{t-1} | I_{t-1}] + E[v_t] = \rho e_{t-1}$$

$t-1$기에 과해진 정보 I_{t-1}은 ρe_{t-1}을 알고 있다는 것을 포함한다. 간단히 말해서 '무조건부'란 정보를 갖고 있지 않을 때의 상황을 나타내는 반면에, 조건부란 어떤 시점까지의 정보를 갖고 있을 때의 상황을 나타낸다.

오차의 무조건부 분산(unconditional variance)은 다음과 같다.

$$
\begin{aligned}
E[e_t - 0]^2 &= E[v_t + \rho v_{t-1} + \rho^2 v_{t-2} + \cdots]^2 \\
&= E[v_t^2 + \rho^2 v_{t-1}^2 + \rho^4 v_{t-2}^2 + \cdots] \\
&= \sigma_v^2[1 + \rho^2 + \rho^4 + \cdots] = \frac{\sigma_v^2}{1 - \rho^2}
\end{aligned}
$$

왜냐하면 $i = j$일 때 $E[v_{t-j} v_{t-i}] = \sigma_v^2$이고, $i \neq j$일 때 $E[v_{t-j} v_{t-i}] = 0$이며, 기하급수 $[1 + \rho^2 + \rho^4 + \cdots]$의 합은 $1/(1 - \rho^2)$이기 때문이다. 오차에 대한 조건부 분산(conditional variance)은 다음과 같다.

$$E\left[(e_t - \rho e_{t-1})^2 \big| I_{t-1}\right] = E[v_t^2 | I_{t-1}] = \sigma_v^2$$

이제는 이 모형의 경우 오차의 조건부 평균은 시간이 흐름에 따라 변하는 반면에, 조건부 분산은 변하지 않는다는 사실에 주목하시오. 시간이 흐름에 따라 변하는 조건부 평균 대신에, 시간이 흐름에 따라 변하는 조건부 분산을 갖고 있다고 가상하자. 이런 수정을 끼워 넣기 위해서 다음과 같은 위 모형의 변형을 생각해 보자.

$$y_t = \beta_0 + e_t \tag{14.2a}$$

$$e_t | I_{t-1} \sim N(0, h_t) \tag{14.2b}$$

$$h_t = \alpha_0 + \alpha_1 e_{t-1}^2, \quad \alpha_0 > 0, \quad 0 \leq \alpha_1 < 1 \tag{14.2c}$$

위의 식들(14.2b 및 14.2c)은 ARCH 부류의 모형을 나타내고 있다. 두 번째 식 (14.2b)에 따르면 오차항은 조건부 정규(conditionally normal)분포하여, $e_t | I_{t-1} \sim N(0, h_t)$이며, 여기서 I_{t-1}은 $t-1$기에 가용할 수 있는 정보를 나타낸다. 이것은 0인 평균과 용어를 좇아서 표현하면 (널리 알려진) h_t로 나

타낸 시간이 흐름에 따라 변하는 분산을 갖는다. 세 번째 식 (14.2c)는 h_t를 상수항과 시차가 있는 오차를 제곱한 e^2_{t-1}의 함수로 모형화하고 있다.

ARCH란 명칭은 우리가 시차가 있는 효과(즉 자기상관)에 의존한 (조건부인) 시간의 흐름에 따라 변하는 분산(이분산)을 다루고 있다는 사실을 의미한다. 위와 같은 예를 ARCH(1) 모형이라고 한다. 왜냐하면 시간의 흐름에 따라 변하는 분산 h_t는 상수항(α_0)과 1기간 시차가 있는 항, 즉 앞 기간의 오차에 제곱을 한 값($\alpha_1 e^2_{t-1}$)의 함수이기 때문이다. 계수 α_0 및 α_1은 양의 분산임을 보여주기 위해 양수가 되어야 한다. 계수 α_1은 1보다 작아야 하며 그렇지 않을 경우 h_t는 시간이 흐름에 따라 계속 증가하여 결국에는 폭발하게 될 것이다. 조건부 정규성이란 정규분포가 $t-1$기에 알 수 있는 정보의 함수라는 것을 의미한다. 즉 $t = 2$일 때 $e_2 \mid I_1 \sim N(0, \alpha_0 + \alpha_1 e^2_1)$이고, $t = 3$일 때 $e_3 \mid I_2 \sim N(0, \alpha_0 + \alpha_1 e^2_2)$이며 이런 관계가 계속된다. 위의 경우 I_{t-1}에 조건부라는 것은 앞 기간의 오차에 제곱을 한 값 e^2_{t-1}에 조건부라는 것과 같은 의미이다.

오차 e_t의 조건부 분포는 정규분포한다고 가정하는 반면에, 오차 e_t의 무조건부 분포는 정규분포하지 않는다는 점에서 주목하자. 실제 세계의 많은 자료들이 비정규분포하는 데서 추출되는 것 같다는 가정을 할 경우, 이것이 논리에 맞지 않는 사고는 아니다.

e^2_{t-1}에 조건부인 오차항 e_t의 평균 및 분산은 각각 0 및 h_t이다. e_t의 무조건부 분포의 평균 및 분산을 구하기 위해서, e^2_{t-1}에 조건부인 표준화된 오차는 표준 정규분포한다는 점에 주목하자. 즉 다음과 같다.

$$\left(\frac{e_t}{\sqrt{h_t}} \,\middle|\, I_{t-1} \right) = z_t \sim N(0, 1)$$

이 분포는 e^2_{t-1}에 의존하지 않기 때문에, $z_t = \left(e_t / \sqrt{h_t} \right)$의 무조건부 분포도 또한 $N(0, 1)$이며, z_t와 e^2_{t-1}은 독립적이라고 볼 수 있다. 따라서 다음과 같이 나타낼 수 있다.

$$E(e_t) = E(z_t) E\left(\sqrt{\alpha_0 + \alpha_1 e^2_{t-1}} \right)$$

그리고

$$E(e^2_t) = E(z^2_t) E(\alpha_0 + \alpha_1 e^2_{t-1}) = \alpha_0 + \alpha_1 E(e^2_{t-1})$$

위의 첫 번째 식으로부터 $E(e_t) = 0$을 구할 수 있으며 그 이유는 $E(z_t) = 0$이기 때문이다. 두 번째 식으로부터는 $\mathrm{var}(e^2_t) = E(e^2_t) = \alpha_0 / (1 - \alpha_1)$을 구할 수 있는데 그 이유는 $E(z^2_t) = 1$ 및 $E(e^2_t) = E(e^2_{t-1})$이기 때문이다.

ARCH 모형은 실제 세계에서 발생하는 변동성의 양식화된 특징을 포괄할 수 있으므로 매우 중요한 계량경제 모형이라 할 수 있다. 나아가 ARCH(1) 모형의 틀 안에서 앞 기간의 오차를 제곱한 e^2_{t-1}을 알 경우, t기에 존재하게 될 분산의 크기에 관해 더 많은 것을 알게 된다. 변수의 변동성으로 측정한 위험을 이해하는 것이 중요한 상황에서 이 모형은 유용해진다.

14.2 시간의 변화에 따른 변동성

ARCH 모형은 이것의 분산 모형 설정을 따를 경우 금융변수 시계열에서 일반적으로 관찰되는 특징을 포괄할 수 있으므로 널리 사용되고 있다. 특히 이 모형은 변동성(volatility)과 그중에서도 시간이 흐름에 따른 변동성의 변화를 모형화하는 데 유용하다. 변동성과 시간의 변화에 따른 변동성의 의미 그리고 이를 ARCH 모형에 어떻게 연계시킬 수 있는지 알아보기 위해, 예를 들면 주가지수에 대한 수익과 같은 금융변수의 행태에 관한 양식화된 사실을 검토해 보자.

🔧 정리문제 14.1   금융변수들의 특성

그림 14.1은 1988년 1월부터 2015년 12월까지 여러 가지 주가지수, 예를 들면 미국의 Nasdaq, 호주의 All Ordinaries, 일본의 Nikkei, 영국의 FTSE에 대한 월간 수익의 시계열 시리즈를 보여주고 있다. 이 시리즈들은 명백히 예측할 수 없는 방법으로 기간에 따라 급속히 변화한다. 즉 시계열 시리즈들이 변동적이다. 더 나아가 큰 변화가 앞의 큰 변화에 뒤이어서 나타나는 시기가 있는가 하면, 작은 변화가 앞의 작은 변화에 뒤이어서 나타나는 시기가 있다. 이런 경우 해당 시계열 시리즈는 변화가 '군집'해서 나타날 뿐만 아니라 시간 변화에 따라 변동성을 보인다고 한다.

그림 14.2는 수익의 히스토그램을 보여주고 있으며 모든 수익들은 비정규적인 특성을 보인다. 히스토그램 위에

(각각의 표본 평균과 표본 분산을 이용하여) 정규분포를 그려 넣을 경우 이 점이 더욱 명백해진다. 평균 근처와 양쪽 끝부분에 더 많은 관찰값이 있음을 주목하자. 이처럼 평균 근처가 더 뾰족하고 끝부분이 상대적으로 두꺼운 특성을 갖고 있는 경우 급첨적인(leptokurtic) 분포라고 한다.

$(y_t \mid I_{t-1})$에 대한 조건부 분포가 식 (14.2b)에서 했던 것처럼 정규분포가 된다는 가정이, y_t에 대한 무조건부 분포가 정규분포가 된다는 점을 반드시 의미하지는 않는다. y_t에 대한 실제 관찰값을 수집하여 히스토그램으로 나타낼 경우, y_t에 대한 무조건부 분포 추정값을 구할 수 있다. 우리가 관찰했던 사실은 y_t에 대한 무조건부 분포가 급첨적인 분포가 된다는 것이다.

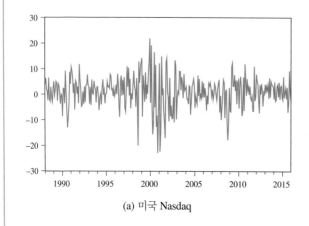

(a) 미국 Nasdaq

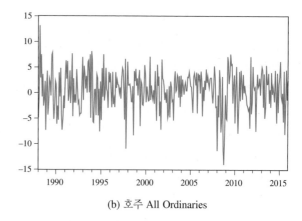

(b) 호주 All Ordinaries

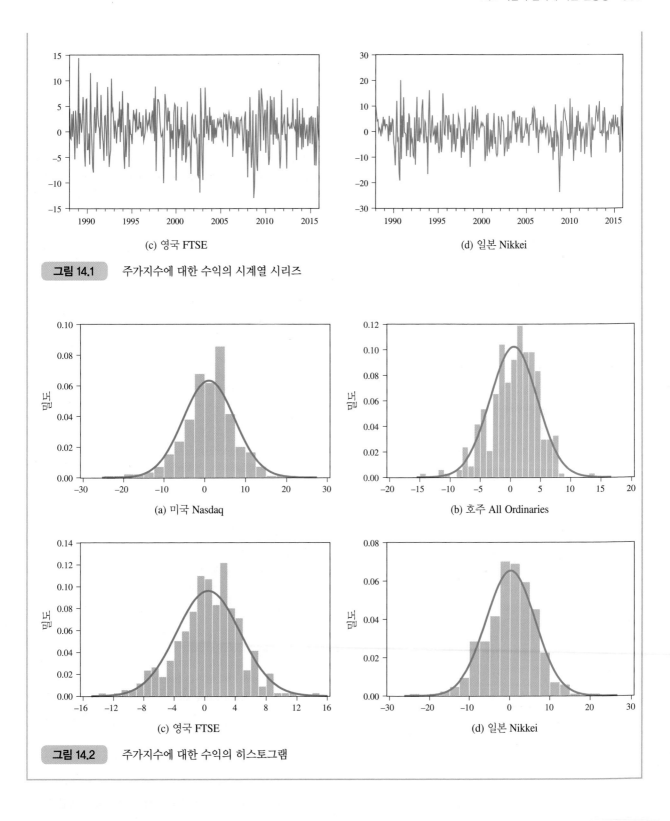

(c) 영국 FTSE

(d) 일본 Nikkei

그림 14.1 주가지수에 대한 수익의 시계열 시리즈

(a) 미국 Nasdaq

(b) 호주 All Ordinaries

(c) 영국 FTSE

(d) 일본 Nikkei

그림 14.2 주가지수에 대한 수익의 히스토그램

정리문제 14.2   시간의 변화에 따른 변동성을 시뮬레이션하기

ARCH 모형을 이용하여 변동성과 y_t에 대한 분포가 폭이 좁은 분포라는 특성을 어떻게 포괄할 수 있는지 보여주기 위하여, 2개 모형에 대해 시뮬레이션된 자료를 생성해 보자. 두 모형에서 모두 $y_t = e_t$가 되도록 $\beta_0 = 0$이라고 하자. 그림 14.3의 왼쪽 그림은 $\alpha_0 = 1$, $\alpha_1 = 0$인 경우를 보여주고 있다. 이 경우 $var(y_t \mid I_{t-1}) = h_t = 1$이 된다. $\alpha_1 = 0$이므로 이 분산은 일정하며 시간이 흐름에 따라 변화하지 않는다. 그림 14.3의 오른쪽 그림은 $\alpha_0 = 1$, $\alpha_1 = 0.8$인 경우를 보여주고 있다. 이 경우 분산은 $var(y_t \mid I_{t-1}) = h_t = \alpha_0 + \alpha_1 e_{t-1}^2 = 1 + 0.8 e_{t-1}^2$로 나타낼 수 있으며 시간이 흐름에 따라 변화하는 분산을 갖게 된다. 왼쪽 그림에 있는 시계열 시리즈에 비해 오른쪽 그림의 변동성은 상대적으로 일정하지 않다. 오히려 시간이 흐름에 따라 변화하고 군집을 이루고 있는 기간이 있다. (예를 들면, 관찰값 100 근처에서처럼) 작은 변화가 있는 기간이 있고, (예를 들면, 관찰값 175 근처에서처럼) 큰 변화가 있는 기간이 있다.

그림 14.4는 위의 두 경우에 대한 y_t의 히스토그램을 보여주고 있다. 위 그림은 분산이 일정한 경우의 히스토그램이며 여기서 $(y_t \mid I_{t-1})$ 및 y_t는 동일한 분포, 즉 $h_t = 1$이기 때문에 소음 과정 $y_t \sim N(0,\ 1)$을 갖는다. 아래 그림은 시간이 흐름에 따라 분산이 변하는 경우의 히스토그램이다. ($y_t \mid I_{t-1})$에 대한 조건부 분포는 $N(0,\ h_t)$라는 사실을 알고 있다. 하지만 y_t에 대한 무조건부 분포는 어떠한가? 정규성을 점검해 보기 위해 다시 한 번 더 히스토그램 위에 정규분포를 그려 넣어 보자. 이 경우 위 그림의 막대그래프와 의미 있는 비교를 하기 위해서 y_t의 표준화된 값을 구하여 그려 보자. 그러기 위해서 각 관찰값에 대해 표본 평균을 감하고 표본 평균편차로 나누어 보자. 이런 변환 과정을 거치게 되면 평균은 0이고 분산은 1인 분포를 갖게 되지만 분포의 형태를 유지하게 된다. 이 두 그림을 비교해 보면 두 번째 분포가 평균(0) 부근에서 더 많은 빈도를 갖고 있으며 끝(± 3 바깥) 부근에서도 더 많은 빈도를 갖고 있다는 사실을 알 수 있다. ARCH 오차를 갖는 시계열의 특징, 즉 y_t의 무조건부 분포가 비정규분포라는 특징은 주식 수익에 관한 시계열 시리즈에서 관찰했던 것과 일치한다.

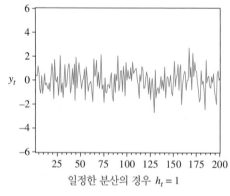

일정한 분산의 경우 $h_t = 1$

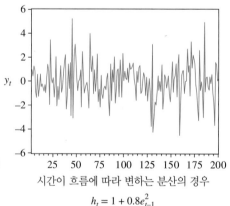

시간이 흐름에 따라 변하는 분산의 경우
$$h_t = 1 + 0.8 e_{t-1}^2$$

그림 14.3   일정한 분산의 경우와 시간이 흐름에 따라 변하는 분산의 경우에 대해 시뮬레이션한 예

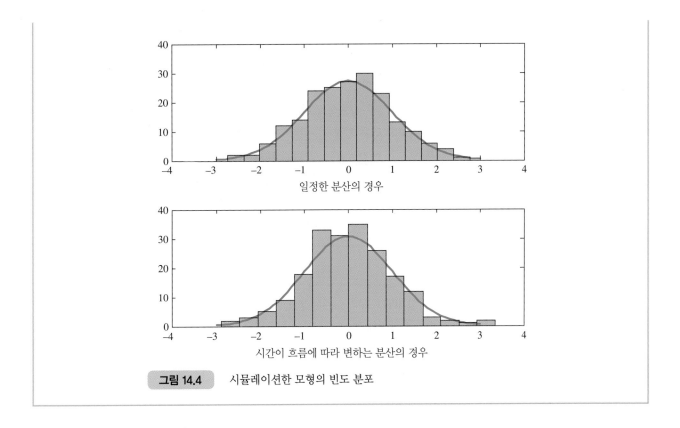

그림 14.4   시뮬레이션한 모형의 빈도 분포

변동성을 오차 e_t의 함수로 설명하는 것은 이치에 맞는 것처럼 보이므로 직관적으로 볼 때 ARCH 모형은 호소력이 있는 것 같다. 금융 분석가들은 이런 오차를 '충격' 또는 '뉴스'라고 한다. 이것들은 기대하지 못한 상황을 나타낸다. ARCH 모형에 따르면 충격이 클수록 시계열의 변동성도 더 커진다. 이밖에 e_t의 변화가 커지면 시차가 있는 효과 e_{t-1}을 통해서 h_t의 더 큰 변화로 유입되기 때문에 이 모형은 군집이 있는 변동성을 포괄할 수 있다. 시뮬레이션을 통해서 ARCH 모형이 비정규분포를 포함하여 그림 14.1에 있는 금융 시계열의 행태를 얼마나 잘 의태할 수 있는지 보여줄 수 있다.

14.3 검정, 추정, 예측

라그랑주 승수(LM) 검정을 이용하여 종종 ARCH 효과가 존재하는지에 대한 검정을 한다. 이 검정을 하기 위해서는 먼저 평균식(mean equation)을 추정해야 한다. 이 식은 [식 (14.1)에서처럼] 상수에 대해 변수를 회귀시켜 구한 것으로 다른 변수를 포함할 수도 있다. 그리고 나서 추정된 잔차 $\hat{e}_t$를 구하고 이를 제곱한 값 $\hat{e}_t^2$를 구한다. 1차 ARCH를 검정하기 위해서 $\hat{e}_t^2$를 시차가 있는 잔차를 제곱한 값 $\hat{e}_{t-1}^2$에 대해 다음과 같이 회귀를 하자.

$$\hat{e}_t^2 = \gamma_0 + \gamma_1 \hat{e}_{t-1}^2 + v_t \qquad (14.3)$$

여기서 v_t는 무작위항이다. 귀무가설과 대립가설은 다음과 같다.

$$H_0 : \gamma_1 = 0 \qquad H_1 : \gamma_1 \neq 0$$

ARCH 효과가 없는 경우, $\gamma_1 = 0$이 되며 위의 식 (14.3)을 추정한 결과는 설명력이 부족하고 R^2은 낮다. ARCH 효과가 있는 경우, $\hat{e}_t^2$의 크기는 자신의 시차가 있는 값에 의존하며 R^2이 상대적으로 높다. 라그랑주 승수(LM) 검정통계량은 $(T-q)R^2$이다. 여기서 T는 표본크기이며 q는 식 (14.3)의 오른편에 있는 $\hat{e}_{t-j}^2$의 수를 의미하고 R^2은 결정계수이다. 귀무가설이 참인 경우 통계량 $(T-q)R^2$은 (대규모 표본에서) $\chi_{(q)}^2$처럼 분포한다. 여기서 q는 시차의 크기를 나타내며 $(T-q)$는 완전한 관찰값의 수를 의미한다. 위의 경우 $q=1$이 된다. $(T-q)R^2 \geq \chi_{(1-\alpha,\, q)}^2$인 경우, $\gamma_1 = 0$이라는 귀무가설을 기각하고 ARCH 효과가 존재한다고 결론을 내리게 된다.

🔍 정리문제 14.3   ARCH 검정하기

위의 검정을 설명하기 위해서, 가상적인 기업 BYD 조명회사의 주식을 매입함으로써 얻게 되는 수익을 생각해 보자. 그림 14.5는 이런 수익의 시계열 시리즈와 히스토그램을 보여주고 있다. 이 시계열 자료를 보면 시간의 변화에

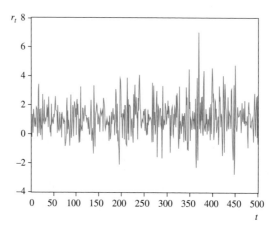

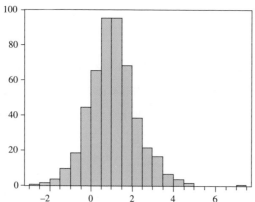

그림 14.5   BYD 조명회사의 수익에 관한 시계열 시리즈 및 히스토그램

따른 변동성과 군집성을 확인할 수 있으며 무조건부 분포가 비정규 분포라는 사실을 알 수 있다.

ARCH 효과를 검정하기 위해서 첫째, 평균식을 추정해야 한다. 위의 예에서 이 방정식은 $r_t = \beta_0 + e_t$가 되며 여기서 r_t는 BYD 조명회사 주식의 월간 수익을 의미한다. 둘째, 추정된 잔차를 회복시킨다. 셋째, 위의 식 (14.3)을 추정한다. ARCH 검정의 결과는 다음과 같다.

$$\hat{e}_t^2 = 0.908 + 0.353\hat{e}_{t-1}^2 \qquad R^2 = 0.124$$
$$(t) \qquad\qquad (8.409)$$

t-통계량에 따르면 1차 계수는 유의하다. 표본크기는 500이며 라그랑주 승수(LM) 검정값은 $(T-q)R^2 = 61.876$이 된다. 이 계산된 검정값과 $\chi_{(1)}^2$ 분포의 5% 임계값 $(\chi_{(0.95,1)}^2 = 3.841)$을 비교하면 귀무가설을 기각하게 된다. 다시 말해 잔차는 ARCH(1) 효과가 존재한다는 것을 보여준다.

🔍 정리문제 14.4   ARCH 모형의 추정

ARCH 모형은 최우 추정법으로 추정된다. 추정에 관한 세부적인 사항은 이 책의 범위를 넘어서는 것이지만 최우 추정법은 대부분의 계량경제학 소프트웨어에 프로그램화되어 있다.

식 (14.4)는 BYD 조명회사의 주식을 매입함으로써 얻게 되는 월간 수익에 적용하여 구한 ARCH(1) 모형의 추정 결과이다. 이 시계열의 추정된 평균은 식 (14.4a)에 있으며 추정된 분산은 식 (14.4b)에 있다.

$$\hat{r}_t = \hat{\beta}_0 = 1.063 \tag{14.4a}$$
$$\hat{h}_t = \hat{\alpha}_0 + \hat{\alpha}_1 \hat{e}_{t-1}^2 = 0.642 + 0.569\hat{e}_{t-1}^2 \tag{14.4b}$$
$$(t) \qquad\qquad (5.536)$$

1차 계수의 t-통계량(5.536)에 따르면 ARCH(1) 계수가 유의하다는 사실을 알 수 있다. ARCH 모형의 필요조건 중 하나는 묵시된 분산이 양이 되도록 $\alpha_0 > 0$ 및 $\alpha_1 > 0$이어야 된다는 점을 기억하자. 추정된 계수 $\hat{\alpha}_0$ 및 $\hat{\alpha}_1$은 이 조건을 충족시킨다는 점에 주목하자.

🔍 정리문제 14.5   변동성의 예측

모형을 일단 추정하게 되면 이를 이용하여 다음 기간의 수익 r_{t+1} 및 조건부 변동성 h_{t+1}을 예측할 수 있다. 주식에 투자를 하려는 경우 해당 주식의 평균 수익뿐만 아니라 위험에 기초하여 대상을 선택하는 것이 중요하다. 변동성은 해당 주식이 갖고 있는 위험의 척도를 알려준다.

위에서 살펴본 BYD 조명회사에 주식투자를 한 사례의 경우, 예측한 수익 및 변동성은 다음과 같다.

$$\hat{r}_{t+1} = \hat{\beta}_0 = 1.063 \tag{14.5a}$$
$$\hat{h}_{t+1} = \hat{\alpha}_0 + \hat{\alpha}_1\left(r_t - \hat{\beta}_0\right)^2 = 0.642 + 0.569\left(r_t - 1.063\right)^2$$
$$\tag{14.5b}$$

첫 번째 식 (14.5a)는 추정된 수익이며 이는 시간이 흐름에 따라 변화하지 않기 때문에 조건부 평균 수익 및 무조건부 평균 수익이 둘 다 된다. $\hat{e}_t = r_t - \hat{r}_t$로 나타낼 수 있는 t기의 추정된 오차를 사용하여 추정된 조건부 분산 식 (14.5b)를 구할 수 있다. 조건부 분산의 시계열 시리즈는 시간이 흐름에 따라 변화하며 그림 14.6은 이를 보여주고 있다. 관찰값 370 부근에서의 조건부 분산이 그림 14.5에서 수익이 큰 폭으로 변화하였던 시기와 어떻게 일치하는지 주목하자.

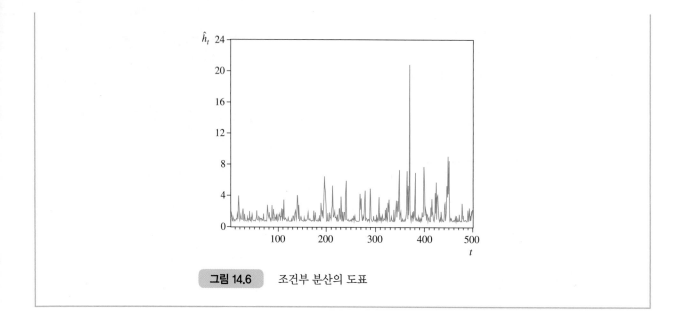

그림 14.6 조건부 분산의 도표

14.4 모형의 확장

ARCH(1) 모형은 여러 가지 방법으로 확장될 수 있다. 확장할 수 있는 확실한 방법은 보다 많은 시차를 허용하는 것이다. 일반적으로 시차 $\hat{e}_{t-1}^2$, $\cdots$, $\hat{e}_{t-q}^2$를 포함하는 ARCH(q)는 다음과 같은 조건부 분산 함수를 갖게 된다.

$$h_t = \alpha_0 + \alpha_1 e_{t-1}^2 + \alpha_2 e_{t-2}^2 \cdots + \alpha_q e_{t-q}^2 \tag{14.6}$$

이 경우 주어진 기간에서의 분산 또는 변동성은 지난 q기간의 제곱한 오차의 크기에 달려 있다. 검정, 추정, 예측은 시차가 1개인 경우의 자연스런 확장이다.

14.4.1 GARCH 모형 : 일반화된 ARCH 모형

ARCH(q) 모형의 단점 중 하나는 추정해야 할 $q + 1$개의 모수가 있다는 사실이다. q의 수가 커지게 되면 추정하는 데 정확성이 떨어지게 된다. 일반화된 ARCH 모형 또는 **GARCH** 모형은 보다 적은 수의 모수를 가지면서 긴 시차의 효과를 포괄할 수 있는 대안적인 방법이다. 이는 ARCH 모형을 특별히 일반화시킨 것으로 다음과 같이 유도할 수 있다. 우선 위의 식 (14.6)을 생각하면서 다음과 같이 표현하도록 하자.

$$h_t = \alpha_0 + \alpha_1 e_{t-1}^2 + \beta_1 \alpha_1 e_{t-2}^2 + \beta_1^2 \alpha_1 e_{t-3}^2 + \cdots$$

달리 표현하면 시차계수에 대해 $\alpha_s = \alpha_1 \beta_1^{s-1}$ 형태의 기하시차 구조를 부과해 보자. 다음에 $\beta_1 \alpha_0$를 추가하고 감하여 이를 재정리하면 다음과 같다.

$$h_t = \left(\alpha_0 - \beta_1\alpha_0\right) + \alpha_1 e_{t-1}^2 + \beta_1\left(\alpha_0 + \alpha_1 e_{t-2}^2 + \beta_1\alpha_1 e_{t-3}^2 + \cdots\right)$$

$h_{t-1} = \alpha_0 + \alpha_1 e_{t-2}^2 + \beta_1\alpha_1 e_{t-3}^2 + \beta_1^2\alpha_1 e_{t-4}^2 + \cdots$이므로 다음과 같이 나타낼 수 있다.

$$h_t = \delta + \alpha_1 e_{t-1}^2 + \beta_1 h_{t-1} \tag{14.7}$$

여기서 $\delta = \left(\alpha_0 - \beta_1\alpha_0\right)$이다. 일반화된 ARCH 모형은 GARCH(1,1)로 나타낸다. 이는 보다 일반적인 GARCH(p, q) 모형의 특별한 경우라고 할 수 있으며, 여기서 p는 시차가 있는 항 h의 수를 의미하고 q는 시차가 있는 항 e^2의 수를 말한다. 또한 안정성을 유지하기 위해서는 $\alpha_1 + \beta_1 < 1$이어야 한다는 사실을 주목하자. $\alpha_1 + \beta_1 \geq 1$인 경우 소위 '적분된 GARCH' 과정 또는 IGARCH를 사용한다.

GARCH(1,1) 모형은 많은 시계열 자료에 적합하기 때문에 매우 널리 사용되는 모형 설정이다. 이 모형에 따르면 변동성은 시차가 있는 충격$\left(e_{t-1}^2\right)$에 따라 변화하지만, h_{t-1}을 통해 작용하는 체계의 타성이 또한 존재한다. 이 모형이 이렇게 널리 사용되는 이유 중 하나는 불과 몇 개의 모수를 가지고 충격이 갖고 있는 긴 시차를 포괄할 수 있기 때문이다. 3개의 모수 (δ, α_1, β_1)을 갖는 GARCH(1,1) 모형은 (q + 1)개의 모수를 추정해야 하는 ARCH(q) 모형과 유사한 효과를 포괄할 수 있다(여기서 q는 예를 들면, $q \geq 6$처럼 크다).

🐾 정리문제 14.6   GARCH 모형

GARCH(1,1) 모형 설정을 설명하기 위하여 BYD 조명회사의 주식에 대한 수익을 다시 한 번 더 생각해 보자. 새로운 모형을 (최우 추정법에 따라) 다시 한 번 더 추정하게 되면 결과는 다음과 같다.

$$\hat{r}_t = 1.049$$
$$\hat{h}_t = 0.401 + 0.492\,\hat{e}_{t-1}^2 + 0.238\hat{h}_{t-1}$$
$$(t) \qquad\qquad (4.834) \qquad (2.136)$$

$\hat{h}_{t-1}$ 앞에 있는 계수의 유의성에 따르면 GARCH(1,1) 모형이 위의 식 (14.4)에 있는 ARCH(1) 결과보다 더 낫다고 할 수 있다. 평균식과 시간 변화에 따른 분산의 도표는 그림 14.7(a) 및 14.7(b)에 있다.

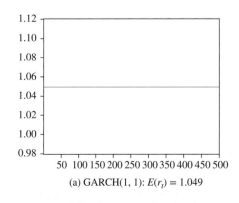

(a) GARCH(1, 1): $E(r_t) = 1.049$

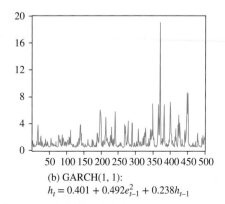

(b) GARCH(1, 1):
$h_t = 0.401 + 0.492e_{t-1}^2 + 0.238h_{t-1}$

그림 14.7   GARCH 모형의 추정된 평균 및 분산

14.4.2 비대칭적인 영향을 고려하기

표준적인 ARCH 모형은 나쁜 '뉴스'(음의 $e_{t-1} < 0$) 및 좋은 '뉴스'(양의 $e_{t-1} > 0$)를 대칭적으로 취급하였다. 즉 변동성 h_t에 미치는 영향은 동일한 $(\alpha_1 e_{t-1}^2)$이었다. 하지만 좋은 뉴스 및 나쁜 뉴스는 변동성에 대해 비대칭적인 영향을 미칠 수 있다. 일반적으로 나쁜 뉴스가 금융시장을 강타할 경우 자산가격은 격변하는 경향이 있으며 변동성이 증대된다. 하지만 좋은 뉴스를 접하게 되면 변동성은 작아지는 경향이 있으며 금융시장은 평온한 시기로 진입하게 된다.

경계 ARCH 모형 또는 **T-ARCH** 모형은 좋은 뉴스와 나쁜 뉴스를 비대칭적으로 취급한 한 예이다. T-GARCH 형태의 모형에서 조건부 분산의 모형 설정은 다음과 같다.

$$h_t = \delta + \alpha_1 e_{t-1}^2 + \gamma d_{t-1} e_{t-1}^2 + \beta_1 h_{t-1}$$

$$d_t = \begin{cases} 1 & e_t < 0 \quad \text{(나쁜 뉴스)} \\ 0 & e_t \geq 0 \quad \text{(좋은 뉴스)} \end{cases} \tag{14.8}$$

여기서 γ는 비대칭 항 또는 레버리지 항이라고 한다. $\gamma = 0$인 경우 위의 모형은 표준적인 GARCH 형태가 된다. 그렇지 않으면 충격이 양(즉 좋은 뉴스)인 경우 변동성에 미치는 영향은 α_1이 된다. 하지만 뉴스가 음(즉 나쁜 뉴스)인 경우 변동성에 미치는 영향은 $\alpha_1 + \gamma$가 된다. 따라서 γ가 유의하고 양인 경우 나쁜 뉴스는 좋은 뉴스보다 h_t에 대해 더 큰 영향을 미친다.

🎯 정리문제 14.7   T-GARCH 모형

BYD 조명회사의 주식에 대한 수익을 T-GARCH(1,1)로 설정된 모형으로 다시 추정하면 결과는 다음과 같다.

$$\hat{r}_t = 0.994$$
$$\hat{h}_t = 0.356 + 0.263\hat{e}_{t-1}^2 + 0.492d_{t-1}\hat{e}_{t-1}^2 + 0.287\hat{h}_{t-1}$$
$$(t) \quad\quad\quad (3.267) \quad\quad (2.405) \quad\quad\quad\quad (2.488)$$

위의 추정결과에 따르면 시장이 좋은 뉴스(양인 e_t)를 감지할 경우 변동성 h_{t+1}에 대해 e_t^2가 0.263만큼 영향을 미치는 반면에, 시장이 나쁜 뉴스(음인 e_t)를 감지하게 되면 변동성 h_{t+1}에 대해 e_t^2가 $(0.263 + 0.492)$만큼 영향을 미치게 된다. 전반적으로 말해 음의 충격이 금융시장에서 더 큰 변동성을 생성하게 된다. 그림 14.8(a) 및 그림 14.8(b)는

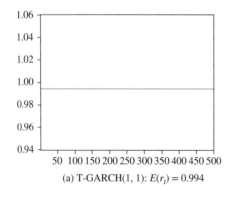

(a) T-GARCH(1, 1): $E(r_t) = 0.994$

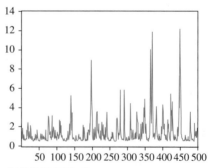

(b) T-GARCH(1, 1):
$h_t = 0.356 + (0.263 + 0.492d_{t-1})e_{t-1}^2 + 0.287h_{t-1}$

그림 14.8   T-GARCH 모형의 추정된 평균 및 분산

평균 및 분산을 보여주고 있다. 그림 14.7(b)와 비교하여, T-GARCH 모형은 관찰값 200 부근의 기간을 격변하는 또 다른 기간으로 강조하여 보여주고 있다.

14.4.3 평균 GARCH 모형과 시간의 변화에 따른 위험할증

GARCH 모형을 확장한 것으로서 널리 사용되는 또 다른 모형에는 **평균 GARCH**(GARCH-in-mean) 모형이 있다. (종종 변동성으로 측정된) 위험과 수익 사이에 양의 관계가 존재한다는 사실은 금융경제학의 기본원칙 중 하나이다. 위험이 증대됨에 따라 평균수익도 증가한다. 직관적으로 말해 변동성이 큰 주식을 매입하는 데 따른 위험을 선택한 투자자에게 보상을 하기 위해서, 위험한 자산에 대한 수익이 (수익의 변동성이 작은) 안전한 자산에 대한 수익보다 더 높은 경향이 있다. 그러나 수익을 모형화하기 위해 평균식을 추정하고 시간의 변화에 따른 변동성을 포괄하기 위해 GARCH 모형을 추정했지만, 수익을 설명하는 데 위험을 사용하지는 않았다. 이것이 바로 평균 GARCH 모형의 목적이다.

평균 GARCH 모형의 식은 다음과 같다.

$$y_t = \beta_0 + \theta h_t + e_t \tag{14.9a}$$

$$e_t | I_{t-1} \sim N(0, h_t) \tag{14.9b}$$

$$h_t = \delta + \alpha_1 e_{t-1}^2 + \beta_1 h_{t-1}, \quad \delta > 0, \quad 0 \le \alpha_1 < 1, \quad 0 \le \beta_1 < 1 \tag{14.9c}$$

첫 번째 식은 평균식이며 종속변수에 조건부 분산이 미치는 영향을 보여주고 있다. 특히 이 모형은 조건부 분산 h_t가 y_t에 θ만큼 영향을 미친다고 가정하고 있다는 점에 주목하자. 다른 2개의 식은 앞의 경우와 같다.

🐢 정리문제 14.8　평균 GARCH 모형

BYD 조명회사의 주식에 대한 수익을 평균 GARCH 모형을 이용하여 다시 추정하면 다음과 같다.

$$\hat{r}_t = 0.818 + 0.196 h_t$$
$$(t) \qquad\qquad (2.915)$$
$$\hat{h}_t = 0.370 + 0.295 \hat{e}_{t-1}^2 + 0.321 d_{t-1} \hat{e}_{t-1}^2 + 0.278 \hat{h}_{t-1}$$
$$(t) \qquad\quad (3.426) \qquad (1.979) \qquad\quad (2.678)$$

위의 결과에 따르면 변동성이 증가함에 따라 수익이 그에 상응하여 0.196만큼 증가한다. 다시 말해 이 결과는 금융시장의 보편적인 견해, 즉 위험이 크면 수익도 크다는 주장을 지지하고 있다. 그림 14.9(a) 및 그림 14.9(b)는 평균 GARCH 모형을 보여주고 있다. 기대되는 평균수익은 더 이상 일정한 값이 아니며 더 높아진 조건부 분산과 일치하여 (예를 들면, 관찰값 200 부근처럼) 높은 값을 갖는다는 점에 주목하자.

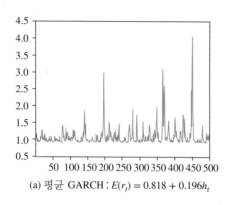

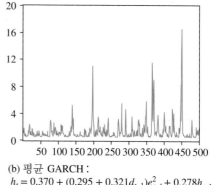

(a) 평균 GARCH : $E(r_t) = 0.818 + 0.196h_t$

(b) 평균 GARCH :
$h_t = 0.370 + (0.295 + 0.321d_{t-1})e_{t-1}^2 + 0.278h_{t-1}$

그림 14.9 평균 GARCH 모형의 추정된 평균 및 분산

이 절을 끝내기에 앞서 다음과 같은 점에 유의하자. 평균 GARCH 모형의 첫 번째 식은 이따금 시간의 변화에 따른 표준편차 $\sqrt{h_t}$의 함수, 즉 $y_t = \beta_0 + \theta\sqrt{h_t} + e_t$로 나타내기도 한다. 그 이유는 금융 분석가들이 위험을 측정하기 위해서 분산과 표준편차라는 2개 측정값을 사용하기 때문이다. 어느 것을 사용해야 하는지에 관한 확실한 규칙도 신속히 결정할 수 있는 규칙도 없다. 종종 유의성에 관한 표준적인 t-검정을 사용하여 어느 것이 더 적합한 값인지를 결정한다.

14.4.4 기타 발전된 모형

GARCH, T-GARCH, 평균 GARCH 모형들은 1982년 엥글 교수가 개발한 최초의 ARCH 개념으로부터 확장된 주요한 세 가지 모형이다. 자료, 특히 높은 빈도의 금융자료에서 나타나는 복잡성을 처리하기 위해 개발된 많은 수의 다른 변형들이 존재한다. 이 중 하나인 지수 GARCH(EGARCH)는 시간 검정을 한다. 이 모형은 다음과 같다.

$$\ln(h_t) = \delta + \beta_1 \ln(h_{t-1}) + \alpha\left|\frac{e_{t-1}}{\sqrt{h_{t-1}}}\right| + \gamma\left(\frac{e_{t-1}}{\sqrt{h_{t-1}}}\right)$$

여기서 $\left(e_{t-1}/\sqrt{h_{t-1}}\right)$은 표준화된 잔차이다. 이것은 대수 형태로 설정된 모형을 활용하며, 이는 추정된 분산이 양이 되도록 보장한다. 이 모형은 또한 2개의 표준화된 잔차 항을 포함하며, 이 중 하나는 레버리지 효과의 검정을 용이하게 하기 위해서 절댓값 형태를 한다. 레버리지 효과(leverage effect)는 자산수익과 이것의 변동성 변화 사이에 존재하는 일반적으로 관찰된 음의 상관을 말한다. 이런 관찰에 대해 할 수 있는 가능한 설명 중 하나는 나쁜 뉴스가 좋은 뉴스보다 분산에 더 큰 영향을 미친다는 것이다. $\gamma \neq 0$인 경우 좋은/나쁜 뉴스의 영향이 비대칭적이다. $\gamma < 0$인 경우 부정적인 충격이 더 큰 영향을 미친다.

유의할 만한 또 다른 발전된 모형은 오차항의 조건부 분포가 비정규 분포하도록 허용한다. 금융수익에 대한 경험적 분포는 일반적으로 꼬리 부분이 두껍고 영 근처에 군집을 이루고 있으므로, t-분포는 정규성 가정에 대해 널리 사용되는 대안이 되어 왔다. 또한 변동성이 외생변수 또는 선결변수에 의존하도록 설명변수가 분산식에 도입될 수 있다. 이동(모의)변수는 특히 널리 사용되며 정치제도의 변화를 고려하기 위해 사용된다.

주요 용어

• 국문

평균 GARCH 모형	GARCH 모형	T-GARCH 모형
ARCH 모형	T-ARCH 모형	

• 영문

ARCH	GARCH-in-mean	T-GARCH
GARCH	T-ARCH	

복습용 질문

1. 오차항의 분산이 일정한 경우와 시간의 변화에 따라 변동하는 경우의 차이를 설명하시오.
2. '조건부 정규'라는 용어를 설명하시오.
3. ARCH 효과에 대한 검정을 하시오.
4. ARCH 모형을 추정하시오.
5. 변동성을 예측하시오.
6. ARCH 모형 설정과 GARCH 모형 설정 사이의 차이를 설명하시오.
7. T-GARCH 모형과 평균 GARCH 모형의 특징을 설명하시오.

연습문제

14.1 ARCH 모형은 이따금 다음과 같이 증대되는 형태로 제시된다.

$$y_t = \beta_0 + e_t$$
$$e_t = z_t \sqrt{h_t}, \ z_t \sim N(0, 1)$$
$$h_t = \alpha_0 + \alpha_1 e_{t-1}^2, \ \alpha_0 > 0, \ 0 \leq \alpha_1 < 1$$

이 형태는 표준된 잔차 $e_t / \sqrt{h_t}$의 분포를 표준 정규 z_t로 나타낸다. 하지만 e_t의 특성은 변하지 않는다.

a. 조건부 평균 $E(e_t | I_{t-1}) = 0$을 보이시오.
b. 조건부 분산 $E(e_t^2 | I_{t-1}) = h_t$를 보이시오.

   c. $e_t\,|\,I_{t-1} \sim N(0,\,h_t)$를 보이시오.

14.2 평균 ARCH 모형식은 다음과 같이 나타낼 수 있다.

$$y_t = \beta_0 + \theta h_t + e_t$$
$$e_t | I_{t-1} \sim N(0, h_t)$$
$$h_t = \delta + \alpha_1 e_{t-1}^2, \quad \delta > 0, \quad 0 \le \alpha_1 < 1$$

y_t는 금융자산의 수익을 나타내고, e_t는 금융시장에서의 '뉴스'를 나타낸다고 하자. 이제 세 번째 식을 활용하여 첫 번째 식의 h_t를 대체시켜 보자. 그러면 수익을 다음과 같이 나타낼 수 있다.

$$y_t = \beta_0 + \theta\left(\delta + \alpha_1 e_{t-1}^2\right) + e_t$$

   a. θ가 영인 경우, y_{t+1}의 조건부 평균, $E_t(y_{t+1})$은 무엇인가? 다시 말해, 현재의 정보가 주어진 경우 다음 기의 수익은 무엇이 될 것이라고 기대하는가?

   b. θ가 영이 아닌 경우, $E_t(y_{t+1})$은 무엇인가? 수익을 예측하기 위해서 이 경우에 어떤 추가적인 정보를 사용하는가?

14.3 다음과 같은 T-ARCH 모형을 생각해 보자.

$$h_t = \delta + \alpha_1 e_{t-1}^2 + \gamma d_{t-1} e_{t-1}^2$$

$$d_t = \begin{cases} 1 & e_t < 0 \quad \text{(나쁜 뉴스)} \\ 0 & e_t \ge 0 \quad \text{(좋은 뉴스)} \end{cases}$$

   a. γ가 영인 경우, $e_{t-1} = -1$일 때 h_t의 값은 무엇인가? $e_{t-1} = 0$일 때는 어떠한가? $e_{t-1} = 1$일 때는 어떠한가?

   b. γ가 영이 아닌 경우, $e_{t-1} = -1$일 때 h_t의 값은 무엇인가? $e_{t-1} = 0$일 때는 어떠한가? $e_{t-1} = 1$일 때는 어떠한가? $\gamma = 0$인 경우와 $\gamma \ne 0$인 경우 사이의 주요한 차이점은 무엇인가?

14.4 아래에 있는 GARCH(1,1) 모형은 또한 ARCH(q) 모형으로 다시 나타낼 수 있다. 여기서 q는 큰 수(실제로 무한대)이다. 순환적 대체법을 활용하여 GARCH 모형의 ARCH 형태를 도출하시오.

$$h_t = \delta + \alpha_1 e_{t-1}^2 + \beta_1 h_{t-1}$$

14.5 a. $I_{t-1} = \{e_{t-1},\, e_{t-2},\, \cdots\}$라고 하자. 되풀이되는 반복법칙을 활용하여, $E(e_t\,|\,I_{t-1}) = 0$은 $E(e_t) = 0$이라는 점을 보이시오.

   b. 분산 모형 $h_t = E(e_t^2\,|\,I_{t-1}) = \alpha_0 + \alpha_1 e_{t-1}^2$을 생각해 보자. 되풀이되는 반복법칙을 활용하여 $0 < \alpha_1 < 1$인 경우 $E(e_t^2) = \alpha_0/(1-\alpha_1)$라는 사실을 보이시오.

   c. 분산 모형 $h_t = E(e_t^2\,|\,I_{t-1}) = \delta + \alpha_1 e_{t-1}^2 + \beta_1 h_{t-1}$을 생각해 보자. 되풀이되는 반복법칙을 활용하여 $0 < \alpha_1 + \beta_1 < 1$인 경우, $E(e_t^2) = \delta/(1-\alpha_1-\beta_1)$라는 사실을 보이시오.

14.6 표 14.1에 있는 5개 모형의 추정값은 1985M1부터 2015M12까지의 미국 Nasdaq 주가에 대한

수익의 월간 관찰값을 사용하여 구했다. 각 모형을 사용하여 2016M1에 대한 수익의 평균 및 분산을 추정하시오.

표 14.1 미국 Nasdaq 수익에 대한 ARCH 모형들의 추정값

Mean function					
Constant	1.4567	1.1789	1.098	1.078	0.931
h_t					0.006
Variance function					
Constant	23.35	19.35	2.076	2.351	2.172
e_{t-1}^2	0.4694	0.3429	0.1329	0.124	0.136
e_{t-2}^2		0.1973			
h_{t-1}			0.8147	0.8006	0.8089
$d_{t-1}e_{t-1}^2$				0.0293	
End-of-sample estimates					
$\hat{e}_{2015M12}$	−3.4388	−3.1610	−3.0803	−3.0605	−3.0760
$\hat{e}_{2015M11}$	−0.3700	−0.0922	−0.0115	0.0083	−0.0296
$\hat{h}_{2015M12}$	23.42	32.64	27.10	27.39	27.27

패널자료 모형

패 널자료는 시간의 흐름에 따라 관찰하게 되는 일단의 횡단면 구성단위(예 : 사람, 가계, 기업, 지방행정 단위, 국가)들로 구성된다. 종종 이런 구성단위들을 개체들이라고 표현하는데 이는 관심의 대상이 되는 구성단위가 사람이 아니더라도 일반적으로 사용되는 '개체'란 용어를 의미한다. 횡단면 구성단위(개체들)의 수는 N으로 표기하고, 관찰한 기간의 수는 T로 표시하기로 한다. 패널자료는 몇 가지 상이한 '형태'를 갖기도 하는데 이런 현상들은 새로운 도전인 동시에 기회가 된다. 피터 케네디(Peter Kennedy)는 상이한 형태의 패널자료들을 다음과 같이 설명하였다.[1]

- '길이가 길고 폭이 좁은' 패널자료 : 여기서 '길고'는 시간 측면에서 본 길이를 나타내고 '좁은' 은 횡단면 구성단위의 수가 상대적으로 적다는 의미이다.
- '길이가 짧고 폭이 넓은' 패널자료 : 이는 상대적으로 짧은 기간 동안에 관찰된 개체, 즉 구성단 위의 수가 많다는 의미이다.
- '길이가 길고 폭이 넓은' 패널자료 : N 및 T가 모두 상대적으로 큰 경우이다.

'길이가 길고 폭이 좁은' 패널자료는 상당 기간 동안의 몇 개 기업에 대한 자료로 구성될 수도 있다. 전형적인 예로는 그런펠드(Grunfeld) 교수가 분석한 자료를 들 수 있는데[2] 거기서는 $T = 20$년 동안 $N = 11$개 대기업에 의한 공장 및 설비 투자를 살펴보았다. 이 패널자료는 단지 $N = 11$개 기업으로 구성되기 때문에 폭이 좁으며 $T > N$이기 때문에 길이가 '긴' 자료가 된다.

많은 미시경제 분석은 시간이 흐름에 따라 수천 명의 개인에 대한 패널자료를 이용하여 이루어 진다. 예를 들면, 미국에서는 1968년 이래로 약 8,000개의 가정에 대해 소득 동태에 관한 패널연구 가 이루어졌다.[3] 미국 노동부는 예를 들면, NLSY79와 같은 전국 추적조사를 하고 있다. "이 조사는 1979년 처음으로 시행되었으며 전국적으로 연령이 14~22세인 12,686명의 대표적인 젊은 남녀를 표본

1 *A Guide to Econometrics*, 6th edition, Chapter 18, MIT Press, 2008.

2 다음을 참조하시오. Kleiber and Zeileis, "The Grunfeld Data at 50," *German Economic Review*, 2010, 11(4), pp. 404 – 417 and http://statmath.wu-wien.ac.at/~zeileis/grunfeld/.

3 http://psidonline.isr.umich.edu/

으로 이루어진다.[4] 이 사람들은 1994년까지 매년 면접을 했지만 현재는 2년마다 면접이 이루어지고 있다. 이런 자료는 N이 T보다 훨씬 더 크기 때문에 '길이가 짧고 폭이 넓은' 자료라고 한다. 패널자료를 이용하면 개별적인 차이 또는 이질성(heterogeneity)을 설명할 수 있다. 나아가 이런 패널자료들은 예를 들면, 취업 및 실업기간처럼 동태적인 요소를 고찰할 수 있도록 길이가 충분히 길기도 하다. 이렇게 규모가 큰 자료들은 정보가 풍부한 반면에 이를 분석하기 위해서는 상당한 계산력이 요구된다.

많은 국가를 대상으로 경제성장을 연구하는 거시경제학자들은 '길이가 길고 폭이 넓은' 자료를 이용한다. 펜 월드 테이블(Penn World Table)[5]은 1950~2014년의 일부 기간 또는 전 기간에 대해 182개 국가를 대상으로 한 구매력 평가 및 국제가격으로 전환된 국민소득 계정을 제공하고 있다. 이 자료는 N과 T 둘 다 크다고 대충 특징지을 수 있다.

마지막으로 패널자료를 구성하지 못하는 횡단면 자료와 시계열 자료가 있을 수 있다. 모집단으로부터 개인에 대한 자료의 표본을 추출하지만, 개인들이 각 시기마다 동일하지 않을 수 있다. 이런 자료는 예를 들면, 미국 내 특정 주의 실업보험의 변화처럼 개인에게 영향을 미치는 법규가 변화할 경우 '자연적인 실험'을 하는 데 사용될 수 있다. 정책 변화 전후의 자료 및 영향을 받는 사람과 받지 않는 사람들에 대한 자료를 이용하여 정책 변화가 미치는 효과를 측정할 수 있다. 이런 종류의 효과를 측정하는 방법들에 대해서는 7.5절에서 소개하였다.

이 장의 관심사는 시간의 흐름에 따른 횡단면 자료를 구성하는 개별 단위의 행태를 설명하려고 설정된 계량경제 모형을 추정하기 위해서 이용 가능한 모든 자료를 어떻게 사용할 수 있는가를 살펴보는 데 있다. 이런 자료를 이용하여 개별적인 차이를 조사하고 동태적인 조정을 살펴볼 수 있으며 정책 변화가 미치는 영향을 측정할 수 있다. 다양한 형태의 자료에 대해서 우리는 오차에 대한 가정뿐만 아니라 개인별 그리고/또는 시간 변화에 따라 모수들이 변하는지 여부, 어떻게 변하는지, 언제 변하는지에 대한 가정을 해야 한다.

🔍 정리문제 15.1   미시 계량경제 패널자료

첫 번째 예는 길이가 짧고 폭이 넓은 데이터 세트이다. 미시 계량경제 분석에서는 많은 개인들이 있는 큰 자료를 사용하게 된다. 예를 들어, 미국 노동부가 시행한 전국 추적 표본조사(NLS)에는 1968년에 14~24세 여성들에 관한 데이터베이스가 있다. 예를 들어, 1982, 1983, 1985, 1987, 1988년에 면접을 한 $N = 716$명의 소표본을 사용해 보자. 이 표본은 면접을 할 당시 일자리를 갖고 있으며 학교교육을 마친 여성들로 구성되어 있다. 패널자료의 관찰값들은 다음 개인의 자료 위쪽에 어떤 개인에 대한 시계열 관찰값이 있어서 통상적으로 무리를 이루고 있다. 표 15.1은 NLS 패널자료에서 처음 3명의 여성에 대한 몇몇 변수들의 관찰값을 보여주고 있다. 첫 번째 열에 있는 ID는 식별할 수 있도록 각 개인에 대해 붙여진 것이며 $YEAR$은 정보가 수집된 연도를 나타낸다. 여러분이 사용하는 소프트웨어가 횡단면의 구성단위와 시계열의 구성단위를 적절히 식별할 수 있도록 이런 확인할 수 있는 변수들이 있어야

---

4 다음을 참조하시오. http://www.bls.gov/nls/

5 다음을 참조하시오. http://cid.econ.ucdavis.edu/

한다. 그러고 나서 각 변수들에 대해 관찰값이 기록된다. 일반적으로 패널자료에는 보통 '·' 또는 'NA'라고 표시된 빠진 관찰값이 있다. 미시경제 패널자료에서 각 개인들은 언제나 동일한 숫자만큼 면접이 이루어지지 않기 때문에 개인에 따라 시계열 관찰값의 수가 상이한 불균형패널 (unbalanced panel)자료가 된다. 하지만 여기서 사용한 자료파일은 각 개인에 대해 5개의 시계열 관찰값이 있으므로 균형패널(balanced panel)자료가 된다. 대부분의 최신 소프트웨어 패키지는 손쉽게 균형패널자료와 불균형패널자료를 처리할 수 있도록 되어 있다.

표 15.1 NLS 패널자료의 대표적인 관찰값

ID	YEAR	LWAGE	EDUC	SOUTH	BLACK	UNION	EXPER	TENURE
1	82	1.8083	12	0	1	1	7.6667	7.6667
1	83	1.8634	12	0	1	1	8.5833	8.5833
1	85	1.7894	12	0	1	1	10.1795	1.8333
1	87	1.8465	12	0	1	1	12.1795	3.7500
1	88	1.8564	12	0	1	1	13.6218	5.2500
2	82	1.2809	17	0	0	0	7.5769	2.4167
2	83	1.5159	17	0	0	0	8.3846	3.4167
2	85	1.9302	17	0	0	0	10.3846	5.4167
2	87	1.9190	17	0	0	1	12.0385	0.3333
2	88	2.2010	17	0	0	1	13.2115	1.7500
3	82	1.8148	12	0	0	0	11.4167	11.4167
3	83	1.9199	12	0	0	1	12.4167	12.4167
3	85	1.9584	12	0	0	0	14.4167	14.4167
3	87	2.0071	12	0	0	0	16.4167	16.4167
3	88	2.0899	12	0	0	0	17.8205	17.7500

15.1 패널자료 회귀 함수

자료의 패널은 시간이 흐름에 따라 관찰되는 일단의 횡단면 단위들(국민, 가계, 기업, 미국의 주, 국가 등)로 구성된다. 우리가 생각하는 표본추출 과정은 다음과 같다. (i) 모집단으로부터 $i = 1, \cdots, N$개 개체들을 무작위로 뽑는다. (ii) $t = 1, \cdots, T$개 기간 동안 각 개체를 관찰한다. 표본추출 과정에서 우리는 관심을 갖고 있는 결과변수 또는 종속변수에 대한 값들 y_{it}를 수집한다. 개체에 관한 다른 특징들은 설명변수로 사용될 것이다. $x_{1it} = 1$은 절편변수라 하고, $x_{2it}, \cdots, x_{Kit}$는 개체별로 그리고 시간이 흐름에 따라 변하는 $K-1$개 요소들에 대한 관찰값들이다. $w_{1i}, w_{2i}, \cdots, w_{Mi}$는 시간이 흐름에 따라 변하지 않는 M개 요소들에 대한 관찰된 자료라고 하자. 이 변수들은 시간을 나타내는 아래첨자를 갖고 있지 않으며 **시불변적**이라고 한다는 사실에 주목하자. 패널자료를 이용할 때 아래첨자를 면밀히

검토하는 것이 얼마나 중요한지를 결코 충분히 강조할 수 없다. i는 개체의 표시자이며, t는 시간의 표시자라는 사실을 기억하자.

관찰된 변수들 이외에, 회귀의 무작위 오차항을 구성하게 될 각 기간에서 각 개체에 대해 관찰되지 않는 누락된 요소가 있을 것이다. 패널자료 모형에서 몇 가지 유형의 관찰되지 않는 효과를 확인할 수 있다. 첫째, 관찰되지 않는, 그리고/또는 측정할 수 없는, **시불변적 개체별 특성들**을 생각해 보자. 이들을 u_{1i}, u_{2i}, $\cdots$, u_{Si}라고 나타내자. 이들을 관찰할 수 없기 때문에, 이 연합된 효과를 u_i, 즉 관찰되지 않는, 개체 특정적 무작위 오차 요인이라고 간단히 칭할 것이다. 경제학자들은 u_i가 관찰되지 않는 **이질성**(unobserved heterogeneity)을 나타낸다고 한다. 이는 개체별 차이로 이어지는 관찰되지 않는 요소들이라고 요약될 수 있다. 둘째, 많은 관찰되지 않는, 그리고/또는 측정할 수 없는 개체별 **시변적** 요소들 e_{1it}, e_{2it}, $\cdots$가 있다. 이들은 회귀에서 통상적인 형태의 무작위 오차를 구성하며, 이들의 연합된 효과를 e_{it}라고 칭할 것이다. 계량경제학자들은 개체에 따라 그리고 시간에 따라 변하는 무작위 오차 e_{it}를 특유한 오차라고 칭한다.[6] 세 번째 형태의 무작위 오차는 시간 특정적이며, 이는 시간이 흐름에 따라 변하지만 개체별로 변하지 않는 효과를 갖는다. 이 요소들 m_{1t}, m_{2t}, $\cdots$는 연합된 효과 m_t를 가지며, 세 번째 오차 요인을 나타낸다.

🌐 정리문제 15.1 미시 계량경제 패널자료 재검토

예를 들어, 표 15.1에서 관심을 갖고 있는 결과변수는 $y_{it} = LWAGE_{it} = \ln(WAGE_{it})$이다. 설명변수에는 $x_{2it} = EXPER_{it}$, $x_{3it} = TENURE_{it}$, $x_{4it} = SOUTH_{it}$, $x_{5it} = UNION_{it}$가 포함된다. 이런 설명변수들은 개인들 간에 그리고 시간이 변함에 따라 변화한다. 모의변수인 $SOUTH$ 및 $UNION$인 경우, 적어도 일부 사람은 1982~1988년 동안 $SOUTH$로 이사해 오거나 또는 이사해 나갈 수 있다는 의미이다. 변수 $w_{1i} = EDUC_i$ 및 $w_{2i} = BLACK_i$는 1982~1988년 동안 표본의 716명에게 있어 변화하지 않는다. 2개

의 관찰되지 않는 시불변 변수로는 $u_{1i} = ABILITY_i$ 및 $u_{2i} = PERSEVERANCE_i$가 있다. 관찰되지 않는 시간 특정적인 변수로는 $m_{1t} = UNEMPLOYMENT\ RATE_t$ 또는 $m_{2t} = INFLATION\ RATE_t$를 들 수 있다. 시간이 변함에 따라 변화하지만 사람들 간에는 변화하지 않는, 예를 들면 모의변수로 1982년인 경우 $D82_t = 1$ 그리고 다른 연도인 경우 $D82_t = 0$처럼 관찰할 수 있는 변수도 가질 수 있다는 사실에 주목하자.

단순하지만 전형적인 패널자료 회귀 모형은 다음과 같다.

$$y_{it} = \beta_1 + \beta_2 x_{2it} + \alpha_1 w_{1i} + \left(u_i + e_{it}\right) = \beta_1 + \beta_2 x_{2it} + \alpha_1 w_{1i} + v_{it} \tag{15.1}$$

식 (15.1)에서 관심을 갖는 관찰할 수 있는 결과변수는 y_{it}이다. 오른편에 상수항 $x_{1it} = 1$이 있다. 위의 모형은 개체별로 시간에 따라 변하는 1개의 관찰할 수 있는 변수 x_{2it}를 포함한다. 변수 w_{1i}는 시불변적이며 개체별로만 변한다. 모수 β_1, β_2, α_1은 아래첨자가 없으며, 모든 개체에 대해 모든 기간에서

---

6 Jeffrey M. Wooldridge, *Econometric Analysis of Cross Section and Panel Data*, 2nd ed., MIT Press, 2010, p. 285.

고정된다. 간단히 하기 위해서 단지 1개의 x변수와 1개의 w변수만을 포함하고 있지만, 각 형태별로 더 많은 변수들이 있을 수 있다. 괄호 안에는 2개의 무작위 오차 요인이 있으며, 하나(u_i)는 개체와 연관되며 다른 하나(e_{it})는 개체 및 시간과 연관된다. 간단히 하기 위해서 무작위 시간 특정적 오차 요인을 누락시켰다. 연합된 오차를 다음과 정의한다.

$$v_{it} = u_i + e_{it} \tag{15.2}$$

식 (15.2)에서 회귀오차는 2개 요인, 즉 개체에 대한 요인과 회귀에 대한 요인을 갖고 있으므로, 종종 오차 요인 모형(error components model)이라고 한다.

패널자료를 모형화하는 데 복잡하게 만드는 요인은 1개를 초과하는 기간, t에 대해 각 횡단면 단위, 개체 i를 관찰한다는 데 있다. 개체들이 무작위로 표본추출된다면, i번째 개체에 대한 관찰값들은 j번째 개체에 대한 관찰값들과 통계적으로 독립적이다. 하지만 패널자료를 이용할 경우, 우리는 제9장에서 했던 것처럼 동태적인 시간과 관련된 효과를 고려해야만 하며, 모형 가정들은 이런 것들을 고려해야만 한다. 패널자료 모형에서 관심 있는 회귀 함수는 다음과 같다.

$$E\left[y_{it}\,\middle|\,\overbrace{x_{2i1}, x_{2i2}, \ldots, x_{2iT}}^{T\text{개 항}}, w_{1i}, u_i\right] = E\left(y_{it}\,|\,\mathbf{x}_{2i}, w_{1i}, u_i\right) = \beta_1 + \beta_2 x_{2it} + \alpha_1 w_{1i} + u_i \tag{15.3}$$

여기서 $\mathbf{x}_{2i} = (x_{2i1}, x_{2i2}, \cdots, x_{2iT})$는 모든 기간들에서의 x_{2it}값들을 나타낸다. 식 (15.3)에 따르면 다음과 같다. (i) 모든 기간들, 즉 과거, 현재 그리고 미래에서의 x_{2it}값들, (ii) 관찰할 수 있는 개체 특정적 변수 w_{1i}, (iii) 관찰할 수 없는 개체별 이질성 항 u_i가 주어지면, 결과변수의 모집단 평균값은 $\beta_1 + \beta_2 x_{2it} + \alpha_1 w_{1i} + u_i$이다. 우리가 직면하는 계량경제학적 도전은 모수 β_1, β_2, α_1에 대한 일치하는, 가능하다면 효율적인 추정량을 구하는 것이다.

식 (15.3)은 다음과 같은 몇 가지 흥미로운 특징을 갖고 있다.

i. 모형에 따르면 다음과 같다. 일단 모든 기간에서 x_{2it}, 그리고 개체 특정적 요소 w_{1i} 및 u_i를 통제하게 되면, x_{2it}의 현재 동시기적인 값만이 기대 결과에 영향을 미친다. 모수 β_2는 모든 다른 조건이 일정하다고 할 경우 x_{2it}가 $E(y_{it}\,|\,\mathbf{x}_{2i}, w_{1i}, u_i)$에 미치는 부분적 또는 인과적 영향을 측정한다. 마찬가지로 w_{1i}의 변화가 $E(y_{it}\,|\,\mathbf{x}_{2i}, w_{1i}, u_i)$에 미치는 인과적 영향은 α_1이다.

ii. 모형은 관찰할 수 없는 시불변적 오차 u_i에 의존한다. 정리문제 15.2에서는 패널자료를 이용하여 몇 년에 걸친 중국 화학회사들의 매출액을 검토할 것이다. 예를 들면, 관찰된 설명변수에는 매년 회사가 사용한 노동 규모가 포함된다. 시불변적 변수는 회사들의 위치이다. 관찰되지 않는 이질성 u_i는 회사 경영자들의 능력을 나타낼 수도 있다. 기대되는 회사 매출액은 현재의 노동 투입량에 의존하는 현재 생산뿐만 아니라, 아주 자연스럽게 관찰되지 않는 경영자들의 능력에도 의존한다. 하지만 우리가 생각하는 것은 경영능력이 주어진 경우 과거 연도 또는 장래 연도의 노동 투입량은 현재 매출액에 영향을 미치지 않는다는 것이다.[7]

---

7   이 가정에 관한 추가적인 논의는 다음을 참조하시오. Wooldridge (2010), p. 288.

15.1.1 관찰되지 않는 이질성에 관한 추가적 논의

모든 개체들은 각각 독특한 특성을 갖는다. 이것은 인간으로서의 우리에게 적용되며 개별 기업, 개별 농장, 미국 또는 영국의 주와 같은 지역, 개별 국가에도 역시 적용된다. 개체들의 일부 특성들은 이를테면 개인의 키 및 몸무게, 또는 한 기업이 고용한 종업원의 수처럼 관찰되거나 측정될 수 있다. 하지만 이를테면 개인의 능력, 미모, 불굴의 정신과 같은 다른 특성들은 측정할 수 없거나 관찰할 수 없다. 개별 기업 경영자의 능력은 해당 기업의 수입과 이윤에 공헌을 하지만, 개인의 능력처럼 관리 능력은 측정하기 어렵거나 불가능하다. 따라서 횡단면 자료를 사용하는 회귀에서, 이와 같은 관찰할 수 없는 특성들은 일련의 설명변수로부터 필연적으로 배제되어서 무작위 오차항에 포함된다. 이런 관찰할 수 없는 개체별 차이를 경제학 및 계량경제학 분야에서 관찰할 수 없는 이질성(unobservable heterogeneity)이라고 한다. 패널자료를 사용할 때, 만일 개체 간 차이를 일으키는 요소들이 시간이 흐르더라도 불변한다고 주장할 수 있다면, 무작위 오차항의 이런 요인을 다른 요인들로부터 분리하는 것이 중요하다. 이런 주장은 많은 미시경제학 패널자료처럼 N이 크고 T가 작은, 즉 넓고 짧은 패널자료일 때 보다 적합하다. 예를 들면, 임금 식에서 능력과 참을성처럼 관찰할 수 없는 요소들은 표본기간 동안 일정하다고 가정해야만 할 것이다. 패널자료 표본이 3년 또는 4년 동안인 경우 이런 가정을 무리 없이 받아들이지만, 표본기간이 25년이나 된다면 이런 가정의 타당성에 대해 우려할 수도 있다.

관찰되지 않는 이질성에 대해 갖는 우려는 누락변수에 대해 갖는 것과 정확히 같다. 누락변수가 회귀 모형의 어떤 설명변수와 상관될 경우, 정규최소제곱(OLS) 추정량은 누락변수편의로 인해 어려움을 겪게 된다. 공교롭게도 이런 편의는 대규모 표본에서조차도 사라지지 않으므로 OLS 추정량은 불일치한다. 제10장에서는 새로운 추정량, 즉 도구변수(IV), 2단계 최소제곱(2SLS) 추정량을 구하여 이 문제를 처리했다. 앞으로 살펴볼 것처럼 패널자료를 활용할 경우의 이점은, 도구변수를 구하여 사용하지 않고도, 시불변적 누락변수로 인해 발생한 누락변수 편의를 통제할 수 있다는 것이다.

15.1.2 패널자료 회귀의 외생성 가정

회귀 모형 식 (15.1) $y_{it} = \beta_1 + \beta_2 x_{2it} + \alpha_1 w_{1i} + (u_i + e_{it})$가 식 (15.3)의 조건부 기대를 갖기 위해서는 무작위 오차에 관하여 무엇이 참이어야 하는가? 새로운 외생성 가정은 관찰되지 않는 이질성 항의 존재를 고려한다. 그것은 다음과 같다.

$$E(e_{it}|\mathbf{x}_{2i}, w_{i1}, u_i) = 0 \tag{15.4}$$

강 외생성(strict exogeneity) 가정이 갖는 의미는 다음과 같다. 모든 기간에서 설명변수 x_{2it}의 값이 주어지고, w_{i1}이 주어지며 관찰되지 않는 이질성 항 u_i가 주어진 경우, 특유한 오차에 대한 최선의 예측은 영이 된다. 이를 표현하는 또 다른 방법은 특유한 무작위 오차 e_{it}의 값에 관해 이 요소들에는 어떠한 정보도 없다는 것이다. 가정 식 (15.4)에 관한 미묘하지만 극히 중요한 점은 이것이 관찰할 수 없는 이질성 u_i가 설명변수값과 상관되지 않아야 한다는 사실을 요구하지 않는다는 것이다. 앞으로 나아가면서 이 점에 관해 보다 많은 논의를 할 것이다. 가정 식 (15.4)가 갖는 두 가지 의미는 다음과 같다.

$$\text{cov}(e_{it}, x_{2is}) = 0 \quad \text{및} \quad \text{cov}(e_{it}, w_{1i}) = 0 \tag{15.5a}$$

첫 번째 부분, 즉 $\text{cov}(e_{it}, x_{2is}) = 0$은 통상적인 종류의 외생성 가정보다 훨씬 더 강력하다. 이것은 단순한 동시기적 외생성, $\text{cov}(e_{it}, x_{2it}) = 0$ 이상의 것이므로 더 강하다. 즉 이것이 의미하는 바는 e_{it}가 모든 값들 $x_{2i1}, x_{2i2}, \cdots, x_{2iT}$와 상관되지 않는다는 것이다. 특정 사례에서 식 (15.4)가 타당한지 여부에 관해 생각할 때는, 식 (15.5a)가 준수되는지 여부를 여러분 자신에게 물어보아야 한다. 식 (15.5a)가 참이 아니라면, 그리고 e_{it}가 어떤 $x_{2i1}, x_{2i2}, \cdots, x_{2iT}$ 또는 w_{1i}와 상관된다면, 가정 식 (15.4)는 준수되지 않고, 관심 있는 회귀 함수 식 (15.3)은 정확하지 않다.

약간 느슨했지만 식 (15.4)는 절편변수 $x_{1it} = 1$을 적절히 포함해야 하며, 그래서 실제로 $E(e_{it} \mid \mathbf{x}_{1i},$ $\mathbf{x}_{2i}, w_{1i}, u_i) = 0$이다. 이것은 식 (15.5a)가 다음과 같이 절편에 대해서도 또한 준수되어야 한다는 의미이므로 중요하다.

$$\text{cov}(e_{it}, x_{1is} = 1) = E(e_{it} x_{1is}) = E(e_{it}) = 0 \tag{15.5b}$$

따라서 특유한 오차의 기댓값은 영이다.

오차분산 및 오차 공분산에 관한 새로운 가정은 15.3절까지 미루고자 한다.

15.1.3 OLS를 이용하여 패널자료 회귀 추정하기

우리의 패널자료에 기초하고 OLS를 이용하여, 식 (15.3)의 패널자료 회귀 함수의 모수를 일치하게 추정할 수 있는가? 5.7.3절에서 학습한 것처럼 식 (15.1)의 연합된 오차 v_{it}가 설명변수 x_{2it} 및 w_{1i}와 상관되지 않는다면, 위의 물음에 대한 대답은 긍정적이다. 즉 다음과 같다면 긍정적이라고 대답할 수 있다.

$$\text{cov}(x_{2it}, v_{it}) = E(x_{2it} v_{it}) = E(x_{2it} u_i) + E(x_{2it} e_{it}) = 0$$

그리고

$$\text{cov}(w_{1i}, v_{it}) = E(w_{1i} v_{it}) = E(w_{1i} u_i) + E(w_{1i} e_{it}) = 0$$

위의 식에 따르면 다음과 같다. 2개의 무작위 오차 요인은 시변적 설명변수와 동시기적으로 상관되지 말아야 하며, 그리고 시불변적 설명변수와 상관되지 말아야 한다. 이번에는 다음과 같아야 한다.

$$E(x_{2it} e_{it}) = 0, \quad E(w_{1i} e_{it}) = 0 \tag{15.6a}$$
$$E(x_{2it} u_i) = 0, \quad E(w_{1i} u_i) = 0 \tag{15.6b}$$

식 (15.6a)에 따르면, 특유한 오차 e_{it}는 t기에 설명변수들과 상관되지 않는다. 이는 중요한 외생성 가정인 식 (15.4)에 의해 확인된다. 반면에 식 (15.4)는 식 (15.6b)가 참이라는 것을 의미하지 않으며, 이는 관찰되지 않는 이질성이 설명변수들과 상관되지 않는다는 것을 필요로 한다. 임금 식에서 *ABILITY*가 빠진 익히 잘 알고 있는 사례는 이런 가정이 위배된 경우이며, *ABILITY*는 교육 연수와 상관된다. 어떤 설명변수가 무작위 오차와 상관되는 경우, 모든 모형 모수들은 일치하지 않는다는 사실을 기억해야 한다. 다음 절에서는 식 (15.6b)가 준수되지 않을 때에도 일치하는 추정량을 구하는 패널자료 추정 전략을 소개할 것이다.

하는 김에 모형 절편변수 $x_{1it} = 1$은 외생적이며 식 (15.6a) 및 (15.6b)를 충족시킨다는 점에 주목하자. 이는 다음과 같은 사실을 의미한다.

$$E(e_{it}) = E(u_i) = E(v_{it}) = 0 \qquad (15.6c)$$

각 무작위 오차는 평균 영을 갖는다. 마지막으로 식 (15.6a)부터 (15.6c)까지 준수되더라도, OLS 추정량을 사용할 경우 15.3절에서 살펴볼 확고한 표준오차 형태를 사용할 필요가 있다.

15.2 고정효과 추정량

이 절에서는 추정식에서 개체별 이질성을 제거하기 위해서 변형을 하고, 이를 통해 관찰할 수 없는 개체별 특성과 설명변수들 사이의 상관에 의해 발생된 공통의 내생성(endogeneity) 문제를 해결하는 추정절차를 살펴볼 것이다. 이 방법은 유사하지만 상이한 전략을 사용하여 동일한 결과를 얻을 수 있다. 살펴볼 추정량은 (i) 차분 추정량(difference estimator), (ii) 내부 추정량(within estimator), (iii) 고정효과 추정량(fixed effects estimator)이다. 각 추정량이 일치하기 위해서는 강 외생성 가정인 식 (15.4)는 준수되어야 하지만, 관찰되지 않는 이질성 u_i가 설명변수들과 상관되지 않을 것을 요구하지 않는다. 즉 식 (15.6b)가 준수될 필요는 없다. 추정량들이 시간이 흐름에 따라 변하는 변수들의 모수는 성공적으로 추정하지만, 시불변 변수들의 모수는 그렇게 할 수 없다. 식 (15.1) $y_{it} = \beta_1 + \beta_2 x_{2it} + \alpha_1 w_{1i} + v_{it}$에서 이들 방법을 사용하면 β_2를 일치하게 추정할 수 있지만, β_1 또는 α_1은 그렇게 할 수 없다.

15.2.1 차분 추정량 : $T = 2$인 경우

개체당 $T = 2$인 관찰값들을 갖는 패널자료, 즉 2개의 상이한 기간 $t = 1$ 및 $t = 2$에서 각 개체를 관찰할 경우를 설명하는 것은 용이하다. 식 (15.1)에서처럼 작성된 2개의 관찰값은 다음과 같다.

$$y_{i1} = \beta_1 + \beta_2 x_{2i1} + \alpha_1 w_{1i} + u_i + e_{i1} \qquad (15.7a)$$
$$y_{i2} = \beta_1 + \beta_2 x_{2i2} + \alpha_1 w_{1i} + u_i + e_{i2} \qquad (15.7b)$$

식 (15.7b)에서 식 (15.7a)를 빼면 다음과 같은 새로운 식을 얻을 수 있다.

$$(y_{i2} - y_{i1}) = \beta_2(x_{2i2} - x_{2i1}) + (e_{i2} - e_{i1}) \qquad (15.8)$$

식 (15.8)에서는 절편 β_1이 없다는 점에 주목하자. 그 이유는 서로 빼서 감해졌기 때문이다. 또한 $\alpha_1 w_{1i}$도 빼서 상쇄되었으며, 이는 이 접근법을 사용하여 계수 α_1을 추정할 수 없다는 의미이다. 중요한 사실은 관찰할 수 없는 개체별 차이 u_i가 서로 차감되어 빠졌다는 점이다. 이런 이유는 무엇 때문인가? 그 이유는 β_1, $\alpha_1 w_{1i}$, u_i항이 첫 번째 및 두 번째 기간 동안에 차이가 없기 때문이다. 이들은 시 불변적이며, 차감을 하여 제거될 수 있다. 제9장에서 예를 들면, $(y_{i2}-y_{i1})$과 같은 변수들을 논의하였다. 이것은 기간 $t=1$로부터 $t=2$까지의 개체 i에 대한 결과변수값의 변화이다. 부호를 사용할 경우 Δ는 '~의 변화'를 의미하므로 $\Delta y_i = (y_{i2}-y_{i1})$이 된다. 이와 유사하게 $\Delta x_{i2} = (x_{2i2}-x_{2i1})$, $\Delta e_i = (e_{i2}-e_{i1})$이라고 하자. 그러면 식 (15.8)은 다음과 같다.

$$\Delta y_i = \beta_2 \Delta x_{i2} + \Delta e_i \qquad (15.9)$$

관심 있는 모수 β_2가 변형된 모형 식 (15.9)에 있다는 사실에 주목하시오. 계량경제 소프트웨어는 차분 과정을 처리할 자동적인 명령을 갖고 있기 때문에, 복잡한 자료의 조작에 관해 우려할 필요가 없다.

식 (15.9)에서 β_2의 OLS 추정량을 1차 차분 추정량(first-difference estimator) 또는 간단히 차분 추정량(difference estimator)이라고 한다. (i) Δe_i가 영인 평균을 갖고 Δx_{i2}와 상관되지 아니하고, (ii) Δx_{i2}가 2개를 초과하는 값을 취한다면, 이것은 일치하는 추정량이 된다. 강 외생성, 즉 식 (15.4)가 준수될 경우 첫 번째 조건이 준수된다. 식 (15.4)는 식 (15.5a) 및 (15.5b)가 참이라는 사실을 의미한다는 점을 기억하자. 그러면 식 (15.5b)를 사용하여 Δe_i는 영인 평균을 갖는다. 또한 식 (15.5a)로 인해서 Δe_i는 Δx_{i2}와 상관되지 않는다. 특유한 오차 e_{it}는 모든 기간에서 x_{2is}와 상관되지 않는다. 식 (15.8)에서 이것은 $\Delta x_{i2} = (x_{2i2}-x_{2i1})$이 $\Delta e_i = (e_{i2}-e_{i1})$과 상관되지 않는다는 것을 의미한다.

기초적인 패널자료 분석에서 차분 추정량은 통상적으로 사용되지 않는다. 변형을 통해서 관찰되지 않는 이질성을 제거할 수 있다는 사실을 설명하기 위해서 이를 도입하였다. 실제로는 동등하지만 보다 유연한 고정효과 추정량을 통상적으로 이용한다.

정리문제 15.2　생산 함수에 대해 $T=2$인 차분된 관찰값들을 사용하기

2004~2006년 동안 중국 화학회사들의 매출액 $N=200$개에 대한 자료를 사용하고자 한다. 다음과 같은 대수-대수 모형을 추정하고자 한다.

$$\ln(SALES_{it}) = \beta_1 + \beta_2\ln(CAPITAL_{it}) + \beta_3\ln(LABOR_{it}) + u_i + e_{it}$$

2005년과 2006년의 자료만을 사용하여, 관례적이고 비확고한 표준오차를 갖는 OLS 추정값을 구하면 다음과 같다.

$$\widehat{\ln(SALES_{it})} = 5.8745 + 0.2536\ln(CAPITAL_{it})$$
$$(se) \quad (0.2107) \quad (0.0354)$$
$$+ 0.4264\ln(LABOR_{it})$$
$$(0.0577)$$

생산 및 판매 과정에서, 자본 및 노동의 사용과 상관된 기업들 사이의 관찰되지 않는 개별적인 차이가 존재한다고 우려할 수도 있다. 추정된 1차 차분 모형은 다음과 같다.

$$\widehat{\Delta\ln(SALES_{it})} = 0.0384\Delta\ln(CAPITAL_{it})$$
$$(se) \quad (0.0507)$$
$$+ 0.3097\Delta\ln(LABOR_{it})$$
$$(0.0755)$$

자본의 추정된 효과가 현저하게 감소했으며, 이것은 더 이상 통계적으로 유의하지 않다. 노동의 추정된 효과는 축소되었지만, 여전히 영과 유의하게 다르다. 관찰되지 않는 이질성이 설명변수와 상관될 때 차분 추정량은 일치하지만, OLS 추정량은 그렇지 않다. 추정값들 사이에 상당한 차이가 있는 경우, OLS 추정값을 신뢰하기 어렵다고 의구심을 가질 수 있다.

정리문제 15.3 임금식에 대해 $T = 2$인 차분된 관찰값들을 사용하기

표 15.1은 716명의 여성에 대한 5년간의 자료로 구성된 패널자료 세트를 보여준다. 마지막 2년간의 자료, 즉 1987년 및 1988년의 자료만을 생각해 보자. 따라서 $N \times T = 716 \times 2 = 1{,}432$개의 관찰값을 갖게 된다. 다음과 같은 식을 추정하고자 한다.

$$\ln(WAGE_{it}) = \beta_1 + \beta_2 EDUC_i + \beta_3 EXPER_{it} + u_i + e_{it}$$

여기서 $i = 1, \cdots, N = 716$이다. $EDUC_i$는 시간을 의미하는 아래첨자가 없다는 사실에 주목하자. 이 표본에서는 모든 여성들이 처음 인터뷰했을 때 자신들의 학업을 모두 마쳤다고 본다. 따라서 $EDUC_i$는 시불변적이다. 여느 때와 마찬가지로 사람의 능력은 관찰할 수 없으므로, 이 모형에서도 누락변수 편의에 대해 우려하고 있다. 이 패널자료에서 자료 모형의 능력은 개별적인 이질성 항인 u_i가 담당하

게 된다. 1988년 관찰값에서 1987년 관찰값을 감하면 다음과 같다.

$$\Delta \ln(WAGE_i) = \beta_3 \Delta EXPER_i + \Delta e_i$$

변수 $EDUC$는 최소한 2개 값을 취하지 못하기 때문에 모형에서 누락된다. 1차 차분 추정량을 사용할 경우 시불변 변수와 절편이 제거된다. 임금에 대수를 추가한 값의 변화는 경험의 변화에서 비롯된다. 능력이 포함되는 개별적인 이질성 항이 빠졌기 때문에, 누락변수 편의가 존재하지 않는다. 능력이 교육변수와 상관되더라도 문제가 되지 않는다. 관련 자료를 이용하여 1차 차분 모형을 OLS로 추정한 결과는 다음과 같다.

$$\widehat{\Delta \ln(WAGE_i)} = 0.0218 \Delta EXPER_i$$
$$\text{(se)} \qquad (0.007141)$$

15.2.2 내부 추정량 : $T = 2$인 경우

대안적인 빼기 전략은 식 (15.8)의 것과 기본적으로 유사하다. 내부변형(within transformation)의 이점은 각 개체에 대해 $T = 2$를 초과하는 관찰값들을 갖는 상황에 문제 없이 일반화할 수 있다는 것이다. 식 (15.7a) 및 (15.7b)에서 2개 기간에 대한 모형에서 시작하며, 이 식들의 시간-평균을 구하면 다음과 같다.

$$\frac{1}{2}\sum_{t=1}^{2}\left(y_{it} = \beta_1 + \beta_2 x_{2it} + \alpha_1 w_{1i} + u_i + e_{it}\right)$$

왼편에서 $\bar{y}_{i.} = (y_{i1} + y_{i2})/2$를 구할 수 있다. '·'는 시간 차원에서의 평균이라는 사실을 알려주기 위해서 두 번째 아래첨자 t 대신에 위치해 있다. 오른편에서 $\beta_1 + \beta_2 \bar{x}_{2i.} + \alpha_1 w_{1i} + u_i + \bar{e}_{i.}$를 구할 수 있다. 여기서 평균화된 변수들은 다음과 같이 유사하게 정의된다 : $\bar{x}_{2i.} = (x_{2i1} + x_{2i2})/2$ 및 $\bar{e}_{i.} = (e_{i1} + e_{i2})/2$. 평균화는 모형 모수 또는 시불변항 β_1, w_{1i}, u_i에 영향을 미치지 않는다는 사실에 주목하자. $i = 1, \cdots, N$에 대한 시간 평균화된 모형은 다음과 같다.

$$\bar{y}_{i.} = \beta_1 + \beta_2 \bar{x}_{2i.} + \alpha_1 w_{1i} + u_i + \bar{e}_{i.} \tag{15.10}$$

내부변형은 최초 관찰값들로부터 식 (15.10)을 감해서 다음과 같은 결과를 얻을 수 있다.

$$y_{it} - \bar{y}_{i.} = \beta_2(x_{2it} - \bar{x}_{2i.}) + (e_{it} - \bar{e}_{i.}) \tag{15.11}$$

1차 차분된 변수들 대신에 변수 평균들로부터 차분을 얻는다. 관찰할 수 없는 이질성 항을 포함해서, 시불변 항들은 감해서 상쇄하게 된다. 다시 한 번 이야기하지만, 계량경제 소프트웨어는 이 과정을 처리할 자동적인 명령을 갖고 있기 때문에, 복잡한 자료의 조작에 관해 우려할 필요가 없다.

변형된 변수는 변형된 오차 $\tilde{e}_{it} = (e_{it} - \bar{e}_{i.})$를 갖는 $\tilde{y}_{it} = y_{it} - \bar{y}_{i.}$, $\tilde{x}_{2it} = (x_{2it} - \bar{x}_{2i.})$로 표기하도록 하자. 내부 변형된 모형은 다음과 같다.

$$\tilde{y}_{it} = \beta_2 \tilde{x}_{2it} + \tilde{e}_{it} \tag{15.12}$$

식 (15.12)를 활용한 β_2의 OLS 추정량을 내부 추정량(within estimator)이라고 한다. (i) $\tilde{e}_{it}$는 영인 평균을 가지며 $\tilde{x}_{2it}$와 상관되지 아니하고, (ii) $\tilde{x}_{2it}$가 2개를 초과하는 값을 취한다면, 이는 일치하는 추정량이 된다. 식 (15.4)가 준수될 경우 첫 번째 조건이 충족된다. 변수 $\tilde{x}_{2it} = (x_{2it} - \tilde{x}_{2i.})$는 평균항으로 인해서 모든 기간에서 x_{2it}의 값들을 포함한다는 점에 주목하자. 이와 유사하게 $\tilde{e}_{it} = (e_{it} - \bar{e}_{i.})$는 평균으로 인해서 모든 기간에서 특유한 오차값들에 의존한다. 따라서 OLS에 의해 (15.12)의 일치하는 추정을 구하려면 강 외생성, 즉 식 (15.4)가 준수되어야 한다. 다시 한 번 관찰되지 않는 이질성 u_i가 설명변수들과 상관되지 않아야 할 필요는 없다.

🔍 정리문제 15.4　생산 함수에 대해 $T = 2$인 관찰값들을 갖고 내부변형 사용하기

자본요소 및 노동요소의 변화가 매출에 미치는 영향을 추정하기 위해, 정리문제 15.2의 $T=2$인 매출 관찰값에 대한 내부변형을 사용해 보도록 하자. 내부변형을 정확하게 이해하기 위해서 표 15.2의 처음 2개 기업에 대한 $SALES$의 변형된 자료를 검토해 보자. 2005년도 $\ln(SALES)$의 1차 차분값은 빠져 있고, '·'로 표기했다. 2년간 $\ln(SALES)$의 시간-평균은 $\overline{\ln(SALES_{it})}$로 나타내며, 내부변형은 $\widetilde{\ln(SALES_{it})}$로 나타낸다. 내부 추정량은 모수를 추정하기 위해서 개체 평균에 대한 각 개체의 (각 개체 내에서의) 변동만을 사용한다. 추정 과정에서 개체들 사이의 변동을 사용하지는 않는다.

기업의 측정하지 못하는 특성을 포함하는 시불변적인 개체 이질성 항이 감해졌기 때문에, 내부변형된 자료를 사용할 경우 누락변수 편의가 존재하지 않는다. $N \times T = 200 \times 2 = 400$개 관찰값을 사용할 경우, 내부측정값은 다음과 같다.

$$\widehat{\ln(SALES_{it})} = 0.0384\widehat{\ln(CAPITAL_{it})}$$
$$\text{(부정확한 se)}　(0.0358)$$
$$\text{(정확한 se)}　(0.0507)$$
$$+ 0.3097\widehat{\ln(LABOR_{it})}$$
$$(0.0532)$$
$$(0.0755)$$

내부추정값이 정리문제 15.2에서 제시한 1차 차분 추정값과 정확하게 일치한다는 사실에 주목하자. $T = 2$일 때 이들은 언제나 동일하다. OLS 추정 소프트웨어를 사용할 경우 내부 추정량에 대해 부정확한 표준오차를 제시한다. OLS 소프트웨어에 의해 사용된 오차분산 추정값은 자유도 $NT - 2 = 400 - 2 = 398$을 사용하기 때문에 차이가 발생한다. 이 계산은 변수들이 자신들의 표본 평균으로 수정될 때 발생하는 $N = 200$개의 자유도 손실을 고려하지 않는다. 내부추정값의 '부정확한' 표준오차에 다음과 같은 수정인자를 곱해 보자.

$$\sqrt{(NT-2)/(NT-N-2)} = \sqrt{398/198} = 1.41778$$

이에 따른 '정확한' 표준오차는 정리문제 15.2의 1차 차분 추정량의 표준오차와 실제로 동일하다. 적절한 '내부 추정량' 소프트웨어를 사용할 경우 이런 수정 과정이 자동적으로 수행된다. 15.2.4절에서는 가장 자주 사용하는 소프트웨어 '내부'추정량 명령이 고정효과(fixed effect) 추정이라는 점을 설명할 것이다. 차분 추정량과 내부 추정량은 $T=2$일 때 동일하지만, $T>2$일 때는 동일하지 않다. 정확한 표준오차가 $T=2$일 때는 유지되지만, $T>2$일 때는 유지되지 않는다.

표 15.2 정리문제 15.4 : 변형된 매출 자료

FIRM	YEAR	$\ln(SALES_{it})$	$\Delta\ln(SALES_{it})$	$\overline{\ln(SALES_{it})}$	$\widetilde{\ln(SALES_{it})}$
1	2005	10.87933	·	11.08103	−0.2017047
1	2006	11.28274	0.40341	11.08103	0.2017053
2	2005	9.313799	·	9.444391	−0.1305923
2	2006	9.574984	0.261185	9.444391	0.1305927

유의사항

실제로 차분 추정량을 사용할 필요는 없다. 이것은 패널자료를 사용할 때 관찰되지 않는 이질성을 제거하는 것이 가능하다는 점을 설명하기 위해 교육적인 목적으로 고안된 것이다. '고정효과' 추정을 위해서는 소프트웨어 옵션을 사용하시오. ∎

15.2.3 내부 추정량 : $T>2$인 경우

내부변형의 이점을 활용하고 내부 추정량을 사용할 경우, 이들은 각 개체에 대해 $T=2$를 초과하는 시간 관찰값을 갖는 상황에 문제 없이 일반화된다. 각 개체에 대해 T개 관찰값을 갖는다고 가상하면 다음과 같다.

$$y_{it} = \beta_1 + \beta_2 x_{2it} + \alpha_1 w_{1i} + u_i + e_{it}, \quad i = 1, \ldots, N, \quad t = 1, \ldots, T$$

모든 시간 관찰값들에 대해 평균을 하면 다음과 같다.

$$\frac{1}{T}\sum_{t=1}^{T}\left(y_{it} = \beta_1 + \beta_2 x_{2it} + \alpha_1 w_{1i} + u_i + e_{it}\right)$$

왼편에서 $\bar{y}_{i.} = (y_{i1} + y_{i2} + \cdots + y_{iT})/T$를 구할 수 있다. 오른편에서는 $\beta_1 + \beta_2\bar{x}_{2i.} + \alpha_1 w_{1i} + u_i + \bar{e}_{i.}$를 구할 수 있으며, 여기서 평균화된 변수는 다음과 같이 유사하게 정의된다 : $\bar{x}_{2i.} = (x_{2i1} + \cdots + x_{2iT})/T$ 및 $\bar{e}_{i.} = (e_{i1} + \cdots + e_{iT})/T$. 평균화는 모형 모수 또는 시불변 항 w_{1i} 및 u_i에 영향을 미치지 않는다는 사실에 주목하시오. $i=1, \cdots, N$에 대한 시간 평균화된 모형은 다음과 같다.

$$\bar{y}_{i.} = \beta_1 + \beta_2 \bar{x}_{2i.} + \alpha_1 w_{1i} + u_i + \bar{e}_{i.} \tag{15.13}$$

내부변형은 최초 관찰값들로부터 식 (15.13)을 감해서 다음과 같은 결과를 얻을 수 있다.

$$y_{it} - \bar{y}_{i.} = \beta_2 (x_{2it} - \bar{x}_{2i.}) + (e_{it} - \bar{e}_{i.}) \tag{15.14}$$

1차 차분된 변수들 대신에, 변수 평균들로부터 차분을 얻는다. 관찰할 수 없는 이질성 항을 포함해서, 시불변 변수들은 감해서 상쇄하게 된다.

변형된 변수는 변형된 오차 $\tilde{e}_{it} = (e_{it} - \bar{e}_{i.})$를 갖는, $\tilde{y}_{it} = y_{it} - \bar{y}_{i.}$, $\tilde{x}_{2it} = (x_{2it} - \bar{x}_{2i.})$로 표기하도록 하자. 내부변형된 모형은 다음과 같다.

$$\tilde{y}_{it} = \beta_2 \tilde{x}_{2i} + \tilde{e}_{it} \tag{15.15}$$

식 (15.15)에서 β_2의 OLS 추정량은, (i) $\tilde{e}_{it}$가 영인 평균을 가지며 $\tilde{x}_{2it}$와 상관되지 아니하고, (ii) $\tilde{x}_{2it}$가 2개를 초과하는 값을 취한다면, 일치하는 추정량이 된다. 강 외생성 가정 식 (15.4)가 준수될 경우 이 조건들은 준수된다. 식 (15.15)에 대한 통상적인 OLS 표준오차는 아주 정확하지는 않지만, 정리문제 15.4에서 살펴본 것처럼 쉽게 수정할 수 있다.

🐑 **정리문제 15.5** 생산 함수에 대해 $T = 3$인 관찰값들을 갖고 내부변형 사용하기

자본요소 및 노동요소의 변화가 매출에 미치는 영향을 추정하기 위해, 정리문제 15.2의 200개 기업에 대해서 2004~2006년 동안의 $T = 3$인 매출 관찰값에 대한 내부변형을 사용해 보자. 내부추정값은 다음과 같다.

$$\widehat{\ln(SALES_{it})} = \underset{\substack{\text{(부정확한 se)} \quad (0.0271) \\ \text{(정확한 se)} \quad (0.0332)}}{0.0889 \widehat{\ln(CAPITAL_{it})}}$$

$$+ \underset{\substack{(0.0413) \\ (0.0507)}}{0.3522 \widehat{\ln(LABOR_{it})}}$$

자유도가 $NT - N - 2 = 398$이어야만 할 때 $NT - 2 = 598$을 사용하는 OLS 소프트웨어는 부정확한 표준오차를 제시한다. 이 부정확한 표준오차에 다음과 같은 수정인자를 곱하면 정확한 표준오차를 얻을 수 있다.

$$\sqrt{(NT-2)/(NT-N-2)} = \sqrt{598/398} = 1.22577$$

15.2.4 최소제곱 모의변수 모형

내부 추정량이 오랫동안 실증연구에서 사용되었고 논리적으로도 설득력이 있는 다른 추정량과 숫자상으로 보면 동등하다는 것을 살펴볼 것이다. 가능한 일반화하기 위해서, 관심 있는 식을 확대하여 더 많은 변수들을 포함시키면 다음과 같다.

$$y_{it} = \beta_1 + \beta_2 x_{2it} + \cdots + \beta_K x_{Kit} + \alpha_1 w_{1i} + \cdots + \alpha_M w_{Mi} + (u_i + e_{it}) \tag{15.16}$$

위의 회귀에는 상수항 $x_{1it} = 1$, 개체별로 그리고 시간이 흐름에 따라 변하는 $(K-1) = K_S$개 변수, 시불변적 M개 변수가 있다. '기울기' 계수의 수라고 생각될 수 있는 새로운 기호 K_S가 있다. 이것은 개체별 차이의 존재에 관한 검정을 시행할 때 중요하다.

패널자료 회귀 식 (15.16)에서 각 개체에 대해 개체 특정적 모의변수를 포함시킴으로써 관찰되지 않는 이질성이 또한 통제된다. 즉 다음과 같다고 하자.

$$D_{1i} = \begin{cases} 1 & i = 1 \\ 0 & \text{이외의 경우} \end{cases}, \quad D_{2i} = \begin{cases} 1 & i = 2 \\ 0 & \text{이외의 경우} \end{cases}, \cdots\cdots, \quad D_{Ni} = \begin{cases} 1 & i = N \\ 0 & \text{이외의 경우} \end{cases}$$

회귀식 (15.16)에 이런 N개의 모의변수를 포함시키면 다음과 같다.

$$\begin{aligned} y_{it} = {} & \beta_{11} D_{1i} + \beta_{12} D_{2i} + \cdots + \beta_{1N} D_{Ni} + \beta_1 + \beta_2 x_{2it} + \cdots + \beta_K x_{Kit} + \alpha_1 w_{1i} \\ & + \cdots + \alpha_M w_{Mi} + (u_i + e_{it}) \end{aligned}$$

이 식에는 정확한 공선성이 있다. 시불변적 모의변수는 다음과 같이 합이 1이 된다. 즉 $D_{1i} + D_{2i} + \cdots + D_{Ni} = 1$이다. 모의변수를 포함시킬 경우 이제는 중복되는 상수항 $x_{1it} = 1$, 시불변 변수 w_{1i}, w_{2i}, $\cdots$, w_{Mi}, 그리고 관찰되지 않는 이질성 u_i를 생략해야 한다. 그렇게 하면 다음과 같아진다.

$$y_{it} = \beta_{11} D_{1i} + \beta_{12} D_{2i} + \cdots + \beta_{1N} D_{Ni} + \beta_2 x_{2it} + \cdots + \beta_K x_{Kit} + e_{it} \tag{15.17}$$

식 (15.17)을 고정효과 모형(fixed effects model) 또는 이따금 최소제곱 모의변수 모형(least squares dummy variable model)이라고 한다. 실증연구에서 가장 일반적으로 사용되는 명칭인 고정효과 추정량이란 용어는 마치 개체별 차이인 u_1, u_2, $\cdots$, u_N을 우리가 추정할 수 있는 고정된 모수 β_{11}, β_{12}, $\cdots$, β_{1N}으로 취급하는 것처럼 보이기 때문에 붙여졌다. 고정효과 추정량은 모든 NT개 관찰값을 사용한 식 (15.17)의 OLS 추정량이다.

프리슈-워-로벨 정리를 이용하여, 식 (15.17)에 있는 β_2, $\cdots$, β_K의 OLS 추정값들과 제곱한 잔차의 합은 식 (15.16)의 내부 추정값들과 동일해서 동일한 가정 식 (15.4) 아래에서 동일한 일치성 특색을 갖는다는 점을 보여줄 수 있다. 가정 식 (15.4)는 관찰되지 않는 이질성 항 u_i가 $\mathbf{X}_i$ 또는 $\mathbf{w}_i$와 상관되지 않아야 한다는 것을 요구하지 않는다는 점을 다시 한 번 기억하자. 여기서 $\mathbf{X}_i$는 시변변수들에 대한 모든 관찰값들을 나타내고, $\mathbf{w}_i$는 시불변적 관찰값들을 의미한다.

유의사항

요약하면 내부 추정량, 고정효과 추정량, 최소제곱 모의변수 추정량은 모두 식 (15.17)에 있는 동일한 추정량 β_2, $\cdots$, β_K에 대한 명칭이다. 실제로는 선택할 필요가 없다. '고정효과' 추정에 관한 컴퓨터 소프트웨어 옵션을 사용하시오. ■

고정효과 추정량은 단순히 OLS 추정량이기 때문에, 통상적인 OLS 추정량 분산과 공분산을 갖는다. N개 모의변수를 포함한다는 사실은 모수의 개수가 $N + K_S$라는 것을 의미한다. 여기서 $K_S = (K-1)$은 기울기 계수의 수이다. σ_e^2의 통상적인 추정량은 다음과 같다.

$$\hat{\sigma}_e^2 = \frac{\sum_{i=1}^{N} \sum_{t=1}^{T} \hat{e}_{it}^2}{NT - N - K_S} \tag{15.18}$$

관찰되지 않는 이질성에 대한 검정 고정효과 모형에서 개체별 차이에 대해 검정을 하려면 다음과 같은 결합가설 검정을 하는 것이다.

$$H_0 : \beta_{11} = \beta_{12}, \ \ \beta_{12} = \beta_{13}, \ldots, \beta_{1,N-1} = \beta_{1N}$$

$$H_1 : \beta_{1i} \text{가 모두 동일하지는 않다} \tag{15.19}$$

귀무가설이 참이라면 $\beta_{11} = \beta_{12} = \beta_{13} = \cdots = \beta_{1N} = \beta_1$이다. 여기서 β_1은 공통값을 나타내며, 개체적 차이가 없고 관찰되지 않는 이질성이 존재하지 않는다. 귀무가설은 $J = N-1$개의 개별등식들, 즉 $\beta_{11} = \beta_{12}$, $\beta_{12} = \beta_{13}$ 등이다. 귀무가설이 참이라면 '제한된 모형'은 다음과 같다.

$$y_{it} = \beta_1 + \beta_2 x_{2it} + \cdots + \beta_K x_{Kit} + e_{it}$$

표준 OLS 가정하에서 F-검정 통계량은 다음과 같다.

$$F = \frac{\left(SSE_R - SSE_U\right)/(N-1)}{SSE_U/\left(NT - N - K_S\right)} \tag{15.20}$$

여기서 SSE_U는 고정효과 모형에서 구한 제곱한 잔차의 합이며, SSE_R은 모든 자료를 통합한 OLS 회귀 $y_{it} = \beta_1 + \beta_2 x_{2it} + \cdots + \beta_K x_{Kit} + e_{it}$에서 구한 제곱한 오차의 합이다. 귀무가설이 참이라면, 검정 통계량은 $J = N-1$개 분자 자유도와 $NT - N - K_S$개 분모 자유도인 F-분포를 갖는다. α 유의수준을 사용할 경우, 검정 통계량값이 F-분포의 $1-\alpha$ 백분위수보다 크거나 같으면, 즉 $F \geq F_{(1-\alpha,\, N-1,\, NT-N-K_S)}$이면 귀무가설을 기각한다. 검정은 15.3절에서 살펴볼 주제인, 이분산 및 계열상관에 대해 '확고해' 질 수 있다.

🖐 정리문제 15.6 생산 함수에 대해 $T = 3$인 관찰값들을 갖고 고정효과 추정량 사용하기

중국 화학회사에 대한 모의변수 모형은 다음과 같다.

$$\ln\left(SALES_{it}\right) = \beta_{11} D_{1i} + \cdots + \beta_{1,200} D_{200,i} + \beta_2 \ln\left(CAPITAL_{it}\right)$$
$$+ \beta_3 \ln\left(LABOR_{it}\right) + e_{it}$$

고정효과 추정값 β_2 및 β_3는 정리문제 15.4의 내부추정값과 동일하게 될 것이다. 이 모의변수 모형의 경우 자유도는 정확한 $NT - N - (K-1) = 600 - 200 - 2 = 398$이므로 표준오차는 정확하다.

관찰되지 않는 이질성을 주로 통제하기 위해 모의변수를 포함시켰다. 하지만 특정 기업의 매출을 예측하는 데 관심을 가진다면 모의변수는 결정적인 역할을 한다. β_2 및 β_3의 추정값이 주어진다면, 단순회귀 모형에서 했던 것처럼 적합한 회귀 모형이 평균점, 즉 $\bar{y}_{i.} = b_{1i} + b_2\bar{x}_{2i.} + b_3\bar{x}_{3i.}$, $i = 1, \cdots, N$을 통과한다는 사실을 활용하여 b_{11}, b_{12}, $\cdots$, b_{1N}이 회복될 수 있다. N이 클 수 있으므로 추정값과 이들의 표준오차를 제시하는 작업은 용이하지 않을 수 있다. 소프트웨어 회사들은 이 문제에 상이한 방법으로 대처한다. 널리 보급되어 있는 2개 계량경제 소프트웨어 프로그램인 EViews 및 Stata는 횡단 모의변수에 대한 추정된 계수의 평균인 상수항 C를 제시한다. 중국 화학회사 자료의 경우 $C = N^{-1}\sum_{i=1}^{N} b_{1i} = 7.5782$가 된다.

귀무가설 $H_0 : \beta_{11} = \beta_{12}, \beta_{12} = \beta_{13}, \cdots, \beta_{1, N-1} = \beta_{1N}$을 검정하기 위해서, 고정효과 추정량으로부터 구한 제곱한 잔차의 합 $SSE_U = 34.451469$, 그리고 다음과 같은 통합 OLS 회귀식으로부터 구한 $SSE_R = 425.636557$을 사용할 수 있다.

$$\widehat{\ln(SALES_{it})} = 5.8797 + 0.2732\ln(CAPITAL_{it})$$
$$(se) \quad (0.1711) \quad (0.0291)$$
$$+ 0.3815\ln(LABOR_{it})$$
$$(0.0467)$$

F-통계량의 값은 다음과 같다.

$$F = \frac{(SSE_R - SSE_U)/(N-1)}{SSE_U/(NT - N - (K-1))}$$
$$= \frac{(425.636557 - 34.451469)/199}{34.451469/(600 - 200 - 2)}$$
$$= 22.71$$

$\alpha = 0.01$ 유의수준을 사용하면, $F_{(0.99, 199, 398)} = 1.32$가 된다. 귀무가설을 기각하고, $N = 200$개 기업들에 대한 고정효과 상수항들에는 개별적 차이가 있다고 결론을 내린다.

15.3 패널자료 회귀오차 가정

15.2절에서는 관찰할 수 없는 이질성, u_i를 제거하는 추정 전략에 대해 살펴보았다. 따라서 이것이 설명변수와 상관될 때도, 개체별로 그리고 시간이 흐름에 따라 변하는 변수 x_{kit}의 계수를 여전히 일치하게 추정할 수 있다. 이 절과 다음 절에서는, 관찰할 수 없는 이질성 u_i가 설명변수, 즉 시변변수 (time-varying variable), x_{kit} 또는 시불변 변수(time-invariant variable), w_{mi}와 상관되지 않은 경우에 대한 추정 방법을 제시할 것이다. 따라서 우리는 OLS 추정법, 또는 확률효과(RE) 추정량이라고 하는 보다 효율적인 일반 최소제곱(GLS) 추정량을 이용할 수 있다. 이 추정량들은 추정식으로부터 관찰할 수 없는 이질성, u_i를 제거하지 않기 때문에, 15.2절에서 했던 것보다 보다 완벽한 일련의 가정들을 해야 한다.

모형 $y_{it} = \beta_1 + \beta_2 x_{2it} + \alpha_1 w_{1i} + (u_i + e_{it})$에 대한 패널자료 모형 추정과 추론은 2개의 무작위 오차가 존재하여 복잡해진다. 첫 번째 항 u_i는 개체별 시불변적이고 관찰되지 않는 이질성을 나타낸다. 두 번째 항 e_{it}는 개체별 그리고 시간이 흐름에 따라 변하는 '통상적인' 회귀오차이다. 가능한 일반화하기 위해서 식 (15.16)을 다시 살펴보도록 하자. 편리하도록 다음과 같이 되풀이하여 제시할 것이다.

$$y_{it} = \beta_1 + \beta_2 x_{2it} + \cdots + \beta_K x_{Kit} + \alpha_1 w_{1i} + \cdots + \alpha_M w_{Mi} + (u_i + e_{it}) \tag{15.16}$$

앞에서 했던 것처럼 $\mathbf{x}_{it} = (1, x_{2it}, \cdots, x_{Kit})$는 한 개체에 대해서 모든 시변변수에 대한 t번째 관찰값에 절편을 더한 것이라고 하자. $\mathbf{X}_i$는 i번째 개체에 대해서 이들 변수에 대한 모든 T개 관찰값을 나타낸다고 하자. $\mathbf{w}_i = (w_{1i}, \cdots, w_{Mi})$는 i번째 개체에 대한 모든 시불변 변수를 나타낸다고 하자. 식 (15.3)의 패널자료 회귀 함수로 이어지는 중요한 외생성 가정 식 (15.4)를 앞에서 논의하였다. 보다 완벽한 모형 설정하에서 가정 식 (15.4)는 다음과 같아진다.

$$E\big(e_{it}|\mathbf{X}_i, \mathbf{w}_i, u_i\big) = 0 \qquad (15.21)$$

식 (15.21)의 강 외생성 가정이 의미하는 바는, $\mathbf{X}_i$, $\mathbf{w}_i$, u_i 어느 것도 특유한 무작위 오차 e_{it}의 가능한 값에 관해 어떠한 정보도 갖고 있지 못하다는 것이다.

특유한 무작위 오차 e_{it}와 관찰할 수 없는 이질성 무작위 오차 u_i는 매우 상이한 효과들을 갖고 있으며, 이들을 통계적으로 독립적이라고 처리하는 것이 그럴듯하게 보인다. 그래서 이들 사이에는 상관이 존재하지 않는다. 식 (15.16)의 OLS 추정량이 불편 추정량이 되기 위해서는, 식 (15.21)과 유사한 강력한 가정이 관찰되지 않는 이질성 항 u_i에 대해 유지되어야만 한다. 설명변수 $\mathbf{X}_i$ 및 $\mathbf{w}_i$가 무작위 오차 요인 u_i에 관해 어떠한 정보도 갖고 있지 않다면, 최선의 예측은 영이 되는 것이며 이는 다음을 의미한다.

$$E\big(u_i|\mathbf{X}_i, \mathbf{w}_i\big) = 0 \qquad (15.22)$$

반복 기댓값 법칙을 활용하면 다음과 같다.

$$E\big(u_i\big) = 0, \quad \mathrm{cov}\big(u_i, x_{kit}\big) = E\big(u_i x_{kit}\big) = 0, \quad \mathrm{cov}\big(u_i, w_{mi}\big) = E\big(u_i w_{mi}\big) = 0 \qquad (15.23)$$

두 가정 식 (15.21) 및 (15.22)는 OLS 추정량이 불편하고 일치한다는 점을 보장하는 데 족하다.

유의사항

'통합하다'라는 동사는 연합시키거나 또는 하나로 만든다는 의미를 갖고 있다. 따라서 계량경제학자들은 모든 기간에서, 모든 개체들의 연합된 자료를 **통합된 표본**이라고 표현한다. 회귀식 (15.16)은 **통합된 모형**이며, OLS를 이 통합된 모형에 적용할 경우 **통합된 최소제곱** 또는 **통합된 OLS**라고 한다. 하지만 통합된 OLS는 새로운 것이 없으며, 단순히 연합된 자료에 적용된 OLS 추정량일 뿐이다. ■

이제는 다른 가정들, 즉 무작위 오차의 조건부 분산 및 공분산에 관해 알아보도록 하자.

조건부 동분산 특유한 오차 e_{it}에 대한 통상적인 동분산 가정은, 조건부 분산 및 무조건부 분산이 일정하다는 것이다.

$$\mathrm{var}\big(e_{it}|\mathbf{X}_i, \mathbf{w}_i, u_i\big) = \sigma_e^2 \qquad (15.24a)$$

분산분해와 반복 기댓값 법칙을 활용하여, 다음과 같은 결과를 또한 구할 수 있다.

$$\mathrm{var}\big(e_{it}\big) = E\big(e_{it}^2\big) = \sigma_e^2 \qquad (15.24b)$$

마찬가지로, 관찰되지 않는 이질성의 무작위 요인 u_i도 조건부 동분산적이며 무조건부 동분산적이다.

$$\text{var}(u_i) = E(u_i^2) = \sigma_u^2 \tag{15.25}$$

모든 개체들을 1개 모집단에서 추출했다면 u_i의 동분산은 매우 합리적인 것처럼 보인다. 하지만 e_{it}의 동분산은 통상적인 이유로 인해 참일 가능성이 낮다.

연합된 오차 $v_{it} = u_i + e_{it}$의 분산은 다음과 같다.

$$\text{var}(v_{it}|\mathbf{X}_i, \mathbf{w}_i) = \text{var}(u_i|\mathbf{X}_i, \mathbf{w}_i) + \text{var}(e_{it}|\mathbf{X}_i, \mathbf{w}_i) + 2\text{cov}(u_i, e_{it}|\mathbf{X}_i, \mathbf{w}_i)$$

2개의 동분산 가정 그리고 u_i 및 e_{it}의 통계적 독립성을 연합하면 다음과 같아진다.

$$\text{var}(v_{it}) = E(v_{it}^2) = \sigma_v^2 = \sigma_u^2 + \sigma_e^2 \tag{15.26}$$

조건부 상관   관찰할 수 없는 이질성이 인지되는 경우, 오차들이 상관되지 않는다는 통상적인 가정은 준수되지 않는다. 이에 대해 알아보기 위해서, 어떤 2개 기간에서의 연합된 무작위 오차 사이의 공분산을 구해 보면 다음과 같다.

$$\begin{aligned}
\text{cov}(v_{it}, v_{is}) = E(v_{it}v_{is}) &= E\big[(u_i + e_{it})(u_i + e_{is})\big] \\
&= E(u_i^2 + u_i e_{it} + u_i e_{is} + e_{it}e_{is}) \\
&= E(u_i^2) + E(u_i e_{it}) + E(u_i e_{is}) + E(e_{it}e_{is}) \\
&= \sigma_u^2
\end{aligned} \tag{15.27}$$

어떤 2개 상이한 기간에서의 관찰값들에 대한 i번째 개체의 무작위 오차들 사이에 공분산이 존재한다. 오차들 사이의 상관은 다음과 같다.

$$\rho = \text{corr}(v_{it}, v_{is}) = \frac{\sigma_u^2}{\sigma_u^2 + \sigma_e^2} \tag{15.28}$$

흥미롭게도 공분산과 상관은 일정하며, 오차가 한 기간 떨어지든지, 또는 두 기간이나 그 이상 떨어지든지 간에 동일한 값을 취한다. 개체들의 무작위 표본을 갖고 있는 한, 개체들 사이의 상관에 관해 우려를 할 필요가 없어서, $i \neq j$인 경우 v_{it} 및 v_{js}는 상관되지 않는다.

관찰할 수 없는 이질성으로 인해 야기된 개체 내 오차상관 때문에, OLS 추정량은 BLUE가 아니며, 통상적인 표준오차는 정확하지 않다. '확고한' 표준오차가 어떻게 계산되고 GLS를 어떻게 실행하는지에 대해 살펴볼 것이다.

15.3.1 군집 확고한 표준오차를 갖는 OLS 추정법

관례적인 동분산 및 계열상관 가정, 식 (15.24a), (15.24b), (15.25), (15.26)하의 패널자료 다중회귀 모형 식 (15.16)에서, 다음과 같다.

$$\text{var}(v_{it}) = \sigma_u^2 + \sigma_e^2$$

그리고

$$\text{cov}(v_{it}, v_{is}) = \sigma_u^2$$

하지만 $\text{var}(e_{it})$는 개체별로 변하고, 아마도 또한 시간이 흐름에 따라 변하는 것이 가능하다. 그 경우에 $\text{var}(e_{it}) = \sigma_{it}^2$가 된다. 새로운 기호를 도입하여 이와 같은 새로운 가능성을 다룰 것이다. 다음과 같다고 하자.

$$\text{var}(v_{it}) = \sigma_u^2 + \sigma_{it}^2 = \psi_{it}^2 \tag{15.29}$$

분산 ψ_{it}^2는 각 기간에서 각 개체에 대해 잠재적으로 상이하다. 관찰되지 않는 이질성이 존재하지 않더라도, 즉 $\sigma_u^2 = 0$이라고 하더라도, 또는 관찰되지 않는 이질성이 각 개체에 대해 상이한 분산을 갖더라도 참일 수 있다. 가정 식 (15.29)는 완벽하게 일반적이며 모든 가능성에도 적합하다.

다음으로 오차항들 사이의 가능한 상관은 어떠한가? 무작위 오차 v_{it} 및 v_{is} 사이의 공분산은 다음과 같다.

$$\begin{aligned} \text{cov}(v_{it}, v_{is}) &= E(v_{it}v_{is}) = E\big[(u_i + e_{it})(u_i + e_{is})\big] \\ &= E(u_i^2) + E(e_{it}e_{is}) \\ &= \sigma_u^2 + \text{cov}(e_{it}, e_{is}) \end{aligned} \tag{15.30}$$

여기서 u_i 및 e_{it}는 통계적으로 독립적이거나 최소한 상관되지 않는다고 가정한다. $\text{cov}(e_{it}, e_{is})$항은 기간 t와 s에서의 i번째 개체에 대한 통상적인 무작위 오차, 즉 특유한 부분 사이의 공분산이다. 이 오차 요인에서 계열상관 또는 자기상관이 존재한다면, $\text{cov}(e_{it}, e_{is}) \neq 0$이다. 계열상관은 AR(1) 형태일 수 있지만 어떤 다른 유형일 수도 있다. 당장은 가장 일반적인 가능한 가정을 할 것이다. 즉 개체간에 상이할 수 있으며, 기간 각 쌍에 대해서도 상이할 수 있어서 $\text{cov}(e_{it}, e_{is}) = \sigma_{its}$이다. 그러면 식 (15.26)은 다음과 같다.

$$\text{cov}(v_{it}, v_{is}) = \sigma_u^2 + \sigma_{its} = \psi_{its} \tag{15.31}$$

관찰되지 않는 이질성이 존재하지 않더라도, 즉 $\sigma_u^2 = 0$이더라도, 식 (15.31)은 아직 타당하다는 데 주목하시오.

식 (15.29) 및 (15.31)이 설명하는 이분산과 상관이 존재할 때 통합된 최소제곱을 사용할 경우 발생하는 결과는 어떠한가? 최소제곱 추정량은 계속 일치하지만, 표준오차는 정확하지 않다. 이것이 의미하는 바는 이런 표준오차들에 기초한 가설검정과 구간 추정값들은 타당하지 않다는 것이다. 일반적으로 표준오차들은 너무 작아서, 최소제곱 추정량의 신뢰성을 과장하게 된다. 다행스럽게도 표준오차를 수정하는 방법이 있다. 이 책 제8장 및 제9장에서도 유사한 상황에 있었다. 제8장에서는 화이트 이분산 일치하는 표준오차가 알지 못하는 형태의 이분산을 갖는 회귀 모형에서 최소제곱 추정값의 신뢰성을 평가하는 데 어떻게 사용될 수 있는지 살펴보았다. 최소제곱은 이런 상황에서 효율적이지 못하지만(GLS 추정량이 더 낮은 분산을 갖는다), 최소제곱을 사용할 경우 이분산의 성격을 명시할 필요성을 회피할 수 있다. 표본이 크다면 화이트 표준오차를 갖는 최소제곱을 사용할 경우 구간 추정과 가설검정에 대한 타당한 기초를 제공해 준다. 제9장에서 소개한 뉴에이-웨스트 표준오차는 자기상관된 오차 모형에서 유사한 기능을 수행하였다. 이것은 자기상관된 오차 과정의 성격을 명시할 필요 없이 최소제곱 추정값을 사용하여 추론에 대한 타당한 기초를 제공한다.

유사한 방법으로 가정 식 (15.29) 및 (15.31)하에서 통합된 최소제곱 추정량에 대해 타당한 표준오차들을 계산할 수 있다. 이 표준오차들은 다양한 이름을 갖고 있으며, 패널 확고한 표준오차(panel-robust standard errors) 또는 군집 확고한 표준오차(cluster-robust standard errors)라는 이름으로 불린다. 개체들에 대한 T개 시계열 관찰값들은 자료의 군집들을 형성한다.

두 가지 중요한 주해   다음으로, 좋은 점과 좋지 않은 점에 대해 알아보도록 하자. 첫째, 좋은 점은 군집을 이루는 표준오차가 패널자료 이외의 다른 많은 상황에서도 사용될 수 있다. 관찰값들의 집단들을 포함하고 있는 자료는 집단 내 상관은 존재하지만 집단 간 상관은 존재하지 않는 경우 군집들로 간주될 수 있다. 기업들의 대규모 표본을 갖고 있다면 동일한 산업 내 기업들은 군집을 규정할 수 있다. 가계조사를 한 경우라면 지리적 근접성을 군집으로 처리할 수 있다. 둘째, 좋지 않은 점은 쉽게 구할 수는 있지만 군집 확고한 표준오차를 사용하는 것이 반드시 적합하지는 않다. 이들을 신뢰하기 위해서는 개체 N의 숫자가 T에 비해서 커야만 하며, 따라서 패널은 '짧고 넓게' 된다. 예를 들어, $N = 1,000$개체들(횡단면)이 있고 $T = 3$ 기간 동안 각각을 관찰한다면, 군집 확고한 표준오차가 잘 작동해야만 한다. 소수의 개체(소수의 군집)가 있는 상황에서 군집 확고한 표준오차를 사용할 경우 부정확한 추론으로 이어질 수 있다. 당연히 '소수의'가 의미하는 바에 관해 많은 논의가 있었다. 미국에는 $N = 50$개 주가 있다. 한 연구에 따르면 주-연간 패널자료의 경우 50이면 충분하다는 합의에 도달하였다.[8] 하지만 검정을 시행할 때 군집의 수는 표본크기로 간주되어야 한다.

정리문제 15.7   생산 함수에 대해 군집 확고한 표준오차를 갖는 통합 OLS 사용하기

정리문제 15.6에서, 중국 화학회사 자료에 기초한 통합 OLS 추정량을 사용하기보다는 고정효과 추정량 사용을 지지하는 강한 증거가 있음을 알았다. 하지만 군집을 갖는 그리고 군집을 갖지 않는 통합 OLS의 숫자적 실례를 보여주기 위해서, $N = 1,000$을 사용하여 정리문제 15.2의 기본 모형을 검토해 볼 것이다. 표 15.3은 관례적인 표준오차 및 t-통계량값, 이분산 확고한 표준오차 및 t-통계량값, 군집 확고한 표준오차 및 t-통계량값을 갖는 OLS 추정값을 보여주고 있다.

이분산 수정된 표준오차는 관례적인 표준오차보다 더 큰 반면에, 군집 수정된 표준오차가 여전히 더 크다. 물론 표준오차가 증가할 경우 t-값은 더 작아진다.

---

8 Cameron, A. C., and Miller, D. L., "A Practitioner's Guide to Cluster-Robust Inference," *Journal of Human Resources*, 2015, 50(2), 317–373.

표 15.3 정리문제 15.7 : 대안적인 표준오차를 갖는 OLS 추정값

	계수	관례적인		이분산 확고한		군집 확고한	
		표준오차	t-값	표준오차	t-값	표준오차	t-값
C	5.5408	0.0828	66.94	0.0890	62.24	0.1424	38.90
$\ln(CAPITAL)$	0.3202	0.0153	20.90	0.0179	17.87	0.0273	11.72
$\ln(LABOR)$	0.3948	0.0225	17.56	0.0258	15.33	0.0390	10.12

15.3.2 군집 확고한 표준오차를 갖는 고정효과 추정법

식 (15.14)에서 살펴본 '내부' 변형을 채택한 고정효과 추정절차를 생각해 보자. 특유한 오차 e_{it}만 남아있도록 하기 위해서, 내부변형은 관찰되지 않는 이질성을 제거하였다. 각 개체의 횡단면 단위를 규정한 관찰값들의 군집 내에 계열상관 및/또는 이분산이 남아 있을 가능성이 있다. 군집 확고한 표준오차는 식 (15.14)에서처럼 '군집-평균에서 벗어난 형태'의 자료나 식 (15.17)에서처럼 최소제곱 모의변수 모형에 적용될 수 있다.

🖐 **정리문제 15.8** 생산 함수에 대해 고정효과와 군집 확고한 표준오차 사용하기

정리문제 15.7에서 대안적인 표준오차를 갖는 OLS를 활용하여 생산함수를 추정하였다. $N = 1{,}000$개 기업을 사용하여 관례적인 표준오차 및 군집 확고한 표준오차를 갖는 고정효과 추정값들을 구하였다. 군집 확고한 표준오차는 관례적인 표준오차보다 실체적으로 더 크다. 이 경우처럼 N이 크고 T가 작다면 군집 확고한 표준오차를 사용할 것을 권고한다.

표 15.4 정리문제 15.8 : 대안적인 표준오차를 갖는 고정효과 추정값

	계수	관례적인		군집 확고한	
		표준오차	t-값	표준오차	t-값
C	7.9463	0.2143	37.07	0.3027	26.25
$\ln(CAPITAL)$	0.1160	0.0195	5.94	0.0273	4.24
$\ln(LABOR)$	0.2689	0.0307	8.77	0.0458	5.87

15.4 확률효과 추정량

패널자료를 적용할 경우 두 가지 형태 중 하나를 이용한다. 첫 번째 형태는 관찰되지 않는 이질성 항 u_i가 1개 이상의 설명변수와 상관될 때이다. 이 경우 고정효과(내부) 추정량 또는 차분 추정량을 사용하며, 그 이유는 이 추정량들이 일치하며 표본크기가 증가함에 따라 확률상 참인 모집단 모수값으로 수렴하기 때문이다. 이 추정량들은 변형을 통하여 관찰되지 않는 이질성을 제거함으로써, 즉 관찰되지 않는 이질성과 설명변수들 사이의 상관에서 발생한 잠재적인 내생성 문제를 제거함으로써 이를 처리한다.

두 번째 형태는 관찰되지 않는 이질성 항 u_i가 어떤 설명변수와 상관되지 않을 때이다. 이 경우 군집 확고한 표준오차를 갖는 통합된 OLS 추정법을 간단히 사용할 수 있다. 목적에 부합하게 OLS 추정량이 충분히 정확하다면 모든 일이 다 이루어진 것이다. 뒤이은 가설검정과 구간 추정값은 대표본에서 타당하다. OLS 추정량이 충분히 정확하지 않다면, 다른 가정들이 준수될 경우 점근적으로 보다 효율적인 실행할 수 있는 일반 최소제곱(FGLS) 추정량을 이용할 수 있다.

관찰되지 않는 이질성을 갖는 패널자료 회귀 모형 식 (15.1)을 이따금 **확률효과 모형**이라고 한다. 왜냐하면 개체적 차이가 연구자의 관점에서 보면 확률적이기 때문이다. 관찰할 수 없는 이질성 항 u_i는 확률효과(random effect)이다. FGLS 추정량을 확률효과 추정량(random effect estimator)이라고 한다. 이것은 식 (15.27), 즉 관찰되지 않는 이질성으로부터 발생한 각 개체에 대한 관찰값들 내에서의 오차 공분산을 고려한다. 이 추정량을 사용할 경우 또한 영인 조건부 평균 가정, 즉 식 (15.4) 그리고 동분산, 즉 식 (15.26)을 가정한다.

모형에 대해 최소한의 분산을 갖는 효율적인 추정량은 GLS 추정량이다. 이분산 또는 자기상관을 가질 때처럼, OLS를 변형된 모형에 적용하여 확률효과 모형에서의 GLS 추정량을 구할 수 있다. 식 (15.16)에서 $K = 2$ 및 $M = 1$을 이용한 변형된 모형은 다음과 같다.

$$y_{it}^* = \beta_1 x_{1it}^* + \beta_2 x_{2it}^* + \alpha_1 w_{1i}^* + v_{it}^* \tag{15.32}$$

여기서 변형된 변수는 다음과 같다.

$$y_{it}^* = y_{it} - \alpha \bar{y}_{i\cdot}, \qquad x_{1it}^* = 1 - \alpha, \qquad x_{2it}^* = x_{2it} - \alpha \bar{x}_{2i\cdot}, \qquad w_{1i}^* = w_{1i}(1 - \alpha) \tag{15.33}$$

변형모수 α는 영과 일 사이, 즉 $0 < \alpha < 1$이며 다음과 같다.

$$\alpha = 1 - \frac{\sigma_e}{\sqrt{T\sigma_u^2 + \sigma_e^2}} \tag{15.34}$$

변수 $\bar{y}_{i\cdot}$ 및 $\bar{x}_{2i\cdot}$는 개체의 시간 균분된 평균 식 (15.13)이며, w_{1i}^*는 w_{1i}의 일부 단편이다. 확률효과 모형의 중요한 특징은 **시불변 변수들이 제거되지 않는다**는 점이다. 변형된 오차항은 $v_{it}^* = v_{it} - \alpha \bar{v}_{i\cdot}$이다. 변형된 오차 v_{it}^*는 일정한 분산 σ_e^2을 가지며 계열상관되지 않는다는 것을 보여줄 수 있다. 이를 증명하는 것은 오래 걸리고 지루하기 때문에 생략하기로 한다.[9] 변형모수 α는 알지 못하는 분산 σ_e^2 및 σ_u^2에 달려 있기 때문에 OLS를 식 (15.32)에 적용하기 전에 이들 분산을 추정해야 한다. 확률효과 추정값, 즉 실행할 수 있는 GLS 추정값은 σ_e^2 및 σ_u^2를 추정값인 $\hat{\sigma}_e^2$ 및 $\hat{\sigma}_u^2$로 대체시켜 최소제곱을 식 (15.32)에 적용함으로써 구할 수 있다. 식 (15.33)에서 α = 1인 경우 확률효과 추정량은 고정효과 추정량과 동일해지며, α = 0인 경우 확률효과 추정량은 OLS 추정량과 동일해진다는 사실을 알 수 있다. 0 < $\hat{\alpha}$ < 1인 경우 $\hat{\alpha}$의 크기에 따라 확률효과 추정값은 OLS 추정값 또는 고정효과 추정값에 근접하게 된다.

🔍 정리문제 15.9   생산 함수의 확률효과 추정

확률효과 추정량을 설명하기 위해서 T = 3기간, 중국의 화학회사 N = 1,000개의 자료를 사용해 보자. 생산 함수의 확률효과 추정값은 다음과 같다.

$$\widehat{\ln(SALES_{it})} = 6.1718 + 0.2393\ln(CAPITAL_{it})$$
$$\text{(se\_fgls)} \qquad (0.1142) \quad (0.0147)$$
$$\text{(se\_clus)} \qquad (0.1428) \quad (0.0221)$$
$$+ 0.4140\ln(LABOR_{it})$$
$$(0.0220)$$
$$(0.0327)$$

확률효과 추정값은 다음과 같은 추정된 '부분 손상 계수'

를 사용하여 구할 수 있다.

$$\hat{\alpha} = 1 - \frac{\hat{\sigma}_e}{\sqrt{T\hat{\sigma}_u^2 + \hat{\sigma}_e^2}} = 1 - \frac{0.3722}{\sqrt{3(0.6127) + 0.1385}} = 0.7353$$

$\hat{\alpha}$ = 0.7353은 0 또는 1에 근접하지 않기 때문에, 확률효과 추정값은 정리문제 15.8의 고정효과 추정값과 매우 상이하며, 정리문제 15.7의 OLS 추정값과도 매우 상이하다는 사실을 알 수 있다. 확률효과 추정값에 대한 군집 확고한 표준오차가 관례적인 FGLS 표준오차보다 약간 더 크다는 사실에 주목하자. 이는 전반적인 오차 요인 e_{it}에 계열상관 및/또는 이분산이 있을 수 있다는 사실을 시사한다.

🔍 정리문제 15.10   임금식의 확률효과 추정

표 15.1에서는 전형적인 미시경제 자료인 미국 전국 추적 표본조사(NLS)로부터의 관찰값들을 사용한 패널자료를 소개하였다. 정리문제 15.3에서 단순 임금식에 대해 살펴보았으며, 자료에 있는 모든 여성들은 처음 인터뷰했을 때 자신들의 학교교육을 모두 마쳐서 교육 연수를 나타내는 변수 $EDUC$가 변화하지 않는다는 사실에 주목하자. 차분 추정량 또는 고정효과 추정량을 사용할 때, 모든 시불변 변수들은 제거된다. 이 정리문제에서는 정리문제 15.3에서 사용한 모형을 확장할 것이다.

위의 미시경제 자료 패널에 있는 여성들은 보다 큰 모집단에서 무작위로 뽑았기 때문에 716명 여성들 사이의 개인적 차이를 확률효과로 취급하는 것은 합리적인 것처럼 보인다. 종속변수는 $\ln(WAGE)$이고 설명변수로는 교육 연수($EDUC$), 총 노동인구 경험($EXPER$), 이를 제곱한 것, 현재 직업의 재직기간($TENURE$), 이를 제곱한 것, 모의변수 $BLACK$, $SOUTH$, $UNION$이 있는 임금식을 설정해 보자.

고정효과 추정값 및 확률효과 추정값은 관례적인 비확고한 표준오차 그리고 t값과 함께 표 15.5에 있다. 확률효과 추정값들에 대해 다음과 같은 추정된 변형모수를 사용할 것이다.

---

9 세부적인 사항은 다음을 참조하시오. Wooldridge (2010), pp. 326 – 328.

$$\hat{\alpha} = 1 - \frac{\hat{\sigma}_e}{\sqrt{T\hat{\sigma}_u^2 + \hat{\sigma}_e^2}} = 1 - \frac{0.1951}{\sqrt{5 \times 0.1083 + 0.0381}}$$

$$= 0.7437$$

위의 값을 사용하여 식 (15.33)에서처럼 자료를 변형시키고 나서, 식 (15.32)에 있는 변형된 회귀 모형에 최소제곱을 적용하면 확률효과 추정값을 구할 수 있다. 확률효과 추정량은 자료를 단지 부분적으로만 손상시키기 때문에,

시불변 변수 *EDUC* 및 *BLACK*은 제거되지 않는다. 교육 연수 및 인종이 ln(*WAGE*)에 미치는 영향을 추정할 수 있다. 그 밖의 다른 것이 일정한 경우, 교육에 대한 수익은 약 7.3%이고 흑인은 백인보다 약 12% 더 낮은 임금을 받는다고 추정한다. 그 밖의 다른 것이 일정한 경우, 미국 남부에 거주하면 임금이 약 8% 더 낮아지며, 노동조합에 가입하면 임금이 약 8% 더 높아진다.

표 15.5 정리문제 15.10 : 임금식의 고정효과 추정값 및 확률효과 추정값

Variable	고정효과			확률효과		
	Coefficient	Std. Error*	*t*-Value	Coefficient	Std. Error*	*t*-Value
C	1.4500	0.0401	36.12	0.5339	0.0799	6.68
EDUC				0.0733	0.0053	13.74
EXPER	0.0411	0.0066	6.21	0.0436	0.0064	6.86
EXPER^2	−0.0004	0.0003	−1.50	−0.0006	0.0003	−2.14
TENURE	0.0139	0.0033	4.24	0.0142	0.0032	4.47
TENURE^2	−0.0009	0.0002	−4.35	−0.0008	0.0002	−3.88
BLACK				−0.1167	0.0302	−3.86
SOUTH	−0.0163	0.0361	−0.45	−0.0818	0.0224	−3.65
UNION	0.0637	0.0143	4.47	0.0802	0.0132	6.07

*관례적인 표준오차

15.4.1 확률효과에 대해 검정하기

식 (15.28)에서 상관 ρ의 크기는 확률효과 모형의 중요한 특징이 된다. 각 개체에 대해 $u_i = 0$인 경우, 개체의 차이가 존재하지 않으며 밝혀야 할 이질성도 없다. 이런 경우 통합된 OLS 선형회귀 모형이 적합하며 오차 요인 u_i는 영인 기댓값, 즉 $E(u_i | \mathbf{X}_i, \mathbf{w}_i) = 0$을 갖는다고 가정한다. 이 밖에 u_i가 영인 조건부 분산을 갖는 경우 변질된 확률변수라 하고, 영인 값을 갖는 상수이다. 이 경우 $\sigma_u^2 = 0$이라면 상관은 ρ = 0이 되고, 자료상에 존재하는 확률 개체의 이질성은 없다. 대립가설 $H_1 : \sigma_u^2 > 0$에 대한 귀무가설 $H_0 : \sigma_u^2 = 0$을 검정함으로써, 이질성의 존재 여부에 대한 검정을 할 수 있다. 귀무가설이 기각될 경우 표본요소들 사이에 확률 개체의 차이가 존재하며, 확률효과 모형이 적합할 수 있다고 결론을 내린다. 반면에 귀무가설을 기각하는 데 실패할 경우 확률효과가 존재한다고 결론을 내릴 증거를 갖고 있지 않다.

검정 구성에 대한 라그랑주 승수(LH) 원칙은 이 경우에 매우 편리하다. 왜냐하면 **LM** 검정(**LM** test, Lagrange multiplier test)은 귀무가설이 참이라고 가정하는 제한된 모형에 관한 추정만을 필요로 하기 때문이다. 귀무가설이 참인 경우 $u_i = 0$이고, 확률효과 모형은 다음과 같은 통상적인 선형회귀 모형으로 단순화된다.

$$y_{it} = \beta_1 + \beta_2 x_{2it} + \alpha_1 w_{1i} + e_{it}$$

검정 통계량은 다음과 같은 OLS 잔차에 기초한다.

$$\hat{e}_{it} = y_{it} - b_1 - b_2 x_{2it} - a_1 w_{1i}$$

균형패널에 대한 검정 통계량은 다음과 같다.

$$\text{LM} = \sqrt{\frac{NT}{2(T-1)}} \left\{ \frac{\sum_{i=1}^{N} \left(\sum_{t=1}^{T} \hat{e}_{it} \right)^2}{\sum_{i=1}^{N} \sum_{t=1}^{T} \hat{e}_{it}^2} - 1 \right\} \tag{15.35}$$

중괄호 안 첫 번째 항의 분자는 $2\hat{e}_{i1}\hat{e}_{i2} + 2\hat{e}_{i1}\hat{e}_{i3} + 2\hat{e}_{i2}\hat{e}_{i3} + \cdots$과 같은 항들을 포함하고 있기 때문에 분모와 상이하다. 이 항들의 합은 시간이 흐름에 따라 각 개체에 대해 상관이 존재하지 않는 경우 영과 유의하게 다르지 않다. 상관이 존재하는 경우 양의 상관을 반영하게 된다. 교차 곱 항들의 합이 유의하지 않다면, 중괄호 안 첫 번째 항은 1과 유의하게 다르지 않아서 중괄호의 값은 0과 유의하게 다르지 않다. 교차 곱 항들의 합이 유의할 경우 중괄호의 첫 번째 항은 1보다 유의하게 더 커서 LM은 양수가 된다.

귀무가설 $H_0 : \sigma_u^2 = 0$이 참인 경우, 즉 확률효과가 존재하지 않는 경우, 대표본에서 $\text{LM} \sim N(0, 1)$이다. 따라서 $\text{LM} > z_{(1-\alpha)}$라면, 유의수준 α에서 H_0를 기각하고 대립가설 $H_1 : \sigma_u^2 > 0$를 받아들인다. 여기서 $z_{(1-\alpha)}$는 표준정규 $N(0, 1)$ 분포의 $100(1-\alpha)$ 백분위수이다. $\alpha = 0.05$인 경우 임계값은 1.645이며, $\alpha = 0.01$인 경우 2.326이다. 귀무가설을 기각할 경우 확률효과가 존재한다고 결론을 내린다.

🐢 **정리문제 15.11**   생산 함수에서의 확률효과에 대한 검정

중국의 화학회사 $N = 1,000$개 자료를 사용하여 구한 식 (15.35)의 검정 통계량값은 $LM = 44.0637$이다. 이 값은 $\alpha = 0.01$ 수준에서의 임계값 2.326보다 훨씬 더 크므로, 귀무가설 $H_0 : \sigma_u^2 = 0$을 기각하고 $\sigma_u^2 > 0$이라고 결론을 내린다. 이 자료에는 관찰되지 않는 이질성 또는 확률효과가 있다는 증거가 있다.

15.4.2 확률효과 모형에서 내생성에 대한 하우스만 검정

확률효과 모형은 종종 위반되는 한 가지 중요한 가정을 갖는다. 무작위 오차 $v_{it} = u_i + e_{it}$가 확률효과 모형에서 오른편의 어떤 설명변수와 상관될 경우, 모수의 최소제곱 추정량과 GLS 추정량은 편의가 있으며 일치하지 않는다. 내생적 회귀자(endogenous regressors) 문제는 제10장의 일반적인 상황에서 먼저 살펴보았다. 확률효과 모형에서 개체 특정적 오차 요인 u_i는 일부 설명변수와 상관될지 모르기 때문에 이 문제가 흔히 발생할 수 있다. 이런 상관이 존재하는 경우 확률효과 추정량은 불일치하게 된다. 패널자료를 사용할 때 갖게 되는 놀라운 특성은 제10장에서 했던 것처럼 도구변수를 찾아볼 필요 없이 고정효과 추정량, 내부 추정량, 차분 추정량을 사용하여 모형의 모수를 일치하게 추정할 수 있다는 점이다. 확률효과 u_i가 일부 설명변수와 상관되는지 여부를 검정할 수 있는 능력은 중요하다.

확률효과 모형에서 오차 구성요소 u_i와 설명변수 사이에 상관이 존재하는지 조사하기 위하여 하우스만 검정(Hausman test)을 할 수 있다. 검정의 기초가 되는 기본 개념은 동일하지만, 이 하우스만 검정의 기법은 제10장에서 소개한 하우스만 검정과 다르다. 여기서 하우스만 검정은 확률효과 모형의 계수 추정값과 고정효과 모형의 계수 추정값을 비교하는 것이다. 하우스만 검정의 기초가 되는 논리는 u_i와 설명변수 x_{kit} 사이에 상관이 존재하지 않는 경우에 확률효과 모형의 추정량과 고정효과 모형의 추정량은 둘 다 일치한다는 것이다. 두 추정량이 일치하게 되면 이들은 대표본에서 모수의 참값 β_k로 수렴되어야만 한다. 즉 대표본에서 확률효과 모형의 추정값과 고정효과 모형의 추정값은 유사해야만 한다. 반면에 u_i가 어떤 설명변수 x_{kit}와 상관되는 경우 확률효과 추정량은 모든 모형 계수들에 대해 불일치하는 반면에, 고정효과 추정량은 계속 일치하게 된다. 따라서 대표본에서 고정효과 추정량은 모수의 참값으로 수렴되지만, 확률효과 추정량은 모수의 참값이 아닌 다른 값으로 수렴된다. 이런 경우 고정효과 추정값과 확률효과 추정값의 차이를 발견하게 된다.

이 검정은 t-검정을 이용하여 계수 하나하나에 대해 검정을 하거나 또는 카이제곱 검정을 이용하여 결합하여 검정을 할 수 있다. 먼저 t-검정에 대해 생각해 보자. β_k의 고정효과 추정값을 $b_{FE,k}$로 나타내고 확률효과 추정값을 $b_{RE,k}$라고 하자. 추정량들 사이에 차이가 없어서 u_i와 어떤 설명변수 사이에 상관이 없다는 사실을 검정하기 위한 t-통계량은 다음과 같다.

$$t = \frac{b_{FE,k} - b_{RE,k}}{\left[\widehat{\mathrm{var}}\left(b_{FE,k}\right) - \widehat{\mathrm{var}}\left(b_{RE,k}\right)\right]^{1/2}} = \frac{b_{FE,k} - b_{RE,k}}{\left[\mathrm{se}\left(b_{FE,k}\right)^2 - \mathrm{se}\left(b_{RE,k}\right)^2\right]^{1/2}} \tag{15.36}$$

검정은 각 계수에 대해 시행될 수 있으며, 어떤 t-값이 영과 통계적으로 다를 경우, 1개 이상의 설명변수가 관찰되지 않는 이질성 항 u_i와 상관된다고 결론을 내린다. 위의 t-통계량에서 분모는 고정효과 추정량의 추정된 분산에서 확률효과 추정량의 추정된 분산을 뺀 것이라는 사실이 중요하다. 그 이유는 u_i가 어떤 설명변수와도 상관되지 않는다는 귀무가설하에서 적어도 대표본에서는 확률효과 추정량이 고정효과 추정량보다 더 작은 분산을 갖게 되기 때문이다. 따라서 $\widehat{\mathrm{var}}\left(b_{FE,k}\right) - \widehat{\mathrm{var}}\left(b_{RE,k}\right) > 0$라는 사실을 알게 되며, 이는 타당한 검정을 하기 위해서 필요한 조건이다. 이 검정 통계량의 흥미로운 두 번째 특징은 다음과 같다.

$$\text{var}(b_{FE,k} - b_{RE,k}) = \text{var}(b_{FE,k}) + \text{var}(b_{RE,k}) - 2\text{cov}(b_{FE,k}, b_{RE,k})$$
$$= \text{var}(b_{FE,k}) - \text{var}(b_{RE,k}) \tag{15.37}$$

마지막 줄에 예상치 못한 결과가 도출되었는데, 그 이유는 하우스만(Hausman)이 이런 경우에 $\text{cov}(b_{FE,k}, b_{RE,k}) = \text{var}(b_{RE,k})$라는 사실을 입증하였기 때문이다.

보다 일반적으로 말하면, 하우스만 검정은 추정값 전부를 비교하는 컴퓨터 소프트웨어 패키지를 이용해 자동적으로 할 수 있다. 즉 모든 계수를 비교하는 결합가설을 검정하게 된다. 하우스만 비교 검정은 계수 쌍들 사이의 차이가 영에 얼마나 근접하는지를 결합해서 점검한다. 절편을 제외한 모든 계수들을 검정할 때, 내생성이 존재하지 않는다는 귀무가설이 참인 경우, 이에 따른 검정 통계량은 $\chi^2_{(K_S)}$ 분포를 갖는다. 여기서 K_S는 시간이 흐름에 따라 그리고 개체별로 변하는 변수들의 계수의 수를 나타낸다. 식 (15.36)의 하우스만 검정 형태와 이와 대등한 χ^2 분포는 군집 확고한 표준오차에 대해 타당하지 않다. 왜냐하면 이런 보다 일반화된 가정하에서 $\text{var}(b_{FE,k} - b_{RE,k}) = \text{var}(b_{FE,k}) - \text{var}(b_{RE,k})$는 더 이상 참이 아니기 때문이다.

🔍 정리문제 15.12   생산 함수에서 내생적 확률효과에 대해 검정하기

중국의 화학회사들이 생산품을 생산하기 위해서 사용한 노동량 및 자본량과 상관됐을지도 모르는, 해당 회사들의 관찰되지 않는 특성이 있을 가능성이 상당히 높을 수 있다고 직관적으로 생각할 수도 있다. 정리문제 15.8의 고정효과 추정값과 정리문제 15.9의 확률효과 추정값을 사용하여 $\ln(CAPITAL)$의 계수 β_2의 차이를 관례적인 비확고한 표준오차를 갖고 검정해 보자.

$$t = \frac{b_{FE,2} - b_{RE,2}}{\left[\text{se}(b_{FE,2})^2 - \text{se}(b_{RE,2})^2\right]^{1/2}} = \frac{0.1160 - 0.2393}{\left[(0.0195)^2 - (0.0147)^2\right]^{1/2}}$$

$$= \frac{-0.1233}{0.0129} = -9.55$$

추정량들 사이의 차이가 영이라는 귀무가설을 기각하고, 확률효과 모형에 내생성이 존재한다고 결론을 내린다. $K_S = K - 1 = 2$개 계수에 대한 결합가설검정을 할 경우 하우스만 대조 검정 통계량 98.82를 구할 수 있으며, 이는 $\chi^2_{(0.95,2)} = 5.991$보다 크다. 따라서 관찰되지 않는 이질성 항과 일부 설명변수들 사이에 상관이 존재한다고 결론을 내린다. 위의 두 검정을 통해 이 정리문제에서 확률효과 추정량은 일치하지 않는다는 생각을 지지하게 된다. 따라서 실증분석을 위해 고정효과 추정량을 선택해야 한다.

⚙️ 정리문제 15.13   임금식에서 내생적 확률효과에 대해 검정하기

표 15.5에 있는 임금식의 고정효과 추정값과 확률효과 추정값을 비교하기 위해서 하우스만 대조 검정을 사용할 경우, 이는 6개의 공통계수로 한정된다. 개별 계수 t-검정을 사용하면, $TENURE^2$, $SOUTH$, $UNION$의 계수들에 대해 5% 수준에서 유의한 차이를 발견하게 된다. 공통 계수들의 균등성에 대한 결합검정을 하면 χ^2-통계량은 20.73이 되는 반면에 $\chi^2_{(0.95,6)} = 12.592$가 된다. 위와 같은 두 가지 방법에 따를 경우, 개별 이질성 항과 1개 이상의 설명변수들 사이에 상관이 존재한다고 결론을 내리게 된다. 따라서 확률효과 추정량은 사용되어서는 안 된다.

15.4.3 회귀에 기초한 하우스만 검정

15.4.2절에서 살펴본 하우스만 검정은 동분산이고 계열상관이 없다는 가정에 기초한다. 특히 이것은 이분산 및/또는 계열상관에 대해 확고하지 않다. 두 번째 성가신 문제는 계산된 χ^2 통계량이 표본이 크지 않은 경우 음수가 될 수 있다는 점이다. 이런 결과는 이론적으로 이치에 닿지 않으며 특정 표본의 특성에서 비롯된다. 이런 문제들은 '회귀에 기초한' 하우스만 검정을 사용함으로써 피할 수 있다.

이 검정은 먼락(Yair Mundlak) 교수의 생각에 기초하므로 이따금 먼락 접근법(Mundlak approach)이라고 한다. 먼락 교수의 기본 사고는 관찰할 수 없는 이질성이 설명변수와 상관될 경우, 아마도 확률효과는 설명변수들의 시간 평균들과 상관될 것이라는 점에 기초한다. $K = 3$ 및 $M = 2$인 식 (15.16)의 일반 모형을 생각하면 다음과 같다.

$$y_{it} = \beta_1 + \beta_2 x_{2it} + \beta_3 x_{3it} + \alpha_1 w_{1i} + \alpha_2 w_{2i} + u_i + e_{it}$$

먼락 교수의 제안에 따라 다음과 같이 생각하자.

$$u_i = \gamma_1 + \gamma_2 \bar{x}_{2i\cdot} + \gamma_3 \bar{x}_{3i\cdot} + c_i \tag{15.38}$$

여기서 $E(c_i \mid \mathbf{X}_i) = 0$이다. 누락변수 문제에서와 마찬가지로, 해법은 오차항으로부터 관계를 취하여 이를 모형에 대입하는 것이며, 오차는 계속해서 조건부 기댓값 영을 갖는다. 즉 다음과 같이 패널자료 모형을 표현해 보도록 하자.

$$
\begin{aligned}
y_{it} &= \beta_1 + \beta_2 x_{2it} + \beta_3 x_{3it} + \alpha_1 w_{1i} + \alpha_2 w_{2i} + u_i + e_{it} \\
&= \beta_1 + \beta_2 x_{2it} + \beta_3 x_{3it} + \alpha_1 w_{1i} + \alpha_2 w_{2i} + \left(\gamma_1 + \gamma_2 \bar{x}_{2i\cdot} + \gamma_3 \bar{x}_{3i\cdot} + c_i \right) + e_{it} \\
&= \left(\beta_1 + \gamma_1 \right) + \beta_2 x_{2it} + \beta_3 x_{3it} + \alpha_1 w_{1i} + \alpha_2 w_{2i} + \gamma_2 \bar{x}_{2i\cdot} + \gamma_3 \bar{x}_{3i\cdot} + c_i + e_{it} \\
&= \delta_1 + \beta_2 x_{2it} + \beta_3 x_{3it} + \alpha_1 w_{1i} + \alpha_2 w_{2i} + \gamma_2 \bar{x}_{2i\cdot} + \gamma_3 \bar{x}_{3i\cdot} + \left(c_i + e_{it} \right)
\end{aligned}
\tag{15.39}
$$

먼락 교수는 대립가설 $H_1 : \gamma_2 \neq 0$ 또는 $\gamma_3 \neq 0$에 대해서 $H_0 : \gamma_2 = 0$, $\gamma_3 = 0$을 검정하도록 제안하였다. 귀무가설은 관찰되지 않는 이질성과 설명변수들 사이의 상관으로부터 발생한 내생성이 존재하지 않는다는 것이다. 이 경우에 점근적으로 타당한 왈드(Wald) 검정 통계량은 $\chi^2_{(2)}$ 분포를 갖는다. 이 검정 통계량은 결코 음이 되지 않으며, 군집 확고한 표준오차를 사용하여 이분산 및/또는 계열상관에 대해 확고해질 수 있다.

식 (15.39)는 군집 확고한 표준오차를 갖는 OLS 또는 보다 효율적인 확률효과로 추정될 수 있다. 흥미롭게도 식 (15.39)의 OLS 추정법과 확률효과 추정법 모두 β_2 및 β_3의 고정효과 추정값을 얻게 된다. 나아가 γ_2 및 γ_3의 OLS 및 확률효과 추정값은 동일하다. 이런 결과들을 다음 두 정리문제에서 살펴볼 것이다.

🔍 정리문제 15.14　　생산 함수에 대한 먼락 접근법

$N = 1,000$개 기업인 생산 함수 자료에 대해 ln(*CAPITAL*) 및 ln(*LABOR*)의 시간 평균을 구해서, 이들 명칭 위로 '가로줄'을 그어 표시하였다. 표 15.6은 이들 자료를 보여주고 있으며, 추정값 및 표준오차를 소수점 아래 여러 자리까지 표기하고 있다. 첫째, OLS 계수 추정값과 확률효과 (RE) 계수 추정값을 비교하시오. 이들은 동일하다. 둘째, ln(*CAPITAL*) 및 ln(*LABOR*)의 계수들과 정리문제 15.8에 있는 고정효과 추정값들을 비교하고, 이들이 동일하다는 점을 인지하시오. 마지막으로, OLS에 대한 군집 확고한

표준오차가 확률효과의 군집 확고한 표준오차와 동일하다는 사실에 주목하시오. 귀무가설 $H_0 : \gamma_2 = 0$, $\gamma_3 = 0$에 대한 왈드(Wald) 통계량값은 군집 확고한 표준오차를 사용할 경우 56.59가 되며, 관례적인 확률효과 표준오차를 사용할 경우 97.0이 된다. 검정임계값은 $\chi^2_{(0.99, 2)} = 9.210$이므로, 어느 검정을 사용하든지 귀무가설을 기각하고, 관찰되지 않는 기업 영향은 자본요소 및/또는 노동요소와 상관된다고 결론을 내리게 된다.

표 15.6　생산 함수에 대한 먼락 회귀식

	OLS 계수	군집 확고한 표준오차	확률효과(RE) 계수	관례적인 표준오차	확률효과(RE) 계수	군집 확고한 표준오차
C	5.45532814	0.14841700	5.45532814	0.13713197	5.45532814	0.14841700
ln(*CAPITAL*)	0.11603986	0.02735145	0.11603988	0.01954950	0.11603988	0.02735146
ln(*LABOR*)	0.26888033	0.04582462	0.26888041	0.03067342	0.26888041	0.04582462
$\overline{\text{ln}(CAPITAL)}$	0.22232028	0.04125492	0.22232026	0.03338482	0.22232026	0.04125492
$\overline{\text{ln}(LABOR)}$	0.10949491	0.06220441	0.10949483	0.05009737	0.10949483	0.06220441
먼락 검정	56.59		97.00		56.59	

🔍 정리문제 15.15　　임금식에 대한 먼락 접근법

임금식에 대해 *EXPER*, 이를 제곱한 것, *TENURE*, 이를 제곱한 것, *SOUTH*, *UNION*의 시간 평균을 추가하시오. *EDUC* 및 *BLACK*은 시간이 변함에 따라 변화하지 않고 모형에 이미 있으므로 이들의 시간 평균을 사용할 수 없다는 사실에 주목하자. 표 15.7은 확률효과 추정값, 그리고 관례적인 표준오차 및 군집 확고한 표준오차를 제시하고 있다. 전자를 사용할 경우 시간 평균 계수들의 결합 유의성에 대한 먼락 검정 통계량은 20.44이며, 후자를 사용할

경우 17.26이 된다. 검정된 6개 계수가 있으며, 검정 임계값은 $\chi^2_{(0.99, 6)} = 16.812$이다. 따라서 귀무가설을 기각하고, 여성의 관찰되지 않는 특성이 일부 설명변수와 상관된다고 결론을 내린다. 또한 편의상 고정효과(FE) 추정값과 군집 확고한 표준오차를 제시하였다. 시변 변수들의 경우 확률효과(RE) 계수와 고정효과(FE) 계수가 동일하다는 사실에 주목하자.

| 표 15.7 | 임금식에 대한 먼락 회귀식 |

	확률효과			고정효과	
	계수	관례적인 표준오차	군집 확고한 표준오차	계수	군집 확고한 표준오차
C	0.4167	0.1358	0.1101	1.4500	0.0550
$EDUC$	0.0708	0.0054	0.0056		
$EXPER$	0.0411	0.0066	0.0082	0.0411	0.0082
$EXPER2$	−0.0004	0.0003	0.0003	−0.0004	0.0003
$TENURE$	0.0139	0.0033	0.0042	0.0139	0.0042
$TENURE2$	−0.0009	0.0002	0.0002	−0.0009	0.0002
$BLACK$	−0.1216	0.0317	0.0284		
$SOUTH$	−0.0163	0.0361	0.0585	−0.0163	0.0585
$UNION$	0.0637	0.0143	0.0169	0.0637	0.0169
$\overline{EXPER}$	0.0251	0.0244	0.0223		
$\overline{EXPER2}$	−0.0012	0.0010	0.0010		
$\overline{TENURE}$	0.0026	0.0126	0.0137		
$\overline{TENURE2}$	0.0004	0.0007	0.0008		
$\overline{SOUTH}$	−0.0890	0.0464	0.0652		
$\overline{UNION}$	0.0920	0.0382	0.0415		
먼락 검정		20.44	17.26		

15.4.4 하우스만 – 테일러 추정량

정리문제 15.10에 있는 임금식의 고정효과 추정값과 확률효과 추정값을 비교하여 얻은 결과에 따르면 딜레마에 직면하게 된다. 설명변수와 확률효과 사이의 상관이 존재할 경우 이는 확률효과 추정량이 불일치하게 된다는 것을 의미한다. 고정효과 추정량을 사용함으로써 불일치성 문제를 극복할 수 있지만, 그렇게 할 경우 시불변 변수 $EDUC$ 및 $BLACK$ 효과를 더 이상 추정할 수 없다. 교육을 1년 추가적으로 받을 경우의 임금 수익, 그리고 인종에 기초한 임금 차별 여부가 답변하고자 하는 두 가지 중요한 의문점이라고 할 수 있다.

이 딜레마를 해결하기 위해 다음과 같은 질문을 해 보자. 제10장에서는 내생성 문제를 어떻게 해결하였는가? 우리는 도구변수 추정법을 사용함으로써 해결하였다. 내생변수와는 상관되지만 식 오차와는 상관되지 않는 도구라고 알려진 변수들을 도입하였으며, 이는 일치성이라는 바람직한 속성을 갖는 도구변수 추정량으로 이어진다. 하우스만-테일러 추정량(Hausman-Taylor estimator)은 확률효과와 일부 설명변수 사이의 상관으로 인해 발생된 내생성 문제를 극복하기 위해서 **확률효과 모형**에 적용된 도구변수 추정량이다. 이것이 어떻게 작동하는지 설명하기 위해서 다음과 같은 회귀 모형을 생각해 보자.

$$y_{it} = \beta_1 + \beta_2 x_{it,exog} + \beta_3 x_{it,endog} + \beta_3 w_{i,exog} + \beta_4 w_{i,endog} + u_i + e_{it} \qquad (15.40)$$

설명변수들을 다음과 같은 네 가지 범주로 분류하였다.

$x_{it,exog}$: 시간이 흐름에 따라 그리고 개체별로 변하는 외생변수

$x_{it,endog}$: 시간이 흐름에 따라 그리고 개체별로 변하는 내생변수

$w_{i,exog}$: 시불변 외생변수

$w_{i,endog}$: 시불변 내생변수

식 (15.40)은 마치 한 가지 범주에 1개의 변수가 있는 것처럼 작성되었지만, 실제로는 한 가지를 초과하는 변수가 존재할 수 있다. 하우스만-테일러 추정량이 작동하기 위해서는 외생적 시변변수 $(x_{it,exog})$의 수가 내생적 시불변 변수$(w_{i,endog})$의 수와 적어도 같아야만 한다. 이는 충분한 도구변수가 존재하기 위한 필요조건이다.

제10장을 따를 경우 $x_{it,endog}$ 및 $w_{i,endog}$에 대한 도구가 필요하다. 고정효과 변형 $\tilde{x}_{it,endog} = x_{it,endog} - \bar{x}_{i,endog}$가 u_i와의 상관을 제거하므로, $x_{it,endog}$에 대한 적합한 도구로 $\tilde{x}_{it,endog}$를 갖는다. 또한 변수 $\bar{x}_{i,exog}$는 $w_{i,endog}$에 대한 적합한 도구이다. 식 (15.40)에 있는 외생변수들은 자신들에 대한 도구라고 볼 수 있으므로, 완벽한 도구집합은 $x_{it,exog}$, $\tilde{x}_{it,endog}$, $w_{i,exog}$, $\bar{x}_{i,exog}$이다. 하우스만 교수와 테일러 교수는 $\tilde{x}_{it,exog}$, $\tilde{x}_{it,endog}$, $w_{i,exog}$, $\bar{x}_{i,exog}$를 이용하여 이 집합을 약간 수정하였으며, 동일한 결과를 얻을 수 있음을 보여줄 수 있다. 이들의 추정량은 다음과 같은 변형된 GLS 모형에 적용된다.

$$y_{it}^* = \beta_1 + \beta_2 x_{it,exog}^* + \beta_3 x_{it,endog}^* + \beta_3 w_{i,exog}^* + \beta_4 w_{i,endog}^* + v_{it}^*$$

여기서, 예를 들면 $y_{it}^* = y_{it} - \hat{\alpha}\bar{y}_i$, $\hat{\alpha} = 1 - \hat{\sigma}_e / \sqrt{T\hat{\sigma}_u^2 + \hat{\sigma}_e^2}$이다. 추정값 $\hat{\sigma}_e^2$는 고정효과 잔차로부터 구할 수 있으며, $\hat{\sigma}_e^2$를 구하려면 보조적인 도구변수회귀가 필요하다.[10]

🎓 정리문제 15.16   임금식에 대한 하우스만-테일러 추정량

정리문제 15.10에서 사용한 임금식에 대해 다음과 같은 가정을 하자.

$x_{it,exog} = \{EXPER, \ EXPER2, \ TENURE, \ TENURE2, \ UNION\}$

$x_{it,endog} = \{SOUTH\}$

$w_{i,exog} = \{BLACK\}$

$w_{i,endog} = \{EDUC\}$

변수 EDUC는 내생변수로 보았는데, 그 이유는 해당 변수가 예를 들면, 능력과 인내심처럼 개인적 속성과 상관된다고 보았기 때문이다. SOUTH를 내생적이라고 본 이유는

덜 명확하다. 하지만 고정효과 추정값과 확률효과 추정값이 크게 다르기 때문에 내생적으로 취급하였다. 어쩌면 미국 남부에 사는 사람들은 특별한 속성을 가지고 있을지 모른다. 나머지 변수들인 경험, 재직기간, *UNION*, *BLACK* 은 확률효과와 상관되지 않는다고 가정한다.

표 15.8은 임금식에 대한 추정값을 보여주고 있다. 확률효과 추정값과 비교해 보면, 교육에 대한 추정된 임금 수익은 7.3%에서 17%로 극적인 증가가 이루어졌다. 경험 및 재직기간에 대한 추정된 효과는 유사하다. *BLACK* 에 대한 임금 감소는 11.7%가 아니라 3.6%라고 추정되며, *SOUTH*에 거주하는 데 따른 불리한 조건은 또한 감소되어 8.2% 대신에 3.1%로 추정된다. 도구변수 표준오차는 대부분의 경우 더 커지며, 특히 *EDCU* 및 *BLACK*의 경우 가장 큰 변화가 관찰된다. 어떤 추정값 세트가 더 나은지는 식 (15.40)의 외생변수 및 내생변수를 얼마나 성공적으로 분할하는지, 그리고 일치하는 추정값을 얻는 데 따른 이득이

표 15.8	임금식의 하우스만 – 테일러 추정값			
Variable	Coefficient	Std. Error	t-Value	p-Value
C	-0.75077	0.58624	-1.28	0.200
$EDUC$	0.17051	0.04446	3.83	0.000
$EXPER$	0.03991	0.00647	6.16	0.000
$EXPER2$	-0.00039	0.00027	-1.46	0.144
$TENURE$	0.01433	0.00316	4.53	0.000
$TENURE2$	-0.00085	0.00020	-4.32	0.000
$BLACK$	-0.03591	0.06007	-0.60	0.550
$SOUTH$	-0.03171	0.03485	-0.91	0.363
$UNION$	0.07197	0.01345	5.35	0.000

도구변수 추정량의 분산 증가를 벌충할 수 있을 정도로 충분히 큰지에 달려 있다.

15.4.5 패널자료 가정을 요약하기

확률효과 추정량 및 고정효과 추정량이 적합해지기 위한 가정들을 요약해 보는 일은 편리하게 활용될 수 있다.

확률효과 추정을 하기 위한 가정

RE1. $y_{it} = \beta_1 + \beta_2 x_{2it} + \cdots + \beta_K x_{Kit} + \alpha_1 w_{1i} + \cdots + \alpha_M w_{Mi} + (u_i + e_{it})$. 이는 모집단 회귀 함수이다. 여기에는 다음과 같은 것들이 포함될 수 있다. (i) 시간 및 개체 둘 다에 따라 변하는 변수 x_{kit}, (ii) 시불변 변수(w_{mi}), (iii) 명시적으로 포함시키지는 않았지만, 예를 들면 z_{gt}처럼 시간이 흐름에 따라서만 변하는 변수. 이 회귀 함수는 시간 및 개체 둘 다에 따라 변하는 관찰되지 않는 특유한 무작위 오차 e_{it}, 그리고 개체에 따라 변하지만 시간에 따라 변하지는 않는 관찰되지 않는 개체의 이질성 u_i를 포함한다.

RE2. (i) $E(e_{it} \mid \mathbf{X}_i, \mathbf{w}_i, u_i) = 0$ 및 (ii) $E(u_i \mid \mathbf{X}_i, \mathbf{w}_i) = E(u_i) = 0$. 이들은 외생성 가정들이다. 조건 (i)에 따르면, 설명변수값들이나 관찰되지 않는 이질성에는 e_{it}값을 예측하기 위해서 사용될 수 있는 정보가 존재하지 않는다. 조건 (ii)에 따르면, 설명변수값들에는 u_i를 예측하기 위해서 사용될 수 있는 정보가 존재하지 않는다.

RE3. (i) $\mathrm{var}(e_{it} \mid \mathbf{X}_i, \mathbf{w}_i, u_i) = \mathrm{var}(e_{it}) = \sigma_e^2$ 및 (ii) $\mathrm{var}(u_i \mid \mathbf{X}_i, \mathbf{w}_i) = \mathrm{var}(u_i) = \sigma_u^2$. 이들은 동분산 가정이다.

RE4. (i) 개체들은 모집단에서 무작위로 추출되므로, e_{it}는 e_{js}와 통계적으로 독립적이다. (ii) 무

작위 오차 e_{it} 및 u_i는 통계적으로 독립적이다. (iii) $\text{cov}(e_{it}, e_{is} \mid \mathbf{X}_i, \mathbf{w}_i, u_i) = 0$, $t \neq s$라면 무작위 오차 e_{it}는 계열 비상관된다.

RE5. 정확한 공선성은 존재하지 않으며, 모든 관찰할 수 있는 변수들은 변동을 보인다.

확률효과 추정량에 관한 유의사항

1. 가정 RE1~RE5하에서 σ_e^2 및 σ_u^2가 알려져 있다고 가정할 경우, 확률효과(GLS) 추정량은 BLUE 이다.

2. 확률효과 추정량을 구하려면 분산 모수가 추정되어야 한다. FGLS 추정량은 BLUE가 아니지만, T가 고정되어 있는 경우 N이 커지면 일치하고 점근적으로 정규적이다. 그리고 점근적으로 GLS 추정량과 동등해진다.

3. 무작위 오차가 이분산적(RE3이 준수되지 못하는 경우) 그리고/또는 계열상관적[RE4 (iii)가 준수되지 못하는 경우]이라면, 확률효과 추정량은 일치하며 점근적으로 정규적이지만 통상적인 표준오차는 부정확하다. 군집 확고한 표준오차를 이용할 경우 가설검정과 구간 추정을 포함하여 타당한 점근적인 추론을 할 수 있는 기초가 된다.

4. RE1~RE5하에서 통합된 OLS 추정량은 일치하며 점근적으로 정규적이다.

5. RE1~RE5하에서 확률효과, FGLS, 추정량이 수정된 군집 확고한 표준오차를 갖는 통합된 OLS 추정량보다 점근적으로 보다 효율적이다.

6. 개체 및 시간에 따라 변하는 변수 x_{kit}의 계수에 대한 확률효과 추정량은 고정효과 추정량보다 대 표본에서 더 효율적이다.

7. 하지만 RE2 (ii)가 준수되지 않고 $E(u_i \mid \mathbf{X}_i, \mathbf{w}_i) \neq 0$라고 하더라도, 개체 및 시간에 따라 변하는 변수 x_{kit}의 계수에 대한 고정효과 추정량은 일치한다.

고정효과 추정을 하기 위한 가정

FE1. $y_{it} = \beta_1 + \beta_2 x_{2it} + \cdots + \beta_K x_{Kit} + (u_i + e_{it})$. 이는 모집단 회귀 함수이다. 여기에는 다음과 같은 것들이 포함될 수 있다. (i) 시간 및 개체 둘 다에 따라 변하는 변수 x_{kit}, (ii) 명시적으로 포함시키지는 않았지만, 예를 들면 z_{gt}처럼 시간이 흐름에 따라서만 변하는 변수. 이 회귀 함수는 시간 및 개체 둘 다에 따라 변하는 관찰되지 않는 특유한 무작위 오차 e_{it}, 그리고 개체에 따라 변하지만 시간에 따라 변하지 않는 관찰되지 않는 개체의 이질성 u_i를 포함한다. 시불변 변수를 포함할 수 없다는 점에 주목하시오.

FE2. $E(e_{it} \mid \mathbf{X}_i, u_i) = 0$. 이는 (엄격한) 외생성 가정이다. 설명변수값들이나 관찰되지 않는 이질성에는 e_{it}값을 예측하기 위해서 사용될 수 있는 정보가 존재하지 않는다. 관찰되지 않는 이질성과 설명변수들 사이의 관계에 대해서 어떤 가정도 할 필요가 없다는 점에 주목하시오.

FE3. $\text{var}(e_{it} \mid \mathbf{X}_i, u_i) = \text{var}(e_{it}) = \sigma_e^2$. 무작위 오차 e_{it}는 동분산한다.

FE4. (i) 개체들은 모집단에서 무작위로 추출되므로, e_{it}는 e_{js}와 통계적으로 독립적이다. (ii) $\text{cov}(e_{it}, e_{is} \mid \mathbf{X}_i, u_i) = 0$, $t \neq s$라면 무작위 오차 e_{it}는 계열 비상관된다.

FE5. 정확한 공선성은 존재하지 않으며, 모든 관찰할 수 있는 변수들은 변동을 보인다.

고정효과 추정법에 관한 유의사항

1. 가정 FE1~FE5하에서 고정효과 추정량은 BLUE이다.

2. N이 커지고 T가 고정되어 있다면, 고정효과 추정량은 일치하며 점근적으로 정규적이다.

3. 무작위 오차가 이분산적(FE3가 준수되지 못하는 경우) 그리고/또는 계열상관적[FE4 (ii)가 준수되지 못하는 경우]이라면, 고정효과 추정량은 일치하며 점근적으로 정규적이지만 통상적인 표준오차는 부정확하다. 군집 확고한 표준오차를 이용할 경우 가설검정과 구간 추정을 포함하여 타당한 점근적 추론을 할 수 있는 기초가 된다.

15.4.6 패널자료 모형 추정을 요약하고 확장하기

패널자료를 사용하는 연구자들이 직면하는 가장 공통적인 문제는 횡단면 단위, '개체'의 관찰할 수 없는 특성이 1개 이상의 설명변수와 상관된다는 점이다. 이 경우 1개 이상의 설명변수가 내생적이므로, OLS 그리고 보다 효율적인 확률효과 추정량은 일치하지 않는다. 시간 실증적 연구자들의 대부분은 고정효과 추정량을 사용하게 되는데, 그 이유는 이 추정량이 내생성 문제를 일으키는 시불변 관찰되지 않는 이질성을 제거하기 때문이다. 고정효과 추정량은 일치하지만 비효율적인 추정량이다. 패널자료를 사용하는 각 사례에서 추정량들의 주요한 차이로 인해, 하우스만 검정 또는 먼락 검정을 이용하여 내생성에 대해 점검하는 것이 중요하다. 이와 유사하게 고정효과 추정법의 경우 F-검정 또는 확률효과 추정법의 경우 LM 검정을 이용하여, 개체별 개별적 차이의 존재를 검정하는 것이 중요하다.

각 추정량은 계열상관 및 이분산과 같은 통상적인 문제로 인해 영향을 받지만, 횡단면 단위의 수 N이 시간 규모 T보다 훨씬 큰 경우 이런 문제들은 군집 확고한 표준오차를 사용함으로써 쉽게 해결된다. 고정효과를 사용할 경우 직면하게 되는 보다 당황스러운 문제는 해당 모형으로부터 시불변 변수가 제거된다는 점이다. 많은 사례에서 인종 및 성별과 같은 변수들은 매우 중요하다. 하우스만-테일러 추정량을 사용할 경우 도구변수 추정법을 사용함으로써 내생성 문제를 해결하며, 시불변 변수들을 제거하지 않는다. IV가 강한 경우 그리고 시변 외생변수가 충분히 있는 경우, 이는 좋은 선택이 될 수 있다. 다른 선택은 타협안으로 먼락 접근법을 이용하는 것이다. 즉 식 (15.38)에서처럼 관찰되지 않는 이질성이 개체 및 시간에 따라 변하는 변수들의 시간 평균값들에 의존한다고 가정하는 것이다. 일단 시간 평균값들이 모형에 포함되면, 남아 있는 관찰되지 않는 이질성이 포함된 변수들과 상관되지 않을 경우, 식 (15.39)와 같은 증대된 모형을 확률효과 추정법으로 추정하시오.

이제는 간략하게 다른 패널자료 문제점들을 가볍게 다루어 보자.[11]

---

11 세부적인 논의는 다음을 참조하시오. Badi H. Baltagi (2013) *Econometric Analysis of Panel Data, Fifth Edition,* Wiley, 교과서로는 다음을 참조하시오. Greene (2018) and Wooldridge (2010)

1. 논의하지는 않았지만 패널자료 방법은 불균형패널(unbalanced panel)로 확장되었다. 이는 시계열 관찰값들의 수 T_i가 개체별로 상이한 경우이다.

2. 개체와 연관된 관찰되지 않는 이질성에 더하여, 시간과 연관된 관찰되지 않는 이질성이 또한 존재할 수 있다. m_t를 무작위 시간 특정적 오차 요인이라고 하자. 아래첨자는 't'만 존재한다는 사실에 주목하자. 따라서 이 오차는 개체별로 변화하지 않고 시간에 따라서만 변한다. 연합된 오차항은 3개 항으로 구성되며, 즉 $v_{it} = u_i + m_t + e_{it}$이다. 이 경우 '이원' 오차 요인 모형을 갖고 확률효과 추정법을 시행하는 것이 가능하다. 보다 일반적인 접근법은 상대적으로 작은 T를 갖는 모형에 시간 모의변수를 포함하는 것이다.

3. $T = 2$인 경우, 1차 차분 추정법은 고정효과 추정법과 완벽하게 동등해진다. $T > 2$인 경우, 1차 차분 무작위 오차 $\Delta v_{it} = \Delta e_{it}$는 특유한 무작위 오차 e_{it}가 확률보행을 따르지 않는 경우 계열상관된다. 이는 특유한 오차가 계열상관되지 않는다는 통상적인 고정효과 가정과 정반대이다. 군집 확고한 표준오차를 사용하면 두 경우 모두에서 문제를 해결할 수 있다.

4. 오른편에 시차가 있는 종속변수를 포함하는 동태적 패널자료 모형은 내생성 문제를 갖는다. 이에 관해 알아보기 위해서 다음과 같은 경우를 생각해 보자.

$$y_{it} = \beta_1 + \beta_2 x_{2it} + \beta_3 y_{i,t-1} + (u_i + e_{it})$$

y_{it}는 u_i에 직접 의존하며, u_i는 시간 $t-1$을 포함하여 모든 기간에 존재한다는 점에 주목하자. 따라서 $y_{i,t-1}$은 또한 u_i에 직접 의존하며, 양의 상관을 일으키고, $y_{i,t-1}$은 내생적이 된다. 이 어려운 문제에 관해 많은 연구가 이루어졌으며, 많은 혁신적인 IV 추정량이 제시되었다. T가 큰 경우 동태적 시계열 자료의 특성들이 고려되어야 한다. 이런 상황에서 차분 추정량을 사용하는 것이 매우 일반적이다.

5. 관찰되지 않는 이질성 항으로부터 기인된 내생성에 집중했지만, 예를 들면 공급식 및 수요식과 같은 연립방정식으로 인한 내생성이 존재할 수 있다. 고정효과, RE, 1차 차분 모형을 추정하기 위한 IV/2SLS 방법들이 있다.

6. 이번에는 '일련의 회귀식'과 '외형상 무관해 보이는 회귀 모형'에 관한 논의를 하지 않았다. 이런 논제들은 T가 크고 N이 작을 때 발생한다. 그러므로 각 횡단면 단위는(이는 어쩌면 기업일수도 있다) 자신의 식을 갖도록 모형화된다.[12]

7. 관찰되지 않는 이질성은 기울기 계수에 영향을 미칠 수 있다. 즉 x_k의 변화에 대한 각 개체의 반응 β_{ki}가 상이할 수 있다. 확률계수 모형(random coefficient model)은 개체 특징적 기울기가 가능하도록 한다.[13]

8. 개체들이 이원적 선택에 직면하는 상황에 대해서는 선형확률 모형(linear probability model)을 언급하였다. 우리가 논의한 패널자료 방법들은 통상적인 주의를 기울이면서 선형확률 모형에

---

12 다음을 참조하시오. Greene, pp. 328-339 또는 *Principles of Econometrics*, 4th ed., 2012, Chapter 15.7.

13 예를 들어, 다음을 참조하시오. Greene (2018), pp. 450-459, 그리고 Wooldridge (2010), pp. 374-387.

사용될 수 있다. 제16장에서는 이원적 결과 모형을 소개하기 위하여 새로운 추정량, 프로비트 및 로지트를 포함할 것이다. 이들도 역시 패널자료 방법에 적합해질 수 있다.

주요 용어

• 국문

고정효과 모형	도구변수	최소제곱 모의변수 모형
고정효과 추정량	불균형패널	하우스만 검정
군집 확고한 표준오차	시변변수	하우스만-테일러 추정량
균형패널	시불변 변수	확률효과 모형
내부 추정량	이질성	확률효과 추정량
내생성	차분 추정량	LM 검정

• 영문

balanced panel	Hausman test	random effect estimator
cluster-robust standard errors	Hausman-Taylor estimator	random effects model
difference estimator	heterogeneity	time-invariant variables
endogeneity	instrumental variable	time-varying variables
fixed effect estimator	least squares dummy variable model	unbalanced panel
fixed effect model	LM test	within estimator

복습용 질문

1. 패널자료는 횡단면 자료 또는 시계열 자료와 어떤 차이가 있는지 설명하시오.

2. 패널자료를 사용하여 개체별 이질성이 모형화될 수 있는 상이한 방법들과 각 방법의 기초가 되는 가정을 설명하시오.

3. 고정효과 모형은 패널자료에서 각 개별 횡단면 자료에 대해 모수값의 차이를 어떻게 고려하고 있는지 설명하시오.

4. 모의변수 최소제곱 추정량과 고정효과 추정량을 비교하고 대조하시오.

5. 고정효과 모형과 확률효과 모형을 비교하고 대조하시오. 무엇을 통해 개별적인 차이가 확률적이라고 생각하게 되는지 설명하시오.

6. 확률효과 모형에서 오차에 대한 가정을 설명하시오. 어떤 특징으로 인해 일반 최소제곱 추정법을 고려하게 되는지 설명하시오.

7. 확률효과 추정량에 대해서 일반 최소제곱 추정값을 얻는 데 필요한 단계를 설명하시오.

8. 군집 확고한 표준오차의 의미를 설명하고, 이것이 통합 최소제곱 추정량, 고정효과 추정량, 확률효과 추정량에 어떻게 이용될 수 있는지 설명하시오.

9. 내생성이 확률효과 모형에서 잠재적인 문제가 되는 이유를 설명하고 이것이 추정량을 선택하는 데 어떤 영향을 미치는지 설명하시오.

10. 고정효과 및/또는 확률효과의 존재에 관해 검정하고, 하우스만 검정을 사용하여 확률효과 추정량이 일치하는지 여부에 관해 평가하시오.

11. 확률효과 모형에서 시불변 변수들의 계수에 대한 일치

하는 추정값을 구하기 위해서, 하우스만-테일러 추정량이 어떻게 사용될 수 있는지 설명하시오.

12. 여러분의 소프트웨어를 이용하여 패널자료에 대한 고정효과 모형과 확률효과 모형을 추정하시오.

연습문제

15.1 다음 모형을 생각해 보자.

$$y_{it} = \beta_{1i} + \beta_2 x_{it} + e_{it}$$

a. β_2에 대한 고정효과 추정량을 다음과 같이 나타낼 수 있음을 보이시오.

$$\hat{\beta}_{2,FE} = \frac{\sum_{i=1}^{N} \sum_{t=1}^{T} (x_{it} - \bar{x}_i)(y_{it} - \bar{y}_i)}{\sum_{i=1}^{N} \sum_{t=1}^{T} (x_{it} - \bar{x}_i)^2}$$

b. β_2에 대한 확률효과 추정량을 다음과 같이 나타낼 수 있음을 보이시오.

$$\hat{\beta}_{2,RE} = \frac{\sum_{i=1}^{N} \sum_{t=1}^{T} \left[x_{it} - \hat{\alpha}\left(\bar{x}_i - \bar{\bar{x}}\right) - \bar{\bar{x}} \right]\left[y_{it} - \hat{\alpha}\left(\bar{y}_i - \bar{\bar{y}}\right) - \bar{\bar{y}} \right]}{\sum_{i=1}^{N} \sum_{t=1}^{T} \left[x_{it} - \hat{\alpha}\left(\bar{x}_i - \bar{\bar{x}}\right) - \bar{\bar{x}} \right]^2}$$

여기서 $\bar{\bar{y}}$ 및 $\bar{\bar{x}}$는 전반적인 평균이다.

c. β_2의 통합 최소제곱 추정량 식을 작성하시오. 이들 3개 추정량의 차이에 대해 논하시오.

15.2 관찰되지 않는 이질성을 갖는 패널자료 회귀 모형, $y_{it} = \beta_1 + \beta_2 x_{it} + v_{it} = \beta_1 + \beta_2 x_{it} + u_i + e_{it}$를 생각해 보자. 가정 RE1~RE5가 준수된다고 할 경우 다음의 각 물음에 답하시오.

a. OLS로 회귀모수를 정확하게 추정하기 위해서는, 특유의 오차분산이 관찰되지 않는 이질성 오차분산보다 더 중요하다. 옳은가 또는 틀린가? 설명하시오.

b. GLS로 회귀모수를 정확하게 추정하기 위해서는, 특유의 오차분산이 관찰되지 않는 이질성 오차분산보다 더 중요하다. 옳은가 또는 틀린가? 설명하시오.

c. 고정효과로 회귀모수를 정확하게 추정하기 위해서는, 특유의 오차분산이 관찰되지 않는 이질성 오차분산보다 더 중요하다. 옳은가 또는 틀린가? 설명하시오.

15.3 확률효과 모형에서 가정 RE1~RE5가 준수되는 경우, 특유의 오차분산이 $\sigma_e^2 = \mathrm{var}(e_{it}) = 1$이라고 가상하자.

a. 개체의 이질성 분산이 $\sigma_u^2 = 1$인 경우, $v_{it} = u_i + e_{it}$와 $v_{is} = u_i + e_{is}$ 사이의 상관 ρ는 무엇인가?

b. 개체의 이질성 분산이 $\sigma_u^2 = 1$인 경우, $T = 2$라면 GLS 변형모수 α값은 무엇인가? $T = 5$라

면 GLS 변형모수 α값은 무엇인가?

c. 일반적으로 σ_u^2 및 σ_e^2의 주어진 값에 대해, 패널자료의 시간크기 T가 커짐에 따라 변형 모수 α는 작아진다. 옳은가 또는 틀린가? 아니면 확인할 수 없는가? 확인할 수 없다면 설명하시오.

d. $T = 2$ 및 $\sigma_e^2 = \text{var}(e_{it}) = 1$인 경우, σ_u^2가 어떤 값일 때 GLS 변형모수 α = 1/4이 되는가? σ_u^2가 어떤 값일 때 GLS 변형모수 α = 1/2이 되는가? σ_u^2가 어떤 값일 때 GLS 변형모수 α = 9/10가 되는가?

e. 무작위 오차 u_i 및 e_{it}를 회귀식에서 잡음으로 보는 경우, 이런 잡음 요소들의 관련 변동, 즉 오차 요소들의 분산은 회귀모수를 추정하는 데 어떤 영향을 미치는가?

15.4 회귀 모형 $y_{it} = \beta_1 + \beta_2 x_{2it} + \alpha_1 w_{1i} + u_i + e_{it}$, $i = 1, \cdots, N$, $t = 1, \cdots, T$를 생각해 보자. 여기서 x_{2it} 및 w_{1i}는 설명변수이다. 시간 평균 모형은 식 (15.13), $\bar{y}_{i.} = \beta_1 + \beta_2 \bar{x}_{2i.} + \alpha_1 w_{1i} + \bar{v}_{i.}$에 제시되고 있으며, 여기서 $\bar{v}_{i.} = u_i + \bar{e}_{i.}$이다. 식 (15.13)에서 모수의 OLS 추정량을 중간 추정량이라고 한다. 왜냐하면 회귀모수를 추정하기 위해서 개체들 사이의 변동을 사용하기 때문이다.

a. 가정 RE1~RE5하에서 무작위 오차 $\bar{v}_{i.} = u_i + \bar{e}_{i.}$의 분산을 도출하시오.

b. 가정 RE1~RE5하에서 $\bar{v}_{i.}$과 $\bar{v}_{j.}$ 사이의 공분산을 구하시오. 여기서 $i \neq j$이다.

c. 가정 RE1~RE5하에서 중간 추정량은 불편한다. 옳은가 또는 틀린가? 여러분 답변의 근거를 설명하시오.

d. 가정 RE2를 제외하고 RE1-RE5가 준수되는 경우, 중간 추정량은 편의가 있고 불일치한다. 옳은가 또는 틀린가? 여러분 답변의 근거를 설명하시오.

15.5 표 15.9는 시뮬레이션된 패널자료를 포함하고 있으며, 여기서 id는 개체별 횡단면 확인자이고 t는 기간이며, x는 설명변수이다. e는 특유의 오차이며 y는 결과의 값이다. 자료 생성 과정은 $y_{it} = 10 + 5x_{it} + u_i + e_{it}$, $i = 1, 2, 3$, $t = 1, 2$이다. OLS 잔차는 $\hat{e}$이며 편의상 소수점 2자리까지 어림하였다.

표 15.9 연습문제 15.5 및 15.10에 대한 시뮬레이션된 자료

id	t	x	e	y	$\hat{e}$
1	1	-0.51	-0.69	4.43	-3.21
1	2	-0.45	-1.70	1.70	-6.31
2	1	-2.44	-0.20	-2.29	2.20
2	2	-1.26	-0.41	2.98	0.06
3	1	-0.68	0.90	11.05	4.48
3	2	1.44	1.24	22.67	2.78

a. 참인 자료 생성 과정을 활용하여 u_i를 계산하시오. $i = 1, 2, 3$

b. 식 (15.35)의 LM 통계량값을 계산하고, 5% 유의수준에서 확률효과의 존재에 대한 검정을 시행하시오.

c. x_{it}의 계수에 대한 고정효과 추정값은 $b_{FE} = 5.21$이고 표준오차는 0.94이다. 반면에 확률효과 추정값은 $b_{RE} = 5.31$이고 표준오차는 0.81이다. 관찰되지 않는 이질성 u_i와 설명변수 x_{it}

사이에 존재하는 상관에 대해 검정하시오. (유의사항 : 이 검정이 타당하기에는 표본이 실제로 너무 작다.)

d. 분산 요소의 추정값이 $\hat{\sigma}_u^2 = 34.84$ 및 $\hat{\sigma}_e^2 = 2.59$인 경우, GLS 변형모수 α의 추정값을 계산하시오. 이 값의 크기에 기초할 경우, 확률효과 추정값이 OLS 추정값에 더 근접할 것이라고 기대하는가? 아니면 고정효과 추정값에 더 근접할 것이라고 기대하는가?

e. (d)의 추정값을 사용하여 $v_{i1} = u_i + e_{i1}$과 $v_{i2} = u_i + e_{i2}$ 사이의 상관 추정값을 계산하시오. 이 상관은 상대적으로 높은가? 아니면 상대적으로 낮은가?

15.6 $N = 716$명의 젊은 여성에 대한 NLS 패널자료를 사용하면서 1987년 및 1988년만을 생각해 보자. $\ln(WAGE)$와 경험, 경험의 제곱, 남부 거주 및 노동조합 가입 여부에 대한 모의변수 사이의 관계에 대해 알아보고자 한다. 추정 결과는 표 15.10에 있다.

표 15.10 연습문제 15.6에 대한 추정 결과

	(1) OLS 1987	(2) OLS 1988	(3) FE	(4) FE Robust	(5) RE
C	0.9348	0.8993	1.5468	1.5468	1.1497
	(0.2010)	(0.2407)	(0.2522)	(0.2688)	(0.1597)
$EXPER$	0.1270	0.1265	0.0575	0.0575	0.0986
	(0.0295)	(0.0323)	(0.0330)	(0.0328)	(0.0220)
$EXPER^2$	−0.0033	−0.0031	−0.0012	−0.0012	−0.0023
	(0.0011)	(0.0011)	(0.0011)	(0.0011)	(0.0007)
$SOUTH$	−0.2128	−0.2384	−0.3261	−0.3261	−0.2326
	(0.0338)	(0.0344)	(0.1258)	(0.2495)	(0.0317)
$UNION$	0.1445	0.1102	0.0822	0.0822	0.1027
	(0.0382)	(0.0387)	(0.0312)	(0.0367)	(0.0245)
N	716	716	1432	1432	1432

( ) 안에 표준오차가 있음.

a. 1987년 및 1988년 각각에 대한 $\ln(WAGE)$ 모형의 OLS 추정값들은 (1)열 및 (2)열에 제시되었다. 결과들은 어떻게 비교되는가? 이들 개별 연도 추정에 대해서, 개체들 사이의 회귀 모수값(이질성)에 관해 무엇을 가정하는가?

b. 패널자료 회귀 모형으로 설정된 $\ln(WAGE)$ 식은 다음과 같다.

$$\ln(WAGE_{it}) = \beta_1 + \beta_2 EXPER_{it} + \beta_3 EXPER_{it}^2 + \beta_4 SOUTH_{it} + \beta_5 UNION_{it} + (u_i + e_{it}) \tag{XR15.6}$$

이 모형과 (a)의 모형 사이에 존재하는 가정상의 차이를 설명하시오.

c. (3)열은 (b)에서 설정한 고정효과 모형을 추정한 결과를 보여주고 있다. 이들 추정값을 OLS 추정값과 비교하시오. 절편을 제외하고 어떤 계수가 가장 큰 차이를 보이는가?

d. 개체별 차이가 존재하지 않는다는 귀무가설, 식 (15.20)에 대한 F-통계량은 11.68이다. 귀무가설 식 (15.19)가 참인 경우 F-분포의 자유도는 무엇인가? 이 검정에 대한 1% 유의수준의 임계값은 무엇인가? 귀무가설에 관해 어떤 결론을 내릴 수 있는가?

e. (4)열은 군집 확고한 표준오차를 갖는 고정효과 추정값을 보여주고 있다. 이 표본의 틀 내에서 군집 확고한 표준오차를 갖는 추정을 할 때와 갖지 않는 추정을 할 때 하게 되는 상이한 가정을 설명하시오. 표준오차와 (3)열의 표준오차를 비교하시오. 어느 것이 실제적으로 상이한가? 확고한 표준오차가 더 큰 가? 아니면 더 작은가?

f. (5)열은 확률효과 추정값을 제시하고 있다. 절편을 제외하고 어떤 계수가 고정효과 추정값과 가장 큰 차이를 보이는가? 하우스만 검정 통계량 식 (15.36)을 사용하여, 확률효과 추정값과 (3)열의 고정효과 추정값 사이에 유의한 차이가 존재하는지 여부를 검정하시오. (이유는 무엇 때문인가?). 검정 결과에 기초할 경우, 이 모형에서 확률효과 추정법은 적절한가?

15.7 $N = 716$명의 젊은 여성에 대한 NLS 패널자료를 사용하면서 1987년 및 1988년만을 생각해 보자. $\ln(WAGE)$와 경험, 경험의 제곱, 남부 거주 및 노동조합 가입 여부에 대한 모의변수 사이의 관계에 대해 알아보고자 한다. $\Delta\ln(WAGE) = \ln(WAGE_{i,1988}) - \ln(WAGE_{i,1987})$ 같은 변수들의 1차 차분을 구하고 다음과 같은 회귀를 설정해 보자.

$$\Delta\ln(WAGE) = \beta_2 \Delta EXPER + \beta_3 \Delta EXPER^2 + \beta_4 \Delta SOUTH + \beta_5 \Delta UNION + \Delta e \quad \text{(XR15.7)}$$

표 15.11은 모형 (1)에서 (XR15.7)의 OLS 추정값을 제시하고 있으며, 괄호 안에는 일반적인 표준오차가 포함되어 있다.

표 15.11   연습문제 15.7에 대한 추정값

Model	C	$\Delta EXPER$	$\Delta EXPER^2$	$\Delta SOUTH$	$\Delta UNION$	$SOUTH_{i,1988}$	$UNION_{i,1988}$
(1)		0.0575	−0.0012	−0.3261	0.0822		
		(0.0330)	(0.0011)	(0.1258)	(0.0312)		
(2)	−0.0774	0.1187	−0.0014	−0.3453	0.0814		
	(0.0524)	(0.0530)	(0.001)	(0.1264)	(0.0312)		
(3)		0.0668	−0.0012	−0.3157	0.0887	−0.0220	−0.0131
		(0.0338)	(0.0011)	(0.1261)	(0.0333)	(0.0185)	(0.0231)

a. 관찰할 수 없는 시간불변적 이질성을 제거하기 위해서 1차 차분할 수 있음을 식 (15.8)에서 살펴보았다. 차분 추정량이 일치하기 위해서 강 외생성 형태가 필요한 이유를 설명하시오. 필요한 경우 가정을 분명히 하기 위해서 15.1.2절의 앞부분을 다시 읽어 보도록 하자.

b. 식 (XR15.6)은 차분 모형의 기초가 되는 패널자료 회귀식이다. 모의변수는 1988년에 $D88_t = 1$이 되고 그렇지 않은 경우 $D88_t = 0$이 되며, 이를 식 (XR15.6)의 모형에 추가시켰다고 가상하자. 이것의 계수크기는 무엇인가?

c. 표 15.11의 모형 (2)는 절편항을 포함하는 차분 모형이다. 차분 모형에 추가된 상수항은 (b)에서 논의한 모의변수의 계수라는 사실을 대수학적으로 보이시오. 추정된 계수는 5% 수준

에서 통계적으로 유의한가? 1987년 대 1988년에 식 (XR15.6)에서 이것이 절편모수에 관해 의미하는 바는 무엇인가?

d. 차분 모형에서 강 외생성 가정이 점검될 수 있다. 표 15.11의 모형 (3)은 1988년에 대해 변수 *SOUTH* 및 *UNION*을 차분식에 추가시키고 있다. 식 (15.5a)에서 살펴본 것처럼 무작위 오차가 어떤 시기에라도 설명변수와 상관될 경우 강 외생성 가정은 준수되지 못한다. *t*년 또는 *t* − 1년에 대한 설명변수의 일부 또는 전부를 차분식에 포함시킴으로써 이런 상관에 대해 조사해 볼 수 있다. 강 외생성이 준수될 경우 이런 추가된 변수들은 유의하지 않아야만 한다. 모형 (3)의 결과에 기초할 경우 강 외생성 가정이 준수되지 않는다는 증거가 존재하는가?

e. (d)로부터 *SOUTH* 및 *UNION*의 결합 유의성에 대한 *F*-검정값은 모형 (3)에서 0.81이다. 변수들은 결합적으로 유의한가? 자유도는 무엇인가? 5% 임계값은 무엇인가?

15.8 $N = 716$명의 젊은 여성에 대한 NLS 패널자료를 사용하여 $\ln(WAGE)$와 경험, 경험의 제곱, 남부 거주 및 노동조합 가입 여부에 대한 모의변수 사이의 관계에 대해 알아보고자 한다. 관심을 갖고 있는 식은 연습문제 15.6의 식 (XR15.6)이다. 일부 추정 결과가 표 15.12에 있다. 추정값은 1982, 1983, 1985, 1987년에 해당하는 2,864개 관찰값들에 기초한다. 표준오차는 괄호 안에 있다.

표 15.12 연습문제 15.8에 대한 추정값

Model	C	EXPER	EXPER^2	SOUTH	UNION	SOUTH$_{1988}$	UNION$_{1988}$
(1)	1.3843	0.0565	−0.0011	0.0384	0.0459		
	(0.0487)	(0.0076)	(0.0003)	(0.0422)	(0.0160)		
(2)	1.3791	0.0564	−0.0011	0.0389	0.0478	0.0021	0.0160
	(0.0505)	(0.0076)	(0.0003)	(0.0451)	(0.0162)	(0.0481)	(0.0166)
(robust)	(0.0611)	(0.0084)	(0.0003)	(0.0636)	(0.0169)	(0.0581)	(0.0143)

a. 고정효과 추정량이 일치하기 위해서 강 외생성 형태, FE2가 필요한 이유를 설명하시오. 가정을 명확히 하기 위해서 15.1.2절의 앞부분을 다시 읽어 보도록 하자.

b. 회귀계수의 고정효과 추정값과 관례적인 표준오차가 모형 (1)에 제시되어 있다. 계수는 5% 유의수준에서 영과 유의하게 상이한가? 경험과 경험의 제곱에 대한 계수의 부호는 경험에 대한 수익에 관해 무엇을 시사하는가?

c. 고정효과 모형에서 강 외생성 가정이 점검될 수 있다. 표 15.12의 모형 (2)는 1988년에 대해 변수 *SOUTH* 및 *UNION*을 고정효과식에 추가시켰으며, 관례적인 표준오차와 군집 확고한 표준오차(robust)를 제시하고 있다. 식 (15.5a)에서 살펴본 것처럼 무작위 오차가 어떤 시기에라도 설명변수와 상관될 경우 강 외생성 가정은 준수되지 못한다. *t* + 1년에 대한 설명변수의 일부 또는 전부를 고정효과 모형식에 포함시킴으로써 이런 상관에 대해 점검할 수 있다. 강 외생성이 준수될 경우 이런 추가된 변수들은 유의하지 않아야만 한다. 모형 (2)의 결과에 기초할 경우 강 외생성 가정이 준수되지 않는다는 증거가 존재하는가?

    d. 관례적인 표준오차를 갖는 $SOUTH_{1988}$ 및 $UNION_{1988}$의 결합 F-검정은 0.47이다. F-검정에 대한 자유도는 무엇인가? 5% 임계값은 무엇인가? 결합검정에 기초할 경우 강 외생성에 대해 어떤 결론을 내리게 되는가?

    e. 군집 확고한 표준오차를 갖는 $SOUTH_{1988}$과 $UNION_{1988}$의 결합 F-검정은 0.63이다. 군집 수정된 공분산 행렬을 사용할 경우, 일부 소프트웨어가 사용하는 F-통계량은 $M-1$ 분모 자유도를 갖는다. 여기서 M은 군집의 수이다. 이 경우에 5% 임계값은 무엇인가? 확고한 결합 검정에 기초할 경우 강 외생성에 관해 어떤 결론을 내리게 되는가?

15.9 정리문제 15.7 및 15.8은 2004~2006년 동안의 $N = 1,000$개 중국 화학회사에 대해, 관례적인 비확고한 표준오차와 군집 확고한 표준오차를 갖는 OLS 및 고정효과로 각각 생산 함수를 추정하였다.

    a. 이 사례를 개관하시오. 군집 확고한 표준오차와 일반적인 표준오차 사이의 백분율 차이는 무엇인가?

    b. $\hat{v}_{it}$는 정리문제 15.7의 OLS 잔차를 나타내며, $\hat{v}_{i,t-1}$은 시차가 있는 잔차이다. 회귀 $\hat{v}_{it} = \rho\hat{v}_{i,t-1} + r_{it}$를 생각해 보자. 여기서 r_{it}는 오차항이다. 2005년 잔차에 대해 2006년 잔차를 회귀할 경우 $\hat{\rho} = 0.948$을 구할 수 있다. 이때 일반적인 OLS 표준오차는 0.017이고, 화이트 이분산 일치하는 표준오차는 0.020이다. 이들 결과는 특유한 오차 요소 e_{it}에서 시계열 계열상관을 입증하는가? 만일 아니라면, $\hat{v}_{it}$와 $\hat{v}_{i,t-1}$ 사이의 강한 상관의 근원은 무엇인가?

    c. $\hat{\tilde{e}}_{it}$는 정리문제 15.5와 유사하지만 모든 1,000개 기업을 사용한 내부 추정법으로부터의 잔차라고 하자. $\hat{\tilde{e}}_{i,t-1}$을 시차가 있는 잔차라고 하자. 연습문제 15.10(e)에서 살펴볼 것처럼 '내부' 변형 모형의 오차들은 FE1~FE5하에서의 상관 $\text{corr}(\tilde{e}_{it}, \tilde{e}_{is}) = -1/(T-1)$과 계열상관될 것으로 기대된다. 따라서 $\text{corr}(\tilde{e}_{it}, \tilde{e}_{is}) = -1/2$을 구할 수 있어야 한다. 회귀 $\hat{\tilde{e}}_{it} = \rho\hat{\tilde{e}}_{i,t-1} + r_{it}$를 생각해 보자. 여기서 r_{it}는 오차항이다. 2006년 자료와 $N = 1,000$개 관찰값을 사용할 경우, ρ값이 -0.233이라고 추정한다. 이때 관례적인 표준오차는 0.046이며 화이트 이분산 확고한 표준오차는 0.089이다. 5% 유의수준에서 t-검정을 사용하여 대립가설 $\rho \neq -1/2$에 대한 귀무가설 $\rho = -1/2$을 검정하시오. 처음에는 관례적인 표준오차를 갖고 하고, 다음에는 이분산 확고한 표준오차를 갖고 하시오. 귀무가설을 기각할 경우 이것이 의미하는 바는 FE4(ii)가 준수되지 않으며 시계열 계열상관이 특유한 오차 e_{it}에 존재한다는 것이다. 이런 발견을 통해서 이분산에 대한 고려에 관계없이 고정효과 모형에서 군집 확고한 표준오차의 사용을 정당화시킨다.

    d. 2005~2006년 동안의 $N = 2,000$개 관찰값과 추정된 회귀 $\hat{\tilde{e}}_{it} = \rho\hat{\tilde{e}}_{i,t-1} + r_{it}$를 사용할 경우, ρ값을 -0.270이라고 추정하며 군집 확고한 표준오차는 0.017이 된다. 5% 유의수준에 t-검정을 사용하여 대립가설 $\rho \neq -1/2$에 대한 귀무가설 $\rho = -1/2$을 검정하시오. 귀무가설을 기각할 경우 이것이 의미하는 바는 FE4(ii)가 준수되지 않으며 시계열 계열상관이 특유한 오차 e_{it}에 존재한다는 것이다.

15.10 이 문제는 표 15.9에 있는 시뮬레이션된 자료(y_{it}, x_{it})를 사용한다.

    a. 식 (15.17)에서 주어진 적합한 최소제곱 모의변수 모형은 $\hat{y}_{it} = 5.57D_{1i} + 9.98D_{2i} + $

$14.88D_{3i} + 5.21x_{it}$이다. $id = 1$ 및 $id = 2$에 대한 추정된 모형으로부터의 잔차를 계산하시오. 이들 잔차에서 어떤 형태를 관찰하게 되는가?

b. $id = 3$에 대해 동일한 잔차 형태가 나타난다. $t = 1$기에 대한 잔차와 $t = 2$기에 대한 잔차 사이의 상관은 무엇인가?

c. 내부 모형은 식 (15.12)에 주어진다. 변형된 오차는 $\tilde{e}_{it} = (e_{it} - \bar{e}_{i.})$이다. 가정 FE1~FE5가 준수되는 경우 $\text{var}(\tilde{e}_{it}) = E\left[(e_{it} - \bar{e}_{i.})^2\right]$이 된다. $T = 2$이기 때문에 $\bar{e}_{i.} = (e_{i1} + e_{i2})/2$이다. $\text{var}(\tilde{e}_{it}) = \sigma_e^2/2$를 보이시오.

d. (c)와 동일한 방법을 사용하여, $\text{cov}(\tilde{e}_{i1}, \tilde{e}_{i2}) = E\left[(e_{i1} - \bar{e}_{i.})(e_{i2} - \bar{e}_{i.})\right] = -\sigma_e^2/2$를 보이시오.

e. (c) 및 (d)의 결과를 활용할 경우, 당연히 $\text{corr}(\tilde{e}_{i1}, \tilde{e}_{i2}) = -1$이 된다. 이 결과를 (b)의 대답에 연계시키시오. 실제로 $T > 1$에 대해 그리고 FE1~FE5가 준수된다고 가정하면 $t \neq s$인 경우 $\text{corr}(\tilde{e}_{it}, \tilde{e}_{is}) = -1/(T-1)$이 된다. 내부변형된 오차는 계열상관될 것으로 기대된다.

15.11 몇몇의 소프트웨어 기업들은 추정된 절편을 갖는 고정효과 추정값을 제시하였다. 정리문제 15.6에서 설명한 것처럼, 이들이 제시한 값은 식 (15.17)에 주어진 최소제곱 모의변수 모형에 있는 모의변수 계수의 평균이다. 표 15.9의 자료를 사용할 경우, 적합한 모의변수 모형은 $\hat{y}_{it} = 5.57D_{1i} + 9.98D_{2i} + 14.88D_{3i} + 5.21x_{it}$이다.

a. C라고 하는 모의변수 계수의 평균을 계산하시오.

b. (a)의 방안을 활용하여 적합하게 맞춘 고정효과 모형은 $\hat{y}_{it} = C + 5.21x_{it}$이다. $id = 1$ 및 $id = 2$에 대한 $\bar{y}_{i.} - b_2\bar{x}_{2i}$.를 계산하시오. 편의상 소수점 두 자리까지 구하면 $\bar{y}_{1.} = 3.07$, $\bar{y}_{2.} = 0.34$, $\bar{x}_{1.} = -0.48$, $\bar{x}_{2.} = -1.85$이다. 계산된 값을 소수점 두 자리까지 대략적 구하고, 이들을 모의변수 계수와 비교하시오.

c. 적합한 모형 $\hat{y}_{it} = C + 5.21x_{it}$가 주어진 경우, $id = 1$ 및 $id = 2$에 대한 잔차를 계산하시오.

d. 적합한 내부 모형 식 (15.17)은 무엇인가?

e. $id = 1$ 및 $id = 2$에 대한 내부 모형 잔차를 계산하시오.

f. 소수점 두 자리까지 대략화함으로써 발생하는 오차는 제외하고, (e)의 내부 모형 잔차와 (c)에서 계산한 잔차 사이의 관계를 설명하시오.

15.12 대규모 대학들의 경우 학생 1인당 비용이 더 낮은가 또는 더 높은가? 대학은 여러 가지 면을 갖고 있으며 여기서는 학부 풀타임 학생등록지수(*FTESTU*)가 학생 1인당 평균 총비용(*ACA*)에 미치는 영향에만 초점을 맞출 것이다. 회귀 모형 $ACA_{it} = \beta_1 + \beta_2 FTESTU_{it} + e_{it}$를 생각해 보자. 여기서 아래첨자 i는 대학을 나타내며 t는 기간에 관한 것이고, e_{it}는 통상적인 무작위 오차항이다.

a. 141개 공립대학에 대한 2010~2011년 자료를 사용하여 위의 모형을 추정해 보자. β_2의 추정값은 $b_2 = 0.28$이다. 95% 구간 추정값은 [0.169, 0.392]이다. 등록자 수가 증가할 경우 학생 1인당 평균비용에 미치는 추정된 효과는 무엇인가? 통계적으로 유의한 관계가 존재하는가?

b. 등록자 수 이외에 학생 1인당 평균비용에 영향을 미치는 많은 다른 요인들이 있다. 이들 중 일부는 대학 '일체성' 또는 '이미지'로 특징지을 수 있다. 이와 같이 주로 관찰할 수

없는 개체별 특성을 u_i로 표기하기로 하자. 이런 특징을 모형에 추가시킬 경우, 모형은 $ACA_{it} = \beta_1 + \beta_2 FTESTU_{it} + (u_i + e_{it}) = \beta_1 + \beta_2 FTESTU_{it} + v_{it}$가 된다. v_{it}가 풀타임 학생 등록자 수와 통계적으로 독립적이라면, 최소제곱 추정량은 BLUE이다. 옳은가 또는 틀린가? 설명하시오.

c. 연합 오차는 $v_{it} = u_i + e_{it}$이다. $\hat{v}_{it}$는 (a)에서의 회귀로 구한 최소제곱 잔차라고 하자. 그러고 나서 종속변수는 $\hat{v}_{i,2011}$이고 설명변수는 $\hat{v}_{i,2010}$인 단순회귀를 추정하자. 추정계수는 0.93이며 매우 유의하다. 이는 관찰할 수 없는 개체별 특성 u_i가 존재한다는 점을 옹호하는가? 또는 옹호하지 않는가? 여러분의 논리를 설명하시오.

d. 2개 연도 자료를 갖고 (b) 모형의 '1차 차분'을 취할 수 있다. 2011년 모형으로부터 2010년 모형을 감하면, $\Delta ACA_i = \beta_2 \Delta FTESTU_i + \Delta v_i$를 구할 수 있다. 여기서 다음과 같다.

$$\Delta ACA_i = ACA_{i,2011} - ACA_{i,2010},$$

$$\Delta FTESTU_i = FTESTU_{i,2011} - FTESTU_{i,2010}$$

$$\Delta v_i = v_{i,2011} - v_{i,2010}$$

1차 차분 모형을 사용하고 (c)의 결과가 주어진 경우, 오차, Δv_i에 계열상관이 존재하게 되는가? 설명하시오.

e. OLS를 활용하여 (d)의 모형을 추정하고, 이에 따른 β_2의 추정값은 $b_{FD} = -0.574$이다. 표준오차 $se(b_{FD}) = 0.107$이다. 이제 등록자 수가 증가할 경우 학생 1인당 평균비용에 미치는 추정된 효과는 무엇인가? 이 회귀의 결과가 (a)의 통합회귀의 결과와 매우 다른 이유는 무엇인지 설명하시오. 어느 추정값 세트가 더 그럴듯한 것처럼 보인다고 생각하는가? 그 이유는 무엇인가?

15.13 $T = 3$인 시계열 관찰값을 갖는 N개의 횡단면 개체에 대한 식 (15.1)에 있는 패널자료 회귀를 생각해 보자. FE1~FE5는 준수된다고 가정하시오.

a. 1차 차분 변형을 모형 식 (15.1)에 적용하시오. 이에 따른 모형은 무엇인가? 이 모형에서 관찰되지 않는 이질성이 존재하는가? 설명하시오.

b. $\Delta e_{it} = (e_{it} - e_{i,t-1})$이라고 하자. $t = 2$ 및 $t = 3$에 대한 Δe_{it}의 분산을 구하시오.

c. 특유한 오차 e_{it}가 계열상관되지 않는다고 가정하고, Δe_{i3}과 Δe_{i2} 사이의 상관이 $-1/2$이라는 사실을 보이시오.

d. Δe_{i3} 및 Δe_{i2}가 상관되지 않기 위해서는 e_{it}에 대한 계열상관은 무엇이 되어야 하는가?

15.14 1982년, 1983년, 1985년, 1987년, 1988년에 대해서 $N = 716$명의 젊은 여성에 대한 NLS 패널 자료를 사용하여, $\ln(WAGE)$와 교육, 경험, 경험의 제곱, 통상적인 주당 근로시간, 흑인 여성에 대한 모의변수 사이의 관계에 대해 알아보자. 이를 식으로 나타내면 다음과 같다.

$$\ln(WAGE_{it}) = \beta_1 + \beta_2 EDUC_i + \beta_3 EXPER_{it} + \beta_4 EXPER_{it}^2 + \beta_5 HOURS_{it} + \beta_6 BLACK_i + u_i + e_{it}$$

표 15.13은 이 모형에 대한 OLS 추정값, 확률효과 추정값, 하우스만-테일러 모형 추정값을 제

시하고 있으며, 각 추정값에 대한 관례적인 표준오차와 군집 확고한 표준오차(robust)를 포함한다. 하우스만-테일러 추정량은 *EDUC* 및 *HOURS*를 내생적이며 관찰되지 않는 이질성과 상관되는 것으로 취급한다.

표 15.13 연습문제 15.14에 대한 추정값

	C	EDUC	EXPER	EXPER^2	HOURS	BLACK
OLS	0.4509	0.0748	0.0631	−0.0012	−0.0008	−0.1347
(se)	(0.0617)	(0.0028)	(0.0080)	(0.0003)	(0.0008)	−(0.0149)
(robust)	(0.1030)	(0.0055)	(0.0100)	(0.0004)	(0.0019)	−(0.0290)
RE	0.6294	0.0769	0.0591	−0.0011	−0.0054	−0.1271
(se)	(0.0833)	(0.0055)	(0.0056)	(0.0002)	(0.0007)	(0.0298)
(robust)	(0.0999)	(0.0054)	(0.0069)	(0.0003)	(0.0017)	(0.0294)
HT	0.2153	0.1109	0.0583	−0.0011	−0.0063	−0.0910
(se)	(0.5536)	(0.0422)	(0.0057)	(0.0002)	(0.0007)	(0.0529)
(robust)	(0.4897)	(0.0381)	(0.0075)	(0.0003)	(0.0018)	(0.0494)

a. β_2에 대한 해석은 무엇인가? β_2의 OLS 추정값, 확률효과 추정값, 하우스만-테일러 추정값 사이에 얼마나 큰 차이가 존재하는가? 각 추정량과 군집 확고한 표준오차를 사용하여 β_2에 대한 95% 구간 추정값을 구하시오. 어떤 차이를 관찰하게 되는가?

b. 하우스만-테일러 추정량에 대해서 얼마나 많은 도구변수가 필요한가? 얼마나 많은 도구를 갖고 있는가? 그것들은 무엇인가?

c. 이 모형에 대해서 고정효과 추정량보다 하우스만-테일러 추정량을 선호하게 되는 이유는 무엇 때문인가?

d. *EXPER*, *EXPER*^{2}, *HOURS* 계수들의 고정효과 추정값과 이들의 일반적인 표준오차는 각각 0.0584 (0.00574), −0.0011 (0.00023), −0.0063 (0.00074)이다. 일반적인 표준오차를 갖고, 이들 추정값과 확률효과 추정값을 비교하시오. 이 모형에서 내생성에 관해 우려를 해야 한다는 점을 정당화시켰는가?

e. 확률효과 추정량에 대해 군집 확고한 표준오차를 사용함으로써, 가정 RE1~RE5 중 어느 것을 완화하게 되는가?

f. 하우스만-테일러 모형을 사용할 경우, $\hat{\sigma}_u = 0.35747$ 및 $\hat{\sigma}_e = 0.19384$이다. 이들 추정값이 주어진 경우 오차변동 중 어느 출처가 이 모형에서 더 중요한가? 관찰되지 않는 이질성의 변동인가 아니면 특유한 오차의 변동인가? 관찰되지 않는 이질성에 의해 설명되는 연합 변동의 비율은 무엇인가?

15.15 1990년부터 1997년까지 8년 동안, 필리핀의 타를라크 지역에 있는 44명의 쌀 재배 농부에 대한 352개 관찰값을 사용하여, 새로이 탈곡 생산된 쌀(*PROD*)과 경작된 헥타르(*AREA*), 고용 및 가족 노동의 사람-일자 수(*LABOR*), 비료 킬로그램(*FERT*) 사이의 관계를 추정하였다. 관찰되지 않는 이질성 항을 포함한 대수-대수 모형은 다음과 같다.

$$\ln(PROD_{it}) = \beta_1 + \beta_2\ln(AREA_{it}) + \beta_3\ln(LABOR_{it}) + \beta_4\ln(FERT_{it}) + u_i + e_{it}$$

표 15.14는 모형의 추정값들을 포함하고 있다. 모형 (1)은 OLS 추정값을 제시하고 있다. 모형 (2)는 1991년에 대해 $D91 = 1$, 다른 경우에 대해 $D91 = 0$과 같은 연도 모의변수를 포함하는 모형의 OLS 추정값을 제시한다. 이 모의변수는 제시되고 있지 않다. 모형 (3)은 고정효과 추정값을 제시하며, 모형 (4)는 연도 모의변수를 포함하는 모형의 고정효과 추정값을 제시하고 있다. 각 경우에 관례적인 표준오차(se)가 포함되며, 모형 (4)의 경우에는 군집 확고한 표준오차(robust)도 또한 포함된다. 각 모형에 대해 제곱한 잔차의 합과 절편을 제외한 모형 모수의 수를 제시하고 있다. 관례적인 표준오차를 사용하여 계산된 t-통계량에 대한 p-값이 제시된다.

표 15.14   연습문제 15.15에 대한 추정값

Model		C	$\ln(AREA)$	$\ln(LABOR)$	$\ln(FERT)$	SSE	$K-1$
(1)	OLS	−1.5468***	0.3617***	0.4328***	0.2095***	40.5654	3
	(se)	(0.2557)	(0.0640)	(0.0669)	(0.0383)		
(2)	OLS	−1.5549***	0.3759***	0.4221***	0.2075***	36.2031	10
	(se)	(0.2524)	(0.0618)	(0.0663)	(0.0380)		
(3)	FE	−0.3352	0.5841***	0.2586***	0.0952*	27.6623	46
	(se)	(0.3263)	(0.0802)	(0.0703)	(0.0432)		
(4)	FE	−0.3122	0.6243***	0.2412***	0.0890*	23.0824	53
	(se)	(0.3107)	(0.0755)	(0.0682)	(0.0415)		
	(robust)	(0.5748)	(0.0971)	(0.0968)	(0.0881)		

* $p < 0.05$
** $p < 0.01$
*** $p < 0.001$

a. 다양한 모형에 대한 생산요소 탄력성의 추정값 민감도에 대해 논하시오.

b. 추정된 모형들 중 어느 것을 선호하는가? 결정을 하는 데 도움을 주기 위해 일련의 가설검정을 하시오.

c. 모형 (4)에 대해서, (i) 일반적인 표준오차 및 (ii) 군집 확고한 표준오차를 사용하여 생산요소 탄력성에 대한 95% 구간 추정값을 구하시오.

d. 확고한 표준오차를 사용하여, $\ln(FERT)$의 계수에 대한 p-값을 계산하시오.

질적 및 제한적 종속변수 모형

이 책에서는 종속변수가 연속적이며 완전히 관찰할 수 있는 경우, 예를 들면 수량, 가격, 생산량과 같은 계량경제 모형을 주로 살펴보았다. 그러나 미시경제학은 일반적인 선택이론이며 가계와 기업이 하는 선택 중 많은 경우가 연속적인 결과변수로 측정할 수 없다. 이 장에서는 선택 형태를 설명하는 데 사용되지만 통상적인 연속적 종속변수를 갖지 않는 또 다른 흥미로운 모형을 검토할 것이다. 여기서 하는 설명은 모든 이론을 살펴보는 것이 아니므로 간단하지만, 경제적인 응용에 관한 다양한 경우를 보여줄 것이다.

또한 제한된 종속변수를 갖는 일련의 모형을 소개할 것이다. 이는 이들 변수가 연속적이지만 값의 범위가 어떤 방법으로든 제한되어서 완전하게 관찰할 수 없다는 의미이다. 이 경우 최소제곱 추정량은 편의가 있고 일치하지 않기 때문에 최소제곱 추정법에 대한 대안이 모색되어야 한다.

16.1 이항 종속변수를 갖는 모형

가계 및 기업이 하는 많은 선택이 성격상 '양자 택일'인 경우이다. 예를 들면, 고등학교 졸업생이 대학에 진학할 것인가 또는 하지 않을 것인가와 같다. 노동자가 작업장에 가기 위해 자가운전을 할 것인가 또는 다른 운송수단을 이용하여 도착할 것인가를 결정해야 한다. 가계는 주택을 구입할 것인가 아니면 임대를 할 것인가를 결정하게 된다. 기업은 인터넷상에 상품을 광고할 것인가를 결정하거나 또는 이런 경쟁에 대응해야 하는지를 결정해야 한다. 경제학자들은 특정한 선택을 하게 된 이유와 결정과정에 어떤 요소가 개입되었는지 설명하고자 한다. 경제학자들은 또한 각 요소가 결과에 얼마나 영향을 미쳤는지 알고 싶어 한다. 이런 의문점들로 인해 이원적이거나 양자택일이거나 선택에 관한 통계 모형을 만들게 되었다. 위에서 살펴본 이런 선택들은 한 결과를 선택할 경우 1의 값을 취하고 그렇지 않은 경우 0의 값을 갖는 이항(모의) 변수로 나타낼 수 있다. 선택을 설명하는 이항변수는 독립변수가 아니라 종속변수이다. 이런 사실은 통계 모형을 선택하는 데 영향을 미친다.

선택 모형이 유용할 수 있는 경제적 응용의 실례는 매우 많다. 이 모형은 개별주체가 두 대안 중 하나를 선택해야 하는 어떤 경제적 결정을 할 경우 유용하다. 예를 들면, 다음과 같다.

- 일부 사람이 제2 또는 제3의 일자리를 갖고 '이중겸업'을 하는 이유를 설명하는 경제 모형
- 미국 하원의 일부 국회의원들은 특정 법안에 찬성하는데 다른 의원들은 찬성하지 않는 이유에 관한 경제 모형
- 일부 대출 신청은 대도시 은행에서 받아들여지는 반면에 다른 신청은 받아들여지지 않는 이유를 설명하는 경제 모형
- 일부 사람은 학교위원회 선거에서 지출 증대에 대해 '찬성'하는데 다른 사람은 '반대'하는 이유를 설명하는 경제 모형
- 일부 여대생은 공학을 전공하기로 결정하는 데 반해 다른 여대생은 그렇지 않은 이유를 설명하는 경제 모형

위의 예는 이원적인 선택 모형이 사용될 수 있는 매우 다양한 상황을 보여주고 있다. 각 경우에 경제적 의사결정자는 2개의 상호 배타적인 결과 중에서 선택을 하게 된다.

이항선택 모형(binary choice model)의 주요한 특징은 결과변수의 성격이며, 그것은 2개 대안 사이에서의 선택을 나타내는 모의변수이다. i번째 개인의 선택을 다음과 같이 나타낼 수 있다.

$$y_i = \begin{cases} 1 & \text{대안 1을 선택한 경우} \\ 0 & \text{대안 2를 선택한 경우} \end{cases} \qquad (16.1)$$

개인들은 자신들의 효용 또는 후생이 극대화되도록 선택을 하며 경제학자들은 그 과정을 이해하고자 한다. 해당 선택을 하도록 이끈 중요한 요인은 무엇이며 각 선택에 얼마나 많은 가중치를 두는가? 어떤 선택을 할지 예측할 수 있는가? 이런 질문들을 통해 개인들은 어떻게 결정을 내리고, 선택 과정에 관한 계량경제 모형을 어떻게 만들며, 어떤 선택이나 다른 선택을 할 확률을 어떻게 모형화할 수 있는지에 대해 생각하게 된다.

맨 처음에 시작하는 것이 언제나 최선이다. 예를 들면, 동전던지기를 해서 앞면 또는 뒷면이 나오는지를 살펴보는 것처럼 운에 맡긴 승부의 결과와 달리, 대안 1이 선택될 확률은 개인에 따라 변하며 해당 확률은 개인과 대안들의 특성을 설명하는 많은 요인들에 달려 있다. 회귀 모형에서와 마찬가지로 이 요인들을 $\mathbf{x}_i = (x_{i1} = 1, x_{i2}, \cdots, x_{iK})$로 나타내도록 하자. 그러면 i번째 개인이 대안 1을 선택할 조건부 확률은 $P(y_i = 1 \mid \mathbf{x}_i) = p(\mathbf{x}_i)$이며, 여기서 $p(\mathbf{x}_i)$는 요인 $\mathbf{x}_i$의 함수이고 이것은 확률이므로 $0 \leq p(\mathbf{x}_i) \leq 1$이 된다. 대안 2를 선택할 조건부 확률은 $P(y_i = 0 \mid \mathbf{x}_i) = 1 - p(\mathbf{x}_i)$이다. 식 (16.1)에서의 확률변수 y_i에 대한 조건부 확률 함수를 다음과 같이 나타낼 수 있다.

$$f(y_i \mid \mathbf{x}_i) = p(\mathbf{x}_i)^{y_i} \Big[1 - p(\mathbf{x}_i)\Big]^{1-y_i} \qquad y_i = 0, 1 \qquad (16.2)$$

그러면 $P(y_i = 1 \mid \mathbf{x}_i) = f(1 \mid \mathbf{x}_i) = p(\mathbf{x}_i)$ 및 $P(y_i = 0 \mid \mathbf{x}_i) = f(0 \mid \mathbf{x}_i) = 1 - p(\mathbf{x}_i)$이다. 전망에 기초해서 하는 선택에 관한 표준 모형은 $P(y_i = 1 \mid \mathbf{x}_i) = p(\mathbf{x}_i)$를 나타내거나 또는 이에 근접시킨 대안적인 방법일 뿐이다.

🐢 정리문제 16.1　교통 문제

교통 경제학에서 중요한 문제는 자가용을 이용하는 방법 (사적 교통수단을 이용하는 방법)과 대중교통수단인 버스를 이용하는 방법(공적 교통수단을 이용하는 방법) 중에서 개인이 어느 방법을 선택하는지 설명하는 것이다. 간단히 하기 위해서 위의 두 가지 방법만 있다고 가정한다. 선택에 영향을 미치는 많은 요인을 생각해 볼 수 있다. 이런 요인들에는 소득 및 성별과 같은 개인의 특성, 신뢰도, 안락성, 연료 효율성과 같은 자동차의 특성, 신뢰도, 비용, 안전성과 같은 공적 교통수단의 특성 등이 포함된다. 우리의 예에서는 단 하나의 요인, 즉 통근시간에만 초점을 맞출 것이다. 설명변수는 다음과 같이 정의된다.

x_i = (<개인 i에 대해서> 대중교통수단인 버스를
　　　이용하는 경우의 통근시간−자가용을 이용하는
　　　경우의 통근시간)

경험적으로 볼 때 자가용을 이용하는 경우의 통근시간에 비해 대중교통수단인 버스를 이용하는 경우의 통근시간이

증가하여 x_i가 증가함에 따라, 그 밖의 다른 요인들이 일정하다고 보면, 개인은 자가용을 이용하려는 경향이 생길 것으로 기대된다. 대안 1은 직장까지 자가용을 운전하는 경우로 $y_i = 1$이라 하고, 대안 2는 공적인 대중교통수단을 이용하는 경우로 $y_i = 0$이라고 가상하자. 그러면 i번째 개인이 직장까지 자가용을 이용할 확률은 $P(y_i = 1 \mid x_i) = p(x_i)$가 된다. 통근시간의 차이와 개인이 직장까지 자가용을 이용할 확률 사이에 양의 관계가 있음을 추론할 수 있다. 개인과 이들의 선택에 관한 자료를 이용하여, 자가용에 비해 버스에 의한 통근시간이 얼마나 증가할 경우 개인이 자가용을 선택할 확률에 영향을 미치는지 그 추정값을 구할 수 있다. 이 추정값을 활용하여 자가용에 대한 통근시간보다 버스에 의한 통근시간이 예를 들면, 20분 더 길어질 때 해당 개인이 할 선택을 예측할 수 있다. 또한 이런 관계의 성격에 관한 가설을 검정하는 방법, 예를 들면 통근시간의 차이가 결정을 내리는 데 통계적으로 유의한 요인인지 여부를 검정하는 방법도 개발할 수 있다.

16.1.1 선형확률 모형

7.4절 및 8.7절에서 선형확률 모형(linear probability model)에 관해 논의하였다. 이것은 기댓값의 정의로부터 간단하게 도출되는 회귀 모형이다. (16.2)의 확률 모형을 이용하여 다음과 같이 나타낼 수 있다.

$$E(y_i \mid \mathbf{x}_i) = \sum_{y_i=0}^{1} y_i f(y_i \mid \mathbf{x}_i) = 0 \times f(0 \mid \mathbf{x}_i) + 1 \times f(1 \mid \mathbf{x}_i) = p(\mathbf{x}_i) \tag{16.3}$$

모집단 평균 결과, 즉 평균 선택은 첫 번째 대안이 선택될 확률이다. 다음과 같이 확률에 대한 선형회귀 모형을 설정하는 것이 자연스럽다.

$$p(\mathbf{x}_i) = E(y_i \mid \mathbf{x}_i) = \beta_1 + \beta_2 x_{i2} + \cdots + \beta_K x_{iK} \tag{16.4}$$

무작위 오차 e_i는 관찰된 결과 y_i와 조건부 평균 $E(y_i \mid \mathbf{x}_i)$ 사이의 차이를 설명한다고 하면 다음과 같다.

$$e_i = y_i - E(y_i \mid \mathbf{x}_i) \tag{16.5}$$

그러면 다음과 같다.

$$y_i = E(y_i|\mathbf{x}_i) + e_i = \beta_1 + \beta_2 x_{i2} + \cdots + \beta_K x_{iK} + e_i \tag{16.6}$$

$E(e_i|\mathbf{x}_i) = 0$이라면 모수의 최소제곱 추정량은 불편하거나, 또는 무작위 오차 e_i가 $\mathbf{x}_i = (x_{i1} = 1,\ x_{i2},$ $\cdots, x_{iK})$와 상관되지 않는다면 최소제곱 추정량은 일치한다. 이것들이 통상적인 OLS 특성이다.

연속적 변수 x_{ik}에 대한 한계효과(marginal effect)는 다음과 같다.

$$\partial E(y_i|\mathbf{x}_i)/\partial x_{ik} = \beta_k \tag{16.7}$$

여기에 어떤 어려움이 개입된다. $\beta_k > 0$이라고 가상하자. x_{ik}가 한 단위만큼 증가할 경우 대안 1이 선택될 확률, 즉 $p(\mathbf{x}_i)$는 일정한 양 β_k만큼 증가한다. 이로 인해서 x_{ik}가 충분히 커지면 확률이 1 이상이 될 수 있다는 결론에 도달하는 곤란한 입장에 놓이게 된다. 마찬가지로 $\beta_k < 0$인 경우, x_{ik}가 충분히 커지면 대안 1이 선택될 확률은 음이 된다. 선형확률 모형에서 이런 것들이 논리적으로 앞뒤가 맞지 않는다. 16.2절에서 선형확률 모형에 대한 대안적인 방법을 모색하는 것은 바로 이런 곤란함 때문이다. 그럼에도 불구하고 회귀모형 접근법은 매우 익숙해 있으며 지금쯤은 이미 쉽게 활용할 수 있게 되었다. 이것은 극단적이지 않은 경우에 한계효과를 추정하는 데 유용한 어림적인 방법이다.

위에서 주목한 중요한 논리적인 문제는 별개로 하더라도, 선형확률 모형을 사용할 경우 2개의 다른 덜 중요한 결과가 발생한다. 첫째, y_i는 2개의 값, 즉 1과 0만을 취하기 때문에, $\beta_1 + \beta_2 x_{i2} + \cdots + \beta_K x_{iK} + e_i$도 동일한 2개 값을 취하게 된다. $y_i = 1$인 경우, 당연히 $\beta_1 + \beta_2 x_{i2} + \cdots + \beta_K x_{iK} + e_i = 1$이 되며 따라서 다음과 같다.

$$e_i = 1 - (\beta_1 + \beta_2 x_{i2} + \cdots + \beta_K x_{iK})$$

$y_i = 0$인 경우, $\beta_1 + \beta_2 x_{i2} + \cdots + \beta_K x_{iK} + e_i = 0$이 되며 따라서 다음과 같다.

$$e_i = -(\beta_1 + \beta_2 x_{i2} + \cdots + \beta_K x_{iK})$$

누락된 모든 요인과 다른 모형설정 오차를 설명하는 무작위 오차가 2개 값만을 취한다는 것은 매우 뜻밖이다. 이것은 결과가 이항, 즉 1 또는 0인 선택문제에 선형회귀구조를 부과함으로써 나타난 결과이다.

둘째, 무작위 오차의 조건부 분산은 다음과 같다.

$$\mathrm{var}(e_i|\mathbf{x}_i) = p(\mathbf{x}_i)\big[1 - p(\mathbf{x}_i)\big] = \sigma_i^2 \tag{16.8}$$

이것은 필연적으로 이분산적이다. 선형확률 모형을 추정할 때 이런 특징을 인식해야만 한다. OLS 추정량을 사용할 경우에는, 최소한 이분산 확고한 표준오차를 사용해야 한다. 대안적인 방법으로는 8.5절에서 논의한 추정방법인 FGLS를 사용하시오.

정리문제 16.2 교통 문제 : 선형확률 모형

$N = 21$명의 자가용 및 공적인 대중교통수단의 통근시간, 이들이 선택한 통근 방법에 대한 표본자료를 활용하도록 하자. 변수 *AUTO*는 자가용 통근을 선택할 경우 1의 값을 가지며, 대중교통수단을 선택할 경우 0의 값을 갖는 모의변수이다.

$$AUTO = \begin{cases} 1 & \text{자가용을 선택한 경우} \\ 0 & \text{공적인 대중교통수단(버스)을 선택한 경우} \end{cases}$$

변수 *AUTOTIME* 및 *BUSTIME*은 통근시간을 나타낸 분이다. 고려하고 있는 설명변수는 $DTIME = (BUSTIME - AUTOTIME) \div 10$이며, 이는 10분 단위로 나타낸 통근시간 차이다. 선형확률 모형은 $AUTO_i = \beta_1 + \beta_2 DTIME_i + e_i$이다. 추정된 OLS 모형은 다음과 같으며 이분산 확고한 표준오차를 갖는다.

$$\widehat{AUTO_i} = 0.4848 + 0.0703 DTIME_i \qquad R^2 = 0.61$$
$$(\text{robse}) \quad (0.0712) \quad (0.0085)$$

공적인 대중교통수단에 의한 통근시간과 자가용에 의한 통근시간이 같아서 $DTIME = 0$이 되는 경우, 자가용에 의한 통근을 선택할 확률은 0.4848로 이는 50-50에 근접하고 95% 구간 추정값은 [0.34, 0.63]으로 추정된다. 그 밖의 모든 것이 일정하다고 보면 자가용 통근시간에 비해서 대중교통 통근시간이 증가하여 통근시간의 차이가 10분 증가할 경우 자가용 통근을 선택할 확률이 0.07만큼 증가하고, 95% 구간 추정값은 [0.0525, 0.0881]로 추정되며 이는 상대적으로 정확한 것처럼 보인다. 사실은, 정확성에 대한 판단은 해당 결과가 사용되는 용도에 달려 있다. 추정된 모형을 사용하여, 통근시간 차이가 주어질 경우 자가용 통근을 선택할 확률을 추정할 수 있다. 예를 들면, 대중교통수단에 의한 통근시간이 10분 길어져서 $DTIME = 1$인 경우, 자가용 통근을 선택할 확률은 $\widehat{AUTO_i} = 0.4848 + 0.0703(1) = 0.5551$이라고 추정된다.

위의 모형은 자료에 얼마나 잘 부합되는가? $R^2 = 0.61$이 시사하는 바는 결과변수의 변동 중 61%가 해당 모형으로 설명될 수 있다는 것을 시사한다. 확률 모형을 활용하여 해당 모형이 결과를 얼마나 잘 예측하는지 살펴볼 수 있다. 확률 임계값 0.50을 사용하여 선택을 예측해 보자. 즉 $\widehat{AUTO_i} \geq 0.50$인 경우 자가용으로 통근할 것이라고 예측하며, 그렇지 않을 경우 공적인 대중교통수단을 사용할 것이라고 예측한다. 21명으로 구성된 표본에서 10명은 자가용으로 통근하며, 11명은 공적인 대중교통수단을 사용하였다. 위의 분류 규칙을 사용할 경우 자가용 통근을 하는 10명 중 9명을 성공적으로 예측하였으며, 대중교통수단을 이용하는 11명 중 10명을 성공적으로 예측하였다. 21건 중 19건을 성공적으로 예측하였다. 자가용 운전을 할 것으로 추정한 개별 확률들을 검토해 보면, 3개의 음수값을 발견하게 된다. 대중교통수단에 의한 통근시간이 69분 이하인 경우, 자가용 통근을 할 것으로 추정될 확률이 영이거나 음이 된다. 대중교통수단에 의한 통근시간이 73분 이상인 경우, 자가용 통근을 할 것으로 추정될 확률은 1이거나 더 커진다.

16.2 이항선택 모형화

이항선택을 모형화할 때 주요한 개념은 바로 한 선택을 하거나 또는 다른 선택을 할 확률이다. 확률은 0과 1 사이에 위치해야 하며, 16.1절에서 살펴본 선형확률 모형의 결점은 이런 제한을 부과하지 않는다는 것이다. 이제는 이항선택에 대한 2개의 비선형 모형, 즉 프로비트 모형(probit model) 및 로지트 모형(logit model)을 참조해 보자. 이들 모형은 선택확률이 0과 1 사이에 위치하도록 확실히 해둔다. 선택확률 $p(\mathbf{x}_i)$가 구간 (0, 1) 사이에 위치하도록 하기 위해서, 비선형 S자 형태의 곡선이 이용될 수 있다. 그림 16.1(a)에서 어떤 그린 곡선이 단일 설명변수 x에 대해서 이를 보여주고 있다. 예를 들면, $\beta_2 > 0$이고 x가 증가함에 따라 $\beta_1 + \beta_2 x$가 증가할 경우, 확률곡선이 처음에는 신속히 증가하다가 그다음에는 감소하는 율로 증가하며 x가 어떻게 증가하더라도 확률은 1보다 작게 유지된다. 다른 방향에서 보면 확률은 0에 근접하지만 결코 도달하지는 않는다. 확률곡선의 기울기, 즉 $dp(x_i)/dx$는 x가 한 단위 변화할 경우 확률의 변화를 의미한다. 이것이 **한계효과**이며, 선형확률 모형에서와 달리 기울기가 일정하지 않다.

그림 16.1(a)의 곡선은 표준 정규 확률변수의 누적분포 함수(*cdf*)이다. S자 형태의 곡선을 선택할 경우, 이는 **프로비트**라는 모형으로 이어진다. 연속적 확률변수에 대한 어떤 누적분포 함수가 작동을 하게 될 경우, 수년에 걸쳐 여러 번의 시도가 이루어진다. 오늘날 표준 정규 누적분포 함수에 대한 주

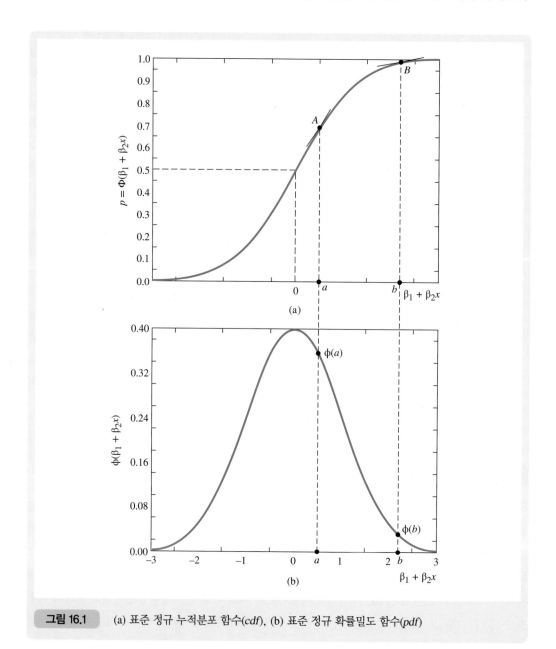

그림 16.1   (a) 표준 정규 누적분포 함수(*cdf*), (b) 표준 정규 확률밀도 함수(*pdf*)

요 경쟁상대는 로지스틱 확률변수(logistic random variable)의 누적분포 함수이며, 이는 로지트라고 하는 모형으로 이어진다. 이원선택의 경우 프로비트 및 로지트는 매우 유사한 추론을 제공해 준다. 2개 대안에 대한 관찰되지 않는 효용 요인들이 결합해서 정규적이라는 가정하에서 효용극대화 행태와 확률효용 모형으로부터 논리적으로 생성되기 때문에, 경제학자들은 개별적인 선택에 적용할 경우 로지트보다 프로비트를 선정하는 경향이 있다. 이런 틀 내에서 로지트 모형을 구하려면 2개 대안에 대한 관찰되지 않는 효용 요인들이 통계적으로 독립적이어야만 하고 생소한 확률밀도 함수(*pdf*)를 가져야 한다.[1] 하지만 로지트 모형은 많은 분야에서 폭넓게 사용되며 매우 편리하게 일반화된다. 프로비트 모형 및 로지트 모형 둘 다에 관해 논의할 것이다.

16.2.1 이항선택에 대한 프로비트 모형

위에서 주목한 것처럼 프로비트 모형은 표준 정규 누적분포 함수에 기초한다. Z가 표준 정규 확률변수라면 이것의 확률밀도 함수는 다음과 같다.

$$\phi(z) = \frac{1}{\sqrt{2\pi}} e^{-0.5z^2} \quad -\infty < z < \infty \tag{16.9a}$$

표준 정규분포의 누적분포 함수는 다음과 같다.

$$\Phi(z) = P[Z \le z] = \int_{-\infty}^{z} \frac{1}{\sqrt{2\pi}} e^{-0.5u^2} du \tag{16.9b}$$

적분식은 표준 정규 확률변수가 점 z의 왼편에 위치할 확률이다. 기하학적인 용어로 표현하면 z 왼편의 표준 정규 확률밀도 함수 아래의 면적을 말한다. 함수 $\Phi(z)$는 정규확률을 계산하기 위해서 활용해야 할 누적분포 함수이다.

프로비트 통계 모형은 대안 1이 선택될, 즉 $y_i = 1$일 확률 $p(\mathbf{x}_i)$를 다음과 같이 나타낸다.

$$P(y_i = 1|\mathbf{x}_i) = p(\mathbf{x}_i) = P[Z \le \beta_1 + \beta_2 x_{i2} + \cdots + \beta_K x_{iK}] = \Phi(\beta_1 + \beta_2 x_{i2} + \cdots + \beta_K x_{iK}) \tag{16.10}$$

여기서 $\Phi(z)$는 표준 정규 누적분포 함수이다. 식 (16.10)은 모수 β_1, $\cdots$, β_k의 비선형 함수이므로 프로비트 모형을 비선형이라고 한다. 모수 β_1, $\cdots$, β_K를 알고 있다면, 식 (16.10)을 이용하여 어떤 일련의 예측값 $\mathbf{x}_i = (x_{i1} = 1, x_{i2}, \cdots, x_{iK})$에 대해서 대안 1이 선택될 확률을 구할 수 있다. 이런 모수들을 알지 못하기 때문에 이들을 추정할 것이다.

16.2.2 프로비트 모형을 설명하기

프로비트 모형을 설명하려면 약간의 작업이 필요하다. 어떤 변수 x_{ik}가 미치는 영향을 어떻게 측정할지는 이것이 연속적이거나 또는 모의변수처럼 이산적인지 여부에 달려 있다. 설명변수가 연속적

---

1 다음을 참조하시오. Kenneth Train (2009) *Discrete Choice Methods with Simulation, Second Edition*, Cambridge University Press.

일 때 그 값의 변화가 확률 $p(\mathbf{x}_i)$에 미치는 한계효과를 살펴볼 수 있다. 설명변수가 모의변수일 때, $x_{ik} = 0$ 및 $x_{ik} = 1$과 연관된 확률 $p(\mathbf{x}_i)$ 상에서의 차이를 계산할 수 있다. 이들 두 경우 모두에서 효과의 크기는 모수값 $\beta_1, \cdots, \beta_K$뿐만 아니라 설명변수값 $\mathbf{x}_i = (x_{i1} = 1, x_{i2}, \cdots, x_{iK})$에 달려 있다는 사실을 염두에 두어야 한다. 이 경우들을 분리해서 살펴볼 것이다.

연속적 설명변수의 한계효과 x_k가 연속적 변수라면 식 (16.10)의 미분계수를 구하여 한계효과를 계산할 수 있다. 한계효과는 다음과 같다.

$$\frac{\partial p(\mathbf{x}_i)}{\partial x_{ik}} = \frac{\partial \Phi(t_i)}{\partial t_i} \cdot \frac{\partial t_i}{\partial x_{ik}} = \phi(\beta_1 + \beta_2 x_{i2} + \cdots + \beta_K x_{iK})\beta_k \tag{16.11}$$

여기서 $t_i = \beta_1 + \beta_2 x_{i2} + \cdots + \beta_K x_{iK}$ 및 $\phi(\beta_1 + \beta_2 x_{i2} + \cdots + \beta_K x_{iK})$는 $\beta_1 + \beta_2 x_{i2} + \cdots + \beta_K x_{iK}$에서 평가하는 표준 정규 확률밀도 함수이다. 이 결과를 얻기 위해서 미분법의 연쇄법칙을 이용하였다. 한계효과는 표준 정규 확률변수의 확률밀도 함수 $\phi(\bullet)$를 포함한다는 점에 주목하자.

대수적인 과정을 간단히 하기 위해서, 단 1개의 연속적 설명변수 x가 있다고 가상하자. 그러면 프로비트 확률 모형은 $p(x_i) = P[Z \leq \beta_1 + \beta_2 x_i] = \Phi(\beta_1 + \beta_2 x_i)$가 된다. $\beta_2 > 0$이라고 가정할 경우, 이것은 그림 16.1(a)의 S자 형태 곡선식이다. 그림 16.1(a)의 점 A에서 $\beta_1 + \beta_2 x_i = a$이며, x의 변화가 확률에 미치는 한계효과는 접선의 기울기이다. 그림 16.1(a)의 점 B에서 $\beta_1 + \beta_2 x_i = b$이며, $\Phi(b)$는 더 커지고 한계효과는 더 작아진다. 이로 인해 x가 증가함에 따라 확률 함수가 1보다 작게 유지된다.

한계효과의 식 $dp(x_i)/dx_i = \phi(\beta_1 + \beta_2 x_i)\beta_2$는 점 $\beta_1 + \beta_2 x_i$에서의 확률 함수 기울기이다. 그림 16.1(b)에서 도표로 나타낸 확률밀도 함수 $\phi(\beta_1 + \beta_2 x_i)$는 누적분포 함수 $\Phi(\beta_1 + \beta_2 x_i)$와의 관계로 인해서 한계효과 상에 그려져 있다. $\phi(a) > \phi(b)$이기 때문에 점 A에서의 한계효과가 더 크다. 한계효과의 식, $dp(x_i)/dx_i = \phi(\beta_1 + \beta_2 x_i)\beta_2$는 다음과 같은 의미를 갖고 있다.

1. $\phi(\beta_1 + \beta_2 x_i)$는 확률밀도 함수이므로 그 값은 언제나 양수이다. 따라서 $dp(x_i)/dx_i$의 부호는 β_2의 부호에 의해 결정된다. $\beta_2 > 0$인 경우 $dp(x_i)/dx_i > 0$이며, $\beta_2 < 0$인 경우 $dp(x_i)/dx_i < 0$이다.

2. x_i가 변화함에 따라 함수 $\phi(\beta_1 + \beta_2 x_i)$의 값도 변화한다. $\beta_1 + \beta_2 x_i = 0$일 때 표준 정규 확률밀도 함수는 최댓값을 갖게 된다. 이 경우 $p(x_i) = P[Z \leq 0] = \Phi(0) = 0.5$이며, 대안 1 및 대안 2가 선택될 확률이 동일하다. 이 경우 개인이 '경계선 상'에 있기 때문에 x_i의 변화효과가 가장 큰 효과를 갖는다. 즉 한계효과가 가장 커진다는 점은 이치에 닿는다.

3. 반면에 $\beta_1 + \beta_2 x_i$가 예를 들어, 거의 3이 될 정도로 커지면, 개인이 대안 1을 선택할 확률 $p(x_i)$는 매우 커져서 1에 근접하게 된다. 이 경우 $\phi(\beta_1 + \beta_2 x_i)$는 거의 0에 가깝기 때문에, x_i의 변화가 상대적으로 거의 영향을 미치지 못한다. $\beta_1 + \beta_2 x_i$가 예를 들어, 거의 -3이 될 정도로 큰 음의 값을 갖는다면 동일한 현상이 발생한다. 이런 결과들은 $p(x_i)$가 거의 0이거나 1이 되어 개인이 자신의 선택을 '설정'한 경우, 작은 변화가 x_i에 미치는 영향은 거의 무시해도 좋다는 의미와 같다.

모의 설명변수의 이산적 변화효과 식 (16.11)의 한식계효과는 설명변수 x_k가 연속적인 경우에만 타당하다. x_k가 예를 들면, 개인의 성별에 대한 모의변수처럼 이산적 변수인 경우, 식 (16.11)의 미분계수는 사용될 수 없다. 대신에 0부터 1까지 변하는 x_k의 확률효과상의 이산적 변화를 다음과 같이 계산할 수 있다.

$$\Delta p(\mathbf{x}_i) = p(\mathbf{x}_i | x_{ki} = 1) - p(\mathbf{x}_i | x_{ki} = 0) \tag{16.12a}$$

기호를 단순화하기 위해서 $p(\mathbf{x}_i) = \Phi(\beta_1 + \beta_2 x_{i2} + \delta D_i)$라고 가상하자. 여기서 D_i는 모의변수이다. $D_i = 1$일 때 대안 1을 선택할 확률을 $D_i = 0$일 때의 확률과 비교한 차이는 다음과 같다.

$$\Delta p(\mathbf{x}_i) = p(\mathbf{x}_i | D_i = 1) - p(\mathbf{x}_i | D_i = 0) = \Phi(\beta_1 + \beta_2 x_{i2} + \delta) - \Phi(\beta_1 + \beta_2 x_{i2}) \quad (16.12b)$$

변화는 모수 δ의 부호에 따라 양이 될 수도 있고 음이 될 수도 있다. $\delta > 0$인 경우 대안 1을 선택할 확률이 증가하며, $\delta < 0$인 경우 대안 1을 선택할 확률이 감소한다. 효과의 크기는 모수 δ의 부호 및 규모에 따르지만, 다른 설명변수들과 이들의 모수값에도 의존한다.

설명변수의 이산적 변화효과　이산적 변화 접근법을 이용하는 것은 모의변수에 한정되지 않는다. 이것은 예를 들면, $x_3 = 0, 1, 2, \cdots$와 같은 가산 설명변수에도 사용될 수 있다. y_i를 혈압이 높은지 여부와 같은 개인의 건강상태 결과라 하고, x_3는 주당 운동 횟수라고 가상하자. 주당 운동을 한 번에서 세 번으로 증가시킬 경우, 고혈압 진단을 받을 확률의 변화에 관심을 가질 수 있다. 이산적 변화 접근법은 연속적 변수에 대해서도 사용될 수 있다. x_3를 주당 운동을 하는 분 수라고 가상하자. 주당 운동시간을 90분에서 120분으로 증가시킬 경우, 고혈압 진단을 받을 확률의 변화에 관심을 가질 수 있다. 일반적으로 말해 $x_{i3} = c$에서 $x_{i3} = c + \delta$로 변화하는 경우에 관심이 있다고 가상하자. 그러면 확률의 이산적 변화는 다음과 같다.

$$\begin{aligned} \Delta p(\mathbf{x}_i) &= p(\mathbf{x}_i | x_{i3} = c + \delta) - p(\mathbf{x}_i | x_{i3} = c) \\ &= \Phi(\beta_1 + \beta_2 x_{i2} + \beta_3 c + \beta_3 \delta) - \Phi(\beta_1 + \beta_2 x_{i2} + \beta_3 c) \end{aligned} \tag{16.12c}$$

모형이 비선형이기 때문에, c 및 δ의 값은 확률 변화에 영향을 미치게 된다.

한계효과 및 이산적 변화효과 추정하기　식 (16.11)의 한계효과와 식 (16.12)의 이산적 변화효과를 추정하기 위해서는 모수 추정값 $\tilde{\beta}_1, \cdots, \tilde{\beta}_K$를 알고 있어야 한다. 추정값은 최우 추정법(maximum likelihood estimation)을 통해 구할 수 있으며, 이에 대해서는 16.2.3절에서 논의할 것이다. 여러분은 이 추정값들을 알고 있다고 가상하자. 실제로는 단순한 컴퓨터 명령을 통해 OLS 추정값처럼 구할 수 있다. 이제는 설명변수 $\mathbf{x}_i = (x_{i1} = 1, x_{i2}, \cdots, x_{iK})$의 가능한 값들에 대해 집중하도록 하자. 한계효과를 발표하는 몇 가지 선택적인 방법이 있다.

1. **평균에서의 한계효과(MEM)**[2]   한 가지 선택은 $\bar{\mathbf{x}} = (1, \bar{x}_2, \cdots, \bar{x}_K)$이며, 여기서 $\bar{x}_k$는 k번째 설명변수에 대한 값들의 표본 평균이다. 여기서는 관심 있는 두 가지 점이 있다. 첫째, 선형회귀 모형과 달리 자료에 적합한 프로비트 모형은 '평균점'을 통과하지 않으므로, 점 $\bar{\mathbf{x}}$를 선택하는 것은 특별한 의미를 갖지 않는다. 둘째, 예를 들어 여성인 경우 $x_{ik} = 1$ 및 남성인 경우 $x_{ik} = 0$과 같은 모의변수에 대한 평균값 $\bar{x}_k$는 여성인 표본의 비율이다. 1 또는 0 대신에 $\bar{x}_k = 0.53$을 가질 수 있으며, 이는 표본의 53%가 여성이라는 사실을 의미한다.

2. **대푯값에서의 한계효과(MER)**   가능한 다른 선택은 특정 계획을 반영한 $\mathbf{x}_i = \_x_{i1} = 1, x_{i2}, \cdots,$ x_{iK}의 값들, 즉 결과에 대해 이야기를 말하는 일련의 값들을 선택하는 것이다. 즉 x_{i2}는 어떤 사람의 재학 연수, x_{i3}는 성별(1 = 여성), x_{i4}는 소득($1,000)이라고 가상하자. $\mathbf{x}_i = \_1, x_{i2} = 14,$ $x_{i3} = 1, x_{i4} = 100$이라고 특정하면, 이는 재학 연수가 14년이며 소득이 $100,000인 여성을 대표한다. 변수들에 대한 대푯값은 연구에서 제기된 의문의 틀 내에서 어떤 의미를 가져야 하기 때문에 이 접근법은 더 많은 작업이 요구되지만, 어떤 의미에서는 연구결과를 설명할 때 가장 의미를 갖게 된다. 물론 변수들의 대푯값 중 일부는 변수의 평균값, 중앙값, 4분위수가 될 수도 있다.

3. **평균 한계효과(AME)**   세 번째 방법은 표본 평균 한계효과를 계산하는 것이다. 연속적 변수의 경우 평균 한계효과는 각 표본 관찰값에서 평가된 식 (16.11)의 표본 평균이며 이는 다음과 같다.

$$\text{AME}(x_k) = N^{-1} \sum_{i=1}^{N} \partial p(\mathbf{x}_i)/\partial x_{ik} = \beta_k \sum_{i=1}^{N} \phi(\beta_1 + \beta_2 x_{i2} + \cdots + \beta_K x_{iK})/N \tag{16.13a}$$

이산적 변수의 경우 식 (16.12a)의 차이를 평균한다. 단순 모형 $p(\mathbf{x}_i) = \Phi(\beta_1 + \beta_2 x_{i2} + \delta D_i)$의 경우, 이런 평균은 다음과 같다.

$$\begin{aligned}
\text{AME}(D) &= N^{-1} \sum_{i=1}^{N} \Delta p(\mathbf{x}_i) \\
&= \sum_{i=1}^{N} \Phi(\beta_1 + \beta_2 x_{i2} + \delta)/N - \sum_{i=1}^{N} \Phi(\beta_1 + \beta_2 x_{i2})/N
\end{aligned} \tag{16.13b}$$

예를 들어, 개인이 여성인 경우 $D_i = 1$이라면, 첫 번째 항 $\sum_{i=1}^{N} \Phi(\beta_1 + \beta_2 x_{i2} + \delta)/N$은 표본에 있는 모든 사람에게 여성 성별을 배정하고, 두 번째 항 $\sum_{i=1}^{N} \Phi(\beta_1 + \beta_2 x_{i2})/N$은 표본에 있는 모든 사람에게 남성 성별을 배정한다. 평균 한계효과를 계산하는 데 따른 두 가지 이점이 있다. 첫째, 무엇을 할지에 관한 선택을 해야 하는 부담을 완화해 준다. 둘째, 대수법칙 주장에 따를 경우 표본평균 한계효과 또는 이산적 변화효과는 변수의 변화에 대한 모집단 평균 반응을 추정한 것으로 간주될 수 있다.

4. **히스토그램**   네 번째 방법은 표본의 각 $\mathbf{x}_i$에 대해 계산된 한계효과의 히스토그램을 검토하는 것이다.

---

2   다음에 기초하여 약어인 MEM, MER, AME를 사용할 것이다. Cameron and Trivedi (2010) *Microeconometrics Using Stata, Second Edition*, pp. 343–356.

프로비트 모형을 이용하여 선택을 예측하기   마지막으로, 그렇지만 앞에서 살펴본 것과 마찬가지로 중요한 사항은 다음과 같다. 개인의 어떤 대안이나 다른 대안을 선택할 확률을 예측할 뿐만 아니라 이들이 할 선택을 예측하기 위해서 프로비트 모형을 사용할 수 있다. 확률 모형은 $p(\mathbf{x}_i) = \Phi(\beta_1 + \beta_2 x_{i2} + \cdots + \beta_K x_{iK})$이다. 설명변수값과 모수 추정값 $\tilde{\beta}_1, \cdots, \tilde{\beta}_K$가 주어진 경우 개인이 한 대안을 선택할 확률은 $\tilde{p}(\mathbf{x}_i) = \Phi(\tilde{\beta}_1 + \tilde{\beta}_2 x_{i2} + \cdots + \tilde{\beta}_K x_{iK})$로 추정할 수 있다. 추정한 확률은 적합한 임계값 τ와 비교함으로써 선택을 예측할 수 있다. 마음에 떠오르는 첫 번째 임계값은 0.5이다. 확률이 0.5 이상이라고 추정할 경우 $\tilde{y}_i = 1$이라 예측하고, 추정된 확률이 0.5 미만이면 $\tilde{y}_i = 0$이라고 예측한다.

임계값 0.5가 반드시 사용해야 하는 최선의 임계값이라고 할 수는 없다. 예를 들어, 여러분이 대출 기관의 대부 담당자이고 희망자에게 대출 제공 여부를 결정해야 한다고 가상하자. 이전 차용인들에 관한 자료를 활용하여, 대출금이 정시에 상환될 경우 $y_i = 1$이거나 그렇지 않을 경우 $y_i = 0$인 프로비트 모형을 차용인과 해당 대출이 갖는 특징의 함수로서 추정할 수 있다. 차용인들 중 90%가 대출금을 상환한다면, 대출 희망자의 추정된 상환 확률이 0.60인 경우 대출 제공의 승인 가능성이 약화된다. 대출 제공자에게 있어서 이윤을 극대화하는 임계값 τ^*를 선택하는 작업은 용이하지 않다. 올바른 결정은 상환할 사람에게 대출을 해 주고, 하지 않을 사람에게 대출을 하지 않는 것이다. 대출자들은 두 가지 형태의 잘못된 결정을 숙고해야 한다. 상환되지 않는 사람에게 대출을 제공할 경우, 대출금 추심과 연관된 비용(손실), 예를 들면 추가 대응, 법적 조치 등과 관련된 비용이 발생한다. 상환하게 될 사람에게 대출을 제공하지 않을 경우 이윤이 사라져서 기회비용이 발생한다. 대출자들은 이런 실수에 따른 비용을 비교해야 한다. 임계값을 올리면 사라진 이윤이 증가하는 반면에 임계값을 낮추면 추심비용이 증가한다. 모든 형태의 상황에 적합한 단 하나의 일반적인 임계값은 존재하지 않는다.

16.2.3 프로비트 모형의 최우 추정법

최우 추정법(MLE)은 이따금 동일한 결과를 제공하기도 하는 최소제곱 원칙 또는 예를 들면, 일반 최소제곱이나 적률법과 같은 원칙에 대한 대안이 되는 원칙에 기초한다. 최우 추정법은 프로비트 이원 선택 모형을 포함해서 이 장에서 논의하는 모형에 매우 적합하다. 적합한 조건하에서 최우 추정량은 대표본에서 타당한 특성들을 갖는다. $\tilde{\beta}_k$가 모수 β_k의 최우 추정량이라면, 그것은 일치하는 추정량, 즉 $\text{plim } \tilde{\beta}_k = \beta_k$이고 대표본에서 대략적으로 정규분포, 즉 $\tilde{\beta}_k \overset{a}{\sim} N[\beta_k, \text{var}(\tilde{\beta}_k)]$를 한다. (복잡한 대수적인 과정을 거쳐야 하지만) 추정량 분산은 알 수 있으며 몇 가지 방법을 통해 일치하게 추정될 수 있다. $\widehat{\text{var}}(\tilde{\beta}_k)$가 $\text{var}(\tilde{\beta}_k)$의 일치하는 추정량이라면, 표준오차 $\text{se}(\tilde{\beta}_k) = \sqrt{\widehat{\text{var}}(\tilde{\beta}_k)}$를 계산할 수 있다. 이 표준오차를 사용하여 구간 추정값 $\tilde{\beta}_k \pm z_{(1-\alpha/2)} \text{se}(\tilde{\beta}_k)$를 계산하고, t-검정을 시행하며, 일상적인 방법으로 기타 다른 작업도 할 수 있다. 정리문제 16.3에서 최우 추정법의 핵심적인 내용을 제시할 것이다.

(⌖) 정리문제 16.3   **프로비트 최대 우도 : 소규모 사례**

정리문제 16.1 및 16.2에서 간략화된 교통수단 선택 모형을 소개하면서 최우 추정법의 개념을 설명하였다. 세 명 을 무작위로 뽑았으며 이 중 처음 두 사람은 자가용으로 통근하며 세 번째 사람은 대중교통수단을 이용한다고, 즉

$y_1 = 1$, $y_2 = 1$, $y_3 = 0$이라고 가상하자. 나아가 이들 세 명에 대해 10분 단위로 측정한 통근시간 차이는 $x_1 = 1.5$, $x_2 = 0.6$, $x_3 = 0.7$이라고 가상하자. $y_1 = 1$, $y_2 = 1$, $y_3 = 0$이 관찰될 결합확률은 무엇인가? y_i에 대한 확률 함수는 식 (16.2)에 의해 주어지며, 이를 프로비트 모형 식 (16.10)과 결합시키면 다음과 같다.

$$f(y_i|x_i)$$
$$= \left[\Phi(\beta_1 + \beta_2 x_i)\right]^{y_i} \left[1 - \Phi(\beta_1 + \beta_2 x_i)\right]^{1-y_i}, \quad y_i = 0, 1$$

세 명을 독립적으로 뽑았다면, y_1, y_2, y_3에 대한 결합 확률밀도 함수는 한계확률 함수의 곱이다.

$$f(y_1, y_2, y_3 | x_1, x_2, x_3) = f(y_1|x_1)\, f(y_2|x_2)\, f(y_3|x_3)$$

따라서, $y_1 = 1$, $y_2 = 1$, $y_3 = 0$을 관찰할 확률은 다음과 같다.

$$P(y_1 = 1, y_2 = 1, y_3 = 0|x_1, x_2, x_3)$$
$$= f(1, 1, 0|x_1, x_2, x_3) = f(1|x_1)\, f(1|x_2)\, f(0|x_3)$$

y값 및 x값을 대입하면 다음과 같다.

$$P(y_1 = 1, y_2 = 1, y_3 = 0|x_1, x_2, x_3)$$
$$= \Phi[\beta_1 + \beta_2(1.5)] \times \Phi[\beta_1 + \beta_2(0.6)]$$
$$\times \left\{1 - \Phi[\beta_1 + \beta_2(0.7)]\right\} \qquad (16.14)$$
$$= L(\beta_1, \beta_2 | \mathbf{y}, \mathbf{x})$$

통계학에서는 표본자료를 관찰할 확률을 알려주는 함수 식 (16.14)를 우도 함수(likelihood function)라고 한다. 기호로 나타낸 $L(\beta_1, \beta_2 | \mathbf{y}, \mathbf{x})$는 일단 자료가 주어지면 우도 함수는 알지 못하는 모수들의 함수라는 사실을 알려 준다. 직관적으로 볼 때 관찰된 결과의 확률 또는 가능성을 극대화하는 $\tilde{\beta}_1$ 및 $\tilde{\beta}_2$의 값을 추정값으로 사용하는 것이 합리적이다. 불행하게도 프로비트 모형의 경우, 선형회귀 모형의 최소제곱 추정법처럼 $\tilde{\beta}_1$ 및 $\tilde{\beta}_2$의 값을 알려 주는 공식이 존재하지 않는다. 따라서 컴퓨터 및 계산분석기법을 사용해서 $L(\beta_1, \beta_2 | \mathbf{y}, \mathbf{x})$를 극대화하는 $\tilde{\beta}_1$ 및 $\tilde{\beta}_2$의 값을 구해야 한다. 실제로는 식 (16.14)를 극대화하는 대신에 식 (16.14)의 대수 형태, 소위 대수-우도 함수(log-likelihood function)를 극대화한다.

$$\ln L(\beta_1, \beta_2 | \mathbf{y}, \mathbf{x}) = \ln\left\{\Phi[\beta_1 + \beta_2(1.5)] \times \Phi[\beta_1 + \beta_2(0.6)]\right.$$
$$\left. \times \left\{1 - \Phi[\beta_1 + \beta_2(0.7)]\right\}\right\}$$
$$= \ln\Phi[\beta_1 + \beta_2(1.5)] + \ln\Phi[\beta_1 + \beta_2(0.6)]$$
$$+ \ln\left\{1 - \Phi[\beta_1 + \beta_2(0.7)]\right\}$$

$$(16.15)$$

겉으로 보기에 식 (16.9)의 $\Phi(z)$는 복잡한 함수이므로 어려운 일인 것처럼 보인다. 하지만 식 (16.15)를 극대화하기 위해 컴퓨터를 사용하면 상대적으로 용이한 과정이다.

대수-우도 함수 $\ln L(\beta_1, \beta_2 | \mathbf{y}, \mathbf{x})$를 최대화하는 것이 식 (16.14)를 최대화하는 것보다 더 용이하다. 왜냐하면 대수-우도 함수는 항들의 합이지 항들의 곱이 아니기 때문이다. 2개 함수 $L(\beta_1, \beta_2 | \mathbf{y}, \mathbf{x})$ 및 $\ln L(\beta_1, \beta_2 | \mathbf{y}, \mathbf{x})$의 최댓값이 β_1 및 β_2의 동일한 값, 즉 $\tilde{\beta}_1$ 및 $\tilde{\beta}_2$에서 달성되도록, 대수는 감소하지 않는 또는 단조로운 함수이다. 최대화하는 값 $\tilde{\beta}_1$ 및 $\tilde{\beta}_2$에서 구한 대수-우도 함수 식 (16.15)의 값은 가설검정을 하는 데 매우 유용하며, 이는 16.2.4절 및 16.2.5절에서 논의할 것이다. 계량경제 소프트웨어를 사용하면 식 (16.15)를 최대화하는 모수값으로 $\tilde{\beta}_1 = -1.1525$ 및 $\tilde{\beta}_2 = 0.1892$를 구할 수 있다. 이 값들은 대수-우도 함수 $\ln L(\beta_1, \beta_2 | \mathbf{y}, \mathbf{x})$를 최대화하고, 또한 우도 함수 $L(\beta_1, \beta_2 | \mathbf{y}, \mathbf{x})$를 최대화한다. 이들은 최대우도 추정값이다. 우리가 시도할 수도 있는 다른 모수값들은 더 낮은 대수-우도 함수값을 갖게 한다. 위에서 구한 값을 식 (16.15)에 대입하면 최대우도 추정값에서 구한 대수-우도 함수의 값을 얻을 수 있으며, 이는 $L(\tilde{\beta}_1, \tilde{\beta}_2 | \mathbf{y}, \mathbf{x}) = -1.5940$이 된다.

최우 추정법 절차의 흥미로운 특징은 소표본에서의 특성은 알려져 있지 않은 반면에 대표본에서의 최우 추정량은 정규분포하고 일치하며, 경합되는 추정량이 더 작은 분산을 갖지 못한다는 의미에서 최우수라는 사실을 보여줄 수 있다.

시범을 보이기 위한 목적만을 위해서 위의 숫자에 기초한 실례에서는 단지 3개 관찰값만을 사용하였다. 실제로 이런 최우추정법 절차는 대표본을 활용할 수 있을 때만 사용해야 한다. 다음 절에서는 프로비트 선택 모형의 더 많은 면을 보여주는 또 다른 간단한 예를 살펴볼 것이다.

🔍 정리문제 16.4   교통 자료 : 프로비트

정리문제 16.2에서는 교통에 관한 자료를 사용하여 선형 확률 모형을 추정하였다. 여기서는 프로비트 추정을 실행할 것이다. 프로비트 모형은 $P(AUTO = 1) = \Phi(\beta_1 + \beta_2 DTIME)$이다. 모수들의 최우 추정값은 다음과 같다.

$$\tilde{\beta}_1 + \tilde{\beta}_2 DTIME = -0.0644 + 0.3000 DTIME$$
$$\text{(se)} \qquad (0.3992) \quad (0.1029)$$

모수 추정값 밑에 있는 괄호 안의 값은 대표본인 경우 타당한 추정된 표준오차이다. 이 표준오차는 가설을 검정하고 통상적인 방법으로 구간 추정값을 구하는 데 사용될 수 있으며, 이것은 대표본인 경우에만 타당하다. $\tilde{\beta}_1$이 음의 부호를 갖는다는 의미는, 대중교통수단과 자가용을 이용한 통근시간이 같아서 $DTIME = 0$인 경우 추정 계수가 통계적으로 유의하지는 않지만 대중교통수단과 비교해서 자가용으로 통근하는 경우에 반하는 편의가 있다는 것이다. $DTIME = 0$일 때 자가용으로 통근하는 선택을 할 추정된 확률은 $\hat{P}(AUTO = 1 \mid DTIME = 0) = \Phi(-0.0644) = 0.4743$이다. $\tilde{\beta}_2$가 양의 부호인 것은, 자가운전에 비해 대중교통수단 통근시간이 증가함에 따라 자가용 통근을 선택할 확률이 증대된다는 의미이며 이 계수는 통계적으로 유의하다.

대중교통수단을 이용하여 통근을 할 경우 자가용으로 할 경우보다 현재 20분 더 소요된다면, 증가한 대중교통수단에 의한 통근시간이 미치는 한계효과를 추정해 보고자 한다고 가상하자. 식 (16.11)을 이용하면 다음과 같다.

$$\widetilde{\frac{dp}{dDTIME}} = \phi(\tilde{\beta}_1 + \tilde{\beta}_2 DTIME)\tilde{\beta}_2$$
$$= \phi(-0.0644 + 0.3000 \times 2)(0.3000)$$
$$= \phi(0.5355)(0.3000) = 0.3456 \times 0.3000 = 0.1037$$

프로비트 확률 모형에 따르면, 대중교통수단이 자가용보다 통근하는 데 이미 20분 더 걸리는 경우, 대중교통수단을 이용한 통근시간이 1개 증분(10분) 더 증가하면 자가운전을 이용하여 통근할 확률이 약 0.1037만큼 증대된다.

프로비트 모형의 추정 모수를 이용하여, 통근할 때 자가용과 대중교통수단 중 어느 것을 선택해야 하는 개인의 행태를 또한 '예측'할 수 있다. 자가용이 아닌 대중교통수단을 이용하여 통근할 경우 30분 더 걸리는 상황이라면, 자가운전을 선택할 것으로 추정된 확률은 식 (16.12)를 이용하면 다음과 같이 계산할 수 있다.

$$\hat{p} = \Phi(\tilde{\beta}_1 + \tilde{\beta}_2 DTIME) = \Phi(-0.0644 + 0.3000 \times 3)$$
$$= 0.7983$$

자가운전을 선택할 것으로 추정된 확률은 0.7983이며 이는 0.5보다 크므로, 통근할 때 대중교통수단이 자가용보다 30분 더 소요되는 경우 자가용을 선택하게 될 것이라고 '예측' 할 수 있다.

🔍 정리문제 16.5   교통 자료 : 추가적인 추정 후 분석

정리문제 16.4에서는 통근수단 선택에 관한 프로비트 모형을 추정하고 기본계산을 설명하였다. 여기서는 추가적으로 보다 발전된 추정 후 분석을 시행할 것이다.

대푯값에서의 한계효과(MER)

통근시간 차이의 변화에 따른 한계효과는 다음과 같다.

$$\widehat{\frac{dp}{dDTIME}} = \phi(\tilde{\beta}_1 + \tilde{\beta}_2 DTIME)\tilde{\beta}_2 = g(\tilde{\beta}_1, \tilde{\beta}_2)$$

$DTIME$이 주어진 경우 한계효과는 추정량 $\tilde{\beta}_1$ 및 $\tilde{\beta}_2$의 함수이므로, 이는 추정량이 된다. 한계효과 추정량은 일치하며 점근적으로 정규분포한다고 보고 한계효과를 검정하거나, 이에 대한 구간 추정값을 계산할 수 있다. 예를 들어, 시간차이가 현재 20분이고 따라서 대푯값이 $DTIME = 2$라면 추정된 한계효과(MER)는 0.1037이고 한계효과의 추정된 표준오차는 0.0326이 된다. 따라서 t-임계값 $t_{(0.975, 19)} = 2.093$을 사용해서 한계효과의 구간 추정값 [0.0354, 0.1720]을 구할 수 있다. 이 구간은 상당히 넓다. 하지만 최우 추정값이 21개 관찰값에만 기초하였으며 이는 매우 작은 표본이라는 사실을 기억하자.

평균에서의 한계효과(MEM)

관심이 있는 특정값을 확인하기 어려운 경우, 많은 연구자들은 '평균에서의' 한계효과(MEM)를 구한다. 관련 자료에서 평균 통근시간 차이가 $\overline{DTIME} = -0.1224$(1.2분)이며, 이 값에 대해 통근시간 차이가 10분 증가함에 따른 한계효과는 0.1191이다. $DTIME = 2$의 한계효과와 비교해 보면 한계효과가 약간 더 크며, 이는 16.2.2절에서 논의한 사항과 일치한다. 평균 통근시간 차이가 영에 근접할 경우 통근시간 차이의 변화가 미치는 영향은 더 커진다. $\overline{DTIME}$을 주어진 것으로 취급할 경우 MER에서와 마찬가지로 한계효과에 대한 표준오차를 계산할 수 있다.

평균 한계효과(AME)

특정값 또는 평균값에서의 한계효과를 구하기보다, 각 표본 자료점에서 구한 한계효과들의 평균을 구할 수 있다. 즉 다음과 같다.

$$\begin{aligned}\widehat{\text{AME}} &= \frac{1}{N}\sum_{i=1}^{N}\phi(\tilde{\beta}_1 + \tilde{\beta}_2 DTIME_i)\tilde{\beta}_2 \\ &= \frac{1}{N}\tilde{\beta}_2\sum_{i=1}^{N}\phi(\tilde{\beta}_1 + \tilde{\beta}_2 DTIME_i)\end{aligned}$$

평균 한계효과는 평균에서의 한계효과를 계산하는 것에 대한 대안적인 방법으로 널리 사용되고 있다. 왜냐하면 그것이 설명변수값의 변화에 대한 표본에 있는 개체들의 반응을 요약해서 보여주기 때문이다. 현재의 예에서 $\widehat{\text{AME}}$ = 0.0484이며, 이것은 자가용 통근시간에 비해 대중교통수단의 통근시간이 10분 증가할 경우, 추정된 확률상의 표본 평균 증가분이다. 추정된 한계효과는 표본 평균 증가분이다. 추정된 한계효과는 표본에 있는 각 개체들에 대해 서로 상이하기 때문에, 평균값뿐만 아니라 표본에서의 변동에도 관심을 갖고 있다. $\phi(\tilde{\beta}_1 + \tilde{\beta}_2 DTIME_i)\tilde{\beta}_2$의 표본 표준편차는 0.0365이며 최솟값과 최댓값은 0.0025와 0.1153이다.

평균 한계효과의 표준오차를 계산할 수 있다. $\widehat{\text{AME}}$ = 0.0484라는 사실을 기억하자. 추정된 표준오차는 0.0034이다. 모집단 평균 한계효과의 95% 구간 추정값을 t-임계값을 사용하여 구하면 [0.0413, 0.0556]이다. 이것은 MER 구간 추정값보다 구간이 훨씬 더 좁은데, 그 이유는 다른 양, 즉 $\text{AME} = \frac{1}{N}\beta_2\sum_{i=1}^{N}\phi(\beta_1 + \beta_2 DTIME_i)$를 추정하기 때문이다.

자가용을 선택할 추정된 확률

통근시간 차이가 30분이라고 주어진 경우 $AUTO = 1$일 추정된 확률은 $\hat{p} = \Phi(\tilde{\beta}_1 + \tilde{\beta}_2 DTIME) = \Phi(-0.0644 + 0.3000 \times 3) = 0.7983$이다. 예측된 확률은 모수 추정값들의 비선형 함수라는 사실에 주목하자. 예측에 대한 표준오차를 계산할 수 있고 이에 따른 구간 추정값도 구할 수 있다. 계산된 표준오차는 0.1425이며, t-임계값 $t_{(0.975, 19)} = 2.093$을 사용하여 구한 95% 예측구간은 [0.5000, 1.0966]이다. 구간의 상단점(1.0966)이 1보다 크다는 사실에 주목하자. 이는 일부 값들이 실행 불가능하다는 의미이다.

이 정리문제는 프로비트 모형이 어떻게 작동하는지를 간단한 문제에서 설명하기 위해 사용되었다. 실제로는 우리가 사용한 $N = 21$개처럼 적은 수의 관찰값을 갖고 프로비트 및 로지트처럼 복잡한 모형을 추정하는 것은 좋은 생각이 아니다. 사실상 미시계량경제 모형들은 더욱 많은 모수를 갖고 있으며 이따금 매우 큰 자료세트를 이용하여 추정된다.

16.2.4 이항선택에 대한 로지트 모형

이항선택을 해야 하는 상황에서 프로비트 모형에 대한 대안으로 자주 사용되는 것은 **로지트** 모형이다. 이 모형은 확률을 $[0, 1]$ 구간에 한정시키기 위해 특별한 S자 형태의 곡선을 사용한다는 점이 다를 뿐이다. L이 로지스틱 확률변수라면 그것의 확률밀도 함수는 다음과 같다.

$$\lambda(l) = \frac{e^{-l}}{\left(1 + e^{-l}\right)^2}, \quad -\infty < l < \infty \tag{16.16}$$

정규분포와 달리 이에 상응하는 누적분포 함수는 닫힌 형태의 식이어서, 이는 분석을 다소 더 용이하게 해 준다. 로지스틱 확률변수의 누적분포 함수는 다음과 같다.

$$\Lambda(l) = p[L \le l] = \frac{1}{1 + e^{-l}} \tag{16.17}$$

로지트 모형에서 단 하나의 설명변수 x가 있다면, 관찰된 값 y가 1의 값을 취할 확률 $p(x)$는 다음과 같다.

$$p(x) = P\left[L \le \gamma_1 + \gamma_2 x\right] = \Lambda\left(\gamma_1 + \gamma_2 x\right) = \frac{1}{1 + e^{-(\gamma_1 + \gamma_2 x)}} \tag{16.18}$$

$p(x)$의 보다 일반적인 유용한 형태는 다음과 같다.

$$p(x) = \frac{1}{1 + e^{-(\gamma_1 + \gamma_2 x)}} = \frac{\exp(\gamma_1 + \gamma_2 x)}{1 + \exp(\gamma_1 + \gamma_2 x)}$$

그러면 $y = 0$인 확률은 다음과 같다.

$$1 - p(x) = \frac{1}{1 + \exp(\gamma_1 + \gamma_2 x)}$$

이런 방법으로 나타내는 로지트 모형은 2개를 초과하는 대안 사이에서 선택을 하는 경우로 확대될 수 있으며 이에 대해서는 이 장의 16.3절에서 살펴볼 것이다.

로지트 모형의 최우 추정법에서 식 (16.18)에 주어진 확률을 이용하여 'Φ' 대신에 'Λ'를 끼워 넣음으로써 우도 함수 식 (16.14)를 만들 수 있다. 로지트 추정값을 해석하기 위해서, 정규 확률밀도 함수 대신에 식 (16.16)을 사용할 경우 식 (16.11) 및 (16.12)는 여전히 타당하다.

로지스틱 확률밀도 함수와 정규 확률밀도 함수의 형태가 다소 다르며, β_1 및 β_2의 최우 추정값도 γ_1

및 γ_2와 다르다. 대략적으로 다음과 같다.[3]

$$\tilde{\gamma}_{\text{Logit}} \cong 4\hat{\beta}_{\text{LPM}}$$

$$\tilde{\beta}_{\text{Probit}} \cong 2.5\hat{\beta}_{\text{LPM}}$$

$$\tilde{\gamma}_{\text{Logit}} \cong 1.6\tilde{\beta}_{\text{Probit}}$$

프로비트 모수 추정값과 로지트 모수 추정값은 다르지만, 한계효과와 예측확률은 대부분의 경우 좀처럼 다르지 않다. 위의 식에서 LPM은 선형 확률 모형을 나타낸다.

🐷 정리문제 16.6 　 마케팅에 관한 실증 사례

7.4절에서는 코카콜라와 펩시콜라 중에서 선택하는 선형확률 모형의 예를 살펴보았다. 여기서는 선형확률 모형과 이원선택에 대한 프로비트 모형 및 로지트 모형을 비교해 볼 것이다. 결과변수는 COKE이다.

$$COKE = \begin{cases} 1 & \text{코카콜라를 선택한 경우} \\ 0 & \text{펩시콜라를 선택한 경우} \end{cases}$$

이 변수의 기댓값은 $E(COKE \mid \mathbf{x}) = p_{COKE} =$ 코카콜라를 선택할 확률이다. 설명변수 $\mathbf{x}$로는 펩시콜라에 대한 코카콜라의 상대가격(PRATIO)뿐만 아니라, 해당 물품이 상점에 진열되어 있는 경우 1의 값을 취하고 진열되어 있지 않은 경우 0의 값을 취하는 모의변수 DISP_COKE 및 DISP_PEPSI를 사용하였다. 코카콜라 진열물이 있을 경우 코카콜라의 구입 확률을 증대시키고, 펩시콜라 진열물이 있을 경우 코카콜라의 구입 확률을 감소시킨다.

코카콜라 또는 펩시콜라를 구입한 1,140명에 대한 '스캐너' 자료를 갖고 있다. 콜라 선택에 관한 선형확률 모형, 프로비트 모형, 로지트 모형은 다음과 같다.

$$p_{COKE} = E(COKE|\mathbf{x})$$
$$= \alpha_1 + \alpha_2 PRATIO + \alpha_3 DISP\_COKE$$
$$+ \alpha_4 DISP\_PEPSI$$
$$p_{COKE} = E(COKE|\mathbf{x})$$
$$= \Phi(\beta_1 + \beta_2 PRATIO + \beta_3 DISP\_COKE$$
$$+ \beta_4 DISP\_PEPSI)$$

표 16.1 　 코카콜라-펩시콜라 선택 모형

	LPM	Probit	Logit
C	0.8902	1.1081	1.9230
	(0.0653)	(0.1900)	(0.3258)
PRATIO	−0.4009	−1.1460	−1.9957
	(0.0604)	(0.1809)	(0.3146)
DISP_COKE	0.0772	0.2172	0.3516
	(0.0339)	(0.0966)	(0.1585)
DISP_PEPSI	−0.1657	−0.4473	−0.7310
	(0.0344)	(0.1014)	(0.1678)

괄호 안은 표준오차임(LPM의 경우 화이트 확고한 표준오차임)

$$p_{COKE} = E(COKE|\mathbf{x})$$
$$= \Lambda(\gamma_1 + \gamma_2 PRATIO + \gamma_3 DISP\_COKE$$
$$+ \gamma_4 DISP\_PEPSI)$$

각 선택 모형의 모수들은 상이한 의미를 갖는다는 사실을 강조하기 위해서 상이한 기호를 사용하였다. 추정값들은 표 16.1에 있다.

모형별로 모수 및 이들 추정값들이 변동하며 직접적인 비교는 크게 유용하지 않다. 하지만 상이한 모형들에 의해 추정된 확률과 한계효과를 비교하는 것은 보다 의미가 있다.

대푯값에서의 추정된 확률 　 PRATIO = 1.1이라고 가상하자. 이는 코카콜라의 가격이 펩시콜라의 가격보다 10% 더

3 　 T. Amemiya (1981) "Qualitative response models: A Survey," *Journal of Economic Literature*, 19, pp. 1483–1536, 또는 A. Colin Cameron and Pravin K. Trivedi (2010) *Microeconometrics Using Stata: Revised Edition*, Stata Press, p. 465.

높다는 의미이다. 상점에는 콜라 진열물이 없다고 가상하자. 선형확률 모형의 경우 코카콜라를 선택할 추정된 확률은 0.4493이며 표준오차는 0.0202이다. 프로비트 모형의 경우 추정된 확률은 0.4394이며 표준오차는 0.0218이다. 로지트 모형의 경우 추정된 확률은 0.4323이며 표준오차는 0.0224이다.

평균 한계효과(AME) 선형확률 모형의 경우 $PRATIO$의 추정된 한계효과는 −0.4009이다. 이는 변수들의 값에 의존하지 않는다. 프로비트 모형의 경우 $PRATIO$의 평균 한계효과는 −0.4097이며 표준오차는 0.0616이다. 로지트 모형의 경우 $PRATIO$의 평균 한계효과는 −0.4333이며 표준오차는 0.0639이다. 이 예에서 프로비트 모형의 평균 한계효과가 선형확률 모형에 의해 추정된 확률과 크게 다르지 않다.

대푯값에서의 한계효과(MER) 특정 시나리오를 검토해보면 모형 간에 차이가 있음을 알 수 있다. 예를 들어, $PRATIO = 1.1$이라고 가상하자. 이는 코카콜라의 가격이 펩시콜라의 가격보다 10% 더 높다는 의미이다. 상점에는 콜라 진열물이 없다고 가상하자. 프로비트 모형의 경우 $PRATIO$의 추정된 한계효과는 −0.4519이며 표준오차는 0.0703이다. 로지트 모형의 추정값을 사용하면 한계효과는 −0.4898이며 표준오차는 0.0753이다.

예측 성공 비교를 하기 위한 또 다른 기초는 대안적인 여러 모형들이 선택 결과를 얼마나 잘 예측하느냐이다. 선형확률 모형의 경우 예측값 $\widehat{COKE}$를 계산하고 나서 이 값을 0.5와 비교함으로써 소비자의 선택을 예측해 보자. 프로비트 모형의 경우에는 식 (16.10)을 사용하여 코카콜라를 선택할 확률을 추정한다. 확률 임계값 0.5를 사용하여 다음과 같은 사실을 발견할 수 있다. 코카콜라를 선택한 510명의 소비자 중에서 247명을 올바르게 예측하였다. 펩시콜라를 선택한 630명 중에서 507명을 올바르게 예측하였다. 이 예에서 올바르게 예측한 숫자는 선형확률 모형, 프로비트 모형, 로지트 모형에서 동일하다.

16.2.5 왈드 가설검정

프로비트 모형 및 로지트 모형에서 개별 계수들에 관한 가설검정은 '점근적 t' 검정에 기초하여 이루어진다. 귀무가설이 $H_0 : \beta_k = c$인 경우, 프로비트 모형을 이용한 검정 통계량은 다음과 같다.

$$t = \frac{\tilde{\beta}_k - c}{\text{se}(\tilde{\beta}_k)} \overset{a}{\sim} N(0, 1)$$

여기서 $\tilde{\beta}_k$는 프로비트 모수 추정량이다. 검정은 점근적으로 정당화되며, 표준 정규분포의 검정 임계값을 사용해야 한다. 양측 검정의 경우 이것들은 익숙한 값으로, 즉 10%의 경우 1.645, 5%의 경우 1.96, 1%의 경우 2.58이 된다. 하지만 보다 보수적인 접근법을 취해서, 표본크기가 매우 크지 않은 경우 $t_{(N-K)}$ 분포로부터의 임계값을 사용하는 것도 드물지 않다. 여기서 K는 추정된 모수의 수이다. 여러분이 사용하는 소프트웨어는 't' 통계량 대신에 'z' 통계량을 제시하고 자동적으로 p-값을 계산할 수 있으며, t 분포보다는 표준 정규분포의 임계숫자로 구간 추정값을 계산할 수 있다.

 t-검정은 왈드(Wald) 원칙에 기초하며, 이 원칙은 모형 계수 추정값, 추정된 분산 및 공분산, 점근적으로 타당한 표준오차를 사용한다. 모형이 추정된 후에 사용하기 편리한 (TEST와 같은 것인) '붙박이로 맞추어 넣은' 왈드 검정 명령문을 소프트웨어 패키지가 갖고 있는 것이 일반적이다. 예를 들면, $H_0 : c_2\beta_2 + c_3\beta_3 = c_0$와 같은 선형가설의 경우, 검정 통계량은 다음과 같은 익숙한 형태를 갖는다.

$$t = \frac{(c_2\tilde{\beta}_2 + c_3\tilde{\beta}_3) - c_0}{\sqrt{c_2^2\widehat{\mathrm{var}}(\tilde{\beta}_2) + c_3^2\widehat{\mathrm{var}}(\tilde{\beta}_3) + 2c_2c_3\widehat{\mathrm{cov}}(\tilde{\beta}_2, \tilde{\beta}_3)}}$$

귀무가설이 참이라면 이 통계량은 점근적인 $N(0, 1)$ 분포를 갖지만, 표본이 충분히 크지 않은 경우 $t_{(N-K)}$가 다시 한 번 사용될 수 있다. 예를 들면, 다음과 같은 결합선형가설(joint linear hypotheses)에 대한, 타당한 대표본 왈드 검정은 카이제곱 분포에 기초한다.

$$H_0 : c_2\beta_2 + c_3\beta_3 = c_0, \quad a_4\beta_4 + a_5\beta_5 = a_0$$

J개 결합가설이 있다면, 왈드 통계량은 점근적인 $\chi^2_{(J)}$ 분포를 한다. 왈드 검정통계량 W가 $\chi^2_{(J)}$ 분포의 $(1-\alpha)$ 백분위수 $\chi^2_{(1-\alpha, J)}$보다 크거나 같은 경우, 귀무가설이 기각된다. 6.1.5절에서 선형회귀 모형의 대표본 검정에 관해 논의하였다. 식 (6.14)에서 카이제곱 검정에 $\hat{V}_1$이라는 라벨을 붙였으며, 이는 제한되지 않은 모형의 제곱한 잔차 합과 제한된 모형의 제곱한 잔차 합 사이의 차이를 추정한 오차분산으로 나누어서 계산하였다. 그것은 예를 들면, 프로비트 및 로지트와 같은 비선형 모형에서 계산되는 방법은 아니지만 해석은 동일하다. F-통계량 $F = W/J \overset{a}{\sim} F_{(J, N-K)}$를 사용하는 '소표본' 보수적인 수정이 있으며, 이는 $N(0, 1)$ 분포의 값들 대신에 t 임계값들을 사용하는 것과 유사하다. 단지 1개의 가설을 검정할 때조차도 여러분이 사용하는 소프트웨어가 t-통계량 대신에 카이제곱 통계량을 제시하더라도 놀라지 마시오.

🔍 정리문제 16.7   코카콜라 선택 모형 : 왈드 가설검정

코카콜라 선택 모형에서의 다양한 검정들 중에서 일부를 소개하면 다음과 같다.

유의성 검정   표 16.1의 추정값을 사용하여 통상적인 방법으로 계수들의 유의성을 검정할 수 있다. 코카콜라($COKE$)에 대한 프로비트 모형은 다음과 같다.

$$p_{COKE} = \Phi(\beta_1 + \beta_2 PRATIO + \beta_3 DISP\_COKE + \beta_4 DISP\_PEPSI)$$

$H_1 : \beta_3 > 0$에 대한 귀무가설 $H_0 : \beta_3 \le 0$을 검정하고자 한다. 귀무가설이 참인 경우 검정 통계량은 $t = \tilde{\beta}_3/\mathrm{se}(\tilde{\beta}_3) \overset{a}{\sim} N(0, 1)$이다. 5% 단측검정을 사용할 경우 임계값은 $z_{(0.95)} = 1.645$이다. 계산된 검정 통계량값은 $t = \tilde{\beta}_3/\mathrm{se}(\tilde{\beta}_3) = 2.2481$이므로 5% 수준에서 귀무가설을 기각하고, 코카콜라 진열물이 있는 경우 소비자가 코카콜라를 구입할 확률에 양의 효과가 있다고 결론을 내린다. 또한 TEST 명세문구를 사용하여 왈드 통계량 $W = 5.0540$을 구할 수 있다. 단일 가설인 경우 $W = t^2$이 성립한다. 왈드 검정 통계량은 양측검정을 위해 고안되었으며, 이 경우 $H_0 : \beta_3 = 0$ 대 $H_1 : \beta_3 \ne 0$에 대한 양측 p-값은 $p = 0.0246$이 된다. 여러분이 사용하는 소프트웨어가 t-통계량 또는 F-통계량을 제시할 경우, p-값은 약간 더 커져서 $p = 0.0248$이 된다. 관찰값이 $N = 1,140$으로 표본이 크기 때문에 차이가 거의 없다. 왈드 검정 임계값은 $\chi^2_{(0.95, 1)} = 3.841$이다.

경제가설 검정하기   관심이 있는 또 다른 가설은 $H_0 : \beta_3 = -\beta_4$ 대 $H_1 : \beta_3 \ne -\beta_4$이다. 이 가설은 진열물변수에 대한 계수는 규모 면에서는 동일하지만 부호는 정반대라는 것이다. 또는 코카콜라 및 펩시콜라 진열물들이 코카콜라를 선택할 확률에 미치는 영향은 동등하지만 정반대의 영향을 미친다고 볼 수도 있다. t-통계량은 다음과 같다.

$$t = \frac{\tilde{\beta}_3 + \tilde{\beta}_4}{se(\tilde{\beta}_3 + \tilde{\beta}_4)} \overset{a}{\sim} N(0, 1)$$

양측 대립가설이라는 사실에 주목하면서, $t \geq 1.96$ 또는 $t \leq -1.96$인 경우 $\alpha = 0.05$ 수준에서 귀무가설을 기각한다. 계산된 t-값은 $t = -2.3247$이므로 귀무가설을 기각하고, 코카콜라 및 펩시콜라 진열물들이 미치는 영향은 반대부호를 가지며 규모가 동등한 것은 아니라고 결론을 내린다. $N - K = 1{,}140 - 4 = 1{,}136$은 대규모 표본이므로 이 검정은 점근적으로 타당하다. 자동적인 **TEST** 명세문구는 통상적으로 카이제곱 분포로 해석된 값을 제시하며, 이 경우에는 t-통계량의 제곱인 $W = 5.4040$이다. t-검정을 사용해도 동일한 결론에 도달한다.

결합유의성 검정하기 관심 있는 또 다른 가설은 다음과 같다.

$$H_0: \beta_3 = 0, \ \beta_4 = 0 \qquad H_1: \beta_3 \neq 0 \ \text{및/또는} \ \beta_4 \neq 0$$

이 결합 귀무가설은 코카콜라 진열물이나 펩시콜라 진열물이 코카콜라를 선택할 확률에 영향을 미치지 않는다는 것이다. 여기서는 $J = 2$ 가설을 검정하고 있으므로 왈드 통계량은 점근적인 $\chi^2_{(2)}$ 분포를 갖는다. 이 분포에 대한 0.95 백분위수 값은 5.991이다. 이 경우 왈드 통계량값은 $W = 19.4594$이므로 귀무가설은 기각하고 코카콜라 진열물이나 펩시콜라 진열물이 코카콜라를 선택할 확률에 영향을 미친다고 결론을 내린다. 이 검정 통계량값은 사용하는 소프트웨어의 자동적인 **TEST** 명세문구를 사용하여 계산할 수 있다.

전반적인 모형 유의성 검정하기 선형회귀 모형에서처럼 프로비트 모형의 전반적인 유의성을 검정하는 데 관심을 갖고 있다. 코카콜라 선택의 예에서 이 검정에 대한 귀무가설은 $H_0: \beta_2 = 0$, $\beta_3 = 0$, $\beta_4 = 0$이다. 대립가설은 모수들 중 적어도 1개가 영이 아니라는 것이다. 왈드 검정 통계량의 값은 132.54이다. 검정 통계량은 귀무가설이 참이라면 점근적인 $\chi^2_{(3)}$ 분포를 갖는다. 이 분포에 대한 0.95 백분위수의 값은 7.815이므로 설명변수들 중 어느 것도 코카콜라 대 펩시콜라 선택을 설명하는 데 도움을 주지 않는다는 귀무가설을 기각한다.

16.2.6 우도비율 가설검정

예를 들면, 프로비트 및 로지트와 같은 최우 추정량을 사용할 때, 우도비율원칙(likelihood ratio principle)에 기초한 검정들이 일반적으로 선호된다. 이런 생각은 선형회귀 모형에서의 F-검정과 매우 유사하다. 이 검정에서 첫 번째 구성요소는 최우 추정값에서 평가된 ($\ln L_U$라고 하는) 제한되지 않은 완전한 모형에서의 대수-우도 함수값이다. 이 계산은 정리문제 16.3에서 살펴보았다. 모형이 최우법에 의해 추정될 때는 언제나 계량경제 소프트웨어가 대수-우도 함수의 최댓값을 자동적으로 제시한다. 우도비율 검정에서의 두 번째 구성요소는 귀무가설이 참이라는 조건을 부과함으로써 ($\ln L_R$이라고 하는) '제한된' 모형에서의 대수-우도 함수값이다. 따라서 우도비율 검정은 다음과 같은 단점이 있다. 두 번의 모형 추정이 필요한데, 즉 한 번은 최초 모형에 대한 추정과 다른 한 번은 가설이 참이라고 가정한 모형에 대한 추정이 필요하다. 우도비율 검정 통계량은 $LR = 2(\ln L_U - \ln L_R)$이다. 이 검정의 기본사고는 귀무가설이 참이라면, 가정한 가설이 참이라고 보는 대수-우도 함수와 참이라고 보지 않는 대수-우도 함수 사이에 거의 차이가 없어야 한다는 것이다. 그런 경우 LR 통계량은 작지만 언제나 영보다 크다. 귀무가설이 참이 아니라면, 가설이 참이라고 가정한 모형을 추정할 때 모형이 적합하지 않아야 하고 제한된 대수-우도 함수의 최댓값은 낮아져서 LR이 더 커지게 된다. LR 검정통계량이 큰 값을 가질 경우 이는 귀무가설에 상반되는 증거가 된다. 귀무가설이 참이라면, 통계량은 검정이 이루어지는 가설의 수 J개와 같은 자유도를 갖는 점근적인 카이제곱 분포를 갖는다. LR값이 카이제곱 분포 임계값 $\chi^2_{(1-\alpha, \ J)}$보다 더 크면 귀무가설은 기각된다.

정리문제 16.8　코카콜라 선택 모형 : 우도비율 가설검정

정리문제 16.7에서 살펴본 동일한 가설에 대해 우도비율 검정을 시행해 보도록 하자.

유의성 검정　코카콜라($COKE$)에 대한 프로비트 모형은 다음과 같다.

$$p_{COKE} = \Phi(\beta_1 + \beta_2 PRATIO + \beta_3 DISP\_COKE + \beta_4 DISP\_PEPSI)$$

우도비율원칙을 사용하여 $H_1 : \beta_3 \neq 0$에 대한 귀무가설 $H_0 : \beta_3 = 0$을 검정하기 위해서, 우선 대수-우도 함수의 최댓값이 $\ln L_U = -710.9486$이라는 사실에 주목하자. 귀무가설이 참이라면, 제한된 모형은 $p_{COKE} = \Phi(\beta_1 + \beta_2 PRATIO + \beta_4 DISP\_PEPSI)$가 된다. 최우법으로 이 모형을 추정하면 $\ln L_R = -713.4803$이라는 사실을 알 수 있다. 이 값은 제한되지 않은 원래 모형에서보다 더 작으며 당연히 그래야만 한다. 프로비트 모형에 제한을 부과할 경우 대수-우도 함수의 최댓값을 낮추게 된다.

$$LR = 2(\ln L_U - \ln L_R) = 2[-710.9486 - (-713.4803)] = 5.0634$$

5% 임계값은 $\chi^2_{(0.95,1)} = 3.841$이다. 코카콜라 진열물이 영향을 미치지 않는다는 귀무가설을 기각한다.

경제가설 검정하기　$H_0 : \beta_3 = -\beta_4$를 검정하기 위해서, 먼저 제한되지 않은 프로비트 모형 대수-우도 값, $\ln L_U = -710.9486$을 구해 보자. 제한된 프로비트 모형은 모형에 조건 $\beta_3 = -\beta_4$를 부과함으로써 구할 수 있으며 이는 다음과 같다.

$$\begin{aligned} p_{COKE} &= \Phi(\beta_1 + \beta_2 PRATIO + \beta_3 DISP\_COKE \\ &\quad + \beta_4 DISP\_PEPSI) \\ &= \Phi(\beta_1 + \beta_2 PRATIO - \beta_4 DISP\_COKE \\ &\quad + \beta_4 DISP\_PEPSI) \\ &= \Phi(\beta_1 + \beta_2 PRATIO \\ &\quad + \beta_4(DISP\_PEPSI - DISP\_COKE)) \end{aligned}$$

최우 프로비트로 이 모형을 추정하면 $\ln L_R = -713.6595$를 구할 수 있다. 우도비율 검정 통계량값은 다음과 같다.

$$LR = 2(\ln L_U - \ln L_R) = 2[-710.9486 - (-713.6595)] = 5.4218$$

이 값은 $\chi^2_{(1)}$ 분포에서 구한 0.95 백분위수 $\chi^2_{(0.95,1)} = 3.841$보다 더 크다. LR의 값과 (정리문제 16.7에서 구한) 월드 통계량이 이 경우에 동일하지는 않지만 근접한다는 사실에 주목하자. 월드 검정 통계량값을 구하기 위해서는 최초의 제한되지 않은 모형에 대한 최우 추정값만을 필요로 하기 때문에 계산하기 더 쉽다. 하지만 우도비율 검정이 다양한 보다 복잡한 검정 상황에서 더 신뢰할 수 있다는 사실이 밝혀져서 선호되는 검정이다.[4]

결합유의성 검정　결합 귀무가설 $H_0 : \beta_3 = 0$, $\beta_4 = 0$을 검정하기 위해서, 제한된 모형 $E(COKE \mid \mathbf{x}) = \Phi(\beta_1 + \beta_2 PRATIO)$을 사용하자. 우도비율 검정 통계량의 값은 19.55이며, 이는 $\chi^2_{(2)}$ 0.95 백분위수의 값 5.991보다 더 크다. 코카콜라 진열물이나 펩시콜라 진열물이 코카콜라를 선택하는 데 영향을 미치지 않는다는 귀무가설을 기각한다.

전반적인 모형 유의성 검정하기　선형회귀 모형에서처럼 프로비트 모형의 전반적인 유의성을 검정하는 데 관심을 갖고 있다. 코카콜라 선택의 예에서 이 검정에 대한 귀무가설은 $H_0 : \beta_2 = 0$, $\beta_3 = 0$, $\beta_4 = 0$이다. 대립가설은 모수들 중 적어도 하나가 영이 아니라는 것이다. 귀무가설이 참이라면 제한된 모형은 $E(COKE) = \Phi(\beta_1)$이다. 이 제한된 모형에 대한 대수-우도 값은 $\ln L_R = -783.8603$이며, 우도비율 검정 통계량의 값은 $LR = 145.8234$이다. 귀무가설이 참이라면 검정 통계량은 점근적인 $\chi^2_{(3)}$ 분포를 갖는다. 이 분포에 대한 0.95 백분위수의 값은 7.815이므로, 설명변수 중 어느 것도 코카콜라 대 펩시콜라의 선택을 설명하는 데 도움을 주지 않는다는 귀무가설을 기각한다. 이 밖에 선형회귀 모형에서와 마찬가지로, 표준적인 프로비트 컴퓨터 출력 결과에는 '전반적인' 검정이 제시된다.

4　Griffiths, W. E., Hill, R. C., & Pope, P. (1987). Small Sample Properties of Probit Model Estimators. *Journal of the American Statistical Association*, 82, 929-937.

16.2.7 프로비트 모형 및 로지트 모형에서의 확고한 추론

프로비트 및 로지트에서도 이분산 및/또는 계열상관을 바로잡은 '확고한' 표준오차가 존재하지 않을까라고 생각할 수도 있다. 불행하게도 이에 대한 대답은 부정적이다. 제8장 식 (8.32)에서 주목했던 것처럼 0-1 확률변수 y_i는 조건부 분산 $\text{var}(y_i \mid \mathbf{x}_i) = p(\mathbf{x}_i)[1 - p(\mathbf{x}_i)]$를 갖는다. 예를 들면, 프로비트 모형에서 이는 다음과 같다.

$$\text{var}(y_i \mid \mathbf{x}_i) = \Phi(\beta_1 + \beta_2 x_{i2} + \cdots + \beta_K x_{iK})\Big[1 - \Phi(\beta_1 + \beta_2 x_{i2} + \cdots + \beta_K x_{iK})\Big]$$

프로비트 모형이 정확하다면 다른 가능한 분산은 존재하지 않는다. 프로비트 모형의 최우 추정법은 이분산에 내재된 문제에 대해 어떠한 조정을 필요로 하지 않는다. 일부 소프트웨어 패키지는 '확고한' 선택사항이 있는 프로비트를 갖고 있기도 하지만, 제8장 및 제9장에서 살펴본 그런 형태의 확고한 결과를 제공하지는 않는다. 이런 선택사항 중 하나를 우연히 사용했고 '확고한' 표준오차가 통상적인 프로비트 표준오차와 상당히 다른 경우, 오히려 예를 들면 부정확한 함수 형태처럼 어떤 모형 설정 문제의 징후라고 볼 수 있다.

한 가지 예외적인 경우는 자료 군집이 존재하는 때이다. 15.3.1절에서는 군집 확고한 표준오차를 소개하였다. 거기서 우리는 패널자료의 틀 내에서 군집에 관해 논의하였다. 하지만 군집 내에서 상관이 존재하는 관찰값들의 군집은 많은 상황에서 나타난다. 상이한 마을들 내에서의 개인들을 관찰할 수 있고, '마을 효과'를 나타내는 마을들 내에서의 공통의 관찰되지 않는 이질성이 존재할 수 있다. 관찰되지 않는 이질성은 동일한 마을의 개인들 사이에 상관을 일으키지만, 반면에 모든 마을들의 개인들 간에는 상관이 존재하지 않는다. 이런 상황하에서 관례적인 표준오차는 추정의 정확성을 크게 과장할 수 있다. 따라서 이런 문제가 있을 때 프로비트 및 로지트와 함께 하는 군집 확고한 표준오차를 사용할 것을 추천한다. 일반적으로 이것은 각 군집에 아주 많지 않은 관찰값들을 갖는 많은 군집들이 있다는 의미이다.[5] 컴퓨터 명령어로 군집 확고한 표준오차를 시행할 때, 이는 통상적인 '확고한' 표준오차 명령어를 사용할 때와 매우 상이할 수 있다는 점에 주의하시오.

16.2.8 연속적 내생변수를 갖는 이항선택 모형

프로비트 개념이 내생변수와 결합될 수 있는 몇 가지 방법이 있다. 맨 처음 것은 선형확률 모형 또는 프로비트 모형에서처럼 결과변수가 이항적이고 설명변수가 내생적일 때이다. 제10장 및 제11장에서 도구변수(IV)와 2단계 최소제곱 추정법(2SLS)에 관해 논의했던 것처럼, 여기서의 추정방법도 도구변수를 필요로 한다.

맨 처음의 가장 쉬운 선택 방법은 IV/2SLS를 이용하여 이항 결과변수에 대한 선형확률 모형을 추정하는 것이다. 특정화하기 위해서, 관심 있는 식이 다음과 같다고 가상하자.

$$y_{i1} = \alpha_2 y_{i2} + \beta_1 + \beta_2 x_{i2} + e_i$$

---

5 다음을 참조하시오. A. Colin Cameron and Douglas L. Miller (2015). A Practitioner's Guide to Cluster-Robust Inference, *The Journal of Human Resources*, 50(2), 317-372.

여기서 $y_{i1} = 1$ 또는 0이며, y_{i2}는 연속적 내생변수이고 x_{i2}는 무작위 오차 e_i와 상관되지 않는 외생변수이다. 1단계 식 또는 유도형태식이 다음과 같아지도록 하는 도구변수 z_i를 갖고 있다고 가상하자.

$$y_{i2} = \pi_1 + \pi_2 x_{i2} + \pi_3 z_i + v_i$$

IV/2SLS 추정법을 이용하여, 먼저 이 식을 OLS로 추정하고 적합한 값 $\hat{y}_{i2} = \hat{\pi}_1 + \hat{\pi}_2 x_{i2} + \hat{\pi}_3 z_i$를 구해보자. 이들 적합한 값을 관심이 있는 식에 대입시키면 $y_{i1} = \alpha_2 \hat{y}_{i2} + \beta_1 + \beta_2 x_{i2} + e_i^*$를 얻게 된다. OLS로 이 모형을 추정할 경우 IV/2SLS 추정값을 구할 수 있다. 하지만 늘 그랬던 것처럼 정확한 표준오차를 구하기 위해서 IV/2SLS 소프트웨어를 이용하시오. 이 경우 이분산 확고한 표준오차를 사용하시오.

이 방법은 익히 알고 있으며 실행하기가 용이하다. 늘 그랬던 것처럼 도구변수의 강도에 관해 유의해야 한다. 계수 π_3가 영이 되지 않아야 하며, 1단계 모형이 추정되었을 때 통계적으로 매우 유의해야만 한다. 앞에서 살펴보았던 것처럼, 결과변수가 이항적일 때 선형확률 모형을 이용하는 것은 이상적이지 않다. 개괄적으로 살펴본 절차에서는 결과변수의 이항적 성격을 무시했지만, 모집단 평균 한계효과를 합리적으로 추정할 수 있다. 이론적으로 보다 복잡하기는 하지만 **도구변수 프로비트** 또는 간단히 **IV 프로비트**라고 하는 또 다른 최우 추정량이 있다.[6] 이 추정량은 일부 소프트웨어 패키지에서 이용할 수 있다.

🖐 정리문제 16.9   노동인구 참여에 대해 교육이 미치는 영향을 추정하기

이전의 정리문제들에서 기혼 여성의 임금에 대해 살펴볼 때, 교육의 내생성에 관해 매우 우려하였다. 이들 정리문제에서는 노동인구에 참여하고 관찰할 수 있는 시장 임금을 갖는 여성들만을 고려하였다. 이제는 노동인구에의 참여 여부 결정에 대해 교육이 미치는 영향을 알아보도록 하자. 다음과 같다고 하자.

$$LFP = \begin{cases} 1 & \text{노동인구에 참여하는 경우} \\ 0 & \text{노동인구에 참여하지 않는 경우} \end{cases}$$

다음과 같은 선형확률 모형을 생각해 보자.

$$LFP = \alpha_1 EDUC + \beta_1 + \beta_2 EXPER + \beta_3 EXPER^2 \\ + \beta_4 KIDSL6 + \beta_5 AGE + e$$

$EDUC$에 대한 도구변수는 $MOTHEREDUC$라고 가상하자. 1단계 식은 다음과 같다.

$$EDUC = \pi_1 + \pi_2 EXPER + \pi_3 EXPER^2 + \pi_4 KIDSL6 \\ + \pi_5 AGE + \pi_6 MOTHEREDUC + v$$

1단계 추정에서 $MOTHEREDUC$의 계수에 대한 t-값은 12.85이며, 관례적인 기준을 사용할 경우 이는 해당 도구변수가 약하지 않다는 것을 시사한다. 노동인구 참여 식의 2단계 최소제곱 추정값은 다음과 같으며, 확고한 표준오차도 함께 제시되고 있다.

$$\widehat{LFP} = 0.0388 EDUC + 0.5919 + 0.0394 EXPER$$
$$\text{(se)} \quad (0.0165) \qquad (0.2382) \quad (0.0060)$$
$$\quad - 0.0006 EXPER^2 - 0.2712 KIDSL6 - 0.0177 AGE$$
$$\quad (0.0002) \qquad (0.03212) \qquad (0.0023)$$

---

6   다음을 참조하시오. William Greene (2018) *Econometric Analysis, Eighth Edition*, Prentice-Hall, page 773, or Jeffery M. Wooldridge(2010) *Econometric Analysis of Cross Section and Panel Data, Second Edition*, MIT Press, p. 585 – 594.

추가적인 각 교육 연수는 기혼 여성이 노동인구에 참여할 확률을, 그 밖의 다른 요인들이 일정할 경우, 0.0388만큼 증가시킨다고 추정하고 있다. 확고한 표준오차를 사용해서, 교육의 내생성에 관한 회귀에 기초하여 이루어진 하우스만 검정은 p-값 0.646을 갖는다. 따라서 도구변수 *MOTHEREDUC*를 사용하고 있는 이 모형에서 교육의 외생성을 기각할 수 없다.

16.2.9 이항적 내생변수를 갖는 이항선택 모형

내생변수 y_{i2}가 이원적이 되도록 16.2.8절의 모형을 수정해 보자. 맨 처음의 가장 쉬운 선택방법은 다시 한 번 IV/2SLS를 이용하여 이항 결과변수에 대한 선형확률 모형을 추정하는 것이다. 특정화시키기 위해서 관심이 있는 식이 다음과 같다고 가상하자.

$$y_{i1} = \alpha_2 y_{i2} + \beta_1 + \beta_2 x_{i2} + e_i$$

여기서 $y_{i1} = 1$ 또는 0, $y_{i2} = 1$ 또는 0이며, x_{i2}는 무작위 오차 e_i와 상관되지 않는 외생변수이다. 1단계 식 또는 유도형태식이 다음과 같아지도록 하는 도구변수 z_i를 갖고 있다고 가상하자.

$$y_{i2} = \pi_1 + \pi_2 x_{i2} + \pi_3 z_i + v_i$$

IV/2SLS 추정법을 이용하여, 먼저 이 식을 OLS로 추정하고 적합한 값 $\hat{y}_{i2} = \hat{\pi}_1 + \hat{\pi}_2 x_{i2} + \hat{\pi}_3 z_i$를 구해 보자. 이들 적합한 값들을 관심이 있는 식에 대입시키면 $y_{i1} = \alpha_2 \hat{y}_{i2} + \beta_1 + \beta_2 x_{i2} + e_i^*$를 얻게 된다. OLS로 이 모형을 추정하면 IV/2SLS 추정값을 구할 수 있다. 물론 늘 그랬던 것처럼 적합한 IV/2SLS 소프트웨어를 이용하시오. 종속변수가 이항적이기 때문에 이분산 확고한 표준오차를 사용하시오.

1단계 식은 프로비트로 추정될 수 있다고, 즉 관심이 있는 식으로 $\tilde{p}_i = \tilde{P}(y_{i2} = 1) = \Phi(\tilde{\pi}_1 + \tilde{\pi}_2 x_{i2} + \tilde{\pi}_3 z_i)$를 대체시키고 나서 프로비트 모형이나 선형확률 모형을 적용함으로써 추정될 수 있다고 생각하는 것은 마음이 당기기는 하지만 올바르지 않다. 이 두 번째 추정법을 금지된 회귀라고 한다.[7] 2단계 최소제곱이 2개의 OLS 회귀로 구성될 때만, 즉 첫 번째 식의 내생변수를 1단계 회귀에서 얻은 OLS 적합한 값으로 대체시킬 경우에만 이 방법이 작용한다. OLS는 잔차가 설명변수와 상관되지 않는 특성을 갖고 있기 때문에 2SLS가 작동한다.

다시 한 번 선형확률 모형 접근법은 '작동'하지만, $y_{i1} = 1$ 또는 0 그리고 $y_{i2} = 1$ 또는 0이 이항변수라는 사실을 활용하지는 않는다. 이변량 프로비트[8]라고 하는 최우 추정법은 이런 점을 고려한다.

---

7 Jeffery M. Wooldridge (2010) *Econometric Analysis of Cross Section and Panel Data, Second Edition*, MIT Press, p. 267-268 and 596-597.

8 다음을 참조하시오. William Greene (2018) *Econometric Analysis, Eighth Edition*, Prentice-Hall, Chapter 17.9, 또는 Jeffery M. Wooldridge (2010) *Econometric Analysis of Cross Section and Panel Data, Second Edition*, MIT Press, pages. 594-599.

여성의 노동인구 참여와 세 명 이상의 자녀를 갖는 경우

노동인구 참여, $LFP = 1$ 또는 0에 관한 어떤 모형[9]은 설명변수로 모의변수, 즉 해당 여성이 세 명 이상의 자녀를 갖는 경우 $MOREKIDS = 1$, 그렇지 않은 경우 $MOREKIDS = 0$을 포함한다. 직관적으로 볼 때 세 명 이상의 자녀를 갖는 경우 노동인구에 참여할 확률에 음의 영향을 미칠 것으로 생각된다. 사용된 매우 재기가 있는 도구변수는 모의변수로, 해당 여성의 처음 두 자녀가 동일한 성인 경우

$SAMESEX = 1$ 그리고 그렇지 않은 경우 $SAMESEX = 0$이 된다. 도구변수 이면에 있는 논리는 다음과 같다. 해당 도구변수는 노동인구 참여에 직접적인 영향이 없는 반면에 세 명 이상의 자녀를 가진 여성과는 상관된다. 한 여성의 처음 두 자녀가 모두 아들(딸)인 경우, 해당 여성은 딸(아들)을 얻기를 기대하면서 또 다른 자녀를 갖고자 하는 성향을 가질 수 있다.

16.2.10 이항적 내생 설명변수

결과변수 y_{i1}은 연속적이며, 내생변수 y_{i2}가 이원적이 되도록 16.2.9절의 모형을 수정해 보자. 이 모형은 오래전에 연구가 이루어졌으며 노벨 경제학상 수상자 헥멘(James Heckman) 교수가 처음으로 모의 내생변수 모형이라고 칭하였다. 맨 처음의 가장 쉬운 선택사항은 IV/2SLS를 사용하는 것이다. 특정화시키기 위해서 관심이 있는 식이 다음과 같다고 가상하자.

$$y_{i1} = \alpha_2 y_{i2} + \beta_1 + \beta_2 x_{i2} + e_i$$

여기서 y_{i1}은 연속적이며, 내생변수 $y_{i2} = 1$ 또는 0, x_{i2}는 무작위 오차 e_i와 상관되지 않는 외생변수이다. 1단계 식 또는 유도형태식이 다음과 같아지도록 하는 도구변수 z_i를 갖고 있다고 가상하자.

$$y_{i2} = \pi_1 + \pi_2 x_{i2} + \pi_3 z_i + v_i$$

IV/2SLS 추정법을 이용하여, 먼저 이 선형확률 모형을 OLS로 추정하고 적합한 값 $\hat{y}_{i2} = \hat{\pi}_1 + \hat{\pi}_2 x_{i2} + \hat{\pi}_3 z_i$를 구해 보자. 이들 적합한 값을 관심이 있는 식에 대입시키면, $y_{i1} = \alpha_2 \hat{y}_{i2} + \beta_1 + \beta_2 x_{i2} + e_i^*$를 얻게 된다. OLS로 이 모형을 추정할 경우, 2SLS 추정값을 구할 수 있다. 늘 그랬던 것처럼 적합한 IV/2SLS 소프트웨어를 사용해야 한다.

내생적 이항변수가 존재한다는 점이 일부 처치효과(treatment effect) 모형에서 중요한 특징이 된다.[10]

---

9 Children and Their Parents' Labor Supply: Evidence from Exogenous Variation in Family Size, *The American Economic Review*, Vol. 88, No. 3 (Jun., 1998), pp. 450-477. 또한 다음을 참조하시오. Jeffery M. Wooldridge (2010) *Econometric Analysis of Cross Section and Panel Data, Second Edition*, MIT Press, pp. 597-598.

10 다음을 참조하시오. Joshua D. Angrist and Jörn-Steffen Pischke (2009) *Mostly Harmless Econometrics: An Empiricist's Guide*, Princeton Press, pages 128-138. Jeffery M. Wooldridge (2010) *Econometric Analysis of Cross Section and Panel Data, Second Edition*, MIT Press, Chapter 21. G. W. Imbens and J. M. Wooldridge (2009) "Recent Developments in the Econometrics of Program Evaluation," *Journal of Economic Literature*, 47(1), 5-86.

정리문제 16.11   퇴역한 참전용사 신분이 임금에 미치는 영향

널리 인용되고 있는 한 연구는 월남전 참전이 미국 남성 근로자들의 임금에 미친 영향을 고찰하였다. 1969년 12월 1일에 징집 대상자를 결정하는 뽑기가 시행되었다. 생년월일이 각각 쓰여진 366장의 종이 쪽지를 생각해 보자. 이 쪽지를 입구가 넓은 병에 넣고 잘 섞어서 한 장을 꺼내는 것이다. 첫 번째로 뽑힌 날짜는 9월 14일이었다. 해당 출생일을 갖는 적격 연령의 모든 남성에게 징집 뽑기 1번이 주어졌다. 두 번째 뽑힌 날짜는 4월 24일이었으며 징집 뽑기 2번이 주어졌고 이렇게 계속 이어졌다. 첫 번째 뽑기에서 195번 이하의 번호를 받은 모든 사람들은 입대가 가능한지에 대해 보고하도록 요청을 받았다. 뽑힌 사람들 중 일부는 의학적인 이유나 다른 이유로 인해 입대를 하지 않았고, 일부는 지원병이 되어 입대하였다. 따라서 궁극적으로 군복무를 하고 참전용사가 되었던 사람들이 195번 이하의 뽑기 번호를 가진 사람들과 정확하게 일치하지는 않았다.

징집된 후 10년이 지나고 나서 근로자가 받는 임금 모형을 생각해 보자. 참전용사인 경우 $VETERAN = 1$이라 하고, 그렇지 않은 경우 $VETERAN = 0$이라고 하자. 일부 사람들은 지원병으로 입대하였기 때문에, 이원변수 $VETERAN$은 모형에서 내생적이다.

$$EARNINGS = \alpha_2 VETERAN + \beta_1$$
$$+ \beta_2 OTHER\_FACTORS + e_i$$

가능한 도구변수로 무엇이 있을까? 한 사람의 뽑기 번호는 참전용사 신분과 상관된다. 보다 구체적으로 말하면, 한 사람의 징집 뽑기 번호가 195번 이하인 경우 $LOTTERY = 1$이라 하고, 그렇지 않은 경우 $LOTTERY = 0$이라고 하자. $LOTTERY$는 $VETERAN$과 양으로 상관되며 잠재적인 도구변수가 될 것으로 기대된다. 도구변수 추정 결과에 따르면 군복무를 할 경우 임금에 유의한 음의 영향을 미친다.

16.2.11 이항선택 모형과 패널자료

제15장에서는 개체들 사이의 관찰할 수 없는 이질성을 제어하는 패널자료를 이용하였다. **고정효과 추정량**은 각 개체에 대해 모의변수를 포함한다. 이와 동등하게 내부 추정량은 회귀 함수의 계수를 추정하기 위해서 개체 평균에 대한 편차를 사용한다. 관찰할 수 없는 이질성이 설명변수와 상관될 때 고정효과 추정량을 사용한다. **확률효과 추정량**은 관찰할 수 없는 이질성으로 인해 발생한 개체 내 오차 상관을 설명하는 일반 최소제곱 추정량이다. 이것은 고정효과 추정량보다 더 효율적이지만, 관찰할 수 없는 이질성이 포함된 어떤 설명변수와 상관되는 경우 불일치하게 된다.

결과변수가 이항적이라면, 선형확률 모형을 갖고 패널자료 방법을 이용하는 것은 선형회귀 모형을 갖고 이용하는 것과 정확히 동일하다. 1개 이상의 설명변수와 상관된 관찰되지 않는 이질성이 존재한다면, 고정효과 추정량이나 1차 차분 추정량을 사용하는 것이 적절하다. 관찰되지 않는 이질성이 어떤 설명변수와도 상관되지 않는다면, 확률효과 추정량을 사용하는 것을 선택할 수 있으며 확고한 군집 수정된 표준오차를 갖는 덜 효율적이지만 일치하는 OLS 추정량도 선택할 수 있다.

패널자료를 갖고 프로비트 또는 로지트를 이용할 경우 이야기가 달라진다. 프로비트 모형은 비선형 모형, 즉 모수들의 비선형 함수이다. 관찰되지 않는 이질성이 설명변수와 상관된다면 문제에 직면하게 된다. 개체 이질성을 처리하는 통상적인 고정효과 접근법은 성공할 수 없다. N개의 개체가 있고, $N \rightarrow \infty$(커진다)인 반면에 T는 고정되어 있다면, 각 개체에 대해 모의변수를 추가할 경우 추정해야 하는 모수의 수 $N + K$도 또한 ∞로 근접하게 된다. 너무나 많은 모수가 있기 때문에 프로비트 추정

량은 더 이상 일치하지 않는다. 통계학에서는 이를 **부차적 모수 문제**라고 한다. 선형회귀 모형에서는 프리슈-워-로벨 정리에 기초한 내부변형을 이용함으로써 이 문제를 피하였고, 따라서 모든 고정효과 계수를 추정할 필요 없이 회귀 함수 모수를 추정할 수 있다. 프로비트에서는 문제의 비선형적 성격으로 인해 이것이 작동하지 않는다. 프로비트에서는 프리슈-워-로벨 정리를 적용할 수 없고, 평균 형태에 대한 편차의 변수를 단순히 이용하는 것은 작동하지 않는다. 연구자들이 사용될 수 있도록 추정량의 편의를 낮추는 방법을 생각하고 있기는 하지만, 고정효과 프로비트 추정량은 존재하지 않는다. **조건부 로지트**(conditional logit) 또는 혁신적인 계량경제학자 체임벌린(Gary Chamberlain)을 기려 붙여진 **체임벌린의 조건부 로지트**[11]라고 하는 패널 로지트 고정효과 모형 형태가 있다. 이것은 로지트 모형으로 각 개체에 대한 모의변수를 도입하는 것과 같지 않다.

하지만 프로비트 모형이 확률효과와 결합되어 **확률효과 프로비트** 모형을 구할 수 있다. 우도 함수를 최대화하는 실제 방법은 어떤 교묘한 적분 계산이 필요하며, 이것은 숫자적인 어림셈 또는 시뮬레이션을 이용하여 해결될 수 있다. 선형회귀 모형에서와 마찬가지로, 확률효과가 설명변수와 상관될 경우 확률효과 추정량은 불일치하게 된다. 제15장에서 논의한 하우스만 검정을 이행하기 위한 먼락 방법과 유사하게, 예를 들면 독립변수의 시간 평균 $\bar{x}_i$처럼 시불변 요소에 대한 통제가 도입되어야 한다는 말이 있어 왔다. 이에 따른 모형은 **먼락-체임벌린-상관된 확률효과 프로비트 모형**[12]이라고 한다. 추가된 변수 $\bar{x}_i$는 통제변수처럼 행동하며, 아마도 확률효과 프로비트 추정량 편의를 낮출지도 모른다.

선택변수의 시차가 있는 값을 오른편에 설명변수로 포함하는 동태적인 이항선택 모형은 습관 지속성을 다루는 명백한 방법이다. 오늘 코카콜라를 구입하여 마시는 사람이 이전에 쇼핑할 때 코카콜라를 구입하였다면, 이들이 코카콜라를 구입할 가능성은 더 높아진다. 하지만, 이런 모형에서는 제15장에서 주목한 것처럼 시차가 있는 내생변수는 확률효과와 상관될 것이다. 이런 경우 이전의 추정량은 불일치하며 새로운 방법[13]이 고려되어야만 한다.

16.3 다항 로지트

프로비트 및 로지트 모형에서 의사결정자들은 두 가지 대안 중에서 선택하게 된다. 물론 두 가지를 초과하는 대안에 대해 선택해야 하는 상황이 있다. 이를 **다항선택**(multinomial choice) 상황이라 하며 예를 들면, 다음과 같다.

- 세탁용 세제를 구매하려는 경우 타이드, 치어, 암 앤 해머, 위스크 등과 같은 상표 중 어느 것을 선택할 것인가? 소비자는 다양한 선택을 할 수 있다. 마케팅 연구에 종사하는 사람들은 이런 선택을 대체할 수 있는 상품의 가격, 광고, 상품 특성에 연계시킨다.
- 경영대학에 진학하려는 경우 여러분은 경제학, 마케팅, 경영관리, 재무관리, 회계학 중 어느 것을 전공할 것인가?

---

11 다음을 참조하시오. Wooldridge (2010, 620-622), Greene (2018, 787-789), or Baltagi (2013, 240-243).

12 다음을 참조하시오. Greene (2018, 792-793) and Wooldridge (2010, 616-619).

13 다음을 참조하시오. Greene (2018, 794-796), Baltagi (2013, 248-253), and Wooldridge (2010, 625-630).

- 쇼핑거리에서 쇼핑센터를 방문하려는 경우 어느 쇼핑센터로 갈 것이며 그 이유는 무엇인가?
- 고등학교를 졸업하고 나면 대학에 진학하지 않거나, 4년제 사립대학에 진학하거나, 4년제 공립 대학에 진학하거나, 2년제 대학에 진학해야 한다. 어떤 요인으로 인해 이런 대안 중 하나를 선택하게 되는가?

또 다른 예들을 드는 데 많은 시간이 걸리지는 않을 것이다. 각 경우에 관련 분야의 연구에 종사하는 사람들은 관찰한 선택을 일련의 설명변수에 연계시키고자 한다. 좀 더 분명하게 말하면 이들은 프로비트와 로지트 모형에서처럼 어떤 일련의 특성을 갖는 개인이 대안 중 어느 하나를 선택할 확률을 설명하고 예측하고자 한다. 이런 모형에 대한 추정 및 해석은 원칙적으로 로지트 및 프로비트 모형과 유사하다. 이 모형들은 자체적으로 통칭 다항 로지트(multinomial logit), 조건부 로지트 그리고 다항 프로비트(multinomial probit)라고 한다. 가장 일반적으로 사용되는 로지트 모형에 대해 살펴볼 것이다.

16.3.1 다항 로지트 선택확률

어떤 의사결정자가 몇 가지 서로 다른 대안들 중에서 선택을 해야만 한다고 가상하자. $J = 3$개 대안이 있는 문제를 중심으로 살펴보도록 하자. 그런 예로 고등학교 졸업생이 직면하게 되는 선택을 들 수 있다. 졸업 후 2년제 대학에 진학할 것인가 또는 4년제 대학에 진학할 것인가 아니면 진학을 하지 않을 것인가? 이런 선택을 하는 데 영향을 미치는 요인으로 가계소득, 해당 학생의 고등학교 학점, 가족의 규모, 성별, 부모의 교육수준 등을 들 수 있다. 로지트 및 프로비트 모형에서처럼 i번째 사람이 대안 j를 선택할 확률을 설명할 것이다.

$$P_{ij} = P[\text{개인 } i \text{가 대안 } j \text{를 선택한다}]$$

우리가 사용하는 예에서 $J = 3$개 대안이 있으며 이를 $j = 1, 2, 3$으로 표시하도록 하자. 대안들이 일반적으로 특정 순서가 없으며 임의적으로 순서가 정해지기 때문에 숫자값은 의미가 없다. 이들을 범주 A, B, C라고 생각하자.

단 1개의 설명 요소 x_i를 가정한다면, 다항 로지트 모형이 설정된 경우 대안 $j = 1, 2, 3$을 선택할 개인 i의 확률은 다음과 같다.

$$p_{i1} = \frac{1}{1 + \exp(\beta_{12} + \beta_{22}x_i) + \exp(\beta_{13} + \beta_{23}x_i)}, \quad j = 1 \tag{16.19a}$$

$$p_{i2} = \frac{\exp(\beta_{12} + \beta_{22}x_i)}{1 + \exp(\beta_{12} + \beta_{22}x_i) + \exp(\beta_{13} + \beta_{23}x_i)}, \quad j = 2 \tag{16.19b}$$

$$p_{i3} = \frac{\exp(\beta_{13} + \beta_{23}x_i)}{1 + \exp(\beta_{12} + \beta_{22}x_i) + \exp(\beta_{13} + \beta_{23}x_i)}, \quad j = 3 \tag{16.19c}$$

모수 β_{12} 및 β_{22}는 두 번째 대안과 관련되며 β_{13} 및 β_{23}는 세 번째 대안과 관련된다. 식별문제를 해결하고 확률의 합이 1이 되도록 하기 위해서, 첫 번째 대안과 관련된 모수를 0이라고 하자. $\beta_{11} = \beta_{21} = 0$

이라고 보기 때문에 P_{i1}의 분자는 '1'이 되고 식 (16.19)에 있는 각 식의 분모에 '1'이 포함된다. 보다 명확하게 말하면 위의 식에 있는 항에서 $\exp(\beta_{11} + \beta_{21}x_i) = \exp(0 + 0x_i) = 1$이 된다.

식 (16.19)의 다항 로지트 모형에서 주목할 만한 점은, 개인을 설명하는 단 1개의 설명변수가 있을 뿐이지 개인이 선택해야 하는 대안이 포함되어 있지 않다는 것이다. 대안들을 구별하기 위하여 상이한 모수값을 부여하였다. 설문조사에서 개인들의 여러 가지 특징과 이들이 하는 선택들을 기록해야 하는 사회과학 분야에서는 이런 상황이 일반적으로 발생한다.

16.3.2 최우 추정법

y_{i1}, y_{i2}, y_{i3}는 개인 i가 한 선택을 의미하는 모의변수이다. 대안 1을 선택한 경우 $y_{i1} = 1$, $y_{i2} = 0$, $y_{i3} = 0$이 되며 대안 2를 선택할 경우 $y_{i1} = 0$, $y_{i2} = 1$, $y_{i3} = 0$이 된다. 이 모형에서 각 개인은 이용 가능한 대안들 중 1개, 즉 오직 1개만을 선택해야 한다.

이 모형은 최우법에 의해 추정될 수 있다. 대안 1, 2, 3을 각각 선택하게 될 3명의 사람을 관찰한다고 가상하자. 이들의 선택이 서로 독립적이라고 가정하면, 이런 결과를 관찰할 수 있는 확률은 다음과 같다.

$$P(y_{11} = 1, y_{22} = 1, y_{33} = 1 | x_1, x_2, x_3) = p_{11} \times p_{22} \times p_{33}$$

$$= \frac{1}{1 + \exp(\beta_{12} + \beta_{22}x_1) + \exp(\beta_{13} + \beta_{23}x_1)}$$

$$\times \frac{\exp(\beta_{12} + \beta_{22}x_2)}{1 + \exp(\beta_{12} + \beta_{22}x_2) + \exp(\beta_{13} + \beta_{23}x_2)}$$

$$\times \frac{\exp(\beta_{13} + \beta_{23}x_3)}{1 + \exp(\beta_{12} + \beta_{22}x_3) + \exp(\beta_{13} + \beta_{23}x_3)}$$

$$= L(\beta_{12}, \beta_{22}, \beta_{13}, \beta_{23})$$

위의 식 마지막 줄을 보면, 결합확률은 알지 못하는 모수에 의존하며 이는 실제로 우도 함수임을 알 수 있다. 최우 추정법은 우도 함수, 보다 특정적으로 표현하면 수학적으로 운용하기 더 쉬운 대수-우도 함수를 극대화하는 모수값을 구하는 것이다. 실제로 응용을 할 경우, 개인의 수는 셋보다 많으며 컴퓨터 소프트웨어를 이용하여 대수-우도 함수를 숫자적으로 극대화하게 된다. 이런 작업은 대단히 어렵고 복잡할 것처럼 보이지만, 이런 형태의 모형에서 최우 추정값을 구하는 일은 매우 간단하다.

16.3.3 다항 로지트 추정 후 분석

$\tilde{\beta}_{12}$, $\tilde{\beta}_{22}$, $\tilde{\beta}_{13}$, $\tilde{\beta}_{23}$라고 표기한 모수의 최우 추정값을 구하게 되면 그다음에 무엇을 할 수 있는가? 맨 처음 할 수 있는 일은 한 개인이 대안 1, 2, 3을 선택할 확률을 추정하는 것이다. 설명변수의 값 x_0에 대해 식 (16.19)를 이용하여 각 결과를 선택하게 될 예측 확률을 계산할 수 있다. 예를 들면, 어떤 개인이 대안 1을 선택하게 될 확률은 다음과 같다.

$$\tilde{p}_{01} = \frac{1}{1 + \exp(\tilde{\beta}_{12} + \tilde{\beta}_{22}x_0) + \exp(\tilde{\beta}_{13} + \tilde{\beta}_{23}x_0)}$$

대안 2 및 3을 선택하게 될 예측 확률 $\tilde{p}_{02}$, $\tilde{p}_{03}$도 유사한 방법으로 구할 수 있다. 어떤 대안이 선택될 것인지 예측하고자 한다면, $\tilde{p}_{0j}$가 추정된 확률의 최댓값인 경우 대안 j가 선택될 것이라고 예측할 수 있다.

모형이 이처럼 β들의 복잡한 비선형 함수이므로, β들이 '기울기'가 아니라는 사실을 쉽게 알 수 있다. 이 모형에서 한계효과는 다른 것들이 일정하다고 할 때 x의 변화가 한 개인이 대안 $m = 1, 2, 3$을 선택하는 확률에 미치는 영향이다. 이를 다음과 같이 나타낼 수 있다.

$$\frac{\Delta p_{im}}{\Delta x_i}\bigg|_{\text{그 밖의 모든 것은 일정}} = \frac{\partial p_{im}}{\partial x_i} = p_{im}\left[\beta_{2m} - \sum_{j=1}^{3}\beta_{2j}p_{ij}\right] \tag{16.20}$$

우리가 논의하고 있는 모형은 단 하나의 설명변수 x_i를 가지며, $\beta_{21} = 0$이라는 사실을 기억하자.

다른 방법으로 약간 더 간단하게 말하면, 확률의 차이가 x_i의 2개 특정 값에 대해 계산될 수 있다. x_a 및 x_b가 x_i의 2개 값이라면, x_a에서 x_b로 변할 경우 대안 1[$m = 1$]을 선택할 확률의 추정된 차이는 다음과 같다.

$$\begin{aligned}\widetilde{\Delta p_1} &= \tilde{p}_{b1} - \tilde{p}_{a1} \\ &= \frac{1}{1 + \exp(\tilde{\beta}_{12} + \tilde{\beta}_{22}x_b) + \exp(\tilde{\beta}_{13} + \tilde{\beta}_{23}x_b)} \\ &\quad - \frac{1}{1 + \exp(\tilde{\beta}_{12} + \tilde{\beta}_{22}x_a) + \exp(\tilde{\beta}_{13} + \tilde{\beta}_{23}x_a)}\end{aligned}$$

이런 방법은 연구자인 독자들이 전형적인 경우 또는 중요한 경우라고 생각하는 어떤 시나리오가 있거나 x가 단지 두 가지 값 $x_a = 0$ 및 $x_b = 1$만을 갖는 모의변수인 경우 적합하다.

이를 달리 해석하는 또 다른 유용한 방법으로 확률비율(probability ratio)을 들 수 있다. 이는 첫 번째 범주에 비해 범주 j가 몇 배 더 선택될 수 있는지를 보여주는 것으로 다음과 같이 나타낼 수 있다.

$$\frac{P(y_i = j)}{P(y_i = 1)} = \frac{p_{ij}}{p_{i1}} = \exp(\beta_{1j} + \beta_{2j}x_i), \quad j = 2, 3 \tag{16.21}$$

x_i값의 변화가 확률비율에 미치는 영향은 다음과 같이 미분으로 나타낼 수 있다.

$$\frac{\partial(p_{ij}/p_{i1})}{\partial x_i} = \beta_{2j}\exp(\beta_{1j} + \beta_{2j}x_i), \quad j = 2, 3 \tag{16.22}$$

지수 함수 $\exp(\beta_{1j} + \beta_{2j}x_i)$의 값은 언제나 양이 된다. 따라서 x_i의 변화로 인해 첫 번째 범주에 비해 j번째 범주가 더 선택이 되는지 아니면 덜 선택이 되는지는 β_{2j}의 부호에 달려 있다.

확률비율 식 (16.21)이 갖는 흥미로운 특징은 그것이 전체적으로 얼마나 많은 대안이 있느냐에 달려 있지 않다는 점이다. 로지트 모형에는 어떤 대안들 쌍 사이의 확률비율이 무관계한 대안들에 대해 독립적(independent of irrelevant alternatives, IIA)이라는 묵시적인 가정이 있다. 이는 강력한 가정으로 이 가정이 위반될 경우 다항 로지트는 좋은 모형 설정 방법이 아닐 수 있다. 특히 몇 가지 대안들이 유사한 경우 적합하지 않을 가능성이 크다. IIA 가정에 대한 검정은 선택 집합으로부터 이용 가능한 옵션들 중 1개 이상을 버리고 나서 다항 모형을 재추정함으로써 할 수 있다. IIA 가정이 준수된다면 추정값은 매우 크게 변하지 말아야 한다. 2개 추정값 집합에 대한 통계적 비교는 하우스만 교수와 맥패든 교수가 제시한 하우스만 대조 검정을 이용하여 시행된다. 이들 2개 추정값 집합 중 하나는 완전한 대안 집합을 갖는 모형으로부터 구한 것이며, 다른 하나는 축소된 대안 집합을 활용하는 모형으로부터 구한 것이다.[14]

정리문제 16.12   다항 선택 : 중등과정 후의 교육(PSE)

1988년 실시된 미국의 전국교육추적연구(NELS:88)는 미국 내 공립 및 사립학교에 취학하고 있는 8학년 학생을 대상으로 전국에 걸쳐 최초로 실시된 추적연구였다. 이 연구는 미국 국립교육통계센터의 지원을 받아 시행되었으며 1988년에 약 25,000명의 8학년 학생, 학부모, 교사, 교장들을 대상으로 설문조사를 실시하였다. 1990년 (대부분 10학년이 되었지만 일부는 탈락한) 동일한 학생, 교사, 교장들에 대해 다시 설문조사가 시행되었다. 1992년 대부분은 12학년이 되었지만 일부는 탈락한 학생, 교사, 학교 행정직원들에 대해 후속 설문조사가 시행되었으며 고등학교 성적도 또한 조사가 이루어졌다. 세 번째 후속 설문조사는 대부분의 학생들이 졸업을 한 이후인 1994년에 시행되었다.

모든 자료 중에서 부분집합, 즉 세 번째 후속조사를 통과하여 패널자료에 남아 있는 사람들을 취합하였다. 이들 집단에 대해서 중등과정 후 교육을 선택했는지 여부뿐만 아니라 개인 및 가계, 고등학교 성적, 시험점수 등에 관한 완벽한 자료를 정리하였다. 관련 자료파일에는 고등학교 졸업 후에 대학에 진학하지 않은 경우(*PSECHOICE* = 1), 또는 2년제 대학에 진학한 경우(*PSECHOICE* = 2), 또는 4년제 대학에 진학한 경우(*PSECHOICE* = 3)를 선택한 학생들에 관한 1,000개 관찰값이 있다. 설명을 하기 위해서 설명변수 *GRADES*에만 초점을 맞추도록 하자. 이 변수는 1.0(가장 높은 수준으로 A⁺ 학점인 경우)에서부터 13.0(가

표 16.2   중등과정 후의 교육(PSE) 선택에 관한 최우 추정값

모수	추정값	표준오차	t-통계량
β_{12}	2.5064	0.4183	5.99
β_{22}	−0.3088	0.0523	−5.91
β_{13}	5.7699	0.4043	14.27
β_{23}	−0.7062	0.0529	−13.34

장 낮은 수준으로 F 학점인 경우)까지 지수로 표시되며 영어, 수학, 사회를 총합한 학업 성취도를 나타낸다.

1,000명의 학생들 중에서 22.2%가 졸업 후 대학에 진학하지 않기로 했고, 25.1%는 2년제 대학에 진학하기로 했으며 52.7%가 4년제 대학에 진학했다. *GRADES*의 평균값은 6.53이며 가장 높은 학점은 1.74이고 가장 낮은 학점은 12.33이다. 표 16.2는 모수의 추정값과 표준오차를 보여주고 있다. 대학에 진학하지 않은 집단을 기본집단이라고 하면 모수 $\beta_{11} = \beta_{21} = 0$이 된다.

이런 추정값에 기초하여 어떤 말을 할 수 있는가? *GRADES*의 숫자값이 커질수록 학업 성취도가 더 낮다는 사실을 기억하자. *GRADES*의 계수에 대한 모수 추정값은 음수이며 통계적으로 유의하다. 설명변수의 변화가 확률비율에 미치는 영향을 보여주는 (16.22)를 이용하면, 이것

---

14 "Specification Tests for the Multinomial Logit Model," *Econometrica*, 49, pp. 1219 – 1240.

은 *GRADES*의 값이 증가할 경우 고등학교 졸업생이 대학에 진학하지 않을 확률에 비해 2년제 또는 4년제 대학에 진학할 확률이 낮아진다는 점을 의미한다. 학업 성취도가 낮은 경우 대학에 진학하지 않을 가능성이 커질 것이라고 기대했기 때문에, 위의 결과는 우리가 기대했던 효과이다.

우리는 또한 식 (16.19)를 이용하여, *GRADES* 값이 주어진 경우 대학 선택에 관해서 각각에 대해 예측된 확률을 계산할 수 있다. 우리 표본에서 *GRADES*의 중간값은 6.64이며 상위 5%의 값은 2.635이다. 이런 학점을 갖는 학생들의 선택확률은 얼마인가? 표 16.3에서 보면 중간 수준의 학점을 받은 학생이 대학에 진학하지 않을 확률은 0.1810이지만 높은 수준의 학점을 받은 학생의 경우 이 확률이 0.0178로 낮아진다. 이와 유사하게 평균 정도의 학력을 가진 학생이 2년제 대학에 진학할 확률은 0.2856이지만 보다 나은 학력을 가진 학생의 경우 이 확률이 0.0966이 된다. 마지막으로 평균 학력을 가진 학생이 4년제 대학에 진학할 확률은 0.5334이지만 학력이 보다 나은 학생의 경우 4년제 대학을 선택할 확률은 0.8857이 된다.

*GRADES*의 변화가 선택확률에 미치는 한계효과는 식 (16.20)을 이용하여 계산할 수 있다. 이런 한계효과는 다시 *GRADES*의 특정한 값에 의존하며 표 16.3은 중간 학력의 학생과 상위 5% 학력의 학생에 대한 결과를 보여주고 있다. *GRADES*가 1점 증가하는 경우(학업 성취도가 나빠지는 경우) 대학에 진학하지 않거나 2년제 대학에 진학할 확률은 높아지고, 4년제 대학에 진학할 확률은 낮아진다. *GRADES*가 1점 증가하는 경우 4년제 대학에 진학하는 확률은 상위 학생의 경우보다 중간 수준 학생의 경우 더 많이 감소한다. *GRADES*의 각 값에 대해 예측 확률의 합은 1이 되며 한계효과의 합은 0이 된다는 사실을 기억하자(물론 반올림에 따른 오차 때문에 반드시 그렇지 않을 수도 있다). 이것이 다항 로지트 모형 설정의 특징이다.

표 16.3 학점이 중등과정 후의 교육(PSE) 선택의 확률에 미치는 영향

PSE 선택	*GRADES*	$\hat{p}$	se($\hat{p}$)	한계효과	se(ME)
대학에 진학하지 않은 경우	6.64	0.1810	0.0149	0.0841	0.0063
	2.635	0.0178	0.0047	0.0116	0.0022
2년제 대학에 진학하는 경우	6.64	0.2856	0.0161	0.0446	0.0076
	2.635	0.0966	0.0160	0.0335	0.0024
4년제 대학에 진학하는 경우	6.64	0.5334	0.0182	−0.1287	0.0095
	2.635	0.8857	0.0174	−0.0451	0.0030

16.4 조건부 로지트

의사결정자는 다항 로지트 모형에서와 마찬가지로 몇 가지 서로 다른 대안들 중에서 선택을 해야 한다고 가상하자. 마케팅의 틀 안에서 보면 세 가지 종류($J = 3$)의 청량음료, 즉 2리터 병에 들어 있는 펩시, 세븐-업, 코카콜라 중에서 선택을 해야 한다고 가상하자. 구매자들은 슈퍼마켓을 방문하여 상품의 가격과 다른 요소들을 고려해서 선택을 하게 된다. 슈퍼마켓의 계산대에 스캐너가 등장함에 따라(브랜드의 종류, 구매 수량, 지불 가격 등에 관한) 구매자료가 기록될 수 있게 되어 있다. 물론 우리는 또한 어떤 특정한 쇼핑 기회에 고객이 구입하지 않은 상품의 가격도 알 수 있다. 핵심은 다양한 슈퍼마켓을 방문하면서 이루어진 청량음료 구매에 관한 자료를 시간의 흐름에 따라 수집할 수 있다면,

다양한 대안 중에서 이루어진 소비자의 선택을 관찰할 수 있고 구매인들이 슈퍼마켓을 방문할 때 직면하게 되는 가격을 알 수 있다.

y_{i1}, y_{i2}, y_{i3}는 개인 i가 취한 선택을 나타내는 모의변수라고 하자. 대안 1(펩시)을 선택한 경우 $y_{i1} = 1$, $y_{i2} = 0$, $y_{i3} = 0$이 된다. 대안 2(세븐-업)를 선택한 경우 $y_{i1} = 0$, $y_{i2} = 1$, $y_{i3} = 0$이 된다. 대안 3(코카콜라)을 선택한 경우 $y_{i1} = 0$, $y_{i2} = 0$, $y_{i3} = 1$이 된다. 브랜드 j에 개인 i가 직면하는 가격은 $PRICE_{ij}$가 된다. 즉 펩시, 세븐-업, 코카콜라의 가격들은 청량음료를 구입하는 각 고객에 대해 잠재적으로 달라질 수 있다. 서로 상이한 고객이 상이한 슈퍼마켓과 상이한 시점에서 물품을 구입할 수 있다는 사실을 기억하자. 가격과 같은 변수들은 구매하는 개개인에 따라 변화하며 고객이 선택할 때마다 상이할 수 있기 때문에 개인 및 대안 특정적이 된다. 이런 종류의 정보는 설명변수 x_i가 개인 특정적이었던 다항 로지트 모형에서의 가정과 매우 다르다. 개인 특정적인 경우 대안들 사이에서는 변화가 없다.

16.4.1 조건부 로지트의 선택확률

우리의 목적은 고객으로 하여금 다른 대안들 대신에 어떤 한 대안을 선택하도록 하는 요인을 분석하는 것이다. 개인 i가 대안 j를 선택하게 될 확률은 다음과 같은 모형으로 나타낼 수 있다.

$$P_{ij} = P[\text{개인 } i \text{가 대안 } j \text{를 선택한다.}]$$

위의 확률을 조건부 로지트 모형으로 나타내면 다음과 같다.

$$p_{ij} = \frac{\exp(\beta_{1j} + \beta_2 PRICE_{ij})}{\exp(\beta_{11} + \beta_2 PRICE_{i1}) + \exp(\beta_{12} + \beta_2 PRICE_{i2}) + \exp(\beta_{13} + \beta_2 PRICE_{i3})} \quad (16.23)$$

식 (16.19)의 다항 로지트 모형에 대한 확률과 달리, 위의 식에는 각 가격의 영향을 선택확률 p_{ij}에 연계시키는 오직 1개의 모수 β_2가 있다는 사실에 주목하자. 위의 식은 또한 대안 특정적 상수(절편항)를 포함하고 있다. 이 절편항들은 모두 추정될 수 없으므로 하나를 0이라고 놓아야 한다. $\beta_{13} = 0$이라고 하자.

알지 못하는 모수에 대한 추정은 최우법에 의해 이루어진다. 대안 1, 2, 3을 각각 선택하는 3명의 개인을 관찰한다고 가상하자. 이들의 선택이 서로 독립적이라고 가정하면 이런 결과를 관찰하게 될 확률은 다음과 같다.

$$P(y_{11} = 1, y_{22} = 1, y_{33} = 1) = p_{11} \times p_{22} \times p_{33}$$

$$= \frac{\exp(\beta_{11} + \beta_2 PRICE_{11})}{\exp(\beta_{11} + \beta_2 PRICE_{11}) + \exp(\beta_{12} + \beta_2 PRICE_{12}) + \exp(\beta_2 PRICE_{13})}$$

$$\times \frac{\exp(\beta_{12} + \beta_2 PRICE_{22})}{\exp(\beta_{11} + \beta_2 PRICE_{21}) + \exp(\beta_{12} + \beta_2 PRICE_{22}) + \exp(\beta_2 PRICE_{23})}$$

$$\times \frac{\exp(\beta_2 PRICE_{33})}{\exp(\beta_{11} + \beta_2 PRICE_{31}) + \exp(\beta_{12} + \beta_2 PRICE_{32}) + \exp(\beta_2 PRICE_{33})}$$

$$= L(\beta_{11}, \beta_{12}, \beta_2)$$

16.4.2 조건부 로지트 추정 후 분석

가격의 변화가 선택확률에 어떤 영향을 미치는지는 '자신가격'의 변화와 '교차가격'의 변화에 따라 다르다. 자신가격의 변화가 선택확률에 미치는 영향은 다음과 같이 나타낼 수 있다.

$$\frac{\partial p_{ij}}{\partial PRICE_{ij}} = p_{ij}(1 - p_{ij})\beta_2 \tag{16.24}$$

β_2의 부호는 자신가격의 변화가 미치는 영향의 방향을 나타낸다.

대안 k의 가격이 변화할 경우 대안 j를 선택할 확률상의 변화는 다음과 같다($k \neq j$).

$$\frac{\partial p_{ij}}{\partial PRICE_{ik}} = -p_{ij}p_{ik}\beta_2 \tag{16.25}$$

교차가격의 변화가 미치는 영향은 자신가격의 변화가 미치는 영향의 정반대가 된다.

조건부 로지트 모형의 중요한 특징은 대안 j와 대안 k 사이의 확률비율이 다음과 같다는 것이다.

$$\frac{p_{ij}}{p_{ik}} = \frac{\exp(\beta_{1j} + \beta_2 PRICE_{ij})}{\exp(\beta_{1k} + \beta_2 PRICE_{ik})} = \exp\left[(\beta_{1j} - \beta_{1k}) + \beta_2(PRICE_{ij} - PRICE_{ik})\right]$$

확률비율은 가격 차이에 의존하지 가격 그 자체에는 의존하지 않는다. 다항 로지트 모형에서와 마찬가지로 확률비율은 대안들의 총수에 의존하지 않으며, 무관계한 대안들에 대해 독립적이라는 묵시적인 가정이 있다. 이에 대해서는 16.3.3절 끝에 있는 논의를 참조하도록 하자. 위와 같은 가정이 필요하지 않은 모형이 개발되었지만 도출하기가 복잡하고 어렵다. 예를 들면, 정규분포에 기초한 다항 프로비트 모형, 종합 로지트 모형, 혼합 로지트 모형 등이 있다.

🔵 정리문제 16.13　　조건부 로지트 : 청량음료의 선택

우리는 104주 동안 5개 슈퍼마켓에 대한 1,822개의 구매 행태를 관찰하였으며, 거기서 소비자는 2리터 병에 들어 있는 펩시콜라(34.6%)나, 세븐-업(37.4%)이나, 코카콜라(28%)를 구매하였다. 표본에서 펩시의 평균가격은 $1.23, 세븐업은 $1.12, 코카콜라는 $1.21가 된다. 우리는 식 (16.23)에서 살펴본 조건부 로지트 모형을 추정하였으며,

표 16.4a는 추정값을 보여준다.

모든 모수의 추정값은 10% 유의수준에서 0과 유의하게 다르며, PRICE 계수의 부호는 음이라는 사실을 알 수 있다. 이는 개별 상표의 가격이 인상되면 해당 상표를 구매할 확률이 감소하고, 경쟁하고 있는 상표의 가격이 인상될 경우 자사 상표를 구매할 확률이 증대된다. 표 16.4b는

| 표 16.4a | 조건부 로지트의 모수 추정값 |

Variable	Estimate	Standard Error	t-Statistic	p-Value
$PRICE(\beta_2)$	-2.2964	0.1377	-16.68	0.000
$PEPSI(\beta_{11})$	0.2832	0.0624	4.54	0.000
$7\text{-}UP(\beta_{12})$	0.1038	0.0625	1.66	0.096

| 표 16.4b | 펩시콜라를 선택할 확률에 대한 가격의 한계효과 |

$PRICE$	Marginal Effect	Standard Error	95% Interval Estimate
$COKE$	0.3211	0.0254	$[0.2712, 0.3709]$
$PEPSI$	-0.5734	0.0350	$[-0.6421, -0.5048]$
$7\text{-}UP$	0.2524	0.0142	$[0.2246, 0.2802]$

펩시콜라를 선택할 확률에 대한 가격 변화의 한계효과를 포함하고 있다. 한계효과는 펩시콜라, 세븐-업, 코카콜라의 가격이 각각 \$1.00, \$1.25, \$1.10로 설정되었을 때 식 (16.24) 및 (16.25)를 사용하여 계산된다. 표준오차도 또한 계산되어 제시되었다. 추정값에 관한 두 가지 사실에 주목하자. 첫째, 그것들은 기대했던 부호를 갖고 있다. 펩시콜라의 가격이 상승할 경우 펩시를 구매할 확률에 음의 영향을 미친다고 추정되는 반면에, 코카콜라 또는 세븐-업의 가격이 상승하면 펩시콜라를 선택할 확률이 증가한다. 둘째, 이 값들은 확률 변화에 관해 매우 과장되어 있다. 왜냐하면 '한 단위 변화'는 \$1이며 이는 가격에서 거의 100% 변화를 의미하기 때문이다. 가격이 10센트 상승할 경우 한계효과, 표준오차, 구간 추정값 한계에 0.10을 곱해야만 한다. 한계효과를 계산하는 것에 대한 대안으로서, 설명변수들의 주어진 값에서 특정 확률을 계산할 수 있다. 예를 들면,

표 16.4b에서 사용된 가격에서 펩시콜라를 선택할 확률을 추정하면 다음과 같다.

$$\hat{p}_{i1} = \frac{\exp(\tilde{\beta}_{11} + \tilde{\beta}_2 \times 1.00)}{\left[\exp(\tilde{\beta}_{11} + \tilde{\beta}_2 \times 1.00) + \exp(\tilde{\beta}_{12} + \tilde{\beta}_2 \times 1.25) + \exp(\tilde{\beta}_2 \times 1.10) \right]}$$
$$= 0.4832$$

이 예측된 확률에 대한 표준오차는 0.0154이다. 펩시콜라 가격이 \$1.10로 상승할 경우, 이를 구매할 확률은 0.4263(se = 0.0135)으로 하락할 것으로 추정된다. 펩시콜라 가격은 그대로 \$1.00이지만 코카콜라 가격이 15센트 만큼 상승할 경우, 소비자가 펩시콜라를 선택할 확률이 0.0445(se = 0.0033)만큼 증가할 것으로 추정된다. 이 수치들은 거의 탄력성처럼 가격이 변할 경우 관련 상표를 선택할 반응도를 나타낸다.

16.5 서열 선다형 모형

다항 로지트 모형과 조건부 로지트 모형에서 선택권이 있더라도 이는 자연적인 순서나 서열이 있지는 않다. 하지만 어떤 경우에는 선택이 특정한 방법으로 순서가 정해져 있을 수 있다. 예를 들면, 다음과 같다.

1. 설문조사 결과 : 설문에 대한 반응은 '강하게 반대', '반대', '중립', '동의', '강하게 동의' 순서로 나타났다.
2. 학점 또는 학업 성취도 등급 : 학생들은 학점으로 A, B, C, D, F를 받는데 이것은 학생들의 학업 성취에 대한 교사들의 평가에 의해 결정된다. 피고용인들은 보통, 예를 들면 '극히 우수', '매우 우수', '우수', '양호', '부족'과 같은 등급으로 평가를 받는데 이것들은 성격상 위의 서열과 유사하다.

3. 채권 등급 : 스탠다드 앤 푸어스(Standard and Poor's)사는 채권을 AAA, AA, A, BBB 등으로 분류하는데 이는 채권을 발행한 회사나 국가의 신용도와 투자가 얼마나 위험한가에 대한 판단에 기초하여 매겨진 등급이다.

4. 고용상태 : 고용상태는 실업, 부분취업, 완전취업으로 분류된다.

위와 같은 종류의 결과를 모형화하려는 경우 해당 결과에 대해 숫자값을 부여해야 하지만, 이 숫자들은 서수적이며 단지 결과의 순서를 나타낸 것뿐이다. 첫 번째에서 우리는 종속변수 y에 대해 다음과 같이 숫자값을 부여할 수 있다.

$$y = \begin{cases} 1 & \text{강하게 반대} \\ 2 & \text{반대} \\ 3 & \text{중립} \\ 4 & \text{동의} \\ 5 & \text{강하게 동의} \end{cases}$$

16.3절에서는 순서가 정해지지 않은 대안들 중에서의 선택을 설명하기 위하여, 고등학교 졸업 후 어떤 종류의 대학에 진학하는지를 선택하는 문제에 대해 살펴보았다. 하지만 이와 같은 경우 실제로 자연적인 순서가 있을 수 있다.

$$y = \begin{cases} 3 & \text{4년제 대학에 진학하는 경우(완전하게 대학 경험)} \\ 2 & \text{2년제 대학에 진학하는 경우(부분적으로 대학 경험)} \\ 1 & \text{대학에 진학하지 않는 경우} \end{cases} \qquad (16.26)$$

자료가 위와 같은 경우 통상적인 선형회귀 모형은 적합하지 않다. 왜냐하면 회귀분석에서는 y-값이 숫자적인 의미를 갖고 있지 않을 때에도 갖고 있는 것으로 취급하기 때문이다. 다음 절에서는 각각의 선택확률을 어떻게 모형화시킬 수 있는지 논의할 것이다.

16.5.1 서열 프로비트의 선택확률

서열 문제를 해결하기 위해 대안들의 선택에 관해서 어떻게 느끼는지에 대한 '감각'을 소개하고자 하며, 감각이 높아질수록 더 높은 순위의 대안을 선택할 가능성이 많아진다. 물론 이런 감각을 계량경제학자들은 관찰할 수 없다. 결정하는 데는 영향을 미치지만 관찰할 수 없는 변수를 잠재변수(latent variable)라 하며, 서열이 있는 대안들에 대한 감각은 y_i^*로 나타낸다. 여기서 '*'는 해당 변수가 관찰되지 않는다는 사실을 말해 준다.

미시경제학을 '선택의 과학'이라고 한다. 경제이론에 따르면 어떤 요인(관찰할 수 있는 변수)들은 우리가 직면하고 있는 대안들을 어떻게 생각하는지에 영향을 미칠 수 있다. 구체적인 예를 들기 위해서 식 (16.26)의 서열 선다형으로 나타낸 대안들, 즉 '대학에 진학하지 않는 경우', '2년제 대학에 진학하는 경우', '4년제 대학에 진학하는 경우' 중에서 고등학교 졸업생이 선택을 하려 할 때 어떤 요인

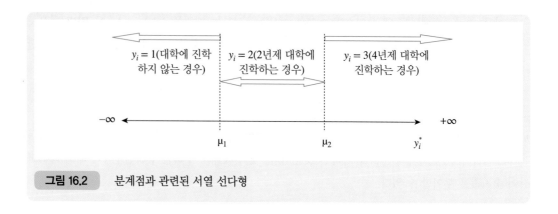

그림 16.2   분계점과 관련된 서열 선다형

들이 영향을 미치는지에 대해 생각해 보자. 이런 선택을 할 때 영향을 미치는 요인은 가계소득, 학생의 고등학교 성적, 집으로부터 2년제 또는 4년제 대학의 근접성, 부모가 4년제 대학을 졸업하였는지여부 등을 생각할 수 있다. 간단히 하기 위해서 단 1개의 설명변수 *GRADES*를 중심으로 살펴보도록하자. 그러면 모형은 다음과 같다.

$$y_i^* = \beta GRADES_i + e_i$$

종속변수를 관찰할 수 없기 때문에 위의 모형을 회귀 모형이라 할 수 없다. 따라서 이를 지수 모형 (index model)이라고도 한다. 통상적인 이유로 인해 오차항은 포함된다. 우리가 관찰하게 되는 선택은 분계점과 관련된 대학교육에 대한 '감각' y_i^*를 비교하는 데 기초하게 된다. 그림 16.2는 이를 보여주고 있다.

   $M = 3$개의 대안이 있기 때문에 $M-1 = 2$개의 분계점, 즉 μ_1 및 μ_2가 있으며 $\mu_1 < \mu_2$가 된다. 지수모형은 절편을 포함하지 않는데 그 이유는 절편이 분계점을 나타내는 변수와 정확히 공선될 수도 있기 때문이다. 대학교육에 대한 감각이 가장 낮은 범주에 속하는 경우, $y_i^* \leq \mu_1$이 되며 '대학에 진학하지 않는 경우'의 대안을 선택하게 된다. 또한 $\mu_1 < y_i^* \leq \mu_2$인 경우 '2년제 대학에 진학하는 경우'의 대안이 선택되고, 대학교육에 대한 감각이 가장 높은 범주에 속하는 경우 $y_i^* > \mu_2$가 되며 '4년제 대학에진학하는 경우'의 대안을 선택하게 된다. 즉 다음과 같다.

$$y_i = \begin{cases} 3\,(4년제\ 대학에\ 진학하는\ 경우) & y_i^* > \mu_2 인\ 경우 \\ 2\,(2년제\ 대학에\ 진학하는\ 경우) & \mu_1 < y_i^* \leq \mu_2 인\ 경우 \\ 1\,(대학에\ 진학하지\ 않는\ 경우) & y_i^* \leq \mu_1 인\ 경우 \end{cases}$$

y_i^*에 대해 특정 확률분포를 가정하는 경우, 달리 표현하면 무작위 오차 e_i에 대해 특정 확률분포를 가정하는 경우, 이런 결과에 대한 확률을 나타낼 수 있다. 오차가 서열 프로비트 모형(ordered probit model)을 정의하는 가정인 표준 정규분포 $N(0, 1)$를 갖는다고 가정할 경우, 다음과 같이 계산할 수 있다.

$$P(y_i = 1) = P(y_i^* \leq \mu_1) = P(\beta GRADES_i + e_i \leq \mu_1)$$

$$= P\left(e_i \le \mu_1 - \beta GRADES_i\right)$$

$$= \Phi\left(\mu_1 - \beta GRADES_i\right)$$

$$P\left(y_i = 2\right) = P\left(\mu_1 < y_i^* \le \mu_2\right) = P\left(\mu_1 < \beta GRADES_i + e_i \le \mu_2\right)$$

$$= P\left(\mu_1 - \beta GRADES_i < e_i \le \mu_2 - \beta GRADES_i\right)$$

$$= \Phi\left(\mu_2 - \beta GRADES_i\right) - \Phi\left(\mu_1 - \beta GRADES_i\right)$$

$y = 3$일 확률은 다음과 같다.

$$P\left(y_i = 3\right) = P\left(y_i^* > \mu_2\right) = P\left(\beta GRADES_i + e_i > \mu_2\right)$$

$$= P\left(e_i > \mu_2 - \beta GRADES_i\right)$$

$$= 1 - \Phi\left(\mu_2 - \beta GRADES_i\right)$$

16.5.2 서열 프로비트의 추정법 및 해석

앞에서의 선택 모형과 마찬가지로 최우 추정법을 사용하게 된다. $N = 3$인 무작위 표본을 관찰한다고 하자. 첫 번째 사람은 대학에 진학하지 않고$\left(y_1 = 1\right)$, 두 번째 사람은 2년제 대학에 진학하며$\left(y_2 = 2\right)$, 세 번째 사람은 4년제 대학에 진학하는$\left(y_3 = 3\right)$ 세 사람의 무작위 표본을 관찰하는 경우, 우도 함수는 다음과 같다.

$$L\left(\beta, \mu_1, \mu_2\right) = P\left(y_1 = 1\right) \times P\left(y_2 = 2\right) \times P\left(y_3 = 3\right)$$

확률은 지수 함수의 모수 β뿐만 아니라 알지 못하는 모수 μ_1 및 μ_2에 의존한다는 사실에 주목하자. 이 모수들은 숫자적인 방법을 이용하여 대수-우도 함수를 극대화함으로써 구할 수 있다. 계량경제학 소프트웨어는 표준 정규분포의 오차에 의존하는 **서열 프로비트** 모형 그리고 무작위 오차가 로지스틱 분포를 따른다는 가정에 의존하는 *서열 로지트*(ordered logit) 모형 둘 다에 대한 옵션을 포함하고 있다. 대부분의 경제학자들은 정규성 가정을 이용하지만, 많은 다른 사회과학자들은 로지스틱 가정을 사용한다. 하지만 종국적으로는 이 둘 결과들 사이에 거의 차이가 없다.

이 모형을 가지고 대답할 수 있는 질문의 종류는 다음과 같다.

1. (등급이 13점으로 되어 있으며 1점이 가장 높은 경우) $GRADES = 2.5$인 고등학교 졸업생이 2년제 대학에 진학할 확률은 얼마인가? 이에 대한 대답은 모수의 최우 추정값에 기초하여 $GRADES$의 특정한 값을 예측확률에 대입함으로써 구할 수 있다.

$$\hat{P}(y = 2 | GRADES = 2.5) = \Phi\left(\tilde{\mu}_2 - \tilde{\beta} \times 2.5\right) - \Phi\left(\tilde{\mu}_1 - \tilde{\beta} \times 2.5\right)$$

2. $GRADES = 2.5$인 학생과 $GRADES = 4.5$인 학생이 4년제 대학에 진학할 확률의 차이는 얼마인

가? 확률의 차이는 다음과 같이 직접 계산될 수 있다.

$$\hat{P}(y = 3|GRADES = 4.5) - \hat{P}(y = 3|GRADES = 2.5)$$

3. $GRADES$를 연속변수로 취급하면 $GRADES$가 1단위 변화하는 경우 각 결과의 확률에 미치는 한계효과는 무엇인가? 이들의 도함수는 다음과 같다.

$$\frac{\partial P(y = 1)}{\partial GRADES} = -\phi(\mu_1 - \beta GRADES) \times \beta$$

$$\frac{\partial P(y = 2)}{\partial GRADES} = \left[\phi(\mu_1 - \beta GRADES) - \phi(\mu_2 - \beta GRADES)\right] \times \beta$$

$$\frac{\partial P(y = 3)}{\partial GRADES} = \phi(\mu_2 - \beta GRADES) \times \beta$$

위의 식에서 '$\phi(\cdot)$'는 표준 정규분포의 확률밀도 함수를 나타내며, 그 값은 언제나 양이 된다. 따라서 모수 β의 부호는 가장 낮은 범주에 대한 한계효과의 방향과 정반대가 되지만, 가장 높은 범주에 대한 한계효과의 방향과는 동일하다. 중간 범주에 대한 한계효과의 방향은 괄호 안에 있는 차이의 부호에 따라 정반대가 될 수도 있고 동일할 수도 있다.

서열 선다형 모형의 결과를 분석하는 데는 유용한 그래픽스를 포함하여 다양한 방법이 있다. (사회과학의 관점에서 본) 이에 관한 보다 자세한 내용은 다음을 참조하시오. *Regression Models for Categorical and Limited Dependent Variables* by J. Scott Long(Sage Publications 1997, 제5장). (마케팅의 관점에서 본) 보다 자세한 내용은 다음을 참조하시오. *Quantitative Models in Marketing Research* by Philip Hans Franses and Richard Paap(Cambridge University Press, 2001, 제6장). 포괄적인 내용은 다음을 참조하시오. *Modeling Ordered Choices: A Primer* by William H. Greene and David A. Hensher(Cambridge University Press, 2010).

🔍 정리문제 16.14   서열 선다형 모형 : 중등과정 후의 교육(PSE)

16.3절에서 소개한 대학 선택자료를 이용하여 설명하도록 하자. $PSECHOICE$를 서열변수로 볼 것이며 '1'은 호감이 가장 적은 대안('대학에 진학하지 않은 경우')을 의미하며 '3'은 호감이 가장 많은 대안('4년제 대학에 진학하는 경우')을 나타낸다. 표 16.5는 추정결과를 보여준다.

$GRADES$의 추정계수는 음의 값을 가지며 이는 $GRADES$가 증가할수록(학업 성취도가 나빠질수록) 4년제 대학에 진학할 확률은 감소하며 서열이 가장 낮은 선택, 즉 대학에 진학하지 않을 확률은 증가한다는 의미이다.

표 16.5   PSE 선택에 대한 서열 프로비트 모수 추정값

모수	추정값	표준오차
β	-0.3066	0.0191
μ_1	-2.9456	0.1468
μ_2	-2.0900	0.1358

$GRADES$의 증가가 4년제 대학 진학에 미치는 한계효과를

검토해 보자. 중간값의 학점(6.64)을 받은 학생에 대한 한계효과는 −0.1221이며, 상위 5%의 학점(2.635)을 받은 학생에 대한 한계효과는 −0.0538이다. 이는 크기 면에서 표 16.3의 한계효과와 유사하다.

16.6 가산자료 모형

회귀 모형의 종속변수가 사건이 발생하는 수를 계산한 경우, 결과변수는 $y = 0, 1, 2, 3, \cdots$이 된다. 이 숫자들은 실제 계산이므로 앞 절에서 살펴본 서수와 다르다. 예를 들면, 다음과 같다.

- 한 사람이 1년 동안 의사를 방문하는 횟수
- 한 사람이 지난해에 낚시를 간 횟수
- 한 가정의 자녀 수
- 한 달 동안 특정 교차로에서 발생한 교통사고 건수
- 한 가계의 텔레비전 보유 대수
- 한 대학생이 1주일 동안 마시는 알코올 음료의 수

예를 들면, 한 개인이 1년 동안 의사를 두 번 이상 방문할 확률을 설명하고 예측하려 한다면, 기본으로 사용할 확률분포는 정규 또는 로지스틱이 아니라 포아송이 된다. Y가 포아송 확률변수(Poisson random variable)인 경우 확률 함수는 다음과 같다.

$$f(y) = P(Y = y) = \frac{e^{-\lambda}\lambda^y}{y!}, \quad y = 0, 1, 2, \ldots \tag{16.27}$$

순차곱셈 (!)항은 $y! = y \times (y-1) \times (y-2) \times \cdots \times 1$이 된다. 이 확률 함수는 1개의 모수 λ를 갖는데 이는 Y의 평균(및 분산)이다. 즉 $E(Y) = \text{var}(Y) = \lambda$이다. 회귀 모형에서는 $E(Y)$의 행태를 몇몇 설명변수의 함수로 설명하려 한다. 여기서도 다음과 같이 정의하여 $E(Y) \geq 0$의 값을 유지하면서, 동일한 작업을 할 수 있다.

$$E(Y|x) = \lambda = \exp(\beta_1 + \beta_2 x) \tag{16.28}$$

이 선택은 가산자료에 대해 포아송 회귀 모형(Poisson regression model)을 정의하고 있다.

16.6.1 포아송 회귀 모형의 최우 추정법

모수 β_1 및 β_2는 최우법으로 추정할 수 있다. 모집단으로부터 $N = 3$인을 무작위적으로 뽑아서, 이들의 계산값이 $y_1 = 0, y_2 = 2, y_3 = 2$임을 관찰했다고 가상하자. 여기서 이는 3인에 대해 사건이 0번, 2번, 2번 발생했음을 나타낸다. 우도 함수는 다음과 같이 관찰된 자료의 결합 확률 함수이며, 알지 못하는 모수의 함수로 나타낼 수 있다.

$$L(\beta_1, \beta_2) = P(Y = 0) \times P(Y = 2) \times P(Y = 2)$$

식 (16.27)과 같은 함수의 곱은 매우 복잡해서 극대화하기가 어렵다. 하지만 실제로 최우 추정법은 다음과 같이 우도 함수의 대수를 극대화함으로써 이행된다.

$$\ln L(\beta_1, \beta_2) = \ln P(Y = 0) + \ln P(Y = 2) + \ln P(Y = 2)$$

λ에 대한 식 (16.28)을 이용하면 확률 함수의 대수는 다음과 같다.

$$\ln\left[P(Y = y|x)\right] = \ln\left[\frac{e^{-\lambda}\lambda^y}{y!}\right] = -\lambda + y\ln(\lambda) - \ln(y!)$$
$$= -\exp(\beta_1 + \beta_2 x) + \left[y \times (\beta_1 + \beta_2 x)\right] - \ln(y!)$$

N개의 관찰값인 표본이 주어진 경우, 대수-우도 함수는 다음과 같다.

$$\ln L(\beta_1, \beta_2) = \sum_{i=1}^{N}\left\{-\exp(\beta_1 + \beta_2 x_i) + y_i \times (\beta_1 + \beta_2 x_i) - \ln(y_i!)\right\}$$

이 대수-우도 함수는 자료값 (y_i, x_i)를 일단 대체시키게 되면 β_1 및 β_2만의 함수가 된다. 대수-우도 함수 자체는 아직도 알지 못하는 모수의 비선형 함수이며 최우 추정값은 숫자적인 방법을 통해서 구해야만 한다. 계량경제학 소프트웨어는 마우스를 몇 번 누름으로써 가산자료 모형의 최우 추정법을 이행하도록 하는 옵션을 갖고 있다.

16.6.2 포아송 회귀 모형의 해석

다른 모형을 설정하는 상황에서와 마찬가지로, 추정된 모형을 이용하여 결과를 예측하고, 한 설명변수의 변화가 종속변수의 평균값에 미치는 한계효과를 결정하며, 계수의 유의성을 검정하고자 한다.

y의 조건부 평균값을 예측하는 일은 간단하다. 최우 추정값 $\tilde{\beta}_1$ 및 $\tilde{\beta}_2$가 주어지고 설명변수의 값 x_0가 주어진 경우, 다음과 같다.

$$\widehat{E(y_0)} = \tilde{\lambda}_0 = \exp(\tilde{\beta}_1 + \tilde{\beta}_2 x_0)$$

위의 값은 x가 x_0의 값을 취할 경우 관찰된 사건의 기대된 발생건수에 대한 추정값이다. 사건의 특정 발생건수에 대한 확률은, 추정된 조건부 평균을 확률 함수에 삽입하여 다음과 같이 추정할 수 있다.

$$\widehat{P(Y = y)} = \frac{\exp(-\tilde{\lambda}_0)\,\tilde{\lambda}_0^y}{y!}, \quad y = 0, 1, 2, \ldots$$

포아송 회귀 모형에서 연속변수 x가 변화하는 데 따른 한계효과는 모수로 간단하게 나타낼 수 없다. 왜냐하면 조건부 평균 모형이 모수의 비선형 함수이기 때문이다. 조건부 평균을 $E(y_i \,|\, x_i) = \lambda_i = \exp(\beta_1 + \beta_2 x_i)$로 나타낼 수 있도록 설정된 모형을 이용하고, 지수 함수의 도함수 규칙을 이용하여,

다음과 같은 한계효과를 구할 수 있다.

$$\frac{\partial E(y_i|x_i)}{\partial x_i} = \lambda_i\beta_2 \tag{16.29}$$

위의 한계효과를 추정하기 위하여 모수를 최우 추정값으로 대체하고 x의 값을 선택하도록 하자. 한계효과는 선택된 x의 값에 따라 상이하다. 포아송 모형에 관해 기억해 두면 유용한 사실은 조건부 평균 $E(y_i|x_i) = \lambda_i = \exp(\beta_1 + \beta_2 x_i)$가 언제나 양이라는 점이다. 그 이유는 지수함수가 언제나 양이기 때문이다. 따라서 한계효과의 방향은 계수 β_2의 부호로 결정된다.

위의 식 (16.29)를 백분율로 다음과 같이 나타낼 수 있으며 이는 유용하게 사용될 수 있다.

$$\frac{\%\Delta E(y_i|\mathbf{x})}{\Delta x_i} = 100\frac{\partial E(y_i|\mathbf{x})/E(y_i|\mathbf{x})}{\partial x_i} = 100\beta_2\%$$

x가 변형되지 않는다면, x가 1단위 변화할 경우 조건부 평균은 $100\beta_2\%$ 변화하게 된다.

조건부 평균 함수가 모의변수를 포함하고 있다면, 그것이 미치는 영향을 어떻게 계산할 수 있을까? $E(y_i|\mathbf{x}) = \lambda_i = \exp(\beta_1 + \beta_2 x_i + \delta D_i)$라면, $D = 0$ 및 $D = 1$일 경우 조건부 기댓값을 다음과 같이 살펴볼 수 있다.

$$E(y_i|x_i, D_i = 0) = \exp(\beta_1 + \beta_2 x_i)$$
$$E(y_i|x_i, D_i = 1) = \exp(\beta_1 + \beta_2 x_i + \delta)$$

그러면 조건부 평균의 백분율 변화는 다음과 같다.

$$100\left[\frac{\exp(\beta_1 + \beta_2 x_i + \delta) - \exp(\beta_1 + \beta_2 x_i)}{\exp(\beta_1 + \beta_2 x_i)}\right]\% = 100[e^\delta - 1]\%$$

위의 식은 대수-선형 모형에서 모의변수가 미치는 영향에 대해 구했던 식과 동일하다(제7장의 7.3절 참조).

마지막으로 가설검정은 표준적인 방법으로 시행된다. 최우 추정량은 이미 알려진 형태의 분산을 가지면서 점근적으로 정규분포한다. 실제의 분산식은 복잡하며 행렬식을 포함하므로, 여기서는 그 공식을 소개하지 않기로 한다.[15] 계량경제학 소프트웨어는 기호화한 분산식을 갖고 있으며, 모수 추정값과 함께 표준오차, t-통계량, p-값을 보통 때와 같은 방법으로 제공한다.

---

15 다음을 참조하시오. J. Scott Long, *Regression Models for Categorical and Limited Dependent Variables* (Thousand Oaks, CA: Sage Publications, 1997), Chapter 8. *Regression Analysis of Count Data* Second Edition by A. Colin Cameron and Pravin K. Trivedi (Cambridge, UK: Cambridge University Press, 2013).

정리문제 16.15   가산 모형 : 의사를 방문하는 횟수

의료서비스 체계에 대한 경제적인 분석은 연구 및 공익 분야에서 중요한 위치를 점하고 있다. 이 정리문제[16]에서는 1,200명에 대한 과거 3개월 동안의 의사 방문 횟수(*DOCVIS*), 연령(*AGE*), 성별(*FEMALE*), 공영보험 보유 여부(*PUBLIC*)에 관한 자료를 활용할 것이다. 표 16.6은 의사 방문 빈도수를 보여주고 있으며, 방문 횟수가 8번 이하인 경우가 90.5%를 차지한다.

표 16.6   의사 방문 횟수(*DOCVIS*)

DOCVIS	횟수
0	443
1	200
2	163
3	111
4	51
5	49
6	37
7	7
8	25

이들은 가산자료(count data)(사건이 발생한 횟수)이므로 포아송 모형이 실행할 수 있는 선택이 된다. 최우 추정법을 적용하여 다음과 같은 추정된 모형을 구할 수 있다.

$$\widehat{E(DOCVIS)} = \exp\big(-0.0030 + 0.0116 AGE$$
$$\text{(se)} \qquad\qquad (0.0918) \quad (0.0015)$$
$$+ 0.1283 FEMALE + 0.5726 PUBLIC\big)$$
$$(0.0335) \qquad\qquad (0.0680)$$

위의 분석 결과에 관해 무엇을 언급할 수 있는가? 첫째, 계수 추정값들은 모두 양수이며, 이는 노령인구, 여성, 공영보험 보유자들이 보다 많이 의사를 방문한다는 의미이다. 둘째, *AGE*, *FEMALE*, *PUBLIC*의 계수들은 영과 유의하게 상이하며, p-값은 0.01보다 작다. 추정된 모형을 활용하여, 의사를 방문할 것으로 기대되는 횟수를 추정할 수 있다. 예를 들어, 표본에 있는 첫 번째 사람이 공영보험을 보유한 29세 여성이라고 하자. 이런 값들을 대입하면, 의사를 방문하는 횟수가 2.816번 또는 3번(반올림한 경우)될 것으로 기대된다고 추정한다. 이 여성의 의사 방문 실제 횟수는 0번이었다.

일반화된 R^2이라는 개념을 사용하면, *DOCVIS*와 예측한 의사 방문 횟수 사이의 제곱한 상관을 계산함으로써 모형이 자료에 얼마나 잘 부합하는지에 대한 개념을 구할 수 있다. 예를 들면, 3.33 대신에 3.0처럼 반올림한 값을 사용할 경우, 상관은 0.1179이며 $R_g^2 = (0.1179)^2 = 0.0139$이다. 이 단순 모형에 대한 적합도는 우리가 당연히 기대하는 것만큼 그리 좋지는 않다. 이 모형은 예를 들면 소득, 일반 건강상태 등처럼 많은 중요한 요인들을 고려하지 않고 있다. 상이한 소프트웨어 패키지는 이따금 의사 R^2이라고 하는 많은 상이한 값들을 제시하며, 이것들은 또한 상이한 의미를 갖는다. R_g^2을 포함하여 제시된 모든 이런 값들을 무시하도록 권하는 바이다.

R^2과 같은 숫자 대신에, 회귀 모형에 대한 전반적인 F-검정과 유사한 전반적인 모형 유의성 검정을 제시하는 것이 좋은 생각이다. 귀무가설은 절편을 제외한 모든 모형계수들이 영이라는 것이다. 우도 비율 통계량을 추천하는 바이다. 앞에서 프로비트 모형의 틀 내에서 이 검정에 대해 논의하였다. 검정 통계량은 $LR = 2\_\ln L_U - \ln L_R i$이며, 여기서 $\ln L_U$는 완전한 제한되지 않은 모형에 대한 대수-우도 함수값이며, $\ln L_R$은 가설이 참이라고 가정하는 제한된 모형에 대한 대수-우도 함수값이다. 이 경우 제한된 모형은 $E(DOCVIS) = \exp_{\gamma_1} i$이다. 귀무가설이 참인 경우 LR

---

16 Regina T. Riphahn, Achim Wambach, and Andreas Million, "Incentive Effects in the Demand for Health Care: A Bivariate Panel Count Data Estimation", *Journal of Applied Econometrics*, Vol. 18, No. 4, 2003, pp. 387-405.

검정 통계량은 대표본에서 $\chi^2_{(3)}$-분포를 갖는다. 이 예에서 $LR = 174.93$이며 $\chi^2_{(3)}$-분포의 0.95 백분위수는 7.815이다. 5% 유의수준에서 귀무가설을 기각하고, 최소한 1개 변수는 의사 방문 횟수에 유의한 영향을 미친다고 결론을 내린다.

의사 방문 횟수에 이 변수들이 미치는 영향의 크기는 어떠한가? AGE를 연속변수라 보고 식 (16.29)를 사용하여 한계효과를 계산하면 다음과 같다.

$$\frac{\widehat{\partial E(DOCVIS)}}{\partial AGE} = \exp\bigl(-0.0030 + 0.0116AGE$$
$$+ 0.1283FEMALE + 0.5726PUBLIC\bigr)$$
$$\times 0.0116$$

이 효과를 계산하기 위해서는 AGE, $FEMALE$, $PUBLIC$에 값을 대입해야 한다. $FEMALE = 1$ 및 $PUBLIC = 1$이라고 하자. $AGE = 30$인 경우, 추정값은 0.0332이며 95% 구간 추정값은 [0.0261, 0.0402]이다. 즉 공영보험을 보유한 30세 여성 경우 연령이 1살 높아지게 되면 3개월 동안에 기대되는 의사 방문 횟수는 0.0332만큼 증가할 것이라고 추정된다. $AGE = 70$인 경우, 추정값은 0.0528이며 95% 구간 추정값은 [0.0355, 0.0702]이다. 연령이 1살 높아지

게 되면 이에 따른 영향은 여러분이 기대했을지 모르지만 노년층에게 더 커지게 된다.

$FEMALE$ 및 $PUBLIC$ 모두 0과 1의 값을 취하는 모의변수이다. 이 변수들에 대해서는 미분계수를 사용하여 '한계효과'를 계산할 수 없다. 대신에 두 경우에 관한 기대되는 의사 방문 횟수들 사이의 차이를 추정해 보자. 예를 들면, 다음과 같다.

$$\Delta E(DOCVIS) = E(DOCVIS|PUBLIC = 1)$$
$$- E(DOCVIS|PUBLIC = 0)$$

차이의 계산값은 다음과 같다.

$$\widehat{\Delta E(DOCVIS)} = \exp\bigl(-0.0030 + 0.0116AGE$$
$$+ 0.1283FEMALE + 0.5726\bigr)$$
$$- \exp\bigl(-0.0030 + 0.0116AGE$$
$$+ 0.1283FEMALE\bigr)$$

30세 여성의 경우는 그 차이가 1.24라고 추정되며, 구간 추정값은 [1.00, 1.48]이다. 70세 여성의 경우는 1.98이라고 추정되며, 구간 추정값은 [1.59, 2.36]이다. 공영보험을 보유하고 있는 여성은 보유하고 있지 않은 동일 연령의 여성보다 유의하게 더 많이 의사를 방문한다.

포아송 모형을 실제로 적용하면서 이 모형을 일반화하려는 많은 시도가 있었다. 그중 한 가지를 음 이항 모형이라고 한다. 이 모형은 포아송 모형의 묵시적 가정이 위반되는 경우에 사용될 수 있다. 즉 포아송변수의 분산이 그것의 기댓값과 동일하다는 가정, 즉 포아송 확률변수에 대해 $var(Y) = E(Y)$라는 가정이 준수되지 않는 경우에 사용된다. 이 가정이 준수되는지 여부에 관한 검정들이 있다. 이것들을 과도분산에 대한 검정이라고 한다. 발생할 수 있는 잘못된 모형 설정의 두 번째 형태는 다음과 같은 질문을 통해 설명될 수 있다. 여러분은 지난 해에 얼마나 많은 불륜관계를 가졌습니까?[17] 주목해야 하는 첫 번째 사항은 이 질문이 기혼자에게만 관련된다는 사실이다. 가능한 대답은 0, 1, 2, 3 등이다. 하지만 여기서 '0'은 두 가지 상이한 것을 의미할 수 있다. 하나는 "나는 배우자에 대해 부정행위를 결코 범하지 않았다!!"는 것이며, 다른 하나는 "나는 과거에는 부정행위를 범했지만 작년에는 범하지 않았다"는 것이다. 이런 상황에서 통계학적으로 볼 때 표준 포아송 분포의 경우 '너무 많은 0'이 존재하게 된다. 결과적으로 더 좋은 선택이 될 수 있는 0이 부풀려진 변형된 포아송 모형이 있다. 이렇게 확장된 포아송 모형은 매우 매력적이며 유용하지만 이 책의 범위를 벗어난다.

---

17 Ray Fair (1978) "The Theory of Extramarital Affairs," *Journal of Political Economy*, 86(1), 45-61.

16.7 제한적 종속변수

이 장의 앞 절에서 우리는 종속변수가 이산변수인 선택하는 행태의 모형을 살펴보았다. 모형이 이산적 종속변수를 갖는 경우, 우리가 살펴본 통상적인 회귀 방법은 수정되어야만 한다. 이 절에서 우리는 회귀 모형의 표준적인 최소제곱 추정법이 적합하지 않은 또 다른 예를 고찰해 볼 것이다.

16.7.1 단순 선형회귀 모형의 최우 추정법

단순 선형회귀 모형을 추정할 때는 최소제곱 추정량과 적률법 추정량을 강조하였다. 또 다른 선택은 최우 추정법(MLE)이다. 1개의 설명변수를 갖는 단순 선형 모형의 틀 내에서 추정 방법에 관해 논의하겠지만, 보다 많은 설명변수를 갖는 다중회귀 경우로도 확장될 수 있다. 제한적 종속변수(limited dependent variable) 모형을 추정하는 몇 가지 전략이 최우 추정법과 연계되기 때문에 이에 관해 논의할 것이다. 이 경우 SR1~SR6 가정들을 할 것이며, 여기에는 무작위 오차의 조건부 정규성에 관한 가정이 포함된다. 조건부 정규오차에 대해 가정할 경우, $e_i \mid x_i \sim N(0, \sigma^2)$이 되며 또한 $y_i \mid x_i \sim N(\beta_1 + \beta_2 x_i, \sigma^2)$이 된다. 이렇게 되면 이것은 매우 강한 가정이며 최소제곱 추정법에서 필요하지는 않으므로, 선택적 가정이라고 한다. 최우 추정법에서는 선택적 가정이 아니다. 우도 함수를 형성하기 위해서 자료에 대한 분포를 가정할 필요가 있다.

자료 (y_i, x_i) 쌍을 독립적으로 추출할 경우, 자료의 조건부 결합 확률밀도 함수는 다음과 같다.

$$f(y_1, y_2, \ldots, y_N \mid \mathbf{x}, \beta_1, \beta_2, \sigma^2) = f(y_1 \mid x_1, \beta_1, \beta_2, \sigma^2) \times \cdots \times f(y_N \mid x_N, \beta_1, \beta_2, \sigma^2) \quad (16.30a)$$

여기서 다음과 같다.

$$f(y_i \mid x_i, \beta_1, \beta_2, \sigma^2) = \frac{1}{\sqrt{2\pi\sigma^2}} \exp\left(-\frac{1}{2}\frac{(y_i - \beta_1 - \beta_2 x_i)^2}{\sigma^2}\right) \quad (16.30b)$$

이를 정리하면 다음과 같다.

$$f(y_1, \ldots, y_N \mid \mathbf{x}, \beta_1, \beta_2, \sigma^2) = (2\pi)^{-N/2}(\sigma^2)^{-N/2} \exp\left[-\frac{1}{2\sigma^2}\sum_{i=1}^{N}(y_i - \beta_1 - \beta_2 x_i)^2\right] \quad (16.30c)$$

$$= L(\beta_1, \beta_2, \sigma^2 \mid \mathbf{y}, \mathbf{x})$$

우도 함수 $L(\beta_1, \beta_2, \sigma^2 \mid \mathbf{y}, \mathbf{x})$는 자료 조건부적인 알지 못하는 모수들의 함수로 설명된 결합 확률밀도 함수이다. 실제로는 대수-우도를 최대화한다.

$$\ln L(\beta_1, \beta_2, \sigma^2 \mid \mathbf{y}, \mathbf{x}) = -(N/2)\ln(2\pi) - (N/2)\ln(\sigma^2)$$

$$-\frac{1}{2\sigma^2}\sum_{i=1}^{N}(y_i - \beta_1 - \beta_2 x_i)^2 \quad (16.30d)$$

이를 최대화하는 것은 매우 어려운 것처럼 보이지만, 실제로는 미적분법을 사용하여 대수-우도를 최대화할 수 있다. 최우 추정량 $\tilde{\beta}_1$ 및 $\tilde{\beta}_2$는 OLS 추정량이며, 조건부 정규분포를 포함하여 모든 통상적인 특성을 갖고 있다. 오차분산의 최우 추정량은 $\tilde{\sigma}^2 = \sum \tilde{e}_i^2 / N$이며, 이것은 제곱한 최소제곱 잔차의 합을 자유도 수정을 하지 않은 표본크기로 나눈 것이다. 이 추정량은 일치하지만 편의가 있다.

16.7.2 절단 회귀

우리가 생각해 볼 첫 번째 제한적 종속변수 모형은 절단회귀(truncated regression)이다. 이 모형에서는 $y_i > 0$일 때의 자료(y_i, x_i)만을 관찰한다. 이런 일은 어떻게 발생할 수 있는가? 슈퍼마켓의 계산대에서 기다리면서 표본조사 자료를 수집한다고 가상해 보자. 고객이 나갈 때 "오늘은 얼마나 지출하셨습니까?"라고 질문을 한다. 이 질문에 대한 대답은 고객들이 자신들이 구입한 물품에 대해 지불을 한 경우에만 어떤 양수가 된다. 무작위 오차가 조건부 정규분포를 하는 경우, $(y_i | y_i > 0, x_i)$의 확률밀도 함수는 절단된 정규분포를 한다. 이 경우 절단된 정규 밀도 함수는 다음과 같다.

$$f(y_i | y_i > 0, x_i, \beta_1, \beta_2, \sigma^2) = \frac{f(y_i | x_i, \beta_1, \beta_2, \sigma^2)}{P(y_i > 0 | x_i, \beta_1, \beta_2, \sigma^2)}$$

$$= \frac{f(y_i | x_i, \beta_1, \beta_2, \sigma^2)}{\Phi\left(\dfrac{\beta_1 + \beta_2 x_i}{\sigma}\right)} = \frac{f(y_i | x_i, \beta_1, \beta_2, \sigma^2)}{\Phi_i} \qquad (16.31)$$

여기서는 기호를 단순화하기 위해서 $\Phi_i = \Phi[(\beta_1 + \beta_2 x_i)/\sigma]$를 사용하였다. 대수-우도 함수는 다음과 같다.

$$\ln L(\beta_1, \beta_2, \sigma^2 | \mathbf{y}, \mathbf{x}) = -\sum_{i=1}^{N} \ln \Phi_i - (N/2)\ln(2\pi) - (N/2)\ln(\sigma^2)$$

$$\qquad (16.32)$$

$$- \frac{1}{2\sigma^2} \sum_{i=1}^{N} (y_i - \beta_1 - \beta_2 x_i)^2$$

이 대수-우도 함수의 최대화는 계산기술적인 방법을 이용하여 이루어져야 하지만, 계량경제 소프트웨어는 β_1, β_2, σ^2의 추정값을 구할 수 있는 단순한 명령어를 갖고 있다. 그렇다면 그다음 질문은 이런 추정값을 갖고 무엇을 할 수 있는가? 이에 대한 대답은 통상적인 모든 것을 할 수 있다고 한다. 한계효과를 계산하려면 다음과 같은 조건부 평균 함수를 사용하시오.

$$E(y_i | y_i > 0, x_i) = \beta_1 + \beta_2 x_i + \sigma \frac{\phi\big[(\beta_1 + \beta_2 x_i)/\sigma\big]}{\Phi\big[(\beta_1 + \beta_2 x_i)/\sigma\big]} = \beta_1 + \beta_2 x_i + \sigma\lambda(\alpha_i) \qquad (16.33)$$

여기서 $\lambda(\alpha_i)$는 IMR(inverse Mills ratio)이며 $\alpha_i = (\beta_1 + \beta_2 x_i)/\sigma$이다. 이것은 약간 혼란스럽지 않은가? x_i가 연속적이라면 한계효과는 이 식의 미분계수, 즉 $dE(y_i | y_i > 0, x_i)/dx_i = \beta_2(1 - \delta_i)$이다. 여기서

$\delta_i = \lambda(\alpha_i)[\lambda(\alpha_i) - \alpha_i]$이며, 이것은 훨씬 더 혼란스럽다.[18] $0 < \delta_i < 1$이므로, 한계효과는 모수값의 일부일 뿐이다. 컴퓨터 프로그래머와 협력하여 계량경제학자들은 한 번 더 그렇지 않았을 경우보다 우리의 생활을 용이하게 만들었으며, 이런 수량들은 계산될 수 있다.

16.7.3 중도 삭제된 표본과 회귀

중도 삭제된 표본은 절단된 표본과 유사하지만 더 많은 정보를 갖고 있다. 절단된 표본(truncated sample)에서는 $y_i > 0$일 때 (y_i, x_i)를 관찰한다. 중도 삭제된 표본에서는 모든 개인에 대한 x_i를 관찰하지만, 결과변수는 두 가지 상이한 형태가 된다. 가계 표본조사에서 다음과 같은 질문을 했다고 가상하자. "지난 달에 예를 들면, 냉장고나 세탁기 같은 주요 가전제품에 얼마나 지출하셨습니까?" 많은 가계들의 경우, 지난 달에 이런 물품을 구입하지 않았다면 대답은 $0가 된다. 다른 가계들의 경우, 구입하였다면 대답은 양수가 된다. 여기서 결과변수는 y_i인 반면에, 표본조사는 설명변수 x_i인 소득과 가계의 다른 특징들을 포함한다. 이런 자료를 중도 삭제된 표본(censored sample)이라고 하며, 이런 표본에서는 위의 경우 $0와 같은 한계값을 갖는 관찰값들이 상당 부분 차지한다. 우리는 지출액과 x_i 사이의 관계를 추정하는 데 관심을 갖고 있다. 무엇을 해야만 하는가? 많은 전략들이 있다. 작동하는 2개 그리고 작동하지 않은 2개, 총 4개의 전략에 대해 논의할 것이다.

전략 1   한계 관찰값들을 삭제하고 OLS를 적용하기

간단한 전략은 $y_i = 0$인 관찰값들을 표본으로부터 버리고 진행하는 것이다. 이 전략은 작동하지 않는다. $y_i > 0$인 경우, 통상적인 OLS 모형은 $y_i = \beta_1 + \beta_2 x_i + u_i$이며, 여기서 u_i는 오차항이다. 우리는 통상적으로 이 모형이 체계적인 부분의 합계, 즉 회귀 함수와 무작위 오차에서 비롯됐다고 생각한다. 즉 $y_i = E(y_i | y_i > 0, x_i) + e_i$이다. 조건부 평균 함수는 식 (16.33)에 의해 주어지며, 따라서 다음과 같다.

$$
\begin{aligned}
y_i = E(y_i | y_i > 0, x_i) + e_i &= \beta_1 + \beta_2 x_i + \sigma \frac{\phi\left[(\beta_1 + \beta_2 x_i)/\sigma\right]}{\Phi\left[(\beta_1 + \beta_2 x_i)/\sigma\right]} + e_i \\
&= \beta_1 + \beta_2 x_i + \left\{ \sigma \frac{\phi\left[(\beta_1 + \beta_2 x_i)/\sigma\right]}{\Phi\left[(\beta_1 + \beta_2 x_i)/\sigma\right]} + e_i \right\} \qquad (16.34) \\
&= \beta_1 + \beta_2 x_i + u_i
\end{aligned}
$$

오차항 u_i는 간단하지 않다. 이것은 무작위 요소 e_i와 x_i의 복잡한 함수로 구성된다. 오차항 u_i는 x_i와 상관되어, OLS를 편의가 있고 불일치하게 만든다. 이것은 우리가 원하는 결과가 아니다.

전략 2   모든 관찰값들을 유지하고 OLS를 적용하기

이 전략은 작동하지 않는다. 조건부 기댓값의 정의를 이용하면 다음과 같다.

---

18 다음을 참조하시오. Greene (2018), page 932-933.

$$E(y_i|x_i) = E(y_i|y_i > 0, x_i) \times P(y_i > 0) + E(y_i|y_i = 0, x_i) \times P(y_i = 0)$$

$$= E(y_i|y_i > 0, x_i) \times \left\{ 1 - \Phi\left[-(\beta_1 + \beta_2 x_i)/\sigma \right] \right\}$$

$$= E(y_i|y_i > 0, x_i) \times \Phi\left[(\beta_1 + \beta_2 x_i)/\sigma \right]$$

$$= \Phi\left[(\beta_1 + \beta_2 x_i)/\sigma \right]\beta_1 + \Phi\left[(\beta_1 + \beta_2 x_i)/\sigma \right]\beta_2 x_i + \sigma\phi\left[(\beta_1 + \beta_2 x_i)/\sigma \right]$$

간단하게 OLS로 $y_i = \beta_1 + \beta_2 x_i + u_i$를 추정하는 것은 명백히 부적당하다.

전략 3   헥맨의 2단계 추정량

전략 1이 갖고 있는 문제점은 오차항 u_i가 2개 요인을 포함하고 있으며 그중 하나는 변수 x_i와 상관된다는 것이다. 이는 누락변수 문제와 유사하며, 이 문제의 해법은 변수를 빠트리는 것이 아니라, 회귀에 이를 포함시키는 것이다. 즉 다음과 같은 모형을 추정하고자 한다.

$$y_i = \beta_1 + \beta_2 x_i + \sigma\lambda_i + e_i$$

여기서 다음과 같다.

$$\lambda_i = \frac{\phi\left[(\beta_1 + \beta_2 x_i)/\sigma \right]}{\Phi\left[(\beta_1 + \beta_2 x_i)/\sigma \right]} = \frac{\phi(\beta_1^* + \beta_2^* x_i)}{\Phi(\beta_1^* + \beta_2^* x_i)}$$

여기서 $\beta_1^* = \beta_1/\sigma$ 및 $\beta_2^* = \beta_2/\sigma$이다. 노벨 경제학상 수상자인 헥맨(James Heckman) 교수는 λ_i는 알지 못하지만, $\tilde{\lambda}_i = \phi(\tilde{\beta}_1^* + \tilde{\beta}_2^* x_i)/\Phi(\tilde{\beta}_1^* + \tilde{\beta}_2^* x_i)$로 일치하게 추정될 수 있다는 사실을 깨달았다. 여기서, $\tilde{\beta}_1^*$ 및 $\tilde{\beta}_2^*$는, $y_i > 0$인 경우 종속변수 $d_i = 1$ 그리고 $y_i = 0$인 경우 종속변수 $d_i = 0$, 이 밖에 설명변수 x_i를 갖는 프로비트 모형에서 비롯된다. 그러면 OLS로 추정한 모형은 다음과 같다.

$$y_i = \beta_1 + \beta_2 x_i + \sigma\tilde{\lambda}_i + e_i^*$$

첫 번째 단계, 즉 프로비트 모형으로부터의 추정값을 사용하며, 그러고 나서 두 번째 단계, 즉 OLS로부터의 추정값을 사용하므로 2단계 추정량이라고 한다. 추정량은 일치하며, 정확한 표준오차는 복잡하지만 알려져 있고 구할 수 있다.

전략 4   최우 추정법 : 토비트

헥맨의 2단계 추정량은 일치하지만 효율적이지 않다. 더 나은 최우 추정법 절차가 있다. 이 모형을 처음 연구한 1981년도 노벨 경제학상 수상자인 토빈(James Tobin) 교수를 기리기 위해서 이를 토비트(Tobit)라고 한다.

토비트는 우리가 두 가지 종류의 자료, 즉 한계 관찰값($y = 0$)과 비한계 관찰값($y > 0$)을 갖는 자료를 갖고 있다는 사실을 인정하는 최우 추정 절차이다. 우리가 관찰한 두 가지 종류의 관찰값, 즉 한계 관찰값과 양인 관찰값은 0이라는 경계값을 초과하거나 그렇지 않은 잠재변수 y^*를 통해 생성된 것이다. $y = 0$인 프로비트(probit) 확률은 다음과 같다.

$$P(y = 0|\mathbf{x}) = P(y^* \le 0|\mathbf{x}) = 1 - \Phi\big[(\beta_1 + \beta_2 x)/\sigma\big]$$

y_i의 양의 값을 관찰한 경우, 우도 함수에 포함되는 항은 평균이 $\beta_1 + \beta_2 x_i$이고 분산이 σ^2인 정규 확률 밀도 함수이다. 완전한 우도 함수는, 한계 관찰값이 발생할 확률에 모든 양인 비한계 관찰값에 대한 확률밀도 함수를 곱한 값이다. 곱셈을 의미하는 '대문자 파이' 부호를 이용하여, 우도 함수를 다음과 같이 나타낼 수 있다.

$$L\big(\beta_1, \beta_2, \sigma|\mathbf{x}, \mathbf{y}\big) = \prod_{y_i=0} \left\{ 1 - \Phi\left(\frac{\beta_1 + \beta_2 x_i}{\sigma} \right) \right\}$$
$$\times \prod_{y_i>0} \left\{ \big(2\pi\sigma^2\big)^{-0.5} \exp\left(-\frac{1}{2\sigma^2}(y_i - \beta_1 - \beta_2 x_i)^2 \right) \right\}$$

이런 복잡해 보이는 우도 함수는 계량경제 소프트웨어를 이용하여 숫자적으로 극대화된다.[19] 최우 추정량은 알려진 공분산 행렬을 가지며, 일치하고 점근적으로 정규분포한다.

16.7.4 토비트 모형에 대한 해석

토비트 모형에서 모수 β_1 및 β_2는 잠재변수 모형 식 (16.31)의 절편 및 기울기이다. 실제로 우리는 x의 값 변화가 관찰된 자료의 회귀 함수 $E(y\,|\,x)$ 또는 $y > 0$인 조건부 회귀 함수 $E(y\,|\,x,\ y > 0)$에 미치는 한계효과에 관심이 있다. 앞에서 살펴본 것처럼 이 함수들은 직선이 아니다. 그림 16.3은 이 그래프들을 보여주고 있다. 각 기울기들은 x의 각 값에서 변화한다. $E(y\,|\,x)$의 기울기는 상대적으로 단순한 형태를 하며, 이는 다음과 같이 규모 요소에 모수값을 곱한 것이다.

$$\frac{\partial E(y|x)}{\partial x} = \beta_2 \Phi\left(\frac{\beta_1 + \beta_2 x}{\sigma} \right) \tag{16.35}$$

여기서 Φ는 추정값과 특정한 x값에서 산출된 표준 정규 확률변수의 누적분포 함수(cdf)이다. cdf값은 양이므로 계수의 부호를 보면 한계효과의 방향을 알 수 있다. 하지만 한계효과의 크기는 계수와 cdf 둘 다에 의존한다. $\beta_2 > 0$인 경우, x가 증가함에 따라 cdf 함수는 1로 근접하며, 그림 16.3에서 보는 것처럼 회귀 함수의 기울기는 잠재변수 모형의 기울기로 근접한다. 이런 한계효과는 '맥도날드-모피트'(McDonald-Moffitt) 분해라고 하는 다음과 같은 두 가지 요소로 분해된다.

$$\frac{\partial E(y|x)}{\partial x} = \text{Prob}(y > 0)\frac{\partial E(y|x, y > 0)}{\partial x} + E(y|x, y > 0)\frac{\partial \text{Prob}(y > 0)}{\partial x}$$

---

19 토비트 모형은 $y = 0$인 한계값과 $y > 0$인 비한계값 둘 다에 대한 자료가 필요하다. 하지만 이따금 한계값을 관찰하지 못하는 경우가 있다. 이런 경우 자료가 절단되었다고 하며 토비트 모형이 적용되지 않는다. 하지만 이런 경우에 적합한 절단회귀라고 하는 유사한 최우 추정절차가 있다. 다음을 참조하시오. William Greene (2018) *Econometric Analysis, Eighth edition*, Pearson Prentice Hall, Section 19.2.3.

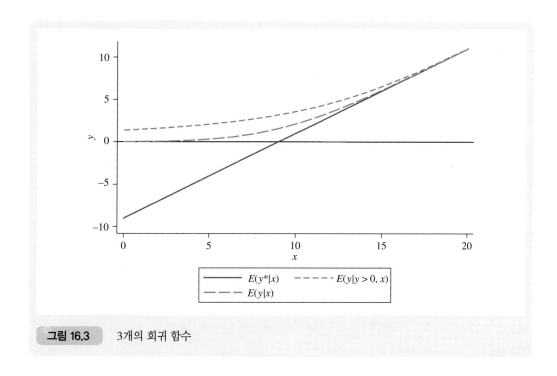

그림 16.3　3개의 회귀 함수

첫 번째 요소는 y-자료가 이미 관찰된 모집단 부분에 대한 x 변화에 따른 한계효과를 설명한다. 두 번째 요소는 x가 변화할 때 y-관찰되지 않는 범주로부터 y-관찰된 범주로 전환된 모집단 비율의 변화를 설명한다.[20]

🐑 **정리문제 16.16**　토비트 모형 : 기혼 여성의 근로시간

기혼 여성의 노동인구 참여와 임금에 대해 살펴보도록 하자. 기혼 여성에 관한 753개 관찰값이 있으며, 이 중 325명은 자택 밖에서 노동을 하지 않았으므로, 근로시간과 통보된 임금이 없다. 그림 16.4는 근로시간에 대한 히스토그램을 보여주고 있다. 히스토그램에는 근로시간이 영인 여성들이 큰 부분을 차지하고 있다.

기혼 여성의 노동시장에서의 근로시간을 설명하려는 모형을 추정하려는 경우, 어떤 설명변수가 포함되어야 하는가? 여성인력을 노동시장으로 유입시키는 요인으로는 교육수준과 과거 노동시장에서의 경험을 들 수 있다. 근로동기를 낮추는 요인으로는 연령과 어린아이의 육아 여부

를 꼽을 수 있다.

따라서 다음과 같은 회귀 모형을 생각해 볼 수 있다.

$$HOURS = \beta_1 + \beta_2 EDUC + \beta_3 EXPER + \beta_4 AGE \\ + \beta_4 KIDSL6 + e \qquad (16.36)$$

여기서 $KIDSL6$는 가계에 있는 6세 미만 아이의 수를 의미한다. 표 16.7은 관련 자료를 이용하여 구한 추정값을 보여주고 있다. 앞에서 살펴본 것처럼 최소제곱 추정량은 편의가 있고 불일치하기 때문에 최소제곱 추정값을 신뢰할 수 없다. 토비트 추정값은 기대한 부호를 갖고 있으며 0.01 수준에서 모두 통계적으로 유의하다. 한계효과

---

20 J. F. McDonald and R. A. Moffitt (1980) "The Uses of Tobit Analysis," *Review of Economics and Statistics*, 62, 318-321. Jeffrey M. Wooldridge (2009) *Introductory Econometrics: A Modern Approach, 5th edition*, South-Western Cengage Learning, Section 17.2.

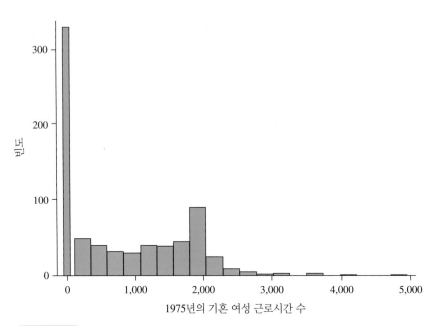

그림 16.4 1975년의 기혼 여성 근로시간

를 계산하는 데 필요한 규모 요소를 계산하려면, 설명변수들의 값을 선택해야만 한다. 표본 평균 $EDUC$(12.29), $EXPER$(10.63), AGE(42.54)를 선택하고, (평균값 0.24보다는) 가정에 1명의 어린이가 있다고 가정해 보자. 계산된 규모 요소는 $\tilde{\Phi} = 0.3630$이 된다. 따라서 교육받은 기간이 1년 증가함에 따라 관찰된 근로시간에 미치는 한계효과는 다음과 같다.

$$\frac{\partial E(HOURS)}{\partial EDUC} = \tilde{\beta}_2 \tilde{\Phi} = 73.29 \times 0.3630 = 26.61$$

즉 교육받은 기간이 1년 증가함에 따라, 설명변수에 관해 위에서 가정한 값에 대한 조건부로 기혼 여성의 노동시장에서의 근로시간은 약 27시간 증가하게 된다.

표 16.7 노동공급 함수의 추정값

추정량	변수	추정값	표준오차
최소제곱	INTERCEPT	1,335.31	235.65
	EDUC	27.09	12.24
	EXPER	48.04	3.64
	AGE	−31.31	3.96
	KIDSL6	−447.85	58.41
최소제곱 $y > 0$	INTERCEPT	1,829.75	292.54
	EDUC	−16.46	15.58
	EXPER	33.94	5.01
	AGE	−17.11	5.46
	KIDSL6	−305.31	96.45
토비트	INTERCEPT	1,349.88	386.30
	EDUC	73.29	20.47
	EXPER	80.54	6.29
	AGE	−60.77	6.89
	KIDSL6	−918.92	111.66
	SIGMA	1,133.70	42.06

16.7.5 표본 선택

추정문제에 관해 계량경제학자와 상의할 경우 통상적으로 듣는 첫 번째 질문은 "자료를 어떻게 구하였는가?"이다. 무작위 표본추출로 자료를 구한 경우 최소제곱과 같은 고전적인 회귀방법은 문제가 없다. 그러나 무작위적이 아닌 표본추출 절차를 통해 자료를 구한 경우 표준적인 절차는 적절하지 못하다. 경제학자들은 이런 자료상의 문제를 자주 접하게 되며 가장 유명한 예는 노동경제학에서 찾아볼 수 있다. 기혼 여성의 임금 결정 요인을 알아보려 할 경우 **표본 선택** 문제에 직면하게 된다. 기혼 여성에 관한 자료를 수집하여 이들이 받은 임금률이 얼마인지 질문할 경우 많은 여성들이 주부이기 때문에 이 질문에 해당되지 않는다고 대답할 것이다. 해당 여성이 노동인구로 편입된 경우에만 시장 임금에 관한 자료를 관찰할 수 있다. 이를 해결하는 한 방법은 주부인 여성을 무시하고 표본에서 이들을 빼고 나서 최소제곱을 이용하여 근로여성의 임금 방정식을 추정하는 것이다. 이 방법은 실패할 것이며 그 이유는 표본이 무작위 표본이 아니기 때문이다. 관찰된 자료는 설명되지 않은 체계적인 과정을 거쳐 '선택된' 것이다.

이 문제를 해결하기 위해서는 헥키트(Heckit)라고 불리는 기법을 사용해야 하는데 이는 노벨 경제학상 수상자로 이를 개발한 계량경제학자인 헥맨 교수의 이름을 따서 명명된 것이다. 이 간단한 절차는 두 가지 추정 단계를 사용한다. 기혼 여성에 대한 임금식을 추정하는 문제와 관련해서, 어떤 여성이 노동인구에 속하는지 또는 속하지 않는지에 관한 이유를 설명하기 위해 프로비트 모형이 먼저 추정된다. 두 번째 단계에서는 근로여성의 임금을 교육, 경험 등 그리고 IMR(inverse Mills ratio)이라고 하는 변수와 연계시켜 최소제곱 회귀가 추정된다. IMR은 첫 번째 단계 프로비트 추정에서 고안된 것이며, 관찰된 근로여성 표본이 무작위적이 아니라는 사실을 설명해 준다.

상황을 설명하는 계량경제 모형은 2개의 식으로 구성된다. 첫 번째 식은 관심의 대상이 되는 변수를 관찰할 수 있는지 여부를 결정하는 **선택식**이다. 표본은 N개의 관찰값으로 구성되지만 해당 변수가 단지 $n < N$에서만 관찰된다고 하자. 선택식은 다음과 같이 1개 이상의 설명변수 w_i에 의존하는 잠재변수 z_i^*의 측면에서 나타낼 수 있다.

$$z_i^* = \gamma_1 + \gamma_2 w_i + u_i, \quad i = 1, \dots, N \tag{16.37}$$

간단히 하기 위해 선택식에는 단지 1개의 설명변수만이 포함된다고 하자. 잠재변수를 관찰할 수는 없지만, 다음과 같이 모의변수를 관찰할 수 있다.

$$z_i = \begin{cases} 1 & z_i^* > 0 \\ 0 & \text{이외의 경우} \end{cases} \tag{16.38}$$

두 번째 식은 알아보고자 하는 선형 모형으로 다음과 같다.

$$y_i = \beta_1 + \beta_2 x_i + e_i, \quad i = 1, \dots, n, \quad N > n \tag{16.39}$$

$z_i = 1$인 경우에만 y_i를 관찰할 수 있고 두 식의 오차가 상관되는 경우, 선택성 문제(selectivity problem)가 발생하게 된다. 이런 상황에서 β_1 및 β_2의 통상적인 최소제곱 추정량은 편의가 있으며 불일치하게 된다.

일치하는 추정량은 다음과 같은 조건부 회귀 함수에 기초한다.

$$E\left(y_i | z_i^* > 0\right) = \beta_1 + \beta_2 x_i + \beta_\lambda \lambda_i, \quad i = 1, \dots, n \tag{16.40}$$

여기서 추가된 변수 λ_i는 'IMR'이며 다음과 같다.

$$\lambda_i = \frac{\phi(\gamma_1 + \gamma_2 w_i)}{\Phi(\gamma_1 + \gamma_2 w_i)} \tag{16.41}$$

[여기서 $\phi(\cdot)$는 일상적으로 그랬던 것처럼 표준 정규 확률밀도 함수를 나타내며, $\Phi(\cdot)$는 표준 정규 확률변수에 대한 누적분포함수를 의미한다.] λ_i의 값은 알려져 있지 않지만, 모수 γ_1 및 γ_2는 식 (16.38)에서 관찰된 이원적인 결과 z_i에 기초하고 프로비트 모형을 이용하여 추정할 수 있다. 그러면 추정된 'IMR'은 다음과 같다.

$$\tilde{\lambda}_i = \frac{\phi(\tilde{\gamma}_1 + \tilde{\gamma}_2 w_i)}{\Phi(\tilde{\gamma}_1 + \tilde{\gamma}_2 w_i)}$$

이를 추가적인 설명변수로 회귀식에 포함시키게 되면 다음과 같은 추정식을 얻게 된다.

$$y_i = \beta_1 + \beta_2 x_i + \beta_\lambda \tilde{\lambda}_i + v_i, \quad i = 1, \ldots, n \tag{16.42}$$

위의 식에 최소제곱 추정법을 적용하면 β_1 및 β_2의 일치하는 추정량을 구할 수 있다. 하지만 최소제곱 추정량은 최우 추정량에 비해 비효율적이며, 식 (16.42)를 추정함으로써 산출된 통상적인 표준오차와 t-통계량은 정확하지 않다는 점에 주의해야 한다. 표준오차를 적절히 추정하기 위해서는 '헥키트' 모형에 적합하도록 특별히 고안된 소프트웨어를 사용해야 한다.

🖱️ 정리문제 16.17   헥키트 모형 : 기혼 여성의 임금

앞의 정리문제에서 사용한 자료를 활용하여 기혼 여성의 임금을 분석해 보자. 753명의 기혼 여성 표본에서 428명이 노동시장에서 일자리를 구하여 0이 아닌 소득을 벌 수 있었다. 우선 양의 소득을 버는 428명의 여성에 기초하여 단순한 임금식을 추정해 보자. 이 식은 다음과 같이 $\ln(WAGE)$를 여성이 받은 교육($EDUC$)과 노동시장에서의 근로 경험 연수($EXPER$)의 함수로 설명하고 있다.

$$\ln(WAGE) = -0.4002 + 0.1095 EDUC$$
$$(t) \qquad (-2.10) \quad (7.73)$$
$$+ 0.0157 EXPER \quad R^2 = 0.1484 \tag{16.43}$$
$$(3.90)$$

교육에 대한 추정수익은 약 11%가 되며 교육과 경험에 대한 추정계수는 둘 다 통계적으로 유의하다.

헥키트 모형의 추정 절차는 노동시장 참여에 관한 프로비트 모형을 추정함으로써 시작된다. 설명변수로는 여성의 연령, 교육 연수, 어린아이를 양육하는지 여부에 관한 모의변수, 고용될 경우 받는 수입에 대해 지불하게 되는 한계세율이 포함된다. 추정된 프로비트 모형은 다음과 같다.

$$\widehat{P(LFP = 1)} = \Phi(1.1923 - 0.0206 AGE + 0.0838 EDUC$$
$$(t) \qquad\qquad (-2.93) \qquad (3.61)$$
$$- 0.3139 KIDS - 1.3939 MTR)$$
$$(-2.54) \qquad (-2.26)$$

기대했던 것처럼, 연령, 양육하는 아이의 존재 여부, 높은 조세에 대한 전망은 여성들이 노동시장에 편입할 확률을 상당 폭 낮추게 된다. 반면에 교육받은 기간은 편입할 확률을 증가시킨다. 추정된 계수를 이용하여 노동시장에서 임금을 받는 428명의 여성에 대한 'inverse Mills ratio(IMR)'를 다음과 같이 계산할 수 있다.

$$\tilde{\lambda} = IMR = \frac{\phi\left(\begin{array}{c}1.1923 - 0.0206AGE + 0.0838EDUC \\ - 0.3139KIDS - 1.3939MTR\end{array}\right)}{\Phi\left(\begin{array}{c}1.1923 - 0.0206AGE + 0.0838EDUC \\ - 0.3139KIDS - 1.3939MTR\end{array}\right)}$$

이를 임금식에 포함시키고 최소제곱 추정법을 적용하면 다음과 같은 결과를 얻을 수 있다.

$$\ln(WAGE) = 0.8105 + 0.0585EDUC + 0.0163EXPER$$
$$(t) \qquad (1.64) \qquad (2.45) \qquad\qquad (4.08)$$
$$(t-adj) \quad (1.33) \qquad (1.97) \qquad\qquad (3.88)$$
$$\qquad\qquad\qquad - 0.8664IMR$$
$$\qquad\qquad\qquad (-2.65)$$
$$\qquad\qquad\qquad (-2.17)$$
$$\tag{16.44}$$

위의 결과에 기초하여, 두 가지 점을 주목하도록 하자. 첫째, 'inverse Mills ratio'의 추정된 계수는 통계적으로 유의하며, 이는 최소제곱 추정결과 식 (16.43)에 선택 편의 (selection bias)가 존재한다는 의미이다. 둘째, 교육에 대한 추정된 수익은 약 11%에서 약 6%로 감소한다. 위의 추정 결과에서 처음의 t-통계량은 최소제곱 회귀를 이용할 경우 통상적으로 산출되는 표준오차에 기초하고 있다. 이런 통상적인 표준오차는 'inverse Mills ratio' 자체가 추정값이라는 사실을 설명하지 못한다. 첫 번째 단계의 프로비트 추정법을 설명하는 정확한 표준오차를 이용하여, 식 (16.44)의 '조정된 t-통계량(t-adj)'을 산출할 수 있다. 위의 식에서 알 수 있듯이 조정된 t-통계량은 그 값이 약간 작아지는데, 이는 조정된 표준오차가 통상적인 표준오차보다 다소 크다는 사실을 의미한다.

대부분의 경우 완전한 모형, 즉 선택식과 관심의 대상이 되는 식을 둘 다 최우법을 이용하여 결합해서 추정하는 것이 바람직하다. 이런 절차의 본질은 이 책의 범위를 벗어나는 것이지만, 몇몇 소프트웨어 패키지를 이용하면 추정 결과를 구할 수 있다. 최우법을 이용하여 임금식을 추정한 결과는 다음과 같다.

$$\ln(WAGE) = 0.6686 + 0.0658EDUC + 0.0118EXPER$$
$$(t) \qquad (2.84) \qquad (3.96) \qquad\qquad (2.87)$$

완전 정보 최우법 절차에 기초한 표준오차는 2단계 추정법에 의한 표준오차보다 더 작다.

주요 용어

• 국문

가산자료 모형	선택 편의	최우 추정법
다항 로지트	선형확률 모형	토비트 모형
다항선택 모형	식별문제	포아송 확률변수
대수-우도 함수	우도 함수	포아송 회귀 모형
로지스틱 확률변수	이항선택 모형	프로비트
로지트	잠재변수	한계효과
무관계한 대안들에 대해 독립적	절단회귀	헥키트
삭제된 자료	제한적 종속변수	확률비율
서열 선다형 모형	조건부 로지트	
서열 프로비트	지수 모형	

• 영문

binary choice model	conditional logit	Heckit
censored data	count data model	identification problem

independent of irrelevant alternatives (IIA)	logit	Poisson regression model
index model	log-likelihood function	probability ratio
latent variable	marginal effect	probit
likelihood function	maximum likelihood estimation	selection bias
limited dependent variable	multinomial choice model	Tobit model
linear probability model	multinomial logit	truncated regression
logistic random variable	ordered probit	
	Poisson random variable	

복습용 질문

1. 관찰된 결과가 이원변수인 경제적 결정의 예를 드시오.

2. 종속변수가 이원적인 모형을 추정할 경우 프로비트나 로지트가 통상적으로 최소제곱보다 선호되는 이유를 설명하시오.

3. 관찰된 결과가 몇 가지 대안 중 선택을 해야 하는 경제적 예를 드시오. 여기서 대안은 서열형과 비서열형 둘 다를 포함한다.

4. 다항 로지트 모형과 조건부 로지트 모형을 비교 설명하시오.

5. 종속변수가 가산변수인 모형의 예를 드시오.

6. 최소제곱 추정법에 대해 삭제된 자료가 갖는 의미를 논의하시오.

7. '표본선택'이란 문구가 의미하는 바를 설명하시오.

연습문제

16.1 정리문제 16.2 및 16.4에서는 통근방법 선택의 사례를 활용하여 선형확률 모형과 프로비트 모형의 추정값을 제시하였다. 동일한 사례에 대한 로지트 모형은 $P(AUTO = 1) = \Lambda(\gamma_1 + \gamma_2 DTIME)$이며, 여기서 $\Lambda(\bullet)$는 식(16.17)에서의 로지스틱 cdf이다. 로지트 모형 모수 추정값과 이들의 표준오차는 다음과 같다.

$$\tilde{\gamma}_1 + \tilde{\gamma}_2 DTIME = -0.2376 + 0.5311 DTIME$$
$$\text{(se)} \qquad (0.7505) \quad (0.2064)$$

a. $DTIME = 1$이라고 주어진 경우, 어떤 사람이 자가용 통근방법을 선택하게 될 추정된 확률을 계산하시오.

b. 정리문제 16.4의 프로비트 모형 결과를 활용하여, $DTIME = 1$이라고 주어진 경우 어떤 사람이 자가용 통근방법을 선택할 추정된 확률을 계산하시오. 이 결과와 로지트 추정값을 비교하시오.[요령 : 부록 표 1에 있는 표준 정규분포의 누적확률을 생각해 보시오.]

c. 로지트 모형 결과를 활용하여, 버스(대중교통수단)를 선택함으로써 통근시간이 현재 30분

길어진 사람에 대해 통근시간이 10분 증가하는 데 따른 추정된 한계효과를 계산하시오. 선형확률 모형 결과를 활용하여, 동일한 한계효과 추정값을 계산하시오. 이들을 비교하시오.

d. 로지트 모형 결과를 활용하여, 자가운전을 함으로써 통근시간이 현재 50분 길어진 사람에 대해 통근시간이 10분 감소하는 데 따른 추정된 한계효과를 계산하시오. 프로비트 모형 결과를 활용하여 동일한 한계효과 추정값을 계산하시오. 이를 비교하시오.

16.2 정리문제 16.4를 참조하여 다음 물음에 답하시오.

a. *DTIME* = 1일 때 프로비트 모형에 대한 한계효과를 계산하시오.[요령 : 부록 표 6에 있는 표준 정규 *pdf*값을 참조하시오.]

b. 프로비트 모형을 사용하여, *DTIME* = 1일 때 버스에 의한 통근시간이 10분 증가하는 데 따른 한계효과의 95% 구간 추정값을 구하시오.

c. 로지트 모형 추정값과 표준오차는 다음과 같다.

$$\tilde{\gamma}_1 + \tilde{\gamma}_2 DTIME = -0.2376 + 0.5311 DTIME$$
$$\text{(se)} \qquad (0.7505) \quad (0.2064)$$

추정된 계수 공분산은 $\widehat{\text{cov}}(\tilde{\gamma}_1, \tilde{\gamma}_2) = -0.025498$이다. *DTIME* = 1일 때 출퇴근 시간이 10분 증가하는 데 따른 한계효과의 표준오차를 계산하시오.

d. 로지트 모형에 대해 *DTIME* = 1일 때 버스에 의한 출퇴근 시간이 10분 증가하는 데 따른 한계효과의 95% 구간 추정값을 구하시오.

16.3 정리문제 16.3에서는 소규모 사례에서 프로비트 모형에 대한 우도 함수 계산을 살펴보았다.

a. 최우 추정값의 값이 주어진 경우 $x = 1.5$라면 $y = 1$일 확률을 계산하시오.

b. 임계값 0.5와 (a)의 결과를 사용하여, 최우 추정값의 값이 주어진 경우 첫 번째 관찰값 $x = 1.5$일 때 y의 값을 예측하시오. 이 예측은 실제 결과 $y = 1$과 일치하는가?

c. 모수값이 $\beta_1 = -1$ 및 $\beta_2 = 0.2$인 경우, 주어진 $N = 3$개 자료 쌍을 사용하여 식 (16.14)에서 살펴본 우도 함수값을 계산하시오. 이 값을 정리문제 16.3에서 주어진 최우 추정값에서 추정된 우도 함수의 값과 비교하시오. 어느 것이 더 큰가?

d. 프로비트 모형에 대해 우도 함수 식 (16.14)의 값은 언제나 0과 1 사이에 위치하게 된다. 참인가 또는 틀린가? 설명하시오.

e. 프로비트 모형에 대해 대수-우도 함수 식 (16.15)의 값은 언제나 음이 된다. 참인가 또는 틀린가? 설명하시오.

16.4 정리문제 16.3에서는 소규모 사례에서 프로비트 모형에 대한 우도 함수 계산법을 살펴보았다. 이 문제에서는 프로비트 대신에 로지트를 사용하여 해당 사례를 반복해 보자. 동일한 사례에 대한 로지트 모형은 $P(y = 1) = \Lambda(\gamma_1 + \gamma_2 x)$이며, 여기서 $\Lambda(\bullet)$는 식 (16.17)에서 로지스틱 *cdf*이다. 모수들의 최우 추정값은 $\tilde{\gamma}_1 + \tilde{\gamma}_2 x = -1.836 + 3.021x$이다. 대수-우도 함수의 최댓값은 -1.612이다.

a. 최우 추정값의 값이 주어진 경우, $x = 1.5$이면 $y = 1$일 확률을 계산하시오.

b. 임계값 0.5와 (a)의 결과를 활용하여, 최우 추정값의 값이 주어진 경우 첫 번째 관찰값

$x = 1.5$일 때 y의 값을 예측하시오. 이 예측과 첫 번째 관찰값에서의 실제 결과 $y = 1$을 비교하시오.

c. 모수값이 $\gamma_1 = -1$ 및 $\gamma_2 = 2$인 경우, 식 (16.14)에서 살펴본 우도 함수값을 계산하시오. 하지만 $\Phi(\bullet)$ 대신에 식 (16.17)로 대체하고 주어진 $N = 3$개 자료 쌍을 사용하시오. 이 값과 최우 추정값에서 평가된 우도 함수값을 비교하시오. 어느 것이 더 큰가?

d. 로지트 모형에 대해, $\Phi(\bullet)$ 대신에 $\Lambda(\bullet)$를 갖는 우도 함수 식 (16.14)의 값은 언제나 0과 1 사이에 위치하게 된다. 참인가 또는 틀린가? 설명하시오.

e. 로지트 모형에 대해, $\Phi(\bullet)$ 대신에 $\Lambda(\bullet)$를 갖는 대수-우도 함수 식 (16.15)의 값은 언제나 음이 된다. 참인가 또는 틀린가? 설명하시오.

16.5 $y_1 = 1$, $y_2 = 1$, $y_3 = 0$을 갖는 이항선택에 대한 3개 관찰값이 주어진다. 절편만을 갖는 로지트 모형, $P(y = 1) = \Lambda(\gamma_1)$를 생각해 보자. 여기서 $\Lambda(\bullet)$는 로지스틱 *cdf*이다.

a. 대수-우도 함수가 $\ln L(\gamma_1) = 2\ln\Lambda(\gamma_1) + \ln[1 - \Lambda(\gamma_1)]$이라는 사실을 보이시오.

b. $d\ln L(\gamma_1)/d\gamma_1 = 2\lambda(\gamma_1)/\Lambda(\gamma_1) - \lambda(\gamma_1)/[1 - \Lambda(\gamma_1)]$이라는 사실을 보이시오. 여기서 $\lambda(\cdot)$는 식 (16.16)에서 로지스틱 *pdf*이다.

c. $d\ln L(\gamma_1)/d\gamma_1 = 0$과 같은 γ_1의 값은 최우 추정량 $\tilde{\gamma}_1$이다. 참인가 또는 틀린가? 어쩌면 그럴 수도 있는가?

d. 로지트 모형에 대해 $\ln L(\gamma_1)$이 엄격하게 오목하다는 점을 보일 수 있다. 이것은 모든 γ_1값에 대해 2차 미분이 음이 된다는 것을 의미한다. 또는 $d^2\ln L(\gamma_1)/d\gamma_1^2 < 0$을 의미한다. 이제는 (c)에 대한 답변이 어떻게 되는가?

e. (c)의 도함수를 영이라 놓고 해법을 구하면 $\Lambda(\tilde{\gamma}_1) = 2/3$라는 사실을 보이시오.

f. 이제는 (c)의 조건에 대한 해법을 구해서 $\tilde{\gamma}_1 = -\ln(1/2)$이라는 사실을 보이시오.

16.6 이 문제에서는 연습문제 16.5의 결과를 일반화하고자 한다. 절편만을 갖는 로지트 모형 $P(y = 1) = \Lambda(\gamma_1)$를 생각해 보자. 여기서 $\Lambda(\bullet)$는 로지스틱 *cdf*이다. 표본 N개 관찰값들에서, $y_i = 1$인 N_1개 및 $y_i = 0$인 N_2개가 존재한다고 가상하자.

a. 로지트 대수-우도 함수가 $\ln L(\gamma_1) = N_1\ln\Lambda(\gamma_1) + N_0\ln[1 - \Lambda(\gamma_1)]$이라는 사실을 보이시오.

b. $d\ln L(\gamma_1)/d\gamma_1 = N_1\lambda(\gamma_1)/\Lambda(\gamma_1) - N_0\lambda(\gamma_1)/[1 - \Lambda(\gamma_1)]$이라는 사실을 보이시오. 여기서 $\lambda(\cdot)$는 식 (16.16)에 있다.

c. (b)의 도함수를 영이라 놓고 해법을 구해 보자. $\Lambda(\tilde{\gamma}_1) = N_1/N$임을 보이시오. N_1/N에 대한 해석은 무엇인가?

d. (c)를 활용하여 $\ln L(\tilde{\gamma}_1) = N_1\ln(N_1/N) + N_0\ln(N_0/N)$라는 사실을 보이시오.

e. 프로비트 모형, $P(y = 1) = \Phi(\gamma_1)$은 대수-우도에 대해 (d)에서와 동일한 결과로 귀착된다는 점을 보이시오.

16.7 연습문제 16.5는 $y_1 = 1$, $y_2 = 1$, $y_3 = 0$을 갖는 이원선택에 대한 3개 관찰값이 주어진 경우 로지트 모형 $P(y = 1) = \Lambda(\gamma_1)$의 최우 추정량은 $\hat{\gamma}_1 = -\ln(1/2) = 0.6931472$라는 점 그리고 $\Lambda(\tilde{\gamma}_1) = 2/3$를 보여주고 있다.

a. 이들 결과를 활용하여 $\ln L(\tilde{\gamma}_1) = 2\ln\Lambda(\tilde{\gamma}_1) + \ln[1 - \Lambda(\hat{\gamma}_1)] = -1.9095425$라는 사실을 보이

시오.

   b. 정리문제 16.3의 자료와 로지트 모형 $P(y = 1 \,|\, x) = \Lambda(\gamma_1 + \gamma_2 x)$를 활용하여, 모수의 최우 추정값은 $\tilde{\gamma}_1 + \tilde{\gamma}_2 x = -1.836 + 3.021x$이며, 대수-우도 함수의 최댓값은 -1.612라는 점을 구해 보자. 이들 결과와 (a)의 결과를 활용하여 우도비율 검정 $H_0 : \gamma_2 = 0$ 대 $H_1 : \gamma_2 \neq 0$을 5% 유의수준에서 시행하시오.

   c. (b)의 검정에 대한 p-값을 계산하시오.

16.8 고정금리 주택담보 장기대출 대 변동금리 주택담보 장기대출에 관한 주택 매입자의 선택을 설명하기 위해 마련된 프로비트 모형을 생각해 보자. 괄호 안에 표본 평균을 포함하는 설명변수들은 *FIXRATE* (13.25) = 고정금리, *MARGIN* (2.3) = 변동금리−고정금리, *NETWORTH* (3.5) = 차용인의 순재산($\$100{,}000$단위)이다. 종속변수는 변동금리가 선택될 경우 *ADJUST* (0.41) = 1 이다. 표 16.8에 있는 계수 추정값은 1983년 1월부터 1984년 2월까지 기간 동안의 78개 관찰값들을 사용한다.

표 16.8   연습문제 16.8에 대한 추정값

	C	*FIXRATE*	*MARGIN*	*NETWORTH*	ln*L*(Model)	ln*L*(*C*)
모형 1	−7.0166	0.5301	−0.2675	0.0864	−42.0625	−52.8022
(se)	(3.3922)	(0.2531)	(0.1304)	(0.0354)		
모형 2	−9.8200	0.7535	−0.1945		−45.1370	−52.8022
(se)	(3.1468)	(0.2328)	(0.1249)			

   a. 모형 1의 추정된 계수들의 부호에 의해 어떤 정보가 제공되는가? 부호는 경제적 추론과 일치하는가? 어떤 계수가 5% 유의수준에서 유의한가?

   b. 모형 1에 대해 1% 유의수준에서 모형의 우도비율 검정을 시행하시오. 표 16.8에서 ln*L*(Model)은 완전한 모형의 대수-우도이며, ln*L*(*C*)는 상수항만을 포함하는 모형의 대수-우도이다.

   c. *FIXRATE* = 12, *MARGIN* = 2, *NETWORTH* = 3인 경우 변동금리 주택담보 장기대출을 차용인이 선택할 것으로 추정된 확률은 무엇인가? *FIXRATE* = 12, *MARGIN* = 2, *NETWORTH* = 10인 경우 변동금리 주택담보 장기대출을 차용인이 선택할 것으로 추정된 확률은 무엇인가?

   d. *NETWORTH*가 주택담보 장기대출의 종류를 선택하는 데 영향을 미친다는 대립가설에 대해 영향을 미치지 않는다는 가설에 관한 우도비율 검정을 1% 유의수준에서 시행하시오.

   e. 모형 2를 사용하시오. *FIXRATE* = 12 및 *MARGIN* = 2인 경우 변동금리 주택담보 장기대출을 선택할 확률에 *MARGIN*이 미치는 한계효과는 무엇인가?

   f. 모형 2를 사용하시오. *MARGIN*이 2%에서 4%로 증가하는 반면에 *FIXRATE*는 계속 12%인 경우 변동금리 주택담보 장기대출을 선택할 확률상의 분산적 변화를 계산하시오. 이 값은 (e)에서 구한 값의 2배가 되는가?

16.9 고등학교 졸업생이 대학에 진학하기로 하는 선택을 설명하기 위한 프로비트 모형을 생각해 보자. 고등학교 졸업생이 2년제 또는 4년제 대학을 선택할 경우 *COLLEGE* = 1이라 정의하고, 그렇지 않은 경우 0이라고 본다. 사용된 설명변수는 다음과 같다. 즉 가장 높은 평점(A+)을 갖는 경우 1 그리고 가장 낮은 평점(F)을 갖는 경우 13을 나타내는 13점 척도, *GRADES*; $1,000단위로 나타낸 총가계소득; 흑인인 경우 *BLACK* = 1이 있다. *N* = 1,000명의 졸업생 표본을 사용하여 추정된 모형은 다음과 같다.

$$P(COLLEGE = 1) = \Phi(2.5757 - 0.3068GRADES + 0.0074FAMINC + 0.6416BLACK)$$
$$\text{(se)} \qquad\qquad (0.0265) \qquad\quad (0.0017) \qquad\quad (0.2177)$$

a. 추정된 계수의 부호에 의해 어떤 정보가 제공되는가? 어떤 계수가 5% 유의수준에서 통계적으로 유의한가?

b. *GRADES* = 2(A) 및 *FAMINC* = 50($50,000)를 갖는 백인 학생의 경우 대학에 입학할 확률을 추정하시오. *GRADES* = 5(B)인 경우는 어떠한가?

c. *GRADES* = 5(B) 및 *FAMINC* = 50($50,000)를 갖는 흑인 학생의 경우 대학에 입학할 확률을 추정시오. 이 확률을 (b)에서 계산된 백인 학생에 대한 필적하는 확률과 비교하시오.

d. *GRADES* = 5(B)를 갖는 백인 학생의 경우 가계소득이 $1,000 증가하면 대학에 입학할 확률에 미치는 한계효과를 계산하시오.

e. 위에서 추정한 모형에 대한 대수-우도는 −423.36이다. *FAMINC* 및 *BLACK*을 누락시킨 추정된 프로비트 모형의 대수-우도는 −438.26이다. 우도 비율검정을 활용하여 1% 유의수준에서 *FAMINC* 및 *BLACK*의 결합 유의성을 검정하시오.

16.10 중등과정 후 학교에 입학하기로 선택한 고등학교 졸업생들이, 2년제 대학이 아니라 4년제 대학에 다니기로 한 선택을 설명하는 프로비트 모형을 생각해 보자. 고등학교 졸업생이 4년제 대학을 선택한 경우 *FOURYR* = 1, 고등학교 졸업생이 2년제 대학을 선택한 경우 *FOURYR* = 0이라고 정의하자. 사용한 설명변수는 다음과 같다. 즉 가장 높은 평점(A+)을 나타내는 1 그리고 가장 낮은 평점(F)을 나타내는 13을 갖는 13점 척도인 *GRADES*; $1,000단위로 측정한 총가계소득; 학생이 가톨릭계 고등학교에 다닌 경우 *HSCATH* = 1 그리고 그렇지 않은 경우 *HSCATH* = 0이다. 표 16.9는 프로비트 모형 추정값을 포함한다.

a. 모형 (2)를 사용하시오. *GRADES* = 5(B)와 가계소득 $100,000를 갖는 학생이 가톨릭계 고등학교에 다닌 경우 4년제 대학에 입학할 확률에 미치는 영향은 얼마나 큰가?

b. 모형 (2) 및 (3)을 비교해 보자. 우도비율 검정을 활용하여 상호작용 변수 *HSCATH* × *GRADES* 및 *HSCATH* × *FAMINC*가 5% 수준에서 결합적으로 유의한지 알아보시오.

c. 가톨릭계 고등학교를 졸업한 학생의 경우, 가계소득의 증가가 4년제 대학에 입학할 확률을 낮춘다고 말하는 것으로 모형 (3)의 결과를 해석할 수 있는가? *GRADES* = 5(B) 및 가계소득 $50,000를 갖는 가톨릭계 고등학교 학생의 경우, 가계소득이 $1,000 추가될 때 이에 따른 한계효과는 무엇인가?

표 16.9 연습문제 16.10에 대한 추정값

모형	(1)	(2)	(3)	(4)	(5)
				HSCATH = 0	HSCATH = 1
C	1.6395	1.6299	1.6039	1.6039	2.3143
	(23.8658)	(23.6925)	(22.5893)	(22.5893)	(8.0379)
GRADES	−0.2350	−0.2357	−0.2344	−0.2344	−0.2603
	(−25.1058)	(−25.1437)	(−24.2364)	(−24.2364)	(−6.7691)
FAMINC	0.0042	0.0040	0.0043	0.0043	0.0015
	(8.2798)	(7.6633)	(7.7604)	(7.7604)	(1.0620)
HSCATH		0.3645	0.7104		
		(5.0842)	(2.3954)		
HSCATH × GRADES			−0.0259		
			(−0.6528)		
HSCATH × FAMINC			−0.0028		
			(−1.9050)		
N	5254	5254	5254	4784	470
lnL	−2,967.91	−2,954.50	−2,952.68	−2,735.14	−217.54

( ) 안에 t-통계량값이 있음.

d. 모형 (3)을 활용하여, $GRADES = 5$(B)와 가계소득 \$100,000를 갖는 가톨릭계 고등학교 졸업생의 경우 4년제 대학에 입학할 확률을 계산하시오. 이 확률을 가톨릭계 고등학교를 다니지는 않았지만 $GRADES = 5$(B)와 가계소득 \$100,000를 갖는 학생에 대한 확률과 비교하시오.

e. 모형 (1) 및 (3)을 활용하여, 가톨릭계 고등학교를 다닌 학생들과 다니지 않은 학생들에 대해 프로비트 모형 모수가 동일하다는 귀무가설을 검정하시오. 5% 유의수준에서 우도비율 검정을 활용하시오.

f. 모형 (4) 및 (5)를 활용하여, $HSCATH = 0$과 $HSCATH = 1$에 대해 분리해서 프로비트 모형을 추정하시오. 대수-우도 함수값들의 한계를 계산하시오. 이 합계를 모형 (3)에 대한 대수-우도의 것들과 비교하시오. 이것이 우연한 일이 아니라는 점을 대수학적으로 보이시오.

16.11 유아 출생 $N = 4,642$에 대한 자료를 사용하여 프로비트 모형을 추정해 보자. 이때 종속변수는 저체중 출산 유아인 경우 $LBWEIGHT = 1$이고 그렇지 않은 경우 0이다. $MAGE$는 산모의 연령이고 처음 3개월에 태아 검진 방문을 한 경우 $PRENATAL1 = 1$ 그렇지 않은 경우 0이며, 산모가 흡연을 하는 경우 $MBSMOKE = 1$ 그렇지 않은 경우 0이다. 결과는 표 16.10에 있다.

a. $PRENATAL1$ 및 $MBSMOKE$에 대한 계수들의 추정된 부호와 유의성에 관해 논하시오.

b. 모형 1을 사용하여, 연령이 20세이고 $PRENATAL1 = 0$, $MBSMOKE = 0$인 여성의 경우 산모의 연령이 1년 증가한다면 저체중 출산 유아일 확률에 미치는 한계효과를 계산하시오. 연령이 50세인 여성의 경우에 대해 위의 계산을 반복해서 하시오. 결과가 이치에 닿는가?

표 16.10 연습문제 16.11에 대한 프로비트 추정값

	C	$MAGE$	$PRENATAL1$	$MBSMOKE$	$MAGE^2$
모형 1	−1.2581	−0.0103	−0.1568	0.3974	
(se)	(0.1436)	(0.0054)	(0.0710)	(0.0670)	
모형 2	−0.1209	−0.1012	−0.1387	0.4061	0.0017
(se)	(0.4972)	(0.0385)	(0.0716)	(0.0672)	(0.0007)

c. 모형 2를 활용하여, 연령이 20세이고 $PRENATAL1 = 0$, $MBSMOKE = 0$인 여성의 경우 산모의 연령이 1년 증가한다면 저체중 출산 유아일 확률에 미치는 한계효과를 계산하시오. 연령이 50세인 여성의 경우에 대해 위의 계산을 반복해서 하시오. 이 결과를 (b)의 결과와 비교하시오.

d. 모형 2를 활용하여, 연령이 30세이고 흡연을 하는 여성의 경우 저체중 출산 유아를 가질 확률에 처음 3개월에 태아검진 방문이 미치는 영향을 계산하시오.

e. 모형 2를 활용하여, 연령이 30세이고 처음 3개월에 태아검진 방문을 한 경우 저체중 출산 유아를 가질 확률에 산모의 흡연이 미치는 영향을 계산하시오.

f. 모형 2를 활용하여, 저체중 출산 유아일 확률이 최소가 되는 연령을 계산하시오.

16.12 이 문제는 6,649개 관찰값들을 갖는 보다 큰 자료세트를 사용하여 정리문제 16.12를 확장한 것이다. 표 16.11은 2개의 추정된 다항 로지트 모형을 제시하고 있다. 변수 $GRADES$ 이외에, $FAMINC$ = 가계소득($1,000단위), 성별 및 인종에 대한 모의변수가 포함된다. 기준 그룹은 대학에 진학하지 않기로 선택한 학생들이다.

표 16.11 연습문제 16.12에 대한 추정값

	모형 1		모형 2	
$PSECHOICE$	Coefficient	t-value	Coefficient	t-value
2				
C	1.7101	9.3293	1.9105	11.1727
$GRADES$	−0.2711	−13.1969	−0.2780	−13.9955
$FAMINC$	0.0124	8.3072	0.0116	8.0085
$FEMALE$	0.2284	3.0387		
$BLACK$	0.0554	0.4322		
3				
C	4.6008	25.7958	4.6111	27.8351
$GRADES$	−0.6895	−32.2723	−0.6628	−32.3721
$FAMINC$	0.0200	13.5695	0.0183	12.9450
$FEMALE$	0.0422	0.5594		
$BLACK$	0.9924	8.0766		
$\ln(L)$	−5,699.8023		−5,751.5982	

a. 모형 1에서 어떤 추정된 계수가 유의한가? *t*-값에 기초할 경우 *FEMALE* 및 *BLACK*을 모형에서 누락시킬 것을 고려해야 하는가?

b. 우도비율 검정을 활용하여 모형 1의 결과를 모형 2의 결과와 비교하시오. α = 0.01이 유의수준을 사용하여, *FEMALE* 및 *BLACK*의 모형 1 계수가 영이라는 귀무가설을 기각할 수 있는가?

c. *GRADES* = 5(B)이고 *FAMINC*가 $100,000인 백인 남학생이 4년제 대학에 진학할 추정된 확률을 계산하시오.

d. *GRADES* = 5(B)이고 *FAMINC*가 $100,000인 백인 남학생이 어떠한 대학에도 진학하지 않기보다는 4년제 대학에 진학할 가능성 또는 확률비율을 계산하시오.

e. *GRADES*가 5(B)에서 2(A)로 변화할 경우, 중앙값 *FAMINC* = $100,000인 백인 남학생에 대해서 4년제 대학에 진학한 확률상의 변화를 계산하시오.

16.13 이 문제는 정리문제 16.13을 확장한 것이다. 청량음료의 세 브랜드, 즉 코카콜라, 펩시콜라, 세븐-업 사이에서의 선택에 관한 조건부 로지트 모형이다. 정리문제에서와 마찬가지로, 코카콜라를 기준이 되는 대안으로 선택하고, 특정 상수(절편)를 영이라고 놓는다. 모형에 해당 상품이 구매 당시에 특별한 형태로 갖추어져 있는지 여부를 나타내는 모의변수 *FEATURE*와 구매당시에 상점 진열품이었는지 여부에 대한 모의변수 *DISPLAY*를 모형에 추가시킨다. 모형 추정값은 표 16.12에 있다.

표 16.12 연습문제 16.13에 대한 추정값

	모형 1		모형 2	
	Coefficient	*t*-Statistic	Coefficient	*t*-Statistic
PRICE	−1.7445	−9.6951	−1.8492	−9.8017
FEATURE	−0.0106	−0.1327	−0.0409	−0.4918
DISPLAY	0.4624	4.9700	0.4727	5.0530
PEPSI			0.2841	4.5411
7-UP			0.0907	1.4173
ln(*L*)	−1,822.2267		−1,811.3543	

a. 모형 1을 사용하여, 코카콜라는 구입하는 데 $1.25가 들고 펩시콜라도 $1.25가 들며, 코카콜라는 진열품이지만 펩시콜라는 아니며, 두 상품 어느 것도 특별한 형태를 갖추지 않은 경우 펩시콜라에 비해서 코카콜라를 선택할 확률 비율 또는 가능성을 계산하시오. 모형은 특정 상수(절편)를 포함하지 않는다는 사실에 주목하시오.

b. 모형 1을 사용하여, 코카콜라는 구입하는 데 $1.25가 들고 펩시콜라는 $1.00가 들며, 코카콜라는 진열품이지만 펩시콜라는 아니며, 어느 것도 특별한 형태를 갖추지 않는 경우 펩시콜라에 비해서 코카콜라를 선택할 확률비율 또는 가능성을 계산하시오.

c. 코카콜라의 가격이 $1.25에서 $1.50로 변하고 펩시콜라와 세븐-업의 가격은 계속 $1.25라면, 각 청량음료 유형의 구매 확률상 변화를 계산하시오. 코카콜라는 진열되어 있지만 다른

청량음료는 그렇지 않으며 어떤 청량음료도 특별한 형태로 갖추어져 있지 않다고 가정하시오.

d. 모형 2에서는 펩시콜라와 세븐-업에 대해서 모형 1에 특정의 '절편' 항을 추가시킨다. 코카콜라는 구입하는 데 $1.25가 들고 펩시콜라도 $1.25가 들며, 코카콜라는 진열되지만 펩시콜라는 진열되지 않고, 어떤 청량음료도 특별한 형태로 갖추어져 있지 않다면, 펩시콜라에 비해 코카콜라를 선택할 확률비율 또는 가능성을 계산하시오.

e. 모형 2를 사용하여, 코카콜라의 가격은 $1.25에서 $1.50로 변하며 펩시콜라와 세븐-업의 가격은 계속 $1.25라면 각 청량음료 유형을 구매할 확률상의 변화를 계산하시오.

f. 정리문제 16.13의 모형에 대한 대수-우도 함수의 값은 −1824.5621이다. 마케팅 변수, 즉 *FEATURE* 및 *DISPLAY*의 계수가 영이 아니라는 대립가설에 대해서 영이라는 귀무가설을 검정하시오. α = 0.01인 우도비율 검정을 사용하시오.

16.14 정리문제 16.14에서는 중등과정 후의 교육선택에 대한 서수적 프로비트 모형을 살펴보고, 이런 선택이 학생의 *GRADES*에만 의존하는 단순 모형을 추정하였다. 서열 프로비트 모형을 확장하여, 가계소득(*FAMINC*, $1,000단위로 측정), 가계규모(*FAMSIZ*), 모의변수 *BLACK*과 부모가 최소한 대학학위를 갖고 있는 경우 *PARCOLL* = 1 그렇지 않은 경우 0을 포함하도록 하였다. 이 모형의 추정값은 표 16.13의 모형 2에 있다.

표 16.13 연습문제 16.14에 대한 추정값

	모형 1		모형 2	
PSECHOICE	Coefficient	Standard Error	Coefficient	Standard Error
GRADES	−0.3066	0.0192	−0.2953	0.0202
FAMINC			0.0053	0.0013
FAMSIZ			−0.0241	0.0302
BLACK			0.7131	0.1768
PARCOLL			0.4236	0.1016
$\hat{\mu}_1$	−2.9456	0.1468	−2.5958	0.2046
$\hat{\mu}_2$	−2.0900	0.1358	−1.6946	0.1971
ln*L*	−875.8217		−839.8647	

a. 표 16.13 모형 1의 추정값을 활용하여, 학생의 평점이 *GRADES* = 7(B−)인 경우 대학 비진학, 2년제 대학 진학, 4년제 대학 진학을 선택할 확률을 계산하시오. *GRADES* = 3(A−)를 가정하고 위의 확률을 다시 계산하시오. 확률상의 변화를 논의하시오. 여러분이 기대했던 것인가? 설명하시오.

b. 모형 2의 추정값, 부호, 유의성에 대해 논하시오.

c. 1% 유의수준에서 우도비율 검정을 사용하여 (b)에서 추가된 변수들의 결합유의성을 검정하시오.

d. 가계 구성원이 4명이고, 가계소득이 $100,000이며, 부모 중 적어도 1명이 최소한 대학학위

를 갖고 있어서 *PARCOLL* = 1인 흑인 학생이 (i) *GRADES* = 7 및 (ii) *GRADES* = 3인 경우 4년제 대학에 진학할 확률을 계산하시오.

   e. 흑인이 아닌 학생에 대해 (d)를 반복해서 시행하고 여러분이 발견한 차이를 논의하시오.

16.15 (한국 서울에서 개최) 1988년과 (스페인 바르셀로나에서 개최) 1992년의 자료를 사용하여, 다양한 국가들이 취득한 올림픽 경기 메달의 수를 설명하는 포아송 회귀 모형을 생각해 보자. 이 모형은 *LPOP* = ln(*POP*) = 백만 명으로 측정한 인구 수의 대수, *LGDP* = ln(*GDP*) = 국내총생산(1995년의 십억 달러로 측정)의 대수의 함수로 설명할 수 있다. 즉 $E(MEDALTOT \mid \mathbf{X}) = \exp[\beta_1 + \beta_2\ln(POP) + \beta_3\ln(GDP)]$로 나타낼 수 있다.

표 16.14   연습문제 16.15에 대한 추정값

	모형 1		모형 2	
	Coefficient	Standard Error	Coefficient	Standard Error
C	−1.4442	0.0826	−1.4664	0.0835
LPOP	0.2143	0.0217	0.2185	0.0219
LGDP	0.5556	0.0164	0.5536	0.0165
HOST			0.6620	0.1375

   a. 모형 1의 결과를 사용한다면, GDP가 1% 증가할 경우 획득한 메달의 수에 미치는 추정된 영향은 무엇인가? [요령 : β_3가 탄력성이라는 점을 상기해 보자.]

   b. 1996년에 불가리아는 *GDP* = 11.8(십억 달러) 그리고 인구는 8.356(백만 명)이었다. 미국 애틀랜타에서 개최된 올림픽 경기에서, 불가리아가 획득할 것으로 기대되는 메달 수를 추정하시오. 이들은 15개의 메달을 획득하였다.

   c. 1996년에 불가리아가 1개 이하의 메달을 획득할 확률을 계산하시오.

   d. 1996년 스위스는 *GDP* = 306(십억 달러)이고 인구는 6.875(백만 명)이었다. 스위스가 획득할 것으로 기대되는 메달 수를 추정하시오. 이들은 1개의 메달을 획득하였다.

   e. 1996년에 스위스가 1개 이하의 메달을 획득할 확률을 계산하시오.

   f. *HOST*는 올림픽 경기를 주최한 국가에 대한 모의변수 = 1이 된다. 이 변수가 모형 2에 추가되었다. 이 계수를 해석하시오. [요령 : 조건부 평균에서의 추정된 백분율 변화는 무엇인가?] 추정된 영향은 큰가 또는 작은가? 계수는 1% 수준에서 통계적으로 유의한가?

   g. 1996년에는 미국 애틀랜타에서 올림픽 경기가 개최되었다. 그 해에 미국 인구는 265(백만 명)이었고, *GDP*는 7,280(십억 달러)이었다. 모형 1을 활용하여 미국이 획득할 것으로 기대되는 메달 수를 추정하시오. 모형 2를 활용하여 다시 추정하시오. 그 해에 미국은 101개 메달을 획득하였다. 어떤 모형의 추정된 값이 실제 결과에 더 근접했는가?

16.16 1988년(한국 서울에서 개최), 1992년(스페인 바로셀로나에서 개최), 1996년(미국 애틀랜타에서 개최)에 각국이 획득한 올림픽 경기 메달의 몫을 설명하는 회귀를 다음의 함수로 생각해 보자. 즉 *LPOP* = ln(*POP*) = 인구(백만 명)의 대수, *LGDP* = ln(*GDP*) = 국내총생산(1995년의 십

억 달러)의 대수, 올림픽 경기를 개최한 국가에 대해 모의변수 = 1인 *HOST*의 함수로 나타낸 회귀를 생각해 보자. 1988년에 수여한 메달의 합계는 738개였고, 1992년에는 815개 메달이 수여되었으며 1996년에는 842개 메달이 수여되었다. 수여된 메달의 백분율 몫(*SHARE*)을 계산해 보자.

표 16.15   연습문제 16.16에 대한 추정값

	OLS			토비트	
	계수	표준오차	HCE	계수	표준오차
C	-0.2929	0.1000	0.0789	-4.2547	0.3318
LPOP	-0.0058	0.0496	0.0352	0.1707	0.1135
LGDP	0.3656	0.0454	0.0579	0.9605	0.0973
HOST	4.1723	0.9281	2.0770	3.2475	1.4611
$\tilde{\sigma}$				2.4841	0.1273

a. $SHARE = \beta_1 + \beta_2\ln(POP) + \beta_3\ln(GDP) + \beta_4 HOST + e$의 최소제곱 추정값이 표 16.15에 있다. 계수 추정값의 부호 및 유의성이 합리적인가?

b. OLS 추정값을 사용하여, 획득한 메달의 기대되는 몫에 *GDP*가 미칠 것으로 예측되는 영향은 무엇인가? 즉 *GDP*가 1% 증가할 경우 획득한 메달의 몫이 얼마나 변화할 것으로 예측하는가? 이 영향의 95% 구간 추정값을 구하시오.

c. OLS로 추정한 모형에 대해서, ln(*GDP*)의 함수로서 이분산에 대한 확고한 브레쉬-페이건 LM 검정 통계량은 $NR^2 = 32.80$이다. 이 검정에 기초할 경우 OLS 추정량과 통상적인 표준오차에 대해 무슨 결론을 내릴 수 있는가?

d. 표 16.15는 또한 OLS 이분산 확고한 표준오차(HCE)를 제시하고 있다. 확고한 표준오차를 활용하여, *GDP*의 1% 증가가 메달의 몫에 미치는 예측된 영향에 대한 95% 구간 추정값을 구하시오.

e. 이들 하계 올림픽들에서 경쟁했던 508개국들 중에서 거의 62%는 메달을 획득하지 못했다. 이것은 최소제곱 추정량에 대해 잠재적 문제를 발생시키는가? (c)의 확고한 표준오차를 사용함으로써 OLS 추정량으로 문제를 해결하였다. 참인가 또는 틀린가? 설명하시오.

f. 표 16.15에 제시된 토비트 모수 추정값과 OLS 추정값 및 표준오차를 비교하시오. 차이점은 무엇인가? 토비트는 이 사례에서 획득한 메달의 몫에 대한 합리적인 추정량이 되는가? 그 이유는 무엇인가?

g. 토비트 추정값을 사용할 경우, *GDP* = 150(십억 달러) 및 *POP* = 30(백만 명)인 비주최국에 대해서 획득한 메달의 기대되는 몫에 *GDP*가 미치는 추정된 효과는 무엇인가? 즉 *GDP*가 1퍼센트 증가할 경우 획득한 메달의 기대되는 몫이 얼마나 변화할 것으로 추정하는가? [요령 : 식 (16.35)에서 y = *SHARE* 및 x = ln(*GDP*)라고 하자. 그러면 다음과 같다.

$$\partial E(SHARE|\mathbf{X})/\partial \ln(GDP) = \beta_3 \Phi\left[\frac{\beta_1 + \beta_2 \ln(POP) + \beta_3 \ln(GDP) + \beta_4 HOST}{\sigma}\right]$$

또한 $\partial \ln(GDP)/\partial GDP = 1/GDP$이다. 그러고 나서 4.3.3절의 선형-대수 모형의 분석을 참조하시오.]

표준 정규분포

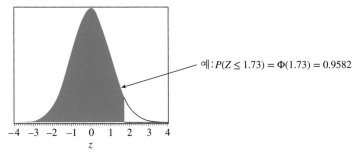

예 : $P(Z \leq 1.73) = \Phi(1.73) = 0.9582$

표 1 표준 정규분포의 누적확률 $\Phi(z) = P(Z \leq z)$

z	0.00	0.01	0.02	0.03	0.04	0.05	0.06	0.07	0.08	0.09
0.0	0.5000	0.5040	0.5080	0.5120	0.5160	0.5199	0.5239	0.5279	0.5319	0.5359
0.1	0.5398	0.5438	0.5478	0.5517	0.5557	0.5596	0.5636	0.5675	0.5714	0.5753
0.2	0.5793	0.5832	0.5871	0.5910	0.5948	0.5987	0.6026	0.6064	0.6103	0.6141
0.3	0.6179	0.6217	0.6255	0.6293	0.6331	0.6368	0.6406	0.6443	0.6480	0.6517
0.4	0.6554	0.6591	0.6628	0.6664	0.6700	0.6736	0.6772	0.6808	0.6844	0.6879
0.5	0.6915	0.6950	0.6985	0.7019	0.7054	0.7088	0.7123	0.7157	0.7190	0.7224
0.6	0.7257	0.7291	0.7324	0.7357	0.7389	0.7422	0.7454	0.7486	0.7517	0.7549
0.7	0.7580	0.7611	0.7642	0.7673	0.7704	0.7734	0.7764	0.7794	0.7823	0.7852
0.8	0.7881	0.7910	0.7939	0.7967	0.7995	0.8023	0.8051	0.8078	0.8106	0.8133
0.9	0.8159	0.8186	0.8212	0.8238	0.8264	0.8289	0.8315	0.8340	0.8365	0.8389
1.0	0.8413	0.8438	0.8461	0.8485	0.8508	0.8531	0.8554	0.8577	0.8599	0.8621
1.1	0.8643	0.8665	0.8686	0.8708	0.8729	0.8749	0.8770	0.8790	0.8810	0.8830
1.2	0.8849	0.8869	0.8888	0.8907	0.8925	0.8944	0.8962	0.8980	0.8997	0.9015
1.3	0.9032	0.9049	0.9066	0.9082	0.9099	0.9115	0.9131	0.9147	0.9162	0.9177
1.4	0.9192	0.9207	0.9222	0.9236	0.9251	0.9265	0.9279	0.9292	0.9306	0.9319
1.5	0.9332	0.9345	0.9357	0.9370	0.9382	0.9394	0.9406	0.9418	0.9429	0.9441
1.6	0.9452	0.9463	0.9474	0.9484	0.9495	0.9505	0.9515	0.9525	0.9535	0.9545
1.7	0.9554	0.9564	0.9573	0.9582	0.9591	0.9599	0.9608	0.9616	0.9625	0.9633
1.8	0.9641	0.9649	0.9656	0.9664	0.9671	0.9678	0.9686	0.9693	0.9699	0.9706
1.9	0.9713	0.9719	0.9726	0.9732	0.9738	0.9744	0.9750	0.9756	0.9761	0.9767
2.0	0.9772	0.9778	0.9783	0.9788	0.9793	0.9798	0.9803	0.9808	0.9812	0.9817
2.1	0.9821	0.9826	0.9830	0.9834	0.9838	0.9842	0.9846	0.9850	0.9854	0.9857
2.2	0.9861	0.9864	0.9868	0.9871	0.9875	0.9878	0.9881	0.9884	0.9887	0.9890
2.3	0.9893	0.9896	0.9898	0.9901	0.9904	0.9906	0.9909	0.9911	0.9913	0.9916
2.4	0.9918	0.9920	0.9922	0.9925	0.9927	0.9929	0.9931	0.9932	0.9934	0.9936
2.5	0.9938	0.9940	0.9941	0.9943	0.9945	0.9946	0.9948	0.9949	0.9951	0.9952
2.6	0.9953	0.9955	0.9956	0.9957	0.9959	0.9960	0.9961	0.9962	0.9963	0.9964
2.7	0.9965	0.9966	0.9967	0.9968	0.9969	0.9970	0.9971	0.9972	0.9973	0.9974
2.8	0.9974	0.9975	0.9976	0.9977	0.9977	0.9978	0.9979	0.9979	0.9980	0.9981
2.9	0.9981	0.9982	0.9982	0.9983	0.9984	0.9984	0.9985	0.9985	0.9986	0.9986
3.0	0.9987	0.9987	0.9987	0.9988	0.9988	0.9989	0.9989	0.9989	0.9990	0.9990

출처 : 이 표는 SAS® function PROBNORM을 이용하여 작성되었다.

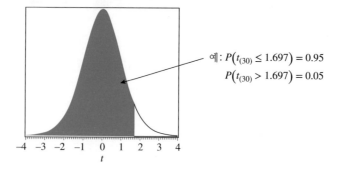

예: $P(t_{(30)} \leq 1.697) = 0.95$
$P(t_{(30)} > 1.697) = 0.05$

표 2 t-분포의 백분위수

df	$t_{(0.90,\ df)}$	$t_{(0.95,\ df)}$	$t_{(0.975,\ df)}$	$t_{(0.99,\ df)}$	$t_{(0.995,\ df)}$
1	3.078	6.314	12.706	31.821	63.657
2	1.886	2.920	4.303	6.965	9.925
3	1.638	2.353	3.182	4.541	5.841
4	1.533	2.132	2.776	3.747	4.604
5	1.476	2.015	2.571	3.365	4.032
6	1.440	1.943	2.447	3.143	3.707
7	1.415	1.895	2.365	2.998	3.499
8	1.397	1.860	2.306	2.896	3.355
9	1.383	1.833	2.262	2.821	3.250
10	1.372	1.812	2.228	2.764	3.169
11	1.363	1.796	2.201	2.718	3.106
12	1.356	1.782	2.179	2.681	3.055
13	1.350	1.771	2.160	2.650	3.012
14	1.345	1.761	2.145	2.624	2.977
15	1.341	1.753	2.131	2.602	2.947
16	1.337	1.746	2.120	2.583	2.921
17	1.333	1.740	2.110	2.567	2.898
18	1.330	1.734	2.101	2.552	2.878
19	1.328	1.729	2.093	2.539	2.861
20	1.325	1.725	2.086	2.528	2.845
21	1.323	1.721	2.080	2.518	2.831
22	1.321	1.717	2.074	2.508	2.819
23	1.319	1.714	2.069	2.500	2.807
24	1.318	1.711	2.064	2.492	2.797
25	1.316	1.708	2.060	2.485	2.787
26	1.315	1.706	2.056	2.479	2.779
27	1.314	1.703	2.052	2.473	2.771
28	1.313	1.701	2.048	2.467	2.763
29	1.311	1.699	2.045	2.462	2.756
30	1.310	1.697	2.042	2.457	2.750
31	1.309	1.696	2.040	2.453	2.744
32	1.309	1.694	2.037	2.449	2.738
33	1.308	1.692	2.035	2.445	2.733
34	1.307	1.691	2.032	2.441	2.728
35	1.306	1.690	2.030	2.438	2.724
36	1.306	1.688	2.028	2.434	2.719
37	1.305	1.687	2.026	2.431	2.715
38	1.304	1.686	2.024	2.429	2.712
39	1.304	1.685	2.023	2.426	2.708
40	1.303	1.684	2.021	2.423	2.704
50	1.299	1.676	2.009	2.403	2.678
∞	1.282	1.645	1.960	2.326	2.576

출처 : 이 표는 SAS® function TINV를 이용하여 작성되었다.

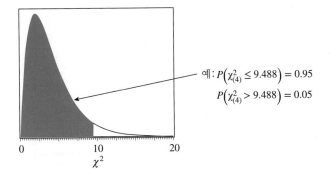

예: $P\left(\chi^2_{(4)} \leq 9.488\right) = 0.95$

$P\left(\chi^2_{(4)} > 9.488\right) = 0.05$

표 3   카이제곱 분포의 백분위수

df	$\chi^2_{(0.90,\,df)}$	$\chi^2_{(0.95,\,df)}$	$\chi^2_{(0.975,\,df)}$	$\chi^2_{(0.99,\,df)}$	$\chi^2_{(0.995,\,df)}$
1	2.706	3.841	5.024	6.635	7.879
2	4.605	5.991	7.378	9.210	10.597
3	6.251	7.815	9.348	11.345	12.838
4	7.779	9.488	11.143	13.277	14.860
5	9.236	11.070	12.833	15.086	16.750
6	10.645	12.592	14.449	16.812	18.548
7	12.017	14.067	16.013	18.475	20.278
8	13.362	15.507	17.535	20.090	21.955
9	14.684	16.919	19.023	21.666	23.589
10	15.987	18.307	20.483	23.209	25.188
11	17.275	19.675	21.920	24.725	26.757
12	18.549	21.026	23.337	26.217	28.300
13	19.812	22.362	24.736	27.688	29.819
14	21.064	23.685	26.119	29.141	31.319
15	22.307	24.996	27.488	30.578	32.801
16	23.542	26.296	28.845	32.000	34.267
17	24.769	27.587	30.191	33.409	35.718
18	25.989	28.869	31.526	34.805	37.156
19	27.204	30.144	32.852	36.191	38.582
20	28.412	31.410	34.170	37.566	39.997
21	29.615	32.671	35.479	38.932	41.401
22	30.813	33.924	36.781	40.289	42.796
23	32.007	35.172	38.076	41.638	44.181
24	33.196	36.415	39.364	42.980	45.559
25	34.382	37.652	40.646	44.314	46.928
26	35.563	38.885	41.923	45.642	48.290
27	36.741	40.113	43.195	46.963	49.645
28	37.916	41.337	44.461	48.278	50.993
29	39.087	42.557	45.722	49.588	52.336
30	40.256	43.773	46.979	50.892	53.672
35	46.059	49.802	53.203	57.342	60.275
40	51.805	55.758	59.342	63.691	66.766
50	63.167	67.505	71.420	76.154	79.490
60	74.397	79.082	83.298	88.379	91.952
70	85.527	90.531	95.023	100.425	104.215
80	96.578	101.879	106.629	112.329	116.321
90	107.565	113.145	118.136	124.116	128.299
100	118.498	124.342	129.561	135.807	140.169
110	129.385	135.480	140.917	147.414	151.948
120	140.233	146.567	152.211	158.950	163.648

출처 : 이 표는 SAS® function CINV를 이용하여 작성되었다.

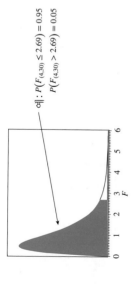

예: $P(F_{(4,30)} \leq 2.69) = 0.95$
$P(F_{(4,30)} > 2.69) = 0.05$

표 4 F-분포의 95번째 백분위수

ν_2/ν_1	1	2	3	4	5	6	7	8	9	10	12	15	20	30	60	∞
1	161.45	199.50	215.71	224.58	230.16	233.99	236.77	238.88	240.54	241.88	243.91	245.95	248.01	250.10	252.20	254.31
2	18.51	19.00	19.16	19.25	19.30	19.33	19.35	19.37	19.38	19.40	19.41	19.43	19.45	19.46	19.48	19.50
3	10.13	9.55	9.28	9.12	9.01	8.94	8.89	8.85	8.81	8.79	8.74	8.70	8.66	8.62	8.57	8.53
4	7.71	6.94	6.59	6.39	6.26	6.16	6.09	6.04	6.00	5.96	5.91	5.86	5.80	5.75	5.69	5.63
5	6.61	5.79	5.41	5.19	5.05	4.95	4.88	4.82	4.77	4.74	4.68	4.62	4.56	4.50	4.43	4.36
6	5.99	5.14	4.76	4.53	4.39	4.28	4.21	4.15	4.10	4.06	4.00	3.94	3.87	3.81	3.74	3.67
7	5.59	4.74	4.35	4.12	3.97	3.87	3.79	3.73	3.68	3.64	3.57	3.51	3.44	3.38	3.30	3.23
8	5.32	4.46	4.07	3.84	3.69	3.58	3.50	3.44	3.39	3.35	3.28	3.22	3.15	3.08	3.01	2.93
9	5.12	4.26	3.86	3.63	3.48	3.37	3.29	3.23	3.18	3.14	3.07	3.01	2.94	2.86	2.79	2.71
10	4.96	4.10	3.71	3.48	3.33	3.22	3.14	3.07	3.02	2.98	2.91	2.85	2.77	2.70	2.62	2.54
15	4.54	3.68	3.29	3.06	2.90	2.79	2.71	2.64	2.59	2.54	2.48	2.40	2.33	2.25	2.16	2.07
20	4.35	3.49	3.10	2.87	2.71	2.60	2.51	2.45	2.39	2.35	2.28	2.20	2.12	2.04	1.95	1.84
25	4.24	3.39	2.99	2.76	2.60	2.49	2.40	2.34	2.28	2.24	2.16	2.09	2.01	1.92	1.82	1.71
30	4.17	3.32	2.92	2.69	2.53	2.42	2.33	2.27	2.21	2.16	2.09	2.01	1.93	1.84	1.74	1.62
35	4.12	3.27	2.87	2.64	2.49	2.37	2.29	2.22	2.16	2.11	2.04	1.96	1.88	1.79	1.68	1.56
40	4.08	3.23	2.84	2.61	2.45	2.34	2.25	2.18	2.12	2.08	2.00	1.92	1.84	1.74	1.64	1.51
45	4.06	3.20	2.81	2.58	2.42	2.31	2.22	2.15	2.10	2.05	1.97	1.89	1.81	1.71	1.60	1.47
50	4.03	3.18	2.79	2.56	2.40	2.29	2.20	2.13	2.07	2.03	1.95	1.87	1.78	1.69	1.58	1.44
60	4.00	3.15	2.76	2.53	2.37	2.25	2.17	2.10	2.04	1.99	1.92	1.84	1.75	1.65	1.53	1.39
120	3.92	3.07	2.68	2.45	2.29	2.18	2.09	2.02	1.96	1.91	1.83	1.75	1.66	1.55	1.43	1.25
∞	3.84	3.00	2.60	2.37	2.21	2.10	2.01	1.94	1.88	1.83	1.75	1.67	1.57	1.46	1.32	1.00

출처: 이 표는 SAS® function FINV를 이용하여 작성되었다.

예 : $P(F_{(4,30)} \leq 4.02) = 0.99$
$P(F_{(4,30)} > 4.02) = 0.01$

표 5 F-분포의 99번째 백분위수

ν_2/ν_1	1	2	3	4	5	6	7	8	9	10	12	15	20	30	60	∞
1	4052.18	4999.50	5403.35	5624.58	5763.65	5858.99	5928.36	5981.07	6022.47	6055.85	6106.32	6157.28	6208.73	6260.65	6313.03	6365.87
2	98.50	99.00	99.17	99.25	99.30	99.33	99.36	99.37	99.39	99.40	99.42	99.43	99.45	99.47	99.48	99.50
3	34.12	30.82	29.46	28.71	28.24	27.91	27.67	27.49	27.35	27.23	27.05	26.87	26.69	26.50	26.32	26.13
4	21.20	18.00	16.69	15.98	15.52	15.21	14.98	14.80	14.66	14.55	14.37	14.20	14.02	13.84	13.65	13.46
5	16.26	13.27	12.06	11.39	10.97	10.67	10.46	10.29	10.16	10.05	9.89	9.72	9.55	9.38	9.20	9.02
6	13.75	10.92	9.78	9.15	8.75	8.47	8.26	8.10	7.98	7.87	7.72	7.56	7.40	7.23	7.06	6.88
7	12.25	9.55	8.45	7.85	7.46	7.19	6.99	6.84	6.72	6.62	6.47	6.31	6.16	5.99	5.82	5.65
8	11.26	8.65	7.59	7.01	6.63	6.37	6.18	6.03	5.91	5.81	5.67	5.52	5.36	5.20	5.03	4.86
9	10.56	8.02	6.99	6.42	6.06	5.80	5.61	5.47	5.35	5.26	5.11	4.96	4.81	4.65	4.48	4.31
10	10.04	7.56	6.55	5.99	5.64	5.39	5.20	5.06	4.94	4.85	4.71	4.56	4.41	4.25	4.08	3.91
15	8.68	6.36	5.42	4.89	4.56	4.32	4.14	4.00	3.89	3.80	3.67	3.52	3.37	3.21	3.05	2.87
20	8.10	5.85	4.94	4.43	4.10	3.87	3.70	3.56	3.46	3.37	3.23	3.09	2.94	2.78	2.61	2.42
25	7.77	5.57	4.68	4.18	3.85	3.63	3.46	3.32	3.22	3.13	2.99	2.85	2.70	2.54	2.36	2.17
30	7.56	5.39	4.51	4.02	3.70	3.47	3.30	3.17	3.07	2.98	2.84	2.70	2.55	2.39	2.21	2.01
35	7.42	5.27	4.40	3.91	3.59	3.37	3.20	3.07	2.96	2.88	2.74	2.60	2.44	2.28	2.10	1.89
40	7.31	5.18	4.31	3.83	3.51	3.29	3.12	2.99	2.89	2.80	2.66	2.52	2.37	2.20	2.02	1.80
45	7.23	5.11	4.25	3.77	3.45	3.23	3.07	2.94	2.83	2.74	2.61	2.46	2.31	2.14	1.96	1.74
50	7.17	5.06	4.20	3.72	3.41	3.19	3.02	2.89	2.78	2.70	2.56	2.42	2.27	2.10	1.91	1.68
60	7.08	4.98	4.13	3.65	3.34	3.12	2.95	2.82	2.72	2.63	2.50	2.35	2.20	2.03	1.84	1.60
120	6.85	4.79	3.95	3.48	3.17	2.96	2.79	2.66	2.56	2.47	2.34	2.19	2.03	1.86	1.66	1.38
∞	6.63	4.61	3.78	3.32	3.02	2.80	2.64	2.51	2.41	2.32	2.18	2.04	1.88	1.70	1.47	1.00

출처 : 이 표는 SAS® function FINV를 이용하여 작성되었다.

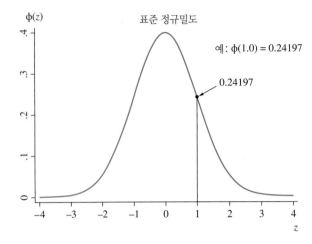

표 6 표준 정규 pdf값 $\Phi(z)$

z	0.00	0.01	0.02	0.03	0.04	0.05	0.06	0.07	0.08	0.09
0.0	0.39894	0.39892	0.39886	0.39876	0.39862	0.39844	0.39822	0.39797	0.39767	0.39733
0.1	0.39695	0.39654	0.39608	0.39559	0.39505	0.39448	0.39387	0.39322	0.39253	0.39181
0.2	0.39104	0.39024	0.38940	0.38853	0.38762	0.38667	0.38568	0.38466	0.38361	0.38251
0.3	0.38139	0.38023	0.37903	0.37780	0.37654	0.37524	0.37391	0.37255	0.37115	0.36973
0.4	0.36827	0.36678	0.36526	0.36371	0.36213	0.36053	0.35889	0.35723	0.35553	0.35381
0.5	0.35207	0.35029	0.34849	0.34667	0.34482	0.34294	0.34105	0.33912	0.33718	0.33521
0.6	0.33322	0.33121	0.32918	0.32713	0.32506	0.32297	0.32086	0.31874	0.31659	0.31443
0.7	0.31225	0.31006	0.30785	0.30563	0.30339	0.30114	0.29887	0.29659	0.29431	0.29200
0.8	0.28969	0.28737	0.28504	0.28269	0.28034	0.27798	0.27562	0.27324	0.27086	0.26848
0.9	0.26609	0.26369	0.26129	0.25888	0.25647	0.25406	0.25164	0.24923	0.24681	0.24439
1.0	0.24197	0.23955	0.23713	0.23471	0.23230	0.22988	0.22747	0.22506	0.22265	0.22025
1.1	0.21785	0.21546	0.21307	0.21069	0.20831	0.20594	0.20357	0.20121	0.19886	0.19652
1.2	0.19419	0.19186	0.18954	0.18724	0.18494	0.18265	0.18037	0.17810	0.17585	0.17360
1.3	0.17137	0.16915	0.16694	0.16474	0.16256	0.16038	0.15822	0.15608	0.15395	0.15183
1.4	0.14973	0.14764	0.14556	0.14350	0.14146	0.13943	0.13742	0.13542	0.13344	0.13147
1.5	0.12952	0.12758	0.12566	0.12376	0.12188	0.12001	0.11816	0.11632	0.11450	0.11270
1.6	0.11092	0.10915	0.10741	0.10567	0.10396	0.10226	0.10059	0.09893	0.09728	0.09566
1.7	0.09405	0.09246	0.09089	0.08933	0.08780	0.08628	0.08478	0.08329	0.08183	0.08038
1.8	0.07895	0.07754	0.07614	0.07477	0.07341	0.07206	0.07074	0.06943	0.06814	0.06687
1.9	0.06562	0.06438	0.06316	0.06195	0.06077	0.05959	0.05844	0.05730	0.05618	0.05508
2.0	0.05399	0.05292	0.05186	0.05082	0.04980	0.04879	0.04780	0.04682	0.04586	0.04491
2.1	0.04398	0.04307	0.04217	0.04128	0.04041	0.03955	0.03871	0.03788	0.03706	0.03626
2.2	0.03547	0.03470	0.03394	0.03319	0.03246	0.03174	0.03103	0.03034	0.02965	0.02898
2.3	0.02833	0.02768	0.02705	0.02643	0.02582	0.02522	0.02463	0.02406	0.02349	0.02294
2.4	0.02239	0.02186	0.02134	0.02083	0.02033	0.01984	0.01936	0.01888	0.01842	0.01797
2.5	0.01753	0.01709	0.01667	0.01625	0.01585	0.01545	0.01506	0.01468	0.01431	0.01394
2.6	0.01358	0.01323	0.01289	0.01256	0.01223	0.01191	0.01160	0.01130	0.01100	0.01071
2.7	0.01042	0.01014	0.00987	0.00961	0.00935	0.00909	0.00885	0.00861	0.00837	0.00814
2.8	0.00792	0.00770	0.00748	0.00727	0.00707	0.00687	0.00668	0.00649	0.00631	0.00613
2.9	0.00595	0.00578	0.00562	0.00545	0.00530	0.00514	0.00499	0.00485	0.00470	0.00457
3.0	0.00443	0.00430	0.00417	0.00405	0.00393	0.00381	0.00370	0.00358	0.00348	0.00337

출처 : 이 표는 SAS® function PDF("normal," z)를 이용하여 작성되었다.

찾아보기

이병락

고려대학교 경상대학 교수 역임

【 주요 역서 및 저서 】

- 국제경제학(1999, 2007, 시그마프레스)
- 경기전망지표(1999, 시그마프레스)
- 무역실무(2008, 시그마프레스)
- 계량경제학(2003, 2010, 2020, 시그마프레스)
- 거시경제학(2004, 2007, 2010, 2014, 2016, 2020, 시그마프레스)
- 미시경제학(2004, 2010, 2015, 시그마프레스)
- 문제 풀며 정리하는 미시경제학(2011, 2015, 시그마프레스)
- 통계학(2014, 시그마프레스)

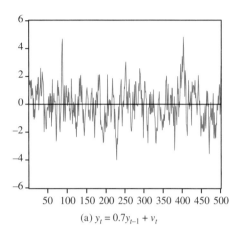

(a) $y_t = 0.7y_{t-1} + v_t$

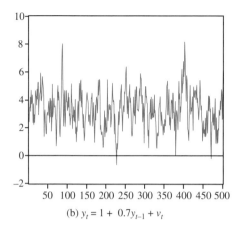

(b) $y_t = 1 + 0.7y_{t-1} + v_t$

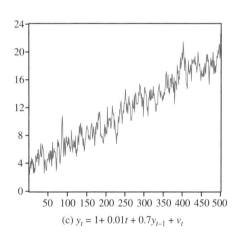

(c) $y_t = 1 + 0.01t + 0.7y_{t-1} + v_t$

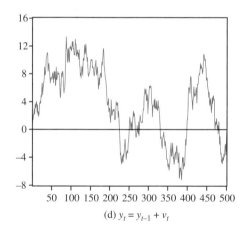

(d) $y_t = y_{t-1} + v_t$

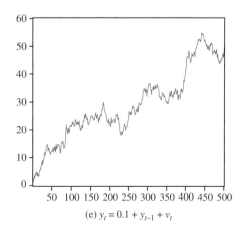

(e) $y_t = 0.1 + y_{t-1} + v_t$

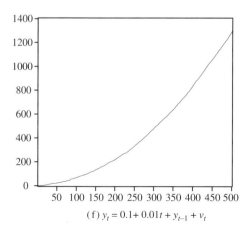

(f) $y_t = 0.1 + 0.01t + y_{t-1} + v_t$

자기회귀 시차분포 모형, ARDL(p, q)

$$y_t = \delta + \theta_1 y_{t-1} + \cdots + \theta_p y_{t-p} + \delta_0 x_t + \delta_1 x_{t-1} + \cdots + \delta_q x_{t-q} + e_t$$

유한 시차분포(FDL) 모형

$$y_t = \alpha + \beta_0 x_t + \beta_1 x_{t-1} + \beta_2 x_{t-2} + \cdots + \beta_q x_{t-q} + e_t$$

무한 시차분포(IDL) 모형

$$y_t = \alpha + \beta_0 x_t + \beta_1 x_{t-1} + \beta_2 x_{t-2} + \beta_3 x_{t-3} + \cdots + e_t$$

자기회귀 모형, AR(p)

$$y_t = \delta + \theta_1 y_{t-1} + \theta_2 y_{t-2} + \cdots + \theta_p y_{t-p} + e_t$$

기하학적으로 감소하는 시차 가중치를 갖는 무한 시차분포 모형

$$\beta_s = \lambda^s \beta_0, \quad 0 < \lambda < 1, \quad y_t = \alpha(1-\lambda) + \lambda y_{t-1} + \beta_0 x_t + e_t - \lambda e_{t-1}$$

AR(1) 오차를 갖는 단순회귀

$$y_t = \alpha + \beta_0 x_t + e_t, \quad e_t = \rho e_{t-1} + v_t, \quad y_t = \alpha(1-\rho) + \rho y_{t-1} + \beta_0 x_t - \rho \beta_0 x_{t-1} + v_t$$

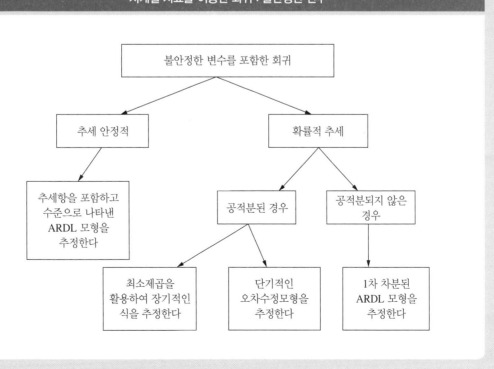